고학년 I

6 미리보기

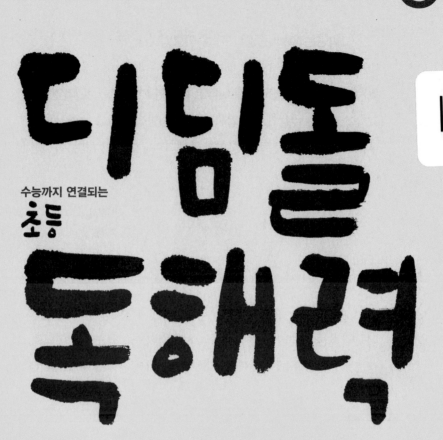

수능까지 연결되는
초등

디딤돌
독해력

수능 본격 독해,
초등 고학년에서 시작해야 합니다.

초등 고학년은 "예비 중등"의 다른 이름입니다.

"예비 중등"인 초등 고학년 때는 본격적인 독해를 해야 하는 시기입니다.

초등 저학년 때 사실적 독해 위주로 독해의 기초를 마련했다면,

고학년 때에는 수능에서 평가하는 보다 종합적인 사고 능력인

추론적 독해, 비판적 독해, 창의적 독해까지 나아가야 하며, 이것이 본격 독해입니다.

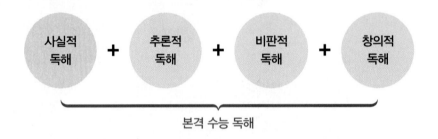

더구나 초등 고학년 때는 학생들의 사고력이 증폭되는 시기이므로

충분한 연습을 통해 독해력을 고등 수준까지 끌어올릴 수 있습니다.

초등 고학년은 본격 독해 훈련의
적기이자, 기회입니다.

학교 교육과 시험 제도에 따른 학습의 패턴으로 볼 때에도

집중해서 독해 실력을 높일 수 있는 시기는 초등 고학년 때입니다.

학교 시험이 있는 중학교 때부터는 학교 내신 위주로 공부할 수밖에 없는 것이

현실이기 때문입니다.

따라서, 초등 고학년 때가 집중해서 독해 훈련할 수 있는 적기(適期)이자, 기회입니다.

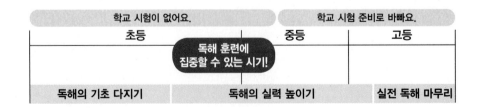

독해 실력을 향상시키기 위해서는
수준을 조금씩 높여 훈련해야 합니다.

독해력을 기르려면 무조건 어려운 글을 읽어야 할까요?

자신의 수준을 뛰어넘어 너무 어려운 글을 읽게 되면 글의 내용조차

파악하기 어렵기 때문에 독해를 할 수가 없습니다.

또한 자칫하다 독해에 대한 흥미를 잃게 될 수도 있습니다.

그렇다면, 자신의 수준에 딱 맞는 글을 계속해서 읽으면 독해력이 향상될까요?

그렇지도 않습니다. 사고력은 생각의 방향이자 흐름이기 때문에

자신의 수준보다 조금은 수준이 높은 글을 읽어야

사고력도 조금씩 깊어지게 됩니다.

즉 자신의 수준을 고려하여 시작하되, 지문의 수준을 조금씩 높여가며

꾸준히 독해 훈련을 할 때 독해 실력이 자연스럽게 향상될 수 있습니다.

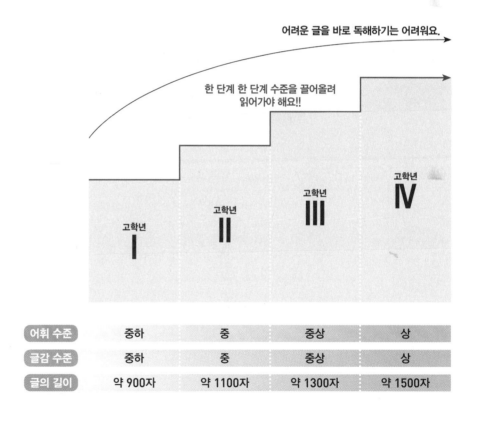

어려운 글을 바로 독해하기는 어려워요.

한 단계 한 단계 수준을 끌어올려
읽어가야 해요!!

고학년 I

고학년 II

고학년 III

고학년 IV

어휘 수준	중하	중	중상	상
글감 수준	중하	중	중상	상
글의 길이	약 900자	약 1100자	약 1300자	약 1500자

『디딤돌 독해력 고학년 I』 중 8개 제재를
선별하여 수록하였습니다.

음력과 양력의 과학적 비교

8 분 안에 풀어보세요.

어휘 수준 ★★★★★
글감 수준 ★★★★★
글의 길이 805자

　우리는 대체로 서양 사람들이 사용하는 양력은 과학적이고, 동양 사람들이 오랫동안 사용해 온 음력은 비과학적이고 미신적이라고 생각한다. 현재 통용되는 과학의 여러 학문적 개념들이 주로 서양에서 왔기 때문에 우리는 알게 모르게 서양 사람들이 사용하는 것은 과학적이고, 우리가 사용해 온 것은 미신적이거나 불합리하다고 생각하는 것이다.

　하지만 이러한 선입견은 말 그대로 선입견에 불과하다. 대부분의 사람들은 양력을 사용하면서 단순히 숫자에 불과한 날짜로만 계절의 변화를 예측하려 한다. 그리고는 전통적 역술 행위 등에서만 음력을 기준으로 삼는다는 점을 들어 음력은 비과학적이라고 지레 판단해 버린다. 그러나 음력은 달의 운동을 기준으로 날짜를 계산하고, 계절의 변화를 24절기로 나타내어 달과 해의 움직임을 최대한 반영하려고 노력한 과학적인 역법이다.

　그렇다면 과학적이라고 평가되는 양력은 어떠한가? 양력에서는 아무 의미도 없이 정해진 1월 1일이 새해가 시작되는 날이다. 또한 나머지 달과 달리 7월과 8월은 연속으로 31일씩인가 하면, 2월은 평년인 경우 28일밖에 되지 않는다. 7월과 8월이 31일인 것은 로마 황제 아우구스투스의 출생 월을 하루라도 더 길게 기념하기 위해서 생긴 전통 때문이라고 하니, 이것이야말로 비과학적이라고 할 수 있다.

　자연의 어느 것이 새로 생겨나거나 새로운 주기가 시작되는 날도 아닌 양력 1월 1일을 우리의 전통적인 설보다 더 호들갑스럽게 기념하는 일은 분명 잘못된 일이다. 우리의 전통과 문화가 살아 있는 음력을 더욱 강조하고, 내친김에 음력에 따른 24절기를 널리 보급하여 일상적으로 활용하는 것이 필요하다.

● **통용**(通 통할 통, 用 쓸 용)
일반적으로 두루 쓰임.

● **미신**(迷 미혹할 미, 信 믿을 신)
과학적 · 합리적 근거가 없는 것을 맹목적으로 믿음. 또는 그런 일.

● **주기**(週 돌 주, 期 기약할 기)
같은 현상이나 특징이 한 번 나타나고부터 다음번 되풀이되기까지의 기간.

▲ 아우구스투스는 삼촌인 율리우스의 이름을 딴 7월(July)은 31일인데 자신의 이름을 딴 8월(August)은 30일밖에 없는 것에 불만을 품고 8월도 31일로 만들었다고 해요. 그래서 양력의 한 달은 28일에서 31일까지로 들쭉날쭉해져 버렸답니다.

정답과 해설 40쪽

1 이 글에서 제시한 문제 상황은 무엇인가요? (　　)

① 음력에 따른 24절기를 일상적으로 쓴다.
② 우리의 전통적인 설을 호들갑스럽게 기념한다.
③ 과학의 여러 학문적 개념들을 서양에서 들여온다.
④ 양력은 과학적이고 음력은 미신적이라고 평가한다.
⑤ 우리의 전통과 문화를 보존하려는 노력이 부족하다.

2 '음력'에 대한 이해로 적절한 것은 무엇인가요? (　　)

① 날씨의 변화를 24절기로 나타낸다.
② 7월과 8월은 연속으로 31일씩이다.
③ 서양 사람들이 오랫동안 사용해 왔다.
④ 달의 운동을 기준으로 날짜를 계산한다.
⑤ 2월은 평년인 경우 28일밖에 되지 않는다.

3 이 글의 전개 방식을 알맞게 말한 사람의 이름을 쓰세요.

> • 선아: 문제 상황을 밝히고 문제를 해결하기 위한 방법과 그 까닭을 제시하는 순
> 　서로 전개하고 있어.
> • 승철: 문제점과 주장을 밝히고 근거를 제시한 뒤에 주장을 다시 한 번 강조하는
> 　순서로 전개하고 있어.
> • 영훈: 설명하고자 하는 대상을 밝히고 예를 들어 자세히 설명한 뒤에 설명한 사
> 　실을 요약하는 순서로 전개하고 있어.

(　　　　)

4 글쓴이의 관점에서 보기 를 비판한 것으로 가장 적절한 것에 ○표 하세요.

> **보기**
>
> 　영어가 국제어로서 압도적인 지위를 차지하고 있는 이상 영어는 우리 생활에서 더욱 중요한 언어 도구가 될 것이다. 나아가 이러한 현상이 심화되면 결국 민족어의 자리를 대체하여 제1 언어로서의 지위를 획득하게 될 것이다. 이것은 필연적일 뿐 아니라 인류를 위해서나 우리 민족을 위해서나 도움이 되는 길이요, 진보하는 길이다. 따라서 우리는 수동적으로 이러한 결과를 기다릴 것이 아니라, 능동적인 자세로 영어의 공용화를 추진해야 할 것이다.

(1) 영어가 국제어가 된 것은 언어의 우수성 때문이므로 공용화 추진은 당연한 일이다. 　　　　　　　　　　　　　　　　　　　　　　　　　　　　(　　)

(2) 서양의 것이 더 좋다고 판단되면 서양의 것을 취해야 하므로 영어를 공용화해야 한다. 　　　　　　　　　　　　　　　　　　　　　　　　　　　　(　　)

(3) 영어가 국제어라고 해서 영어 공용화가 진보하는 길이라고 볼 수는 없으므로 우리말부터 잘 다듬고 아껴 써야 한다. 　　　　　　　　　　　　　　　(　　)

5 이 글과 관련된 자료를 찾아보는 활동으로 적절하지 <u>않은</u> 것은 무엇인가요?

(　　)

① '24절기'가 무엇인지 백과사전에서 찾아보았다.
② '아우구스투스'의 출생 월을 인터넷에서 검색해 보았다.
③ 우리나라가 양력을 사용하기 시작한 때를 인터넷에서 찾아보았다.
④ '평년'을 국어사전에서 찾아보고 어떤 뜻으로 쓰였는지 알아보았다.
⑤ 양력에서 1월 1일이 새해가 시작되는 날인 까닭을 달력에서 찾아보았다.

6 빈칸에 알맞은 말을 넣어 이 글의 핵심 내용을 한 문장으로 요약하세요.

한줄
요약

음력은 ☐ 의 운동을 기준으로 날짜를 계산하고 계절의 변화를 24절기로 나타내는 과학적인 역법이므로 ☐☐ 을 강조하고 음력에 따른 24절기를 활용하자.

지문 속 필수 어휘

낱말의 뜻을 참고하여, 다음 문장의 빈칸에 들어갈 알맞은 낱말을 완성하세요.

❶ 불 ㅎ 리 한 사회 제도는 개선되어야 한다.
이론이나 이치에 합당하지 아니함.

❷ 면담할 때에는 대상자에 대한 ㅅ ㅇ 견 을 갖지 않는 것이 좋다.
어떤 대상에 대하여 이미 마음속에 가지고 있는 고정 관념이나 관점.

❸ 우리는 모두 부산 출 ㅅ 으로 부산에서 성장하였다.
세상에 나옴.

❹ 동지는 스물두 번째 ㅈ 기 로 일 년 중 낮이 가장 짧고 밤이 가장 길다.
한 해를 스물넷으로 나눈, 계절의 표준이 되는 것.

문제 속 개념어

관점 觀볼 관, 點점 점

글쓴이가 사물이나 현상에 대하여 생각하는 태도나 방향을 글쓴이의 관점이라고 합니다. 글에는 글쓴이의 관점이 나타나 있는데, 같은 사물이나 현상에 대한 관점은 글쓴이에 따라 다를 수 있습니다.

> 가 밤하늘의 별들이 무척이나 밝아 보인다. 반짝반짝 빛나는 모습에서 생동감이 느껴졌다.
> 밤하늘의 별들에 대한 생각 – 밝고 생동감이 느껴짐.

> 나 밤하늘에 별들이 무척이나 쓸쓸해 보인다. 빛이 희미해져 가는 모습에서 슬픔이 느껴졌다.
> 밤하늘의 별들에 대한 생각 – 쓸쓸하고 슬픔이 느껴짐.

가의 관점: 밤하늘의 별들이 밝아 보이고 생동감이 느껴짐.
나의 관점: 밤하늘의 별들이 쓸쓸해 보이고 슬픔이 느껴짐.
→ 같은 사물이나 현상에 대한 관점이 글쓴이에 따라 다름.

문의 여닫는 방향은 어떻게 결정될까

⏱ 8분 안에 풀어보세요.

어휘 수준 ★★★★★
글감 수준 ★★★★★
글의 길이 817자

가 건축에서 문의 방향을 결정짓는 요인은 크게 세 가지 정도로 꼽을 수 있다. 첫째는 공간의 활용, 둘째는 비상시의 대피, 셋째는 행동 과학이 그것이다.

나 ㉠아파트를 제외한 일반 주택에서 현관문의 여닫는 방향을 결정하는 요인은 공간 활용의 측면이 강하다. ㉡신발을 벗어둘 공간이 필요하기 때문이다. ㉢만약 현관문이 안쪽으로 열린다면 문을 열 때마다 현관의 신발들이 이리저리 쓸려 다닐 것이다. ㉣물론 현관이 충분히 넓다면 상관없겠지만 일반적으로 사람들은 현관보다는 방 공간이 더 넓기를 바란다.

다 아파트 현관문의 여닫는 방향을 결정하는 요인은 건물 내의 화재와 같은 비상시 대피의 측면이 강하다. 아파트는 여러 세대가 밀집해서 사는 공동 주택이다. 그렇기 때문에 문의 여닫는 방향은 사람들의 대피가 수월하도록 반드시 피난 방향으로 열리게 법으로 규정하고 있다.

라 이와 비슷한 예는 극장이나 공연장같이 사람들이 동시에 많이 모이는 장소에서도 찾을 수 있다. 극장 문은 보통 바깥쪽으로 열리도록 되어 있으며, 이는 비상시 많은 사람들이 한꺼번에 밖으로 대피하기 쉽도록 문의 방향을 바깥쪽으로 향하게 한 것이다.

마 그렇다면 행동 과학의 측면에서 보면 어떨까? 간단한 일상의 예로 이해해 보자. 민형이 어머니는 밤늦도록 공부하는 수험생 아들을 위해 간식을 준비하고 아들의 방문을 노크한다. 그 순간 방 안에서 공부하던 민형이는 졸음을 떨치려고 방문을 열고 나온다. 문이 바깥쪽으로 열린다면 민형이는 방문 앞의 어머니와 부딪치게 될 것이다. 이와 같은 사례로 알 수 있듯이 방문을 안쪽으로 열리도록 한 것은 방문이 열릴 때 방 밖에 있을지도 모르는 사람을 배려하기 위한 것이다.

● **여닫는**
문 따위를 열고 닫고 하는.

● **측면**(側 곁 측, 面 낯 면)
사물이나 현상의 한 부분. 또는 한쪽 면.

● **피난**(避 피할 피, 難 어려울 난)
재난을 피하여 멀리 옮겨 감.

▲ 옆으로 밀어서 열고 닫는 문은 미닫이문이라고 하고, 밀거나 당겨서 열고 닫는 문은 여닫이문이라고 해요.

정답과 해설 41쪽

1 이 글의 내용과 일치하지 <u>않은</u> 것은 무엇인가요? (   )

① 방문은 안쪽으로 열리도록 되어 있다.

② 극장 문은 바깥쪽으로 열리도록 되어 있다.

③ 아파트 현관문은 피난 방향으로 열리도록 되어 있다.

④ 공동 주택에서 문의 여닫는 방향은 법으로 규정되어 있다.

⑤ 아파트를 제외한 일반 주택에서 현관문은 안쪽으로 열리도록 되어 있다.

+ 수능연결

일치는 지문과 문제에 나타난 정보가 같은지를 확인하는 것을 말해요. 어떤 글이든지 글 속에는 많은 정보가 담겨 있습니다. 글의 흐름에 따라 글 속에 담겨 있는 정보들을 하나하나 살펴보는 것은 글의 내용을 이해하는 데 가장 중요한 것입니다.

> 목할 만하다. 고전파 시대의 대표적인 음악가 베토벤은 ㉠현악 4중주 제15장 3악장의 주제부로 리디아 선법의 변격인 하이포-리디아를 사용하여 병에서 회복한 기쁨과 신에 대한 감사의 마음을 종   **내용과 일치**

28. 윗글의 **내용과 일치**하는 것은?

　① 정격 선법과 변격 선법은 짝이 되어 화음을 이룬다.

　② 단선율의 그레고리안 선법은 독창을 이

　③ 변격 선법의 중심음은 종지음보다 항

　④ 정격 선법보다 변격 선법의 음역에는

　⑤ 정격 선법은 각각의 종지음보다 낮은 음이 음역에 존재한다.

> 수능에는 글의 내용과 일치하는지 혹은 일치하지 않는지를 묻는 문제가 자주 출제돼요.

---

2 가 ~ 마 를 내용상 네 부분으로 나눌 때, 하나로 묶을 수 있는 문단은 무엇인가요?

(   )

① 가 - 나   ② 나 - 다

③ 다 - 라   ④ 라 - 마

⑤ 다 - 라 - 마

---

3 ㉠ ~ ㉣ 중, 나 의 중심 문장으로 가장 적절한 것의 기호를 쓰세요.

(   )

4 이 글을 바탕으로 보기 를 이해한 것으로 알맞은 것에 ○표 하세요.

보기
　　정부는 저소득층 독거노인들을 위해 공공실버주택의 공급을 늘리고 있다. 이 주택에는 노인들을 배려한 장치가 곳곳에 있다. 어르신들이 신발을 벗다가 균형을 잃을까 봐 현관 벽에는 안전손잡이를 설치했다. 그리고 키가 작거나 허리가 구부정한 어르신들을 위해 화장실 세면대는 높낮이 조절이 가능하다.

(1) 행동 과학의 측면을 고려하여 주택을 건축하였다. 　　　　　　　(　　)
(2) 공간의 활용 측면을 고려하여 주택을 건축하였다. 　　　　　　　(　　)
(3) 비상시 대피의 측면을 고려하여 주택을 건축하였다. 　　　　　　(　　)

5 ☐☐의 낱말과 반대되는 낱말과 그 뜻이 알맞지 <u>않은</u> 것은 무엇인가요? (　　)

① 강하다 – 약하다: 능력, 지식, 기술 따위가 모자라거나 낮다.
② 안쪽 – 바깥쪽: 바깥으로 향하는 쪽.
③ 넓다 – 좁다: 면이나 바닥 따위의 면적이 작다.
④ 밀집 – 분산: 갈라져 흩어짐. 또는 그렇게 되게 함.
⑤ 많이 – 작게: 수효나 분량, 정도가 일정한 기준에 미치지 못하게.

6 빈칸에 알맞은 말을 넣어 이 글의 핵심 내용을 한 문장으로 요약하세요.

한줄
요약

건축에서 문의 ☐☐ 은 공간을 효율적으로 활용하고, 사람들이 비상시 ☐☐ 하기 쉬우며, 행동 과학의 측면에서 사람을 배려하는 방향으로 결정한다.

지문 속 필수 어휘

낱말의 뜻을 참고하여, 다음 문장의 빈칸에 들어갈 알맞은 낱말을 완성하세요.

❶ 삼촌의 성공 요 ㅇ 은 성실한 생활 태도에 있다.

　　사물이나 사건이 성립되는 까닭. 또는 조건이 되는 요소.

❷ 전주는 오래된 한옥들이 ㅁ 집 되어 있는 도시이다.

　　　　　　빈틈없이 빽빽하게 모임.

❸ 나는 ㅂ ㅅ ㅅ 를 대비하여 용돈을 쓰지 않고 모아 두었다.

　　뜻밖의 긴급한 사태가 일어난 때.

문제 속 개념어

중심 문장 中 가운데 중, 心 마음 심, 文 글월 문, 章 글 장

중심 문장은 문단의 내용을 대표하는 문장입니다. 그리고 뒷받침 문장은 중심 문장의 내용을 자세히 설명해 주는 문장입니다. 대개 한 문단에는 한 개의 중심 문장이 있으며, 뒷받침 문장은 내용을 자세히 설명해 주기 위해서 여러 개가 있을 수 있습니다.

봄이 오면 우리 마을에 여러 가지 꽃이 핍니다. 학교 가는 길에는 노란 개나리가 활짝
　　　　　　　　중심 문장
핍니다. 학교 운동장가에는 목련이 하얗게 핍니다. 마을 앞산 이곳저곳에는 분홍 진달래가 핍니다.

• **중심 문장**: 봄이 오면 우리 마을에 여러 가지 꽃이 핍니다.
• **뒷받침 문장**: ① 학교 가는 길에는 노란 개나리가 활짝 핍니다.
　　　　　　　　② 학교 운동장가에는 목련이 하얗게 핍니다.
　　　　　　　　③ 마을 앞산 이곳저곳에는 분홍 진달래가 핍니다.

실업은 왜 발생하는 걸까

어휘 수준 ★★★★★
글감 수준 ★★★★★
글의 길이 936자

⏱ **8**분 안에 풀어보세요.

실업은 개인과 사회에 모두 손해를 끼친다. 먼저 개인은 실업으로 경제적인 어려움을 겪는다. 그리고 일을 통해 얻는 자아실현이 어려워지면서 우울증 등 정신 질환으로 고생하기도 한다. 또한 사회는 자원의 낭비, 기술력의 저하 등을 겪을 수 있다. 그렇다면 개인과 사회 모두에 손실을 끼치는 실업은 왜 발생하는 것일까? 실업의 종류를 살펴보면 실업이 왜 발생하는지 그 이유를 알 수 있다.

실업에는 여러 종류가 있다. 첫째로 ㉠마찰적 실업이 있다. 기업이 태어나고 ㉮자라고 쇠퇴하고 죽는 과정에서 일자리는 생겼다가 없어지기 마련이다. 노동자들은 여러 가지 이유로 일자리를 바꾸기도 한다. 문제는 이런 과정이 즉각적으로 ㉯일어나지 않는다는 것이다. 기업이 자리에 ㉰맞는 사람을 찾고, 노동자가 새 일자리를 찾는 데는 시간이 걸린다. 이 때문에 마찰적 실업이 발생한다.

또 다른 형태는 필요한 노동자의 종류와 시장에 나와 있는 노동자의 종류가 맞지 않아서 발생하는 실업이다. 이를 가리켜 ㉡기술적 실업이라고 한다. 일반적인 경제 이론에 따르면 노동자들은 시장이 요구하는 산업에 필요한 기술을 익혀 그 분야로 진출할 수 있다. 하지만 현실적으로 새로운 일을 익혀 곧바로 그 분야에 ㉱뛰어드는 것은 쉽지 않은 일이다. 스칸디나비아 나라들처럼 체계적인 정부 보조금과 제도적 지원으로 노동자들의 직업 훈련을 ㉲돕는다 해도 기술적 실업을 없애는 것은 쉽지 않다.

대공황이나 글로벌 금융 위기와 같이 수요의 부족으로 인해 실업이 생기는 경우도 있다. 이를 ㉢순환적 실업이라고 부른다. 순환적 실업의 해결책은 경기가 살아나 기업들이 회복하여 새로운 일자리를 창출해 내도록 하는 것이다.

이외에도 정치적 실업, 체제적 실업 등이 있다. 이처럼 우리 사회에는 다양한 형태의 실업이 모두 존재하며 공존하고 있다. 어느 때는 한 가지 형태의 실업이 더 많이 발생하고, 상황이 바뀌면 다른 형태의 실업이 등장하기도 한다.

▲ 스칸디나비아는 보통 북부 유럽에 위치한 덴마크와 함께 스칸디나비아 반도의 노르웨이와 스웨덴 이렇게 세 국가를 일컫는 말이에요. 요즈음은 정치 경제 사회 문화의 유사성으로 핀란드와 아이슬란드까지 포함해 이르기도 한답니다.

- **실업**(失 잃을 실, 業 업 업)
일할 의사와 노동력이 있는 사람이 일자리를 잃거나 일할 기회를 얻지 못하는 상태.

- **손실**(損 덜 손, 失 잃을 실)
잃어버리거나 축이 나서 손해를 봄. 또는 그 손해.

- **수요**(需 구할 수, 要 요구할 요)
어떤 재화나 용역을 일정한 가격으로 사려고 하는 욕구.

정답과 해설 42쪽

1 **이 글의 내용과 일치하지 <u>않는</u> 것은 무엇인가요? (   )**

① 실업은 여러 가지 이유로 인해 발생한다.

② 순환적 실업을 해결하기 위해서는 경기 회복이 필수적이다.

③ 기술적 실업은 정부의 지원을 통해 완벽하게 해결할 수 있다.

④ 마찰적 실업의 원인 중 하나로 구직 활동에 걸리는 시간을 들 수 있다.

⑤ 상황에 따라 특정 형태의 실업이 다른 실업들보다 더 많이 발생할 수 있다.

2 **㉠, ㉡, ㉢을 알맞게 비교한 것은 무엇인가요? (   )**

① ㉠, ㉡은 ㉢에 비해 해결이 더 어렵다.

② ㉠, ㉡은 ㉢과 달리 시간이 지나면 자연적으로 해결된다.

③ ㉠, ㉡은 ㉢과 달리 개인의 노력으로 일부 해결할 수 있다.

④ ㉡이 해결될 경우 ㉠, ㉢도 함께 해결될 수 있다.

⑤ ㉠, ㉡, ㉢을 해결하기 위해서는 정부의 지원이 필수적이다.

3 **㉡에 해당하는 사례로 적절한 것은 무엇인가요? (   )**

① 대규모 정리 해고로 직장을 잃은 A씨

② 장사가 잘 되지 않아 가게를 접은 B씨

③ 실업 수당만으로 생활하며 직업을 구하는 것을 포기한 C씨

④ 주판을 잘 다루지만, 주판이 컴퓨터로 대체되면서 직장을 잃은 D씨

⑤ 월급이 적어서 직장을 그만두고, 더 많은 월급을 주는 직장을 찾는 중인 E씨

4 실업을 줄이기 위한 정책으로 적절하지 <u>않은</u> 것은 무엇인가요? (   )

① 고용을 늘리는 기업에 보조금을 지원해 준다.

② 노동자들이 새로운 기술을 배울 수 있는 직업 학교를 만든다.

③ 노동자들의 이직과 기업의 해고가 더 쉬운 자유로운 노동 환경을 만든다.

④ 경기를 살리기 위해, 투자를 적극적으로 하는 기업에 경제적 지원을 해 준다.

⑤ 노동자가 원하는 직장을 찾고, 기업이 원하는 노동자를 찾을 수 있도록 노동자와 기업을 연결하는 시스템을 만든다.

5 다음 중 ㉮~㉺를 바꾸어 쓴 말로 적절하지 <u>않은</u> 것은 무엇인가요? (   )

① ㉮: 성장하고

② ㉯: 발발하지

③ ㉰: 적합한

④ ㉱: 진입하는

⑤ ㉲: 원조한다

6 빈칸에 알맞은 말을 넣어 이 글의 핵심 내용을 한 문장으로 요약하세요.

한줄
요약

실업의 종류로는 기업이 사람을 찾고, 노동자가 일자리를 찾는 데 걸리는 시간으로 인해 생기는 ☐☐ 실업, 필요한 노동자의 종류와 시장에 나와 있는 노동자의 종류가 맞지 않아 발생하는 ☐☐ 실업, 수요의 부족으로 인해 발생하는 ☐☐☐ 실업 등이 있다.

지문 속 필수 어휘

다음 문장을 읽고, (   ) 안에 공통으로 들어갈 낱말을 완성하세요.

❶
• 한동안 운동을 하지 못해 체력이 (   )되었다.
• (   )된 팀의 사기를 북돋기 위해 주장은 애를 썼다.

저 ㅎ

❷
• 그는 자신에 대한 악성 루머에 (   )인 반응을 보였다.
• (   )으로 조치하지 않으면 참사가 일어날 것이다.

ㅈ ㄱ 적

❸
• 한류를 통해 상당히 많은 부를 (   )해 냈다.
• 고용을 (   )하기 위해서는 정부의 적극적인 노력이 필요하다.

ㅊ 출

❹
• 터키는 동서양 문화가 (   )하는 나라이다.
• 인간은 동식물과 (   )하기 위해 노력해야 한다.

공 ㅈ

다음 문장을 읽고, 두 낱말 중 알맞은 것을 찾아 ○표 하세요.

❺ [정신 질환 / 정신 질한] 을 치료하기 위해 많은 연구들이 진행 중이다.

❻ 고려의 [쇠퇴 / 쇠퉤] 를 틈타 왜구들이 침략해 왔다.

❼ 나는 수업을 마치고 [곧바로 / 곳바로] 집으로 갔다.

잊힐 권리

어휘 수준 ★★★★★
글감 수준 ★★★★★
글의 길이 1,089자

    자신에 대한 틀린 정보가 인터넷상에 돌아다니고 있는 것을 발견했다면 기분이 어떨까? 당장 없애고 싶을 것이다. 그런데 이러한 정보를 삭제할 수 있는 권한은 특정한 기업에 있기 때문에 일반인이 스스로 정보를 지우기란 쉽지 않다. '잊힐 권리'는 바로 이러한 인터넷 환경에서 나온 말이다. 잊힐 권리란 인터넷상의 개인 정보에 대해 유통 기한을 정하거나 틀린 내용을 수정 또는 영구적으로 없앨 것을 요청할 수 있는 권리를 말한다. 이러한 잊힐 권리를 법으로 정하는 것에 대해서는 찬성과 반대 의견이 대립하고 있다.

    잊힐 권리를 법으로 정하는 데에 찬성하는 사람들은 개인의 인권을 보호하기 위해서라고 주장한다. 주로 ㉠신문이나 잡지처럼 종이로 된 인쇄 매체로 정보를 주고받던 시대에는 기사를 오래 보관하기 힘들었고, 시간이 지나면 기사가 사람들의 기억 속에서 점차 잊혀졌기 때문에 그것으로 인한 피해가 크지 않았다. 하지만 인터넷으로 정보를 손쉽게 접하는 오늘날에는 개인에 대한 정보를 쉽게 검색할 수 있고, 한 번 보도된 기사는 언제든지 다시 찾아볼 수 있기 때문에 ㉡기사와 관련된 사람이 이른바 '신상 털기'로 인한 피해를 입을 수 있다. ㉢이러한 일들이 무분별하게 일어난다면 당사자는 정신적으로나 물질적으로 매우 큰 피해를 입을 수 있기 때문에 이를 막을 수 있는 법이 필요하다는 것이다.

    반면 잊힐 권리를 법으로 정하는 것을 반대하는 사람들도 있다. 잊힐 권리가 법으로 정해지면 언론사는 표현의 자유가 제한될 수 있다는 것이다. 사람들이 자신의 기사에 민감하게 반응하고 삭제를 요구하면 언론사는 보도하는 데 조심스러워질 수밖에 없다. 그리고 ㉣기사나 자료가 지나치게 삭제될 경우 정부나 기업, 특정인과 관련된 정보에 대한 국민의 알 권리가 침해될 수 있다. 이들은 ㉤인터넷에 넓게 퍼져 있는 개인의 정보를 찾아 지우는 것은 기술적으로 대단히 어렵고 비용이 많이 들기 때문에도 법으로 정하는 것에 반대한다.

    인터넷이 생활화되어 있는 현대인에게 잊힐 권리는 중요한 문제이다. 잊힐 권리가 나쁘게 사용되는 일을 막으려면 아직도 논의할 것이 많다. 앞으로 잊힐 권리를 둘러싼 문제들이 어떻게 해결되어 나가는지 계속 관심을 갖고 지켜보아야 할 것이다.

● **권한**(權 권리 권, 限 한계 한)
어떤 사람이나 기관의 권리나 권력이 미치는 범위.

● **영구적**(永 길 영, 久 오랠 구, 的 과녁 적)
오래도록 변하지 아니하는. 또는 그런 것.

● **무분별**(無 없을 무, 分 나눌 분, 別 나눌 별)
분별이 없음.

● **침해**(侵 침노할 침, 害 해칠 해)
침범하여 해를 끼침.

1 이 글의 내용으로 알맞은 것은 무엇인가요? (   )

① 인쇄 매체 시대에는 정보를 오래 보관할 수 있었다.
② '잊힐 권리'를 없애야 개인의 인권을 보호할 수 있다.
③ 인터넷상의 정보들은 손쉽게 접하고 손쉽게 삭제할 수 있다.
④ 인터넷상의 개인 정보를 찾아 지우는 데는 많은 비용이 든다.
⑤ '잊힐 권리'가 법으로 정해지면 언론사는 표현의 자유가 생길 것이다.

2 이 글의 전개 방식으로 알맞은 것은 무엇인가요? (   )

① 전문가의 말을 인용해서 주장을 뒷받침하고 있다.
② '잊힐 권리'에 대한 서로 다른 주장을 보여 주고 있다.
③ '잊힐 권리'에 대한 문제점과 해결 방안을 제시하고 있다.
④ '잊힐 권리'가 나타나게 된 과정을 시간 순으로 제시하고 있다.
⑤ 개인적인 경험을 예로 들어 '잊힐 권리'가 무엇인지를 설명하고 있다.

3 ㉠~㉤ 중, '잊힐 권리'를 법으로 정하는 것에 대한 찬성과 반대의 주장을 뒷받침하는 근거로 알맞지 <u>않은</u> 것은 무엇인가요? (   )

① ㉠   ② ㉡   ③ ㉢
④ ㉣   ⑤ ㉤

4 다음 중 '잊힐 권리'를 법으로 정하는 것을 찬성할 사람은 누구일지 모두 골라 기호를 쓰세요.

> ㉮ 취업 준비생인 가영이는 인터넷에 무심코 악성 댓글을 썼던 것이 취업에 나쁜 영향을 미칠까 걱정하고 있다.
>
> ㉯ 나영이는 자신이 사는 지역 국회 의원의 경력과 활동 내용, 공약을 지키고 있는지의 여부 등이 궁금하였다.
>
> ㉰ 다영이는 인터넷에 자신의 이름을 검색해 보고 자신도 모르게 자신의 사진들이 올라와 있는 것을 알게 되었다.

(   )

5 다음 사실에서 이끌어 낼 수 있는 내용으로 알맞은 것에 ○표 하세요.

> • 인터넷에 정보의 객관성이 떨어지는 기사가 점점 많아짐.
> • '잊힐 권리'는 '개인의 인권 보호'라는 입장과 '알 권리 보장'이라는 입장이 대립됨.

(1) 인터넷 사용이 늘면서 '잊힐 권리'를 주장하는 사람들이 많아질 것이다. (   )

(2) 개인 정보를 수정하고 삭제하는 것은 개인의 자유에 맡겨야 한다.   (   )

한줄
요약

6 빈칸에 알맞은 말을 넣어 이 글의 핵심 내용을 한 문장으로 요약하세요.

인터넷상의 개인 정보를 삭제하는 '잊힐 권리'에 대해서 개인의 ☐☐을 보호하기 위해 잊힐 권리는 법으로 정해져야 한다는 주장과 표현의 ☐☐가 제한되고 알 권리가 침해될 수 있어 잊힐 권리를 법으로 정하는 것에 반대하는 주장이 있다.

지문 속 필수 어휘

낱말의 뜻을 참고하여, 다음 문장의 빈칸에 들어갈 알맞은 낱말을 완성하세요.

❶ 유제품을 살 때에는 반드시 ☐ 유 ☐ 통 ☐ 기한을 확인해야 한다.

　　　　　　화폐나 물품 따위가 세상에서 널리 쓰임.

❷ 아버지와의 의견 ☐ 대 ☐ ㄹ ☐ 으로 진로를 결정하기가 쉽지 않았다.

　　　　　　의견이나 처지, 속성 따위가 서로 반대되거나 모순됨. 또는 그런 관계.

❸ 어른뿐만 아니라 아동의 ☐ 유 ☐ 권 ☐ 도 보장되어야 한다.

　　　　　　인간으로서 당연히 가지는 기본적 권리.

❹ 이곳은 ☐ 제 ☐ ㅎ ☐ 구역이니 함부로 들어오지 마시오.

일정한 한도를 정하거나 그 한도를 넘지 못하게 막음.

다음 밑줄 친 말의 알맞은 뜻을 찾아 번호를 쓰세요.

❺ 이번 행사는 <u>특정</u> 지역에서만 실시한다.　　　　　　　　　　　　(　　　)
　　① 특별히 구분한
　　② 특별히 지정한

❻ 통일을 위한 <u>논의</u>가 한창 진행 중이다.　　　　　　　　　　　　　(　　　)
　　① 어떤 문제에 대하여 서로 의견을 내어 토의함. 또는 그런 토의.
　　② 서로 다른 의견을 가진 사람들이 각각 자기의 주장을 말이나 글로 논하여 다툼.

다음 문장을 읽고, (　　) 안에 공통으로 들어갈 낱말을 완성하세요.

❼
　• 시간이 흐르고 그의 (　　　)에 변화가 왔다.　　　　　　　☐ ㅅ ☐ 상 ☐
　• 목격자의 (　　　)을 보호하기 위해 힘을 쏟고 있다.

❽
　• 이 사건은 (　　　)끼리 합의해서 조용히 해결해야 한다.　　☐ 당 ☐ ㅅ ☐ 자 ☐
　• 그는 피해를 입은 (　　　)를 직접 만나 사과하고 싶었다.

엄마 손은 약손

8분 안에 풀어보세요.

어휘 수준 ★★★★★
글감 수준 ★★★★★
글의 길이 866자

가 엄마 손의 치료 효과는 얼토당토않은 것이 아니라 과학적으로 ㉠여러 가지 근거가 있다. 그중 하나로 위약 효과가 있다. 위약 효과란 환자의 불안감을 없애기 위하여 의사가 환자에게 주는, 가짜 약물로 생기는 효과를 말한다. 이에 따르면, 약이 실제로 효과가 없어도 그 약을 먹으면 나을 것이라는 믿음 때문에 환자의 고통이 사라진다고 한다.

나 아이들이 배가 아픈 것은 낮에 차가운 것을 너무 많이 먹었기 때문일 수 있다. 흔히 배가 차가워진 상태에서는 소화가 제대로 되지 않는다. 이렇게 배에 탈이 났을 때, 따뜻한 손길로 배 주변을 쓸어 주는 것만으로도 치료 효과가 있을 수 있다. 손에 있는 온기가 배의 온기와 만나 배를 따뜻하게 해 주면 차가운 상태에 있는 배가 안정되어 배앓이가 치료되기 때문이다.

다 또, 배를 쓸어 주면 장운동이 활발해지기 때문에 아픔이 사라지기도 한다. 한의학에서는 위와 같이 장이 약한 사람에게 배를 둥글게 비벼 주는 운동을 적극적으로 권한다. 배꼽을 중심으로 시계 방향으로 원을 그리면서 배를 꾹꾹 누르며 쓸어 주면, 장운동이 활발해져서 변비가 사라지고 아랫배의 살이 빠지는 효과를 볼 수 있다는 것이다.

라 몸에 있는 기를 주고받기 때문에 치료 효과가 있다는 주장도 있다. 아이들의 배앓이는 몸에 맞지 않는 기운이 들어와서 생긴다고 한다. 배를 쓸어 줄 때 어머니의 기가 아이에게 전달되면, 배 부분에 막혀 있던 기운이 풀리면서 아픔이 사라지게 된다는 것이다.

마 마지막으로 엄마 손의 약효는 '사랑 확인 이론'으로 설명되기도 한다. 배앓이와 같은 증상들은 가족이나 친구들의 관심을 불러일으킨다. 그래서 아픈 사람에게 주위 사람들의 동정심과 보살핌이 전해지면, 아픈 사람은 심리적인 안정을 얻게 되어 병이 치료되는 것이다.

▲ 혹시 주변에 있는 사람이 가벼운 병으로 아파한다면 그 사람에게 따뜻한 마음을 전해 보세요. '사랑 확인 이론'에 따라, 따뜻한 마음이 그 사람에게 전해진다면 엄마 손처럼 그의 병이 곧 낫게 될지도 모르니까요.

● **위약**(僞 거짓 위, 藥 약 약)
환자에게 심리적 효과를 얻도록 하려고 주는 가짜 약.

● **기**(氣 기운 기)
눈에는 보이지 않으나 느껴지는 기운.

1 **이 글을 쓰기 위한 계획하기 단계에서 메모한 내용으로 알맞은 것은 무엇인가요?**

(   )

① 글의 목적: 위약에 대한 정보를 제공함.
② 읽을 대상: 약 먹기를 힘들어하는 아이들
③ 표현 방법: 다정하고 친근한 대화체로 표현함.
④ 전달 매체: 배앓이 치료의 중요성을 알리는 영상 광고
⑤ 글의 주제: 엄마 손의 치료 효과는 과학적으로 근거가 있음.

2 **㉠에 해당하는 내용으로 볼 수 <u>없는</u> 것은 무엇인가요? (   )**

① 위약 효과가 있다.
② 장운동이 활발해지게 한다.
③ 실제로 약물이 효과가 있다.
④ 손의 온기가 배를 안정시킨다.
⑤ 심리적인 안정을 얻게 되어 병이 치료된다.

3 **'위약 효과'에 대한 설명으로 알맞은 것은 무엇인가요? (   )**

① 위약이 몸에 해가 된다.
② 위약으로 대부분의 병이 치료된다.
③ 실제 치료 효과가 있는 약물을 쓴다.
④ 위약 때문에 고통이 사라지기도 한다.
⑤ 약의 효과를 믿지 않아서 나타나는 현상이다.

4 보기 의 내용이 들어가기에 알맞은 곳은 어디인가요? (   )

> **보기**
>
> 예를 들어, 약 모양으로 만든 비스킷을 배가 아플 때 듣는 좋은 약으로 알고 먹은 사람 가운데에 많은 사람이 아픔이 없어졌다고 말한다. 또, 실제로 아프지도 않은데 심리적인 이유로 아픔을 호소하는 사람들에게 밀가루로 만든 약을 주면 아픔이 사라지기도 한다.

① 가 의 뒤   ② 나 의 뒤
③ 다 의 뒤   ④ 라 의 뒤
⑤ 마 의 뒤

5 다음 중, '사랑 확인 이론'으로 설명되는 치료 효과는 무엇인가요? (   )

① 아침마다 줄넘기를 하면서부터 다리가 덜 저렸다.
② 할머니가 곁에 있어 주시니 아픈 증상이 사라졌다.
③ 음식을 골고루 먹었더니 감기에 잘 걸리지 않았다.
④ 산에 올라가 좋은 공기를 마셨더니 두통이 없어졌다.
⑤ 의사 선생님을 만난 것만으로도 병이 나은 기분이었다.

한줄요약

6 빈칸에 알맞은 말을 넣어 이 글의 핵심 내용을 한 문장으로 요약하세요.

엄마 손의 치료 효과는 [ ][ ] 효과, 손의 온기가 배를 따뜻하게 해 주는 효과, 장운동이 활발해지는 효과, 몸의 기를 주고받는 효과, '[ ][ ] 확인 이론'으로 설명되는 효과 등 과학적으로 여러 가지 근거가 있다.

지문 속 필수 어휘

낱말의 뜻을 참고하여, 다음 문장의 빈칸에 들어갈 알맞은 낱말을 완성하세요.

❶ 가만가만 등을 쓰다듬는 어머니의 | ㅅ | 길 | 에 그만 잠이 들었다.

　　　　　내밀거나 잡거나 닿거나 만지거나 할 때의 손.

❷ 오랜만에 바닥에 이불을 깔고 누웠더니 방바닥의 | 온 | ㄱ | 가 느껴졌다.

　　　　　따뜻한 기운.

❸ 우리는 마음의 | ㅇ | 정 | 을 찾을 때까지 쉼터에서 쉬기로 하였다.

　　육체적 또는 정신적으로 편안하고 고요함.

문제 속 개념어

계획하기 단계 計 셀 계, 劃 그을 획, 段 층계 단, 階 섬돌 계

글을 쓰는 과정 중 글쓰기 계획을 세우는 단계입니다. 먼저 글을 쓰는 목적과 읽을 사람을 생각하고, 쓸 내용을 떠올립니다. 글을 쓰기 위하여 계획하고 내용을 떠올리면 글을 읽는 사람이 내용을 이해하기 쉽고 글을 좀 더 짜임새 있게 쓸 수 있습니다.

| 계획하기 | → | 내용 조직하기 | → | 글로 쓰기 | → | 고쳐쓰기 |

▲ 글 쓰는 과정

❹ 글 쓰는 과정에서 글을 쓰는 상황과 목적을 고려해야 하는 단계에 ○표 하세요.

(1) 계획하기　(　　　)　　　　　(2) 내용 조직하기　(　　　)

(3) 글로 쓰기　(　　　)　　　　　(4) 고쳐쓰기　　　(　　　)

나노 기술

어휘 수준 ★★★★★
글감 수준 ★★★★★
글의 길이 802자

㉠아프지 않은 주사기를 상상해 본 적이 있는가? 나노 기술을 이용하면 우리가 상상만 해 왔던 일들이 실제로 실현될 가능성이 높다. '나노'는 10억 분의 1을 지칭하는 말로, 1나노미터는 머리카락 굵기의 10만 분의 1 정도이다. 나노 물질은 크기가 매우 작아서 인간의 눈으로는 볼 수 없고, 전자 현미경을 이용해야만 관찰이 가능하다. 나노 기술은 이처럼 물질의 특성을 나노 차원에서 규명하여 활용하는 기술을 가리킨다.

나노 기술은 두 가지 종류로 구분할 수 있다. 하나는 큰 것을 작게 만드는 기술이고 다른 하나는 물질의 알갱이를 새롭게 배열하여 새로운 물질을 만드는 기술이다. 큰 것을 작게 만드는 기술은 교실만 한 컴퓨터를 손바닥 크기로 작고 가볍게 만드는 데 이용된다. 물질의 알갱이를 새롭게 배열하여 새로운 물질을 만드는 기술은 철보다 강하면서도 가벼운 특성을 가진 소재를 개발하는 데 이용된다.

㉮ 그렇다면 나노 기술의 미래는 어떨까? 정보 통신 분야에서는 우주에서도 통화가 가능한 휴대 전화, 각자 자기 나라 말로 외국인과 자유롭게 대화할 수 있는 실시간 동시 통역기 등을 개발 중이다. 의학 분야에서는 공기는 통하고 바이러스는 걸러 주는 투명 마스크, 몸속 구석구석을 관찰, 진단, 수술하는 의료용 로봇 등이 개발되고 있다. 산업 분야에서는 멀리서도 리모컨 하나로 색을 바꿀 수 있는 자동차, 빛을 받으면 스스로 표면을 깨끗하게 하는 청소 용품에 대한 연구가 진행되고 있다.

나노 기술은 앞으로도 우리 생활의 다양한 분야에서 이용될 것이다. 그리고 이 기술은 미래 산업 전반과 과학 기술의 발전에 크게 ⓐ기여할 것으로 기대된다.

● **규명**(糾 얽힐 규, 明 밝을 명)
어떤 사실을 자세히 따져서 바로 밝힘.

● **구분**(區 나눌 구, 分 나눌 분)
일정한 기준에 따라 갈라 나눔.

● **소재**(素 본디 소, 材 재목 재)
어떤 것을 만드는 데 바탕이 되는 재료.

정답과 해설 45쪽

1 **이 글의 글쓰기 전략으로 적절하지 않은 것은 무엇인가요? (   )**

① 질문을 던지는 방식으로 화제를 설명하고 있다.

② 화제가 지니고 있는 뜻을 풀이하여 설명하고 있다.

③ 구체적 수치를 밝혀 화제의 특성을 설명하고 있다.

④ 화제를 기준에 따라 나누는 방식으로 설명하고 있다.

⑤ 유사한 특성을 지닌 다른 화제와의 공통점을 설명하고 있다.

2 **이 글의 내용과 일치하지 않는 것은 무엇인가요? (   )**

① 나노 물질은 크기가 작아서 전자 현미경을 이용해야만 관찰할 수 있다.

② 나노 기술은 물질의 특성을 나노 차원으로 다루어 활용하는 기술을 가리킨다.

③ 나노 기술은 큰 것을 작게 만드는 기술과 새로운 물질을 만드는 기술로 나눌 수 있다.

④ 의학 분야에서는 나노 기술을 활용하여 투명 마스크나 의료용 로봇에 대한 개발이 진행되고 있다.

⑤ 산업 분야에서는 나노 기술을 활용하여 빛을 받으면 색이 바뀌게 되는 자동차 연구가 진행되고 있다.

3 보기 **를 참고할 때 ㉠에 대한 답을 추론한 내용으로 가장 적절한 것은 무엇인가요?**

( )

> 보기
>
> 주사를 맞으면 아픈 이유는 사람의 피부에 통증을 느끼게 하는 통점이 있기 때문이다. 주사 바늘이 피부를 찌를 때 바로 이 통점을 자극하여 아픔을 느끼게 되는 것이다. 통점은 주로 우리 피부에 조밀하게 흩어져 있는데 피부 표면에 1㎠당 100~200개 정도가 있다고 한다.

① 주사 바늘을 얇고 작게 만들어 통점을 피해 주사를 놓으면 된다.

② 통점에서 느낄 수 있는 아픔의 강도를 줄이는 약품을 개발하면 된다.

③ 주사 바늘을 피부에 찌를 때 가해지는 힘을 줄여 통증을 줄이면 된다.

④ 현재 주사를 놓는 부위를 팔이나 엉덩이가 아닌 다른 부위로 조정하면 된다.

⑤ 주사 바늘의 끝을 뭉툭하게 만들어 통점을 자극하는 정도를 적게 하면 된다.

4 ㉮를 언급한 글쓴이의 의도로 가장 적절한 것은 무엇인가요? (　　　)

① 나노 기술이 지닌 주요 기술적인 원리를 소개하고 그 발전 과정을 제시한다.

② 나노 기술이 발전하게 된 사회적 배경을 밝히고 앞으로의 발전 분야를 제시한다.

③ 나노 기술이 지닌 기술적 장점을 소개하고 앞으로 나아가야 할 방향을 제시한다.

④ 나노 기술이 인간 생활에 유용한 점을 밝히고 그 활용에서 유의할 점을 제시한다.

⑤ 나노 기술이 다양한 분야에서 개발 중임을 밝히고 응용 가능한 기술임을 제시한다.

5 ⓐ와 다음에 나오는 낱말의 관계로 알맞은 것에 ○표 하세요.

| 기여 | 이바지 |

(1) 뜻이 서로 비슷한 낱말이다. 　　　　　　　　　　　　　　　　　　　(　　　)

(2) 뜻이 서로 반대되는 낱말이다. 　　　　　　　　　　　　　　　　　　(　　　)

(3) 한 낱말의 뜻이 다른 낱말에 포함된다. 　　　　　　　　　　　　　　(　　　)

6 한줄요약 빈칸에 알맞은 말을 넣어 이 글의 핵심 내용을 한 문장으로 요약하세요.

나노 기술은 [　　] 의 특성을 나노 차원에서 규명하여 활용하는 기술로, 큰 것을 작게 만드는 기술과 물질의 알갱이를 새롭게 배열하여 새로운 물질을 만드는 기술이 있으며, 정보 통신, [　　], 산업 전반 등 다양한 분야에서 개발 중이다.

지문 속 필수 어휘

낱말의 뜻을 참고하여, 다음 문장의 빈칸에 들어갈 알맞은 낱말을 완성하세요.

❶ 이번 계획은 여러모로 실 ㅎ 가능성이 높다고 할 수 있다.
　　　　　　　　꿈, 기대 따위를 실제로 이룸.

❷ 주민들은 사건의 진상 ㄱ 명 을 촉구하였다.
　　　　　　　어떤 사실을 자세히 따져서 바로 밝힘.

❸ 책의 ㅂ 열 이 가지런해서 보기 좋았다.
일정한 차례나 간격에 따라 벌여 놓음.

다음 낱말의 뜻을 참고하여, 다음 문장의 (　　) 안에 들어갈 낱말을 넣어 보세요.

개발
⑴ 토지나 천연자원 따위를 유용하게 만듦.
⑵ 지식이나 재능 따위를 발달하게 함.
⑶ 산업이나 경제 따위를 발전하게 함.
⑷ 새로운 물건을 만들거나 새로운 생각을 내어놓음.

계발 슬기나 재능, 사상 따위를 일깨워 줌.

❹ 새로운 식품을 (　　　　)하여 곧 상품으로 출시할 예정이다.

❺ 선생님은 학생의 잠재된 창의성이 (　　　　)되도록 노력해야 한다.

지시 표현의 세계

8분 안에 풀어보세요.

어휘 수준 ★★★★★
글감 수준 ★★★★★
글의 길이 1,066자

　모든 사물에는 고유한 이름이 있다. 이것들은 이름 그대로 문장에서 사용되기 때문에 하나의 문장 안에서도 얼마든지 이해될 수 있다. 그러나 '이, 그, 저'로 대표되는 지시 표현은 해당 사물을 지칭하면서도 본래 명칭으로 표현되는 것이 아니기 때문에 반드시 앞이나 뒤의 장면을 통해서만 구체적인 내용을 확인할 수 있다.

　'이, 그, 저'는 원근을 나타낸 표현이다. 기본적으로 '이'는 말하는 사람과 가까운 표현, '그'는 듣는 사람과 가까운 표현, '저'는 말하는 사람과 듣는 사람으로부터 먼 표현으로 사용된다. '이는 우리의 소망이야.'에서처럼 '이'는 일정한 사건을 지시하는 대명사로 사용되기도 한다. 한편 '이, 그, 저'가 연결된 표현은 주로 이야기의 장면에서 실제로 존재하는 사물을 가리키는 데에 사용된다.

　'이것, 그것, 저것', '이이, 그이, 저이', '이리, 그리, 저리'에서도 원근 개념을 그대로 반영하고 있다. '이때, 그때, 접때'의 경우에는 현재를 기준으로 하여 지금이면 '이때', 사건이 일어난 과거의 시간이면 '그때', 그리고 가장 오래전의 시간이면 '접때'가 쓰인다. 여하튼 말할 때 말하는 사람을 기준으로 한 '이, 그, 저'의 표현은 과거로부터의 거리를 잘 드러내 주고 있다고 할 수 있다.

　지시 표현은 대개 앞에 나온 내용을 지시하는 것이 일반적이다. 그러므로 원근 표현은 해당 문장만으로 지시하는 내용이 정확히 어떤 것인지 알 수 없는 경우가 대부분이다. 즉 앞에 나오는 문장들을 통해서만 완전히 파악될 수 있는 것이다. 그런데 특이하게도 지시 표현이 뒤에 나오는 내용을 지시하는 경우가 있다. '자넨 이것을 알아야 해. 정의는 결국 이긴다는 것을 말이야.'에서 볼 수 있듯이 지시 표현 '이것'은 뒤에 나오는 '정의는 결국 이긴다'라는 내용을 지시하고 있지만, '그것, 저것'은 불가능하다. 이때의 '이것'이라는 지시 표현은 일반적인 '이, 그, 저'와는 차이가 있어 보인다. ㉠뭔가 힘주어 강조하는 내용을 말하는 사람이 주장하려고 할 때 '이것'이라는 표현을 사용한다. 이는 '이것'이 '그것, 저것'보다 말하는 사람과 가까운 내용을 지시할 수 있기 때문인 것으로 판단된다.

● **고유**(固 굳을 고, 有 있을 유)
본래부터 가지고 있는 특유한 것.

● **지칭**(指 가리킬 지, 稱 일컬을 칭)
어떤 대상을 가리켜 이르는 일. 또는 그런 이름.

● **원근**(遠 멀 원, 近 가까울 근)
멀고 가까움. 먼 곳과 가까운 곳의 사람.

1 이 글에 대한 설명으로 가장 알맞은 것은 무엇인가요? (   )

① 대상 간의 차이점을 중심으로 설명하고 있다.

② 비유와 상징을 활용하여 독자의 이해를 돕고 있다.

③ 구체적인 사례를 들며 설명한 내용의 오류를 지적하고 있다.

④ 시간의 흐름에 따라 변화하는 언어의 모습을 제시하고 있다.

⑤ 전문 용어를 일상적 용어로 풀이하며 논의를 진행하고 있다.

+ 수능연결

'시간의 흐름'이란 과거에서 현재로 이어지며 시간이 흐르는 것을 말합니다. 예를 들어 지문에 '초기에는', '오늘날에는', '2000년대에는'과 같이 시간 표현이 드러납니다. 시간 표현이 나타날 때는 대상의 변화 과정이 나타나는 경우가 많습니다.

> 작가주의의 영향력은 오늘날까지도 이어지고 있다. 예컨대 작가주의로 인해 '좋은' 영화 혹은 '위대한' 감독들이 선정되었고, 이들은 지금도 영화 교육 현장에서 활용되고 있다.

시간의 흐름

16. 윗글에 대한 설명으로 가장 적절한 것은?

① 작가주의에서 쟁점이 되는 부분을 시간의 흐름에 따라 설명하고 있다.

② 작가주의의 문제점을 제시한 뒤 그것이 해결되는 과정을 설명하고 있다.

③ 작가주의와 그에 대립하는 비평 이론을 구체적인 예를 통해 서로 비교하고 있다.

④ 작가주의의 개념을 설명한 뒤 구체적○

⑤ 작가주의가 영화 비평계에 끼친 영향

고 있다.

수능에는 시간의 흐름에 따른 대상의 변화 과정을 나타낸 글에서 자주 언급돼요.

2 이 글의 내용과 일치하지 <u>않는</u> 것은 무엇인가요? (   )

① '이'는 일정한 사건을 지시하는 대명사로 사용되기도 한다.

② '이, 그, 저'가 연결된 표현 중 시간을 나타내는 것도 있다.

③ 강조하는 내용을 주장하려고 할 때 주로 '그것'을 사용한다.

④ 지시 표현은 대개 앞에 나온 내용을 지시하는 것이 일반적이다.

⑤ 모든 사물의 고유한 이름은 하나의 문장 안에서도 이해될 수 있다.

3 보기 의 ㉮~㉺에 대한 반응으로 알맞지 <u>않은</u> 것은 무엇인가요? (   )

> **보기**
>
> 　지원이는 어제 경복궁에 갔다. 그리고 ㉮그곳에서 어머니와 함께 온 주형이를 만났다.
>
> 주형: (어머니와 지원이에게) ㉯저쪽은 내 친구이고, ㉰이쪽은 우리 어머니예요.
> 지원: 안녕하세요?
> 주형 어머니: (친구를 보며) ㉱접때 나에게 말하던 그 친구구나. ㉲이리로 오렴. 간식을 같이 먹자.

① ㉮: 앞 문장에서 지원이가 어제 갔다고 밝힌 경복궁을 가리키는 말이군.
② ㉯: 지원이는 주형이와 주형이 어머니 모두에게 가까이 있음을 알 수 있군.
③ ㉰: 주형이의 위치를 기준으로 주형이의 어머니는 지원이보다 주형이와 가까이에 있겠군.
④ ㉱: 주형이는 어머니와 지원이에 대한 이야기를 나눈 적이 있군.
⑤ ㉲: 주형이 어머니는 지원이에게 자신과 가까운 거리로 다가오라고 말씀하시는군.

4 '나는 그것을 먹었다.'라는 문장에서 '그것'에 대한 학생의 반응으로 가장 알맞은 것은 무엇인가요? (   )

① '그것' 자리에 '이것'이나 '저것'을 넣을 수 없는 경우이군.
② 이 문장만으로는 '그것'이 지시하는 내용을 파악할 수 없군.
③ '그것'은 사물뿐만 아니라 사람이나 시간을 지칭할 수도 있군.
④ '그것'만으로는 원근을 알 수 없으므로 꾸며 주는 말을 붙여야겠군.
⑤ '그것'은 '나'가 말하는 사람에게서 가까운 곳에 있음을 나타내는군.

5 빈칸에 알맞은 말을 넣어 이 글의 핵심 내용을 한 문장으로 요약하세요.

한줄
요약

　지시 표현 '　　　'은 '그것, 저것'보다 말하는 사람과 가까운 내용을 지시할 수 있

고, 　　　 하는 내용을 표현하고자 할 때도 사용된다.

지문 속 필수 어휘

낱말의 뜻을 참고하여, 다음 문장의 빈칸에 들어갈 알맞은 낱말을 완성하세요.

❶ 경찰은 그녀에게 그 사실에 대해 좀 더 | ㄱ | ㅊ | 적 |으로 말해 주기를 요청하였다.

실제적이고 세밀한 부분까지 담고 있는. 또는 그런 것.

❷ 우리가 | 일 | ㅂ | 적 |으로 생각하는 영양소 중에는 비타민이 있다.

일부에 한정되지 아니하고 전체에 걸치는. 또는 그런 것.

❸ 그를 만나기 위해 많은 사람이 | 원 | ㄱ | 각처에서 달려왔다.

먼 곳과 가까운 곳. 또는 그곳의 사람.

❹ 시간급제는 종업원이 일한 시간을 | ㄱ | 준 |으로 임금이 지급되는 것이다.

기본이 되는 표준.

다음 문장을 읽고, (   ) 안에 공통으로 들어갈 낱말을 완성하세요.

❺
- 생활한복은 우리 (   )의 멋에 실용성을 덧붙여서 만들었다.
- (   )한 글을 가진 민족은 세계에서 얼마 안 된다.

| ㄱ | 유 |

❻
- 백화점에 (   )한 상품이 진열되어 있다.
- 가을의 산에 (   )한 빛깔의 단풍이 가득하였다.

| 다 | ㅇ |

❼
- 유행성 독감은 (   ) A형과 B형이다.
- 씨앗은 (   ) 이른 봄에 뿌린다.

| 대 | ㄱ |

❽
- 그는 자신의 (   )만을 고수하는 외골수이다.
- 여학생들은 그의 (   )에 그리 동조하는 기색은 아니었다.

| ㅈ | 장 |

영화 속 소리

어휘 수준 ★★★★★
글감 수준 ★★★★★
글의 길이 877자

영화의 옛 이름이 '활동사진'이었던 것에서 알 수 있듯이 영화는 움직이는 사진, 즉 시각 매체로 출발하였고, 소리는 영화의 주요 요소가 되지 못하였다. 그래서 영화 속 소리는 영화의 예술적 효과와 상상력을 빼앗는 것으로 비판받기도 하였다.

하지만 영화를 볼 때 소리를 없앤다면 어떻게 될까? 아마 내용이나 분위기, 인물의 심리 등을 파악하기 힘들 것이다. 영화 속 소리는 영상과 떼서 생각할 수 없는 필수 요소이기 때문이다.

영화의 소리에는 배우가 하는 말인 대사, 빗소리나 자동차 소리 같은 음향 효과, 영화 장면의 배경으로 깔리는 음악 등이 있다. 영화에서는 이러한 소리들이 어울려 다양한 기능을 수행하고 있다. 먼저, 영화 속 소리는 내용을 전달하는 데 도움을 줄 수 있다. 줄거리 전개에 도움을 주기도 하고 작품의 의미를 전달하거나 주제를 강조하는 역할을 하기도 한다. 또한 영상에 현실감을 주고, 영상의 시·공간적 배경을 확인해 주는 역할도 한다. 예를 들어 전쟁 상황을 표현하기 위해 영화 속 소리로 총소리나 대포 소리를 사용한다면 ㉠영상의 사실성을 높일 수 있다.

또한 영화 속 소리는 영화의 분위기를 조성하고 인물의 심리도 표현할 수 있다. 예를 들어 높은 소리를 사용하면 불안감이나 긴박감을 자아낼 수 있고, 낮은 소리를 사용하면 두려움이나 장엄함 등을 표현할 수 있다. 그리고 점차 빨라지는 소리를 통해서는 긴장감이 고조되는 상황을, 반대로 점차 느려지는 소리를 통해서는 여유롭고 부드러운 분위기를 연출할 수 있다.

마지막으로, 영화 속 소리는 다른 시간과 장소에서 찍은 장면들을 연결하여 하나의 이야기를 만든다. 예를 들어 다큐멘터리의 내레이션은 각기 다른 시간과 장소에서 찍은 장면들을 자연스럽게 이어 붙여서 한 편의 작품으로 완성해 주는 역할을 한다.

● **긴박감**(緊 긴할 긴, 迫 핍박할 박, 感 느낄 감)
매우 다급하고 절박한 느낌.

● **장엄**(莊 씩씩할 장, 嚴 엄할 엄)
씩씩하고 웅장하며 위엄 있고 엄숙함.

● **내레이션**(narration)
장면에 나타나지 않으면서 장면의 진행에 따라 그 내용이나 줄거리를 해설하는 일. 또는 그런 해설.

1 이 글의 제목으로 알맞은 것은 무엇인가요? (   )

① 영화 속 소리의 탄생
② 영화 속 소리의 종류
③ 영화 속 소리의 개념
④ 영화 속 소리의 역할
⑤ 영화 속 소리의 조건

2 이 글에 사용된 내용 전개 방식을 모두 찾아 ○표 하세요.

(1) 예를 제시하여 독자의 이해를 돕고 있다.   (   )
(2) 대등한 자격을 지닌 내용을 나열하고 있다.   (   )
(3) 두 대상의 공통점을 중심으로 설명하고 있다.   (   )
(4) 문제의 원인과 그 해결 방안을 제시하고 있다.   (   )

3 이 글을 읽은 독자의 반응으로 알맞지 <u>않은</u> 것은 무엇인가요? (   )

① 아름: 영화의 분위기를 제대로 조성하려면 소리 선택에 신중해야겠군.
② 유진: 영화 속 소리는 작품의 의미를 전달하는 수단이 될 수도 있겠군.
③ 소희: 현대 영화에서는 소리 없이 작품을 완성한다는 것을 생각하기 어렵겠군.
④ 채민: 영화 속 소리는 영화의 예술적 효과와 상상력을 빼앗는 단점을 극복해야겠군.
⑤ 수찬: 다른 시간과 장소에서 찍은 장면들이 하나의 이야기처럼 느껴졌다면 소리 덕분일 수도 있겠군.

4 다음 중 영화 속 소리가 ㉠을 높이는 방향으로 사용되지 <u>않은</u> 것은 무엇인가요?

( )

① 수업 장면에 선생님의 강의 소리를 넣는다.
② 교통사고 장면에 자동차 충돌 소리를 넣는다.
③ 전학 가는 친구를 배웅하는 장면에 슬픈 음악을 넣는다.
④ 지하철을 타고 가는 장면에 지하철 안내 방송을 넣는다.
⑤ 목장의 풍경을 보여 주는 장면에 소 울음소리를 넣는다.

5 이 글을 바탕으로 다음 영화에 대해 바르게 이해한 것은 무엇인가요? ( )

> 남자와 여자가 사랑의 말을 속삭이는 장면에서는 밝고 경쾌한 음악이 사용되지만, 둘의 사이가 벌어지면서부터는 대화도 짧아지고 음악 소리만 커진다. 그리고 갈등이 최고조일 때는 아예 대화가 없어지고 음악은 무겁게 가라앉는다.

① 소리를 통해 영상의 공간적 배경을 제시하고 있다.
② 소리의 빠르기를 통해 영상에 현실감을 부여하고 있다.
③ 인물의 심리 변화를 드러내는 데 소리를 활용하고 있다.
④ 소리가 영화의 주요 요소가 되지 못함을 보여 주고 있다.
⑤ 영상의 시각적 이미지가 주는 예술적 효과를 강조하고 있다.

6 빈칸에 알맞은 말을 넣어 이 글의 핵심 내용을 한 문장으로 요약하세요.

한줄요약

영화 속 소리는 작품의 내용 전달, 영상의 시·공간적 배경의 확인, 현실감 부여, 분위기 조성, 인물의 심리 표현, 다른 시간과 공간에서 찍힌 장면의 연결 등 다양한 ☐☐을 수행하는 것으로, 영상과 뗄 수 없는 ☐☐ 요소이다.

지문 속 필수 어휘

다음 문장을 읽고, ( ) 안에 공통으로 들어갈 낱말을 완성하세요.

❶
- 그는 맡은 바 임무를 성실히 (   )하였다.
- 우리 군은 효과적인 작전을 (   )하여 대승리를 거두었다.

수	ㅎ

❷
- 그들은 자신들의 입장에 유리하게 여론을 (   )하였다.
- 학교에서는 책 읽는 분위기를 (   )하기 위해 힘을 쏟고 있다.

ㅈ	성

❸
- 역전의 기미가 보이자 관중석의 열기가 점차 (   )되었다.
- 양국 간에 무역 마찰로 인한 갈등이 점차 (   )되고 있다.

ㄱ	조

낱말의 뜻을 참고하여, 다음 문장의 빈칸에 들어갈 알맞은 낱말을 완성하세요.

❹ 같은 약이라도 환자의 상태에 따라 치료 [효][ㄱ] 가 다를 수 있다.

어떤 목적을 지닌 행위에 의하여 드러나는 보람이나 좋은 결과.

❺ 배우는 강렬한 눈빛 연기를 통해 주인공의 [심][ㄹ] 를 표현하기 위해 노력한다.

마음의 작용과 의식의 상태.

❻ 금방이라도 전쟁이 터질 듯한 [긴][ㅂ][ㄱ] 이 흘렀다.

매우 다급하고 절박한 느낌.

❼ 태양이 산 너머 광활한 벌판에 불이라도 지른 것처럼 서쪽 하늘이 온통 화려하고

[장][ㅇ] 하게 타올랐다.

씩씩하고 웅장하며 위엄 있고 엄숙함.

독해가 모든 공부의
기본인 이유

국어를 못하면, 사회와 영어는 물론이고 수학과 과학 같은 교과목도 잘하지 못하는 경우가 많습니다. 더 정확히 말해 국어에서의 독해 능력이 부족하면 다른 교과목에서의 성적도 좋을 수 없다는 뜻입니다. 왜 그런지 이유를 생각해 볼까요?

● 다음 그림을 보고 괄호 안에 들어갈 말을 적어 보세요.

현대 사회는 (   ) 사회이다.

정답은 '**정보화**'입니다. 답을 맞췄나요?

정보화 사회라고 하는 말은 한번쯤 들어 보았을 거예요. 정보화 사회란 말 그대로 양적, 질적으로 다양한 정보가 인터넷과 같은 네트워크를 통해 소통되는 사회입니다. 정보화 사회에서는 가치 있는 정보를 선별하여 수용하고, 이를 응용하여 또 다른 가치 있는 것을 만들어 내는 능력이 중요합니다.

그런데 지식과 정보의 형식이 다양해졌다고 해도 여전히 대부분은 '글'을 바탕으로 하고 있습니다. 따라서 정보를 비판적으로 수용하기 위해서는 '글'을 비판적으로 읽어내는 힘, 즉 독해 능력이 필요합니다.

우리가 학교에서 공부하는 수학, 과학, 사회 같은 교과목도 그 분야의 중요한 정보들에 해당합니다. 여러 교과목에서 접하게 되는 정보도 역시 대부분 '글'로 이루어져 있습니다.

국어 외의 교과목에서도 정보를 정확히 파악하고, 그 안에 담긴 의미를 찾아 이를 다른 것에 적용하는 독해의 과정을 통해 지식을 키워나갑니다. **따라서 독해 능력을 갖추고 있느냐 그렇지 않느냐에 따라 공부의 결과에 차이가 날 수밖에 없는 것이죠.**

그런데 독해란 단순히 글을 읽는 것만이 아니라 글을 읽으면서 적극적으로 사고하는 과정까지 포함하는 것입니다. 글을 통해 드러난 내용뿐만 아니라 드러나지 않은 내용까지도 깊이 있게 읽어내고, 다른 상황에 적용하는 과정 전체가 바로 독해라고 할 수 있습니다.
수능에서도 이를 측정하기 위해 추론적 사고나 비판적 사고, 적용하기 등의 문제를 출제하고 있습니다.

과거에 비해 정보의 양이 급격히 늘어난 현대 사회에서도 여전히 '글'의 비중은 높습니다.
그리고 **'글'로 된 정보의 속뜻을 이해하고 비판적으로 수용하기 위해서는 더더욱 독해 능력이 중요합니다.**

여러분이 중학교, 고등학교에 진학할수록 교과목의 수가 늘어나고, 내용도 어려워질 겁니다. 이는 '글'로 된 정보가 훨씬 많아지고 내용도 어려워진다는 것을 의미합니다.
그런데 교과목에 담긴 내용을 비판적으로 수용할 수 있는 독해 능력을 초등학생 때부터 키우며 준비한다면 국어뿐 아니라 여러 과목에서 좋은 점수를 받을 수 있을 것입니다.

> **❝** 정보를 비판적으로 수용하기 위해서는 독해 능력이 필요합니다.
> 독해 능력을 탄탄하게 갖추는 것은 다양한 정보로 이루어진
> 여러 교과목을 공부하기 위한 기본입니다. **❞**

음력과 양력의 과학적 비교

1 ④	**2** ④	**3** 승철
4 (3) ○	**5** ⑤	**6** 달, 음력

● 독해력을 기르는 어휘

❶ 불합리 ❷ 선입견 ❸ 출생

❹ 절기

음력과 양력의 과학적 비교를 통해 음력을 강조하고 음력에 따른 24절기를 활용하자고 주장하는 글입니다. 글쓴이는 음력이 미신적이라는 생각을 근거를 들어 반박하며 음력의 과학적인 측면을 강조하고 있습니다.

● **글의 특징**

– 음력과 양력의 차이점을 대조의 방법으로 설명하고 있습니다.

– 음력의 과학적인 측면과 양력의 비과학적인 측면을 비교하여 음력의 과학성을 강조했습니다.

– 양력의 한 달이 28일에서 31일까지로 들쭉날쭉해진 과정이 드러나 있습니다.

● **글의 구조**

1문단	양력은 과학적이고 음력은 미신적이라고 생각함.	→	문제 상황
2문단	음력은 달과 해의 움직임을 최대한 반영하려고 노력한 과학적 역법임.	→	주장과 근거
3문단	양력은 아무 의미도 없는 1월 1일에 새해가 시작되는 등 비과학적임.	→	근거
4문단	음력을 강조하고 음력에 따른 24절기를 활용할 필요가 있음.	→	요약 및 주장 강조

⬇

주제 음력의 과학성과 음력을 강조할 필요성

---

1 글쓴이는 양력은 과학적이고 음력은 비과학적이며 미신적이라고 생각하는 것은 선입견에 불과하다면서 음력이 과학적인 역법이라고 주장하고 있습니다.

오답 피하기 ③ 글쓴이는 '과학의 여러 학문적 개념들을 서양에서 들여오는 것'을 문제점으로 본 것이 아니라, 이런 이유로 '서양 사람들이 사용하는 것은 과학적이고 우리가 사용해 온 것은 미신적이라고 생각하는 것'을 문제점으로 보았습니다.

2 글쓴이는 음력이 달의 운동을 기준으로 날짜를 계산하고 계절의 변화를 24절기로 나타내어 달과 해의 움직임을 최대한 반영하려고 노력했다는 점에서 과학적인 역법이라고 주장했습니다.

오답 피하기 ① 24절기는 날씨의 변화가 아니라 계절의 변화를 나타낸 것입니다.

3 이 글은 음력에 따른 24절기를 활용하자고 주장하는 글로, '문제 상황 – 주장 – 근거 – 주장(강조)'의 짜임으로 되어 있습니다. 이러한 전개 방식을 가장 잘 설명한 사람은 승철입니다.

4 글쓴이는 서양 사람들이 사용하는 것은 과학적이고 우리가 사용해 온 것은 미신적이거나 불합리하다고 생각하는 것은 잘못되었다고 주장하고 있습니다. 이와 같은 관점에서 〈보기〉에 대해 영어 공용화가 진보하는 길은 아니라고 비판적인 태도를 취하고 있는 것은 (3)입니다.

5 달력을 통해서는 '양력에서 1월 1일이 새해가 시작되는 날인 까닭'과 관련된 정보를 얻을 수 없습니다.

어휘 수준 ★★★★★   글감 수준 ★★★★★   글의 길이 805자

1 ⑤   2 ③   3 ㉠
4 (1) ○   5 ⑤   6 방향, 대피

● 독해력을 기르는 어휘
❶ 요인   ❷ 밀집   ❸ 비상시

건축에서 문의 방향을 결정짓는 세 가지 요인에 대해 설명한 글입니다. 첫 번째 문단에서 화제를 제시한 후, '공간 활용의 측면', '비상시 대피의 측면', '행동 과학의 측면'으로 나누어 문의 방향이 지닌 특징과 그 방향으로 문을 여는 까닭을 설명하고 있습니다.

● **글의 특징**
– 문의 방향을 결정짓는 요인을 세 가지로 구분하였습니다.
– 주택 현관문, 아파트 현관문, 극장 문 등 구체적인 사례를 들어 문의 방향이 지닌 특징을 설명하고 있습니다.

● **글의 구조**

가	건축에서 문의 방향을 결정짓는 요인은 세 가지 정도로 꼽을 수 있음.	→	문의 방향을 결정짓는 요인
나	공간 활용의 측면에서 공간을 넓게 쓰도록 문의 방향을 정함.	→	공간 활용의 측면
다, 라	비상시 대피의 측면에서 피난 방향으로 문이 열리도록 함.	→	비상시 대피의 측면
마	행동 과학의 측면에서 사람을 배려하여 문의 방향을 정함.	→	행동 과학의 측면

⬇

주제 건축에서 문의 방향을 결정짓는 요인

어휘 수준 ★★★★★   글감 수준 ★★★★★   글의 길이 817자

1 ■나■에서 "만약 현관문이 안쪽으로 열린다면 문을 열 때마다 현관의 신발들이 이리저리 쓸려 다닐 것이다."라고 한 것으로 보아, 아파트를 제외한 일반 주택에서 현관문은 바깥쪽으로 열리도록 되어 있음을 알 수 있습니다.
오답 피하기 ④ ■다■에서 아파트는 여러 세대가 밀집해서 사는 공동 주택이기 때문에 "문의 여닫는 방향은 사람들의 대피가 수월하도록 반드시 피난 방향으로 열리게 법으로 규정하고 있다"라고 하였습니다.

2 ■다■에서 아파트 현관문의 여닫는 방향을 결정하는 요인은 비상시 대피의 측면이 강하다고 하였고, ■라■에서 이와 비슷한 예로 극장이나 공연장같이 사람들이 많이 모이는 장소를 예로 들고 있습니다. 따라서 ■다■와 ■라■가 내용상 하나로 묶을 수 있는 문단입니다.

3 ■나■의 중심 내용은 일반 주택에서 현관문의 여닫는 방향을 결정하는 요인은 공간 활용의 측면이 강하다는 것이므로, 첫 번째 문장이 중심 문장입니다.
오답 피하기 ㉡, ㉢, ㉣은 중심 문장의 내용을 자세히 설명해 주는 뒷받침 문장입니다.

4 〈보기〉는 어르신을 배려하여 공공실버주택을 건축한 사례를 보여 주고 있습니다. 이는 방 밖에 있을지도 모르는 사람을 배려하기 위해 방문을 안쪽으로 열리도록 한 것과 비슷하므로 행동 과학의 측면을 고려하여 주택을 건축했음을 알 수 있습니다.

5 '많다'의 반대말은 '적다'입니다. '적다'는 '수효나 분량, 정도가 일정한 기준에 미치지 못하다.'의 뜻입니다. '작다'는 '길이, 넓이, 부피 따위가 비교 대상이나 보통보다 덜하다.'의 뜻으로, '크다'와 반대되는 낱말입니다.

| 1 ③ | 2 ③ | 3 ④ |
| 4 ③ | 5 ② | 6 마찰적, 기술적, |

순환적

● 독해력을 기르는 어휘

❶ 저하 ❷ 즉각적 ❸ 창출

❹ 공존 ❺ 정신 질환 ❻ 쇠퇴

❼ 곧바로

실업의 종류에 대해 설명한 글입니다. 기업이 사람을 찾고, 노동자가 일자리를 찾는 데 걸리는 시간으로 인해 생기는 마찰적 실업, 필요한 노동자의 종류와 시장에 나와 있는 노동자의 종류가 맞지 않아 발생하는 기술적 실업, 수요의 부족으로 발생하는 순환적 실업 등 다양한 이유로 발생하는 실업에 대해 설명하고 있습니다.

● 글의 특징

– 물음을 통해 전개될 내용을 예측할 수 있게 돕고 있습니다.

– 각 실업의 특징을 상세하게 설명하고 있습니다.

● 글의 구조

1문단	실업이 개인과 사회에 미치는 손해	→	실업의 영향
2문단	기업이 사람을 찾고, 노동자가 일자리를 찾는 데 걸리는 시간으로 인해 생기는 마찰적 실업	→	마찰적 실업
3문단	필요한 노동자의 종류와 시장에 나와 있는 노동자의 종류가 맞지 않아 발생하는 기술적 실업	→	기술적 실업
4문단	수요의 부족으로 발생하는 순환적 실업	→	순환적 실업
5문단	다양한 실업이 존재하며 상황에 따라 특정 종류의 실업이 더 많이 발생하기도 함.	→	상황에 따라 달라지는 실업의 종류

⬇

주제 다양한 이유로 발생하는 실업

어휘 수준 ★★★★★   글감 수준 ★★★★★   글의 길이 936자

1 3문단 다섯 번째 문장에서 "체계적인 정부 보조금과 제도적 지원으로 노동자들의 직업 훈련을 돕는다 해도 기술적 실업을 없애는 것은 쉽지 않다."라고 하였습니다.

2 ㉠은 노동자가 새 일자리를 찾는 것을 서두를 경우 줄어들 수 있고, ㉡은 노동자가 새로운 기술을 열심히 익힐 경우 줄어들 수 있습니다. 따라서 ㉠, ㉡은 개인의 노력으로 일부 해결할 수 있습니다. 하지만 4문단에서 순환적 실업을 해결하기 위해서는 경기가 살아나야 한다고 하였습니다. 따라서 ㉢은 개인의 노력으로 해결하기 어렵습니다.

오답 피하기 ⑤ ㉡은 정부 보조금과 제도적 지원 등 정부 지원을 통해 일부 해결할 수 있습니다. ㉢은 정부의 경제 정책을 통해 경기를 살려 해결할 수 있습니다. 하지만 ㉠을 해결하기 위해 정부의 지원이 필수적인지는 알 수 없습니다.

3 기술적 실업은 필요한 노동자의 종류와 시장에 나와 있는 노동자의 종류가 맞지 않아서 발생하는 실업입니다. 노동자는 주판을 잘 다루지만, 시장은 주판이 아닌 컴퓨터를 잘 다루는 노동자를 원할 때 기술적 실업이 발생할 수 있습니다.

오답 피하기 ①, ② 순환적 실업의 사례로 볼 수 있습니다. ⑤ 마찰적 실업의 사례로 볼 수 있습니다.

4 노동자들의 이직과 기업의 해고가 더 쉬운 자유로운 노동 환경을 만들면, 마찰적 실업이 더 많이 발생할 수 있으므로 알맞지 않은 설명입니다.

오답 피하기 ② 기술적 실업을 해결하는 데 도움이 됩니다. ④ 순환적 실업을 해결하는 데 도움이 됩니다. ⑤ 마찰적 실업을 해결하는 데 도움이 됩니다.

5 '발발하다'는 전쟁이나 큰 사건 따위가 갑자기 일어난다는 뜻입니다. ⓑ는 '발생하지'와 바꾸어 쓸 수 있습니다.

1 ④　　　**2** ②　　　**3** ①

4 ㉮, ㉱　　**5** (1) ○　　**6** 인권, 자유

● 독해력을 기르는 어휘

❶ 유통　　**❷** 대립　　**❸** 인권

❹ 제한　　**❺** ②　　　**❻** ①

❼ 신상　　**❽** 당사자

인터넷상에서 개인 정보를 삭제할 권리인 잊힐 권리의 뜻을 설명하고, 이를 법으로 정해야 한다는 것에 대한 찬성과 반대 의견을 소개한 글입니다. 이에 찬성하는 사람들은 개인의 인권 보호를 근거로 하고 있고, 반대하는 사람들은 표현의 자유와 알 권리를 보장받을 것을 근거로 하고 있습니다.

● **글의 특징**

– 잊힐 권리의 뜻을 정의하며 글을 시작하고 있습니다.

– 하나의 주제에 대한 찬성과 반대 의견을 제시하고 있습니다.

– 각각의 주장에 대한 근거를 제시하고 있습니다.

● **글의 구조**

1문단	인터넷상의 개인 정보를 삭제할 수 있는 권리를 잊힐 권리라고 함.	→	잊힐 권리의 개념
2문단	개인의 인권 보호를 위해 잊힐 권리를 법으로 정하는 데 찬성함.	→	찬성 측 의견
3문단	표현의 자유와 알 권리를 보장하기 위해 잊힐 권리를 법으로 정하는 데 반대함.	→	반대 측 의견
4문단	잊힐 권리의 중요성을 알고 계속적인 관심을 가져야 함.	→	잊힐 권리에 대한 관심 촉구

↓

주제 잊힐 권리를 법으로 정하는 것에 대한 찬성과 반대 의견

어휘 수준 ★★★★★　　글감 수준 ★★★★★　　글의 길이 1,089자

1 3문단의 마지막 문장에서 "인터넷에 넓게 퍼져 있는 개인 정보를 찾아 지우는 것은 기술적으로 대단히 어렵고 비용이 많이 들기 때문에"라고 하였습니다.

오답 피하기 ⑤ 3문단에서 "잊힐 권리가 법으로 정해지면 언론사는 표현의 자유가 제한될 수 있다는 것이다."라고 하였으므로 알맞지 않습니다.

2 2문단과 3문단에서 잊힐 권리를 법으로 정하는 것에 대한 찬성과 반대 의견을 각각 보여 주고 있습니다.

3 2문단은 잊힐 권리를 법으로 정하는 데에 대한 찬성 측의 의견이고 3문단은 반대측의 의견입니다. 각 문단별로 주장과 근거가 제시되어 있는데 ㉠은 인터넷으로 정보를 접하는 오늘날과는 다른, 인쇄 매체 시대의 특징을 비교하여 보여 주기 위한 것입니다. 따라서 주장에 대한 근거로 볼 수 없습니다.

4 잊힐 권리를 법으로 정하는 데에 찬성하는 사람들은 개인의 인권이 침해되는 것을 막고 자신들을 보호하기 위해서 잊힐 권리를 법으로 정해야 한다고 말합니다. 따라서 취업을 위해 자신의 잘못했던 점을 삭제하거나, 자신의 사진이 함부로 유포되는 것을 막는 것은 찬성의 주장과 관련이 있습니다.

오답 피하기 ㉱ 국회 의원과 관련된 정보를 검색하는 것은 국민의 알 권리에 해당합니다. 따라서 잊힐 권리를 법으로 정하는 것에 대한 반대의 주장과 관련이 있습니다.

5 인터넷에 정보의 객관성이 떨어지는 기사가 늘어나면 이에 대해 불만을 갖거나 피해를 입는 사람들이 늘어날 것입니다. 그런데 인터넷상의 개인 정보를 수정하거나 삭제하는 것이 어려우므로 이런 정보를 직접 삭제하지 못하는 사람들이 잊힐 권리를 더 많이 주장하게 될 것입니다.

오답 피하기 (2) 잊힐 권리에 대한 입장이 대립되는 상황에서 개인 정보를 수정하고 삭제하는 것을 개인의 자유에 맡기는 것은 한쪽의 입장만을 반영한 것이므로 알맞지 않습니다.

1 ⑤	2 ③	3 ④
4 ①	5 ②	6 위약, 사랑

● 독해력을 기르는 어휘

❶ 손길　　❷ 온기　　❸ 안정

❹ (1) ○

'엄마 손은 약손'이라는 말과 관련지어 엄마 손의 치료 효과가 얼토당토않은 것이 아니라 과학적으로 근거가 있음을 주장하는 글입니다. 엄마 손의 치료 효과를 위약 효과, 배를 따뜻하게 해 주는 효과, 장운동이 활동해지는 효과, 몸의 기를 주고받는 효과, 사랑 확인 이론 등으로 나누어 밝히고 있습니다.

● **글의 특징**

– 엄마 손의 치료 효과가 과학적으로 근거가 있음을 주장하고 있습니다.

– 주장을 뒷받침하는 여러 사실을 근거로 제시하여 읽는 이를 설득하고 있습니다.

● **글의 구조**

가	엄마 손의 치료 효과에는 과학적인 근거가 있는데, 먼저 위약 효과가 있음.	→	주장과 근거 1
나	손의 온기가 배를 안정시켜 배앓이가 치료됨.	→	근거 2
다	장운동이 활발해져서 아픔이 사라지기도 함.	→	근거 3
라	몸의 기를 주고받아 막혀 있던 기운이 풀리면서 아픔이 사라짐.	→	근거 4
마	사랑을 확인하여 심리적인 안정을 얻게 되어 병이 치료됨.	→	근거 5

⬇

주제 엄마 손의 과학적 치료 효과

1 이 글의 주제는 '엄마 손의 치료 효과는 과학적으로 여러 가지 근거가 있다'는 것이므로 알맞은 설명입니다.

오답 피하기 ① 이 글의 목적은 엄마 손의 치료 효과를 보여 주는 정보를 제공하고 이러한 주장이 과학적으로 근거가 있다는 것을 주장하기 위해서입니다.

2 엄마 손은 실제로 환자에게 약물을 주사하거나 먹게 하는 것이 아니므로 '실제로 약물이 효과가 있다'는 것은 알맞지 않은 설명입니다.

3 '위약 효과'에 대해 설명한 **가**의 마지막 문장에서 "약이 실제로 효과가 없어도 그 약을 먹으면 나을 것이라는 믿음 때문에 환자의 고통이 사라진다고 한다."라고 하였습니다. 따라서 위약 때문에 고통이 사라지기도 한다는 사실을 알 수 있습니다.

오답 피하기 ⑤ '위약 효과'는 실제로는 치료 효과가 없는 가짜 약을 효과가 있다고 믿기 때문에 나타나는 현상입니다.

4 〈보기〉는 '위약 효과'에 대해 예를 들어 자세히 설명하고 있으므로, '위약 효과'에 대해 설명하고 있는 **가**의 뒤에 들어가야 알맞습니다.

5 **마**에서 '사랑 확인 이론'으로 엄마 손의 치료 효과를 설명한 것처럼, 아픈 사람에게 주위 사람들의 동정심과 보살핌이 전해져서 아픈 사람이 심리적인 안정을 얻게 되어 병이 치료된 상황은 ②입니다.

| 1 ⑤ | 2 ⑤ | 3 ① |
| 4 ⑤ | 5 (1) ○ | 6 물질, 의학 |

● 독해력을 기르는 어휘

❶ 실현　　❷ 규명　　❸ 배열

❹ 개발　　❺ 계발

나노 기술의 종류와 현황, 전망을 소개한 글입니다. 나노 기술에는 큰 것을 작게 만드는 기술과 물질의 알갱이를 새롭게 배열하여 새로운 물질을 만드는 기술이 있습니다. 이러한 나노 기술은 현재 정보 통신, 의학, 산업 등 다양한 분야에서 개발 중이어서 앞으로 미래 산업 전반과 과학 기술 발전에도 크게 기여할 것이라고 전망하고 있습니다.

● 글의 특징

– 나노와 나노 기술의 개념을 먼저 밝히고 있습니다.

– 나노 기술의 종류를 두 가지로 나누어 설명하고 있습니다.

– 나노 기술의 현황을 제시하고 미래를 전망하며 글을 마무리하고 있습니다.

● 글의 구조

1문단	나노 기술은 나노 차원에서 물질의 특성을 규명하고 활용하는 기술임.	→	나노 기술의 개념
2문단	나노 기술은 큰 것을 작게 만드는 기술과 물질의 알갱이를 새롭게 배열하여 새로운 물질을 만드는 기술로 나뉨.	→	나노 기술의 종류
3문단	나노 기술은 정보 통신, 의학, 산업 분야에서 다양하게 개발 중임.	→	나노 기술의 활용 분야
4문단	나노 기술은 우리 생활의 다양한 분야에 이용될 것이며 미래 산업 전반과 과학 기술 발전에 크게 기여할 것임.	→	나노 기술의 미래

주제 나노 기술의 현황과 미래

어휘 수준 ★★★★★　　글감 수준 ★★★★★　　글의 길이 802자

1 이 글은 나노 기술의 개념과 그 종류를 소개하고 나노 기술의 현황과 미래 등을 설명하고 있습니다. 이 글에서는 ⑤처럼 유사한 특성을 지닌 다른 화제와의 공통점을 설명하는 부분은 찾을 수 없습니다.

오답 피하기 ② 1문단에서 '나노'와 '나노 기술'의 개념을 먼저 밝히면서 내용을 설명하고 있습니다.

④ 2문단에서 나노 기술을 큰 것을 작게 만드는 기술과 물질의 알갱이를 새롭게 배열하여 새로운 물질을 만드는 기술의 두 종류로 나누어 설명하고 있습니다.

2 3문단의 "산업 분야에서는 멀리서도 리모컨 하나로 색을 바꿀 수 있는 자동차, 빛을 받으면 스스로 표면을 깨끗하게 하는 청소 용품에 대한 연구가 진행되고 있다."로 보아 빛을 받으면 색이 바뀌게 되는 물품은 청소 용품이지 자동차가 아님을 알 수 있습니다.

오답 피하기 ① 1문단 네 번째 문장에서 "나노 물질은 크기가 매우 작아서 인간의 눈으로는 볼 수 없고, 전자 현미경을 이용해야만 관찰이 가능하다."라고 하였습니다.

④ 3문단에서 "의학 분야에서는 공기는 통하고 바이러스는 걸러 주는 투명 마스크, 몸속 구석구석을 관찰, 진단, 수술하는 의료용 로봇 등이 개발되고 있다."라고 하였습니다.

3 ㉠은 아프지 않은 주사기에 관한 물음인데, 이는 〈보기〉의 정보를 나노 기술에 적용하면 현실로 만들 수 있습니다. 즉 큰 것을 작게 만드는 나노 기술을 이용해, 피부의 통점을 건드려 사람을 아프게 하는 기존 주사기와는 달리 주사 바늘을 작게 만들어 통점을 피해 주사를 놓아 아프지 않게 하는 것을 추론해 볼 수 있습니다.

4 ㉮는 나노 기술이 현재 정보 통신 분야, 의학 분야, 산업 분야에서 개발 중인 현황을 소개하고 있습니다. 이를 통해 ㉮는 나노 기술이 다양한 분야에서 개발 중임을 밝히고 응용 가능한 기술임을 제시하기 위한 의도로 쓰였음을 알 수 있습니다.

5 '기여'는 '도움이 되도록 이바지함.'의 뜻이므로 '기여'와 '이바지'는 서로 비슷한 의미를 지닌 낱말로 볼 수 있습니다.

1 ①　　　**2** ③　　　**3** ②
4 ②　　　**5** 이것, 강조

● 독해력을 기르는 어휘

❶ 구체적　　❷ 일반적　　❸ 원근
❹ 기준　　　❺ 고유　　　❻ 다양
❼ 대개　　　❽ 주장

우리말의 대표적인 지시 표현 '이, 그, 저'가 가지고 있는 기본적인 의미와 그 쓰임에 대해 설명한 글입니다. '이, 그, 저'는 기본적으로 원근을 나타내는 표현이지만, 현재를 기준으로 시간적 거리를 나타내기도 합니다. 또한 지시 표현은 대개 앞에 나오는 문장을 통해 그 의미를 파악하는 것이 일반적이지만, 때로는 강조를 위해 '이것'이라는 지시 표현을 사용하기도 합니다.

● **글의 특징**

– 지시 표현 '이, 그, 저'의 기본적인 의미를 대조의 방법을 통해 밝히고 있습니다.
– 지시 표현이 거리의 원근뿐만 아니라 현재 시간을 중심으로 시간적 거리도 지시하고 있음을 설명하고 있습니다.
– 지시 표현 '이것'이 강조하는 표현에 사용되기도 한다는 점을 설명하고 있습니다.

● **글의 구조**

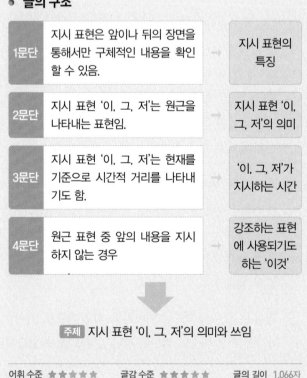

1문단	지시 표현은 앞이나 뒤의 장면을 통해서만 구체적인 내용을 확인할 수 있음.	→	지시 표현의 특징
2문단	지시 표현 '이, 그, 저'는 원근을 나타내는 표현임.	→	지시 표현 '이, 그, 저'의 의미
3문단	지시 표현 '이, 그, 저'는 현재를 기준으로 시간적 거리를 나타내기도 함.	→	'이, 그, 저'가 지시하는 시간
4문단	원근 표현 중 앞의 내용을 지시하지 않는 경우	→	강조하는 표현에 사용되기도 하는 '이것'

주제 지시 표현 '이, 그, 저'의 의미와 쓰임

어휘 수준 ★★★★★　　글감 수준 ★★★★★　　글의 길이 1,066자

1 지시 표현인 '이, 그, 저'의 의미 차이를 중심으로 설명하고 있습니다. 주로 2문단에서는 원근 표현으로서 '이, 그, 저'의 의미 차이를, 3문단에서는 시간 표현으로서 '이, 그, 저'의 의미 차이를 설명하고 있습니다.

오답 피하기 ③ 설명과 관련된 예문들이 제시되어 있지만, 이것은 설명한 내용의 오류를 지적하기 위한 것이 아닙니다.

2 4문단에서 "뭔가 힘주어 강조하는 내용을 말하는 사람이 주장하려고 할 때 '이것'이라는 표현을 사용한다."라고 하였습니다.

오답 피하기 ① 2문단에서 "'이는 우리의 소망이야.'에서처럼 '이'는 일정한 사건을 지시하는 대명사로 사용되기도 한다."라고 하였습니다.
② 3문단을 통해 '이, 그, 저'가 연결된 표현 중 현재를 기준으로 시간적 거리를 나타내는 것도 있음을 알 수 있습니다.
⑤ 1문단에서 "모든 사물에는 고유한 이름이 있다. 이것들은 이름 그대로 문장에서 사용되기 때문에 하나의 문장 안에서도 얼마든지 이해될 수 있다."라고 하였습니다.

3 '저쪽'은 말하는 사람과 듣는 사람으로부터 먼 표현이므로, 지원이는 주형이와 주형이 어머니 모두에게서 멀리 있다는 것을 알 수 있습니다.

오답 피하기 ③ 주형이의 위치를 기준으로 주형이의 어머니는 '이쪽'에 있고 지원이는 '저쪽'에 있으므로, 주형이의 어머니가 지원이보다 주형이와 가까이 있습니다.
④ ㉣의 '접때'는 '오래지 아니한 과거의 어느 때'를 이르는 말입니다. 주형이 어머니의 대사를 통해 주형이는 얼마 전에 어머니와 지원이에 대한 이야기를 나눈 적이 있음을 알 수 있습니다.
⑤ ㉤의 '이리로'는 말하는 사람으로부터 가까운 곳을 가리키므로 알맞은 반응입니다.

4 4문단에서 "원근 표현은 해당 문장만으로 지시하는 내용이 정확히 어떤 것인지 알 수 없는 경우가 대부분이다. 즉 앞에 나오는 문장들을 통해서만 완전히 파악될 수 있는 것이다."라고 설명하고 있습니다.

1 ④　　**2** (1) ○ (2) ○　　**3** ④
4 ③　　**5** ③　　**6** 역할, 필수

● 독해력을 기르는 어휘
❶ 수행　　❷ 조성　　❸ 고조
❹ 효과　　❺ 심리　　❻ 긴박감
❼ 장엄

영화 속 소리가 하는 역할에 대해 설명한 글입니다. 영화 속 소리에 대한 부정적 인식을 먼저 소개한 다음 '하지만 영화를 볼 때 소리를 없앤다면 어떻게 될까?'라고 의문을 제기하면서 독자의 관심을 끌고 있습니다. 이어서 영화 속 소리의 중요성을 주장하면서 그 근거가 될 수 있는 영화 속 소리의 역할을 세 문단에 걸쳐 나열하고 있습니다.

● **글의 특징**
– 서두에서 제시한 내용에 대해 비판하고, 생각을 유도하는 방식으로 독자의 관심을 끌고 있습니다.
– 영화 속에서 소리가 하는 역할을 나열하고 있습니다.
– 영화 속 소리의 역할에 대해 이해하기 쉽도록 구체적인 예를 제시하고 있습니다.

● **글의 구조**

```
┌──────────────┐
│ 영화 속 소리에 │
│ 대한 부정적 인식 │
└──────────────┘
        ↑ 비판
┌──────────────┐        ┌─────────────────────────┐
│ 영화 속 소리의 │ ←근거 │    영화 속 소리의 역할    │
│    중요성     │        │ – 작품의 내용 전달, 현실감 부여,│
└──────────────┘        │   영상의 시·공간적 배경의 확인 │
                        │ – 분위기 조성, 인물의 심리 표현 │
                        │ – 다른 시간과 공간에서 찍힌 장 │
                        │   면의 연결 → 하나의 이야기로 │
                        │   구성                    │
                        └─────────────────────────┘
```

주제 영화 속 소리의 역할

어휘 수준 ★★★★★　　글감 수준 ★★★★★　　글의 길이 877자

1 이 글에서는 영화 속에서 소리가 하는 역할을 '먼저, ~, 또한 ~, 마지막으로, ~'와 같이 세 문단으로 나누어 자세히 설명하고 있습니다. 따라서 '영화 속 소리의 역할'이 제목으로 알맞습니다.
오답피하기 ② 영화 속 소리의 종류가 언급되고 있지만, 전체 내용을 아우르는 것은 아니므로 제목으로는 알맞지 않습니다.

2 3, 4, 5문단에서 영화 속 소리의 역할을 나열하고 있고, '예를 들어 ~'라고 하면서 구체적인 예를 제시하여 독자의 이해를 돕고 있습니다.
오답피하기 (3) '두 대상의 공통점'에 대한 설명은 없습니다. (4) 문제의 원인을 분석한 후 그 해결 방안을 제시하는 글이 아닙니다.

3 이 글은 영화 속 소리가 영상과 분리될 수 없는 필수 요소이고, 영화 속에서 다양한 기능을 수행한다는 내용을 담고 있습니다. 1문단에서 영화 속 소리가 영화의 예술적 효과와 상상력을 빼앗는 것으로 비판을 받기도 한다고 말하고 있지만, 2문단에서 "하지만 영화를 볼 때 소리를 없앤다면 어떻게 될까?"라고 의문을 제기하며 영화 속 소리의 중요성을 강조하고 있습니다.

4 ③은 영화의 분위기를 조성하기 위해 소리를 사용한 것으로, 영상의 사실성을 높이는 것과는 거리가 있습니다.
오답피하기 ①, ②, ④, ⑤는 영상 속 장면이 실제인 것처럼 느끼게 만들므로 영상의 사실성을 높이는 것으로 볼 수 있습니다.

5 사랑할 때와 사이가 벌어졌을 때, 갈등이 최고조일 때 각각 다른 음악이 사용되고 대화의 양도 달라지고 있습니다. 이것은 소리를 활용해 인물의 심리 변화와 분위기를 표현하고 있는 것입니다.
오답피하기 ④ 소리가 영화의 주요 요소가 되고 있습니다.
⑤ 소리의 청각적 이미지가 주는 예술적 효과와 관련됩니다.

Memo

1~2학년군 1, 2   3~4학년군 3, 4   5~6학년군 5, 6

독해를 처음 시작한다면, 기초를 튼튼히!

• 초등 교과서 학년별 성취 기준(학습 발달 단계)에 맞춰 구성
• 핵심 독해 원리를 충분히 체화할 수 있도록 1주 5day 학습으로 구성

고학년용

고학년 I   고학년 II   고학년 III   고학년 IV

기초를 다진 후에는, 본격 실전 독해 훈련을!

• 수능 국어 출제 영역에 따른 주제별·수준별 구성
• 다양한 영역의 비문학 제재로만 구성(각 권별 40지문, 총 160지문 수록)

* 『디딤돌 독해력』은 학기 교재처럼 꼭 학년을 맞출 필요는 없고, 수준에 맞춰서 학습할 수 있습니다.

해당 교재(디딤돌 독해력 미리보기)는 『디딤돌 독해력』의 교재 학습 시스템을
확인해 볼 수 있도록 내용 일부를 재구성하여 실었습니다.

(주)디딤돌 교육은 '어린이제품안전특별법'을 준수하여 어린이가
안전한 환경에서 학습할 수 있도록 노력하고 있습니다.

D210300

63710

9 788926 160084
ISBN 978-89-261-6008-4

KC

⚠ 주 의
· 책의 날카로운 부분에 다치지 않도록 주의하세요.
· 화기나 습기가 있는 곳에 가까이 두지 마세요.

(주)디딤돌 교육은 '어린이제품안전특별법'을 준수하여 어린이가
안전한 환경에서 학습할 수 있도록 노력하고 있습니다.
KC마크는 이 제품이 공통안전기준에 적합하였음을 의미합니다.

국어 교과 지문독해력 향상

초등
6·2

디딤돌
통합본

국어

디딤돌 통합본 국어·사회·과학 6-2

펴낸날 [개정판 1쇄] 2024년 7월 1일
펴낸이 이기열 | **펴낸곳** (주)디딤돌 교육
주소 (03972) 서울특별시 마포구 월드컵북로 122 청원선와이즈타워
대표전화 02-3142-9000
구입문의 02-322-8451
내용문의 02-323-5489
팩시밀리 02-322-3737
홈페이지 www.didimdol.co.kr
등록번호 제10-718호
사진 북앤포토

• 정답과 풀이는 "디딤돌 교육 홈페이지〉초등〉정답과 해설"에서
  다운로드 받을 수 있습니다.
• 출간 이후 발견되는 오류는 "디딤돌 교육 홈페이지〉초등〉정오표"를 통해
  알려드리고 있습니다.

국어 교과 지문독해력 향상

초등
6·2

디딤돌
통합본

국어

교과서에 실린 **작품 소개**

단원	교과서	제재 이름	지은이	나온 곳	디딤돌 쪽수
1단원	국어 ㉮	「의병장 윤희순」	정종숙	『의병장 윤희순』 – (주)한솔수북, 2010.	7~8쪽
		「구멍 난 벼루」	배유안	『구멍 난 벼루』 – 토토북, 2016.	9~14쪽
		「마지막 숨바꼭질」	백승자	『열두 사람의 아주 특별한 동화』 – 파랑새, 2016.	15~21쪽
		「이모의 꿈꾸는 집」	정옥	『이모의 꿈꾸는 집』 – 문학과지성사, 2010.	22~29쪽
		「떨어져도 튀는 공처럼」	정현종	『노래의 자연』 – 시인생각, 2013.	30쪽
2단원	국어 ㉮	1번 광고 (「물 쓰듯 쓰다」)	방성운 · 송준혁 · 고유리	– 한국방송광고진흥공사, 2009.	43쪽
		「도산 안창호 선생의 연설」 (원제목:「대혁명당을 조직하고 임시 정부를 유지하자는 연설」)	안창호	– 도산안창호온라인기념관 누리집 (http://www.ahnchangho.or.kr)	44쪽
3단원	국어 ㉮	「'그냥'이 아니라 '왜'」	이어령	『생각 깨우기』 – 푸른숲주니어, 2012.	54~55쪽
		1번 만화(「가난한 것은 내 잘못이 아니에요!」)	한수정 글, 송하완 그림	『지구촌 아름다운 거래 탐구 생활』 – 파란자전거, 2016.	56쪽
		일반 무역 유통 단계와 공정 무역 유통 단계	전국사회 교사모임	『사회 선생님이 들려주는 공정 무역 이야 기』 – (주)살림출판사, 2017.	57쪽
		「초콜릿 감옥」		『배움 너머』 – 한국교육방송공사, 2012.	58쪽
		공정 무역 인증 표시		– 국제공정무역기구, 2018.	59쪽
		1번 그림 자료		– 한국산림복지진흥원 누리집 (http://www.fowi.or.kr)	60쪽
		1번 동영상 자료(「숲은 내일이다」)		– 산림청, 2016.	60쪽
		자료 2(「나무가 미세 먼지 흡수 … 도심 숲은 공기 청정기」)		「KBS 뉴스」 – 한국방송공사, 2017.5.29.	61쪽

단원	교과서	제재 이름	지은이	나온 곳	디딤돌 쪽수
4단원	국어 ㉮	주요 농작물 주산지 이동 변화		– 통계청, 2018.	74쪽
		매체 자료 ㉮ (공익 광고 「중독」)	홍수경 · 박대훈 · 양선일	– 한국방송광고진흥공사, 2014.	75쪽
		매체 자료 ㉯ (「휴대 전화 관련 교통사고 발생」)		– 국민안전처, 2016.	75쪽
		2번 동영상 (「온라인 언어폭력: 능력자」)		– 한국방송광고진흥공사, 2017.	76쪽
5단원	국어 ㉯	「내가 원하는 우리나라」	김구	『쉽게 읽는 백범 일지』 – 돌베개, 2005.	87~89쪽
		「『열하일기』 소개」	강민경	『장복이, 창대와 함께하는 열하일기』 – 한국고전번역원, 2013.	92쪽
		「기와 조각과 똥 덩어리」	박지원 원작, 강민경 글	『장복이, 창대와 함께하는 열하일기』 – 한국고전번역원, 2013.	93~97쪽
		1번 영상 (「착한 사마리아인의 법: 필요성」)		「배움 너머」 – 한국교육방송공사, 2012.	98쪽
		1번 광고 (「무엇으로 보이십니까?」)	오승준 · 박혜진 · 임상운	– 한국방송광고진흥공사, 2001.	100쪽
6단원	국어 ㉯	「파리 기후 협약 체결, 기온 상승 폭 2도 제한」		「MBC 뉴스투데이」 – (주)문화방송, 2015.12.13.	106쪽
		1번 광고 (「중형차 백만 대를 버렸다」)		– 한국방송광고진흥공사, 2011.	108쪽
		「스마트 기부 확산」 (원제목: 「디지털 자선냄비 등장 … 스마트 기부 확산」)		「KBS 뉴스 9」 – 한국방송공사, 2015.12.25.	111쪽
7단원	국어 ㉯	「동물 실험」		「지식 채널 e」 – 한국교육방송공사, 2008.	127쪽
8단원	국어 ㉯	「나의 여행」		「지식 채널 e」 – 한국교육방송공사, 2012.	138쪽
		「피부 색깔=꿀색」	융 에냉	「피부 색깔=꿀색」　　　– 2012.	139쪽
		「대상주 홍라」	이현	『나는 비단길로 간다』 – (주)도서출판 푸른숲, 2012.	141~144쪽

구성과 특징

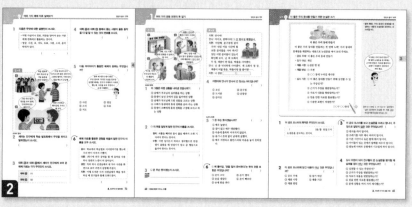

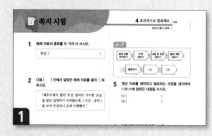
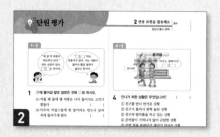
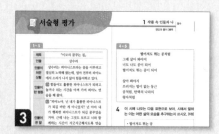

작품 속 인물과 나

개념
이해

★★ **1 작품을 읽고 인물이 추구하는 삶 파악하기**

① 인물이 처한 상황을 알아봅니다.

└→ 인물이 그렇게 말하고 행동한 까닭도 생각해 보아요.

② 인물이 처한 상황에서 인물이 한 말이나 행동을 알아봅니다.

③ 인물의 말이나 행동에서 관련 있는 가치를 찾아봅니다.

④ 찾은 가치를 바탕으로 하여 인물이 추구하는 삶을 파악합니다.

예 「구멍 난 벼루」에서 허련이 추구하는 삶 파악하기

인물이 처한 상황	인물이 한 말이나 행동	관련 있는 가치
허련이 추사 김정희에게 자신의 그림에 정신이 없다는 말을 들은 상황	붓 수십 자루가 몽당붓이 되도록 끊임없이 연습했다.	자신의 일에 최선을 다하는 '성실'이 느껴진다.

↓

인물이 추구하는 삶	성실을 바탕으로 하여 최선을 다하는 삶

└→ 인물의 삶과 자신의 삶을 관련지어 읽으면 작품을 보다 깊게 이해하고 자신의 삶을 돌아볼 수 있어요.

★★ **2 인물의 삶과 자신의 삶을 관련지어 말하기**

① 인물이 추구하는 가치와 관련 있는 자신의 경험을 말해 봅니다.

② 인물이 중요하게 여기는 가치를 찾아 자신이 중요하게 여기는 가치와 비교해 봅니다.

③ 인물이 추구하는 삶을 생각하며 자신의 삶에 대한 다짐을 말해 봅니다.

예 「마지막 숨바꼭질」의 아버지의 삶과 자신의 삶을 관련지어 보기

아버지의 삶	아버지는 다른 사람을 위해 자신을 희생하고 봉사하는 삶을 추구한다.
자신의 삶	귀찮아서 힘든 친구를 돕지 않은 적이 있었다.

> 자신을 희생하며 봉사한 아버지처럼 주변의 친구들에게 도움을 실천하겠어요.

3 인물의 삶과 자신의 삶을 비교하며 작품을 읽고 자신의 생각 쓰기

① 인물이 추구하는 삶을 생각해 보고, 만약 자신이 인물과 같은 상황에 처한다면 어떻게 행동할지 떠올려 봅니다.

② 인물이 추구하는 삶과 자신의 삶에서 비슷한 점이나 다른 점이 있는지 생각해 봅니다.

③ 인물이 추구하는 삶을 생각하며 자신의 생각이나 느낌을 담아 인물에게 편지를 써 봅니다. → 특히 공감했거나 인상 깊었던 인물, 자신에게 영향을 준 인물의 말이나 행동, 인물에게 전하고 싶은 말을 생각해 봐요.

개념 확인하기   정답과 풀이 2쪽

1 작품에서 인물이 추구하는 삶을 파악하기 위해 알아보아야 하는 것에 모두 ○표 하시오.

(1) 등장인물의 수 ( )

(2) 인물이 처한 상황 ( )

(3) 인물의 말이나 행동 ( )

2 인물이 추구하는 삶을 파악하는 방법은 무엇인지 빈칸에 알맞은 말을 차례대로 쓰시오.

> 인물의 말이나 ( ) 에서 관련 있는 ( ) 을/를 찾아본다.

3 다음 인물의 행동에서 인물이 중요하게 여기는 가치에 ○표 하시오.

> 아버지는 불이 난 건물에 갇힌 사람들을 업고 나왔다.

(양보 , 겸손 , 생명 존중)

4 인물이 추구하는 삶과 자신의 삶을 비교하는 방법으로 알맞은 것에 ○표 하시오.

(1) 인물이 처한 상황보다 자신이 처한 상황을 중요하게 생각한다. ( )

(2) 인물이 추구하는 삶과 자신의 삶에서 비슷한 점이나 다른 점이 있는지 생각한다. ( )

의병장 윤희순

• 정종숙

• **글의 종류:** 이야기
• **글의 특징:** 일제의 침략을 받자 노래를 만들어 아낙네들이 의병 운동에 참여하게 했던 윤희순의 삶을 담은 이야기입니다.

미리보기

> 윤희순은 담비에게 부탁하여 자신이 만든 「안사람 의병가」라는 노래를 마을 아낙네들에게 가르치게 했습니다. ➡ 윤희순은 마을 아낙네들을 모아 일본을 몰아내기 위한 의병 운동에 나서자고 말했습니다. ➡ 윤희순은 노래로 마을 아낙네들의 마음을 하나로 모아 안사람 의병대를 만들고 모금을 하여 의병을 도왔습니다.

앞부분 이야기

항일 의병 운동의 자금을 지원하려고 숯을 구워서 팔던 윤희순은 독립운동에 남녀 구분이 없음을 알리려고 「안사람 의병가」를 만든다. 어느 날 윤희순은 숯 굽는 일
'아내'를 이르는 말
을 도와주는 옆집 처녀 담비가 「안사람 의병가」를 흥얼거리는 것을 듣고, 사람들에게 그 노래를 가르쳐 주라고 담비에게 부탁한다.

1 그날부터 담비는 윤희순이 시키는 대로 동에 번쩍 서에 번쩍 쏘다니며 마을 아낙네들을 만났다. 빨래터든 물레방앗간이든 아낙네들이 모이는 곳이라면 어디
남의 집 부녀자를 이르는 말
든 달려가서 노래를 가르쳤다.

"노래란 것이 참 신기해."

"그러게 말이야."

"나도 노래를 부르다 보면 뭔가 해야겠다는 생각이 들어."

담비가 마을 아낙네들한테 「안사람 의병가」를 가르친 보람은 생각보다 크게 나타났다. 노래 하나가 사람들의 마음을 한 덩어리로 모았을 뿐만 아니라 전에 없던 용기마저 불끈 솟아나게 했던 것이다.

중심 내용 1 담비는 윤희순이 시키는 대로 마을 아낙네들이 모이는 곳마다 달려가 「안사람 의병가」를 가르쳤다.

2 "자, 이럴 때 나서시면 될 것 같아요."

담비가 윤희순한테 드디어 직접 나설 때가 왔다고 알려 왔다.

"여러분, 우리가 누구입니까?"

마을 아낙네들의 눈길이 모두 윤희순에게 쏠렸다.

"여태껏 우리 여자들은 집안을 돌보는 데 온 힘을 다해 왔습니다. 하지만 이제 왜놈들이 이 나라를 집어삼키려는 마당에 ㉠우리가 가만히 집 안에만 틀어박혀 있을 순 없는 노릇입니다. 그러니 우리도 사내들처럼 다 함께 의병 운동에 나서야 할 것입니다."

의병(義 옳을 의, 兵 병사 병) 외적의 침입을 물리치기 위하여 백성들이 자발적으로 조직한 군대. 또는 그 군대의 병사.

쏠렸다 마음이나 눈길이 어떤 대상에 끌려서 한쪽으로 기울어졌다.
㉠ 올림픽에 온 국민의 관심이 쏠렸다.

---

1 윤희순이 처한 상황에서 한 일에 모두 ○표 하시오.

(1) 「안사람 의병가」를 만들었다. (   )

(2) 왜놈을 몰아내려고 직접 나가 싸웠다. (   )

(3) 숯을 구워서 팔아 항일 의병 운동의 자금을 지원했다. (   )

2 담비가 마을 아낙네들을 만났던 까닭은 무엇인지 빈칸에 알맞은 말을 차례대로 쓰시오.

(   )의 부탁으로 (   )을/를 가르치기 위해서이다.

교과서 문제

3 「안사람 의병가」는 사람들에게 어떤 영향을 주었는지 글에서 한 가지를 더 찾아 쓰시오.

• 사람들의 마음을 한 덩어리로 모았다.

• (   )

4 ★ ㉠에 나타난 윤희순의 삶과 관련 있는 가치는 무엇이겠습니까? (   )

① 배려   ② 시기   ③ 도전

④ 감사   ⑤ 정직

그때 누군가가 말꼬리를 걸고 나섰다.
<u>윤희순의 말에 대해 따지며 말했다.</u>
"아니, 조정 대신이란 놈들이 나라를 팔아먹으려 드는데 ㉠우리 같은 여자들이 나선다고 뭐가 달라지겠소? 자칫 괜한 목숨만 버릴 뿐이오."

그 말이 떨어지기가 무섭게 여기저기서 술렁거렸다. 기껏 뜨겁게 달아오른 열기가 금세 차갑게 식을 판이었다.
<u>자꾸 어수선하게 소란이 일었다.</u>

㉡<u>"그럼 나라를 빼앗기고 왜놈들 종으로 살자는 것입니까?"</u>

윤희순이 다시 마음을 가다듬고 큰 소리로 부르짖자 마을 아낙네들의 눈길이 또다시 윤희순에게 쏠렸다. 윤희순은 그 틈을 안 놓치고 곧장 말을 이었다.

"여기 계신 분들 가운데 자식을 왜놈의 종으로 살게 내버려두고 싶은 사람은 한 분도 없을 것입니다. 그러니 ㉢우리 여자들도 사내들을 도와 왜놈들을 몰아내는 데 한몫을 해야 하지 않겠습니까?"

중심 내용 2 윤희순은 마을 아낙네들에게 일본 세력을 몰아내기 위한 의병 운동에 나서야 한다고 말했다.

3 거침없이 내뱉는 윤희순의 말에 여기저기서 고개를 끄덕였다. 그 틈에 누군가 구성진 목소리로 노래를 불렀다.
「안사람 의병가」

아무리 왜놈들이 포악하고 강성한들
<u>사납고 악하고</u>
우리도 뭉쳐지면 왜놈 잡기 쉬울세라

담비였다. 둘레에 빙 둘러섰던 마을 아낙네들은 기다렸다는 듯이 노래를 따라 불렀다. 노래는 흩어졌던 마음을 다시 하나로 모았다. 마침내 윤희순은 ㉣마을 아낙네들을 끌어모아 안사람 의병대를 만들었다.

중심 내용 3 윤희순은 노래로 마을 아낙네들의 마음을 하나로 모아 안사람 의병대를 만들었다.

4 "의병을 도와 나라를 구합시다!"
맨 먼저 안사람 의병대는 집집마다 찾아다니며 모금을 했다.

"왜놈들이 우리나라를 집어삼키려 합니다. 의병을 도와주십시오."

안사람 의병대의 눈물 어린 하소연은 많은 사람의 마음을 움직였다. 어떤 사람은 무기를 만들 수 있는 놋쇠와 구리를 내놓았고, 어떤 사람은 가진 돈을 몽땅 내놓기도 했다.

"우린 고구마밖에 없는데 괜찮다면 이거라도 내놓겠네."

살림살이가 어려운 사람들도 의병을 돕겠다고 발 벗고 나섰다. 안사람 의병대가 밤낮없이 애쓴 덕분에 춘천 의병 부대는 날로 힘이 세졌다. 덩달아 의병들의 사기도 부쩍 드높아졌다.

중심 내용 4 안사람 의병대는 집집마다 찾아다니며 모금을 하여 의병을 도왔다.

조정(朝 아침 조, 廷 조정 정) 임금이 나라의 정치를 신하들과 의논하거나 집행하는 곳. 또는 그런 기구. 예 조정에 신하들이 모여들었습니다.

구성진 천연스럽고 구수하며 멋진.
강성(强 강할 강, 盛 성할 성)한들 힘이 강하고 번성한들.

---

5 이 글에 나타난 시대적 배경으로 알맞은 것에 ○표 하시오.

(1) 남녀 차별이 없었다. ( )
(2) 일제의 침략을 받았다. ( )
(3) 의병 운동을 쉽게 할 수 있었다. ( )

7* ㉠~㉣ 중 윤희순의 삶의 태도를 알 수 있는 말이나 행동이 <u>아닌</u> 것의 기호를 쓰시오.

( )

교과서 문제
6 윤희순이 만든 안사람 의병대가 한 일은 무엇입니까? ( )

① 모금하기 　② 전쟁하기
③ 무기 만들기 　④ 신문 만들기
⑤ 어려운 이웃 돕기

8 윤희순이 삶에서 추구한 가치와 관련 있는 낱말을 골라 ○표 하고, 그렇게 생각한 까닭을 쓰시오.
서술형

(1) 도전, 정의, 열정,	(2)

구멍 난 벼루
· 배유안

- **글의 종류:** 이야기
- **글의 특징:** 끈기와 열정을 가지고 꿈을 키워 나가는 허련의 삶을 담은 이야기입니다.

미리보기

추사 김정희가 제자로 받아 주지 않는데도 허련은 월성위궁에 머물면서 추사 김정희의 시중을 들며 노력했습니다. → 추사 김정희에게 그림에 정신이 없다는 말을 들은 허련은 책을 읽고 생각을 하며 끊임없이 그림 연습을 했습니다. → 허련은 붓 수십 자루가 몽당붓이 되도록 그림을 그렸고, 결국 자신만의 붓질법을 만들게 되었습니다.

● 앞부분 이야기

해남의 초의 선사에게 학문을 배우던 젊은 허련은 추사 선생(추사 김정희)에게 그림을 배우려고 한양으로 찾아간다. 그러나 한양의 월성위궁(추사 선생의 집)에서 만난 추사 선생은 허련의 그림을 보고 견문(보거나 듣거나 하여 깨달아 얻은 지식)이 부족하다고 혹평한다. 허련은 당황스럽고 부끄러웠지만, 계속 사랑채에 머물며 청나라에서 온 서책들을 보고 견문을 넓힌다. 그러던 어느 날, 추사 선생의 문하생들이(스승 아래에서 가르침을 받는 제자) 허련의 그림을 칭찬하면서 허련을 추사 선생의 제자라고 칭하자, 추사 선생은 누가 자신의 제자냐며 호통친다. 허련은 포기하지 않고 추사 선생을 다시 찾아가 제자로 받아 달라고 간곡하게 부탁한다.

1 다음 날 이른 아침, 허련은 사랑채 마당을 쓸어 놓고 우물로 갔다. 하루의 첫 물을 길어 연적(먹을 갈 때 벼루에 따를 물을 담아 두는 그릇)을 채워 놓고 아침 차를 우렸다. 이른 아침의 서재가 차향으로 은은해졌다.

사랑채 집의 안채와 떨어진, 바깥주인이 거처하며 손님을 접대하는 곳.
개의치 어떤 일 따위를 마음에 두고 생각하거나 신경을 쓰지.

추사 선생은 무심한 척 허련이 우려 놓은 차를 마셨다.
"어르신 옆에서 붓의 세상을 열어 보고 싶습니다."
"붓의 세상?" / 허련은 벌떡 일어나 큰절을 올렸다.
추사 선생은 미간(두 눈썹의 사이)에 주름을 세우고 허련을 바라보았다.
"저는 해남을 떠나올 때 이미 스승을 찾았습니다. 초의 선사의 편지 내용이 어떤 것이었든 이제 상관이 없습니다. 어르신께서 제 그림의 부족함을 일깨워 주셨으니 그것을 채우는 것도 어르신께로부터 배우고 싶습니다."
추사 선생은 못마땅한 표정으로 허련을 쏘아보았다. 애당초(맨 처음부터) 흔쾌한 대답을 기대하지 않은 터였다. 허련은 개의치 않고 고개를 깊이 숙였다. 추사 선생이 심드렁하게 말했다.
"그러시게. 자네는 자네의 스승을 찾게. 나는 내 제자를 찾을 터이니."

심드렁하게 마음에 탐탁하지 아니하여서 관심이 거의 없게. 예 내 질문에 형은 심드렁하게 대답했습니다.

1 허련이 한양으로 추사 선생을 찾아간 까닭은 무엇인지 쓰시오.
(　　　　　　　　　)

2 추사 선생은 한양으로 찾아온 허련의 그림을 어떻게 평가했는지 알맞은 것에 ○표 하시오.
(1) 부족함이 없다고 칭찬했다. (　　)
(2) 견문이 부족하다고 혹평했다. (　　)
(3) 청나라 서책에서 본 그림이라고 했다.(　　)

3 〈문제 2번〉의 답과 같은 평가를 받았을 때 허련의 마음으로 알맞은 것은 무엇입니까? (　　)
① 고맙다.　② 귀찮다.　③ 기쁘다.
④ 두렵다.　⑤ 당황스럽다.

4 글 **1**에서 허련이 처한 상황을 찾아 기호를 쓰시오.
⑦ 추사 선생이 제자로 받아 주지 않았다.
⑭ 추사 선생이 허련에게 스승을 찾아 주었다.
(　　　　　　　　　)

대단히 아리송한 말이었다. 짧게 흘린 웃음소리도
"자네는 자네의 스승을 찾게, 나는 내 제자를 찾을 터이니."
아리송하긴 마찬가지였다. 제자를 찾겠다는 말이 제자
가 될 만한지 두고 보겠다는 뜻인지, 자네는 내가 찾는
제자가 아니라는 뜻인지. 허련은 무슨 뜻인지 묻지 못
했다. 답이 두려웠다.

"한 잔 더 주게."

추사 선생이 차를 청했다. 순간, 허련은 앞쪽이 답일
제자가 될 만한지 두고 보겠다는 뜻
가능성이 더 크다고 생각하며 얼른 찻잔을 채웠다. 그
렇게 생각하기로 마음먹었다. 추사 선생의 말이 '그만
떠나게'만 아니면 된 거 아닌가?

허련도 차 한 잔을 따라 마셨다. 향긋한 차가 매끄럽
게 목구멍을 타고 흘러내렸다.

'꼭 어르신의 제자가 될 것입니다.'

중심 내용 1 허련이 추사 선생에게 그림을 배우고 싶다고 했지만 추사 선생은 허련을 제자로 받아 주지 않았다.

(중략)

2 허련은 월성위궁을 떠날 생각은 완전히 접고 아예
추사 선생의 집
추사 선생의 자잘한 시중을 맡아 했다. 새벽에 일어
나 마당을 쓸고, 서재를 활짝 열어 신선한 공기를 넣었
다. 그러면 허련의 새 하루도 시작되었다. 사랑채를 청
소하고 추사 선생의 붓을 씻어 말리고 먹을 갈았다. 얼

마 안 가서 하인이 아예 허련에게 일을 미루어 버렸다.
추사 선생도 언제부턴가 허련이 월성위궁에 머무는 걸
당연하게 여겼다.

추사 선생의 독서량과 연습량은 실로 엄청났다. 부
지런하고 열성적인 것으로는 누구에게 뒤져 본 적이
없던 허련이지만 잠깐의 시간도 허투루 쓰지 않는 추
아무렇게나 되는대로
사 선생의 근면함에는 혀를 내둘렀다. 추사 선생은 획
하나, 글자 하나를 수십 번, 수백 번 연습하는 연습 벌
레였다. 누구나 알아주는 대가가 되고서도 끊임없이
뭇 명필들의 서체를 감상하고 연구하며 자기만의 서체
를 만들어 나갔다. 스승의 문 안에는 배울 게 많았다.
허련은 우러르는 마음이 절로 생겼다.

추사 선생은 무심한 듯이 책이나 화첩을 허련에게
그림을 모아 엮은 책
건네주기도 했다. 허련은 그것을 황송하게 받아 꼼꼼
히 읽고 살폈다. 그러면 그것이 그때 자신에게 꼭 필요
한 것임을 알 수 있었다. 그러나 그뿐, 추사 선생은 손
님 누구에게도 허련을 제자라고 소개하지는 않았다.
허련은 혼자 있는 시간은 한 시각도 아껴서 책을 읽고,
화첩을 보고, 그림을 그렸다.

중심 내용 2 추사 선생이 제자로 받아 주지 않아도 허련은 월성위궁을 떠나지 않고 추사 선생의 시중을 들면서 노력했다.

시중 옆에 있으면서 여러 가지 심부름을 하는 일.
열성적 열렬한 정성을 들이는. 또는 그런 것.

근면(勤 부지런할 근, 勉 힘쓸 면)함 꾸준하고 부지런함.
뭇 수효가 매우 많은. 예 뭇 열매들이 나무에 열려 있습니다.

5 추사 선생이 제자를 찾겠다는 말의 뜻을 허련은 어떻게 생각하기로 했습니까? (　　)

① 월성위궁에서 떠나라.
② 제자가 될 만한지 두고 보겠다.
③ 자네는 내가 찾는 제자가 아니다.
④ 차를 잘 우리는 제자를 찾고 싶다.
⑤ 그림을 잘 그리는 제자가 필요하다.

6 이 글은 어디에서 있었던 일인지 쓰시오.
(　　　　　)

교과서 문제
7 추사 선생이 허련을 제자로 받아 주지 않은 상황에서 허련이 한 말이나 행동으로 알맞은 것을 모두 고르시오. (　　)

① 자기만의 서체를 만들었다.
② 추사 선생의 시중을 맡아 했다.
③ 추사 선생의 잘못된 습관을 찾아 말했다.
④ 추사 선생의 제자가 될 거라고 다짐했다.
⑤ 시간을 아껴서 책과 화첩을 보고, 그림을 그렸다.

8 〈문제 7번〉에서 답한 허련의 말이나 행동에서 허련이 추구하는 삶과 관련 있는 가치를 두 가지 골라 ○표 하시오.

(열정 , 칭찬 , 자유 , 끈기)

3 여러 날 공들여 바위틈에 자란 나무를 그렸는데 꽤 마음에 들었다. 마당에서 종이를 들고 그림을 말리고 있는데 뒤에서 추사 선생의 목소리가 들렸다.

"그 나무는 자네의 나무인가?" / "예?"

"자네의 정신이 거기 있는가?" / "……."

"나무와 바위 말고 뭐가 있는가?"

'뭐가 있나'라니? 허련이 미처 질문의 뜻을 생각하기도 전에 추사 선생은 돌아서 가 버렸다.

허련은 하릴없이 그림을 내려다보았다. 공들인 붓질이었다. 그러나 ㉠기법만 있고 이야기가 없었다. 추사 선생의 그림처럼 그리는 사람의 이상이나 소망 같은 것이 없었다. 허련은 맥이 빠졌다. 나무나 바위가 아무리 진짜 같아도, 붓질이 아무리 펄펄 살아 있어도 눈에 보이는 것만으로는 안 되는 거였다. 정신이라는 것은 붓끝의 교묘함에서 나오는 게 아니었다. 그건 그리는 사람의 마음속에 있는 것이 손을 타고 붓을 지나서 나오는 것이라고 말할 수밖에 없었다. 며칠 동안 허련은 절망감으로 괴로웠다.

<small>기운이나 힘이 없어졌다.</small>

'내 내면을 깊고 그윽한 무엇으로 채우지 않고서는 <small>속마음. 정신 세계</small> 제대로 된 그림을 그릴 수 없겠구나.'

하릴없이 달리 어떻게 할 도리가 없이. 예 고장난 승강기 안에서 하릴없이 기다려야 했습니다.

㉡허련은 그림보다 책을 더 많이 읽었다. 그리는 시간보다 생각하는 시간이 더 많아졌다.

> 허련이 자신의 그림에 정신이 없다는 말을 들은 상황에서 허련이 한 행동이나 그 행동에서 추구하는 삶을 파악하는 문제가 자주 출제돼.

'나는 나무에 어떤 의식을 넣어 내 나무로 그릴 것인가? 어떻게 내 바위를 그릴 것인가?'

'이 모란은 내 모란인가, 아닌가?'

'나는 어떤 마음으로 새가 되어 날고 있는가?'

허련은 자신에게 더 많은 것을 물었다. 사물을 보고 앉아서 깊이 생각하다 보면 사물과 마음이 통하는 듯했다. 그림은 사물과 자신과의 소통이 우선되어야 하는 것이었다.

중심 내용 3 허련은 추사 선생에게서 자신의 그림에 정신이 없다는 말을 듣고 기법이 아닌 정신을 채우려고 책을 더 많이 읽고 생각을 더 많이 했다.

핵심내용 허련이 추구하는 삶을 파악하는 방법 알기 예

허련이 처한 상황에서 허련이 한 말이나 행동 알아보기	추사 선생이 자신의 그림을 혹평해도 좌절하지 않고 노력하였다.
허련의 말이나 행동에서 관련 있는 가치 찾아보기	계속 제자가 되려고 노력하는 모습에서 '❶ ㄷ ㅈ'과 '용기'가 느껴진다.
허련이 추구하는 삶 파악하기	용기 있게 자신의 목표에 도전하는 삶을 추구한다.

교묘(巧 공교할 교, 妙 묘할 묘)함 솜씨나 재주 따위가 재치 있게 약삭빠르고 묘함.

교과서 문제

9 이 글에서 허련이 처한 상황은 무엇인지 빈칸에 알맞은 말을 쓰시오.

> 허련은 자신의 그림에 (   )이/가 없다는 말을 들었다.

10 ㉠의 뜻으로 알맞지 <u>않은</u> 것은 무엇입니까?
(   )

① 그림에 대한 생각이 부족하다.
② 그림을 그릴 때는 기법이 중요하다.
③ 그림만 잘 그렸을 뿐 정신이 없었다.
④ 그리는 사람의 소망 같은 것이 없었다.
⑤ 그리는 사람의 마음속에 있는 것이 그림에 없었다.

11 허련이 ㉡과 같은 행동을 한 까닭에 ○표 하시오.

(1) 특별한 그림 기법을 찾으려고   (   )
(2) 추사 선생의 행동을 따라 하려고   (   )
(3) 자신의 내면을 깊고 그윽한 무엇으로 채우려고
(   )

12★ 이 글에서 허련이 추구하는 삶을 알맞게 파악한 친구의 이름을 쓰시오.

> **현진:** 도전하고 노력하는 삶을 추구해.
> **상민:** 도전보다 안전한 삶을 추구하지.
> **수아:** 남을 배려하는 삶을 추구하고 있어.

(   )

4 월성위궁에서 종이를 먹으로 채우면서 계절이 휙휙 지나갔다. 먹을 가는 시간은 마음을 닦는 시간이기도 했다. 먹물이 까맣게 벼루를 채우는 동안 마음은 차분히 가라앉고 내면 깊은 곳에서 그림에 대한 열정만 오롯이 솟아올랐다.
_{모자람이 없이 온전하게}

학문이 날로 깊어졌고 그림 보는 **안목**도 높아졌다. 허련은 기쁨과 뿌듯함에 종일 쉬지 않아도 힘든 줄 몰랐다. 마음먹은 대로 안 되어 괴로울 때가 더 많았지만 그 괴로움조차도 **기꺼웠다**. 자신의 그림을 볼 줄 아는 안목이 없어 괴로워할 줄도 몰랐던 시절을 생각하면 지금의 괴로움은 오히려 이제 눈이 뜨였음을 보여 주는 증거였다.

아주 가끔이지만 추사 선생이 허련의 그림을 보고 고개를 끄덕이기도 했고, 비판을 하기도 했다. **호된 악평**을 들어도 허련은 행복하고 황홀했다.
_{매우 심하고 나쁜 평가}

어느 날, 추사 선생이 물었다.

"자네는 종요라는 사람을 아는가?"

"예, 해서체의 대가로 알고 있습니다."

"그는 잠을 잘 때도 이불에다 손가락으로 글씨를 써 대서 이불이 너덜너덜해졌다고 하더군."

"예. 그만큼 연습을 해야 대가가 되는군요."

"뭐든 미친 듯이 하지 않고서는 큰 성취를 얻을 수 없네."

허련은 깊이 알아듣고 고개를 숙였다.

㉠"붓을 천 개쯤은 뭉뚝하게 만들어 봐야 그림이 뭔가를 알게 될 걸세."

추사 선생이 흘리듯 말하고는 돌아서 갔다. 허련은 **몽당붓**을 들고 물끄러미 보았다. 이제 겨우 한 걸음을
_{끝이 거의 다 닳아서 없어진 붓}
더 뗀 것 같았다.

'천 개 넘어 붓이 닳으면…….'

허련은 쓰고 또 썼다. 그리고 또 그렸다.

중심 내용 4 허련은 그림을 보는 안목이 높아졌어도 그림을 계속 그리며 연습을 했다.

5 추사 선생이 행장을 꾸렸다. 멀리 문경에서 비석 하나가 발견되었다는 소식을 듣고서였다. 벌써 여러
_{여행할 때 쓰는 물건과 차림}
번째였다. 추사 선생은 종이와 먹을 들고 방 안에 앉아서 쓰기만 하는 사람이 아니었다. 깨진 비석 한 조각이 발견되었다는 말을 들으면 그냥 넘어가지 않았다. 멀다 않고 찾아가 거기에 쓰인 글씨를 **탁본해** 왔다. 그리고는 옛 책들을 뒤지며 그 서체를 연구했다. 젊은 날에도 부친의 부임지에 다니러 가서는 그 지방의 산을 헤
_{임무를 받아 근무하는 곳}
매며 비석들을 탐색했다고 들었다. 비석에는 수백 년 전의 다양한 서체가 쓰여 있기 때문이었다.

안목(眼 눈 안, 目 눈 목) 사물을 보고 분별하는 견문과 학식.
기꺼웠다 마음속으로 은근히 기뻤다. **예** 선물을 받아 <u>기꺼웠다</u>.

탁본(拓 박을 탁, 本 근본 본)해 비석, 기와, 기물 따위에 새겨진 글씨나 무늬를 종이에 그대로 떠내어.

---

13 허련에게 생긴 변화를 모두 고르시오.

(   )

① 학문이 날로 깊어졌다.
② 그림 보는 안목이 높아졌다.
③ 기쁨과 뿌듯함에 힘든 줄 몰랐다.
④ 그림 보는 안목이 없어 괴로워했다.
⑤ 호된 악평을 들으면 절망에 빠졌다.

14 ㉠의 말에 담긴 추사 선생의 뜻으로 알맞은 것에 ○표 하시오.

(1) 무모한 도전은 발전이 없다. (   )
(2) 노력해도 안 되는 일이 있다. (   )
(3) 허련이 스스로 발전하기를 바란다. (   )

15 이 글에서 허련이 가장 중요하게 생각하는 일은 무엇입니까? (   )

① 글씨 탁본하기   ② 비석 탐색하기
③ 재료 준비하기   ④ 그림 비판하기
⑤ 그림 연습하기

16* 허련이 천 개가 넘는 몽당붓을 만들려는 까닭으로 알맞은 것의 기호를 쓰시오.

> ㉮ 그림이 뭔지를 더 알고 싶어서
> ㉯ 몽당붓으로 그려야 잘 그려져서
> ㉰ 추사 선생처럼 몽당붓을 갖고 싶어서

(   )

서둘러 떠나는 추사 선생의 발걸음이 청년의 걸음보다 힘차고 가벼웠다. 기대감으로 환하게 빛나는 얼굴 표정 또한 청년 이상이었다.

'이번엔 또 어떤 걸 찾아 오실까?'

㉠돌아오면 아마 또 며칠간 서재에 틀어박혀 나오지 않을 게 분명했다.

허련은 추사 선생이 없는 동안 서재에서 추사 선생의 글씨와 그림들을 다시 살폈다. 전에는 안 보이던 게 보였다(그림 보는 안목이 높아짐.). 추사 선생은 풍경을 그려도 단순히 실제 모습을 그리는 게 아니었다.

마음속에 꿈꾸는 이상과 의지, 세상에 대한 생각들을 그림에 담아냈다. **성근** 나무 숲 아래 **띠풀**로 지붕을 엮은 고적한(외롭고 쓸쓸한) 정자와 조용히 흐르는 강물을 그리고, 그 뒤로 먼 산을 은은하게 그리면 놀랍게도 그 속에서 세상을 떠나 자연 속에 묻혀 살고자 하는 선비의 소망이 읽혔다. 낮은 언덕에 몇 그루의 고목과 그 옆에 허물어질 듯 서 있는 작은 집을 보고 있으면 세속이 한없이 작아지고 우주의 **섭리**가 온 세상에 내려와 앉은 듯했다.

그림을 그렸는데 시가 읽히고, 글씨를 썼는데 세상이 그려졌다. 어느 획에서, 어느 나뭇잎에서, 아니면 어느 산자락에서 그게 나오는지 알 수가 없었다. 붓질이 산자락을 흐르며 힘을 더 주고 덜 준 흔적만으로도 뭔가를 이야기하고 있었다. 허련은 탄식을 했다(한탄하여 한숨을 쉬었다.).

중심 내용 5 추사 선생이 집을 떠나 있는 동안 허련은 추사 선생의 글씨와 그림들을 다시 살펴보다 그림에 담긴 것을 볼 수 있게 되었다.

6 ㉡허련은 화첩에서 배운 필법을 바탕으로 연구와 실험을 해 가며 나름의 붓질법을 만들어 나갔다. 수십 개의 붓이 뭉뚝해졌다. 점차 허련만의 그림이 나왔다.

날로 부드러워지는 봄 산을 그리느라 열중해 있는데 문득 뒤에서 인기척이 들렸다. 고개를 드니 추사 선생이었다. 허련이 일어나려 하자 추사 선생이 말렸다.

"그냥 계속하게."

허련은 진하게 간 먹을 마른 붓에 듬뿍 찍어 종이에 닿을 듯 말 듯 가볍게 긋다가 슬쩍 눌러 긋다가 하며 산의 능선(산등성이를 따라 죽 이어진 선)을 표현했다. 바위는 짙고 마른 먹으로 그려 거칠고 **투박한** 느낌을 물씬 냈다. 나무껍질 또한 물기 없는 붓으로 건조하게 찍어 까끌까끌한 질감을 살렸다.

핵심내용 허련이 처한 상황에서 허련이 한 행동 알아보기

허련이 처한 상황	허련이 한 행동
추사 선생에게서 그림을 인정받지 못한 상황	• 연구와 실험을 해 가며 자신만의 붓질법을 만들어 나갔다. • 수십 개의 붓이 뭉뚝해지도록 연습했다.

성근 물건의 사이가 뜬. 예 올이 성근 대나무 자리에 앉았습니다.
띠풀 볏과의 여러해살이풀. 줄기는 높이가 30~80센티미터이고 원뿔형으로 똑바로 서 있음. 들이나 길가에 무더기로 남.
섭리 자연계를 지배하고 있는 원리와 법칙.
투박한 생김새가 볼품없이 둔하고 튼튼하기만 한. 예 박물관에서 흙으로 만든 투박한 그릇을 보았습니다.

17 ㉠의 까닭은 무엇이겠습니까? ( )

① 비석에 글씨를 새기려고
② 허련에게 그림 실력을 감추려고
③ 비석의 서체를 혼자만 두고 보려고
④ 여행한 곳의 풍경을 조용히 그리려고
⑤ 탁본해 온 비석의 서체를 연구하려고

18 허련은 추사 선생이 없는 동안 무엇을 했는지 글에서 찾아 쓰시오.

19 허련이 추사 선생의 풍경 그림에서 볼 수 있었던 것이 아닌 것은 무엇입니까? ( )

① 이상과 의지
② 선비의 소망
③ 세상에 대한 생각들
④ 허련 자신이 만든 붓질법
⑤ 이야기하는 듯한 붓질의 흔적

20 서술형 ㉡의 행동에서 허련이 추구하는 삶을 파악하여 쓰시오.

"으음."

추사 선생이 신음을 내뱉었다. 허련이 돌아보니 추
~~~~~~
앓는 소리를 내었다.
사 선생이 체면도 잊고 옆에 쪼그리고 앉아 그림을 뚫
어지게 보고 있었다. 입술 사이로 탄식이 새어 나왔다.

"하아, 건조하기는 마치 가을바람과 같고, 부드럽고
윤택하기는 마치 봄비와 같구나. 줄기는 힘이 있고
잎은 생명력이 넘쳐."

허련은 추사 선생의 칭찬에 으쓱했다.
~~~~~~~~
어깨를 들먹이며 우쭐했다.
"먹이 몹시 진하구나."

"예. 물기 없이 마른 붓을 썼습니다."

"진한 먹에 마른 붓이라…… 뚜렷하면서도 깊은 분
위기를 내는구나."

"달을 그리거나 경계를 표현할 때에도 이런 붓질을
사용합니다."

"이런 붓질법을 어디서 배웠느냐?"

"그냥, 제가 본 느낌들을 표현해 내기 위해 이렇게
저렇게 해 보다가……."

추사 선생의 눈이 살짝 커졌다. / "계속해 보아라."

허련이 붓을 들어 이번엔 잎 달린 작은 나무 몇 그루
를 그렸다.

추사 선생이 고개를 끄덕이더니 붓을 들었다. 허련
이 종이 한 장을 깔아 사방을 눌러 추사 선생이 그릴

수 있도록 마련했다. 추사 선생은 먹을 찍어 조심조심
붓질을 했다. 힘 조절에 신경을 쓰느라 손등에 핏줄이
섰다. ㉠추사 선생은 수없이 내리그어 종이 한 장을
다 채웠다. 허련이 다시 새 종이를 깔았다.

추사 선생이 이번엔 가로로 선을 그었다. 가는 선 굵
은 선을 번갈아 그리다가 사선으로 짧은 선들을 무수
히 그었다. 둥근 선으로 한 장을 또 채웠다.

추사 선생이 돌아보며 싱긋 웃었다.

"이게 바로 초묵법이구나." / "초묵법요?"

"마르고 건조한데 윤기가 있어 보이는 붓질. ㉡오랫
동안 풀지 못한 것을 오늘 자네한테 배우는구나."

추사 선생의 얼굴에 환희가 차올랐다. 초묵법. 허련
은 자기가 먹을 쓴 방법이 그것인 줄 몰랐다. 추사 선
생이 기뻐하는 것을 보고 그저 어리둥절할 뿐이었다.
그 뒤로 추사 선생은 산수화를 그릴 때에 이런 붓질법
을 즐겨 사용했다.

중심 내용 6 허련은 붓 수십 자루가 몽당붓이 되도록 노력하여 자신의 붓질법을 만들
었고, 추사 선생의 인정을 받았다.

핵심내용 추사 선생이 추구하는 삶을 파악하는 방법 알기 ㉮

추사 선생이 한 말	"오랫동안 풀지 못한 것을 오늘 자네한테 배우는구나."
관련 있는 가치	제자에게서도 배우는 '❷ ㄱ ㅅ'이 있다.
추구하는 삶	겸손을 지니고 자신의 그림을 발전시켜 가는 열정적인 삶을 추구한다.

체면(體 몸 체, 面 낯 면) 남을 대하기에 떳떳한 도리나 얼굴.
윤택(潤 윤택할 윤, 澤 못 택)하기는 빛깔이 번지르르하기는.

산수화(山 메 산, 水 물 수, 畵 그림 화) 동양화에서, 산과 물이 어우러진
자연의 아름다움을 그린 그림. ㉮ 산수화 한 폭이 걸려 있습니다.

21 허련의 그림을 보고 추사 선생이 한 행동으로 알맞지 않은 것의 기호를 쓰시오.

> ㉮ 허련의 그림을 칭찬했다.
> ㉯ 허련의 붓질에서 고칠 점을 알려 주었다.
> ㉰ 허련의 붓질법으로 선 긋는 연습을 했다.

( )

22 허련이 만든 붓질법의 특징은 무엇인지 빈칸에 알맞은 말을 쓰시오.

(1) 진한 먹에 ( ) 붓을 쓴다.
(2) 건조한데 ( )이/가 있어 보인다.

23 〈문제 22번〉에서 답한 특징을 가지고 있는, 허련이 만든 붓질법의 이름을 쓰시오.

( )

㉔ ㉠과 ㉡에서 추사 선생이 추구하는 삶으로 알맞은 것을 두 가지 고르시오. ( )

① 생명을 소중히 여기는 삶
② 나라를 위해 희생하는 삶
③ 제자에게서도 배우는 겸손한 삶
④ 자신의 잘못을 뉘우치고 반성하는 삶
⑤ 자신의 그림을 발전시키려는 열정적인 삶

마지막 숨바꼭질
• 백승자

• 글의 종류: 이야기
• 글의 특징: 소방관인 아버지의 삶과 아버지가 소방관이 되고자 결심하게 된 사건을 담은 이야기입니다.

미리
보기

| 경민이는 일요일에 낮잠만 주무시는 아버지에게 서운함을 느꼈습니다. | → | 경민이는 어제 아버지가 화재 현장에서 목숨을 잃을 뻔했다는 어머니의 이야기를 듣고 마음이 풀렸습니다. | → | 아버지는 자신이 소방관이 되고자 결심한 사건을 들려주었습니다. | → | 아버지는 화재로 동생을 잃고, 동생을 삼켜 버린 불길과 싸워 이기고자 소방관이 되었다고 했습니다. |

1 "이쪽이야, 이쪽! 빨리빨리!"

아버지의 잠꼬대가 오늘따라 유난스러웠다. 전에도 가쁜 숨을 몰아쉬며 손짓까지 섞어 잠꼬대를 하시는 _{숨이 몹시 찬} 바람에 어머니와 경민이가 깜빡 속은 적이 있었다.

목이 마르다고 손사랫짓까지 하시기에 마실 물을 가지고 와 보니 드르렁거리며 코를 골고 계셨던 것이다.

"아버지는 오늘 꿈속에서도 불을 끄시나……?"

경민이는 아버지가 깨지 않게 어깨를 슬며시 밀어 숨을 편안히 쉬도록 했다.

"끄응……."

지난달에 소방 호스에 부딪힌 왼쪽 어깨가 아직도 아픈지 돌아눕는 아버지의 입에서 앓는 소리가 새어 나왔다.

"후유……."

이번에는 경민이가 한숨을 내쉬었다. 모처럼 아버지와 함께 맞은 일요일인데, 아침 밥상을 물리고 잠깐만 쉬겠다던 아버지가 한나절이 다 지나도록 잠에 취하신 탓이다.

잠든 아버지 곁에 엎드려 동화책을 읽고 있지만 경민이 머릿속은 온통 다른 생각뿐이었다.

"경민아, 엄마랑 둘이 바람 쐬러 나갈까?"

어머니는 경민이 마음을 언제나 꿰뚫고 계시니까 지금 ㉠경민이가 원하는 것도 훤히 아실 터였다.

아니, 이번에는 경민이가 먼저 ㉡어머니의 마음을 읽었는지도 모르겠다. 늘 고단하신 아버지의 낮잠을 위해 _{몸이 지쳐서 느른하신} 자리를 피해 주자는 게 어머니의 마음일 테니까 말이다.

유난스러웠다 언행이나 상태가 보통과 달리 특별한 데가 있었다.
(예) 텔레비전에 나오는 연예인의 모습이 <u>유난스러웠다</u>.

손사랫짓 손을 펴서 함부로 휘젓는 짓.
한나절 하루 낮의 반 동안.

---

25 이 글은 언제, 어디에서 있었던 일인지 쓰시오.

(1) 언제: (   )

(2) 어디에서: (   )

26 이 글에서 경민이 아버지의 직업을 짐작할 수 있는 말을 두 가지 고르시오. (   )

① 불을 끄시나

② 소방 호스에

③ 손사랫짓까지

④ 아버지의 잠꼬대

⑤ 아버지의 입에서 앓는 소리가

27 경민이가 아버지를 보고 한숨을 내쉰 까닭으로 알맞은 것에 ○표 하시오.

(1) 동화책을 읽는 데 방해가 되어서   (   )

(2) 일요일인데 한나절이 다 지나도록 주무셔서

(   )

28 ㉠과 ㉡에 드러난 경민이와 어머니의 마음을 **보기** 에서 각각 찾아 기호를 쓰시오.

> **보기**
> ㉮ 아버지를 쉬게 하고 싶다.
> ㉯ 아버지와 함께 놀고 싶다.

(1) ㉠: (   ) (2) ㉡: (   )

어머니와 경민이는 살그머니 집을 나섰다.

"쉬는 날이면 놀아 주지도 않고 낮잠만 주무시는 아버지가 야속하고 밉니?"
_{섭섭하게 여겨져 언짢고}

"아니에요. 전 아무래도 괜찮다니까요!"

대답은 그렇게 했지만 아무래도 경민이의 대답에는 뾰로통한 기색이 담겨 있었다.

아들의 손을 끌어 길가의 벤치에 앉힌 어머니는 경민이의 어깨를 끌어안았다.

중심 내용 1 모처럼 아버지와 함께 맞은 일요일인데도 낮잠만 주무시는 아버지에게 경민이는 서운함을 느꼈다.

2 너는 잘 몰랐을 테지만, 아버지는 어제 두 차례나 화재 현장에 출동하셨다가 새벽녘에나 집에 들어오셨단다.

얼마나 힘들었던지 집에 와서도 영 마음이 가라앉지 않는다며, 여간해서 말을 안 하시는 화재 현장의 이야_{이만저만하거나 어지간해서}기를 하시더구나. 예고도 없이 닥치는 일, 사납게 일렁이는 불 속에 갇힌 사람을 구해 내는 일이 얼마나 위험하고 힘든지는 너도 알잖아.

특히 어제는 재래시장의 낡은 건물에서 불이 났대. 신고를 받은 소방관들이 출동했을 때, 시장 골목은 이미 구경하는 사람들로 메워져 있었단다.

문틈으로 나오는 검은 연기와 매캐한 냄새, 사람들의 비명…….

소방관 세 명이 들기에도 벅찰 정도로 소방 호스는 쉴 새 없이 강한 물줄기를 뿜어내고, 네 아버지를 비롯한 두 팀의 구조대가 그 속을 파고들었단다.

㉠'무엇보다 먼저 사람의 목숨을 구한다!'

소방관들은 눈길이 마주칠 때마다 말 없는 약속을 확인하고 힘을 내곤 한다지. 그래서 한순간에 온몸을 _{'무엇보다 먼저 사람의 목숨을 구한다!'}집어삼킬 듯한 불길을 이리저리 피해 가며 연기에 질식한 사람을 업고 나올 때는 죽음조차 두렵지 않을 만큼 다급하단다.

핵심내용 아버지가 처한 상황에서 한 행동 알아보기

처한 상황	아버지가 한 행동
화재 현장에 출동한 상황	• 불이 난 재래시장의 낡은 건물 속으로 뛰어들었다. • 불길을 피해 가며 연기에 질식한 사람을 업고 나왔다.

뾰로통한 못마땅하여 얼굴에 성난 빛이 나타나 있는. 예 엄마에게 꾸중을 들었는지 아이는 뾰로통한 얼굴입니다.
기색(氣 기운 기, 色 빛 색) 마음의 작용으로 얼굴에 드러나는 빛.

매캐한 연기나 곰팡이 따위의 냄새가 약간 맵고 싸한.
질식(窒 막힐 질, 息 쉴 식)한 숨통이 막히거나 산소가 부족하여 숨이 쉬어지지 아니한.

교과서 문제

29 경민이가 어머니에게 뾰로통한 기색으로 대답한 까닭을 알맞게 말한 친구에 ○표 하시오.

(1) 어머니가 아버지만 생각하는 게 질투 났기 때문이야.
( )

(2) 낮잠만 주무시는 아버지에게 섭섭한 마음이 들었기 때문이야.
( )

30 어제 아버지에게 있었던 일은 무엇입니까?
( )

① 화재 현장 출동
② 인명 구조 훈련
③ 화재 예방 교육
④ 화재 진압 훈련
⑤ 소방 시설 안전 점검

31 재래시장의 낡은 건물에 불이 났을 때 아버지와 소방관들이 한 일을 모두 고르시오.
( )

① 화재 건물 속으로 뛰어들었다.
② 소방 호스로 물줄기를 뿜어냈다.
③ 아픈 사람을 병원에 실어 주었다.
④ 시장 골목의 사람들을 피신시켰다.
⑤ 연기에 질식한 사람을 업고 나왔다.

32* ㉠에서 소방관들이 중요하게 여기는 가치를 두 가지 골라 ○표 하시오.

감사와 칭찬	생명 존중
희생과 봉사	겸손과 배려

어제도 네 아버지는 건물에 갇혀 울부짖는 두 사람을 업어 내왔단다. 온몸이 땀으로 범벅이 된 몸으로 또 한 번 들어가려는 순간, 시뻘건 불길이 혀를 날름거리며 건물의 입구를 막아 버린 거야.

"위험해, 더는 도저히 안 되겠어!"

소방관들은 구조를 중단하고 온몸이 오그라드는 듯
재난을 당하여 위기에 빠진 사람을 구해 줌.
한 열기 속에서 빠져나오기 시작했대.

⊙"먼저 나가. 내가 한 번만 더……."

그때 ⊙말릴 새도 없이 깨진 창문 사이로 뛰어 들어간 한 사람의 구조 대원이 있었단다.

너도 한번 생각해 보렴. 소방관에게도 지켜야 할 소중한 목숨이 있고, 우리처럼 애타게 기도하며 기다리는 가족이 있을 거 아니겠니?

아, 어쩌면 그렇게 짧고도 기막힌 순간이 또 있을까?
아버지가 빠져나오고 그 구조 대원이 목숨을 잃게 된 순간
네 아버지가 빠져나오고 뒤를 돌아보았을 때, 불길에 무너지는 커다란 기둥이 그 구조 대원의 몸을 휩싸 안고 바닥으로 꺼져 버렸단다.

자기 목숨보다 남의 목숨을 먼저 생각한 용감한 소

범벅 질척질척한 것이 몸에 잔뜩 묻은 상태를 비유적으로 이르는 말.
⑩ 그녀의 얼굴은 눈물로 범벅이 되어 있었습니다.
대원(隊 무리 대, 員 인원 원) 부대나 집단을 이루고 있는 사람.

방관 아저씨의 최후…….

그 이야기를 하시면서 아버지는 ⓒ정말 뜨거운 눈물을 쏟으셨단다.

"만약에 빠져나오는 차례가 나와 바뀌었더라면 그가 살고 나는 지금 이 자리에 없는 거야……."

그 말 끝에 나도 얼마나 울었는지 몰라. 마치 네 아버지가 다시 태어난 것처럼 반갑고 고맙더라니까!

중심 내용 2 어머니는 경민이에게 어제 아버지가 화재 현장에서 목숨을 잃을 뻔했다는 이야기를 들려주었다.

눈앞에서 동료를 잃은 일을 이야기하는 상황에서 아버지가 한 말이나 행동을 통해 관련 있는 가치를 찾거나 아버지가 추구하는 삶을 파악해 보는 문제가 자주 출제돼.

③ 어머니의 이야기에 경민이 마음이 한결 풀렸다. 덕
전에 비하여서 한층 더
분에 집에 돌아오는 발걸음도 햇살처럼 가벼웠다.

아버지를 위한 특별한 장보기를 마치고 집에 돌아오니, 아버지는 언제 잠꼬대까지 하며 낮잠을 잤느냐는 듯 환한 웃음으로 경민이를 맞으셨다.

"허허, 미안하다. 아빠가 우리 아들과의 약속도 못 지킬 만큼 곯아떨어졌었구나!"

기막힌 어떠한 일이 놀랍거나 언짢아서 어이없는.
곯아떨어졌었구나 몹시 곤하거나 술에 취하여 정신을 잃고 자고 있었구나.

33 ⊙과 ⊙의 말과 행동에서 구조 대원이 추구하는 삶과 거리가 먼 것은 무엇입니까? (　　)

① 남을 위해 희생하는 삶
② 끝까지 포기하지 않는 삶
③ 자신의 안전을 추구하는 삶
④ 자신의 일에 열정이 있는 삶
⑤ 남의 목숨을 구하기 위한 용기 있는 삶

34 어머니의 이야기에서 아버지가 처한 상황으로 알맞은 것에 ○표 하시오.

(1) 소방관 일을 그만두셨다. (　　)
(2) 화재 현장에서 부상을 입었다. (　　)
(3) 눈앞에서 동료 소방관이 목숨을 잃었다. (　　)

35 다음은 ⓒ의 행동을 보고 아버지의 삶과 관련 있는 가치를 말한 것입니다. 빈칸에 알맞은 말은 무엇입니까? (　　)

동료를 잃고 뜨거운 눈물을 쏟으며 안타까워하는 행동을 보면 아버지의 삶은 생명 존중과 동료에 대한 [　　]과/와 관련 있다.

① 도전　② 사랑　③ 봉사
④ 성실　⑤ 용기

36 글 ③에서 어머니의 이야기를 듣고 난 뒤에 경민이의 마음이 어떻게 달라졌는지 알 수 있는 말을 찾아 쓰시오.

(　　　　　)

그사이 아버지는 내려앉은 경민이의 책상 서랍도 말짱하게 고쳐 놓으시고, 이제 막 현관문의 헐렁해진 손잡이를 고치시는 중이었다.
<small>흠이 없고 온전하게</small>

"아버지, 일은 그만하시고 이리 와서 앉으세요. 빨리요!"

경민이는 어머니와 찡긋 눈 맞춤을 하고는 거실에 멋진 생일상을 차리기 시작했다.

"옳지, 요 녀석이 엄마를 졸라서 맛있는 케이크까지 사 왔구나."

아버지는 여느 때보다도 기분 좋은 표정이셨다.

세 식구가 단출하게 둘러앉아서 케이크에 촛불을 켰다. 큰 초 네 개와 작은 초 두 개에서 무지갯빛 환한 불이 살아났다. 고개를 갸웃하신 건 역시 아버지였다.

"어? 이게 누구 나이만큼 촛불을 켠 거냐?"

경민이는 대답 대신 예쁘게 포장해 온 선물을 아버지께 내밀었다.

"아버지, 생신을 축하합니다. 그리고 위험 속에서 살아나 주셔서 고맙고, 또 사랑합니다!"

어쩐지 쑥스러워서 마지막에 혀를 날름 내밀기는 했

지만, 늘 개구쟁이 노릇만 하던 경민이로서는 제법 의젓한 인사말이었다. 눈이 휘둥그레진 아버지께 어머니가 다가앉으며 말했다.

"경민이에게 당신이 어제 화재 현장에서 고생하신 얘기를 들려주었어요. 그랬더니 글쎄, 우리 아버지가 다시 태어나신 거나 마찬가지라고 저렇게 야단이랍니다."

경민이는 아버지의 잔과 자기의 콜라 잔을 부딪치며 힘차게 "브라보!"를 외쳤다.
<small>'잘한다', '좋다', '신난다' 따위의 뜻으로 외치는 소리</small>

㉠"우리 아들, 고맙고 기특하구나. 이 아빠가 막 눈물이 날 것 같아."

화재 현장에 갈 때마다 얼마나 많은 위기를 맞았던가!

화재 진압을 마치고 나서 동료들끼리 늘 하는 말이
<small>같은 직장에서 함께 일하는 사람</small>
㉡"우리는 오늘도 다시 태어났다."였는데…….

핵심내용 경민이가 한 말이나 행동에서 관련 있는 가치 찾기

경민이가 한 말이나 행동	관련 있는 가치
• 케이크를 사고 생일상을 차렸다. • "위험 속에서 살아나 주셔서 고맙고, 또 사랑합니다!"	아버지에 대한 '사랑'과 '❸ ㄱㅅㅎ'이 느껴진다.

단출하게 식구나 구성원이 많지 않아서 홀가분하게.
의젓한 말이나 행동 따위가 점잖고 무게가 있는.

진압(鎮 진압할 진, 壓 누를 압) 강압적인 힘으로 억눌러 진정시킴.
예 경찰들이 폭력 조직 <u>진압</u>에 동원되었습니다.

교과서 문제

37 경민이가 케이크를 사 온 까닭을 알맞게 말한 친구의 이름을 모두 쓰시오.

> **정우:** 경민이가 아버지의 마흔두 번째 생신을 축하해 드리고 싶었기 때문이야.
> **수빈:** 화재 현장에서 목숨을 잃지 않고 살아나 주신 아버지를 축하하기 위해서야.
> **지현:** 아버지가 위험한 화재 현장에서 살아난 것이 다시 태어나신 것과 같다고 생각해서 생신 축하 케이크를 산 거야.

(   )

38 경민이가 아버지에게 고맙다고 말한 까닭을 알 수 있는 부분을 글에서 찾아 쓰시오.

(   )

39 ㉠의 말에 담긴 아버지의 마음을 두 가지 고르시오.

(   )

① 슬픈 마음   ② 감사한 마음
③ 사랑하는 마음   ④ 화가 난 마음
⑤ 부끄러운 마음

40 ㉡의 뜻은 무엇이겠습니까? (   )

① 소방관이 된 것이 자랑스럽다.
② 동료들끼리는 믿음이 필요하다.
③ 화재 진압 시 죽음의 위기를 잘 넘겼다.
④ 소방관은 처음 출동한 것처럼 늘 긴장해야 한다.
⑤ 처음 소방관이 되려고 했던 까닭을 기억해야 한다.

1

이렇게 사랑하고 이해하는 가족이 있기에, 남들이 다 위험하다지만 그만큼 큰 자부심을 얻는다고 큰소리를 칠 수 있는 것이었다.

그 자리에서 아버지는 경민이에게 자기가 처음으로 소방관이 되고자 결심한 어린 시절의 사건 하나를 들려주었다.

중심 내용 3 아버지는 살아 돌아와 주셔서 고맙다는 경민이의 말에 감동해서 자신이 소방관이 되고자 결심한 사건을 들려주었다.

4 아, 그러니까 이 아빠가 꼭 너만 한 나이 때의 일이구나.

그해 여름, 아마 장마가 막 시작될 무렵이었을 거야.

그날은 부모님이 먼 친척 집에 가셔서 두 살 아래의 동생과 나 둘이서만 하룻밤을 지내야 했단다.

어머니가 해 놓으신 저녁밥을 일찌감치 먹고 난 우리는 뭔가 재미있는 일을 찾기 시작했지.
좀더 일찍이

숨바꼭질, 예나 지금이나 그보다 더 재미있는 놀이가 있을까?

그날따라 정전이 되어 우린 마루에 촛불 하나를 켠 상태였어. 우리는 서로서로 술래를 해 가며 이불장이
오던 전기가 끊어짐.

고 장이고 다 헤집고 숨어들었지. 내가 술래가 되어 마루의 기둥에서 오십까지 세기로 했을 때, 갑자기 동생을 놀리고 싶은 생각이 드는 게 아니겠니?

그래서 동생을 찾아다니지 않고 오히려 술래인 내가 마당의 장독 뒤에 숨어 버렸지.

이미 날은 어둡고 으스스한 기분을 꾹꾹 참으며, 시
크게 소름이 돋는 느낌이 있는
간이 얼마나 지났을까……!

문득 번갯불처럼 환한 기운에 나는 소스라쳐 뛰어나왔지. 아, 그 순간의 놀라움이란!

우리 집 안방이 온통 불바다가 되어 버린 거야.

"불이야! 불이야! 누가 좀 도와주세요!"

나는 뜨거운 불기운을 피해 달아나며 정말 목이 터지도록 소리쳤단다.

핵심내용 아버지의 어린 시절에 있었던 사건 간추리기

> 부모님이 먼 친척 집에 가셔서 두 살 아래의 동생과 함께 하룻밤을 지내게 되었다.

↓

> 그날따라 정전이 되어 마루에 촛불 하나를 켜 둔 채로 동생과 함께 숨바꼭질을 하다가 불이 났다.

자부심(自 스스로 자, 負 질 부, 心 마음 심) 스스로 자신의 가치나 능력을 믿고 당당히 여기는 마음. 예 그는 자신의 직업에 대한 <u>자부심</u>이 강한 사람입니다.

헤집고 걸리는 것을 이리저리 물리치고.
소스라쳐 깜짝 놀라 몸을 갑자기 떠는 듯이 움직여. 예 갑자기 골목길 옆에서 튀어나온 오토바이 때문에 <u>소스라쳐</u> 넘어졌습니다.

교과서 문제

41 아버지는 가족에게 케이크를 받고 무슨 생각을 했는지 빈칸에 알맞은 말을 차례대로 쓰시오.

> 사랑하고 이해하는 (   )이/가 있어서 소방관 일이 위험한 만큼 (   )을/를 얻는다고 생각하였다.

42 아버지가 경민이에게 들려준 이야기는 무엇인지 알맞은 것에 ○표 하시오.

(1) 아버지가 어제 화재 현장에서 목숨을 잃을 뻔한 이야기 (   )

(2) 아버지가 처음으로 소방관이 되고자 결심한 어린 시절의 사건 (   )

43 아버지가 어린 시절 동생과 저녁밥을 먹고 나서 한 놀이는 무엇인지 쓰시오.

(   )

44 아버지가 장독 뒤에 숨어 있다가 소스라쳐 뛰어나온 까닭은 무엇입니까? (   )

① 마당의 장독이 깨져서
② 하늘에서 번갯불이 보여서
③ 정전으로 어둡고 무서워서
④ 집 안방이 불에 타고 있어서
⑤ 이웃집에서 "불이야!"라고 외쳐서

아아, 어둠 속 메아리밖에 돌아오지 않던 그때의 막막함이란…….

산골 마을이라 집들이 띄엄띄엄 있는 데다가 우리 집은 산모퉁이를 돌아 앉은 외딴집이었거든.

㉠"경수야! 어디 있니? 빨리 나와야지……."

어린 마음에도 동생을 찾아야 한다는 마음 하나로 ㉡불꽃이 널름거리는 방문 앞까지 몇 번이나 다가갔다가 물러 나왔는지 모른다.

지금부터 삼십여 년 전이니 전화는커녕 불자동차는 장난감으로조차 본 적이 없는 시절이었단다.

공포의 시간이 얼마나 지났을까.

후둑후둑 빗방울이 떨어지기 시작할 때 언덕 너머 사시는 아저씨 두 분이 손전등을 비추며 쇠스랑과 낫을 가지고 달려오셨어. 나의 애타는 목소리가 들린 게 아니라, 벌건 불기운이 노을처럼 비쳐 보였다는 거야. 꼭 전쟁을 겪은 것 같던 하룻밤이 어떻게 지났는지 몰라.
_{어둡고 옅게 붉은}

사람들은 웅성웅성 달려왔지만, 나는 놀라고 지친

끝이라 불이고 동생이고 잊은 채 ㉢헛간 구석에서 죽음같이 깊은 잠을 잤단다.

㉣"아이고, 내 강아지야! 어떻게 이런 일이 다 있단 말이냐……!"

불타 버린 옷장 안에서 발견된 동생을 끌어안고 몇 번이나 혼절하시는 어머니, 핏발 선 눈빛으로 하늘만 보시는 아버지…….

동생은 위험하게도 촛불을 들고 안방 옷장 안으로 숨었던 거야. 씩씩한 사람으로 자라서 어려운 사람을 다 구하겠다던 녀석이 그렇게 어리석은 짓을 할 줄이야!
_{촛불을 들고 안방 옷장 안으로 숨은 짓}

그렇게 동생이 하늘나라로 간 뒤부터 내 가슴속에는 확실한 꿈 하나가 자리 잡았단다.

핵심내용 어린 시절의 아버지가 처한 상황에서 한 말이나 행동 알아보기

아버지가 처한 상황	아버지가 한 말이나 행동
화재로 동생을 잃은 상황	• "경수야! 어디 있니? 빨리 나와야지……." • 어린 마음에도 동생을 찾아야 한다는 마음 하나로 불꽃이 널름거리는 방문 앞까지 몇 번이나 다가갔다가 물러 나왔다.

널름거리는 불길이 밖으로 자꾸 빠르게 나왔다 들어갔다 하는. ⑩ 불길이 창고 안에서 널름거리는 것을 보았습니다.

후둑후둑 '후두둑후두둑'의 준말. 굵은 빗방울 따위가 떨어지는 소리.
혼절(昏 어두울 혼, 絕 끊을 절)하시는 정신이 아찔하여 까무러치시는.

45 집에 불이 났는데도 아버지와 동생이 도움을 받을 수 없었던 까닭을 두 가지 고르시오.
( )

① 동네 어른들이 무관심했기 때문에
② 집이 산골 마을 외딴집이었기 때문에
③ 신고할 수 있는 전화가 없었기 때문에
④ 출동할 불자동차가 고장이 났기 때문에
⑤ 전쟁 중이라 마을에 사람이 없었기 때문에

46 ㉠~㉣ 중에서 다음과 같은 가치를 느낄 수 있는 인물의 말이나 행동을 두 가지 골라 기호를 쓰시오.

끝까지 동생을 찾으려는 '끈기'가 느껴진다.

( )

47 아버지의 집 안방에 불이 났던 까닭은 무엇인지 쓰시오.
서술형

_____

_____

48 이 글에서 일어난 중요한 사건은 무엇입니까?
( )

① 화재로 부모님을 잃었다.
② 화재로 동생이 하늘나라로 갔다.
③ 아버지의 실수로 집이 불에 탔다.
④ 소방관 아저씨의 도움으로 동생을 구했다.
⑤ 아버지는 씩씩하게 자라서 어려운 사람을 구하는 일을 하겠다는 꿈을 가지게 되었다.

반드시 내 동생 경수를 삼켜 버린 불길과 싸워 이기겠다는 결심이었지. 나중에서야 불길은 싸울 대상이 아니라 잘 다스려야 이긴다는 걸 알게 되었지만 말이다.

㉠불이라는 말만 들어도 가슴이 미어진다는 부모님의 반대를 무릅쓰고 나는 기어이 소방관의 꿈을 이루어 냈단다. 그리고 늘 기도하는 마음으로 맡은 일을 하지.

빨간 불자동차에 올라타고 다급한 사이렌을 울리며 화재 현장에 나갈 때마다, 나는 어린 시절 무서운 불길 속에서 구해 내지 못한 동생의 목소리를 떠올린단다.

그리고 주먹을 불끈 쥐며 두려움을 잊곤 하지. 동생과 나의 마지막 숨바꼭질처럼 소중한 추억을 영원히 잊지 않기 위해서 말이다.

이 글의 제목이 「마지막 숨바꼭질」인 까닭이 드러남.

중심 내용 4 어린 시절 화재로 동생을 잃은 사건 때문에 아버지는 동생을 삼켜 버린 불길과 싸워 이기고자 소방관이 되었다고 했다.

화재로 동생을 잃어 소방관이 되겠다고 결심하고 꿈을 이루기 위해 노력하는 상황에서 아버지가 추구하는 삶을 파악해 보는 문제가 자주 출제돼.

미어진다는 가슴이 찢어질 듯이 심한 고통이나 슬픔을 느낀다는. ㉠ 아기가 아프면 가슴이 미어진다는 어머니의 마음이 그대로 느껴졌습니다.

---

5 아득한 그리움을 섞은 아버지의 긴 이야기가 끝났을 때는 어느덧 해 질 무렵이었다. 창밖 멀리 보이는 서쪽 하늘에 주홍색 노을이 물들어 있었다.
까마득히 오래된

"어이쿠, 빨갛기도 해라! 난 저렇게 붉은 노을만 봐도 어디서 불이 났나 싶어 가슴이 철렁한다니까!"

아버지는 자기도 모르게 축축해진 눈가를 훔치며 애써 웃음을 보이셨다. 경민이는 얼른 아버지의 허리를 끌어안고 얼굴을 비볐다.

"우주의 전사보다 훨씬 더 멋진 우리 아버지! 아버지가 정말 자랑스러워요."

경민이는 오늘 하루 사이에 어쩐지 마음이 성큼 자란 것 같았다.

중심 내용 5 아버지의 이야기를 들은 경민이는 아버지가 정말 자랑스럽게 느껴졌다.

핵심내용 인물의 삶과 자신의 삶을 관련지어 말하기 ㉠

 경민이 아버지가 ❹ ㅅ ㅁ 을 존중하는 삶을 추구하는 것처럼 저도 길에서 다친 고양이를 데려와 치료해 준 적이 있습니다. 앞으로 더 생명을 소중히 여기는 삶을 살겠습니다.

무릅쓰고 힘들고 어려운 일을 참고 견디고. ㉠ 위험을 무릅쓰고 구조 대원들이 사고 현장에 뛰어 들어갔습니다.
철렁한다니까 어떤 일에 놀라 가슴이 설렌다니까.

---

49 동생이 하늘나라로 떠난 뒤에 아버지는 어떤 결심을 했는지 빈칸에 알맞은 말을 쓰시오.

> 동생을 삼켜 버린 불길과 싸워 이기기 위해 (　　　　　　)이/가 되겠다고 결심했다.

50★ ㉠의 행동과 관련 있는 가치를 찾아 아버지가 추구하는 삶을 알맞게 파악한 것은 무엇입니까? (　　　　)

① 부모님을 위해 '희생'하는 삶
② 쉽게 포기하고 '양보'하는 삶
③ 가족을 이해하고 '존중'하는 삶
④ 꿈을 위해 '끈기' 있게 노력하는 삶
⑤ 남의 잘못을 쉽게 '용서'해 주는 삶

51 글 **5**에서 경민이는 아버지에 대해 어떤 마음을 가지고 있는지 두 가지를 고르시오. (　　　　)

① 멋지다.　　　② 재미있다.
③ 불쌍하다.　　④ 서운하다.
⑤ 자랑스럽다.

52 다음 보기처럼 이 글의 아버지가 추구하는 삶을 생각하며 자신의 삶에 대한 다짐을 쓰시오.
서술형

> **보기**
> 자신을 희생하며 봉사한 아버지처럼 주변의 친구들에게 도움을 실천하겠다.

_____

_____

이모의 꿈꾸는 집

• 정옥

• **글의 종류**: 이야기
• **글의 특징**: 즐겁게 자신이 좋아하는 일을 하는 것을 중요하게 생각하는 인물들의 삶과 다양한 꿈을 다룬 이야기입니다.

미리 보기

| 피아노 소리가 나지 않아 고민하는 상수리에게 이모가 피아노 건반을 씻어 오라고 하자 진진과 함께 건반을 씻었습니다. | → | 어기는 초리에게 나는 방법을 물으며 즐겁게 하늘을 나는 꿈을 꿉니다. | → | 빨랫줄에 매단 건반에서 나는 피아노 소리를 듣고 상수리는 예전처럼 즐겁게 피아노를 연주합니다. | → | 진진은 풍과 이모가 행복하고 즐거운 꿈을 꾸고 있음을 알았습니다. |

● **앞부분** 이야기

진진은 엄마의 권유로 이모의 '꿈꾸는 집'이라는 괴상한 캠프에 참가한다. 동물도 사물도 말을 하는 엉뚱한 곳에서 진진이 어리둥절해하고 있을 무렵, 또래 친구 상수리를 만난다. 피아니스트가 되는 게 꿈이며 어렸을 때부터 피아노를 쳐 온 상수리는 갑자기 피아노 소리가 나지 않아 고민하고, 이모와 진진은 상수리의 고민을 듣게 된다.

1 "근데 너 혹시 걔를 한동안 혼자 내버려뒀니?"
_{'그 아이'가 줄어든 말. 피아노를 가리킴.}
"아니요. 제가 피아노 연습을 얼마나 열심히 하는데요. 컴퓨터 게임을 할 시간도, 친구들이랑 축구할 시간도, 만화책을 볼 시간도 없이 오로지 피아노 연습만 하는걸요."
"그렇게 아무것도 안 하고 피아노만 치면 재미있니?"

"아니요, 당연히 힘들죠. 정말 어떨 땐 너무 힘들어서 다 그만두고 싶어질 때도 있어요. 그래도 꾹 참고 연습해요. 열심히 연습해야 훌륭한 피아니스트가 될 수 있잖아요."
이모는 고개를 끄덕거리며 크게 한숨을 내쉬었다.
"쳇, 그게 문제였군. 우울해질 만하군." / "예?"
_{피아노가 소리를 내지 않을 만하군.}
"훌륭한 피아니스트가 되는 게 네 꿈이라고? 근데 네 피아노의 꿈도 훌륭한 피아니스트와 연주하는 거라던? 아마 아닐걸?"
이모는 먼지떨이를 놓아두고 뒷벽에 걸린 대바구니
_{대로 엮어 만든 바구니}
두 개를 내렸다. 먼지가 보얗게 쌓인 바구니를 대충 털어, 진진과 상수리에게 각각 하나씩 나눠 줬다.
"자, 여기다가 피아노 건반 따서 담아 와." / "왜요?"
_{붙어 있는 것을 잡아떼서}

권유(勸 권할 권, 誘 꾈 유) 어떤 일 따위를 하도록 권함. 예 나는 선생님의 권유로 컴퓨터를 배우게 되었습니다.

캠프 휴양이나 훈련 따위를 위하여 야외에서 천막을 치고 일시적으로 하는 생활. 또는 그런 생활을 하는 곳.

---

53 진진은 이모의 '꿈꾸는 집'을 어떤 곳이라고 생각하는지 두 가지 고르시오. (   )

① 괴상한 캠프이다.
② 사람들의 고민을 들어주는 곳이다.
③ 모두의 꿈이 이루어지는 신기한 곳이다.
④ 피아니스트가 꿈인 사람만 가는 곳이다.
⑤ 동물도 사물도 말을 하는 엉뚱한 곳이다.

55* 이 글에서 상수리는 어떤 생각을 가지고 있는지 빈칸에 알맞은 말을 쓰시오.

(   )을/를 열심히 해야만 훌륭한 피아니스트가 될 수 있다.

56 이모는 피아노가 왜 우울해졌다고 생각했는지 알맞은 것의 기호를 쓰시오.

㉮ 상수리가 훌륭한 피아니스트가 아니어서
㉯ 상수리가 힘들어하며 피아노 연습만 해서

(   )

54 상수리의 고민은 무엇인지 쓰시오.

(   )

"우울할 땐 그저 깨끗한 물에 목욕하고, 따뜻한 햇빛을 듬뿍 쏘이는 게 최고야. 데리고 와서 물로 깨끗하게 목욕시켜 준 다음 널어 줘. 그러면 ㉠개네들도 기분이 좀 나아질 거야."

중심 내용 1 피아노 소리가 나지 않아 힘들어하는 상수리에게 이모는 피아노 건반을 따서 씻어 오라고 했다.

(중략)

2 상수리는 피아노 덮개를 열고 하얀 건반을 하나씩 똑똑 따 냈다. 건반은 사과나무에서 사과 꼭지가 떨어지듯이 똑똑 떨어졌다. 진진도 검은 건반을 따서 담았다.

㉡"나는 정말 열심히 했는데. 내가 뭘 잘못한 걸까? 정말 꿈을 이루기 위해 최선을 다했는데."

상수리의 혼잣말에 진진은 마음이 아팠다. 건반을 모두 다 따 담고 나서, 상수리는 피아노 덮개를 가만히 덮어 주었다.

"가자."

상수리가 먼저 방문을 나갔다. 진진은 뒤따라 나가며 다시 한번 방 안을 휙 둘러보았다. 그러고는 악기들에게 주먹을 불끈 쥐어 보이며 눈을 흘겼다.

"까불지 마."

진진과 상수리는 바구니를 들고 우물가로 갔다. 상수리가 먼저 하얀 건반들을 대야에 쏟았다. 진진이 물

거무튀튀한 너저분해 보일 정도로 탁하게 거무스름한. 예 햇볕에 그을려 거무튀튀한 얼굴로 변했습니다.

을 퍼 올려 들이붓자 하얀 건반들에서 거무튀튀한 때가 불어 오르기 시작했다.
(속으로 쏟아 넣자)

둘은 우물가에 쪼그리고 앉아서 손가락으로 건반을 하나씩 씻었다. 까만 때가 돌돌 말려 일어났다.

"에구구, 더러워. 얘는 도대체 얼마 만에 목욕을 하는 거야?"
(하얀 건반들)

퐁은 구정물이 튈까 봐 멀찌감치 물러나서 지켜보았다.
(두레박 - 등장인물)

상수리는 정성스럽게 건반을 하나하나 닦아 냈다. 진진도 뽀드득뽀드득 힘껏 문질렀다. 시간이 흐를수록 대야의 물이 시커멓게 변했다. 상수리는 더러워진 물을 버리고 새로 깨끗한 물을 받아 헹구었다. 물속에 잠긴 건반들이 눈이 부시도록 하얗게 반짝였다. 두 아이의 이마에는 어느새 땀이 송골송골 맺혔다.

진진은 허리를 펴고, 어깨를 주물럭거리며 상수리에게 물었다.

"조금 쉬었다 할까?"

"아냐, 난 괜찮아. 힘들지? 넌 저기 그늘에 가서 좀 쉬어."

핵심내용 인물이 처한 상황 알아보기

| 상수리 | 상수리는 피아니스트라는 꿈을 이루려고 열심히 노력해 왔는데, 얼마 전부터 피아노에서 소리가 나지 않아 힘들어하고 있다. |

구정물 무엇을 씻거나 빨거나 하여 더러워진 물.
주물럭거리며 물건 따위를 자꾸 주무르며.

57 ㉠'개네들'은 누구를 가리키는 말인지 쓰시오.

(   )

58 상수리는 우울해진 피아노의 기분을 나아지게 하려고 무엇을 했습니까? (   )

① 건반 두드려 주기
② 물로 건반 씻어 주기
③ 새 건반으로 바꿔 주기
④ 건반을 그늘에 쉬게 하기
⑤ 신나는 음악 연주해 주기

59 ㉡에서 말하는 상수리의 꿈은 무엇인지 쓰시오.

• (   )이/가 되는 것이다.

60 ㉡의 말에서 상수리가 추구하는 삶과 비슷한 삶을 추구하는 친구의 이름을 쓰시오.

> 채영: 멋진 가수가 되려면 매일 열심히 노래 연습을 해야 해.
> 강주: 우린 아직 어려. 꿈은 천천히 생각해 보고 정해도 괜찮아.

(   )

상수리는 흰 건반들을 바구니에 담아 물기를 빼면서 대답했다.

"아니야, 나도 괜찮아."

진진은 검은 건반들을 대야에 쏟아부었다. 검은 건반들에서 검은 물이 조금씩 배어 나왔다. 건반을 문지르는 아이들의 손에도 검은 물이 스몄다.
물, 기름 따위의 액체가 배어들었다.

검은 건반까지 모두 다 깨끗하게 씻은 뒤, 상수리는 바지랑대를 내려 빨랫줄을 눈언저리까지 낮췄다.
눈가

"바구니 좀 들어 줘, 내가 집게로 집을게."

진진은 흰 건반이 담긴 바구니를 들고 왔다. 상수리는 아직도 물기가 흥건한 건반을 하나하나 집어서 널었다. 하얀 건반들은 양말들처럼 나란히 줄을 맞춰서 매달렸다.

하얀 건반을 다 매달고 나서 진진은 검은 건반을 든 바구니도 들고 왔다. 상수리는 검은 건반도 빨래집게로 꼭꼭 집어서 매달았다. 빨랫줄에는 하얀 건반과 검은 건반이 나란히 걸렸다.

"다 됐다." / "이제 얘 기분이 좀 좋아질까?"

상수리는 이마에 솟은 땀을 팔로 닦으며 걱정스러운 표정으로 건반들을 쳐다봤다.

두 아이는 마루에 가서 나란히 앉았다. 진진은 허리와 어깨와 허벅지를 토닥거렸다. 상수리는 마루에 누

워 몸을 쭉 폈다.

중심 내용 ❷ 상수리와 진진은 피아노 건반들을 깨끗하게 씻은 다음 빨랫줄에 매달았다.

❸ 뒤뜰에서 초리가 날아왔다. / "퐁, 나 물 좀 줘."
새
곧이어 어기가 뒤따라 뛰어왔다.
거위

"초리, 정말 암만해도 이해가 안 돼. 그러니까 날개를 한 번 휘젓는 데 몇 초가 걸린단 소리야?"

초리는 물을 한 모금 마시더니 갑갑하다는 듯 앙잘앙잘 앙알거렸다.
작은 소리로 원망스럽게 종알종알 군소리를 자꾸 내는 모양

"어이구, 이해 따윌 해서 뭣 하게? 날개가 알아서 하게끔 내버려두라잖아."

어기는 다시 긴 목을 빼며 물었다. / "내버려둬?"

"어떻게 하면 날 수 있을까, 그딴 생각 하지 말라고!"

"생각하고 또 해도 못 나는데, 생각하지 않고 어떻게 날아?"

초리는 까만 날개로 어기의 흰 날개를 툭툭 쳤다. 말이 점점 빨라졌다.

"궁금해하지 말라니까. 그냥 날아. 날개에게 모든 걸 맡겨."

"그러니까 그게 무슨 뜻인지……."

"아, 몰라, 몰라. 네 멋대로 해."

초리는 물을 다 마시고 다시 포르르 날아올라 동백나무 위에 앉았다.

바지랑대 빨랫줄을 받치는 긴 막대기.
흥건한 물 따위가 푹 잠기거나 고일 정도로 많은.

앙알거렸다 윗사람에 대하여 조금 원망스럽게 자꾸 입속말로 군소리를 했다. ⑩ 동생은 엄마께 게임기를 사 주지 않는다고 앙알거렸다.

---

61 이 글에 나오는 인물이 <u>아닌</u> 것은 누구입니까?

( )

① 진진　　② 어기　　③ 초리
④ 엄마　　⑤ 상수리

62 두 아이가 하얀 건반과 검은 건반을 씻고 나서 한 일에 ○표 하시오.

(1) 건반들을 빨랫줄에 매달았다. ( )
(2) 건반들을 마루에 펼쳐 쉬게 했다. ( )
(3) 하얀 건반과 검은 건반에게 사이좋게 지내라고 말했다. ( )

63 다음은 글 ❸에서 어떤 인물이 처한 상황인지 쓰시오.

> 하늘을 날고 싶지만 아무리 생각하고 연습을 해도 잘 날지 못한다.

( )

64 글 ❸에 나오는 초리의 성격은 어떠합니까?

( )

① 친절하다.　② 차분하다.　③ 무뚝뚝하다.
④ 걱정이 많다. ⑤ 생각이 깊다.

(중략)

진진이 어기의 하얀 깃을 어루만지며 물었다.

㉠"어기, 힘들지? 그래도 기운 내."

어기는 고개를 가로저으며 씩씩하게 되물었다.

"하나도 안 힘들어. 꿈꾸는 게 왜 힘드니?"

"그래도 날마다 그렇게 열심히 연습했는데, 못 날면 속상하잖아."

㉡"아니, 속상하지 않아. 난 늘 즐거워. 만약 꿈꾸는 동안 즐겁지 않다면 그게 무슨 꿈이니?"

어기는 물을 다 마시고 날개를 푸드덕푸드덕 힘차게 털어 냈다.

㉢"자, 쉬었으니 또 신나게 날아오르러 가 볼까?"

중심 내용 3 어기는 초리에게 나는 방법을 물으며 열심히 연습해도 못 날았지만 즐겁게 나는 꿈을 꿨다.

4 바람이 불었다. 동백나무 이파리가 나붓나붓 흔들렸다. 바람은 상수리의 이마에 맺힌 땀을 훔치고, 진진의 머리칼도 살짝 띄워 주었다. 마루를 쓸면서 다시 마당 가운데로 불어 가 이번에는 피아노 건반들을 흔들었다.

도로롱 도로롱.

빨랫줄에 나란히 매달린 건반들이 아늘아늘 흔들리면서 가느다랗게 음악이 흘러나왔다. 진진은 귀를 기울여 음악 소리를 들었다.

"들어 봐, 피아노 소리야." / "어, 이 곡은."

"나 이 곡 아는데. 음, 뭐더라? 제목이……."

"백구."

상수리는 잠시 눈을 감고 피아노 소리를 듣더니, 나지막한 목소리로 노래를 따라 불렀다.

"내가 아주 어릴 때였나, 우리 집에 살던 백구, 해마다 봄가을이면 귀여운 강아지 낳았지."

상수리의 노랫소리는 <u>바람이 연주하는 피아노 소리</u>와 _{바람에 건반들이 흔들리면서 나는 소리} 어우러져 퍼져 나갔다. 노래는 오래오래 이어지고 상수리의 눈빛도 아련해졌다. 진진도 후렴을 함께 불렀다.

"기인 다리에 새하얀 백구, 음 음."

바람이 잦아들고, 피아노 소리가 그쳤다. _{잠잠해져 가고}

"엄마가 늘 불러 주시던 노래야. 엄마는 내가 아기였을 때 나를 옆에 앉히고 피아노를 치면서 이 노래를 불러 주셨어. 피아노를 배워서 내 손으로 처음 이 곡을 쳤을 때 얼마나 기뻤는지. 이렇게 아름다운 _{「백구」} 소리를 가진 게 있다니, 너무 신기해서."

핵심내용 인물이 한 말이나 행동에 대한 까닭 생각하기

어기의 말과 행동	• 날지 못해도 즐겁게 연습했다. • "자, 쉬었으니 또 신나게 날아오르러 가 볼까?"
어기가 그렇게 말하고 행동한 까닭	예 스스로 즐겁게 꿈을 꾸고 있기 때문이다.

나붓나붓 얇은 천이나 종이 따위가 나부끼어 자꾸 흔들리는 모양.
아늘아늘 빠르고 가볍게 춤추듯이 잇따라 흔들리는 모양.

아련해졌다 똑똑히 분간하기 힘들게 흐릿해졌다. 예 어린 시절의 기억이 아련해졌다.

---

65 어기의 꿈은 무엇인지 쓰시오.

( )

66 진진이 어기에게 ㉠과 같이 말한 까닭은 무엇입니까? ( )

① 날개를 다쳐서
② 꿈꾸는 게 너무 많아서
③ 나는 연습을 억지로 해서
④ 나는 연습을 함께할 친구가 없어서
⑤ 날마다 열심히 연습했는데 날지 못해서

67 ㉡과 ㉢의 말에서 어기가 추구하는 삶은 무엇일지 **서술형** 다음 낱말을 활용하여 쓰시오.

희망, 도전	

교과서 문제

68 글 **4**에서 일어난 사건을 간추려 쓰려고 합니다. 빈칸에 알맞은 말을 차례대로 쓰시오.

빨랫줄에 매달린 건반들이 ( )에 흔들리면서 ( )이/가 들려오자, 상수리는 어렸을 때의 기억을 떠올렸다.

지붕 위에 앉아 쉬고 있던 바람이 다시 날아 내려왔다. 피아노 건반들은 잘그랑잘그랑 빠르게 몸을 흔들었다.
<small>건반들이 맞부딪쳐 울리는 소리 또는 그 모양</small>
「젓가락 행진곡」이다. 마루 위에 얹힌 상수리의 손이 달싹이며 건반을 짚는 흉내를 냈다. 진진도 어느새 고개와 발을 까딱까딱 놀리고 있었다. 상수리의 뺨이 발그스름하게 물들어 갔다.

"2학년 때 내 짝꿍이, 실은 내 첫사랑이야. 하루는 걔가 우리 집에 놀러 왔는데, 그때 같이 이 곡을 연주했어. 늘 양 갈래로 땋은 머리를 빨간 방울로 묶고 다니던 애였는데, 정말 예뻤어."

이야기를 이어 가는 상수리의 입가에는 벙싯 웃음이 떠나지 않았다.

바람의 손길이 조금씩 부드러워지면서, 곡목이 바뀌었다. 사부작사부작 떨리는 건반들은 「고향의 봄」을 연
<small>별로 힘들이지 않고 계속 가볍게 행동하는 모양</small>
주하기 시작했다. 진진은 노래를 따라 불렀다.

"나의 살던 고향은 꽃 피는 산골, 복숭아꽃 살구꽃 아기 진달래. 울긋불긋 꽃 대궐 차린 동네, 그 속에서 놀던 때가 그립습니다."

그러나 상수리는 연주가 시작될 때부터 입을 꼭 다물고 담 너머 먼 산만 바라보았다.

"꽃동네 새 동네 나의 옛 고향, 파란 들 남쪽에서 바람이 불면, 냇가에 수양버들 춤추는 동네, 그 속에서 놀던 때가 그립습니다."

노래를 부르며 얼핏 쳐다본 상수리의 눈시울이 빨갰다.
<small>눈언저리의 속눈썹이 난 곳</small>
"왜 그래?"

상수리는 고개를 숙이며 대답했다.

"작년에 돌아가신 할머니가 좋아하시던 노래야. 내가 할머니 댁에 가서 이 곡을 연주하면 정말 좋아하셨는데." / "그랬구나."

"돌아가시기 전에 오랫동안 몸이 안 좋으실 때도, 난 피아노 학원 간다는 핑계로 한 번도 가질 않았어."

상수리의 눈에서 눈물이 툭 떨어진다. 진진은 괜히 멋쩍어 장독대 주위에 피어 있는 꽃들을 쳐다봤다.

'그러고 보니, 나도 할머니랑 할아버지한테 가 본 지가 꽤 됐네. 할머니 생신 때도 학원 가느라고 못 갔구나. 할머니가 전화해도 귀찮아서 안 받았는데.'

진진도 울컥했다. 상수리는 눈가를 쓱 닦아 내고는 일어섰다.

"아마 내 피아노는 피아노 학원에서 치던 어려운 곡보다 이 곡들을 더 치고 싶었나 봐. 나는 모두 잊어버린 걸 아직도 기억하고 있었구나."

중심 내용 4 빨랫줄에 매달린 피아노 건반들이 바람에 흔들리면서 피아노 소리가 들려오자, 상수리는 예전에 즐겁게 피아노를 연주했던 기억을 떠올렸다.

달싹이며 어깨나 엉덩이, 입술 따위가 가볍게 들렸다 놓였다 하며. 예 어머니께서는 영화를 보시다가 어깨를 달싹이며 눈물을 흘리셨습니다.

벙싯 입을 조금 크게 벌리며 소리 없이 가볍고 부드럽게 슬쩍 한 번 웃는 모양. 예 옆사람이 웃음을 터뜨리자, 나도 함께 벙싯 웃었습니다.

---

69 바람이 연주하는 다음 피아노 곡을 들을 때 상수리가 떠올린 인물은 각각 누구인지 쓰시오.

(1) 「젓가락 행진곡」: (　　　　　　　　)
(2) 「고향의 봄」: (　　　　　　　　)

70 다음 피아노 건반들의 움직임이 주는 느낌은 어떠한지 알맞게 선으로 이으시오.

(1) 잘그랑잘그랑　·　　·① 빠르다.
(2) 사부작사부작　·　　·② 부드럽다.

71 상수리가 피아노 곡을 듣고 눈물을 흘린 까닭으로 알맞은 것에 ○표 하시오.

(1) 작년에 돌아가신 할머니와 있었던 일이 생각나서 (　　　)
(2) 어렸을 때 할머니께서 자주 연주해 주셨던 곡이어서 (　　　)

72 상수리는 자신의 피아노가 어떤 곡을 더 치고 싶었을 거라고 생각했는지 알맞은 것의 기호를 쓰시오.

㉠ 예전에 즐겁게 연주했던 곡
㉡ 피아노 학원에서 치던 어려운 곡

5 상수리는 마당으로 내려가 바지랑대를 내렸다.

"다 마른 것 같아."

진진은 바구니를 챙겨서 상수리 옆으로 다가갔다. 상수리는 건반들을 하나씩 걷어 담았다. 순식간에 뽀얗게, 까맣게 반들반들 윤이 나는 건반들이 바구니에 한가득 담겼다. 상수리는 바구니를 들여다보며 엷은 웃음을 지었다.

"㉠예전엔 내 피아노와 함께 꿈꾸는 게 참 즐거웠는데, 어느 순간부터는 그게 너무 힘든 일이 되어 버렸어. 아마 꿈을 꾸는 것보다 꿈을 이루고 싶은 마음이 더 커서 그랬나 봐. 꿈을 이루어야만 행복해지는 줄 알았는데, 꿈은 이루기 위해 있는 게 아니구나. 왜 그걸 미처 몰랐을까?"

진진과 상수리는 바구니를 들고 노란 대문 집으로 갔다. 방으로 들어가 피아노 건반을 하나씩 맞춰 끼웠다. 깨끗하게 씻은 건반들을 다시 갖춘 피아노는 기분이 좋아 보였다.

상수리는 피아노 건반을 살포시 어루만졌다.
포근하게 살며시

"피아노야, 넌 내가 훌륭한 피아니스트가 되길 바란 게 아니었지? ㉡넌 아마 내가 행복한 피아니스트가

엷은 지나치게 드러냄이 없이 있는 듯 없는 듯 가만한. 예 아버지께서는 무슨 걱정이 있으신지 엷은 한숨을 쉬셨습니다.

되길 꿈꾸었을 거야. 근데 나는 그것도 모르고 너와 함께하는 시간이 지긋지긋해지도록 연습만 하는 게 최선인 줄 알았으니……. 그동안 네가 얼마나 힘들었을까? 미안해. 정말 미안해."

꿈에 대해 상수리가 한 말과 그렇게 말한 까닭을 묻는 문제와 상수리가 추구하는 삶을 파악해 보는 문제가 자주 출제돼.

상수리는 피아노 의자를 당겨 앉았다. 그리고 건반 위에 두 손을 가만히 얹고, 지그시 누르며 작은 소리로
슬며시 힘을 주는 모양
속삭였다.

"손가락들아, 너희들도 정말 오랜만이지? 이렇게 즐거운 기분으로 피아노랑 노는 게. 너희들이 나보다 내 피아노의 기분을 먼저 알아차렸구나. 고마워."

상수리의 손가락을 따라 아주 가녀린 소리가 흘러나왔다. 지금껏 들어 본 그 어떤 피아노 소리보다 맑고 투명했다.

상수리는 바람이 연주한 곡들을 다시 연주했다. 상수리는 행복해 보였다. 오랜만에 친구의 행복한 웃음을 보는 피아노도 즐거워 보였다.

중심 내용 5 상수리는 예전에 즐겁게 피아노를 연주하며 꿈꾸었던 기억을 떠올리고 행복한 피아니스트가 되길 꿈꾸며 다시 피아노를 연주했다.

지긋지긋해지도록 진저리가 나도록 몹시 싫고 괴롭도록.
가녀린 소리가 몹시 가늘고 힘이 없는.

---

73 ㉠에서 상수리가 피아노와 함께 꿈꾸는 게 힘든 일이 되어 버린 까닭은 어떤 마음이 컸기 때문인지 글에서 찾아 쓰시오.

(   )

교과서 문제
74 상수리가 ㉡처럼 말한 까닭을 알맞게 설명한 친구의 이름을 쓰시오.

> 다빈: 힘들어도 꿈을 이루는 데 최선을 다하는 것이 중요하기 때문에 이렇게 말했어.
> 태경: 행복하게 꿈을 꾸는 것이 더 중요하다는 것을 깨달았기 때문에 이렇게 말했어.

(   )

75 ㉡의 말에서 상수리가 추구하게 된 삶과 관련 있는 것은 무엇입니까? (   )

① 꼭 훌륭한 피아니스트가 되자.
② 행복하기 위해 꼭 꿈을 이루자.
③ 꿈을 이루기 위해 최선을 다하자.
④ 행복하지 않으면 꿈을 꾸지 말자.
⑤ 행복한 피아니스트가 되도록 꿈꾸자.

76 피아노를 다시 연주하게 된 상수리의 마음으로 알맞은 것을 두 가지 고르시오. (   )

① 즐겁다.   ② 힘들다.
③ 행복하다.   ④ 긴장된다.
⑤ 지긋지긋하다.

● 중간 부분 이야기

다시 피아노를 연주하게 된 상수리와 진진은 이모네 마당에서 음악회를 열고 모두 즐거운 시간을 보낸다. 다음 날, 상수리는 진진에게 **빨리 꿈을 만나길** 바란다는 편지를 남기고 떠난다. 풀이 죽은 진진은 풍을 만나 대화를 나눈다.
세찬 기세나 활발한 기운

6 "풍, 넌 나중에 뭐가 되고 싶니?"

"되고 싶은 거 없는데."

"되고 싶은 게 없어? 그럼 꿈이 없단 말이야?"

"꿈이야 있지. 근데 꿈이란 게 꼭 뭐가 되어야 하는 거야? 뭐가 안 되면 어때? 그냥 하면 되지. 내 꿈은 춤추는 거지. 신나게 춤추는 것. 그게 내 꿈이야."

풍은 진진의 물음에 꼬박꼬박 대답하면서도 허리를 흔들며 춤을 췄다. 풍의 몸짓을 따라 물결이 찰랑찰랑 일었다. 진진은 그런 풍을 잠시 지켜보다 다시 물었다.
'풍'이 두레박이라는 것을 알 수 있음.

"넌 이미 충분히 즐겁게 춤추고 있잖아?"

㉠"오늘보다 내일은 더 즐겁게, 내일보다 모레는 더, 더 즐겁게. 모레보다 글피는 더, 더, 더 즐겁게, 글피보다 그글피는 더, 더, 더, 더 즐겁게. 내 꿈은 절대로 끝나지 않지."

풍은 진진을 올려다보며 **오페라**의 한 소절처럼 대답을 했다. 진진은 고개를 끄덕였다.
마디. 노래의 한 도막

중심 내용 **6** 진진은 풍과 대화하며 풍이 즐겁고 행복한 꿈을 꾸며 살고 있음을 알았다.

일었다 없던 현상이 생겼다. ⑩ 출렁거리는 파도가 일었다.
그글피 글피(모레의 다음 날)의 그다음 날.

7 진진은 덩치가 마시다 남기고 간 물을 꼴깍꼴깍 마시고는, 동백나무 그늘로 갔다. 무릎을 끌어안고 앉으니 마루 뒷벽 가운데 높다랗게 걸려 있는 글씨가 눈에 들어왔다.

꿈꾸는 집.

진진은 주머니에서 ㉡상수리의 편지를 꺼내어 다시 읽었다.

'내 꿈은 뭐지?'

이모가 자전거를 끌고 대문으로 들어서다가 동백나무 아래에 앉아 있는 진진을 보았다.

"뭐 하니?"

"아침부터 어디 갔다 오세요?"

이모는 자전거를 세우고 우물가로 가서 풍을 우물 속으로 내렸다.

"자전거가 바람 쐬러 가자고 졸라 대서. 모두 나한테 어찌나 바라는 게 많은지. 정말 일일이 다 들어주려니까 몸이 열 개라도 모자라겠다. 이래서야 책 읽을 시간이 나겠니?"

"이모는 책 읽는 게 즐거워요?"

"그걸 말이라고 하니? 책 읽는 게 재미없다면 왜 읽겠니?"

오페라 음악을 중심으로 한 종합 무대 예술. 대사는 독창, 중창, 합창 따위로 부르며, 서곡이나 간주곡 따위의 기악곡도 덧붙임.

77 풍의 꿈은 무엇입니까? ( )

① 신나게 춤추는 것
② 오페라 무대에 서는 것
③ 멋진 두레박이 되는 것
④ 날마다 춤 연습을 하는 것
⑤ 빨리 자신의 꿈을 찾는 것

78 ㉠의 말에서 풍이 중요하게 여기는 가치는 무엇일지 관련 있는 낱말에 ○표 하시오.

사랑 용기 양보 열정

79 ㉡에서 상수리가 진진에게 남긴 내용은 무엇일지 빈칸에 알맞은 말을 쓰시오.

빨리 ( )을/를 만나길 바란다.

80 다음 중 이모가 가장 즐거워하는 일은 무엇입니까? ( )

① 책 읽기 ② 대화하기
③ 자전거 타기 ④ 우물물 마시기
⑤ 동백나무 그늘에서 쉬기

"그래도 가끔 보면 재미없는 책도 있잖아요."

"재미없으면 안 읽으면 되지."

"다른 사람들이 다 읽고 재미있다고 하는 책을 나만 재미없다고 안 읽으면 좀 그렇잖아요."

진진의 말에 이모는 혀를 끌끌 찼다.
<u>마음이 언짢고 못마땅했다.</u>

"넌 다른 사람이 맛있다고 하는 요리는 맛없어도 먹니? 그런 게 어디 있어? ㉠내가 재미없으면 없는 거지."

이모는 퐁이 담아 올려 온 물을 받아서 꿀꺽꿀꺽 마셨다. 진진은 무릎을 안은 채, 이모를 빤히 쳐다봤다.

"왜? 내 얼굴에 뭐 묻었니?"

진진은 고개를 가로저으며 물었다.

"이모, ㉡이모는 꿈이 뭐예요?"

이모는 퐁을 우물 속으로 던지고는 입을 삐죽거렸다.

"내 꿈? 나는 어른인데?"

"어른들도 꿈이 있잖아요. 꿈이 없는 사람이 어디 있어요?"

이모는 성큼성큼 다가와 진진의 눈앞에 쪼그려 앉더니 진진을 빤히 쳐다봤다. 빨간 안경 속 이모의 눈은 콩알만큼 작아 보였다.

끌끌 마음에 마땅찮아 혀를 차는 소리. ◉ 누나는 아이가 없다는 듯 혀를 끌끌 찼습니다.

"흥, 이젠 그렇게 생각한다는 말이지? 너도 꽤 똑똑해졌구나."

그러고는 진진에게만 들리도록 조그맣게 속살거렸다.

"꿈꾸는 집, 이 집이 바로 내 꿈이야."

"이 집이 이모의 꿈이라고요?"

"그럼, 내 꿈은 이 세상 재미있는 책들을 모두 불러 모아서 함께 노는 거야. 낄낄대며 웃는 재미, 콩닥콩닥 가슴 뛰는 재미, 두근두근 설레는 재미, 눈물 나게 가슴 아린 재미, 궁금한 것들을 알게 되는 재
<u>마음이 몹시 고통스러운</u>
미, 생각하지도 못했던 것을 상상하는 재미…… 재미있는 책들만 올 수 있는 집, 꿈꾸는 아이들만 올 수 있는 집, 이 집이 내 꿈이야."

중심 내용 7 진진은 이모의 꿈이 재미있는 책들과 꿈꾸는 아이들이 오는 집임을 알게 되었다.

> 이모의 꿈을 묻는 문제나 이모의 꿈을 통해서 이모가 추구하는 삶을 파악해 보는 문제가 자주 출제돼.

핵심내용 인물이 추구하는 삶에 대한 자신의 생각이나 느낌 쓰기
• 인물이 추구하는 삶과 자신의 삶을 ❺ [ㅂ][ㄱ] 해 봅니다.
• 특히 공감했거나 인상 깊었던 인물, 자신에게 영향을 준 인물의 말이나 행동 등에 대한 생각이나 느낌을 씁니다.

속살거렸다 남이 알아듣지 못하도록 작은 목소리로 자질구레하게 자꾸 이야기했다. ◉ 친구와 계속 귓속말로 속살거렸다.

---

81 ㉠의 말로 보아 이모의 성격은 어떠하겠습니까?
( )

① 용기가 없다.
② 수줍음이 많다.
③ 자신감이 있다.
④ 매우 게으르다.
⑤ 눈치를 잘 본다.

82 ㉡의 질문에 이모가 답한 내용을 빈칸에 알맞게 쓰시오.

> "( ), 이 집이 내 꿈이야."

83 이 글에서 이모가 추구하는 삶으로 알맞은 것의 기호를 쓰시오.

> ㉮ 시간을 아끼며 절약하는 삶
> ㉯ 자신을 희생해 봉사하는 삶
> ㉰ 성실하게 노력하며 도전하는 삶
> ㉱ 자신이 좋아하는 것을 하며 사는 삶

( )

84 이 글에서 이모가 추구하는 삶에 대한 자신의 생각이나 느낌을 쓰시오.
서술형

_____

_____

떨어져도 튀는 공처럼

· 정현종

· **글의 종류**: 시
· **글의 특징**: 계속해서 도전하고 노력하는 삶의 모습을 공에 빗대어 표현한 시입니다.

그래 살아 봐야지
너도 나도 공이 되어
떨어져도 튀는 공이 되어

살아 봐야지
쓰러지는 법이 없는 둥근
공처럼, 탄력의 나라의
왕자처럼

가볍게 떠올라야지
곧 움직일 준비 되어 있는 꼴
　　　　　겉으로 보이는 사물의 모양
둥근 공이 되어

옳지 최선의 꼴
　　둥근 공
지금의 네 모습처럼
떨어져도 튀어 오르는 공
쓰러지는 법이 없는 공이 되어.

튀는 탄력 있는 물체가 솟아오르는. ◉ 골키퍼가 골대에 맞고 튀는 공을 손으로 잡았습니다.

탄력(彈 탄알 탄, 力 힘 력) 용수철처럼 튀거나 팽팽하게 버티는 힘. ◉ 고무줄은 탄력이 좋습니다.

---

1 다음 친구의 질문에 알맞은 답이 되도록 빈칸에 알맞은 말을 쓰시오.

 시에서 말하는 이는 무엇처럼 살아 봐야겠다고 했지?

 둥근 (　　　　　　)처럼 살아 봐야겠다고 했어.

교과서 문제
2 시에서 말하는 이가 〈문제 1번〉에서 답한 것처럼 살아 봐야겠다고 생각한 까닭으로 알맞은 것을 두 가지 고르시오. (　　　　　)

① 튀지 않고 조용히 살고 싶어서
② 힘들어도 포기하지 않고 싶어서
③ 어렵고 힘든 일을 피하고 싶어서
④ 좌절하지 않고 도전하며 살고 싶어서
⑤ 남보다 더 눈에 띄는 삶을 살고 싶어서

3 이 시에서 말하는 이가 공에 대해 말한 것이 <u>아닌</u> 것은 무엇입니까? (　　　　　)

① 둥글다.
② 쓰러지는 법이 없다.
③ 떨어져도 튀어 오른다.
④ 곧 움직일 준비가 되어 있다.
⑤ 알록달록 저마다의 색깔을 자랑한다.

4 ★ 이 시에서 말하는 이와 비슷한 삶을 꿈꾸고 있는 친구의 이름을 쓰시오.

장훈: 나는 촛불처럼 자신을 희생하며 세상을 밝게 비추는 사람이 되고 싶어.
우진: 나는 오뚝이처럼 힘든 일이 있어도 좌절하지 않고 다시 도전하는 삶을 살 거야.

(　　　　　　　　　)

낱말의 뜻

1 다음 낱말의 뜻으로 알맞은 것을 보기 에서 찾아 기호를 쓰시오.

> **보기**
> ㉮ 똑똑히 분간하기 힘들게 흐릿해지다.
> ㉯ 깜짝 놀라 몸을 갑자기 떠는 듯이 움직이다.
> ㉰ 마음에 탐탁하지 아니하여서 관심이 거의 없다.
> ㉱ 가슴이 찢어질 듯이 심한 고통이나 슬픔을 느끼다.

(1) 미어지다 ( )
(2) 소스라치다 ( )
(3) 심드렁하다 ( )
(4) 아련해지다 ( )

낱말의 활용

2 다음 중 밑줄 친 낱말의 쓰임이 바르지 <u>않은</u> 것은 무엇입니까? ( )

① 형은 스스로 잘생겼다는 <u>자부심</u>이 있다.
② 친구와 둘이서 <u>단출하게</u> 여행을 떠났다.
③ 선생님의 <u>권유</u>로 그림을 배우기 시작했다.
④ 오랜 가뭄으로 논바닥이 <u>흥건한</u> 상태였다.
⑤ 아프리카 원주민들은 자연의 <u>섭리</u>에 순응하며 살았다.

관용어

3 밑줄 친 표현의 뜻으로 알맞은 것에 ○표 하시오.

> 살림살이가 어려운 사람들도 의병을 돕겠다고 <u>발 벗고 나섰다.</u>

(1) 적극적으로 나서다. ( )
(2) 매우 안타까워하거나 다급해하다. ( )
(3) 어떤 일에서 관계를 완전히 끊고 물러나다. ( )

낱말의 활용

4 빈칸에 들어갈 알맞은 낱말을 찾아 선으로 이으시오.

(1) 그는 미술 작품을 보는 ☐이 뛰어났다. • • ① 시중

(2) 화재 ☐이 늦어져 많은 인명 피해를 입었다. • • ② 안목

(3) 아들은 편찮으신 어머니 곁에서 정성껏 ☐을 들었다. • • ③ 진압

비슷한말

5 밑줄 친 낱말과 바꾸어 써도 뜻이 통하는 낱말을 각각 두 개씩 골라 ○표 하시오.

(1)
> 마을 아낙네들의 눈길이 모두 윤희순에게 <u>쏠렸다.</u>

(끌렸다 , 풀렸다 , 기울었다)

(2)
> 불타 버린 옷장 안에서 발견된 동생을 끌어안고 <u>혼절하신</u> 어머니.

(기도하신 , 기절하신 , 까무러치신)

맞춤법

6 밑줄 친 낱말을 맞춤법에 맞게 바르게 고쳐 쓰시오.

(1) 집에 와서 침대에 눕자마자 <u>골아떨어졌다.</u>
( )

(2) 늘 개구쟁이 노릇만 하던 경민이로서는 제법 <u>의젖한</u> 인사말이었다.
( )

1~3

가 "여러분, 우리가 누구입니까?"

마을 아낙네들의 눈길이 모두 윤희순에게 쏠렸다.

"여태껏 우리 여자들은 집안을 돌보는 데 온 힘을 다해 왔습니다. 하지만 이제 왜놈들이 이 나라를 집어삼키려는 마당에 우리가 가만히 집 안에만 틀어박혀 있을 순 없는 노릇입니다. 그러니 ㉠우리도 사내들처럼 다 함께 의병 운동에 나서야 할 것입니다."

그때 누군가가 말꼬리를 걸고 나섰다.

"아니, 조정 대신이란 놈들이 나라를 팔아먹으려 드는데 우리 같은 여자들이 나선다고 뭐가 달라지겠소? 자칫 괜한 목숨만 버릴 뿐이오."

나 ㉡"그럼 나라를 빼앗기고 왜놈들 종으로 살자는 것입니까?"

윤희순이 다시 마음을 가다듬고 큰 소리로 부르짖자 마을 아낙네들의 눈길이 또다시 윤희순에게 쏠렸다.

1 윤희순이 아낙네들을 설득하여 함께 하려는 일은 무엇인지 네 글자로 쓰시오.

( )

2 이 글에 나타난 시대적 배경을 알맞게 파악한 것을 모두 고르시오. ( )

① 남녀 차별이 있던 시대였다.
② 신분의 구별이 없던 시대였다.
③ 일제의 침략을 받은 시대였다.
④ 일본으로부터 독립한 바로 뒤였다.
⑤ 을사늑약이 강제로 체결된 뒤였다.

3 ㉠과 ㉡의 말에서 느껴지는 윤희순의 삶의 태도가 아닌 것은 무엇입니까? ( )

① 열정적이다.　　② 용기가 있다.
③ 도전적이다.　　④ 정의가 있다.
⑤ 배려심이 있다.

4~6

가 "저는 해남을 떠나올 때 이미 스승을 찾았습니다. 초의 선사의 편지 내용이 어떤 것이었든 이제 상관이 없습니다. 어르신께서 제 그림의 부족함을 일깨워 주셨으니 그것을 채우는 것도 어르신께로부터 배우고 싶습니다."

추사 선생은 못마땅한 표정으로 허련을 쏘아보았다. 애당초 흔쾌한 대답을 기대하지 않은 터였다. 허련은 개의치 않고 고개를 깊이 숙였다. 추사 선생이 심드렁하게 말했다.

"그러시게. ㉠자네는 자네의 스승을 찾게. 나는 내 제자를 찾을 터이니."

나 허련은 월성위궁을 떠날 생각은 완전히 접고 아예 추사 선생의 자잘한 시중을 맡아 했다. 새벽에 일어나 마당을 쓸고, 서재를 활짝 열어 신선한 공기를 넣었다. 그러면 허련의 새 하루도 시작되었다.

4 ㉠의 뜻으로 알맞은 것에 ○표 하시오.

(1) 허련을 제자로 받아 주겠다. ( )
(2) 허련에게 좋은 스승이 되겠다. ( )
(3) 허련을 제자로 받아 주지 않겠다. ( )

5 허련이 월성위궁에서 한 일은 무엇인지 빈칸에 알맞은 말을 글에서 찾아 쓰시오.

• 추사 선생의 자잘한 ( )을/를 들었다.

6 다음은 허련이 추구하는 삶과 관련 있는 가치를 말한 것입니다. 빈칸에 알맞은 말은 무엇입니까? ( )

> "허련은 추사 선생이 자신을 제자로 인정하지 않는데도 계속 월성위궁에 머물면서 노력했어. 이 마음은 ☐☐☐과/와 관련 있다고 생각해."

① 봉사　　② 감사　　③ 열정
④ 양보　　⑤ 재미

7 작품에서 인물이 추구하는 삶을 파악하는 방법으로 알맞지 <u>않은</u> 것은 무엇입니까? (   )

① 인물의 이름을 살펴본다.
② 인물이 한 말을 알아본다.
③ 인물이 한 행동을 알아본다.
④ 인물이 처한 상황을 알아본다.
⑤ 인물의 말이나 행동에서 관련 있는 가치를 찾아본다.

8~9

어느 날, 추사 선생이 물었다.
"자네는 종요라는 사람을 아는가?"
"예, 해서체의 대가로 알고 있습니다."
"그는 잠을 잘 때도 이불에다 손가락으로 글씨를 써 대서 이불이 너덜너덜해졌다고 하더군."
"예. 그만큼 연습을 해야 대가가 되는군요."
"뭐든 미친 듯이 하지 않고서는 큰 성취를 얻을 수 없네."
허련은 깊이 알아듣고 고개를 숙였다.
㉠"붓을 천 개쯤은 뭉뚝하게 만들어 봐야 그림이 뭔가를 알게 될 걸세."
추사 선생이 흘리듯 말하고는 돌아서 갔다. 허련은 몽당붓을 들고 물끄러미 보았다. 이제 겨우 한 걸음을 더 뗀 것 같았다.
'천 개 넘어 붓이 닳으면……'
㉡허련은 쓰고 또 썼다. 그리고 또 그렸다.

8 ㉠의 말에서 추사 선생이 추구하는 삶과 관련 있는 가치로 알맞은 것에 ○표 하시오.

> 희망   성실   겸손

9 ㉡의 행동에서 허련이 추구하는 삶은 무엇일지 파악하여 쓰시오.
서술형

_____

_____

10~13

가 "위험해, 더는 도저히 안 되겠어!"
소방관들은 구조를 중단하고 온몸이 오그라드는 듯한 열기 속에서 빠져나오기 시작했대.
"먼저 나가. 내가 한 번만 더……."
그때 말릴 새도 없이 깨진 창문 사이로 뛰어 들어간 한 사람의 구조 대원이 있었단다.
나 네 아버지가 빠져나오고 뒤를 돌아보았을 때, 불길에 무너지는 커다란 기둥이 그 구조 대원의 몸을 휩싸 안고 바닥으로 꺼져 버렸단다.
자기 목숨보다 남의 목숨을 먼저 생각한 ㉠　　　 소방관 아저씨의 최후…….
그 이야기를 하시면서 ㉡아버지는 정말 뜨거운 눈물을 쏟으셨단다.
"만약에 빠져나오는 차례가 나와 바뀌었더라면 그가 살고 나는 지금 이 자리에 없는 거야……."

10 글 **가**는 어디에서 일어난 일입니까? (   )

① 소방서   ② 우리 집
③ 화재 현장   ④ 교통 사고 현장
⑤ 구조 대원이 있는 병원

11 글 **나**에서 아버지에게 생긴 일로 알맞은 것에 ○표 하시오.

(1) 동료가 아버지를 구했다.   (   )
(2) 눈앞에서 동료를 잃었다.   (   )
(3) 동료가 아버지 대신 사람을 구했다. (   )

12 ㉠에 들어갈 알맞은 말은 무엇입니까? (   )

① 조용한   ② 용감한   ③ 비겁한
④ 어리석은   ⑤ 부지런한

13 ㉡처럼 뜨거운 눈물을 쏟으신 아버지가 중요하게 여기는 가치를 두 가지 고르시오. (   )

① 생명 존중   ② 용서와 화해
③ 가족의 이해   ④ 끈기와 노력
⑤ 동료에 대한 사랑

14~16

가 피아니스트가 되는 게 꿈이며 어렸을 때부터 피아노를 쳐 온 상수리는 갑자기 피아노 소리가 나지 않아 고민하고, 이모와 진진은 상수리의 고민을 듣게 된다.

나 "그렇게 아무것도 안 하고 피아노만 치면 재미있니?"

"아니요, 당연히 힘들죠. 정말 어떨 땐 너무 힘들어서 다 그만두고 싶어질 때도 있어요. 그래도 꾹 참고 연습해요. 열심히 연습해야 훌륭한 피아니스트가 될 수 있잖아요."

이모는 고개를 끄덕거리며 크게 한숨을 내쉬었다.

"쳇, ㉠그게 문제였군. 우울해질 만하군."

"예?"

"훌륭한 피아니스트가 되는 게 네 꿈이라고? 근데 네 피아노의 꿈도 훌륭한 피아니스트와 연주하는 거라던? 아마 아닐걸?"

14 이 글에서 상수리가 처한 상황으로 알맞은 것에 ○표 하시오.

(1) 손가락을 다쳤다. ( )
(2) 연습할 피아노가 없어졌다. ( )
(3) 피아노 소리가 나지 않았다. ( )

15 상수리가 피아노 연습을 열심히 하는 까닭을 쓰시오.

( )

16 ㉠이 가리키는 문제는 무엇입니까? ( )

① 피아노에게 화를 낸 것
② 상수리의 꿈이 바뀐 것
③ 피아노 연습을 하지 않은 것
④ 상수리가 꿈을 이루지 못한 것
⑤ 힘들어도 꾹 참고 피아노 연습만 한 것

17~18

상수리는 피아노 건반을 살포시 어루만졌다.

"피아노야, 넌 내가 훌륭한 피아니스트가 되길 바란 게 아니었지? 넌 아마 내가 행복한 피아니스트가 되길 꿈꾸었을 거야. 근데 나는 그것도 모르고 너와 함께하는 시간이 지긋지긋해지도록 연습만 하는 게 최선인 줄 알았으니……. 그동안 네가 얼마나 힘들었을까? 미안해. 정말 미안해."

17 피아노가 상수리에게 바라는 것은 무엇일지 빈칸에 알맞은 말을 쓰시오.

• 상수리가 ( )한 피아니스트가 되는 것이다.

18 이 글에서 상수리가 추구하는 삶과 자신의 삶을 비교하여 쓰시오.

서술형

_____

_____

19~20

그래 살아 봐야지	살아 봐야지
너도 나도 공이 되어	쓰러지는 법이 없는 둥근
떨어져도 튀는 공이 되어	공처럼, 탄력의 나라의
	왕자처럼

19 이 시에서 말하는 이는 추구하는 삶의 모습을 무엇에 빗대어 표현했는지 쓰시오.

( )

20 이 시에서 말하는 이가 추구하는 삶으로 알맞은 것을 모두 고르시오. ( )

① 위험한 삶 　　② 도전하는 삶
③ 노력하는 삶 　　④ 희생하는 삶
⑤ 포기하지 않는 삶

점수

1

가 추사 선생은 손님 누구에게도 허련을 제자라고 소개하지는 않았다. 허련은 혼자 있는 시간은 한 시각도 아껴서 책을 읽고, 화첩을 보고, 그림을 그렸다.

나 허련은 화첩에서 배운 필법을 바탕으로 연구와 실험을 해 가며 나름의 붓질법을 만들어 나갔다. 수십 개의 붓이 뭉뚝해졌다. 점차 허련만의 그림이 나왔다.

다 "이게 바로 초묵법이구나."

"초묵법요?"

"마르고 건조한데 윤기가 있어 보이는 붓질. 오랫동안 풀지 못한 것을 오늘 자네한테 배우는구나."

추사 선생의 얼굴에 환희가 차올랐다. 초묵법. 허련은 자기가 먹을 쓴 방법이 그것인 줄 몰랐다. 추사 선생이 기뻐하는 것을 보고 그저 어리둥절할 뿐이었다.

1단계
낱말 쓰기

글 **가**, **나**의 허련이 한 행동에서 허련이 추구하는 삶과 관련 있는 가치로 알맞은 것을 보기 에서 두 가지 고르시오. [4점]

> **보기**
> 열정   질투   배려   끈기

(   )

2단계
문장 쓰기

〈문제 **1**단계〉에서 답한 것처럼 생각한 까닭을 쓰시오. [6점]

_____

_____

3단계
생각 쓰기

〈문제 **1~2**단계〉에서 답한 내용을 바탕으로 하여 허련이 추구하는 삶을 쓰시오. [6점]

_____

_____

2~3

가 문틈으로 나오는 검은 연기와 매캐한 냄새, 사람들의 비명······.

소방관 세 명이 들기에도 벅찰 정도로 소방 호스는 쉴 새 없이 강한 물줄기를 뿜어내고, 네 아버지를 비롯한 두 팀의 구조대가 그 속을 파고들었단다.

'무엇보다 먼저 사람의 목숨을 구한다!'

소방관들은 눈길이 마주칠 때마다 말 없는 약속을 확인하고 힘을 내곤 한다지. 그래서 한순간에 온몸을 집어삼킬 듯한 불길을 이리저리 피해 가며 연기에 질식한 사람을 업고 나올 때는 죽음조차 두렵지 않을 만큼 다급하단다.

나

◀ 아버지가 중요하게 여기는 가치의 정도를 점수에 표시하고 서로 연결해 가치 도표를 만든 것이다.

2 글 **가**의 내용과 **나**의 가치 도표를 살펴보며 아버지가 어떤 가치를 더 중요하게 여기는지 찾아보고, 아버지는 어떤 삶을 추구하는지 쓰시오. [8점]

더 중요하게 여기는 가치	(1)
아버지께서 추구하는 삶	(2)

3 다음 조건 에 맞게 아버지가 추구하는 삶과 자신의 삶을 관련지어 쓰시오. [10점]

> **조건**
> 이 글의 인물이 추구하는 삶의 가치와 관련 있는 자신의 경험을 떠올려 관련짓는다.

_____

_____

정답과 풀이 8쪽

1 작품 속 인물과 나

학습 제재	이모의 꿈꾸는 집	배점	30점
학습 목표	인물이 추구하는 삶을 생각하며 자신의 생각이나 느낌을 쓸 수 있다.		

1 다음 글을 읽고 조건 에 맞게 자신의 생각이나 느낌을 담아 인물에게 편지를 쓰시오.

> ㉮ 어기는 다시 긴 목을 빼며 물었다.
> "내버려둬?"
> "어떻게 하면 날 수 있을까, 그딴 생각 하지 말라고!"
> "생각하고 또 해도 못 나는데, 생각하지 않고 어떻게 날아?"
> 초리는 까만 날개로 어기의 흰 날개를 툭툭 쳤다. 말이 점점 빨라졌다.
> "궁금해하지 말라니까. 그냥 날아. 날개에게 모든 걸 맡겨."
> "그러니까 그게 무슨 뜻인지……."
>
>
>
> ㉯ 진진이 어기의 하얀 깃을 어루만지며 물었다.
> "어기, 힘들지? 그래도 기운 내."
> 어기는 고개를 가로저으며 씩씩하게 되물었다.
> "하나도 안 힘들어. 꿈꾸는 게 왜 힘드니?"
> "그래도 날마다 그렇게 열심히 연습했는데, 못 날면 속상하잖아."
> "아니, 속상하지 않아. 난 늘 즐거워. 만약 꿈꾸는 동안 즐겁지 않다면 그게 무슨 꿈이니?"
> 어기는 물을 다 마시고 날개를 푸드덕푸드덕 힘차게 털어 냈다.
> "자, 쉬었으니 또 신나게 날아오르러 가 볼까?"

조건
- 어기에게 편지를 쓴다.
- 어기의 꿈과 어기가 추구하는 삶을 알 수 있게 쓴다.
- 어기가 추구하는 삶에 대한 자신의 생각이나 느낌을 쓴다.

2 관용 표현을 활용해요

1 관용 표현을 활용하면 좋은 점
둘 이상의 낱말이 합쳐져 그 낱말의 원래 뜻과는 다른 새로운 뜻으로 굳어져 쓰이는 표현이에요.
① 전하고 싶은 말을 쉽게 표현할 수 있습니다.
② 재미있는 표현이어서 듣는 사람의 관심을 불러일으킬 수 있습니다.
③ 하려는 말을 상대가 쉽게 알아들을 수 있습니다.

★★ 2 관용 표현의 뜻을 파악하는 방법
속담 사전이나 관용어 사전 따위를 참고해요.
① 앞뒤 문장을 잘 살펴봅니다.
② 관용 표현에 포함된 낱말의 뜻을 생각해 봅니다.
예 「꿈을 펼치는 길」에 활용된 여러 가지 관용 표현의 뜻 알아보기

관용 표현	관용 표현의 뜻
손꼽아 기다리다	기대에 차 있거나 안타까운 마음으로 날짜를 꼽으며 기다리다.
천하를 얻은 듯	매우 기쁘고 만족스러움.
쇠뿔도 단김에 빼라	어떤 일이든지 하려고 생각했으면 한창 열이 올랐을 때 망설이지 말고 곧 행동으로 옮겨야 한다.

3 이야기를 듣고 말하는 사람의 의도 파악하기
① 글 앞뒤에 있는 내용을 살펴봅니다.
② 표현에 쓰인 낱말이 평소에 어떤 뜻으로 쓰이는지 생각해 봅니다.
③ 그러한 표현을 쓴 의도를 생각해 봅니다.
예 「도산 안창호 선생의 연설」에 활용된 '깃발 아래'의 뜻 추론하기
미루어 생각하여 논함.

앞뒤 내용을 살펴보면 "독립운동의 깃발 아래 우리의 뜻을 모아야 하겠습니다." 라고 말하고 있다. → '깃발'은 주로 단체 이름이나 자신들이 하고 싶은 주장을 적어서 집단이나 여러 사람의 맨 앞에서 드는 물건이다. → 결국 이 말은 어떤 이름이나 주장, 의견 아래에 모이자는 뜻으로, 하나의 목표를 품자는 뜻일 것이다.

4 생각이 효과적으로 드러나는 표현을 활용해 말하기
① 말하는 상황과 말할 내용을 확인합니다.
② 상황에 어울리는 관용 표현을 떠올려 보고 관용 표현을 활용해 하고 싶은 말을 정리해 봅니다.
③ 정리한 내용을 바탕으로 하여 자신의 생각을 말해 봅니다.
④ 관용 표현을 먼저 말한 뒤에 그와 관련한 생각을 말하기도 하고, 생각을 먼저 말한 뒤에 그와 어울리는 관용 표현을 말하기도 합니다.
└ 말을 시작할 때 관용 표현을 활용하면 듣는 사람의 관심을 끌 수 있고, 말을 끝낼 때 관용 표현을 활용하면 생각을 효과적으로 정리할 수 있어요.

개념 확인하기
정답과 풀이 8쪽

1 다음 빈칸에 알맞은 말을 쓰시오.

(   )은/는 둘 이상의 낱말이 합쳐져 그 낱말의 원래 뜻과는 다른 새로운 뜻으로 굳어져 쓰이는 표현이다.

2 관용 표현을 활용하면 좋은 점은 무엇인지 (   ) 안에서 알맞은 말을 골라 ○표 하시오.

(1) 전하고 싶은 말을 (쉽게 , 복잡하게) 표현할 수 있다.
(2) 재미있는 표현이어서 듣는 사람의 (불만 , 관심)을 불러일으킬 수 있다.

3 다음과 같은 뜻을 가진 관용 표현에 ○표 하시오.

매우 기쁘고 만족스러움.

(1) 천하를 얻은 듯   (   )
(2) 손꼽아 기다리다   (   )
(3) 쇠뿔도 단김에 빼라(   )

4 관용 표현을 활용하여 자신의 생각을 말할 때 확인해야 할 점을 모두 골라 기호를 쓰시오.

㉮ 말할 내용
㉯ 말하는 상황
㉰ 말하는 사람의 나이

(   )

1~4

가 준성: 정민아, 내일이 벌써 개학이야. 정말 시간이 빠르지 않니?

정민: 내일이 개학이라고? ㉠눈이 번쩍 뜨인다! 해야 할 일이 아직도 많은데 큰일이네.

나 주원: 소진아, 제주도에 다녀왔다며? 재미있었어?

소진: 제주도에 다녀온 것 말이야? 아까 민진이에게만 말했는데 넌 어떻게 알았어? 정말 ㉡발 없는 말이 천 리 가는구나.

교과서 문제

1 대화 가 에서 ㉠은 어떤 뜻이겠습니까? (   )

① 시간이 부족하다.
② 학교에 가기 싫다.
③ 정신이 갑자기 든다.
④ 아침 일찍 일어났다.
⑤ 해야 할 공부가 많이 남아 있다.

2* 다음은 ㉡에 대한 설명입니다. 빈칸에 들어갈 말로 알맞은 것은 무엇입니까? (   )

> 말은 비록 발이 없지만 천 리 밖까지도 순식간에 퍼진다는 뜻으로, _____을 비유적으로 이르는 말이다.

① 말을 삼가야 함
② 남을 속이지 말아야 함
③ 비밀을 만들지 말아야 함
④ 소식을 빨리 전달해야 함
⑤ 생각이나 느낌을 표현해야 함

교과서 문제

3 대화 나 에서 ㉡ 대신에 쓸 수 있는 표현은 무엇입니까? (   )

① 말꼬리를 무는구나.
② 등잔 밑이 어둡구나.
③ 소 잃고 외양간 고치는구나.
④ 천 리 길도 한 걸음부터구나.
⑤ 낮말은 새가 듣고 밤말은 쥐가 듣는구나.

4 ㉠, ㉡과 같이 둘 이상의 낱말이 합쳐져 그 낱말의 원래 뜻과는 다른 새로운 뜻으로 굳어져 쓰이는 표현을 무엇이라고 하는지 쓰시오.

(   )

5 다음 중 관용 표현으로 볼 수 없는 것은 무엇입니까? (   )

① 귀가 얇다
② 입이 짧다
③ 숲이 푸르다
④ 간 떨어지다
⑤ 귀를 기울이다

교과서 문제

6 다음과 같은 뜻을 가진 관용 표현은 무엇입니까? (   )

> 어릴 때 몸에 밴 버릇은 나이 들어서도 고치기 힘들다.

① 누워서 떡 먹기
② 까마귀 날자 배 떨어진다
③ 낫 놓고 기역 자도 모른다
④ 아니 땐 굴뚝에 연기 날까
⑤ 세 살 적 버릇이 여든까지 간다

7 다음 관용 표현의 뜻은 무엇이겠는지 쓰시오.

서술형

> 발이 넓다

_____

_____

8~10

> 은수: 너희는 네 명이 함께 그리는데도 문제가 전혀 없네.
>
> 영철: 너희는 역시 손발이 잘 맞아.

교과서 문제

8 은수와 영철이의 말 중에서 더 간단한 표현은 누구의 말인지 쓰시오.

( )

9 영철이가 활용한 '손발이 맞다'의 뜻으로 알맞은 것에 ○표 하시오.

(1) 무엇을 달라고 요구하거나 구걸하다.

( )

(2) 어떤 일에 뛰어들어 적극적으로 일할 태세를 갖추다.

( )

(3) 함께 일을 하는 데에 마음이나 의견, 행동 방식 따위가 서로 맞다.

( )

10 서술형 은수와 영철이의 말 중에서 듣는 사람의 관심을 끌수 있는 표현은 누구의 말인지 쓰고, 그렇게 생각한 까닭을 쓰시오.

(1) 듣는 사람의 관심을 끌 수 있는 표현:

( )

(2) 그렇게 생각한 까닭: _____

_____

11 다음 관용 표현을 활용하거나 들은 상황으로 알맞은 것은 무엇입니까? ( )

> 말꼬리를 물다

① 갑자기 깜짝 놀랐을 때
② 매우 기쁘고 만족스러울 때
③ 남의 말을 쉽게 받아들일 때
④ 친구가 말이 끝나기도 전에 자꾸 따질 때
⑤ 다른 학교에도 아는 사람이 많은 친구를 소개할 때

12 다음과 같은 상황에서 활용할 수 있는 관용 표현은 무엇입니까? ( )

> 아주 크게 놀랐을 때

① 눈을 붙이다
② 눈을 피하다
③ 눈이 동그래지다
④ 눈도 깜짝 안 하다
⑤ 눈에 넣어도 아프지 않다

13* 관용 표현을 활용하면 좋은 점을 알맞게 말하지 <u>못한</u> 친구의 이름을 쓰시오.

> 희연: 상대에게 잘난 척하며 말할 수 있어.
> 영민: 전하고 싶은 말을 쉽게 표현할 수 있어.
> 현서: 하려는 말을 상대가 쉽게 알아들을 수 있어.
> 성훈: 하고 싶은 말을 더 효과적으로 표현할 수 있어.
> 준기: 재미있는 표현이어서 듣는 사람의 관심을 불러일으킬 수 있어.

( )

1~3

교과서 문제

1 이 그림은 어떤 상황을 나타낸 것입니까?( )

① 남매가 부모님의 심부름을 하는 상황
② 동생이 낯선 곳에서 길을 잃어버린 상황
③ 남매가 부모님께 드릴 선물을 고르는 상황
④ 오빠가 동생에게 휴대 전화를 골라 주는 상황
⑤ 동생이 오빠에게 휴대 전화를 구경해 보자고 하는 상황

2 ㉠의 뜻을 알맞게 말한 친구의 이름을 쓰시오.

> **정미**: 쇠뿔을 빼려면 물이 끓을 때까지 오래 기다려야 한다는 뜻이야.
>
> **수현**: 어떤 일이든지 하려고 생각했으면 한창 열이 올랐을 때 망설이지 말고 곧 행동으로 옮겨야 한다는 뜻이야.

( )

3 ㉡은 무슨 뜻이겠는지 쓰시오.

서술형

_____

_____

4~6

지현: 안나야!

안나: 아이고, 깜짝이야! ㉠간 떨어질 뻔했잖니.

지현: 미안해. 문구점에 같이 가자! 내일 미술 시간에 필요한 준비물을 사야 하지? 일단 어떤 준비물이 있는지 확인해 보자. 난 색 도화지 두 장, 색종이 한 묶음, 딱풀을 사야겠다.

안나: 난 좀 넉넉하게 사야겠어. 색 도화지 열 장, 색종이 여덟 묶음, 딱풀이랑 물 풀이랑……

지현: 너 정말 ⎡　　㉡　　⎤.

4 지현이와 안나가 만나서 간 장소는 어디입니까?

( )

① 교실   ② 문구점
③ 도서관   ④ 운동장
⑤ 급식실

교과서 문제

5 ㉠은 무슨 뜻이겠습니까? ( )

① 매우 놀랐다.
② 겁이 없고 매우 대담했다.
③ 마음에 흡족히 여겨지지 않았다.
④ 용기나 줏대 없이 남에게 굽혔다.
⑤ 매우 걱정되고 불안스러워 마음을 놓지 못하였다.

6* ㉡에 들어갈, '양을 많이 준비한다'는 뜻의 관용 표현은 무엇입니까? ( )

① 손이 크다   ② 손이 맵다
③ 손을 내밀다   ④ 손이 빠르다
⑤ 손에 땀을 쥐다

꿈을 펼치는 길

• 글의 종류: 연설문
• 글의 특징: '졸업생 만남의 날'을 맞아 경찰이 된 졸업생 선배가 꿈을 펼치는 방법에 대해 들려주는 이야기입니다.

1 안녕하십니까? 저는 내일초등학교 2000년도 졸업생 김영선입니다. 저는 지금 3년째 경찰로 일하고 있습니다. 초등학교 6학년 때부터 경찰이 되고 싶다는 꿈을 꾸었고 결국 그 꿈을 이루었습니다. 오늘 저는 여러분께 꿈을 펼치는 몇 가지 방법을 말씀드리려고 이 자리에 섰습니다.
연설자가 자신을 소개함.

저는 얼마 전부터 오늘을 손꼽아 기다렸습니다. 아마 여러분은 학교를 졸업하면 천하를 얻은 듯 신나서 바로 멋진 어른이 될 수 있으리라 생각할 것입니다. 하지만 자신의 꿈을 향해 달려가는 일은 결코 쉬운 일도, 마음대로 되는 일도 아니었습니다. 저는 여러분께 꿈을 펼치는 세 가지 방법을 말씀드리려고 합니다.
기대에 찬 마음으로 날짜를 꼽으며 기다렸다는 뜻임.

중심 내용 1 저는 여러분께 꿈을 펼치는 세 가지 방법을 말씀드리려고 합니다.

천하(天 하늘 천, 下 아래 하) 하늘 아래 온 세상. 예 마침내 왕은 천하를 다스리게 되었습니다.
한때 어느 한 시기. 예 우리 집도 한때 집안 사정이 어려워서 고생을 하였습니다.

2 첫째, 자신의 진짜 꿈을 찾으려고 노력합시다. 한때 의사를 주인공으로 한 드라마가 큰 인기를 얻자, 분위기에 휩쓸려 자신의 진로를 의사로 결정하는 사람이 많았습니다. 하지만 시간이 지나자 대부분은 자신이 정말 하고 싶은 일은 따로 있다는 사실을 깨닫고 후회했습니다. 저는 초등학생 때 꿈이 계속 바뀌었는데, 6학년 때 안전 교육을 해 주신 경찰을 직접 만나 여러 가지 이야기를 들으면서 경찰이 되고 싶다는 꿈을 키우기 시작했습니다. 경찰이라는 직업을 자세히 알아보고 제 능력과 흥미를 살펴보면서 제 진짜 꿈이 경찰이라는 확신이 들었습니다. 쉽게 미래를 결정하는 것보다 자신의 진짜 꿈을 찾는 노력을 꾸준히 하는 것이 중요합니다.

중심 내용 2 첫째, 자신의 진짜 꿈을 찾으려고 꾸준히 노력해야 합니다.

진로(進 나아갈 진, 路 길 로) 장래의 삶의 방향. 예 청소년기에는 자신의 진로를 충분히 고민해야 합니다.
확신(確 굳을 확, 信 믿을 신) 굳게 믿음. 또는 그런 마음. 예 선생님께서 확신에 찬 목소리로 말씀하셨습니다.

7 졸업생 선배가 경찰이 되고 싶다는 꿈을 꾼 것은 언제부터였는지 쓰시오.
( )

8 졸업생 선배는 반 친구들에게 무엇에 대한 이야기를 들려주고 있습니까? ( )
① 경찰이 하는 일
② 경찰이 되는 방법
③ 꿈을 펼치는 방법
④ 멋진 어른이 되는 방법
⑤ 학교를 졸업한 뒤에 할 수 있는 일

9 졸업생 선배는 누구를 만나면서부터 경찰이 되고 싶다는 꿈을 키우기 시작했는지 쓰시오.
( )

10 이 글에 활용된 다음 관용 표현의 뜻은 무엇입니까? ( )

> 천하를 얻은 듯

① 두렵고 떨리다.
② 걱정스럽고 불안하다.
③ 새로운 일을 시작하다.
④ 매우 기쁘고 만족스럽다.
⑤ 준비되었을 때 당장 행동에 옮기다.

3 둘째, 자기 자신에게 자신감을 가집시다. 앞날에 대해 고민이 많고 꿈을 어떻게 이룰 것인지 걱정하고 계신가요? 만약 그렇다면 여러분은 꿈을 펼칠 준비가 된 것입니다. 꿈을 키워 나가는 일은 ㉠눈 깜짝할 사이에 이루어지지 않습니다. 저는 5학년 때까지 매우 허약한 체질이었지만, 경찰이 되려고 몇 년 동안 식습관을 바꾸고 체력을 길렀습니다. 당장은 실패하더라도 쉽게 포기하지 말고 꾸준히 노력해야 자신의 꿈을 찾을 수 있습니다. 그 과정에서 좌절하거나 힘들어하지 말고, 열심히 노력하는 자기 자신을 충분히 칭찬해 줍시다.

_{자신의 꿈을 찾는 과정}

중심 내용 **3** 둘째, 자기 자신에게 자신감을 가져야 합니다.

4 셋째, 구체적인 목표를 세웁시다. 여러분이 꿈을 결정한 뒤 구체적인 목표가 없다면 꿈을 이루려는 노력에 ㉡금이 가기 쉽습니다. 저는 경찰이 되려고 '하루 30분 운동, 한 분야 공부'처럼 쉬운 목표부터 시작해

운동하고 공부하는 시간과 양을 조금씩 늘려 나갔습니다. 초등학생 때 할 일, 중학생 때 할 일, 그리고 고등학생 때 할 일을 나누어 정하거나, 단계적으로 실천할 행동 목표를 정한다면 언젠가는 꿈꾸던 인생의 막을 열 수 있을 것입니다.

중심 내용 **4** 셋째, 구체적인 목표를 세워야 합니다.

5 여러분, ㉢"쇠뿔도 단김에 빼라."라는 말이 있습니다. 지금부터 제 조언을 벗 삼아 ㉣꿈을 찾아 떠나는 노력을 시작하시기 바랍니다. 자신만의 멋진 꿈을 향해 달려가는 후배들을 저도 응원하겠습니다.
_{'늘 가까이 한다.'라는 뜻임.}

중심 내용 **5** 자신만의 멋진 꿈을 향해 달려가는 후배들을 응원하겠습니다.

핵심내용 「꿈을 펼치는 길」에 활용된 여러 가지 관용 표현과 뜻 알아보기 ⑩

관용 표현	관용 표현의 뜻
❶ ㄴ 깜짝할 사이	매우 짧은 순간.
금이 가다	서로의 사이가 벌어지거나 틀어지다.
막을 열다	무대의 공연이나 어떤 행사를 시작하다.

체질(體 몸 체, 質 바탕 질) 태어났을 때부터 지니고 있는 몸의 성질이나 건강상의 특징. ⑩ 누나는 까다롭고 예민한 체질입니다.
좌절 마음이나 기운이 꺾임.
분야(分 나눌 분, 野 들 야) 여러 갈래로 나누어진 범위나 부분.

단계적으로 일의 순서나 과정에 따르는 것으로. ⑩ 일이 복잡하니까 단계적으로 해 나갑시다.
조언(助 도울 조, 言 말씀 언) 말로 거들거나 깨우쳐 주어서 도움. 또는 그 말. ⑩ 형에게 조언을 부탁했습니다.

---

11 졸업생 선배가 들려준 내용으로 알맞지 <u>않은</u> 것은 무엇입니까? ( )

① 구체적인 목표를 세우자.
② 자기 자신에게 자신감을 갖자.
③ 꿈을 이루기 위해 꾸준히 노력하자.
④ 자신의 꿈을 찾는 과정에서 좌절하지 말자.
⑤ 자신의 꿈을 어떻게 이룰 것인지 빨리 결정하자.

12 이 글에 쓰인 관용 표현의 뜻을 확인하는 방법으로 알맞은 것을 두 가지 골라 기호를 쓰시오.

> ㉮ 속담 사전을 찾아본다.
> ㉯ 관용어 사전을 찾아본다.
> ㉰ 우리나라의 역사와 관련한 책을 찾아본다.

( )

13 ㉠~㉣ 중 관용 표현이 <u>아닌</u> 것의 기호를 쓰시오.

( )

14 이 글에 쓰인 다음 관용 표현의 뜻을 쓰고, 그 관용 표현을 활용한 문장을 만들어 쓰시오.
서술형

막을 열다

관용 표현의 뜻	(1)
문장 만들기	(2)

1 물을

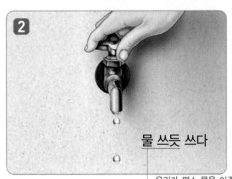

2 물 쓰듯 쓰다

└ 우리가 평소 물을 아주 헤프게 쓴다는 점을 강조하기 위해 '물 쓰듯'이라는 관용 표현을 활용하였음.

3 "물 쓰듯 쓰다"라는 말, 이제는 바뀌어야 합니다.

• **그림의 내용:** 물이 콸콸 쏟아지는 수도꼭지를 잠그고 있는 모습으로, 우리가 물을 낭비한다는 것을 말하려는 광고입니다.

핵심내용 이 광고에서 활용한 관용 표현과 뜻 알아보기

광고에서 활용한 관용 표현	물 쓰듯
관용 표현의 뜻	물건을 헤프게 쓰거나, 돈 따위를 흥청망청 **②** ㄴ ㅂ 하다.

15 이 광고에 대한 설명으로 알맞지 <u>않은</u> 것은 무엇입니까? ( )

① 이 광고에서는 관용 표현을 활용했다.
② **1**의 수도꼭지에서는 물이 콸콸 쏟아지고 있다.
③ **2**에서는 물이 쏟아지는 수도꼭지를 잠그고 있다.
④ **3**의 수도꼭지에서는 더 이상 물이 쏟아지지 않고 있다.
⑤ 이 광고를 통해 물이 부족한 곳이 많다는 것을 알 수 있다.

교과서 문제
16 이 광고에서 활용한 '물 쓰듯'이라는 말은 어떤 뜻이겠습니까? ( )

① 물이 매우 귀하다.
② 아주 헤프게 쓴다.
③ 재산이 아주 많다.
④ 항상 조심해야 한다.
⑤ 몹시 안타깝고 속상하다.

17 이 광고에서는 어떤 말이 바뀌어야 한다고 주장했는지 쓰시오.

( )

18 이 광고에서 하고 싶은 말은 무엇이겠습니까? ( )

① 깨끗한 물을 마시자.
② 물을 쓰는 방법을 바꾸자.
③ 물을 정해진 곳에서만 쓰자.
④ 물을 낭비하지 말고 아껴 쓰자.
⑤ 물이 오염되지 않도록 주의하자.

19 이 광고에서 관용 표현을 활용한 까닭은 무엇이겠
서술형 는지 쓰시오.

_____

_____

도산 안창호 선생의 연설

- 글의 종류: 연설문
- 글의 특징: 도산 안창호 선생이 독립운동을 하려고 모인 사람들에게 연설한 내용의 글입니다.

1 오늘날 우리가 임시 정부를 위한 독립운동 단체를 조직하려면 준비할 것이 셀 수 없이 많습니다. 특히 사람이 많이 모이도록 힘써야 할 것이외다. 그러나 어려운 점이 있습니다. 누구나 자기가 한 가지 생각을 하면 다른 이의 생각을 무엇이든지 반대한다는 것입니다. 예를 들어 말하면 전쟁을 원하는 자가 대화를 원하는 자를 반대해 말하기를 "대화가 무엇이냐, 지금이 어느 때라고! 우리는 폭탄을 들고 나가야 한다."라고 떠듭니다. 또 대화를 원하는 자는 말하기를 "공연히 젊은
아무 까닭이나 실속이 없게
놈들이 ㉠애간장이 타서 당장 폭탄을 들고 나가면 우리 독립이 되는가?"라고 합니다. 우리가 서로 자기 생각만 옳은 줄 알고 그것만 해야 한다고 하는 것은 한 가지만 알고 두 가지는 모르는 까닭이외다.
자신의 의견만을 고집하고 더 많은 의견의 장점을 알지 못한다는 뜻임.
중심 내용 1 독립운동을 하려고 모인 사람들의 의견이 달라서 서로 다른 사람의 생각을 반대합니다.

2 그러므로 이러한 마음을 꼭 고쳐야 하겠습니다. 독
자신의 의견만을 주장하는 마음
립운동은 할 일이 많고 복잡하므로 일을 나누어야 합니다. 우리는 서로 생각은 달라도 말없이 뜻을 함께하고 독립운동 단체를 조직하도록 합해야 하겠습니다.

각각 자신만의 주장은 버리고 전 민중을 끌어 통일한 방향으로 나아가야 할 것입니다. 이렇게 하려 함에는
전 민중을 끌어 통일한 방향으로 나아가기 위해서는
대표적 인물이 있어야 하겠습니다. 나는 진정으로 우리를 붙들고 나갈 만한 대표자가 내일 올 듯 모레 올 듯하다고 생각합니다.
중심 내용 2 자신의 의견만을 주장하는 마음을 바꾸어야 하고, 우리의 의견을 모아 이끌어 줄 지도자가 필요합니다.

3 오늘 이 자리에 모인 여러분, 우리는 이제부터 누구의 장단점을 말하지 말고 단결해 나갑시다. 모두 함께 독립운동을 할 배포를 기릅시다. 독립을 달성하려
목적한 일을 이루려고
고 하루에도 열두 번 노력합시다. 독립운동가가 될 만
매우 자주
한 여러분, 독립운동 단체를 조직할 준비를 할 날이 오늘이외다. 그런즉 나와 여러분은 독립운동 단체가 실현되도록 각각의 의견을 버리고 모두의 한 목표를 이루려고 민족적 정신으로 ㉡어금니를 악물고 나갑시다. 그래서 독립운동의 깃발 아래 우리의 뜻을 모아야
하나의 목표를 품자는 뜻임.
하겠습니다.
중심 내용 3 독립운동 단체가 실현되도록 열심히 노력해 독립운동의 깃발 아래 뜻을 모읍시다.

민중(民 백성 민, 衆 무리 중) 국가나 사회를 구성하는 일반 국민. 예 지도자는 민중의 뜻을 잘 헤아려야 합니다.

배포 머리를 써서 일을 조리 있게 계획함. 또는 그런 속마음. 예 그 사람은 겉으로 어수룩하게 보여도 배포를 가지고 있습니다.

20 도산 안창호 선생을 비롯한 사람들이 조직하려는 것은 무엇인지 쓰시오.

( )

교과서 문제
21 이 연설의 내용으로 보아, 연설을 들으러 모인 사람들 사이에는 어떤 문제가 있습니까? ( )

① 서로 의견이 다르다.
② 서로 나이가 같지 않다.
③ 서로 전쟁을 원하지 않는다.
④ 서로 대표자가 되려고 한다.
⑤ 서로 힘든 일을 피하려고 한다.

22 도산 안창호 선생이 이 연설을 한 의도를 쓰시오.
서술형
_____
_____

23 관용 표현 ㉠과 ㉡의 뜻을 찾아 기호를 쓰시오.

㉮ 몹시 초조하고 안타까워서 속을 많이 태우다.
㉯ 고통이나 분노 따위를 참으려고 이를 악물어 굳은 의지를 나타내다.

(1) ㉠: ( ) (2) ㉡: ( )

24~26

규영: 우리 반 친구들이 고운 말을 사용하면 좋겠습니다.

고운: "가는 말이 고와야 오는 말이 곱다."라는 말이 있습니다. 내가 남에게 말이나 행동을 좋게 해야 남도 나에게 좋게 한다는 뜻입니다. 우리 반 친구들도 고운 말을 사용하면 좋겠습니다.

혜선: 우리 반 친구들이 고운 말을 사용하면 좋겠습니다. 친구에게 나쁜 말을 했다가 자신도 나쁜 말을 들은 경험, 반대로 친구를 칭찬하고 자신도 칭찬을 들은 경험이 있을 것입니다. 가는 말이 고와야 오는 말이 곱습니다.

교과서 문제

24 친구들은 어떤 의견을 말하였습니까? ( )

① 고운 말을 사용하자.
② 예의 바르게 인사하자.
③ 친구와 사이좋게 지내자.
④ 친구가 잘한 점을 칭찬하자.
⑤ 친구의 의견을 주의 깊게 듣자.

25 고운이와 혜선이가 활용한 관용 표현을 쓰시오.

( )

26 고운이처럼 말을 시작할 때와 혜선이처럼 말을 끝낼 때 관용 표현을 활용하면 얻을 수 있는 효과를 찾아 기호를 쓰시오.

㉮ 듣는 사람의 관심을 끌 수 있다.
㉯ 생각을 효과적으로 전달할 수 있다.

(1) 고운이처럼 말을 시작할 때: ( )
(2) 혜선이처럼 말을 끝낼 때: ( )

교과서 문제

27 다음 빈칸에 들어갈 관용 표현은 무엇입니까?

( )

" ."라는 말이 있습니다. 모둠 과제를 열심히 준비했으니 반드시 좋은 결과가 있을 것입니다.

① 빛 좋은 개살구
② 공든 탑이 무너지랴
③ 천 리 길도 한 걸음부터
④ 발 없는 말이 천 리 간다
⑤ 말 한마디에 천 냥 빚도 갚는다

28 다음과 같은 상황에 어울리는 관용 표현은 무엇입니까? ( )

전교 학생회 회장단 선거에서 후보자로 연설하는 상황

① 귀가 얇다
② 꼬리가 길다
③ 시치미를 떼다
④ 발 벗고 나서다
⑤ 입이 열 개라도 할 말이 없다

29 서술형 우리 반을 행복하게 하려면 우리가 해야 할 일을 떠올려 보고 관용 표현을 활용해 하고 싶은 말을 정리하여 쓰시오.

주제	우리 반을 행복하게 하려면 우리가 해야 할 일
하고 싶은 말	(1)
활용할 관용 표현	(2)

1 다음 상황에서 활용할 수 있는 관용 표현으로 알맞은 것은 무엇입니까? (　)

> 모둠별로 '행복한 우리 반을 위한 약속'을 정하고 홍보할 내용을 정리할 때

① 손을 끊다
② 눈을 붙이다
③ 손발을 맞추다
④ 고개를 돌리다
⑤ 코를 납작하게 만들다

2 '행복한 우리 반을 위한 약속'으로 알맞지 <u>않은</u> 것은 무엇입니까? (　)

① 매일 친구를 칭찬하자.
② 교실 청소를 깨끗이 하자.
③ 줄을 설 때 차례를 지키자.
④ 교실에서 애완동물을 기르자.
⑤ 친구에게 먼저 반갑게 인사하자.

3 '행복한 우리 반을 위한 약속'을 홍보할 방법에 대해 알맞게 말하지 <u>못한</u> 친구의 이름을 쓰시오.

> 주연: 모둠에서 한 명이 대표로 말할 수 있어.
> 윤미: 모둠 친구들 몇 명이 내용을 나누어서 말할 수 있어.
> 동훈: 모둠 친구들이 역할극으로 꾸며서 재미있게 발표할 수 있어.
> 상혁: 모둠 친구들이 한 명씩 돌아가며 똑같은 내용을 반복해서 말할 수 있어.

(　　　　)

4 '행복한 우리 반을 위한 약속'을 홍보할 자료를 관용 표현을 활용하여 알맞게 만든 것에 ○표 하시오.

(1) 돌다리도 두들겨 보고 건너라고 했습니다. 친구의 장점을 칭찬합시다. (　)
(2) "천 리 길도 한 걸음부터"라는 말이 있듯이 바르고 고운 말을 쓰려고 조금씩 노력하자. (　)

5 여러 사람 앞에서 말할 때 주의할 점을 알맞게 말하지 <u>못한</u> 것의 기호를 쓰시오.

> ㉮ 말할 때 표정과 몸짓을 하면 말하려는 내용을 정확하게 전할 수 없다.
> ㉯ 말하다가 중요한 부분에서 잠깐 멈추면 듣는 사람을 내 말에 집중하게 할 수 있다.

(　　　　)

6* 다음 생각을 말할 때 어울리는 관용 표현을 찾아 기호를 쓰시오.

> ㉮ 백지장도 맞들면 낫다
> ㉯ 세 살 적 버릇이 여든까지 간다
> ㉰ 벼 이삭은 익을수록 고개를 숙인다

(1) 친구들에게 협동을 강조할 때:
(　　　　)
(2) 나쁜 습관을 고치자는 약속을 홍보할 때:
(　　　　)

7 친구들의 발표를 들으며 평가할 내용이 <u>아닌</u> 것은 무엇입니까? (　)

① 생각을 효과적으로 전했는지 평가한다.
② 알맞은 관용 표현을 활용했는지 평가한다.
③ 자신의 생각을 분명하게 말했는지 평가한다.
④ 다른 친구들과 비슷한 생각을 말했는지 평가한다.
⑤ 목소리 크기나 말의 빠르기가 적절한지 평가한다.

낱말의 뜻

1 뜻에 알맞은 낱말을 찾아 선으로 이으시오.

(1) 마음이나 기운이 꺾임. • • ① 확신

(2) 굳게 믿음. 또는 그럼 마음. • • ② 좌절

(3) 여러 갈래로 나누어진 범위나 부분. • • ③ 배포

(4) 머리를 써서 일을 조리 있게 계획함. 또는 그런 속마음. • • ④ 분야

헷갈리기 쉬운 말

2 보기 의 낱말 뜻을 보고, 문장에 알맞은 낱말을 ( ) 안에서 골라 ○표 하시오.

보기
• 늘이다: 본디보다 더 길어지게 하다.
• 늘리다: 시간이나 기간을 길게 하다.

(1) 새로 산 바지가 짧아서 (늘이려고 , 늘리려고) 세탁소에 갔다.

(2) 추석 연휴에 지하철 운행 시간을 새벽 두 시까지 (늘이기로 , 늘리기로) 결정하였다.

낱말의 발음

3 다음 설명을 읽고, 밑줄 친 낱말을 바르게 발음한 것에 ○표 하시오.

'한라산[할:라산]'과 같이 'ㄴ'은 'ㄹ'의 앞에서 [ㄹ]로 발음해.

의사를 주인공으로 한 드라마가 큰 인기를 얻자, 자신의 진로를 의사로 결정하는 사람이 많았다.

[진:노 , 질:로]

다의어

4 밑줄 친 낱말이 보기 와 같은 뜻으로 쓰인 문장에 ○표 하시오.

보기
경찰이 되려고 몇 년 동안 식습관을 바꾸고 체력을 길렀다.

(1) 부모님께서는 우리 형제를 남부럽지 않게 길러 주셨다. ( )

(2) 우리 팀이 승리하려면 우선 정신력부터 기르는 훈련이 필요하다. ( )

(3) 할머니는 텃밭에 상추, 깻잎, 고추 등 여러 가지 채소를 기르신다. ( )

낱말의 활용

5 밑줄 친 낱말의 쓰임이 알맞지 <u>않은</u> 것을 두 가지 고르시오. ( )

① 좌절을 위해서 최선의 노력을 다했다.
② 미술 분야 중에서 회화에 소질이 있다.
③ 엄마도 한때 작가를 꿈꾸었다고 하셨다.
④ 약사의 조언을 듣고 영양제를 복용하였다.
⑤ 허약한 체질이라서 감기가 잘 걸리지 않는다.

뜻을 더하는 말

6 다음 빈칸에 공통으로 들어갈 말과 그 뜻으로 알맞은 것에 ○표 하시오.

□뿔   □고집   □고기

(1) 애–: '어린' 또는 '작은'의 뜻을 더해 주는 말. ( )

(2) 쇠–: 소의 부위이거나 소의 특성이 있음을 나타내는 말. ( )

(3) 덧–: '거듭된' 또는 '겹쳐 신거나 입는'의 뜻을 더해 주는 말. ( )

1~3

소진아, 제주도에 다녀왔다며? 재미있었어?

제주도에 다녀온 것 말이야? 아까 민진이에게만 말했는데 넌 어떻게 알았어? 정말 ㉠발 없는 말이 천 리 가는구나.

1 ㉠의 뜻을 바르게 말한 친구의 이름을 쓰시오.

> **성태:** 천 리 밖에서도 들을 수 있게 큰 목소리로 말해야 한다는 뜻이야.
> **나연:** 말은 비록 발이 없지만 천 리 밖까지도 순식간에 퍼진다는 뜻이야.
> **준영:** 사귀어 아는 사람이 천 리 밖에도 있을 만큼 활발한 성격이라는 뜻이야.

( )

2 ㉠과 같은 관용 표현을 활용하기에 알맞은 상황을 찾아 기호를 쓰시오.

> ㉮ 소문이 금방 퍼졌을 때
> ㉯ 친구가 말이 끝나기도 전에 자꾸 따질 때

( )

3 ㉠ 대신에 쓸 수 있는 관용 표현을 한 가지만 쓰시오.
서술형

_____

_____

4 다음 상황에서 활용할 수 있는 관용 표현은 무엇입니까? ( )

> 다른 학교에도 아는 사람이 많은 친구를 소개할 때

① 귀가 얇다   ② 발이 넓다
③ 눈에 띄다   ④ 손을 뻗치다
⑤ 입을 모으다

5 ★ 관용 표현을 활용하면 좋은 점이 <u>아닌</u> 것은 무엇입니까? ( )

① 전하고 싶은 말을 쉽게 표현할 수 있다.
② 하려는 말을 상대가 쉽게 알아들을 수 있다.
③ 앞으로 어떤 일이 일어날지 짐작할 수 있다.
④ 하고 싶은 말을 더 효과적으로 표현할 수 있다.
⑤ 재미있는 표현이어서 듣는 사람의 관심을 불러일으킬 수 있다.

6~7

> **동생:** 오빠, 나도 이제 휴대 전화를 사 달라고 할 거야. [㉠] 당장 구경해 보자.
> **오빠:** 안 돼. 아직 부모님과 의논도 안 했잖아. 다음에 보자.
> **동생:** 에이, 당장 어떤 걸로 할지 결정하고 싶었는데, 오빠 때문에 [㉡]이/가 식어 버렸잖아.

6 ㉠에 들어갈 관용 표현으로 알맞은 것은 무엇입니까? ( )

① 빛 좋은 개살구라고
② 쇠뿔도 단김에 빼라고
③ 소 잃고 외양간 고친다고
④ 마른하늘에 날벼락이라고
⑤ 아니 땐 굴뚝에 연기 날까라고

7 ㉡에 들어갈 알맞은 말을 쓰시오.

( )

8~9

> 지현: 안나야!
> 안나: 아이고, 깜짝이야! ⬚ ⊙
> 지현: 미안해. 문구점에 같이 가자! 내일 미술 시간에 필요한 준비물을 사야 하지? 일단 어떤 준비물이 있는지 확인해 보자. 난 색 도화지 두 장, 색종이 한 묶음, 딱풀을 사야겠다.
> 안나: 난 좀 넉넉하게 사야겠어. 색 도화지 열 장, 색종이 여덟 묶음, 딱풀이랑 물 풀이랑……
> 지현: 너 정말 ⓛ 이/가 크구나.

8 ⊙에 들어갈 관용 표현으로 알맞은 것은 무엇입니까? ( )

① 코가 높구나.
② 손꼽아 기다렸구나.
③ 간 떨어질 뻔했잖니.
④ 불난 집에 부채질하는구나.
⑤ 소 잃고 외양간 고칠 뻔했잖니.

9 ⓛ에 들어갈 낱말은 무엇입니까? ( )

① 귀　② 손　③ 발　④ 입　⑤ 눈

10~12

> 　자기 자신에게 자신감을 가집시다. 앞날에 대해 고민이 많고 꿈을 어떻게 이룰 것인지 걱정하고 계신가요? 만약 그렇다면 여러분은 꿈을 펼칠 준비가 된 것입니다. 꿈을 키워 나가는 일은 ⊙ 에 이루어지지 않습니다. 저는 5학년 때까지 매우 허약한 체질이었지만, 경찰이 되려고 몇 년 동안 식습관을 바꾸고 체력을 길렀습니다. 당장은 실패하더라도 쉽게 포기하지 말고 꾸준히 노력해야 자신의 꿈을 찾을 수 있습니다.

10 이 글은 어떤 질문에 대한 답인지 알맞은 것에 ○표 하시오.

(1) 왜 꿈을 키워 나가야 하는가? ( )
(2) 자신의 꿈을 펼치는 방법은 무엇인가? ( )

11 자신의 꿈을 찾고 키워 나가기 위해 필요한 마음으로 알맞은 것의 기호를 쓰시오.

> ㉮ 꿈을 빨리 이루려고 조급해하는 마음
> ㉯ 꿈을 어떻게 이룰 것인지 의심하는 마음
> ㉰ 당장은 실패하더라도 쉽게 포기하지 않고 꾸준히 노력하는 마음

( )

12 ⊙에 들어갈, '매우 짧은 순간'을 뜻하는 관용 표현을 쓰시오.

( )

13 관용 표현과 그 뜻을 확인하고 싶을 때에 참고할 수 있는 자료를 두 가지 고르시오. ( )

① 속담 사전　　② 인물 사전
③ 관용어 사전　④ 외국어 사전
⑤ 과학 용어 사전

14 다음 광고에서 하고 싶은 말은 무엇입니까? ( )

물을

물 쓰듯 쓰다

"물 쓰듯 쓰다"라는 말, 이제는 바뀌어야 합니다.

① 물이 오염되고 있다.
② 물을 자주 마셔야 한다.
③ 손을 자주 씻어야 한다.
④ 물을 낭비하지 말아야 한다.
⑤ 수돗물을 깨끗하게 관리해야 한다.

15~17

오늘날 우리가 임시 정부를 위한 독립운동 단체를 조직하려면 준비할 것이 셀 수 없이 많습니다. 특히 사람이 많이 모이도록 힘써야 할 것이외다. 그러나 어려운 점이 있습니다. 누구나 자기가 한 가지 생각을 하면 다른 이의 생각을 무엇이든지 반대한다는 것입니다. 예를 들어 말하면 전쟁을 원하는 자가 대화를 원하는 자를 반대해 말하기를 "대화가 무엇이냐, 지금이 어느 때라고! 우리는 폭탄을 들고 나가야 한다."라고 떠듭니다. 또 대화를 원하는 자는 말하기를 "공연히 젊은 놈들이 애간장이 타서 당장 폭탄을 들고 나가면 우리 독립이 되는가?"라고 합니다. 우리가 서로 자기 생각만 옳은 줄 알고 그것만 해야 한다고 하는 것은 ㉠<u>한 가지만 알고 두 가지는 모르는</u> 까닭이외다.

15 글쓴이는 독립운동 단체를 조직하려고 준비할 때 어떤 어려움이 있다고 했습니까? ( )

① 일본의 감시를 피하는 것
② 사람들이 많이 모이지 않는 것
③ 독립을 이루려는 의지가 부족한 것
④ 독립운동에 필요한 자금이 부족한 것
⑤ 서로 다른 사람의 생각을 반대하는 것

16* ㉠의 뜻을 추론하는 방법으로 알맞지 <u>않은</u> 것의 기호를 쓰시오.

㉮ 글 앞뒤에 있는 내용을 살펴본다.
㉯ 글에 쓰인 문장 부호가 무엇인지 살펴본다.
㉰ 표현에 쓰인 낱말이 평소에 어떤 뜻으로 쓰이는지 생각해 본다.

( )

17 ㉠의 뜻을 추론하여 쓰시오.

서술형

_____

_____

18~19

18 ㉠과 ㉡에 공통으로 들어갈 관용 표현은 무엇입니까? ( )

① 하나를 보고 열을 안다
② 발 없는 말이 천 리 간다
③ 까마귀 날자 배 떨어진다
④ 세 살 적 버릇이 여든까지 간다
⑤ 가는 말이 고와야 오는 말이 곱다

19 듣는 사람의 관심을 끌 수 있도록 관용 표현을 효과적으로 활용한 친구의 이름을 쓰시오.

( )

20 다음과 같은 약속을 홍보할 때 활용할 수 있는 관용 표현은 무엇입니까? ( )

꾸준히 노력하는 사람이 되자.

① 손을 떼다
② 눈에 띄다
③ 애간장이 타다
④ 공든 탑이 무너지랴
⑤ 백지장도 맞들면 낫다

1

1단계
낱말
쓰기

㉠의 뜻은 무엇이겠는지 빈칸에 알맞은 말을 쓰시오. [3점]

> (   ) 일을 하는 데에 마음이나 의견, 행동 방식 따위가 서로 맞는다.

2단계
문장
쓰기

㉠의 관용 표현을 활용하거나 들은 경험을 떠올려 쓰시오. [6점]

_____

_____

3단계
생각
쓰기

대화할 때 ㉠과 같은 관용 표현을 활용하면 좋은 점을 한 가지만 쓰시오. [6점]

_____

_____

2~4

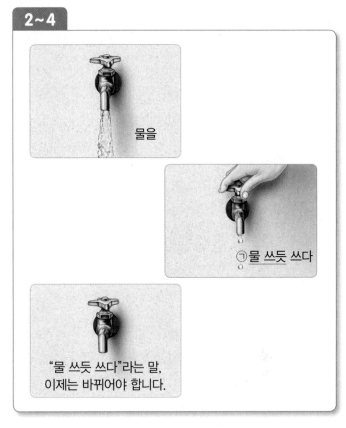

2 이 광고에서 활용한 ㉠은 어떤 뜻이겠는지 쓰시오. [4점]

_____

_____

3 이 광고에서 ㉠을 활용하여 강조하고 싶은 점은 무엇이겠는지 쓰시오. [5점]

_____

_____

4 이 광고에서 하고 싶은 말은 무엇이겠는지 쓰시오.
[6점]

_____

_____

2 관용 표현을 활용해요

학습 제재	도산 안창호 선생의 연설	배점	30점
학습 목표	이야기를 듣고 말하는 사람의 의도를 파악할 수 있다.		

● 다음 글을 읽고, 물음에 답하시오.

오늘날 우리가 임시 정부를 위한 독립운동 단체를 조직하려면 준비할 것이 셀 수 없이 많습니다. 특히 사람이 많이 모이도록 힘써야 할 것이외다. 그러나 어려운 점이 있습니다. 누구나 자기가 한 가지 생각을 하면 다른 이의 생각을 무엇이든지 반대한다는 것입니다. 예를 들어 말하면 전쟁을 원하는 자가 대화를 원하는 자를 반대해 말하기를 "대화가 무엇이냐, 지금이 어느 때라고! 우리는 폭탄을 들고 나가야 한다." 라고 떠듭니다. 또 대화를 원하는 자는 말하기를 "공연히 젊은 놈들이 애간장이 타서 당장 폭탄을 들고 나가면 우리 독립이 되는가?"라고 합니다. 우리가 서로 자기 생각만 옳은 줄 알고 그것만 해야 한다고 하는 것은 ㉠한 가지만 알고 두 가지는 모르는 까닭이외다.

1 도산 안창호 선생은 이 연설에서 어떤 문제 상황에 대해 말하고 있는지 쓰시오. [10점]

_____

_____

_____

2 도산 안창호 선생이 이 연설에서 활용한 ㉠의 뜻을 추론하여 빈칸에 알맞게 쓰시오. [20점]

글 앞뒤에 있는 내용 살펴보기	"서로 자기 생각만 옳은 줄 안다"라는 내용이 있다. 또 (1) _____

↓

표현에 쓰인 낱말의 뜻 생각하기	'한 가지만 알고'는 자기 생각만 고집한다는 뜻 같다.

↓

그러한 표현을 쓴 의도 생각하기	결국 이 말은 (2) _____ _____ (이)라는 뜻일 것이다.

3 타당한 근거로 글을 써요

1 글을 읽고 주장 찾기

① 제목과 그림을 보고 내용을 짐작해 봅니다.

② 주장하는 내용이 무엇인지 생각하며 글을 읽어 봅니다.

③ 글쓴이가 자신의 주장을 뒷받침하려고 활용한 자료가 무엇인지 살펴봅니다.

④ 글쓴이가 주장하는 것이 무엇인지 친구들과 이야기해 봅니다.

예 「'그냥'이 아니라 '왜'」를 읽고 글쓴이가 주장하는 것 찾기

글쓴이의 주장	습관적으로 그냥 살지 말고 자기 안에 물음표를 가지고 살자.

★★ 2 주장에 대한 근거가 적절한지 판단하며 글 읽기

① 근거가 알맞은지 생각하며 글을 읽어 봅니다.

② 글의 내용을 논설문의 짜임에 맞게 정리해 봅니다.

③ 주장에 대한 근거가 타당한지 판단해 봅니다.
  └ 근거가 주장과 관련 있는지, 근거가 주장을 뒷받침하는지, 근거를 뒷받침하는 자료가 적절한지 판단해요.

④ 근거를 뒷받침하려고 알맞은 자료를 활용했는지 알아봅니다.

예 「공정 무역 제품을 사용합시다」를 읽고 근거의 타당성 판단하기

> 공정 무역 인증 표시는 국제기구가 생산지에서 공정 무역의 주요 원칙이 잘 지켜졌는지를 점검한 물건들에 붙일 수 있다는 근거는 공정 무역 제품을 사용해야 하는 까닭이 아니라 공정 무역 인증 표시에 대한 설명만 하고 있어서 주장을 직접적으로 뒷받침하지 못하기 때문에 타당하지 않다고 생각한다.

┌ 자료의 적절성을 판단하는 방법: 어떤 자료가 활용되었는지, 자료가 근거의 내용과 관련 있는지, 출처를 보고 믿을 수 있는 자료인지, 수를 제시할 때 정확한 숫자를 사용했는지, 최신 자료를 사용했는지 살펴봐야 해요.

3 논설문을 쓸 때 알맞은 자료를 활용하는 방법

① 논설문에 쓸 주장과 근거를 마련합니다.

② 근거를 뒷받침하는 자료 수집 계획을 세웁니다.

③ 수집한 자료를 자료 수집 카드로 정리해 봅니다.

④ 수집한 자료가 내용을 뒷받침하고 믿을 만한지 평가해 봅니다.

4 상황에 알맞은 자료를 활용해 논설문 쓰기

① 글을 읽고 문제 상황을 파악합니다.

② 논설문으로 쓸 내용을 떠올립니다.

③ 주장과 근거를 정하고, 근거에 맞는 자료를 수집합니다.

④ 수집한 자료를 바탕으로 하여 논설문을 씁니다.

⑤ 자신이 쓴 글을 스스로 평가해 보고 고쳐 써 봅니다.

· 서론: 문제 상황이나 주장의 동기, 주장
· 본론: 주장을 뒷받침하는 근거
· 결론: 본론을 요약하고 주장을 다시 한번 강조

개념 확인하기   정답과 풀이 13쪽

1 근거의 타당성을 판단하는 방법은 무엇인지 빈칸에 알맞은 말을 쓰시오.

> 근거가 ( )과/와 관련 있는지 판단해 본다.

2 자료의 적절성을 판단하기 위해 살펴볼 점으로 알맞지 않은 것의 기호를 쓰시오.

> ㉮ 믿을 수 있는 자료인가?
> ㉯ 자료를 많이 제시했는가?
> ㉰ 최신 자료를 사용했는가?

( )

3 논설문을 쓸 때 알맞은 자료를 활용하는 방법은 무엇인지 빈칸에 알맞은 말을 쓰시오.

> ( )을/를 뒷받침하는 자료를 수집한 뒤 자료 수집 카드로 정리한다.

4 다음은 논설문의 서론, 본론, 결론 중에서 어느 부분에 들어갈 내용으로 알맞은지 쓰시오.

> 주장을 뒷받침하는 근거

( )

'그냥'이 아니라 '왜'

• 이어령

• 글의 종류: 논설문
• 글의 특징: 긴 수염 할아버지 이야기를 자료로 활용하여 자기 안에 물음표를 가지고 살아가자고 주장하는 글입니다.

1 할아버지를 생각하면 긴 수염이 떠오르기도 하지? 정말 그렇게 수염을 길게 기른 할아버지 한 분이 마을 길을 걸어가고 있었단다. 그때 한 어린아이가 할아버지에게 다가왔어. 아이는 <u>할아버지 가슴팍까지 내려온 하얗고 긴 수염</u>을 신기한 눈으로 바라보았대. 그리고
아이가 신기해한 것
는 이렇게 물었지.

"할아버지! 할아버지는 주무실 때 그 수염을 이불 안에 넣나요, 아니면 꺼내 놓나요?"

할아버지는 "예끼! 이 버릇없는 놈." 하고 소리치려다가 문득 자기도 궁금해졌단다. 왜냐하면 수염을 기른 채 몇십 년 동안이나 살아왔지만, 그때까지 한 번도 그런 궁금증을 지녀 본 적이 없었거든.

'허허, 그러고 보니 내가 정말 수염을 꺼내 놓고 잤나, 넣고 잤나?'

아무리 생각해 봐도 알쏭달쏭하기만 했지. 결국 할아버지는 난처한 얼굴을 하고는 아이에게 이렇게 말할 수밖에 없었단다.

"글쎄다. 허, 참. 이 녀석, 별걸 다 묻는구나. 정 궁금하다면 말이다, 오늘 밤에 한번 자 보고 내일 아침에 가르쳐 주마."

중심 내용 **1** 아이가 할아버지에게 주무실 때 수염을 이불 안에 넣는지, 아니면 꺼내 놓는지 묻자, 할아버지는 내일 아침에 가르쳐 주겠다고 하였다.

2 할아버지는 집에 돌아오기 무섭게 이부자리를 펴고 누웠지. 우선 이불 속에 수염을 넣고 말이야. 그런데 너무 갑갑하고 거북해서 아무래도 수염을 밖에 내
수염을 이불 속에 넣었을 때 불편한 점
놓고 자야 할 것 같았어.

'옳지! 수염을 이불 밖으로 꺼내 놓고 잔 게 분명해!'

할아버지는 얼른 수염을 이불 밖으로 꺼내 놓고 눈을 감아 봤어. 그런데 불편한 건 마찬가지였어. 이불 밖으로 내놓은 수염 때문에 왠지 허전하고 썰렁한 느낌이 들어서 마음이 편하지 않았던 거야. 아무리 자려
수염을 이불 밖으로 꺼내 놓았을 때 불편한 점
고 해도 잠을 이룰 수가 없었지.

수염을 이불로 덮으니 갑갑하고, 이불 밖으로 꺼내 놓으면 허전하고……. 할아버지는 밤새도록 수염을 넣었다 꺼냈다 하느라고 한숨도 잘 수가 없었단다. 물론 할아버지는 다음 날 아침에 가르쳐 주겠노라고 했던 ㉠<u>아이와의 약속</u>도 지키지 못했지.

가슴팍 가슴의 넓고 평평한 부분. ⑩ 아빠의 가슴팍에 안겼습니다.

난처한 어떻게 행동해야 할지 결정하기 어려운 불편한 상황에 있는.

---

1 아이는 할아버지에게 무엇을 물었습니까? ( )

① 어디에서 주무시는지
② 누구와 함께 주무시는지
③ 수염을 언제부터 길렀는지
④ 팔을 어떻게 하고 주무시는지
⑤ 수염을 어떻게 하고 주무시는지

교과서 문제
2 아이가 한 질문에 할아버지는 왜 바로 대답하지 못했는지 빈칸에 알맞은 말을 쓰시오.

• 한 번도 그런 ( )을/를 지녀 본 적이 없었기 때문에

3 할아버지가 밤새도록 한숨도 잘 수가 없었던 까닭은 무엇입니까? ( )

① 이불이 너무 갑갑해서
② 수염이 너무 길어 불편해서
③ 낮에 본 아이의 모습이 자꾸 떠올라서
④ 밤새도록 수염을 넣었다 꺼냈다 하느라고
⑤ 아이와의 약속을 지키지 못할까 봐 불안해서

4 ㉠의 내용은 무엇인지 빈칸에 알맞은 말을 쓰시오.

> 오늘 밤에 한번 자 보고 ( )에 가르쳐 주겠다는 것

이상한 일 아니니? 분명 그건 할아버지 자신의 수염이고, 할아버지는 몇십 년 동안 하루도 빼놓지 않고 잠을 잤는데 말이야. 그런데도 아이가 묻기 전까지 그 수염을 어떻게 하고 잤는지 기억할 수가 없었던 거야.
할아버지가 아이와 한 약속을 지키지 못한 까닭 ①
그렇다고 다른 사람에게 물어볼 수도 없는 노릇이었어. 물어본다고 한들 누가 가르쳐 줄 수도 없는 문제잖아. 정말 답답하고 기막힌 일이었지. 그 뒤로 할아버지
할아버지가 아이와 한 약속을 지키지 못한 까닭 ②
는 밤마다 수염 때문에 편안하게 잠을 잘 수가 없었대.

중심 내용 2 할아버지는 밤새도록 수염을 넣었다 꺼냈다 하느라고 한숨도 자지 못했고, 아이와의 약속도 지키지 못했다.

3 재미있는 이야기라고 웃어넘길 일이 아니야. 가만히 생각해 보렴, 혹시 너에게도 그런 수염이 있는지 말이야. 아이들한테 무슨 수염이 있냐고? 아니야, 그렇지 않아. 너도 누가 질문을 할 때 가끔 '그냥'이라고 대답한 적이 있을 거야. 바로 그 '그냥'이라는 말이 너의 수염이란다. 아직도 잘 모르겠다고?

우리는 아무 생각 없이 '그냥' 지내는 날이 얼마나 많은지 몰라. 그냥 먹고, 그냥 자고, 그냥 노는 날 말이야. 어떤 때에는 봄이 와서 꽃이 피어도, 아침이 되어 찬란한 태양이 떠올라도 아무 느낌 없이 그냥 흘깃 보고 지나쳐 버리기도 하지. 새들이 어떻게 짝을 지어 날

아가고, 구름이 어떻게 모였다가 흩어지는지 몇 번이나 눈여겨보았니? 자신에게 또는 남들에게 궁금한 일을 몇 번이나 질문해 보았니? 남들이 하니까 그냥 따라 하고, 어른들이 시키니까 그냥 했던 일은 없었니?

중심 내용 3 우리에게는 누가 질문을 할 때 '그냥'이라고 대답하거나 자신의 생각을 가지지 않고 어른들이 시키는 대로 하는 '수염'이 있다.

4 자기 안에 물음표가 없어서 아무것도 묻지 못하는 사람은 건전지를 넣고 단추를 누르면 그냥 북을 쳐 대는 곰 인형과 별로 다를 것이 없어. 아무 생각 없이 모든 순간을 습관적으로 기계적으로 살아가는 사람은 이야기 속 할아버지와 똑같아. 자기 것이지만 자기 것이 아닌 수염을 달고 있으니까 말이야.

㉠'그냥 수염'을 달고 있는 사람은 어느 날 누가 "왜?" 또는 "어떻게?" 하고 물으면 아무 대답도 하지 못해. 아무리 자기가 한 일을 뒤돌아보고 생각해 내려고 애써도 지나온 날들은 이미 멀리 사라져 버려서 흔적조차 찾을 길이 없기 때문이지. 어느 날엔가 너한테도 누군가가 물어 올지 몰라. 그때를 위해서라도 '그냥'이라는 대답이 아닌 무언가를 준비해야겠지?

중심 내용 4 습관적으로 삶을 살지 말고 '왜' 또는 '어떻게'를 생각하면서 살아야 한다.

노릇 일의 상황 또는 형편. 예 갑자기 형과 연락이 끊겨 답답한 노릇입니다.

찬란한 강한 빛이 번쩍이거나 수많은 불빛이 빛나는 상태인. 또는 그 빛이 매우 밝고 환한.

---

5 글쓴이가 자신의 주장을 뒷받침하려고 활용한 자료는 무엇입니까? ( )

① 사진　② 그림　③ 이야기
④ 동영상　⑤ 전문가의 말

교과서 문제
6 ㉠에 해당하는 것을 모두 고르시오. ( )

① 어른들이 시키는 대로 하는 것
② 질문을 할 때 깊게 생각하는 것
③ 남들이 하는 대로 그냥 따라 하는 것
④ 아무 생각 없이 '그냥'이라고 대답하는 것
⑤ 자신에게 궁금한 것을 끊임없이 질문하는 것

7 이야기 속 긴 수염 할아버지는 어떤 사람입니까? ( )

① 항상 "왜?"를 생각하는 사람
② 자기 안에 물음표를 가진 사람
③ 자기가 한 일을 뒤돌아보는 사람
④ 궁금한 것은 반드시 확인하는 사람
⑤ 아무 생각 없이 습관적으로 사는 사람

8 글쓴이의 주장으로 알맞은 것의 기호를 쓰시오.

㉮ 의심을 하지 말자.
㉯ 때로는 '그냥'이라고 대답해 보자.
㉰ 자기 안에 물음표를 가지고 살아가자.

( )

가난한 것은 내 잘못이 아니에요!

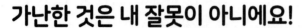

└ 공정 무역과 관련 있는 만화임.

옛날엔 태어날 때 신분이 정해졌어요. 상민으로 태어난 사람은 아무리 열심히 일하고 공부해도 양반이 되기 힘들었죠.

난 양반이라 일을 안 해도 되지.

지금도 비슷한 일들이 벌어지고 있어요. 아무리 ㉠열심히 일해도 가난을 벗어날 수 없는 사람들이 있답니다.

난 일을 안 하고 돈을 벌지.

하루 종일 축구공을 만드는 아이의 임금은 고작 몇천 원이에요.

가난한 나라의 사람들은 아무리 열심히 일해도 자식들을 학교에 보내기도 어려워요.

휴대 전화 하나를 사려면 몇 달치 월급을 모아야 하죠.

일부 다국적 기업은 가난한 나라의 물건을 제값을 주지 않고 아주 싸게 산 뒤 비싸게 팔아 많은 돈을 벌어요.

여러분! 가난은 제 잘못인가요?

아니요! 공정한 거래만이 잘못된 경제 구조를 바로잡을 수 있어요.

공정 무역

• **글의 종류:** 만화
• **글:** 한수정
• **그림:** 송하완
• **글의 특징:** 공정 무역을 하면 열심히 일하는 가난한 나라의 사람들을 도울 수 있다는 내용의 만화입니다.

핵심내용 만화를 보고 공정 무역이란 무엇일지 예상하기 예

• 가난한 나라의 물건을 제값을 주고 사는 것입니다.
• 가난한 나라를 돕는 무역입니다.

상민(常 항상 상, 民 백성 민) 양반이 아닌 보통 백성.
임금(賃 품삯 임, 金 쇠 금) 일을 한 대가로 받는 돈.
다국적 기업(多 많을 다, 國 나라 국, 籍 문서 적, 企 꾀할 기, 業 업 업) 세계 곳곳에 회사와 공장을 세워 생산과 판매를 하는 세계적 규모의 기업.
공정한 한쪽으로 치우치지 않고 객관적이고 올바른. 예 심사 위원은 공정한 심사를 위해 심사 기준을 공개했습니다.

---

1 이 만화를 보고 알 수 있는 사실에 ○표 하시오.

(1) 공정 무역 제품의 종류　　　　　　(　　)
(2) 가난한 나라의 사람들이 가난한 까닭

　　　　　　　　　　　　　　(　　)

2 ㉠의 까닭은 무엇입니까?　　(　　)

① 일하는 시간이 짧아서
② 다국적 기업에서 일을 하지 않아서
③ 태어날 때부터 신분이 정해져 있어서
④ 학교에서 제대로 교육을 받지 못해서
⑤ 다국적 기업이 가난한 나라의 물건을 제값을 주지 않고 아주 싸게 사들여서

3 열심히 일하는 가난한 나라의 사람들을 도울 수 있는 방법은 무엇이라고 하였는지 네 글자로 된 낱말을 찾아 쓰시오.

(　　　　　　　)

4★ 이 만화에 담긴 글쓴이의 생각은 무엇입니까?

(　　)

① 자연을 보호하자.
② 공정 무역을 하자.
③ 자원을 아껴 쓰자.
④ 인종 차별을 하지 말자.
⑤ 다국적 기업의 수를 늘리자.

공정 무역 제품을 사용합시다

- 글의 종류: 논설문
- 글의 특징: 공정 무역 제품을 사용해야 하는 까닭을 근거로 들어 공정 무역 제품을 사용하자고 주장하는 글입니다.

1 '공정 무역 도시', '공정 무역 커피' 이런 말을 들어 본 적이 있나요? 2017년에 ○○광역시가 국내 최초로 '공정 무역 도시'로 공식 인정을 받았다는 신문 기사를 접할 수 있었습니다. 공정 무역이란 생산자의 노동에 정당한 대가를 지불해 생산자가 경제적 자립과 발전을 하도록 돕는 무역입니다. ○○광역시는 공정 무역 상품을 사용하고 공정 무역을 확산시키려는 활동을 지원해 실질적인 변화를 만들어 내는 도시가 되었습니다. 우리도 공정 무역 제품을 사용해 이러한 변화에 동참해야 합니다.
글에서 주장하는 내용
중심 내용 1 우리나라에도 공정 무역 도시가 생기는 변화에 동참해 우리도 공정 무역 제품을 사용해야 합니다.

2 공정 무역 제품을 사용해야 하는 까닭은 다음과 같습니다. 첫째, 생산자에게 돌아갈 정당한 이익을 지켜 줍니다. 흔히 볼 수 있는 과일 가운데 하나인 바나나의 경우, 우리가 3천 원짜리 바나나 한 송이를 산다면 약 45원만이 생산자인 농민에게 이익으로 돌아갑니다.
주장을 뒷받침하는 근거의 내용

그 까닭은 바나나 생산국에서 우리 손에 오기까지 바나나 농장 주인, 수출하는 회사, 수입하는 회사, 슈퍼마켓 등이 총수익의 98.5퍼센트를 가져가기 때문입니다. 공정 무역에서는 생산자 조합과 공정 무역 회사를 만들어 이러한 중간 유통 단계를 줄이고 실제로 바나나를 재배하는 생산자의 이익을 보장해 주었습니다.
일정한 목적을 위해 둘 이상의 사람이나 집단이 함께 조직한 단체

일반 무역 유통 단계와 공정 무역 유통 단계

일반 무역 유통 단계: 생산자 — 수출업자 — 중간 상인 — 수입업자 — 소비자
공정 무역 유통 단계: 생산자 — 생산자 조합 — 공정 무역 회사 — 소비자

■ 출처: 전국사회교사모임(2017), 「사회 선생님이 들려주는 공정 무역 이야기」.

중심 내용 2 공정 무역 제품을 사용하면 생산자에게 돌아갈 정당한 이익을 지켜 줍니다.

대가(代 대신할 대, 價 값 가) 물건의 값으로 내는 돈.
자립(自 스스로 자, 立 설 립) 남에게 매이거나 의지하지 않고 자기 힘으로 살아감.

동참해야 어떤 일이나 모임에 같이 참가해야. 예 매년 열리는 불우 이웃 돕기 행사에 당연히 동참해야 한다고 생각합니다.
보장해 어떤 일이 잘 이루어지도록 조건을 마련하거나 보호해.

교과서 문제
5 다음은 무엇에 대한 설명인지 글에서 찾아 쓰시오.

> 생산자의 노동에 정당한 대가를 지불해 생산자가 경제적 자립과 발전을 하도록 돕는 무역

( )

6 공정 무역에서 중간 유통 단계를 줄이려는 까닭은 무엇입니까? ( )
① 생산자의 이익을 보장하기 위해서
② 바나나를 더 많이 재배하기 위해서
③ 공정 무역 제품의 수를 늘리기 위해서
④ 수출하는 회사의 수익을 늘리기 위해서
⑤ 농장 주인의 경제적 자립을 돕기 위해서

7 글 **2**에서 주장을 뒷받침하는 근거에 해당하는 문장을 찾아 쓰시오.

_____

_____

8 글 **2**에서 제시한 근거에 대해 알맞게 말하지 못한 친구의 이름을 쓰시오.

> 주원: 공정 무역 제품을 사용하자는 주장과 관련 있으므로 타당해.
> 준우: 근거를 뒷받침하는 자료를 제시하지 않았으므로 타당하지 않아.

( )

3. 타당한 근거로 글을 써요 **57**

3 둘째, 아이들을 위험에서 보호할 수 있습니다. 일부 다국적 기업들은 물건의 생산 비용을 낮추려고 임금이 상대적으로 낮은 어린이를 고용하기도 합니다. 예를 들어 우리가 좋아하는 초콜릿은 열대 과일인 카카오를 주재료로 해서 만듭니다. 카카오는 열대 지방에서만 자라는 식물로 아래의 「초콜릿 감옥」 동영상 자료에서처럼 그 지방 어린이들이 학교도 가지 못하고 _{글 **3**에서 제시한 근거를 뒷받침하기 위해 활용한 자료} 카카오를 재배하고 수확하는 경우가 많습니다. 하지만 공정 무역은 "안전하고 노동력 착취 없는 노동 환경이 유지되어야 한다."라는 조건을 지켜야 하기 때문에 아이들의 노동력 착취를 막을 수 있습니다.

초콜릿 감옥

하루 10시간 이상 일하는 카카오 농장 아이들

■ 출처: 한국교육방송공사, 2012.

(중심 내용) **3** 공정 무역 제품을 사용하면 아이들을 위험에서 보호할 수 있습니다.

4 셋째, ㉠자연을 보호하고 생산자의 건강을 지키는 방법이 됩니다. 공정 무역에서는 지구 환경을 보호하는 친환경 농사법을 권장합니다. 일반적으로 카카오나 _{지구 환경을 보호하고 생산자의 건강을 지키기 위해서} 바나나, 목화 같은 것은 재배할 때 많은 양을 싸고 빠르게 수확하려고 농약과 화학 비료를 사용합니다. 생산지에서는 농약 회사에서 권장하는 장갑과 마스크를 살 여유가 없기 때문에 해마다 가난한 나라의 농민 2만 명 이상이 작물 재배용 농약에 노출되어 여러 가지 질병을 앓고 있습니다. 『인간의 얼굴을 한 시장 경제, 공정 무역』이라는 책에 따르면 바나나를 재배하는 대부분의 대농장은 원가를 절감하느라 위험한 농약을 대량으로 살포합니다. 대농장 가까이에 사는 노동자들의 음식과 식수는 이 독극물로 오염됩니다. 한 코스타리 _{먹는 물} 카 농장을 대상으로 한 연구에서 남성 노동자 가운데 20퍼센트가 그런 화학 물질을 다룬 뒤 불임이 되었다 _{임신하지 못하는 일} 고 합니다. 또 바나나를 채취해서 나르는 여성 노동자들은 백혈병에 걸릴 확률이 평균 발병률보다 두 배나 높게 나타난다고 합니다. 하지만 공정 무역은 농민들이 농약과 화학 비료를 적게 쓰고 유기농으로 농사를 짓게 하여 ㉡이러한 문제를 해결하려고 노력하고 있습니다.

(중심 내용) **4** 공정 무역 제품을 사용하면 자연을 보호하고 생산자의 건강을 지키는 방법이 됩니다.

상대적(相 서로 상, 對 대할 대, 的 과녁 적) 서로 맞서거나 비교되는 관계에 있는 것.
착취(搾 짤 착, 取 가질 취) 자원이나 재산, 노동력 등을 정당한 대가를 주지 않고 빼앗아 이용함.

노출되어 감추어져 있는 것이 남이 보거나 알 수 있도록 겉으로 드러나. ⑩ 여름에는 피부가 햇빛에 오래 노출되어 피부병에 걸리지 않도록 주의해야 합니다.
채취해서 자연에서 나는 것을 베거나 캐거나 하여 얻어서.

9 글 **3**과 **4**는 논설문의 서론, 본론, 결론 중에서 어느 부분에 해당하는지 쓰시오.

( )

교과서 문제
10 일부 다국적 기업들이 어린이를 고용하는 까닭은 무엇입니까? ( )

① 위험에서 보호하려고
② 안전한 일거리를 주려고
③ 공정 무역 조건을 지키려고
④ 제품을 더 많이 수확하려고
⑤ 물건의 생산 비용을 낮추려고

11 글쓴이가 ㉠을 뒷받침하기 위해서 활용한 자료는 무엇인지 쓰시오.

( )

12 ㉡이 가리키는 내용은 무엇입니까? ( )

① 농약으로 인한 질병 문제
② 대농장의 노동력 부족 문제
③ 농민들이 농약을 많이 쓰는 문제
④ 가난한 나라 사람들의 노동력 착취 문제
⑤ 공정 무역 제품에 대한 사람들의 무관심 문제

5 넷째, 공정 무역 인증 표시는 <u>국제기구가 생산지에서 공정 무역의 주요 원칙이 잘 지켜졌는지를 점검한 물건들에 붙일 수 있습니다.</u> 국제공정무역기구의 조사원들은 농장과 관련 기관들을 찾아가서, 그들이 공정 무역의 규칙에 맞게 생산 활동을 하는지 평가합니다. 소비자들은 이 인증 표시를 보고 윤리적인 소비를 할 수 있습니다. 하지만 요즘은 공정 무역의 조건을 지키지 않고 공정 무역을 흉내 낸 인증 표시를 만들어 소비자들에게 혼란을 주는 기업들도 있습니다.

공정 무역 인증 표시

■ 출처: 국제공정무역기구, 2018.

공정 무역 인증 표시를 붙일 수 있는 물건들

중심 내용 5 공정 무역 인증 표시는 국제기구가 생산지에서 공정 무역의 주요 원칙이 잘 지켜졌는지를 점검한 물건들에 붙일 수 있습니다.

> 글 **5**에서 제시한 근거를 뒷받침하기 위해 활용한 자료의 종류와 근거의 타당성을 묻는 문제가 자주 출제돼.

윤리적인 사람으로서 마땅히 지켜야 할 바람직한 행동 기준에 관련되거나 이를 따르는. 예 <u>윤리적인</u> 행동을 통해 세상을 변화시킬 수 있습니다.

6 여러분은 달콤한 초콜릿을 살 때 무엇을 보고 고르나요? 겉으로 보기에는 모두 똑같아 보이지만 그 초콜릿이 우리 손에 들어오기까지의 과정은 제품에 따라 매우 다를 수 있습니다. <u>그것을 만들려고 노력한 사람들이 학교도 못 다니고 음식도 제대로 먹지 못한,</u> 여러분보다 어린 동생들이라면 그 초콜릿을 정말 맛있게 먹을 수 있을까요? 가난한 나라에 일시적인 원조를 제공하는 데 그치지 않고 자립하도록 도와주는 방법이자 우리 환경을 보호할 수 있는 <u>공정 무역 제품, 이제는 우리가 관심을 기울이고 사용할 때입니다.</u>

가난한 나라의 아이들

주장이 드러난 부분

중심 내용 6 우리가 공정 무역에 관심을 기울이고 공정 무역 제품을 사용해야 합니다.

핵심내용 글 **5**에서 활용한 자료의 내용과 종류 알아보기

자료의 내용	공정 무역 인증 표시
자료의 종류	❶

원조(援 도울 원, 助 도울 조) 어려움을 겪는 사람이나 단체에 물건이나 돈 등을 주어 도움. 예 우리나라도 한때는 외국의 <u>원조</u>를 받았습니다.

13 공정 무역 인증 표시를 붙이면 좋은 점은 무엇인지 빈칸에 알맞은 말을 쓰시오.

> 소비자들이 그 공정 무역 인증 표시를 보고 ( )을/를 할 수 있다.

14* 글 **5**에 제시된 근거에 대한 설명으로 알맞은 것의 기호를 쓰시오.

> ㉮ 국제공정무역기구에서 하는 일을 근거로 제시하여 주장을 잘 뒷받침하고 있다.
> ㉯ 공정 무역 제품을 사용해야 하는 까닭이 아니라 공정 무역 인증 표시에 대한 설명만 하고 있어서 주장을 직접적으로 뒷받침하지 못한다.

( )

15 글 **6**의 내용으로 보아, 공정 무역 제품을 사용해야 하는 까닭으로 알맞은 것은 무엇입니까? ( )

① 환경을 보호할 수 있다.
② 제품의 생산지를 확인할 수 있다.
③ 제품의 유통 과정을 확인할 수 있다.
④ 가난한 나라를 일시적으로 도울 수 있다.
⑤ 공정 무역 제품 사용자들이 자립할 수 있다.

교과서 문제
16 이 글에서 주장하는 내용은 무엇입니까? ( )

① 윤리적인 소비를 하자.
② 소비자의 이익을 보장하자.
③ 어린이들의 임금을 올리자.
④ 공정 무역 제품을 사용하자.
⑤ 경제 성장을 이루기 위해 노력하자.

가

나

다

• 자료의 종류

가	그림 자료
나	포스터 자료
다	동영상 자료

• 자료 가~다의 특징: 환경 사랑 동아리에서 논설문을 쓰려고 수집한 자료입니다.

자료 가~다는 모두 숲에 대한 내용을 담고 있어.

피톤치드 나무에서 제각기 흩어져 주위의 미생물 따위를 죽이는 작용을 하는 물질.
증진(增 더할 증, 進 나아갈 진) 기운이나 세력 등이 점점 더 늘어 가고 나아감.
예 운동을 하면 신체 건강의 증진은 물론이고 정신도 맑아집니다.
대응하겠습니다 어떤 일이나 상황에 알맞게 행동을 하겠습니다.

17 자료 가를 보고 숲이 사람에게 주는 도움을 세 가지 찾아 쓰시오.

( )

18 자료 나에 담긴 내용은 무엇입니까? ( )

① 숲이 기온을 낮추어 준다.
② 사람들의 여가 시간이 부족하다.
③ 온라인 대화 예절을 지켜야 한다.
④ 위험할 때는 비상구로 탈출해야 한다.
⑤ 숲에서는 일상에서 탈출해 휴식을 취할 수 있다.

19 자료 다를 보고 알 수 있는 내용은 무엇입니까?

( )

① 숲이 점점 줄어들고 있다.
② 숲은 사람들의 휴식처가 된다.
③ 숲을 통해 이상 기후를 막을 수 있다.
④ 숲에서 여러 가지 자원을 얻을 수 있다.
⑤ 숲 개발로 동물들이 살 곳을 잃어 가고 있다.

20 자료 가~다의 내용을 근거로 하여 논설문을 쓸 때, 주장으로 알맞은 것에 ○표 하시오.

(1) 숲을 보호하자. ( )
(2) 숲을 개발하자. ( )
(3) 숲을 아름답게 꾸미자. ( )

21~25

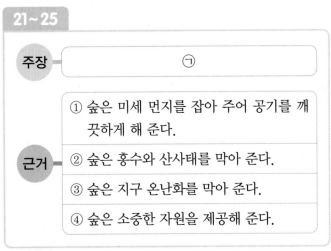

주장	⊙
근거	① 숲은 미세 먼지를 잡아 주어 공기를 깨끗하게 해 준다. ② 숲은 홍수와 산사태를 막아 준다. ③ 숲은 지구 온난화를 막아 준다. ④ 숲은 소중한 자원을 제공해 준다.

교과서 문제

21 ⊙에 들어갈 주장으로 알맞은 것은 무엇입니까?
( )

① 숲을 살리자.
② 미세 먼지를 줄이자.
③ 숲에서 휴가를 즐기자.
④ 자원을 소중히 여기자.
⑤ 대체 에너지를 개발하자.

22 이 주장과 근거를 뒷받침하기 위해 수집할 자료 내용으로 알맞지 <u>않은</u> 것은 무엇입니까? ( )

① 숲이 제공해 주는 자원
② 숲이 미세 먼지를 잡아 주는 증거
③ 숲이 홍수와 산사태를 막아 주는 사진
④ 우리나라의 각 지역별 특산물 관련 사진
⑤ 숲이 지구 온난화 예방에 도움이 된다는 증거

23 다음은 근거 ①을 뒷받침하기 위해 수집한 자료입니다. 자료의 종류는 무엇입니까? ( )

① 표
② 사진
③ 그림
④ 동영상
⑤ 기사문

24 근거 ①~④ 중 다음 자료와 관련 있는 것의 번호를 쓰시오.

○○신문
20○○년 ○○월 ○○일

이산화 탄소 먹는 하마는 상수리나무

국립산림과학원의 연구 결과 우리나라의 가정이나 기업에서 1인당 평생 배출하는 이산화 탄소는 약 12.7톤이다. 개인이 배출한 이산화 탄소를 흡수하려면 평생 나무를 심어야 할지도 모른다. 이산화 탄소를 특히 잘 흡수하는 것은 상수리나무이다.
많은 양의 이산화 탄소를 흡수하고 지구 온난화 예방에도 큰 역할을 하는 나무 심기에 관심을 가지자. (◇◇◇ 기자)

( )

25 다음은 근거 ④를 뒷받침하기 위해 수집한 자료를 자료 수집 카드로 정리한 것입니다. 수집한 자료가 근거를 뒷받침하는지 평가하여 쓰시오.

내용	
	[목재 생산 과정] 묘목 → 숲 → 벌목 → 제재소 → 목재 → 책상
종류	그림
출처	△△산림박물관
알려 주는 것	숲에서 벌목한 나무로 우리 생활에 필요한 물건을 만들 수 있다.

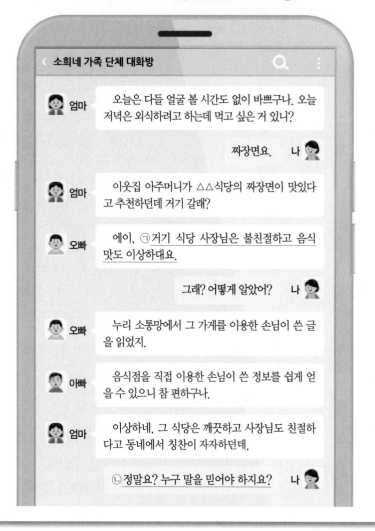

• **글의 특징:** 소희네 가족이 저녁 먹을 곳을 정하기 위해 단체 대화방에서 대화한 내용입니다.

누리 소통망은 '소셜 네트워크 서비스[SNS]'를 다듬은 말로, 온라인에서 자유롭게 글이나 사진 따위를 올리거나 나누는 것을 말해요.

자자하던데 여러 사람의 입에 오르내려 널리 퍼져 있던데. ⓔ 요즘 네가 공부를 열심히 한다는 소문이 자자하던데 사실이니?

교과서 문제

26 소희네 가족이 단체 대화방에서 저녁 먹을 곳을 정하는 까닭은 무엇입니까?　　　（　　）

① 대화를 오래 하고 싶어서
② 각자 먹고 싶은 음식이 달라서
③ 엄마의 말을 믿을 수가 없어서
④ 한곳에 모여 의논하기 어려워서
⑤ △△식당을 직접 이용해 보지 않아서

27 소희 오빠는 ㉠과 같은 식당 정보를 어떻게 알았는지 빈칸에 알맞은 말을 쓰시오.

（　　　　　　　　　）에 손님이 쓴 글을 읽고 알았다.

28 소희가 ㉡과 같이 고민하는 까닭으로 알맞은 것의 기호를 쓰시오.

㉮ 자신의 경험과 누리 소통망에 있는 글의 의견이 달라서
㉯ 실제로 가게를 이용한 사람의 의견과 누리 소통망에 있는 글의 의견이 달라서

（　　　　　　　）

29★ 이 대화를 통해 알 수 있는 누리 소통망의 장점으로 알맞지 <u>않은</u> 것은 무엇입니까?　（　　）

① 다른 의견을 쉽게 제시할 수 있다.
② 많은 사람에게 쉽게 전달할 수 있다.
③ 궁금한 점을 직접 만나 물을 수 있다.
④ 한곳에 모이지 않아도 대화를 할 수 있다.
⑤ 다른 사람이 쓴 정보를 쉽게 접할 수 있다.

제발 저희 가게를 도와주세요

얼마 전, 누리 소통망에 퍼진 ㉠「△△식당 불매 운동」이라는 글을 보신 적이 있나요? 그 가게는 바로 저희 어머니께서 운영하시는 식당입니다. 하지만 누리 소통망에 실린 이야기는 사실과 다릅니다.

저도 기억합니다. 손님이 몰려들기 시작하는 토요일 점심시간에 한 손님께서 짜장면을 주문해서 드시고 계셨습니다. 그러다 곧 주문을 담당한 직원을 화난 표정으로 부르시더군요.

"여기 짜장면 맛이 왜 이래? 빨리 사장 나오라고 해!"

어머니께서 나오셔서 맛을 확인하고도 이상한 점을 발견하지 못해 갸우뚱하셨지만 손님께 짜장면을 새로 가져다드렸습니다. 하지만 손님께서는 새로 가져다드린 짜장면도 이상하다며 배상을 하라고 계속 소란을 피우셨습니다. 결국 저희는 음식값을 받지도 않고 연신 죄송하다고 사과하며 손님을 보내 드렸습니다.

며칠 뒤, 친구에게 연락이 왔습니다. 걱정스러운 목소리로 "성민아, 인터넷 누리 소통망에 너희 가게 이야기가 있는데, 너도 한번 보는 게 좋을 것 같아."라며 인터넷 글을 보내 주더군요. 그 글에는 며칠 전 있었던 일이 사실과는 다르게 적혀 있었습니다.

- **글의 특징:** 손님이 누리 소통망에 쓴 글이 사실과 다르다는 내용을 알리기 위해 성민이가 누리 소통망에 쓴 글입니다.

핵심내용 이 글을 읽고 누리 소통망 이용과 관련한 자신의 주장 정하기 예

누리 소통망을 올바르게 ❷ ㅅ ㅇ 하자.

불매(不 아닐 불, 買 살 매) 상품 등을 사지 않음.
배상(賠 물어줄 배, 償 갚을 상) 남에게 입힌 손해를 물어주는 일.
연신 잇따라 자꾸. 예 농부는 땀을 연신 닦으며 열심히 밭을 갈았습니다.

30 손님이 누리 소통망에 글을 쓴 까닭은 무엇입니까?
( )

① 친구를 사귀려고
② 많은 정보를 얻으려고
③ 동영상 자료를 올리려고
④ 많은 사람이 보게 하려고
⑤ 있었던 일을 사실 그대로 전하려고

31 ㉠에 대한 설명으로 알맞은 것은 무엇입니까?
( )

① 손님이 쓴 글이다.
② 성민이가 쓴 글이다.
③ △△식당을 추천하는 글이다.
④ 성민이 어머니께서 쓰신 글이다.
⑤ 다양한 종류의 자료를 활용하여 썼다.

32 성민이가 기억하는 며칠 전 △△식당에서 있었던 일을 두 가지 골라 기호를 쓰시오.

> ㉮ 성민이 어머니께서 손님에게 불친절하게 말씀하셨다.
> ㉯ 짜장면 맛이 이상해서 손님께 짜장면을 새로 가져다드렸다.
> ㉰ 한 손님이 짜장면을 드시다가 맛이 이상하다며 소란을 피웠다.
> ㉱ 성민이 어머니께서는 음식값을 받지도 않고 손님에게 연신 사과를 하였다.

( )

33 이 글을 읽고 알 수 있는 누리 소통망의 단점을 쓰시오.
서술형

_____

_____

△△식당에서 짜장면을 먹었는데 맛이 이상한 짜장면을 그냥 먹으라고 하고 사과는커녕 자신을 밀치며 불친절하게 말했다는 겁니다. 사람들은 댓글에 모두

손님이 누리 소통망에 쓴 글의 내용

저희 가게를 욕하며 불매 운동을 벌이고 있었습니다. 게다가 저를 아는 누군가가 제 이름과 다니는 학교까지 인터넷에 올리는 바람에 학교에도 소문이 났습니다. 그리고 그 사건 뒤 저희 가게에는 정말 손님이 뚝 끊겨 저희 가족은 힘든 나날을 보내고 있습니다.

인터넷에 떠도는 소문이 아닌 제 말을 믿어 주시고, 이 글을 널리 퍼뜨려 주세요. 저희 가게를 도와주세요.

> 손님이 누리 소통망에 쓴 글 때문에 성민이네 가게에 생긴 일은 무엇인지, 누리 소통망의 단점은 무엇인지 묻는 문제가 자주 출제돼.

핵심내용 이 글을 읽고 누리 소통망의 장점과 단점을 생각할 수 있는 질문을 만들고 답하기 예

질문	성민이와 손님은 왜 누리 소통망에 글을 썼을까요?
답	• 많은 사람이 보게 하려고 글을 썼습니다. • 글을 복사해서 널리 알리려고 썼습니다.

나날 계속되는 하루하루. 예 매일매일 즐거운 나날이 계속되었습니다.

34 손님이 누리 소통망에 쓴 글 때문에 생긴 일이 <u>아닌</u> 것은 무엇입니까? ( )

① 가게에 손님이 끊겼다.
② 가게에 손님이 늘었다.
③ 성민이의 개인 정보가 유출되었다.
④ 사람들이 △△식당 불매 운동을 벌였다.
⑤ 성민이의 가족이 힘든 나날을 보내고 있다.

35* 이 글을 읽고 누리 소통망 이용에 대해 다음과 같은 주장을 하려고 합니다. 주장을 뒷받침하는 근거로 알맞은 것을 모두 고르시오. ( )

> 누리 소통망을 되도록 이용하지 말자.

① 개인 정보가 유출되기 쉽다.
② 빠르게 정보를 얻을 수 있다.
③ 중독되어 시간을 낭비할 수 있다.
④ 잘못된 정보가 쉽게 퍼질 수 있다.
⑤ 여러 사람에게 자신의 의견을 동시에 전달할 수 있다.

36 이 글을 읽고 누리 소통망 이용을 반대하는 내용의 논설문을 쓰려고 합니다. 다음은 서론, 본론, 결론 중에서 어느 부분에 들어갈 내용으로 알맞은지 쓰시오.

> • 친구들의 누리 소통망 이용 시간에 대한 설문 조사 결과
> • 누리 소통망으로 잘못된 정보가 퍼진 사례를 보여 주는 동영상
> • 누리 소통망으로 개인 정보가 유출되었다는 내용의 인터넷 기사

( )

37 이 글을 읽고 누리 소통망 이용에 대한 논설문을 쓰는 방법으로 알맞지 <u>않은</u> 것은 무엇입니까? ( )

① 자신의 주장을 쓴다.
② 모호한 표현을 쓴다.
③ 주관적인 표현은 쓰지 않는다.
④ 주장이 드러나도록 제목을 붙인다.
⑤ 구체적이고 사실적인 자료를 활용한다.

더 좋은 우리 동네 만들기

더 좋은 우리 동네를 만들려는 첫 번째 노력! 우리 동네의 문제점을 해결하는 내용으로 논설문을 써서 보내 주세요.

- ■ 공모 주제: 더 좋은 우리 동네 만들기
- ■ 참가 대상: 개인
- ■ 제출 사항: 논설문 한 편
- ■ 제출 방법: ① 우편
　　　　　　② ○○ 동네 누리집 게시판
- ■ 심사 기준: ① 더 좋은 동네를 만들기 위해 실천할 수 있는 주장인가?
　　　　　　② 근거가 주장을 뒷받침하는가?
　　　　　　③ 자료가 내용을 뒷받침하는가?
　　　　　　④ 믿을 만한 자료를 활용했는가?
　　　　　　⑤ 사용한 표현이 적절한가?

○○구 ○○동장

- • 글의 특징: 우리 동네의 문제점을 해결하는 내용의 논설문을 공모하는 포스터입니다.

'더 좋은 우리 동네 만들기'에 대한 논설문을 쓸 때에는 근거에 알맞은 자료를 활용하고, 표현이 적절한지 생각하며 써야 해요.

공모(公 공평할 공, 募 모을 모) 일반에게 널리 공개하여 모집함. ⓔ 작품 공모에 참가해 대상을 받았습니다.

---

1 이 공모 포스터의 목적은 무엇인지 쓰시오.

(　　　　　　　　　　)을/를 만들고자 논설문을 공모하는 것이다.

2 이 공모 포스터에 담긴 내용이 <u>아닌</u> 것은 무엇입니까?　　　　　　　　　(　　　)

① 공모 주제　　② 참가 대상
③ 제출 사항　　④ 제출 기간
⑤ 제출 방법

3 ⭐ 이 공모 포스터를 보고 논설문을 쓰려고 합니다. 주장으로 알맞지 <u>않은</u> 것은 무엇입니까?　(　　　)

① 편식을 하지 맙시다.
② 쓰레기를 아무 데나 버리지 맙시다.
③ 이른 시간이나 늦은 밤에 뛰지 맙시다.
④ 아이들이 있는 곳에서 담배를 피우지 맙시다.
⑤ 밤늦게 아파트 공원에서 시끄럽게 하지 맙시다.

4 심사 위원이 되어 친구들이 쓴 논설문을 평가할 때 살펴볼 점이 <u>아닌</u> 것은 무엇입니까?　(　　　)

① 실천할 수 있는 주장인가?
② 근거가 주장을 뒷받침하는가?
③ 자료가 내용을 뒷받침하는가?
④ 믿을 만한 자료를 활용했는가?
⑤ 문제 상황을 여러 가지 제시했는가?

낱말의 뜻

1 뜻에 알맞은 낱말을 보기 에서 찾아 쓰시오.

> 보기
> 자립　　원조　　불매　　임금

(1) (　　　　　　　): 상품 등을 사지 않음.

(2) (　　　　　　　): 일을 한 대가로 받는 돈.

(3) (　　　　　　　): 남에게 매이거나 의지하지 않고 자기 힘으로 살아감.

(4) (　　　　　　　): 어려움을 겪는 사람이나 단체에 물건이나 돈 등을 주어 도움.

동형어

2 밑줄 친 낱말은 어떤 뜻으로 쓰였는지 보기 의 ㉮~㉰ 중에서 찾아 기호를 쓰시오.

> 보기
> ㉮ 달다³: 물건을 일정한 곳에 걸거나 매어 놓다.
> ㉯ 달다⁴: 저울로 무게를 헤아리다.
> ㉰ 달다⁷: 꿀이나 설탕의 맛과 같다.

(1) 음식을 너무 <u>달게</u> 먹으면 건강에 좋지 않다.
(　　　)

(2) 어머니께서 떨어진 단추를 옷에 <u>달아</u> 주셨다.
(　　　)

(3) 의사가 먼저 갓난아기의 체중을 <u>달아</u> 보자고 하셨다.
(　　　)

반대말

3 짝 지어진 두 낱말의 관계가 반대말이 되도록 빈칸에 공통으로 들어갈 한 글자를 쓰시오.

> • 공정하다 ↔ □공정하다
> • 안전하다 ↔ □안전하다
> • 친절하다 ↔ □친절하다

(　　　　　)

낱말의 활용

4 빈칸에 들어갈 알맞은 낱말을 보기 에서 찾아 쓰시오.

> 보기
> 난처했다　　동참했다　　채취했다

(1) 해녀들은 바닷속에서 해삼과 전복, 미역 등을 (　　　　　).

(2) 두 친구 중에서 누구를 반장으로 뽑아야 할지 (　　　　　).

(3) 지구를 지키기 위해 환경 보호 운동에 적극적으로 (　　　　　).

비슷한말

5 밑줄 친 부분과 바꾸어 써도 뜻이 통하는 낱말은 무엇입니까?　　　　　(　　　)

> 그 식당은 깨끗하고 사장님도 친절하다고 칭찬이 널리 <u>퍼져 있던데</u>.

① 자자하던데　　　② 허전하던데
③ 희한하던데　　　④ 갑갑하던데
⑤ 사라졌던데

띄어쓰기

6 다음 설명을 읽고, 밑줄 친 부분을 바르게 띄어 쓴 것에 모두 ○표 하시오.

> • 단위를 나타내는 낱말은 앞말과 띄어 쓴다.
> • 여러 가지 말을 열거할 때에 쓰이는 말은 띄어 쓴다.

(1) 바나나 <u>한송이를</u> 샀다.　　　　　(　　　)

(2) 논설문 <u>한 편</u>을 제출해 주세요.　　(　　　)

(3) 바나나 농장 주인, 수출하는 회사, 수입하는 회사, 슈퍼마켓 <u>등이</u> 이익을 가져간다. (　　　)

1~3

가 "할아버지! 할아버지는 주무실 때 그 수염을 이불 안에 넣나요, 아니면 꺼내 놓나요?"

할아버지는 "예끼! 이 버릇없는 놈." 하고 소리치려다가 문득 자기도 궁금해졌단다. 왜냐하면 수염을 기른 채 몇십 년 동안이나 살아왔지만, 그때까지 한 번도 그런 궁금증을 지녀 본 적이 없었거든.

나 아무 생각 없이 모든 순간을 습관적으로 기계적으로 살아가는 사람은 이야기 속 할아버지와 똑같아. 자기 것이지만 자기 것이 아닌 수염을 달고 있으니까 말이야.

'그냥 수염'을 달고 있는 사람은 어느 날 누가 "왜?" 또는 "어떻게?" 하고 물으면 아무 대답도 하지 못해. 아무리 자기가 한 일을 뒤돌아보고 생각해 내려고 애써도 지나온 날들은 이미 멀리 사라져 버려서 흔적조차 찾을 길이 없기 때문이지. 어느 날엔가 너한테도 누군가가 물어 올지 몰라. 그때를 위해서라도 '그냥'이라는 대답이 아닌 무언가를 준비해야겠지?

1 이야기 속 할아버지에 대하여 알맞게 말하지 **못한** 것은 무엇입니까? ( )

① '왜'라고 물으면서 산다.
② 아무 생각 없이 살아왔다.
③ 모든 순간을 습관적으로 살아왔다.
④ 수염을 기른 채 몇십 년 동안 살았다.
⑤ 자기 것이지만 자기 것이 아닌 수염을 달고 있다.

2 글쓴이의 주장이 드러난 글의 기호를 쓰시오.

( )

3 글쓴이의 주장은 무엇입니까? ( )

① 이기심을 버리자.
② 긍정적으로 생각하자.
③ 지나온 날들을 되돌아보자.
④ '왜' 또는 '어떻게'를 생각하자.
⑤ 모든 일을 '그냥'이라고 생각하자.

4~7

가 2017년에 ○○광역시가 국내 최초로 '공정 무역 도시'로 공식 인정을 받았다는 신문 기사를 접할 수 있었습니다. 공정 무역이란 생산자의 노동에 정당한 대가를 지불해 생산자가 경제적 자립과 발전을 하도록 돕는 무역입니다. ○○광역시는 ㉠공정 무역 상품을 사용하고 공정 무역을 확산시키려는 활동을 지원해 실질적인 변화를 만들어 내는 도시가 되었습니다. 우리도 공정 무역 제품을 사용해 이러한 변화에 동참해야 합니다.

나 아이들을 위험에서 보호할 수 있습니다. 일부 다국적 기업들은 물건의 생산 비용을 낮추려고 임금이 상대적으로 낮은 어린이를 고용하기도 합니다. 예를 들어 우리가 좋아하는 초콜릿은 열대 과일인 카카오를 주재료로 해서 만듭니다. 카카오는 열대 지방에서만 자라는 식물로 아래의 「초콜릿 감옥」 동영상 자료에서처럼 그 지방 어린이들이 학교도 가지 못하고 카카오를 재배하고 수확하는 경우가 많습니다.

4 논설문의 짜임 중에서 서론에 해당하는 글의 기호를 쓰시오.

( )

5 ㉠이 가리키는 말을 글 **가**에서 찾아 쓰시오.

( )

6 글 **나**에서 근거를 뒷받침하기 위하여 활용한 자료는 무엇입니까? ( )

① 책   ② 표   ③ 사진
④ 기사문   ⑤ 동영상

7 글 **가**와 **나**의 내용을 정리하여 쓰시오.

서술형

글 **가**	(1)
글 **나**	(2)

가 공정 무역 제품을 사용해야 하는 까닭은 다음과 같습니다. 첫째, 생산자에게 돌아갈 정당한 이익을 지켜 줍니다. 흔히 볼 수 있는 과일 가운데 하나인 바나나의 경우, 우리가 3천 원짜리 바나나 한 송이를 산다면 약 45원만이 생산자인 농민에게 이익으로 돌아갑니다. 그 까닭은 바나나 생산국에서 우리 손에 오기까지 바나나 농장 주인, 수출하는 회사, 수입하는 회사, 슈퍼마켓 등이 총수익의 98.5퍼센트를 가져가기 때문입니다.

나 자연을 보호하고 생산자의 건강을 지키는 방법이 됩니다. 공정 무역에서는 지구 환경을 보호하는 친환경 농사법을 권장합니다. 일반적으로 카카오나 바나나, 목화 같은 것은 재배할 때 많은 양을 싸고 빠르게 수확하려고 농약과 화학 비료를 사용합니다. 생산지에서는 농약 회사에서 권장하는 장갑과 마스크를 살 여유가 없기 때문에 해마다 가난한 나라의 농민 2만 명 이상이 작물 재배용 농약에 노출되어 여러 가지 질병을 앓고 있습니다.

8 공정 무역 제품을 사용하면 좋은 점을 모두 고르시오. ( )

① 자연을 보호한다.
② 생산자의 건강을 지킨다.
③ 생산자의 이익을 지켜 준다.
④ 무역 유통 단계를 늘릴 수 있다.
⑤ 값싼 제품을 빠르게 만들 수 있다.

9 공정 무역에서 친환경 농사법을 권장하는 까닭은 무엇인지 쓰시오.

( )

10 이 글을 읽고 공정 무역 제품을 사용하자는 내용의 표어를 만들어 쓰시오.
서술형

_____

_____

가

| 주장 | 숲을 보호하자. |

근거	① 숲은 미세 먼지를 잡아 주어 공기를 깨끗하게 해 준다.
	② 숲은 홍수와 산사태를 막아 준다.
	③ 숲은 지구 온난화를 막아 준다.
	④ 숲은 소중한 자원을 제공해 준다.

나

내용	종류
	동영상
	출처
	KBS 뉴스
	알려 주는 것
	숲은 미세 먼지를 잡아 준다.

11 **가**에서 내세운 근거가 <u>아닌</u> 것은 무엇입니까? ( )

① 숲에서 휴식을 취할 수 있다.
② 숲은 지구 온난화를 막아 준다.
③ 숲은 소중한 자원을 제공해 준다.
④ 숲은 홍수와 산사태를 막아 준다.
⑤ 숲은 미세 먼지를 잡아 주어 공기를 깨끗하게 해 준다.

12 **가**의 근거 ①~④ 중에서 자료 **나**와 관련 있는 것의 번호를 쓰시오.

( )

13 자료 **나**에 대해 바르게 평가한 것에 ○표 하시오.

(1) 방송 뉴스이기 때문에 믿을 만하다. ( )
(2) 자료의 출처가 분명하지 않아 믿을 만하지 못하다. ( )

14~18

가

소희네 가족 단체 대화방

엄마 이웃집 아주머니가 △△식당의 짜장면이 맛있다고 추천하던데 거기 갈래?

오빠 에이, 거기 식당 사장님은 불친절하고 음식 맛도 이상하대요.

나 그래? 어떻게 알았어?

오빠 누리 소통망에서 그 가게를 이용한 손님이 쓴 글을 읽었지.

아빠 음식점을 직접 이용한 손님이 쓴 정보를 쉽게 얻을 수 있으니 참 편하구나.

나 사람들은 댓글에 모두 저희 가게를 욕하며 불매 운동을 벌이고 있었습니다. 게다가 ㉠저를 아는 누군가가 제 이름과 다니는 학교까지 인터넷에 올리는 바람에 학교에도 소문이 났습니다. 그리고 그 사건 뒤 저희 가게에는 정말 손님이 뚝 끊겨 저희 가족은 힘든 나날을 보내고 있습니다.

인터넷에 떠도는 소문이 아닌 제 말을 믿어 주시고, 이 글을 널리 퍼뜨려 주세요. 저희 가게를 도와주세요.

14 글 **가**에서 누리 소통망을 통해 정보를 얻은 사람은 누구입니까? ( )

① '나' ② 아빠
③ 엄마 ④ 오빠
⑤ 이웃집 아주머니

15 글 **가**에서 아빠는 누리 소통망이 왜 편하다고 하였습니까? ( )

① 글을 쉽게 수정할 수 있어서
② 친구를 쉽게 사귈 수 있어서
③ 의견을 말하지 않아도 되어서
④ 잘못된 정보를 바로잡을 수 있어서
⑤ 다른 사람이 쓴 정보를 쉽게 얻을 수 있어서

16 ㉠에서 알 수 있는 누리 소통망의 단점은 무엇입니까? ( )

① 자신을 잘 표현할 수 없다.
② 개인 정보가 유출되기 쉽다.
③ 중독되어 시간을 낭비할 수 있다.
④ 여러 가지 자료를 활용할 수 없다.
⑤ 생각이나 느낌을 잘 전하지 못한다.

17
서술형 글 **가**와 **나**를 읽고 누리 소통망 이용과 관련한 자신의 생각과 그 까닭을 쓰시오.

_____

_____

18 글 **가**와 **나**를 읽고 누리 소통망 이용과 관련한 논설문을 쓰기 위해 수집한 자료로 적절하지 않은 것은 무엇입니까? ( )

① 주장과 어울리는 속담
② 이웃집 아주머니께 들은 소문
③ 누리 소통망으로 개인 정보가 유출된 사례
④ 누리 소통망으로 잘못된 정보가 퍼진 사례
⑤ 친구들의 누리 소통망 이용 시간을 조사한 표

19 다음은 논설문의 서론, 본론, 결론 중 어느 부분에 들어갈 내용인지 쓰시오.

> 문제 상황이나 주장의 동기, 자신의 주장

( )

20 더 좋은 동네를 만들기 위해 우리가 실천할 수 있는 주장으로 알맞지 않은 것은 무엇입니까? ( )

① 음주 운전을 하지 맙시다.
② 밤늦게 개가 짖지 않게 합시다.
③ 운동 시설을 올바르게 이용합시다.
④ 늦은 밤에 악기를 연주하지 맙시다.
⑤ 아파트 화단에 쓰레기를 버리지 맙시다.

1

가 공정 무역 제품을 사용해야 하는 까닭은 다음과 같습니다. 첫째, 생산자에게 돌아갈 정당한 이익을 지켜 줍니다. 흔히 볼 수 있는 과일 가운데 하나인 바나나의 경우, 우리가 3천 원짜리 바나나 한 송이를 산다면 약 45원만이 생산자인 농민에게 이익으로 돌아갑니다. 그 까닭은 바나나 생산국에서 우리 손에 오기까지 바나나 농장 주인, 수출하는 회사, 수입하는 회사, 슈퍼마켓 등이 총수익의 98.5퍼센트를 가져가기 때문입니다.

나 공정 무역 인증 표시는 국제기구가 생산지에서 공정 무역의 주요 원칙이 잘 지켜졌는지를 점검한 물건들에 붙일 수 있습니다. 국제공정무역기구의 조사원들은 농장과 관련 기관들을 찾아가서, 그들이 공정 무역의 규칙에 맞게 생산 활동을 하는지 평가합니다. 소비자들은 이 인증 표시를 보고 윤리적인 소비를 할 수 있습니다.

다 가난한 나라에 일시적인 원조를 제공하는 데 그치지 않고 자립하도록 도와주는 방법이자 우리 환경을 보호할 수 있는 공정 무역 제품, 이제는 우리가 관심을 기울이고 사용할 때입니다.

1단계
낱말 쓰기
글쓴이의 주장은 무엇인지 빈칸에 알맞은 말을 쓰시오. [3점]

• ( )을/를 사용하자.

2단계
문장 쓰기
글쓴이의 근거를 정리하여 쓰시오. [6점]

근거 1	(1)
근거 2	(2)

3단계
생각 쓰기
글 **나** 에서 제시한 근거가 타당하지 않은 까닭을 쓰시오. [8점]

_____

_____

_____

2~3

소희네 가족 단체 대화방

엄마 오늘은 다들 얼굴 볼 시간도 없이 바쁘구나. 오늘 저녁은 외식하려고 하는데 먹고 싶은 거 있니?

짜장면요. **나**

엄마 이웃집 아주머니가 △△식당의 짜장면이 맛있다고 추천하던데 거기 갈래?

오빠 에이, 거기 식당 사장님은 불친절하고 음식 맛도 이상하대요.

그래? 어떻게 알았어? **나**

오빠 누리 소통망에서 그 가게를 이용한 손님이 쓴 글을 읽었지.

아빠 음식점을 직접 이용한 손님이 쓴 정보를 쉽게 얻을 수 있으니 참 편하구나.

엄마 이상하네. 그 식당은 깨끗하고 사장님도 친절하다고 동네에서 칭찬이 자자하던데.

정말요? 누구 말을 믿어야 하지요? **나**

2 이 글의 내용으로 보아, 누리 소통망의 장점을 두 가지 쓰시오. [8점]

• _____

• _____

3 이 글을 읽고 누리 소통망의 장점을 생각할 수 있는 질문을 한 가지 만들어 쓰시오. [5점]

_____

_____

3 타당한 근거로 글을 써요

학습 제재	제발 저희 가게를 도와주세요	배점	30점
학습 목표	상황에 알맞은 자료를 활용해 논설문을 쓸 수 있다.		

1 다음 글을 읽고 누리 소통망 이용과 관련한 논설문을 쓰려고 합니다. 서론, 본론, 결론에 들어갈 내용을 쓰시오.

> 얼마 전, 누리 소통망에 퍼진 「△△식당 불매 운동」이라는 글을 보신 적이 있나요? 그 가게는 바로 저희 어머니께서 운영하시는 식당입니다. 하지만 누리 소통망에 실린 이야기는 사실과 다릅니다.
>
> 저도 기억합니다. 손님이 몰려들기 시작하는 토요일 점심시간에 한 손님께서 짜장면을 주문해서 드시고 계셨습니다. 그러다 곧 주문을 담당한 직원을 화난 표정으로 부르시더군요.
>
> "여기 짜장면 맛이 왜 이래? 빨리 사장 나오라고 해!"
>
> 어머니께서 나오셔서 맛을 확인하고도 이상한 점을 발견하지 못해 갸우뚱하셨지만 손님께 짜장면을 새로 가져다드렸습니다. 하지만 손님께서는 새로 가져다드린 짜장면도 이상하다며 배상을 하라고 계속 소란을 피우셨습니다. 결국 저희는 음식값을 받지도 않고 연신 죄송하다고 사과하며 손님을 보내 드렸습니다.
>
> 며칠 뒤, 친구에게 연락이 왔습니다. 걱정스러운 목소리로 "성민아, 인터넷 누리 소통망에 너희 가게 이야기가 있는데, 너도 한번 보는 게 좋을 것 같아."라며 인터넷 글을 보내 주더군요. 그 글에는 며칠 전 있었던 일이 사실과 다르게 적혀 있었습니다.
>
> △△식당에서 짜장면을 먹었는데 맛이 이상한 짜장면을 그냥 먹으라고 하고 사과는커녕 자신을 밀치며 불친절하게 말했다는 겁니다. 사람들은 댓글에 모두 저희 가게를 욕하며 불매 운동을 벌이고 있었습니다. 게다가 저를 아는 누군가가 제 이름과 다니는 학교까지 인터넷에 올리는 바람에 학교에도 소문이 났습니다. 그리고 그 사건 뒤 저희 가게에는 정말 손님이 뚝 끊겨 저희 가족은 힘든 나날을 보내고 있습니다.
>
> 인터넷에 떠도는 소문이 아닌 제 말을 믿어 주시고, 이 글을 널리 퍼뜨려 주세요. 저희 가게를 도와주세요.

	문제 상황	누리 소통망에 쓴 글 때문에 피해를 입는 경우가 있다.
서론	주장	(1)
본론	근거 1	(2)
	활용할 자료	(3)
	근거 2	(4)
	활용할 자료	(5)
결론	본론 요약 및 주장 강조	(6)

효과적으로 발표해요

1 주제에 맞는 매체 자료 찾기

영상, 사진, 표, 지도, 도표, 그림, 소리, 음악 따위가 있어요.

① 매체 자료가 전하려는 내용과 주제를 살펴봅니다.

② 매체 자료의 표현 효과를 살펴봅니다.

③ 주제를 효과적으로 표현한 다른 매체를 더 찾아봅니다.

예 '휴대 전화 사용 습관'에 대해 발표하려고 활용한 자료가 주제를 잘 전하는지 평가하기

활용한 매체 자료	매체 자료에서 전하려는 주제	매체 자료가 주제를 잘 전하는지 평가하기
휴대 전화 관련 교통사고 발생을 조사한 도표	걸을 때나 운전할 때 휴대 전화를 사용하면 위험하다.	주제를 잘 전한다. 도표로 나타내니 연도별로 휴대 전화 관련 교통사고 발생량이 크게 늘어난 것을 알 수 있다.

★★ 2 발표 상황에 맞는 영상 자료를 만드는 방법 알기

과정	방법
발표 상황 파악하기	• 발표 목적, 듣는 사람을 파악함. • 발표 상황에서 고려할 점은 무엇일지 파악함.
주제 정하기	• 발표를 듣는 사람들이 흥미를 가질 만한 주제를 정함. • 주제를 효과적으로 전할 수 있는 내용과 촬영 장면을 생각해 보고 친구들과 토의해서 정함.
내용 정하기	• 주제를 효과적으로 전할 수 있는 내용을 정함. • 주제와 관련해 중요한 내용을 선별함.
장면 정하기	• 주제와 내용이 체계적으로 전달되고 이해하기 쉽도록 장면 내용과 차례를 정함. • 분량이 발표 시간에 알맞도록 정함.
촬영 계획 세우기	• 연출, 편집, 촬영, 대본 등의 역할을 정함. • 장면 번호, 촬영 내용, 촬영 일시와 장소, 준비물을 정함.
촬영하기	• 계획에 따라 전하려는 내용이 잘 드러나게 촬영함. • 보완할 점이 있는지 점검함.
편집하기	• 알맞은 영상 편집 프로그램을 정함. • 촬영한 영상에서 발표에 사용할 장면을 고름. • 발표 효과를 높이는 다른 매체 자료를 활용함. • 장면을 차례에 맞게 편집함. ┌자막은 필요한 내용만 간단하게 넣어요. • 제목, 자막, 배경 음악을 넣음. • 인용한 내용은 출처를 넣음.
발표하기	• 발표 전이나 발표한 뒤에 할 소개하거나 부탁하는 내용을 다양한 방법으로 준비함. ┌주제를 파악하며 촬영이나 편집에서 효과적인 └부분을 찾으며 들어요. • 발표를 하거나 들을 때 집중하고 존중하는 태도를 가짐. • 영상 및 음성에 문제가 없는지 미리 확인함.

개념 확인하기

정답과 풀이 17쪽

1 주제에 맞는 매체 자료를 찾을 때 생각하지 <u>않아도</u> 되는 것의 기호를 쓰시오.

> ㉮ 매체 자료를 찾은 장소
> ㉯ 매체 자료의 표현 효과
> ㉰ 매체 자료의 내용과 주제

(   )

2 영상 자료를 제작하고 발표하는 과정에 맞게 빈칸에 알맞은 말을 차례대로 쓰시오.

> 발표 상황 파악하기 →
> (   ) 정하기 → 내용 정하기 → 장면 정하기 → 촬영 계획 세우기 → 촬영하기 → (   )하기 → 발표하기

3 영상 자료 촬영 계획을 세울 때 정해야 하는 것을 두 가지 고르시오.

> ㉮ 발표 주제   ㉯ 촬영 일시
> ㉰ 촬영 장소   ㉱ 배경 음악

(   )

4 영상 자료를 편집하는 과정에서 하는 일이 <u>아닌</u> 것에 ×표 하시오.

(1) 배경 음악을 넣는다.

(   )

(2) 발표 목적을 파악한다.

(   )

1 다음은 무엇에 대한 설명인지 쓰시오.

> • 어떤 사실이나 정보, 의견을 담아서 듣는 사람에게 전하려고 활용하는 것이다.
> • 영상, 사진, 표, 지도, 도표, 그림, 소리, 음악 따위가 있다.

(   )

[2~4]

세미

교과서 문제

2 세미는 친구에게 학습 발표회에서 무엇을 하자고 말하였는지 쓰시오.

(   )

3 대화 **1**과 대화 **2**에서 세미가 친구에게 보여 준 매체 자료는 각각 무엇인지 쓰시오.

대화 **1**	(1)
대화 **2**	(2)

4 대화 **1**과 대화 **2** 중에서 듣는 사람이 율동 동작을 더 잘 알 수 있는 것의 번호를 쓰시오.

(   )

5 다음 여자아이가 활용한 매체의 종류는 무엇입니까? (   )

> 방학 때 제주도에서 봤던 주상 절리의 기이한 모습을 말로만 설명할 때에는 친구가 이해하기 어려워했는데, 사진을 보여 주었더니 금세 이해했어.

① 사진   ② 영상
③ 소리   ④ 도표
⑤ 지도

6★ 매체 자료를 활용한 경험을 떠올려 말한 친구의 이름을 모두 쓰시오.

> **윤수:** 학교에서 학급별로 이어달리기를 했는데 우리 반이 이겨서 기뻤어.
> **다훈:** 1학기에 연극 공연을 할 때 음악을 사용하니 장면의 느낌이 더 살아났어.
> **경민:** 치과 의사 선생님께서 내 치아 사진을 화면으로 보여 주면서 설명해 주셨어.
> **지현:** 어제 도서관 사서 선생님께서 책을 정리하실 때 친구들과 함께 도와드렸어.

(   )

7~10

7 한결이가 지구 온난화로 생긴 변화를 발표하고 있습니다. 한결이가 활용한 매체 자료는 무엇의 변화를 알려 주고 있는지 쓰시오.

( )

8 한결이는 감귤과 사과 등의 주산지가 바뀌는 까닭이 무엇이라고 하였습니까? ( )

① 우리나라 기후의 변화
② 우리나라 인구의 감소
③ 우리나라 교통수단의 발달
④ 우리나라 농산물 수출의 증가
⑤ 우리나라 사람들의 식생활 변화

교과서 문제
9 한결이가 활용한 매체 자료의 종류는 무엇입니까?

( )

① 도표 ② 사진
③ 영상 ④ 신문
⑤ 그림지도

10 한결이가 발표를 할 때 〈문제 9번〉에서 답한 매체 자료를 골라 활용한 까닭은 무엇인지 쓰시오.
서술형

_____

_____

11~12

11 진아와 별이가 소개하려는 내용은 각각 무엇인지 쓰시오.

(1) 진아: ( )
(2) 별이: ( )

12 진아가 활용하려는 매체 자료의 종류와 얻을 수 있는 효과를 가장 알맞게 말한 것의 기호를 쓰시오.

㉮ 사진을 보며 어떤 춤인지 상상할 수 있다.
㉯ 사진을 보면서 민속춤을 따라 출 수 있다.
㉰ 영상을 통해 여러 나라 민속춤의 종류를 간단히 비교할 수 있다.
㉱ 영상을 통해 민속춤의 움직임이나 특징을 더 자세하게 파악할 수 있다.

( )

가

→ 휴대 전화를 알맞게 사용하자는 내용의 공익 광고 사진임.

나

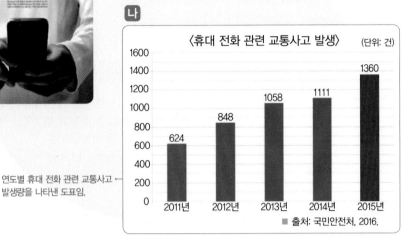

〈휴대 전화 관련 교통사고 발생〉 (단위: 건)

- 1600
- 1400
- 1200 ······· 1360
- 1000 ······· 1111
- 800 ······· 1058
- 600 ····· 848
- 400 ·· 624
- 200
- 0
  - 2011년 2012년 2013년 2014년 2015년

■ 출처: 국민안전처, 2016.

연도별 휴대 전화 관련 교통사고 → 발생량을 나타낸 도표임.

- 매체 자료 **가**와 **나**의 특징: '휴대 전화 사용 습관'에 대해 발표하려고 활용한 매체 자료로, **가**는 공익 광고 사진, **나**는 도표를 나타내고 있습니다.

- 매체 자료 **가**와 **나**에서 전하려는 주제

가	나
휴대 전화의 노예가 되지 말고 알맞게 사용하자.	교통사고의 위험이 있으니 걸을 때나 운전할 때 휴대 전화 사용을 조심하자.

핵심내용 매체 자료 살펴보기

- 매체 자료의 내용을 파악합니다.
- 전하려는 ❶ ㅈ ㅈ 를 파악합니다.
- 주제를 잘 전하는지 평가해 봅니다.

4

1 매체 자료 **가**의 내용과 표현 방법이 <u>아닌</u> 것을 두 가지 고르시오. ( )

① 사람이 휴대 전화를 붙잡고 있다.
② 휴대 전화가 사람을 꽉 붙잡고 있다.
③ 사진 가운데에 질문하는 글이 나온다.
④ 정확한 내용을 파악할 수 있게 수치를 넣었다.
⑤ 휴대 전화 중독의 위험성을 효과적으로 표현하기 위해 음악을 넣었다.

4* 매체 자료 **가**와 **나**가 주제를 잘 전하는지를 알맞게 파악한 친구의 이름을 쓰시오.

매체 자료 **가**는 광고 글의 내용이 너무 길고 많아서 주제를 잘 전하지 못한 것 같아.

매체 자료 **나**는 연도별로 휴대 전화 관련 교통사고 발생량이 점점 늘어난 것을 도표로 나타내고 있으므로, 주제를 잘 전하는 것 같아.

은서 정국

( )

교과서 문제
2 매체 자료 **가**에서 전하려는 주제로 알맞은 것에 ○표 하시오.

(1) 휴대 전화에 중독된 사람이 많다. ( )
(2) 걸을 때나 운전할 때 휴대 전화를 사용하면 위험하다. ( )

5 휴대 전화 사용 습관을 소재로 발표하고 싶은 주제와 활용할 매체를 정하려고 합니다. 빈칸에 알맞은 매체의 종류는 무엇입니까? ( )

발표하고 싶은 주제	활용할 매체 자료
스마트폰 과몰입을 예방하자.	한눈에 실태를 파악할 수 있도록 ( )(으)로 정리하고 싶다.

3 매체 자료 **나**의 내용은 무엇인지 빈칸에 알맞은 말을 쓰시오.

- 휴대 전화 관련 ( )이/가 점점 늘어나고 있다.

① 음악 ② 도표 ③ 소리
④ 지도 ⑤ 그림

당신은 능력자입니다.
손가락만 <u>까딱하면</u> 누군가를 울릴 수도, 아프게 할 수도, 포기하게 할 수도 있습니다.

나쁜 댓글을 달면

하지만 당신은 누군가를 기쁘게 할 수도, 행복하게 할 수도 있으며,

다시 뛰게 할 수도 있습니다. 손가락만 까딱하면.

온라인 댓글, 당신은 어떻게 쓰시겠습니까?

인터넷에 오른 원문에 대하여 짤막하게 답하여 올리는 글

• **영상의 특징:** 온라인 언어폭력을 하지 말자는 주제를 전하려고 발표 자료로 활용한 영상입니다.

핵심내용 영상에서 효과적인 표현 방법 살펴보기

• 나쁜 댓글, 좋은 댓글이 끼치는 영향을 알려 주려고 대조적인 색깔이나 음악을 사용했습니다.
• 댓글을 다는 ❷ ㅅ ㄱ ㄹ 을 악마 또는 천사의 모습으로 비유했습니다.

까딱하면 고개 따위를 아래위로 가볍게 한 번 움직이면. 예 인사할 때 고개만 까딱하면 예의가 없어 보입니다.

교과서 문제

6 이 영상에서 전하고 싶어 하는 주제는 무엇입니까?
( )

① 온라인 댓글을 없애자.
② 바른 우리말을 사용하자.
③ 컴퓨터하는 시간을 줄이자.
④ 온라인 댓글을 긍정적으로 쓰자.
⑤ 스몸비족이 되지 않게 주의하자.

스마트폰 좀비. 길거리에서 스마트폰을 보며 주변을 살피지 않고 걷는 사람

7 다음 중에서 좋은 댓글을 다는 손가락이 가진 능력을 모두 고르시오. ( )

① 누군가를 울릴 수도 있다.
② 누군가를 기쁘게 할 수도 있다.
③ 누군가를 포기하게 할 수도 있다.
④ 누군가를 행복하게 할 수도 있다.
⑤ 누군가를 다시 뛰게 할 수도 있다.

8 다음은 이 영상에 사용된 비유적 표현에 대해 설명한 것입니다. 빈칸에 알맞은 말을 쓰시오.

(1) 온라인 댓글을 다는 사람을 누군가를 아프게도 하고 기쁘게도 하는 ( )(이)라고 비유했다.
(2) 상대에게 영향을 주는 댓글을 다는 ( ) 을/를 악마 또는 천사의 모습으로 비유했다.

9 **서술형** '온라인 언어폭력 피해'에 대한 주제를 효과적으로 표현할 다른 매체 자료를 정해 보고, 그 매체 자료를 정한 까닭을 쓰시오.

매체 자료	그 매체 자료를 정한 까닭
(1)	(2)

10 영상 자료를 제작하고 발표하는 과정에 맞게 차례대로 기호를 쓰시오.

> ㉮ 주제 정하기
> ㉯ 편집하여 발표하기
> ㉰ 발표 상황 파악하기
> ㉱ 내용 및 장면 정하기
> ㉲ 촬영 계획을 세우고 촬영하기

㉰ → ( ) → ( ) → ( ) → ( )

11~12

교과서 문제

11 이 그림의 내용으로 보아, 주원이네 반의 발표 목적은 무엇인지 빈칸에 알맞은 말을 쓰시오.

> '건강 주간'을 맞아 ( )을/를 주제로 한 작품을 발표하는 것이다.

12 주원이네 반의 발표 상황에서 고려할 점으로 알맞지 <u>않은</u> 것은 무엇입니까? ( )

① 내용이 새로우면 좋다.
② 주제가 흥미로워야 한다.
③ 건강에 도움을 줄 수 있어야 한다.
④ 발표를 듣는 사람은 고려하지 않아도 좋다.
⑤ 전교생이 보게 되므로 이해하기 쉬워야 한다.

13~15

13 이 그림은 영상 자료를 제작하는 과정 가운데 어떤 과정을 나타내고 있습니까? ( )

① 편집하기   ② 촬영하기
③ 주제 정하기   ④ 장면 정하기
⑤ 내용 정하기

14 그림 속 친구들이 주제를 정한 방법으로 알맞은 것에 ○표 하시오.

(1) 발표하는 사람의 의견을 모두 따랐다. ( )
(2) 친구들과 토의해서 다양한 의견을 나누었다.
( )
(3) 발표 상황과 관계없지만 흥미 있는 주제로 정했다. ( )

15 그림 속 친구들이 영상 자료를 만들 때 촬영할 장면으로 알맞은 것을 모두 고르시오. ( )

① 사람들이 맨발 걷기를 하는 장면
② 마라톤 선수가 경기를 하는 장면
③ 맨발 걷기의 효과를 정리한 내용
④ 의사가 환자의 다친 발을 치료하는 장면
⑤ 맨발 걷기를 꾸준히 한 사람을 면담하는 장면

16 영상 자료를 만들 때 정해야 할 역할이 <u>아닌</u> 것은 무엇입니까? ( )

① 연출
② 편집
③ 촬영
④ 대본
⑤ 판정단

17~18

장면 번호	(㉠)	(㉡)과/와 장소	(㉢)
1	운동장 모래 위에서 맨발 걷기를 하는 사람들	○○월 ○○일 ○○시 학교 운동장	휴대 전화 (캠코더)
2	맨발 걷기를 꾸준히 한 사람과 면담	○○월 ○○일 ○○시 학교 운동장	휴대 전화 (캠코더), 수첩

17 이 표는 촬영 계획을 세울 때 필요한 내용을 정리한 것입니다. ㉠~㉢에 알맞은 내용을 찾아 선으로 이으시오.

(1) ㉠ •   • ① 준비물

(2) ㉡ •   • ② 촬영 일시

(3) ㉢ •   • ③ 촬영 내용

18 장면 번호 **1**의 내용을 촬영하는 방법으로 알맞은 것을 모두 골라 기호를 쓰시오.

> ㉮ 흔들림 없이 안정된 자세로 촬영한다.
> ㉯ 전하려는 내용이 잘 드러나게 촬영한다.
> ㉰ 촬영한 뒤에 보완할 점이 있어도 다시 촬영하지 않는다.

( )

19~20

제목을 무엇으로 하면 주제가 잘 드러날까?

맨발 걷기 장면에 경쾌한 느낌의 배경 음악을 넣자.

'○○초등학교의 맨발 걷기' 신문 기사를 넣고 자료 (㉠)은/는 자막으로 넣자.

시청각 장애인을 고려해 자막이나 수어 통역을 넣으면 좋겠어.

*수화. 청각과 언어 장애인들이 몸짓과 손짓으로 표현하는 의사 전달 방법

19 친구들이 촬영한 영상을 편집하면서 하려는 일이 <u>아닌</u> 것은 무엇입니까? ( )

① 제목 넣기
② 자막 넣기
③ 배경 음악 넣기
④ 장면의 차례 바꾸기
⑤ 다른 매체 자료 넣기

20 ㉠에 들어갈 알맞은 말에 ○표 하시오.

종류	형식	출처	크기

21 영상 자료를 만들어서 인터넷에 올릴 때 주의할 점을 한 가지 더 쓰시오.
서술형

• 영상 자료가 보는 사람들에게 좋은 영향을 주는지 생각한다.

• _____

_____

1 '5분 영상 발표회'의 발표 목적은 무엇인지 빈칸에 알맞은 말을 쓰시오.

- ( )을/를 주제로 한 작품
  을 발표하는 것이다.

2 발표를 듣는 사람은 누구인지 쓰시오.

( )

3★ 5분 영상 발표회에서 활용할 영상 자료의 주제를 알맞게 정한 친구의 이름을 쓰시오.

( )

4 〈문제 **3**번〉에서 답한 주제로 영상을 제작할 때 촬영할 장면으로 알맞은 것을 모두 고르시오.

( )

① 인물과 면담하는 장면
② 인물이 꾸준히 연주 연습을 하는 장면
③ 인물이 부모님과 함께 서점에 가는 장면
④ 선생님께 위인에 대해 설명을 듣는 장면
⑤ 인물이 연주회에서 연주하는 모습이 담긴 사진

교과서 문제
5 촬영한 영상을 편집하고 편집 과정을 점검한 내용으로 알맞지 <u>않은</u> 것은 무엇입니까? ( )

① 발표에 사용할 장면을 골랐다.
② 장면을 차례에 맞게 편집했다.
③ 알맞은 영상 편집 프로그램을 정했다.
④ 자막을 장면마다 자세하고 길게 넣었다.
⑤ 발표 효과를 높이려고 다른 매체 자료를 활용했다.

6 다음 그림에서 제작한 영상 자료를 발표하는 방법으로 알맞은 것의 기호를 쓰시오.

㉮ 다른 모둠의 발표를 들을 때 주의할 점을 말해 주고 있다.
㉯ 영상을 보여 준 뒤에 발표한 영상에 대한 질문을 받고 있다.
㉰ 영상을 보여 주기 전에 영상 자료의 내용에 대해 소개하고 있다.

( )

낱말의 뜻

1 다음 뜻에 알맞은 낱말을 골라 ○표 하시오.

(1)
> 서로 만나서 이야기함.

(면담 , 매체)

(2)
> 어떤 일이나 사물이 생겨남.

(참여 , 발생)

(3)
> 일정한 규칙을 따라 주기적으로 움직임.

(율동 , 전통)

(4)
> 앞으로 일어날 일이나 해야 할 일을 미리 정하거나 생각함.

(개최 , 예정)

비슷한말 · 반대말

2 짝 지어진 두 낱말의 관계가 비슷한말이면 '비', 반대말이면 '반'이라고 쓰시오.

(1) 직접 – 간접 ( )
(2) 댓글 – 답글 ( )
(3) 내륙 – 해안 ( )
(4) 포기하다 – 기권하다 ( )

낱말의 활용

3 밑줄 친 낱말의 쓰임이 알맞으면 ○표, 알맞지 않으면 ×표 하시오.

(1) 다리를 <u>까딱</u>하며 음악을 들었다. ( )
(2) 청각 장애인을 위해 뉴스 <u>자막</u>을 넣었다.
( )
(3) 시험에 떨어졌다는 소식을 들으니 기분이 <u>경쾌</u>하다. ( )

낱말의 형태

> 주어가 다른 대상에게 동작을 당하게 되는 것을 나타낼 때에는 낱말에 '–이–', '–히–', '–리–', '–기–' 등을 붙여.

4 다음 보기 와 같이 문장에 어울리게 밑줄 친 낱말을 바꾸어 쓰시오.

보기
우리가 스마트폰을 <u>잡고</u> 있다.
→ 스마트폰이 우리에게 <u>잡혀</u> 있다.

(1) 개가 형을 <u>물다</u>.
→ 형이 개에게 ( ).
(2) 나는 다람쥐를 <u>보았다</u>.
→ 다람쥐가 나에게 ( ).
(3) 엄마가 아기를 <u>안았다</u>.
→ 아기가 엄마에게 ( ).

둘 이상의 낱말이 합쳐진 말

5 보기 와 같이 두 낱말이 합쳐진 말을 두 가지 고르시오. ( )

보기
'손가락'은 '손끝의 다섯 개로 갈라진 부분. 또는 그것 하나하나.'라는 뜻으로, '손'과 '가락'이 하나의 낱말로 합쳐진 말이다.

① 지도 ② 기후 ③ 행복
④ 민속춤 ⑤ 교통사고

뜻을 더하는 말

6 다음 중에서 빈칸에 '맨–'이 들어가면 어색한 것은 무엇입니까? ( )

보기
• 맨–: '다른 것이 없는'의 뜻을 더하는 말.

① □몸 ② □발 ③ □손
④ □고추 ⑤ □주먹

1~2

1 대화 **1**과 **2**에서 서로 다른 점은 무엇입니까?
( )

① 대화하는 상대가 바뀌었다.
② 대화하는 장소가 바뀌었다.
③ 세미가 말하는 상황이 바뀌었다.
④ 학습 발표회에서 할 율동이 바뀌었다.
⑤ 세미가 보여 준 매체 자료가 바뀌었다.

2 대화 내용을 살펴보고, 빈칸에 들어갈 알맞은 매체 자료를 쓰시오.

• 영수는 ( )을/를 보고 율동 동작을 더욱 생생하게 잘 알 수 있었다.

3 매체 자료를 활용하는 까닭을 알맞게 말한 친구의 이름을 쓰시오.

> 태영: 자신의 느낌을 더 실감 나고 재미있게 표현하기 위해서야.
> 지후: 어떤 사실이나 정보, 의견을 담아서 듣는 사람에게 전하기 위해서야.

( )

4~5

4 진아와 별이가 다른 나라의 문화를 소개하기 위해 활용하려는 매체 자료는 각각 무엇인지 쓰시오.

(1) 진아: ( )
(2) 별이: ( )

5★ 별이가 매체 자료를 활용했을 때 얻을 수 있는 효과는 무엇입니까? ( )

① 상상으로 내용을 알 수 있다.
② 세계의 문화를 한눈에 파악할 수 있다.
③ 어떤 전통 의상인지 쉽게 이해할 수 있다.
④ 베트남 전통 의상을 입는 방법을 알 수 있다.
⑤ 전통 의상에 대한 사람들의 생각을 알 수 있다.

6 서술형 '휴대 전화 사용 습관'에 대해 발표하려고 활용한 다음 매체 자료를 살펴보고, 전하려는 주제는 무엇일지 쓰시오.

전하려는 주제

1 당신은 능력자입니다. 손가락만 까딱하면 누군가를 울릴 수도, 아프게 할 수도, 포기하게 할 수도 있습니다.

2 하지만 당신은 누군가를 기쁘게 할 수도, 행복하게 할 수도 있으며,

3 다시 뛰게 할 수도 있습니다. 손가락만 까딱하면.

4 온라인 댓글. 당신은 어떻게 쓰시겠습니까?

7 영상 **1**~**4**의 내용을 살펴보고, 나쁜 댓글이 끼치는 영향을 보여 주는 부분의 번호를 쓰시오.

( )

8 이 영상에서 말하는 '손가락만 까딱하다'의 뜻으로 알맞은 것은 무엇입니까? ( )

① 댓글을 달다.　　② 게임을 하다.
③ 관심이 없다.　　④ 무엇을 시키다.
⑤ 잘못을 지적하다.

9 이 영상이 전하려는 주제로 알맞은 것의 기호를 쓰시오.

⑦ 온라인 댓글을 꼭 쓰자.
④ 온라인 언어폭력을 하지 말자.
⑤ 편리하게 휴대 전화를 사용하자.

( )

10★ 이 영상 자료의 표현 방법을 알맞게 파악한 것에 모두 ○표 하시오.

⑴ 댓글이 미치는 영향을 도표로 정리해서 표현했다. ( )
⑵ 좋은 댓글의 배경은 밝게, 나쁜 댓글의 배경은 어둡게 했다. ( )
⑶ 댓글을 다는 손가락을 악마 또는 천사의 모습으로 비유했다. ( )

학교 방송국에서 '건강 주간'을 맞아 건강을 주제로 한 매체 자료를 공모합니다. 뽑힌 작품은 전교생에게 발표할 예정입니다. 많이 참여해 주세요.

⑦ 먼저 발표 목적과 듣는 사람을 알아보자.

우리 반도 '건강한 생활을 위해 실천하면 좋은 일'을 직접 영상으로 만들어 보자!

11 ⑦의 내용으로 보아, 영상 자료를 제작하는 과정에서 가장 먼저 할 일은 무엇입니까? ( )

① 촬영하기　　② 편집하기
③ 장면 정하기　　④ 주제 정하기
⑤ 발표 상황 파악하기

12 그림의 내용으로 보아, 발표를 듣는 사람은 누구입니까? ( )

① 선생님　　② 부모님
③ 전교생　　④ 6학년 친구들
⑤ 학교 방송국 관계자

13 영상 자료를 직접 제작하고 발표하려고 합니다. 발표
서술형 주제를 정할 때 고려할 점을 한 가지 더 쓰시오.

• 듣는 사람들이 흥미를 가질 만한 주제를 정한다.

•

_____

14 영상 자료를 제작하는 과정에서 발표 내용 및 장면
을 정하는 방법은 무엇인지 빈칸에 들어갈 알맞은
말을 보기 에서 찾아 쓰시오.

> 보기
>
> 차례   분량   주제

(1) (   )을/를 효과적으로 전할 수 있
는 내용을 정한다.

(2) (   )이/가 발표 시간에 알맞도록
정한다.

(3) 주제와 내용이 체계적으로 전달되고 이해하기
쉽도록 장면 내용과 (   )을/를 정
한다.

15 촬영 계획을 세울 때 정해야 하는 것이 <u>아닌</u> 것은
무엇입니까?   (   )

① 역할   ② 준비물
③ 촬영 일시   ④ 촬영 장소
⑤ 영상 편집 프로그램

16 다음 장면을 촬영하기 위해 필요한 준비물을 모두
고르시오.   (   )

> 맨발 걷기를 꾸준히 한 사람과 면담하는 장면

① 수첩   ② 질문지
③ 휴대 전화   ④ 배경 음악
⑤ 영상 편집 프로그램

17 영상을 촬영하는 방법으로 알맞지 <u>않은</u> 것은 무엇
입니까?   (   )

① 음성이 기록되는지 확인한다.
② 화면을 이동할 때에는 빠르게 한다.
③ 흔들림 없이 안정된 자세로 촬영한다.
④ 전하려는 내용이 잘 드러나게 촬영한다.
⑤ 보완할 점이 있으면 다시 촬영하거나 여러 번
촬영한다.

18 이 그림은 영상을 제작하는 과정에서 어떤 과정을
나타내고 있는지 쓰시오.

(   )

19 그림 속 친구들이 신문 기사를 넣을 경우에는 어떻
게 해야 하는지 쓰시오.

• 인용한 내용은 (   )

20 완성된 영상 자료를 효과적으로 발표하는 방법으
로 알맞은 것을 모두 고르시오.   (   )

① 발표하기 전에 소개할 내용을 준비한다.
② 발표할 때 집중하고 존중하는 태도를 가진다.
③ 영상 및 음성에 문제가 없는지 미리 확인한다.
④ 영상의 재미를 위해서 비속어를 사용해 발표한다.
⑤ 영상을 인터넷에 올려 발표할 때는 영상에 나오
는 사람들의 동의를 얻지 않아도 된다.

점수

1

말풍선: 우리나라 기후가 점점 아열대화되면서 농산물 주산지가 바뀌고 있습니다. 이 지도를 보면 제주도에서만 재배되던 감귤이 이제 내륙에서도 재배된다는 것을 쉽게 알 수 있습니다.

1 단계
낱말 쓰기

여자아이가 발표할 때 활용한 매체 자료의 종류를 쓰시오. [3점]

(   )

2 단계
문장 쓰기

이 매체 자료로 보아, 감귤의 주산지가 어떻게 바뀌고 있는지 쓰시오. [5점]

_____

_____

3 단계
생각 쓰기

이 매체 자료를 활용하여 발표하면 좋은 점을 쓰시오. [6점]

_____

_____

2~3

말풍선: 학교 방송국에서 '건강 주간'을 맞아 건강을 주제로 한 매체 자료를 공모합니다. 뽑힌 작품은 전교생에게 발표할 예정입니다. 많이 참여해 주세요.

말풍선: 우리 반도 '건강한 생활을 위해 실천하면 좋은 일'을 직접 영상으로 만들어 보자!

주원

2 발표 상황을 파악하여 다음 표에 정리하여 쓰시오. [6점]

발표 목적	듣는 사람
(1)	(2)

3 주원이네 반이 다음과 같은 주제로 발표할 때, 촬영할 내용으로 알맞은 것을 두 가지 더 쓰시오. [8점]

주제	맨발 걷기
촬영할 내용	•운동장 모래 위에서 사람들이 맨발 걷기를 하는 모습 • _____ • _____

4 효과적으로 발표해요

학습 주제	영상 발표회 하기	배점	25점
학습 목표	영상 자료를 제작한 뒤 영상을 보여 주기 전에 영상 자료의 내용을 소개할 수 있다.		

1 발표 상황에 맞는 영상 자료를 만들려고 합니다. 다음 표에 알맞은 내용을 정리하여 쓰시오. [15점]

발표 목적	듣는 사람
5분 영상 발표회에서 주변 인물 탐구를 주제로 한 작품을 발표한다.	6학년 친구들

↓

모둠이 정한 인물	(1)
영상 자료의 주제	(2)
영상 제목	(3)
촬영할 장면	(4)

2 〈문제 **1**번〉에서 정리한 내용을 바탕으로 하여 영상 자료를 발표할 준비를 하려고 합니다. 영상을 보여 주기 전에 소개할 내용을 다음 조건 에 맞게 쓰시오. [10점]

조건
• 소개할 인물과 영상 자료의 주제, 영상 제목을 소개한다.
• 촬영한 영상의 장면이나 내용을 소개한다.

1 글쓴이의 생각을 파악하며 글을 읽어야 하는 까닭

① 글 내용을 좀 더 깊이 있게 이해할 수 있습니다.

② 글쓴이가 글을 쓴 의도와 목적을 알 수 있습니다.
관점(사물이나 현상을 관찰할 때 그 사람이 바라보는 태도나 방향 또는 처지)에 따라 글을 쓴 의도와 목적이 달라져요.

★★ **2 글쓴이의 생각을 파악하는 방법**

① 제목과 글에서 사용한 표현을 살펴봅니다.

② 글 내용을 파악하여 글쓴이가 알려 주고 싶은 생각을 찾아봅니다.

③ 글에 포함된 사진이나 그림을 살펴봅니다.

④ 글쓴이가 예상하는 독자를 생각해 봅니다.

⑤ 글쓴이가 글을 쓴 의도와 목적을 생각해 봅니다.

📖 「로봇세 도입을 늦추어야 한다」에 나타난 글쓴이의 생각 파악하기

글쓴이의 생각을 파악한 방법	글쓴이의 생각
'부담', '걸림돌', '막대한 특허 사용료를 외국에 지급' 등과 같은 표현을 쓴 것으로 보아, 글쓴이는 로봇세가 로봇 산업 발전에 도움이 되지 않는다고 생각하는 것 같다.	로봇세 도입은 로봇 산업 발전을 더디게 할 수 있으며 지금은 로봇 산업 발전에 투자해야 할 때이므로 로봇세 도입을 늦추어야 한다.

3 글쓴이의 생각과 자신의 생각을 비교하며 글 읽기

① 글쓴이의 생각을 파악하며 글을 읽습니다.

② 글쓴이의 생각과 자신의 생각을 비교하며 같은 점과 다른 점을 이야기해 봅니다.

③ 글을 읽고 자신의 생각에 변화가 있었다면 변화된 생각과 그 까닭을 이야기해 봅니다.

4 자신의 생각과 상대의 생각을 비교하며 토론하기

① 영상을 보고 내용을 파악한 다음 자신의 생각을 정합니다.

② 토론 역할을 정해 봅니다.
사회자, 찬성편 토론자, 반대편 토론자, 참관자

③ 우리 편 주장의 적절한 근거를 마련해 봅니다.

④ 상대편 주장의 근거와 우리 편 주장에 대한 반론을 예상해 봅니다.

⑤ 우리 편이 마련한 근거를 설명할 수 있는 자료를 찾아봅니다.
📖 자신의 경험, 책, 신문 기사, 통계 자료, 전문가 의견

⑥ 자신의 생각을 효과적으로 나타낼 수 있는 낱말이나 문장 같은 표현을 써 봅니다.

⑦ 토론 규칙과 절차를 지키며 역할에 따라 토론해 봅니다.

개념 확인하기 정답과 풀이 21쪽

1 사물이나 현상을 관찰할 때 그 사람이 바라보는 태도나 방향 또는 처지를 무엇이라고 하는지 쓰시오.

( )

2 다음 빈칸에 알맞은 말을 쓰시오.

> 글쓴이의 생각을 파악하며 글을 읽으면 글쓴이가 글을 쓴 의도와 ( ) 을/를 알 수 있다.

3 글쓴이의 생각을 파악하기 위해 살펴볼 것으로 알맞지 <u>않은</u> 것에 ×표 하시오.

(1) 제목 ( )
(2) 문장의 길이 ( )
(3) 글에서 사용한 표현 ( )
(4) 글쓴이가 예상하는 독자 ( )

4 자신의 생각과 상대의 생각을 비교하며 토론할 때, 근거를 설명하기 위해 예로 들 수 있는 자료의 종류를 두 가지만 쓰시오.

( )

내가 원하는 우리나라

· 김구

· 글의 종류: 자서전 ·작가 자신의 일생을 소재로 스스로 짓거나, 남에게 말하여 쓰게 한 전기
· 글의 특징: 우리나라가 세계에서 가장 아름다운 나라가 되려면 무엇을 해야 하는지에 대한 백범 김구 선생의 생각이 담겨 있는 글입니다.

① 나는 우리나라가 세계에서 가장 아름다운 나라가 되기를 원한다. 가장 부강한 나라가 되기를 원하는 것은 아니다. 내가 남의 침략에 가슴이 아팠으니, 내 나라가 남을 침략하는 것을 원치 아니한다. 우리의 부는 우리 생활을 풍족히 할 만하고, 우리의 힘은 남의 침략을 막을 만하면 족하다. 오직 한없이 가지고 싶은 것은 높은 문화의 힘이다. 문화의 힘은 우리 자신을 행복하게 하고, 나아가서 남에게도 행복을 주기 때문이다. 지금 인류에게 부족한 것은 무력도 아니요, 경제력도 아니다. 자연 과학의 힘은 아무리 많아도 좋으나, 인류 전체로 보면 현재의 자연 과학만 가지고도 편안히 살아가기에 넉넉하다.

인류가 현재에 불행한 근본 이유는 인의가 부족하고, 자비가 부족하고, 사랑이 부족한 때문이다. 이 마음만 발달이 되면, 현재의 물질력으로 인류 20억이 다 편안히 살아갈 수 있을 것이다. 인류에게 이 정신을 배양하는 것은 오직 문화이다. 나는 우리나라가 남의 것을 모방하는 나라가 되지 말고, 이러한 높고 새로운 문화의 근원이 되고, 목표가 되고, 모범이 되기를 원한다. 그래서 진정한 세계의 평화가 우리나라에서, 우리나라로 말미암아 세계에 실현되기를 원한다.

홍익인간이라는 우리 국조 단군의 이상이 이것이라고 믿는다. 또 우리 민족의 재주와 정신과 과거의 단련이 이 사명을 달성하기에 넉넉하고, 국토의 위치와 기타의 지리적 조건이 그러하며, 또 제1차·제2차 세계 대전을 치른 인류의 요구가 그러하며, 새로 나라를 고쳐 세우는 우리가 서 있는 시기가 그러하다고 믿는다. 우리 민족이 주연 배우로 세계의 무대에 등장할 날이 눈앞에 보이지 아니하는가.

중심 내용 ① 우리나라가 문화의 힘을 길러 세계에서 가장 아름다운 나라가 되기를 원한다.

족하다 모자람이 없다고 여겨 더 바라는 바가 없다.
인의(人 사람 인, 義 옳을 의) 사람으로서 마땅히 지켜야 할 도의. 예 부모에게 효도하는 것은 인의의 근본입니다.

자비(慈 사랑 자, 悲 슬플 비) 남을 깊이 사랑하고 가엾게 여김. 또는 그렇게 여겨서 베푸는 혜택.
말미암아 어떤 현상이나 사물 따위가 원인이나 이유가 되어.

교과서 문제

1 백범 김구 선생은 어떤 나라를 원한다고 했습니까?
( )

① 가장 부강한 나라
② 세계에서 가장 아름다운 나라
③ 자연 과학의 힘이 발달한 나라
④ 남의 침략을 막을 수 있는 나라
⑤ 우리 생활을 풍족하게 해 주는 나라

2 이 글로 보아, 백범 김구 선생이 원하는 우리나라가 되려면 무엇을 꼭 갖춰야 하겠습니까? ( )

① 무력   ② 경제력
③ 문화의 힘   ④ 정보의 힘
⑤ 자연 과학의 힘

3 인류가 현재에 불행한 근본 이유로 알맞지 않은 것의 기호를 쓰시오.

> ㉮ 인의가 부족하기 때문에
> ㉯ 경제력이 부족하기 때문에
> ㉰ 자비와 사랑이 부족하기 때문에

( )

4 이 글에서 알 수 있는 백범 김구 선생의 생각은 무엇인지 알맞은 것에 ○표 하시오.

(1) 문화의 힘을 높여야 한다.   ( )
(2) 전문적인 지식을 쌓아야 한다.   ( )

2 이 일을 하기 위하여 우리가 할 일은 사상의 자유를
확보하는 정치 양식의 건립과 국민 교육의 완비이다.
내가 위에서 자유의 나라를 강조하고, 교육의 중요성
을 말한 것도 이 때문이다. 최고의 문화를 건설하는 사
명을 달성할 민족은 한마디로 말하면 국민 모두를 성
인으로 만드는 데 있다. 대한 사람이라면 간 데마다 신
용을 받고 대접을 받아야 한다.

(문화를 높이는 일을)

우리의 적이 우리를 누르고 있을 때에는 미워하고
분해하는 살벌 투쟁의 정신을 길렀지만, 적은 이미 물
러갔으니 우리는 증오의 투쟁을 버리고 화합의 건설을
일삼을 때다. 집안이 불화하면 망하듯, 나라 안이 갈려
서 싸우면 망한다. 동포 간의 증오와 투쟁은 망할 징조
이다. 우리의 용모에서는 화기가 빛나야 한다. 우리 국
토 안에는 언제나 봄바람이 가득해야 한다. 이것은 우
리 국민 각자가 한번 마음을 고쳐먹음으로써 가능하게
되고, 그러한 정신을 교육함으로 영원히 이어질 것이다.

중심 내용 2 문화를 높이기 위해 사상의 자유를 확보하는 정치 양식의 건립과 국민 교육의 완비가 필요하다.

완비(完 완전할 완, 備 갖출 비) 빠짐없이 완전히 갖춤.
살벌(殺 죽일 살, 伐 칠 벌) 행동이나 분위기가 거칠고 무시무시함.
⑩ 교실 분위기가 살벌해서 조용히 있었습니다.

3 최고의 문화로 인류의 모범이 되는 것을 사명으로
삼는 우리 민족의 개개인은 이기적 개인주의자가 되
어서는 안 된다. 우리는 개인의 자유를 극도로 주장하
되, 그것은 저 짐승들과 같이 저마다 제 배를 채우기에
쓰는 자유가 아니요, 제 가족을, 제 이웃을, 제 국민을
잘 살게 하는 데 쓰이는 자유이다. 공원의 꽃을 꺾는
자유가 아니라 공원에 꽃을 심는 자유이다. 우리는 남
의 것을 빼앗거나 남의 덕을 보려는 사람이 아니라 가
족에게, 이웃에게, 동포에게 주는 것을 즐거움으로 삼
는 사람이다. 이것이 우리말에 이른바 선비요 점잖은
사람이다.

(더할 수 없는 정도로)

그러므로 우리는 게으르지 아니하고 부지런하다. 사
랑하는 처자를 가진 가장은 부지런할 수밖에 없다. 한
없이 주기 위함이다. 힘든 일은 내가 앞서 하니 사랑하
는 동포를 아낌이요, 즐거운 것은 남에게 권하니 사랑
하는 자를 위하기 때문이다. 이것이 우리 조상들이 좋
아하던 인자하고 어진 덕이다.

화기(和 화목할 화, 氣 기운 기) 온화한 기색. 또는 화목한 분위기. ⑩ 걱
정이 가득했던 그의 얼굴에 화기가 돌았습니다.
어진 마음이 너그럽고 착하며 슬기롭고 덕행이 높은.

---

5 문화를 높이기 위해 우리가 해야 할 일로 알맞은
것을 두 가지 고르시오. ( )

① 투쟁의 정신을 기른다.
② 국민 교육을 완비한다.
③ 개인의 자유를 포기한다.
④ 국민 모두 외국 문화를 받아들이고 배운다.
⑤ 사상의 자유를 확보하는 정치 양식을 건립한다.

6 백범 김구 선생은 최고의 문화를 건설하는 사명을
달성할 민족은 동포 간에 어떤 마음을 가져야 한다
고 했습니까? ( )

① 투쟁 ② 화합 ③ 동정
④ 증오 ⑤ 경쟁

7 백범 김구 선생은 최고 문화로 인류의 모범이 되는
것을 사명으로 삼는 우리 민족의 개개인은 어떤 사
람이 되어서는 안 된다고 했는지 알맞은 것에 ○
표 하시오.

(1) 이기적 개인주의자 ( )
(2) 인자하고 어진 덕을 가진 자 ( )
(3) 주는 것을 즐거움으로 삼는 자 ( )

8 백범 김구 선생이 말하는 '선비요 점잖은 사람'은
어떤 사람인지 쓰시오.

서술형

_____

_____

이러함으로써 우리나라 산에는 삼림이 무성하고, 들에는 오곡백과가 풍성하며, 촌락과 도시는 깨끗하고 풍성하고 화평할 것이다. 그리하여 우리 동포, 즉 대한 사람은 남자나 여자나 얼굴에는 항상 화기가 있고, 몸에서는 어진 향기를 발할 것이다. 이러한 나라는 불행하려 해도 불행할 수 없고, 망하려 해도 망할 수 없는 것이다. 민족의 행복은 결코 계급 투쟁에서 오는 것이 아니요, 개인의 행복이 이기심에서 오는 것도 아니다. 계급 투쟁은 끝없는 계급 투쟁을 낳아서 국토에 피가 마를 날 없고, 내가 이기심으로 남을 해하면 천하가 이기심으로 나를 해할 것이니, 이것은 조금 얻고 많이 빼앗기는 것이다. 일본이 이번 전쟁에 패해 보복당한 것은 국제적·민족적으로 그것을 증명하는 가장 좋은 실례다.

중심 내용 3 우리 민족의 개개인은 이기적 개인주의자가 되면 안 되고 인자하고 어진 덕을 갖추고 행해야 한다.

4 이상에 말한 것은 내가 바라는 새 나라의 용모의 일단을 그린 것이다. 동포 여러분! 이러한 나라가 된다면 얼마나 좋겠는가. 우리 자손에게 이러한 나라를 남기고 가면 얼마나 만족하겠는가. 옛날 한나라 지역의 기자가 우리나라를 사모하여 왔고, 공자께서도 우리

민족이 사는 데 오고 싶다고 하셨으며 우리 민족을 인을 좋아하는 민족이라 하였다. 옛날에도 그러하였거니와, 앞으로 세계 인류가 모두, 우리 민족의 문화를 이렇게 사모하도록 하지 아니하려는가. (해야 한다는 것을 당부) 나는 우리의 힘으로, 특히 교육의 힘으로 반드시 이 일이 이루어질 것이라고 믿는다. 우리나라의 젊은 남녀가 다 이 마음을 (인지하고 어진 덕) 가진다면 아니 이루어지고 어찌하랴!

나도 일찍이 황해도에서 교육에 종사하였거니와, 내가 교육에서 바라던 것이 이것이었다. 내 나이 이제 일흔이 넘었으니 직접 국민 교육에 종사할 시일이 넉넉지 못하지만, 나는 천하의 교육자와 남녀 학도들이 한번 크게 마음을 고쳐먹기를 빌지 아니할 수 없다.

1947년

'돈의문'의 다른 이름 ← 새문 밖에서

중심 내용 4 교육의 힘으로 높은 문화를 이루어 우리나라가 세계에서 가장 아름다운 나라가 되기를 원한다.

핵심내용 「내가 원하는 우리나라」에 나타난 글쓴이의 생각 알아보기 ㉐
사상의 자유를 확보하는 정치 양식의 건립과 국민 교육의 완비로 높은 ❶ ▢▢ 의 힘을 길러 우리나라가 세계에서 가장 아름다운 나라가 되기를 원한다.

오곡백과(五 다섯 오, 穀 곡식 곡, 百 일백 백, 果 열매 과) 온갖 곡식과 과실.
화평(和 화목할 화, 平 평평할 평)할 화목하고 평온할.

사모(思 생각 사, 慕 사모할 모)하여 우러러 받들고 마음속 깊이 따라. ㉐ 그는 스승을 존경하고 사모하여 왔습니다.
종사(從 좇을 종, 事 일 사)할 어떤 일에 마음과 힘을 다할.

9 가족, 이웃, 동포에게 인자하고 어진 덕을 행할 때의 우리나라의 모습으로 알맞지 않은 것은 무엇입니까? (   )

① 삼림이 무성할 것이다.
② 오곡백과가 풍성할 것이다.
③ 촌락이 도시로 변할 것이다.
④ 촌락과 도시가 화평할 것이다.
⑤ 촌락과 도시가 깨끗할 것이다.

10 옛날에 공자께서는 우리 민족을 어떻게 평가했는지 글에서 찾아 쓰시오.
(   )

11 백범 김구 선생이 우리나라의 젊은 남녀가 갖기를 바라는 마음은 무엇이라고 생각합니까? (   )

① 이기적 개인주의
② 인자하고 어진 덕
③ 남의 덕을 보려는 마음
④ 남의 것을 빼으려는 마음
⑤ 개인의 자유를 포기하려는 마음

12 백범 김구 선생이 이 글의 제목을 「내가 원하는 우리나라」라고 정한 까닭은 무엇일지 쓰시오.
서술형
_____
_____

로봇세를 도입해야 한다
로봇이 노동으로 생산하는 경제적 가치에 부과하는 세금

• 글의 종류: 논설문
• 글의 특징: 로봇세를 도입해야 한다는 글쓴이의 생각과 생각을 뒷받침하는 근거가 드러나 있습니다.

1 ⌜인공 지능 기술이 발전하면서 로봇이 사람을 대신해 일하는 영역이 늘어나고, 그 규모도 커지고 있다. 이에 따라 외국에서는 로봇을 소유한 기업이나 로봇에게 세금을 부과하자는 주장이 나오고 있다.⌟ 우리도 로봇세를 도입하여 인간과 로봇이 함께 살아가는 방법을 찾아야 한다.
⌜┘ 문제 상황

중심 내용 1 우리도 로봇세를 도입하여 인간과 로봇이 함께 살아가는 방법을 찾아야 한다.

2 세계 경제 포럼은 로봇이나 인공 지능이 이끄는 4차 산업 혁명으로 수많은 사람이 일자리를 잃을 것이라고 전망했다. 로봇 때문에 일자리를 잃고 소득을 얻지 못하는 사람들은 새로운 일자리를 찾기 위해 재교육을 받아야 한다. 로봇세를 도입하면 그 세금으로 일자리를 잃은 사람들에게 진로 상담이나 적성 검사, 기술 교육 등을 할 수 있다. 또 로봇세를 활용하면 일자리를 잃은 사람들이 재교육을 받고 새로운 일자리를 찾는 데 도움을 줄 수 있다.

중심 내용 2 로봇세를 활용하면 로봇 때문에 일자리를 잃은 사람들이 새로운 일자리를 찾는 데 도움을 줄 수 있다.

3 미래 사회에는 소수의 사람이 로봇으로 소득을 독점할 수 있다. 로봇을 소유하고 이용하는 사람이나 로봇에게 세금을 부과하면 소득의 독점을 막을 수 있다.

그런데 로봇에게 세금을 부과하려면 법적 근거를 마련해야 한다. 법적인 의미에서 <u>자연인과 법인에게만 세금을 부과할 수 있다.</u> 현행법으로는 기계인 로봇에게
로봇에게 세금을 부과할 수 없는 까닭
세금을 부과할 수 없다. 그래서 2017년에 유럽 의회는 장기적으로 로봇에게 '특수한 권리와 의무를 가진 전자 인간'으로 법적 지위를 부여하는 입법을 집행 위원회가 추진하도록 결의했다. 이는 로봇을 소유하고 이용하는 사람뿐만 아니라 로봇에게도 세금을 부과할 수 있는 근거가 된다. 또 로봇세를 활용하면 소득을 재분배함으로써 국민의 복지 향상에 도움을 줄 수 있다.

중심 내용 3 로봇세를 도입하면 소득을 재분배함으로써 국민의 복지 향상에 도움을 줄 수 있다.

> 제목, 글에서 사용한 표현 등에 나타난 글쓴이의 생각을 묻는 문제가 자주 출제돼.

4 최근 과학의 발달에서 로봇의 변화는 눈부시다. 우리나라도 이미 2008년에 ⌜지능형 로봇 개발 및 보급 촉진법⌟을 제정해 로봇 산업의 법적 기반을 마련했다. <u>인간과 로봇이 공존하는 방법을 찾을 수 있도록 지금이라도 로봇세를 도입해야 한다.</u>
글쓴이의 생각을 한번 더 강조한 부분

중심 내용 4 인간과 로봇이 공존하는 방법을 찾을 수 있도록 지금이라도 로봇세를 도입해야 한다.

교과서 문제

1 글쓴이가 ⌜로봇세를 도입해야 한다⌟라고 제목을 정한 까닭으로 알맞은 것에 ○표 하시오.

(1) 로봇세 도입의 필요성을 강조하려고 (   )
(2) 로봇세의 문제점을 찾고 해결하려고 (   )

2 이 글에 쓰인 다음 표현 중 로봇세에 대한 글쓴이의 생각을 알 수 있는 것을 모두 고르시오.
(   )

① 소득을 재분배   ② 로봇세를 도입
③ 부과할 수 없다.   ④ 기계인 로봇에게
⑤ 인간과 로봇이 함께 살아가는 방법

3 다음 빈칸에 알맞은 말을 쓰시오.

> 유럽 의회에서는 기계인 로봇에게도 세금을 부과하기 위해 로봇에게 (   )을/를 부여하는 입법을 추진하고 있다.

4 이 글에 담긴 글쓴이의 생각은 무엇입니까?
(   )

① 로봇세 도입은 아직 너무 빠르다.
② 지금이라도 로봇세를 도입해야 한다.
③ 로봇 산업에 더 이상 투자하면 안 된다.
④ 인공 지능 기술을 계속 발전시켜야 한다.
⑤ 로봇의 도입은 인간 생활에 나쁜 영향을 준다.

로봇세 도입을 늦추어야 한다

글쓴이의 생각이 드러나는 제목

- 글의 종류: 논설문
- 글의 특징: 로봇세 도입을 늦추어야 한다는 글쓴이의 생각과 생각을 뒷받침하는 근거가 드러나 있습니다.

1 로봇을 소유한 기업이나 로봇에게 세금을 부과하자는 주장이 나오고 있다. 로봇이 인간의 일거리를 대신 맡아 할 수 있기 때문에 인간에게 필요한 비용을 로봇세로 보충하려는 것이다. 하지만 로봇세 도입은 로봇 산업의 발전과 국가의 미래 경쟁력에 부정적인 영향을 끼칠 수 있다.

문제 상황

중심 내용 1 로봇세 도입은 로봇 산업의 발전과 국가의 미래 경쟁력에 부정적인 영향을 끼칠 수 있다.

2 로봇 산업이 본격적으로 발전하면 로봇은 인간을 대신하여 일을 하게 된다. 이럴 경우에 인간은 위험하거나 단순한 일, 반복적인 일에서 ㉠해방될 수 있다. 그런데 인간을 대신하여 일을 할 로봇에게 성급하게 세금을 부과한다면 로봇 산업 발전을 더디게 할 것이다. 특히 로봇 개발자는 개발 비용에 세금까지 더하여 ㉡마음의 부담을 느낄 수 있다. 로봇 개발자가 느끼는 마음의 부담은 로봇을 개발하는 과정에서 혁신적인 생각을 발전시키거나 과감한 투자를 하는 데에 ㉢걸림돌이 될 수 있다. 로봇세는 이제 발전하려는 로봇 산업에 방해가 된다.

글쓴이의 생각을 뒷받침하는 근거 ①

중심 내용 2 로봇세는 이제 발전하려는 로봇 산업에 방해가 된다.

3 로봇세를 부과하는 근거가 명확하지 않기 때문에 세계의 모든 국가가 동시에 로봇세를 도입하기 어렵다. 서둘러 로봇세를 도입한 국가가 다른 국가에 비해 미래 경쟁력에서 뒤처질 수 있다. 지금도 로봇 기술은 외국의 대기업들이 독차지하고 있다. 그래서 우리의 기술 없이 로봇을 만들면 ㉣막대한 특허 사용료를 외국에 지급해야 한다. 그렇게 될 경우 로봇세를 도입한 국가는 다른 국가에 비해 기술 개발이 늦어질 수 있다. 국가의 미래 경쟁력을 기르려면 로봇 기술의 개발이 먼저 이루어져야 한다.

글쓴이의 생각을 뒷받침하는 근거 ②

중심 내용 3 로봇세를 도입하기 전에 국가의 미래 경쟁력을 기르려면 로봇 기술의 개발이 먼저 이루어져야 한다.

글쓴이의 생각이 드러난 표현과 글에 나타난 글쓴이의 생각을 묻는 문제가 자주 출제돼.

4 지금은 로봇 산업 발전에 투자해야 할 때이다. 특히 로봇 개발에 필요한 원천 기술에 더 집중해야 한다. 그래야 우리나라의 재산을 지키고 국내 로봇 산업을 이끌 수 있는 힘을 기를 수 있다. 따라서 우리나라의 미래 경쟁력인 로봇 산업을 키울 수 있도록 로봇세 도입을 늦추어야 한다.

글쓴이의 생각을 한번 더 강조한 부분

중심 내용 4 로봇 기술 개발에 집중할 수 있도록 로봇세 도입을 늦추어야 한다.

해방(解 풀 해, 放 놓을 방)될 구속이나 억압, 부담 따위에서 벗어나게 될. 예 우리나라는 해방될 날만을 손꼽아 기다렸습니다.

독차지하고 혼자서 모두 차지하고.
원천(源 근원 원, 泉 샘 천) 사물의 근원.

교과서 문제

5 글쓴이가 「로봇세 도입을 늦추어야 한다」라고 제목을 정한 까닭으로 알맞은 것의 기호를 쓰시오.

> ㉮ 로봇 개발을 더 이상 하면 안 된다고 생각하기 때문이다.
> ㉯ 로봇세 도입이 로봇 산업 발전을 더디게 한다고 생각하기 때문이다.

( )

6 ㉠~㉣ 중 로봇세에 대한 글쓴이의 생각이 드러난 표현이 아닌 것의 기호를 쓰시오.

( )

7 이 글에서 글쓴이는 로봇세 도입보다 무엇에 투자해야 할 때라고 했는지 쓰시오.

( )

8 이 글에 나타난 글쓴이의 생각을 찾는 방법으로 알맞지 않은 것은 무엇입니까? ( )

① 제목을 살펴본다.
② 글 내용을 파악한다.
③ 글에 사용한 표현을 살펴본다.
④ 글에 사용된 어려운 낱말을 찾아본다.
⑤ 글쓴이가 글을 쓴 의도와 목적을 생각해 본다.

『열하일기』 소개

• 강민경

　『열하일기』는 조선 후기의 실학자 연암 박지원이 중국에 다녀와서 쓴 여행기입니다.

　당시 중국은 아무나 갈 수 있는 곳이 아니었습니다. 그만한 자격과 능력이 요구되었지요. 그러나 반대로 중국을 가려고 굳이 나서는 사람도 없었습니다. 몇 달간 누런 모래바람을 뒤집어써야 하는 험난한 여행길을 누가 선뜻 나서겠습니<u>까</u>. 하지만 박지원은 호기심이 많고 모험 정신이 가득한 사람이었습니다.

중국을 가려고 굳이 나서는 사람이 없었던 까닭

　중국에 갔다가 무사히 고국으로 돌아온 박지원은 3년 동안 정성을 쏟아 『열하일기』를 썼습니다. 자신이 느낀 바를 진솔하게 기록했기에 책 이름에 '일기'라는 말을 붙였습니다. 그러나 사실 『열하일기』는 개인의 감상을 늘어놓은 것이 아닙니다. 시대를 앞서가는 연암의 생각과 기억, 철학과 세계관을 한데 모은 지식의 저장소입니다.

• **글의 종류:** 소개하는 글
• **글의 특징:** 박지원이 중국을 여행하고 나서 여행한 일정과 경험을 기록한 『열하일기』에 대해 간단히 알려 주고 있습니다.

핵심내용 『**열하일기**』**에 대한 글쓴이의 생각 파악하기**
　『열하일기』는 개인의 감상을 늘어놓은 것이 아니라, 연암의 생각과 기억, 철학과 세계관을 한데 모은 지식의 저장소라고 생각합니다.

　험난한 땅의 생김새가 다니기에 위험하고 어려운. 예 정상까지 험난한 돌길이 이어졌습니다.
　진솔(眞 참 진, 率 거느릴 솔)하게 진실하고 솔직하게.

9★ 『열하일기』에 대한 설명으로 알맞은 것의 기호를 쓰시오.

> ㉮ 박지원 개인의 감상만 담은 글이다.
> ㉯ 박지원이 중국에 다녀와서 쓴 여행기이다.
> ㉰ 박지원이 3년 동안 고국에서 느낀 감정을 쓴 일기이다.

　　　　　　（　　　　　　　）

11 박지원이 책 이름에 '일기'라는 말을 붙인 까닭은 무엇입니까?　　　　　　（　　　　）

① 자신의 비밀을 적었기 때문에
② 실제로 있었던 일이기 때문에
③ 매일매일 기록한 글이기 때문에
④ 생각이나 느낌은 적지 않았기 때문에
⑤ 자신이 느낀 바를 진솔하게 기록했기 때문에

10 박지원은 어떤 성격의 사람이었습니까? （　　　）

① 깨끗하고 깔끔한 사람
② 신중하고 말이 없는 사람
③ 부정적이고 말이 앞서는 사람
④ 생각이 많고 상상력이 풍부한 사람
⑤ 호기심이 많고 모험 정신이 가득한 사람

12 서술형 이 글을 읽고 『열하일기』에 대해 궁금한 점을 한 가지만 쓰시오.

_____

_____

기와 조각과 똥 덩어리

• 원작: 박지원, 글: 강민경

• 글의 종류: 이야기
• 글의 특징: 조선 후기 사람들에게 신분 제도, 사물의 가치 등에 대해 다른 관점으로도 생각할 수 있게 하려는 글쓴이의 의도가 드러나 있는 글입니다.

미리보기

| 나리가 중국의 제일가는 경치가 무엇인지 물었지만, 창대는 딱히 생각나지 않았습니다. | → | 나리는 중국의 제일가는 경치로 기와 조각과 똥 덩어리를 꼽았습니다. | → | 나리의 얘기를 듣던 장복이는 천민인 자신들도 쓸모가 있을지 물었습니다. | → | 창대는 자신의 쓰임새를 생각하며 쓰임이 있는 똥 누각이 부러웠습니다. |

1 나리는 일행보다 서둘러 새벽같이 길을 떠났다. 나리의 부지런함 때문에 말은 히힝 울고 잠이 덜 깬 장복이는 툴툴거렸지만, 창대는 그런 나리가 좋았다. 나리 덕분에 창대는 이번 사행길이 흙먼지만 먹고 가는 마부의 길이 아니라 자기 자신을 찾는 여행처럼 느껴졌다.

> 지체가 높거나 권세가 있는 사람을 높여 부르는 말

> 사신이 임무를 수행하기 위하여 떠나는 길

중심 내용 1 새벽같이 사행길을 떠나며 장복이는 툴툴거렸지만 창대는 자기 자신을 찾는 여행처럼 느껴졌다.

2 "창대야, 장복아! 우리나라 선비들이 연경에서 돌아온 사람을 만나면 반드시 물어보는 말이 있다. 그게 무엇인지 아느냐?"

> '베이징'의 옛 이름

나리의 질문에 창대가 미처 생각할 겨를도 없이, 장복이가 대답을 툭 뱉었다.

"뭘 먹고 왔냐는 거 아니겠습니까요? 이 나라 사람들은 책상다리 빼놓고 다 먹는다 하지 않습니까요."

장복이의 대답에 나리가 껄껄 웃으며 고개를 저었다.

"이번 여행에서 제일가는 경치가 뭐였는지 하나만 짚으라는 거다."

"한마디로 제일 눈 호강을 시킨 게 뭐였는가 묻는 것이지요?"

창대가 제법 아는 척을 하며 말하자, 나리가 얼른 고개를 끄덕였다. 창대는 나리를 쫓아 이곳저곳 눈에 담기는 했지만 딱히 제일가는 경치가 뭐였는지 꼽아 볼 생각은 못 했었다. 나리 뒤에서 흘깃흘깃 곁눈질을 했을 뿐이어서 창대는 스스로 감탄한 경관이 무엇이었는지 생각이 나지 않았다. 창대는 묵묵히 나리의 말을 기다렸다.

중심 내용 2 나리가 이번 여행에서 제일가는 경치가 무엇인지 물었지만 창대는 감탄한 경관이 생각나지 않았다.

3 "어떤 이는 요동 천 리 넓은 들판을 꼽고, 어떤 이는 구요동의 백탑을 꼽기도 하지. 큰 길가의 저자와 점포, 계문의 안개 낀 숲, 노구교, 산해관, 동악묘, 북진묘 등 대답이 분분하여 참으로 어떤 것이 진짜 장관인가 싶기도 하고, 중국의 거대함에 혀를 내두르기도 하지."

짚으라는 여럿 중에 하나를 꼭 집어 가리키라는.
호강 호화롭고 편안한 삶을 누림 또는 그런 생활.

분분하여 소문, 의견 따위가 많아 갈피를 잡을 수 없어. ⑩ 의견이 분분하여 회의가 제대로 진행되지 않았습니다.

---

13 이 글에 나오는 인물은 누구누구인지 쓰시오.

( )

14 장복이가 툴툴거린 까닭은 무엇입니까? ( )

① 나리께 꾸중을 들어서
② 말이 제멋대로 움직여서
③ 나리의 짐이 너무 무거워서
④ 나리가 장복이에게만 일을 시켜서
⑤ 나리가 일행보다 서둘러 새벽같이 길을 떠나서

15 이번 사행길에 대한 창대의 느낌은 어떠한지 알맞은 것에 ○표 하시오.

(1) 자기 자신을 찾는 여행이다. ( )
(2) 흙먼지만 먹고 가는 마부의 길이다. ( )

16 우리나라 선비들이 연경에서 돌아온 사람을 만나면 반드시 물어보는 말은 무엇입니까? ( )

① 누구를 만났는지
② 언제 돌아왔는지
③ 무엇을 먹었는지
④ 잠자리는 편했는지
⑤ 제일가는 경치가 무엇이었는지

나리가 말한 것 중에는 아직 창대가 보지 못한 것도 있지만, 이미 본 것도 있었다. 하지만 창대는 뚜렷이 기억나는 것이 별로 없었다. 여기가 거기 같고, 거기가 여기 같았다. 제대로 알고 본 것이 없어, 조선이나 중국이나 동악묘나 북진묘나 다 거기서 거기였다.

"그러나 일류 선비는 뭐라고 말하는 줄 아느냐? 얼굴에 웃음기를 거두고 진지하고 근엄하게 말하곤 하지. '중국엔 도무지 볼 것이라곤 없습니다.' 사람들이 놀라 물으면, 일류 선비는 이렇게 대답할 것이다. ㉠'황제는 물론 장상과 대신 등 모든 관원과 백성이 머리를 깎았으니 오랑캐요, 오랑캐의 나라에서 볼 게 뭐가 있겠습니까?'"

나리의 말에 장복이가 무릎을 치며 깔깔 웃었다.

"진짜 일류 선비가 맞는뎁쇼. 어쩜 그리 내 속을 시원하게 알아준단 말입니까? 암, 맞지요. 중국은 오랑캐의 나라인데, 볼거리가 뭐가 있겠습니까?"

나리는 장복이의 말에 대꾸 없이 말을 이었다.

"이류 선비들은 또 이렇게 말할 것이다. '성곽은 만리장성을 본받았고, 궁실은 아방궁을 흉내 냈을 뿐입니다. 선비와 백성은 위나라, 진나라 때처럼 겉만 화려한 기풍을 좇고, 풍속은 온갖 사치에 빠져 있습니다. 10만 대군을 얻어 산해관으로 쳐들어가, 만주족 오랑캐들을 소탕한 뒤라야 비로소 경치를 이야기할 수 있을 겁니다.'"

장복이는 아까보다 더 좋아하며 배를 잡고 낄낄거렸다.

"저는 이류 선비가 더 좋습니다요. 과연 맞는 말이지요. 10만 대군으로 오랑캐를 쳐부수면 얼마나 속이 시원하겠습니까?"

장복이뿐 아니라 조선의 백성이라면 지금의 중국인 청나라를 다 오랑캐의 나라로 여겼다. 청나라나 왜적이 조선에 쳐들어왔을 때, 명나라가 도와준 고마움을 오랫동안 잊지 않은 까닭도 있었다.

중심 내용 3 나리는 중국의 제일가는 경치를 묻는 질문에 일류 선비와 이류 선비는 오랑캐 나라에서는 볼 게 없다고 대답할 것이라고 말했다.

장상(將 장수 장, 相 서로 상) 장수와 재상을 아울러 이르는 말.
오랑캐 예전에, 두만강 일대의 만주 지방에 살던 여진족을 멸시하여 이르던 말.

아방궁 중국 진(秦)나라 시황제가 기원전 212년에 세운 궁전.
기풍(氣 기운 기, 風 바람 풍) 어떤 집단이나 지역 사람들의 공통적인 기질. 예 서로 믿고 돕는 사회 기풍을 만들었습니다.

---

17 이 글의 내용으로 보아, 일류 선비가 중국에서 본 것은 무엇이겠습니까? ( )

① 황제가 서양의 옷을 입은 것
② 황제가 백성과 대화를 하는 것
③ 황제, 관원, 백성이 머리를 깎은 것
④ 황제, 관원, 백성이 함께 밥을 먹는 것
⑤ 백성이 황제에게 머리를 숙이지 않는 것

18 ㉠에서 느껴지는 마음은 무엇입니까? ( )

① 중국을 두려워하는 마음
② 중국을 이기고 싶은 마음
③ 중국을 본받고 싶은 마음
④ 중국을 무시하고 깔보는 마음
⑤ 중국과 가까워지고 싶은 마음

19 이류 선비는 중국의 제일가는 경치를 말하기 전에 무엇을 해야 한다고 했는지 쓰시오.

( )

20 일류 선비와 이류 선비를 통해 글쓴이가 말하고 싶은 것을 알맞게 짐작한 친구의 이름을 쓰시오.

> **지우:** 조선을 발전시키기 위해 노력한 사람들을 칭찬하려는 것 같아.
> **수민:** 중국이라면 무조건 천하게 여기는 사람들을 비판하려는 것 같아.

( )

4 창대는 나리의 생각이 궁금했다.

"나리는 어떻게 생각하시는지요? 역시 오랑캐의 나라라 볼 게 없다고 여기시는지요?"

창대의 질문에 나리는 기다렸다는 듯이 대답했다.

"나는 시골의 삼류 선비지만, 중국의 제일가는 경치
나리는 자신을 삼류 선비라 칭함.
는 저 기와 조각과 똥 덩어리라고 말하고 싶구나."

나리의 말에 장복이가 이번엔 아예 배를 잡고 대굴대굴 굴렀다.

"이히히, 기와 조각요? 똥, 똥 덩어리랍쇼? 개똥요? 소똥요? 우헤헤, 그럼 똥을 조선까지 고이고이 가져갈깝쇼?"

창대는 장복이처럼 웃지는 않았지만, 나리의 말을 이해할 수 없기는 마찬가지였다. 나리가 창대와 장복이를 상대로 말장난을 하는 것 같기도 했고, 더위에 지쳐 헛소리를 하는 것 같기도 했다. 창대가 슬쩍 나리의 표정을 살폈지만, 나리는 장난을 치는 것 같지도, 헛소리를 하는 것 같지도 않았다. 나리의 표정은 어느 때보다도 진지했다.

"대개 백성을 위해 일하는 자는 백성과 나라에 도움이 될 일이라면 그 법이 비록 오랑캐에서 나온 것이라 해도, 마땅히 이를 배우고 본받아야 할 것이니라. 그래야 오랑캐를 물리칠 수 있는 법이다. 저들의 것을 다 익히고, 저들보다 낫게 되어야 비로소 '중국에는 볼만한 것이 없다'고 말할 수 있는 거다."

"그게 기와 조각이랑 똥 덩어리랑 무슨 상관이란 말씀입니까?"

장복이가 얼굴에 웃음기를 거두지 않고 물었다.

"깨진 기와 조각은 천하에 쓸모없는 물건이다. 그러
하늘 아래 온 세상
나 백성들의 집에 담을 쌓을 때 깨진 기와 조각을 둘씩 짝을 지어 물결무늬를 만들기도 하고, 혹은 네
깨진 기와 조각이 쓸모 있게 사용되는 때
조각을 모아 쇠사슬 모양이나 엽전 모양을 만들지 않느냐? ㉠깨진 기와 조각도 알뜰하게 사용했기에 천하의 고운 빛깔을 다 낼 수 있었던 것이다."

> 나리가 중국의 제일가는 경치로 기와 조각을 꼽은 까닭이 드러난 부분으로, 나리의 말을 통해 글쓴이의 생각을 묻는 문제가 자주 출제돼.

고이고이 매우 곱게.
슬쩍 남의 눈을 피하여 재빠르게. 예 친구의 편지를 슬쩍 보았습니다.

천하(天 하늘 천, 下 아래 하) 매우 드물거나 뛰어나서 세상에서 비길 데가 없음을 이르는 말. 예 천하 명장 이순신.

---

21 나리는 자신을 뭐라고 생각했는지 알맞은 것의 기호를 쓰시오.

> ㉮ 일류 선비 ㉯ 이류 선비 ㉰ 삼류 선비

( )

22 나리는 중국의 제일가는 경치를 무엇이라고 말했습니까? ( )

① 구요동의 백탑
② 계문의 안개 낀 숲
③ 요동 천 리 넓은 들판
④ 큰 길가의 저자와 점포
⑤ 기와 조각과 똥 덩어리

23 나리는 백성을 위해 일하는 자는 어떤 자세가 필요하다고 했는지 알맞은 것에 ○표 하시오.

(1) 백성과 나라에 도움이 될 일이라면 오랑캐에서 나온 법이라도 배우고 본받아야 한다. ( )
(2) 오랑캐에서 나온 법이라면 그 어떤 것도 백성과 나라에 영향이 미치지 않도록 해야 한다. ( )

24 ㉠에 담긴 글쓴이의 생각은 무엇입니까? ( )

① 가난한 백성을 도와야 한다.
② 기와 조각의 빛깔이 아름답다.
③ 사물의 가치는 변하지 않는다.
④ 하찮은 물건도 가치 있게 이용할 수 있다.
⑤ 백성들의 삶이 그 나라의 수준을 대신한다.

그러고 보니, 창대도 중국에서 뜰 앞에 벽돌을 깔 형편이 안 되는 가난한 집들도 여러 빛깔의 유리 기와 조각과 둥근 조약돌을 주워다가 꽃, 나무, 새, 동물 모양 등을 아로새겨 깔아 놓은 것을 본 적이 있었다. 이는 예쁘기도 했지만, 비 올 때 흙이 진창이 되는 것을 막아 주기도 했다.

뜰 앞에 깔아 놓기 전에는 쓸모없는 물건들이었음.
무늬나 글자 따위를 또렷하고 정교하게 파서 새기어

"똥오줌을 생각해 보아라. 세상에 둘도 없이 더러운 것들이다. 하지만 거름으로 쓸 때는 한 덩어리라도 흘릴까 하여 조심하고, 말똥을 모으려 삼태기를 들고 말 꽁무니를 따라다니기도 하지 않느냐. 똥을 모아 그냥 두는 법도 없다. 네모반듯하게 쌓거나 팔각, 육각 등의 누각으로 쌓아 올려 똥거름 또한 모양을 만들어 두지 않았느냐. 그러니 나는 저 깨진 기와 조각과 똥 덩어리야말로 가장 볼만한 것이라 꼽을 것이다. 높디높은 성곽이나 궁실, 웅장한 사찰과 광활한 벌판보다 이것들이 더 아름답다 하지 않겠느냐."

흙이나 쓰레기, 거름 따위를 담아 나르는 데 쓰는 기구

> 나리가 중국의 제일가는 경치로 똥 덩어리를 꼽은 까닭이 드러난 부분으로, 나리의 말을 통해 글쓴이의 생각을 묻는 문제가 자주 출제돼.

누각(樓 다락 누, 閣 집 각) 사방을 바라볼 수 있도록 문과 벽이 없이 다락처럼 높이 지은 집.

말을 마친 나리는 흐뭇한 표정으로 주위를 둘러보았다. 창대도 나리를 따라 주위를 둘러보았다. 저 멀리 똥 누각이 보였다. 그전까진 멀리서 보기만 해도 냄새가 날까 코를 막고 고개를 돌렸던 똥 누각이 나리의 말씀에 오늘은 달리 보였다. 무심코 보아 넘겼던 깨진 기와 조각들이 오늘은 그보다 아름다울 수 없게 느껴졌다.

중심 내용 4 하찮게 여겼던 기와 조각과 똥 덩어리가 나리의 이야기를 듣고 그 가치를 알고 나니 달리 보였다.

5 창대의 머릿속에 불현듯 스치는 생각이 있었다. 깨진 기와 조각을 눈여겨보는 나리라면, 똥오줌을 아름답다 하는 나리라면 혹시.

㉠"나리! 저 같은 천민도 저런 똥오줌이나 깨진 기와 조각처럼 쓸모가 있을깝쇼?"

창대보다 먼저 입을 연 건 장복이였다. 자신의 생각과 비슷한 장복이의 말에 창대는 깜짝 놀라 장복이를 건너다보았다. 낄낄거리며 웃던 장복이의 얼굴에 어느새 장난기와 웃음기가 싹 걷혀 있었다. 나리에게 묻는 장복이의 말투도 사뭇 가라앉아 있었다. 나리는 대답 대신 장복이를 잠시 말없이 내려다보았다.

아주 딴판으로

천민(賤 천할 천, 民 백성 민) 지체가 낮고 천한 백성. 예 옛날에는 신분 제도 때문에 천민을 무조건 무시하였습니다.

---

25 중국에서 뜰 앞에 깔아 놓은 유리 기와 조각과 둥근 조약돌은 어떤 쓸모가 생겼습니까? (　　　)

① 대문 역할을 해 준다.
② 울타리 역할을 해 준다.
③ 미끄럽지 않게 해 준다.
④ 비 올 때 흙이 진창이 되는 것을 막아 준다.
⑤ 다른 사람이 집에 들어오지 못하게 해 준다.

26 똥오줌의 쓰임새에 따라 사람들의 태도가 어떻게 다른지 알맞게 선으로 이으시오.

(1) | 거름으로 쓸 때 | · | · ① | 세상에 둘도 없이 더럽다고 여긴다. |

(2) | 거름으로 쓰기 전 | · | · ② | 한 덩어리라도 흘릴까 하여 조심한다. |

27 기와 조각과 똥 덩어리에 대한 창대의 생각은 어떻게 달라졌는지 쓰시오.

> 천하에 쓸모없다.

> [　　　　　　　　]

28 ㉠에 담긴 뜻은 무엇입니까? (　　　)

① 천민을 왜 하찮게 여깁니까?
② 나도 양반이 될 수 있습니까?
③ 천민도 가치 있는 존재입니까?
④ 신분 제도는 누가 만든 것입니까?
⑤ 천민을 무시하는 이유가 무엇입니까?

눈빛이 따뜻한 것 같기도 하고, 흔들리는 것 같기도 했다. 창대는 나리의 대답이 너무나 궁금했다. 혹여 똥오줌보다 못할까, 깨진 기와 조각보다 쓸모가 없을까 가슴이 조마조마했다. 창대가 느끼기엔 한 식경 같은 시간이 지나갔다.

"똥과 기와 조각은 사람의 손길에 따라 쓰임새가 정해지기도 하고, 버려지기도 하는 거다. 사람으로 태어나서 어찌 다른 사람의 손길만 기다리겠느냐? 스스로 쓰임새를 찾는다면 어찌 똥오줌이나 깨진 기와 조각의 쓰임새에 비하겠으며, 그렇지 못하다면 그야말로 길거리에 굴러다니는 개똥보다 못할 것이니라."

"에이, 그게 뭡니까? 맞으면 맞는다, 아니면 아니다 명확히 대답을 해 주셔야지요."

장복이의 응석에 나리는 다시 한번 꼬집어 말하였다.

어른에게 어리광을 부리거나 귀여워해 주는 것을 믿고 버릇없이 구는 일

"스스로의 가치는 스스로가 매기는 거야. 다른 사람에게 맡길 것이 아닌 거야."

식경(食 밥 식, 頃 이랑 경) 밥을 먹을 동안이라는 뜻으로, 잠깐 동안을 이르는 말. 예 서너 식경이 지났습니다.

그 이후로 장복이가 아무리 아양을 떨고 투정을 부려도 나리는 입을 열지 않았다. 창대는 나리의 말을 씹고 또 곱씹어 보았다. 스스로의 쓰임새를 스스로가 찾지 않으면 똥오줌, 깨진 기와 조각보다 못하다는 말은 창대의 가슴을 아프게 했다.

'나의 쓰임새는 과연 무엇인가?'

말고삐를 잡고 흙먼지를 마시는 것밖에 세상에서 창대가 할 수 있는 일은 없어 보였다. 장복이는 그새 진지함은 게 눈 감추듯 하고, 흥얼흥얼 콧노래를 부르고 있었다.

㉠창대는 저 멀리 서 있는 똥 누각이 차라리 부러웠다.

중심 내용 5 창대는 스스로의 쓰임새는 스스로가 찾아야 한다는 나리의 말을 듣고 자신의 쓰임새는 무엇인지 생각하며 마음이 아팠다.

핵심내용 글쓴이가 제목을 「기와 조각과 똥 덩어리」라고 한 까닭 짐작하기 예

글쓴이는 나리가 중국에서 기와 조각과 똥 덩어리를 인상 깊게 봤다고 생각했기 때문이다.

아양 귀염을 받으려고 알랑거리는 말. 또는 그런 짓
곱씹어 말이나 생각 따위를 곰곰이 되풀이하여.

---

29 창대의 가슴이 조마조마했던 까닭은 무엇입니까?
( )

① 쓸모가 없다고 할까 봐서
② 나리가 자신을 버릴까 봐서
③ 나리가 엄하게 꾸짖을까 봐서
④ 장복이가 나리를 재촉할까 봐서
⑤ 장복이가 나리의 말을 끊을까 봐서

30 나리가 장복이와 창대에게 하고 싶은 말은 무엇이었을지 알맞은 것에 ○표 하시오.

(1) 자신의 쓰임새는 스스로 찾아야 한다. ( )
(2) 신분을 뛰어넘는 것은 불가능한 일이다.
( )

31 창대가 ㉠처럼 생각한 까닭은 무엇입니까?
( )

① 쓰임이 있어서
② 쓸모가 없어서
③ 생각을 할 줄 몰라서
④ 아무도 건드리지 않아서
⑤ 사람들이 관심을 갖지 않아서

32* 다음은 글쓴이가 이 글을 쓴 의도와 목적을 정리한 것입니다. 빈칸에 알맞은 말을 쓰시오.

글쓴이는 그 시대 사람들에게 신분 제도, 사물의 가치 등에 대해 다른 ( )(으)로도 생각할 수 있게 하려고 이 글을 썼다.

착한 사마리아인의 법

1 1928년 미국의 한 부둣가... 산책하던 중 실수로 바다에 빠진 남자

2 "살려주세요." "살려주세요."

3 그런데

4 다급한 구조 요청에도 무관심

5 젊은이를 상대로 소송을 낸 익사자 가족.. "그때 도와줬다면 내 아들은 죽지 않았어요."

6 소송 기각 현재 판통회 구조의 의무가 명시돼 있지 않다

7 만약 1928년 '착한 사마리아인의 법'이 있었다면?

8 착한 사마리아인의 법: 위험에 처한 사람을 돕지 않으면 처벌할 수 있는 법제도

'착한 사마리아인의 법' 내용

• **영상의 특징:** 곤경에 처한 사람을 외면하여 죽음에 이르게 되었던 상황을 보여 주면서 '착한 사마리아인의 법'에 대해 생각해 보게 하는 영상입니다.

'착한 사마리아인의 법'은 성서에 강도를 만나 죽어 가는 사람을 착한 사마리아인이 구해 줬다는 이야기에서 비롯되었어요.

기각(棄 버릴 기, 却 물리칠 각) 법원이 법적으로 내어진 문제나 안건 등을 이유가 없다고 판단하여 받아들이지 않기로 결정하는 일.

---

33 익사자 가족은 실수로 바다에 빠진 남자가 왜 죽었다고 생각합니까? (   )

① 파도가 너무 높아서
② 바닷물이 너무 깊어서
③ 구조 요청을 하지 않아서
④ 주변에서 도와주지 않아서
⑤ 구조대가 너무 늦게 도착해서

34 '착한 사마리아인의 법'의 내용으로 알맞은 것의 기호를 쓰시오.

> ㉮ 위험한 사람을 돕지 않으면 처벌하는 법
> ㉯ 자신을 지키기 위해 남을 돕지 않은 일에 도덕적 책임을 지지 않는 법

(   )

35 서술형 이 영상을 보고 '착한 사마리아인의 법' 제정에 대한 자신의 생각과 그렇게 생각한 까닭을 쓰시오.

_____

_____

36 이 영상을 보고 '착한 사마리아인의 법을 제정해야 한다'를 주제로 토론을 하려고 합니다. 근거를 뒷받침할 자료로 알맞지 <u>않은</u> 것은 무엇입니까? (   )

① 책
② 신문 기사
③ 통계 자료
④ 전문가 의견
⑤ 친구의 생각

낱말의 뜻

1 낱말과 그 뜻이 알맞게 연결된 것에는 ○표, 그렇지 <u>않은</u> 것에는 ×표 하시오.

(1) 완비 – 빠짐없이 완전히 갖춤.   (   )

(2) 자비 – 남을 깊이 사랑하고 가엾게 여김.
(   )

(3) 부과 – 세금이나 부담금 따위를 부담하지 않게 함.   (   )

(4) 기각 – 법원이 법적으로 내어진 문제나 안건 등을 받아들이기로 결정하는 일.   (   )

(5) 아양 – 어른에게 어리광을 부리거나 귀여워해 주는 것을 믿고 버릇없이 구는 일.   (   )

낱말의 활용

2 밑줄 친 낱말의 쓰임이 적절하지 <u>않은</u> 것은 무엇입니까?   (   )

① 이렇다 저렇다 의견이 서로 <u>분분</u>하였다.
② 막내 동생은 부모님 사랑을 <u>독차지</u>하였다.
③ 부모님은 내가 성공하는 데에 <u>걸림돌</u>이 되어 주셨다.
④ 모처럼 여행을 떠난 가족들의 얼굴에 <u>화기</u>가 돌았다.
⑤ 누런 모래바람을 뒤집어써야 하는 <u>험난한</u> 여행 길이었다.

맞춤법

3 (   ) 안에 쓰인 낱말 중에서 바른 표기를 골라 ○표 하시오.

(1) 나는 (일찍이 , 일찌기) 그렇게 부지런한 사람을 본 적이 없다.

(2) 버스 옆자리에 앉은 사람을 흘깃흘깃 (곁눈질 , 곁눈질)을 하였다.

관용어

4 밑줄 친 표현은 어떤 상황일 때 사용하는 말인지 알맞은 것에 ○표 하시오.

> "중국의 거대함에 <u>혀를 내두르기도</u> 하지."

(1) 남을 비웃거나 놀릴 때   (   )
(2) 마음이 언짢거나 유감의 뜻을 나타낼 때
(   )
(3) 몹시 놀라거나 어이없어서 말을 못 할 때
(   )

비슷한말

5 밑줄 친 낱말과 바꾸어 써도 뜻이 통하는 낱말은 무엇입니까?   (   )

> 창대의 머릿속에 <u>불현듯</u> 스치는 생각이 있었다.

① 비록   ② 갑자기
③ 도무지   ④ 오로지
⑤ 서서히

헷갈리기 쉬운 말

6 보기 의 낱말 뜻을 보고, 문장에 알맞은 낱말을 (   ) 안에서 골라 ○표 하시오.

> **보기**
> • 메기다: 두 편이 노래를 주고받고 할 때 한편이 먼저 부르다.
> • 매기다: 일정한 기준에 따라 사물의 값이나 등수 따위를 정하다.

(1) 소고기는 부위별로 가격이 다르게 (메겨져 , 매겨져) 있었다.

(2) 목소리가 큰 사람이 앞소리를 (메기고 , 매기고) 다른 사람들은 후렴을 불렀다.

1 밑줄 친 '이것'은 무엇입니까? (   )

> • 이것은 사물이나 현상을 관찰할 때 그 사람이 바라보는 태도나 방향 또는 처지를 뜻한다.
> • 이것에 따라 같은 사물이나 현상도 다르게 보일 수 있다.

① 인물   ② 성격   ③ 주제
④ 관점   ⑤ 배경

2~3

무엇으로 보이십니까?

혹시 알파벳 'E'로 보시지 않으셨습니까?
많은 분들이 우리말의 'ㅌ'보다는 알파벳의 'E'라고 생각하셨을 것입니다.

지금 우리의 아이들은 우리말의 'ㅌ'보다 알파벳의 'E'를 먼저 배우고 있습니다.
아이에서부터 어른에 이르기까지 국어보다 영어에 익숙해진 우리들.

자랑스러운 우리말은 우리 민족의 정신입니다.

우리말을 사랑합시다.

2 이 광고에서 다루는 문제는 무엇입니까? (   )

① 고유어가 점점 사라지고 있다.
② 외국어가 너무 많아지고 있다.
③ 알파벳을 모르는 아이들이 있다.
④ 한글을 잘 모르는 아이들이 많아지고 있다.
⑤ 요즘 우리는 국어보다 영어에 익숙해져 있다.

3* 이 광고를 만든 사람은 어떤 말을 하고 싶었겠습니까? (   )

① 책을 많이 읽자.   ② 영어를 사용하자.
③ 우리말을 사랑하자.   ④ 글자를 바르게 쓰자.
⑤ 영어를 제대로 알고 쓰자.

4~5

나는 우리나라가 세계에서 가장 아름다운 나라가 되기를 원한다. 가장 부강한 나라가 되기를 원하는 것은 아니다. 내가 남의 침략에 가슴이 아팠으니, 내 나라가 남을 침략하는 것을 원치 아니한다. 우리의 부는 우리 생활을 풍족히 할 만하고, 우리의 힘은 남의 침략을 막을 만하면 족하다. 오직 한없이 가지고 싶은 것은 높은 문화의 힘이다. 문화의 힘은 우리 자신을 행복하게 하고, 나아가서 남에게도 행복을 주기 때문이다. 지금 인류에게 부족한 것은 무력도 아니요, 경제력도 아니다. 자연 과학의 힘은 아무리 많아도 좋으나, 인류 전체로 보면 현재의 자연 과학만 가지고도 편안히 살아가기에 넉넉하다.

인류가 현재에 불행한 근본 이유는 인의가 부족하고, 자비가 부족하고, 사랑이 부족한 때문이다. 이 마음만 발달이 되면, 현재의 물질력으로 인류 20억이 다 편안히 살아갈 수 있을 것이다. 인류에게 이 정신을 배양하는 것은 오직 문화이다.

4 글쓴이의 생각으로 알맞은 것은 무엇입니까? (   )

① 높은 문화의 힘을 가지고 싶다.
② 우리나라는 세계에서 가장 아름답다.
③ 자연 과학만 가지면 편안히 살 수 있다.
④ 지금 인류에게 부족한 것은 경제력이다.
⑤ 우리나라가 부강한 나라가 되기를 원한다.

5 글쓴이는 인의, 자비, 사랑을 길러 주는 것은 오직 무엇이라고 하였는지 이 글에서 찾아 쓰시오.

(   )

6 서술형 글쓴이의 생각을 파악하며 글을 읽어야 하는 까닭은 무엇인지 쓰시오.

_____

_____

7~10

로봇세를 도입해야 한다

인공 지능 기술이 발전하면서 로봇이 사람을 대신해 일하는 영역이 늘어나고, 그 규모도 커지고 있다. 이에 따라 외국에서는 로봇을 소유한 기업이나 로봇에게 세금을 부과하자는 주장이 나오고 있다. 우리도 로봇세를 도입하여 ㉠인간과 로봇이 함께 살아가는 방법을 찾아야 한다.

세계 경제 포럼은 로봇이나 인공 지능이 이끄는 4차 산업 혁명으로 수많은 사람이 일자리를 잃을 것이라고 전망했다. 로봇 때문에 일자리를 잃고 소득을 얻지 못하는 사람들은 새로운 일자리를 찾기 위해 재교육을 받아야 한다. 로봇세를 도입하면 그 세금으로 일자리를 잃은 사람들에게 진로 상담이나 적성 검사, 기술 교육 등을 할 수 있다. 또 로봇세를 활용하면 ㉡일자리를 잃은 사람들이 재교육을 받고 새로운 일자리를 찾는 데 도움을 줄 수 있다.

미래 사회에는 소수의 사람이 로봇으로 소득을 독점할 수 있다. 로봇을 소유하고 이용하는 사람이나 로봇에게 세금을 부과하면 소득의 독점을 막을 수 있다. 그런데 로봇에게 세금을 부과하려면 법적 근거를 마련해야 한다. 법적인 의미에서 자연인과 법인에게만 세금을 부과할 수 있다. 현행법으로는 기계인 ㉢로봇에게 세금을 부과할 수 없다.

7 세계 경제 포럼은 4차 산업 혁명으로 어떤 일이 생길 것이라고 전망했습니까? ( )

① 저출산이 계속될 것이다.
② 노령화 사회가 될 것이다.
③ 아픈 사람이 많아질 것이다.
④ 수많은 사람이 일자리를 잃을 것이다.
⑤ 일자리는 늘지만 일하는 사람은 줄 것이다.

8 로봇에게 세금을 부과할 수 없는 까닭을 쓰시오.

( )

9★ ㉠~㉢ 중 로봇세에 대한 글쓴이의 생각이 담긴 문장이 <u>아닌</u> 것의 기호를 쓰시오.

( )

10 이 글에 나타난 글쓴이의 생각은 어떻게 알 수 있는지 그 방법이 드러나게 쓰시오.
서술형

_____

_____

11~13

가 ㉠『열하일기』는 조선 후기의 실학자 연암 박지원이 중국에 다녀와서 쓴 여행기입니다.

당시 중국은 아무나 갈 수 있는 곳이 아니었습니다. 그만한 자격과 능력이 요구되었지요. 그러나 반대로 중국을 가려고 굳이 나서는 사람도 없었습니다.

나 ㉡중국에 갔다가 무사히 고국으로 돌아온 박지원은 3년 동안 정성을 쏟아 『열하일기』를 썼습니다. 자신이 느낀 바를 진솔하게 기록했기에 책 이름에 '일기'라는 말을 붙였습니다. 그러나 사실 『열하일기』는 개인의 감상을 늘어놓은 것이 아닙니다. ㉢시대를 앞서가는 연암의 생각과 기억, 철학과 세계관을 한데 모은 지식의 저장소입니다.

11 『열하일기』를 쓴 사람은 누구인지 쓰시오.

( )

12 글 **가**에 드러난 중국에 대한 설명으로 알맞은 것은 무엇입니까? ( )

① 누구나 갈 수 있는 곳이었다.
② 아무나 갈 수 있는 곳이 아니었다.
③ 중국을 가고 싶어 하는 사람이 많았다.
④ 중국을 가기 위한 자격이 요구되지 않았다.
⑤ 중국을 가기 위한 능력이 요구되지 않았다.

13 ㉠~㉢ 중 『열하일기』에 대한 글쓴이의 생각이 드러난 부분의 기호를 쓰시오.

( )

14~17

가 창대의 질문에 나리는 기다렸다는 듯이 대답했다.
"나는 ㉠시골의 삼류 선비지만, 중국의 제일가는 경치는 저 기와 조각과 똥 덩어리라고 말하고 싶구나."

나 "대개 백성을 위해 일하는 자는 백성과 나라에 도움이 될 일이라면 그 법이 비록 오랑캐에서 나온 것이라 해도, 마땅히 이를 배우고 본받아야 할 것이니라. 그래야 오랑캐를 물리칠 수 있는 법이다. 저들의 것을 다 익히고, 저들보다 낫게 되어야 비로소 ㉡'중국에는 볼만한 것이 없다'고 말할 수 있는 거다."

"그게 기와 조각이랑 똥 덩어리랑 무슨 상관이란 말씀입니까?"

장복이가 얼굴에 웃음기를 거두지 않고 물었다.

"깨진 기와 조각은 천하에 쓸모없는 물건이다. 그러나 ㉢백성들의 집에 담을 쌓을 때 깨진 기와 조각을 둘씩 짝을 지어 물결무늬를 만들기도 하고, 혹은 네 조각을 모아 쇠사슬 모양이나 엽전 모양을 만들지 않느냐? 깨진 기와 조각도 알뜰하게 사용했기에 천하의 고운 빛깔을 다 낼 수 있었던 것이다."

14 ㉠은 누구를 가리키는지 쓰시오.

( )

15 나리가 중국의 제일가는 경치로 꼽은 것을 두 가지 고르시오. ( )

① 기와 조각
② 똥 덩어리
③ 웅장한 사찰
④ 광활한 벌판
⑤ 높디높은 성곽

16 나리가 말한 ㉡과 같이 말할 수 있는 경우가 <u>아닌</u> 것에 ×표 하시오.

(1) 중국의 것들을 다 익혔을 때 ( )
(2) 중국보다 더 낫게 되었을 때 ( )
(3) 중국과의 전쟁에서 이겼을 때 ( )

17★ ㉢은 무엇을 설명한 것인지 알맞은 것의 기호를 쓰시오.

> ㉮ 기와 조각이 쓸모없을 때
> ㉯ 기와 조각이 하찮아 보일 때
> ㉰ 기와 조각이 쓸모 있게 사용될 때

( )

18 자신의 생각과 상대의 생각을 비교하며 토론하려고 합니다. 토론에 필요한 역할을 알맞게 쓰시오.

> • ( )
> • ( )
> • 찬성편 토론자
> • 참관자

19 '착한 사마리아인의 법을 제정해야 한다'는 주제로 토론을 하려고 합니다. 찬성편 입장을 뒷받침하는 근거로 알맞은 것의 기호를 쓰시오.

> ㉮ 도덕까지 법으로 규제하는 것은 강압에 가깝다.
> ㉯ 당연히 지켜야 할 도덕적 의무이니 따르지 않는다면 법으로 처벌하는 게 옳다.

( )

20 토론을 하면서 상대편 주장의 근거가 적절한지 판단할 때 생각할 점으로 알맞지 <u>않은</u> 것은 무엇입니까?

( )

① 근거가 정확한가
② 근거가 사실인가
③ 근거가 재미있는가
④ 근거가 믿을 만한가
⑤ 근거가 설득력이 있는가

점수

1

가 인공 지능 기술이 발전하면서 로봇이 사람을 대신해 일하는 영역이 늘어나고, 그 규모도 커지고 있다. 이에 따라 외국에서는 로봇을 소유한 기업이나 로봇에게 세금을 부과하자는 주장이 나오고 있다. 우리도 로봇세를 도입하여 인간과 로봇이 함께 살아가는 방법을 찾아야 한다.

세계 경제 포럼은 로봇이나 인공 지능이 이끄는 4차 산업 혁명으로 수많은 사람이 일자리를 잃을 것이라고 전망했다. 로봇 때문에 일자리를 잃고 소득을 얻지 못하는 사람들은 새로운 일자리를 찾기 위해 재교육을 받아야 한다. 로봇세를 도입하면 그 세금으로 일자리를 잃은 사람들에게 진로 상담이나 적성 검사, 기술 교육 등을 할 수 있다.

나 최근 과학의 발달에서 로봇의 변화는 눈부시다. 우리나라도 이미 2008년에 「지능형 로봇 개발 및 보급 촉진법」을 제정해 로봇 산업의 법적 기반을 마련했다. 인간과 로봇이 공존하는 방법을 찾을 수 있도록 지금이라도 로봇세를 도입해야 한다.

1 _{단계} 낱말 쓰기 이 글에는 무엇에 대한 글쓴이의 관점이 나타나 있는지 세 글자로 쓰시오. [3점]

(   )

2 _{단계} 문장 쓰기 이 글에서 글쓴이가 전하려는 생각은 무엇인지 쓰시오. [6점]

_____

_____

3 _{단계} 생각 쓰기 글쓴이가 이 글을 쓴 의도와 목적은 무엇일지 쓰시오. [5점]

_____

_____

2~3

가 "똥과 기와 조각은 사람의 손길에 따라 쓰임새가 정해지기도 하고, 버려지기도 하는 거다. 사람으로 태어나서 어찌 다른 사람의 손길만 기다리겠느냐? 스스로 쓰임새를 찾는다면 어찌 똥오줌이나 깨진 기와 조각의 쓰임새에 비하겠으며, 그렇지 못하다면 그야말로 길거리에 굴러다니는 개똥보다 못할 것이니라."

"에이, 그게 뭡니까요? 맞으면 맞는다, 아니면 아니다 명확히 대답을 해 주셔야지요."

장복이의 응석에 나리는 다시 한번 꼬집어 말하였다.

"㉠스스로의 가치는 스스로가 매기는 거야. 다른 사람에게 맡길 것이 아닌 거야."

나 '나의 쓰임새는 과연 무엇인가?'

말고삐를 잡고 흙먼지를 마시는 것밖에 세상에서 창대가 할 수 있는 일은 없어 보였다. 장복이는 그새 진지함은 게 눈 감추듯 하고, 흥얼흥얼 콧노래를 부르고 있었다.

창대는 저 멀리 서 있는 똥 누각이 차라리 부러웠다.

2 ㉠에 대해 자신의 생각은 어떠한지 조건 에 맞게 쓰시오. [6점]

> 조건
> 글쓴이의 생각과 자신의 생각을 비교하여 같은 점이나 다른 점이 드러나게 쓴다.

_____

_____

3 글 **나** 에서 창대의 마음은 어떠하였을지 쓰시오. [4점]

_____

_____

5 글에 담긴 생각과 비교해요

학습 제재	로봇세 도입을 늦추어야 한다	배점	25점
학습 목표	글쓴이의 생각을 파악하는 방법을 알고 글쓴이의 생각을 파악할 수 있다.		

● **다음 글을 읽고, 물음에 답하시오.**

> **가** 로봇을 소유한 기업이나 로봇에게 세금을 부과하자는 주장이 나오고 있다. 로봇이 인간의 일거리를 대신 맡아 할 수 있기 때문에 인간에게 필요한 비용을 로봇세로 보충하려는 것이다. 하지만 로봇세 도입은 로봇 산업의 발전과 국가의 미래 경쟁력에 부정적인 영향을 끼칠 수 있다.
>
> 로봇 산업이 본격적으로 발전하면 로봇은 인간을 대신하여 일을 하게 된다. 이럴 경우에 인간은 위험하거나 단순한 일, 반복적인 일에서 해방될 수 있다. 그런데 인간을 대신하여 일을 할 로봇에게 성급하게 세금을 부과한다면 로봇 산업 발전을 더디게 할 것이다. 특히 로봇 개발자는 개발 비용에 세금까지 더하여 마음의 부담을 느낄 수 있다. 로봇 개발자가 느끼는 마음의 부담은 로봇을 개발하는 과정에서 혁신적인 생각을 발전시키거나 과감한 투자를 하는 데에 걸림돌이 될 수 있다. 로봇세는 이제 발전하려는 로봇 산업에 방해가 된다.
>
> **나** 지금도 로봇 기술은 외국의 대기업들이 독차지하고 있다. 그래서 우리의 기술 없이 로봇을 만들면 막대한 특허 사용료를 외국에 지급해야 한다. 그렇게 될 경우 로봇세를 도입한 국가는 다른 국가에 비해 기술 개발이 늦어질 수 있다. 국가의 미래 경쟁력을 기르려면 로봇 기술의 개발이 먼저 이루어져야 한다.
>
> 지금은 로봇 산업 발전에 투자해야 할 때이다. 특히 로봇 개발에 필요한 원천 기술에 더 집중해야 한다. 그래야 우리나라의 재산을 지키고 국내 로봇 산업을 이끌 수 있는 힘을 기를 수 있다. 따라서 우리나라의 미래 경쟁력인 로봇 산업을 키울 수 있도록 로봇세 도입을 늦추어야 한다.

1 글쓴이의 생각을 파악하는 방법을 생각하며 질문에 알맞은 답을 쓰시오. [15점]

질문	답
글쓴이가 제목을 「로봇세 도입을 늦추어야 한다」라고 정한 까닭은 무엇일까?	(1)
글쓴이가 자신의 생각을 나타내려고 쓴 낱말이나 문장 같은 표현에는 무엇이 있을까?	(2)
글쓴이가 이 글을 쓴 의도와 목적은 무엇일까?	(3)

2 이 글에 나타난 글쓴이의 생각을 정리하여 쓰시오. [10점]

6 정보와 표현 판단하기

1 뉴스가 우리 생활에 미치는 영향

① 사람들에게 새로운 정보를 알려 줍니다.

② 어떤 일을 긍정적이거나 비판적인 시각으로 보게 합니다.

③ 여러 사람의 생각에 영향을 주어 여론을 형성하게 합니다.

★★ 2 광고에 나타난 표현의 적절성 판단하기

① 인상 깊은 사진이나 그림, 글, 소리를 찾아봅니다.

② 광고 내용을 두드러지게 하려고 사용한 글씨체, 글씨 크기와 색, 화면 구도와 색감, 반복되는 말 따위를 살펴봅니다.

> 상품이 잘 팔리게 하려고 상품 기능을 실제보다 부풀리는 광고를 '과장 광고'라고 하고, 있지도 않은 상품 기능을 있는 것처럼 설명하는 광고를 '허위 광고'라고 해요.

③ 과장하거나 감추는 내용이 무엇인지 살펴봅니다.

'무조건', '절대로', '최고', '100퍼센트' 같은 표현은 소비자의 판단력을 흐려요.

예 '신바람 자전거' 광고에 나타난 표현의 적절성 판단하기

→ '소비자 만족도 1위'라는 문구는 언제, 어떤 조사에서 소비자 만족도가 1위였는지에 대한 정보를 감추고 있습니다.

★★ 3 뉴스의 짜임

진행자의 도입	뉴스에서 보도할 내용을 유도하거나 전체를 요약해 안내합니다.
기자의 보도	시청자의 이해를 도우려고 면담 자료나 통계 자료로 설명합니다.
기자의 마무리	전체 내용을 요약하거나 핵심 내용을 강조하며 뉴스를 정리합니다.

진행자의 역할

4 뉴스의 타당성을 판단하는 방법

① 가치 있고 중요한 뉴스인지 살핍니다.

② 뉴스의 관점과 보도 내용이 서로 관련 있는지 살핍니다.

③ 활용한 자료들이 뉴스의 관점을 뒷받침하는지 살핍니다.

④ 자료의 출처가 명확한지 살핍니다.

5 뉴스를 만드는 과정

어떤 내용을 보도할지 회의하기 → 알리려는 내용 취재하기 → 뉴스 원고 쓰기 → 취재한 내용을 효과적으로 알릴 수 있게 뉴스 영상 제작하고 편집하기 → 사람들에게 전하고 싶은 내용 뉴스로 보도하기

개념 확인하기   정답과 풀이 25쪽

1 뉴스가 우리 생활에 미치는 영향으로 알맞지 <u>않은</u> 것에 ×표 하시오.

(1) 여론을 형성하게 한다. ( )

(2) 사람들에게 새로운 정보를 알려 준다. ( )

(3) 어떤 일에 대하여 무조건 긍정적인 시각을 갖게 한다. ( )

2 광고에 나타난 표현의 적절성을 판단하는 방법은 무엇인지 ( ) 안에서 알맞에 말을 골라 ○표 하시오.

> 광고에서 (과장하거나 , 재미있거나) 감추는 내용이 무엇인지 살펴본다.

3 다음 빈칸에 알맞은 말을 쓰시오.

> 뉴스는 '진행자의 도입, ( ), 기자의 마무리'로 구성된다.

4 뉴스의 타당성을 판단할 때 살펴볼 점을 모두 골라 기호를 쓰시오.

> ㉮ 자료의 출처가 명확한가
> ㉯ 날마다 일어나는 뉴스인가
> ㉰ 뉴스의 관점과 보도 내용이 서로 관련 있는가

( )

파리 기후 협약 체결, 기온 상승 폭 2도 제한

지구 온난화를 막기 위해 전 세계가 참가한 보편적 기후 변화 협정이 프랑스 파리에서 체결됐습니다.

31쪽 분량의 '파리 협정' 최종 합의문 핵심은 지구의 기온 상승 폭을 산업화 이전 대비 섭씨 2도 아래로 억제하고, 가능하면 섭씨 1.5도까지 낮추는 것입니다.

'파리 협정' 최종 합의문에 담긴 내용 ①

또 온실가스 감축을 위해 선진국들이 2020년까지 매년 천억 달러, 우리 돈 118조 원의 기금을 개발 도상국에 지원하도록 하는 내용도 담겼습니다.

'파리 협정' 최종 합의문에 담긴 내용 ②

파리 협정은 선진국만 온실가스 감축 의무가 있었던 교토 의정서와 달리, 개발 도상국을 포함한 195개 당사국 모두가 지켜야 하는 구속력 있는 첫 합의입니다.

■ 출처: (주)문화방송(2015. 12. 13.), 「MBC 뉴스투데이」, (주)문화방송.

- **뉴스의 내용:** 지구 온난화를 막기 위해 프랑스 파리에서 전 세계가 참가한 기후 협약이 체결되었다는 것을 알려 주는 뉴스입니다.

> **1**은 아나운서가 관련 뉴스를 진행하는 화면이고, **2**는 파리 기후 협약 체결 모습을 담은 자료 화면입니다. **3**과 **4**는 지구 온난화의 원인과 관련된 자료 화면입니다.

체결(締 맺을 체, 結 맺을 결) 계약이나 조약 따위를 공식적으로 맺음.
협정(協 도울 협, 定 정할 정) 서로 의논하여 결정함.
온실가스 지구 대기를 오염시켜 온실 효과를 일으키는 가스를 통틀어 이르는 말.
감축(減 덜 감, 縮 오그라들 축) 덜어서 줄임. 예 초등학교 학급 수가 많이 감축되었습니다.

---

1 무엇에 대한 뉴스입니까? ( )

① 파리 협정의 문제점
② 파리 기후 협약 체결
③ 개발 도상국의 경제 성장
④ 여름철 에너지 절약 비결
⑤ 심각해지는 파리의 지구 온난화 문제

2 '파리 협정' 최종 합의문에 담긴 내용으로 알맞은 것에 ○표 하시오.

(1) 개발 도상국은 온실가스 감축 의무가 없다.
( )

(2) 지구의 기온 상승 폭을 섭씨 1도 아래로 억제한다. ( )

(3) 선진국들은 온실가스 감축을 위해 2020년까지 기금을 개발 도상국에 지원한다. ( )

3 **1**~**4** 중 지구 온난화의 원인과 관련된 자료 화면을 보여 준 것의 번호를 모두 쓰시오.

( )

교과서 문제

4 이 뉴스를 보고 든 생각을 알맞게 말하지 <u>못한</u> 친구의 이름을 쓰시오.

> **세진:** 파리 기후 협약을 왜 체결했는지 정보를 주지 않아서 아쉬웠어.
> **보라:** 전 세계가 지구 온난화를 막으려고 함께 노력하는 모습이 인상적이었어.
> **승후:** 온실가스를 줄이기 위해 우리가 할 수 있는 일이 무엇인지 생각하게 되었어.

( )

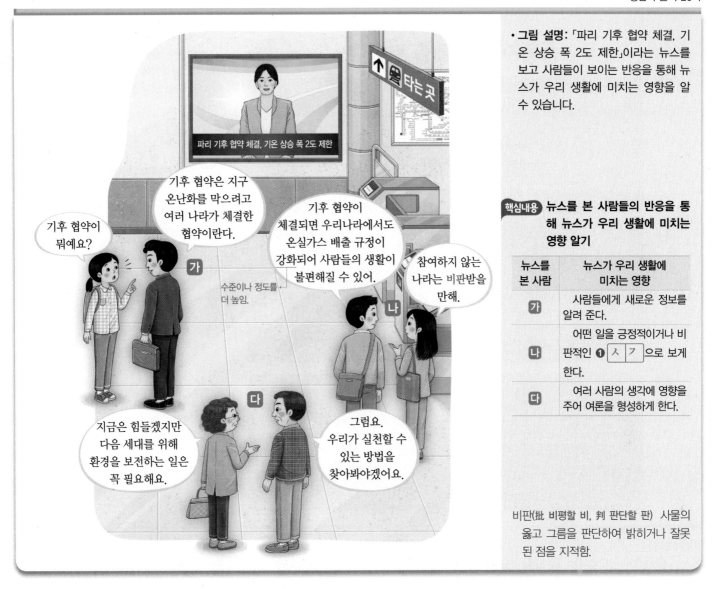

- **그림 설명:** 「파리 기후 협약 체결, 기온 상승 폭 2도 제한」이라는 뉴스를 보고 사람들이 보이는 반응을 통해 뉴스가 우리 생활에 미치는 영향을 알 수 있습니다.

핵심내용 뉴스를 본 사람들의 반응을 통해 뉴스가 우리 생활에 미치는 영향 알기

뉴스를 본 사람	뉴스가 우리 생활에 미치는 영향
가	사람들에게 새로운 정보를 알려 준다.
나	어떤 일을 긍정적이거나 비판적인 ❶ ㅅ ㄱ 으로 보게 한다.
다	여러 사람의 생각에 영향을 주어 여론을 형성하게 한다.

비판(批 비평할 비, 判 판단할 판) 사물의 옳고 그름을 판단하여 밝히거나 잘못된 점을 지적함.

5 가의 사람들의 반응과 관련된, 뉴스가 우리 생활에 미치는 영향은 무엇입니까? ( )

① 재미를 느끼게 한다.
② 감동을 느끼게 한다.
③ 새로운 정보를 알려 준다.
④ 어떤 일을 비판적인 시각으로 보게 한다.
⑤ 어떤 일을 긍정적인 시각으로 보게 한다.

6 뉴스를 보고 다의 사람들이 보인 반응은 어떠하였는지 빈칸에 알맞은 말을 차례대로 쓰시오.

( )을/를 보전하기 위해 우리가
( )을/를 찾아봐야겠다고 하였다.

7 가~다 중 기후 협약에 참여하지 않는 나라에 대해 부정적인 반응을 보인 사람의 기호를 쓰시오.

( )의 여자

교과서 문제

8 나와 다의 사람들의 반응을 통해 알 수 있는, 뉴스가 우리 생활에 미치는 영향을 알맞게 선으로 이으시오.

(1) 나 • • ① 여러 사람의 생각에 영향을 주어 여론을 형성하게 한다.

(2) 다 • • ② 어떤 일을 긍정적이거나 비판적인 시각으로 보게 한다.

중형차 백만 대를 버렸다

1 뭘 이렇게 많이 시켜?
다 못 먹으면 남기면 되지.

2 냉장고의 음식들은 다 어쩔 거니?
다 버릴 거예요.

3 남은 음식 싸 달라고 할까?
싸 가긴 뭘 싸 가, 창피하게.

4 음식물 쓰레기 경제적 손실
연간 약 20조 원

5 중형차 100만 대를 버리는 것과
같습니다.

6 버려야 할 것은
잘못된 음식 문화입니다.

• **광고의 특징:** 사진과 글, 소리를 사용하여 한 해에 버려지는 음식물 쓰레기의 심각성에 대해 효과적으로 전달하고 있는 공익 광고입니다.

핵심내용 「중형차 백만 대를 버렸다」에 드러난 표현 특성 알아보기

• 주제가 잘 드러나도록 글, 그림, 사진을 효과적으로 사용했습니다.
• 효과적으로 표현하기 위해 강조법을 사용했습니다.

광고에서 사진이나 그림, 글, 소리 이외에 광고 내용을 두드러지게 하려고 사용한 글씨체, 글씨 크기와 색, 화면 구도 등을 잘 살펴보세요.

교과서 문제

1 한 해에 버려지는 음식물 쓰레기를 무엇과 비교했는지 쓰시오.

(   )

2 이 광고를 눈에 쉽게 띄게 하려고 표현한 방법으로 알맞은 것은 무엇입니까? (   )

① 사진만 사용하였다.
② 글자만 크게 제시하였다.
③ 글씨체를 그림처럼 화려하게 꾸몄다.
④ 글씨의 크기와 색을 한 가지로 표현하였다.
⑤ 중요한 글자의 배경을 빨간색으로 표시하고 더 크게 강조하였다.

3 이 광고에 드러난 의도와 표현 특성을 알맞게 말하지 못한 친구의 이름을 쓰시오.

강준: 오래 기억되도록 사실을 과장되게 표현했어.
예은: 자동차를 버리는 것과 음식을 버리는 것이 같다고 표현했어.
지수: 주제가 잘 드러나도록 자동차가 바다에 빠지는 인상 깊은 사진을 사용했어.

(   )

4 소리를 들으며 이 광고를 보면 어떤 점이 좋을지 쓰시오.

서술형

_____

_____

· 광고의 특징: '신바람 자전거'를 사람들이 선택하도록 설득하는 광고로, 광고에 과장하거나 감추는 내용이 포함되어 있습니다.

핵심내용 광고에 나타난 표현의 적절성 판단하기 예

누구나 신바람이 나는 것은 아니므로 '당신의 일상에 신바람이 일어납니다.'라는 표현은 과장되었어.

'기분 최고, 건강 최고, 기술력 최고! 신바람 자전거가 선사합니다.'라는 표현에서 '최고'라는 표현이 과장되었어.

내구성(耐 견딜 내, 久 오랠 구, 性 성품 성) 물질이 원래의 상태에서 변질되거나 변형됨이 없이 오래 견디는 성질.

5 이 광고에서 반복되는 표현은 무엇입니까?
( )

① 무료 ② 기분
③ 신바람 ④ 독보적
⑤ 소비자

교과서 문제
6 이 광고에 나타난 표현의 적절성을 판단할 수 있는 질문으로 알맞은 것의 기호를 쓰시오.

㉮ 무엇을 광고하나요?
㉯ 광고 화면을 밝게 표현한 까닭은 무엇일까요?
㉰ 광고에서 과장하거나 감추는 내용은 없나요?
㉱ 광고에서 글과 그림은 어떻게 구성되어 있나요?

( )

7 '신바람 자전거'는 어떤 점이 좋다고 하였는지 알맞은 것을 두 가지 고르시오. ( )

① 내구성이 튼튼하다.
② 디자인이 독보적이다.
③ 속도가 최고로 빠르다.
④ 다른 나라로 수출하는 상품이다.
⑤ 가격이 저렴하여 소비자 만족도가 높다.

8 ㉠에 대한 표현의 적절성을 알맞게 판단한 것에 ○표 하시오.

(1) 자전거의 디자인과 내구성으로 소비자를 만족시킨다는 것은 과장되었다. ( )
(2) 언제, 어떤 조사에서 소비자 만족도가 1위였는지에 대한 정보를 감추고 있다. ( )

• **광고의 특징:** '깃털 책가방'을 사라는 의도를 가진 광고로, 광고 문구에 과장하거나 감추는 내용이 포함되어 있습니다.

핵심내용 광고 문구에서 과장하거나 감추는 내용 알아보기 예

광고 문구	과장하거나 감추는 내용
해외로 수출하는 우수 제품입니다.	어떤 나라로 수출하는지와 관련 있는 자세한 ❶ ㅈ ㅂ 를 감추고 있다.

초경량(超 넘을 초, 輕 가벼울 경, 量 헤아릴 량) 아주 가벼운 무게.
가공(加 더할 가, 工 장인 공) 원자재나 반제품을 인공적으로 처리하여 새로운 제품을 만들거나 제품의 질을 높임.

교과서 문제

9 무엇을 광고하고 있는지 쓰시오.

( )

10 이 광고의 의도는 무엇입니까? ( )

① 물건을 아껴 쓰라는 것
② '깃털 책가방'을 사라는 것
③ 자신만의 개성을 만들라는 것
④ 가방을 똑바로 메고 다니라는 것
⑤ 교과서를 책가방에 넣고 다니라는 것

11 이 광고와 같이 상품이 잘 팔리게 하려고 상품 기능을 실제보다 부풀리기도 하는 광고를 무엇이라고 하는지 알맞은 것에 ○표 하시오.

공익 광고, 허위 광고, 과장 광고

12 ㉠에서 과장하거나 감추는 내용을 알맞게 파악한 친구의 이름을 쓰시오.

수진: 가방을 깃털로 만들었다는 것은 과장되었어.
규리: 무겁게 만든 가방이 훨씬 더 좋은 가방인데 그런 내용을 감추고 있어.
은혁: '깃털 책가방'보다 더 가벼운 책가방이 있을 수 있으므로 과장되었어.

( )

13 ㉡의 문구가 과장된 표현인 까닭을 쓰시오.

서술형

스마트 기부 확산

㉠ 진행자의 도입

즐거운 성탄절이지만 어려움 속에서 도움을 기다리는 곳도 적지 않습니다. 다행히 기부가 늘어나고 있는데요. 올해 구세군에 모금된 금액은 44억 원으로 지난해보다 4억 원이 많아졌습니다. 사랑의 열매에는 1700억 원 넘게 모여서 목표액의 절반 이상을 채웠고 사랑의 온도 탑도 수은주가 50도를 넘어섰습니다. 어려운 경기 속에도 이렇게 기부가 늘어난 데는 재미와 감동이 함께하는 이른바 스마트 기부가 한몫을 하고 있습니다. 신방실 기자가 전해 드립니다.

（뉴스에서 전하고자 하는 내용）

㉡ 기자의 보도

거리에 등장한 자선냄비가 뭔가 색다릅니다. 한 시민이 돼지 저금통을 갈라 모금함에 돈을 넣는가 했더니, 먼저 주사위를 모니터 위에 놓습니다. 선택한 것은 여성과 다문화, 기부 대상을 직접 고를 수 있는 스마트 자선냄비입니다.

〈면담〉 ○○○(서울시 용산구)
（기자가 면담한 사람 ①）
"자기가 마음 가는 단체에 기부할 수 있어서 편리한 것 같습니다. 좋은 것 같습니다."

유도(誘 필 유, 導 이끌 도)한다는 사람이나 물건을 목적한 장소나 방향으로 이끈다는. 예 상품을 사도록 유도한다는 게 어려웠습니다.

• 글의 특징: 재미와 감동이 함께하는 '스마트 기부'가 확산된다는 내용의 뉴스입니다.

기부 자판기도 새로 등장했습니다. 메뉴판엔 물이나 신발, 약이 있고 2천5백 원부터 만 원까지 금액도 있어, 원하는 것을 고르면 지구 반대편 어린이에게 그대로 전달됩니다.

이렇게 걷는 것만으로도 기부할 수 있는 스마트폰 앱도 있습니다. 100미터에 10원씩 기부금이 쌓이는 동안 건강까지 챙길 수 있습니다.

게임을 하고 광고 동영상을 시청하면서 기부할 수 있는 앱도 등장했습니다.

〈면담〉 ○○○(△△△병원 정신건강의학과 교수)
（기자가 면담한 사람 ②）
"기부에 있어서 마일리지나 포인트 등을 이용할 수 있게 유도한다는 것은 조금 더 사람들이 기부에 손쉽게 다가갈 수 있는 방법 중 하나입니다."

이타적인 동정심으로 기부를 결심하기도 하지만, 기부하면서 느끼는 재미와 보람 같은 개인적 욕구를 채워 주는 점이 요즘 기부의 특징입니다.

㉢ 기자의 마무리

디지털 기술의 진화가 이웃 사랑을 실천하는 촉매제가 되고 있습니다. KBS 뉴스 신방실입니다.
（핵심 내용을 강조하며 뉴스 내용을 끝맺음.）

촉매제(觸 닿을 촉, 媒 중매 매, 劑 약지을 제) 어떤 일을 유도하거나 변화하게 하는 계기를 비유적으로 이르는 말.

교과서 문제

14 이 뉴스에서 보도하는 내용은 무엇입니까?
（　　　）

① 경기가 점점 어려워진다는 내용
② 디지털 기술이 진화한다는 내용
③ '스마트 기부'가 확산된다는 내용
④ 구세군 모금액이 줄어든다는 내용
⑤ 건강과 관련된 스마트폰 앱이 등장했다는 내용

15 ㉠～㉢ 중 시청자의 이해를 도우려고 면담 자료나 통계 자료로 설명하는 부분의 기호를 쓰시오.
（　　　）

16 이 뉴스에서 뉴스의 핵심 내용을 요약해 안내해 주는 역할을 하는 사람을 쓰시오.
（　　　）

17 다음은 이 뉴스의 타당성을 어떤 방법으로 판단한 것인지 알맞은 것에 ○표 하시오.

> 뉴스의 관점에 맞게 스마트 기부의 종류를 소개하고, 스마트 기부의 장점과 특징을 소개했다.

(1) 가치 있고 중요한 뉴스인지 살폈다. （　　　）
(2) 뉴스의 관점과 보도 내용이 서로 관련 있는지 살폈다. （　　　）

'30초의 기적' …… 올바른 손 씻기 방법은?

진행자의 도입 독감 때문에 요즘 감염 걱정이 많죠? 하지만 '30초 손 씻기'만 제대로 실천해도 웬만한 감염병은 막을 수 있다고 합니다. '30초의 기적' 이라고까지 하는 올바른 손 씻기 방법을 이선주 기자가 알려 드립니다.
기자가 보도할 내용

기자의 보도 하루에도 몇 번씩 씻는 손, 손을 씻는 방법은 제각각입니다.

면담 박윤철 6학년 1반 학생
"평소에는 그냥 물로 씻는 편이에요."

면담 금성혜 6학년 3반 학생
"그냥 물휴지 정도로 닦는 편이에요."

손을 어떻게 씻어야 손에 번식하는 세균을 없앨 수 있을지 알아보려고 손에 형광 물질을 바르
손에 번식하는 세균을 없앨 수 있는 손 씻기 방법을 알아보기 위해서

• **글의 특징:** 감염병을 예방할 수 있는 올바른 손 씻기 방법을 알려 주는 뉴스입니다.

고 실험했습니다. 10초 동안 비누로 손바닥과 손가락을 비벼 가며 열심히 씻는 것이 중요합니다. 이렇게 수시로 30초 동안 손을 씻으면 감염병의 70퍼센트는 예방할 수 있습니다.

면담 하영은 보건 선생님
"감기를 비롯해 장염, 식중독 따위도 모두 손을 깨끗이 씻으면 예방할 수 있습니다."

기자의 마무리 특히 중요한 것은 손으로 얼굴을 자주 만지지 않는 것입니다. 우리는 평균 한 시간에 3.6회나 얼굴을 만진다는 연구 결과도 있는데요, 이렇게 자주 얼굴을 만지면 눈, 코, 입으로 세균이 들어가 감염되기 쉽습니다. △△△ 뉴스 이선주입니다.

감염(感 느낄 감, 染 물들 염) 병원체인 미생물이 동물이나 식물의 몸 안에 들어가 증식하는 일.

번식(繁 번식할 번, 殖 불릴 식)하는 붇고 늘어서 많이 퍼지는. 예 이 식물은 한라산에서만 번식하는 종자입니다.

교과서 문제

18 이 뉴스를 보고 알 수 있는 내용은 무엇입니까?
( )

① 올바른 손 씻기 방법
② 물휴지 사용의 심각성
③ 우리 몸에서 손의 역할
④ 감염병을 막기 위한 정부의 노력
⑤ 독감을 비롯한 장염과 식중독의 위험성

19 이 뉴스의 핵심 내용으로 알맞은 것의 기호를 쓰시오.

⑦ 우리는 평균 한 시간에 3.6회나 얼굴을 만진다.
⑭ '30초 손 씻기'만 제대로 실천해도 웬만한 감염병은 막을 수 있다.
⑮ 10초 동안 비누로 손바닥과 손가락을 비벼 가며 열심히 씻는 것이 중요하다.

( )

20 이 뉴스에서 관점을 뒷받침하려고 활용한 자료를 모두 고르시오. ( )

① 관련 실험 ② 전문가 면담
③ 백과사전 사진 ④ 통계청 통계 자료
⑤ 주제와 관련된 연구 결과

21 이 뉴스 원고를 보고 타당성을 판단하여 자신의 의견을 알맞게 말한 친구의 이름을 쓰시오.

가희: 기자의 마무리 부분에 제시한 연구 결과의 출처가 명확하게 제시되어 있어.
승현: 뉴스 관점과 관련해 사람들의 손 씻는 방법이 제각각임을 소개하고, 올바른 손 씻기 방법을 제시하고 있어.

( )

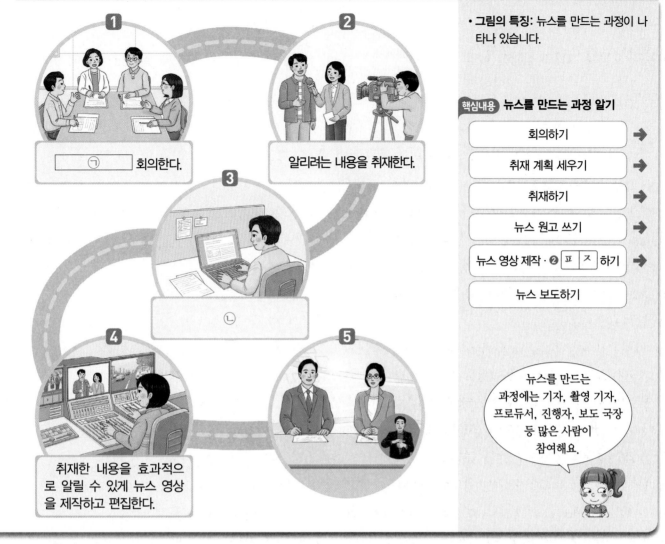

• **그림의 특징:** 뉴스를 만드는 과정이 나타나 있습니다.

핵심내용 뉴스를 만드는 과정 알기

> 회의하기 →
> 취재 계획 세우기 →
> 취재하기 →
> 뉴스 원고 쓰기 →
> 뉴스 영상 제작 · ❷ ㅍ ㅈ 하기 →
> 뉴스 보도하기

뉴스를 만드는 과정에는 기자, 촬영 기자, 프로듀서, 진행자, 보도 국장 등 많은 사람이 참여해요.

22 뉴스를 만드는 첫 번째 과정으로, ㉠에 들어갈 알맞은 내용은 무엇입니까? ( )

① 어떤 내용을 보도할지
② 취재한 내용을 어떻게 알릴지
③ 텔레비전 뉴스 영상을 어떻게 제작할지
④ 뉴스를 본 시청자들의 반응이 어땠을지
⑤ 뉴스를 만들 때 보람 있는 점은 무엇인지

23 그림 ❷의 제작 과정을 거치기 위한 계획을 세울 때 알맞지 <u>않은</u> 내용은 무엇입니까? ( )

① 취재 기간
② 취재할 사람
③ 편집할 영상
④ 사전 조사 방법
⑤ 취재할 사건이나 정보

24 ㉡에 들어갈 뉴스 제작 과정은 무엇인지 쓰시오.

서술형

_____

_____

25 그림 ❺에 해당하는 뉴스 제작 과정으로 알맞은 것에 ○표 하시오.

(1) 사람들에게 보도할 뉴스 주제를 정한다.
( )

(2) 사람들에게 전하고 싶은 내용을 뉴스로 보도한다.
( )

(3) 취재할 내용에 필요한 자료를 검색하고 정리한다.
( )

1 오른쪽 그림의 상황에 알맞은 뉴스 주제를 생각하여 쓰시오.
서술형

등하굣길을 안전하게 다닐 수 있는 방법을 알려 주면 좋겠어.

────────────────

────────────────

────────────────

2 뉴스 주제를 정할 때 생각할 점으로 알맞지 **않은** 것은 무엇입니까? (　　)

① 최근에 일어난 일인가
② 우리 주변에서 일어나는 일인가
③ 알려 주기에 가치 있는 내용인가
④ 특정한 사람이 관심 있을 내용인가
⑤ 여러 사람이 함께 볼 만한 내용인가

3 뉴스 원고를 쓰는 방법은 무엇인지 (　) 안에서 알맞은 말을 골라 ○표 하시오.

'(진행자의 도입 , 기자의 보도 , 기자의 마무리)'에서는 전체 내용을 요약하거나 핵심 내용을 강조한다.

4 뉴스 원고를 쓸 때 주의할 점을 알맞게 말하지 **못한** 친구의 이름을 쓰시오.

세라: 어려운 말은 쉽게 풀어서 말하듯이 써야 해.
강호: 짧은 시간에 내용을 전달할 수 있게 간결한 표현을 사용해야 해.
예진: 뉴스를 보는 사람을 고려해서 인격을 존중하는 말을 사용해야 해.
정석: 누구나 쉽게 그 내용을 이해할 수 없게 모호한 표현을 사용해야 해.

(　　　　)

교과서 문제
5 뉴스를 발표할 때 필요한 역할에 맞게 하는 일을 선으로 이으시오.

(1) 기자　•

(2) 진행자　•

(3) 촬영 기자　•

•① 뉴스를 촬영하는 역할을 한다.

•② 뉴스 내용을 취재해 보도하는 역할을 한다.

•③ 다양한 뉴스를 차례에 맞게 전달하는 역할을 한다.

6 뉴스를 발표할 때 주의할 점으로 알맞지 **않은** 것은 무엇입니까? (　　)

① 정확한 내용을 간결하게 전달한다.
② 진지한 자세로 뉴스 내용을 전한다.
③ 말하는 속도를 빠르게 하여 말한다.
④ 적절하지 않은 표현은 뉴스 내용으로 구성하지 않는다.
⑤ 뉴스 원고를 단순히 따라 읽지 말고 자연스럽게 말한다.

7 뉴스 발표회를 하고 고쳐야 할 점을 알맞게 말한 친구에 ○표 하시오.

(1) 뉴스 관점이 명확하게 드러나지 않게 발표했으면 좋겠어.

(2) 더욱 믿을 만한 출처의 자료를 활용하면 좋겠어.

(　　　)　　　(　　　)

낱말의 뜻

1 뜻에 알맞은 낱말을 보기 에서 찾아 기호를 쓰시오.

보기
㉮ 비판　　㉯ 감염
㉰ 체결　　㉱ 내구성

(1) 계약이나 조약 따위를 공식적으로 맺음.
（　　）
(2) 사물의 옳고 그름을 판단하여 밝히거나 잘못된 점을 지적함.　（　　）
(3) 물질이 원래의 상태에서 변질되거나 변형없이 오래 견디는 성질.　（　　）
(4) 병원체인 미생물이 동물이나 식물의 몸 안에 들어가 증식하는 일.　（　　）

낱말의 활용

2 빈칸에 들어갈 알맞은 낱말을 보기 에서 찾아 쓰시오.

보기
가공　　번식　　유도

(1) 습도가 높아서 세균이 쉽게 （　　　　）한다.
(2) 백화점 점원은 물건을 사도록 （　　　　）하였다.
(3) 이 옷은 특수한 염색 （　　　　）을/를 거쳐 만들어졌다.

낱말의 관계

3 다음 중 두 낱말의 관계가 보기 와 같은 것을 두 가지 고르시오.　（　　）

보기
수출 – 수입

① 감축 – 축소　　② 개인 – 단체
③ 결심 – 다짐　　④ 참여 – 참가
⑤ 불편 – 편리

뜻을 더하는 말

4 다음 설명을 읽고, 빈칸에 '초–'가 들어갈 수 있는 문장에 모두 ○표 하시오.

이보다 가벼울 수는 없다! 초경량 책가방

'초경량'에서 '초–'는 '어떤 범위를 넘어선' 또는 '정도가 심한'의 뜻을 더해 주는 말이야.

(1) □대형 태풍이 제주도를 덮쳐 피해가 심각하다.　（　　）
(2) □고속 인터넷 덕분에 일을 빨리 처리할 수 있었다.　（　　）
(3) 가족들의 □관심으로 외롭게 지내는 노인이 매년 늘고 있다.　（　　）

헷갈리기 쉬운 말

5 보기 의 낱말 뜻을 보고, 빈칸에 들어갈 알맞은 낱말을 찾아 기호를 쓰시오.

보기
㉮ 메다: 어깨에 걸치거나 올려놓다.
㉯ 매다: 끈이나 줄 따위의 두 끝을 엇걸고 잡아 당기어 풀어지지 아니하게 마디를 만들다.

(1) 무거운 가방을 （　　　　）.
(2) 풀어진 옷고름을 （　　　　）.
(3) 운동화 끈을 단단하게 （　　　　）.
(4) 농부가 짐을 실은 지게를 （　　　　）.

맞춤법

6 ㉠과 ㉡을 맞춤법에 맞게 바르게 고쳐 쓰시오.

"그냥 물휴지 정도로 닦는 ㉠편이예요."
손을 ㉡어떡해 씻어야 손에 번식하는 세균을 없앨 수 있을지 알아보았다.

(1) ㉠: （　　　　　　）
(2) ㉡: （　　　　　　）

1~4

지구 온난화를 막기 위해 전 세계가 참가한 보편적 기후 변화 협정이 프랑스 파리에서 체결됐습니다.

31쪽 분량의 '㉠파리 협정' 최종 합의문 핵심은 지구의 기온 상승 폭을 산업화 이전 대비 섭씨 2도 아래로 억제하고, 가능하면 섭씨 1.5도까지 낮추는 것입니다.

또 온실가스 감축을 위해 선진국들이 2020년까지 매년 천억 달러, 우리 돈 118조 원의 기금을 개발 도상국에 지원하도록 하는 내용도 담겼습니다.

파리 협정은 선진국만 온실가스 감축 의무가 있었던 교토 의정서와 달리, 개발 도상국을 포함한 195개 당사국 모두가 지켜야 하는 구속력 있는 첫 합의입니다.

1 ㉠은 무엇을 막기 위한 협정입니까? (   )

① 전쟁   ② 물 부족   ③ 인종 차별
④ 수입 개방   ⑤ 지구 온난화

2 이 뉴스를 보고 새롭게 알게 된 내용으로 알맞은 것에 ○표 하시오.

(1) 지구 온난화가 지속되면 아마존에 사는 생물의 절반이 멸종될 수도 있다. (   )

(2) 개발 도상국을 포함한 195개 당사국은 지구의 기온 상승 폭을 섭씨 2도 아래로 억제해야 한다. (   )

3 이 뉴스를 본 사람들의 다음 반응 중에서 뉴스를 통해 새로운 정보를 얻게 된 것의 기호를 쓰시오.

㉮ "기후 협약에 참여하지 않는 나라는 비판받을 만해."
㉯ "기후 협약은 지구 온난화를 막으려고 여러 나라가 체결한 협약이구나."

(   )

4 이 뉴스를 본 엄마, 아빠의 반응과 관련지어 뉴스가 우리 생활에 미치는 영향은 무엇인지 쓰시오.

서술형

엄마: 지금은 힘들겠지만 다음 세대를 위해 환경을 보전하는 일은 꼭 필요해요.
아빠: 그럼요. 우리가 실천할 수 있는 방법을 찾아봐야겠어요.

_____

_____

5 ★ 광고의 표현 특성으로 알맞은 것을 모두 고르시오.

(   )

① 같은 말을 반복하여 사용한다.
② 주제가 잘 드러나도록 글만 사용한다.
③ 잘 기억하도록 길게 자세히 설명한다.
④ 효과적으로 표현하려고 강조법을 사용한다.
⑤ 광고 내용이 두드러지게 글씨 크기를 달리한다.

6~8

6 자동차를 버리는 것과 무엇이 같다고 표현하였는지 쓰시오.

(   )

7 이 광고의 표현 특성으로 알맞지 <u>않은</u> 것은 무엇입니까? ( )

① 흉내 내는 말을 사용하였다.
② 두 대상을 비교하여 표현하였다.
③ 글자를 흰색과 검은색으로 표현하였다.
④ 강조하고자 하는 부분의 글자를 크게 하였다.
⑤ 중요한 글자의 배경색을 빨간색으로 표현하였다.

8 이 광고에서 전하고자 하는 것은 무엇입니까? ( )

① 교통사고를 줄이자.
② 대기 오염을 줄이자.
③ 바다 생물을 보호하자.
④ 음식을 낭비하지 말자.
⑤ 에너지 절약에 앞장서자.

9~10

 ①
 ②

9 무엇을 광고하고 있는지 쓰시오.

( )

10★ ⊙과 ⓒ의 공통점을 알맞게 말한 친구의 이름을 쓰시오.

주희: 비판적으로 보아야 할 부분이야.
호승: 과장한 내용이 없어서 믿을 만해.
우석: 광고의 의도에 어울리지 않는 문구야.

( )

11~12

깃털 책가방

㉠이보다 가벼울 수는 없다! 초경량 책가방
㉡교과서를 모두 넣어도 찢어질 염려 없는 **튼튼한** 재질
㉢거품 없는 가격과 **최고의 품질**
한국에서 직접 디자인하고 직접 만든 책가방
멘 듯 안 멘 듯 깃털처럼 가벼운 **깃털 책가방**

㉣책가방을 살 때에는 깃털 책가방을 사세요.
세련된 디자인과 특수한 가공으로 품질을 인정받아 ㉤해외로 수출하는 우수 제품입니다.

11 ㉠~㉤ 중 과장하거나 감추는 내용이 <u>아닌</u> 것은 무엇입니까? ( )

① ㉠   ② ㉡   ③ ㉢   ④ ㉣   ⑤ ㉤

12 이 광고에서 크게 쓴 글자가 강조하는 내용으로 알맞은 것은 무엇입니까? ( )

① 책가방 디자인이 아주 다양하다.
② 재질이 비싸서 수출이 많이 된다.
③ 책가방의 무게가 깃털처럼 아주 가볍다.
④ 책가방을 할인하여 싸게 판매하고 있다.
⑤ 어른들이 좋아하는 책가방이 많이 있다.

13 광고에 나타난 표현이 적절한지 알아보면 좋은 점을 알맞게 말한 것에 ○표 하시오.

(1) 광고를 비판적으로 보지 않고 그대로 수용할 수 있다. ( )
(2) 과장 광고나 허위 광고가 무엇인지 판단하며 광고를 볼 수 있다. ( )

14 뉴스에서 면담이나 통계 자료를 보여 주는 까닭으로 알맞은 것을 두 가지 고르시오. (   )

① 뉴스 보도 시간을 길게 하려고
② 화면을 화려하게 보이도록 꾸미려고
③ 뉴스 내용을 체계적으로 보여 주려고
④ 뉴스를 취재한 사람이 누구인지 알려 주려고
⑤ 뉴스를 보는 사람들의 내용 이해에 도움을 주려고

15~18

가 디지털 기술의 진화가 이웃 사랑을 실천하는 촉매제가 되고 있습니다. KBS 뉴스 신방실입니다.
나 거리에 등장한 자선냄비가 뭔가 색다릅니다. 한 시민이 돼지 저금통을 갈라 모금함에 돈을 넣는가 했더니, 먼저 주사위를 모니터 위에 놓습니다. 선택한 것은 여성과 다문화, 기부 대상을 직접 고를 수 있는 스마트 자선냄비입니다.
〈면담〉 ○○○(서울시 용산구)
　"자기가 마음 가는 단체에 기부할 수 있어서 편리한 것 같습니다. 좋은 것 같습니다."
다 어려운 경기 속에도 이렇게 기부가 늘어난 데는 재미와 감동이 함께하는 이른바 스마트 기부가 한몫을 하고 있습니다. 신방실 기자가 전해 드립니다.

15 글 **가**~**다**를 뉴스의 짜임에 알맞게 차례대로 기호를 쓰시오.

(   ) → (   ) → (   )

16 글 **나**에 대한 설명으로 알맞지 <u>않은</u> 것을 두 가지 고르시오. (   )

① 기자가 보도하는 부분이다.
② 뉴스 전체 내용을 요약하는 부분이다.
③ 뉴스 내용을 자세히 보도하는 부분이다.
④ 뉴스에서 보도할 내용을 유도하는 부분이다.
⑤ 시청자의 이해를 돕기 위한 면담 자료를 제시한다.

17 뉴스의 짜임에 맞게 원고를 쓰려면 글 **다** 부분에는 어떤 내용을 써야 하는지 쓰시오.

서술형

_____

_____

18 다음 내용으로 보아, 지혜가 이 뉴스의 타당성을 판단할 때 살펴본 점은 무엇입니까? (   )

지혜: 이 뉴스는 스마트 기부가 우리 사회에서 가치 있고 중요하기 때문에 이를 보도 내용으로 다루었어.

① 자료의 출처가 명확한가
② 가치 있고 중요한 뉴스인가
③ 뉴스의 짜임에 맞게 보도하였는가
④ 활용한 자료가 뉴스의 관점을 뒷받침하는가
⑤ 뉴스의 관점과 보도 내용이 서로 관련 있는가

19 뉴스를 만드는 과정에 알맞게 순서대로 기호를 쓰시오.

㉠ 뉴스 원고를 쓴다.
㉡ 알리려는 내용을 취재한다.
㉢ 뉴스 영상을 제작하고 편집한다.
㉣ 어떤 내용을 보도할지 회의한다.
㉤ 사람들에게 전하고 싶은 내용을 뉴스로 보도한다.

(   ) → (   ) → (   ) → (   ) → (   )

20 뉴스 원고를 쓸 때 주의할 점을 알맞게 말한 것을 모두 고르시오. (   )

① 타당한 자료를 활용한다.
② 인격을 존중하는 말을 사용한다.
③ 뉴스를 쓰는 사람의 관점에서 쓴다.
④ 쉬운 말은 어려운 말로 바꾸서 간단하게 쓴다.
⑤ 모호한 표현을 피하고 정확한 표현을 사용한다.

1

1단계
낱말 쓰기

파리 기후 협약은 무엇을 막기 위해 체결된 것인지 다섯 글자로 쓰시오. [3점]

( )

2단계
문장 쓰기

뉴스를 본 ᄀ의 사람들이 보인 반응을 통해 알 수 있는, 뉴스가 우리 생활에 미치는 영향을 쓰시오. [6점]

_____

_____

3단계
생각 쓰기

뉴스를 본 사람들의 반응을 살펴보고, 파리 기후 협약 체결에 대하여 어떤 생각이 들었는지 간단히 쓰시오. [6점]

_____

_____

2~3

가 독감 때문에 요즘 감염 걱정이 많죠? 하지만 '30초 손 씻기'만 제대로 실천해도 웬만한 감염병은 막을 수 있다고 합니다. '30초의 기적'이라고까지 하는 올바른 손 씻기 방법을 이선주 기자가 알려 드립니다.

나 손을 어떻게 씻어야 손에 번식하는 세균을 없앨 수 있을지 알아보려고 손에 형광 물질을 바르고 실험했습니다. 10초 동안 비누로 손바닥과 손가락을 비벼 가며 열심히 씻는 것이 중요합니다. 이렇게 수시로 30초 동안 손을 씻으면 감염병의 70퍼센트는 예방할 수 있습니다.

〈면담〉 하영은 보건 선생님

"감기를 비롯해 장염, 식중독 따위도 모두 손을 깨끗이 씻으면 예방할 수 있습니다."

다 특히 중요한 것은 손으로 얼굴을 자주 만지지 않는 것입니다. 우리는 평균 한 시간에 3.6회나 얼굴을 만진다는 연구 결과도 있는데요, 이렇게 자주 얼굴을 만지면 눈, 코, 입으로 세균이 들어가 감염되기 쉽습니다. △△△ 뉴스 이선주입니다.

2 글 **다**는 뉴스의 짜임 중 무엇에 해당하는지 쓰고, 이 부분에는 어떤 내용을 써야 하는지 쓰시오. [6점]

글 **다**의 뉴스의 짜임	(1)
글 **다**의 짜임에 써야 할 내용	(2)

3 다음 조건 에서 제시한 판단 방법으로 이 뉴스 원고의 타당성을 판단하여 쓰시오. [10점]

> **조건**
> 가치 있고 중요한 뉴스인지 판단한다.

_____

_____

6 정보와 표현 판단하기

학습 주제	광고에 나타난 표현의 적절성 살펴보기	배점	20점
학습 목표	광고에서 과장하거나 감추는 내용을 알고 표현이 적절한지 판단할 수 있다.		

1 다음 광고에서 과장하거나 감추는 내용은 무엇인지 살펴보고, 빈칸에 알맞은 내용을 쓰시오.

광고 문구	과장하거나 감추는 내용
당신의 일상에 신바람이 일어납니다.	(1)
당신의 즐거운 일상과 건강한 체력을 책임져 줄 단 한 가지!	(2)
(3)	언제, 어떤 조사에서 소비자 만족도가 1위였는지에 대한 정보를 감추고 있다.
기분 최고, 건강 최고, 기술력 최고! 신바람 자전거가 선사합니다.	(4)

7 글 고쳐 쓰기

1 글을 고쳐 쓰면 좋은 점

글을 쓰고 나서 내용과 표현이 알맞도록 다시 쓰는 것을 '고쳐쓰기'라고 해요.

① 읽는 사람이 글을 더 쉽게 이해할 수 있습니다.

② 읽는 사람의 반응을 잘 이끌어 내는 글을 쓸 수 있습니다.

③ 읽는 사람에게 자신이 하고 싶은 말을 잘 전달할 수 있습니다.

★★ 2 글을 고쳐 쓰는 방법

→ 글쓴이의 생각을 나타내거나 글 내용과 관련해 궁금증을 불러일으키는 것으로 정해요.

글 수준에서 고쳐 쓰는 방법	• 글쓴이가 글을 쓴 목적을 생각해 봅니다. • 글 내용이 잘 드러나게 제목을 바꾸어 봅니다. • 글에서 더하거나 뺄 내용이 있는지 생각해 봅니다.
문단 수준에서 고쳐 쓰는 방법	• 글의 흐름에 맞게 문단의 차례를 정해 봅니다. • 문단에서 필요 없는 문장을 찾아봅니다. • 중심 문장과 뒷받침 문장이 어울리는지 살펴봅니다.
문장 수준에서 고쳐 쓰는 방법	• 문장 호응이 이루어지지 않은 문장을 고쳐 봅니다. • 표현이 적절하지 않은 문장을 고쳐 봅니다. • 지나치게 긴 문장을 두 문장으로 나누어 써 봅니다.
낱말 수준에서 고쳐 쓰는 방법	• 알맞은 낱말을 선택하여 추가해 봅니다. • 어색한 낱말을 찾아 바르게 고쳐 봅니다.

→ 뜻에 맞지 않게 사용한 낱말

3 자료를 활용해 글 쓰기

① 문제에 대한 자신의 주장을 정합니다.

② 주장과 관련해 알고 있는 것을 떠올리거나 자료를 찾아봅니다.

③ 주장에 대한 근거와 뒷받침 자료를 정리해 봅니다.

④ 친구들과 토의를 하여 근거나 뒷받침 자료를 추가해 봅니다.

⑤ 주장하는 글의 짜임을 생각하며 글을 씁니다.

주장하는 글은 '서론 – 본론 – 결론'으로 이루어져 있어요.

예 자료를 활용해 동물 실험과 관련해 쓸 내용 정리하기

주장	인간을 위한 동물 실험을 하지 말아야 한다.
근거	동물의 생명도 똑같이 소중하다.
뒷받침 자료	"전 세계에서 해마다 약 6억 마리의 동물이 희생되고 있다."는 사실을 인용해 얼마나 많은 동물이 고통받고 있는지 쓴다.

4 자신이 쓴 글을 고쳐 쓰고 공유하기

두 사람 이상이 어떤 것을 함께 가지고 있음.

① 점검 기준표를 만들고 자신이 쓴 글에서 고쳐 쓸 점을 정리해 봅니다.

② 정리한 내용을 바탕으로 하여 자신이 쓴 글을 고쳐 써 봅니다.

③ 고쳐 쓴 글을 친구들과 바꾸어 읽고 의견을 나누어 봅니다.

④ 친구들의 의견을 듣고 자신의 생각이나 느낌을 말해 봅니다.

개념 확인하기
정답과 풀이 29쪽

1 다음 빈칸에 알맞은 말을 쓰시오.

> 글을 쓰고 나서 내용과 표현이 알맞도록 다시 쓰는 것을 ( )(이)라고 한다.

2 글을 고쳐 쓰면 좋은 점은 무엇인지 빈칸에 들어갈 알맞은 말을 보기 에서 찾아 쓰시오.

> **보기**
> 말   반응   이해

(1) 읽는 사람이 글을 더 쉽게 ( )할 수 있다.

(2) 읽는 사람의 ( )을/를 잘 이끌어 내는 글을 쓸 수 있다.

(3) 읽는 사람에게 자신이 하고 싶은 ( )을/를 잘 전달할 수 있다.

3 문단 수준에서 고쳐 쓰는 방법을 찾아 기호를 쓰시오.

> ㉮ 뜻에 맞지 않게 사용한 낱말이 있는지 살펴본다.
> ㉯ 중심 문장을 뒷받침 문장들과 어울리게 고쳐 쓴다.

( )

4 주장하는 글의 뒷받침 자료로 알맞은 것에 ○표 하시오.

(1) 객관적인 사실   ( )

(2) 개인적인 경험   ( )

쓰레기가 되는 불량 식품

　여러분, 불량 식품을 먹지 맙시다. 불량 식품을 먹고 나서 쓰레기를 버리는 사람이 많습니다. 그렇게 버린 쓰레기들이 우리 학교 주변을 더럽혀 보기에도 좋지 않고, 악취도 납니다. 불량 식품에는 무엇이 들어갔는지, 그리고 유통 기한은 언제까지인지 정확히 적혀 있지 않습니다. 불량 식품을 먹으면 해로운 물질이 몸에 들어가 병에 걸리기 쉽습니다. 불량 식품은 아무리 맛있어서 먹으면 안 됩니다.

1 도현이는 어떤 주제로 글을 쓰려고 했습니까?
(　)

① 질서를 잘 지키자.
② 불량 식품을 먹지 말자.
③ 학교 준비물을 잘 챙기자.
④ 쓰레기를 함부로 버리지 말자.
⑤ 유통 기한을 확인하는 습관을 기르자.

2 〈문제 1번〉의 답과 관련해 도현이가 본 것을 두 가지 고르시오. (　)

① 엄마 심부름을 하는 친구
② 길을 잃어 울고 있는 친구
③ 불량 식품을 먹고 아픈 친구
④ 쓰레기를 아무 데나 버린 친구
⑤ 도서관에서 책을 읽고 있는 친구

3 도현이가 글을 쓰려고 더 찾아본 내용을 쓰시오.
(　)

4 도현이는 이 글을 누가 읽으면 좋겠다고 말했는지 쓰시오.
(　)

5 도현이가 이 글을 쓴 목적은 무엇입니까?
(　)

① 불량 식품을 먹지 말자고 설득하려고
② 불량 식품에 대해 자세히 알려 주려고
③ 불량 식품의 재료를 알아보자고 설득하려고
④ 학교 주변을 깨끗이 청소하자는 의견을 전하려고
⑤ 건강이 나빠지지 않도록 주의하라고 당부하려고

6 이 글을 읽고 글을 고칠 때, 지혜가 도현이를 도울 수 있는 일이 무엇인지 쓰시오.
서술형

_____

_____

가

쓰레기가 되는 불량 식품

여러분, 불량 식품을 먹지 맙시다. 불량 식품을 먹고 나서 쓰레기를 버리는 사람이 많습니다. 그렇게 버린 쓰레기들이 우리 학교 주변을 더럽혀 보기에도 좋지 않고, 악취도 납니다. 불량 식품에는 무엇이 들어갔는지, 그리고 유통 기한은 언제까지인지 정확히 적혀 있지 않습니다. 불량 식품을 먹으면 해로운 물질이 몸에 들어가 병에 걸리기 쉽습니다. 불량 식품은 아무리 맛있어서 먹으면 안 됩니다.

나

건강을 해치는 불량 식품
제목에 주제가 잘 드러나 있음.

여러분, 불량 식품을 먹지 맙시다. 불량 식품에는 무엇이 들어갔는지, 그리고 유통 기한은 언제까지인지 정확히 적혀 있지 않습니다. 불량 식품을 먹으면 해로운 물질이 몸에 들어가 병에 걸리기 쉽습니다. 그리고 유통 기한을 알 수 없어 신선하지 않은 식품을 먹게 될 수도 있습니다. 불량 식품은 아무리 맛있어도 먹지 말아야 합니다.
문장 호응이 맞음.

• **글의 특징**: 글 **가**는 도현이가 불량 식품을 먹지 말자는 주장을 처음에 쓴 글이고, 글 **나**는 도현이를 도와 지혜가 고쳐 쓴 글입니다.

악취(惡 악할 악, 臭 냄새 취) 나쁜 냄새. ㉠ 공장 근처 쓰레기장에서 악취가 났습니다.
유통 기한 주로 식품 따위의 상품이 시중에 유통될 수 있는 기한. ㉠ 유통 기한이 지난 우유를 먹고 배탈이 났습니다.

7 글 **가**를 글 **나**와 같이 고쳐 쓴 까닭으로 알맞지 않은 것은 무엇입니까? ( )

① 주제를 잘 드러내기 위해서
② 문장 호응에 맞게 고치기 위해서
③ 여러 가지 주장을 내세우기 위해서
④ 주제와 관련 없는 내용을 빼기 위해서
⑤ 적절한 근거의 내용을 덧붙이기 위해서

9* 글 **가**와 글 **나**를 비교했을 때 달라진 점이 아닌 것은 무엇입니까? ( )

① 제목을 바꾸었다.
② 내용을 추가하였다.
③ 같은 문장을 반복하였다.
④ 호응이 어색한 문장을 고쳤다.
⑤ 관련 없는 내용을 삭제하였다.

교과서 문제
8 글 **가**를 고쳐 쓸 때 생각할 점을 알맞게 말하지 못한 친구의 이름을 쓰시오.

> 석훈: 글의 주제와 관련 없는 내용이 있는지 살펴봐야 해.
> 세정: 읽는 사람이 표현의 재미를 느낄 수 있는지 살펴봐야 해.
> 연아: 적절하지 않은 낱말이나 틀린 문장이 있는지 확인해야 해.

( )

10 **나**와 같이 글을 고쳐 쓰면 좋은 점을 모두 골라 기호를 쓰시오.

> ㉮ 읽는 사람이 글을 더 쉽게 이해할 수 있다.
> ㉯ 읽는 사람의 반응을 잘 이끌어 내는 글을 쓸 수 있다.
> ㉰ 읽는 사람이 좋아할 만한 내용을 넣어 글을 쓸 수 있다.
> ㉱ 읽는 사람에게 자신이 하고 싶은 말을 잘 전달할 수 있다.

( )

다른 사람을 존중하자

• 글의 종류: 주장하는 글
• 글의 특징: 고운 말을 사용하자고 주장하는 내용으로, 글을 고쳐 쓰는 방법을 익힐 수 있는 글입니다.

1 요즘 많은 어린이가 이야기할 때 은어나 비속어를 ㉠사용했다. 국립국어원 조사에 따르면 조사 대상 초등학생의 93퍼센트가 비속어를 사용한 적이 있다고 한다. 만약 학생 열 명이 ㉡있기 때문에 적어도 아홉 명은 비속어를 사용한 적이 있는 것이다. 비속어가 아닌 고운 말을 사용해야 하는 까닭은 무엇일까?

중심 내용 1 요즘 많은 어린이가 이야기할 때 은어나 비속어를 사용하고 있는데, 고운 말을 사용해야 하는 까닭을 알아보자.

2 고운 말을 사용하면 서로 존중하는 마음을 전할 수 있다. 흔히 말이 눈에 보이지 않는 마음임을 표현할 때 "말은 마음의 거울"이라는 격언을 사용한다. 고운 말을 사용해야 하는 것은 어린이만이 아니다. 존중하는 마음이 없다면 고운 말도 나오지 않는다.
말은 눈에 보이지 않는 마음을 비추어 준다는 뜻임.

중심 내용 2 고운 말을 사용하면 서로 존중하는 마음을 전할 수 있다.

3 고운 말은 다른 사람을 존중하는 마음을 전할 수
지나치게 긴 문장은 이해하기 어려우므로 두 문장으로 나누어 써야 함.
있게 하고, 다른 사람과 대화를 원활하게 할 수 있게 한다. 또 ㉢무조건 고운 말을 사용하는 ㉣것만이 우리 말을 아름답게 가꾸고 지키는 일이다. 이제라도 고운 말을 사용하는 바른 언어 습관을 기르려고 ㉤노력하면 좋을 수도 있다.

중심 내용 3 고운 말은 다른 사람을 존중하는 마음을 전할 수 있게 하고, 다른 사람과 대화를 원활하게 할 수 있게 한다.

핵심내용 「다른 사람을 존중하자」를 읽고 고쳐 쓸 부분을 찾는 방법 알아보기 예

• 글을 전체적으로 다시 읽어 봅니다.
• ❶ [ㅁ][ㄷ] 의 흐름이 자연스러운지 살펴봅니다.
• 문단의 중심 생각이 무엇인지 찾아봅니다.
• 틀린 문장이나 낱말이 있는지 살펴봅니다.
➡ 글, 문단, 문장과 낱말 수준에서 살펴봅니다.

은어(隱 숨을 은, 語 말씀 어) 어떤 계층이나 부류의 사람들이 다른 사람들이 알아듣지 못하도록 자기네 구성원끼리만 빈번하게 사용하는 말.
비속어(卑 낮을 비, 俗 풍속 속, 語 말씀 어) 격이 낮고 속된 말.

격언(格 격식 격, 言 말씀 언) 오랜 역사적 생활 체험을 통하여 이루어진 인생에 대한 교훈이나 경계 따위를 간결하게 표현한 짧은 글.
원활하게 모난 데가 없고 원만하게. 예 이 지역은 물 공급이 원활하게 이루어지고 있습니다.

1 이와 같은 글을 쓴 목적을 알맞게 말한 친구의 이름을 쓰시오.

> 정민: 읽는 사람에게 많은 정보를 전달하기 위해서야.
> 용선: 읽는 사람이 글쓴이의 주장을 따르도록 설득하기 위해서야.

(   )

교과서 문제
2 이 글의 내용과 글쓴이의 주장이 잘 드러나게 제목을 바꾼 것은 무엇입니까? (   )

① 은어와 비속어   ② 우리말의 특성
③ 올바른 친구 관계   ④ 고운 말을 사용하자
⑤ 올바른 대화 예절을 지키자

3 문단 **2**에서 필요 없는 문장을 찾아 쓰시오.

_____

_____

4 ㉠~㉤을 바르게 고쳐 쓰지 <u>못한</u> 것은 무엇입니까? (   )

① ㉠ 사용했다 → 사용한다
② ㉡ 있기 때문에 → 있다면
③ ㉢ 무조건 → 하마터면
④ ㉣ 것만이 → 것은
⑤ ㉤ 노력하면 좋을 수도 있다 → 노력하자

4 고운 말을 사용하면 다른 사람과 원활하게 대화할 수 있다. 은어나 비속어는 대화를 어렵게 하고 오해를 불러일으킨다. 단순히 재미있으려고 은어나 비속어를 사용했다가 친구들끼리 투쟁으로 이어지는 경우도 있고, 어른과 어린이의 일상적인 대화가 어려워지는 경우도 있다.

어떤 대상을 극복하려고 싸우거나 집단 간에 싸우는 일

중심 내용 4 고운 말을 사용하면 다른 사람과 원활하게 대화할 수 있다.

5 ㉠고운 말을 사용하면 친구 관계가 좋아진다. 말은 우리 민족의 혼이 담긴 소중한 문화유산이다. 은어나 비속어를 사용한다면 그것이 우리 후손에게 그대로

은어나 비속어

전해질 것이다. 고운 말을 사용해 아름다운 우리말을 지켜야 한다.

중심 내용 5 고운 말을 사용하는 것은 우리말을 지키는 것과 같다.

오해(誤 그릇칠 오, 解 풀 해) 그릇되게 해석하거나 뜻을 잘못 앎. 또는 그런 해석이나 이해. ⑩ 많은 대화를 주고받은 뒤에 서로 간에 오해가 풀렸습니다.
혼(魂 넋 혼) 사람의 몸 안에서 몸과 정신을 다스린다는 비물질적인 것. ⑩ 미술관에 전시되어 있는 예술 작품 하나에도 작가의 혼이 깃들어 있습니다.

핵심내용 「다른 사람을 존중하자」에서 더하거나 뺄 내용 생각하기 ⑩

글에서 더할 내용	글에서 뺄 내용
• 인터넷 매체에서 비속어를 접하는 학생들의 실태 • 고운 말을 사용하면 좋은 점 • 고운 말을 사용해야 하는 근거	• ❷ ㅈ ㅅ 문장의 내용과 관련 없는 문장 • 고운 말을 사용해야 하는 근거가 아닌 내용

글을 시작할 때 문제와 관련 있는 실태를 쓰면 읽는 사람의 관심을 끌 수 있어.

근거를 추가하면 읽는 사람을 잘 설득할 수 있어.

문화유산(文 글월 문, 化 될 화, 遺 남길 유, 産 낳을 산) 장래의 문화적 발전을 위하여 다음 세대 또는 젊은 세대에게 계승·상속할 만한 가치를 지닌 과학, 기술, 관습, 규범 따위의 민족 사회 또는 인류 사회의 문화적 소산.
후손(後 뒤 후, 孫 손자 손) 자신의 세대에서 여러 세대가 지난 뒤의 자녀를 통틀어 이르는 말.

7

5 글의 흐름에 맞게 문단 1~5의 차례를 정한 것은 무엇입니까? ( )

① 1→2→3→4→5
② 1→2→4→5→3
③ 1→3→2→4→5
④ 1→3→5→4→2
⑤ 1→4→5→2→3

교과서 문제

6 다음은 문단 4의 내용을 정리한 것입니다. 빈칸에 들어갈 말로 알맞은 것은 무엇입니까? ( )

> 은어나 비속어는 [   ] 대화를 어렵게 하고 오해를 불러일으킨다.

① 빠른
② 편리한
③ 다정한
④ 원활한
⑤ 지나친

7 문단 4의 다음 문장에서 어색한 낱말을 찾아 바르게 고쳐 쓰시오.

> 단순히 재미있으려고 은어나 비속어를 사용했다가 친구들끼리 투쟁으로 이어지는 경우도 있고, 어른과 어린이의 일상적인 대화가 어려워지는 경우도 있다.

(   ) → (   )

8 문단 5를 다시 읽고 ㉠을 뒷받침 문장들과 어울리게 고쳐 쓰시오.

서술형

_____

_____

아침밥의 중요성

하루 세끼 가운데에서 가장 중요한것이 아침밥이다. 부모님께서는 건강하려면 아침밥을 먹어야 한다고 말씀하신다. 비록 한 끼라서 아침밥을 거르거나 대충 때우면 하루 온종일 열량과 영양소가 부족해 건강을 잃게 된다. 아침밥을 거르면 영양소가 부족 해 몸도 마음도 힘들어진다. 그렇다면 아침밥을 먹어야 하는 까닥은 무엇일까?

(음식이나 연료 등으로 얻을 수 있는 에너지의 양)
(닭)

아침밥은 장수의 필수 조건이다. 날마다 아침밥을 거르면 밤새 분비된 위산이 중화되지 않아 위가 ㉠불편해졌다. 이런 습관이 ㉡오래지속되면 위염이나 위궤양으로 진행될 수 있다. 또 밤새 써 버린 ㉢수분을 물을 보충하기 어렵고 체내에 저장해 두었던 영양소가 소모된다. 그래서 피부는 ㉣푸석 푸석해지고 주름에 빈혈까지 생겨 건강이 나빠진다.

(날마다 아침밥을 거르는 것)
(핏속에 산소를 운반하는 성분이 정상보다 줄어든 상태)

아침밥을 먹으면 몸도 건강해지고 하루를 활기차게 시작할 수 있다. 우리 모두 아침밥을 거르지 말고 꼭 먹자.

핵심내용 글을 고칠 때 사용하는 교정 부호 알아보기

교정 부호	쓰임	사용한 예
∨	띄어 쓸 때	기분 좋은하루
⌒	붙여 쓸 때	사랑 하는 사람을
○	한 글자를 고칠 때	만마나러 간다.
⊔	여러 글자를 고칠 때	온 가족이 모여서 마신게 맛있게 먹었다.
♂	글자를 뺄 때	가족과 함께 저녁 음식을 먹었다.
∨	글의 내용을 추가할 때	내가 사랑하는 사람은 바로 가족이다.

교정 부호를 사용하면 시간을 절약할 수 있고, 여러 번 옮겨 쓸 필요가 없어서 좋아요.

장수(長 길 장, 壽 목숨 수) 오래도록 삶. 예 건강하게 장수하는 비결을 알고 싶습니다.
분비된 세포에서 만들어진 액체가 세포 밖으로 내보내진.
중화(中 가운데 중, 和 화할 화)되지 산과 염기성 물질이 반응하여 서로의 성질을 잃게 되지.
체내(體 몸 체, 內 안 내) 몸의 내부. 예 체내에 산소가 부족하면 생명이 위험해집니다.
소모된다 쓰여 없어진다. 예 이 제품은 배터리가 빨리 소모된다.

---

9 이 글에서 글쓴이가 말하고자 하는 것은 무엇입니까? ( )

① 아침밥의 중요성
② 아침밥을 먹는 때
③ 주름과 빈혈 증상
④ 장수의 필수 조건
⑤ 위염과 위궤양의 차이점

10 이 글에 사용된 교정 부호에 맞게 고쳐 쓰지 못한 것은 무엇입니까? ( )

① 까닥은 → 까닭은
② 부족 해 → 부 족해
③ 하루 온종일 → 온종일
④ 중요한것이 → 중요한 것이
⑤ 비록 한 끼라서 → 비록 한 끼일지라도

11 교정 부호와 그 쓰임이 바르게 짝 지어지지 않은 것은 무엇입니까? ( )

① 띄어 쓸 때 – ∨
② 붙여 쓸 때 – ⌒
③ 글자를 뺄 때 – ○
④ 여러 글자를 고칠 때 – ⊔
⑤ 글의 내용을 추가할 때 – ∨

12 ㉠~㉣을 고쳐 쓸 때 사용할 교정 부호를 각각 쓰시오.

(1) ㉠: ( ) (2) ㉡: ( )
(3) ㉢: ( ) (4) ㉣: ( )

동물 실험

가

이후 계속되어 온 인류의
'동물 실험'

└→ 동물 실험은 언제부터 계속되었는지
궁금증을 불러일으킴.

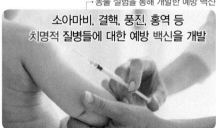

나

└→ 동물 실험을 통해 개발한 예방 백신들

소아마비, 결핵, 풍진, 홍역 등
치명적 질병들에 대한 예방 백신을 개발

다

이 과정에서 동물들은
경련과 발작 증세를 보이는데

→ 동물 실험 때문에 동물들이 고통을 받고 있음.

• **영상 설명:** 동물 실험 영상 장면의 일
부분으로, 인간을 위한 동물 실험에 대
해 생각해 볼 수 있습니다.

영상에서 무엇을 말하는지,
어떤 근거를 제시하는지
살펴보세요.

치명적 생명이 위험할 수 있는 것. 예 많
은 군인들이 전쟁터에서 **치명적** 피해
를 입었습니다.
백신 전염병에 대한 면역력을 기르기
위해 병의 균이나 독소를 이용하여 만
든 약품.
발작(發 필 발, 作 만들 작) 어떤 병의 증
세나 격한 감정, 부정적인 움직임 따
위가 갑자기 세차게 일어남.

---

13 이 영상 장면은 무엇에 대하여 말하고 있는지 빈칸
에 알맞은 말을 차례대로 쓰시오.

> 인간을 위한 (   )을/를 개발하
> 는 데 (   )을/를 사용해서 실험
> 을 하는 것이다.

교과서 문제
14 이 영상을 보고 내용을 확인하는 질문으로 알맞지
<u>않은</u> 것의 기호를 쓰시오.

> ㉮ 동물 실험은 언제부터 계속되었는가?
> ㉯ 예방 백신은 인류의 질병을 막을 수 있는
> 가?
> ㉰ 동물 실험으로 개발한 백신에는 무엇이 있
> 는가?
> ㉱ 실험 과정에서 동물들은 어떠한 증세를 보
> 이는가?

(   )

15 동물 실험으로 예방 백신을 개발한 인간의 질병에
속하지 <u>않는</u> 것은 무엇입니까? (   )

① 결핵   ② 풍진
③ 홍역   ④ 광견병
⑤ 소아마비

16 동물 실험과 관련해 찬성 또는 반대 입장을 정하여
서술형 ○표 하고, 자신의 생각을 쓰시오.

자신의 입장	(1) (찬성 , 반대)
자신의 생각	(2)

글 **가**: 동물의 희생, 동물 실험을 반대한다
글 **나**: 동물 실험을 없애도 괜찮을까

- 글의 종류: 주장하는 글
- 글의 특징: 글 **가**는 동물 실험에 대한 반대의 주장이, 글 **나**는 동물 실험에 대한 찬성의 주장이 드러나 있는 글입니다.

가 의약품 따위를 만드는 실험으로 전 세계에서 해마다 약 6억 마리의 동물이 희생되고 있다. 개발한 약품을 사람에게 바로 사용하지 않고 동물을 대상으로 먼저 실험해 보기 때문이다. 예를 들면 피부에 사용하는 약품을 개발할 때 토끼의 눈에 화학 물질을 넣어 부작용이 생기는지 확인한다. 토끼는 눈 깜빡임과 눈물이 적어 실험 결과를 오래 관찰할 수 있기 때문이다. 눈에 화학 물질이 들어간 토끼는 눈에서 피가 나기도 하고 심한 경우 눈이 멀기도 한다.

동물 실험을 반대하는 사람들이 늘어나고 있다. 사람과 동물의 몸은 차이가 크기 때문에 이러한 동물 실험은 소용이 없다고 주장한다. 실제로 동물 실험을 통과한 신약 후보 열 개 가운데 아홉 개는 사람에게 효과가 없거나 부작용을 일으킨다고 한다.

동물 실험을 다른 방법으로 대체해야 한다는 목소리도 높다. 한 국민 의식 조사에 따르면 동물 실험을 대체할 수 있도록 사회적 지원을 하는 데 응답자 대부분이 찬성했다. 특히 동물 실험을 대체하는 연구에 자신이 내는 세금을 사용할 수 있도록 하는 데 85퍼센트가 동의했다.

나 최근 미국 ○○대학교 연구진은 전 세계적으로 680여 명이 희생된 중동호흡기증후군[메르스]의 백신을 개발했다. 연구진이 동물 실험으로 그 효과를 확인하려고 백신을 원숭이에게 투여했다. 그리고 이 백신이 중동호흡기증후군[메르스]을 예방할 수 있다는 확신을 가졌다. 이렇게 동물 실험은 새로운 약 개발에 중요한 역할을 한다.

동물 실험도 하지 않고 개발한 약을 사람들에게 사용하면 부작용이 발생할 수 있다. 1937년에 한 제약 회사에서 술파닐아미드라는 약을 새롭게 개발했다. 그런데 동물 실험을 거치지 않고 사람들에게 이 약을 판매했다. 그 결과, 이 약을 복용한 많은 사람이 부작용으로 사망하는 불행한 일이 일어났다.

일부 사람들은 동물 실험을 당장 다른 방법으로 대체해야 한다고 주장한다. 그러나 대체 방법을 개발하는 데 6년 이상의 시간과 약 400억 원 이상의 비용이 필요하다. 이처럼 오랜 개발 기간과 막대한 비용 때문에 빠른 시일 안에 동물 실험을 대체하기는 어렵다.

17 동물 실험을 해야 한다고 주장하는 글의 기호를 쓰시오.

( )

교과서 문제
18 동물 실험에 반대하는 근거를 말한 친구의 이름을 쓰시오.

> 민서: 동물의 생명도 똑같이 소중해.
> 소윤: 대체 실험에 오랜 개발 기간과 막대한 비용이 들어.

( )

19 동물 실험에 찬성하는 견해의 근거를 두 가지 고르시오. ( )

① 대체 실험에 비용이 많이 든다.
② 동물 실험을 대체할 수 있는 방법이 있다.
③ 동물의 생명보다 인간의 생명이 더 소중하다.
④ 동물 실험 결과는 오류가 나올 가능성이 높다.
⑤ 동물과 사람에게 나타나는 반응이 똑같지 않다.

20 동물 실험과 관련해 더 아는 사실을 찾아 쓰시오.
서술형

21 글 수준에서 점검할 내용으로 알맞지 <u>않은</u> 것은 무엇입니까?　　　　　　　(　　　)

① 읽는 사람을 고려했는가?
② 제목이 글 내용과 어울리는가?
③ 글 전체 주제가 잘 드러났는가?
④ 무엇을 쓴 글인지 알 수 있는가?
⑤ 분명하지 않거나 지나치게 단정적인 표현은 없는가?

22 글 수준에서 자신이 쓴 글을 점검한 친구의 이름을 쓰시오.

> 유영: 한 문단에 두 개의 중심 생각이 있어서 고쳐쓰기를 했어.
> 성준: 글을 쓴 목적에 맞지 않는 내용이 있어서 고쳐쓰기를 했어.

(　　　　　　　)

교과서 문제
23 **고쳐쓰기를 할 때 문단 수준에서 점검할 내용으로 알맞은 것의 기호를 모두 쓰시오.**

> ㉮ 필요 없는 문장이 있는지 살펴본다.
> ㉯ 문장 호응이 잘 이루어졌는지 살펴본다.
> ㉰ 한 문단에 하나의 중심 생각만 있는지 살펴본다.
> ㉱ 중심 문장과 뒷받침 문장이 자연스럽게 연결되었는지 살펴본다.

(　　　　　　　)

24 다음과 같은 내용을 점검해야 할 부분에 ○표 하시오.

> 타당한 근거를 들어 썼는가?

(1) 글 수준 (　　　)　　(2) 문단 수준 (　　　)
(3) 문장 수준 (　　　)　　(4) 낱말 수준 (　　　)

25 다음 친구들은 어느 수준에서 점검할 내용을 말한 것입니까?　　　　　　　(　　　)

문장 호응이 잘 이루어지지 않는 부분이 있는지 확인해야 해.

표현이 적절하지 않은 문장이 있는지 확인해야지.

① 글 수준　　　　　② 문단 수준
③ 문장 수준　　　　④ 낱말 수준
⑤ 맞춤법 수준

교과서 문제
26 친구가 고쳐 쓴 글을 읽고 낱말 수준에서 더 고쳐 썼으면 하는 점을 말한 것에 ○표 하시오.

(1)
> '의약 제품'이라는 말을 좀 더 쉽게 풀어 쓰면 어떨까?

(　　　)

(2)
> 두 번째 문단에서 주제와 관련 없는 문장을 빼면 더 좋은 글이 될 것 같아.

(　　　)

27 친구가 고쳐 쓴 글에서 칭찬할 점을 찾아 알맞게 말한 친구의 이름을 모두 쓰시오.

> 서윤: 제목을 바꾸니 어떤 내용인지 한눈에 알 수 있게 되었어.
> 승재: 알맞은 낱말로 바꾸었더니 글 내용이 더 잘 이해되는구나.
> 해정: 새로운 내용을 근거로 추가하면 설득력을 높일 수 있을 거야.

(　　　　　　　)

가

저기 물고기들 보여?

→ 콘크리트로 덮여 있거나 오염된 하천을 건강하게 복원함.

콘크리트로 덮여 있던 하천이나 생활 하수로 악취가 나던 하천들을 복원하고 있어.

나

실내에서 난방을 지나치게 하 → 지 않고 적정 온도를 유지함.

내복도 입고, 찬 바람도 막아서 따뜻하게 지내자.

• **그림 설명**: 인간과 자연이 조화를 이루며 발전하려면 우리가 어떻게 해야 할지 생각해 볼 수 있는 환경 만화입니다.

인간과 자연이 조화를 이루며 발전할 수 있는 또 다른 실천 방안에는 무엇이 있을지 생각해 보세요.

하천(河 강물 하, 川 내 천) 강과 시내를 아울러 이르는 말.

하수(下 아래 하, 水 물 수) 빗물이나 집, 공장, 병원 따위에서 쓰고 버리는 더러운 물. 예 강으로 하수가 흘러들어 가 오염이 심각합니다.

복원하고 원래의 상태나 모습으로 돌아가게 하고. 예 무너진 건물을 복원하고 있습니다.

1 환경 만화 가와 나에서 말하고자 하는 내용은 무엇인지 빈칸에 알맞은 말을 쓰시오.

> 인간과 (   )이/가 조화를 이루며 발전하기 위한 실천 방안이다.

3 인간과 자연이 조화를 이루며 발전하기 위한 또 다른 실천 방안을 생각하여 쓰시오.
서술형

_____

_____

교과서 문제
2 환경 만화 가와 나에 나타난 실천 방안을 두 가지 고르시오.   (   )

① 강이나 하천에서 물고기를 잡는다.
② 날마다 숲에서 야영 생활을 즐긴다.
③ 자동차를 사용하지 말고 걸어 다닌다.
④ 콘크리트로 덮여 있는 하천을 복원한다.
⑤ 실내에서 난방을 지나치게 하지 않고 적정 온도를 유지한다.

4 〈문제 3번〉의 실천 방안을 뒷받침할 수 있는 자료를 찾는 방법으로 알맞지 <u>않은</u> 것은 무엇입니까?
(   )

① 전문가 의견 찾아보기
② 친구들이 겪은 일 알아보기
③ 책에서 비슷한 사례 찾아보기
④ 관련 있는 신문 기사 찾아보기
⑤ 인터넷에서 관련 있는 통계 자료 검색하기

낱말의 뜻

1 낱말의 뜻에 알맞은 말을 ( ) 안에서 골라 ○ 표 하시오.

(1) 악취 – 나쁜 (맛 , 냄새).

(2) 비속어 – 격이 (낮고 속된 , 높고 고상한) 말.

(3) 치명적 – 생명이 (안전할 , 위험할) 수 있는 것.

(4) 발작 – 어떤 병의 증세나 격한 감정, 부정적인 움직임 따위가 갑자기 세차게 (멈춤 , 일어남).

동형어

2 밑줄 친 낱말이 보기 와 같은 뜻으로 쓰인 문장을 모두 찾아 ○표 하시오.

> **보기**
> 요즘 입맛이 없어 끼니를 거를 때가 많다.

(1) 시간에 쫓겨 아침을 거르고 학교에 갔다. ( )

(2) 아버지께서는 하루도 거르지 않고 운동을 하신다. ( )

(3) 당근을 믹서기에 넣고 갈은 물을 체로 걸러 마셨다. ( )

문장의 호응

3 밑줄 친 부분을 바르게 고친 것에 ○표 하시오.

(1) | 아무리 기다려서 친구가 나타나지 않았다.
(기다려도 , 기다렸다면)

(2) | 동생은 비록 나이는 어려서 배려심이 깊다.
(어렸고 , 어릴지라도)

비슷한말

4 밑줄 친 낱말과 바꾸어 써도 뜻이 통하는 낱말을 보기 에서 찾아 쓰시오.

> **보기**
> 나쁘게   이롭게   복잡하게   순조롭게

(1) 불량 식품은 건강을 해롭게 하므로 먹지 말아야 한다. → ( )

(2) 고운 말은 다른 사람과 대화를 원활하게 할 수 있게 한다. → ( )

낱말의 활용

5 밑줄 친 낱말의 쓰임이 알맞으면 ○표, 알맞지 않으면 ×표 하시오.

(1) 자연환경은 한번 파괴되면 복원하기가 힘들다. ( )

(2) 석유 연료를 대체할 에너지 개발에 힘쓰고 있다. ( )

(3) 형은 모든 일을 대충 계획성 있게 처리하여 믿을 만하다. ( )

(4) 약을 복용할 때에는 설명서를 꼼꼼히 읽어야 부작용을 높일 수 있다. ( )

속담

6 다음 상황에 어울리는 속담은 무엇입니까? ( )

> 아침밥을 먹으면 몸도 건강해지고 하루를 활기차게 시작할 수 있다.

① 티끌 모아 태산
② 등잔 밑이 어둡다
③ 꿩 먹고 알 먹는다
④ 배보다 배꼽이 더 크다
⑤ 발 없는 말이 천 리 간다

1~5

> ㉠쓰레기가 되는 불량 식품
>
> 여러분, 불량 식품을 먹지 맙시다. 불량 식품을 먹고 나서 쓰레기를 버리는 사람이 많습니다. 그렇게 버린 쓰레기들이 우리 학교 주변을 더럽혀 보기에도 좋지 않고, 악취도 납니다. 불량 식품에는 무엇이 들어갔는지, 그리고 유통 기한은 언제까지인지 정확히 적혀 있지 않습니다. 불량 식품을 먹으면 해로운 물질이 몸에 들어가 병에 걸리기 쉽습니다. ㉡불량 식품은 아무리 맛있어서 먹으면 안 됩니다.

1 글쓴이가 하고 싶은 말은 무엇입니까? (   )

① 편식을 하지 말자.
② 쓰레기를 재활용하자.
③ 불량 식품을 먹지 말자.
④ 학교 주변을 깨끗이 청소하자.
⑤ 병에 걸리지 않도록 조심하자.

2 이 글에서 말한 불량 식품이 위험한 까닭을 두 가지 고르시오. (   )

① 쓰레기에서 악취가 나서
② 무엇이 들어갔는지 몰라서
③ 맛있다고 너무 많이 먹어서
④ 쓰레기를 버리는 사람이 많아서
⑤ 유통 기한이 정확히 적혀 있지 않아서

3 이 글에 나타나 있는 문제점으로 알맞지 <u>않은</u> 것은 무엇입니까? (   )

① 표현이 어색한 부분이 있다.
② 필요 없는 문장이 들어 있다.
③ 글의 주제와 관련 없는 내용이 있다.
④ 읽는 사람을 설득하려는 내용이 나타나 있다.
⑤ 읽는 사람이 잘 이해하기 어려운 부분이 있다.

4 이 글의 주제가 잘 드러나도록 ㉠을 고쳐 쓰시오.

( )

5 이 글에서 ㉡을 문장 호응에 맞게 고쳐 쓰시오.

서술형
_____

_____

6 글을 고쳐 쓰면 좋은 점으로 알맞지 <u>않은</u> 것은 무엇입니까? (   )

① 틀린 부분이 없어 더 좋은 글을 쓸 수 있다.
② 읽는 사람이 더 이해하기 쉬운 글을 쓸 수 있다.
③ 읽는 사람의 반응을 잘 이끌어 내는 글을 쓸 수 있다.
④ 읽는 사람에게 자신이 하고 싶은 말을 잘 전달할 수 있다.
⑤ 자신이 말하려는 내용에 대해 오해를 불러일으킬 수 있다.

7 글을 읽고 고쳐 쓸 부분을 찾는 차례대로 기호를 쓰시오.

> ㉮ 글을 전체적으로 다시 읽어 본다.
> ㉯ 틀린 문장이나 낱말이 있는지 살펴본다.
> ㉰ 문단의 중심 생각이 무엇인지 찾아본다.

( ) → ( ) → ( )

8 글을 읽고 글 수준에서 고쳐 쓰는 방법 중에서 민경이는 무엇을 바꾸는 것에 대해 말했는지 쓰시오.

> 글쓴이의 생각을 나타내거나 글 내용과 관련해 궁금증을 불러일으키는 것으로 정할 수 있어.

민경

( )

9~15

가 ㉠요즘 많은 어린이가 이야기할 때 은어나 비속어를 사용했다. 국립국어원 조사에 따르면 조사 대상 초등학생의 93퍼센트가 비속어를 사용한 적이 있다고 한다. ㉡만약 학생 열 명이 있기 때문에 적어도 아홉 명은 비속어를 사용한 적이 있는 것이다. 비속어가 아닌 고운 말을 사용해야 하는 까닭은 무엇일까?

나 고운 말을 사용하면 서로 존중하는 마음을 전할 수 있다. 흔히 말이 눈에 보이지 않는 마음임을 표현할 때 "말은 마음의 거울"이라는 격언을 사용한다. 존중하는 마음이 없다면 고운 말도 나오지 않는다.

다 고운 말은 다른 사람을 존중하는 마음을 전할 수 있게 하고, 다른 사람과 대화를 원활하게 할 수 있게 한다. 또 ㉢무조건 고운 말을 사용하는 것만이 우리말을 아름답게 가꾸고 지키는 일이다. ㉣이제라도 고운 말을 사용하는 바른 언어 습관을 기르려고 노력하면 좋을 수도 있다.

라 고운 말을 사용하면 다른 사람과 원활하게 대화할 수 있다. 은어나 비속어는 대화를 어렵게 하고 오해를 불러일으킨다. 단순히 재미있으려고 은어나 비속어를 사용했다가 친구들끼리 투쟁으로 이어지는 경우도 있고, 어른과 어린이의 일상적인 대화가 어려워지는 경우도 있다.

마 고운 말을 사용하면 친구 관계가 좋아진다. 말은 우리 민족의 혼이 담긴 소중한 문화유산이다. 은어나 비속어를 사용한다면 그것이 우리 후손에게 그대로 전해질 것이다. 고운 말을 사용해 아름다운 우리말을 지켜야 한다.

9 이 글을 쓴 목적은 무엇입니까? (   )

① 친구의 우정에 대해 알려 주려고
② 고운 말을 사용해야 한다고 주장하려고
③ 어른을 존경해야 하는 까닭을 설명하려고
④ 친구 관계를 소중히 여겨야 한다고 설득하려고
⑤ 우리 민족의 혼이 담긴 문화유산을 소중히 여기자고 주장하려고

10 이 글의 주제가 잘 드러나게 알맞은 제목을 생각하여 쓰시오.

(   )

11 이 글에 추가할 내용으로 알맞지 <u>않은</u> 것은 무엇입니까? (   )

① 고운 말을 사용하면 좋은 점
② 고운 말을 사용해야 하는 근거
③ 비속어를 사용하다가 다툰 사례
④ 소중한 문화유산을 보전하는 방법
⑤ 인터넷 매체에서 비속어를 접하는 학생들의 실태

12 글 전체의 흐름에 맞게 **가**~**마**의 차례를 정해 기호를 쓰시오.

(   ) → **나** → (   ) → **마** → (   )

13 ㉠~㉣ 중에서 문장 호응이 잘 이루어지지 <u>않은</u> 것을 두 가지 찾아 기호를 쓰시오.

(   )

14 ㉠~㉣ 중에서 다음 내용과 관련 있는 문장을 찾아 각각 기호를 쓰시오.

(1) 불확실한 표현: (   )
(2) 지나치게 단정적인 표현: (   )

15* 이 글을 낱말 수준에서 고쳐 쓰는 방법을 말한 것은 무엇입니까? (   )

① 쓴 글을 전체적으로 읽는다.
② 필요 없는 문장이 있는지 살펴본다.
③ 문단 흐름이 자연스러운지 살펴본다.
④ 중심 생각이 잘 나타나 있는지 살펴본다.
⑤ 뜻에 맞지 않게 사용한 낱말이 있는지 살펴본다.

하루 세끼 가운데에서 가장 ㉠중요한것이 아침밥이다. 부모님께서는 건강하려면 아침밥을 먹어야 한다고 말씀하신다. ㉮비록 한 끼라서 아침밥을 거르거나 대충 때우면 하루 온종일 열량과 영양소가 부족해 건강을 잃게 된다. 아침밥을 거르면 영양소가 ㉡부족 해 몸도 마음도 힘들어진다. 그렇다면 아침밥을 먹어야 하는 ㉢까닥은 무엇일까?

아침밥은 장수의 필수 조건이다. 날마다 아침밥을 거르면 밤새 분비된 위산이 중화되지 않아 위가 불편해진다. 이런 습관이 오래 지속되면 위염이나 위궤양으로 진행될 수 있다. 또 밤새 써 버린 ㉣수분을 물을 보충하기 어렵고 체내에 저장해 두었던 영양소가 소모된다. 그래서 피부는 ㉤푸석 푸석해지고 주름에 빈혈까지 생겨 건강이 나빠진다.

16 이 글의 제목으로 알맞은 것은 무엇입니까?
( )

① 하루 세끼
② 아침밥의 중요성
③ 장수의 필수 음식
④ 위염과 위궤양의 증상
⑤ 피부를 가꾸는 수분의 역할

17 ㉠~㉤에서 사용해야 할 교정 부호가 잘못 짝 지어진 것을 두 가지 고르시오. ( )

① ㉠ – ∨
② ㉡ – ⌒
③ ㉢ – ⟨⟩
④ ㉣ – ⌐
⑤ ㉤ – Y

18 서술형 ㉮에서 잘못 쓴 부분을 두 군데 찾아 교정 부호를 사용하여 바르게 고쳐 쓰시오.

비록 한 끼라서 아침밥을 거르거나 대충 때우면 하루 온종일 열량과 영양소가 부족해 건강을 잃게 된다.

㉮ 의약품 따위를 만드는 실험으로 전 세계에서 해마다 약 6억 마리의 동물이 희생되고 있다. 개발한 약품을 사람에게 바로 사용하지 않고 동물을 대상으로 먼저 실험해 보기 때문이다. 예를 들면 피부에 사용하는 약품을 개발할 때 토끼의 눈에 화학 물질을 넣어 부작용이 생기는지 확인한다. 토끼는 눈 깜빡임과 눈물이 적어 실험 결과를 오래 관찰할 수 있기 때문이다. 눈에 화학 물질이 들어간 토끼는 눈에서 피가 나기도 하고 심한 경우 눈이 멀기도 한다.

동물 실험을 반대하는 사람들이 늘어나고 있다. 사람과 동물의 몸은 차이가 크기 때문에 이러한 동물 실험은 소용이 없다고 주장한다. 실제로 동물 실험을 통과한 신약 후보 열 개 가운데 아홉 개는 사람에게 효과가 없거나 부작용을 일으킨다고 한다.

㉯ 최근 미국 ○○대학교 연구진은 전 세계적으로 680여 명이 희생된 중동호흡기증후군[메르스]의 백신을 개발했다. 연구진이 동물 실험으로 그 효과를 확인하려고 백신을 원숭이에게 투여했다. 그리고 이 백신이 중동호흡기증후군[메르스]을 예방할 수 있다는 확신을 가졌다. 이렇게 동물 실험은 새로운 약 개발에 중요한 역할을 한다.

동물 실험도 하지 않고 개발한 약을 사람들에게 사용하면 부작용이 발생할 수 있다.

19 동물 실험을 없애면 안 된다는 주장을 내세운 글의 기호를 쓰시오.

( )

20 글 ㉮에 추가할 근거로 알맞은 것의 기호를 모두 쓰시오.

㉮ 동물의 생명도 똑같이 소중하다.
㉯ 동물의 생명보다 인간의 생명이 더 소중하다.
㉰ 동물 실험을 대신할 수 있는 대체 실험도 가능하다.
㉱ 동물 실험 대체 방법 개발에는 6년 이상의 시간과 약 400억 원 이상의 비용이 필요하다.

( )

1

┌─────────────────────────────┐
│   ㉠   불량 식품   │
│   │
│ 여러분, 불량 식품을 먹지 맙시다. 불량 식품에는 │
│ 무엇이 들어갔는지, 그리고 유통 기한은 언제까지 │
│ 인지 정확히 적혀 있지 않습니다. 불량 식품을 먹으 │
│ 면 해로운 물질이 몸에 들어가 병에 걸리기 쉽습니 │
│ 다. 그리고   ㉡   │
│ 불량 식품은 아무리 맛있어도 먹지 말아야 합니다. │
└─────────────────────────────┘

1단계 낱말 쓰기 ㉠에 들어갈 제목으로 알맞은 말을 쓰시오. [4점]

(   )

2단계 문장 쓰기 다음 조건 에 맞게 ㉡에 들어갈 알맞은 문장을 쓰시오. [6점]

┌─────────────────────────────┐
│ 조건 │
│ 앞 문장에 대한 자세한 설명을 추가하여 읽는 │
│ 사람이 글을 더 쉽게 이해할 수 있게 한다. │
└─────────────────────────────┘

_____

_____

3단계 생각 쓰기 이와 같이 글을 쓰고 나서 고쳐쓰기를 해야 하는 까닭을 쓰시오. [4점]

_____

_____

2~4

가 요즘 많은 어린이가 이야기할 때 은어나 비속어를 사용한다. 국립국어원 조사에 따르면 조사 대상 초등학생의 93퍼센트가 비속어를 사용한 적이 있다고 한다. ㉠만약 학생 열 명이 있기 때문에 적어도 아홉 명은 비속어를 사용한 적이 있는 것이다. 비속어가 아닌 고운 말을 사용해야 하는 까닭은 무엇일까?

나 고운 말을 사용하면 서로 존중하는 마음을 전할 수 있다. 흔히 말이 눈에 보이지 않는 마음임을 표현할 때 "말은 마음의 거울"이라는 격언을 사용한다. ㉡고운 말을 사용해야 하는 것은 어린이만이 아니다. 존중하는 마음이 없다면 고운 말도 나오지 않는다.

다 고운 말은 다른 사람을 존중하는 마음을 전할 수 있게 하고, 다른 사람과 대화를 원활하게 할 수 있게 한다. 또 ㉢무조건 고운 말을 사용하는 것만이 우리말을 아름답게 가꾸고 지키는 일이다.

2 ㉠을 문장 호응이 잘 이루어지도록 바르게 고쳐 쓰시오. [4점]

_____

_____

3 문단 나에서 ㉡을 빼야 하는 까닭을 쓰시오. [4점]

_____

_____

4 ㉢에서 고쳐 쓸 부분을 두 군데 찾아 문장을 바르게 고쳐 쓰시오. [6점]

_____

_____

7 글 고쳐 쓰기

학습 주제	자료를 활용해 글 쓰기	배점	30점
학습 목표	주어진 자료를 읽고 자신의 생각을 글로 쓸 때 활용할 수 있다.		

● **다음 글을 읽고, 물음에 답하시오.**

> 의약품 따위를 만드는 실험으로 전 세계에서 해마다 약 6억 마리의 동물이 희생되고 있다. 개발한 약품을 사람들에게 바로 사용하지 않고 동물을 대상으로 먼저 실험해 보기 때문이다. 예를 들면 피부에 사용하는 약품을 개발할 때 토끼의 눈에 화학 물질을 넣어 부작용이 생기는지 확인한다. 토끼는 눈 깜빡임과 눈물이 적어 실험 결과를 오래 관찰할 수 있기 때문이다. 눈에 화학 물질이 들어간 토끼는 눈에서 피가 나기도 하고 심한 경우 눈이 멀기도 한다.
>
> 동물 실험을 반대하는 사람들이 늘어나고 있다. 사람과 동물의 몸은 차이가 크기 때문에 이러한 동물 실험은 소용이 없다고 주장한다. 실제로 동물 실험을 통과한 신약 후보 열 개 가운데 아홉 개는 사람에게 효과가 없거나 부작용을 일으킨다고 한다.
>
> 동물 실험을 다른 방법으로 대체해야 한다는 목소리도 높다. 한 국민 의식 조사에 따르면 동물 실험을 대체할 수 있도록 사회적 지원을 하는 데 응답자 대부분이 찬성했다. 특히 동물 실험을 대체하는 연구에 자신이 내는 세금을 사용할 수 있도록 하는 데 85퍼센트가 동의했다.

1 동물 실험에 대한 글쓴이의 주장과 주장에 대한 근거를 정리하여 쓰시오. [10점]

글쓴이의 주장	(1)
주장에 대한 근거	(2) • 사람과 동물의 몸은 차이가 크다. • ( )
근거를 뒷받침하는 자료	"전 세계에서 해마다 약 6억 마리의 동물이 희생되고 있다."는 사실을 인용하였다.

2 동물 실험과 관련해 자신의 생각을 쓰고, 동물 실험과 관련 있는 뒷받침 자료를 추가하여 쓰시오. [20점]

자신의 생각	(1)
추가할 뒷받침 자료	(2)

8 작품으로 경험하기

1 영상을 보고 경험한 내용 이야기하기

① 자신이 여행 갈 곳을 떠올리며 영상을 봅니다.

② 자신이 여행 가고 싶은 곳을 정하고 여행 계획을 세워 봅니다.

여행 가고
싶은 곳
정하기 ➡ 여행 가고 싶은
곳에 대한
자료 찾기 ➡ 여행
계획서
쓰기
- 여행 기간과 장소
- 같이 가고 싶은 사람과 준비할 일
- 여행 일정, 여행 비용

└ 도서관에 있는 책, 누리집에 있는 사진 자료와 영상 자료,
지역 소개 자료 등에서 정보를 얻어요.

★★ 2 영화 감상문 쓰기

① 영화 속 내용과 비슷한 자신의 경험을 떠올려 씁니다.

② 영화를 보게 된 까닭을 씁니다.

③ 자신이 주인공이라고 생각하고 씁니다.

④ 감상문의 전체 내용을 잘 드러내거나 읽는 사람의 관심을 끌 수 있는 제목을 씁니다.

⑤ 영화 줄거리를 씁니다.

⑥ 자신이 본 영화나 책을 함께 떠올려 씁니다.

⑦ 영화를 본 뒤의 전체적인 느낌이나 주제도 씁니다.

예 「서로를 따뜻하게 감싸안는 대한민국이 되자」에 들어간 내용 알기

「피부 색깔=꿀색」이라는 영화를 보았다. 제목부터가 뭔가 전하고 싶은 이야기가 많은 영화라고 생각했다.	영화를 보게 된 까닭
융의 장난만큼은 아니지만 나도 가끔은 친구나 동생에게 심한 장난을 한다.	영화 속 내용과 비슷한 자신의 경험
영화를 보는 내내 나는 입양된 사람들이 우리 역사에서 겪은 아픔을 생각했다.	영화를 본 뒤의 전체적인 감상

3 자신의 경험을 떠올리며 작품 감상하기

① 인물이 겪는 일을 상상하며 작품을 읽습니다.

② 작품과 관련 있는 자신의 경험을 떠올려 봅니다.

③ 작품과 자신의 경험을 비교하며 독서 감상문을 씁니다.

★★ 4 경험한 내용을 영화로 만드는 차례 알아보기

┌ 자신의 경험을 떠올려 정함. ┌ 주제에 맞는 사진이나 그림, 영상을 수집함.

주제 정하기 → 자료를 수집하고 정리하기 → 문구 정하기 → 사진이나 영상 넣기 → 음악과 자막 넣기 → 보완하기

사진이나 그림, 영상에   편집 프로그램을 활용함.
어울리는 설명

개념 확인하기
정답과 풀이 33쪽

1 여행 계획서를 쓸 때 들어갈 내용으로 알맞지 <u>않은</u> 것의 기호를 쓰시오.

㉮ 느낀 점   ㉯ 여행 일정
㉰ 여행 비용 ㉱ 준비할 일

(   )

2 영화 감상문을 쓰는 방법은 무엇인지 빈칸에 들어갈 알맞은 말을 보기 에서 찾아 쓰시오.

보기
까닭   제목   줄거리

(1) 영화를 보게 된 (   ) 을/를 쓴다.

(2) 영화 (   )을/를 자세하게 쓴다.

3 다음은 어떤 내용을 쓴 것인지 알맞은 것에 ○표 하시오.

영화를 보는 내내 나는 입양된 사람들이 우리 역사에서 겪은 아픔을 생각했다.

(1) 영화 줄거리 (   )
(2) 영화를 본 감상 (   )

4 경험한 내용을 영화로 만들 때 가장 먼저 할 일은 무엇인지 빈칸에 알맞은 말을 쓰시오.

자신의 경험을 떠올려
(   )을/를 정한다.

나의 여행

여행 가서는 뭘 했지?

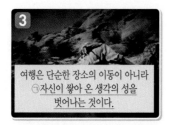
여행은 단순한 장소의 이동이 아니라 ㉠자신이 쌓아 온 생각의 성을 벗어나는 것이다.

정말 가고 싶은 곳인가?   여행 계획을 세울 때 생각할 점

영상에서 해야 한다고 한 여행 — 다른 문화를 존중하고 배려하는 서로 공정한 여행

다시 돌아온 삶의 자리에서 오래도록 힘이 되어 주는

• 영상 「나의 여행」의 특징: 여행을 계획하면서 생각할 점과 공정한 여행의 의미, 여행자가 지녀야 할 마음과 자세를 알려 주는 영상입니다.

핵심내용 자신이 갔던 여행과 「나의 여행」에서의 여행 비교하여 말하기 예

자신이 갔던 여행	여행을 가서 무엇을 먹고 무엇을 할 것인지에만 관심을 기울였다.
「나의 여행」	현지 문화를 체험해 보고, 그 체험으로 다른 문화를 존중하고 배려하는 여행을 하였다.

공정(公 공평할 공, 正 바를 정)한 공평하고 올바른.

1 ㉠의 의미로 알맞은 것에 ○표 하시오.

(1) 여행은 자신이 쌓은 지식을 확인하는 것이다. ( )

(2) 여행은 자신이 경험하지 못했던 것을 경험하는 것이다. ( )

(3) 여행은 자신이 가 보지 못한 장소에 그냥 가 보는 것이다. ( )

2 이 영상에서는 어떤 여행을 해야 한다고 했는지 두 가지 고르시오. ( )

① 배려하는 여행
② 다른 문화를 존중하는 여행
③ 하고 싶은 것을 자유롭게 하는 여행
④ 가고 싶은 곳을 미리 정하여 가는 여행
⑤ 모든 사람이 여행 비용을 공정하게 지불하는 여행

3 이 영상을 보고 자신이 갔던 여행과 비교하여 말한 친구의 이름을 쓰시오.

윤수: 텔레비전에서 여행하는 프로그램을 본 적이 있어. 그곳에 꼭 가고 싶다는 생각이 들었어.
가연: 나는 여행을 가서 무엇을 먹을까에만 신경 썼는데, 이 영상에서는 현지 문화를 체험해 보고 다른 문화를 존중하는 여행을 했어.

( )

4 자신이 여행 가고 싶은 곳에 대하여 여행 계획을 세울 때, 다음은 무엇을 계획하는 내용입니까? ( )

먼저 성삼재 휴게소까지는 차로 이동해서 노고단까지 가는 길에 도전합니다.

① 여행 기간   ② 여행 장소
③ 여행 일정   ④ 여행 비용
⑤ 준비할 일

피부 색깔=꿀색

남자아이는 입양 전에 고아원에서 힘들게 살았다.

아들, 넘어져도 일어나서 다시 타면 돼.

남자아이는 다섯 살 때 벨기에로 입양되었다.

그래서 어쩔 수 없이 날 버린 걸 거야.

남자아이는 친부모 생각에 잘 적응하지 못하고 힘들어했다.

꼬맹이 하나가 또 생겼네.

양부모는 한국에서 여자아이를 더 입양하였다.

썩은 사과 같으니

양어머니는 남자아이가 거짓말을 한 일로 크게 화를 냈다.

사람의 따뜻함이 그리웠던 것 같아요.

남자아이는 양어머니 마음속에 자신이 있다는 것을 깨달았다.

엄마, 누가 내 고향을 물으면

남자아이는 아들을 바라보는 엄마의 눈길을 느꼈다.

- 영화 「피부 색깔＝꿀색」의 특징: 융에냉 감독이 입양되었던 자신의 실제 어린 시절 이야기를 만화와 촬영한 영상을 함께 사용해 표현한 영화입니다. 독특한 영화 제목은 감독이 1970년에 다섯 살의 나이로 벨기에 입양될 당시 그의 입양 서류에 적혀 있던 표현입니다.
- 영화 「피부 색깔＝꿀색」의 내용: 한국에서 고아원에 있던 전정식이라는 다섯 살의 사내아이가 벨기에로 입양되어 융이라는 이름으로 양부모님 품에서 자라게 되지만 가족과 다른 피부색으로 자기 자신이 누구인가에 대해 고민한다는 내용의 이야기입니다.

핵심내용 영화 「피부 색깔＝꿀색」을 감상하는 방법 알기
- 영화 줄거리, 인물의 성격, 인물들의 관계 따위를 이해해야 합니다.
- 영상의 특징과 화면 구도도 함께 살펴봅니다.

1 이 영화의 내용을 파악할 때 살펴보지 <u>않아도</u> 되는 것은 무엇입니까? ( )

① 인물의 몸짓 　　② 인물의 표정
③ 인물들의 관계 　　④ 장면 속 대화글
⑤ 영화 장면의 개수

2 이 영화의 내용으로 알맞은 것을 두 가지 고르시오. ( )

① 주인공의 남동생이 태어났다.
② 주인공의 가족이 이민을 왔다.
③ 주인공이 외국으로 입양되었다.
④ 주인공은 입양 전에 한국에서 힘들게 살았다.
⑤ 주인공의 여동생을 외국에서 잃어버렸다가 찾았다.

3 주인공이 외국에 처음 갔을 때 어떤 마음이 들었을지 알맞은 것의 기호를 쓰시오.

> ㉮ 편안했을 것이다.
> ㉯ 자랑스러웠을 것이다.
> ㉰ 어색하고 두려웠을 것이다.

( )

4 이 영화를 감상한 방법으로 알맞은 것에 ○표 하시오.

> "해외로 입양된 아이가 양부모 품에서 자라면서 자신의 정체성에 대한 혼란을 겪는 내용의 영화야."

(1) 영화 줄거리를 이해하여 말했다. ( )
(2) 영상의 특징을 살펴보고 말했다. ( )
(3) 인물의 성격을 살펴보고 말했다. ( )

서로를 따뜻하게 감싸안는 대한민국이 되자

- 글의 종류: 영화 감상문
- 글의 특징: 영화 「피부 색깔=꿀색」을 보고 영화를 보게 된 까닭, 줄거리, 영화를 본 느낌과 감상 등을 쓴 글입니다.

1 「피부 색깔＝꿀색」이라는 영화를 보았다. 제목부터가 뭔가 전하고 싶은 이야기가 많은 영화라고 생각했다. 이 영화는 벨기에에 입양된 우리 동포 융이라는 사람이 어린 시절을 회상하며 이야기가 시작된다.

中心 내용 **1** 제목부터가 뭔가 전하고 싶은 이야기가 많은 영화라고 생각해서 「피부 색깔=꿀색」이라는 영화를 보았다.

2 융은 다섯 살에 해외로 입양된다. 하지만 융은 벨기에의 가족과 자신의 피부색이 다르다는 사실과 한국에 친부모가 있을지도 모른다는 생각에 잘 적응하지 못하고 힘들어한다. 게다가 융의 가족은 한국에서 여자아이를 한 명 더 입양한다. 융은 한국에서 새로 입양된 여동생과 자신이 닮았다는 말을 듣기 싫어하며 동생과 가족을 멀리한다. 그리고 ㉠융은 학교에서 말썽을 일으키고 집에서 거짓말까지 하면서 점점 더 엇나가는 행동을 한다.
(영화의 주인공 이름)

中心 내용 **2** 다섯 살에 해외로 입양된 융은 잘 적응하지 못하고 힘들어하면서 점점 더 엇나가는 행동을 한다.

3 융의 장난만큼은 아니지만 나도 가끔은 친구나 동생에게 심한 장난을 한다. 하지만 ㉡융의 행동이 주위의 관심과 사랑을 받고 싶고 자신이 누구인지를 찾으려는 몸부림이라는 것을 알았을 때 마음이 많이 아팠다. 자신이 누구인지 알 수 없어 방황하던 융은 영화의 마지막에 이렇게 말한다. "엄마, 누가 내 고향을 물으면 여기도 되고 거기도 된다고 하세요." ㉢나는 융의 말을 모두 이해할 수는 없지만 '꿀색'이라는 말이 따뜻하게 느껴졌다.
(영화에서 인상 깊은 내용)

中心 내용 **3** 융이 주위의 관심과 사랑을 받고 싶어서 심한 장난을 하고 자신이 누구인지를 찾으려고 방황하는 모습이 마음 아팠다.

4 ㉣예전에 「국가대표」라는 영화를 보았다. 그 영화에서 주인공은 엄마를 찾으려고 국가대표가 되려고 했다. 해외 입양 문제는 우리나라의 아픈 역사를 보여 주는 한 부분이다.

中心 내용 **4** 이 영화를 보면서 예전에 보았던 「국가대표」라는 영화가 떠올랐다.

5 이 영화를 보면서 나는 융이라는 사람에게 이런 말을 해 주고 싶었다. "비록 우리나라의 아픈 역사 때문에 벨기에에서 살지만 우리는 똑같은 한국인입니다."라고 말이다. 영화를 보는 내내 나는 입양된 사람들이 우리 역사에서 겪은 아픔을 생각했다. 본인의 의지와 상관없이 다른 나라에서 살아야 하는 사람들, 그리고 우리나라에 온 사람들까지. 나는 우리가 지금 서로를 따뜻하게 감싸안아야 할 때라고 생각했다.
(글쓴이가 말하려는 주제)

中心 내용 **5** 영화를 보는 내내 입양된 사람들이 우리 역사에서 겪은 아픔을 생각했고, 그들을 우리가 지금 따뜻하게 감싸안아야 할 때라고 생각했다.

입양(入 들 입, 養 기를 양)된 양자로 들어간. 예 해외에 입양된 그는 어엿한 청년이 되어 우리나라를 다시 찾아왔습니다.
동포 같은 나라 또는 같은 민족의 사람을 다정하게 이르는 말.

적응(適 맞을 적, 應 응할 응)하지 일정한 조건이나 환경 따위에 맞추어 응하거나 알맞게 되지. 예 전학 온 준수는 학교 생활에 적응하지 못했습니다.

---

5 **1**~**5** 중 다음과 같은 내용을 쓴 문단의 번호를 쓰시오.

(1) 영화를 보게 된 까닭: (   )

(2) 영화 줄거리: (   )

6 글쓴이가 말한 우리나라의 아픈 역사는 무엇입니까? (   )

① 환경 문제   ② 빈곤 문제
③ 교통 문제   ④ 인구 문제
⑤ 해외 입양 문제

7 ㉠~㉣ 중 영화 내용에 대한 글쓴이의 생각이나 느낌을 쓴 부분의 기호를 모두 쓰시오.

(   )

8 이와 같은 영화 감상문의 제목은 어떻게 정하면 좋을지 한 가지 더 쓰시오.
서술형

- 읽는 사람의 관심을 끌 수 있도록 정한다.

- _____

  _____

대상주 홍라

• 이현

• 글의 종류: 이야기
• 글의 특징: 홍라가 어머니를 대신해서 상단을 살리고자 교역을 하러 떠나는 과정과 노력하는 모습을 감동적으로 그린 이야기입니다.

홍라는 어머니의 말씀을 떠올리며 빚을 갚고 상단을 지키기 위해 교역을 하러 가기로 했습니다. → 홍라는 장안으로 교역을 하러 떠나기 위해 빚쟁이들 몰래 상단을 꾸리고 떠날 준비를 했습니다. → 홍라는 장안으로 교역을 하러 떠나면서 반드시 금씨 상단에 걸맞은 모습으로 돌아오겠다고 다짐했습니다.

● 앞부분 이야기

열세 살인 홍라는 금씨 상단 대상주의 딸이다. 대상주인 어머니를 따라 일본으로 교역을 갔다가 바다에서 풍랑을 만난다. 그래서 홍라는 어머니와 헤어지고 겨우 살아남아 집으로 돌아온다. 상단으로 돌아온 홍라에게 남은 건 교역의 실패로 생긴 엄청난 빚뿐이다. 홍라는 아무것도 할 수 없다고 생각한다. 그러다가 위급할 때 열어 보라고 어머니께서 주신 묘원의 열쇠를 기억한다. 묘원에는 숨겨 둔 소그드의 은화가 있었다. 이제 홍라는 솔빈으로 가서 그 은화를 바꾸어 이문을 남길 수 있는 교역을 하려고 한다.

공원처럼 꾸며 놓은 공동묘지
옛날 이란 사람들을 말함.
이익이 남는 돈

1 홍라는 탁자 위에 지도를 펼쳤다. 오래된 가죽 냄새를 맡으니 어머니에 대한 그리움이 밀려들었다. 어머니는 지도를 펼치는 것으로 하루를 시작했다. 어머니의 손길로 반들반들해진 지도였다. 지도에 새겨진 길을 손끝으로 더듬자 어머니의 목소리가 들려오는 것 같았다.

보아라, 길이다. ㉠세상 모든 곳으로 통하는 길이다.

지도의 윗부분에는 금씨 상단이라는 네 글자와 목단꽃 그림이 새겨져 있었다. 그 아래에는 발해에서 사방으로 뻗어 나가는 교역로가 있었다.

돈피
돼지가죽

상경에서 동경을 거쳐 뱃길로 가는 일본도, 상경에서 서쪽으로 곧장 뻗어 나가는 거란도, 상경에서 동경을 거쳐 해안을 따라 남하하는 신라도, 그리고 상경에서 출발하여 서경을 지나 압록강 하구의 박작구에서 배를 타고 등주를 거쳐 장안으로 가는 압록도, 상경에서 거란의 영주를 거쳐 육로를 통해 장안으로 가는 영주도가 있었다.

남쪽으로 내려가는

상단(商 장사 상, 團 둥글 단) 무역을 하기 위해 만든 사람들 단체. ㉞ 상인이 되기 위해 상단에 들어갔습니다.

교역(交 사귈 교, 易 바꿀 역) 주로 나라와 나라 사이에서 물건을 사고팔고 하여 서로 바꿈. ㉞ 두 나라 사이에 교역이 활발합니다.

---

9 이 글에 나오는 홍라에 대한 설명으로 알맞지 <u>않은</u> 것은 무엇입니까? ( )

① 열세 살이다.
② 대상주의 딸이다.
③ 금씨 상단에 있다.
④ 교역으로 많은 돈을 벌었다.
⑤ 풍랑으로 어머니와 헤어졌다.

10 홍라는 무엇을 바꾸어 교역을 하려고 하는지 쓰시오.

( )

11 지도를 보면서 홍라는 왜 어머니를 그리워했겠습니까? ( )

① 어머니가 지도처럼 늙어서
② 어머니 손길이 담긴 지도여서
③ 어머니가 직접 만든 지도여서
④ 어머니가 선물해 준 지도여서
⑤ 지도에 어머니의 얼굴이 그려져 있어서

12 ㉠은 무엇을 말하는지 빈칸에 알맞은 말을 쓰시오.

(1) ( )에서 사방으로 뻗어 나가는
(2) ( )

상경성에서 북상한 다음 서쪽으로 사마르칸트까지
북쪽을 향하여 올라간
가는 길은 담비의 길이라고 했다. 서역 상인들이 초피
족제빗과 동물의 하나
를 사러 오는 길이라서 그렇게 부르는 것이다. 솔빈도
그 담비의 길 위에 있었다.

홍라는 소그드의 은화를 가만히 들여다보았다. 그러
다 다시 지도로 눈길을 돌렸다.

솔빈으로 가서 은화를 팔고……. 그래! 솔빈의 말을
사자!

솔빈의 말은 당나라까지 널리 알려진 명마다. 솔빈
매우 우수한 말
의 말을 장안으로 가져가면 비싼 값에 팔 수 있다. 그
당나라의 도읍지
리고 장안에서 비단을 싸게 사서 온다면……. 가만히
앉아 있으면 묘원의 은화는 비단 오백 필 값. 그러나 길
을 나선다면 천 필, 아니 이천 필 값이 될 수 있다.
교역을 하러 간다면
가자. 교역을 하러 가자. 어머니가 돌아오기 전에 빚
을 갚는 거야. 상단을 지키는 거야. 대상주 금기옥의
딸답게.

홍라는 눈물을 닦았다. 언제부터인가 울고 있었던
것이다. 하지만 이제는 울지 않을 생각이었다. 상단을
이끌고 교역을 떠나야 했다. 상단을 지켜야 했다.

중심 내용 1 홍라는 지도에 새겨진 길을 보며 어머니의 말씀을 떠올린 후 상단을 지키기 위해 교역을 하러 가기로 했다.

> 홍라가 교역을 하러 가려는 까닭과 이 장면과 관련 있는 자신의 경험을 묻는 문제가 자주 출제돼.

2 따로 상단의 일을 배운 적은 없지만, 상단의 딸이
홍라

초피(貂 담비 초, 皮 가죽 피) 담비 종류 동물의 모피를 통틀어 이르는 말.

다. 나면서부터 교역에 대해 보고 들었다. 어떻게 해야
하는지 알 수 있었다. / "친샤!"

홍라가 부르자 곧 친샤가 검으로 마루를 툭툭 쳐서
기척을 보냈다. 홍라는 밖으로 나갔다.

"월보는 떠났어?"

상단의 믿음직한 일꾼들은 지난 풍랑으로 거의 잃
었다. 상단에 남아 있던 일꾼들은 대상주를 찾기 위해
홍라의 어머니
동경에 가 있었다. 그러고도 남아 있는 일꾼들은 나이
가 많거나 혹은 너무 어렸다. 그렇다고 표 나게 사람을
모을 수는 없었다. 빚쟁이들의 눈총이 무서웠다.

다행히 친샤가 고개 저으며 바깥채를 가리켰다. 월
보는 아직 금씨 상단에 머무르고 있는 모양이다. 그리
고 친샤는 다시 바깥채를 가리키며 손가락을 하나 더
폈다. 월보 말고 또 다른 누군가가 있다는 뜻이다.

곧 친샤가 월보와 어느 소년을 데리고 왔다.

홍라는 소년을 보고서 미간을 찌푸리며 기억을 더듬었
두 눈썹의 사이
다. 분명 낯익은 얼굴인데, 누구인지 잘 기억나지 않았다.

월보가 소년을 소개했다.

"아가씨, 비녕자이옵니다. 동경의 해안에서 우리를
구해 주었던……." / "아!"

홍라는 그제야 기억이 났다. 비녕자. 말값으로 금가
락지를 주고 떠나며 금씨 상단으로 찾아오라 했다. 목
숨 구해 준 값도 후하게 치르겠다고 약속했다.
넉넉하게

기척 누가 있는 줄을 짐작하여 알 만한 소리나 기색.
눈총 눈에 독기를 띠며 쏘아보는 시선. 예 남들의 눈총을 받았습니다.

13 홍라가 은화를 팔아 솔빈과 장안에서 사고 팔려는 품목을 차례대로 쓰시오.

(   ), (   )

14 홍라가 교역을 하러 가기로 결심한 까닭은 무엇인
서술형 지 쓰시오.

_____

15* 이 이야기의 내용과 관련 있는 경험을 말한 친구의 이름을 쓰시오.

> 지민: 홍라처럼 외톨이가 되지 않으려고 전학 간 학교에서는 친구들과 사이좋게 지냈어.
> 준희: 홍라가 울지 않겠다고 다짐하며 상단을 지키려고 노력하는 모습에서 감동을 받았어.
> 수빈: 나도 태권도 승급 심사에서 떨어져 울다 가 승급되기 전까지는 울지 않겠다고 다짐한 적이 있어.

(   )

"그런데 우리가 떠나고 얼마 되지 않아 비녕자의 아비와 어미가 그만 세상을 버렸다고 합니다. 작은 고깃배를 타고 바다에 나갔다가 풍랑에 휩쓸려서 그만…… 그래서 금씨 상단에 의지하고 지낼 수 있을까 해서 왔다고 합니다."

언제든 찾아오라고 큰소리쳤다. 더구나 지금은 한 사람이 아쉬운 상황이었다. 비녕자는 소리 소문 없이 데려가기에 적당한 일꾼이었다. 망설일 이유가 없었다.

"장안으로 교역을 나설 거야. 월보, 비녕자, 같이 갈 수 있지?"

선심 쓰는 듯 말했지만, 속으로 좀 걱정이 되었다.
<u>남에게 베푸는 후한 마음</u>
월보에게도 아직 품삯을 주지 못했다. 상단이 망해 간다는 소문이 파다한데, 월보가 따라나서 줄지 걱정이
<u>널리 퍼져 있는데</u>
었다. 비녕자의 불만에 찬 표정도 마음에 걸렸다.

하지만 월보는 반색해 주었다.

"자, 장안이라고요? 네! 네, 갈게요. 가겠습니다!"

비녕자는 여전히 뚱한 얼굴이지만 그래도 고개를 끄덕였다.

반가워서 손이라도 잡아 주고 싶었다. 하지만 대상주답게 굴어야 했다. ㉠<u>홍라는 애써 엄한 표정을 지었다.</u>

"수선 피우지 마. 요란하게 떠날 입장이 아니야. 그
<u>빚쟁이들 몰래 상단을 꾸려야 해서</u>
러니 출발할 때까지 입조심해. 교역에 성공하면 둘

다 크게 한몫 챙겨 줄게."

그렇게 교역을 떠날 상단이 꾸려졌다. 대상주의 자격으로 상단을 이끄는 홍라, 무사 친샤, 천문생 월보, 일꾼 비녕자. 초라하기 그지없지만, 중요한 임무를 띠고 있었
<u>금씨 상단을 지키기 위해 교역을 하러 떠나는 것</u>
다. 금씨 상단을 지키기 위한 마지막 기회인지도 몰랐다.

중심 내용 2 홍라는 장안으로 교역을 하러 떠나기 위해 빚쟁이들 몰래 친샤, 월보, 비녕자로 상단을 꾸렸다.

3 이틀 동안 길 떠날 준비를 했다. 준비랄 것도 없었다. 집안 일꾼들 모르게 몇 가지를 챙기는 게 전부였다. 창고 점검을 한다는 핑계로 말린 고기며 곡식 가루를 좀 챙겼다. 노숙을 해야 할지도 모르니 음식을 조리할 도구도 필요했다. 집에 있는 걸 가져가려니 일꾼들이 알아챌까 걱정스러웠다. 결국 친샤가 시장에서 몇 가지를 사 왔다. 그리고 돈피도 몇 장 챙겼다.

말은 모두 다섯 마리를 준비했다. 홍라와 친샤의 말에 월보와 비녕자가 탈 말도 필요했다. 짐 실을 말도 한 마리 있어야 했다.

홍라는 하인들에게 말을 팔 거라는 핑계를 대고 세 마리를 미리 빼돌렸다. 출발하는 날 아침에 조용히 집을 나서려고 미리 준비해 둔 것이다. 월보가 말들을 성문 근처의 객줏집에 맡겨 두었다. 홍라의 말 하늬와 친샤의 말은, 팔 거라는 핑계를 댈 수 없으니 그냥 집에 두었다.

홍라는 월보를 은밀히 불렀다.

반색해 매우 반가워해. ㉠ 식당 주인이 반색해 주었습니다.
수선 사람의 정신을 어지럽게 만드는 부산한 말이나 행동.

객줏집 예전에, 길 가는 나그네들에게 술이나 음식을 팔고 손님을 재우는 영업을 하던 집.

---

16 홍라가 교역을 하기 위해 가려는 곳은 어디인지 쓰시오.

(   )

17 홍라가 ㉠과 같은 표정을 지은 까닭은 무엇입니까?
(   )

① 빚쟁이들이 눈치챌까 봐
② 교역을 하러 떠나기 싫어서
③ 대상주로서의 위엄을 갖추려고
④ 비녕자와 함께 교역을 가기 싫어서
⑤ 월보가 교역을 하러 같이 가지 않아서

18 교역을 하러 떠나려고 꾸려진 상단의 일행은 누구누구인지 쓰시오.

(   )

19* 홍라가 몰래 교역을 준비한 까닭은 무엇입니까?
(   )

① 금씨 상단을 떠나기 위해서
② 일꾼들 몰래 어머니를 찾고 싶어서
③ 빚쟁이들 몰래 금씨 상단을 팔기 위해서
④ 다른 장사꾼이 알지 못하게 하기 위해서
⑤ 빚쟁이들이 알면 교역하러 떠나는 것을 막을 것 같아서

"내일 새벽, 성문을 여는 북소리가 울릴 때 만나자. 말을 맡겨 둔 객줏집에서."

비녕자와 월보는 그 객줏집에서 밤을 보내기로 했다.

모든 준비를 마친 뒤, 홍라는 방으로 들어왔다. 탁자 앞에 앉아 옥상자를 열었다. 어머니가 남겨 준 열쇠, 그리고 아버지의 선물인 소동인이 있었다.
<small>구리로 만든 작은 도장</small>

홍라는 소동인과 열쇠 두 개를 가죽끈에 꿰어 목에 걸었다. 이제 먼 길을 가는 내내 어머니, 아버지가 함께해 줄 것이다.

<small>중심 내용 ❸</small> 홍라는 이틀 동안 집안 일꾼들 몰래 교역을 하러 떠날 준비를 했다.

❹ 드디어 떠난다. 홍라의 가슴이 세차게 고동쳤다.
<small>장안으로 교역을 하러 떠남.</small>
대상주가 되어 교역을 떠난다. 빚을 갚고 상단을 구할 것이다. 걱정거리가 없지 않지만, 다 이겨 낼 수 있을 것만 같았다. 이겨 내야만 했다.

홍라가 어머니를 따라 먼 교역길에 나서 본 게 세 번이었다. 신라, 일본, 그리고 당나라의 장안이었다.

서라벌에 갔던 건 너무 어려서라 기억에 남아 있는
<small>신라의 옛 이름</small>
게 없었다. 다만 그때 어머니가 사 준 신라 모전이 아직도 홍라 침상에 깔려 있었다. 그리고 이번에 일본에 다녀왔고, 이 년 전에는 장안에 간 적이 있었다.

장안. 당나라 황제의 대명궁이 있는 장안은 인구 백만이 넘는 대도시로 비단처럼 화려한 빛깔로 눈부셨다. 푸른 하늘로 날아오를 듯 맵시 있는 기와지붕들이
<small>아름답고 보기 좋은 모양새</small>
물결치며 이어졌고, 밤이면 색색의 등불이 별빛보다 더 아름답게 반짝였다. 온갖 나라의 사람들이 저마다의 멋을 뽐내며 거리거리를 수놓았다. 동방의 상인들이 장사하는 동부 시장도 그랬지만, 서역 상인들의 서
<small>중국의 서쪽에 있던 여러 나라들</small>
부 시장은 더욱 경이로웠다. 소그드 상인은 물론이고 페르시아나 로마에서 온 상인들도 진귀한 물건을 내놓고 팔았다. 장안은 세계적인 교역 도시였다.

홍라는 장안을 떠나며 언젠가 자신의 상단을 이끌고 다시 오겠다고 다짐했다. 장안까지, 아니 세상의 끝까지 가 보고 싶었다. 그 누구의 발도 닿지 않은 새로운 길로 떠나고 싶었다.

그런 날이 생각보다 빨리 왔다. 생각했던 것과는 달리 너무도 초라한 출발이었다. 그러나 반드시 금씨 상단에 걸맞은 모습으로 돌아오리라. 홍라는 목에 건 소동인과 열쇠를 꼭 쥐었다. 쿵쿵쿵쿵. 힘차게 뛰는 심장 박동이 느껴졌다. 아버지와 어머니가 보내는 응원의 소리인지도 몰랐다.

<small>중심 내용 ❹</small> 홍라는 대상주가 되어 장안으로 교역을 하러 떠나면서 반드시 금씨 상단에 걸맞은 모습으로 돌아오겠다고 다짐했다.

고동쳤다 희망이나 이상이 가득 차 마음이 약동했다.
모전 짐승의 털로 색을 맞추고 무늬를 놓아 두툼하게 짠 부드러운 요.

걸맞은 두 편을 견주어 볼 때 서로 어울릴 만큼 비슷한. ⑩ 때와 장소에 걸맞은 옷차림을 해야 합니다.

---

20 장안으로 교역을 하러 떠나는 홍라의 마음으로 알맞지 <u>않은</u> 것은 무엇입니까? ( )

① 설렜다.　　　　② 희망찼다.
③ 걱정되었다.　　④ 자신감이 있었다.
⑤ 초라해서 부끄러웠다.

<small>교과서 문제</small>
21 홍라가 예전에 본 장안의 모습으로 알맞은 것을 모두 골라 기호를 쓰시오.

> ㉮ 밤이면 등불이 아름답게 반짝였다.
> ㉯ 누구의 발도 닿지 않은 새로운 곳이었다.
> ㉰ 여러 나라의 상인들이 모여 물건을 팔았다.

( )

22 이 이야기의 제목 「대상주 홍라」에서 홍라를 '대상
<small>서술형</small> 주'라고 부른 까닭은 무엇일지 쓰시오.

_____

_____

23 이 이야기를 읽고 다음 친구가 말한 방법으로 알맞은 것에 ○표 하시오.

> 홍라가 장안을 떠올리는 모습에서 『열하일기』가 생각났어. 장안을 묘사한 부분과 중국 문물을 소개한 부분이 비슷하기 때문이야.

(1) 뒷이야기 상상하여 말하기 ( )
(2) 작품 속 내용과 비슷한 자신의 경험 말하기
( )

1 ㉠

자신의 경험을 떠올려 주제를 정한다.

2 ㉡

정한 주제에 맞는 사진이나 그림, 영상을 수집해 영화 장면의 차례대로 나열한다.

3 ㉢

사진이나 그림, 영상에 어울리는 설명을 간단히 기록한다.

4 사진이나 영상 넣기

편집 프로그램을 활용해 사진이나 그림, 영상을 넣는다.

5 음악과 자막 넣기

6학년 축구 대

편집 프로그램을 활용해 음악과 자막을 넣는다.

6 ㉣

만든 영화를 보면서 부족한 부분을 찾아 보완해 완성한다.

• **그림의 특징:** 경험한 내용을 영화로 만드는 방법과 차례를 나타낸 그림입니다.

핵심내용 영화로 만들 내용과 장면 정리하기
① 영화 제목과 주제를 정합니다.
② 영화를 네 장면으로 그리고 줄거리를 말해 봅니다.
③ 주요 장면을 바탕으로 하여 영화 장면을 구성해 봅니다.

편집(編 엮을 편, 輯 모을 집) 영화 필름이나 녹음 테이프, 문서 따위를 하나의 작품으로 완성하는 일.
보완(補 도울 보, 完 완전할 완)해 모자라거나 부족한 것을 보충하여 완전하게 해. 예 문제점을 보완해 자료를 제출했습니다.

---

1 ㉠~㉣에 들어갈 내용을 알맞게 선으로 이으시오.

(1) ㉠ •   • ① 보완하기

(2) ㉡ •   • ② 문구 정하기

(3) ㉢ •   • ③ 주제 정하기

(4) ㉣ •   • ④ 자료를 수집하고 정리하기

2 다음과 같은 작업을 하기 위해 활용하는 것은 무엇인지 쓰시오.

• 음악과 자막을 넣는다.
• 사진이나 그림, 영상을 넣는다.

(   )

3 경험한 내용을 영화로 만들 때, 그림 **1**의 내용과 어울리는 영화 주제를 골라 기호를 쓰시오.

㉮ 손에 땀을 쥐게 하는 이어달리기
㉯ 축구 경기에서 우리 반이 이긴 것
㉰ 운동장을 깨끗하게 사용하는 방법

(   )

4 〈문제 **3**번〉에서 답한 주제에 알맞은 영화의 장면을 두 가지 고르시오. (   )

① 골대 안으로 공이 들어가는 장면
② 우승하여 반 친구들이 기뻐하는 장면
③ 운동장에서 학생들이 휴지를 줍는 장면
④ 달리는 도중에 배턴을 떨어뜨리는 장면
⑤ 청군과 백군이 공을 굴리며 달려가는 장면

[낱말의 뜻]

1 뜻에 알맞은 낱말이 되도록 [보기] 에서 알맞은 글자를 찾아 쓰시오.

보기

총   교   수   문

(1)
| 이익이 남는 돈. | ➡ | 이 ☐ |

(2)
| 눈에 독기를 띠며 쏘아보는 시선. | ➡ | 눈 ☐ |

(3)
| 사람의 정신을 어지럽게 만드는 부산한 말이나 행동. | ➡ | ☐ 선 |

(4)
| 주로 나라와 나라 사이에서 물건을 사고팔고 하여 서로 바꿈. | ➡ | ☐ 역 |

[낱말의 발음]

2 다음 밑줄 친 낱말의 발음으로 알맞은 것은 무엇입니까? (   )

어머니가 돌아오기 전에 빚을 갚는 거야.

① [비즐]   ② [비슬]   ③ [비츨]
④ [비들]   ⑤ [비을]

[비슷한말]

3 밑줄 친 낱말과 바꾸어 써도 뜻이 통하는 낱말을 골라 ○표 하시오.

(1)
상단이 망해 간다는 소문이 파다했다.

(자자했다 , 사라졌다 , 잠잠했다)

(2)
목숨 구해 준 값도 후하게 치르겠다고 약속했다.

(후지게 , 엄하게 , 넉넉하게)

[뜻을 더하는 말]

4 빈칸에 들어갈 알맞은 말을 [보기] 에서 찾아 쓰시오.

보기
• **-꾼**: '어떤 일 때문에 모인 사람'의 뜻을 더하는 말.
• **-쟁이**: '그것이 나타내는 속성을 많이 가진 사람'의 뜻을 더하는 말.

(1) 빚 ☐ 들의 눈총이 무서웠다.   (   )
(2) 상단의 믿음직한 일 ☐ 들은 지난 풍랑으로 거의 잃었다.   (   )

[맞춤법]

5 다음 문장에서 맞춤법이 **틀린** 낱말을 찾아 바르게 고쳐 쓰시오.

창고 점검을 한다는 핑계로 말린 고기며 곡식 가루를 좀 챙겼다.

(   ) → (   )

[낱말의 활용]

6 빈칸에 들어갈 알맞은 낱말을 [보기] 에서 찾아 쓰시오.

보기
보완해   걸맞게   초라했다   고동쳤다

(1) 곧 중학생이 된다는 생각에 나도 모르게 가슴이 (   ).
(2) 발견된 문제점을 모두 (   ) 제품을 내보내기로 했다.
(3) 최고의 맛집이라는 명성에 (   ) 그 집의 음식은 정말 맛있었다.
(4) 우리 팀은 최선을 다했지만 경기 성적은 기대에 미치지 못하게 (   ).

단원 평가

점수

1~2

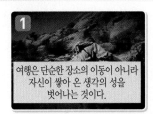
1 여행은 단순한 장소의 이동이 아니라 자신이 쌓아 온 생각의 성을 벗어나는 것이다.

2 정말 가고 싶은 곳인가?

3 다른 문화를 존중하고 배려하는 서로 공정한 여행

4 다시 돌아온 삶의 자리에서 오래도록 힘이 되어 주는

1 이 영상에서 말하는 '여행'에 대한 설명으로 알맞은 것에 모두 ○표 하시오.

(1) 단순한 장소의 이동이다. ( )

(2) 자신이 쌓아 온 생각의 성을 벗어나는 것이다.
( )

(3) 여행한 뒤에도 삶에서 오래도록 힘이 되어 주는 것이다. ( )

2 이 영상에서 다른 문화를 존중하고 배려하는 여행을 어떤 여행이라고 했는지 쓰시오.

( )

3 여행 계획을 세우는 과정에 맞게 차례대로 기호를 쓰시오.

㉮ 여행 계획서를 쓴다.
㉯ 여행 가고 싶은 곳을 정한다.
㉰ 여행 가고 싶은 곳에 대한 자료를 찾는다.

( ) → ( ) → ( )

4 다음 두 친구가 여행 가기 전에 계획하려는 것이 <u>아닌</u> 것은 무엇입니까? ( )

언제, 어디로 여행 가느냐에 따라 준비물이 달라져.

여행 가기 전에 누구와 함께 가고, 무엇을 준비해야 할지 알아야 해.

① 준비할 일
② 여행 기간
③ 여행 장소
④ 여행 비용
⑤ 같이 가고 싶은 사람

5* 다음은 여행 계획서에 들어갈 내용 중 무엇에 해당합니까? ( )

입장료는 무료지만 성삼재를 가려면 한 명당 1500원 정도의 문화재 관람료가 있다고 합니다.

① 여행 기간
② 준비할 일
③ 여행 비용
④ 여행 일정
⑤ 같이 가고 싶은 사람

6 다음 영화에서 주인공인 남자아이에게 일어난 일은 무엇입니까? ( )

1 남자아이는 입양 전에 고아원에서 힘들게 살았다.

2 남자아이는 다섯 살 때 벨기에로 입양되었다.

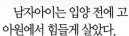
아들, 넘어져도 일어나서 다시 타면 돼.

① 여동생을 예뻐하였다.
② 양부모님과 헤어졌다.
③ 외국으로 입양되어 왔다.
④ 갑자기 말을 못하게 되었다.
⑤ 잃어버렸던 친부모를 찾았다.

7 진수는 영화를 감상하면서 무엇을 살펴보고 다음과 같이 감상한 내용을 말한 것입니까? (   )

> 진수: 영화 「피부 색깔=꿀색」은 만화와 촬영한 영상을 함께 사용해서 과거와 현재의 모습을 비교할 수 있도록 구성했어.

① 영상의 특징
② 인물의 성격
③ 영화 줄거리
④ 인물들의 관계
⑤ 인물의 말과 행동

10 글 **가**와 **나**를 읽고 알 수 있는 내용을 모두 고르시오.   (   )

① 영화 제목
② 영화 주제
③ 영화 줄거리
④ 영화를 보게 된 까닭
⑤ 인물에게 하고 싶은 말

11 글 **다**를 쓴 방법을 쓰시오.

서술형

_____

_____

8~11

가 「피부 색깔=꿀색」이라는 영화를 보았다. 제목부터가 뭔가 전하고 싶은 이야기가 많은 영화라고 생각했다. 이 영화는 벨기에에 입양된 우리 동포 융이라는 사람이 어린 시절을 회상하며 이야기가 시작된다.

나 융은 다섯 살에 해외로 입양된다. 하지만 융은 벨기에의 가족과 자신의 피부색이 다르다는 사실과 한국에 친부모가 있을지도 모른다는 생각에 잘 적응하지 못하고 힘들어한다. 게다가 융의 가족은 한국에서 여자아이를 한 명 더 입양한다. 융은 한국에서 새로 입양된 여동생과 자신이 닮았다는 말을 듣기 싫어하며 동생과 가족을 멀리한다. 그리고 융은 학교에서 말썽을 일으키고 집에서 거짓말까지 하면서 점점 더 엇나가는 행동을 한다.

다 융의 장난만큼은 아니지만 나도 가끔은 친구나 동생에게 심한 장난을 한다. 하지만 융의 행동이 주위의 관심과 사랑을 받고 싶고 자신이 누구인지를 찾으려는 몸부림이라는 것을 알았을 때 마음이 많이 아팠다.

12~13

홍라는 소그드의 은화를 가만히 들여다보았다. 그러다 다시 지도로 눈길을 돌렸다.

솔빈으로 가서 은화를 팔고……. 그래! 솔빈의 말을 사자!

솔빈의 말은 당나라까지 널리 알려진 명마다. 솔빈의 말을 장안으로 가져가면 비싼 값에 팔 수 있다. 그리고 장안에서 비단을 싸게 사서 온다면……. 가만히 앉아 있으면 묘원의 은화는 비단 오백 필 값. 그러나 길을 나선다면 천 필, 아니 이천 필 값이 될 수 있다.

가자. 교역을 하러 가자. 어머니가 돌아오기 전에 빚을 갚는 거야. 상단을 지키는 거야. 대상주 금기옥의 딸답게.

12 홍라가 교역을 하러 가려는 곳은 어디어디인지 쓰시오.

(   ), (   )

8 이와 같은 글의 종류를 무엇이라고 하는지 쓰시오.

(   )

13 이 글에서 홍라가 상단을 지키기 위해 결심한 일은 무엇입니까?   (   )

① 교역을 하러 가는 것
② 은화를 많이 모으는 것
③ 빨리 대상주가 되는 것
④ 어머니를 빨리 찾는 것
⑤ 장안으로 이사를 가는 것

9 주인공의 이름은 무엇인지 쓰시오.

(   )

14~18

가 상단의 믿음직한 일꾼들은 지난 풍랑으로 거의 잃었다. 상단에 남아 있던 일꾼들은 대상주를 찾기 위해 동경에 가 있었다. 그러고도 남아 있는 일꾼들은 나이가 많거나 혹은 너무 어렸다. ㉠그렇다고 표 나게 사람을 모을 수는 없었다. 빚쟁이들의 눈총이 무서웠다.

나 "수선 피우지 마. ㉡요란하게 떠날 입장이 아니야. 그러니 출발할 때까지 입조심해. 교역에 성공하면 둘 다 크게 한몫 챙겨 줄게."

그렇게 교역을 떠날 상단이 꾸려졌다. 대상주의 자격으로 상단을 이끄는 홍라, 무사 친샤, 천문생 월보, 일꾼 비녕자. 초라하기 그지없지만, 중요한 임무를 띠고 있었다. 금씨 상단을 지키기 위한 마지막 기회인지도 몰랐다.

이틀 동안 길 떠날 준비를 했다. 준비랄 것도 없었다. 집안 일꾼들 모르게 몇 가지를 챙기는 게 전부였다. 창고 점검을 한다는 핑계로 말린 고기며 곡식 가루를 좀 챙겼다. 노숙을 해야 할지도 모르니 음식을 조리할 도구도 필요했다.

다 드디어 떠난다. 홍라의 가슴이 세차게 고동쳤다. 대상주가 되어 교역을 떠난다. 빚을 갚고 상단을 구할 것이다. 걱정거리가 없지 않지만, 다 이겨 낼 수 있을 것만 같았다. 이겨 내야만 했다.

14 홍라의 상단에 믿음직한 일꾼들이 부족한 까닭은 무엇입니까? ( )

① 어린 일꾼만 모아서
② 풍랑으로 거의 잃어서
③ 대상주와 함께 동경에 가서
④ 주변에 많은 상단이 생겨서
⑤ 빚쟁이들이 일꾼들을 빼돌려서

15 이 글에서 홍라가 교역을 하러 떠나기 위해 한 일을 두 가지 고르시오. ( )

① 빚쟁이들에게 빚을 갚았다.
② 함께 교역을 떠날 상단을 꾸렸다.
③ 금씨 상단을 다른 상인에게 넘겼다.
④ 교역을 떠날 때 가져갈 것을 챙겼다.
⑤ 어머니를 보살펴 드릴 사람을 구했다.

16 ㉠과 ㉡처럼 홍라가 몰래 상단을 꾸린 까닭은 무엇인지 빈칸에 알맞은 말을 쓰시오.

( )이/가 몰려와서 교역을 하러 떠나는 것을 막을 것 같았기 때문이다.

17 글 **다**에서 교역을 하러 떠나는 홍라에게 어떤 말을 해 주고 싶은지 쓰시오.
서술형

_____

_____

18 이 이야기의 내용과 비슷한 자신의 경험을 떠올려 말한 친구는 누구인지 쓰시오.

주현: 나도 홍라처럼 어려움을 이겨 내려고 노력하는 삶을 살고 싶어.
규리: 홍라의 상단처럼 드라마에서 상인들이 짐을 지고 중국으로 교역을 떠나는 장면을 본 적이 있어.

( )

19 경험한 내용을 영화로 만들 때 가장 나중에 하는 일은 무엇입니까? ( )

① 보완하기   ② 주제 정하기
③ 문구 정하기   ④ 음악과 자막 넣기
⑤ 자료를 수집하고 정리하기

20 경험한 내용을 영화로 만들 때 알맞은 주제에 ○ 표 하시오.

(1) 사계절이 변하는 까닭 ( )
(2) 전통놀이가 생겨난 유래 ( )
(3) 현장 체험학습에서 생긴 일 ( )

8

점수

1

가 「피부 색깔＝꿀색」이라는 영화를 보았다. 제목부터가 뭔가 전하고 싶은 이야기가 많은 영화라고 생각했다. 이 영화는 벨기에에 입양된 우리 동포 융이라는 사람이 어린 시절을 회상하며 이야기가 시작된다.

나 융은 다섯 살에 해외로 입양된다. 하지만 융은 벨기에의 가족과 자신의 피부색이 다르다는 사실과 한국에 친부모가 있을지도 모른다는 생각에 잘 적응하지 못하고 힘들어한다. 게다가 융의 가족은 한국에서 여자아이를 한 명 더 입양한다. 융은 한국에서 새로 입양된 여동생과 자신이 닮았다는 말을 듣기 싫어하며 동생과 가족을 멀리한다.

다 융의 장난만큼은 아니지만 나도 가끔은 친구나 동생에게 심한 장난을 한다. 하지만 융의 행동이 주위의 관심과 사랑을 받고 싶고 자신이 누구인지를 찾으려는 몸부림이라는 것을 알았을 때 마음이 많이 아팠다.

1단계
낱말 쓰기
글쓴이가 영화를 보게 된 까닭은 무엇인지 빈칸에 알맞은 말을 쓰시오. [3점]

• (   )부터가 뭔가 전하고 싶은 이야기가 많은 영화라고 생각했기 때문이다.

2단계
문장 쓰기
영화 감상문을 쓸 때 들어가는 내용을 생각하며 글 **나**와 **다**는 어떻게 썼는지 쓰시오. [6점]

글 **나**	(1)
글 **다**	(2)

3단계
생각 쓰기
글 **나**의 내용을 바탕으로 하여 영화 「피부 색깔＝꿀색」에 대한 자신의 생각이나 느낌을 쓰시오. [8점]

_____

_____

2~4

가 가자. 교역을 하러 가자. 어머니가 돌아오기 전에 빚을 갚는 거야. 상단을 지키는 거야. 대상주 금기옥의 딸답게.

홍라는 눈물을 닦았다. 언제부터인가 울고 있었던 것이다. 하지만 이제는 울지 않을 생각이었다. 상단을 이끌고 교역을 떠나야 했다. 상단을 지켜야 했다.

나 그렇게 교역을 떠날 상단이 꾸려졌다. 대상주의 자격으로 상단을 이끄는 홍라, 무사 친샤, 천문생 월보, 일꾼 비녕자. 초라하기 그지없지만, 중요한 임무를 띠고 있었다. 금씨 상단을 지키기 위한 마지막 기회인지도 몰랐다.

다 드디어 떠난다. 홍라의 가슴이 세차게 고동쳤다. 대상주가 되어 교역을 떠난다. 빚을 갚고 상단을 구할 것이다.

라 생각했던 것과는 달리 너무도 초라한 출발이었다. 그러나 반드시 금씨 상단에 걸맞은 모습으로 돌아오리라. 홍라는 목에 건 소동인과 열쇠를 꼭 쥐었다. 쿵쿵쿵쿵. 힘차게 뛰는 심장 박동이 느껴졌다.

2 글 **나**에서 홍라가 꾸린 상단의 중요한 임무는 무엇일지 쓰시오. [4점]

(   )

3 자신이 홍라라면 상단을 꾸려 길을 떠날 때 어떤 마음일지 쓰시오. [6점]

_____

_____

4 이 이야기의 내용과 관련 있는 자신의 경험을 떠올려 쓰시오. [8점]

_____

_____

8 작품으로 경험하기

학습 제재	서로를 따뜻하게 감싸 안는 대한민국이 되자	배점	20점
학습 목표	영화 감상문을 쓸 수 있다.		

1 다음 영화 감상문을 읽고, 뒷부분을 이어서 더 쓰려고 합니다. 조건 에 알맞은 내용으로 쓰시오.

「피부 색깔 = 꿀색」이라는 영화를 보았다. 제목부터가 뭔가 전하고 싶은 이야기가 많은 영화라고 생각했다. 이 영화는 벨기에에 입양된 우리 동포 융이라는 사람이 어린 시절을 회상하며 이야기가 시작된다.

융은 다섯 살에 해외로 입양된다. 하지만 융은 벨기에의 가족과 자신의 피부색이 다르다는 사실과 한국에 친부모님이 있을지도 모른다는 생각에 잘 적응하지 못하고 힘들어한다. 게다가 융의 가족은 한국에서 여자아이를 한 명 더 입양한다. 융은 한국에서 새로 입양된 여동생과 자신이 닮았다는 말을 듣기 싫어하며 동생과 가족을 멀리한다. 그리고 융은 학교에서 말썽을 일으키고 집에서 거짓말까지 하면서 점점 더 엇나가는 행동을 한다.

(1)

> 조건
>
> 인물에게 하고 싶은 말을 써서 자신의 생각이나 느낌을 나타낸다.

(2)

> 조건
>
> 영화 속 내용과 비슷한 자신의 경험을 떠올려 쓴다.

1 다음 「안사람 의병가」에서 시대적 배경을 파악할 수 있는 낱말을 찾아 쓰시오.

> 아무리 왜놈들이 포악하고 강성한들
> 우리도 뭉쳐지면 왜놈 잡기 쉬울세라

( )

2 「의병장 윤희순」에서 다음 윤희순의 말을 통해 알 수 있는 윤희순이 추구하는 삶은 무엇인지 알맞은 것에 ○표 하시오.

> "우리 여자들도 사내들을 도와 왜놈들을 몰아내는 데 한 몫을 해야 하지 않겠습니까?"

(1) 열정을 가지고 도전하는 삶 ( )
(2) 남을 이해하고 존중하는 삶 ( )

3 작품에서 인물이 추구하는 삶을 파악하는 방법은 무엇인지 다음 빈칸에 들어갈 알맞은 말을 보기 에서 찾아 쓰시오.

> 보기
> 가치   까닭   상황

(1) 인물이 처한 ( )에서 한 말이나 행동을 알아본다.
(2) 인물이 한 말이나 행동에서 관련 있는 ( )을/를 찾아본다.

4 다음은 「구멍 난 벼루」 속 '추사 김정희'와 '허련' 중에서 어떤 인물이 추구하는 삶을 파악한 것인지 쓰시오.

> 붓 수십 자루가 몽당붓이 되도록 그림을 그린 모습에서 끊임없이 꿈을 향해 노력하는 삶을 추구한다는 것을 알 수 있다.

( )

5 「마지막 숨바꼭질」에서 ㉠과 ㉡의 말과 행동에서 인물이 추구하는 삶과 관련 있는 가치를 모두 골라 ○표 하시오.

> 소방관들은 구조를 중단하고 온몸이 오그라드는 듯한 열기 속에서 빠져나오기 시작했대.
> ㉠"먼저 나가. 내가 한 번만 더……."
> ㉡그때 말릴 새도 없이 깨진 창문 사이로 뛰어 들어간 한 사람의 구조 대원이 있었단다.

(도전 , 자유 , 용기)

6 인물의 삶과 자신의 삶을 관련지어 말하는 방법으로 맞으면 ○표, 틀리면 ✕표 하시오.

(1) 인물이 추구하는 삶을 분명하게 파악하지 않아도 된다. ( )
(2) 인물의 삶과 자신의 삶에서 비슷한 점이나 다른 점을 생각하며 비교한다. ( )
(3) 인물이 중요하게 여기는 가치를 찾아 자신이 중요하게 여기는 가치와 비교한다. ( )

7 「이모의 꿈꾸는 집」에서 퐁이 한 말을 살펴보고 퐁이 추구하는 삶과 자신의 삶을 관련지어 알맞게 말한 친구의 이름을 쓰시오.

> • "신나게 춤추는 것. 그게 내 꿈이야."
> • "오늘보다 내일은 더 즐겁게, 내일보다 모레는 더, 더 즐겁게. 모레보다 글피는 더, 더, 더 즐겁게, 글피보다 그글피는 더, 더, 더, 더 즐겁게. 내 꿈은 절대로 끝나지 않지."

> 지민: 나도 퐁처럼 내가 좋아하는 축구를 신나게 하고 싶어.
> 규리: 나도 퐁처럼 힘들어도 꿈을 이루기 위해 열심히 노력할 거야.

( )

1~4

아무리 왜놈들이 포악하고 강성한들
우리도 뭉쳐지면 왜놈 잡기 쉬울세라

담비였다. 둘레에 빙 둘러섰던 마을 아낙네들은 기다렸다는 듯이 노래를 따라 불렀다. 노래는 흩어졌던 마음을 다시 하나로 모았다. 마침내 윤희순은 마을 아낙네들을 끌어모아 안사람 의병대를 만들었다.

"의병을 도와 나라를 구합시다!"

맨 먼저 안사람 의병대는 집집마다 찾아다니며 모금을 했다.

"왜놈들이 우리나라를 집어삼키려 합니다. 의병을 도와주십시오."

안사람 의병대의 눈물 어린 하소연은 많은 사람의 마음을 움직였다. 어떤 사람은 무기를 만들 수 있는 놋쇠와 구리를 내놓았고, 어떤 사람은 가진 돈을 몽땅 내놓기도 했다.

1 마을 아낙네들이 부른 노래는 사람들에게 어떤 영향을 주었는지 쓰시오.

( )

2 이 글에 나오는 인물들이 겪는 문제가 <u>아닌</u> 것에 ×표 하시오.

(1) 나라가 다른 나라의 침략을 받았다. ( )

(2) 의병 운동에 여자는 참여할 수 없었다. ( )

(3) 우리나라 사람들의 경제 상황이 어려웠다.

( )

3 의병을 돕기 위해 아낙네들을 모아 윤희순이 만든 것은 무엇인지 쓰시오.

( )

4 이 글에서 윤희순이 삶에서 추구한 가치와 관련 있는 낱말을 두 가지 고르시오. ( )

① 열정   ② 정의   ③ 용서

④ 우정   ⑤ 효도

5~8

가 "자네의 정신이 거기 있는가?" / "……."

"나무와 바위 말고 뭐가 있는가?"

'뭐가 있나'라니? 허련이 미처 질문의 뜻을 생각하기도 전에 추사 선생은 돌아서 가 버렸다.

허련은 하릴없이 그림을 내려다보았다. 공들인 붓질이었다. 그러나 기법만 있고 이야기가 없었다. 추사 선생의 그림처럼 그리는 사람의 이상이나 소망 같은 것이 없었다. 허련은 맥이 빠졌다.

나 '내 내면을 깊고 그윽한 무엇으로 채우지 않고서는 제대로 된 그림을 그릴 수 없겠구나.'

허련은 그림보다 책을 더 많이 읽었다. 그리는 시간보다 생각하는 시간이 더 많아졌다.

다 허련은 화첩에서 배운 필법을 바탕으로 연구와 실험을 해 가며 나름의 붓질법을 만들어 나갔다. 수십 개의 붓이 뭉뚝해졌다. 점차 허련만의 그림이 나왔다.

라 "이게 바로 초묵법이구나." / "초묵법요?"

"마르고 건조한데 윤기가 있어 보이는 붓질. 오랫동안 풀지 못한 것을 오늘 자네한테 배우는구나."

추사 선생의 얼굴에 환희가 차올랐다. 초묵법. 허련은 자기가 먹을 쓴 방법이 그것인 줄 몰랐다.

5 글 **가**에서 허련은 왜 맥이 빠졌는지 쓰시오.
서술형

_____

_____

6 허련이 한 행동이 <u>아닌</u> 것은 무엇입니까? ( )

① 책을 많이 읽었다.

② 생각하는 시간이 많았다.

③ 화첩을 보며 연구와 실험을 했다.

④ 추사 선생의 그림을 더 이상 보지 않았다.

⑤ 수십 개의 붓이 뭉뚝해지도록 연습을 했다.

7 추사 선생이 허련에게서 배운 붓질법은 무엇인지 쓰시오.

( )

8 다음은 이 글에서 어떤 인물이 추구하는 삶을 파악한 것인지 쓰시오.

> 성실한 사람에게 도움을 주려는 삶과 제자에게서도 배우려는 겸손한 삶을 추구한다.

(   )

9 인물이 추구하는 삶을 파악할 때 생각하지 <u>않아도</u> 되는 것은 무엇입니까? (   )

① 인물의 말   ② 인물이 처한 상황
③ 인물의 행동   ④ 인물이 있는 장소
⑤ 인물이 말하고 행동한 까닭

10 ~ 11

가 "후유……." / 이번에는 경민이가 한숨을 내쉬었다. 모처럼 아버지와 함께 맞은 일요일인데, 아침 밥상을 물리고 잠깐만 쉬겠다던 아버지가 한나절이 다 지나도록 잠에 취하신 탓이다.

나 ㉠"경민아, 엄마랑 둘이 바람 쐬러 나갈까?"

어머니는 경민이 마음을 언제나 꿰뚫고 계시니까 지금 경민이가 원하는 것도 훤히 아실 터였다.

아니, 이번에는 경민이가 먼저 어머니의 마음을 읽었는지도 모르겠다. 늘 고단하신 아버지의 낮잠을 위해 자리를 피해 주자는 게 어머니의 마음일 테니까 말이다.

㉡어머니와 경민이는 살그머니 집을 나섰다.

10 글 **가** 에서 알 수 있는 경민이의 마음은 어떠합니까? (   )

① 기쁘다.   ② 고맙다.   ③ 섭섭하다.
④ 창피하다.   ⑤ 후련하다.

11 ㉠과 ㉡에서 어머니가 추구하는 삶으로 알맞은 것에 모두 ○표 하시오.

(1) 가족을 사랑하는 삶 (   )
(2) 가족을 배려하는 삶 (   )
(3) 가족에게 정직하려는 삶 (   )

12 ~ 14

동생은 위험하게도 촛불을 들고 안방 옷장 안으로 숨었던 거야. 씩씩한 사람으로 자라서 어려운 사람을 다 구하겠다던 녀석이 그렇게 어리석은 짓을 할 줄이야!

그렇게 동생이 하늘나라로 간 뒤부터 내 가슴속에는 ㉠확실한 꿈 하나가 자리 잡았단다.

반드시 내 동생 경수를 삼켜 버린 불길과 싸워 이기겠다는 결심이었지. 나중에서야 불길은 싸울 대상이 아니라 잘 다스려야 이긴다는 걸 알게 되었지만 말이다.

불이라는 말만 들어도 가슴이 미어진다는 부모님의 반대를 무릅쓰고 나는 기어이 소방관의 꿈을 이루어 냈단다. 그리고 늘 기도하는 마음으로 맡은 일을 하지.

12 ㉠은 어떤 꿈을 말하는 것입니까? (   )

① 소방관이 되겠다는 꿈
② 동생을 잊지 않겠다는 꿈
③ 어려운 사람을 돕겠다는 꿈
④ 씩씩한 사람이 되겠다는 꿈
⑤ 촛불을 사용하지 않겠다는 꿈

13 아버지의 부모님은 불에 대해 어떤 생각을 가지고 있는지 알맞은 것의 기호를 쓰시오.

> ㉮ 불길은 싸워서 이겨야 한다.
> ㉯ 불길은 잘 다스려야 이긴다.
> ㉰ 불이라는 말만 들어도 가슴이 미어진다.

(   )

14 이 글에서 아버지가 추구하는 삶은 무엇일지 다음 낱말을 활용하여 쓰시오.
서술형

> 끈기,
> 도전

_____

_____

15 ~ 17

가 "이모, 이모는 꿈이 뭐예요?"

이모는 퐁을 우물 속으로 던지고는 입을 삐죽거렸다.

"내 꿈? 나는 어른인데?"

"어른들도 꿈이 있잖아요. 꿈이 없는 사람이 어디 있어요?"

나 "꿈꾸는 집, 이 집이 바로 내 꿈이야."

"이 집이 이모의 꿈이라고요?"

"그럼, 내 꿈은 이 세상 재미있는 책들을 모두 불러 모아서 함께 노는 거야. 낄낄대며 웃는 재미, 콩닥콩닥 가슴 뛰는 재미, 두근두근 설레는 재미, 눈물 나게 가슴 아린 재미, 궁금한 것들을 알게 되는 재미, 생각하지도 못했던 것을 상상하는 재미…… 재미있는 책들만 올 수 있는 집, 꿈꾸는 아이들만 올 수 있는 집, 이 집이 내 꿈이야."

15 이 글의 내용으로 보아, 이모가 좋아하는 것은 무엇입니까? ( )

① 꿈꾸는 어른들
② 재미있는 책들
③ 꿈이 없는 사람
④ 이모가 낳은 아이들
⑤ 이모 집에 있는 우물

16 이모의 꿈은 무엇인지 쓰시오.

( )

17 이모와 비슷한 삶을 추구하는 친구에 ○표 하시오.

(1) 헛된 꿈은 꾸지 않는 게 좋아. 나중에 실망할 수 있거든.

( )

(2) 나는 그림을 그릴 때 가장 즐거워. 그림이 완성될 때마다 행복하고 뿌듯해.

( )

18 ~ 19

그래 살아 봐야지
너도 나도 공이 되어
떨어져도 튀는 공이 되어

살아 봐야지
쓰러지는 법이 없는 둥근
공처럼, 탄력의 나라의
왕자처럼

가볍게 떠올라야지
곧 움직일 준비 되어 있는 꼴
둥근 공이 되어

18 이 시에서 말하는 이는 무엇처럼 살아 봐야겠다고 했는지 두 가지를 고르시오. ( )

① 작고 가벼운 공
② 잘 굴러다니는 공
③ 떨어져도 튀는 공
④ 고무처럼 말랑말랑한 공
⑤ 쓰러지는 법이 없는 둥근 공

19 이 시에서 말하는 이가 추구하는 삶의 모습에 대해
서술형 어떤 생각이나 느낌이 들었는지 쓰시오.

_____

_____

20 다음은 자신이 꿈꾸는 삶의 모습을 다른 대상에 빗대어 표현한 것입니다. 빈칸에 공통으로 들어갈 말은 무엇입니까? ( )

"나는 [   ] 같은 삶을 살고 싶어. 걷다가 힘든 사람들을 쉬어 가게 해 주는 [   ]처럼 다른 사람에게 도움이 되고 싶어."

① 촛불   ② 거울   ③ 시계
④ 나무   ⑤ 지우개

1~3

제목	「이모의 꿈꾸는 집」
인물	상수리
인물이 처한 상황	상수리는 피아니스트라는 꿈을 이루려고 열심히 노력해 왔는데, 얼마 전부터 피아노에서 소리가 나지 않아 힘들어하고 있다.
인물이 한 행동	**가** 힘들어도 훌륭한 피아니스트가 되려고 놀거나 쉬는 시간을 아껴 가며 피아노 연습을 해 왔다.
인물이 한 말	**나** "피아노야, 넌 내가 훌륭한 피아니스트가 되길 바란 게 아니었지? 넌 아마 내가 행복한 피아니스트가 되길 꿈꾸었을 거야. 근데 나는 그것도 모르고 너와 함께하는 시간이 지긋지긋해지도록 연습만 하는 게 최선인 줄 알았으니……. 그동안 네가 얼마나 힘들었을까? 미안해. 정말 미안해."

1 **가**의 상수리가 한 행동으로 보아, 상수리가 추구하는 삶은 무엇인지 쓰시오. [4점]

_____

_____

2 **나**에서 상수리가 그렇게 말한 까닭은 무엇인지 쓰시오. [6점]

_____

_____

3 상수리가 추구하는 삶에 대해 자신의 생각이나 느낌을 쓰시오. [8점]

_____

_____

4~5

> **떨어져도 튀는 공처럼**
>
> 그래 살아 봐야지
> 너도 나도 공이 되어
> 떨어져도 튀는 공이 되어
>
> 살아 봐야지
> 쓰러지는 법이 없는 둥근
> 공처럼, 탄력의 나라의
> 왕자처럼

4 이 시에 나오는 다음 표현으로 보아, 시에서 말하는 이는 어떤 삶의 모습을 추구하는지 쓰시오. [6점]

> • 떨어져도 튀는 공
> • 쓰러지는 법이 없는 둥근 공

_____

_____

5 이 시를 다른 대상에 빗대어 표현하려고 합니다. 시를 알맞게 바꾸어 쓰시오. [10점]

> **자유로운 새처럼**
>
> 그래 살아 봐야지
> 너도 나도 새가 되어
> 자유롭게 하늘을 나는 새가 되어
>
> 살아 봐야지
>
> _____
>
> _____
>
> _____

1 다음 빈칸에 알맞은 말을 쓰시오.

> 둘 이상의 낱말이 합쳐져 그 낱말이 원래 뜻과는 다른 새로운 뜻으로 굳어져 쓰이는 표현을 관용 표현이라고 한다. 관용 표현에는 관용어와 (   ) 따위가 있다.

2 관용 표현을 활용하면 좋은 점으로 알맞은 것에 모두 ○표 하시오.

(1) 하려는 말을 상대가 쉽게 알아들을 수 있다.

(   )

(2) 내가 하고 싶은 말을 길게 오랫동안 말할 수 있다.

(   )

(3) 재미있는 표현이어서 듣는 사람의 관심을 불러일으킬 수 있다. (   )

3 다음과 같은 뜻을 가진 관용 표현을 보기 에서 찾아 기호를 쓰시오.

> **보기**
> ㉮ 금이 가다
> ㉯ 애간장이 타다
> ㉰ 쇠뿔도 단김에 빼라

(1) 서로의 사이가 벌어지거나 틀어지다. (   )

(2) 몹시 초조하고 안타까워서 속을 많이 태우다.

(   )

(3) 어떤 일이든지 하려고 생각했으면 한창 열이 올랐을 때 망설이지 말고 곧 행동으로 옮겨야 한다. (   )

4 관용 표현과 그 뜻을 확인하려고 할 때 참고할 수 있는 사전을 두 가지 쓰시오.

(   )

5 다음 상황에 어울리는 관용 표현을 찾아 선으로 이으시오.

(1) 사회 수업 시간에 힘들게 준비한 모둠 과제를 발표하는 상황 ·

(2) 전교 학생회 회장단 선거에서 후보자로 연설하는 상황 ·

(3) 학급 회의에서 학예회 발표 종목을 함께 정하는 상황 ·

· ① 공든 탑이 무너지랴

· ② 머리를 맞대다

· ③ 발 벗고 나서다

6 다음과 같은 모둠의 약속을 홍보하기에 알맞은 관용 표현에 ○표 하시오.

> 우리 반의 어려운 일을 찾아 서로 돕자.

(1) 백지장도 맞들면 낫다 (   )

(2) 소 잃고 외양간 고친다 (   )

(3) 벼 이삭은 익을수록 고개를 숙인다 (   )

(4) 낮말은 새가 듣고 밤말은 쥐가 듣는다

(   )

7 관용 표현을 활용해 자신의 생각을 말하는 방법으로 알맞지 <u>않은</u> 것에 ×표 하시오.

(1) 말할 내용을 확인한다. (   )

(2) 말하는 상황을 확인한다. (   )

(3) 항상 관용 표현을 말한 뒤에 그와 관련된 생각을 말한다. (   )

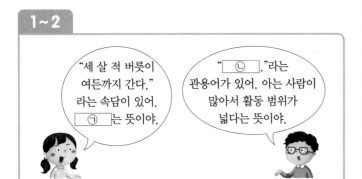

1 ㉠에 들어갈 말로 알맞은 것에 ○표 하시오.

(1) 어릴 때 몸에 밴 버릇은 나이 들어서도 고치기 힘들다 ( )

(2) 아무리 비밀스럽게 한 말이라도 반드시 남의 귀에 들어가게 된다 ( )

2 ㉡에 들어갈 관용어로 알맞은 것은 무엇입니까? ( )

① 귀가 얇다 ② 속이 좁다
③ 발이 넓다 ④ 어깨가 넓다
⑤ 발을 구르다

3 다음 빈칸에 들어갈 관용 표현으로 알맞은 것은 무엇입니까? ( )

① 코가 높아. ② 간이 크구나.
③ 꼬리가 길어. ④ 귀가 따갑구나.
⑤ 손발이 잘 맞아.

4 안나가 처한 상황은 무엇입니까? ( )

① 친구를 만나 반가운 상황
② 친구가 불러서 깜짝 놀란 상황
③ 친구와 말다툼을 하고 있는 상황
④ 준비물이 기억나지 않아 곤란한 상황
⑤ 어떤 일을 하려다가 재미가 없어진 상황

5 ㉠에 들어갈 관용 표현으로 알맞은 것을 두 가지 고르시오. ( )

① 눈이 동그래졌잖니.
② 발길을 뚝 끊었잖니.
③ 간 떨어질 뻔했잖니.
④ 어금니를 악물었잖니.
⑤ 코를 납작하게 만들었잖니.

6 다음 뜻에 알맞은 관용 표현에 ○표 하시오.

> 양을 많이 준비한다.

(1) 손을 잡다 ( )
(2) 손이 크다 ( )

7 이야기를 듣고 관용 표현의 뜻을 파악하는 방법을 쓰시오.

서술형

_____

_____

안녕하십니까? 저는 내일초등학교 2000년도 졸업생 김영선입니다. 저는 지금 3년째 경찰로 일하고 있습니다. 초등학교 6학년 때부터 경찰이 되고 싶다는 꿈을 꾸었고 결국 그 꿈을 이루었습니다. 오늘 저는 여러분께 꿈을 펼치는 몇 가지 방법을 말씀드리려고 이 자리에 섰습니다.

저는 얼마 전부터 오늘을 ㉠손꼽아 기다렸습니다. 아마 여러분은 학교를 졸업하면 [㉡] 신나서 바로 멋진 어른이 될 수 있으리라 생각할 것입니다. 하지만 자신의 꿈을 향해 달려가는 일은 결코 쉬운 일도, 마음대로 되는 일도 아니었습니다.

8 졸업한 선배는 반 친구들에게 무엇에 대한 이야기를 들려주었는지 쓰시오.

( )

9 ㉠의 뜻으로 알맞은 것은 무엇입니까? ( )

① 매우 짧은 순간이다.
② 두드러지게 드러나다.
③ 무대 공연이나 어떤 행사를 시작하다.
④ 기대에 찬 마음으로 날짜를 꼽으며 기다리다.
⑤ 어떤 일을 의논하거나 결정하기 위하여 서로 마주 대하다.

10 ㉡에 들어갈 관용 표현을 찾아 기호를 쓰시오.

㉮ 천하를 얻은 듯   ㉯ 말꼬리를 물은 듯
㉰ 애간장이 타는 듯

( )

11 관용 표현을 활용해 자신의 꿈을 말하려고 합니다. 빈칸에 들어갈 말로 알맞은 것에 ○표 하시오.

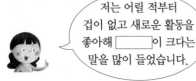

저는 어릴 적부터 겁이 없고 새로운 활동을 좋아해 [ ]이 크다는 말을 많이 들었습니다.

(입 , 간 , 눈)

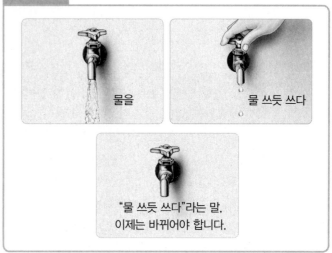

물을

물 쓰듯 쓰다

"물 쓰듯 쓰다"라는 말, 이제는 바뀌어야 합니다.

12 이 광고에서 찾을 수 있는 관용 표현은 무엇인지 쓰시오.

( )

13 〈문제 12번〉의 답은 어떤 뜻입니까? ( )

① 수돗물을 마셔야 한다.
② 물을 자주 마셔야 한다.
③ 물건을 아주 헤프게 쓴다.
④ 손을 깨끗이 씻어야 한다.
⑤ 건강한 생활을 해야 한다.

14 이 광고에서 하고 싶은 말은 무엇인지 쓰시오.

서술형

_____

_____

독립운동은 할 일이 많고 복잡하므로 일을 나누어야 합니다. 우리는 서로 생각은 달라도 말없이 뜻을 함께하고 독립운동 단체를 조직하도록 합해야 하겠습니다. 각각 자신만의 주장은 버리고 전 민중을 끌어 통일한 방향으로 나아가야 할 것입니다. 이렇게 하려 함에는 대표적 인물이 있어야 하겠습니다. 나는 진정으로 우리를 붙들고 나갈 만한 대표자가 ㉠내일 올 듯 모레 올 듯하다고 생각합니다.

15 이 글의 내용으로 보아, 연설을 듣는 사람들이 모인 목적은 무엇입니까? ( )

① 독립운동을 하기 위해서
② 새로운 학문을 배우기 위해서
③ 나라의 높은 관리가 되기 위해서
④ 우리 민족의 대표자가 되기 위해서
⑤ 여러 사람을 만나 우정을 쌓기 위해서

16 이 글에서 연설자가 듣는 사람들에게 제안한 내용은 무엇인지 빈칸에 알맞은 말을 쓰시오.

• 뜻을 하나로 모으고 전 민중을 이끌고 나갈 만한 ( )을/를 뽑자는 것이다.

17 ㉠의 뜻을 추론하는 과정을 생각하며 보기 에서 알맞은 말을 찾아 쓰시오.

보기

앞뒤   의도   낱말

(1) 글 ( )에 있는 내용을 살펴본다.
(2) 표현에 쓰인 ( )이/가 평소에 어떤 뜻으로 쓰이는지 생각해 본다.
(3) 그러한 표현을 쓴 ( )을/를 생각해 본다.

18 규영이, 고운이, 혜선이가 활용한 표현에 대하여 바르게 말하지 못한 친구의 이름을 쓰시오.

승민: 규영이는 관용 표현을 활용하지 않고 말했어.
주연: 고운이는 말을 시작할 때 관용 표현을 활용했어.
은서: 고운이와 혜선이는 관용 표현을 활용해서 말했어.
해정: 혜선이처럼 말을 끝낼 때 관용 표현을 활용하면 생각을 효과적으로 전달할 수 없어.

( )

19 ㉠, ㉡ 대신에 활용할 수 있는 관용 표현은 무엇입니까? ( )

① 티끌 모아 태산
② 누워서 떡 먹기
③ 소 잃고 외양간 고친다
④ 낫 놓고 기역 자도 모른다
⑤ 가는 정이 있어야 오는 정이 있다

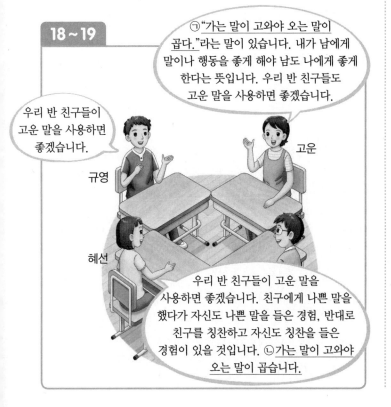

18~19

㉠"가는 말이 고와야 오는 말이 곱다."라는 말이 있습니다. 내가 남에게 말이나 행동을 좋게 해야 남도 나에게 좋게 한다는 뜻입니다. 우리 반 친구들도 고운 말을 사용하면 좋겠습니다.

우리 반 친구들이 고운 말을 사용하면 좋겠습니다.

규영

고운

혜선

우리 반 친구들이 고운 말을 사용하면 좋겠습니다. 친구에게 나쁜 말을 했다가 자신도 나쁜 말을 들은 경험, 반대로 친구를 칭찬하고 자신도 칭찬을 들은 경험이 있을 것입니다. ㉡가는 말이 고와야 오는 말이 곱습니다.

20 다음과 같은 자신의 생각을 말할 때 활용할 수 있는 관용 표현은 무엇입니까? ( )

나는 우리 반을 행복하게 하려면, 중요한 일은 함께 의논해서 결정해야 한다고 생각해.

① 머리를 맞대다
② 말꼬리를 물다
③ 천 리 길도 한 걸음부터
④ 말 한마디에 천 냥 빚도 갚는다
⑤ 벼 이삭은 익을수록 고개를 숙인다

1 남매의 대화로 보아 어떤 상황인지 쓰시오. [4점]

_____

_____

2 ㉠과 ㉡의 뜻을 알아보려면 어떻게 해야 하는지 쓰시오. [4점]

_____

_____

3 ㉠과 ㉡은 무슨 뜻인지 각각 쓰시오. [8점]

관용 표현	관용 표현의 뜻
㉠	(1)
㉡	(2)

4 규영이, 고운이, 혜선이가 활용한 표현에서 서로 다른 점은 무엇인지 쓰시오. [6점]

_____

_____

_____

5 고운이와 혜선이처럼 관용 표현을 활용한 때에 따라 각각 어떤 효과를 얻을 수 있는지 구분하여 쓰시오. [8점]

관용 표현을 활용한 때	얻을 수 있는 효과
고운이처럼 말을 시작할 때	(1)
혜선이처럼 말을 끝낼 때	(2)

1 다음 빈칸에 알맞은 말을 쓰시오.

> 「'그냥'이 아니라 '왜'」에서 아이는 할아버지에게 주무실 때 (   )을/를 이불 안에 넣는지, 아니면 꺼내 놓는지를 물었다.

2 「'그냥'이 아니라 '왜'」에 담긴 글쓴이의 주장으로 알맞지 <u>않은</u> 것의 기호를 쓰시오.

> ㉮ 고정관념을 갖지 말자.
> ㉯ 자기 안에 물음표를 가지고 살아가자.
> ㉰ '그냥'이라고 생각하지 말고 '왜' 또는 '어떻게'를 생각하자.

(   )

3 「공정 무역 제품을 사용합시다」에서 글쓴이가 제시한 근거 중에서 타당하지 <u>않은</u> 것에 ✕표 하시오.

(1) 아이들을 위험에서 보호할 수 있다. (   )
(2) 생산자에게 돌아갈 정당한 이익을 지켜 준다.
(   )
(3) 자연을 보호하고 생산자의 건강을 지키는 방법이 된다. (   )
(4) 공정 무역 인증 표시는 국제기구가 생산지에서 공정 무역의 주요 원칙이 잘 지켜졌는지를 점검한 물건들에 붙일 수 있다. (   )

4 「공정 무역 제품을 사용합시다」에서 글쓴이가 근거를 뒷받침하기 위해 사용한 자료가 <u>아닌</u> 것의 기호를 쓰시오.

> ㉮ 『인간의 얼굴을 한 시장 경제, 공정 무역』이라는 책
> ㉯ 공정 무역 제품을 사용한 사람들을 조사한 설문 결과
> ㉰ 일반 무역 유통 단계와 공정 무역 유통 단계를 비교한 그림

(   )

5 자료가 근거를 잘 뒷받침하는지 판단할 때 살펴볼 점으로 알맞지 <u>않은</u> 것의 기호를 쓰시오.

> ㉮ 믿을 수 있는 자료인가?
> ㉯ 오래된 자료를 사용했는가?
> ㉰ 자료가 근거의 내용과 관련 있는가?

(   )

6 다음 자료와 관련 있는 근거에 ○표 하시오.

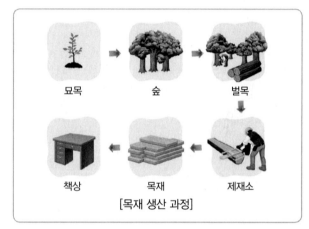

묘목 숲 벌목
책상 목재 제재소
[목재 생산 과정]

(1) 숲은 지구 온난화를 막아 준다. (   )
(2) 숲은 소중한 자원을 제공해 준다. (   )
(3) 숲은 홍수와 산사태를 막아 준다. (   )

7 다음은 무엇에 대한 설명인지 쓰시오.

> '소셜 네트워크 서비스[SNS]'를 우리말로 다듬은 말로, 자유롭게 글이나 사진 따위를 올리거나 나누는 것을 말한다.

(   )

8 다음 주장을 담은 논설문을 쓸 때 활용하기에 알맞은 자료의 기호를 쓰시오.

> 누리 소통망을 이용하지 말자.

> ㉮ 누리 소통망으로 개인 정보가 유출된 사례
> ㉯ 누리 소통망의 장점을 소개하는 전문가의 말

(   )

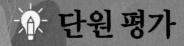

1~3

가 "할아버지! 할아버지는 주무실 때 그 수염을 이불 안에 넣나요, 아니면 꺼내 놓나요?"

할아버지는 "예끼! 이 버릇없는 놈." 하고 소리치려다가 문득 자기도 궁금해졌단다. 왜냐하면 수염을 기른 채 몇십 년 동안이나 살아왔지만, 그때까지 한 번도 그런 궁금증을 지녀 본 적이 없었거든.

나 아무 생각 없이 모든 순간을 습관적으로 기계적으로 살아가는 사람은 이야기 속 할아버지와 똑같아. 자기 것이지만 자기 것이 아닌 수염을 달고 있으니까 말이야.

'그냥 수염'을 달고 있는 사람은 어느 날 누가 "왜?" 또는 "어떻게?" 하고 물으면 아무 대답도 하지 못해. 아무리 자기가 한 일을 뒤돌아보고 생각해 내려고 애써도 지나온 날들은 이미 멀리 사라져 버려서 흔적조차 찾을 길이 없기 때문이지. 어느 날엔가 너한테도 누군가가 물어 올지 몰라. 그때를 위해서라도 '그냥'이라는 대답이 아닌 무언가를 준비해야겠지?

1 이 글에 대해 알맞게 말한 친구의 이름을 쓰시오.

> 주혁: 글쓴이는 자신의 주장을 뒷받침하기 위해 글 **가**와 같은 일화를 활용했어.
>
> 재훈: 글 **나**에서 구체적이고 사실적인 자료를 활용해서 근거를 뒷받침하고 있어.

( )

2 우리가 '그냥 수염'을 달지 않기 위해 해야 하는 일은 무엇입니까? ( )

① 질문하지 않는다.　② 기계적으로 산다.
③ 습관적으로 산다.　④ '왜' 하는지 생각한다.
⑤ 자기가 한 일을 뒤돌아보지 않는다.

3 글쓴이의 주장으로 알맞은 것에 ○표 하시오.

(1) 의심하지 말자. ( )
(2) '왜' 또는 '어떻게'를 생각하자. ( )
(3) 모든 일에 인내심을 갖고 노력하자. ( )

4~7

가 ㉠○○광역시는 공정 무역 상품을 사용하고 공정 무역을 확산시키려는 활동을 지원해 실질적인 변화를 만들어 내는 도시가 되었습니다. ㉡우리도 공정 무역 제품을 사용해 이러한 변화에 동참해야 합니다.

나 ㉢자연을 보호하고 생산자의 건강을 지키는 방법이 됩니다. ㉣공정 무역에서는 지구 환경을 보호하는 친환경 농사법을 권장합니다. 일반적으로 카카오나 바나나, 목화 같은 것은 재배할 때 많은 양을 싸고 빠르게 수확하려고 농약과 화학 비료를 사용합니다. 생산지에서는 농약 회사에서 권장하는 장갑과 마스크를 살 여유가 없기 때문에 해마다 가난한 나라의 농민 2만 명 이상이 작물 재배용 농약에 노출되어 여러 가지 질병을 앓고 있습니다. 『인간의 얼굴을 한 시장 경제, 공정 무역』이라는 책에 따르면 ㉤바나나를 재배하는 대부분의 대농장은 원가를 절감하느라 위험한 농약을 대량으로 살포합니다. 대농장 가까이에 사는 노동자들의 음식과 식수는 이 독극물로 오염됩니다.

4 글 **가**와 **나**는 논설문의 짜임 중 무엇에 해당합니까? ( )

	글 **가**	글 **나**		글 **가**	글 **나**
①	서론	본론	②	서론	결론
③	본론	서론	④	본론	결론
⑤	결론	본론			

5 ㉠~㉤ 중 글쓴이의 주장이 잘 드러난 문장은 무엇입니까? ( )

① ㉠　　　② ㉡　　　③ ㉢
④ ㉣　　　⑤ ㉤

6 글 **나**에서 글쓴이가 근거를 뒷받침하기 위해 활용한 자료는 무엇입니까? ( )

① 책　　② 사진　　③ 그림
④ 동영상　⑤ 신문 기사

7 글 **나**에서 글쓴이가 제시한 근거의 타당성을 판단
서술형 하여 쓰시오.

_____

_____

_____

8~10

가 둘째, 아이들을 위험에서 보호할 수 있습니다.
일부 다국적 기업들은 물건의 생산 비용을 낮추려
고 임금이 상대적으로 낮은 어린이를 고용하기도
합니다. 예를 들어 우리가 좋아하는 초콜릿은 열대
과일인 카카오를 주재료로 해서 만듭니다. 카카오
는 열대 지방에서만 자라는 식물로 ㉠아래의 「초콜
릿 감옥」 동영상 자료에서처럼 그 지방 어린이들이
학교도 가지 못하고 카카오를 재배하고 수확하는
경우가 많습니다. 하지만 공정 무역은 "안전하고 노
동력 착취 없는 노동 환경이 유지되어야 한다."라는
조건을 지켜야 하기 때문에 ㉡아이들의 노동력 착
취를 막을 수 있습니다.
나 가난한 나라에 일시적인 원조를 제공하는 데 그
치지 않고 자립하도록 도와주는 방법이자 우리 환
경을 보호할 수 있는 공정 무역 제품, 이제는 우리
가 관심을 기울이고 사용할 때입니다.

8 글쓴이가 근거로 든 것은 무엇입니까? (   )

① 다국적 기업의 수가 늘고 있다.
② 공정 무역 제품을 사용해야 한다.
③ 아이들을 위험에서 보호할 수 있다.
④ 가난한 나라를 일시적으로 도울 수 있다.
⑤ 열대 지방의 아이들을 학교에 보낼 수 있다.

9 ㉠에서 글쓴이가 제시한 자료가 근거를 잘 뒷받침
서술형 하는지 판단하여 쓰시오.

_____

_____

10 ㉡의 까닭은 무엇인지 빈칸에 알맞은 말을 쓰시오.

공정 무역은 안전하고 (   ) 없
는 노동 환경이 유지되어야 한다는 조건을 지키
기 때문에

11~13

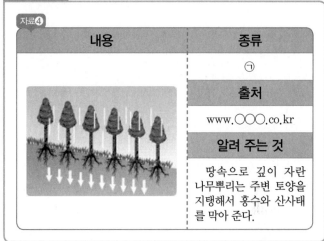

자료❹

내용	종류
	㉠
	출처
	www.○○○.co.kr
	알려 주는 것
	땅속으로 깊이 자란 나무뿌리는 주변 토양을 지탱해서 홍수와 산사태를 막아 준다.

11 이 자료 수집 카드에 정리된 내용이 아닌 것은 무
엇입니까? (   )

① 자료 번호   ② 자료 내용
③ 자료 출처   ④ 자료를 얻은 시기
⑤ 자료가 알려 주는 것

12 ㉠에 들어갈 자료의 종류는 무엇입니까?
(   )

① 표   ② 그림   ③ 지도
④ 기사문   ⑤ 동영상

13 이 자료가 뒷받침하기에 알맞은 근거는 무엇입니
까? (   )

① 숲은 휴식처가 된다.
② 숲은 공기를 깨끗하게 해 준다.
③ 숲은 지구 온난화를 막아 준다.
④ 숲은 소중한 자원을 제공해 준다.
⑤ 숲은 홍수와 산사태를 막아 준다.

14 ~ 17

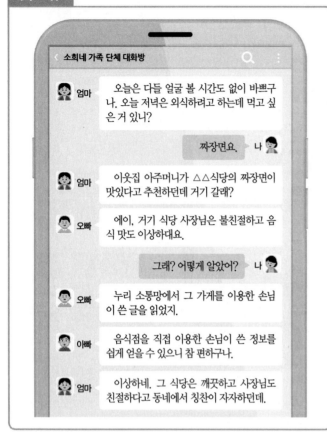

14 오빠는 무엇을 통해 식당에 대한 정보를 얻었습니까? (　　)

① 학급 신문　② 전자 우편　③ 누리 소통망
④ 교실 게시판　⑤ 학급 누리집

15 △△식당에 대해 다음과 같이 생각하는 사람은 누구입니까? (　　)

> 식당이 깨끗하고 사장님도 친절하다.

① '나'　② 엄마　③ 아빠
④ 오빠　⑤ △△식당을 이용한 손님

16 이 글을 읽고 누리 소통망의 장점을 알맞게 정리한 것을 모두 고르시오. (　　)

① 동영상 자료를 활용할 수 있다.
② 많은 사람에게 쉽게 전달할 수 있다.
③ 몸짓으로 글쓴이의 의도를 알 수 있다.
④ 다른 사람이 쓴 정보를 쉽게 접할 수 있다.
⑤ 한 곳에 모이지 않아도 대화를 할 수 있다.

17 이 글을 읽고 누리 소통망 이용에 대해 찬성하는 내용의 논설문을 쓸 때 주장과 근거를 쓰시오.
_{서술형}

주장	(1)
근거	(2)

18 ~ 19

　며칠 뒤, 친구에게 연락이 왔습니다. 걱정스러운 목소리로 "성민아, 인터넷 누리 소통망에 너희 가게 이야기가 있는데, 너도 한번 보는 게 좋을 것 같아."라며 인터넷 글을 보내 주더군요. 그 글에는 며칠 전 있었던 일이 사실과는 다르게 적혀 있었습니다.
　△△식당에서 짜장면을 먹었는데 맛이 이상한 짜장면을 그냥 먹으라고 하고 사과는커녕 자신을 밀치며 불친절하게 말했다는 겁니다. 사람들은 댓글에 모두 저희 가게를 욕하며 불매 운동을 벌이고 있었습니다. 게다가 저를 아는 누군가가 제 이름과 다니는 학교까지 인터넷에 올리는 바람에 학교에도 소문이 났습니다.

18 △△식당을 이용한 손님은 어디에 글을 썼는지 쓰시오.

(　　　　)

19 이 글을 읽고 누리 소통망의 단점을 파악한 것으로 알맞은 것을 두 가지 고르시오. (　　)

① 누리 소통망에 중독될 수 있다.
② 누리 소통망으로 의견을 제시하기 어렵다.
③ 누리 소통망으로 많은 정보를 얻기 힘들다.
④ 누리 소통망으로 개인 정보가 유출될 수 있다.
⑤ 누리 소통망으로 잘못된 정보가 퍼질 수 있다.

20 논설문의 서론 부분에 들어가기에 알맞은 내용을 모두 고르시오. (　　)

① 근거　② 주장　③ 문제 상황
④ 주장의 동기　⑤ 주장을 강조하는 내용

1~2

가 자연을 보호하고 생산자의 건강을 지키는 방법이 됩니다. 공정 무역에서는 지구 환경을 보호하는 친환경 농사법을 권장합니다. 일반적으로 카카오나 바나나, 목화 같은 것은 재배할 때 많은 양을 싸고 빠르게 수확하려고 농약과 화학 비료를 사용합니다. 생산지에서는 농약 회사에서 권장하는 장갑과 마스크를 살 여유가 없기 때문에 해마다 가난한 나라의 농민 2만 명 이상이 작물 재배용 농약에 노출되어 여러 가지 질병을 앓고 있습니다. ㉠『인간의 얼굴을 한 시장 경제, 공정 무역』이라는 책에 따르면 바나나를 재배하는 대부분의 대농장은 원가를 절감하느라 위험한 농약을 대량으로 살포합니다. 대농장 가까이에 사는 노동자들의 음식과 식수는 이 독극물로 오염됩니다.

나 가난한 나라에 일시적인 원조를 제공하는 데 그치지 않고 자립하도록 도와주는 방법이자 우리 환경을 보호할 수 있는 공정 무역 제품, 이제는 우리가 관심을 기울이고 사용할 때입니다.

1 글 **가**와 **나**의 내용을 정리하여 쓰시오. [10점]

글 **가**	(1)
글 **나**	(2)

2 자료 ㉠이 근거를 잘 뒷받침하는지 판단하여 쓰시오. [5점]

_____

_____

_____

3~4

며칠 뒤, 친구에게 연락이 왔습니다. 걱정스러운 목소리로 "성민아, 인터넷 누리 소통망에 너희 가게 이야기가 있는데, 너도 한번 보는 게 좋을 것 같아."라며 인터넷 글을 보내 주더군요. 그 글에는 며칠 전 있었던 일이 사실과는 다르게 적혀 있었습니다.

△△식당에서 짜장면을 먹었는데 맛이 이상한 짜장면을 그냥 먹으라고 하고 사과는커녕 자신을 밀치며 불친절하게 말했다는 겁니다. 사람들은 댓글에 모두 저희 가게를 욕하며 불매 운동을 벌이고 있었습니다. 게다가 저를 아는 누군가가 제 이름과 다니는 학교까지 인터넷에 올리는 바람에 학교에도 소문이 났습니다. 그리고 그 사건 뒤 저희 가게에는 정말 손님이 뚝 끊겨 저희 가족은 힘든 나날을 보내고 있습니다.

인터넷에 떠도는 소문이 아닌 제 말을 믿어 주시고, 이 글을 널리 퍼뜨려 주세요. 저희 가게를 도와주세요.

3 성민이가 누리 소통망에 글을 쓴 까닭을 두 가지 쓰시오. [8점]

• _____

• _____

4 이 글을 읽고, 누리 소통망의 단점을 생각할 수 있는 질문과 답을 만들어 쓰시오. [10점]

질문	(1)
답	(2)

1 매체 자료의 종류를 두 가지 더 쓰시오.

> 영상, ( )

2 다음 ( ) 안에서 알맞은 매체 자료를 골라 ○표 하시오.

> "제주도에서 봤던 주상 절리의 기이한 모습을 말로 설명하기 어려웠는데, (사진 , 음악)을 보여 주었더니 금세 이해했어."

3 다음 매체 자료를 활용했을 때 얻을 수 있는 효과를 알맞게 선으로 이으시오.

(1) 그림 지도 · · ① 움직임을 따라 할 수 있다.

(2) 영상 · · ② 상황을 한눈에 파악할 수 있다.

4 다음 매체 자료에서 전하려는 주제로 알맞은 것에 ○표 하시오.

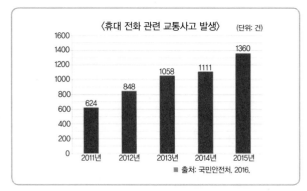

〈휴대 전화 관련 교통사고 발생〉 (단위: 건)

1600 / 1400 / 1200 / 1000 / 800 / 600 / 400 / 200 / 0

624 / 848 / 1058 / 1111 / 1360

2011년 / 2012년 / 2013년 / 2014년 / 2015년

■ 출처: 국민안전처, 2016.

(1) 휴대 전화에 중독된 사람이 많다. ( )
(2) 걸을 때나 운전할 때 휴대 전화를 사용하면 위험하다. ( )

5~7

발표 상황 파악하기 ＞ 주제 정하기 ＞ 내용 및 장면 정하기 ＞ 촬영 계획 세우기

촬영하기 ＞ (1) ＞ (2)

5 영상 자료를 제작하고 발표하는 과정을 생각하며 (1)과 (2)에 알맞은 내용을 쓰시오.

(1) ( )
(2) ( )

6 다음 빈칸에 알맞은 말을 쓰시오.

> '발표 상황 파악하기'에서는 발표 ( ), 듣는 사람을 알아보아야 한다.

7 다음은 영상 자료를 제작하는 과정 가운데 어떤 과정에서 하는 일인지 이 표에서 찾아 쓰시오.

> 역할 정하기, 촬영 일시와 장소 정하기

( )

8 촬영한 영상을 편집하는 방법은 무엇인지 다음 빈칸에 들어갈 알맞은 말을 보기 에서 찾아 쓰시오.

> **보기**
> 차례 자막 프로그램

(1) 알맞은 영상 편집 ( )을/를 정한다.
(2) 필요한 장면에 제목, ( ), 배경 음악을 넣는다.

1 다음 빈칸에 공통으로 들어갈 말은 무엇인지 쓰시오.

> 어떤 사실이나 정보, 의견을 담아서 듣는 사람에게 전하려고 ☐☐☐을/를 활용할 수 있다. ☐☐☐에는 영상, 사진, 표, 지도, 도표, 그림, 소리, 음악 따위가 있다.

( )

4 대화 **2**에서 친구가 ㉠과 같이 말한 까닭은 무엇인지 빈칸에 알맞은 말을 차례대로 쓰시오.

> 세미가 보여 준 ( )보다 ( )에서 동작을 더 생생하게 잘 알 수 있었기 때문이다.

2 세미는 친구에게 무엇을 말하고 있는지 빈칸에 알맞은 말을 차례대로 쓰시오.

> ( )에서 할 독도의 날 기념 ( )을/를 말하고 있다.

3 대화 **1**과 **2**에서 세미는 어떤 매체 자료를 활용해 말했는지 두 가지를 고르시오. ( )

① 도표   ② 사진
③ 그림   ④ 영상
⑤ 지도

5 ㉠에 들어갈 매체 자료는 무엇입니까? ( )

① 책   ② 영상
③ 사진   ④ 지도
⑤ 도표

6 한결이가 매체 자료를 활용해 알게 된 내용이 **아닌** 것에 ×표 하시오.

(1) 감귤 주산지가 제주도에서 내륙으로 이동하고 있다.   ( )
(2) 주요 농작물 주산지 이동 변화를 쉽게 이해할 수 있다.   ( )
(3) 농작물 주산지가 북쪽에서 남쪽으로 이동하는 경우가 더 많다.   ( )

7 주제에 맞는 매체 자료인지를 평가하는 방법으로 알맞은 것을 모두 고르시오. (   )

① 매체 자료의 종류를 살펴본다.
② 매체 자료가 재미있는지 살펴본다.
③ 매체 자료의 표현 효과를 살펴본다.
④ 매체 자료가 전하는 내용을 살펴본다.
⑤ 매체 자료를 보는 사람의 성격을 알아본다.

8 ~ 10

가   나

8 매체 자료 가와 나는 무엇에 대해 발표할 때 활용할 자료로 알맞겠습니까? (   )

① 언어폭력   ② 휴대 전화의 쓰임
③ 저작권 침해   ④ 휴대 전화 사용 습관
⑤ 휴대 전화의 다양한 기능

9 매체 자료 가와 나 중 다음 주제를 잘 전할 수 있는 것의 기호를 쓰시오.

> 휴대 전화의 노예가 되지 말고 알맞게 사용하자.

(   )

10 〈문제 9번〉에서 답한 매체 자료가 주제를 잘 전한 다고 생각한 까닭을 매체 자료의 종류나 효과와 관련지어 쓰시오.
서술형

_____

_____

11 ~ 13

1   당신은 능력자입니다. 손가락만 까딱하면 누군가를 울릴 수도, 아프게 할 수도, 포기하게 할 수도 있습니다.

2   하지만 당신은 누군가를 기쁘게 할 수도, 행복하게 할 수도 있으며, 다시 뛰게 할 수도 있습니다. 손가락만 까딱하면.

3   ㉠온라인 댓글, 당신은 어떻게 쓰시겠습니까?

11 영상 1에서 당신을 능력자라고 말한 까닭으로 알맞은 것의 기호를 쓰시오.

> ㉮ 나쁜 댓글을 모두 없앨 수 있기 때문이다.
> ㉯ 댓글로 누군가를 아프게도 하고 기쁘게도 할 수 있기 때문이다.

(   )

12 ㉠에 대한 답으로 알맞지 <u>않은</u> 것은 무엇입니까? (   )

① 긍정적으로 쓰겠습니다.
② 좋은 댓글을 쓰겠습니다.
③ 언어폭력을 하지 않겠습니다.
④ 나쁜 댓글은 가끔 쓰겠습니다.
⑤ 읽는 사람을 배려하면서 쓰겠습니다.

13 이 영상 자료에서 주제를 효과적으로 표현하기 위해 사용한 방법을 알맞게 말한 친구의 이름을 쓰시오.

> 재우: 음악과 소리를 빼고 자막만을 넣었어.
> 서윤: 댓글을 다는 손가락을 악마 또는 천사의 모습으로 비유했어.

(   )

14 ~ 18

┌─────────────┐   ┌─────────────┐
│   ㉠   │ → │ 주제 정하기 │
└─────────────┘   └─────────────┘
   → ┌─────────────┐   ┌─────────────┐
      │ 내용 정하기 │ → │ 장면 정하기 │
      └─────────────┘   └─────────────┘
   → ┌─────────────┐   ┌─────────────┐
      │ 촬영 계획 세우기 │ → │   촬영하기   │
      └─────────────┘   └─────────────┘
   → ┌─────────────┐   ┌─────────────┐
      │   편집하기   │ → │   발표하기   │
      └─────────────┘   └─────────────┘

14 이 표는 어떤 과정을 나타낸 것입니까? ( )

① 면담하는 과정
② 학급 회의하는 과정
③ 학급 신문 만드는 과정
④ 연극 무대 준비하는 과정
⑤ 영상 자료 제작하고 발표하는 과정

15 이와 같은 과정에서 가장 먼저 해야 할 일은 무엇인지 ㉠에 들어갈 알맞은 내용에 ○표 하시오.

발표 보완하기	발표 점검하기
발표회 준비하기	발표 상황 파악하기

16 다음은 어떤 과정에서 고려할 점입니까? ( )

• 친구들과 토의해서 다양한 의견을 낸다.
• 발표 상황과 관련 있는 흥미를 가질 만한 주제를 정한다.

① 편집하기   ② 촬영하기
③ 주제 정하기   ④ 내용 정하기
⑤ 장면 정하기

17 '촬영 계획 세우기' 과정에서 촬영 계획에 필요한 것이 <u>아닌</u> 것은 무엇입니까? ( )

① 준비물   ② 편집 장소
③ 장면 번호   ④ 촬영 내용
⑤ 촬영 일시와 장소

18 다음은 어떤 과정에서 나눈 대화 내용인지 표에서 찾아 쓰시오.

촬영 동의를 얻어야 할 경우에는 촬영 목적, 일시, 내용을 미리 알리고 양해를 구해야 해.

전하려는 내용이 잘 드러나게 촬영하고, 보완할 점이 있으면 재촬영해야 해.

( )

19 다음 중 편집하는 방법으로 맞으면 ○표, 틀리면 ✕표 하시오.

(1) 알맞은 영상 편집 프로그램을 정한다.
( )
(2) 다른 매체 자료를 절대 활용하지 않는다.
( )
(3) 제목, 자막을 필요한 장면에 알맞게 넣는다.
( )
(4) 인용한 자료의 출처는 반드시 밝히지 않아도 된다. ( )

20
_{서술형} 영상 발표회에서 다른 모둠의 발표를 들을 때 주의할 점은 무엇인지 쓰시오.

_____

_____

1 다음 그림에서 진아가 소개하려는 내용을 쓰고, 진아가 활용하려는 매체 자료의 종류와 그 매체 자료를 활용해 얻을 수 있는 효과를 쓰시오. [6점]

폴란드의 민속춤을 소개할 때 영상을 보여 줘야지.

진아

(1) 소개하려는 내용: _____

(2) 매체 자료의 종류: _____

(3) 얻을 수 있는 효과: _____

_____

2 다음 보기 처럼 휴대 전화 사용 습관에 대해 발표하려는 주제를 살펴보고, 활용할 매체 자료를 정하고 그 매체 자료를 선택한 까닭을 쓰시오. [10점]

보기	
발표하려는 주제	걸을 때 휴대 전화를 사용하면 위험하다.
활용할 매체 자료	도표
그 매체 자료를 선택한 까닭	도표로 정리하면 한눈에 실태를 파악할 수 있기 때문이다.

발표하려는 주제	스몸비족(스마트폰 좀비)이 되지 않게 주의하자.
활용할 매체 자료	(1)
그 매체 자료를 선택한 까닭	(2)

3~5

5분 영상 발표회
○○초등학교 6학년을 대상으로 인물 탐구 영상 발표회를 개최합니다.
• 때: ○○월 ○○일 ○○시
• 곳: 시청각실
• 대상: ○○초등학교 6학년 누구나
• 주제: 주변 인물 탐구

5분 영상 발표회를 개최합니다. 우리 반은 어떻게 준비해야 할까요?

모둠 친구들이 관심있는 사람을 정하고 그 사람과 면담하는 장면을 촬영하면 어떨까요?

3 발표 상황에서 발표 목적은 무엇인지 쓰시오. [4점]

_____

_____

4 발표 상황에 맞는 주제를 정하려고 합니다. 다음 빈칸에 알맞은 내용을 쓰시오. [8점]

모둠이 정한 인물	전하고 싶은 주제
(1)	(2)

5 〈문제 4번〉에서 정한 인물과 주제에 맞게 촬영할 장면을 두 가지만 쓰시오. [8점]

장면 1	장면 2
(1)	(2)

1 관점에 대한 설명으로 알맞은 것에는 ○표, 알맞지 <u>않은</u> 것에는 ×표 하시오.

(1) 관점에 따라 사물이나 현상이 다르게 보이지는 않는다. ( )

(2) 사물이나 현상에 대해 그 사람이 바라보는 태도나 방향을 말한다. ( )

(3) 사람마다 관점이 다른 까닭은 가지고 있는 지식이 다르기 때문이다. ( )

2 「내가 원하는 우리나라」에서 백범 김구 선생은 우리나라가 어떤 나라가 되기를 원하는지 쓰시오.

( )

3 글에 나타난 글쓴이의 생각을 파악하는 방법으로 알맞은 말을 ( ) 안에서 골라 ○표 하시오.

글쓴이가 예상하는 (작가 , 독자)을/를 생각하고, 글쓴이가 글을 쓴 (의도 , 흥미)와 목적을 생각한다.

4 다음 중 로봇세 도입의 필요성을 강조하기 위해 붙인 제목으로 알맞은 것의 기호를 쓰시오.

㉮ 「로봇세 도입을 늦추어야 한다」 ㉯ 「로봇세를 도입해야 한다」

( )

5 「열하일기」는 조선 후기의 실학자 연암 박지원이 어디에 다녀와서 쓴 여행기인지 쓰시오.

( )

6 「기와 조각과 똥 덩어리」에서 다음과 같은 생각을 가진 사람에 ○표 하시오.

황제, 관원, 백성이 머리를 깎은 것을 보고 중국을 오랑캐의 나라라고 말하며, 오랑캐의 나라에서는 볼 것이 아무것도 없다고 했다.

(1) 일류 선비 ( )

(2) 이류 선비 ( )

(3) 삼류 선비 ( )

7 「기와 조각과 똥 덩어리」에서 똥오줌이 쓸모 있게 사용되는 때는 언제라고 했는지 쓰시오.

( )

1~4

㉮

무엇으로 보이십니까?

혹시 알파벳 'E'로 보시지 않으셨습니까?
㉠많은 분들이 우리말의 'ㅌ'보다는 알파벳의 'E'라고 생각하셨을 것입니다.

㉡지금 우리의 아이들은 우리말의 'ㅌ'보다 알파벳의 'E'를 먼저 배우고 있습니다. 아이에서부터 어른에 이르기까지 국어보다 영어에 익숙해진 우리들.

자랑스러운 우리말은 우리 민족의 정신입니다.

㉢우리말을 사랑합시다.

1 이 광고에서 많은 사람이 글자 ㉮를 무엇으로 생각할 거라고 했는지 알맞은 것에 ○표 하시오.

| 우리말 'ㅌ' | 알파벳 'E' |

2 이 광고로 보아, 사람들이 같은 글자를 서로 다르게 보는 까닭은 무엇이겠습니까? (   )

① 사람마다 생각이 달라서
② 글자를 본 시간이 달라서
③ 글자를 보는 위치가 달라서
④ 글자를 배운 사람이 달라서
⑤ 글자를 볼 때의 기분이 달라서

3 이 광고에서 자랑스러운 우리말은 무엇과 같다고 했는지 쓰시오.

(   )

4 ㉠~㉢ 중 광고를 만든 사람의 생각이 담긴 부분의 기호를 쓰시오.

(   )

5~6

가 최고의 문화로 인류의 모범이 되는 것을 사명으로 삼는 우리 민족의 개개인은 이기적 개인주의자가 되어서는 안 된다. 우리는 개인의 자유를 극도로 주장하되, 그것은 저 짐승들과 같이 저마다 제 배를 채우기에 쓰는 자유가 아니요, 제 가족을, 제 이웃을, 제 국민을 잘 살게 하는 데 쓰이는 자유이다. 공원의 꽃을 꺾는 자유가 아니라 공원에 꽃을 심는 자유이다. 우리는 남의 것을 빼앗거나 남의 덕을 보려는 사람이 아니라 가족에게, 이웃에게, 동포에게 주는 것을 즐거움으로 삼는 사람이다.

나 이러함으로써 우리나라 산에는 삼림이 무성하고, 들에는 오곡백과가 풍성하며, 촌락과 도시는 깨끗하고 풍성하고 화평할 것이다. 그리하여 우리 동포, 즉 대한 사람은 남자나 여자나 얼굴에는 항상 화기가 있고, 몸에서는 어진 향기를 발할 것이다.

5 글쓴이는 우리 민족의 사명이 무엇이라고 했는지 쓰시오.

(   )

6 글쓴이는 우리 민족 개개인은 어떤 사람이 되라고 했습니까? (   )

① 남에게 베푸는 사람
② 남의 덕을 보려는 사람
③ 남의 것을 탐내는 사람
④ 남의 것을 빼앗는 사람
⑤ 자신의 배만 채우는 사람

7
서술형
글 내용만 이해하고 읽을 때와 글쓴이의 생각을 파악하며 읽을 때를 비교하여 무엇이 다른지 쓰시오.

_____

_____

8 글에 담긴 글쓴이의 생각을 파악할 때 살펴볼 것으로 알맞지 <u>않은</u> 것은 무엇입니까? ( )

① 제목
② 예상하는 독자
③ 낱말이나 문장 같은 표현
④ 글쓴이가 글을 쓴 의도와 목적
⑤ 글쓴이가 자주 사용한 문장 부호

11 로봇세 도입이 로봇 산업 발전에 도움이 되지 않는 까닭은 무엇일지 쓰시오.
서술형

_____

_____

9 ~ 11

　로봇세 도입은 로봇 산업의 발전과 국가의 미래 경쟁력에 　　⊙　

　로봇 산업이 본격적으로 발전하면 로봇은 인간을 대신하여 일을 하게 된다. 이럴 경우에 인간은 위험하거나 단순한 일, 반복적인 일에서 ⓛ해방될 수 있다. 그런데 인간을 대신하여 일을 할 로봇에게 성급하게 세금을 부과한다면 로봇 산업 발전을 더디게 할 것이다. 특히 로봇 개발자는 개발 비용에 세금까지 더하여 ⓒ마음의 부담을 느낄 수 있다. 로봇 개발자가 느끼는 마음의 부담은 로봇을 개발하는 과정에서 혁신적인 생각을 발전시키거나 과감한 투자를 하는 데에 ⓔ걸림돌이 될 수 있다. 로봇세는 이제 발전하려는 로봇 산업에 방해가 된다.

　로봇세를 부과하는 근거가 명확하지 않기 때문에 세계의 모든 국가가 동시에 로봇세를 도입하기 어렵다. 서둘러 로봇세를 도입한 국가가 다른 국가에 비해 미래 경쟁력에서 뒤처질 수 있다. 지금도 로봇 기술은 외국의 대기업들이 독차지하고 있다. 그래서 우리의 기술 없이 로봇을 만들면 ⓜ막대한 특허 사용료를 외국에 지급해야 한다.

9 이 글에 나타난 글쓴이의 생각을 파악하여 ⊙에 들어갈 내용으로 알맞은 것에 ○표 하시오.

(1) 긍정적인 영향을 줄 수 있다. ( )
(2) 부정적인 영향을 끼칠 수 있다. ( )

10 ⓛ~ⓜ 중 글쓴이의 생각이 담긴 표현으로 알맞은 것을 모두 찾아 기호를 쓰시오.

( )

12 ~ 13

　『열하일기』는 조선 후기의 실학자 연암 박지원이 중국에 다녀와서 쓴 여행기입니다.

　당시 중국은 아무나 갈 수 있는 곳이 아니었습니다. 그만한 자격과 능력이 요구되었지요. 그러나 반대로 ⊙중국을 가려고 굳이 나서는 사람도 없었습니다. 몇 달간 누런 모래바람을 뒤집어써야 하는 험난한 여행길을 누가 선뜻 나서겠습니까. 하지만 박지원은 호기심이 많고 모험 정신이 가득한 사람이었습니다.

12 이 글에서 알 수 있는 박지원에 대한 내용으로 알맞지 <u>않은</u> 것은 무엇입니까? ( )

① 『열하일기』를 썼다.
② 중국을 무시하였다.
③ 조선 후기의 실학자이다.
④ 호기심이 많은 사람이다.
⑤ 모험 정신이 가득한 사람이다.

13 사람들이 ⊙과 같이 행동한 까닭은 무엇입니까?
( )

① 땅이 너무 넓어서
② 중국의 날씨가 너무 추워서
③ 낯선 환경에 대한 두려움이 커서
④ 중국을 다녀오고 죽는 사람이 많아서
⑤ 몇 달간 모래바람을 뒤집어써야 하는 험난한 여행길이어서

14~17

가 "창대야, 장복아! ㉠우리나라 선비들이 연경에서 돌아온 사람을 만나면 반드시 물어보는 말이 있다. 그게 무엇인지 아느냐?"

나리의 질문에 창대가 미처 생각할 겨를도 없이, 장복이가 대답을 툭 뱉었다.

"뭘 먹고 왔냐는 거 아니겠습니까요? 이 나라 사람들은 책상다리 빼놓고 다 먹는다 하지 않습니까요."

장복이의 대답에 나리가 껄껄 웃으며 고개를 저었다.

"이번 여행에서 제일가는 경치가 뭐였는지 하나만 짚으라는 거다."

나 "그러나 일류 선비는 뭐라고 말하는 줄 아느냐? 얼굴에 웃음기를 거두고 진지하고 근엄하게 말하곤 하지. '중국엔 도무지 볼 것이라곤 없습니다.' 사람들이 놀라 물으면, 일류 선비는 이렇게 대답할 것이다. '황제는 물론 장상과 대신 등 모든 관원과 백성이 머리를 깎았으니 오랑캐요, 오랑캐의 나라에서 볼 게 뭐가 있겠습니까?'"

14 ㉠은 어떤 말인지 쓰시오.

( )

15 중국 제일가는 경치에 대해 말할 때 일류 선비의 태도로 알맞은 것을 두 가지 고르시오.

( )

① 깊이 생각하고 말한다.
② 얼굴에 웃음기를 거둔다.
③ 진지하고 근엄하게 말한다.
④ 온화한 미소를 짓고 말한다.
⑤ 자신의 경험을 구체적으로 예를 들어 말한다.

16 일류 선비는 중국 제일가는 경치를 묻는 질문에 무엇이라고 대답했습니까? ( )

① 볼 게 너무 많다.
② 볼 것이라곤 없다.
③ 백성이 머리를 깎은 것이다.
④ 황제가 머리를 깎은 것이다.
⑤ 관원이 머리를 깎은 것이다.

17 일류 선비는 중국을 무엇이라고 표현했습니까?

( )

① 선비의 나라
② 오랑캐의 나라
③ 신문물의 나라
④ 예의 바른 나라
⑤ 백성이 살기 좋은 나라

18~19

18 이 영상과 어울리는 토론 주제에 ○표 하시오.

(1) 위험에 처한 사람을 도와야 한다. ( )
(2) 착한 사마리아인의 법을 제정해야 한다.

( )

19 '착한 사마리아인의 법'을 제정하는 것에 반대하는 입장이라면 그 까닭은 무엇인지 쓰시오.

서술형

_____

_____

20 자신의 생각과 상대의 생각을 비교하며 토론한 뒤에 느낀 점으로 알맞지 <u>않은</u> 것의 기호를 쓰시오.

㉮ 나와 다른 생각을 알게 되니 내용을 더 깊이 있게 이해할 수 있었다.
㉯ 토론을 하니 다른 사람의 이야기를 잘 듣는 태도가 필요하다고 생각했다.
㉰ 토론하는 과정에서 나와 생각이 다른 것은 무시하는 게 낫다고 생각했다.

( )

1~2

가 나는 우리나라가 세계에서 가장 아름다운 나라가 되기를 원한다. 가장 부강한 나라가 되기를 원하는 것은 아니다. 내가 남의 침략에 가슴이 아팠으니, 내 나라가 남을 침략하는 것을 원치 아니한다. 우리의 부는 우리 생활을 풍족히 할 만하고, 우리의 힘은 남의 침략을 막을 만하면 족하다. 오직 한없이 가지고 싶은 것은 높은 문화의 힘이다. 문화의 힘은 우리 자신을 행복하게 하고, 나아가서 남에게도 행복을 주기 때문이다.

나 인류가 현재에 불행한 근본 이유는 인의가 부족하고, 자비가 부족하고, 사랑이 부족한 때문이다. 이 마음만 발달이 되면, 현재의 물질력으로 인류 20억이 다 편안히 살아갈 수 있을 것이다. 인류에게 이 정신을 배양하는 것은 오직 문화이다. 나는 우리나라가 남의 것을 모방하는 나라가 되지 말고, 이러한 높고 새로운 문화의 근원이 되고, 목표가 되고, 모범이 되기를 원한다. 그래서 진정한 세계의 평화가 우리나라에서, 우리나라로 말미암아 세계에 실현되기를 원한다.

1 글 **가**에서 글쓴이는 문화의 힘이 어떤 역할을 한다고 생각했는지 쓰시오. [5점]

_____

_____

2 글 **나**에서 글쓴이는 인류가 현재 불행한 근본 이유가 무엇이라고 했는지 쓰고, 이것을 어떻게 해결할 수 있다고 했는지 쓰시오. [8점]

인류가 불행한 까닭	(1)
해결 방법	(2)

3~4

나리의 표정은 어느 때보다도 진지했다.

"대개 백성을 위해 일하는 자는 백성과 나라에 도움이 될 일이라면 그 법이 비록 오랑캐에서 나온 것이라 해도, 마땅히 이를 배우고 본받아야 할 것이니라. 그래야 오랑캐를 물리칠 수 있는 법이다. 저들의 것을 다 익히고, 저들보다 낫게 되어야 비로소 '중국에는 볼만한 것이 없다'고 말할 수 있는 거다."

"그게 기와 조각이랑 똥 덩어리랑 무슨 상관이란 말씀입니까?"

장복이가 얼굴에 웃음기를 거두지 않고 물었다.

『"깨진 기와 조각은 천하에 쓸모없는 물건이다. 그러나 백성들의 집에 담을 쌓을 때 깨진 기와 조각을 둘씩 짝을 지어 물결무늬를 만들기도 하고, 혹은 네 조각을 모아 쇠사슬 모양이나 엽전 모양을 만들지 않느냐? 깨진 기와 조각도 알뜰하게 사용했기에 천하의 고운 빛깔을 다 낼 수 있었던 것이다."』

3 나리는 백성을 위해 일하는 자는 어떤 태도를 지녀야 한다고 생각했는지 쓰시오. [5점]

_____

_____

4 『 』 부분에서 글쓴이의 생각이 담긴 표현을 찾아 쓰고, 글쓴이가 무엇을 전달하려고 하는지 쓰시오. [8점]

글쓴이의 생각이 담긴 표현	(1)
전달하려는 생각	(2)

1 뉴스가 우리 생활에 미치는 영향으로 알맞은 것을 모두 골라 기호를 쓰시오.

> ㉮ 사람들에게 여론을 형성하게 한다.
> ㉯ 어떤 일을 같은 시각으로 보게 한다.
> ㉰ 사람들에게 새로운 정보를 알려 준다.

(   )

2 광고에서 전하려는 것을 무엇이라고 하는지 알맞은 말에 ○표 하시오.

광고의 (의도 , 재미)

3 다음 광고에서 자동차가 바다에 떨어지는 장면을 보여 준 까닭은 무엇인지 빈칸에 알맞은 말을 쓰시오.

• (   )을/를 버리는 장면과 비슷하기 때문이다.

4 광고에 드러난 표현의 특성을 알기 위한 방법을 알맞게 말하지 <u>못한</u> 친구의 이름을 쓰시오.

> 유정: 광고를 만든 사람이 누구인지 찾아봐야 해.
> 지선: 인상 깊은 사진이나 그림, 글, 소리를 찾아봐야 해.
> 혜리: 광고 내용을 두드러지게 하려고 사용한 글씨체나 글씨 크기를 살펴보면 돼.

(   )

5 다음 빈칸에 알맞은 말을 차례대로 쓰시오.

> 상품이 잘 팔리게 하려고 상품 기능을 실제보다 부풀리는 광고를 (   )라고 하고, 있지도 않은 상품 기능을 있는 것처럼 설명하는 광고를 (   )라고 한다.

6 뉴스에서 다음과 같은 역할을 하는 사람은 누구인지 쓰시오.

(1) 취재한 내용을 뉴스로 보도한다. (   )
(2) 뉴스의 핵심 내용을 요약해 안내한다.

(   )

7 뉴스의 짜임 중 면담이나 통계 자료를 보여 주는 부분은 어디인지 쓰시오.

(   )

8 뉴스의 타당성을 판단하는 방법은 무엇인지 다음 빈칸에 들어갈 알맞은 말을 보기 에서 찾아 쓰시오.

> **보기**
> 가치   관점   출처

(1) 자료의 (   )이/가 명확한지 살펴본다.
(2) 뉴스 내용이 (   ) 있고 중요한지 살펴본다.
(3) 활용한 자료들이 뉴스의 (   )을/를 뒷받침하는지 살펴본다.

9 뉴스를 만들 때 알리려는 내용을 취재하고 나서 바로 다음에 해야 할 일은 무엇인지 쓰시오.

(   )

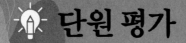
단원 평가

1~3

지구 온난화를 막기 위해 전 세계가 참가한 보편적 기후 변화 협정이 프랑스 파리에서 체결됐습니다.

31쪽 분량의 '파리 협정' 최종 합의문 핵심은 지구의 기온 상승 폭을 산업화 이전 대비 섭씨 2도 아래로 억제하고, 가능하면 섭씨 1.5도까지 낮추는 것입니다.

또 온실가스 감축을 위해 선진국들이 2020년까지 매년 천억 달러, 우리 돈 118조 원의 기금을 개발 도상국에 지원하도록 하는 내용도 담겼습니다.

파리 협정은 선진국만 온실가스 감축 의무가 있었던 교토 의정서와 달리, 개발 도상국을 포함한 195개 당사국 모두가 지켜야 하는 구속력 있는 첫 합의입니다.

1 이 뉴스에서 전달하려는 내용이 무엇인지 빈칸에 알맞은 말을 차례대로 쓰시오.

( )을/를 막기 위해 프랑스 파리에서 ( )이/가 체결되었다.

2 이 뉴스를 보고 난 후의 생각을 알맞게 말한 친구에 ○표 하시오.

(1) 효리: 다음 세대를 위해 온실가스를 줄이는 일은 꼭 필요해. ( )

(2) 윤상: 우리나라는 온실가스 배출 규정을 지키지 않아도 될 거야. ( )

3 이 뉴스를 본 규희의 반응으로 알 수 있는, 뉴스가
서술형 우리 생활에 미치는 영향은 무엇인지 쓰시오.

규희: 기후 협약은 지구 온난화를 막으려고 여러 나라가 체결한 협약이구나.

_____

_____

4~6

4 이와 같은 광고의 표현 특성으로 알맞지 <u>않은</u> 것을 두 가지 고르시오. ( )

① 소리를 사용하지 않는다.
② 다른 것에 빗대어 표현한다.
③ 같은 말을 반복하여 사용한다.
④ 한 가지 색깔로만 글자를 표현한다.
⑤ 글, 그림, 사진을 효과적으로 사용한다.

5 한 해에 버려지는 음식물 쓰레기를 무엇에 비유하여 표현하였는지 쓰시오.

( )

6 이 광고에서 ㉠과 같이 글자의 배경색을 표시하고 더 크게 표현한 까닭은 무엇입니까? ( )

① 재미있게 표현하기 위해서
② 과장된 표현임을 알게 하기 위해서
③ 광고를 눈에 쉽게 띄게 하기 위해서
④ 주제를 잘 드러내지 않게 하기 위해서
⑤ 광고를 보는 사람에게 긴장감을 주기 위해서

7 이 광고의 의도는 무엇입니까? (　　　)

① 자전거로 운동을 하세요.
② 자전거를 신나게 타세요.
③ '신바람 자전거'를 사세요.
④ 건강한 체력을 만들어 드려요.
⑤ '신바람 자전거'를 빌려 드려요.

8 이 광고에서 반복하여 강조한 말을 찾아 쓰시오.

(　　　　　　　)

9 ㉠에 대한 표현이 적절한지 알맞게 평가한 친구의 이름을 쓰시오.

> 호준: 누구나 신바람이 나는 것은 아니므로 과장되었어.
> 민영: 무료하고 따분한 일이 있을 수 있다는 것을 감추고 있어.

(　　　　　　　)

10 ㉡~㉻ 중 관련 있는 자세한 정보를 감추고 있는 광고 문구는 무엇입니까? (　　　)

① ㉡　　② ㉢　　③ ㉣　　④ ㉤　　⑤ ㉥

11 다음 중 광고에서 비판적으로 살펴보아야 하는 문구와 거리가 먼 것은 무엇입니까? (　　　)

① 최고　　　　② 사세요　　　③ 무조건
④ 절대로　　　⑤ 100퍼센트

깃털 책가방

이보다 가벼울 수는 없다! **초경량** 책가방
교과서를 모두 넣어도 찢어질 염려 없는 **튼튼한** 재질
거품 없는 가격과 **최고의 품질**
한국에서 직접 디자인하고 직접 만든 책가방
멘 듯 안 멘 듯 깃털처럼 가벼운 **깃털 책가방**

책가방을 살 때에는 깃털 책가방을 사세요.
세련된 디자인과 특수한 가공으로 품질을 인정받아 ㉠해외로 수출하는 우수 제품입니다.

12 이 광고에서 깃털 책가방에 대하여 설명한 내용이 아닌 것은 무엇입니까? (　　　)

① 무겁다.
② 튼튼하다.
③ 가격이 싸다.
④ 품질이 우수하다.
⑤ 디자인이 세련되었다.

13 ㉠의 표현에서 과장하거나 감추는 내용을 쓰시오.
서술형

_____

_____

14~17

가 어려운 경기 속에도 이렇게 기부가 늘어난 데는 재미와 감동이 함께하는 이른바 스마트 기부가 한몫을 하고 있습니다. 신방실 기자가 전해 드립니다.

나 이렇게 걷는 것만으로도 기부할 수 있는 스마트폰 앱도 있습니다. 100미터에 10원씩 기부금이 쌓이는 동안 건강까지 챙길 수 있습니다.

　게임을 하고 광고 동영상을 시청하면서 기부할 수 있는 앱도 등장했습니다.'

〈면담〉 ○○○(△△△병원 정신건강의학과 교수)

"기부에 있어서 마일리지나 포인트 등을 이용할 수 있게 유도한다는 것은 조금 더 사람들이 기부에 손쉽게 다가갈 수 있는 방법 중 하나입니다."

다 디지털 기술의 진화가 이웃 사랑을 실천하는 촉매제가 되고 있습니다. KBS 뉴스 신방실입니다.

14 이 뉴스에서 보도하는 핵심 내용은 무엇입니까?
　　　　　　　　　　　　　　　（　　　）

① '스마트 기부'의 확산
② 디지털 기술의 진화 과정
③ '스마트 기부'의 문제점과 한계
④ 줄어드는 '스마트 기부' 홍보 방법
⑤ 빠른 속도로 쌓이는 기부금 모금액

15 글 **가**는 '진행자의 도입', '기자의 보도', '기자의 마무리' 중에서 무엇에 해당하는지 쓰시오.
　　　　　　　　（　　　　　　　）

16 뉴스의 짜임 중 글 **다**가 해당하는 부분에 써야 할 내용으로 알맞은 것의 기호를 쓰시오.

> ㉮ 면담이나 통계 자료에 대한 설명을 쓴다.
> ㉯ 전체 내용을 요약하거나 핵심 내용을 강조한다.
> ㉰ 사람들의 관심을 끌 만한 새로운 내용을 소개한다.

　　　　　　　　（　　　　　　　）

17 은수가 이 뉴스의 타당성을 판단한 방법으로 알맞은 것은 무엇입니까?　　　　　　（　　　）

> 은수: 뉴스의 관점을 뒷받침하려고 전문가의 면담 자료를 활용했어.

① 자료의 출처가 명확한지 살펴보았다.
② 가치 있고 중요한 뉴스인지 살펴보았다.
③ 어떤 느낌의 표현을 사용했는지 살펴보았다.
④ 활용한 자료가 뉴스의 관점을 뒷받침하는지 살펴보았다.
⑤ 뉴스의 관점과 보도 내용이 서로 관련 있는지 살펴보았다.

18 뉴스를 만드는 과정에서 가장 먼저 할 일은 무엇입니까?　　　　　　　　（　　　）

① 뉴스 원고를 쓴다.
② 알리려는 내용을 취재한다.
③ 어떤 내용을 보도할지 회의한다.
④ 뉴스 영상을 제작하고 편집한다.
⑤ 사람들에게 전하고 싶은 내용을 뉴스로 보도한다.

19 뉴스를 만들 때 취재 계획에 들어갈 내용으로 알맞지 <u>않은</u> 것은 무엇입니까?　　　　（　　　）

① 준비물　　　　　　② 취재 기간
③ 취재할 사건　　　　④ 취재할 사람
⑤ 뉴스를 진행할 사람

20 뉴스 원고를 쓸 때 주의할 점으로 맞으면 ○표, 틀리면 ✕표 하시오.

(1) 짧고 간결한 표현을 사용한다.　　（　　　）
(2) 뉴스를 보는 사람을 고려해서 쓴다.（　　　）
(3) 친근한 느낌이 들게 반말을 사용한다.
　　　　　　　　　　　　　　　（　　　）
(4) 어려운 말은 쉽게 풀어서 말하듯이 쓴다.
　　　　　　　　　　　　　　　（　　　）

1 다음 광고에 드러난 표현의 특성과 광고에서 전하고자 하는 생각을 각각 쓰시오. [8점]

광고에 드러난 표현의 특성	(1)
광고에서 전하고자 하는 생각	(2)

2 다음 여자아이와 같은 문제점이 생기지 않으려면 광고를 볼 때 어떤 점에 주의해야 하는지 쓰시오. [6점]

> 옷을 싸게 판다는 광고를 보고 옷 가게에 들어갔는데, 일부 품목만 싸게 팔아서 실망한 적이 있어.

3 뉴스에서 ㉠이 하는 역할은 무엇인지 쓰시오. [6점]

가 어려운 경기 속에도 이렇게 기부가 늘어난 데는 재미와 감동이 함께하는 이른바 스마트 기부가 한몫을 하고 있습니다. 신방실 기자가 전해 드립니다.

나 거리에 등장한 자선냄비가 뭔가 색다릅니다. 한 시민이 돼지 저금통을 갈라 모금함에 돈을 넣는가 했더니, 먼저 주사위를 모니터 위에 놓습니다. 선택한 것은 여성과 다문화, 기부 대상을 직접 고를 수 있는 스마트 자선냄비입니다.

㉠〈면담〉 ○○○(서울시 용산구)

"자기가 마음 가는 단체에 기부할 수 있어서 편리한 것 같습니다. 좋은 것 같습니다."

4 다음 뉴스 주제에 알맞은 뉴스 관점을 쓰고, 면담 대상을 정하여 면담 질문을 한 가지 쓰시오. [6점]

뉴스 주제	일회용품 사용 실태
뉴스 관점	(1)
면담 대상	(2)
면담 질문	(3)

1 다음 빈칸에 알맞은 말을 쓰시오.

> 고쳐쓰기는 글 전체 수준에서부터 (   ), 문장, 낱말 수준까지 전체적으로 점검하는 것이다.

2 글을 고쳐 쓰면 좋은 점이 <u>아닌</u> 것에 ×표 하시오.

(1) 읽는 사람이 글을 더 쉽게 이해할 수 있다.
(   )

(2) 읽는 사람의 반응을 잘 이끌어 내는 글을 쓸 수 있다.
(   )

(3) 읽는 사람이 누구나 알고 있는 내용을 글로 쓸 수 있다.
(   )

(4) 읽는 사람에게 자신이 하고 싶은 말을 잘 전달할 수 있다.
(   )

3 쓴 글을 읽고 문장 수준에서 고쳐 쓰는 방법으로 알맞은 것을 두 가지 골라 기호를 쓰시오

> ㉮ 글의 목적에 맞는 내용인지 살펴본다.
> ㉯ 문장 호응이 잘 이루어지지 않은 문장을 찾아본다.
> ㉰ 지나치게 단정적이거나 불확실한 표현이 있는지 살펴본다.
> ㉱ 중심 문장과 뒷받침 문장이 자연스럽게 연결되는지 살펴본다.

(   )

4 다음 밑줄 친 낱말을 뜻에 맞게 고쳐 쓰시오.

> 단순히 재미있으려고 은어나 비속어를 사용했다가 친구들끼리 <u>투쟁</u>으로 이어지는 경우도 있고, 어른과 어린이의 일상적인 대화가 어려워지는 경우도 있다.

(   )

5 글을 고칠 때 사용하는 교정 부호와 쓰임을 알맞게 선으로 이으시오.

(1) [∨] ·

(2) [❍] ·

(3) [⌣] ·

(4) [⌣] ·

(5) [⌢] ·

(6) [Y] ·

· ① 한 글자를 고칠 때

· ② 띄어 쓸 때

· ③ 여러 글자를 고칠 때

· ④ 붙여 쓸 때

· ⑤ 글자를 뺄 때

· ⑥ 글의 내용을 추가할 때

6 자료를 활용해 주장하는 글을 쓰는 과정에 맞게 번호를 쓰시오.

(1) 문제에 대한 자신의 주장을 정한다. (   )
(2) 자신이 쓴 글을 점검하고 고쳐 쓴다. (   )
(3) 주장하는 글의 짜임을 생각하며 글을 쓴다.
(   )

(4) 주장과 관련해 알고 있는 것을 떠올리거나 자료를 찾아본다.
(   )

7 글에 활용할 수 있는 자료를 찾는 방법으로 알맞은 것에 모두 ○표 하시오.

(1) 전문가의 의견을 조사한다. (   )
(2) 인터넷에서 관련 있는 사례를 찾아본다.
(   )

(3) 책에서 관련 있는 통계 자료를 찾아본다.
(   )

(4) 자신과 비슷한 생각을 가진 친구들의 의견을 듣는다. (   )

1~4

㉠

여러분, 불량 식품을 먹지 맙시다. 불량 식품을 먹고 나서 쓰레기를 버리는 사람이 많습니다. 그렇게 버린 쓰레기들이 우리 학교 주변을 더럽혀 보기에도 좋지 않고, 악취도 납니다. 불량 식품에는 무엇이 들어갔는지, 그리고 유통 기한은 언제까지인지 정확히 적혀 있지 않습니다. 불량 식품을 먹으면 해로운 물질이 몸에 들어가 병에 걸리기 쉽습니다. ㉡ 불량 식품은 아무리 맛있어도 먹지 말아야 합니다.

1 이 글에서 주장하는 내용은 무엇입니까?

( )

① 유통 기한을 확인하자.
② 쓰레기를 버리지 말자.
③ 규칙적인 생활을 하자.
④ 불량 식품을 먹지 말자.
⑤ 친구와 사이좋게 지내자.

2 ㉠에 들어갈 제목으로 가장 알맞은 것은 무엇입니까?

( )

① 음식물 쓰레기
③ 음식물의 유통 기한
② 지저분한 학교 주변
④ 건강을 해치는 불량 식품
⑤ 학교 주변에서 파는 불량 식품

3 이 글에서 글의 주제와 관련이 없어 삭제해야 할 내용을 찾아 밑줄을 그으시오.

4 ㉡에 다음과 같은 내용을 추가해야 하는 까닭은 무엇인지 쓰시오.
서술형

그리고 유통 기한을 알 수 없어 신선하지 않은 식품을 먹게 될 수도 있습니다.

_____

_____

5 글을 고쳐 써서 좋았던 경험을 말하지 <u>못한</u> 친구의 이름을 쓰시오.

윤정: 글을 고쳐 쓰면 읽는 사람이 글을 더 쉽게 이해할 수 있어. 수민: 전자 우편을 보내기 전에 한 번 더 읽고 낱말을 고쳐 쓴 적이 있어. 민준: 선생님께서 내가 쓴 글에서 맞춤법이 틀린 부분을 고쳐 주신 적이 있어.

( )

6 다음과 같이 글을 고쳐 쓰면 좋은 점을 보기 에서 찾아 기호를 쓰시오.

보기
㉮ 필요한 내용을 더 쓰면 자세하고 내용이 풍부한 글이 된다.
㉯ 군더더기 없는 글을 쓰면 자신의 생각을 더 잘 전달할 수 있다.

(1) 중심 생각과 관련이 없는 부분을 삭제한다.

( )

(2) 더 필요한 내용이 있으면 알맞은 곳에 써넣는다.

( )

7~12

가 고운 말을 사용하면 서로 존중하는 마음을 전할 수 있다. 흔히 말이 눈에 보이지 않는 마음임을 표현할 때 "말은 마음의 거울"이라는 격언을 사용한다. 고운 말을 사용해야 하는 것은 어린이만이 아니다. 존중하는 마음이 없다면 고운 말도 나오지 않는다.

나 고운 말을 사용하면 다른 사람과 원활하게 대화할 수 있다. 은어나 비속어는 대화를 어렵게 하고 오해를 불러일으킨다. ㉠단순히 재미있으려고 은어나 비속어를 사용했다가 친구들끼리 투쟁으로 이어지는 경우도 있고, 어른과 어린이의 일상적인 대화가 어려워지는 경우도 있다.

다 고운 말을 사용하면 친구 관계가 좋아진다. 말은 우리 민족의 혼이 담긴 소중한 문화유산이다. ㉡은어나 비속어를 사용한다면 그것이 우리 후손에게 그대로 전해질 것이므로 고운 말을 사용해 아름다운 우리말을 지켜야 한다.

라 고운 말은 다른 사람을 존중하는 마음을 전할 수 있게 하고, 다른 사람과 대화를 원활하게 할 수 있게 한다. 또 고운 말을 사용하는 것은 우리말을 아름답게 가꾸고 지키는 일이다. 이제라도 고운 말을 사용하는 바른 언어 습관을 기르려고 ㉢노력하면 좋을 수도 있다.

7 이 글에서 주장하는 내용은 무엇입니까? (   )

① 서로 대화해야 한다.
② 고운 말을 사용해야 한다.
③ 친구 관계가 좋아져야 한다.
④ 은어나 비속어는 고운 말이 아니다.
⑤ 우리 민족의 문화유산을 지켜야 한다.

8 문단 **가** 에서 중심 문장의 내용과 관련 없는 문장을 찾아 밑줄을 그으시오.

9 다음 빈칸에 들어갈 낱말을 문단 **나** 에서 찾아 문장에 알맞게 바꾸어 쓰시오.

> 은어나 비속어는 (   ) 대화를 어렵게 하고 오해를 불러일으킨다.

10 ㉠에서 어색하여 고쳐 써야 할 낱말은 무엇입니까? (   )

① 은어　　　② 친구　　　③ 투쟁
④ 경우　　　⑤ 비속어

11 ㉡과 같이 긴 문장을 두 문장으로 나누어 써야 하는 까닭을 쓰시오.
서술형

_____

_____

12 ㉢을 표현이 적절한 말로 바르게 고쳐 쓴 것은 무엇입니까? (   )

① 노력했다.
② 노력하자.
③ 노력할 것이다.
④ 노력해도 안 된다.
⑤ 노력해도 좋을 것이다.

13 다음 문장에서 사용해야 할 교정 부호는 무엇입니까? (   )

> 온 가족이 모여서 저녁을 마신게 먹었다.

① ∨　　　② ⌒　　　③ ♂
④ ↙　　　⑤ ⌣

14 알맞은 교정 부호를 사용하여 다음 문장을 바르게 고쳐 쓰시오.

> 날마다 아침밥을 거르면 밤새 분비된 위산이 중화되지 않아 위가 불편해졌다.

15 ~ 17

최근 미국 ○○대학교 연구진은 전 세계적으로 680여 명이 희생된 중동호흡기증후군[메르스]의 백신을 개발했다. 연구진이 동물 실험으로 그 효과를 확인하려고 백신을 원숭이에게 투여했다. 그리고 이 백신이 중동호흡기증후군[메르스]을 예방할 수 있다는 확신을 가졌다. 이렇게 동물 실험은 새로운 약 개발에 중요한 역할을 한다.

동물 실험도 하지 않고 개발한 약을 사람들에게 사용하면 부작용이 발생할 수 있다. 1937년에 한 제약 회사에서 술파닐아미드라는 약을 새롭게 개발했다. 그런데 동물 실험을 거치지 않고 사람들에게 이 약을 판매했다. 그 결과, 이 약을 복용한 많은 사람이 부작용으로 사망하는 불행한 일이 일어났다.

일부 사람들은 동물 실험을 당장 다른 방법으로 대체해야 한다고 주장한다. 그러나 대체 방법을 개발하는 데 6년 이상의 시간과 약 400억 원 이상의 비용이 필요하다.

15 글쓴이의 주장은 무엇입니까? (   )

① 동물 실험을 해야 한다.
② 동물을 잘 보살펴야 한다.
③ 동물 실험을 해서는 안 된다.
④ 동물도 예방 백신을 맞아야 한다.
⑤ 멸종되고 있는 동물을 살려야 한다.

16 글쓴이의 주장에 반대하는 근거를 두 가지 골라 기호를 쓰시오.

> ㉮ 대체 실험에 비용이 많이 든다.
> ㉯ 동물의 생명도 똑같이 소중하다.
> ㉰ 동물과 사람에게 나타나는 반응이 똑같지 않다.

(   )

17 이 글에 추가할 뒷받침 자료를 한 가지만 쓰시오.

서술형
_____

_____

18 글 수준에서 점검할 내용으로 알맞지 <u>않은</u> 것을 두 가지 고르시오. (   )

① 알맞은 낱말을 사용했는가?
② 제목이 글 내용과 어울리는가?
③ 문장 호응이 잘 이루어지는가?
④ 무엇을 쓴 글인지 알 수 있는가?
⑤ 글의 목적에 맞는 내용으로 되어 있는가?

19 고쳐 쓴 글을 읽고 의견을 알맞게 말하지 <u>못한</u> 친구의 이름을 쓰시오.

> 준호: 처음에 쓴 글과 고쳐 쓴 글을 비교해 봐.
> 유진: 글을 쓰는 사람을 고려해서 고쳐 썼는지 살펴봐야 해.
> 현태: 글, 문단, 문장, 낱말 수준에서 무엇을 고쳐 썼는지 확인해야겠어.
> 소연: 만약 친구가 제목을 고쳐 썼다면 고쳐 써서 나아진 점을 생각해야 해.

(   )

20 다음 의견은 어떤 수준에서 고쳐 써야 할 점을 말한 것인지 보기 에서 찾아 쓰시오.

> 보기
> 글 수준, 문단 수준, 문장 수준, 낱말 수준

(1)
> '의약 제품'이라는 말을 좀 더 쉽게 풀어 쓰면 어떨까?

(2)
> 두 번째 문단에서 주제와 관련 없는 문장을 빼면 더 좋을 것 같아.

(   ) (   )

1~2

이후 계속되어 온 인류의 '동물 실험'

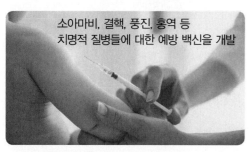

소아마비, 결핵, 풍진, 홍역 등 치명적 질병들에 대한 예방 백신을 개발

이 과정에서 동물들은 경련과 발작 증세를 보이는데

1 가~다는 무엇과 관련된 영상 장면의 일부분인지 쓰시오. [4점]

_____

_____

2 가~다의 내용을 확인하는 질문을 보기와 같이 만들어 쓰시오. [6점]

> 보기
> 동물 실험은 언제부터 계속되었는가?

_____

_____

3~4

저기 물고기들 보여?

콘크리트로 덮여 있던 하천이나 생활 하수로 악취가 나던 하천들을 복원하고 있어.

내복도 입고, 찬 바람도 막아서 따뜻하게 지내자.

3 인간과 자연이 조화를 이루며 발전하기 위해 가와 나에 나타난 실천 방안을 각각 쓰시오. [6점]

가	(1)
나	(2)

4 인간과 자연이 조화를 이루며 발전해야 하는 까닭을 쓰시오. [8점]

_____

_____

1 여행 계획서에 들어가야 할 내용에 모두 ○표 하시오.

(1) 여행 기간과 장소 ( )

(2) 여행 일정과 비용 ( )

(3) 여행 자료를 조사한 시간 ( )

2 영화를 감상하는 방법으로 알맞지 <u>않은</u> 것의 기호를 쓰시오.

> ㉮ 영화 줄거리를 이해한다.
> ㉯ 영상의 특징을 살펴본다.
> ㉰ 자신이 영화를 관람한 장소를 알아본다.

( )

3 재민이가 영화 「피부 색깔＝꿀색」을 감상한 방법으로 알맞은 말을 ( ) 안에서 골라 ○표 하시오.

> 재민: 한국에서 벨기에로 입양 온 융은 양부모님 그리고 다른 형제들과 함께 살게 되었어.

> 인물들의 (성격 , 관계 , 표정)을/를 이해했다.

4 다음 영화 감상문에서 영화를 보게 된 까닭을 나타낸 문장을 찾아 밑줄을 그으시오.

> 「피부 색깔 ＝ 꿀색」이라는 영화를 보았다. 제목부터가 뭔가 전하고 싶은 이야기가 많은 영화라고 생각했다. 이 영화는 벨기에에 입양된 우리 동포 융이라는 사람이 어린 시절을 회상하며 이야기가 시작된다.

5 영화 감상문을 쓰는 방법은 무엇인지 다음 빈칸에 들어갈 알맞은 말을 보기 에서 찾아 쓰시오.

> 보기
>
> 책   경험   제목   느낌

(1) 자신이 본 영화나 ( )을 함께 떠올려 쓴다.

(2) 영화를 본 뒤의 전체적인 ( )이나 주제도 쓴다.

(3) 영화 속 내용과 비슷한 자신의 ( )을 떠올려 쓴다.

(4) 감상문의 전체 내용을 잘 드러내거나 읽는 사람의 관심을 끌 수 있는 ( )을 쓴다.

6 작품을 읽고 관련 있는 자신의 경험을 떠올릴 때의 좋은 점을 알맞게 말한 친구의 이름을 쓰시오.

> 태연: 작품을 더 잘 이해하게 돼.
> 민지: 자신의 생각이 옳다고 주장할 수 있어.
> 원호: 작품의 중요한 내용을 쉽게 간추릴 수 있어.

( )

7 경험한 내용을 영화로 만드는 차례에 맞게 기호를 쓰시오.

> ㉮ 자신의 경험을 떠올려 주제를 정한다.
> ㉯ 만든 영화를 보면서 부족한 부분을 찾아 보완해 완성한다.
> ㉰ 사진이나 그림, 영상에 어울리는 설명을 간단히 기록한다.
> ㉱ 정한 주제에 맞는 사진이나 그림, 영상을 수집해 영화 장면의 차례대로 나열한다.
> ㉲ 편집 프로그램을 활용해 사진이나 그림, 영상을 넣은 다음 음악과 자막을 넣는다.

㉮ → ( ) → ( ) → ( ) → ( )

1~2

1 영상 **1**에서 뜻하는 공정한 여행에 해당하는 것을 모두 고르시오. (   )

① 허락을 받은 곳만 관광한다.
② 자신이 하고 싶은 대로 행동한다.
③ 그 지역 사람들의 삶을 존중한다.
④ 나와 다른 종교의 활동은 무시한다.
⑤ 그 지역의 문화를 체험하고 이해한다.

2 영상 **2**의 ㉠과 관련 없는 내용을 골라 기호를 쓰시오.

> ㉮ 색다른 여행은 잊지 못할 추억으로 남게 된다.
> ㉯ 좋은 여행은 여행이 끝난 뒤에도 나의 삶에 활력을 준다.
> ㉰ 여행 뒤에는 여행을 잊고 일상생활에만 집중해야 한다.

(   )

3 여행 가고 싶은 곳에 대한 자료를 찾는 방법으로 알맞지 <u>않은</u> 것은 무엇입니까? (   )

① 지역 소개 자료를 찾아본다.
② 도서관에 있는 책을 찾아본다.
③ 이름이 비슷한 다른 지역을 찾아본다.
④ 누리집에 있는 사진 자료를 찾아본다.
⑤ 누리집에 있는 영상 자료를 찾아본다.

4 여행 계획서를 쓰는 방법은 무엇인지 다음 빈칸에 들어갈 알맞은 말을 보기 에서 찾아 쓰시오.

> **보기**
>
> 비용   일정   준비물

(1) 여행 (   )은/는 날마다 몇 시쯤, 어디에서 무엇을 할 것인지 써야 한다.
(2) 여행 (   )은/는 날마다 사용할 돈을 입장료, 교통비, 식비 따위로 나누어 생각한다.

5~6

> 지현: 이 영화 제목 「피부 색깔=꿀색」은 융이 입양될 때 입양 서류에 적혀 있던 표현이래.
> 승욱: 주인공 융은 한국에서 고아였어. 다섯 살에 벨기에에 입양되어 양부모님 품에서 자라게 돼.
> 현아: 처음에 흑백처럼 표현한 만화를 보고 인물이 겪은 시대의 모습을 더 잘 이해할 수 있었어.

5 주인공 융은 왜 한국에서 먼 나라로 가서 살아야 했는지 쓰시오.
서술형

_____

_____

6 영화 「피부 색깔=꿀색」을 보면서 영화의 영상을 어떻게 표현했는지를 살펴본 친구의 이름을 쓰시오.

(   )

가 「피부 색깔＝꿀색」이라는 영화를 보았다. 제목부터가 뭔가 전하고 싶은 이야기가 많은 영화라고 생각했다. 이 영화는 벨기에에 입양된 우리 동포 융이라는 사람이 어린 시절을 회상하며 이야기가 시작된다.

나 융은 다섯 살에 해외로 입양된다. 하지만 융은 벨기에의 가족과 자신의 피부색이 다르다는 사실과 한국에 친부모님이 있을지도 모른다는 생각에 잘 적응하지 못하고 힘들어한다.

다 예전에 「국가대표」라는 영화를 보았다. 그 영화에서 주인공은 엄마를 찾으려고 국가대표가 되려고 했다. 해외 입양 문제는 우리나라의 아픈 역사를 보여 주는 한 부분이다.

라 영화를 보는 내내 나는 입양된 사람들이 ㉠우리 역사에서 겪은 아픔을 생각했다. 본인의 의지와 상관없이 다른 나라에서 살아야 하는 사람들, 그리고 우리나라에 온 사람들까지. 나는 우리가 지금 서로를 따뜻하게 감싸안아야 할 때라고 생각했다.

7 이 글에 쓴 내용이 <u>아닌</u> 것은 무엇입니까?
( )

① 영화 줄거리　　② 예전에 보았던 영화
③ 영화를 본 감상　④ 영화를 보게 된 까닭
⑤ 영화를 함께 본 사람

8
서술형

융이 해외에 입양되면서 잘 적응하지 못하고 힘들어했던 까닭은 무엇인지 쓰시오.

_____

_____

9 이 글에서 ㉠은 무엇을 말하는 것입니까? ( )

① 가족 문제　② 나라 사랑　③ 환경 문제
④ 인종 차별　⑤ 해외 입양 문제

10 글 **가**~**라** 중 이 영화 감상문에서 글쓴이가 말하려는 주제가 잘 드러나 있는 글의 기호를 쓰시오.

( )

11 영화 감상문을 쓰는 방법으로 맞으면 ○표, 틀리면 ×표 하시오.

(1) 제목은 내용을 잘 드러내게 쓴다. ( )
(2) 영화 감상문은 시나 만화, 일기 같은 형식으로 쓰기에 알맞지 않다. ( )
(3) 줄거리를 자세히 썼으면 자신의 생각이나 느낌은 생략하는 것이 좋다. ( )

가 솔빈으로 가서 은화를 팔고……. 그래! 솔빈의 말을 사자!

솔빈의 말은 당나라까지 널리 알려진 명마다. 솔빈의 말을 장안으로 가져가면 비싼 값에 팔 수 있다. 그리고 장안에서 비단을 싸게 사서 온다면……. 가만히 앉아 있으면 묘원의 은화는 비단 오백 필 값. 그러나 ㉠길을 나선다면 천 필, 아니 이천 필 값이 될 수 있다.

가자. 교역을 하러 가자. 어머니가 돌아오기 전에 빚을 갚는 거야. 상단을 지키는 거야. 대상주 금기옥의 딸답게. / 홍라는 눈물을 닦았다.

나 상단의 믿음직한 일꾼들은 지난 풍랑으로 거의 잃었다. 상단에 남아 있던 일꾼들은 대상주를 찾기 위해 동경에 가 있었다. 그러고도 남아 있는 일꾼들은 나이가 많거나 혹은 너무 어렸다. 그렇다고 표 나게 사람을 모을 수는 없었다. 빚쟁이들의 눈총이 무서웠다.

12 ㉠이 뜻하는 말은 무엇입니까? ( )

① 수출을 한다면　② 여행을 간다면
③ 교역을 떠난다면　④ 바다를 건넌다면
⑤ 어머니를 찾는다면

13 이 글에서 '대상주'는 누구인지 쓰시오.

• 주인공 홍라의 ( )이다.

14 글 ㉮에서 홍라가 다짐한 내용을 모두 고르시오.
( )

① 빚을 갚자.　　　② 어머니를 믿자.
③ 상단을 지키자.　④ 교역을 하러 가자.
⑤ 상단 일을 배우자.

15 글 ㉯에서 홍라가 겪고 있는 어려움에 ○표 하시오.

(1) 교역할 배가 없다.　　　( )
(2) 교역로를 잘 모른다.　　( )
(3) 일꾼을 모으기가 힘들다.　( )

16~19

㉮ "장안으로 교역을 나설 거야. 월보, 비녕자, 같이 갈 수 있지?"
　선심 쓰는 듯 말했지만, 속으로 좀 걱정이 되었다. 월보에게도 아직 품삯을 주지 못했다. 상단이 망해 간다는 소문이 파다한데, 월보가 따라나서 줄지 걱정이었다. 비녕자의 불만에 찬 표정도 마음에 걸렸다.
　하지만 월보는 반색해 주었다.
　"자, 장안이라고요? 네! 네, 갈게요. 가겠습니다!"
　비녕자는 여전히 뚱한 얼굴이지만 그래도 고개를 끄덕였다.
　반가워서 손이라도 잡아 주고 싶었다. 하지만 ㉠대상주답게 굴어야 했다. 홍라는 애써 엄한 표정을 지었다.
㉯ 준비랄 것도 없었다. 집안 일꾼들 모르게 몇 가지를 챙기는 게 전부였다. 창고 점검을 한다는 핑계로 말린 고기며 곡식 가루를 좀 챙겼다. 노숙을 해야 할지도 모르니 음식을 조리할 도구도 필요했다. 집에 있는 걸 가져가려니 일꾼들이 알아챌까 걱정스러웠다. 결국 친샤가 시장에서 몇 가지를 사 왔다. 그리고 돈피도 몇 장 챙겼다.
　말은 모두 다섯 마리를 준비했다.
㉰ 드디어 떠난다. 홍라의 가슴이 세차게 고동쳤다. 대상주가 되어 교역을 떠난다. 빚을 갚고 상단을 구할 것이다. 걱정거리가 없지 않지만, 다 이겨 낼 수 있을 것만 같았다. 이겨 내야만 했다.

16 다음은 글 ㉮의 내용을 간추린 것입니다. 빈칸에 알맞은 말을 차례대로 쓰시오.

　홍라가 ( )(으)로 교역을 떠나려고 하는데, ( )과/와 ( )이/가 함께 가기로 했다.

17 홍라가 ㉠처럼 하려는 까닭으로 알맞은 것의 기호를 쓰시오.

㉮ 속으로는 비녕자가 거절하기를 바라서
㉯ 위엄 있게 자신의 상단을 이끌고 싶어서
㉰ 비녕자가 같이 가지 않겠다고 할 것 같아서

( )

18 교역을 떠날 때 가져가기 위해 준비한 것이 <u>아닌</u> 것은 무엇입니까? ( )

① 마차　　② 돈피　　③ 말린 고기
④ 조리 도구　⑤ 말 다섯 마리

19 글 ㉰에서 자신이 홍라라면 장안으로 길을 떠날 때 어떤 마음이 들지 쓰시오.
서술형

_____

_____

20 작품을 더 잘 이해하며 독서 감상문을 쓸 수 있는 친구의 이름을 쓰시오.

지우: 인상 깊은 장면 하나만 골라 간단하게 간추려서 썼어.
서희: 작품 속 내용과 비슷한 자신의 경험을 떠올리면서 썼어.

( )

1 자신이 여행 가고 싶은 곳을 정한 뒤, 다음 여행 계획서에 알맞은 내용을 쓰시오. [8점]

여행 기간과 장소	(1)
여행 일정	(2)

2 다음 영화 감상문을 읽고, 알맞은 제목을 정해 쓰시오. [6점]

> 가 「피부 색깔=꿀색」이라는 영화를 보았다. 제목부터가 뭔가 전하고 싶은 이야기가 많은 영화라고 생각했다. 이 영화는 벨기에에 입양된 우리 동포 융이라는 사람이 어린 시절을 회상하며 이야기가 시작된다.
>
> 융은 다섯 살에 해외로 입양된다. 하지만 융은 벨기에의 가족과 자신의 피부색이 다르다는 사실과 한국에 친부모님이 있을지도 모른다는 생각에 잘 적응하지 못하고 힘들어한다.
>
> 나 영화를 보는 내내 나는 입양된 사람들이 우리 역사에서 겪은 아픔을 생각했다. 본인의 의지와 상관없이 다른 나라에서 살아야 하는 사람들, 그리고 우리나라에 온 사람들까지. 나는 우리가 지금 서로를 따뜻하게 감싸 안아야 할 때라고 생각했다.

↓

3 다음 글은 「대상주 홍라」의 일부입니다. 이 글의 내용과 관련 있는 자신의 경험을 떠올려 쓰시오. [8점]

> 온갖 나라의 사람들이 저마다의 멋을 뽐내며 거리거리를 수놓았다. 동방의 상인들이 장사하는 동부 시장도 그랬지만, 서역 상인들의 서부 시장은 더욱 경이로웠다. 소그드 상인은 물론이고 페르시아나 로마에서 온 상인들도 진귀한 물건을 내놓고 팔았다. 장안은 세계적인 교역 도시였다.
>
> 홍라는 장안을 떠나며 언젠가 자신의 상단을 이끌고 다시 오겠다고 다짐했다. 장안까지, 아니 세상의 끝까지 가 보고 싶었다. 그 누구의 발도 닿지 않은 새로운 길로 떠나고 싶었다.

4 경험한 내용을 영화로 만들려고 합니다. 영화 제목과 주제를 정하여 쓰고, 영화로 만들 장면을 두 가지만 쓰시오. [8점]

영화 제목	(1)
주제	(2)
영화 장면	(3)
	(4)

올바른 개념학습,
디딤돌 초등수학 시리즈!

기본부터 심화까지,
개념 연결 학습을 통해
기본기는 강화하고 문제해결력과
사고력을 함께 키워줍니다.

문제해결력 강화 문제유형, 응용

개념 다지기 원리, 기본

개념 이해 ⟶ 개념 응용 ⟶ 수학 좀 한다면

개념＋문제해결력 강화를 동시에

기본+유형, 기본+응용

사회 교과 자료분석력 향상

초등
6·2

디딤돌
통합본

사회

디딤돌 통합본 국어·사회·과학 6-2

펴낸날 [개정판 1쇄] 2024년 7월 1일
펴낸이 이기열 | **펴낸곳** (주)디딤돌 교육
주소 (03972) 서울특별시 마포구 월드컵북로 122 청원선와이즈타워
대표전화 02-3142-9000
구입문의 02-322-8451
내용문의 02-323-5489
팩시밀리 02-322-3737
홈페이지 www.didimdol.co.kr
등록번호 제10-718호
사진 북앤포토
구입한 후에는 철회되지 않으며 잘못 인쇄된 책은 바꾸어 드립니다.
이 책에 실린 모든 삽화 및 편집 형태에 대한 저작권은
(주)디딤돌 교육에 있으므로 무단으로 복사 복제할 수 없습니다.
Copyright ⓒ Didimdol Co. [2401700]

• 정답과 풀이는 "디딤돌 교육 홈페이지〉초등〉정답과 해설"에서
  다운로드 받을 수 있습니다.
• 출간 이후 발견되는 오류는 "디딤돌 교육 홈페이지〉초등〉정오표"를 통해
  알려드리고 있습니다.

디딤돌
통합본

사회

디딤돌

구성과 특징

교과 핵심 개념을 완벽하게 이해할 수 있어요!

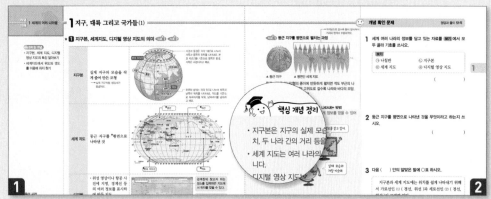
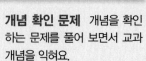

1 **개념 이해** 핵심 개념 정리를 통해 꼭 알아야 할 핵심 내용을 한눈에 쉽게 이해해요.

2 **개념 확인 문제** 개념을 확인 하는 문제를 풀어 보면서 교과 개념을 익혀요.

3 **실력 문제** 다양한 유형의 문 제를 풀면서 실력을 쌓아요.

4 **서술형 평가** 서술형 평가 문 제를 푸는 방법을 단계별로 익 혀요.

5 **단원 정리** 이해를 돕는 그림 과 함께 단원의 핵심 내용을 정 리해요.

6 **단원 평가** 단원 평가를 풀면 서 배운 내용을 마무리해요.

7 **수행 평가** 다양한 유형의 수 행 평가 문제로 학교에서 보는 수행 평가에 대비해요.

+

다양한 유형의 평가에 완벽하게 대비할 수 있어요!

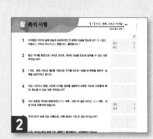

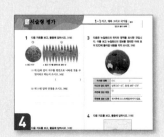

1 **핵심 정리** 단원의 핵심 내용 을 정리해요.

2 **쪽지 시험** 쪽지 시험으로 단 원에서 배운 중요 개념 내용을 확인해요.

3 **단원 평가** 단원 평가에 자주 나오는 다양한 문제를 집중적으로 풀면서 문제 해결력을 쌓아요.

4 **서술형 평가** 자신의 생각을 쓰면서 점점 강화되고 있는 서술 형 평가에 완벽하게 대비해요.

교과개념북 차례

1

세계의 여러 나라들

1 지구, 대륙 그리고 국가들(1)

공부할 개념
・지구본, 세계 지도, 디지털 영상 지도의 특징 알아보기
・세계 지도에서 위도와 경도를 이용해 위치 찾기

★ 1 지구본, 세계 지도, 디지털 영상 지도의 의미 　자료¹ 　자료²

지구본	실제 지구의 모습을 작게 줄여 만든 모형 └ 실제 지구처럼 생김새가 둥글어요.	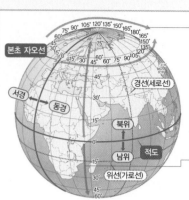 서경과 동경은 각각 180°로 나누어 서쪽과 동쪽의 위치를 나타내요. 본초 자오선을 기준으로 동쪽은 동경, 서쪽은 서경이라고 해요. 북위와 남위는 각각 90°로 나누어 북쪽과 남쪽의 위치를 나타내요. 적도를 기준으로 북극까지를 북위, 남극까지를 남위라고 해요.
세계 지도	둥근 지구를 •평면으로 나타낸 것	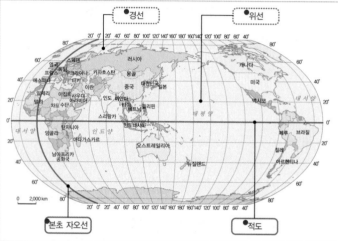
디지털 영상 지도	• 위성 영상이나 항공 사진에 지명, 경계선 등의 여러 정보를 표시하여 만든 지도 • 컴퓨터나 스마트폰 등 다양한 기기에서 이용할 수 있도록 디지털 정보로 표현한 지도임.	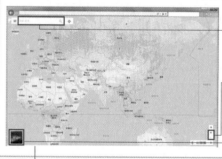 검색창에 찾고자 하는 장소를 입력하면 지도에서 위치를 찾을 수 있다. 지도를 확대, 축소할 수 있다. 지도를 위성 사진으로 바꿔 볼 수 있다. └ 종이 지도와 달리 확대와 축소가 자유롭고, 다양한 정보가 연결되어 있어요.

용어 사전

● 평면 (平 평평할 평, 面 낯 면)
평평한 표면.
● 경선 (經 세로 경, 線 선 선)
세계 지도와 지구본에 위치를 쉽게 나타내기 위해 그려져 있는 세로선.
● 위선 (緯 가로 위, 線 선 선)
세계 지도와 지구본에 위치를 쉽게 나타내기 위해 그려져 있는 가로선.
● 본초 자오선 (本 근본 본, 初 처음 초, 子 첫째 지지 자, 午 낯 오, 線 선 선) 지구의 경도를 결정하는 기준이 되는 선. 영국의 그리니치 천문대를 지나는 선으로 정함.
● 적도 (赤 붉을 적, 道 길 도) 지구의 자전축에 대해 직각으로 지구의 중심을 지나도록 자른 평면과 지표면이 만나는 선.

★ 2 지구본, 세계 지도, 디지털 영상 지도의 특징

지구본	장점	• 지구의 실제 모습과 비슷함. • 세계 여러 지역 간 거리와 면적을 비교적 정확히 파악할 수 있음.
	단점	전 세계의 모습을 한눈에 보기 어렵고, 가지고 다니기 불편함.
세계 지도	장점	• 세계 여러 나라를 한눈에 볼 수 있음. • 인터넷 사용이 불가능한 곳에서 사용하기 편리함.
	단점	나라와 바다의 모양, 거리가 실제와 다르게 표현되기도 함.
디지털 영상 지도	장점	• 확대와 축소가 자유롭고, 최신 정보가 빠르게 반영됨. • 지구본이나 세계 지도에서 찾기 어려운 다양한 정보를 얻을 수 있음.
	단점	스마트폰이나 컴퓨터가 필요하며, 인터넷을 연결해야 다양한 기능을 사용할 수 있음.

자료 1 둥근 지구를 평면으로 펼치는 과정

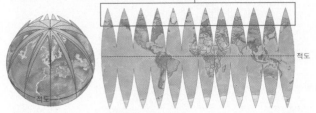

→ 극지방으로 갈수록 틈이 벌어져서 거리와 면적이 부풀려져요.

▲ 둥근 지구   ▲ 평면인 세계 지도

둥근 지구를 직사각형의 종이에 반듯하게 펼치면 적도 부근의 나라는 실제 면적에 가깝지만 고위도로 갈수록 나라와 바다의 모양, 거리, 면적이 실제와 달라집니다.

자료 2 위도와 경도로 나라의 위치를 나타내는 방법

① 동, 서, 남, 북 끝 지점 찾기
② 남쪽과 북쪽 끝 지점에 가까운 위선 찾기
③ 동쪽과 서쪽 끝 지점에 가까운 경선 찾기
④ 각 위선과 경선에 표시된 수치 확인하기

• 세계 지도나 지구본에 나타난 위도와 경도를 이용하면 세계 여러 나라의 위치를 숫자로 정확하게 나타낼 수 있습니다.
• 우리나라는 북위 33°~43°, 동경 124°~132° 사이에 있습니다.

핵심 개념 정리

• 지구본은 지구의 실제 모습과 가장 비슷하므로 어떤 나라의 위치, 두 나라 간의 거리 등을 알아볼 때 좋습니다.
• 세계 지도는 여러 나라의 위치와 영역을 한눈에 살펴볼 수 있습니다.
• 디지털 영상 지도는 가장 빠르고 편리하게 정보를 얻을 수 있어서 많이 사용합니다.

세계를 한눈에 볼 수 있어.
다양한 정보를 갖고 있어.
실제 모습과 가장 비슷해.

1 세계 여러 나라의 정보를 담고 있는 자료를 보기 에서 모두 골라 기호를 쓰시오.

보기
㉠ 나침반   ㉡ 지구본
㉢ 세계 지도   ㉣ 디지털 영상 지도

(   )

2 둥근 지구를 평면으로 나타낸 것을 무엇이라고 하는지 쓰시오.

(   )

3 다음 (   ) 안의 알맞은 말에 ○표 하시오.

지구본과 세계 지도에는 위치를 쉽게 나타내기 위해서 가로선인 ⑴ (경선, 위선)과 세로선인 ⑵ (경선, 위선)이 그려져 있다.

4 디지털 영상 지도는 (   )(이)나 항공 사진에 지명, 경계선 등의 여러 정보를 표시하여 만든 지도입니다.

5 다음을 읽고 지구본의 장점에 해당하면 '장', 단점에 해당하면 '단'이라고 쓰시오.

⑴ 지구의 실제 모습과 비슷합니다.   (   )
⑵ 전 세계의 모습을 한눈에 보기 어렵습니다. (   )

1 지구, 대륙 그리고 국가들 (2)

1 세계의 여러 대륙과 대양

→ 러시아의 우랄산맥을 경계로 아시아와 유럽을 구분해요.
우랄산맥의 서쪽은 유럽, 우랄산맥의 동쪽은 아시아예요.

공부할 개념
· 세계의 여러 대륙과 대양의 위치와 범위 알아보기
· 아시아와 오세아니아, 유럽과 아프리카, 북아메리카와 남아메리카에 속한 여러 나라의 위치와 특징 알아보기

★ (1) 세계의 °대륙 [자료+1]

아시아	· 대륙 중에서 가장 크며, 세계 인구의 절반 이상이 살고 있음. · 아시아의 대부분은 °북반구에 있음. · 우리나라가 속해 있는 대륙임.
오세아니아	대륙 중 가장 작으며 °남반구에 있음.
유럽	다른 대륙에 비해 °면적은 좁지만 많은 나라가 있음.
아프리카	아시아 다음으로 큰 대륙이며, 북반구와 남반구에 걸쳐 있음.
북아메리카	북반구에 속해 있으며, 북극해와 접해 있음.
남아메리카	대부분 남반구에 속해 있고, 남극 대륙은 남극해와 접해 있음.

★ (2) 세계의 °대양 → 지구에서 바다의 면적은 약 70%예요.
북극 주변에 있는 바다로 대부분 • 얼음에 덮여 있어요.

태평양	대서양	인도양	북극해	남극해
아시아, 오세아니아, 아메리카 대륙 사이에 있음.	아프리카, 유럽, 아메리카 등에 둘러싸여 있음.	아시아, 아프리카, 오세아니아 등에 인접해 있음.	아시아, 유럽, 북아메리카에 둘러싸여 있음.	남극 대륙을 둘러싸고 있음.

가장 큰 바다로 • 우리나라와 인접해 있어요.

2 각 나라의 위치와 영역

뉴질랜드

[대륙] 오세아니아
[대양] 북쪽에 태평양이 있음.
[위도와 경도] 남위 34°~47°, 동경 166°~179°
[주변 나라] 북서쪽에 오스트레일리아가 있음.

프랑스

[대륙] 유럽
[대양] 서쪽에 대서양이 있음.
[위도와 경도] 북위 41°~51°, 서경 5°~동경 8°
[주변 나라] 동쪽에 독일이 있음.

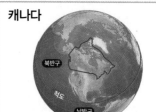

캐나다

[대륙] 북아메리카
[대양] 북쪽에 북극해가 있음.
[위도와 경도] 북위 41°~83°, 서경 52°~141°
[주변 나라] 남쪽에 미국이 있음.

용어 사전

· **대륙**(大 큰 대, 陸 뭍 육) 바다로 둘러싸인 큰 땅덩어리.
· **북반구**(北 북쪽 북, 半 절반 반, 球 공 구) 적도를 경계로 지구를 둘로 나누었을 때의 북쪽 부분.
· **남반구**(南 남쪽 남, 半 절반 반, 球 공 구) 적도를 경계로 지구를 둘로 나누었을 때의 남쪽 부분.
· **면적**(面 낯 면, 積 쌓을 적) 일정한 평면에 걸쳐 있는 공간이나 범위의 크기.
· **대양**(大 큰 대, 洋 바다 양) 큰 바다를 말하며, 태평양, 대서양, 인도양, 북극해, 남극해가 있음.

자료 1 여러 대륙의 특징

아시아 • 아시아의 대부분은 북반구에 있으며 일부 지역이 남반구에 있음.
• 북쪽은 북극해, 동쪽은 태평양, 남쪽은 인도양, 서쪽은 유럽에 접해 있음.
• 아시아에 속한 나라: 대한민국, 러시아, 중국, 일본, 싱가포르 등

오세아니아 • 대부분 남반구에 속하며, 많은 섬으로 이루어짐.
• 인도양과 태평양에 접해 있음.
• 오세아니아에 속한 나라: 오스트레일리아, 뉴질랜드 등

유럽 • 동쪽은 아시아와 접하고 서쪽은 대서양과 접함.
• 유럽에 속한 나라: 영국, 노르웨이, 프랑스, 에스파냐, 크로아티아 등

아프리카 • 유럽의 남쪽에 있음.
• 동쪽은 인도양, 서쪽은 대서양과 접해 있음.
• 아프리카에 속한 나라: 이집트, 케냐, 남아프리카 공화국 등

북아메리카 • 북쪽에는 북극해와 많은 섬이 있음.
• 서쪽은 태평양, 동쪽은 대서양과 접해 있음.
• 북아메리카에 속한 나라: 캐나다, 미국, 멕시코 등

남아메리카 • 북아메리카의 남쪽에 위치함.
• 남아메리카에 속한 나라: 칠레, 브라질, 아르헨티나 등

핵심 개념 정리

• 세계에는 아시아, 유럽, 아프리카, 오세아니아, 북아메리카, 남아메리카, 남극 대륙이 있습니다. 대양은 태평양, 대서양, 인도양, 북극해, 남극해가 있습니다.

아시아가 세계에서 가장 큰 대륙이야.

태평양이 세계에서 가장 넓은 바다야.

---

1 다음 용어에 대한 설명을 선으로 바르게 연결하시오.

(1) 대륙 •   • ㉠ 큰 바다

(2) 대양 •   • ㉡ 바다로 둘러싸인 큰 땅덩어리

2 (   )은/는 우리나라가 속해 있는 대륙으로, 대륙 중에서 가장 큽니다.

3 북극 주변에 있는 바다로 대부분 얼음에 덮여 있으며 아시아, 유럽, 북아메리카에 둘러싸여 있는 곳은 어디인지 쓰시오.

(   )

4 유럽에 속한 나라를 보기 에서 모두 골라 기호를 쓰시오.

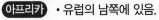

보기
㉠ 일본   ㉡ 영국   ㉢ 이집트
㉣ 브라질   ㉤ 에스파냐   ㉥ 뉴질랜드

(   )

5 다음 ( ) 안의 알맞은 말에 ○표 하시오.

지도에 나타난 캐나다는 (북아메리카, 남아메리카) 대륙에 있다.

1 지구, 대륙 그리고 국가들(3)

공부할 개념
· 세계 여러 나라의 면적과 모양 비교하기
· 지구본, 세계 지도, 디지털 영상 지도 활용하여 세계 여러 나라 조사하기

1 세계 여러 나라의 면적과 모양

★ (1) 세계 여러 나라의 ᵒ영토 면적 자료⁺1

① 지구본, 세계 지도, 디지털 영상 지도를 보면 나라마다 영토 면적과 모양이 다르다는 것을 알 수 있습니다. └─ 지구본에 투명 종이를 대고 우리나라 모양을 본뜬 다음, 우리나라와 면적이 비슷한 나라를 찾아볼 수 있어요.

② 세계에는 영토 면적이 매우 넓은 나라도 있고 매우 좁은 나라도 있습니다.

· 영토의 면적이 가장 넓은 나라: 러시아
· 영토의 면적이 두 번째로 넓은 나라: 캐나다
· 영토 면적이 가장 좁은 나라: ᵒ바티칸 시국
· 우리나라의 영토 면적: 약 22만 km²

★ (2) 세계 여러 나라의 영토 모양 자료⁺2

① 영토의 모양은 해안선이나 나라와 나라 사이의 경계선인 국경선에 따라 결정됩니다.

② 국경선은 산맥이나 강, 호수, 폭포, 계곡과 같이 오랜 세월 나라 간의 교류에 장애가 된 지형을 경계로 정해지는 경우가 많습니다.

국경선이 ᵒ단조로운 나라	ᵒ해안선이 복잡한 나라	영토 모양이 사물을 닮은 나라
  국경선이 단조로운 나라로는 사우디아라비아, 이집트, 미국, 캐나다 등이 있음.	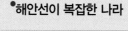  해안선이 복잡한 나라로는 아이슬란드, 노르웨이, 일본 등이 있음.	 이탈리아의 영토 모양은 장화와 비슷함.

영토 모양이 길쭉한 나라	영토 모양이 둥근 나라
 · 영토 모양이 남북으로 길게 뻗은 나라로는 아르헨티나, 칠레 등이 있음. · 영토 모양이 동서로 길게 뻗는 나라에는 러시아, 네팔 등이 있음.	 영토 모양이 둥근 나라로는 탄자니아, 레소토, 스위스, 체코 등이 있음.

용어 사전

· **영토**(領 거느릴 영, 土 흙 토) 한 나라의 주권이 미치는 범위 중에서 땅에서의 영역.
· **바티칸 시국**(市 도시 시, 國 나라 국) 이탈리아의 로마 시 안에 있는 도시 국가.

· **단조롭다**(單 홑 단, 調 고를 조) 단순하고 변화가 없어 새로운 느낌이 없는 것
· **해안선**(海 바다 해, 岸 언덕 안, 線 선 선) 바다와 육지가 맞닿은 선.

자료 1 남아메리카의 나라들 살펴보기

▲ 남아메리카의 나라들

- 가장 면적이 넓은 나라는? 브라질
- 영토가 남북으로 가장 긴 나라는? 칠레
- 적도를 지나는 나라는? 에콰도르, 브라질
- 가장 많은 나라와 국경을 접하고 있는 나라는? 브라질
- 다른 나라에 둘러싸여 바다와 접하지 않은 나라는? 볼리비아, 파라과이

자료 2 지구본, 세계 지도, 디지털 영상 지도를 활용하여 여러 나라 조사해 보기

조사하고 싶은 주제를 정한 뒤 주제에 맞는 나라를 찾아보고, 적절한 공간 자료를 활용하여 그 나라의 위치, 면적, 영토 모양 등을 조사해 봅니다.

〈우리가 꿈꾸는 세계 일주〉

- 지훈: 지구본에서 세계를 한 바퀴 돌아오는 길을 먼저 짚어 보고 가고 싶은 나라를 구체적으로 정하니 세계 일주 경로를 결정하기 쉬웠다.
- 지혜: 세계 지도에 방문할 도시를 표시하고 선으로 이어 보니 세계 일주 경로를 한눈에 볼 수 있어 좋았다.
- 채민: 디지털 영상 지도를 활용해서 주요 관광지와 가는 방법을 미리 찾아 보고 정리할 수 있어 좋았다.

핵심 개념 정리

- 세계 여러 나라는 면적과 모양이 서로 다릅니다.
- 지구본, 세계 지도, 디지털 영상 지도 등의 공간 자료를 활용하면 세계 여러 나라와 관련된 다양한 정보를 조사할 수 있습니다.

오늘은 어느 바다로 떠나 볼까^^

바다 구경 한번 하기 어렵군ㅠㅠ

1 지구본, 세계 지도, 디지털 영상 지도를 보면 나라마다 영토의 면적과 (   )이/가 다르다는 것을 알 수 있습니다.

2 다음 기준에 해당하는 나라를 선으로 바르게 연결하시오.

(1) 세계에서 영토의 면적이 가장 넓은 나라   •

(2) 세계에서 영토의 면적이 가장 좁은 나라   •

•   ㉠   러시아

•   ㉡   바티칸 시국

3 다음 (   ) 안의 알맞은 말에 ○표 하시오.

나라별 영토의 크기를 비교할 경우 (지구본, 세계 지도)에 투명 종이를 대고 모양을 본뜨면 실제와 비슷하게 면적을 비교할 수 있다.

4 오른쪽 지도에 나타난 대서양 북쪽에 있고 해안선이 복잡한 나라는 어디인지 쓰시오.

(   )

5 지구본, 세계 지도, 디지털 영상 지도를 활용하여 조사할 수 있는 내용을 보기 에서 모두 골라 기호를 쓰시오.

보기
㉠ 주변 나라
㉡ 위도와 경도 범위
㉢ 역사적 인물에 대한 정보
㉣ 속한 대륙과 인접한 대양

(   )

핵심문장으로 시작하기

1 위성 사진이나 항공 사진에 디지털 정보를 결합해 만든 지도를 ☐ ☐ ☐ ☐ ☐ ☐ ☐ 라고 합니다.

2 ☐ ☐ ☐ ☐ ☐ 대륙은 동쪽으로 대서양, 서쪽으로 태평양, 북쪽으로 북극해와 접합니다.

3 세계에서 영토 모양이 남북으로 가장 ☐ 나라는 칠레입니다.

4★ 세계 지도에 대한 설명으로 옳지 <u>않은</u> 것은 어느 것입니까?   (   )

① 위선, 경선, 적도 등이 그려져 있다.
② 인터넷을 연결해야 사용할 수 있다.
③ 둥근 지구를 평면으로 나타낸 것이다.
④ 세계 여러 나라의 위치를 한눈에 볼 수 있다.
⑤ 나라와 바다의 모양 등이 실제와 다르기도 하다.

5 디지털 영상 지도에 대한 설명으로 옳지 <u>않은</u> 것은 어느 것입니까?   (   )

① 다양한 정보가 연결되어 있다.
② 지도의 확대와 축소가 자유롭다.
③ 디지털 정보로 표현된 지도이다.
④ 전 세계의 모습을 한눈에 보기 어렵다.
⑤ 스마트폰이나 컴퓨터에서 이용할 수 있다.

6 다음 지도의 ㉠, ㉡에 들어갈 알맞은 말을 쓰시오.

㉠: 위치를 쉽게 나타내기 위해 세로로 그린 선이다.
㉡: 이것을 기준으로 북쪽의 위도를 북위, 남쪽의 위도를 남위라고 한다.

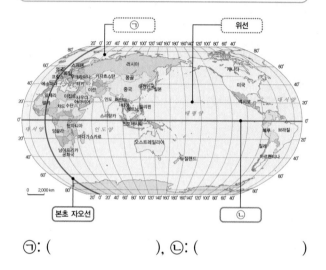

㉠: (   ), ㉡: (   )

7 위도와 경도를 이용해 나라의 위치를 나타낼 때 가장 먼저 해야 할 일을 보기 에서 골라 기호를 쓰시오.

보기
㉠ 어떤 나라의 동, 서, 남, 북 끝 지점 찾기
㉡ 남쪽과 북쪽 끝 지점에 가까운 위선 찾기
㉢ 동쪽과 서쪽 끝 지점에 가까운 경선 찾기
㉣ 각 위선과 경선에 표시된 수치 확인하기

(   )

8 위도와 경도로 우리나라의 위치를 바르게 나타낸 사람은 누구입니까?   (   )

① 가람: 태평양과 인접해 있어.
② 나은: 아시아 대륙에 속해 있어.
③ 다정: 여러 나라와 이웃하고 있어.
④ 라현: 적도를 기준으로 남쪽에 있어.
⑤ 마음: 북위 33°~43°, 동경 124°~132° 사이에 있어.

9~10 다음 지도를 보고, 물음에 답하시오.

9 다음에서 설명하는 대륙을 위 지도에서 찾아 이름을 쓰시오.

> 대륙 중에서 가장 크며, 세계 인구의 절반 이상이 살고 있다.

(   )

10 위 지도를 보고 남아메리카에 대한 설명으로 옳지 <u>않은</u> 것은 어느 것입니까? (   )

① 남극해와 접해 있다.
② 주변에 태평양이 있다.
③ 대륙 중에서 가장 작다.
④ 대부분 남반구에 속해 있다.
⑤ 북아메리카의 아래쪽에 있다.

11 아프리카 대륙에 속한 나라끼리 바르게 짝 지어진 것은 어느 것입니까? (   )

① 브라질, 칠레
② 중국, 필리핀
③ 이집트, 케냐
④ 미국, 캐나다
⑤ 에스파냐, 크로아티아

12 다음에서 설명하는 대양은 무엇입니까? (   )

> 아시아, 오세아니아, 북아메리카, 남아메리카 대륙 사이에 위치한 가장 큰 바다이다.

① 태평양   ② 대서양   ③ 인도양
④ 북극해   ⑤ 남극해

13 서술형 오른쪽 지도에 나타난 대양의 이름과 그 특징을 쓰시오.

_____

_____

14 다음 지도에 표시된 나라의 위치와 영역을 조사한 내용으로 옳지 <u>않은</u> 것은 어느 것입니까? (   )

나라	① 프랑스
위치한 대륙	② 오세아니아
위도와 경도 범위	③ 북위 41°~51°, 서경 5°~동경 8°
주변에 있는 대양	④ 서쪽에 대서양이 있음.
주변에 있는 나라	⑤ 동쪽에 독일이 있음.

15 다음 세계 지도를 보고 세계에서 영토의 면적이 가장 넓은 나라의 이름을 쓰시오.

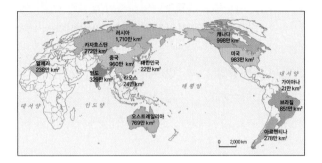

(   )

16 우리나라 영토에 대한 설명으로 옳은 것을 보기 에서 모두 골라 기호를 쓰시오.

보기
㉠ 영토의 면적이 22만 km²이다.
㉡ 영토의 모양이 장화 모양과 닮았다.
㉢ 아시아 대륙의 라오스와 면적이 비슷하다.
㉣ 남아메리카 대륙의 브라질과 면적이 비슷하다.

(   )

17★ 다음 지도를 보고 이집트의 영토 모양에 대해 바르게 설명한 것은 어느 것입니까?   (   )

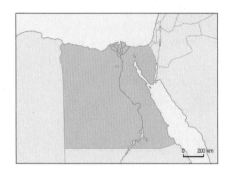

① 해안선이 없다.
② 둥근 모양이다.
③ 국경선이 단조롭다.
④ 남북으로 길게 뻗어 있다.
⑤ 여러 개의 섬으로 이루어져 있다.

18 하늘이가 다음과 같이 말한 까닭으로 알맞은 것은 어느 것입니까?   (   )

세계 지도를 활용해서 나라별 영토의 크기를 비교할 경우에는 주의해야 해.
하늘

① 가지고 다니기 불편하기 때문에
② 인터넷을 연결해야 하기 때문에
③ 실제 지구와 가장 비슷하기 때문에
④ 전 세계의 모습을 한눈에 볼 수 없기 때문에
⑤ 대륙이나 바다의 모양, 거리 등이 실제와 다르기 때문에

19★ 다음 지도에 나타난 영토 모양을 가진 나라는 어디입니까?   (   )

① 이탈리아   ② 탄자니아
③ 아이슬란드   ④ 아르헨티나
⑤ 바티칸 시국

20 서술형 다음 지도를 보고, 캐나다의 영토는 어디에 있으며 어떤 특징이 있는지 쓰시오.

서술형 평가

1 다음 지도를 보고, 물음에 답하시오. [12점]

(1) 위 지도를 보고 우리나라와 인접해 있는 대양의 이름을 쓰시오. [4점]

(   )

(2) 위 지도를 보고 알 수 있는 북아메리카의 특징을 두 가지 쓰시오. [8점]

_____

_____

서술형 문제를 푸는 방법을 익혀보자!

1단계 우리나라의 위치와 영역 알아보기   우리나라는 어디에 있을까?

| 아 | 시 | 아 | : 가장 큰 대륙으로, 우리나라가 속해 있음.

| 태 | 평 | 양 | : 가장 큰 바다로, 우리나라가 인접해 있음.

2단계 지도에서 살펴보기   북아메리카의 위치와 범위를 찾아볼까?

세계 지도나 지구본에서 찾아볼 것

↓

[특징 1] 위치 알아보기 → 어디에 있지?

[특징 2] 범위 알아보기 → 주변에는 무엇과 접하고 있지?

↓

| 적 | 도 | 를 기준으로 나눴을 때 북쪽인 북반구에 있음.

• 북쪽에는 북극해와 많은 섬이 있음.
• 서쪽은 태평양, 동쪽은 대서양과 접해 있음.

---

2 다음 자료를 보고, 물음에 답하시오. [12점]

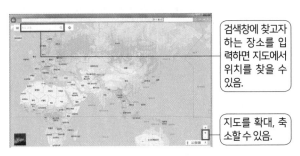

검색창에 찾고자 하는 장소를 입력하면 지도에서 위치를 찾을 수 있음.

지도를 확대, 축소할 수 있음.

(1) 위와 같이 위성 영상이나 항공 사진을 지도 형태로 바꾼 것을 무엇이라고 하는지 쓰시오. [4점]

(   )

(2) 세계 지도나 지구본과 비교했을 때 위 자료의 장점은 무엇인지 쓰시오. [8점]

_____

_____

---

3 다음 지도를 보고, 물음에 답하시오. [12점]

(1) 위 지도를 보고 탄자니아가 속해 있는 대륙의 이름을 쓰시오. [4점]

(   )

(2) 위 지도를 보고 알 수 있는 탄자니아의 영토 모양을 쓰시오. [8점]

_____

_____

2 세계의 다양한 삶의 모습(1)

1 세계의 기후 구분 자료 1

(1) 기후의 뜻: 한 지역에서 여러 해에 걸쳐 나타나는 평균적인 날씨를 말합니다.

(2) 기후의 분류 기준: 해당 지역의 기온과 강수량 등을 기준으로 구분합니다.

(3) 세계의 기후: 열대 기후, 건조 기후, 온대 기후, 냉대 기후, 한대 기후, 고산 기후 등으로 나눌 수 있습니다.
└ 적도 지방에서 극지방으로 갈수록
기온이 점차 낮아져요.

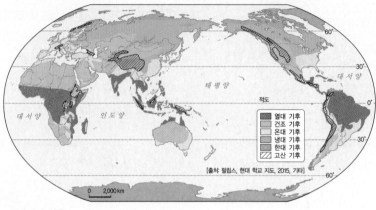

▲ 세계의 기후

• 위도에 따라 기온이 달라지는데, 지구는 둥글어서 지역에 따라 햇볕을 받는 양이 다르기 때문입니다.
• 적도 주변은 일 년 내내 햇볕을 많이 받아 덥고, 적도에서 극지방으로 갈수록 햇볕을 적게 받아 추워집니다.

2 기후에 따른 사람들의 생활 모습 – 1

★ **(1) 일 년 내내 더운 열대 기후**

분포 지역	적도 주변의 저위도 지역에 나타남.	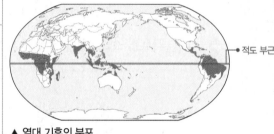
기후의 특성	• 일 년 내내 기온이 높고 강수량이 많음. • 열대 우림: 일 년 내내 비가 많이 내리는 곳에 발달함. • 열대 초원: 건기와 우기가 나타나는 곳에 발달함.	▲ 열대 기후의 분포
생활 모습	• 전통적 농업: 화전 농업 방식을 활용해 카사바, 얌 등을 재배함. • 오늘날: 바나나, 커피, 천연고무 등의 열대작물을 대규모로 재배하며 초원 지역에서는 사파리 관광 산업도 발달함.	

★ **(2) 비가 잘 내리지 않는 건조 기후**

분포 지역	남·북위 20° 부근과 바다에서 멀리 떨어진 내륙에 나타남.	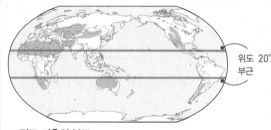
기후의 특성	• 낮과 밤의 기온 차이가 크고 강수량이 적음. • 사막: 강수량이 매우 적은 곳에 나타남. • 초원: 사막보다 강수량이 약간 더 많아 짧은 풀이 자라는 곳도 있음.	▲ 건조 기후의 분포
생활 모습	• 사막: 오아시스나 강 주변에서 농사를 지으며 살아감. • 초원: 물과 풀을 찾아 가축과 함께 이동하는 유목 생활을 함.	

용어 사전

• **분포**(分 나눌 분, 布 펼 포) 일정한 범위에 나뉘어 흩어져 퍼져 있음.
• **건기**(乾 마를 건, 期 기간 기) 일 년 중 비가 적게 내리는 시기.
• **우기**(雨 비 우, 期 기간 기) 일 년 중 비가 많이 내리는 시기.
• **화전 농업**(火 불 화, 田 밭 전, 農 농사 농, 業 일 업) 밭을 만들려고 숲을 태우고 그 남은 재를 거름으로 써서 농사를 짓는 방식.
• **유목**(遊 놀 유, 牧 칠 목) 일정한 장소를 정하지 않고 물과 풀밭을 찾아 옮겨 다니면서 가축을 기르는 방식.

공부할 개념
• 세계의 다양한 기후 알아보기
• 열대 기후와 건조 기후 지역의 특징 알아보기

자료 1 세계의 다양한 기후

세계에는 지역별로 다양한 기후가 나타납니다.

냉대 기후
온대 기후와 마찬가지로 사계절이 나타나지만 온대 기후 보다 겨울이 더 춥고 길다.

한대 기후
일 년 내내 평균 기온이 매우 낮은 기후로 평균 기온이 가장 높은 달도 10℃ 보다 낮다.

온대 기후
사계절이 뚜렷하고 여름에 기온이 높고 겨울에 기온이 낮다.

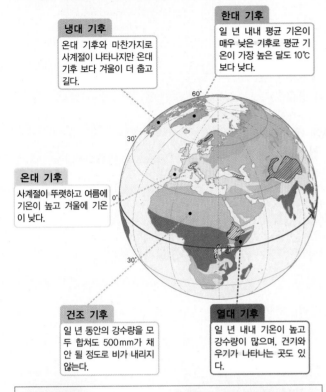

건조 기후
일 년 동안의 강수량을 모두 합쳐도 500mm가 채 안 될 정도로 비가 내리지 않는다.

열대 기후
일 년 내내 기온이 높고 강수량이 많으며, 건기와 우기가 나타나는 곳도 있다.

열대 기후

덥고 습한 기후에 적합한 생활 모습이 나타남.

▲ 숲을 태우고 농사짓는 화전 농업

▲ 농장에서 열대작물 재배

▲ 열대 초원 지역의 사파리 관광

건조 기후

건조한 기후에 적합한 생활 모습이 나타남.

▲ 오아시스 주변에서 농업

▲ 건조 초원 지역에서 유목 생활

▲ 물을 끌어와 농업

---

1 한 지역에서 여러 해에 걸쳐 나타나는 평균적인 날씨를 무엇이라고 하는지 쓰시오.

(   )

2 다음 ( ) 안의 알맞은 말에 ○표 하시오.

세계는 (1) (적도, 극) 지방에서 (2) (적도, 극)지방으로 갈수록 기온이 점차 낮아진다.

3 적도 부근에서 주로 나타나는 기후로, 일 년 내내 기온이 높고 연 강수량이 많은 기후는 (   ) 기후입니다.

4 열대 기후 지역에서 대규모로 재배하는 작물을 보기 에서 모두 골라 기호를 쓰시오.

보기
㉠ 밀   ㉡ 커피
㉢ 바나나   ㉣ 올리브

(   )

5 건조 기후 지역 중에는 아프리카 사하라처럼 강수량이 매우 적어 (   )이/가 널리 나타나는 곳이 있습니다.

2 세계의 다양한 삶의 모습(2)

1 기후에 따른 사람들의 생활 모습 - 2

★ (1) 사계절이 있는 온대 기후

분포 지역	주로 중위도 지역에 나타남.
기후의 특성	· 사계절의 변화가 뚜렷함. · 우리나라: 여름과 겨울의 기온 차가 크고, 겨울보다 여름에 강수량이 많음. · 서부 유럽: 여름이 서늘하고 겨울이 따뜻하며 일 년 내내 비가 고르게 내림. · 지중해 주변: 여름이 덥고 건조하지만 겨울에는 따뜻하고 여름보다 강수량이 많음.
생활 모습	· 다양한 농업 발달: 아시아에서는 벼농사를 짓고, 유럽이나 아메리카에서는 주로 밀을 재배하며, 지중해 주변 지역에서는 올리브나 포도를 많이 재배함. · 기온이 온화하고 강수량이 적당해 인구가 많고 여러 산업이 발달했음.

· 서부 유럽은 흐린 날이 많고 비가 자주 내려요.
· 지중해 주변은 여름 강수량이 적어요.
· 우리나라는 여름철 기온이 높고, 강수량이 많아요.

▲ 온대 기후의 분포

★ (2) 겨울이 길고 추운 냉대 기후

분포 지역	북반구의 중위도 북부와 고위도 지역에 널리 나타남.
기후의 특성	· 온대 기후처럼 사계절의 변화가 뚜렷하지만 온대 기후에 비해 겨울이 길고 추우며 눈이 많이 옴. · 여름에는 기온이 높이 올라 여름과 겨울의 기온 차이가 큼.
생활 모습	· 여름에는 밀, 감자, 옥수수 등을 재배할 수 있지만 겨울에는 농사를 짓기 어려움. · 침엽수가 널리 분포해 목재와 펄프 공업이 발달함. · 풍부한 나무를 이용하여 통나무집을 짓기도 함.

· 목재의 재질이 부드러운 침엽수림이 잘 자라요.

▲ 냉대 기후의 분포

★ (3) 눈과 얼음으로 뒤덮인 한대 기후

분포 지역	· 고위도 지역에 주로 나타남. · 북극과 남극 주변에 분포함.
기후의 특성	· 기온이 매우 낮아 얼음과 눈으로 뒤덮여 있고, 땅속은 대부분 단단하게 얼어 있음. · 나무가 자라기 어려움. · 짧은 여름 동안 기온이 올라가면 땅이 녹아 이끼 같은 식물이 자라는 곳도 있음.
생활 모습	· 과거: 농사짓기가 어려워 순록을 기르며 유목 생활을 하거나 동물을 사냥하면서 생활함. · 오늘날: 지하자원(석유와 천연가스) 개발, 과학 기지 건설 등 극지방의 자연환경을 연구하는 데 힘을 쏟고 있음.

땅속이 계속 얼어 있기 때문에 알래스카의 송유관은 땅속에 묻히지 않고 거치대 위에 설치되어 있어요.

▲ 한대 기후의 분포

· 우리나라는 남극 지방에 세종 과학 기지와 장보고 과학 기지, 북극 지방에 다산 과학 기지를 세워 극지방의 자연환경 연구에 힘을 쏟고 있어요.

온대 기후

사계절이 있고 온화한 기후에 적합한 생활 모습이 나타남.

▲ 아시아의 벼농사

▲ 유럽과 아메리카의 밀 농사

▲ 지중해 주변 지역의 올리브 재배

냉대 기후

겨울이 길고 추운 기후에 적합한 생활 모습이 나타남.

▲ 온화한 곳을 중심으로 농업

▲ 목재 생산과 종이 제조

▲ 추운 겨울을 이용한 축제

한대 기후

매우 추운 기후에 적합한 생활 모습이 나타남.

▲ 고기잡이와 순록 유목

핵심 개념 정리

• 햇볕을 수직에 가깝게 받는 저위도 부근은 기온이 높고, 햇볕을 비스듬히 받아 넓은 지역에 열이 분산되는 고위도 지역 극지방은 기온이 낮습니다.

1 온대 기후 지역에 대한 설명으로 옳은 것에 ○표, 옳지 않은 것에 ✕표 하시오.

(1) 중위도 지역에 주로 나타납니다. 　　　 (　　　)

(2) 사람들이 유목 생활을 하며 살아갑니다. (　　　)

(3) 인구가 많고 여러 산업이 발달했습니다. (　　　)

2 다음과 같은 특징이 있는 기후는 무엇인지 쓰시오.

> • 온대 기후처럼 사계절이 나타난다.
> • 겨울이 몹시 춥고 길며, 여름이 짧은 편이다.

　　　　　　　　　　　　(　　　　　　　)

3 (　　　　　　) 기후는 햇볕을 가장 적게 받는 극지방에서 나타납니다.

4 다음 기후가 나타나는 지역의 생활 모습을 선으로 바르게 연결하시오.

(1) 냉대 기후 ・　　　・ ㉠ 순록을 기르는 유목 생활

(2) 한대 기후 ・　　　・ ㉡ 여름에 밀, 감자, 옥수수 재배

5 냉대 기후 지역에서는 기후의 영향으로 뾰족한 잎을 가진 (　　　　　)이/가 숲을 이룹니다.

2 세계의 다양한 삶의 모습 (3)

😊 공부할 개념

• 고산 기후 지역의 특징 알아
보기
• 세계에서 다양한 생활 모습
이 나타나는 까닭 알아보기

용어 사전

• 풍습(風 풍속 풍, 習 버릇 습)
오래전부터 지켜 내려오는
사회적 풍속이나 관습.
• 고상 가옥(高 높을 고, 床 평
상 상, 家 집 가, 屋 집 옥) 바
닥과 떨어져 있는 사람이
사는 집.

1 기후에 따른 사람들의 생활 모습 – 3

★ (1) 해발 고도의 영향으로 나타나는 고산 기후

분포 지역	해발 고도가 높은 곳에서 주로 나타남.
기후의 특성	• 일 년 내내 우리나라의 봄철처럼 온화한 날씨가 나타남. • 낮과 밤의 기온 차이가 큼.
생활 모습	• 햇볕이 강한 낮에는 챙이 둥근 모자를 쓰고, 기온이 낮아지는 밤에는 망토를 두름. • 서늘한 지역에서 잘 자라는 감자와 옥수수를 재배하고, 라마와 알파카 같은 가축을 길러 고기와 털을 얻음.

남아메리카의 높은 안데스 산지에는 라파스같은 고산 도시가 나타난다.

고도가 높을수록 기온이 점차 낮아지기 때문이에요.

2 세계 여러 나라 사람들의 생활 모습 자료1 자료2

세계 여러 나라에는 매우 다양한 생활 모습이 나타납니다. ➡ 지역마다 지형, 기후 등 자연환경과 종교, •풍습 등의 인문환경은 그곳에 사는 사람들의 생활 모습에 영향을 미칩니다.

	베트남의 전통 복장, 아오자이	멕시코의 전통 복장, 판초	인도의 전통 복장, 사리	북극지방 이누이트의 전통 복장, 아노락
의	 품이 넉넉한 바지와 길이가 긴 상의 열대 기후 지역은 비가 많이 내리기 때문에 시원한 소재로 만듦.	 고산 기후 지역은 낮과 밤의 기온 차이가 크기 때문에 체온을 유지하기 위해 판초를 걸침.	 한 장의 긴 천으로 되어 있는 옷으로, 천을 두르는 방법에 따라 다양하게 입을 수 있음.	 한대 기후 지역에서는 추위를 이기기 위해 털가죽으로 만든 옷을 입음.

	가나의 음식, 푸푸	튀르키예의 음식, 케밥	인도네시아의 음식, 나시고렝	멕시코의 음식, 타코
식	 푸푸를 조금씩 떼어내 다른 음식을 떠먹는 데 사용해요. 카사바, 옥수수 등의 가루를 반죽해 만듦.	 얇게 썬 고기를 꼬챙이에 끼워 불에 구워 먹음.	 쌀에 다양한 향신료를 넣어 볶아서 만듦.	 옥수숫가루 반죽으로 구운 토르티야에 채소나 고기를 넣고 싸서 먹음.

	지중해 주변 지역의 흰색집 (그리스)	사막 지역의 흙집(모로코)	건조 초원 지역의 이동식 가옥(몽골)	•고상 가옥 (파푸아 뉴기니)
주	 강한 햇볕을 막기 위해 집 벽을 흰색으로 칠함.	 주변에서 구하기 쉬운 흙으로 만들고, 창문은 작게 벽은 두껍게 지음. ↳낮에 햇볕이 적게 들어오게 하고 밤에 열이 나가지 않도록 하기 위해서예요.	 나무로 된 뼈대에 동물의 털로 짠 천이나 가죽을 덮어서 이동식 천막집을 지음.	 나무 기둥을 세워 집 바닥을 땅과 떨어지게 지음.

자료➕1 세계 여러 나라 사람들의 다양한 모자

멕시코의 솜브레로	러시아의 우샨카

• 만든 재료: 밀짚 • 특징: 얼굴과 어깨까지 가려 주어 뜨거운 햇볕을 막기 좋 게 챙이 넓음.	• 만든 재료: 동물의 털 • 특징: 추위로부터 몸을 보호 할 수 있도록 귀덮개가 넓고, 모자의 털이 촘촘함.

서로 다른 모자를 쓰는 까닭은 두 지역의 자연환경이 다르기 때문
입니다.

자료➕2 다양한 생활 모습이 나타나는 까닭

[의복 문화] 인도의 전통 의상, '사리'

• 특징: 길고 넓은 천 한 장으로 만들어졌음.
• 인문환경 의 영향: 힌두교에서는 옷감을 자르거나 바느질하는
것을 바람직하지 않게 여기기 때문에 한 장의 천으로 옷을 만듦.

[음식 문화] 튀르키예의 전통 음식, '케밥'

• 특징: 얇게 썬 고기 조각을 구워 먹는 음식임.
• 자연환경 의 영향: 초원 지대에서 유목 생활을 하던 사람들이 쉽게
요리하려고 고기를 조각내어 구워 먹던 것에서 비롯되었음.
• 인문환경 의 영향: 이슬람교에서 금하는 돼지고기를 사용하지
않고 주로 양고기로 케밥을 만듦.

[주거 문화] 파푸아 뉴기니의 고상 가옥

• 특징: 나무 기둥을 세워 바닥이 땅에서 떨어지게 집을 지음.
• 자연환경 의 영향: 땅에서 올라오는 열기와 습기를 피하려고 바
람을 잘 통하게 하기 위해서임.

🎓 핵심 개념 정리

• 세계 여러 나라 사람들의 생활 모습이 다양하게 나타나는 까닭은
지역마다 기후, 지형 등의 자연환경과 풍습, 종교, 산업 등의 인
문환경이 다르기 때문입니다.

나라마다 생활
모습이 달라.

환경이 생활 모습
에 많은 영향을
미치지~

---

1 (   ) 기후는 해발 고도가 높은 지역에서
나타나며 우리나라의 봄철처럼 온화한 날씨가 나타납니다.

2 다음 중 인도의 전통 복장을 골라 ○표 하시오.

(1)    (2)

(   )   (   )

3 다음 ( ) 안의 알맞은 말에 ○표 하시오.

> 러시아에서는 (밀짚 , 동물의 털)(으)로 만든 모자
> 를 쓴다.

4 세계 여러 나라 사람들의 생활 모습에 대한 설명으로 옳은
것에 ○표, 옳지 <u>않은</u> 것에 ✕표 하시오.

(1) 몽골 사람들은 주로 고상 가옥에서 생활합니다.

(   )

(2) 멕시코 사람들은 타코라는 음식을 먹습니다. (   )

5 다음 ( ) 안에 들어갈 알맞은 말에 ○표 하시오.

> 세계 각 지역의 지형, 기후 등 (1) (자연, 인문)환경
> 과 풍습, 종교 등 (2) (자연, 인문)환경은 그곳에 사는
> 사람들의 생활 모습에 영향을 미친다.

2 세계의 다양한 삶의 모습(4)

1 세계 여러 지역의 생활 모습 조사하기

(1) 세계 여러 나라 사람들의 생활 모습
① 자연환경과 인문환경에 따른 세계 여러 나라 사람들의 생활 모습을 조사할 수 있습니다.
② 다양한 자료를 조사하면 생활 모습에 영향을 준 요인을 알 수 있고, 우리와 다른 생활 모습에 대하여 더 깊이 이해할 수 있습니다.

★ (2) 조사 순서와 방법

> 인터넷 검색을 활용하거나 도서관에서 관련된 책을 찾아볼 수 있어요.

❶ 주제 정하기
세계 여러 지역 사람들의 의식주 생활 모습 중에서 관심이 있는 것을 주제로 정하고, 조사할 지역을 정합니다.

→

❷ 조사 계획 세우기
• 조사할 내용과 방법을 정합니다. • 모둠 내에서 역할을 나누어 맡을 수도 있습니다. 자료❶

→

❸ 자료 수집하고 분석하기
• 조사 계획에 따라 지도, 책, 신문 기사, 사진 등 다양한 자료를 수집합니다. • 조사한 자료를 분석하여 사람들의 의식주 생활 모습에 영향을 준 요인을 찾아봅니다.

↓

❹ 결과 정리하기
• 조사를 통해 알게 된 내용을 정리합니다. • 표, 그림, 그래프 등 다양한 방법으로 정리할 수 있습니다. 자료❷

→

❺ 조사한 내용 설명하기
조사하며 알게 된 내용을 친구들에게 설명합니다.

→

❻ 느낀 점과 우리의 태도 이야기하기
조사 학습을 하면서 느낀 점을 이야기하고, 세계 여러 나라의 생활 모습을 대할 때 지녀야 하는 마음가짐을 이야기해 봅니다.

2 서로 존중하고 이해하는 태도

(1) 다양한 생활 모습

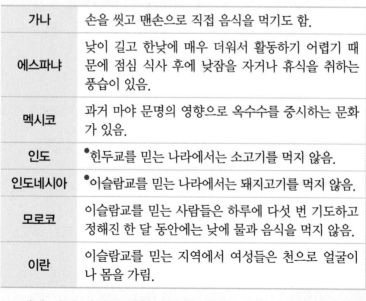

가나	손을 씻고 맨손으로 직접 음식을 먹기도 함.
에스파냐	낮이 길고 한낮에 매우 더워서 활동하기 어렵기 때문에 점심 식사 후에 낮잠을 자거나 휴식을 취하는 풍습이 있음.
멕시코	과거 마야 문명의 영향으로 옥수수를 중시하는 문화가 있음.
인도	*힌두교를 믿는 나라에서는 소고기를 먹지 않음.
인도네시아	*이슬람교를 믿는 나라에서는 돼지고기를 먹지 않음.
모로코	이슬람교를 믿는 사람들은 하루에 다섯 번 기도하고 정해진 한 달 동안에는 낮에 물과 음식을 먹지 않음.
이란	이슬람교를 믿는 지역에서 여성들은 천으로 얼굴이나 몸을 가림.

▲ 히잡을 쓰고 국제 대회에 출전한 이슬람 여성

★ (2) 세계 여러 나라의 생활 모습을 대하는 태도: 서로 다른 생활 모습을 이해하고 존중하려는 마음가짐이 필요합니다.

자료 1 **•조사 계획서** 예 몽골의 게르

조사 주제	몽골 초원에서는 왜 텐트처럼 생긴 집을 짓고 살까?
조사할 내용	• 몽골의 지형과 기후 • 게르의 특징과 몽골 사람들의 생활 모습
자료 조사 방법	• 인터넷 자료 검색하기 • 도서관에서 책 찾아보기
모둠 내 역할 분담	• 수빈: 지형, 기후 특징 알아보기 • 준수: 게르의 구조, 재료 찾아보기 • 하은: 사람들의 유목 생활 모습 조사하기

자료 2 **•조사 보고서** 예 몽골의 게르

몽골의 게르

몽골 유목민들은 '게르'라고 불리는 집에 산다. 이러한 주거 형태에 영향을 미친 환경 요인은 무엇인지 알아봤다.

몽골의 지형	• 국토의 대부분이 고도가 높은 고원 지대이다. • 국토의 동쪽에는 초원 지대, 서쪽에는 높은 산, 남쪽에는 사막, 북쪽에는 삼림이 분포한다.
몽골의 기후	• 연 강수량이 적고 계절별로 기온 차가 크다. • 여름이 짧고 겨울이 길다.
몽골 사람들의 유목 생활	• 겨울이 길고 비가 적게 내려 농사를 짓기 어렵다. • 가축이 먹는 짧은 풀이 자라는 초원에서 유목 생활을 한다.
게르의 특징과 생활 모습	• 게르는 뼈대를 이루는 나무와 뼈대를 덮는 천막으로 이루어져 있다. • 천막은 여름의 강한 햇볕을 반사하고 겨울의 추위를 막아 준다.
알게된 점	• 게르는 몽골의 지형과 기후에 따라 유목 생활을 하고 있는 몽골 사람들에게 적합한 주거 형태이다. • 집의 모양은 지형과 기후의 영향을 받으며, 생활 방식과 관련이 있다.

 **핵심 개념 정리**

• 세계 여러 나라 사람들의 생활 모습은 고유한 가치를 지니므로 이해하고 존중해야 합니다.

자료 수집하고 분석하기 / 결과 정리하기 / 조사 계획 세우기 / 조사한 내용 설명하기 / 주제 정하기 / 조사 순서 / 느낀 점과 우리의 태도 이야기하기

---

1 환경이 세계 여러 나라 사람들의 생활 모습에 미치는 영향을 조사할 때 가장 먼저 해야 할 일에 ○표 하시오.

(1) 주제를 정합니다. ( )

(2) 자료를 수집하고 분석합니다. ( )

2 조사 계획서에 들어갈 내용으로 알맞은 것을 보기 에서 모두 골라 기호를 쓰시오.

> **보기**
> ㉠ 알게된 점   ㉡ 조사 방법
> ㉢ 조사 주제   ㉣ 모둠 내 역할 분담

( )

3 다음 ( ) 안의 알맞은 말에 ○표 하시오.

> 게르는 몽골의 지형과 기후에 따라 (농업 , 유목) 생활을 하고 있는 몽골 사람들에게 적합한 주거 형태이다.

4 세계 여러 나라 사람들의 독특한 식생활 모습을 선으로 바르게 연결하시오.

(1)  이슬람교를 믿는 지역 •   •㉠ 소고기를 먹지 않음.

(2)  힌두교를 믿는 지역 •   •㉡ 돼지고기를 먹지 않음.

5 세계 여러 나라의 생활 모습은 다양하고 고유한 가치를 지니고 있습니다. 따라서 서로 다른 생활 모습을 이해하고 ( )하려는 마음가짐이 필요합니다.

🐛 **핵심문장으로 시작하기**

1 건조 기후 지역은 일 년 동안의 ㄱ ㅅ ㄹ 을 모두 합쳐도 500mm가 채 안 될 정도로 비가 내리지 않습니다.

2 ㅇ ㄷ 기후 지역은 사계절이 비교적 뚜렷하고 온화하며, ㅇ ㄷ 기후 지역은 일 년 내내 기온이 높고 비가 많이 내립니다.

3 세계의 다양한 삶의 모습을 조사하는 과정은 '조사 ㅈ ㅈ 정하기 → 조사 계획 세우기 → 조사하기 → 소개 자료 만들고 발표하기'입니다.

4~5 다음 지도를 보고 물음에 답하시오.

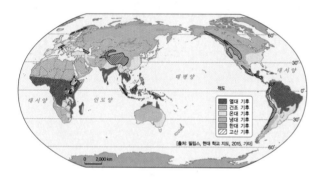

[출처: 밀립스, 현대 학교 지도, 2015, 기타]

4 세계의 기후에 대한 설명으로 옳지 <u>않은</u> 것은 어느 것입니까? ( )

① 적도 부근은 열대 기후가 나타난다.
② 기온과 강수량 등을 기준으로 구분한다.
③ 적도 지방과 극지방의 기후는 비슷하다.
④ 세계에는 지역별로 다양한 기후가 나타난다.
⑤ 각 나라의 위치에 따라 다르게 나타나기도 한다.

5 위 지도를 보고 남극 대륙에서 주로 어떤 기후가 나타나는지 쓰시오.

( )

---

6 다음 지도와 같이 열대 기후가 널리 나타나는 지역으로 알맞은 것은 어느 것입니까? ( )

① 중위도 지역
② 위도 20° 일대
③ 북반구의 고위도 지역
④ 적도를 중심으로 한 저위도 지역
⑤ 중앙아시아처럼 바다와 멀리 떨어진 지역

7★ 열대 기후 지역에서 볼 수 있는 모습으로 옳지 <u>않은</u> 것은 어느 것입니까? ( )

① 밀림을 이루는 곳이 있다.
② 생태 관광 산업이 발달하고 있다.
③ 바나나, 천연고무, 커피 등을 재배한다.
④ 전통적으로 화전 농업 방식을 활용해 왔다.
⑤ 순록을 기르고 석유, 천연가스 등 자원 개발이 활발하다.

8
서술형 다음 글에서 밑줄 친 '초원' 지역 사람들의 생활 모습을 쓰시오.

> 건조 기후 지역 중에는 강수량이 매우 적어 사막이 널리 나타나는 곳도 있고, 약간의 비나 눈이 내려 <u>초원</u>이 넓게 나타나는 곳도 있다.

_____

_____

9 다음 온대 기후 지역에서 발달한 농업을 선으로 바르게 연결하시오.

(1) 유럽 •

• ㉠

▲ 벼농사

(2) 아시아 •

• ㉡

▲ 밀 재배

(3) 지중해 주변 •

• ㉢

▲ 올리브 재배

10★ 다음 지도와 같이 분포하는 냉대 기후에 대한 설명으로 옳은 것은 어느 것입니까? (   )

① 일 년 내내 기온이 높다.
② 바나나를 대규모로 재배한다.
③ 주로 위도 20° 일대에 나타난다.
④ 건기와 우기가 번갈아 나타나는 곳도 있다.
⑤ 목재와 펄프의 세계적인 생산지가 되기도 한다.

11 한대 기후가 나타나는 지역의 모습을 잘못 설명한 사람은 누구입니까? (   )

① 가영: 평균 기온이 매우 낮아.
② 나석: 땅속이 계속 얼어 있어.
③ 다정: 사계절이 비교적 뚜렷해.
④ 라은: 주민들은 순록을 기르기도 해.
⑤ 마음: 석유, 천연 가스 등의 자원 개발이 활발해.

12 서술형 우리나라에서 다음과 같은 기지를 한대 기후 지역에 세운 목적은 무엇인지 쓰시오.

- 남극 지방의 세종 과학 기지와 장보고 과학 기지
- 북극 지방의 다산 과학 기지

_____

_____

13 다음 (   ) 안에 들어갈 알맞은 기후를 쓰시오.

적도 부근은 기온이 매우 높지만 해발 고도가 높은 산지는 일 년 내내 월평균 기온이 15℃ 내외로 온화하다. 이처럼 고도가 높은 곳에서 나타나는 기후를 (   )(이)라고 한다.

(   )

14 오른쪽 모자에 대한 설명으로 옳지 <u>않은</u> 것은 어느 것입니까? (   )

▲ 솜브레로

① 챙이 넓다.
② 귀덮개가 넓다.
③ 햇볕을 가려 준다.
④ 밀짚이나 펠트로 만든다.
⑤ 멕시코 사람들이 주로 쓴다.

15 다음에서 설명하는 음식은 무엇입니까? (   )

- 튀르키예의 대표적인 요리이다.
- 유목민들이 육류를 쉽고 간단하게 먹으려고 조각내어 구워 먹던 것에서 비롯되었다.

① 케밥   ② 푸푸
③ 타코   ④ 쌀국수
⑤ 나시고렝

16 파푸아 뉴기니에서 다음 사진과 같은 집을 짓게 된 까닭으로 알맞은 것은 어느 것입니까? (   )

▲ 고상 가옥

① 주변에 진흙이 많아서
② 유목 생활에 유리해서
③ 일 년 내내 땅속이 얼어 있어서
④ 대부분의 사람들이 이슬람교를 믿어서
⑤ 땅에서 올라오는 열기와 습기를 피하려고

17 사람들의 생활 모습에 영향을 미치는 자연환경을 보기 에서 모두 골라 기호를 쓰시오.

보기
㉠ 지형   ㉡ 종교   ㉢ 풍습
㉣ 기후   ㉤ 정치   ㉥ 역사

(   )

18 다음은 몽골의 게르에 대한 조사 계획서의 일부입니다. ㈎에 들어갈 내용으로 알맞지 <u>않은</u> 것은 어느 것입니까? (   )

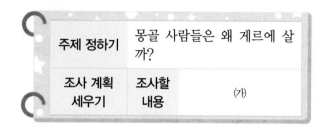

주제 정하기		몽골 사람들은 왜 게르에 살까?
조사 계획 세우기	조사할 내용	㈎

① 몽골의 지형, 기후
② 게르의 구조, 재료 특징
③ 몽골 사람들의 유목 생활
④ 게르에 사는 사람들의 생활 모습
⑤ 몽골에 있는 우리나라 유학생 수

19 다음은 '세계 음식과 환경 조사 보고서'의 일부입니다. (   ) 안에 들어갈 종교는 무엇입니까?

(   )

라마단, 들어 보셨어요?
라마단은 이슬람 달력으로 아홉 번째 달을 의미한다. (   )를 믿는 사람들은 라마단 기간에는 해가 떠 있을 때 음식을 먹지 않는다.

▲ 라마단 기간에 기도하는 신자들

① 불교   ② 힌두교
③ 천주교   ④ 기독교
⑤ 이슬람교

20 다른 나라의 생활 모습을 대할 때 우리가 가져야 할 태도로 바른 것은 어느 것입니까? (   )

① 편견을 가지고 대한다.
② 다른 나라의 생활 모습을 무시한다.
③ 우리와 다른 모습은 받아들이지 않는다.
④ 서로 다른 생활 모습을 이해하고 존중한다.
⑤ 우리와 비슷한 생활 모습만 가치를 인정한다.

서술형 평가

1 지도를 보고, 물음에 답하시오. [12점]

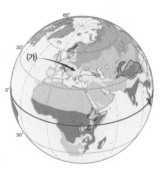

(1) (가)와 같이 중위도 지역에 주로 나타 나는 기후는 무엇 인지 쓰시오. [4점]

(   )

(2) 위 (1)번 답과 같은 기후가 나타나는 지역의 생활 모습을 한 가지 이상 쓰시오. [8점]

_____

_____

서술형 문제를 푸는 방법을 익혀보자!

1단계 단어의 의미 떠올리기   '기후'의 뜻은 무엇일까?

| 기 | 후 | : 어떤 지역에서 오랜 기간에 걸쳐 나타나는 기온, 강수, 바람 등의 평균 상태를 가리킴. 열대 기후, 건조 기후, 온대 기후, 냉대 기후, 한대 기후 등이 있음.

2단계 기후 특징 생각해 보기   기후 지역마다 모습은 어떠할까?

온대 기후		
우리나라	서부 유럽	지중해 주변
여름철 기온이 높고, 강수량이 많다.	흐린 날이 많고 비가 자주 내린다.	여름 강수량이 적다.

↓

기후는 사람들의 생활 모습에 영향을 준다.

2 다음 조사 보고서를 읽고, 물음에 답하시오. [12점]

세계 여러 나라 사람들의 생활 모습

나라	환경	생활 모습
파푸아 뉴기니	열대 기후	원주민들은 풀과 나뭇잎으로 만든 옷을 입고, 수상 가옥이나 고상 가옥에서 산다.
이탈리아	온대 기후	밀로 만든 피자와 파스타 등의 음식을 먹고, 돌이나 나무로 지은 집에서 산다.
캐나다 북부	( )	이누이트는 동물의 털과 가죽으로 만든 옷을 입고, 이글루에서 산다.

(1) 위 (   ) 안에 들어갈 알맞은 기후를 쓰시오. [4점]   (   )

(2) 조사 보고서의 내용을 종합하여 살펴볼 때 내릴 수 있는 결론을 간단히 쓰시오. [8점]

_____

_____

3 다음 글을 읽고, 물음에 답하시오. [12점]

(가) 에스파냐는 남부 유럽에 있어 낮이 길며 한낮에는 매우 더워 활동하기 어렵다. 사람들은 점심 식사 후 낮잠을 자거나 휴식을 취한다.

(나) 이슬람 율법에 따라 사회 활동이 제한적인 이란의 여성은 태권도, 사격 등 히잡을 착용할 수 있는 종목에만 출전할 수 있다.

(1) (가)와 (나) 중에서 종교가 사람들의 생활 모습에 영향을 준 사례를 골라 기호를 쓰시오. [4점]

(   )

(2) 위와 같은 세계 여러 나라의 생활 모습을 대할 때 가져야 할 태도는 무엇인지 쓰시오. [8점]

_____

_____

3 우리나라와 가까운 나라들(1)

1 우리나라와 거리가 가까운 이웃 나라 자료⁺1 자료⁺2

★ (1) 중국 → 넓은 영토와 많은 인구를 바탕으로 경제성장을 이룬 나라예요.

시짱(티베트)고원은 세계의
지붕이라고 불려요.

자연환경	인문환경
지형 • 히말라야 산맥, 시짱고원, 고비 사막, 황허강 등 다양한 지형이 발달해 있음. • 서쪽에서 동쪽으로 갈수록 지형이 낮아짐. **기후** • 영토가 넓어 온대, 건조, 냉대, 고산 기후 등 다양한 기후가 나타남.	**인구** • 수도는 베이징임. • 세계적으로 인구가 많음. • 동부 지역 바닷가에 주요 항구와 대도시가 있음. **산업** • 자금성, 만리장성 등 세계적인 문화유산이 있음. • 노동력과 지하자원이 풍부하여 농업과 제조업 등이 발달함.

★ (2) 일본 → 기술력을 바탕으로 일찍 성장한 나라예요.

자연환경	인문환경
지형 • 네 개의 큰 섬과 수천 개의 작은 섬으로 이루어져 있음. • 국토 대부분이 산지이며, 화산이 많고 지진 활동이 활발함. **기후** • 영토가 남북으로 길어서 기후 차이가 크게 남. • 주로 온대 기후, 냉대 기후가 나타남. • 비와 눈이 많이 내리고 태풍과 지진이 잦음.	**인구** • 수도는 도쿄임. • 태평양 •연안에 인구가 밀집하여 대도시가 발달함. **산업** • 원료 수입과 제품 수출에 유리한 해안 지역에 공업 지역이 발달했음. • 자동차, 전자 등 제조업과 첨단 산업이 발달함. • 화산, 온천 등 관광 자원이 많고 수산업이 발달했음.

(3) 러시아 → 세계에서 가장 넓은 영토를 가진 나라예요.

우랄산맥은 아시아와 유럽
을 구분하는 경계가 돼요.

자연환경	인문환경
지형 • 세계에서 영토가 가장 넓은 나라임. • 동부는 주로 고원과 •산악 지대가 나타나며, 서부는 •평원이 넓게 자리함. **기후** • 위도가 높아서 대부분의 지역에서 냉대 기후가 나타남.	**인구** • 수도는 모스크바임. • 대부분의 인구는 서남부 지역에 집중해 있음. **산업** • 석유, 천연가스 등의 지하자원이 풍부하여 여러 나라에 수출하고 있음. • 세계적인 우주 항공 기술을 갖고 있음.

용어 사전

• **연안** (沿 따를 연, 岸 언덕 안) 강이나 호수, 바다를 따라 잇닿아 있는 육지.
• **산악 지대** (山 산 산, 岳 큰 산 악, 地 땅 지, 帶 띠 대) 산들이 높고 험준하게 솟아 있는 지대.
• **평원** (平 평평할 평, 原 언덕 원) 평평한 들판.
• **우랄산맥** 카자흐스탄 북부에서 북극해까지 러시아를 남북으로 종단하는 산맥. 아시아와 유럽의 경계가 됨.

😊 공부할 개념
• 이웃 나라(러시아, 중국, 일본)의 자연환경과 인문환경 알아보기

자료⁺1 우리나라와 이웃한 나라

우리나라는 중국, 일본, 러시아와 국경을 마주하고 있습니다.

중국	우리나라의 서쪽에 있고, 세계적으로 인구가 많음.
일본	우리나라의 동쪽에 있고, 영토의 대부분이 산지인 섬나라임.
러시아	아시아와 유럽에 걸쳐 있고, 세계에서 영토가 가장 넓음.

자료⁺2 우리나라와 이웃 나라의 문자

▲ 우리나라의 표지판

▲ 중국의 표지판

▲ 일본의 표지판

→ 한자 문화권: 우리나라와 중국, 일본은 지리적으로 가까이 있어 오래전부터 활발하게 교류하였기 때문에 한자를 사용합니다.

▲ 러시아 문자

→ 러시아는 이웃나라지만 서부 지역에 많은 사람들이 살며 교류했기 때문에 문자가 우리나라, 중국, 일본과는 차이가 있습니다.

 핵심 개념 정리

• 중국, 일본, 러시아는 우리나라와 국경을 마주하고 있어 가깝습니다.

1 우리나라와 국경을 마주하고 있는 나라를 보기 에서 모두 골라 기호를 쓰시오.

> 보기
> ㉠ 미국   ㉡ 일본   ㉢ 몽골
> ㉣ 중국   ㉤ 프랑스   ㉥ 러시아

( )

2 우리나라와 거리가 가까운 이웃 나라로 영토가 넓고 세계적으로 인구가 많은 나라는 어디인지 쓰시오.

( )

3 다음 ( )의 알맞은 말에 ○표 하시오.

> 일본은 국토 대부분이 산지이며 (화산, 사막)이 많고 지진 활동이 활발하다.

4 러시아에 대한 설명으로 옳은 것에 ○표, 옳지 않은 것에 ✕표 하시오.

(1) 열대 기후가 널리 나타납니다. ( )

(2) 대부분의 인구가 서남부 지역에 집중해 있습니다.

( )

5 우리나라와 중국, 일본이 ( ) 문화권에 속한 까닭은 지리적으로 가까이 있어 오래전부터 활발하게 교류했기 때문입니다.

3 우리나라와 가까운 나라들(2)

😊 공부할 개념
• 우리나라와 이웃 나라 사람들의 생활 모습 살펴보기
• 우리나라와 이웃 나라의 교류 모습 살펴보기

1 우리나라와 이웃 나라 사람들의 생활 모습 자료⁺1

★ (1) 우리나라와 이웃 나라의 식생활

우리나라	반찬의 크기가 다양하고, 무겁거나 국물이 있는 음식이 많아서 음식을 집기 편하도록 <u>금속 젓가락</u>을 사용함. └• 쇠로 만든 숟가락과 젓가락을 사용해요.	
중국	기름에 볶거나 튀긴 음식이 많아서 음식을 조리하거나 먹을 때 길고 끝이 *뭉툭한 나무젓가락을 사용함. └• 넓은 원형 식탁에서 긴 나무 젓가락으로 멀리 있는 음식도 먹을 수 있어요.	
일본	생선 요리가 많아서 가시를 편하게 바를 수 있도록 끝이 뾰족한 나무젓가락을 사용함.	
러시아	• 빵을 주식으로 하며, 포크와 나이프를 주로 사용함. • 추운 날씨 때문에 음식을 차례로 내게 되면서 코스 요리 문화가 발달함.	

(2) 이웃 나라의 생활 모습으로 알 수 있는 점

① **중국과 일본의 생활 모습**: 우리나라, 중국, 일본 사람들은 오랫동안 활발하게 교류하여 생활 모습이 비슷합니다.

② **러시아의 생활 모습**: 러시아는 대부분의 인구가 유럽과 가까운 서부 지역에 분포하기 때문에 유럽의 생활 모습과 비슷합니다.

2 우리나라와 이웃 나라의 *교류 모습 자료⁺2

★ (1) 우리나라와 이웃 나라들은 정치, 경제, 문화 등 다양한 영역에서 서로 교류 협력하며 상호 의존 관계를 유지하고 있습니다.

경제적 교류	인적 교류
우리나라와 이웃 나라는 활발한 *무역을 하고 원활한 에너지 공급을 위해 협력하고 있음.	일자리를 구하러 이웃 나라로 이동하기도 하고, 이웃 나라 사람과 결혼하여 함께 사는 경우도 있음.
문화적 교류	정치적 교류
우리나라와 이웃 나라는 서로 문화 교류 행사를 열고 있으며, 이웃 나라로 공부하기 위해 이동하기도 함.	우리나라와 이웃 나라 대표들이 모여 다양한 문제를 논의하고 있음.

용어 사전
• **뭉툭** 굵은 사물의 끝이 아주 짧고 무딘 모양.
• **교류** (交 사귈 교, 流 흐를 류) 문화나 사상 따위가 서로 통함.
• **무역** (貿 물건을 살 무, 易 바꿀 역) 나라와 나라 사이에 서로 물품을 매매하는 일.
• **협력** (協 화합할 협, 力 힘 력) 힘을 합하여 서로 도움.
• **미세 먼지** (微 작을 미, 細 가늘 세, ‒ ‒) 눈에 보이지 않을 정도로 입자가 작은 먼지.

(2) 함께 해결해야 할 문제들의 해결 방안

우리나라와 이웃 나라 사이에는 서로 이해하고 *협력하는 태도가 필요	➡	인적 물적 교류를 통해 각 나라의 발전과 이익을 도모할 수 있기 때문임.
	➡	환경문제처럼 한 나라만의 노력으로 해결할 수 없는 문제도 있기 때문임.

자료＋1 우리나라와 이웃 나라의 명절 풍습

우리나라의 '설날'	웃어른께 세배를 하고, 함께 떡국을 먹음.
중국의 '춘절'	웃어른께 세배를 하고 만두를 먹음.
일본의 '오쇼가쓰'	신사나 절을 찾아 한 해의 행운을 빌고, 찹쌀로 만든 떡국인 '조니'를 먹음.
러시아의 '스타르이 노브이 고드'	국가 연주와 불꽃놀이 행사가 열리며, 사람들은 서로 덕담과 함께 선물을 주고 받음.

↳우리나라의 설날처럼 새해를 맞이하는 날을 부르는 이름이 있어요.
풍습은 나라마다 조금씩 다르지만, 새로운 한 해를 축하하고 복을 바라는 마음은 비슷합니다.

자료＋2 교류 사례

수출 (한국 → 이웃 나라)	수입 (이웃 나라 → 한국)
1위 중국 (반도체)	1위 중국 (반도체)
4위 일본 (반도체)	3위 일본 (반도체 제조 장비)
11위 러시아 (자동차)	8위 러시아 (석유)

▲ 우리나라와 이웃 나라의 무역 현황

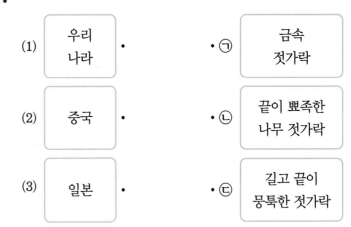

(단위 : %)
기타 28.3
중국인 44.2
베트남인 23.5
몽골인 4.0
[출처: 교육부, 2021]
▲ 국내 외국인 유학생 비율

한·중·일 3국, 미세 먼지 공동 해결 방안 논의
한국, 중국, 일본의 환경 장관들이 모여 최근 논란이 되고 있는 미세 먼지 문제에 함께 대처하고 해결을 위해 노력하기로 약속했다. 각 나라는 협력 기구를 만들고, 대기질 관리, 환경 정보 수집 등 미세 먼지와 관련된 정책과 기술을 공유할 예정이다.

▲ 한·중·일 환경 장관 회의

 핵심 개념 정리

• 오래전부터 이웃한 나라는 교류하며 서로 영향을 주고 받았습니다. 오늘날에도 우리나라와 이웃한 나라는 많은 사람이 오가며 함께 발전하기 위해 협력하고 있습니다.

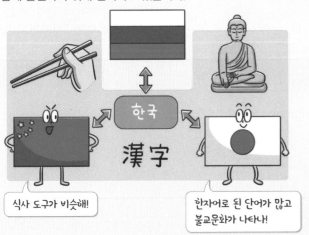

식사 도구가 비슷해!

한자어로 된 단어가 많고 불교문화가 나타나!

---

1 다음 나라의 젓가락 특징에 맞게 선으로 바르게 연결하시오.

(1) 우리나라 •		• ㉠ 금속 젓가락
(2) 중국 •		• ㉡ 끝이 뾰족한 나무 젓가락
(3) 일본 •		• ㉢ 길고 끝이 뭉툭한 젓가락

2 러시아는 대부분의 인구가 유럽과 가까운 서부 지역에 분포하기 때문에 (   )의 생활 모습과 비슷합니다.

3 다음은 경제, 문화, 정치 중 어느 분야에서 교류하는 모습인지 쓰시오.

> 우리나라와 중국, 일본, 러시아는 서로 물건을 수입하거나 수출하는 등 활발한 무역을 한다.

(   )

4 오른쪽 그래프를 보고 우리나라에 오는 유학생 비율이 가장 높은 나라는 어디인지 쓰시오.

(단위 : %)
기타 28.3
중국인 44.2
베트남인 23.5
몽골인 4.0
[출처: 교육부, 2021]
▲ 국내 외국인 유학생 비율

(   )

5 다음 ( ) 안의 알맞은 말에 ○표 하시오.

> 한국, 중국, 일본의 환경 장관들이 모여 최근 논란이 되고 있는 (최저 임금, 미세 먼지) 문제에 대해 함께 대처하고 해결을 위해 노력하기로 약속했다.

3 우리나라와 가까운 나라들 (3)

1 우리나라와 거리가 멀지만 관계 깊은 나라

★ (1) 미국 →우리나라와 정치·경제·사회·문화적으로 긴밀한 나라예요.

자연환경	인문환경
지형 • 북아메리카 대륙에 있음. • 서쪽에는 매우 높은 산지가 있어 지형이 높고 험함. • 가운데에는 평평한 땅이 넓게 펼쳐져 있고, 동쪽으로 갈수록 낮은 산지가 분포함. 기후 • 영토가 넓어 온대 기후, 냉대 기후, 건조 기후 등 다양하게 나타남.	인구 • 수도는 워싱턴 D.C.임. • 다양한 인종과 민족이 어우러져 살고 있음. →50개의 주로 이루어졌고, 세계 3위로 인구가 많아요. 산업 • 석유, 석탄, 철광석 등 각종 •지하자원과 에너지 자원이 풍부하고 기술 수준이 높아 다양한 산업이 고르게 발달함. →금융, 전자, 정보 기술, 자동차, 영화 등 • 중부의 넓은 평야에서 옥수수와 밀이 대량으로 생산됨.

★ (2) 사우디아라비아 →원유 생산과 수출로 많은 발전을 이룬 나라예요.

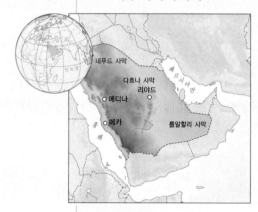

자연환경	인문환경
지형 • 아시아 대륙의 서쪽에 있음. • 영토의 대부분이 사막임. 기후 • 대부분의 지역에서 비가 거의 내리지 않음. • 뜨겁고 건조한 기후가 나타남.	인구 • 수도는 리야드임. • 사람들은 주로 이슬람교를 믿음. 산업 • 세계적인 •원유(석유) 생산 국가임. • 지하수를 개발하여 농업 발전에 노력하기도 함.

★ (3) 베트남 →우리나라와 무역을 많이 하고 우리나라 사람들이 관광을 많이 가는 나라예요.

자연환경	인문환경
지형 • 아시아 대륙의 동남쪽에 있음. • 영토가 남북으로 길게 뻗음. • 영토의 대부분은 산지로 이루어져 있음. • 메콩강 하류에 평야가 넓게 발달해 있음. 기후 • 일 년 내내 덥고 습한 편임. • 열대 기후와 온대 기후의 특성이 모두 나타남.	인구 • 수도는 하노이임. 산업 • 평야뿐만 아니라 산지 지역에서도 계단식 논을 만들어 벼농사를 지음. →후추, 커피 등도 많이 생산해요. • 노동력이 풍부하여 전자 제품, 기계 등의 공업과 •경공업이 발달함. • 할롱 베이 등 세계적인 자연유산이 있어 관광 산업이 발달함.

😊 공부할 개념

• 우리나라와 관계 깊은 나라(미국, 사우디아라비아, 베트남)의 자연환경과 인문환경 알아보기

용어 사전

● **지하자원**(地 땅 지, 下 아래 하, 資 재물 자, 源 근원 원) 땅 속에 묻혀 있는 채취 가능하고 쓸모 있는 자원.
● **원유**(原 근원 원, 油 기름 유) 땅속에서 뽑아낸 상태 그대로의 기름.
● **경공업**(輕 가벼울 경, 工 장인 공, 業 일 업) 섬유, 의류, 신발 등 부피에 비하여 무게가 가벼운 물건을 만드는 공업.

미국

특징
- 지하자원이 풍부함.
- 농업, 상업, 공업, 첨단 산업 등 다양한 산업이 발달함.

교류

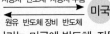

한국 ← 자동차 반도체 자동차 부품 → 미국
원유 반도체 장비 반도체

- 우리나라는 미국에 반도체, 자동차, 무선 통신 기기 등을 수출함.
- 우리나라는 미국에서 원유, 의약품, 정밀 기기 등을 수입함.
- 우리나라와 미국은 경제 분야뿐만 아니라 정치, 외교, 문화 면에서도 밀접한 관계를 맺고 있음.

▲ 대평원: 미국의 중부 지역에 있는 평평한 들로, 세계적인 옥수수, 밀 생산 지대이다.

▲ 뉴욕: 세계 정치와 경제, 문화의 중심지이다.

사우디아라비아

특징
- 석유가 풍부함.
- 원유 수출로 얻은 수입으로 세계 각국에서 기술을 도입하여 경제 발전을 꾀하고 있음.

교류

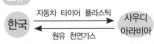

한국 ← 자동차 타이어 플라스틱 → 사우디아라비아
원유 천연가스

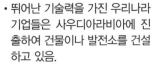

- 뛰어난 기술력을 가진 우리나라 기업들은 사우디아라비아에 진출하여 건물이나 발전소를 건설하고 있음.
- 우리나라는 사우디아라비아에서 원유를 수입함.

▲ 원유 개발: 페르시아만 연안을 중심으로 원유를 개발하고 있다.

▲ 카바 신전: 메카에 있는 이슬람교 사원으로, 성지 순례를 하려는 이슬람교도가 많다.

베트남

특징
- 벼농사가 발달함.
- 노동력이 풍부해 여러 나라의 기업이 전자 제품, 제조업 공장을 세우는 등 다양한 투자를 하고 있음.

교류

한국 ← 반도체 모니터 → 베트남
휴대 전화 부품 의류

- 우리나라는 베트남에 전자 제품과 부품 등을 많이 수출함.
- 우리나라는 베트남에서 전자 제품, 의류 등을 많이 수입함.
- 문화적으로 교류가 활발하며, 우리나라에 정착하는 베트남 사람도 많음.

▲ 계단식 논(사파): 산지가 많은 베트남에서는 산비탈을 깎아 계단식 논을 만들어 농사짓는다.

▲ 베트남에 우리나라 기업의 공장이 진출하였다.

우리나라와 지리적으로 멀리 떨어져 있지만 교류가 활발하게 이루어지는 까닭은 나라마다 환경(지형, 기후, 인구, 주요 산업 등)이 달라 서로 필요한 도움을 주고받을 수 있기 때문입니다.

---

1 미국에 대한 설명으로 옳은 것에 ○표, 옳지 <u>않은</u> 것에 X표 하시오.

(1) 주로 열대 기후가 나타납니다.   (   )

(2) 각종 지하자원이나 에너지 자원이 풍부합니다.   (   )

2 사우디아라비아는 비가 거의 내리지 않아 영토의 대부분이 (   )입니다.

3 다음 중 베트남에서 많이 수출하는 농작물을 골라 ○표 하시오.

(1) ▲ 쌀   (2) ▲ 옥수수

(   )   (   )

4 우리나라와 관계깊은 나라의 교류 모습을 알맞게 선으로 연결하시오.

(1) 미국 • • ㉠ 우리나라와 정치·경제·사회·문화적으로 긴밀한 국가

(2) 베트남 • • ㉡ 원유 생산과 수출로 많은 발전을 이룬 나라

(3) 사우디아라비아 • • ㉢ 풍부한 노동력을 바탕으로 경공업이 발달한 나라

5 다음 (   ) 안의 알맞은 말에 ○표 하시오.

> 나라마다 환경이 서로 (다르기, 똑같기) 때문에 서로 필요한 도움을 주고받으며 살아가고 있다.

3 우리나라와 가까운 나라들(4)

1 우리나라와 관계 깊은 나라의 상호 의존 관계 자료⁺1

★ (1) 우리나라는 세계 여러 나라와 밀접한 관계를 맺으며 교류하고 있습니다.

(2) 우리나라와 다른 나라 사이의 무역, *관광, *교통 등에 대한 통계를 살펴보면 우리나라와 교류·협력하는 나라를 알 수 있습니다.

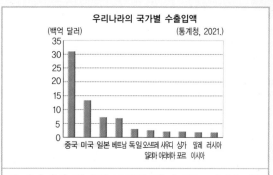

우리나라와 경제적 교류를 많이 하는 나라는 중국, 미국, 일본 순으로 나타납니다.

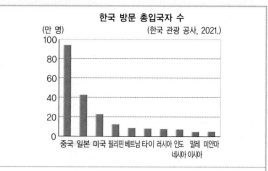

우리나라를 방문한 입국자 수는 중국, 일본, 미국 순으로 많습니다.

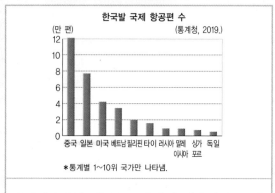

우리나라에서 외국으로 출발한 비행기 수는 중국, 일본, 미국 순으로 많고, 베트남도 항공편 수가 많습니다.

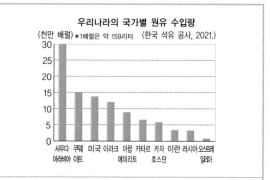

· 우리나라에서 가장 많은 원유를 수입하는 나라는 사우디아라비아입니다.
· 원유 수입량은 사우디아라비아, 쿠웨이트, 미국 순으로 많습니다.

(3) **우리나라와 교류·협력이 많은 나라**: 우리나라는 이웃 나라인 중국, 일본, 러시아 외에도 멀리 떨어진 미국, 사우디아라비아, 베트남 같은 나라와 관계가 깊습니다.

2 우리나라가 세계 여러 나라와 상호 의존 관계를 맺는 까닭

★ (1) 나라마다 환경이 달라 서로 필요한 도움을 주고받을 수 있기 때문입니다.

(2) 오늘날 교통·통신 기술의 발달로 물자 이동이 편리해졌기 때문입니다.

자료 1 우리나라와 세계 여러 나라의 교류 모습

경제 교류	전자 제품 수출	우리나라 기업에서 생산한 전자 제품을 전 세계 여러 나라에 수출함.
	식량 자원 수입	우리나라는 밀, 옥수수 등의 곡물을 주로 캐나다, 미국, 오스트레일리아 등에서 수입함.
	에너지 자원 수입	• 우리나라는 석유, 석탄 등을 대부분 다른 나라에서 수입함. • 사우디아라비아에서는 주로 석유를 수입함.
경제 협력		우리나라는 칠레와 •자유 무역 협정(FTA)을 체결하고 경제 협력을 강화함. └ 2004년 최초로 칠레와 자유 무역 협정을 맺었어요.
문화 교류		• 우리나라 음악, 영화, 드라마 등이 전 세계에서 인기를 끌고 있음. • 베트남을 비롯한 아시아 국가들에서 •한류가 시작되었음.
사회 협력		세계 여러 나라가 협력하여 국제적 사회 문제를 해결하고자 적극적으로 노력함.
과학 기술 협력		러시아와 협력하여 우리나라 최초 우주 발사체인 나로호를 개발함.

🎓 핵심 개념 정리

• 우리나라는 정치·경제·문화 등 다양한 분야에서 세계 여러 나라와 교류하고 협력하며 깊은 관계를 맺고 있습니다.

• 우리나라와 세계 여러 나라가 활발하게 교류하는 까닭은 나라마다 환경이 다르기 때문입니다.

1 다음 ( ) 안의 알맞은 말에 ○표 하시오.

오른쪽과 같은 에너지 자원 수입은 (경제 교류, 문화 교류)에 해당한다.

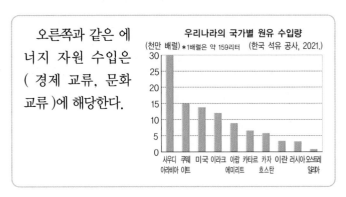

2 우리나라가 밀과 옥수수를 주로 수입하는 나라를 보기 에서 골라 기호를 쓰시오.

보기
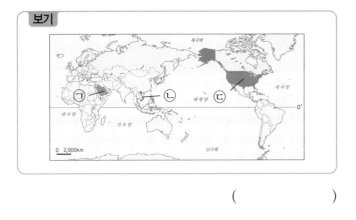

(   )

3 우리나라가 자유무역협정(FTA)을 처음으로 맺은 나라는 (   )입니다.

4 우리나라와 세계 여러 나라의 교류 모습을 알맞게 말한 어린이에게 ○표 하시오.

(1) 우리나라는 미국, 베트남 등의 나라들과 경제 분야에서만 교류하고 있어.

(2) 우리나라는 세계 여러 나라와 상호 의존 관계를 맺고 있어.

(   )   (   )

5 우리나라는 정치·경제·문화 등 다양한 분야에서 세계 여러 나라와 (   )하고 협력하며 깊은 관계를 맺고 있습니다.

핵심문장으로 시작하기

1 세계적으로 인구가 많고 자원이 풍부하며, 농업과 제조업 등의 산업이 발달한 이웃 나라는 [ㅈ][ㄱ] 입니다.

2 영토의 대부분이 산지이며, 원료 수입과 제품 수출에 유리한 태평양 연안을 따라 공업 지역이 발달한 나라는 [ㅇ][ㅂ] 입니다.

3 북아메리카 대륙 가운데에 있는 [ㅁ][ㄱ] 은 서쪽에 로키산맥이 있어 지형이 높고 험합니다.

4 다음 지도의 ㉠∼㉡에 들어갈 나라를 각각 쓰시오.

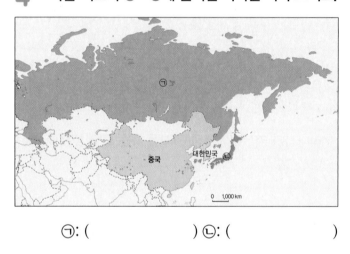

㉠: (   ) ㉡: (   )

5 중국에 대한 설명으로 옳지 않은 것은 어느 것입니까?
(   )

① 우리나라보다 영토가 작다.
② 세계적으로 인구가 매우 많다.
③ 여러 가지 산업이 발달하였다.
④ 다양한 지형과 기후가 나타난다.
⑤ 동부 지역 바닷가에 대도시가 있다.

6 다음 지도를 보고 알 수 있는 중국 지형의 특징은 무엇인지 쓰시오.

서술형

7 다음 지도에 나타난 나라의 자연환경과 인문환경에 대한 설명으로 옳지 않은 것은 어느 것입니까?
(   )

① 국토 대부분이 산지이다.
② 일 년 내내 덥고 건조하다.
③ 화산이 많고 지진 활동이 활발하다.
④ 태평양 연안을 따라 공업 지역이 발달했다.
⑤ 네 개의 큰 섬과 수많은 작은 섬들로 이루어져 있다.

8~9 다음 지도를 보고, 물음에 답하시오.

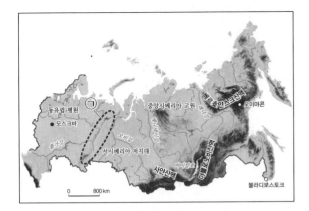

8 위 지도의 ㉠에 들어갈 아시아와 유럽을 구분하는 경계가 되는 산맥의 이름을 쓰시오.

(   )

9 위 지도를 보고 알 수 있는 러시아 지형의 특징을 두 가지 고르시오. (   )

① 냉대 기후가 널리 나타난다.
② 서부에 평원이 넓게 자리한다.
③ 인구가 서남부 지역에 집중해 있다.
④ 동부는 주로 고원과 산악 지대이다.
⑤ 풍부한 천연자원을 바탕으로 한 산업이 발달했다.

10 다음은 이웃 나라의 명절 이름입니다. 이와 같은 시기에 있는 우리나라 명절은 무엇인지 쓰시오.

- 중국 '춘절'
- 일본 '오쇼가쓰'
- 러시아 '스타로이 노브이 고드'

(   )

11 다음 표는 우리나라와 이웃 나라 사이의 무역 현황입니다. ㉠, ㉡에 들어갈 나라의 이름을 쓰시오.

수출 (한국 → 이웃 나라)	수입 (이웃 나라 → 한국)
1위 (㉠)	1위 (㉡)
4위 일본	3위 일본
11위 러시아	8위 러시아

㉠: (   ) ㉡: (   )

12 우리나라와 이웃 나라의 경제 교류 모습을 보기 에서 모두 골라 기호를 쓰시오.

보기
㉠ 상점에서 러시아에서 수입한 수산물을 판다.
㉡ 한국 대통령과 러시아 대통령이 정상 회담을 한다.
㉢ 중국인 유학생이 우리나라에서 한국어를 공부한다.

(   )

13 우리나라와 이웃 나라가 여러 문제를 함께 해결하기 위해 가져야 할 자세로 바른 것은 어느 것입니까? (   )

① 역사를 왜곡하는 태도
② 상호 이해와 협력의 태도
③ 전쟁으로 해결하려는 태도
④ 문제에 관심을 가지지 않는 태도
⑤ 자기 나라의 입장만을 강요하는 태도

14 다음 지도에 표시된 나라에 대한 설명으로 옳지 않은 것은 어느 것입니까? (   )

① 옥수수, 밀 생산량이 많다.
② 50개의 주로 이루어져 있다.
③ 수많은 산업이 골고루 발달했다.
④ 각종 지하자원이나 에너지 자원이 부족하다.
⑤ 우리나라와 다양한 물자와 서비스를 주고받는다.

15 사우디아라비아에 대해 조사한 후 신문을 만들 때 제목으로 알맞은 것은 어느 것입니까? ( )

① 세계의 지붕
② 쌀 수출 강국
③ 세계 주요 원유 수출국
④ 남북으로 길게 뻗은 나라
⑤ 세계에서 가장 추운 나라

16 다음 지도에 표시된 나라에 대한 설명으로 옳지 않은 것은 어느 것입니까? ( )

① 태평양에 둘러싸인 섬나라이다.
② 영토 모양이 남북으로 길쭉하여 지역에 따라 다양한 기후가 나타난다.
③ 기온이 높고 강수량이 풍부하여 평야에서는 벼 농사가 발달하였다.
④ 노동력이 풍부하여 세계 여러 나라의 기업이 공장을 두고 있다.
⑤ 우리나라와 교류가 활발하며, 우리나라에 정착하는 사람도 많다.

17 다음과 같은 자연환경과 인문환경을 가진 나라는 어디입니까? ( )

> • **위치**: 동남아시아 동부
> • **기후**: 덥고 습한 편
> • **지형**: 메콩강 하류에 넓은 평야가 발달
> • **자원 및 산업**: 쌀, 후추, 커피 생산, 섬유 산업 등의 경공업과 관광 산업 발달

① 베트남   ② 프랑스
③ 이집트   ④ 러시아
⑤ 오스트레일리아

18 우리나라와 지리적으로 멀리 떨어진 다른 나라와의 교류가 활발하게 이루어지는 까닭으로 알맞은 것은 어느 것입니까? ( )

① 여행을 갈 수 있기 때문에
② 한자 문화권에 속하기 때문에
③ 각국의 전통문화를 보전해야 하기 때문에
④ 나라마다 생산되는 물품이 모두 같기 때문에
⑤ 서로 필요한 도움을 주고받을 수 있기 때문에

19
서술형
우리나라와 다음 지도에 표시된 동남아시아 지역 간에 이루어지고 있는 문화 교류 사례를 쓰시오.

_____
_____

20 우리나라와 세계 여러 나라의 교류 모습으로 알맞지 않은 것은 어느 것입니까? ( )

① 우리나라는 사우디아라비아에서 석유를 수입한다.
② 우리나라 가수가 세계 여러 나라에서 공연을 한다.
③ 우리나라는 브라질과 과학 기술을 협력하여 나로호를 개발하였다.
④ 우리나라와 칠레는 자유 무역 협정(FTA)을 체결하고 경제 협력을 강화하였다.
⑤ 우리나라, 중국, 일본은 한·중·일 환경 장관 회의를 진행하며 정치적으로 협력하고 있다.

1 다음 자료를 보고, 물음에 답하시오. [12점]

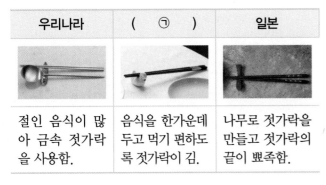

우리나라	(㉠)	일본
절인 음식이 많아 금속 젓가락을 사용함.	음식을 한가운데 두고 먹기 편하도록 젓가락이 김.	나무로 젓가락을 만들고 젓가락의 끝이 뾰족함.

(1) ㉠에 들어갈 나라를 쓰시오. [4점]

(   )

(2) 위 세 나라의 식생활 모습에서 비슷한 부분이 있는 까닭은 무엇인지 쓰시오. [8점]

_____

_____

서술형 문제를 푸는 방법을 익혀보자!

1단계 이웃나라 생활 모습 떠올리기   어떤 음식을 어떻게 먹을까?

우리나라, 중국, 일본 사람들은 쌀밥을 주식으로 하며, 음식을 먹을 때 | 젓 | 가 | 락 | 을 사용합니다.

2단계 공통점과 차이점 생각해 보기   문화가 만들어진 과정은 어떨까?

공통점	차이점
젓가락을 사용함.	• 모양이 다름. • 재질이 다름.
↑	↑
오랫동안 서로 | 교 | 류 | 하며 영향을 주고 받았기 때문임.	나라마다 자연환경, 농산물, 음식 조리법 등이 달라 고유의 문화를 이루기 때문임.

2 다음 신문을 읽고, 물음에 답하시오. [12점]

쌀 수출 강국, (㉠)

(㉠)은/는 동남아시아 동부에 있는 국가로 이곳의 기후는 대체로 덥고 습한 편이다.

(㉠)은/는 벼가 많이 재배되어 세계에서 두 번째로 쌀을 많이 수출하는 나라이기도 하다. 또한 노동력이 풍부해서 섬유 산업 등 경공업이 발달했다.

(1) ㉠에 공통으로 들어갈 나라를 쓰시오. [4점]

(   )

(2) 위 나라와 우리나라의 교류 모습을 한 가지 이상 쓰시오. [8점]

_____

_____

3 다음 세계 지도를 보고, 물음에 답하시오. [12점]

(1) 위 지도에서 우리나라가 원유를 가장 많이 수입하고 있는 지역의 기호를 쓰시오. [4점]

(   )

(2) 위 지도의 ㉢ 나라가 어디인지 쓰고, 우리나라와의 교류 모습을 농산물을 예로 들어 쓰시오. [8점]

_____

_____

1 세계의 여러 나라들

 세계 여러 나라의 지리적 특성이 다르기 때문에 다양한 삶의 방식이 나타나고, 여러 나라들이 협력하고 있습니다.

👁 그림을 보고 배운 개념을 떠올리며 빈칸을 채워 보세요.

개념1 지구본, 세계 지도, 디지털 영상 지도의 의미

세계를 한눈에 볼 수 있어.
다양한 정보를 갖고 있어.
실제 모습과 가장 비슷해.

지구본은 지구의 실제 모습과 가장 비슷하므로 어떤 나라의 위치, 두 나라 간의 거리 등을 알아볼 때 좋습니다. 세계 지도는 여러 나라의 위치와 영역을 한눈에 살펴볼 수 있습니다. (❶   )는 가장 빠르고 편리하게 정보를 얻을 수 있어서 많이 사용합니다.

개념2 세계의 여러 대륙과 대양

아시아가 세계에서 가장 큰 대륙이야.
태평양이 세계에서 가장 넓은 바다야.

대륙은 바다로 둘러싸인 커다란 땅덩어리입니다. 세계에는 (❷   ), 유럽, 아프리카, 오세아니아, 북아메리카, 남아메리카, 남극 대륙이 있습니다. 대양은 매우 큰 바다입니다. (❸   ), 대서양, 인도양, 북극해, 남극해가 있습니다.

개념4 세계 여러 나라 사람들의 생활 모습 조사하기

자료 수집하고 분석하기
결과 정리하기
조사 계획 세우기
조사한 내용 설명하기
주제 정하기
조사 순서
느낀 점과 우리의 태도 이야기하기

주제와 관련된 정보를 조사하고, 조사한 내용을 분석하여 결과를 정리합니다. 세계 여러 나라 사람들의 생활 모습은 고유한 가치를 지니므로 이해하고 (❻   )해야 합니다.

개념5 우리나라와 이웃 나라 사람들의 생활 모습

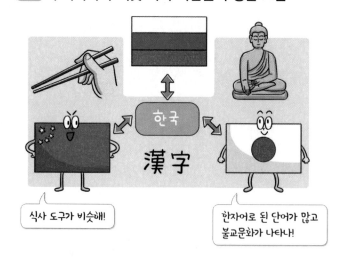

한국
漢字
식사 도구가 비슷해!
한자어로 된 단어가 많고 불교문화가 나타나!

우리나라와 이웃한 나라인 중국, (❼   )은 오래전부터 서로 영향을 주고 받아 젓가락 문화, 한자 문화, 불교 문화 등이 나타납니다. 오늘날에도 우리나라와 이웃한 나라는 많은 사람이 오가며 함께 발전하기 위해 협력하고 있습니다.

개념 3 세계의 다양한 기후

(**④**   )는 한 지역에서 여러 해에 걸쳐 나타나는 평균적인 날씨를 말합니다. 세계에는 위도별로 다양한 기후가 나타납니다. (**⑤**   ) 주변은 일 년 내내 햇볕을 많이 받아 덥고, 적도에서 극지방으로 갈수록 햇볕을 적게 받아 추워집니다.

개념 6 우리나라와 교류·협력이 많은 나라

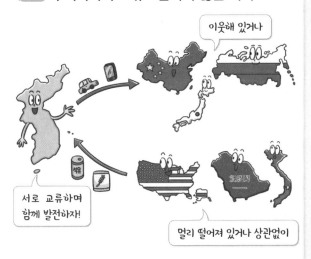

우리나라는 정치·경제·문화 등 다양한 분야에서 세계 여러 나라와 (**⑧**   )하고 협력하며 깊은 관계를 맺고 있습니다. 우리나라와 세계 여러 나라가 활발하게 교류하는 까닭은 나라마다 환경이 (**⑨**   ) 때문입니다.

옳은 문장에 ○, 틀린 문장에 ✕하세요. 틀린 부분은 밑줄을 긋고 바른 개념으로 고쳐 써 보세요.

1 지구본은 지구의 모양을 아주 작게 줄여서 만든 것입니다.
(   )

2 세계 지도는 둥근 모양의 지구를 평면으로 나타낸 것이므로 각 나라의 면적, 바다의 모양, 두 지점 사이의 거리 등이 실제와 다릅니다.
(   )

3 세계에서 가장 넓은 바다는 인도양입니다.
(   )

4 세계의 기후는 주로 기온과 강수량을 기준으로 구분합니다.
(   )

5 건조 기후는 주로 중위도 지역의 내륙에 나타나며 강수량이 매우 많습니다.
(   )

6 겨울이 길고 추운 냉대 기후 지역에서는 침엽수가 널리 분포해 목재와 펄프 공업이 발달하였습니다.
(   )

7 세계 여러 나라 사람들은 자연환경과 인문환경에 따라 의식주 생활 모습이 다르게 나타납니다. (   )

8 중국은 동쪽이 높고 험하기 때문에 중국의 주요 대도시는 서쪽에 있습니다.
(   )

9 우리나라는 멀리 떨어진 미국, 베트남, 사우디아라비아와 교류하지 않습니다.
(   )

10 관광, 교통 등에 대한 통계를 살펴보면 우리나라와 밀접한 관계를 맺으며 교류하는 나라들을 알 수 있습니다.
(   )

1 다음 ⊙, ⓒ에 들어갈 알맞은 말을 쓰시오.

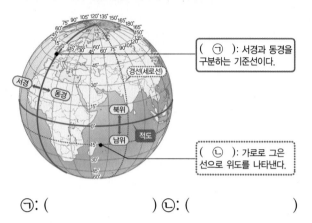

(⊙): 서경과 동경을 구분하는 기준선이다.

(ⓒ): 가로로 그은 선으로 위도를 나타낸다.

⊙: (   ) ⓒ: (   )

2* 다음과 같은 특징을 가지는 자료는 세계 지도와 지구본 중 무엇인지 쓰시오.

• 세계 여러 나라의 위치를 한눈에 볼 수 있다.
• 나라와 바다의 모양, 거리가 실제와 다르게 표현되기도 한다.

(   )

3 디지털 영상 지도에 대한 설명으로 옳은 것은 어느 것입니까? (   )

① 돌려볼 수 있고, 기울어져 있다.
② 실제 지구처럼 생김새가 둥글다.
③ 전 세계의 모습을 한눈에 보기 어렵다.
④ 실제 지구의 모습을 아주 작게 줄인 모형이다.
⑤ 세계 지도, 지구본에서 찾기 어려운 다양한 정보를 얻을 수 있다.

4 다음 지도를 보고 태평양의 위치를 쓰시오.

서술형

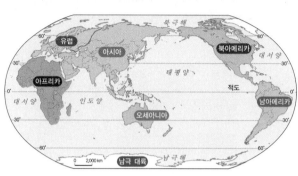

_____

_____

5 다음과 같은 특징이 나타나는 대륙의 이름을 쓰시오.

• 인도양과 태평양에 접해 있다.
• 오스트레일리아, 뉴질랜드 등이 속해 있다.

(   )

6 세계에서 영토의 면적이 가장 좁은 나라는 어디입니까? (   )

① 중국   ② 브라질
③ 러시아   ④ 이집트
⑤ 바티칸 시국

7 다음 지도를 보고 아이슬란드의 영토 모양에 대해 바르게 설명한 것은 어느 것입니까? (　　)

① 삼각 모양이다.
② 남북으로 넓다.
③ 해안선이 복잡하다.
④ 국경선이 직선이다.
⑤ 장화 모양과 닮았다.

8 기후를 구분하는 기준으로 알맞은 것은 어느 것입니까? (　　)

① 인구와 역사
② 기온과 강수량
③ 사람들의 생김새
④ 산업의 발달 정도
⑤ 영토의 면적과 모양

9 다음과 같은 특징이 나타나는 기후 지역은 어디입니까? (　　)

> 일 년 내내 기온이 높고 강수량이 많으며, 건기와 우기가 나타나는 곳도 있다.

▲ 열대 우림

▲ 열대 초원

① 열대 기후　　　② 건조 기후
③ 온대 기후　　　④ 냉대 기후
⑤ 한대 기후

10 다음과 같은 기후 지역에서 볼 수 있는 모습으로 옳지 <u>않은</u> 것은 어느 것입니까? (　　)

▲ 온대 기후의 분포

① 아시아에서는 벼농사를 짓는다.
② 유럽에서는 주로 밀을 재배한다.
③ 인구가 많고 여러 산업이 발달했다.
④ 지중해 주변 지역에서는 올리브를 재배한다.
⑤ 전통적인 화전 농업 방식으로 카사바를 재배한다.

11 서술형 다음과 같은 모습에 영향을 미친 냉대 기후의 특성은 무엇인지 쓰시오.

냉대 기후 지역은 목재와 펄프의 세계적인 생산지가 되기도 한다.

_____

_____

12 다음과 같이 세계 여러 나라에서 다양한 의식주 생활 모습이 나타나는 데 영향을 미친 것이 <u>아닌</u> 것은 어느 것입니까? ( )

▲ 인도의 전통 복장, 사리

▲ 튀르키예의 음식, 케밥

▲ 파푸아 뉴기니의 고상 가옥

① 기후 ② 종교
③ 지형 ④ 풍습
⑤ 영토 모양

13 다음 ( ) 안에 들어갈 내용으로 알맞은 것은 어느 것입니까? ( )

〈세계 여러 지역의 생활 모습 조사하기〉
❶ ( ) 정하기 ➡ ❷ 조사 계획 세우기 ➡
❸ 자료 수집하고 분석하기 ➡ ❹ 결과 정리하기
➡ ❺ 조사한 내용 설명하기 ➡ ❻ 느낀 점과 우리의 태도 이야기 하기

① 주제 ② 준비물
③ 조사 방법 ④ 모둠 내 역할
⑤ 보고서 양식

14 세계 여러 나라 사람들의 생활 모습에 대해 바르게 설명한 어린이를 모두 골라 이름을 쓰시오.

다른 나라 사람들의 다양한 생활 모습을 이해하고 존중해야 합니다.

▲ 민경

힌두교를 믿는 사람들은 돼지를 신성시하기 때문에 돼지고기를 먹지 않습니다.

▲ 은아

세계 여러 나라 사람들의 생활 모습이 다양한 까닭은 나라마다 환경이 다르기 때문입니다.

▲ 진현

( )

15 중국의 자연환경으로 옳은 것을 보기 에서 모두 골라 기호를 쓰시오.

보기
㉠ 냉대 기후가 널리 나타난다.
㉡ 서쪽에서 동쪽으로 갈수록 지형이 낮아진다.
㉢ 섬나라이기 때문에 습하고 비와 눈이 많이 내린다.
㉣ 영토가 넓어 지역마다 다양한 지형과 기후가 나타난다.

( )

16 다음과 같은 식생활 모습이 나타나는 이웃 나라는 어디입니까? ( )

• 포크, 나이프, 숟가락을 이용해 식사를 한다.
• 추운 날씨 때문에 차례로 음식을 내게 되었는데, 이러한 코스 요리 문화가 유럽에 전해졌다.

① 중국 ② 일본
③ 미국 ④ 몽골
⑤ 러시아

17 다음 자료를 보고 알 수 있는 우리나라와 중국의
서술형 무역 현황 특징을 쓰시오.

수출 (한국 → 이웃 나라)	수입 (이웃 나라 → 한국)
1위 중국 (반도체)	1위 중국 (반도체)
4위 일본 (반도체)	3위 일본 (반도체 제조 장비)
11위 러시아 (자동차)	8위 러시아 (석유)

▲ 우리나라와 이웃 나라의 무역 현황

19 다음에서 설명하는 우리나라와 관계 깊은 나라는
어디입니까?   (   )

- 세계에서 세 번째로 인구가 많은 나라
- 영토 면적이 우리나라의 44배 정도로 넓은 나라
- 중서부에는 평야가 펼쳐져 있고, 서쪽에는 로키산맥이 자리 잡고 있으며, 온대 기후, 냉대 기후, 건조 기후 등 다양한 기후가 나타나는 나라

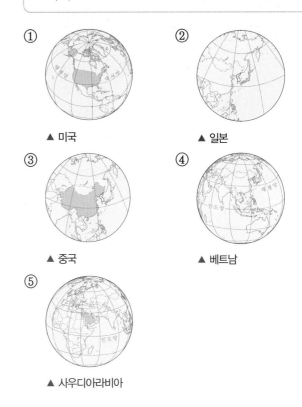

① ▲ 미국
② ▲ 일본
③ ▲ 중국
④ ▲ 베트남
⑤ ▲ 사우디아라비아

18 다음 신문에서 잘못된 내용을 골라 기호를 쓰시오.

○○신문   20△△년 △△월 △△일
─────────────────────────
세계 주요 원유 수출국, 사우디아라비아
                        – 이건빈 기자 –
사우디아라비아는 ㉠아시아 대륙의 서쪽에 있으며, 연평균 기온이 30℃ 이상으로 ㉡덥고 건조하다.
사우디아라비아는 ㉢세계에서도 손꼽히는 원유 생산 국가이다. ㉣풍부한 인적 자원과 기술을 바탕으로 농업, 상업, 공업 등 수많은 산업이 골고루 발달했다.

(   )

20 다음 지도에서 한국의 대중음악, 드라마 등이 선풍적인 인기를 끌고 있는 동남아시아 지역은 어디입니까?   (   )

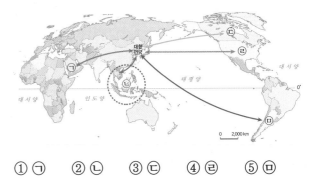

① ㉠   ② ㉡   ③ ㉢   ④ ㉣   ⑤ ㉤

1-1 지구, 대륙 그리고 국가들

학습 주제	세계의 여러 대륙과 대양	배점	30점
학습 목표	세계의 대륙과 대양의 위치와 범위, 각 대륙에 속한 나라를 알 수 있다.		

`1~2` 다음은 세계의 대륙과 대양을 나타낸 지도입니다. 물음에 답하시오.

1 오른쪽 지도를 참고하여 대륙과 대양의 의미를 완성할 수 있도록 알맞은 말을 쓰시오. [각 3점]

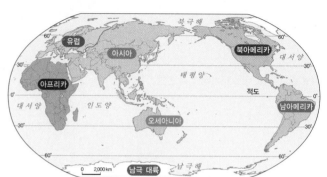

대륙	• ❶ [＿＿＿＿](으)로 둘러싸인 큰 땅덩어리를 말함. • 아시아, 아프리카, 유럽, 오세아니아, 북아메리카, 남아메리카, 남극 대륙이 있음.
대양	• 큰 바다를 말함. • 태평양, 대서양, 인도양, 북극해, ❷ [＿＿＿＿]이/가 있음.

2 위 지도를 보고 대륙의 이름과 특징을 쓰고, 각 대륙에 속해 있는 나라를 쓰시오. [각 4점]

이름	특징	속한 나라
아시아	❶	❷
❸ [＿＿＿＿]	아시아 다음으로 큰 대륙으로, 북반구와 남반구에 걸쳐 있음.	케냐, 이집트 등
유럽	다른 대륙에 비해 면적은 좁지만 많은 나라가 있음.	영국, 크로아티아 등
오세아니아	❹	오스트레일리아, 뉴질랜드 등
북아메리카	북반구에 속해 있으며, 북극해와 접해 있음.	❺
❻ [＿＿＿＿]	대부분 남반구에 속해 있고, 남극 대륙은 남극해와 접해 있음.	브라질, 아르헨티나 등

 수행 평가

정답과 풀이 58쪽

1-2 세계의 다양한 삶의 모습

학습 주제	세계의 기후 분포	배점	30점
학습 목표	세계의 기후 분포를 살펴보고, 다양한 기후의 주요 특징을 설명할 수 있다.		

1~3 다음은 세계의 기후 분포를 나타낸 지도입니다. 물음에 답하시오.

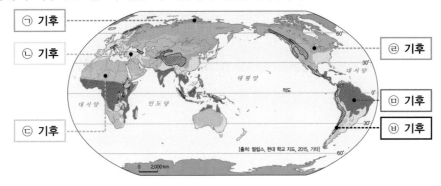

1 위 지도의 ㉠~㉡에 들어갈 알맞은 기후 이름을 다음 보기 에서 찾아 쓰시오. [각 2점]

보기

열대   건조   온대   냉대   한대   고산

㉠ (   ), ㉡ (   ), ㉢ (   ), ㉣ (   ), ㉤ (   ), ㉥ (   )

2 다음 기후에서 주로 볼 수 있는 모습을 선으로 바르게 연결하시오. [각 2점]

(1) 열대 기후	(2) 건조 기후	(3) 냉대 기후	(4) 한대 기후

3 위 지도를 보고 세계의 기후가 위도에 따라 어떻게 분포하는지 쓰시오. [10점]

_____

_____

1-3 우리나라와 가까운 나라들

학습 주제	이웃 나라의 자연환경과 인문환경	배점	30점
학습 목표	우리나라와 이웃한 나라들의 특징을 알 수 있다.		

1~3 다음은 우리나라와 이웃한 나라를 나타낸 지도입니다. 물음에 답하시오.

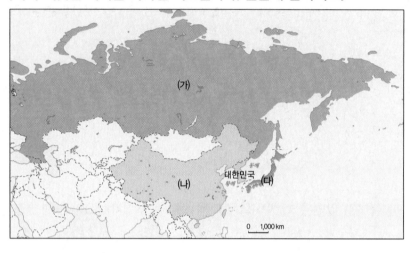

1 위 지도의 (가)~(다)에 들어갈 나라의 이름을 각각 쓰시오. [각 3점]

(가) (   ), (나) (   ), (다) (   )

2 위 (가)~(다) 나라의 특징을 보기 에서 모두 골라 기호를 각각 쓰시오. [각 3점]

보기
ㄱ 세계에서 영토가 가장 넓다.　　　　　ㄴ 세계적으로 인구가 많다.
ㄷ 화산과 지진 활동이 활발한 섬나라이다.　　ㄹ 위도가 높아 냉대 기후가 널리 나타난다.

(가) (   ), (나) (   ), (다) (   )

3 다음과 같이 우리나라와 (나), (다) 나라가 한자 문화권에 속한 까닭은 무엇인지 빈칸에 쓰시오. [12점]

우리나라	우리말에는 한자어가 많음.	한자 문화권에 속한 까닭
(나)	한자를 사용함.	
(다)	한자와 한자의 일부를 변형하거나 간단하게 만든 '가나'를 사용함.	

2

통일 한국의 미래와 지구촌의 평화

1 한반도의 미래와 통일 (1)

★ 1 독도의 위치
독도에 가려면 울릉도에 가야 하는데, 울릉도에서 배를 타면 독도까지 1시간 30분 정도 걸려요.

울릉도에서 독도까지의 거리는 87.4㎞이고, 일본의 오키섬에서 독도까지의 거리는 157.5㎞입니다. 따라서 독도에서 울릉도까지의 거리가 일본 오키섬까지의 거리보다 약 70㎞ 더 가깝습니다. 날씨가 맑으면 울릉도에서 독도가 보입니다.

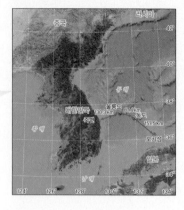

위치	• 우리나라 영토의 동쪽 끝에 있는 섬임. • 북위 37°, 동경 132° 가까이에 있음.
행정 구역	경상북도 울릉군 울릉읍에 속함.
구성	두 개의 큰 섬인 동도와 서도, 주위에 크고 작은 바위섬 89개로 이루어져 있음. 자료⁺1
위치적 중요성	우리나라, 일본, 러시아 세 나라에 둘러싸여 있는 동해의 중심에 위치하여 교통과 군사적으로 중요함.

└ 선박의 ●항로뿐만 아니라 항공 교통과 방어 기지로서 중요한 위치에 있어요.

2 독도의 자연환경
독도는 다양한 동식물이 서식하는 생태계의 ●보고로, 우리나라는 독도를 천연기념물 제336호로 지정해 보호하고 있어요.

기후	• 안개가 자주 끼고 흐린 날이 많음. • 연평균 기온은 12.4℃이며, 연평균 강수량은 1,383.4mm임.

독도는 화산 활동으로 생긴 화산섬으로, 독특한 지형과 경관을 지님.

지형

▲ 코끼리 바위 코끼리가 물을 마시는 모습과 닮음.

▲ 촛대 바위 촛대 모양처럼 생김.

▲ 독립문 바위 독립문을 닮음.

▲ 천장굴 파도, 바람 등에 깎여 생긴 동굴로, 천장이 뚫려있음.

▲ 탕건봉 옛 관리가 갓 아래 받쳐 쓰던 탕건처럼 생김.

▲ 한반도 바위 북쪽에서 바라보면 마치 한반도처럼 생김.

식물

▲ 사철나무 ─ 천연기념물 제538호예요.

▲ 땅채송화

▲ 섬기린초 ─ 독도와 울릉도에서만 자라요.

동물

▲ 괭이갈매기

▲ 바다제비

주변 바다	• ●해양 심층수와 ●가스 하이드레이트가 많이 묻혀 있음. → 경제적 가치가 매우 높음. • 부채뿔산호, 도화새우, 살오징어 등 다양한 해양 생물이 서식함. 자료⁺2

└ 미래의 새로운 에너지원으로 주목받고 있어요.

정답과 풀이 59쪽

자료⁺1 독도의 모습

서도 동도

자료⁺2 독도 주변 바다에 사는 다양한 해양 생물

▲ 부채뿔산호

▲ 도화새우

▲ 살오징어

독도 주변 바다는 차가운 바닷물과 따뜻한 바닷물이 만나 먹이가 풍부해 여러 해양 생물이 살기 좋은 환경을 갖추고 있습니다.

핵심 개념 정리

• 독도는 우리나라 영토의 동쪽 끝에 있는 화산섬입니다.
• 독도는 다양한 동식물이 서식하는 생태계의 보고입니다.

나는 괭이갈매기! 독도에 살아!

우린 대한민국 영토의 동쪽 끝에 있는 섬이야!

우린 독도!

---

1 다음 ( ) 안의 알맞은 말에 ○표 하시오.

> 독도는 우리나라 영토의 (동쪽, 서쪽) 끝에 있는 섬으로, 두 개의 큰 섬인 동도와 서도, 주위에 크고 작은 바위섬 89개로 이루어져 있다.

2 독도의 위치에 대한 설명으로 옳은 것에 ○표, 옳지 않은 것에 ✕표 하시오.

(1) 경상북도 울릉군 울릉읍에 속합니다. ( )

(2) 우리나라, 일본, 중국 세 나라에 둘러싸여 있는 황해의 중심에 위치해 있습니다. ( )

3 다음 독도의 지형과 지명을 선으로 바르게 연결하시오.

(1)  • • ㉠ 촛대 바위

(2)  • • ㉡ 코끼리 바위

4 독도의 자연환경에 대한 설명으로 옳은 것에 ○표, 옳지 않은 것에 ✕표 하시오.

(1) 독도 주변 바다는 매우 차갑기 때문에 해양 생물이 살기에 적합하지 않습니다. ( )

(2) 독도에는 괭이갈매기, 바다제비, 섬기린초와 같은 다양한 동식물이 살고 있습니다. ( )

5 독도 주변 바다에는 '불타는 얼음'으로 불리며 미래의 새로운 에너지원으로 주목받고 있는 ( )(이)가 많이 매장되어 있습니다.

1 한반도의 미래와 통일 (2)

● 공부할 개념
• 독도에 대한 옛 기록과 지도 알아보기
• 독도를 지키기 위한 사람들의 노력 알아보기

1 독도에 대한 옛 기록과 지도 → 독도에 대한 옛 기록과 지도에는 독도가 우리나라 영토라는 사실이 잘 나타나 있어요.

우리나라의 옛 기록과 지도

"우산과 무릉, 두 섬은 울진현의 바로 동쪽 바다에 있다. 두 섬의 거리가 멀지 않아 날씨가 맑으면 서로 바라볼 수 있다."

▲ 「세종실록」「지리지」(1454년)
울릉도(무릉)와 독도(우산)가 강원도에 속한 섬이라고 기록함.

▲ 「신증동국여지승람」「팔도총도」(1531년)
현존 우리나라 옛 지도 중 독도가 그려진 가장 오래된 지도. 우산도(독도)를 실제와 달리 울릉도의 서쪽에 그림.

"울도군의 ●관할 구역을 울릉전도, 죽도, 석도로 규정한다."

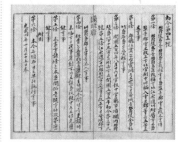

▲ 대한 제국 ●칙령 제41호(1900년)
독도(석도)를 울릉도(울도군) 관할로 둠.

다른 나라의 옛 기록과 지도

● 일본이 독도를 일본 영토로 생각하지 않았음을 알 수 있어요.

▲ 「대일본전도」(1877년)
일본이 공식적으로 만든 지도. 주변 섬을 포함해 일본 영토를 자세히 그렸지만, 독도는 그리지 않음.

"죽도 외 일도의 건에 대해 일본은 관계가 없다는 것을 명심할 것."

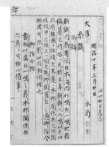

▲ 「태정관 지령」(1877년)
일본의 국가 문서로, 일본 정부가 울릉도(죽도)와 독도(일도)가 일본 영토가 아니라고 지시를 내렸음.

"울릉도, 리앙쿠르암(독도)과 제주도는 일본 영역에서 제외한다."

▲ 연합국 최고 사령관 각서 제677호 (1946년)
울릉도와 독도를 일본 관할 지역에서 제외한다는 내용을 발표하고 부속 지도에서 독도를 우리나라 영토로 표시함.

→ 독도에 대한 옛 기록과 지도를 통해 독도가 우리 땅이었다는 사실을 알 수 있습니다.

2 독도를 지키기 위한 사람들의 노력 — ● 독도는 우리나라의 소중한 영토이자 국민의 중요한 삶의 터전이므로 우리는 독도에 관심을 갖고 지키기 위해 노력해야 해요.

용어 사전
● 관할 권한을 가지고 통제하거나 지배함.
● 칙령(勅 칙서 칙, 令 하여금 령) 임금이 내린 명령.
● 정벌(征 칠 정, 伐 칠 벌) 적을 무력으로 침.
● 수정(修 고칠 수, 正 바를 정) 바로잡아 고침.

삼국 시대	신라의 장군 이사부가 우산국을 ●정벌하여 우산국이 신라의 영토가 됨.
조선 시대	안용복이 일본에 건너가 울릉도와 독도가 조선의 영토임을 확인하는 문서를 일본으로부터 받아 냄. 자료+1
오늘날	**정부** • 독도에 주민 숙소, 등대, 경비 시설 등을 설치함. ┌● 독도에는 독도 경비대원, 등대 관리원, 울릉군청 독도 관리사무소 직원, 주민 등이 살고 있어요. • 「독도의 지속가능한 이용에 관한 법률」 등을 제정하고 시행함. **정부, 민간단체** 자료+2 ┐● 독도와 독도 주변 바다의 이용과 보전, 관리, 생태계 보호 등을 위해 제정했어요. • 독도가 우리나라 영토임을 전 세계에 알리는 다양한 활동을 함. • 독도를 잘못 소개한 정보나 자료를 찾아 ●수정을 요구함.

└● 우리는 독도가 우리 영토임을 알리는 다양한 활동(예 독도 포스터 그리기, 독도 사랑 운동하기, 독도 홍보 영상 만들기 등)을 할 수 있어요.

자료1 독도를 지키기 위한 안용복의 노력

조선 후기, 안용복은 울릉도 인근에서 고기잡이를 하던 중 일본 어민을 발견하고 이를 꾸짖다가 일본으로 끌려갔다. 안용복은 일본에서 울릉도와 독도가 우리나라 영토임을 강하게 주장했고, 독도가 조선 땅임을 확인하는 문서를 일본으로부터 받아냈다.

자료2 반크

반크는 전 세계에 우리나라와 관련된 정보를 바르게 알리는 일을 하는 사이버 외교 사절단이다. 독도와 관련하여 독도에 관한 사실을 전 세계 사람들에게 알리고 일본의 역사 왜곡과 억지 주장을 바로잡는 활동을 한다.

반크는 대한민국의 해양 영토를 전 세계에 알리기 위해 '한국 해양 지도'를 영문으로 제작해 배포하는 등 다양한 활동을 하고 있습니다. └─ 대한민국 청소년과 청년들이 영토 주권 의식을 기르는 교육 자료로도 사용되고 있어요.

핵심 개념 정리

· 독도에 대한 옛 기록과 지도를 통해 독도가 우리나라 영토임을 확실히 알 수 있습니다.
· 독도를 지키기 위해 조상들은 많은 노력을 했으며, 오늘날에도 정부와 민간단체가 노력하고 있습니다.

울릉도와 독도는 조선땅이다!

안용복

---

1 다음 (　　) 안의 알맞은 말에 ○표 하시오.

（「팔도총도」, 「태정관 지령」 ）은/는 현존 우리나라 지도 중 독도가 그려진 가장 오래된 지도이다.

2 독도에 대한 옛 기록과 지도를 선으로 알맞게 연결하시오.

(1) 『세종실록』 「지리지」 ·   · ㉠

▲ 울릉도(무릉)와 독도(우산)가 강원도에 속한 섬이라고 기록함.

(2) 연합국 최고 사령관 각서 제677호 ·   · ㉡

▲ 울릉도와 독도(리앙쿠르암)를 일본 관할 지역에서 제외한다는 내용을 발표함.

3 다음 (　　) 안의 알맞은 말에 ○표 하시오.

(이사부, 안용복)은/는 일본으로 건너가 울릉도와 독도가 조선의 영토임을 확인하는 문서를 일본으로부터 받아냈다.

4 오늘날 독도를 지키기 위한 사람들의 노력으로 옳은 것에 ○표, 알맞지 <u>않은</u> 것에 ✕표 하시오.

(1) 정부는 독도에 주민 숙소, 등대, 경비 시설 등을 설치하였습니다.   (　)

(2) 민간단체는 「독도의 지속가능한 이용에 관한 법률」을 제정해 시행하고 있습니다.   (　)

1 한반도의 미래와 통일 (3)

공부할 개념
- 남북통일이 필요한 까닭 알아보기
- 남북통일을 위한 다양한 노력 알아보기
- 통일 한국의 모습 알아보기

★ 1 남북통일이 필요한 까닭 〈자료 1〉

→ 남북은 분단 이후 70여 년 동안 서로 맞서고 있으며, 남북한 사람들은 여러 가지 어려움을 겪고 있어요.

이산가족의 아픔	이산가족들이 고향에 가지 못하고 부모 형제를 만나지 못해 슬픔에 빠져있음.
°국방비 증가	남북한이 각각 막대한 국방비를 부담하고, 우리나라 국방 예산이 꾸준히 증가하고 있어 경제적 손실이 큼.
남북한의 언어와 문화 차이	분단이 길어지면서 남북한의 언어와 문화가 달라지고 있음.
전쟁에 대한 불안	많은 사람이 전쟁이 다시 일어날 수도 있다는 불안감 속에 살고 있음.
남북한 자원과 기술 활용	분단 상태에서 남북한의 자원과 기술을 효율적으로 사용하지 못하고 있음.
한반도의 지리적 °이점	분단으로 인해 대륙과 해양을 잇는 한반도의 지리적 이점을 누리지 못하고 있음.

★ 2 남북통일을 위한 다양한 노력

→ 정부뿐만 아니라 민간단체도 평화로운 남북관계를 위한 토론회 개최, 어린이를 대상으로 한 평화 통일 교육 실시 등 다양한 분야에서 노력하고 있습니다.

정치적 노력	7·4 남북 공동 성명 발표 (1972년)	자주·평화·민족 대단결 통일 원칙을 서울과 평양에서 동시 발표함. → 분단 이후 최초로 통일과 관련된 합의를 이끌어 냈어요.
	남북 기본 합의서 채택 (1991년)	남북 화해, 교류, 협력 등의 내용이 담긴 남북 기본 합의서를 채택함.
	남북 °정상 회담 개최 (2000년, 2007년, 2018년)	남북 정상이 만나 한반도 평화를 위해 노력하기로 함.
경제적 노력	개성 °공단 운영(2005년)	남한의 자본과 기술력에 북한의 노동력을 합친 개성 공단을 2005년~2016년까지 운영함.
	남북 철도 연결 구간 시험 운행(2007년)	남북 철도 연결 사업으로 경의선·동해선 철도가 복원되어 시험 운행함. → 교류와 협력을 확대하기 위한 노력이에요.
사회·문화적 노력	남북 선수단 공동 입장 (2000년, 2018년)	남북한 선수들이 2000년 시드니 올림픽과 2018년 평창 동계 올림픽에서 한반도기를 들고 함께 입장함.
	남북 예술단 합동 공연 (2018년)	남북한 예술단이 강릉과 서울, 평양에서 한반도의 평화를 기원하며 함께 공연함.

→ 남북한은 여자 아이스하키 단일팀을 구성해 출전했어요.

용어 사전

- **국방비** (國 나라 국, 防 막을 방, 費 쓸 비) 적의 공격이나 침략으로부터 국가를 지키는 데 쓰는 비용.
- **이점** (利 이로울 이, 點 점 점) 이로운 점.
- **정상** (頂 정수리 정, 上 윗 상) 한 나라의 최고 자리에 있는 인물.
- **공단** 국가나 지방 자치 단체가 계획적으로 땅을 마련하고 공장 시설을 갖추어 많은 공장이 들어오도록 한 곳.

3 달라질 통일 한국의 모습 〈자료 2〉

이산가족 문제가 해결되고, 가족과의 이별로 인한 북한 이탈 주민의 슬픔이 사라져요.

휴전선이 없어져 비무장지대를 평화롭게 이용할 수 있어요.

국방비가 줄어들어 국민의 복지 혜택이 늘어나고, 남북한의 각종 자원을 활용할 수 있어 경제가 더욱 성장하게 돼요.

한반도에 전쟁의 위험이 사라져 전 세계 사람들이 평화롭게 살 수 있어요.

남북한의 전통문화를 체계적으로 관리하고 계승할 수 있어요.

도로와 철도를 이용하여 아시아와 유럽에 있는 나라로 갈 수 있어요.

2

자료 1 남북한이 통일하면 좋은 점

남한의 국방비 + 북한의 국방비 = 통일 한국의 국방비 + 남는 비용

▲ 국방비가 줄어들면 남은 비용을 국민의 삶의 질을 높이는 데 사용할 수 있음.

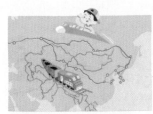

◀ 육로 교통이 아시아를 넘어 유럽까지 연결되어 여러 나라와 쉽고 편리하게 교류할 수 있음.

→ 대륙과 해양을 잇는 한반도의 지리적 이점을 누릴 수 있어요.

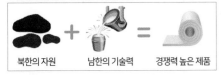

북한의 자원 + 남한의 기술력 = 경쟁력 높은 제품

▲ 북한의 풍부한 자원, 남한의 앞선 자본과 기술이 결합하여 경제가 더욱 성장할 수 있음.

자료 2 비무장 지대(DMZ)

비무장 지대(DMZ)는 남과 북의 군사적 충돌을 막기 위해 만든 지역으로, 군사 활동이 금지된다. 비무장 지대의 폭은 휴전선으로부터 남북으로 각각 2km씩 총 4km으로, 이곳은 자연 그대로의 생태 환경을 지닌 지역이다.

남북통일이 되면 비무장 지대를 생태 공원으로 만들거나, 평화 박물관을 세워 활용할 수 있으며, 남북 경제 협력 특별 구역으로 발전시킬 수 있을 것입니다.

핵심 개념 정리

• 통일이 되면 이산가족의 아픔, 국방비 증가, 달라지는 언어와 문화, 전쟁에 대한 불안 등을 해결할 수 있습니다.

• 남북통일을 위해 정치적·경제적·사회·문화적으로 다양한 노력을 하고 있습니다.

정치적 노력
남북 정상 회담
경제적 노력   사회·문화적 노력

---

1 남북통일이 필요한 까닭으로 옳은 것에 ○표, 옳지 않은 것에 ✕표 하시오.

(1) 이산가족이 고향에 가지 못하고 부모 형제를 만나지 못해 슬픔에 빠져있기 때문입니다.   (   )

(2) 분단이 길어지면서 남북한의 문화와 언어가 같아지고 있기 때문입니다.   (   )

(3) 분단 상태에서 남북한의 자원과 기술을 효율적으로 사용하지 못하고 있기 때문입니다.   (   )

2 다음 (   ) 안의 알맞은 말에 ○표 하시오.

남북 분단으로 남북한이 각각 막대한 (통신비, 국방비)를 부담하고 있어 경제적으로 손실이 크다.

3 남북통일을 위한 노력을 알맞게 연결하시오.

(1) 정치적 노력   •

▲ 개성 공단 운영
• ㉠

(2) 경제적 노력   •

▲ 7·4 남북 공동 성명 발표
• ㉡

(3) 사회·문화적 노력   •

▲ 남북 선수단 공동 입장
• ㉢

4 달라질 통일 한국의 모습을 바르게 예측한 어린이를 골라 ○표 하시오.

(1) 비행기를 타고 아시아와 유럽에 있는 나라로 갈 수 있어요.   (   )

(2) 고향에 가지 못하고 부모 형제를 만나지 못해 슬픔에 빠진 이산가족 문제가 해결돼요.   (   )

핵심문장으로 시작하기

1 ☐☐는 우리나라 영토의 동쪽 끝에 있는 섬으로, 북위 37°, 동경 132° 가까이에 있습니다.

2 조선 후기, ○○○ㅂ은 일본으로 건너가 울릉도와 독도가 우리나라 영토임을 강하게 주장했고, 독도가 조선 땅임을 확인하는 문서를 일본으로부터 받아 냈습니다.

3 남북 분단으로 ○ㅅㄱㅈ들이 고향에 가지 못하고, 부모 형제를 만나지 못해 슬픔에 빠져 있습니다.

4 다음에서 설명하는 곳은 어디입니까?　(　　　)

> • 우리나라의 동쪽 끝에 있는 섬이다.
> • 두 개의 큰 섬과 그 주위에 크고 작은 바위섬 89개로 이루어져 있다.

① 완도　　② 독도　　③ 강화도
④ 제주도　　⑤ 거제도

5 서술형
다음 지도를 보고, 독도가 교통과 군사적으로 중요한 까닭을 쓰시오.

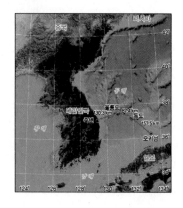

_____

_____

6 ★ 독도의 자연환경에 대해 **잘못** 말한 어린이는 누구입니까?　(　　　)

① 독도는 화산섬이야.
② 독도는 흐린 날보다 맑은 날이 많아.
③ 독도는 독특한 지형과 경관을 지니고 있어.
④ 독도는 다양한 동식물이 서식하는 생태계의 보고야.

7 다음 어린이가 설명하는 독도의 지형은 무엇인지 쓰시오.

> 코끼리가 물을 마시는 모습과 닮았어요.

(　　　　　　　)

8 독도에서 볼 수 있는 동식물이 **아닌** 것을 보기 에서 골라 기호를 쓰시오.

보기

ㄱ ▲ 북극곰　　ㄴ ▲ 섬기린초
ㄷ ▲ 사철나무　　ㄹ ▲ 괭이갈매기

(　　　　　　　)

9 다음 빈칸에 들어갈 알맞은 말은 어느 것입니까?
( )

독도 주변 바다에는 '불 타는 얼음'이라고 불리는 고체 형태의 천연가스인 ( )이/가 묻혀 있다.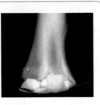

① 석유
② 철광석
③ 플랑크톤
④ 해양 심층수
⑤ 가스 하이드레이트

10★ 다음 역사적 자료에 대한 설명으로 알맞은 것을 보기 에서 두 가지 고르시오.

▲ 「신증동국여지승람」「팔도총도」 * 우산도: 독도의 옛 이름

보기
㉠ 실제와 달리 독도를 울릉도의 동쪽에 그렸다.
㉡ 옛날에는 독도를 우산도라고 불렀다는 것을 알 수 있다.
㉢ 우리나라 옛 지도 중 독도가 그려진 가장 오래된 지도이다.
㉣ 독도가 우리나라 영토라는 사실이 잘 나타난 다른 나라의 자료이다.

( )

11 다음 내용을 확인할 수 있는 우리나라의 옛 기록은 무엇입니까? ( )

"우산(독도)과 무릉(울릉도), 두 섬은 울진현의 바로 동쪽 바다에 있다. 두 섬의 거리가 멀지 않아 날씨가 맑으면 서로 바라볼 수 있다."

① 『삼국사기』
② 「대동여지도」
③ 「대일본전도」
④ 『세종실록』「지리지」
⑤ 대한 제국 칙령 제41호

12 다음 ㈎, ㈏에 대한 설명으로 알맞은 것은 어느 것입니까? ( )

㈎ "죽도(울릉도) 외 일도(독도)의 건에 대해 일본은 관계가 없다는 것을 명심할 것."
– 「태정관 지령」
㈏ "울릉도, 리앙쿠르암(독도)과 제주도는 일본 영역에서 제외한다."
– 연합국 최고 사령관 각서 제677호

① ㈎ – 울릉도와 독도가 가깝다는 것을 알 수 있다.
② ㈎ – 삼국 시대부터 독도가 우리 땅임을 알 수 있다.
③ ㈏ – 독도를 일본 땅으로 인정한 국제 문서다.
④ ㈎, ㈏ – 모두 우리나라의 옛 기록이다.
⑤ ㈎, ㈏ – 독도를 일본 영토로 여기지 않았음을 알 수 있다.

13 다음 밑줄 친 '그'는 누구입니까? ( )

조선 후기, 그는 울릉도 인근에서 고기잡이를 하던 중 일본 어민을 발견하고 이를 꾸짖다가 일본으로 끌려갔다. 그는 일본에서 울릉도와 독도가 우리나라 영토임을 강하게 주장했고, 독도가 조선 땅임을 확인하는 문서를 일본으로부터 받아 냈다.

① 유관순
② 이사부
③ 안용복
④ 이순신
⑤ 최종덕

14 독도를 지키기 위한 정부나 민간단체의 노력으로 알맞지 않은 것은 어느 것입니까? ( )

① 독도에 등대, 경비 시설 등을 설치했다.
② 독도와 관련된 법률을 제정해 시행하고 있다.
③ 독도를 잘못 소개한 정보를 찾아 수정을 요구한다.
④ 다른 나라의 배가 독도에 자유롭게 오고 가도록 한다.
⑤ 독도가 우리나라의 영토임을 전 세계에 알리는 활동을 한다.

15 다음 그림에 나타난 남북 분단으로 겪고 있는 어려움은 무엇입니까? ( )

말풍선: 줄말이 예쁘네.
말풍선: 북한에서는 얼룩말을 줄말이라고 하나?

① 전쟁에 대해 불안감을 느낀다.
② 이산가족이 슬픔에 빠져 있다.
③ 남북한의 언어가 달라지고 있다.
④ 남북한이 각각 막대한 국방비를 부담하고 있다.
⑤ 남북한의 자원과 기술을 효율적으로 사용하지 못하고 있다.

16 서술형 다음 그림에 나타난 남북통일의 좋은 점을 한 가지 쓰시오.

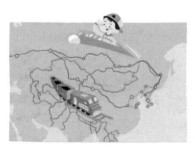

_____

_____

17★ 다음 빈칸에 들어갈 알맞은 말을 쓰시오.

> 남북한은 남한의 자본과 기술력에 북한의 노동력을 더한 ( )을/를 2005년부터 2016년까지 운영하였다. 이것은 남북통일을 위한 경제적 노력이다.

( )

18 남북통일을 위한 정치적 노력으로 알맞지 <u>않은</u> 것은 어느 것입니까? ( )

①
▲ 7·4 남북 공동 성명 발표

②
▲ 남북 기본 합의서 채택

③
▲ 남북 정상 회담 개최

④
▲ 남북 선수단 공동 입장

19 통일 한국의 미래 모습에 대해 <u>잘못</u> 말한 어린이는 누구입니까? ( )

① 이서: 국방비가 늘고 국민의 복지 혜택도 늘어날 거예요.
② 주원: 남북한의 전통문화를 체계적으로 관리하고 계승할 수 있어요.
③ 해진: 남북한의 각종 자원을 활용할 수 있어 경제가 크게 성장할 거예요.
④ 수연: 분단으로 헤어진 이산가족 문제가 해결되어 슬픔이 사라질 거예요.
⑤ 지영: 전쟁의 위험이 사라져 전 세계 사람들이 평화롭게 살 수 있을 거예요.

20 다음 밑줄 친 '이곳'은 어디인지 쓰시오.

• <u>이곳</u>은 남과 북의 군사적 충돌을 막기 위해 만든 지역으로, 군사 활동이 금지된다.
• <u>이곳</u>의 폭은 휴전선으로부터 남북으로 각각 2km씩 총 4km으로, 이곳은 자연 그대로의 생태 환경을 지닌 지역이다.

( )

1 다음 지도를 보고, 물음에 답하시오. [12점]

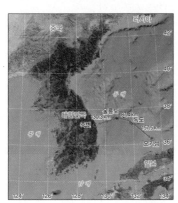

(1) 위 지도를 보고 다음 빈칸에 알맞은 숫자를 쓰시오. [4점]

• ㉠ 독도에서 울릉도까지의 거리: (   )km
• ㉡ 독도에서 오키섬까지의 거리: (   )km

(2) 위 (1)번 답을 통해 알 수 있는 사실을 쓰시오.

[8점]

 서술형 문제를 푸는 방법을 익혀보자!

1단계 자료 분석하기   지도를 분석해보자.

지도에서 울릉도, 독도, 오키섬을 찾아보자.

독도에서 울릉도까지의 거리는?

독도에서 오키섬까지의 거리는?

87.4 km

157.5 km

2단계 묻는 것 찾기   (1)번 문제와 답을 통해 알 수 있는 사실을 생각해보자.

(1)번은 무엇을 묻는 문제인가?

• 독도에서 울릉도까지의 거리
• 독도에서 오키섬까지의 거리

(1)번 답을 통해 독도에서 울릉도까지의 거리와 독도에서 오키섬까지의 거리를 비교할 수 있다!

2 다음 우리나라의 옛 지도를 보고, 선생님의 설명에서 빈칸에 들어갈 알맞은 말을 쓰시오. [12점]

▲「신증동국여지승람」「팔도총도」   * 우산도: 독도의 옛 이름

 위 지도를 통해 옛날에는 독도를 우산도라고 불렀다는 것을 알 수 있습니다. 또한 _____ 을 알 수 있습니다.

3 다음 그림을 보고, 남북한이 통일하면 좋은 점을 쓰시오. (단, 보기 의 단어를 모두 사용하여 쓸 것.) [12점]

보기
• 국민   • 국방비   • 비용

2 지구촌의 평화와 발전 (1)

1 지구촌 갈등의 원인과 모습

☺ 공부할 개념
- 지구촌 갈등의 원인과 모습 알아보기
- 지구촌 갈등의 사례 알아보기

★ (1) 지구촌 갈등의 원인과 문제점

원인	• 영역, 민족, 자원, 종교, 정치, 문화, 인종 차이 등 다양한 이유로 갈등이 나타남. • 다양한 원인이 *복합적으로 얽혀서 갈등이 발생함.
문제점	• 갈등 지역의 사람들이 전쟁, 범죄, 테러 등의 위협을 받음. • 갈등 지역의 사람들이 질병, 가난, 기아, *난민, 차별 등의 문제로 고통받음.

(2) 지구촌 갈등의 모습

→ 지구촌 갈등은 갈등을 겪는 지역뿐만 아니라 다른 나라와도 연결되어 있어 지구촌 전체의 평화와 발전을 위협하고, 짧은 시간 내에 해결하기 어려워요.

영역 갈등	민족·문화 갈등	자원 갈등	종교 갈등

하늘, 땅, 강, 바다 등을 서로 차지하려고 하여 갈등이 발생함.	다른 민족과의 차이를 인정하지 않고 자기 민족의 생각만 주장하여 갈등이 발생함.	여러 나라가 자원을 서로 차지하려고 하여 갈등이 발생함.	자신이 믿는 종교 외에 다른 종교를 인정하지 않으려고 하여 갈등이 발생함.

→ 인터넷에서 신문 기사나 영상 검색하기, 도서관에서 관련 책 찾아보기, 텔레비전 방송 보기, 인터넷 백과사전 살펴보기, 주변 어른들께 여쭈어 보기 등의 방법을 통해 다양한 지구촌 갈등을 조사할 수 있어요.

2 지구촌의 다양한 갈등

(1) 지구촌의 다양한 갈등 사례 [자료⁺1]

> 자료를 통해 지구촌 갈등은 세계 곳곳에서 발생하고 있으며, 한 국가 안에서 발생하기도 하고 국가와 국가 간에 발생하기도 한다는 것을 알 수 있다.

북아일랜드 갈등(영국-아일랜드)
쿠릴 열도 영유권 분쟁(러시아-일본)
퀘벡주 분리 독립 운동(캐나다)
아프가니스탄 분쟁
카슈미르 분쟁(인도-파키스탄)
메콩강 분쟁
시리아 내전
남중국해 분쟁
오리노코강 자원 분쟁
나이지리아 내전
미얀마 분쟁
팔레스타인 분쟁(이스라엘-팔레스타인)

북극해 / 대서양 / 태평양 / 인도양 / 대서양

원인별 갈등 지역
■ 영역 문제
● 민족·문화 문제
▲ 정치 문제·기타
(한국 국방 연구원, 2021)

용어 사전
- **복합적**(複 겹칠 복, 合 합할 합, 的 과녁 적) 두 가지 이상이 합쳐 있는 것.
- **난민**(難 어려울 난, 民 백성 민) 인종, 종교, 전쟁, 재난, 정치 등의 이유로 곤경에 빠져 다른 나라로 가는 사람.
- **영유권**(領 거느릴 령, 有 있을 유, 權 권세 권) 국가가 일정한 영역에 대해 가지고 있는 주권.
- **분쟁**(紛 어지러울 분, 爭 다툴 쟁) 서로 나뉘어 시끄럽고 복잡하게 다툼.
- **내전**(內 안 내, 戰 싸움 전) 한 나라 안에서 일어나는 싸움.

★ (2) 지구촌 갈등이 사라지지 않고 지속되는 까닭

인종, 언어, 종교 등 서로 다름을 존중하지 않고 자기 이익만 생각하기 때문입니다.

나라들이 지켜야 하는 강력한 법이 없기 때문입니다. 또한 자원을 서로 더 많이 가지려고 욕심을 내기 때문입니다.

강대국들이 과거의 잘못을 책임지지 않고 오히려 어려운 나라를 이용해서 이익만 얻으려 하기 때문입니다.

역사적으로 오랫동안 쌓인 미움과 갈등이 커서 화해하려는 의지가 없기 때문입니다.

자료⁺ 1 지구촌의 다양한 갈등

여러 사례들을 통해 지구촌 갈등은 한 가지 원인이 아니라 여러 가지 원인이 복합적으로 얽혀서 발생한다는 것을 알 수 있습니다.

북아일랜드 갈등	영국으로부터 독립을 요구하는 아일랜드계의 가톨릭교도와 개신교도 간에 일어난 갈등
쿠릴 열도 °영유권°분쟁	쿠릴 열도의 4개 섬을 둘러싼 러시아와 일본의 영유권 분쟁
이스라엘과 팔레스타인의 분쟁	 • 이스라엘과 팔레스타인이 팔레스타인 지역을 서로 자신의 땅이라고 주장함. • 유대교를 믿는 이스라엘과 이슬람교를 믿는 팔레스타인이 서로 다른 종교 때문에 갈등이 일어남.
카슈미르 분쟁	이슬람교도가 많은 카슈미르 지역이 이슬람 국가인 파키스탄이 아닌, 힌두교도가 많은 인도에 편입되면서 발생한 분쟁
퀘백주 분리 독립 운동	캐나다 퀘벡주의 프랑스계 주민들이 독립을 요구하면서 일어난 갈등
미얀마 분쟁	군부 독재 세력과 민주화를 바라는 세력 사이에 일어난 갈등
시리아 °내전	독재 정치와 종교 갈등으로 크고 작은 전쟁이 지속되고 있음.
나이지리아 내전	▲ 나이지리아의 언어와 민족 1960년 영국으로부터 독립했으나, 언어, 민족, 종교가 서로 다른 250여 개의 종족들이 협력하지 못하여 발생한 갈등
남중국해 분쟁	남중국해에 있는 스프래틀리 군도의 경제적 가치가 매우 커 주변국들이 모두 자국의 섬이라고 주장하며 발생한 갈등 └ 남중국해를 둘러싼 중국, 베트남, 타이완, 필리핀, 말레이시아, 브루나이

핵심 개념 정리

• 영역, 민족, 자원 등 다양한 원인이 복합적으로 얽혀서 지구촌 갈등이 나타납니다.

다들 제발! 그만 좀 싸워!

---

1 지구촌 갈등에 대한 설명으로 옳은 것에 ○표, 옳지 않은 것에 ✕표 하시오.

(1) 영역, 민족, 자원 등 다양한 이유로 지구촌 갈등이 나타납니다.   (   )

(2) 갈등의 원인이 두 가지 이상 복합적으로 얽힌 경우는 없습니다.   (   )

(3) 갈등 지역의 사람들은 질병, 가난, 기아, 난민 등의 문제로 고통을 받고 있습니다.   (   )

2 다음 지구촌 갈등의 모습을 선으로 바르게 연결하시오.

(1) •   • ㉠ 영역 갈등

(2) •   • ㉡ 민족·문화 갈등

3 다음 ( ) 안의 알맞은 말에 ○표 하시오.

(시리아 내전, 이스라엘과 팔레스타인의 분쟁)은 유대교를 믿는 이스라엘과 이슬람교를 믿는 팔레스타인이 하나의 지역을 서로 자기 땅이라고 주장하면서 일어난 갈등입니다.

4 지구촌 갈등이 사라지지 않고 지속되는 까닭에 대해 바르게 말한 어린이를 골라 ○표 하시오.

(1) 나라들이 지켜야 하는 강력한 법이 없기 때문입니다.

(2) 인종, 언어, 종교 등 서로 다름을 존중하기 때문입니다.

(   )   (   )

2 지구촌의 평화와 발전 (2)

1 지구촌 갈등을 해결하기 위해 실천할 수 있는 방법

(1) 지구촌 갈등을 해결하기 위해 노력해야 하는 까닭

· 갈등이 지속되면 그곳에 사는 사람들의 삶이 위험에 빠지고 불안정해지기 때문에

· 한 나라 안에서 일어난 문제가 주변 지역으로 번져 지구촌 전체의 문제가 될 수 있기 때문에 └ 세계 여러 나라가 밀접하게 연결되어 있기 때문에 한 지역의 갈등은 지구촌 전체에 영향을 줄 수 있어요.

· 지구촌 갈등은 어느 한 국가의 노력만으로는 해결하기 어렵기 때문에

➡ 그러므로 전 지구적 차원에서 모든 사람이 꾸준히 관심을 갖고 노력해야 함.

★ (2) 지구촌 갈등을 평화롭게 해결하기 위해 우리가 할 수 있는 일 자료¹ 자료²

▲ 지구촌 갈등으로 어려움을 겪는 친구들에게 생활용품 보내기

▲ 지구촌 갈등 해결을 위한 홍보 동영상 만들기

▲ 지구촌 갈등 해결을 위해 노력하는 단체에 관심 갖기

▲ 지구촌 갈등 문제를 알리고 해결하려는 활동에 참여하기
└ 예) 캠페인, 서명 운동, 모금 활동 등

▲ 뉴스나 신문에 나오는 지구촌 갈등 문제에 관심을 갖고 정보 찾아보기

▲ 사람들이 지구촌 갈등 문제 해결에 관심을 갖도록 누리 소통망(SNS)에 글 올리기

★ 2 지구촌의 평화와 발전을 위한 개인의 노력

용어 사전

· **최연소** (最 가장 최, 年 해 연, 少 적을 소) 어떤 집단 가운데에서 가장 적은 나이.

· **공로** (功 공 공, 勞 일할 로) 일을 마치거나 목적을 이루는 데 들인 노력과 수고 또는 일을 마치거나 그 목적을 이룬 결과로서의 공적.

· **탈레반** 이슬람 극단주의 무장단체로, 정부와 민간인을 상대로 지속적인 공격을 벌임.

이태석 신부	말랄라 유사프자이 자료⁺3
 오랫동안 내전이 이어진 남수단에서 의료 봉사와 교육 활동에 헌신함. 국적과 종교를 뛰어넘는 희생과 봉사로 '남수단의 슈바이처'라고 불림.	누리 소통망(SNS)을 통해 11세 때부터 교육 운동을 펼쳤음. 여성과 아동의 교육권을 위해 활동하여 2014년 최연소 노벨 평화상을 받음. └ 17세의 나이로 수상했어요.
넬슨 만델라	조디 윌리엄스
 남아프리카 공화국에서 젊은 시절부터 인종 차별 반대 운동을 펼침. 공로를 인정받아 1993년 노벨 평화상을 받았고, 이듬해 남아프리카 공화국의 대통령에 당선됨.	 1991년 지뢰 금지 국제 운동(ICBL) 단체를 만들어 123개 나라로부터 더 이상 지뢰를 사용하지 않겠다는 약속을 받아 냄. 이 일로 1997년 노벨 평화상을 수상함.

지구촌 갈등 해결을 위한 바람직한 태도

• 서로를 이해하고 대화로 갈등을 해결하려는 의지와 노력이 필요합니다.
• 지구촌 사람들은 한 가족이라는 생각을 가져야 합니다.
• 지구촌 평화는 끊임없는 노력을 통해 유지될 수 있다는 마음을 가져야 합니다.

자료2 빌라알 이야기 →지구촌 갈등으로 피해를 입은 사람들을 돕기 위해 모금 활동을 하는 사례입니다.

캐나다에 살고 있는 소년 빌라알은 지구 곳곳에 질병, 가난, 자연재해, 전쟁으로 고생하는 어린이들이 있다는 것을 알고 그들을 돕고 싶다고 생각했다. 빌라알은 네 살 때부터 모금 활동을 해 오고 있다. 직접 만든 아크릴 접시를 팔아 기부금을 마련하기도 하고, 팻말을 만들어 친구들과 거리에서 모금 활동을 하기도 했다.

자료3 말랄라 유사프자이

말랄라 유사프자이는 파키스탄에서 태어났다. 그녀는 11세 때부터 영국 공영 방송 게시판을 통해 *탈레반 점령 지역에서의 억압받는 일상과 여학생 교육의 문제점을 알렸다. 말랄라는 이로 인해 탈레반에게 협박을 받았고, 결국 총에 맞아 크게 다쳤다. 간신히 살아난 그녀는 2013년 국제 연합(UN)에서 다음과 같이 연설했다.

"책과 펜을 듭시다. 이것이야말로 가장 강력한 무기입니다. 한 명의 어린이, 한 명의 선생님, 한 권의 책, 한 자루의 펜이 세상을 바꿀 수 있습니다."

말랄라는 어린이와 여성을 비롯한 모든 사람이 차별받지 않고 교육받는 세상을 만들기 위해 노력했고, 2014년 17세의 나이에 노벨 평화상을 수상하였다.

 핵심 개념 정리

• 지구촌 갈등을 해결하기 위해서는 모든 사람이 함께 노력해야 하며, 다양한 방법을 실천할 수 있습니다.

지구촌 평화와 발전을 위해 모두 함께 노력해요!

1 지구촌 갈등을 해결하기 위해 노력해야 하는 까닭으로 옳은 것에 ○표, 알맞지 <u>않은</u> 것에 ✕표 하시오.

(1) 갈등이 지속되면 갈등 지역에 사는 사람들의 삶이 위험에 빠지기 때문입니다. (　　)

(2) 한 나라 안에서 일어난 문제가 주변 지역으로 번져 지구촌 전체의 문제가 될 수 있기 때문입니다. (　　)

(3) 지구촌 갈등은 어느 한 국가의 노력만으로 충분히 해결할 수 있기 때문입니다. (　　)

2 지구촌 갈등을 평화롭게 해결하기 위해 우리가 할 수 있는 일을 선으로 바르게 연결하시오.

(1) 지구촌 갈등 해결을 위한 홍보 동영상 만들기 • • ㉠

(2) 사람들이 지구촌 갈등 문제 해결에 관심을 갖도록 누리 소통망(SNS)에 글 올리기 • • ㉡

3 지구촌의 평화와 발전을 위해 노력한 아래 인물은 누구인지 쓰시오.

 저는 남수단에서 의료 봉사와 교육 활동을 했습니다. 다른 사람들은 제가 국적과 종교를 뛰어넘는 희생과 봉사를 했다며 '남수단의 슈바이처'라고 부르기도 했어요.

(　　　　　)

4 다음 (　　) 안의 알맞은 말에 ○표 하시오.

말랄라 유사프자이의 여성과 아동을 위한 교육 운동, 넬슨 만델라의 인종 차별 반대 운동은 지구촌의 평화와 발전을 위해 (개인, 국가)이/가 노력한 사례이다.

2 지구촌의 평화와 발전 (3)

> 세계 여러 나라는 국제기구 활동에 참여하고 외교 활동을 펼치거나, 국가 간 협력이 필요한 문제에 적극적으로 나서는 등 다양한 방법으로 지구촌 갈등 해결을 위해 노력하고 있습니다.

1 지구촌의 평화와 발전을 위한 국가의 노력 <small>예</small> 우리나라

(1) 분쟁 지역에 *국제 연합 평화 유지군을 파견합니다.

(2) *한국 국제 협력단(KOICA) 운영: 빈곤, 전쟁, 인권 문제 등을 겪는 나라에서 의료 활동, 교육 봉사 등 다양한 지원 활동을 합니다.

(3) *공적 개발 원조: 빈곤과 빈부 격차로 인한 갈등을 해소하고 개발 도상국의 발전을 돕습니다.

(4) 학생들이 세계 곳곳에서 발생하는 문제에 관심을 가지도록 교육합니다.

(5) 지구촌 평화를 위한 외교 활동을 펼칩니다.

(6) 전쟁을 막기 위한 평화 조약에 가입합니다.

> 우리나라는 핵 확산 금지 조약(NPT), 생물 무기 금지 협약(BWC), 화학 무기 금지 협약(CWC) 등 대량 파괴 무기의 생산이나 이용 등을 금지하는 국제 조약에 가입했어요.

▲ 국제 연합 평화 유지군 파견

▲ 한국 국제 협력단(KOICA)의 지원 활동

2 지구촌의 평화와 발전을 위한 *국제기구의 노력

★ (1) 국제 연합(UN): 제2차 세계 대전 이후 전쟁 방지와 국제 평화 유지를 위해 1945년에 설립된 대표적인 국제기구입니다. ─ 현재 190개가 넘는 국가가 가입했으며, 미국 뉴욕에 본부를 두고 있어요.

(2) 국제 연합(UN)의 다양한 기구 <small>예</small>

▲ 국제 연합의 상징

국제 연합 아동 기금 (UNICEF)	국제 연합 난민 기구 (UNHCR)	국제 연합 세계 식량 계획(WFP)
굶주림과 병에 시달리는 어린이들을 돕기 위해 질병 예방, 교육, 어린이 보호 등 어린이의 권리 향상을 위한 활동을 함.	난민 문제 해결을 위해 난민 보호, 피난처 및 생활용품 제공, 난민 인권 보장을 위한 국제 환경 조성 등의 활동을 함.	전 세계 사람들의 영양 상태를 개선하고 생활 수준을 높이기 위해 재난 발생 지역에 식량을 지원하는 일 등을 함.
국제 연합 교육 과학 문화 기구(UNESCO)	국제 노동 기구 (ILO)	국제 원자력 기구 (IAEA)
교육, 과학, 문화 교류를 통해 세계 평화를 이루도록 교육, 세계 유산 보존 등의 활동을 함.	노동자의 노동 조건 등 전 세계의 노동 문제를 해결하기 위해 노력함.	원자력 에너지를 평화적이고 안전한 방법으로 이용할 수 있도록 노력함.

★ 3 지구촌의 평화와 발전을 위한 비정부 기구의 노력 <small>자료+1</small>

(1) 비정부 기구: 권력이나 이윤을 추구하지 않고 공공의 이익을 추구하는 시민 사회단체입니다.

(2) 다양한 비정부 기구 <small>예 자료+2</small> ─ 시민들의 자발적인 참여와 모금으로 운영돼요.

국경 없는 의사회	그린피스	세이브 더 칠드런	해비타트

전쟁, 질병, 재해 등으로 고통받는 사람들에게 인종, 종교, 성별 등에 따른 차별 없이 의료 지원 활동을 함.	지구 환경을 보호하고 평화를 지키기 위해 기후 변화 방지, 해양 보호, 핵 실험 반대 등 여러 가지 캠페인을 함.	종교, 국적, 인종을 초월해 모든 아동의 생존, 보호, 권리 실현을 위해 교육, 의료 등 분야에서 다양한 지원을 함.	가난, 전쟁, 재해 등으로 고통받는 사람들에게 집을 지어주거나, 집을 고쳐 주는 등 주거환경을 개선하는 활동을 함.

비정부 기구와 국제기구의 차이점

• 비정부 기구는 지구촌의 여러 문제를 해결하기 위해 뜻이 비슷한 개인들이 모여 활동하는 단체로, 환경, 인권, 빈곤 퇴치, 기아, 성평등, 평화 유지 등 다양한 분야에서 여러 가지 활동을 합니다.

• 각 나라의 정부가 모인 국제기구와 달리 비정부 기구는 특정 분야에 관심이 있는 개인이나 민간단체 중심으로 만들어집니다.

└ ● 어린이들은 지구촌 평화와 발전을 위해 어린이 비정부 기구를 만들어 활동하거나, 신생아 모자 뜨기(세이브 더 칠드런의 캠페인)와 같이 비정부 기구에서 운영하는 활동 참여, 교문이나 거리에서 지구촌 평화를 위한 홍보 활동 등을 할 수 있어요.

 **다양한 분야의 비정부 기구**

▲ 국제 앰네스티

▲ 핵무기 폐기 국제 운동

• 국제 앰네스티는 인권과 관련된 시민 활동을 주로 하는 비정부 기구입니다. 모든 사람의 인권이 차별받지 않고 존중받는 세상을 만들기 위해 난민 보호, 사형 폐지 등의 활동을 합니다.

• 핵무기 폐기 국제 운동은 많은 사람에게 핵무기의 위험성을 알리고 핵무기와 관련된 모든 것을 반대하는 운동을 하는 단체로, 2017년 노벨 평화상을 수상하였습니다.

핵심 개념 정리

지구촌의 평화와 발전을 위해 국가, 국제기구, 비정부 기구는 다양한 방법으로 노력하고 있습니다.

지구촌 평화와 발전을 위해 국가, 국제기구, 비정부 기구가 노력하고 있어요!

국가 ／ 국제기구 ／ 비정부 기구

---

1 지구촌의 평화와 발전을 위한 우리나라의 노력으로 옳은 것에 ○표, 옳지 않은 것에 ✕표 하시오.

(1) 평화를 위해 분쟁 지역에 군대를 파견하지 않습니다.

(   )

(2) 개발 도상국의 발전을 돕기 위해 공적 개발 원조를 합니다.

(   )

(3) 학생들이 세계 곳곳에서 발생하는 문제에 관심을 갖도록 교육합니다.

(   )

2 다음에서 설명하는 우리나라 정부 기관은 무엇인지 쓰시오.

> 외국과의 협력 사업을 맡아 실시하는 우리나라 정부 기관으로, 빈곤, 전쟁, 인권 문제 등을 겪는 나라에서 의료 활동, 교육 봉사 등 다양한 지원 활동을 한다.

(   )

3 국제 연합(UN)의 다양한 기구와 활동을 선으로 알맞게 연결하시오.

(1) 국제 연합 난민 기구 (UNHCR)	•	• ㉠	난민 인권 보장을 위한 국제 환경 조성 등의 활동을 함.
(2) 국제 연합 아동 기금 (UNICEF)	•	• ㉡	질병 예방, 교육, 어린이 보호 등 어린이의 권리 향상을 위한 활동을 함.

4 다음 (   ) 안의 알맞은 말에 ○표 하시오.

> (국제기구, 비정부 기구)는 권력이나 이윤을 추구하지 않고 공공의 이익을 추구하는 시민 사회단체로, 국경 없는 의사회, 그린피스, 세이브 더 칠드런 등이 있다.

핵심문장으로 시작하기

1 땅, 하늘, 바다, 강 등을 서로 차지하려고 하여 갈등이 발생한 것을 ㅇ ㅇ 갈등이라고 합니다.

2 지구촌의 평화를 위해 노력한 ㄱ ㅇ 으로 이태석 신부, 말랄라 유사프자이, 조디 윌리엄스 등이 있습니다.

3 ㄱ ㅈ ㄱ ㄱ 는 국제적인 목적이나 활동을 위해 두 나라 이상의 회원국으로 구성된 단체로, 대표적인 예로 국제 연합(UN)이 있습니다.

4 지구촌 갈등에 대한 설명으로 옳지 <u>않은</u> 것을 보기 에서 골라 기호를 쓰시오.

보기
㉠ 영역, 자원, 종교 등의 이유로 발생한다.
㉡ 다양한 원인이 복합적으로 얽혀서 발생한다.
㉢ 한 지역의 갈등은 다른 지역에 영향을 주지 않는다.
㉣ 갈등 지역의 사람들은 전쟁, 범죄, 테러 등의 위협을 받는다.

( )

5 다음 그림에 나타난 지구촌 갈등은 무엇입니까?
( )

우리 땅과 바다에요!
우리 땅이에요!

① 영역 갈등 ② 민족 갈등
③ 문화 갈등 ④ 자원 갈등
⑤ 종교 갈등

6~7 다음 지구촌 갈등 지도를 보고, 물음에 답하시오.

㉠ 북아일랜드 갈등(영국-아일랜드) ㉢ 퀘벡주 분리 독립 운동(캐나다)
㉡ 쿠릴 열도 영유권 분쟁(러시아-일본)
㉣ 미얀마 분쟁(미얀마)

원인별 갈등 지역
■ 영역 문제
● 민족 · 문화 문제
▲ 정치 문제 · 기타
(한국 국방 연구원, 2021)

6 다음에서 설명하는 지구촌 갈등을 위 지도에서 찾아 기호를 쓰시오.

영국으로부터 독립을 요구하는 아일랜드계의 가톨릭교도와 개신교도 간에 일어난 갈등

( )

7 위 지도를 보고 알 수 있는 사실을 한 가지 쓰시오.
서술형
_____

8 다음 자료에 나타난 이스라엘과 팔레스타인의 갈등 원인을 두 가지 고르시오. ( )

역사적으로 이곳은 우리가 살던 곳이고 유대교 성서에도 기록되어 있으니 우리 땅이 맞습니다.

지금 우리가 살고 있는 곳인데 갑자기 유대인이 주인이라니요? 그리고 우리는 이슬람교를 믿어요.

이스라엘 ▶   ◀ 팔레스타인

① 영토   ② 기후   ③ 언어
④ 자원   ⑤ 종교

9 ★ 지구촌 갈등이 사라지지 않고 지속되는 까닭에 대해 **잘못** 말한 어린이는 누구입니까? ( )

① 인종, 언어, 종교 등 서로 다름을 존중하지 않기 때문입니다.

② 나라들이 지켜야 하는 강력한 법이 없기 때문입니다.

③ 강대국들이 과거의 잘못을 책임지고 어려운 나라를 돕기 때문입니다.

④ 역사적으로 오랫동안 쌓인 미움과 갈등이 커서 화해하려는 의지가 없기 때문입니다.

10 지구촌 갈등을 해결하기 위해 모두가 노력해야 하는 까닭을 보기 에서 모두 고른 것은 어느 것입니까? ( )

보기
㉠ 개인이 나서서 노력하면 금방 해결되기 때문에
㉡ 한 나라 안에서 발생한 문제가 주변 지역으로 번질 수 있기 때문에
㉢ 갈등이 지속되면 그곳에 사는 사람들의 삶이 위험에 빠지기 때문에
㉣ 지구촌 갈등은 어느 한 국가의 노력만으로는 해결하기 어렵기 때문에

① ㉠, ㉡   ② ㉠, ㉣   ③ ㉡, ㉢
④ ㉢, ㉣   ⑤ ㉡, ㉢, ㉣

11 지구촌 갈등 해결을 위해 어린이가 생활에서 실천할 수 있는 일로 알맞지 **않은** 것은 어느 것입니까? ( )

① 지구촌 갈등 해결을 위한 캠페인에 참여하기
② 지구촌 갈등 해결을 위한 홍보 동영상 만들기
③ 지구촌 갈등 지역으로 가서 지역 주민들을 돕기
④ 지구촌 갈등으로 어려움을 겪는 친구들에게 생활용품 보내기
⑤ 사람들이 갈등 해결에 관심을 갖도록 누리 소통망(SNS)에 글 올리기

12 지구촌의 평화와 발전을 위해 노력한 다음 인물은 누구입니까? ( )

파키스탄에서 태어난 그녀는 11세 때부터 누리 소통망(SNS)을 통해 *탈레반 점령 지역에서의 억압받는 일상과 여학생 교육의 문제점을 알렸다. 이로 인해 탈레반에게 협박을 받았고, 결국 총에 맞아 크게 다쳤다. 간신히 살아난 그녀는 굴하지 않고 어린이와 여성을 비롯한 모든 사람이 차별받지 않고 교육받는 세상을 만들기 위해 노력했다. 그 결과, 2014년 17세의 나이에 노벨 평화상을 수상하였다.

*탈레반: 이슬람 극단주의 무장단체

① 간디   ② 넬슨 만델라
③ 조디 윌리엄스   ④ 에글렌타인 제브
⑤ 말랄라 유사프자이

13 지구촌의 평화와 발전을 위해 노력한 이태석 신부에 대해 바르게 설명한 어린이의 이름을 쓰시오.

수빈: 1997년에 노벨 평화상을 수상하였어.
지호: 남수단에서 의료 봉사와 교육 활동에 헌신하였어.
태연: 남아프리카 공화국에서 인종 차별 반대 운동을 펼쳤어.
기범: 1991년 지뢰 금지 국제 운동(ICBL) 단체를 만들어 123개 나라로부터 더 이상 지뢰를 사용하지 않겠다는 약속을 받아냈어.

( )

14 지구촌 평화와 발전을 위한 우리나라의 노력으로 알맞지 **않은** 것은 어느 것입니까? ( )

① 공적 개발 원조
② 지구촌 평화를 위한 외교 활동
③ 한국 국제 협력단(KOICA) 운영
④ 전쟁을 막기 위한 평화 조약 탈퇴
⑤ 분쟁 지역에 국제 연합 평화 유지군 파견

15 다음에서 설명하는 국제기구는 무엇인지 쓰시오.

제2차 세계 대전 이후 전쟁 방지와 국제 평화 유지를 위해 1945년에 설립된 대표적인 국제기구로, 현재 190개가 넘는 국가가 가입했다.

( )

16 다음 설명에 해당하는 기구는 무엇입니까?

( )

굶주림과 병에 시달리는 어린이들을 돕기 위해 만들어졌으며, 질병 예방, 교육, 어린이 보호 등 어린이의 권리 향상을 위한 활동을 한다.

①
▲ 국제 연합 아동 기금 (UNICEF)

②
▲ 국제 연합 난민 기구 (UNHCR)

③
▲ 국제 연합 세계 식량 계획(WFP)

④
▲ 국제 연합 교육 과학 문화 기구(UNESCO)

17 비정부 기구와 국제기구의 차이점을 한 가지 쓰시오.

서술형

_____

_____

18 다음 설명에 해당하는 비정부 기구는 무엇입니까?

( )

전쟁, 질병, 재해 등으로 고통받는 사람들에게 인종, 종교, 성별 등에 따른 차별 없이 의료 지원 활동을 한다.

① 그린피스   ② 해비타트
③ 국제 앰네스티   ④ 국경 없는 의사회
⑤ 세이브 더 칠드런

19 다음 인물이 활동하고 있는 비정부 기구는 무엇입니까?

( )

저희 단체는 지구 환경을 보호하고 평화를 지키기 위해 기후 변화 방지, 해양 보호, 핵 실험 반대 등 여러 가지 캠페인을 진행해요.

① 그린피스   ② 해비타트
③ 국제 앰네스티   ④ 국경 없는 의사회
⑤ 세이브 더 칠드런

20 지구촌 평화와 발전을 위한 모둠 활동 계획을 잘못 말한 어린이는 누구입니까?

( )

① 지영: 고래 보호를 위한 서명 운동에 참여할 거예요.
② 효민: 여성 인권 보호를 위한 국제기구를 조직할 거예요.
③ 해일: 누리 소통망(SNS)에 난민이 처한 어려움을 알릴 거예요.
④ 지수: 비정부 기구에서 운영하는 신생아 모자 뜨기 캠페인에 참여할 거예요.
⑤ 은서: 부당하게 감옥에 갇힌 사람들을 풀어달라는 편지를 써서 국제 앰네스티에 보낼 거예요.

1 다음 자료를 보고, 물음에 답하시오. [12점]

역사적으로 이곳은 우리가 살던 곳이고 유대교 성서에도 기록되어 있으니 우리 땅이 맞습니다.

지금 우리가 살고 있는 곳인데 갑자기 유대인이 주인이라니요? 그리고 우리는 이슬람교를 믿어요.

이스라엘 ▶ ◀ 팔레스타인

(1) 다음 빈칸에 들어갈 알맞은 말을 쓰시오. [4점]

> 이스라엘과 팔레스타인은 하나의 지역을 서로 자기 땅이라고 주장한다. 그런데 서로 다른 (　　　　)(으)로 인한 갈등의 모습을 보이기도 한다.

(　　　　　　)

(2) 위와 같은 갈등이 사라지지 않고 지속되는 원인을 한 가지 쓰시오. [8점]

서술형 문제를 푸는 방법을 익혀보자!

1단계 자료 분석하기 ｜ 이스라엘과 팔레스타인은 무엇 때문에 싸울까?

이스라엘 입장	팔레스타인 입장
• 역사적으로 팔레스타인 지역은 우리 땅이다. • 우리는 유대교를 믿는다.	• 팔레스타인 지역은 우리가 살고 있는 곳이다. • 우리는 이슬람교를 믿는다.

↓ ↓

> 갈등 원인은?
> • 서로 자기 땅이라고 주장함.
> • 서로 종교가 다름.

2단계 생각하기 ｜ 이스라엘과 팔레스타인의 갈등을 바탕으로 지구촌 갈등이 사라지지 않는 원인을 생각해보자.

> 이스라엘과 팔레스타인은?
> • 각자 자기 입장만을 고집한다.
> • 역사적으로 오래된 갈등이다.

↓

> 지구촌 갈등이 사라지지 않는 원인에 적용해보기

---

2 다음은 지구촌 갈등을 해결하기 위해 우리가 실천할 수 있는 일입니다. 물음에 답하시오. [12점]

▲ 갈등으로 어려움을 겪는 친구들에게 생활용품 보내기

▲ 갈등 해결을 위한 홍보 동영상 만들기

(1) 위 자료 이외에 우리가 실천할 수 있는 일을 한 가지 쓰시오. [4점]

(2) 위와 같은 노력을 해야 하는 까닭을 구체적으로 한 가지 쓰시오. [8점]

---

3 다음 그림을 보고, 물음에 답하시오. [12점]

▲ 해비타트

▲ 세이브 더 칠드런

(1) 다음 단체를 위에서 찾아 쓰시오. [4점]

> 종교, 국적, 인종을 초월해 모든 아동의 생존, 보호, 권리 실현을 위해 교육, 의료 등 분야에서 다양한 지원을 한다.

(　　　　　　)

(2) 위와 같은 단체를 무엇이라고 하는지 쓰고, 그 의미를 쓰시오. [8점]

3 지속가능한 지구촌 (1)

공부할 개념
· 지구촌의 환경문제 알아보기
· 지구촌의 환경문제를 해결하기 위한 노력 알아보기

★ 1 지구촌의 환경문제

→사람들이 환경을 생각하지 않고 행동하거나 무분별하게 개발함으로써 지구촌 환경은 황폐해져 가고, 생태계 파괴, 건강 위협 등의 문제가 나타나고 있어요.

지구 온난화	원인	산업 발달에 따라 석탄, 석유 등과 같은 화석 연료의 사용량이 급격히 늘어남.
	피해	기후 변화로 이어져 지구촌 곳곳에서 이상 기후 현상이 나타나고 있음. 빙하가 녹아 해수면이 상승하여 일부 지역이 물에 잠김.
사막화	원인	오랜 가뭄과 과도한 개발
	피해	식량 생산량이 줄고 황사가 심해짐.
열대 우림 파괴	원인	사람들이 식량을 생산하거나 가축을 키우기 위해 열대 우림을 무분별하게 개발함.
	피해	많은 동식물의 서식지가 사라짐. 지구에 산소를 공급하는 숲이 파괴됨.
환경 오염과 쓰레기 문제 자료 1	원인	환경을 고려하지 않은 무분별한 개발과 소비
	피해	많은 동식물이 멸종 위기에 놓이고, 생태계가 위협받음. 토양과 수질이 오염됨.
초미세 먼지 증가	원인	공장이나 자동차 등에서 배출되는 오염 물질 때문에 공기 중 초미세 먼지의 농도가 증가함.
	피해	호흡기 질환 등 여러 가지 질병에 걸림. 야외 활동을 하기 어려워짐.

아마존 열대 우림은 지구 산소의 20%를 생성하여 '지구의 허파'라고 불려요.

▲ 지구 온난화로 녹아내리는 빙하

▲ 사막화되고 있는 땅

▲ 파괴되는 열대 우림

▲ 오염 물질을 내뿜는 공장

→ 이러한 환경문제는 사람들이 필요 이상으로 자원과 에너지를 사용하기 때문에 나타납니다.

2 지구촌의 환경문제를 해결하기 위한 노력

환경문제는 원인과 영향이 지역 간에 복잡하게 얽혀 있으므로 어느 한 지역이 아닌 지구촌 전체의 문제예요.

(1) 환경문제는 한 지역뿐만 아니라 지구촌 전체와 미래 세대에까지 영향을 미칩니다.

(2) 환경문제는 한 개인이나 국가의 힘만으로는 해결할 수 없으므로 모두 함께 노력해야 합니다.

(3) 개인, 기업, 시민 단체, 국가, 세계의 노력

용어 사전
· 지구 온난화 대기 중에 이산화탄소, 메탄 등과 같은 온실가스가 늘어나 태양열 일부를 지구에 가둬서 지구의 온도가 높아지는 현상.
· 이상 기후 (異 다를 이, 常 항상 상, 氣 기운 기, 候 기후 후) 기온이나 강수량 등이 정상적인 상태를 벗어난 기후.
· 열대 우림 파괴 열대 기후 지역의 울창한 삼림이 파괴되는 현상.
· 신·재생 에너지 기존의 화석 연료를 변환하여 이용하거나 햇빛, 물, 바람 등 재생 가능한 에너지를 변환하여 이용하는 에너지.
· 미세 플라스틱 5mm 이하의 작은 플라스틱 조각.

개인	· 생활 속에서 일회용품 사용을 줄이고 에너지 아껴 쓰기 · 쓰레기를 분리배출하고 재활용을 실천하기 · 대중교통이나 친환경 교통수단을 이용하여 온실가스 배출량 줄이기
기업	· 제품 생산 과정에서 에너지 사용량을 줄이는 방법 도입하기 · 전기 자동차와 같은 친환경 제품을 생산하는 기술 개발하기 · 제품의 용기를 친환경 소재로 바꾸거나 포장재를 최소화한 상품 제공하기
시민 단체	· 사람들의 환경 보호 의식을 높이는 환경 운동하기 · 기업이나 정부의 활동이 환경에 나쁜 영향을 끼치지 않는지 감시하기
국가	· 신·재생 에너지 생산 시설을 늘리기 · 환경을 생각하는 기업이나 가정이 많아지도록 지원 정책 펼치기 · 환경 관련 법과 제도를 만들어서 개인과 기업이 실천하도록 하기
세계	· 여러 나라는 환경문제를 해결하고자 서로 협력하여 대응책을 세우고 실천함. · 파리 협정 채택: 전 세계 195개국이 지구 온난화의 원인인 온실가스 배출을 줄이는 협정에 동의함. 자료 2 · 사막화 방지 협약 채택: 심각한 가뭄과 사막화를 겪는 개발 도상국을 경제적·기술적으로 지원하자는 목표를 세움.

예 전기 자동차, 수소 버스 등

▲ 쓰레기 분리배출

▲ 불필요한 포장을 줄인 제품

자료 1 바다 위의 쓰레기 섬

○○신문   20△△년 △△월 △△일

지구의 바다에는 다섯 개의 거대한 쓰레기 섬이 있다. 플라스틱을 비롯한 엄청난 양의 쓰레기가 해양에서 서로 뭉쳐 섬을 만든 것이다. 사람들이 버린 플라스틱 쓰레기는 *미세 플라스틱이 되어 해양 생태계뿐만 아니라 생선이나 조개, 소금을 먹는 지구촌 사람들까지 위협하고 있다. 플라스틱 쓰레기는 잘 썩지 않기 때문에 땅과 강, 그리고 바다를 오염시키고 생태계를 파괴한다.

▲ 태평양 위 거대한 쓰레기 섬

자료 2 파리 협정

2015년 유엔 기후 변화 회의에서 우리나라를 포함한 195개국이 온실가스 배출량을 줄이고 지구의 평균 기온 상승을 낮추는 것을 목표로 하는 '파리 협정'을 채택했다. 파리 협정을 바탕으로 세계는 여러 분야에서 배출되는 온실가스의 양을 규제하는 등 다양한 정책을 추진하고 있다. 이 협정에는 온실가스를 많이 배출하는 선진국이 개발 도상국의 재생 에너지 생산 시설을 설치하는 데 필요한 비용을 지원하도록 하는 내용도 포함하고 있다.

핵심 개념 정리

- 지구촌에서는 지구 온난화, 사막화, 열대 우림 파괴, 환경 오염 등 여러 가지 환경문제가 나타나고 있습니다.
- 환경문제 해결을 위해 개인, 기업, 시민 단체, 국가, 세계는 다양한 노력을 하고 있습니다.

너무 괴롭다! 나 좀 살려줘!

1 다음 지구촌 환경문제와 원인을 선으로 바르게 연결하시오.

(1) 지구 온난화 •

(2) 열대 우림 파괴 •

• ㉠ 식량을 생산하거나 가축을 키우기 위해 열대 우림을 무분별하게 개발함.

• ㉡ 산업 발달에 따라 석탄, 석유 등과 같은 화석 연료의 사용량이 급격히 늘어남.

2 다음 ( ) 안에 공통으로 들어갈 알맞은 말을 쓰시오.

오랜 가뭄과 과도한 개발로 ( )이/가 진행되면서 그 피해가 심각하다. ( )(으)로 식량 생산량이 줄어들고 황사가 심해졌다.

(   )

3 환경문제에 대한 설명으로 옳은 것에 ○표, 옳지 않은 것에 ✕표 하시오.

(1) 환경문제는 한 개인의 힘만으로 충분히 해결할 수 있습니다.   (   )

(2) 환경문제는 한 지역뿐만 아니라 지구촌 전체, 나아가 미래 세대에까지 영향을 미칩니다.   (   )

4 다음 ( ) 안의 알맞은 말에 ○표 하시오.

(개인, 국가)은/는 지구촌의 환경문제를 해결하기 위해 신·재생 에너지 생산 시설을 늘리고, 환경 관련 법과 제도를 만들어서 개인과 가정이 실천하도록 하는 등 다양한 노력을 하고 있다.

3 지속가능한 지구촌(2)

1 지속가능한 미래와 지속가능 발전 목표 →지구촌 사람들은 지속가능한 미래를 위해 현재뿐만 아니라 미래
세대의 환경과 발전을 고려하여 책임감 있게 행동해야 해요.

지속가능한 미래의 뜻	지구촌 사람들이 현재와 미래 세대의 환경을 보호하고 사회적·경제적으로 책임감 있게 행동하여 지구촌의 지속가능성을 높여 가는 것
지속가능한 미래를 추구해야 하는 까닭	지구촌의 환경문제, *빈곤, *기아, 갈등, 분쟁 등과 같은 문제들은 오늘날 사람들의 안정적인 생활을 어렵게 할 뿐만 아니라, 미래의 사람들이 발전할 수 있는 권리까지 빼앗기 때문임.
지속가능 발전 목표 자료+1	• 국제 연합(UN)은 2015년 정기 총회에서 모든 지구촌 사람들이 실천해 나가야 할 지속가능 발전 목표 17개를 발표함. ┌예 빈곤 퇴치, 기아 종식, 건강과 웰빙 등 • 지구촌 문제를 해결하고 지속가능한 미래를 만들기 위해 2030년까지 전 세계가 함께 실천할 목표임. • 목표에 따라 선진국과 개발 도상국을 포함한 모든 나라들은 인류의 번영을 위해 힘쓰고, 환경을 보호해야 함.

2 지속가능한 미래를 만들기 위한 노력 – 빈곤과 기아 퇴치

(1) 빈곤과 기아 문제가 일어나는 원인과 모습 자료+2

원인	• 전쟁으로 농사지을 땅과 집이 파괴됨. • 홍수, 가뭄 등 이상 기후 현상이 세계 곳곳에서 나타남.
모습	  

▲ 굶주림에 시달리며 고통받고, 많은 어린이가 영양분을 공급받지 못해 잘 자라지 못함.　　▲ 홍수, 가뭄 등 자연재해로 물과 식량이 부족해 빈곤 지역의 어려움이 더 커짐.　　▲ 생계가 어려워 일하느라 학교에 가지 못하는 어린이가 많음.

★ (2) 빈곤과 기아 문제를 해결하기 위한 노력

① 가난과 굶주림을 겪는 사람에게 돈과 물건, 식량 등을 지원합니다.

② 빈곤으로 교육받기 어려운 사람을 위해 이들의 교육 환경을 개선하고 스스로 경제활동을 할 수 있도록 지원합니다.

③ 지구촌 사람들이 빈곤과 기아 문제에 관심을 갖도록 홍보 활동 및 교육 활동을 합니다.

④ 빈곤 지역에 자연재해에도 잘 자라는 농작물을 보급하고, 농업 기술을 지원합니다.

▲ 식량이 부족한 지역에 식량을 지원하고, 약과 물품을 공급함.　　▲ 빈곤 지역에 학교를 짓고 교사를 보내거나 학용품을 지원함.　　▲ 물 부족 지역에 물통을 공급하고 우물 사업을 지원함.

많은 양의 물을 먼 거리까지 쉽게 나를 수 있는 특수한 물통을 공급해요.

자료+1 지속가능 발전 목표

▲ 국제 연합(UN)에서 발표한 지속가능 발전 목표

2015년 국제 연합은 지구촌 전체가 힘을 모아 지구촌 문제를 해결하고 지속가능한 미래를 만들 수 있도록 실천 목표 17가지를 만들었습니다.

자료+2 지구촌이 100명이 사는 마을이라면?

> 지구촌이 100명이 사는 마을이라고 생각해보자.
> • 하루에 1.9달러(약 2,200원)로 살아가는 절대 빈곤 인구는 100명 중 10명이다.
> • 마을에는 모든 사람이 먹을 수 있는 충분한 음식이 있다. 하지만 10명이 기아 상태이고 이 가운데 2명은 어린이다.
> • 1명이 전체 마을 부(富)의 약 20%를 차지한다.

국제 연합 세계 식량 계획(WFP)이 2020년 발표한 「세계 식량 위기 보고서」에 따르면, 2019년에 심각한 식량 위기를 겪은 사람들은 분쟁, 기후 변화, 경제난을 겪은 지역에 사는 것으로 나타났습니다.

🎓 핵심 개념 정리

• 지구촌 사람들은 지속가능한 미래를 위해 함께 노력해야 합니다.
• 지구촌 사람들은 빈곤과 기아 문제를 해결하기 위해 다양한 노력을 하고 있습니다.

---

1 (   )(이)란 지구촌 사람들이 현재와 미래 세대의 환경을 보호하고 사회적·경제적으로 책임감 있게 행동하여 지구촌의 지속가능성을 높여 가는 것입니다.

2 다음 (   ) 안의 알맞은 말에 ○표 하시오.

> (지속가능 발전 목표, 미래세대 행동 목표)는 국제 연합(UN)이 2015년에 발표한 것으로, 지구촌 문제를 해결하고 지속가능한 미래를 만들기 위해 2030년까지 전 세계가 함께 실천할 목표이다.

3 빈곤과 기아 문제에 대한 설명으로 옳은 것에 ○표, 옳지 않은 것에 ✕표 하시오.

(1) 생계가 어려워 일하느라 학교에 가지 못하는 어린이가 많이 있습니다.   (   )

(2) 전쟁으로 농사지을 땅과 집이 파괴되거나 홍수, 가뭄 등 이상 기후 현상으로 빈곤과 기아 문제가 나타나고 있습니다.   (   )

(3) 지속가능한 미래를 만들기 위해서는 빈곤 지역 사람들만의 노력으로 빈곤과 기아 문제를 해결해야 합니다.   (   )

4 빈곤과 기아 퇴치를 위한 노력을 알맞게 말한 어린이에게 ○표 하시오.

3 지속가능한 지구촌 (3)

→지구촌 사람들은 환경을 생각하면서도 사람들의 필요를 만족하도록 하는 제품을 생산하거나 소비하여 건강과 환경을 지키고자 노력해요.

😊 공부할 개념
• 친환경적 생산과 소비 방식 알아보기
• 문화적 편견과 차별을 해소하기 위한 노력 알아보기
• 지속가능한 미래를 위해 세계시민으로서 우리가 할 수 있는 일 알아보기

★ 1 지속가능한 미래를 만들기 위한 노력 – 친환경적 생산과 소비 방식

친환경적 생산	친환경적 소비
농작물을 재배하거나 생활하는 데 필요한 제품을 생산할 때 환경 오염을 줄이도록 노력함.	친환경 제품을 찾아 소비하고, 에너지 사용을 줄이려고 노력함.

▲ 화학 비료나 농약 사용을 최소화하여 농작물을 재배함.	▲ 신·재생 에너지를 사용하여 제품을 생산함.	▲ 포장 없는 제품 또는 필요한 만큼 덜어서 살 수 있는 제품을 구입함.	▲ 환경친화적인 방식으로 생산한 ●공정 무역 제품을 구입함.

→ 환경을 생각하는 생산과 소비 활동으로 우리의 건강과 환경을 지킬 수 있습니다.

2 지속가능한 미래를 만들기 위한 노력 – 문화적 편견과 차별 ●해소 [자료➕1]

(1) 문화적 편견과 차별을 겪는 모습 예

우리는 맨손으로 식사하는 문화가 있는데, 청결하지 못하다고 생각하는 사람들이 있어요.

사람들에게 제가 믿는 종교를 설명했는데 이상하다고 했어요.

우리가 즐겨 먹는 전통 음식을 잘 모르는 사람들이 함부로 평가할 때가 있어요.

우리는 종교적인 이유로 돼지고기를 먹지 않는데, 이를 이상하게 생각하는 사람들이 있어요.

★ (2) 문화적 편견과 차별을 해소하기 위한 노력

▲ 편견과 차별의 문제를 해결하기 위한 제도를 마련함.	▲ 서로 다른 문화를 이해할 수 있도록 교육을 실시함.	▲ 다양한 문화를 체험할 수 있는 다양한 행사를 개최함.

3 지속가능한 미래를 만들기 위해 우리가 할 수 있는 일 [자료➕2]

★ (1) **세계시민의 뜻**: 지속가능한 미래를 만들기 위해 지구촌의 문제에 관심을 갖고 해결하고자 적극적으로 협력하는 사람입니다. →세계시민은 지구촌 문제가 우리 모두의 문제임을 알며 이를 해결하고자 협력하는 자세를 지녀요.

(2) **세계시민의 자세가 필요한 까닭**: 지구촌의 모든 사람이 책임감을 갖고 힘을 모아야 지속가능한 미래를 만들 수 있기 때문입니다.

(3) **지속가능한 미래를 위해 세계시민으로서 참여하는 방법** 예

빈곤과 기아 퇴치를 위해 벼룩시장을 열었어요. 수익은 빈곤 지역 어린이를 위해 기부했어요.

친환경 생산과 소비 방식 확산을 위해 일회용 빨대를 없애자는 의견을 기업에 제안했어요.

문화적 편견이나 차별을 해결할 수 있는 방안을 친구들과 토의한 후 표어를 만들어 게시하고 홍보했어요.

용어 사전

• **공정 무역**(公 공평할 공, 正 바를 정, 貿 무역할 무, 易 바꿀 역) 선진국과 개발 도상국 사이의 불공정한 무역을 개선하여 개발 도상국의 생산자에게 정당한 가격을 지급하는 무역 방식.
• **해소**(解 풀 해, 消 사라질 소) 어려운 일이나 문제가 되는 상태를 해결하여 없애 버림.

자료⁺1 문화적 편견과 차별을 해소해야 하는 까닭

의식주, 종교와 같은 문화는 사람들이 지역의 환경에 적응하며 살아가는 동안 만들어진 것이다. 따라서 편견을 갖거나 차별하는 태도를 버리고 상대방의 문화를 존중하는 태도를 갖추려 노력해야 한다.

우리는 세계 곳곳의 환경, 사람, 동식물과 함께 영향을 주고받으므로 혼자 살아갈 수 없어요. 지구촌 사람들 모두 환경 보호, 평화 등의 가치를 추구하며 함께 노력할 때 행복한 지구촌을 만들 수 있어요.

자료⁺2 세계시민으로서 생활 속에서 실천하는 모습

이 외에 여름철 실내 온도를 적정 온도인 25℃~26℃로 맞추기, 계산하고 남은 동전은 모금함에 넣어 기부하기 등을 실천할 수 있습니다.

🎓 핵심 개념 정리

• 지속가능한 미래를 위해 친환경적 생산과 소비 방식을 확산시키고, 문화적 편견과 차별을 해소하도록 노력해야 합니다.

• 지속가능한 미래를 위해 세계시민으로서 적극적으로 참여하는 자세를 가져야 합니다.

지속가능한 미래를 위해 세계시민으로서 적극적으로 참여하는 자세를 가져야 해요!

---

1 친환경적 생산과 소비의 모습을 알맞게 연결하시오.

(1) 친환경적 생산 •

(2) 친환경적 소비 •

• ㉠

▲ 신·재생 에너지를 사용하여 제품을 생산함.

• ㉡

▲ 필요한 만큼 덜어서 살 수 있는 제품을 구입함.

2 문화적 편견과 차별을 해소하기 위한 노력으로 옳은 것에 ○표, 옳지 <u>않은</u> 것에 ✕표 하시오.

(1) 편견과 차별의 문제를 해결하기 위한 제도를 마련합니다. (   )

(2) 다른 문화가 아닌 우리 문화를 중심으로 생각하는 태도를 기릅니다. (   )

(3) 다양한 문화를 체험할 수 있는 다양한 행사를 개최합니다. (   )

3 (   )(이)란 지속가능한 미래를 만들기 위해 지구촌의 문제에 관심을 갖고 해결하고자 적극적으로 협력하는 사람을 뜻합니다.

4 지속가능한 미래를 위해 세계시민으로서 참여한 일을 알맞게 말한 어린이에게 ○표 하시오.

(1) 빈곤과 기아 퇴치를 위해 벼룩시장을 열었어요. 수익은 빈곤 지역 어린이를 위해 기부했어요.

(2) 문화적 편견과 차별을 해소하기 위해, 맨손으로 식사하는 문화를 보고 청결하지 못하다고 이야기해줬어요.

(   )   (   )

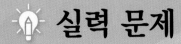

 핵심문장으로 시작하기

1 지구 온난화, 사막화, 열대 우림 파괴, 쓰레기 문제 등 다양한 | ㅎ | ㄱ | ㅁ | ㅈ | 가 발생하고 있습니다.

2 지구촌 사람들은 | ㅈ | ㅅ | ㄱ | ㄴ | ㅎ | ㅁ | ㄹ | 를 위해 현재뿐만 아니라 미래 세대의 환경과 발전을 고려하여 책임감 있게 행동해야 합니다.

3 | ㅅ | ㄱ | ㅅ | ㅁ | 은 지속가능한 미래를 만들기 위해 지구촌 문제에 관심을 갖고 해결하고자 적극적으로 협력하는 사람입니다.

4 지구촌에서 나타나고 있는 환경문제로 알맞지 <u>않</u>은 것을 보기 에서 골라 기호를 쓰시오.

보기
㉠ 지구 온난화로 빙하가 녹아내리고 있다.
㉡ 사막화 방지를 위해 곳곳에 나무를 심고 있다.
㉢ 오염 물질 때문에 초미세 먼지 농도가 증가했다.
㉣ 지구촌 곳곳에 이상 기후 현상이 나타나고 있다.

( )

5 다음 어린이의 질문에 대한 답을 쓰시오.

서술형

 지구촌 사람들이 환경문제를 해결하기 위해 노력해야 하는 까닭은 무엇인가요?

6 다음 신문 기사에 나타난 환경문제는 무엇입니까?

( )

○○신문   20△△년 △△월 △△일

지구의 바다에는 거대한 쓰레기 섬이 있다. 플라스틱을 비롯한 엄청난 양의 쓰레기가 해양에서 서로 뭉쳐 섬을 만든 것이다. 특히 플라스틱 쓰레기는 잘 썩지 않기 때문에 땅과 강, 그리고 바다를 오염시키고 생태계를 파괴한다.

① 사막화   ② 지구 온난화
③ 쓰레기 문제   ④ 열대 우림 파괴
⑤ 초미세 먼지 증가

7 지구촌의 환경문제 해결을 위해 생활에서 노력한 사례를 <u>잘못</u> 말한 어린이는 누구입니까? ( )

① 친환경 제품을 샀어요.
② 쓰레기 분리배출을 철저히 했어요.
③ 사용하지 않는 전자 제품의 플러그를 뽑았어요.
④ 위생을 위해 일회용품 사용을 늘렸어요.

8 지구촌의 환경문제를 해결하기 위한 노력이 <u>잘못</u> 연결된 것은 어느 것입니까? ( )

① 국가 - 신·재생 에너지 생산 시설을 늘린다.
② 개인 - 환경을 보호하는 법과 제도를 만든다.
③ 기업 - 제품의 용기를 친환경 소재로 바꾼다.
④ 시민단체 - 환경 보호 의식을 높이는 환경 운동을 한다.
⑤ 세계 - 여러 나라가 서로 협력하여 환경문제에 대한 대응책을 세우고 실천한다.

9 다음 밑줄 친 '이것'은 무엇인지 쓰시오.

2015년 유엔 기후 변화 회의에서 우리나라를 포함한 195개국이 온실가스 배출량을 줄이고 지구의 평균 기온 상승을 낮추는 것을 목표로 하는 <u>이것</u>을 채택했다. <u>이것</u>을 바탕으로 세계는 여러 분야에서 배출되는 온실가스의 양을 규제하는 등 다양한 정책을 추진하고 있다.

( )

10
서술형
'지속가능한 미래'의 뜻을 알맞게 쓰시오.

_____

_____

11 다음 자료에 대한 설명으로 알맞은 것을 보기 에서 모두 골라 기호를 쓰시오.

보기
㉠ 국제 연합(UN)에서 발표한 것이다.
㉡ 미래 세대만 실천해 나가야 할 목표이다.
㉢ 지속가능한 미래를 만들기 위해 2030년까지 실천할 목표이다.
㉣ 목표에 따라 개발 도상국은 선진국의 번영을 위해 힘써야 한다.

( )

12~13 다음 자료를 보고, 물음에 답하시오.

▲ 굶주림에 시달리며 고통받는 어린이들 / ▲ 생계가 어려워 일하느라 학교에 가지 못하는 어린이들

12 위 자료에 나타난 지구촌 문제는 무엇입니까?
( )

① 환경문제
② 빈곤과 기아
③ 친환경적 생산
④ 친환경적 소비
⑤ 문화적 편견과 차별

13 위 자료에 나타난 지구촌 문제를 해결하기 위한 노력으로 알맞지 <u>않은</u> 것은 어느 것입니까?( )

① 굶주림을 겪는 사람에게 식량을 지원한다.
② 서로 다른 문화를 이해할 수 있도록 교육을 실시한다.
③ 빈곤 지역에 자연재해에도 잘 자라는 농작물을 보급한다.
④ 지구촌 사람들이 문제에 관심을 갖도록 홍보 활동을 한다.
⑤ 빈곤으로 교육받기 어려운 사람을 위해 이들의 교육 환경을 개선하도록 지원한다.

14 친환경적 생산과 소비 방식의 장점을 보기 에서 모두 고른 것은 어느 것입니까? ( )

보기
㉠ 문화적 편견을 줄일 수 있다.
㉡ 빈곤과 기아를 퇴치할 수 있다.
㉢ 우리의 건강과 환경을 지킬 수 있다.
㉣ 지속가능한 미래를 만드는 데 기여할 수 있다.

① ㉠, ㉡
② ㉠, ㉢
③ ㉠, ㉣
④ ㉡, ㉢
⑤ ㉢, ㉣

15 친환경적 생산과 소비의 모습으로 알맞지 <u>않은</u> 것은 어느 것입니까? ( )

①
▲ 필요한 만큼 덜어서 살 수 있는 제품을 구입한다.

②
▲ 식량이 부족한 지역에 식량을 지원한다.

③
▲ 신·재생 에너지를 사용하여 제품을 생산한다.

④
▲ 농약 사용을 최소화하여 농작물을 재배한다.

16 다음 자료에 나타난 지속가능한 미래를 위해 해결해야 할 과제는 무엇입니까? ( )

우리는 맨손으로 식사하는 문화가 있는데, 청결하지 못하다고 생각하는 사람들이 있어요.

우리는 종교적인 이유로 돼지고기를 먹지 않는데, 이를 이상하게 생각하는 사람들이 있어요.

① 환경문제
② 빈곤과 기아
③ 친환경적 생산
④ 친환경적 소비
⑤ 문화적 편견과 차별

17 문화적 편견과 차별을 해소하기 위해 노력한 사례를 바르게 말한 어린이는 누구입니까? ( )

① 민지: 공정무역 제품을 구입했어요.
② 시윤: 에너지 고효율 제품을 샀어요.
③ 희수: 우리와 다른 문화는 무시했어요.
④ 태연: 화학 물질이 없는 친환경 제품을 구입했어요.
⑤ 연경: 서로 다른 문화를 이해하기 위해 교육 행사에 참여했어요.

18 다음과 같은 자세가 필요한 까닭을 보기 에서 골라 기호를 쓰시오.

지구촌의 문제에 관심을 갖고 이를 해결하고자 적극적으로 협력한다.

보기
㉠ 우리나라가 경제적으로 이득을 볼 수 있기 때문이다.
㉡ 지구촌의 문제는 나 혼자의 노력으로 충분히 해결할 수 있기 때문이다.
㉢ 모든 사람이 책임감을 갖고 힘을 모아야 지속가능한 미래를 만들 수 있기 때문이다.

( )

19* 세계시민으로서 생활 속에서 실천하는 모습으로 알맞지 <u>않은</u> 것은 어느 것입니까? ( )

①
필요한 만큼만 물을 사용해야지.

②
여름철에는 실내 온도를 기준에 맞게 25℃~26℃로 맞춰야지.

③
이 옷은 유행이 지났으니 그냥 버려야겠어.

④
남기지 말고 다 먹어야지.

20 세계시민으로서 참여한 경험을 <u>잘못</u> 말한 어린이를 찾아 이름을 쓰시오.

빈곤과 기아 문제를 해결하기 위해 물건을 온라인으로 구입했어요.

▲ 지수

친환경 생산과 소비 방식 확산을 위해 일회용 빨대를 없애자는 의견을 기업에 제안했어요.

▲ 하윤

문화적 편견이나 차별을 해결할 수 있는 방안을 친구들과 토의한 후 표어를 만들어 게시하고 홍보했어요.

▲ 미나

( )

1 다음 신문 기사를 보고, 물음에 답하시오. [12점]

○○신문   20△△년 △△월 △△일

▲ 녹아내리는 빙하

지구의 평균 기온은 지난 100년 동안 꾸준히 상승했다. 이는 공장이나 자동차 등에서 이산화탄소, 메탄과 같은 온실가스가 지나치게 배출되었기 때문이다.

(1) 위 신문 기사에 나타난 지구촌의 환경문제는 무엇인지 쓰시오. [4점]

(   )

(2) (1)번 답의 환경문제로 인한 피해 모습을 한 가지 쓰시오. [8점]

_____

_____

🐢 서술형 문제를 푸는 방법을 익혀보자!

1단계 자료 분석하기   신문 기사를 분석해보자.

어떤 환경문제인지 신문 기사에서 단서를 찾아보자.

⬇

• 지구 평균 기온이 100년 동안 꾸준히 상승함.
• 이산화탄소, 메탄과 같은 온실가스가 배출됨.

⬇

신문 기사는 │ 지 │ 구 │ 온 │ 난 │ 화 │ 의 원인과 결과를 알려주고 있다.

2단계 생각하기   (1)번 답의 환경문제로 지구촌에 어떤 피해가 발생했는지 신문 기사를 보고 생각해보자.

신문 기사에 나타난 내용: 지구의 평균 기온이 상승함.

⬇

지구의 평균 기온이 높아지면 어떤 문제가 발생할까?

2 다음 자료를 보고, 물음에 답하시오. [12점]

▲ 굶주림에 시달리며 고통받고 많은 어린이가 영양분을 공급받지 못해 잘 자라지 못함.

▲ 홍수, 가뭄 등 자연재해로 물과 식량이 부족해 빈곤 지역의 어려움이 더 커짐.

(1) 위 자료에 나타난 지구촌 문제는 무엇인지 쓰시오. [4점]

(   )

(2) (1)번 답의 문제를 해결하기 위한 지구촌 사람들의 노력을 한 가지 쓰시오. [8점]

_____

_____

3 다음 글을 읽고, 물음에 답하시오. [12점]

이것은 지속가능한 미래를 만들기 위해 지구촌의 문제에 관심을 갖고 해결하고자 적극적으로 협력하는 사람을 뜻한다.

(1) 윗글의 밑줄 친 '이것'은 무엇인지 쓰시오. [4점]

(   )

(2) 위 (1)번 답의 자세가 필요한 까닭을 쓰시오. [8점]

_____

_____

통일 한국의 미래와 지구촌의 평화

그림을 보고 배운 개념을 떠올리며 빈칸을 채워 보세요.

개념1 독도

나는 독도에 살아!

우린 독도!

우린 대한민국 영토의 동쪽 끝에 있는 섬이야!

울릉도와 독도는 조선땅이다!

(❶   )는 우리나라 영토의 동쪽 끝에 있는 화산섬으로, 북위 37°, 동경 132° 가까이에 있습니다. 독도에는 독특한 지형이 있으며, 다양한 동식물이 살고 있습니다. 조선 시대에 (❷   )은 독도가 조선의 영토임을 확인하는 문서를 일본으로부터 받아 냈고, 오늘날 정부와 민간단체는 독도를 지키기 위해 다양한 노력을 하고 있습니다.

개념2 남북통일을 위한 노력

정치적 노력

남북 정상 회담

경제적 노력   사회·문화적 노력

남북한은 분단으로 이산가족의 아픔, 남북한의 언어와 문화 차이 등 다양한 어려움을 겪고 있습니다. 남북통일을 위해 (❸   )으로 남북 기본 합의서 채택, 남북 정상 회담 개최 등의 노력을 했습니다. (❹   )으로 개성 공단 운영, 남북 철도 연결 구간 시험 운행 등의 노력을 했으며, 사회·문화적으로 남북 선수단 공동 입장 등의 노력을 했습니다.

개념4 지구촌의 평화와 발전을 위한 노력

지구촌 평화와 발전을 위해 개인이 노력할 수 있어요!

지구촌 평화와 발전을 위해 국가, 국제기구, 비정부 기구가 노력하고 있어요!

개인   국가   국제 기구   비정부 기구

지구촌의 평화와 발전을 위해 개인, 국가, 국제기구, 비정부 기구가 다양한 노력을 하고 있습니다. 국제 연합(UN)은 대표적인 (❻   )입니다. 각 나라의 정부가 모인 국제기구와 달리 국경 없는 의사회, 그린피스와 같은 (❼   )는 특정 분야에 관심 있는 개인이나 민간단체를 중심으로 만들어집니다.

개념5 지구촌의 환경문제

너무 괴롭다! 나 좀 살려줘!

지구촌에는 지구 온난화, 사막화, 열대 우림 파괴 등 다양한 (❽   )가 나타나고 있습니다. 이러한 문제는 어느 한 지역이 아닌 지구촌 전체와 미래 세대에까지 영향을 미치므로 개인, 기업, 시민 단체, 국가, 세계는 문제 해결을 위해 다양한 노력을 하고 있습니다.

우리는 지속가능한 미래를 위해 지구촌 문제에 관심을 갖고 해결하고자 적극적으로 협력하는 세계시민의 자세를 가져야 합니다.

정답과 풀이 **64쪽**

옳은 문장에 ○, 틀린 문장에 ✕하세요. 틀린 부분은 밑줄을 긋고 바른 개념으로 고쳐 써 보세요.

개념3 지구촌 갈등의 원인과 모습

지구촌 갈등은 영역, 자원, 종교, 정치, 문화, 인종 등 다양한 원인이 (**⑤**   )으로 얽혀서 일어납니다.

개념6 지속가능한 미래

(**⑨**   )는 지구촌 사람들이 현재와 미래 세대의 환경을 보호하고 사회적·경제적으로 책임감 있게 행동하여 지구촌의 지속가능성을 높여 가는 것입니다. 지속가능한 미래를 만들기 위해 지구촌 문제에 관심을 갖고 해결하고자 적극적으로 협력하는 (**⑩**   )의 자세가 필요합니다.

1 독도는 우리나라 영토의 서쪽 끝에 있는 섬입니다.

(   )

2 독도 주변 바다에는 해양 심층수와 가스 하이드레이트가 많이 있어 경제적 가치가 매우 높습니다. (   )

3 조선 시대에 이사부는 일본에 건너가 울릉도와 독도가 조선의 영토임을 확인하는 문서를 일본으로부터 받아 냈습니다.

(   )

4 남북은 통일을 위해 남한의 자본과 기술력에 북한의 노동력을 합친 개성공단을 2005년부터 2016년까지 운영하였습니다.

(   )

5 영역, 종교, 민족, 자원 등 다양한 원인이 복합적으로 얽혀서 지구촌 갈등이 발생합니다. (   )

6 말랄라 유사프자이는 1991년 지뢰 금지 국제 운동(ICBL) 단체를 만들어 123개 나라로부터 더 이상 지뢰를 사용하지 않겠다는 약속을 받아 냈습니다. (   )

7 국제기구는 권력이나 이윤을 추구하지 않고 공공의 이익을 추구하는 시민 사회단체입니다. (   )

8 환경문제는 어느 한 지역뿐만 아니라 지구촌 전체와 미래 세대에까지 영향을 미칩니다. (   )

9 지구촌 사람들이 현재와 미래 세대의 환경을 보호하고 사회적·경제적으로 책임감 있게 행동하여 지구촌의 지속가능성을 높여 가는 것을 지속가능한 미래라고 합니다.

(   )

10 세계시민은 지속가능한 미래를 만들기 위해 지구촌 문제에 관심을 갖고 해결하고자 적극적으로 협력합니다.

(   )

1 다음 지도를 보고 알 수 있는 내용을 보기 에서 모두 고른 것은 어느 것입니까? (   )

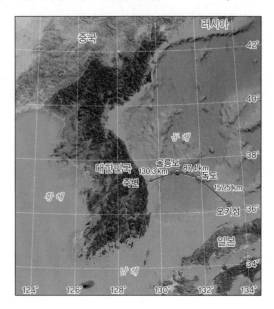

보기

ㄱ 독도는 우리나라 영토의 동쪽에 있다.

ㄴ 울릉도에서 독도까지의 거리는 87.4㎞이다.

ㄷ 독도에서 오키섬까지의 거리는 157.5㎞이다.

ㄹ 독도는 울릉도보다 오키섬과의 거리가 더 가깝다.

① ㄱ, ㄴ   ② ㄱ, ㄹ

③ ㄴ, ㄷ   ④ ㄱ, ㄴ, ㄷ

⑤ ㄴ, ㄷ, ㄹ

2 독도의 자연환경에 대한 설명으로 옳지 <u>않은</u> 것을 골라 기호를 쓰시오.

독도는 ㉠ 안개가 자주 끼고 흐린 날이 많다. 독도는 ㉡ 화산 활동으로 생긴 화산섬으로, 독특한 지형과 경관을 지닌다. 독도는 경사가 급하고 대부분 암석이기 때문에 ㉢ 동식물이 서식할 수 없다. 우리나라는 ㉣ 독도를 천연기념물 제336호로 지정해 보호하고 있다.

(   )

3~4 다음 독도에 대한 옛 기록과 지도를 보고, 물음에 답하시오.

㉠

▲ 『세종실록』, 『지리지』

㉡

▲ 『신증동국여지승람』, 「팔도총도」

㉢

▲ 「태정관지령」

㉣

▲ 대한 제국 칙령 제41호

3 위 ㉠~㉣ 중 다른 나라의 옛 기록과 지도를 찾아 기호를 쓰시오.

(   )

4 위 ㉠~㉣ 중 다음 설명에 해당하는 옛 기록과 지도를 찾아 기호를 쓰시오.

• 현존 우리나라 옛 지도 중 독도가 그려진 가장 오래된 지도이다.

• 우산도(독도)를 실제와 달리 울릉도의 서쪽에 그렸다.

(   )

5 다음 독도를 지키기 위한 정부의 노력을 한 가지 더 쓰시오.

 서술형

• 독도에 주민 숙소, 등대, 경비 시설 등을 설치했다.

• _____

_____

_____

6 남북 분단으로 겪는 어려움으로 알맞지 않은 것은 어느 것입니까? ( )

① 국방비 감소
② 이산가족의 슬픔
③ 전쟁에 대한 불안
④ 달라지는 남북한의 언어와 문화
⑤ 효율적으로 사용하지 못하는 남북한의 자원과 기술

7 남북통일을 위한 사회·문화적 노력으로 알맞은 것은 어느 것입니까? ( )

① 개성 공단 운영
② 남북 정상 회담 개최
③ 남북 기본 합의서 채택
④ 남북 예술단 합동 공연
⑤ 7·4 남북 공동 성명 발표

8 통일된 한국의 미래 모습을 잘못 예측한 어린이는 누구입니까? ( )

① 남북한의 전통문화를 체계적으로 관리할 수 있어요.
② 철도를 이용하여 유럽에 있는 나라로 갈 수 없게 됩니다.
③ 가족과의 이별로 인한 북한 이탈 주민의 슬픔이 사라져요.
④ 휴전선이 없어져 비무장 지대를 평화롭게 이용할 수 있어요.

9 지구촌 갈등에 대한 설명으로 알맞지 않은 것은 어느 것입니까? ( )

① 다양한 원인이 복합적으로 얽혀서 발생한다.
② 지구촌 갈등은 짧은 시간 안에 해결할 수 있다.
③ 영역, 민족, 자원, 종교 등 다양한 이유로 나타난다.
④ 갈등 지역의 사람들은 전쟁, 범죄, 테러의 위협을 받고 있다.
⑤ 갈등을 겪는 지역뿐만 아니라 다른 나라와도 연결되어 있어 지구촌 전체의 평화를 위협한다.

10 지구촌 갈등이 사라지지 않고 지속되는 까닭으로 옳은 것을 보기 에서 모두 고른 것은 어느 것입니까? ( )

보기
㉠ 나라들이 지켜야 하는 강력한 법이 있기 때문이다.
㉡ 종교, 인종 등 서로 다름을 존중하지 않기 때문이다.
㉢ 강대국들이 과거의 잘못을 책임지지 않고 이익만 얻으려고 하기 때문이다.
㉣ 역사적으로 오랫동안 쌓인 미움과 갈등을 적극적으로 해결하려 하기 때문이다.

① ㉠, ㉢
② ㉠, ㉣
③ ㉡, ㉢
④ ㉡, ㉣
⑤ ㉠, ㉡, ㉣

11 지구촌 갈등을 평화롭게 해결하기 위해 우리가 할 수 있는 일로 알맞은 것을 두 가지 고르시오.

( )

① ▲ 지구촌 갈등 해결을 위한 홍보 동영상 만들기

② 종교의 자유를 주십시오! / 다른 종교는 인정할 수 없어요!
▲ 자신이 믿는 종교 외에 다른 종교는 인정하지 않기

③ 우리 민족 말에 따라요! / 우리 민족의 생각이 무조건 옳아요!
▲ 민족의 이익을 위해 우리 민족의 생각을 강하게 주장하기

④ 지구촌 문제에 관심을 가져 주세요.
▲ 사람들이 지구촌 갈등 문제 해결에 관심을 갖도록 누리 소통망(SNS)에 글 올리기

12 지구촌의 평화와 발전을 위한 개인의 노력이 알맞게 짝지어진 것은 어느 것입니까? ( )

① 조디 윌리엄스 – 여성과 아동의 교육권을 위해 활동했다.
② 넬슨 만델라 – 남아프리카 공화국에서 인종 차별 반대 운동을 펼쳤다.
③ 말랄라 유사프자이 – 오랫동안 내전이 이어진 남수단에서 의료 봉사와 교육 활동에 헌신했다.
④ 간디 – 누리 소통망(SNS)을 이용해 탈레반 점령 지역의 일상과 여학생 교육의 문제점을 알렸다.
⑤ 이태석 신부 – 지뢰 금지 국제 운동(ICBL)을 만들어 123개 나라로부터 더 이상 지뢰를 사용하지 않겠다는 약속을 받아냈다.

13 서술형 다음은 지구촌의 평화와 발전을 위한 우리나라의 노력을 칠판에 정리한 것입니다. 빈칸에 들어갈 알맞은 내용을 한 가지 더 쓰시오.

• 분쟁 지역에 국제 연합 평화 유지군을 파견한다.
• 지구촌 평화를 위한 외교 활동을 펼친다.
• _____

14 국제연합(UN) 기구에 속하지 않는 것은 어느 것입니까? ( )

① 국제 노동 기구(ILO)
② 그린피스(GREENPEACE)
③ 국제 연합 난민 기구(UNHCR)
④ 국제 연합 아동 기금(UNICEF)
⑤ 국제 연합 세계 식량 계획(WFP)

15 다음 표의 ㉠, ㉡에 들어갈 말이 알맞게 짝지어진 것은 어느 것입니까? ( )

구분	㉠	㉡
뜻	국제적인 목적이나 활동을 위해 두 나라 이상의 회원국으로 구성된 단체	권력이나 이윤을 추구하지 않고 공공의 이익을 추구하는 시민 사회단체
예	국제 연합(UN)	국경 없는 의사회, 해비타트

	㉠	㉡
①	국제기구	비정부 기구
②	국제기구	국제 앰네스티
③	국제기구	세이브 더 칠드런
④	비정부 기구	국제기구
⑤	비정부 기구	국제 앰네스티

16 다음 신문 기사의 빈칸에 공통으로 들어갈 알맞은 말을 쓰시오.

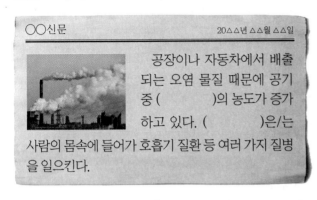

○○신문   20△△년 △△월 △△일

공장이나 자동차에서 배출되는 오염 물질 때문에 공기 중 ( )의 농도가 증가하고 있다. ( )은/는 사람의 몸속에 들어가 호흡기 질환 등 여러 가지 질병을 일으킨다.

( )

17 지구촌의 환경문제를 해결하기 위한 기업의 노력으로 알맞지 <u>않은</u> 것은 어느 것입니까? ( )

① 환경 관련 법과 제도를 만든다.
② 포장재를 최소화한 상품을 생산한다.
③ 제품의 용기를 친환경 소재로 바꾼다.
④ 친환경 제품을 생산하는 기술을 개발한다.
⑤ 제품 생산 과정에서 에너지 사용량을 줄이는 방법을 도입한다.

18 다음에서 설명하는 것을 무엇이라고 하는지 쓰시오.

지구촌 사람들이 현재와 미래의 환경을 보호하고 사회적·경제적으로 책임감 있게 행동하여 지구촌의 지속가능성을 높여 가는 것이다.

( )

19 다음 인물이 겪은 지구촌 문제를 해결하기 위한 노력으로 알맞은 것을 두 가지 고르시오. ( )

사람들에게 제가 믿는 종교를 설명했는데 이상하다고 했어요.

① 빈곤 지역에 농업 기술을 지원한다.
② 서로 다른 문화를 이해할 수 있도록 교육을 한다.
③ 가난과 굶주림을 겪는 사람에게 돈과 식량을 지원한다.
④ 편견과 차별의 문제를 해결하기 위한 제도를 마련한다.
⑤ 친환경적인 방식으로 생산한 공정 무역 제품을 구입한다.

20 다음 빈칸에 공통으로 들어갈 알맞은 단어와 그 뜻을 쓰시오.
서술형

필요한 만큼만 물을 사용해야지.

잘 안 입는 옷이니까 재활용할 수 있는 곳에 기부해야지.

위 그림은 모두 ( )(으)로서 생활 속에서 실천하는 모습이다. 지구촌의 지속가능성을 높이기 위해 우리는 위와 같이 ( )의 자세를 가져야 한다.

(1) 단어: _____

(2) 뜻: _____

_____

2-1 한반도의 미래와 통일

학습 주제	독도 알아보기	배점	30점
학습 목표	독도에 대해 알고 독도를 지키는 방법을 설명할 수 있다.		

1~3 다음 자료를 보고, 물음에 답하시오.

(가)
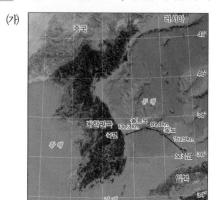

(나)
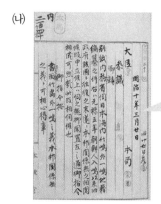

"죽도(울릉도)와 일도(독도)의 건에 대해 일본은 관계가 없다는 것을 명심할 것."

▲ 「태정관 지령」(1877년) - 일본의 국가 문서

1 위 (가)를 보고 ❶~❸의 알맞은 말에 ○표 하시오. [❶~❸ 각 2점]

울릉도에서 독도까지의 거리는 (❶ 87.4 , 157.5)km이고, 일본의 오키섬에서 독도까지의 거리는 (❷ 87.4 , 157.5)km이다. 따라서 독도는 일본의 오키섬보다 울릉도와의 거리가 더 (❸ 멀다 , 가깝다).

2 위 (나)를 통해 알 수 있는 사실을 한 가지 쓰시오. [12점]

_____

_____

_____

3 독도를 지키기 위해 우리가 할 수 있는 일을 한 가지 쓰시오. [12점]

_____

_____

2-2 지구촌의 평화와 발전

학습 주제	지구촌 갈등에 대해 알아보기	배점	30점
학습 목표	지구촌 갈등 지도를 통해 지구촌 갈등 사례와 특징을 알 수 있다.		

1~3 다음 지구촌의 다양한 갈등 사례를 나타낸 지도를 보고, 물음에 답하시오.

1 다음에서 설명하는 지구촌 갈등을 지도에서 찾아 쓰시오. [6점]

> 유대교를 믿는 이스라엘과 이슬람교를 믿는 팔레스타인이 하나의 지역을 서로 자기 땅이라고 주장하면서 갈등이 일어났다.

(   )

2 다음은 위 지도를 통해 알 수 있는 내용입니다. 빈칸에 들어갈 알맞은 내용을 한 가지 더 쓰시오. [12점]

> • 지구촌 갈등은 세계 곳곳에서 다양하게 발생한다는 것을 알 수 있다.
> • _____

3 위와 같은 지구촌 갈등을 해결하기 위해 필요한 태도를 한 가지 쓰시오. [12점]

2-3 지속가능한 지구촌

학습 주제	지속가능한 미래에 대해 알기	배점	30점
학습 목표	지속가능한 미래를 위해 실천하는 방법을 설명할 수 있다.		

1~2 다음 자료를 보고, 물음에 답하시오.

1 다음 빈칸에 들어갈 알맞은 말을 쓰시오. [10점]

> 위 자료는 국제 연합(UN)에서 지구촌 문제를 해결하고 (   )을/를 만들기 위해 2030년까지 전 세계가 실천할 목표를 세운 것이다.

(   )

2 위 자료의 17개 목표 중 실천해 보고 싶은 목표를 한 가지 고르고, 생활 속에서 어떻게 실천할지 방법을 쓰시오. [❶ 5점, ❷ 15점]

❶ 실천해 보고 싶은 목표	
❷ 생활 속에서 실천하는 방법	

① 지구, 대륙 그리고 국가들

❶ 위치를 나타내는 자료

지구본	지구를 축소한 모형	장점	실제 모습과 비슷함.
		단점	한눈에 보기 어렵고, 가지고 다니기 불편함.
세계 지도	지구를 축소하여 평면으로 나타낸 것	장점	세계 여러 나라의 위치를 한눈에 볼 수 있음.
		단점	모양, 거리가 실제와 다르게 표현되기도 함.
디지털 영상 지도	디지털 정보로 표현된 지도	장점	다양한 정보를 얻음.
		단점	인터넷을 연결해야 다양한 기능을 사용할 수 있음.

❷ 세계의 대륙과 대양

대륙	바다로 둘러싸인 큰 땅덩어리(아시아, 아프리카, 유럽, 오세아니아, 북아메리카, 남아메리카, 남극 대륙)
대양	큰 바다(태평양, 대서양, 인도양, 북극해, 남극해)

❸ 세계 여러 나라의 면적과 모양

영토 면적	• 면적이 넓은 나라: 러시아 > 캐나다 > 미국 순 • 면적이 가장 좁은 나라: 바티칸 시국
영토 모양	• 국경선이 단조로운 나라: 예 미국, 이집트 등 • 남북으로 길게 뻗은 나라: 예 아르헨티나, 칠레 등

② 세계의 다양한 삶의 모습

❶ 기후에 따른 사람들의 생활 모습

열대 기후	일 년 내내 기온이 높고 연 강수량이 많으며, 밀림이나 초원이 나타남.	전통적으로 화전 농업을 했고, 요즘에는 바나나, 커피를 대규모로 재배함.
건조 기후	강수량보다 증발량이 많으며, 사막이나 초원이 나타남.	사막에서는 오아시스 주변에서 농사를 짓고, 초원에서는 유목 생활을 함.
온대 기후	사계절이 비교적 뚜렷하고, 일찍부터 사람이 모여 살며 농업이 발달함.	유럽에서 밀, 아시아에서 벼, 지중해 주변 지역에서 올리브를 재배함.
냉대 기후	온대 기후보다 겨울이 더 길고 추우며, 침엽수림이 널리 분포함.	목재와 펄프의 세계적인 생산지임.
한대 기후	일 년 내내 기온이 낮아서 농사짓기가 어려움.	여러 나라에서 연구소나 기지를 세우고 있음.

❷ 세계 여러 나라 사람들의 다양한 생활 모습

의식주 생활 모습	인도의 사리, 튀르키예의 케밥, 파푸아 뉴기니의 고상 가옥 등
생활 모습이 다양한 까닭	지형, 기후 등 자연환경과 풍습, 종교 등 인문환경이 서로 다르기 때문임. → 이해하고 존중하려는 마음가짐이 필요함.

③ 우리나라와 가까운 나라들

❶ 우리나라와 거리가 가까운 이웃 나라

중국	세계적으로 인구가 많고, 여러 산업이 발달함.	[경제] 무역 활발, 에너지 협력, 관광객 증가 등 [문화] 문화 콘텐츠 교류, 유학생 증가 등 [정치] 정상 회의 개최, 외교 및 국방 협력 등
일본	화산이 많고 지진 활동이 활발하며, 태평양 연안을 따라 제조업과 첨단 산업이 발달함.	
러시아	세계에서 영토가 가장 넓고, 자원이 풍부하며, 중화학 공업이 발달함.	

❷ 우리나라와 거리가 멀지만 관계 깊은 나라

미국	영토가 넓고 자원이 풍부하여 수많은 산업이 골고루 발달함.	⇒	우리나라의 주요 무역 상대국
사우디 아라비아	세계에서 손꼽히는 원유 생산 국가임.	⇒	우리나라의 주요 원유 수입국
베트남	벼가 많이 재배되며, 경공업이 발달함.	⇒	우리나라의 기업 진출, 인적 교류 활발

우리나라는 세계 여러 나라와 상호 의존하며 협력하고 있음.

1 지구본은 지구의 실제 모습과 비슷하지만 전 세계의 모습을 한눈에 보기 ㉠ (쉽고 , 어렵고), 가지고 다니기 ㉡ (편합니다 , 불편합니다.)

㉠ (   )
㉡ (   )

2 둥근 지구를 평면으로 나타낸 것으로, 세계의 모습을 한눈에 살펴볼 수 있는 것은 무엇입니까?

3 (적도 , 본초 자오선)을/를 기준으로 지구를 반으로 나눴을 때 북쪽을 북반구, 남쪽을 남반구라고 합니다.

4 위성 사진이나 항공 사진에 디지털 정보를 결합하여 표현된 지도로 자유롭게 확대, 축소할 수 있는 것은 무엇입니까?

5 지구 표면은 커다란 땅덩어리인 ㉠ (대륙 , 대양)과 넓은 바다인 ㉡ (대륙 , 대양)으로 이루어져 있습니다.

㉠ (   )
㉡ (   )

6 우리나라가 속해 있는 대륙으로, 대륙 중에서 가장 큰 것은 어디입니까?

7 미국, 캐나다 등이 속해 있는 대륙은 (북아메리카 , 남아메리카)입니다.

8 다음 빈칸에 들어갈 알맞은 대양을 쓰시오.

넓은 순서: (   ) > 대서양 > 인도양

9 세계에서 영토의 면적이 가장 넓은 나라는 ㉠ (   )이고, 가장 좁은 나라는 ㉡ (   )입니다.

㉠ (   )
㉡ (   )

10 이집트는 국경선이 (단조로운 , 복잡한) 편입니다.

1~2 다음 자료를 보고, 물음에 답하시오.

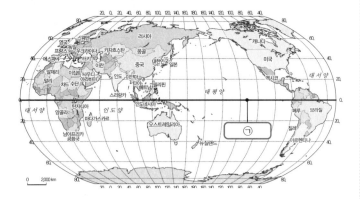

1 위와 같이 지구를 평면으로 나타낸 것을 무엇이라고 하는지 쓰시오.

( )

2 위 자료의 ㉠에 대한 설명으로 옳은 것은 어느 것입니까? ( )

① 경도 0° 선
② 세로로 그은 선
③ 위선의 기준이 되는 선
④ 동경과 서경의 기준이 되는 선
⑤ 경도를 결정하는 기준이 되는 선

3 디지털 영상 지도에서 이용할 수 있는 기능을 두
서술형 가지 이상 쓰시오.

_____

_____

4 다음 대화의 밑줄 친 부분에 들어갈 지구본의 장점으로 옳은 것은 어느 것입니까? ( )

> 선욱: 지구의 실제 모습과 비슷한 지구본의 장점은 무엇일까?
>
> 민정: _____

① 가지고 다니기에 편리해.
② 지도의 확대와 축소가 자유로워.
③ 둥근 지도가 평면으로 나타나 있어.
④ 세계 여러 나라의 위치를 한눈에 볼 수 있어.
⑤ 세계 지도보다 나라의 위치, 면적 등을 정확히 파악할 수 있어.

5 다음 지도의 ㉠ 대륙에 대한 설명으로 옳지 않은 것은 어느 것입니까? ( )

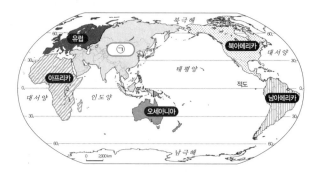

① 대륙 중에서 가장 크다.
② 대부분이 남반구에 속해 있다.
③ ㉠ 대륙의 이름은 아시아이다.
④ 태평양, 인도양 등과 접해 있다.
⑤ 우리나라가 속해 있는 대륙이다.

6 다음 지도에 나타난 대륙에 위치한 나라끼리 바르게 짝 지어진 것은 어느 것입니까? ( )

① 미국, 캐나다, 멕시코
② 브라질, 칠레, 우루과이
③ 대한민국, 인도, 필리핀
④ 소말리아, 케냐, 이집트
⑤ 이탈리아, 독일, 에스파냐

7 오른쪽 지도의 대서양에 대한 설명으로 옳은 것은 어느 것입니까? ( )

① 가장 큰 바다이다.
② 대부분 얼음에 덮여 있다.
③ 우리나라와 인접해 있다.
④ 남극 대륙을 둘러싸고 있다.
⑤ 아프리카, 유럽, 아메리카 등에 둘러싸여 있다.

8 다음 ( ) 안에 들어갈 알맞은 나라를 쓰시오.

세계에서 영토의 면적이 가장 좁은 나라는 ( )(으)로 이탈리아 로마 시내에 있다.

( )

9 다음 중 영토의 모양이 남북으로 길게 뻗은 나라는 어느 것입니까? ( )

▲ 사우디아라비아 ▲ 아이슬란드
▲ 아르헨티나 ▲ 탄자니아

10 다음 지도를 보고 캐나다에 대한 설명으로 옳지 않은 것은 어느 것입니까? ( )

① 캐나다의 남쪽에 미국이 있다.
② 캐나다의 북쪽에 북극해가 있다.
③ 캐나다와 미국의 국경선은 반듯하다.
④ 캐나다의 면적은 세계에서 가장 좁다.
⑤ 캐나다는 미국과 국경을 마주하고 있다.

1 다음과 같은 자료에 대한 설명으로 옳은 것은 어느 것입니까? ( )

① 가지고 다니기에 편리한 것
② 둥근 지도를 평면으로 나타낸 것
③ 실제 지구의 모습을 작게 줄인 것
④ 지도의 확대와 축소가 자유로운 것
⑤ 위성 영상이나 항공 사진을 지도 형태로 바꾼 것

2 다음과 같이 위도와 경도로 우리나라의 위치를 나타날 때 마지막에 해야 할 일은 어느 것입니까? ( )

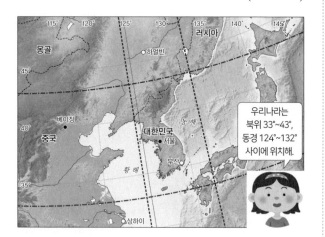

우리나라는 북위 33°~43°, 동경 124°~132° 사이에 위치해.

① 지도 준비하기
② 동, 서, 남, 북 끝 지점 찾기
③ 남쪽과 북쪽 끝 지점에 가까운 위선 찾기
④ 동쪽과 서쪽 끝 지점에 가까운 경선 찾기
⑤ 각 위선과 경선에 표시된 수치 확인하기

3 대륙에 대한 설명으로 옳은 것을 보기 에서 모두 골라 기호를 쓰시오.

보기
㉠ 바다로 둘러싸인 큰 땅덩어리
㉡ 아시아, 유럽, 아프리카, 오세아니아 등
㉢ 세계의 바다 가운데 특히 넓고 큰 바다
㉣ 태평양, 대서양, 인도양, 북극해, 남극해

( )

4 다음에서 설명하는 대륙은 무엇입니까? ( )

아시아 다음으로 큰 대륙이며, 북반구와 남반구에 걸쳐 있다.

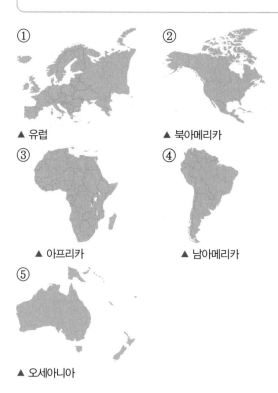

① ▲ 유럽
② ▲ 북아메리카
③ ▲ 아프리카
④ ▲ 남아메리카
⑤ ▲ 오세아니아

5 각 대륙의 이름과 대륙에 속한 나라가 잘못 연결된 것은 어느 것입니까? ( )

① 유럽 - 영국, 프랑스
② 남아메리카 - 중국, 일본
③ 아프리카 - 케냐, 이집트
④ 아시아 - 베트남, 사우디아라비아
⑤ 오세아니아 - 오스트레일리아, 뉴질랜드

6 다음 자료를 보고 어떤 나라를 조사한 것인지 쓰시오.

위치한 대륙	북아메리카
위도와 경도 범위	북위 41°~83°, 서경 52°~141°
주변에 있는 대양	북쪽에 북극해가 있음.
주변에 있는 나라	남쪽에 미국이 있음.

(   )

7 서술형 오른쪽 자료에 나타난 북극해의 특징을 두 가지 쓰시오.

_____

_____

8 다음 지도를 보고 알 수 있는 내용은 어느 것입니까?
(   )

▲ 세계 여러 나라의 면적

① 영토의 면적이 모두 같다.
② 가장 좁은 나라는 알제리이다.
③ 대한민국은 두 번째로 면적이 넓다.
④ 면적이 가장 넓은 나라는 러시아이다.
⑤ 모든 나라의 영토 모양이 서로 비슷하다.

9 다음 지도를 보고 탄자니아의 영토 모양에 대해 바르게 설명한 것은 어느 것입니까? (   )

① 둥근 모양이다.
② 섬이 아주 많다.
③ 모양은 장화와 닮았다.
④ 남북으로 길게 뻗어 있다.
⑤ 국경선의 모양이 다른 나라와 같다.

10 배려 모둠은 세계 일주 계획을 세우면서 다양한 자료를 활용했습니다. 재민이가 활용한 '이것'은 무엇입니까? (   )

재민: 이것에 방문할 도시를 표시하고 붉은색 펜을 사용해 선으로 이어 보니 세계 일주 경로를 한눈에 볼 수 있어서 좋았다.

① 나침반   ② 지구본
③ 세계 지도   ④ 항공 사진
⑤ 디지털 영상 지도

1 다음 자료를 보고, 물음에 답하시오. [12점]

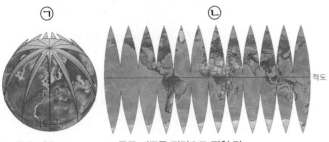

㉠   ㉡

적도

▲ 둥근 지구   ▲ 둥근 지구를 평면으로 펼친 것

(1) 위 ㉡과 같이 지구를 평면으로 나타낸 것을 무엇이라고 하는지 쓰시오. [4점]

(   )

(2) 위 (1)번 답의 단점을 쓰시오. [8점]

_____

_____

2 다음 지도를 보고, 물음에 답하시오. [12점]

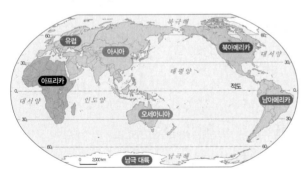

(1) 가장 큰 대륙은 무엇인지 쓰시오. [4점]

(   )

(2) 위 지도를 보고 태평양은 어디에 위치하는지 쓰시오. [8점]

_____

_____

3 다음은 뉴질랜드의 위치와 영역을 표시한 것입니다. 이를 보고 뉴질랜드의 정보를 정리한 아래 표의 빈칸에 들어갈 내용을 각각 쓰시오. [8점]

북반구

적도

남반구

위치한 대륙	㉠ ( )
위도와 경도 범위	남위 34°~47°, 동경 166°~179°
주변에 있는 대양	㉡
주변에 있는 나라	북서쪽에 오스트레일리아가 있음.

4 다음 지도를 보고, 물음에 답하시오. [12점]

(1) 위 지도에 나타난 나라의 이름을 쓰시오. [4점]

(   )

(2) 위 지도를 보고 알 수 있는 (1)번 답의 영토 모양을 쓰시오. [8점]

_____

_____

1 적도 지방에서 극지방으로 갈수록 기온이 점차 (낮아집니다 , 높아집니다).

2 열대 기후 지역에서 나무와 풀을 태우고 남은 재를 거름 삼아 농사짓는 방식을 무엇이라고 합니까?

3 건조 기후 지역 중에는 강수량이 매우 적어 식물이 거의 없는 ㉠ (사막 , 초원)이 나타나는 곳도 있고, 약간의 비가 내려 ㉡ (사막 , 초원)이 나타나는 곳도 있습니다.

㉠ (   )
㉡ (   )

4 온화한 기후를 바탕으로 벼, 밀, 올리브 등 농작물을 재배하고, 많은 사람이 살고 있으며, 계절에 따른 옷과 음식이 다양하게 나타나는 기후 지역은 무엇입니까?

5 (건조 기후 , 한대 기후) 지역에서는 지하자원 개발과 극지방 기후 환경 연구 등이 활발하게 이루어지고 있습니다.

6 열대 기후 지역에서는 무더위와 해충으로 인한 피해를 막기 위해 집을 땅에서 (띄워서 , 붙여서) 짓습니다.

7 유목 생활을 하는 몽골 사람들이 거주하는 이동식 가옥은 무엇입니까?

8 세계 각 지역의 ㉠ (지형 , 풍습) 등 자연환경과 ㉡ (기후 , 종교) 등 인문환경은 그곳에 사는 사람들의 생활 모습에 영향을 미칩니다.

㉠ (   )
㉡ (   )

9 다양한 삶의 모습을 조사하는 과정에 들어갈 알맞은 말을 쓰시오.

조사 주제 정하기 ➡ 조사 (   ) 세우기 ➡ 조사하기 ➡ 소개 자료 만들고 발표하기

10 세계 여러 나라의 생활 모습을 대할 때에는 서로 다른 모습을 (무시 , 이해)하고 존중하려는 마음가짐이 필요합니다.

1 다음 지도를 보고 세계의 기후를 잘못 이해하고 있는 친구는 누구입니까? (   )

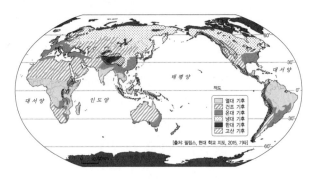

① 동현: 세계에는 지역별로 다양한 기후가 나타난다.

② 혜수: 적도 부근은 겨울이 춥고 긴 냉대 기후가 나타난다.

③ 민준: 적도에서 극지방으로 갈수록 기온이 점차 낮아진다.

④ 상은: 해당 지역의 기온과 강수량 등을 기준으로 기후를 구분한다.

⑤ 지석: 극지방 부근은 일 년 내내 평균 기온이 낮은 한대 기후가 나타난다.

2 서술형 다음과 같이 분포하는 열대 기후는 어떤 기후 특징이 나타나는지 쓰시오.

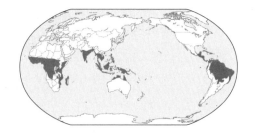

_____

_____

3 다음 (   ) 안에 들어갈 알맞은 말은 무엇입니까? (   )

건조 기후 지역 중 초원 지역의 사람들은 전통적으로 물과 풀을 찾아 가축과 함께 이동하는 (   )을/를 하며 살아간다.

① 유목 생활   ② 기지 건설
③ 펄프 공업   ④ 농업 활동
⑤ 화전 농업

4 다음과 같은 특징이 나타나는 기후는 무엇인지 쓰시오.

• 사계절이 비교적 뚜렷하다.
• 인구가 많고 여러 산업이 발달하였다.
• 유럽에서는 주로 밀을, 아시아에서는 쌀을, 지중해 주변 지역에서는 올리브 등을 재배한다.

(   )

5 다음과 같이 고도가 높은 곳에 도시가 발달하는 까닭은 무엇입니까? (   )

저위도 지역은 고도가 높은 곳에 도시가 발달하기도 한다. 멕시코의 수도 멕시코시티, 콜롬비아의 수도 보고타의 해발 고도는 2,000m 이상이다.

① 바다와 가깝기 때문에
② 강수량이 매우 적기 때문에
③ 고산 기후가 나타나기 때문에
④ 땅속이 계속 얼어 있기 때문에
⑤ 건기와 우기가 번갈아 나타나기 때문에

6 한대 기후 지역에 풍부하게 있는 자원을 보기 에서 모두 골라 기호를 쓰시오.

> **보기**
> ㉠ 밀   ㉡ 목재   ㉢ 석유
> ㉣ 펄프   ㉤ 천연가스   ㉥ 열대 과일

(   )

7 다음과 같이 열대 기후 지역에서 쉽게 볼 수 있는 집의 형태는 무엇입니까? (   )

>
> 열대 기후가 나타나는 파푸아 뉴기니에서는 땅에서 올라오는 열기와 습기를 피하고 바람을 잘 통하게 하려고 나무 기둥을 세워 바닥이 땅에서 떨어지게 집을 짓는다.

① 게르   ② 흙집
③ 이글루   ④ 고상 가옥
⑤ 흰색집

8 세계 여러 나라 사람들의 의식주 생활 모습에 영향을 미치는 것이 아닌 것은 어느 것입니까?
(   )

① 지역의 지형
② 지역의 풍습
③ 지역에 있는 학교 수
④ 지역에서 나타나는 기후
⑤ 지역 사람들이 믿는 종교

9 다음은 배려 모둠에서 작성한 보고서의 일부입니다. 잘못된 내용을 골라 기호를 쓰시오.

> **이누이트의 전통 복장**
> 이누이트는 ㉠ 한대 기후가 나타나는 북극 지방에 살고 있으며 ㉡ 순록, 바다표범 등을 사냥하며 생활한다. 이들은 가장 쉽게 구할 수 있는 재료인 ㉢ 동물의 가죽과 털로 옷을 만든다. 동물의 가죽과 털로 만든 옷은 ㉣ 열기와 습기를 피하고 바람을 잘 통하게 해 준다.
>
>

(   )

10 다음과 같이 다른 나라의 생활 모습을 경험한 어린이가 가져야 할 태도로 바른 것은 어느 것입니까?
(   )

> 어제 인도에서 오신 아빠 친구 댁에 가서 식사를 했어요. 그런데 아저씨께서 오른쪽 맨손으로 밥을 드셔서 당황했어요.

① 더 이상 교류하지 않는다.
② 우리나라의 문화를 강요한다.
③ 당황한 마음을 적극적으로 표현한다.
④ 우리의 생활 모습과 다르다고 무시한다.
⑤ 서로 다른 생활 모습을 이해하고 존중한다.

1 다음 지도를 보고 적도 부근과 남극 대륙에 주로 나타나는 기후가 무엇인지 각각 쓰시오.

(1) 적도 부근의 기후: (   )

(2) 남극 대륙의 기후: (   )

2 열대 기후 지역에서 주로 재배되는 작물이 아닌 것은 어느 것입니까? (   )

① ▲ 밀

② ▲ 얌

③ ▲ 커피

④ ▲ 카사바

⑤ ▲ 바나나

3 다음과 같은 생활 모습이 나타나는 지역의 기후는 무엇입니까? (   )

사막 지역의 사람들은 오아시스나 나일강과 같은 강 주변에서 농사를 지으며 살아간다.

▲ 사막 지역의 마을

① 열대 기후   ② 건조 기후

③ 온대 기후   ④ 냉대 기후

⑤ 한대 기후

4 온대 기후 지역에 대한 설명으로 옳지 않은 것은 어느 것입니까? (   )

① 사계절이 뚜렷한 편이다.

② 일찍부터 농업이 발달했다.

③ 중위도 지역에 주로 나타난다.

④ 인구가 많고 여러 산업이 발달했다.

⑤ 가축과 함께 이동하는 유목 생활을 한다.

5 다음 지도에 나타난 지역에서 볼 수 있는 생활 모습으로 옳은 것을 두 가지 고르시오. (   )

▲ 냉대 기후의 분포

① 목재를 생산한다.

② 전통적으로 화전 농업을 한다.

③ 올리브나 포도를 많이 재배한다.

④ 여름에는 밀, 감자, 옥수수 등을 재배한다.

⑤ 강수량이 매우 적어 사막이 널리 나타난다.

6 우리나라에서 다음 기지들을 세운 목적은 무엇입니까?　　　　　　　　　　　(　　　　)

▲ 남극 지방: 장보고 과학 기지　　▲ 북극 지방: 다산 과학 기지

① 적도 지방 연구를 위해서
② 새로운 작물을 재배하기 위해서
③ 사계절의 변화를 관찰하기 위해서
④ 우리나라의 영토를 넓히기 위해서
⑤ 한대 기후 지역의 자연환경을 연구하기 위해서

7 다음에서 설명하는 인도의 의생활 모습에 영향을 미친 것은 무엇입니까?　　　　(　　　　)

　　인도 여성의 전통 복장인 사리는 길고 넓은 천 한 장으로 만들어졌다. 사리가 한 장의 천으로 만들어진 것은 옷감을 자르거나 바느질하는 것을 바람직하지 않게 여기기 때문이다.

▲ 인도의 전통 복장, 사리

① 종교　　　　　　② 지형
③ 강수량　　　　　④ 기후
⑤ 유목 생활

8 서술형 다음 사진은 러시아 사람들이 쓰는 우샨카라는 모자입니다. 이 모자는 어떤 특징이 있는지 쓰시오.

_____

_____

9 '몽골의 게르'에 대한 조사 계획서에 들어갈 조사할 내용으로 알맞은 것을 보기 에서 모두 골라 기호를 쓰시오.

보기
　㉠ 게르의 구조
　㉡ 토르티야의 재료
　㉢ 몽골의 지형, 기후
　㉣ 이누이트의 생활 모습

　　　　　　　　　　(　　　　)

10 다음과 같은 기후의 영향으로 나타난 에스파냐의 생활 모습은 어느 것입니까?　　(　　　　)

　　에스파냐는 남부 유럽에 있어 낮이 길며 한낮이 매우 더워 사람들이 활동하기 어렵다.

① 고상 가옥을 짓는다.
② 점심 식사를 하지 않는다.
③ 낮잠을 자는 풍습이 있다.
④ 비가 내리는 날에만 외출을 한다.
⑤ 하루 종일 챙이 넓은 모자를 쓴다.

1 다음 사진을 보고, 물음에 답하시오. [12점]

(1) (가), (나) 지역에 나타나는 특징으로 알맞은 말을 쓰시오. [각 2점]

> (가): (　　　　　)(으)로 큰 나무와 덩굴이 어
> 우러져 밀림을 이루는 곳이다.
> (나): (　　　　　)(으)로 키가 큰 풀과 초원이
> 나타나며, '동물의 왕국'이라 불리기도 한다.

(2) (가), (나) 지역의 기후 특성이 어떻게 다른지 강수량과 관련지어 쓰시오. [8점]

_____

_____

2 다음 지도를 보고, 물음에 답하시오. [12점]

(1) 위 지도와 같이 고위도 지역에서 주로 나타나는 기후는 무엇인지 쓰시오. [4점]

(　　　　　　　　　)

(2) 위 지도에 표시된 지역에서 볼 수 있는 주민들의 생활 모습을 한 가지 쓰시오. [8점]

_____

_____

3 다음 표를 보고, 물음에 답하시오. [12점]

의생활 모습	인도의 전통 복장인 사리는 힌두교의 영향으로 길고 넓은 한 장의 천으로 만들어졌음.
식생활 모습	(　　　)의 케밥은 유목민들이 육류를 쉽고 간단하게 먹으려고 조각내어 구워 먹던 것에서 비롯되었음.
주생활 모습	열대 기후가 나타나는 파푸아 뉴기니에서는 땅에서 올라오는 열기와 습기를 피하고 바람이 잘 통하게 하려고 고상 가옥을 지었음.

(1) 위 (　　　) 안에 들어갈 나라를 쓰시오. [4점]

(　　　　　　　　　)

(2) 위와 같이 세계 여러 나라의 생활 모습이 다양하게 나타나는 까닭은 무엇인지 쓰시오. [8점]

_____

_____

4 다음과 같은 세계 여러 나라의 생활 모습을 대할 때 가져야 할 바람직한 태도는 무엇인지 쓰시오. [8점]

> • 가나: 아프리카 사람들은 손으로 직접 음식을 먹기도 한다.
> • 에스파냐: 낮이 길며 한낮에는 매우 더워 활동하기 어렵기 때문에 '시에스타'라는 낮잠을 자는 풍습이 있다.
> • 인도: 소를 신성하게 여기는 힌두교의 영향을 받아 소고기를 먹지 않고 양고기나 닭고기를 주로 먹는다.
> • 인도네시아: 돼지고기를 먹지 않는 이슬람교의 가르침에 따라 소고기를 주로 먹는다.

_____

_____

1 세계적으로 인구가 많은 나라로, 우리나라의 서쪽에 있는 나라는 (뉴질랜드 , 중국)입니다.

2 우리나라의 동쪽에 위치한 섬나라로, 원료 수입과 제품 수출에 유리한 해안 지역에 공업 지역이 발달한 나라는 어디입니까?

3 세계에서 가장 넓은 나라로, 천연자원이 풍부해 다양한 산업이 발달한 나라는 어디입니까?

4 우리나라와 중국, 일본은 식사할 때 모두 (젓가락 , 포크)을/를 사용합니다.

5 중국이나 일본에서 만든 제품을 우리나라 상점에서 쉽게 구매할 수 있는 것은 (경제 교류 , 정치 교류) 모습입니다.

6 우리나라와 이웃 나라들은 정치, 경제, 문화 등 다양한 영역에서 서로 (교류 , 단절)하며 여러 문제를 해결하려고 함께 노력합니다.

7 다음과 같은 특징이 나타나는 나라는 어디입니까?

- 북아메리카에 위치하며, 50개의 주로 이루어졌다.
- 풍부한 자원과 높은 기술 수준으로 다양한 산업이 발달하였다.

8 아라비아 반도에 있는 사우디아라비아에서 우리나라가 주로 수입하는 자원은 무엇입니까?

9 산지가 많은 베트남에서는 산비탈을 깎아 만든 계단식 논에서 (쌀 , 밀)을 많이 생산합니다.

10 우리나라와 세계 여러 나라는 서로에게 필요한 물건이나 서비스를 주고받으며 (상호 의존 , 국경 폐쇄) 관계를 맺고 있습니다.

1 다음 지도를 보고 알 수 있는 중국 지형의 특징으로 옳은 것은 어느 것입니까? ( )

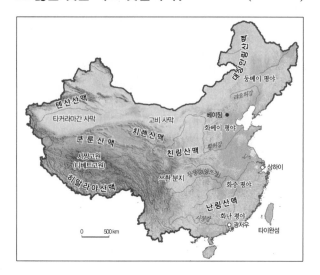

① 곳곳에 화산이 있다.
② 서쪽은 바다와 맞닿아 있다.
③ 동쪽 지역에 높은 산이 있다.
④ 여러 개의 섬으로 이루어져 있다.
⑤ 서쪽에서 동쪽으로 갈수록 지형이 낮아진다.

2 일본에서 태평양 연안을 따라 공업 지역이 발달한 까닭은 무엇입니까? ( )

① 유럽과 가까워서
② 해안선이 복잡해서
③ 고원과 산악 지대가 나타나서
④ 원료 수입과 제품 수출에 유리해서
⑤ 화산이 많고 지진 활동이 활발해서

3 러시아에 대한 설명으로 옳지 <u>않은</u> 것은 어느 것입니까? ( )

① 열대 기후가 나타난다.
② 세계에서 영토가 가장 넓다.
③ 동부는 주로 고원과 산악 지대이다.
④ 인구가 서남부 지역에 집중해 있다.
⑤ 풍부한 천연자원으로 산업이 발달하였다.

4 다음과 같은 이유로 세 나라의 언어에서 공통적으로 볼 수 있는 문자는 무엇입니까? ( )

> 우리나라와 중국, 일본은 지리적으로 가까이 있어 오래전부터 활발하게 교류하였다.

① 한글   ② 한자
③ 알파벳   ④ 가나
⑤ 키릴 문자

5 다음과 같은 식생활 모습이 나타나는 이웃 나라는 어디인지 쓰시오.

> • 섬나라라 습하기 때문에 쉽게 녹슬지 않도록 나무로 젓가락을 만든다.
> • 생선 요리가 많아 가시를 편하게 바를 수 있도록 젓가락의 끝이 뾰족하다.

( )

6~7 다음 자료를 보고, 물음에 답하시오.

(가)

수출 (한국 → 이웃 나라)	수입 (이웃 나라 → 한국)
1위 중국 (반도체)	1위 중국 (반도체)
4위 일본 (반도체)	3위 일본 (반도체 제조 장비)
11위 러시아 (자동차)	8위 러시아 (석유)

▲ 우리나라와 이웃 나라의 무역 현황

(나)

(단위 : %)

기타 28.3
중국인 44.2
베트남인 23.5
몽골인 4.0

[출처: 교육부, 2021]

▲ 국내 외국인 유학생 비율

6 위 (가), (나) 중 문화 교류 사례에 해당하는 것을 골라 기호를 쓰시오.

(   )

7 위와 같이 우리나라가 이웃 나라와 활발한 교류를 하는 까닭은 무엇인지 쓰시오.

서술형

_____

_____

8 미국의 자연환경과 인문환경을 조사하여 신문을 만들려고 합니다. 조사한 내용으로 옳은 것은 어느 것입니까? (   )

① 국토 대부분이 산지이다.
② 세계에서 인구가 가장 많다.
③ 서남아시아에 있는 국가이다.
④ 수많은 산업이 골고루 발달하였다.
⑤ 위도가 높아 냉대 기후만 나타난다.

9 다음과 같은 자연환경과 인문환경을 가진 나라는 어디입니까? (   )

> • 기후: 덥고 건조하다.
> • 자원 및 산업: 세계에서도 손꼽히는 원유 생산 국가이다.
> • 우리나라와의 관계: 우리나라가 원유를 수입하는 대표적인 나라이다.

① 인도
② 베트남
③ 뉴질랜드
④ 핀란드
⑤ 사우디아라비아

10 우리나라와 다음 지도에 표시된 지역 간에 이루어지고 있는 교류 모습으로 알맞은 것은 어느 것입니까? (   )

① 우리나라가 밀을 주로 수입하고 있다.
② 미세 먼지 문제를 함께 해결하려고 노력한다.
③ 우리나라의 음식, 드라마 등이 큰 인기를 얻고 있다.
④ 자유 무역 협정(FTA)으로 농산물 수입이 줄어들었다.
⑤ 우리나라가 석유, 석탄 등을 주로 수출하는 경제 교류를 하고 있다.

1 다음 (가)~(다)에 들어갈 우리나라의 이웃 나라를 바르게 연결한 것은 어느 것입니까? ( )

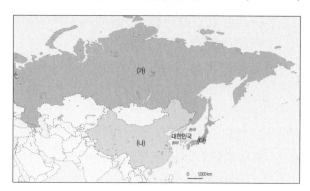

① (가) – 중국, (나) – 일본, (다) – 러시아
② (가) – 일본, (나) – 중국, (다) – 러시아
③ (가) – 중국, (나) – 러시아, (다) – 일본
④ (가) – 일본, (나) – 러시아, (다) – 중국
⑤ (가) – 러시아, (나) – 중국, (다) – 일본

2 중국에 대한 설명으로 옳은 것을 보기 에서 모두 골라 기호를 쓰시오.

> 보기
> ㉠ 세계적으로 인구가 많다.
> ㉡ 동부 지역 바닷가에 주요 항구와 대도시가 있다.
> ㉢ 아시아와 유럽을 구분하는 경계가 되는 우랄 산맥이 있다.

( )

3 일본의 자연환경으로 옳지 <u>않은</u> 것은 어느 것입니까? ( )

① 화산이 많다.
② 지진 활동이 활발하다.
③ 비와 눈이 많이 내린다.
④ 섬나라이기 때문에 습하다.
⑤ 세계에서 영토가 가장 넓다.

4 영토의 대부분이 아시아에 속한 러시아 사람들의 생활 모습이 다음과 같이 유럽과 비슷한 까닭은 무엇인지 쓰시오.

서술형

> • 빵, 고기 등을 주식으로 하며, 포크와 나이프를 주로 사용한다.
> • 순서대로 하나씩 음식을 내어 놓는 코스 요리 문화가 발달하였다.

_____

_____

5 우리나라와 이웃 나라의 식생활에 대한 설명으로 옳지 <u>않은</u> 것은 어느 것입니까? ( )

① 한국 – 금속 젓가락을 사용한다.
② 한국 – 김치처럼 절인 음식이 많다.
③ 러시아 – 나무로 만든 젓가락을 사용한다.
④ 일본 – 생선 요리가 많아 가시를 바를 수 있도록 젓가락의 끝이 뾰족하다.
⑤ 중국 – 큰 식탁에 빙 둘러앉아 음식을 한가운데 두고 먹기 편하도록 젓가락이 길다.

6 다음 자료와 관련된 우리나라와 이웃 나라의 교류 분야는 무엇입니까? ( )

▲ 상점에서 판매되는 이웃 나라 물품

중국, 일본에서 만든 제품, 러시아에서 잡은 수산물을 우리나라 상점에서 쉽게 구매할 수 있다.

① 경제   ② 문화   ③ 정치
④ 종교   ⑤ 교육

7 다음과 같은 문제 해결을 위하여 우리나라와 이웃 나라에 필요한 태도는 무엇입니까? ( )

한국, 중국, 일본의 환경 장관들이 모여 최근 논란이 되고 있는 미세 먼지 문제에 함께 대처하고 해결을 위해 노력하기로 약속하였다.

① 무시하고 비난하는 태도
② 상호 이해와 협력의 태도
③ 서로에게 책임을 미루는 태도
④ 전쟁으로 문제를 해결하려는 태도
⑤ 강대국의 결정에 무조건 따르는 태도

8 다음 신문 기사의 ( ) 안에 공통으로 들어갈 말을 쓰시오.

( ) 수출 강국, 베트남

베트남은 남북 방향으로 산맥이 이어져 있고 북부와 남부에는 넓은 평야가 발달하였다. 넓은 평야를 중심으로 벼가 많이 재배되어 세계적으로 ( )을/를 많이 수출하는 나라이기도 하다.

( )

9 다음 지도에 나타난 나라에 대한 설명으로 옳지 않은 것은 어느 것입니까? ( )

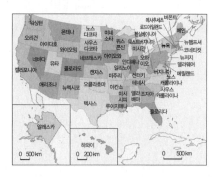

① 다양한 지형과 기후가 나타난다.
② 수많은 산업이 골고루 발달하였다.
③ 우리나라가 원유를 수출하는 대표적인 나라이다.
④ 우리나라와 다양한 물자와 서비스를 주고받고 있다.
⑤ 영토가 좌우로 넓어 서부 지역과 동부 지역 사이에 시간 차이가 난다.

10 우리나라와 세계 여러 나라의 교류 모습으로 알맞지 않은 것은 어느 것입니까? ( )

① 우리나라 기업이 외국에 건물을 짓는다.
② 우리나라는 원유를 다른 나라에 수출한다.
③ 우리나라는 빵의 주원료인 밀, 옥수수 등을 수입한다.
④ 우리나라, 중국, 일본 대표들이 모여 다양한 문제를 논의한다.
⑤ 국내 외국인 유학생 중 중국인, 베트남인의 비율이 매우 높다.

1 다음 지도를 보고, 물음에 답하시오. [12점]

(1) 위와 같이 세계에서 영토가 가장 넓은 나라는 어디인지 쓰시오. [4점]

(   )

(2) 위 지도를 보고 지형적 특징을 쓰시오. [8점]

_____

_____

2 다음은 우리나라와 중국, 일본의 표지판입니다. 이를 통해 알 수 있는 점을 쓰시오. [8점]

▲ 우리나라의 표지판

▲ 중국의 표지판

▲ 일본의 표지판

_____

_____

3 다음 신문 기사를 읽고, 물음에 답하시오. [12점]

> **멀지만 가까운 나라, 미국**
>
> – 김도연 기자 –
>
> 미국은 ㉠ 우리나라와 무역을 하지 않는 나라이다. 미국은 국토가 크고 넓은 만큼 ㉡ 각종 지하자원이나 에너지 자원이 풍부하다. 인구도 세계 3위로 많다. 이처럼 미국은 풍부한 자원들과 인적 자원을 바탕으로 ㉢ 농업, 상업, 공업 등 수많은 산업이 골고루 발달하였다.

(1) 위 ㉠~㉢ 중 잘못된 내용을 골라 기호를 쓰시오. [4점]

(   )

(2) (1)에서 답한 부분을 바르게 고쳐 쓰시오. [8점]

_____

_____

4 다음은 경제 교류에 대하여 조사한 보고서입니다. 빈칸에 들어갈 알맞은 내용을 쓰시오. [8점]

〈서남아시아 지역과 우리나라의 경제 교류〉

(1) 우리나라는 (   ) 같은 에너지 자원을 서남아시아에서 수입하고, 이를 이용하여 제품을 만든 후 다른 나라로 수출한다.

(2) 서남아시아 지역과 우리나라 간에 이루어지는 경제 교류가 이루어지는 까닭은 _____

_____

① 한반도의 미래와 통일

① 독도

위치	• 우리나라 영토의 동쪽 끝에 있음. • 북위 37°, 동경 132° 가까이에 있음.
자연환경	• 화산섬으로 독특한 지형과 경관을 지님. • 다양한 동식물이 서식하는 생태계의 보고임.
옛 기록과 지도	• 우리나라: 『세종실록』「지리지」, 『신증동국여지승람』「팔도총도」등 • 다른 나라: 「태정관지령」, 연합국 최고 사령관 각서 제677호 등
독도를 지키기 위한 노력	• 안용복: 울릉도와 독도가 조선 영토임을 증명하는 문서를 일본으로부터 받음. • 오늘날 정부와 민간단체: 독도가 우리나라 영토임을 알리는 다양한 활동을 함.

② 남북통일

필요성	이산가족의 아픔, 국방비 증가, 남북한 언어와 문화 차이, 전쟁에 대한 불안, 남북한 자원과 기술의 비효율적 활용, 대륙과 해양을 잇는 한반도의 지리적 이점을 누리지 못하는 문제 등을 해결할 수 있음.
남북통일을 위한 노력	• 정치적 노력: 7·4 남북 공동 성명 발표, 남북 기본 합의서 채택, 남북 정상 회담 개최 등 • 경제적 노력: 개성 공단 운영, 남북 철도 연결 구간 시험 운행 등 • 사회·문화적 노력: 남북 선수단 공동 입장, 남북 예술단 합동 공연 등

② 지구촌의 평화와 발전

① 지구촌 갈등

원인	영역, 민족, 종교, 정치 등 다양한 원인이 복합적으로 얽혀 갈등이 발생함.
갈등이 지속되는 까닭	• 서로 다름을 존중하지 않고 자기 이익만 생각하기 때문에 • 나라들이 지켜야 하는 강력한 법이 없기 때문에 • 역사적으로 오랫동안 쌓인 미움과 갈등이 커서 화해하려는 의지가 없기 때문에

② 지구촌의 평화와 발전을 위한 노력

개인	• 여러 개인이 지구촌 평화를 위해 노력함. • 예 이태석 신부, 말랄라 유사프자이 등
국가 (우리나라)	• 분쟁 지역에 국제 평화 유지군 파견 • 한국 국제 협력단(KOICA) 운영 • 공적 개발 원조, 평화 조약 가입 등
국제기구	• 국제 연합(UN): 전쟁 방지와 국제 평화 유지를 위해 1945년에 설립된 국제기구 • 국제 연합의 다양한 기구: 국제 연합 아동 기금, 국제 연합 난민 기구 등
비정부 기구	• 뜻: 권력이나 이윤을 추구하지 않고 공공의 이익을 추구하는 시민 사회단체 • 예 국경 없는 의사회, 그린피스 등

③ 지속가능한 지구촌

① 지구촌의 환경문제

종류	지구 온난화, 사막화, 열대 우림 파괴, 환경 오염과 쓰레기 문제, 초미세 먼지 증가 등
해결하기 위한 노력	• 개인: 쓰레기 분리배출하기 등 • 기업: 제품의 포장재를 최소화하기 등 • 국가: 신·재생 에너지 생산 시설 늘리기 등 • 세계: 파리 협정 채택 등

② 지속가능한 미래를 만들기 위한 노력

지속가능한 미래의 뜻	지구촌 사람들이 현재와 미래 세대의 환경을 보호하고 사회적·경제적으로 책임감 있게 행동하여 지구촌의 지속가능성을 높여 가는 것
빈곤과 기아 퇴치	• 가난과 굶주림을 겪는 사람에게 돈, 식량 등을 지원함. • 빈곤으로 교육받기 어려운 사람을 위해 교육 환경을 개선함.
친환경적 생산과 소비	• 농산물을 재배하거나 제품을 생산할 때 환경 오염을 줄이도록 노력함. • 친환경 제품을 찾아 소비함.
문화적 편견과 차별 해소	• 문제 해결을 위한 제도를 마련함. • 서로 다른 문화를 이해할 수 있도록 교육하거나 문화 체험 행사를 개최함.

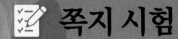

1 우리나라 영토의 동쪽 끝에 있으며, 북위 37°, 동경 132° 가까이에 있는 섬은 무엇입니까?

2 독도에는 코끼리가 물을 마시는 모습과 닮은 (코끼리 바위 , 독립문 바위)가 있습니다.

3 '불타는 얼음'이라고 불리는 고체 형태의 천연가스로, 독도 주변 바다에 묻혀 있는 것은 무엇입니까?

4 『세종실록』「지리지」는 독도에 대한 (우리나라 , 다른 나라)의 옛 기록입니다.

5 조선 시대에 일본으로 건너가 울릉도와 독도가 조선의 영토임을 확인하는 문서를 일본으로부터 받아 낸 사람은 누구입니까?

6 전 세계에 우리나라와 관련된 정보를 바르게 알리는 일을 하는 사이버 외교 사절단으로서, 독도와 관련하여 독도에 관한 사실을 전 세계 사람들에게 알리고 일본의 억지 주장을 바로잡는 활동을 하는 민간단체의 이름은 무엇입니까?

7 남북 분단으로 남북한이 막대한 (국방비 , 복지비)를 부담하여 경제적 손실이 큽니다.

8 남북통일을 위한 (정치적 , 경제적) 노력으로 개성 공단 운영, 남북 철도 연결 구간 시험 운행 등이 있습니다.

9 남북한 선수들이 2000년 시드니 올림픽과 2018년 평창 동계 올림픽에서 한반도기를 들고 함께 입장한 것은 남북통일을 위한 (경제적 , 사회·문화적) 노력입니다.

10 남과 북의 군사적 충돌을 막기 위해 만든 폭 4km의 지역으로, 군사 활동이 금지된 이곳은 어디입니까?

1~3 다음 사진을 보고, 물음에 답하시오.

1 위 사진의 섬을 무엇이라고 부르는지 쓰시오.

( )

2 위 섬의 위치에 대한 설명으로 옳지 <u>않은</u> 것은 어느 것입니까? ( )

① 행정 구역에서 강원도에 속한다.
② 군사적으로 중요한 위치에 있다.
③ 우리나라 영토의 동쪽 끝에 있다.
④ 북위 37°, 동경 132° 가까이에 있다.
⑤ 선박의 항로에서 중요한 위치에 있다.

3 위 섬의 자연환경에 대한 설명으로 옳지 <u>않은</u> 것은 어느 것입니까? ( )

① 독특한 지형과 경관을 지녔다.
② 화산 활동으로 생긴 화산섬이다.
③ 안개가 자주 끼고 흐린 날이 많다.
④ 바위가 많아 동식물이 살 수 없다.
⑤ 주변 바다에 해양 심층수와 가스 하이드레이트가 묻혀 있다.

4 독도 주변 바다에 다음과 같이 다양한 해양 생물이 서식하는 까닭을 쓰시오.

서술형

▲ 부채뿔산호   ▲ 살오징어

_____

_____

5 다음에서 설명하는 독도에 대한 역사적 자료는 무엇인지 쓰시오.

> 현존하는 우리나라의 옛 지도 중 독도(우산도)가 그려진 가장 오래된 지도로, 독도를 실제와 달리 울릉도의 서쪽에 그렸다.

( )

6 독도를 지키기 위한 사람들의 노력으로 알맞은 것은 어느 것입니까? ( )

① 이사부 – 일본으로부터 독도가 신라 영토임을 확인하는 문서를 받아 냈다.
② 안용복 – 우산국을 정벌하여 조선의 영토로 만들었다.
③ 민간단체 – 독도에 주민 숙소, 등대, 경비 시설 등을 설치했다.
④ 민간단체 –「독도의 지속가능한 이용에 관한 법률」등을 제정하고 시행했다.
⑤ 정부 – 독도가 우리나라 영토임을 전 세계에 알리는 다양한 활동을 한다.

7 다음 그림에 나타난 남북 분단으로 인한 어려움을 바르게 설명한 어린이는 누구입니까? (   )

① 한반도의 지리적 이점을 누리지 못하고 있어요.
② 분단이 길어지면서 남북한의 언어가 달라지고 있어요.
③ 이산가족이 고향에 가지 못하고 슬픔에 빠져있어요.
④ 많은 사람이 전쟁이 일어날 수도 있다는 불안감 속에 살고 있어요.

8 다음 그림을 통해 알 수 있는 남북통일의 좋은 점은 무엇입니까? (   )

① 이산가족 문제가 해결된다.
② 외국으로 여행을 마음대로 갈 수 있다.
③ 남북한의 전통문화를 체계적으로 관리하고 계승할 수 있다.
④ 북한의 풍부한 자원, 남한의 앞선 자본과 기술을 결합할 수 있다.
⑤ 국방비가 줄어 남은 비용을 국민의 삶의 질을 높이는 데 사용할 수 있다.

9 다음 선생님의 질문에 대해 바르게 대답한 학생은 누구입니까? (   )

① 연서: 개성 공단을 운영했어요.
② 태형: 남북한 예술단이 강릉과 서울, 평양에서 함께 공연했어요.
③ 지수: 남북 화해, 교류, 협력 등의 내용이 담긴 남북 기본 합의서를 채택했어요.
④ 지민: 남북한 선수들이 평창 동계 올림픽에서 한반도기를 들고 공동 입장했어요.
⑤ 서인: 남북 철도 연결 사업으로 경의선·동해선 철도가 복원되어 시험 운행했어요.

10 다음 그림과 관련 있는 통일 한국의 미래 모습은 어느 것입니까? (   )

① 국방비가 줄어 국민의 복지 혜택이 늘어난다.
② 휴전선이 없어 비무장 지대를 평화롭게 이용할 수 있다.
③ 남북한의 각종 자원을 활용할 수 있어 경제가 성장한다.
④ 전쟁의 위험이 사라져 전 세계 사람들이 평화롭게 살 수 있다.
⑤ 육로 교통이 유럽까지 연결되어 여러 나라와 쉽고 편리하게 교류할 수 있다.

1 다음 대화에서 빈칸에 공통으로 들어갈 섬의 이름을 쓰시오.

> • 미나: (   )은/는 북위 37°, 동경 132° 가까이에 있어.
> • 유미: (   )에서 울릉도까지의 거리가 일본 오키섬까지의 거리보다 약 70km 더 가까워.

(   )

2 다음 중 독도에서 볼 수 있는 지형이 <u>아닌</u> 것은 무엇입니까? (   )

▲ 백록담

▲ 촛대 바위

▲ 코끼리 바위

▲ 독립문 바위

3 독도에 대한 설명으로 옳지 <u>않은</u> 것을 골라 기호를 쓰시오.

> 독도 주변 바다에는 ㉠ 따뜻한 바닷물만 흘러 먹이가 풍부해 ㉡ 살오징어, 부채뿔산호, 도화새우 등 여러 해양 생물이 산다. 또한 바다의 밑바닥에는 ㉢ 미래 에너지원으로 주목받는 가스 하이드레이트가 묻혀 있는데, 이것은 ㉣ '불타는 얼음'이라고도 불린다.

(   )

4 다음 독도에 대한 옛 기록에 대해 바르게 설명한 어린이는 누구입니까? (   )

> "울릉도, 리앙쿠르암(독도)과 제주도는 일본 영역에서 제외한다."
>
> – 연합국 최고 사령관 각서 제677호

① 독도가 기록된 우리나라 최초의 문서야.

② 독도를 실제와 다르게 울릉도의 서쪽에 있다고 보았어.

③ 독도가 일본 땅이 아니라 우리나라 땅임을 증명하는 국제 문서야.

④ 독도와 울릉도의 거리가 가까워 서로 바라볼 수 있다고 기록되어 있어.

5 다음 글의 빈칸에 공통으로 들어갈 알맞은 인물을 쓰시오.

> (   )은/는 조선 숙종 때 부산 동래에 살았다. 어느 날 (   )은/는 울릉도 인근에서 고기잡이를 하던 중 일본 어민을 발견하고, 이를 꾸짖다가 일본으로 잡혀갔다. 그는 울릉도와 독도가 우리나라 영토임을 주장했고, 이를 확인하는 문서를 일본으로부터 받아 냈다.

(   )

6 남북통일이 필요한 까닭으로 알맞은 것을 보기 에서 두 가지 고르시오.

> 보기
> ㉠ 전쟁이 일어날 수도 있다는 불안감이 있기 때문이다.
> ㉡ 이산가족이 고향에 가지 못하고 슬픔에 빠져 있기 때문이다.
> ㉢ 남북한의 자원과 기술을 효율적으로 활용하고 있기 때문이다.
> ㉣ 남북한이 각각 막대한 교육비를 부담하여 경제적 손실이 크기 때문이다.

( )

7 다음 신문 기사의 빈칸에 들어갈 알맞은 말은 무엇입니까? ( )

> ○○신문   1972년 △월 △△일
> ( ) 발표!
> 자주·평화·민족 대단결 통일 원칙을 서울과 평양에서 동시에 발표했다. 이것은 분단 이후 최초로 통일과 관련된 합의이다.

① 독립 선언문
② 남북 정상 회담
③ 남북 기본 합의서
④ 7·4 남북 공동 성명
⑤ 남북 선수단 공동 입장

8 남북통일을 위한 경제적 노력으로 알맞은 것을 두 가지 고르시오. ( )

① 개성 공단 운영
② 남북 정상 회담
③ 남북 선수단 공동 입장
④ 남북 예술단 합동 공연
⑤ 남북 철도 연결 구간 시험 운행

9~10 다음 자료를 보고, 물음에 답하시오.

> • 남북한의 군사적 충돌을 막기 위해 만든 지역이다.
> • 휴전선으로부터 남북으로 각각 2km씩 총 4km의 폭을 가지고 있다.

9 위 자료에서 설명하는 장소는 어디입니까? ( )

① 임진각
② 백두산
③ 제주도
④ 통일 전망대
⑤ 비무장 지대

10 남북통일 후 위 장소를 활용하는 방법을 한 가지 쓰시오.
서술형

_____

_____

1 다음 사진을 보고, 물음에 답하시오. [12점]

◀ 독도의 모습

(1) 위 ㉠에 들어갈 지명을 쓰시오. [4점]

(   )

(2) 위 독도에서 볼 수 있는 지형의 이름을 한 가지 쓰고, 그러한 이름이 붙은 까닭을 쓰시오. [8점]

_____

_____

2 다음 자료를 보고, 물음에 답하시오. [12점]

(가)

▲ 『세종실록』「지리지」
울릉도(무릉)와 독도(우산)가 강원도에 속한 섬이라고 기록함.

(나)

▲ 대한 제국 칙령 제41호
독도(석도)를 울릉도(울도군) 관할로 둠.

(1) 다음과 같은 내용을 확인할 수 있는 옛 기록을 찾아 기호를 쓰시오. [4점]

> "우산과 무릉, 두 섬은 울진현의 바로 동쪽 바다에 있다. 두 섬의 거리가 멀지 않아 날씨가 맑으면 서로 바라볼 수 있다."

(   )

(2) 위 (가), (나)를 통해 알 수 있는 독도에 대한 사실을 쓰시오. [8점]

_____

_____

3 다음 글의 밑줄 친 '여러 가지 어려움'을 한 가지 쓰시오. [8점]

> 광복 이후 우리나라의 남과 북에는 서로 다른 정부가 수립되었고, 6·25 전쟁을 겪으면서 남한과 북한으로 분단되었다. 남한과 북한 사람들은 분단으로 <u>여러 가지 어려움</u>을 겪고 있다.

_____

_____

4 다음 자료와 관련된 남북통일의 필요성을 쓰시오. [8점]

〈같은 의미를 가진 남북한 언어〉

남한	북한
아직	상게
도와주다	방조하다
도시락	곽밥
팝콘	강냉이튀기

_____

_____

1 지구촌 갈등은 영역, 민족, 자원, 종교, 문화 등 다양한 원인이 (단일적 , 복합적) 으로 얽혀서 발생합니다.

2 (영역 , 종교) 갈등은 하늘, 땅, 강, 바다 등을 서로 차지하려고 하여 발생한 갈등 입니다.

3 종교와 영토 때문에 이스라엘과 분쟁을 겪고 있는 나라는 어디입니까?

4 영국으로부터 독립을 요구하는 아일랜드계의 가톨릭교도와 개신교도 간에 일어난 갈등을 무엇이라고 합니까?

5 나라들이 지켜야 하는 강력한 (법 , 도덕)이 없기 때문에 지구촌 갈등이 사라지지 않고 지속되고 있습니다.

6 오랫동안 내전이 이어진 남수단에서 의료 봉사와 교육 활동에 헌신하여 '남수단의 슈바이처'라고 불린 인물은 누구입니까?

7 빈곤, 전쟁, 인권 문제 등을 겪는 나라에 의료 활동, 교육 봉사 등 다양한 지원 활동을 하는 우리나라의 정부 기관은 무엇입니까?

8 제2차 세계 대전 이후 전쟁 방지와 국제 평화 유지를 위해 1945년에 설립된 대표 적인 국제기구는 무엇입니까?

9 권력이나 이윤을 추구하지 않고 공공의 이익을 추구하는 시민 사회단체를 무엇이 라고 합니까?

10 전쟁, 질병, 재해 등으로 고통받는 사람들에게 인종, 종교, 성별 등에 따른 차별 없 이 의료 지원 활동을 하는 비정부 기구는 무엇입니까?

1 지구촌 갈등에 대한 설명으로 옳지 않은 것을 골라 기호를 쓰시오.

> 지구촌 갈등은 ㉠ 영역, 민족, 자원 등 다양한 원인이 ㉡ 복합적으로 얽혀서 갈등이 발생한다. 갈등 지역의 사람들은 ㉢ 전쟁, 범죄, 테러 등의 위협을 받는다. 지구촌 갈등은 ㉣ 갈등을 겪는 지역에서만 발생하기 때문에 짧은 시간 내에 해결할 수 있다.

( )

2 다음 설명에 해당하는 지구촌 갈등의 모습으로 알맞은 것은 어느 것입니까? ( )

> 여러 나라가 자원을 서로 차지하려고 하여 지구촌 갈등이 발생한다.

3 다음 ㉠에 들어갈 알맞은 말을 한 가지 쓰시오.

서술형

> 지구촌 갈등이 사라지지 않고 지속되는 까닭은 인종, 언어, 종교 등 서로 다름을 존중하지 않고 자기 이익만 생각하기 때문이다. 그리고 _____㉠_____ 때문이다.

_____

_____

4 다음에서 설명하는 지구촌 갈등은 무엇입니까? ( )

 1948년 유대인은 오래전 조상들이 살던 곳이라며 팔레스타인 지역에 이스라엘을 건국했고, 이슬람교를 믿는 팔레스타인이 영토를 되찾기 위해 저항하며 분쟁이 발생하였다.

① 시리아 내전
② 카슈미르 분쟁
③ 남중국해 분쟁
④ 퀘백주 분리 독립 운동
⑤ 이스라엘과 팔레스타인의 분쟁

5 지구촌 갈등을 해결하기 위해 우리가 할 수 있는 일로 옳지 않은 것을 보기 에서 골라 기호를 쓰시오.

> 보기
> ㉠ 지구촌 갈등을 해결하는 강력한 법 만들기
> ㉡ 지구촌 갈등 해결을 위한 홍보 영상 만들기
> ㉢ 지구촌 갈등으로 어려움을 겪는 친구들에게 생활용품 보내기
> ㉣ 뉴스나 신문에 나오는 지구촌 갈등 문제에 관심을 갖고 정보 찾아보기

( )

6 다음과 같이 지구촌의 평화와 발전을 위해 노력한 인물은 누구인지 쓰시오.

> 오랫동안 내전이 이어진 남수단에서 의료 봉사와 교육 활동에 헌신하였다. 국적과 종교를 뛰어넘는 희생과 봉사로 '남수단의 슈바이처'라고 불린다.

(   )

7 지구촌의 평화와 발전을 위한 우리나라의 노력을 **잘못** 말한 어린이는 누구입니까? (   )

① 지구촌 평화를 위한 외교 활동을 펼쳐요.

② 모든 나라에 국제 평화 유지군을 파견하여 감시해요.

③ 전쟁을 막기 위한 평화 조약에 가입해요.

④ 한국 국제 협력단(KOICA)을 운영하여 다양한 지원 활동을 해요.

8 다음 설명의 ㉠, ㉡에 들어갈 알맞은 말을 보기 에서 골라 쓰시오.

> 각 나라의 정부가 모인 (㉠)와 달리 (㉡)는 특정 분야에 관심이 있는 개인이나 민간단체 중심으로 만들어진다.

> 보기
> • 국제기구   • 비정부 기구

㉠ (   )   ㉡ (   )

9 국제 연합(UN)의 다양한 기구와 하는 일이 알맞게 짝지어진 것을 골라 기호를 쓰시오.

	기구	하는 일
㉠	국제 연합 난민 기구	노동자의 노동 조건 등 전 세계의 노동 문제를 해결하기 위해 노력한다.
㉡	국제 노동 기구	굶주림에 시달리는 어린이를 돕고, 어린이의 권리 향상을 위해 노력한다.
㉢	국제 연합 세계 식량 계획	난민 문제 해결을 위해 난민 보호, 난민 인권 보장을 위한 국제 환경 조성 등의 활동을 한다.
㉣	국제 연합 교육 과학 문화 기구	교육, 문화, 과학 교류를 통해 세계 평화를 이루도록 교육, 세계 문화 보존 등의 활동을 한다.

(   )

10 비정부 기구가 **아닌** 것은 어느 것입니까?
(   )

①
GREENPEACE
▲ 그린피스

②
▲ 국경 없는 의사회

③
unicef
▲ 국제 연합 아동 기금

④
▲ 핵무기 폐기 국제 운동

1 지구촌 갈등에 대해 <u>잘못</u> 설명한 어린이는 누구입니까? (　　)

① 종교, 인종 등 발생 원인이 다양해.

② 짧은 시간 내에 해결하기 쉬워.

③ 여러 가지 원인이 복합적으로 얽혀서 발생해.

④ 갈등을 겪는 지역뿐만 아니라 다른 나라와도 연결되어 있어.

3 다음 선생님의 질문에 대해 바르게 답한 어린이의 이름을 쓰시오.

지구촌 갈등이 사라지지 않고 지속되는 까닭은 무엇일까요?

> 지혜: 국가들이 지켜야 할 강력한 법을 지키지 않기 때문입니다.
> 아람: 강대국들이 과거의 잘못을 인정하고 책임지려고 하기 때문입니다.
> 지민: 역사적으로 오랫동안 쌓인 미움과 갈등이 커서 화해하려는 의지가 없기 때문입니다.

(　　　　　　　)

4 지구촌 갈등을 해결하기 위해 노력해야 하는 까닭을 쓰시오.

서술형

_____

_____

2 다음 글에 나타난 지구촌 분쟁의 갈등 원인을 두 가지 고르시오. (　　)

> 　주민의 대부분이 이슬람교를 믿는 카슈미르 지역은 원래 이슬람 국가인 파키스탄에 속할 예정이었다. 그러나 파키스탄이 아닌, 힌두교도가 많은 인도에 편입되면서 갈등이 계속되고 있다.

① 영토　　　　② 자원
③ 인종　　　　④ 종교
⑤ 언어

5 지구촌 갈등을 평화롭게 해결하기 위해 어린이가 생활에서 실천하는 방법을 보기 에서 골라 기호를 쓰시오.

> 보기
> ㉠ 전쟁 지역에서 봉사 활동하기
> ㉡ 갈등 지역으로 가족 여행 가기
> ㉢ 국제 연합 평화 유지군 파견하기
> ㉣ 지구촌 갈등 해결을 위한 캠페인에 참여하기

(　　　　　　　)

6 다음 밑줄 친 '이 사람'은 누구입니까?

> <u>이 사람</u>은 미국의 사회 운동가로, 1991년 지뢰 금지 국제 운동(ICBL)을 만들어 단체 설립 6년 만에 123개 나라로부터 더 이상 사람에게 지뢰를 사용하지 않겠다는 약속을 받아 냈다. 이러한 공로를 인정받아 1997년에 노벨 평화상을 수상하였다.

(   )

7 지구촌의 평화와 발전을 위한 우리나라의 노력으로 알맞은 것을 보기 에서 모두 고른 것은 어느 것입니까? (   )

> **보기**
> ㉠ 한국 국제 협력단(KOICA)을 운영한다.
> ㉡ 전쟁을 막기 위한 평화 조약에 가입한다.
> ㉢ 국익을 위해 공적 개발 원조를 하지 않는다.
> ㉣ 학생들이 지구촌 갈등에 관심을 가지도록 교육한다.

① ㉠, ㉡   ② ㉠, ㉢
③ ㉢, ㉣   ④ ㉠, ㉡, ㉣
⑤ ㉡, ㉢, ㉣

8 국제기구와 비정부 기구에 대한 설명으로 옳지 <u>않</u>은 것을 골라 기호를 쓰시오.

> 국제기구는 ㉠ 국제적인 목적이나 활동을 위해 두 나라 이상의 회원국으로 구성된 단체를 뜻한다. 비정부 기구는 ㉡ 권력이나 이윤을 추구하지 않고 공공의 이익을 추구하는 시민 사회단체이다. ㉢ 각 나라의 정부가 모인 비정부 기구와 달리 국제기구는 특정 분야에 관심이 있는 개인이나 민간단체를 중심으로 만들어진다.

(   )

9 다음과 같은 활동을 하는 국제기구는 무엇입니까?
(   )

> 난민 문제 해결을 위해 난민 보호, 피난처 및 생활용품 제공, 난민 인권 보장을 위한 국제 환경 조성 등의 활동을 한다.

①
▲ 국제 노동 기구(ILO)

②
▲ 국제 연합 세계 식량 계획(WFP)

③
▲ 국제 연합 난민 기구 (UNHCR)

④
▲ 국제 연합 교육 과학 문화 기구(UNESCO)

10 다음과 같은 일을 하는 비정부 기구는 무엇입니까?
(   )

▲ 주거 환경 개선 활동

> 가난, 전쟁, 재해 등으로 고통받는 사람들에게 집을 지어 주거나, 집을 고쳐 주는 등 주거 환경을 개선하는 활동을 한다.

① 그린피스
② 해비타트
③ 국제 앰네스티
④ 세이브 더 칠드런
⑤ 국경 없는 의사회

서술형 평가

1 다음은 지구촌 갈등의 모습입니다. 물음에 답하시오. [12점]

(1) 다음 (   ) 안의 알맞은 말에 ○표 하시오. [4점]

> ㈎는 (영역 , 종교) 갈등, ㈏는 (영역 , 종교) 갈등의 모습이다.

(2) 위와 같은 지구촌 갈등의 문제점을 쓰시오. [8점]

_____

_____

2 다음은 지구촌 평화와 발전을 위해 노력한 인물을 조사한 보고서입니다. 물음에 답하시오. [12점]

조사한 인물	㉠
인물이 지구촌의 평화와 발전을 위해 노력한 일	• 누리 소통망(SNS)을 통해 11세 때부터 교육 운동을 펼침. • 여성과 아동의 교육권을 위해 활동하여 최연소 노벨 평화상을 받음.
지구촌 평화와 발전을 위해 내가 할 수 있는 일	㉡

(1) 위 표의 ㉠에 들어갈 인물을 쓰시오. [4점]

(   )

(2) 위 표의 ㉡에 들어갈 알맞은 내용을 쓰시오. [8점]

_____

_____

3 다음 자료를 보고, 물음에 답하시오. [12점]

 이것은 제2차 세계 대전 이후 전쟁 방지와 국제 평화 유지를 위해 1945년에 설립된 국제기구인 (㉠)의 상징이다.

(1) 위 ㉠에 들어갈 알맞은 말을 쓰시오. [4점]

(   )

(2) (1)번 답에 속하는 기구를 쓰고, 어떤 활동을 하는지 쓰시오. [8점]

_____

_____

4 다음 비정부 기구 활동 계획서를 보고, 물음에 답하시오. [12점]

> **〈비정부 기구 활동 계획서〉**
> 나는 (㉠)에 가입하여 전쟁, 질병, 영양실조, 자연재해 등으로 고통받는 사람들을 위해 인종, 성별, 종교 등에 따른 차별 없이 의료 지원 활동을 펼칠 것이다.

(1) 위 ㉠에 들어갈 알맞은 비정부 기구를 쓰시오. [4점]

(   )

(2) 위와 같이 가입하고 싶은 비정부 기구를 쓰고, 어떤 활동을 할 것인지 쓰시오. [8점]

_____

_____

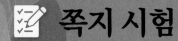
1 대기 중에 이산화탄소, 메탄 등과 같은 온실가스가 늘어나 태양열 일부를 지구에 가둬서 지구의 온도가 높아지는 현상을 무엇이라고 합니까?

2 사람들이 식량을 생산하거나 가축을 키우기 위해 (사막 , 열대 우림)을 무분별하게 개발하면서 많은 동식물의 서식지가 사라지고 있습니다.

3 지구촌에서 발생하는 쓰레기 문제, 환경 오염, 사막화, 초미세 먼지 증가 등의 문제를 아울러 이르는 말은 무엇입니까?

4 신·재생 에너지 생산 시설을 늘리고 환경 관련 법과 제도를 만드는 것은 환경문제를 해결하기 위한 (개인 , 국가)의 노력입니다.

5 지구촌 사람들이 현재와 미래 세대의 환경을 보호하고 사회적·경제적으로 책임감 있게 행동하여 지구촌의 지속가능성을 높여가는 것을 무엇이라고 합니까?

6 국제 연합(UN)이 2015년 정기 총회에서 발표한 것으로, 모든 지구촌 사람들이 실천해 나가야 할 17개의 목표를 무엇이라고 합니까?

7 가난과 굶주림을 겪는 사람에게 돈과 물건, 식량 등을 지원하는 것은 (빈곤과 기아 퇴치 , 문화적 편견과 차별 해소)를 위한 노력입니다.

8 환경을 생각하면서도 사람들의 필요를 만족하도록 하는 제품 생산을 무엇이라고 합니까?

9 서로 다른 문화를 이해할 수 있도록 교육을 실시하거나, 다양한 문화를 체험할 수 있는 행사를 개최하는 것은 지구촌의 어떤 문제를 해결하기 위한 노력입니까?

10 지속가능한 미래를 만들기 위해 지구촌의 문제에 관심을 갖고 해결하고자 적극적으로 협력하는 사람을 무엇이라고 합니까?

1 지구촌의 환경문제에 대한 카드 뉴스를 만들 때 들어갈 자료로 알맞지 <u>않은</u> 것은 어느 것입니까?
( )

①
▲ 사막화되고 있는 땅

②
▲ 파괴되는 열대 우림

③
▲ 오염 물질을 내뿜고 있는 공장

④
▲ 돈을 벌기 위해 학교에 가지 않고 일하는 어린이

2 다음 밑줄 친 '이것'은 무엇입니까? ( )

> <u>이것</u>은 대기 중에 이산화탄소, 메탄과 같은 온실가스가 늘어나 태양열 일부를 가둬서 지구의 온도가 높아지는 현상이다. <u>이것</u>은 산업 발달에 따라 석탄, 석유 등과 같은 화석 연료의 사용량이 급격히 늘어나면서 발생하였다.

① 사막화   ② 환경 오염
③ 지구 온난화   ④ 열대 우림 파괴
⑤ 초미세 먼지 증가

3 지구촌의 환경문제를 해결하기 위해 개인이 생활 속에서 할 수 있는 일을 한 가지 쓰시오.
서술형

_____

_____

4 다음에서 설명하는 것은 무엇입니까? ( )

> 2015년 유엔 기후 변화 회의에서 우리나라를 포함한 195개국이 온실가스 배출량을 줄이고 지구의 평균 기온 상승을 낮추는 것을 목표로 채택한 것이다.

① 평화 협정
② 파리 협정
③ 사막화 방지 협약
④ 지속가능 발전 목표
⑤ 생물 무기 금지 협약

5 다음 신문 기사의 빈칸에 들어갈 알맞은 말은 무엇입니까?
( )

> ○○신문   20△△년 △△월 △△일
> ### 지구촌의 ( )
> 지구촌이 100명이 사는 마을이라고 생각해 보면, 하루에 1.9달러(약 2,200원)로 살아가는 절대 빈곤 인구는 100명 중 10명이다.
> 국제 연합 세계 식량 계획(WFP)이 2020년 발표한 「세계 식량 위기 보고서」에 따르면, 2019년에 심각한 식량 위기를 겪은 사람들은 분쟁, 기후 변화, 경제난을 겪은 지역에 사는 것으로 나타났다. 식량 문제는 매우 심각하다.

① 환경 오염 문제
② 빈곤과 기아 문제
③ 친환경적 생산 문제
④ 문화적 편견과 차별 문제
⑤ 환경을 생각하는 소비 문제

6 빈곤과 기아 퇴치를 위한 노력을 잘못 말한 어린이는 누구입니까? ( )

① 식량이 부족한 지역에 식량을 지원해요.

② 빈곤 지역에 학교를 짓고 학용품을 지원해요.

③ 화학 비료나 농약 사용을 최소화하여 농작물을 재배해요.

④ 물 부족 지역에 먼 곳까지 편리하게 운반할 수 있는 물통을 공급해요.

7 다음 표의 ㉠, ㉡에 들어갈 말이 알맞게 짝지어진 것은 어느 것입니까? ( )

㉠	환경을 생각하면서도 사람들의 필요를 만족하도록 하는 제품을 생산하는 것
㉡	환경에 미치는 영향을 고려하여 소비하는 것

	㉠	㉡
①	문화적 편견	문화적 차별
②	문화적 차별	문화적 편견
③	과잉 생산	친환경적 소비
④	친환경적 생산	친환경적 소비
⑤	친환경적 소비	친환경적 생산

[8~9] 다음 자료를 보고, 물음에 답하시오.

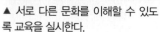
▲ 서로 다른 문화를 이해할 수 있도록 교육을 실시한다.

▲ 다양한 문화를 체험할 수 있는 다양한 행사를 개최한다.

8 위 사진은 어떤 지구촌 문제를 해결하기 위한 노력입니까? ( )

① 환경 오염
② 영토 분쟁
③ 쓰레기 문제
④ 열대 우림 파괴
⑤ 문화적 편견과 차별

9 8번 답의 문제를 해결하기 위해 노력해야 하는 까닭을 보기 에서 골라 기호를 쓰시오.

보기
㉠ 지구촌의 생태계가 파괴되기 때문에
㉡ 동식물의 서식지가 사라지고 있기 때문에
㉢ 우리의 건강과 환경을 지켜야 하기 때문에
㉣ 문화는 사람들이 지역의 환경에 적응하며 살아가는 동안 만들어진 것이기 때문에

( )

10 다음 선생님의 질문에 대한 답을 쓰시오.

지속가능한 미래를 만들기 위해 지구촌의 문제에 관심을 갖고 해결하고자 적극적으로 협력하는 사람을 무엇이라고 합니까?

( )

1~2 다음 신문 기사를 읽고, 물음에 답하시오.

○○신문   20△△년 △△월 △△일

지구의 허파,
(   )이/가 사라지고 있다

아마존 (   )은/는 지구 산소의 20%를 만들기 때문에 '지구의 허파'라고 불린다. 그런데 아마존 (   )이/가 파괴되어 황폐해지면서 숲으로써의 기능이 떨어졌다는 연구 결과가 발표됐다. 무분별한 개발, 불법 나무 베기 등이 파괴의 원인으로 꼽힌다.

1 위 빈칸에 공통으로 들어갈 알맞은 말을 쓰시오.

(   )

2 위와 같은 지구촌 환경문제가 발생하는 까닭으로 알맞은 것을 보기 에서 모두 고른 것은 어느 것입니까? (   )

보기
㉠ 사람들이 필요 이상으로 자원을 쓰기 때문이다.
㉡ 사람들이 배려하는 자세를 가지고 있기 때문이다.
㉢ 사람들이 미래 세대를 생각하며 소비하기 때문이다.
㉣ 사람들이 환경을 생각하지 않고 무분별하게 개발하기 때문이다.

① ㉠, ㉡   ② ㉠, ㉣
③ ㉡, ㉢   ④ ㉡, ㉣
⑤ ㉢, ㉣

3 지구촌의 환경문제를 해결하기 위한 국가의 노력을 잘못 말한 어린이는 누구입니까? (   )

①
환경 관련 법과 제도를 만들어요.

②
신·재생 에너지 생산 시설을 늘려요.

③
기업의 제품 과대 포장을 단속해요.

④
에너지 고효율 가전 제품을 만들어 판매해요.

4 서술형 지구촌 사람들이 다음 밑줄 친 내용과 같이 행동해야 하는 까닭을 쓰시오.

지속가능한 미래란, 지구촌 사람들이 현재와 미래 세대의 환경을 보호하고, 사회적·경제적으로 책임감 있게 행동하여 지구촌의 지속가능성을 높여 가는 것이다. 지구촌 사람들은 지구촌의 여러 문제를 해결하고 지속가능한 미래를 위해 노력해야 한다.

_____

_____

5 빈곤과 기아 문제의 원인으로 알맞지 않은 것을 보기 에서 골라 기호를 쓰시오.

보기
㉠ 가뭄으로 식량이 부족해졌다.
㉡ 전쟁으로 농사지을 땅이 파괴되었다.
㉢ 홍수, 태풍 등 자연재해로 집과 일터를 잃었다.
㉣ 자신의 문화를 기준으로 다른 문화를 함부로 판단한다.

(   )

6 다음 밑줄 친 '다양한 노력'에 속하지 <u>않는</u> 것은 어느 것입니까? (   )

> 지구촌 사람들은 빈곤과 기아 문제를 해결하기 위해 <u>다양한 노력</u>을 한다.

① 식량 지원
② 농업 기술 지원
③ 문화 존중 캠페인 실시
④ 전 세계에 빈곤 문제를 홍보
⑤ 빈곤 지역의 교육 환경 개선 활동

7~8 다음 자료를 보고, 물음에 답하시오.

▲ 신·재생 에너지를 사용하여 제품을 생산한다.

▲ 환경친화적 방식으로 생산한 공정무역 제품을 구입한다.

▲ 농약 사용을 최소화하여 농작물을 재배한다.

▲ 필요한 만큼 덜어서 살 수 있는 제품을 구입한다.

7 위 ㉠~㉣을 친환경적 생산과 친환경적 소비로 구분하여 기호를 쓰시오.

(1) 친환경적 생산: (   )
(2) 친환경적 소비: (   )

8 위 ㉠~㉣과 같은 생산과 소비 방식의 장점이 <u>아닌</u> 것은 어느 것입니까? (   )

① 환경을 지킬 수 있다.
② 자원을 절약할 수 있다.
③ 우리의 건강을 지킬 수 있다.
④ 국가의 개입을 막을 수 있다.
⑤ 지속가능한 미래를 이룰 수 있다.

9 다음 그림에 나타난 지구촌 문제를 해결하기 위한 노력으로 알맞은 것을 보기 에서 골라 기호를 쓰시오.

> 우리가 즐겨 먹는 전통 음식을 잘 모르는 사람들이 함부로 평가할 때가 있어요.

보기
㉠ 물 부족 지역에 우물 사업을 지원한다.
㉡ 우리나라의 역사와 문화를 알려주도록 한다.
㉢ 자연재해에도 강한 농작물을 키울 수 있도록 돕는다.
㉣ 편견과 차별을 극복하고 다양성을 존중하는 교육을 한다.

(   )

10 어린이가 세계시민으로서 생활 속에서 실천하는 모습으로 <u>잘못된</u> 것은 어느 것입니까? (   )

① 세수할 때 필요한 만큼만 물을 사용한다.
② 학교에서 쓰레기를 분리배출해서 버린다.
③ 위생을 생각하여 일회용품 사용을 늘린다.
④ 급식으로 받은 음식은 남기지 않고 모두 먹는다.
⑤ 가전제품을 사용하지 않을 때는 플러그를 뽑는다.

1 다음 자료를 보고, 물음에 답하시오. [12점]

▲ 지구 온난화로 녹아내리는 빙하

▲ 파괴되는 열대 우림

(1) 위와 같은 지구촌 문제를 아울러 무엇이라고 하는지 쓰시오. [4점]

( )

(2) (1)번 답과 같은 지구촌 문제가 발생하는 까닭을 쓰시오. [8점]

_____

2 다음은 환경문제를 해결하기 위한 노력을 정리한 것입니다. 물음에 답하시오. [12점]

개인의 노력	㉠
기업의 노력	㉡
국가의 노력	• 신·재생 에너지 생산 시설을 늘린다. • ㉢

(1) 위 ㉠, ㉡에 들어갈 내용으로 알맞은 것을 아래에서 골라 기호를 쓰시오. [4점]

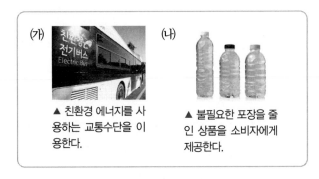

(가) ▲ 친환경 에너지를 사용하는 교통수단을 이용한다.

(나) ▲ 불필요한 포장을 줄인 상품을 소비자에게 제공한다.

㉠ ( ) ㉡ ( )

(2) 위 ㉢에 들어갈 내용을 한 가지 쓰시오. [8점]

3 다음은 소윤이가 인터넷으로 검색한 자료입니다. 물음에 답하시오. [12점]

㉠ 검색

▲ 자연재해로 물과 식량이 부족하여 고통받고 있다.

▲ 생계가 어려워 일하느라 학교에 가지 못하는 어린이가 많다.

(1) 위 ㉠에 들어갈 알맞은 검색어를 아래에서 찾아 쓰시오. [4점]

• 빈곤과 기아 문제 • 친환경적 생산과 소비

( )

(2) 위 자료의 모습들을 해결하기 위해 우리가 세계 시민으로서 참여하는 방법을 한 가지 쓰시오. [8점]

_____

4 다음 그림을 보고, 물음에 답하시오. [12점]

제가 믿는 종교를 이야기하면 무섭다고 저를 피해요.

(1) 위 그림에 나타난 지구촌 문제는 무엇인지 쓰시오. [4점]

( )

(2) (1)번 답과 같은 문제를 해결하기 위한 노력을 한 가지 쓰시오. [8점]

상위권의 기준!

똑같은 DNA를 품은 최상위지만,
심화문제 접근 방법에 따른 구성 차별화!

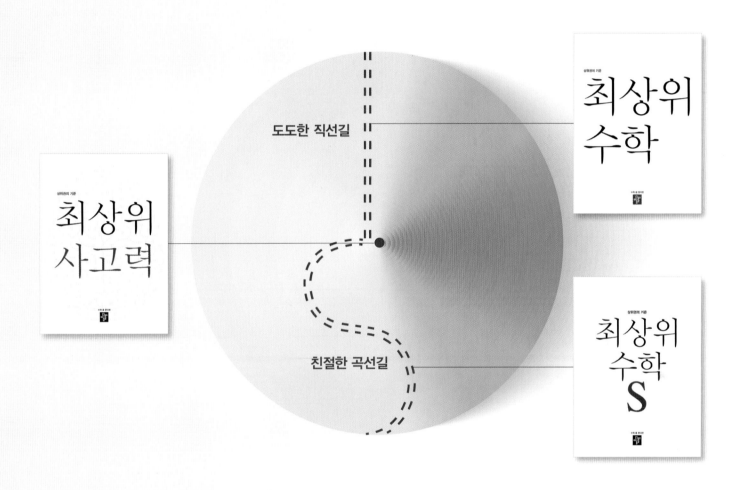

도도한 직선길

친절한 곡선길

상위권의 기준
최상위
사고력

상위권의 기준
최상위
수학

상위권의 기준
최상위
수학
S

최상위를 위한
심화 학습 서비스 제공!

문제풀이 동영상 ➕ 상위권 학습 자료
(QR 코드 스캔 혹은 디딤돌 홈페이지 참고)

과학 교과 탐구이해력 향상

초등
6·2

디딤돌
통합본

과학

디딤돌 통합본 국어·사회·과학 6-2

펴낸날 [개정판 1쇄] 2024년 7월 1일
펴낸이 이기열 | **펴낸곳** (주)디딤돌 교육
주소 (03972) 서울특별시 마포구 월드컵북로 122 청원선와이즈타워
대표전화 02-3142-9000
구입문의 02-322-8451
내용문의 02-323-5489
팩시밀리 02-322-3737
홈페이지 www.didimdol.co.kr
등록번호 제10-718호
사진 북앤포토

• 정답과 풀이는 "디딤돌 교육 홈페이지〉초등〉정답과 해설"에서
  다운로드 받을 수 있습니다.
• 출간 이후 발견되는 오류는 "디딤돌 교육 홈페이지〉초등〉정오표"를 통해
  알려드리고 있습니다.

과학 교과 탐구이해력 향상

초등
6·2

디딤돌
통합본

과학

구성과 특징

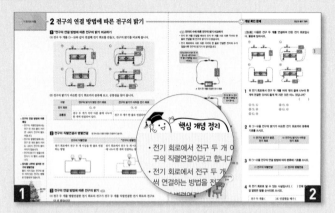
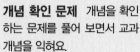
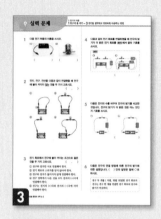

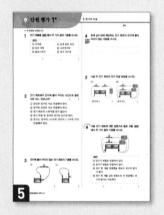
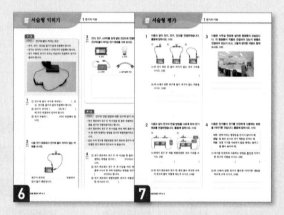

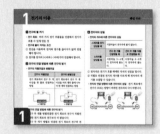

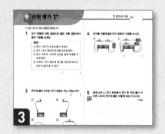

1

전기의 이용

1 전구에 불 켜기

1 전구에 불이 켜지는 조건 알아보기

탐구 과정	① 전지, 전선, 전구를 ㉠~㉣와 같이 연결했을 때 전구에 불이 켜지는지 확인해 봅니다. ② 전구에 불이 켜지는 것과 켜지지 않는 것으로 분류하고, 각각 전지, 전선, 전구가 어떻게 연결되어 있는지 확인해 봅니다. 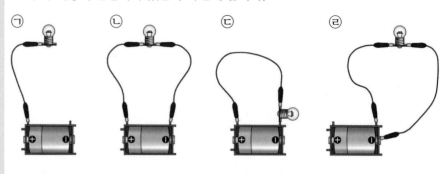

탐구 결과	불이 켜지는 것	불이 켜지지 않는 것
	㉡, ㉢	㉠, ㉣
	전지의 한쪽 극과 전구, 전지의 다른 쪽 극이 끊어짐 없이 연결되어 있다.	전지와 전구의 연결이 끊겨 있거나 전구가 전지의 한쪽 극에만 연결되어 있다.

알 수 있는 사실	전구에 불을 켜려면 전지와 전구의 양쪽 끝부분이 끊기지 않게 연결해야 한다.

2 전기 회로 +1

(1) **전기 회로**: *여러 가지 전기 *부품들을 연결해서 전기가 흐를 수 있게 만든 것입니다.
(2) 전기 부품은 전기가 잘 흐르는 부분과 전기가 잘 흐르지 않는 부분으로 이루어져 있습니다.
(3) 전기 부품을 전기가 잘 흐르는 부분끼리 연결했을 때 전기 회로에 전기가 흐릅니다.

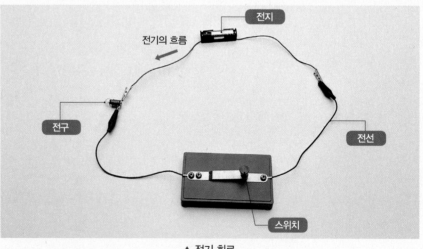

▲ 전기 회로

3 전기 회로에서 전구에 불이 켜지는 조건

(1) 전지, 전구, 전선이 끊기지 않게 연결돼야 합니다.
(2) 전구가 전지의 (+)극과 (−)극에 각각 연결돼야 합니다.

- **여러 가지 전기 부품**
  - 전구: 빛을 내는 전기 부품으로, 전구의 꼭지와 꼭지쇠로 전기가 흐르면 필라멘트에서 빛이 납니다.
  - 전구 끼우개: 전기 회로를 만들 때 전구를 끼워 사용하면 전선을 쉽게 연결할 수 있습니다.
  - 전지: 전기 회로에 전기를 흐르게 하며, 전지의 (+)극과 (−)극에 연결하면 전기가 흐릅니다.
  - 전지 끼우개: 전기 회로를 만들 때 전지를 전선에 쉽게 연결할 수 있습니다.
  - 집게 달린 전선: 전기가 흐르는 통로로, 전선에 집게를 연결하면 여러 가지 전기 부품을 쉽게 연결할 수 있습니다.
  - 스위치: 전기 회로에 전기를 흐르게 하거나 흐르지 않게 할 수 있습니다.

▲ 집게 달린 전선   ▲ 스위치

- **부품**
  기계 따위의 어떤 부분에 쓰는 물품

+1 여러 가지 전기 부품에서 전기가 잘 흐르는 부분(○)과 전기가 잘 흐르지 않는 부분(×)

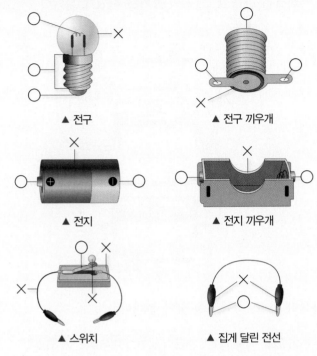

▲ 전구 　　　▲ 전구 끼우개

▲ 전지 　　　▲ 전지 끼우개

▲ 스위치 　　　▲ 집게 달린 전선

핵심 개념 정리

• 여러 가지 전기 부품을 연결해서 전기가 흐를 수 있게 만든 것을 전기 회로라고 합니다.

• 전기 회로에서 전지, 전구, 전선을 끊기지 않게 연결하고, 전구를 전지의 (+)극과 (−)극에 각각 연결하면 전구에 불이 켜집니다.

1~2 다음과 같이 전지, 전구, 전선을 연결하였습니다. 물음에 답하시오.

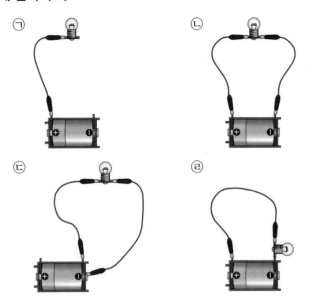

1 전구에 불이 켜지는 것끼리 옳게 짝 지은 것은 어느 것입니까? 　　　　　　　　　　　　　(　　)

① ㉠, ㉡　　　　　　② ㉠, ㉢

③ ㉠, ㉣　　　　　　④ ㉡, ㉢

⑤ ㉡, ㉣

2 위 ㉠~㉣ 중 전구에 불이 켜지지 않는 것에 대한 설명입니다. (　) 안의 알맞은 말에 ○표 하시오.

(㉠, ㉡, ㉢, ㉣)은 전구가 전지의 (+)극에만 연결되어 있기 때문에 불이 켜지지 않는다. (㉠, ㉡, ㉢, ㉣)은 전구에 연결된 전선이 모두 전지의 ((+), (−))극에만 연결되어 있기 때문에 불이 켜지지 않는다.

3 전기 회로에서 전구에 불이 켜지는 까닭을 두 가지 고르시오. 　　　　　　　　　　　　(　 , 　)

① 전기 부품을 모두 연결했기 때문이다.

② 전구를 전지의 (+)극에만 연결했기 때문이다.

③ 전구를 전지의 (−)극에만 연결했기 때문이다.

④ 전기 부품끼리 끊김 없이 연결했기 때문이다.

⑤ 전구를 전지의 (+)극과 (−)극에 각각 연결했기 때문이다.

2 전구의 연결 방법에 따른 전구의 밝기

1 °전구의 연결 방법에 따른 전구의 밝기 비교하기

(1) 전구 두 개를 ㉠~㉣와 같이 연결해 전기 회로를 만들고, 전구의 밝기를 비교해 봅니다.

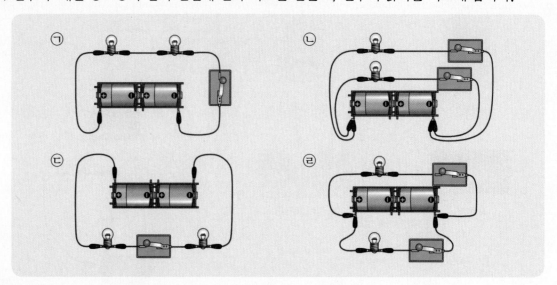

(2) 전구의 밝기가 비슷한 전기 회로끼리 분류해 보고, 공통점을 찾아 봅니다.

구분	전구의 밝기가 밝은 전기 회로	전구의 밝기가 어두운 전기 회로
전기 회로	㉡, ㉣	㉠, ㉢
공통점	전구 두 개가 각각 다른 줄에 나누어 한 개씩 연결되어 있다.	전구 두 개가 한 줄로 연결되어 있다.

- **전구의 연결 방법에 따른 특징**
  - 전구의 직렬연결에서는 전구 한 개의 불이 꺼지면 나머지 전구의 불도 꺼집니다.
  - 전구의 병렬연결에서는 전구 한 개의 불이 꺼져도 나머지 전구의 불이 꺼지지 않습니다.
  - 전구의 밝기가 밝을수록 전지가 더 빨리 소모됩니다.
- **장식용 나무에 설치된 전구의 병렬연결**
  불이 켜져 있는 전구와 불이 꺼져 있는 전구는 병렬로 연결되어 있습니다.

불 꺼진 전구

2 전구의 직렬연결과 병렬연결   집 안에 있는 전등은 병렬로 연결되어 있습니다.

전구의 직렬연결	°전구의 병렬연결
전기 회로에서 전구 두 개 이상을 한 줄로 연결하는 방법	전기 회로에서 전구 두 개 이상을 여러 개의 줄에 나누어 한 개씩 연결하는 방법

3 전구의 연결 방법에 따른 전구의 밝기 +1

(1) 전구 두 개를 병렬연결한 전기 회로의 전구가 전구 두 개를 직렬연결한 전기 회로의 전구보다 더 밝습니다.

(2) 전구 두 개가 병렬로 연결된 전기 회로의 전구와 전구 한 개가 연결된 전기 회로의 전구는 밝기가 비슷합니다.

+1 전지의 수에 따른 전구의 밝기 비교하기

• 전지 한 개를 연결할 때보다 전지 두 개를 서로 다른 극끼리 한 줄로 연결할 때 전구의 밝기가 더 밝습니다.

• 전기 회로에서 서로 다른 극끼리 한 줄로 연결한 전지의 수가 많을수록 전구의 밝기가 더 밝아집니다.

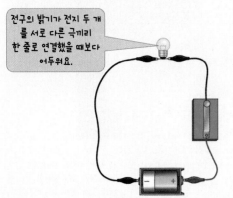

전구의 밝기가 전지 두 개를 서로 다른 극끼리 한 줄로 연결했을 때보다 어두워요.

▲ 전지 한 개를 연결한 전기 회로

전구의 밝기가 전지 한 개를 연결했을 때보다 밝아요.

▲ 전지 두 개를 서로 다른 극끼리 한 줄로 연결한 전기 회로

핵심 개념 정리

• 전기 회로에서 전구 두 개 이상을 한 줄로 연결하는 방법을 전구의 직렬연결이라고 합니다.

• 전기 회로에서 전구 두 개 이상을 여러 개의 줄에 나누어 한 개씩 연결하는 방법을 전구의 병렬연결이라고 합니다.

• 전구의 병렬연결이 전구의 직렬연결보다 전구가 더 밝습니다.

• 전구의 직렬연결에서는 한 전구의 불이 꺼지면 나머지 전구 불도 꺼지지만, 전구의 병렬연결에서는 한 전구의 불이 꺼져도 나머지 전구 불은 꺼지지 않습니다.

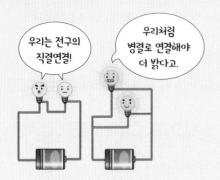

우리는 전구의 직렬연결!

우리처럼 병렬로 연결해야 더 밝다고.

1~4 다음은 전구 두 개를 연결하여 만든 전기 회로입니다. 물음에 답하시오.

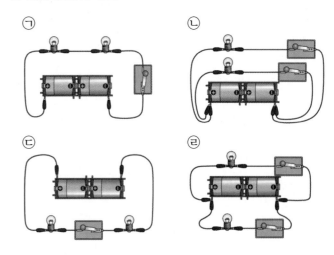

ㄱ   ㄴ

ㄷ   ㄹ

1 위 전기 회로에서 전구 두 개를 여러 개의 줄에 나누어 한 개씩 연결한 것끼리 옳게 짝 지은 것은 어느 것입니까?

(   )

① ㄱ, ㄴ   ② ㄱ, ㄷ

③ ㄱ, ㄹ   ④ ㄴ, ㄷ

⑤ ㄴ, ㄹ

2 위 ㄱ~ㄹ을 전구의 밝기가 비슷한 전기 회로끼리 분류해 기호를 쓰시오.

(1) 전구의 밝기가 밝은 전기 회로	(2) 전구의 밝기가 어두운 전기 회로

3 위 ㄱ~ㄹ을 전구의 연결 방법에 따라 분류해 기호를 쓰시오.

(1) 전구의 직렬연결	(2) 전구의 병렬연결

4 위 전기 회로로 알 수 있는 사실입니다. ( ) 안에 들어갈 알맞은 말을 순서대로 쓰시오.

전구 두 개를 (   )로 연결했을 때가 (   )로 연결했을 때보다 더 밝다.

(,   )

3 전기를 절약하고 안전하게 사용하는 방법

1 그림에서 전기를 위험하게 사용하거나 낭비하고 있는 모습 찾아보기

전기를 위험하게 사용하고 있는 모습	• 전선에 걸려 넘어지고, 전선이 어지럽게 꼬여 있다. • 플러그의 머리 부분을 잡지 않고 플러그를 뽑는다. • 콘센트 한 개에 플러그가 여러 개 꽂혀 있다. • 사용하지 않는 전기 제품을 켜 놓고 플러그를 콘센트에 꽂아 놓았다.	물 묻은 손으로 플러그를 만지거나 물에 젖은 행주를 전기 제품에 걸쳐 놓는 것도 전기를 위험하게 사용하는 경우입니다.
전기를 낭비하고 있는 모습	• 냉장고에 물건을 가득 넣어 놓았다. • 냉장고 문을 열어 놓고 물을 마신다. • 문을 열어 놓고 냉방 기구를 틀어 놓았다. • 사용하지 않는 전기 제품의 플러그를 콘센트에 꽂아 놓았다.	

⇨ 화재나 *감전과 같은 사고의 위험이 있기 때문에 전기를 안전하게 사용해야 합니다. 또한 전기를 만들 때 환경을 오염하는 물질이 나오기 때문에 전기를 절약해야 합니다.

2 *전기를 안전하게 사용하고 절약하는 방법 +1

• **감전**
전기가 흐르고 있는 물체에 몸의 일부가 닿아서 순간적으로 충격을 받는 것

• **전기를 안전하게 사용하고 절약해야 하는 까닭**
전기를 위험하게 사용하면 감전되거나 화재가 발생할 수 있으며, 전기를 절약하지 않으면 자원이 낭비되고 환경 문제가 발생할 수 있기 때문입니다.

• **과전류 차단 장치와 콘센트 덮개**

▲ 과전류   ▲ 콘센트
차단 장치   덮개

전기를 안전하게 사용하는 방법	• 전선으로 장난치지 않는다. • 깜박거리는 형광등을 만지지 않는다. • 물 묻은 손으로 전기 제품을 만지지 않는다. • 플러그를 뽑을 때에는 전선을 잡아당기지 않는다. • 전열 기구를 사용하지 않을 때에는 플러그를 뽑아 놓는다. • 콘센트 한 개에 플러그 여러 개를 한꺼번에 꽂아서 사용하지 않는다.	물 묻은 손으로 전기 제품을 만지면 감전이 되기 쉽습니다.
전기를 절약하는 방법	• 사용하지 않는 전등을 끈다. • 에어컨을 켤 때에는 문을 닫는다. • 컴퓨터나 텔레비전을 사용하는 시간을 줄인다. • 에너지 지킴이를 선정해 사용하지 않는 전기 제품을 끈다.	

학교에서 전기를 절약하는 방법에는 빈 교실에 전등이나 선풍기를 켜 두지 않고, 스위치를 껐다 켰다 하는 장난을 하지 않는 것 등이 있습니다.

3 전기를 안전하게 사용하거나 절약하려고 사용하는 제품

(1) 원하는 시간이 되면 자동으로 전원이 차단되는 시간 조절 콘센트, 누전 사고를 예방하는 *과전류 차단 장치 등이 있습니다.

(2) 사람의 움직임을 감지하는 감지 등, 일반 전구보다 전기를 절약할 수 있는 발광 다이오드 전등, 감전 사고를 예방하는 콘센트 덮개 등이 있습니다.

+1 전기를 절약하는 방법과 그 까닭을 전기 회로와 관련지어 설명하기

• 안 쓰는 전기 제품의 플러그를 뽑으면 전기 회로가 끊어져 전기가 흐르지 않습니다.

• 스마트 기기의 전원을 켜 두면 전기 에너지를 소비하므로 스마트 기기를 사용하지 않을 때에는 전원을 끕니다.

• 밥솥에 보온을 해 두면 전기 에너지를 소비하므로 먹을 만큼만 밥을 합니다.

1~3 다음은 전기를 위험하게 사용하거나 낭비하는 모습입니다. 물음에 답하시오.

1 위 (가) 행동이 위험한 까닭에 대한 설명으로 옳은 것을 보기 에서 골라 기호를 쓰시오.

> **보기**
> ㉠ 전선을 약하게 잡아당겼기 때문에
> ㉡ 전기 제품을 여러 개 연결했기 때문에
> ㉢ 전선을 잡아당겨 플러그를 뽑으려고 하기 때문에

( )

핵심 개념 정리

• 전기를 안전하게 사용하지 않으면 감전되거나 화재가 일어날 수 있습니다.

• 전기 제품의 사용 방법을 알고 전기 안전 수칙에 따라 전기를 사용해야 합니다.

• 전기를 절약하려면 필요하지 않은 전기 제품은 끄거나 플러그를 뽑아 두고, 전기가 낭비되는 곳이 있는지 점검해야 합니다.

• 전기를 안전하게 사용하거나 절약하기 위해 시간 조절 콘센트, 발광 다이오드 전등, 콘센트 덮개 등을 사용합니다.

2 위에서 전기를 낭비하는 모습을 두 가지 고르시오.

(,)

① 선풍기를 켜 놓은 모습
② 냉장고 문을 열어둔 모습
③ 전선에 걸려 넘어지는 모습
④ 전선이 어지럽게 꼬여 있는 모습
⑤ 전선을 잡아당겨 플러그를 뽑는 모습

3 다음과 같이 전기를 안전하게 사용하기 위한 제품은 어느 것입니까? ( )

> 전기가 갑자기 많이 흐를 때 자동으로 스위치를 열어 전기가 흐르는 것을 끊어 주는 장치이다.

① 감지 등 ② 콘센트 덮개
③ 시간 조절 콘센트 ④ 발광 다이오드 전등
⑤ 과전류 차단 장치

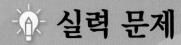
1 다음 전기 부품의 이름을 쓰시오.

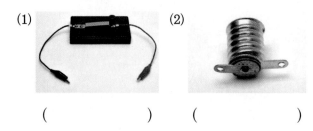

(1)　　　　　　　　(2)

(　　　　　　　)　(　　　　　　　)

2 전지, 전구, 전선을 다음과 같이 연결했을 때 전구에 불이 켜지지 <u>않는</u> 것을 두 가지 고르시오.
(　　,　　)

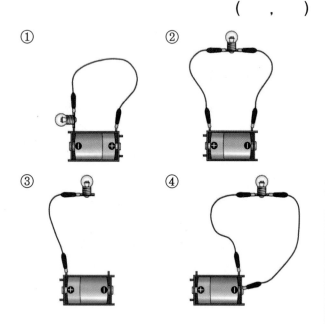

① 　　　　　　　　②

③ 　　　　　　　　④

3 전기 회로에서 전구에 불이 켜지는 조건으로 옳은 것을 두 가지 고르시오. (　　,　　)

① 전구와 전지만 서로 연결해야 한다.
② 전기 회로의 스위치를 닫지 않아야 한다.
③ 전구와 전지가 끊어지지 않게 연결해야 한다.
④ 전구 양쪽에서 나온 선을 모두 전지의 (+)극에 연결해야 한다.
⑤ 전구는 전지의 (+)극과 전지의 (−)극에 각각 연결해야 한다.

4 다음과 같이 전기 회로를 연결하였을 때 전구의 밝기가 더 밝은 전기 회로를 보기 에서 골라 기호를 쓰시오.

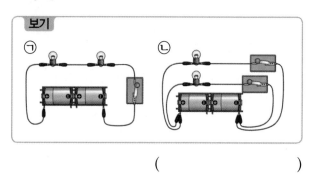

보기
㉠　　　　　　　　㉡

(　　　　　　　)

5 다음은 전지의 수를 바꾸어 전구의 밝기를 비교한 것입니다. 전구의 밝기가 더 밝은 것은 어느 것인지 기호를 쓰시오.

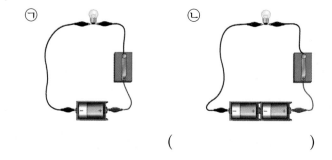

㉠　　　　　　　　㉡

(　　　　　　　)

6 다음은 전구의 연결 방법에 따른 전구의 밝기에 대한 설명입니다. (　　) 안의 알맞은 말에 ○표 하시오.

전구 두 개를 (직렬, 병렬)연결한 전기 회로의 전구는 전구 한 개를 연결한 전기 회로의 전구와 밝기가 비슷하다.

7~8 다음 전기 회로를 보고, 물음에 답하시오.

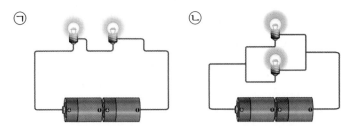

ⓘ   ⓛ

7 위 ⓘ과 ⓛ 전기 회로에서의 전구의 연결 방법을 각각 쓰시오.

구분	전구의 연결 방법
ⓘ	
ⓛ	

8 위 ⓘ과 ⓛ 중 전구의 밝기가 더 밝은 전기 회로의 기호를 쓰시오.

( )

9 전기 회로의 스위치를 닫았을 때 전구의 밝기가 가장 어두운 전기 회로는 어느 것입니까? ( )

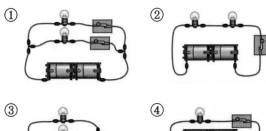

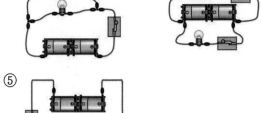

10 다음과 같이 장식용 나무에 설치된 전구 중 일부만 불이 켜져 있습니다. 장식용 나무의 전구는 어떠한 방법으로 연결되어 있는지 쓰시오.

불 꺼진 전구

( )

11 전기를 위험하게 사용하거나 낭비하면 어떻게 될지에 대한 설명으로 옳지 <u>않은</u> 것은 어느 것입니까? ( )

① 전기 요금이 적게 나온다.
② 지구 자원을 낭비하게 된다.
③ 지구의 환경 오염이 늘어난다.
④ 전기를 만드는 비용이 늘어난다.
⑤ 감전되거나 화재가 발생할 수 있다.

12 전기를 안전하게 사용하고 있는 경우는 어느 것입니까? ( )

① 물 묻은 손으로 전기 기구를 만진다.
② 전선이 정리되지 않고 어지럽게 꼬여 있다.
③ 플러그를 뽑을 때 전선을 잡아당기지 않는다.
④ 전열 기구를 사용하지 않을 때에도 플러그를 꽂아 놓는다.
⑤ 콘센트 한 개에 플러그 여러 개를 한꺼번에 꽂아 사용한다.

4 전자석의 성질

1 °전자석 만들기

(1) 전자석은 전기가 흐르는 전선 주위에 자석의 성질이 나타나는 현상을 이용하여 만든 자석입니다.

(2) °막대자석 같은 영구 자석은 항상 자석의 성질이 나타나지만, 전자석은 전기가 흐를 때에만 자석의 성질이 나타납니다.

(3) 전자석 만들기

❶ 종이테이프를 감은 둥근머리 볼트에 에나멜선을 120번 정도 한쪽 방향으로 촘촘하게 감습니다.
둥근머리 볼트에 에나멜선을 많이 감을수록 전자석의 세기가 세어집니다.

❷ 에나멜선 양쪽 끝부분을 사포로 문질러 겉면을 벗겨 냅니다.
에나멜선은 전기가 흐르지 않는 물질로 코팅되어 있기 때문에 사포로 문질러 겉면을 벗겨 내는 것입니다.

❸ 에나멜선 양쪽 끝부분을 전기 회로에 연결해 전자석을 완성합니다.

2 전자석의 성질 알아보기

(1) **전지의 개수에 따른 전자석의 성질**: 스위치를 닫지 않았을 때, 전지 한 개를 연결하고 스위치를 닫았을 때, 전지 두 개를 일렬로 연결하고 스위치를 닫았을 때 전자석에 붙는 시침바늘의 개수를 각각 세어 봅니다.

스위치를 닫지 않았을 때	시침바늘이 전자석에 붙지 않는다.	
	전지를 한 개 연결했을 때	**전지를 두 개 연결했을 때**
스위치를 닫았을 때	시침바늘 3~4개가 전자석에 붙는다.	시침바늘 6~8개가 전자석에 붙는다.

- 전자석은 전기가 흐를 때에만 자석의 성질을 띱니다.
- 전지를 한 개 연결했을 때보다 두 개 연결했을 때 전자석의 세기가 세집니다.

(2) **전지의 연결 방향에 따른 전자석의 성질**

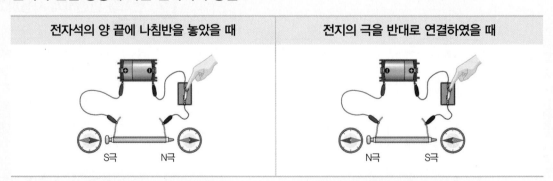

전자석의 양 끝에 나침반을 놓았을 때	전지의 극을 반대로 연결하였을 때
S극 N극	N극 S극

⇨ 전기 회로에서 전기가 흐르는 방향이 바뀌면 전자석의 극이 바뀝니다.
└─ 나침반 바늘의 빨간색 부분의 방향이 반대가 되었습니다.

- **전자석**
  - 전기가 흐르는 전선 주위에 자석의 성질이 나타나는 것을 이용해 만든 자석입니다.
  - 전자석은 철심에 에나멜선을 여러 번 감아 만들 수 있습니다.
- **전자석과 영구 자석의 비교**
  - 전자석은 영구 자석과 달리 전기가 흐를 때에만 자석의 성질이 나타납니다.
  - 전자석은 영구 자석과 달리 전지의 개수를 다르게 해 전자석의 세기를 조절할 수 있습니다.
  - 전자석은 영구 자석과 달리 전자석에 흐르는 전기의 방향이 바뀌면 전자석의 극이 바뀝니다.

+1 에나멜선 대신 전선을 이용해 전자석 만들기

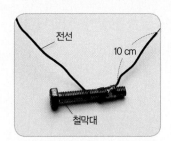

❶ 전선의 한쪽 끝부분을 10 cm 정도 남기고 빵 끈으로 철 막대의 한쪽 끝에 고정합니다.

❷ 전선의 다른 한쪽 끝부분이 10 cm 정도 남을 때까지 전선을 한쪽 방향으로 감은 다음 빵 끈으로 고정합니다.

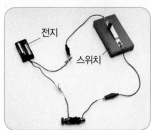

❸ 전선을 감은 철 막대와 전지, 스위치를 연결해 전자석을 완성합니다.

핵심 개념 정리

• 전자석은 전기가 흐를 때에만 자석의 성질을 나타냅니다.
• 전자석은 전기 회로에서 전기가 흐르는 방향이 바뀌면 전자석의 극도 반대로 바뀝니다.
• 전자석에 직렬로 연결된 전지의 개수를 다르게 하여 전자석의 세기를 조절할 수 있습니다.

1 다음은 전자석 만드는 과정을 나열한 것입니다. (　) 안에 공통으로 들어갈 알맞은 말은 어느 것입니까?
　　　　　　　　　　　　　　　　　　　(　)

> ㉠ 종이테이프를 감은 둥근머리 볼트에 (　　　) 을/를 120번 정도 한쪽 방향으로 촘촘하게 감는다.
> ㉡ (　　　) 양쪽 끝부분을 사포로 문질러 겉면을 벗겨 낸다.
> ㉢ (　　　) 양쪽 끝부분을 전기 회로에 연결한다.

① 실　　　② 종이　　　③ 테이프
④ 고무줄　　⑤ 에나멜선

2 스위치를 닫고 전자석을 가까이 가져갔을 때 전자석에 붙는 물체를 두 가지 고르시오. (　 , 　)

① 못　　　　　　② 연필
③ 종이컵　　　　④ 시침바늘
⑤ 플라스틱 병

3 전자석 주위의 나침반 바늘의 움직임이 다음과 같을 때 ㉠에 해당하는 극을 쓰시오.

(　　　　　)

4 전자석에 흐르는 전기의 방향을 바꾸었을 때 나타나는 현상으로 옳은 것은 어느 것입니까? (　)

① 전자석의 극이 바뀐다.
② 전자석의 세기가 세어진다.
③ 전자석의 세기가 약해진다.
④ 전자석의 성질이 없어진다.
⑤ 전자석의 극이 바뀌지 않는다.

5 일상생활에서 전자석을 사용하는 예

1 우리 생활에서 이용하는 전자석의 성질

(1) 전자석은 전기가 흐를 때에만 자석의 성질을 띠고, 전자석의 세기나 극을 바꿀 수 있습니다.

(2) 전자석의 성질은 물체를 진동하게 하거나 회전하게 하는 전동기에 사용됩니다.

(3) ●전동기는 선풍기, 세탁기 등에 들어 있습니다.

(4) 전자석은 일상생활에서 사용하는 다양한 전기 제품에 활용됩니다.

2 우리 생활에서 전자석을 이용하는 예 +1

전자석 기중기	머리 말리개
전자석에 전기가 흐를 때 자석의 성질을 띠는 것을 이용해 무거운 철제품을 옮긴다. 	전자석이 날개를 회전시켜 회전하면서 바람을 일으킨다. 
스피커	전기 자동차
전자석으로 얇은 판을 떨리게 하여 소리를 낸다. 	전자석으로 자동차 바퀴를 움직인다. 
자기 부상 열차	스마트 기기
전자석을 이용해 전기가 흐르면 열차와 철로가 서로 밀어 내게 하여 열차가 철로 위에 떠서 이동한다. 	전자석으로 스마트 기기를 진동하게 한다. 

● 전동기의 원리

전동기는 보통 모터라고도 하며, 전기가 흐르는 전선에 작용하는 자석의 성질을 이용해 전기 에너지를 회전하는 운동으로 바꿔 주는 장치입니다. 전동기는 영구 자석과 코일로 이루어져 있습니다. 코일에 전기가 흐르면 영구 자석이 코일을 밀거나 당김으로써 코일이 한쪽 방향으로 계속해서 회전을 합니다. 이러한 전동기는 선풍기, 자동차 등 많은 곳에 이용됩니다.

▲ 전동기

+1 전자석을 사용하는 예

초인종	출입문 잠금 장치

전자석을 사용하여 초인종 단추를 누르면 소리가 난다.	전자석을 사용하여 출입문을 열고 닫는다.
드론	풍력 발전기

매우 빠른 속도로 회전하는 전자석에 프로펠러를 연결해 드론을 띄운다.	전자석이 들어 있어 바람이 풍력 발전기를 돌리면 풍력 발전기 안의 전자석이 돌아가며 전기를 만들어 준다.

1 우리 생활에서 이용하는 전자석의 성질로 옳은 것은 ○표, 옳지 <u>않은</u> 것은 ×표 하시오.

(1) 전자석은 항상 자석의 성질을 띠고, 세기나 극을 바꿀 수 없습니다. ( )

(2) 전자석의 성질을 이용하여 물체를 진동하게 하거나 회전하게 할 수 있습니다. ( )

2 다음은 우리 생활에서 전자석을 이용한 예입니다. 어떤 예에 대한 설명입니까? ( )

> 전자석을 이용해 전기가 흐르면 열차와 철로가 서로 밀어 내게 하여 열차가 철로 위에 떠서 이동한다.

① 선풍기
② 헤드폰
③ 머리 말리개
④ 전자석 기중기
⑤ 자기 부상 열차

 핵심 개념 정리

• 전자석의 성질은 물체를 진동하게 하거나 회전하게 하는 전동기에 사용됩니다.

• 우리 생활에서 전자석은 전자석 기중기, 자기 부상 열차, 스피커, 스마트 기기 등에 이용합니다.

전자석을 이용해 철로 된 물체를 옮겨.

▲ 전자석 기중기

3 우리 생활에서 전자석을 이용하는 예가 <u>아닌</u> 것을 보기 에서 골라 기호를 쓰시오.

> **보기**
> ㉠ 형광등 ㉡ 스피커 ㉢ 전기 자동차

( )

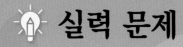
1 다음 중 전자석에 대한 설명으로 옳지 <u>않은</u> 것은 어느 것입니까? ( )

① N극과 S극이 있다.
② 세기를 조절할 수 있다.
③ 시침바늘이 달라붙는다.
④ 전기가 흐를 때에만 자석의 성질을 갖는다.
⑤ 전자석 주위에서 나침반 바늘은 항상 북쪽을 가리킨다.

2 다음은 전자석을 만드는 과정을 순서 없이 나열한 것입니다. 순서에 맞게 기호를 쓰시오.

> ㉠ 에나멜선 양쪽 끝부분을 전기 회로에 연결한다.
> ㉡ 둥근머리 볼트에 종이테이프를 감는다.
> ㉢ 에나멜선의 양쪽 끝부분을 사포로 문질러 겉면을 벗겨 낸다.
> ㉣ 종이테이프를 감은 둥근머리 볼트에 에나멜선을 120번 정도 한쪽 방향으로 촘촘하게 감는다.

( )

3 다음과 같이 전자석을 시침바늘에 가져갔을 때의 결과에 맞게 ( ) 안의 알맞은 말에 ○표 하시오.

> 스위치를 닫으면 시침바늘이 전자석에 (붙고, 붙지 않고), 스위치를 열면 시침바늘이 전자석에 (붙는다, 붙지 않는다).

4 다음은 전지의 개수를 다르게 연결한 전자석에 시침바늘이 붙은 모습입니다. 전지가 더 적게 연결되어 있는 전자석의 기호를 쓰시오.

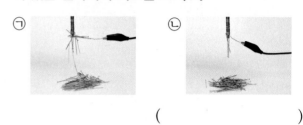

( )

5 스위치를 닫고 전자석을 가까이 가져갔을 때 전자석에 붙는 물체가 <u>아닌</u> 것을 보기 에서 골라 기호를 쓰시오.

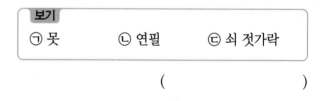

> **보기**
> ㉠ 못   ㉡ 연필   ㉢ 쇠 젓가락

( )

6 북쪽과 남쪽을 가리키는 나침반 두 개를 전자석의 양 끝에 놓고 스위치를 눌렀을 때의 모습으로 옳은 것의 기호를 쓰시오.

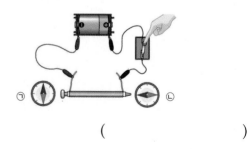

( )

7 영구 자석과 전자석의 차이점으로 옳지 <u>않은</u> 것은 어느 것입니까? ( )

① 영구 자석과 전자석은 모두 N극과 S극이 있다.
② 전자석은 영구 자석과 달리 같은 극끼리 서로 끌어당긴다.
③ 전자석은 영구 자석과 달리 전자석의 세기를 조절할 수 있다.
④ 전자석은 영구 자석과 달리 전기가 흐를 때에만 자석의 성질이 나타난다.
⑤ 전자석은 영구 자석과 달리 전기의 방향이 바뀌면 전자석의 극이 바뀐다.

8 우리 생활에 이용하는 전자석의 성질로 옳지 <u>않은</u> 것을 보기 에서 골라 기호를 쓰시오.

> 보기
> ㉠ 자석의 세기나 극을 바꿀 수 있다.
> ㉡ 전기가 흐를 때만 자석의 성질을 띤다.
> ㉢ 전기가 흐를 때만 나침반이 될 수 있다.
> ㉣ 물체를 진동하게 하거나 회전하게 할 수 있다.

( )

9 전자석을 이용한 예가 <u>아닌</u> 것은 어느 것입니까?
( )

① 선풍기   ② 스피커
③ 스위치   ④ 전기 자동차
⑤ 자기 부상 열차

10 다음 설명에 해당하는 전자석을 이용한 기구는 어느 것입니까? ( )

> 전기가 흐르는 동안에 자석이 되는 전자석의 성질을 이용하여 무거운 철제품을 전자석에 붙여 원하는 곳까지 옮기도록 만든 것이다.

① 세탁기   ② 스피커
③ 선풍기   ④ 전자석 기중기
⑤ 자기 부상 열차

11 다음 설명에 해당하는 전자석을 이용한 예를 보기 에서 골라 기호를 쓰시오.

> 전자석을 이용해 얇은 판을 떨리게 한다.

> 보기
> ㉠ 세탁기   ㉡ 스피커
> ㉢ 머리 말리개   ㉣ 전기 자동차

( )

12 다음 기구에 공통적으로 이용된 전자석의 성질은 어느 것입니까? ( )

> 선풍기   머리 말리개

① 북쪽을 찾을 수 있다.
② 전구에 불을 켤 수 있다.
③ 같은 극끼리 서로 밀어 낸다.
④ 날개를 회전시켜 바람을 일으킨다.
⑤ 전지를 많이 연결할수록 세기가 세어진다.

👁 그림을 보고 배운 개념을 떠올리며 (　) 안에 알맞은 말을 써 보세요.

개념1 전구에 불 켜기

전기 회로의 전구에 불을 켜기 위해서는 전선을 이용하여 (❶　　　　)와/과 전구를 끊어지지 않게 연결하고, 전구를 전지의 (+)극과 (❷　　　　)에 각각 연결해야 합니다.

개념2 전구의 연결 방법에 따른 전구의 밝기

전구 두 개를 연결했을 때 전구의 밝기는 전구의 (❸　　　　)연결일 때가 (❹　　　　)연결일 때보다 더 밝습니다.

👁 그림을 보고 배운 개념을 떠올리며 (　) 안에 알맞은 말을 써 보세요.

개념4 전자석의 성질

전자석에 연결한 전지의 개수를 다르게 하면 전자석의 (❽　　　　)을/를 조절할 수 있고, 전자석에 연결한 전지의 방향을 바꾸면 전자석의 양쪽 (❾　　　　)이/가 반대로 바뀝니다.

개념5 일상생활에서 전자석을 사용하는 예

전자석 기중기

전자석은 전기가 흐를 때에만 (❿　　　　)의 성질이 나타나고, 자석의 세기와 (⓫　　　　)을/를 바꿀 수 있습니다. 세탁기, 냉장고, 스피커, 헤드폰, 이어폰, 전자석 기중기 등에 전자석을 사용합니다.

전기 회로에 전기를 흐르게 하면 전구에 불이 켜지며, 전구의 연결 방법에 따라 전구의 밝기가 달라집니다.
전자석은 전기가 흐를 때에만 자석의 성질을 띠며, 전자석 기중기, 스피커, 냉장고 등 다양한 곳에 사용됩니다.

정답과 풀이 80쪽

개념3 전기를 절약하고 안전하게 사용하는 방법

발광 다이오드등을 사용하면 전기를 절약할 수 있어요.

전기를 절약하기 위해서는 사용하지 않는 전등을 (❺   ), 전기 기구의 (❻   )을/를 뽑고 발광 다이오드 등을 사용합니다.

어때? 번개 치는 것 같지?

떡딱

스위치로 장난치면 안 돼!

전기를 안전하게 사용하는 방법으로는 (❼   ) 손으로 전기 제품을 만지지 않고, 콘센트 한 개에 여러 개의 플러그를 한꺼번에 꽂지 않습니다.

옳은 문장에 ○, 틀린 문장에 ✕하세요. 틀린 부분은 밑줄을 긋고 바른 개념으로 고쳐 써 보세요.

1 여러 가지 전기 부품을 연결해 전기가 흐르도록 한 것을 전기 회로라고 합니다.   (   )

2 전기 회로에서 전지, 전구, 전선을 끊기지 않게 연결하고 전구를 전지의 (−)극에만 연결하면 전구에 불이 켜집니다.   (   )

3 전기 회로에서 전구 두 개 이상을 한 줄로 연결하는 방법을 전구의 병렬연결이라고 합니다.   (   )

4 같은 수의 전구를 병렬연결한 전기 회로의 전구가 직렬연결한 전기 회로의 전구보다 더 밝습니다.   (   )

5 사용하지 않는 전등을 끄거나 전기 기구의 플러그를 뽑으면 전기를 절약할 수 있습니다.   (   )

6 젖은 손으로 전기 제품을 만지면 감전 사고가 날 수 있어 위험합니다.   (   )

7 전자석은 전기가 흐를 때에만 자석의 성질이 나타납니다.   (   )

8 전자석은 자석의 세기를 조절할 수 없습니다.   (   )

9 전자석의 성질은 물체를 진동하게 하거나 회전하게 하는 전동기에 사용됩니다.   (   )

10 스피커와 이어폰에서 소리를 내는 데 전자석이 사용됩니다.   (   )

점수

※ 한 문항당 5점입니다.

1 전기 부품을 보기 에서 두 가지 골라 기호를 쓰시오.

> 보기
> ㉠ 고무줄   ㉡ 집게 달린 전선
> ㉢ 유리 어항   ㉣ 나무젓가락
> ㉤ 플라스틱자   ㉥ 전지 끼우개

(,   )

2 전기 회로에서 전구에 불이 켜지는 조건으로 옳은 것은 어느 것입니까? (   )

① 전선과 전구만 서로 연결해야 한다.
② 전지와 전선만 서로 연결해야 한다.
③ 전기 회로의 스위치를 닫지 않는다.
④ 전기 부품 중 전지와 전구만 있으면 된다.
⑤ 전구는 전지의 (+)극과 전지의 (−)극에 각각 연결해야 한다.

3 전구에 불이 켜지지 않는 전기 회로의 기호를 쓰시오.

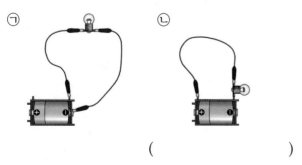

(   )

4 문제 3의 답에 해당하는 전기 회로의 전구에 불이 켜지지 않는 까닭을 쓰시오.

서술형

_____

_____

5 다음 두 전기 회로의 전구 연결 방법을 쓰시오.

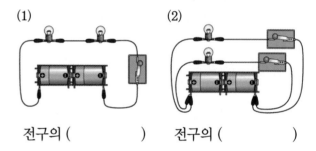

(1)   (2)

전구의 (   )   전구의 (   )

6* 다음 전기 회로에 대한 설명으로 옳은 것을 보기 에서 두 가지 골라 기호를 쓰시오.

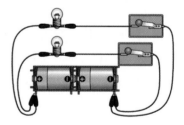

> 보기
> ㉠ 전구가 병렬로 연결되어 있다.
> ㉡ 전지가 병렬로 연결되어 있다.
> ㉢ 전구 한 개를 연결했을 때보다 전구의 밝기가 밝다.
> ㉣ 전구 한 개를 같은 방법으로 더 연결해도 전구의 밝기는 비슷하다.

(,   )

7~8 다음 전기 회로를 보고, 물음에 답하시오.

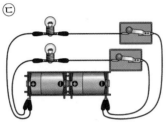

7 위 ㉠~㉢ 중 전구의 밝기가 가장 어두운 것의 기호를 쓰시오.

( )

8 위 ㉠~㉢ 중 전구 한 개를 빼내어도 나머지 전구에 불이 켜지는 것의 기호를 모두 쓰시오.

( )

9 장식용 나무에 설치된 전구 중 일부만 불이 켜져 있습니다. 불이 켜진 전구와 불이 꺼진 전구는 어떤 방법으로 연결되어 있는지 쓰시오.
서술형

불 꺼진 전구

10~11 다음은 전기를 낭비하거나 위험하게 사용하는 모습입니다. 물음에 답하시오.

10 위 ⑦의 행동이 위험한 까닭에 대한 설명으로 옳은 것을 보기 에서 골라 기호를 쓰시오.

보기
㉠ 전선이 길기 때문이다.
㉡ 전기 제품이 여러 개 연결되어 있기 때문이다.
㉢ 플러그의 머리 부분을 잡지 않고 플러그를 뽑기 때문이다.

( )

11 위 ㈏의 행동은 무엇이 잘못된 것인지 생각해 보고, ( ) 안에 들어갈 알맞은 말을 쓰시오.

( ) 문을 열어놓고 물을 마시고 있다.

( )

12 전기를 절약하는 방법으로 옳은 것은 어느 것입니까? ( )
① 사용하지 않는 전등은 끈다.
② 냉장고에 음식을 가득 채운다.
③ 세탁물은 생길 때마다 자주 세탁한다.
④ 더울 때에는 항상 에어컨을 사용한다.
⑤ 건물의 낮은 층을 갈 때에도 승강기를 이용한다.

13 우리가 지켜야 할 전기 안전 수칙으로 옳지 <u>않은</u> 것은 어느 것입니까? (　　)

① 전선을 잡아당겨서 플러그를 뽑는다.
② 콘센트에 많은 전기 제품을 연결하지 않는다.
③ 깜박이는 형광등은 젖은 손으로 만지지 않는다.
④ 물에 젖은 행주는 전기 제품에 올려놓고 말리지 않는다.
⑤ 사용하지 않는 전기 제품의 플러그를 콘센트에서 빼놓는다.

14 다음 (　　) 안에 들어갈 알맞은 말을 쓰시오.

> 전자석은 전기가 흐를 때에만 (　　)의 성질을 띤다.

(　　　　　　　)

15 전자석을 시침바늘에 가까이 가져갔을 때 시침바늘이 더 많이 붙는 것의 기호를 쓰시오.

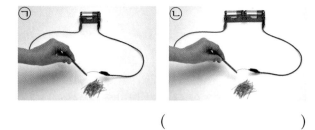

(　　　　　　　)

16 전자석의 양 끝에 나침반을 놓고 스위치를 누르고 있던 손을 놓으면 어떻게 됩니까? (　　)

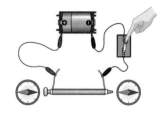

① 전선에 전기가 흐른다.
② 나침반 바늘이 빙글빙글 돈다.
③ 나침반 바늘의 색깔이 바뀐다.
④ 나침반이 북쪽과 남쪽을 가리킨다.
⑤ 나침반 바늘이 전자석 쪽으로 움직인다.

17 전자석과 영구 자석의 공통점으로 옳은 것은 어느 것입니까? (　　)

① N극과 S극이 있다.
② 극을 바꿀 수 없다.
③ 고무로 된 물체가 달라붙는다.
④ 자석의 세기를 조절할 수 있다.
⑤ 전기가 흐를 때에만 자석의 성질을 갖는다.

18 일상생활에서 전자석이 사용된 예로 옳은 것을 두 가지 고르시오. (　　,　　)

① 전지
② 가위
③ 선풍기
④ 나침반
⑤ 전기 자동차

19 다음 설명에 해당하는 전자석을 이용한 기구는 어느 것입니까? (　　)

> 전자석의 성질을 이용한 전동기에 날개를 부착해 전동기를 회전시켜 바람을 일으킨다.

① 세탁기
② 스피커
③ 선풍기
④ 전자석 기중기
⑤ 자기 부상 열차

20 다음은 우리 생활에서 전자석을 이용하는 모습입니다. 밑줄 친 부분에 들어갈 알맞은 말을 쓰시오.

> 전자석이 ＿＿＿＿＿＿＿＿＿＿＿＿ 무거운 철제품을 옮길 수 있다.

점수

※ 한 문항당 5점입니다.

1 전지, 전선, 전구 등 전기 부품을 서로 연결해 전기가 흐르게 한 것을 무엇이라고 합니까? (   )

① 부품   ② 전기
③ 전기선   ④ 전기 회로
⑤ 전자 제품

4 전기 회로에서 전구의 밝기를 다르게 하는 방법으로 옳은 것을 [보기]에서 골라 기호를 쓰시오.

보기
㉠ 전선을 길게 한다.
㉡ 스위치 개수를 늘린다.
㉢ 전구 연결 방법을 바꾼다.

(   )

2 다음 ⑺와 ⑷ 전기 회로에 대한 설명에 맞게 선으로 연결하시오.

⑺ 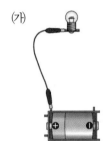   ⑷

⑺ •

• ㉠ 전구가 전지의 (+)극에만 연결되어 있어 전구에 불이 켜지지 않는다.

⑷ •

• ㉡ 전구가 전지의 (+)극과 (−)극에 각각 연결되어 있어 전구에 불이 켜진다.

5~6 다음 전기 회로를 보고, 물음에 답하시오.

㉠ 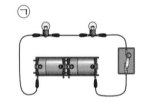   ㉡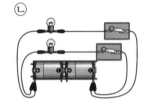

5 위 전기 회로 중 전구의 밝기가 더 어두운 것의 기호를 쓰시오.

(   )

6 (서술형) 위 전기 회로에서 밝기가 더 밝은 전구는 어떻게 연결되어 있는 것인지 쓰시오.

_____

_____

3 전기 회로에서 전구에 불이 켜지는 조건으로 옳은 것을 두 가지 고르시오. (,   )

① 전구와 전지만 서로 연결해야 한다.
② 전구는 전지의 (−)극에만 연결해야 한다.
③ 전기 회로의 스위치를 닫지 않아야 한다.
④ 전기 부품의 전기가 잘 통하는 부분끼리 연결해야 한다.
⑤ 전구는 전지의 (+)극과 전지의 (−)극에 각각 연결해야 한다.

7 다음은 전구의 연결 방법에 대한 설명입니다. (   ) 안의 알맞은 말에 ○표 하시오.

전구 두 개가 (직렬, 병렬)연결된 전기 회로의 전구와 전구 한 개가 연결된 전기 회로의 전구는 밝기가 비슷하다. 또한 전구의 (직렬, 병렬)연결에서는 전구 한 개의 불이 꺼져도 나머지 전구의 불이 꺼지지 않는다.

8 다음 전기 회로에서 전구 끼우개에 연결된 전구 한 개를 빼내고 스위치를 닫았을 때에 대한 설명으로 옳은 것을 두 가지 고르시오. (,)

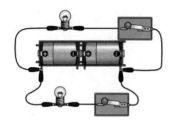

① 나머지 전구에 불이 켜진다.
② 나머지 전구에 불이 켜지지 않는다.
③ 나머지 전구의 밝기가 더 밝아진다.
④ 나머지 전구의 밝기가 더 어두워진다.
⑤ 나머지 전구의 밝기는 변하지 않는다.

9 다음 ( ) 안에 들어갈 알맞은 말을 쓰시오.

전기를 위험하게 사용하면 감전 사고나 전기로 인한 ( )이/가 발생할 수 있다.

( )

10 다음은 전기를 안전하게 사용하기 위한 콘센트 덮개입니다. 콘센트 덮개를 사용하기에 알맞은 장소는 어디입니까? ( )

① 욕실　　② 안방　　③ 서재
④ 거실　　⑤ 침실

11 다음은 전기를 절약하는 방법에 대한 설명입니다. ( ) 안의 알맞은 말에 ○표 하시오.

사용하지 않는 전등은 (켜고, *끄고*), 에어컨을 켤 때 문을 (닫는다, 열어 놓는다). 또한 컴퓨터나 텔레비전의 사용 시간을 (늘린다, 줄인다).

12 전기를 낭비하는 경우는 어느 것입니까?( )

① 전선을 잡아당겨 플러그를 뽑는다.
② 문과 창문을 닫고 냉방 기구를 튼다.
③ 전선을 길게 늘어지고 어지럽게 놓는다.
④ 사용하지 않는 전기 제품의 전원을 켜 놓는다.
⑤ 콘센트 한 개에 플러그 여러 개를 꽂아서 사용하지 않는다.

13 서술형 전자석을 시침바늘에 가까이 가져간 후 스위치를 닫으면 어떻게 되는지 그 까닭과 함께 쓰시오.

_____

_____

14 전자석의 세기가 더 센 경우의 기호를 쓰시오.

　㉠　　　㉡

( )

15 다음은 전자석의 세기를 더 세게 하는 방법을 설명한 것입니다. ( ) 안의 알맞은 말에 ○표 하시오.

> 전자석은 전지를 한 개 연결했을 때보다 두 개 연결했을 때 더 (세진다, 약해진다).

16 다음은 전자석의 양 끝에 나침반을 놓은 모습입니다. 스위치를 닫은 경우의 기호를 쓰시오.

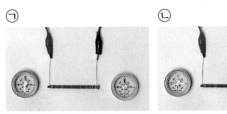

ㄱ | ㄴ

▲ 나침반 바늘이 남쪽과 북쪽을 향한다.   ▲ 나침반 바늘이 전자석을 향한다.

(   )

17 다음은 전자석을 시침바늘이 들어 있는 상자에 넣었다가 들어올린 모습입니다. 이 실험으로 알 수 있는 사실을 보기 에서 모두 고르시오.

> 보기
> ㉠ 전자석은 철로 된 물체를 끌어당긴다.
> ㉡ 전자석의 양쪽 끝부분이 자석의 힘이 세다.
> ㉢ 전자석의 가운데 부분이 자석의 힘이 세다.
> ㉣ 전자석은 막대자석보다 자석의 힘이 더 세다.

(   )

18 전자석과 영구 자석의 공통점을 두 가지 고르시오. (,   )

① 두 개의 극이 있다.
② 자석의 극이 항상 바뀐다.
③ 자석의 극을 바꿀 수 없다.
④ 항상 자석의 성질을 가진다.
⑤ 철로 된 물체가 달라붙는다.

19 일상생활에서 전자석이 사용된 예로 옳은 것을 두 가지 고르시오. (,   )

① 전구
② 헤드폰
③ 막대자석
④ 동전 전지
⑤ 자기 부상 열차

20 다음 설명에 해당하는 전자석을 이용한 예를 보기 에서 모두 골라 기호를 쓰시오.

> 전자석으로 날개를 회전시켜 바람을 일으킵니다.

> 보기
> ㉠ 선풍기   ㉡ 스피커
> ㉢ 머리 말리개   ㉣ 전기 자동차

(   )

1~3

개념1 전구에 불이 켜지는 조건

• 전지, 전구, 전선을 끊기지 않게 연결해야 합니다.
• 전구는 전지의 (+)극과 (−)극에 각각 연결해야 합니다.
• 전기 부품의 전기가 흐르는 부분끼리 연결하여 전기가 흘러야 합니다.

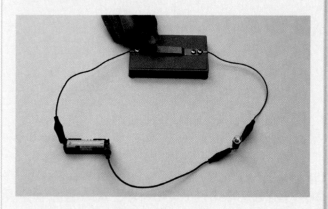

1
빈칸
쓰기

① 전구에 불이 켜지게 하려면 (   ), 전선, 전구를 끊기지 않게 연결해야 합니다.

② 전구가 전지의 (   )와/과 (   )에 각각 연결되어 있어야 합니다.

③ 전기 부품의 (   )끼리 연결해야 합니다.

2
문장
쓰기

다음 전기 회로에서 전구에 불이 켜지지 않는 까닭을 쓰시오.

전구가 전지의 _____ 연결되어 있지 않기 때문입니다.

3
서술
완성

전지, 전구, 스위치를 집게 달린 전선으로 연결해 전구에 불이 켜지는 전기 회로를 그려 보시오.

▲ 전지   ▲ 전구

▲ 스위치   ▲ 집게 달린 전선

4~6

개념2 전구의 연결 방법에 따른 전구의 밝기 비교

• 전기 회로에서 전구 두 개 이상을 한 줄로 연결하는 방법을 전구의 직렬연결이라고 합니다.
• 전기 회로에서 전구 두 개 이상을 여러 개의 줄에 나누어 한 개씩 연결하는 방법을 전구의 병렬연결이라고 합니다.
• 같은 수의 전구를 병렬연결한 전기 회로의 전구가 직렬연결한 전기 회로의 전구보다 더 밝습니다.

4
빈칸
쓰기

① 전기 회로에서 전구 두 개 이상을 한 줄로 연결하는 방법을 전구의 (   )(이)라고 합니다.

② 전기 회로에서 전구 두 개 이상을 여러 개의 줄에 나누어 한 개씩 연결하는 방법을 전구의 (   )(이)라고 합니다.

③ 전기 회로에서 병렬연결한 전구가 직렬연결한 전구보다 더 (   ).

5
문장
쓰기
다음 전기 회로에서 스위치를 닫았을 때 전구의 밝기가 더 밝은 전기 회로의 기호와 그렇게 생각한 까닭을 쓰시오.

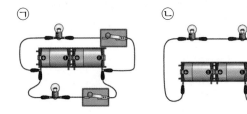

전기 회로에서 병렬연결한 전구가 ＿＿＿＿＿＿＿＿

＿＿＿＿＿＿＿＿＿＿＿＿＿＿＿＿＿＿＿＿ 때문에

＿＿＿＿＿＿＿＿＿＿의 전구가 더 밝습니다.

6
서술
완성
다음 전기 회로의 전기 부품을 그대로 이용해서 전구의 밝기를 더 밝게 할 수 있는 방법을 그리고, 그렇게 생각한 까닭을 쓰시오.

＿＿＿＿＿＿＿＿＿＿＿＿＿＿＿＿＿＿＿＿＿＿

＿＿＿＿＿＿＿＿＿＿＿＿＿＿＿＿＿＿＿＿＿＿

7~9

개념3　**전자석의 성질 알아보기**

• 전자석은 전기가 흐를 때에만 자석의 성질이 나타납니다.
• 전자석은 극을 바꿀 수 있습니다.
• 전자석은 세기를 조절할 수 있습니다.

7
빈칸
쓰기
① 전자석은 전기가 (　　　　　) 때에만 자석의 성질을 갖습니다.
② 전자석은 전지의 방향을 바꾸면 (　　　　　) 이/가 바뀝니다.
③ 전자석은 전지의 (　　　　) 에 따라 세기가 달라집니다.

8
문장
쓰기
다음은 전자석에 시침바늘이 붙은 모습입니다. 시침바늘을 더 많이 붙게 하기 위한 방법을 그 까닭과 함께 쓰시오.

전자석에 연결하는 ＿＿＿＿＿＿＿＿＿＿＿＿＿＿

＿＿＿＿＿＿＿＿＿＿＿＿＿＿＿＿＿＿＿＿＿＿

시침바늘이 더 많이 붙습니다.

9
서술
완성
영구 자석과 전자석의 차이점을 두 가지 이상 쓰시오.

＿＿＿＿＿＿＿＿＿＿＿＿＿＿＿＿＿＿＿＿＿＿

＿＿＿＿＿＿＿＿＿＿＿＿＿＿＿＿＿＿＿＿＿＿

＿＿＿＿＿＿＿＿＿＿＿＿＿＿＿＿＿＿＿＿＿＿

＿＿＿＿＿＿＿＿＿＿＿＿＿＿＿＿＿＿＿＿＿＿

1 다음과 같이 전지, 전구, 전선을 연결하였습니다. 물음에 답하시오. [12점]

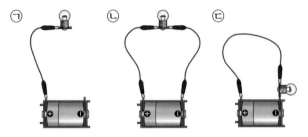

(1) 위 전기 회로 중 불이 켜지지 않는 것의 기호를 쓰시오. [2점]

( )

(2) 위 (1)에서 답한 전구에 불이 켜지지 않는 까닭을 쓰시오. [10점]

_____

_____

2 다음과 같이 전구의 연결 방법을 다르게 하여 전기 회로를 연결하였습니다. 물음에 답하시오. [12점]

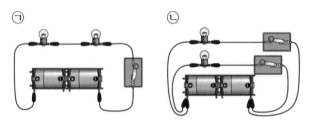

(1) 위에서 전구 두 개를 병렬연결한 것의 기호를 쓰시오. [2점]

( )

(2) 위 전기 회로에서 전구 한 개의 불이 꺼지면 나머지 전구의 불이 어떻게 되는지 쓰시오. [10점]

_____

_____

3 다음은 사무실 천장에 설치된 형광등의 모습입니다. 각 형광등이 직렬로 연결되어 있는지 병렬로 연결되어 있는지 쓰고, 그렇게 생각한 까닭도 함께 쓰시오. [8점]

_____

_____

4 다음은 친구들이 전기를 안전하게 사용하는 방법을 이야기한 것입니다. 물음에 답하시오. [12점]

> **석주**: 깜박거리는 형광등을 만지지 않아야 해.
> **경일**: 물 묻은 손으로 전기 제품을 만져도 돼.
> **자윤**: 전열 기구를 사용하지 않을 때에는 플러그를 뽑아 놓아야 해.

(1) 전기를 안전하게 사용하는 방법을 <u>틀리게</u> 이야기한 친구의 이름을 쓰시오. [2점]

( )

(2) 위 (1)에서 답한 친구가 틀리게 이야기한 내용을 바르게 고쳐 쓰시오. [10점]

_____

_____

5 전기를 절약하는 방법으로 옳지 <u>않은</u> 것을 보기 에서 골라 기호를 쓰고, 바르게 고쳐 쓰시오. [8점]

보기

㉠ 사용하지 않는 전등을 끈다.

㉡ 냉장고에 물건을 적당히 넣어 둔다.

㉢ 에어컨을 켤 때에는 문을 열어 놓는다.

6 우리 주변에서 흔히 볼 수 있는 스마트 기기, 선풍기, 머리 말리개 등도 전자석의 원리가 이용된 것입니다. 우리 주변에서 볼 수 있는 전자석이 이용된 제품을 골라 쓰고, 전자석의 성질을 이용하여 원리를 설명하시오. [8점]

7 다음과 같이 전자석을 만들어 시침바늘에 가까이 가져갔습니다. 전자석에 시침바늘을 더 많이 붙게 하기 위한 방법을 쓰시오. [8점]

8 다음은 전자석을 시침바늘이 들어 있는 상자에 넣었다가 들어올린 모습입니다. 이 실험으로 알 수 있는 사실을 두 가지 쓰시오. [8점]

9 다음과 같이 전자석의 양 끝에 나침반을 놓았습니다. 물음에 답하시오. [12점]

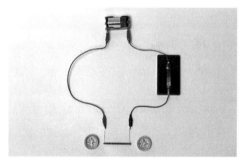

(1) 전기 회로의 스위치를 누르면 나침반이 어떻게 되는지 쓰시오. [6점]

(2) 위 실험으로 알 수 있는 전자석과 영구 자석의 다른 점을 쓰시오. [6점]

1 전기의 이용

과제명	전구의 연결 방법에 따른 전구의 밝기 비교하기	배점	20점
성취 목표	전구를 직렬연결할 때와 병렬연결할 때 전구의 밝기 차이를 비교해 설명할 수 있다.		

1~3 전구 두 개를 ㉠~㉣와 같이 연결해 전기 회로를 만들었습니다. 물음에 답하시오.

㉠  ㉡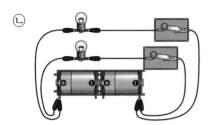

㉢ 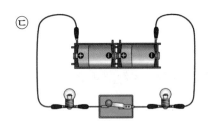 ㉣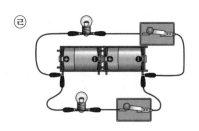

1 전구의 밝기가 비슷한 전기 회로끼리 분류하여 기호를 쓰시오. [5점]

(1) 전구의 밝기가 밝은 전기 회로	(2) 전구의 밝기가 어두운 전기 회로

2 전구의 밝기가 비슷한 전기 회로에서 전구와 전선이 어떻게 연결되어 있는지 쓰시오. [10점]

(1) 전구의 밝기가 밝은 전기 회로	
(2) 전구의 밝기가 어두운 전기 회로	

3 위 ㉠~㉣ 전기 회로에서 전구 끼우개에 연결된 전구 한 개를 빼내고 스위치를 닫으면 나머지 전구는 어떻게 되는지 쓰시오. [5점]

1 전기의 이용

과제명	전기를 안전하게 사용하고 절약하는 방법 알아보기	배점	20점
성취 목표	전기를 안전하게 사용하고 절약하는 방법을 설명할 수 있다.		

1~3 다음은 가정에서 전기를 사용하고 있는 모습입니다. 물음에 답하시오.

1 전기를 위험하게 사용하고 있는 모습을 모두 찾아 ○표 하시오. [5점]

2 위 1의 답을 참고하여 가정에서 전기를 안전하게 사용하는 방법을 두 가지 이상 쓰시오. [10점]

_____

_____

3 전기를 안전하게 사용하고 절약해야 하는 까닭을 쓰시오. [5점]

_____

_____

1 전기의 이용

과제명	전자석의 성질 알아보기	배점	20점
성취 목표	전자석의 성질을 알고, 전자석과 영구 자석을 비교해 설명할 수 있다.		

1~3 다음과 같이 전자석의 끝부분을 시침바늘에 가까이 가져가 보고, 전자석의 양 끝에 나침반을 놓고 스위치를 닫아보았습니다. 물음에 답하시오.

㉠

㉡
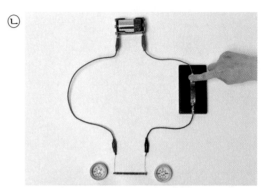

1 위 ㉠에서 전지 한 개를 연결했을 때와 전지 두 개를 직렬로 연결했을 때 시침바늘이 붙는 정도를 비교하여 쓰시오. [5점]

_____

_____

2 위 ㉡에서 스위치를 닫았더니 나침반 바늘이 전자석의 양 끝을 가리켰습니다. 전지의 극을 반대로 연결하면 나침반 바늘이 어떻게 움직이는지 까닭과 함께 쓰시오. [5점]

_____

_____

3 위 **1**과 **2**의 답으로 알 수 있는 영구 자석과 전자석의 차이점을 두 가지 쓰시오. [10점]

_____

_____

2

계절의 변화

1 하루 동안 태양 고도, 그림자 길이, 기온 측정하기

1 태양 고도

(1) 하루 동안 태양의 높이는 달라지며, 태양의 높이는 태양 고도를 이용하여 정확하게 나타낼 수 있습니다.
└ 아침에 지평선 가까이에 있던 태양이 점심에는 하늘 높은 곳에 있습니다.

(2) **태양 고도**: 태양이 지표면과 이루는 각

▲ 태양 고도   ▲ 태양 고도가 낮을 때   ▲ 태양 고도가 높을 때

2 하루 동안 태양 고도, 그림자 길이, 기온 측정하기 +1

탐구 과정	① 태양 고도 측정기를 태양 빛이 잘 드는 편평한 곳에 놓는다. ② 막대기의 그림자가 태양 고도 측정기의 눈금과 평행하게 되도록 조정한 뒤, 막대기의 그림자 길이를 측정한다. ③ 태양 고도를 측정한다. 태양 고도는 실을 막대기의 그림자 끝에 맞춘 뒤, 그림자와 실이 이루는 각을 측정한다. ④ 같은 시각에 백엽상에 있는 온도계를 이용하여 기온을 측정하거나 나무 그늘의 1.5 m 높이에 온도계를 매달아 기온을 측정한다. ⑤ 1시간마다 그림자 길이, 태양 고도, 기온을 측정한다. 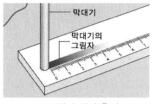 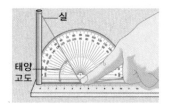 ▲ 그림자 길이 측정 ▲ 태양 고도 측정
탐구 결과	• 하루 중 그림자 길이가 가장 짧은 때: 낮 12시 30분 • 하루 중 태양 고도가 가장 높은 때: 낮 12시 30분 • 하루 중 기온이 가장 높은 때: 14시 30분

• **태양 고도 측정시 주의할 점**
편평한 곳에 측정기를 놓아야 하고, 각도를 측정할 때는 실을 너무 세게 잡아당기지 않습니다. 그리고 막대기의 길이가 길어지면 그림자 길이는 길어지지만 태양 고도는 변화가 없습니다. 따라서 막대기의 길이는 그림자 길이가 너무 길어져 측정되지 않는 것을 고려하여 적당한 것으로 선택합니다.

오전 8시 30분 무렵   낮 12시 30분 무렵   오후 4시 30분 무렵

▲ 하루 동안 태양 고도, 그림자 길이, 기온 변화

➕1 물체의 길이와 태양 고도

태양은 지구로부터 매우 멀리 있고, 태양 빛은 지구상의 모든 위도에 거의 평행하게 들어오므로, 같은 장소에서 같은 시각에 측정하면 물체의 길이가 다르다 하더라도 태양의 고도는 같습니다.

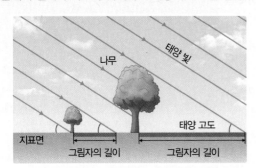

1 다음에서 태양 고도를 나타내는 부분의 기호를 쓰시오.

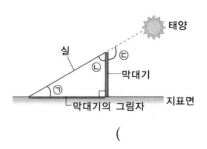

(   )

2 태양 고도 측정기를 이용하여 태양 고도를 측정할 때에 대한 설명으로 옳은 것에는 ○표, 옳지 <u>않은</u> 것에는 ×표 하시오.

(1) 태양 고도 측정기는 그늘진 곳에 놓고 태양의 고도를 측정합니다.　　　　　　　(　)

(2) 태양 고도 측정기의 막대기 끝에 달려 있는 실을 잡아당길 때 막대기가 휘어지지 않게 합니다.　(　)

(3) 막대기의 그림자가 태양 고도 측정기의 가운데에 드리워지도록 태양 고도 측정기의 방향을 조정합니다.

(　)

 **핵심 개념 정리**

· 태양이 지표면과 이루는 각을 태양 고도라고 합니다.
· 하루 중 태양 고도가 가장 높은 시각과 그림자 길이가 가장 짧은 시각은 낮 12시 30분 무렵입니다.
· 하루 중 기온이 가장 높은 시각은 14시 30분 무렵입니다.

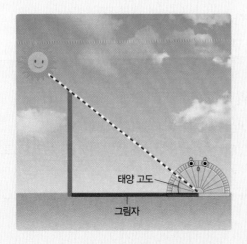

3 태양 고도가 낮은 것의 기호를 쓰시오.

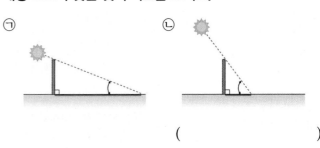

(   )

2 하루 동안 태양 고도, 그림자 길이, 기온의 관계

1 태양의 남중 고도

(1) 하루 중 태양이 정남쪽에 위치하면 태양이 남중했다고 합니다.

(2) **태양의 남중 고도**: 태양이 남중했을 때의 고도로, 이때 태양 고도는 하루 중 가장 높습니다.

- 태양이 남중했을 때 그림자는 정북쪽을 향하고, 그림자 길이는 하루 중 가장 짧습니다.

▲ 하루 동안 태양의 움직임

2 하루 동안 태양 고도 그림자 길이, 기온 그래프 그리기

탐구 과정	① 모눈종이 세 장의 가로축에 측정 시각을 각각 적는다. ② 세로축의 모눈 한 칸이 얼마를 나타내는지 확인한다. ③ 가로축의 측정 시각에 맞게 태양 고도를 모눈종이에 점으로 표시한다. ④ 자를 이용하여 그래프에 점으로 표시된 곳을 선으로 연결한다. ⑤ 색깔이 다른 유성 펜을 사용하여 같은 방법으로 그림자 길이, 기온을 *꺾은선그래프로 나타낸다. ⑥ 세 장의 꺾은선그래프가 서로 겹쳐지도록 셀로판테이프로 붙인다.
탐구 결과	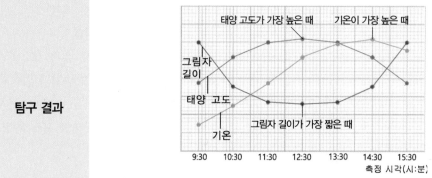 • 태양 고도 그래프와 모양이 비슷한 그래프: 기온 그래프 • 태양 고도 그래프와 모양이 다른 그래프: 그림자 길이 그래프
알 수 있는 사실	• 태양 고도는 오전에 점점 높아져 낮 12시 30분에 가장 높고, 오후에는 다시 낮아진다. • 그림자 길이는 오전에 점점 짧아지다가 낮 12시 30분에 가장 짧고, 오후에는 점점 길어진다. • 기온은 14시 30분까지 높아지다가 그후에는 점점 낮아진다.

- **꺾은선그래프**
  - 가로선과 세로선을 따라 두 선이 만나는 곳에 점을 찍고 각 점을 선으로 이어 그립니다.
  - 꺾은선그래프는 시간의 흐름에 따라 측정값이 어떻게 변하는지 알아보는 데 편리합니다.
  - 조사하지 않은 중간값도 짐작할 수 있습니다.

3 하루 동안 태양 고도, 그림자 길이, 기온의 관계 +1

(1) 태양 고도가 높아지면 그림자 길이는 짧아지고, 기온은 높아집니다.

(2) 하루 동안 기온이 가장 높게 나타나는 시각은 태양이 남중한 시각보다 약 두 시간 정도 뒤입니다.

⇨ 태양 고도가 높아질수록 지표면은 더 많이 데워지고, 지표면이 데워져 공기의 온도가 높아지는 데에는 시간이 더 걸립니다.

+1 하루 동안 태양 고도, 그림자 길이 변화

태양 고도가 높을수록 그림자 길이는 짧아지고, 태양 고도가 낮을수록 그림자 길이는 길어집니다.

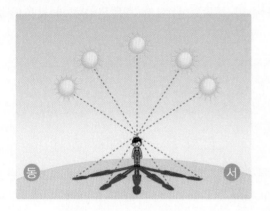

1 다음은 하루 동안 태양의 움직임을 나타낸 것입니다. 태양이 남중한 때의 기호를 골라 쓰시오.

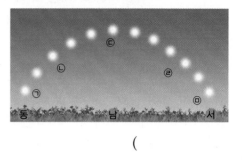

(   )

2~3 다음 그래프를 보고, 물음에 답하시오.

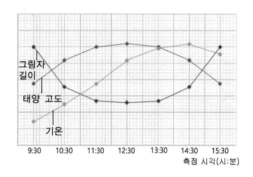

2 위 그래프에서 태양 고도 그래프와 모양이 다른 그래프는 무엇인지 쓰시오.

(   ) 그래프

- 태양이 남중했을 때의 고도를 태양의 남중 고도라고 합니다.
- 태양이 남중했을 때 그림자는 정북쪽을 향하고 그림자 길이는 하루 중 가장 짧습니다.
- 태양 고도가 높아지면 그림자 길이가 짧아지고, 기온은 높아집니다.
- 기온은 태양보다 더 늦게 최고 높이에 도달합니다

3 위 그래프에서 태양 고도가 가장 높은 시각과 기온이 가장 높은 시각을 순서대로 쓰시오.

(,   )

4 태양 고도가 높아지면 그림자 길이는 어떻게 됩니까?

(   )

① 그림자 길이는 짧아진다.
② 그림자 길이는 길어진다.
③ 그림자 길이는 변하지 않는다.
④ 그림자 길이가 짧아졌다가 길어진다.
⑤ 그림자 길이가 길어졌다가 짧아진다.

3 계절에 따른 태양의 남중 고도와 낮과 밤의 길이, 기온의 관계

1 계절별 태양의 위치 변화

여름에 태양의 남중 고도가 가장 높고, 겨울에 가장 낮으며, 봄과 가을은 여름과 겨울의 중간 정도입니다.

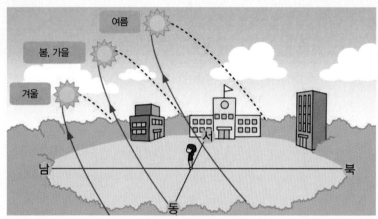

▲ 계절별 태양의 위치 변화

2 계절에 따른 태양의 남중 고도, 낮과 밤의 길이, 기온의 관계 +1

(1) 계절별 태양의 남중 고도, •낮과 밤의 길이, 기온의 변화

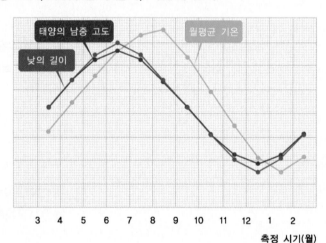

측정 시기(월)

구분	태양의 남중 고도	낮의 길이	밤의 길이	기온
여름	높다.	길다.	짧다.	높다.
겨울	낮다.	짧다.	길다.	낮다.

• **계절에 따라 낮과 밤의 길이 차이**
• 여름에는 오전 6시면 밖이 환했는데, 겨울에는 오전 7시가 되어도 어두웠습니다.
• 여름에는 저녁 6시에도 밖이 환했는데, 겨울에는 어두웠습니다.

(2) 태양의 남중 고도와 낮과 밤의 길이 관계
① 태양의 남중 고도가 낮아지면, 낮의 길이는 짧아지고 밤의 길이는 길어집니다.
② 태양의 남중 고도가 높아지면, 낮의 길이는 길어지고 밤의 길이는 짧아집니다.

(3) 태양의 남중 고도와 기온의 관계
① 태양의 남중 고도가 낮아지면, 기온도 대체로 낮아집니다.
② 태양의 남중 고도가 높아지면, 기온도 대체로 높아집니다.

+1 계절별 태양의 남중 고도, 낮과 밤의 길이, 기온의 변화

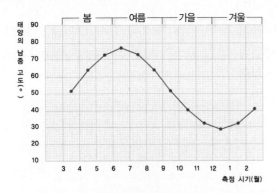

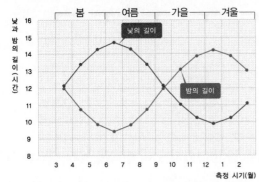

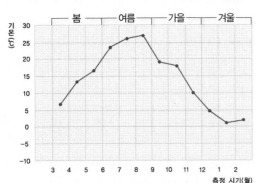

핵심 개념 정리

- 여름에는 태양의 남중 고도가 높고, 낮의 길이가 길고, 기온이 높습니다.
- 겨울에는 태양의 남중 고도가 낮고, 낮의 길이가 짧고, 기온이 낮습니다.
- 태양의 남중 고도가 높을수록 낮의 길이도 길어집니다.

1 다음은 계절에 따른 태양의 움직임을 나타낸 것입니다. 겨울에 해당하는 것의 기호를 쓰시오.

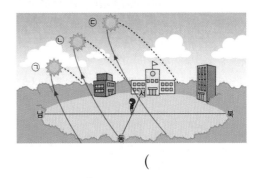

(   )

2 다음은 월별 태양의 남중 고도를 나타낸 그래프입니다. 이에 대한 설명으로 옳은 것을 보기 에서 골라 기호를 쓰시오.

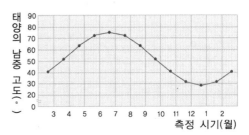

보기

ㄱ 겨울에 태양의 남중 고도가 중간이다.
ㄴ 여름에 태양의 남중 고도가 가장 높다.
ㄷ 봄, 가을에 태양의 남중 고도가 가장 낮다.

(   )

3 다음은 월별 낮의 길이를 나타낸 그래프입니다. 낮의 길이가 가장 긴 계절은 언제인지 쓰시오.

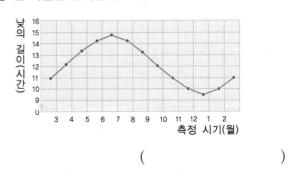

(   )

4 다음 ( ) 안의 알맞은 말에 ○표 하시오.

태양의 남중 고도가 높아질수록 밤의 길이는 (길어, 짧아)진다.

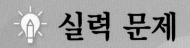
1 다음 실험의 ㉠과 ㉡에서 각각 측정하고자 하는 것은 무엇인지 쓰시오.

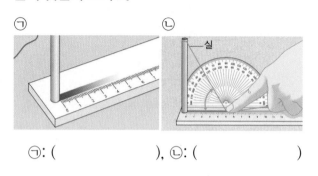

㉠: (   ), ㉡: (   )

2 다음에서 태양 고도는 몇 °입니까? (   )

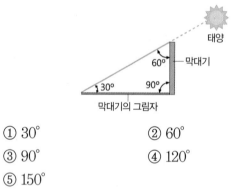

① 30°
② 60°
③ 90°
④ 120°
⑤ 150°

3 태양 고도에 대한 설명으로 옳은 것은 어느 것입니까? (   )

① 하루 중 오후 2시경에 가장 높다.
② 하루 중 낮 12시 30분에 가장 낮다.
③ 오전에는 태양 고도가 점점 낮아진다.
④ 낮 12시 30분 이후부터 점점 높아진다.
⑤ 태양 고도가 높을수록 태양이 높이 떠 있다는 것이다.

4 다음은 하루 동안 태양의 위치 변화를 나타낸 것입니다. 태양 고도가 높은 것부터 순서대로 기호를 쓰시오.

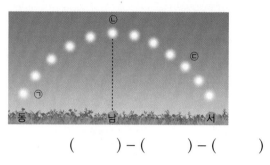

(   ) – (   ) – (   )

5 하루 동안 그림자 길이 변화를 옳게 나타낸 그래프는 어느 것입니까? (   )

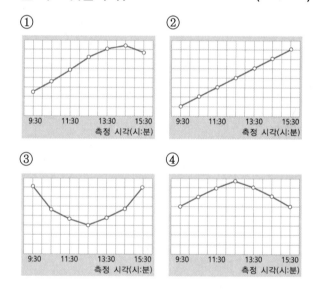

6 태양이 남중했을 때에 대한 설명으로 옳은 것은 어느 것입니까? (   )

① 태양의 위치가 정북쪽에 왔을 때이다.
② 우리나라에서는 낮 12시 30분 무렵이다.
③ 하루 중 그림자의 길이가 가장 길 때이다.
④ 하루 중 태양이 가장 낮게 떠 있는 때이다.
⑤ 계절이 달라져도 태양이 남중했을 때 태양 고도는 변하지 않는다.

7~8 다음은 하루 동안의 태양 고도, 그림자 길이, 기온을 측정한 것을 나타낸 것입니다. 물음에 답하시오.

측정 시각 (시 : 분)	태양 고도 (°)	그림자 길이 (cm)	기온 (℃)
9 : 30	35	14.3	22.7
10 : 30	44	10.4	23.7
11 : 30	50	8.4	25.1
12 : 30	52	7.8	25.9
13 : 30	49	8.7	26.8
14 : 30	42	11.1	27.6
15 : 30	33	15.4	27.1

7 위에서 태양 고도와 그림자 길이에 대한 설명으로 옳은 것은 어느 것입니까? ( )

① 태양 고도와 그림자 길이는 관계가 없다.
② 태양 고도가 높아질수록 그림자 길이는 길어진다.
③ 태양 고도가 높아질수록 그림자 길이는 짧아진다.
④ 태양 고도가 가장 낮을 때 그림자 길이가 가장 짧다.
⑤ 태양 고도가 가장 높을 때와 그림자 길이가 가장 짧을 때는 약 두 시간 차이가 난다.

8 위를 보고, 다음 ( ) 안의 알맞은 말에 ○표 하시오.

> 태양 고도가 높아지면 기온은 (높아지고, 낮아지고), 태양 고도가 가장 높은 때와 기온이 가장 높은 때는 시간적 차이가 (있다, 없다).

9 다음은 계절에 따른 태양의 움직임을 나타낸 것입니다. 여름에 해당하는 것의 기호를 쓰시오.

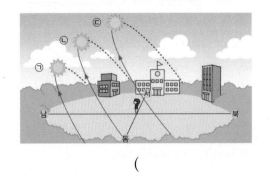

( )

10 태양의 남중 고도가 가장 낮은 계절, 밤의 길이가 가장 긴 계절, 기온이 가장 높은 계절을 순서대로 나열한 것은 어느 것입니까? ( )

① 봄, 여름, 겨울
② 여름, 가을, 겨울
③ 여름, 겨울, 여름
④ 겨울, 가을, 겨울
⑤ 겨울, 겨울, 여름

11 다음은 월별 낮의 길이를 나타낸 그래프입니다. ㉠과 ㉡에 해당하는 계절을 쓰시오.

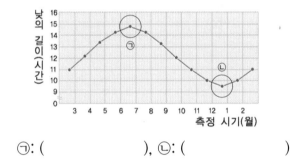

㉠: ( ), ㉡: ( )

12 계절별 태양의 남중 고도와 낮의 길이에 대한 설명으로 옳은 것은 어느 것입니까? ( )

① 여름: 태양의 남중 고도가 낮고, 낮의 길이가 긴다.
② 여름: 태양의 남중 고도가 높고, 낮의 길이가 길다.
③ 겨울: 태양의 남중 고도가 높고, 낮의 길이가 짧다.
④ 겨울: 태양의 남중 고도가 낮고, 낮의 길이가 길다.
⑤ 봄, 가을: 태양의 남중 고도가 낮고, 낮의 길이가 짧다.

4 태양의 남중 고도에 따른 기온 변화

1 태양의 남중 고도에 따른 기온 변화 알아보기 +1

탐구 과정	① 페트리 접시 두 개에 모래를 각각 채운다. ② 전등과 모래가 이루는 각을 하나는 크게, 다른 하나는 작게 하여 전등을 설치한다. ─ 전등은 태양, 전등과 모래가 이루는 각은 태양의 남중 고도를 의미합니다. ③ 전등과 모래 사이의 거리가 20 cm가 되도록 조정한다. ④ 적외선 온도계로 페트리 접시에 담긴 모래의 온도를 각각 측정한다. ⑤ 전등을 동시에 켜고 3~5분이 지난 뒤, 두 페트리 접시에 담긴 모래의 온도를 각각 측정해 보고 두 페트리 접시에 담긴 모래의 온도 변화를 비교해 본다.   ▲ 전등과 모래가 이루는 ▲ 전등과 모래가 이루는 　　각이 클 때　　　　　　　　　각이 작을 때

탐구 결과

모래의 온도 변화

전등과 모래가 이루는 각	처음 온도(℃)	나중 온도(℃)	온도 변화(℃)
클 때	23	58	35
작을 때	24	40	16

알 수 있는 사실	전등과 모래가 이루는 각이 클 때 모래의 온도가 더 많이 올라간다.

● 실험 설계하기

- 다르게 해야 할 조건: 전등과 모래가 이루는 각
- 같게 해야 할 조건: 전등과 모래 사이의 거리, 전등을 켠 시간, 전등의 종류, 페트리 접시의 크기, 모래의 양과 종류 등

▲ 전등과 페트리 접시 사이의 거리 조정하기

▲ 적외선 온도계로 모래의 온도 측정하기

2 계절별 태양의 남중 고도에 따른 기온 변화

여름	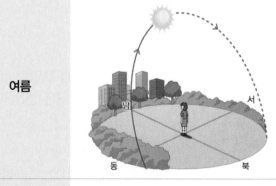	태양의 남중 고도가 높아 단위 면적의 지표면에 도달하는 태양 에너지의 양이 많다. 지표면이 많이 데워져 기온이 높다.
겨울	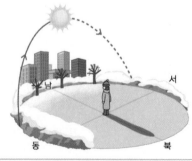	태양의 남중 고도가 낮아 단위 면적의 지표면에 도달하는 태양 에너지의 양이 적다. 지표면이 적게 데워져 기온이 낮다.

①1 태양의 남중 고도에 따른 태양 에너지 변화 알아보기

[탐구 방법]

① 태양 전지판 두 개에 각각 태양 고도 측정기를 붙이고 소리 발생기와 연결합니다.

② 전등과 태양 전지판이 이루는 각을 하나는 크게 하고, 다른 하나는 작게 해 전등을 설치합니다.

③ 전등과 태양 전지판 사이의 거리가 20 cm 정도가 되도록 전등을 조정합니다. 전등을 같은 밝기로 동시에 켜고 전등과 태양 전지판이 이루는 각에 따른 태양 고도를 측정합니다.

④ 30초 동안 소리 발생기에서 나는 소리 크기를 비교해 봅니다.

⑤ 전등을 끄고 적외선 온도계로 태양 전지판의 온도를 측정합니다.

[탐구 결과]

전등과 태양 전지판이 이루는 각이 클 때가 각이 작을 때보다 소리 발생기에서 나는 소리 크기가 더 크고, 태양 전지판의 온도가 더 높습니다.

 핵심 개념 정리

· 태양의 남중 고도가 높아지면 일정한 면적의 지표면에 도달하는 태양 에너지양이 많아집니다.

· 지표면에 도달하는 태양 에너지양이 많아지면 지표면이 더 많이 데워져 기온이 높아집니다.

· 계절에 따라 태양의 남중 고도가 달라지기 때문에 계절에 따라 기온이 달라집니다.

> 태양의 남중 고도가 높으면 기온이 높아.

> 태양의 남중 고도가 낮으면 기온이 낮아.

1~3 다음은 태양의 남중 고도에 따른 기온 변화를 알아보는 실험입니다. 물음에 답하시오.

㉠  ㉡

1 위 실험에서 모래를 지표면이라고 한다면 전등은 무엇을 나타내는 것인지 쓰시오.

( )

2 위 실험에서 다르게 해야 할 조건은 어느 것입니까?

( )

① 전등의 밝기
② 모래의 종류
③ 전등을 켠 시간
④ 전등과 모래가 이루는 각
⑤ 전등과 모래 사이의 거리

3 위 실험에서 모래의 처음 온도를 측정하고, 전등을 켜고 5분이 지난 뒤 모래의 온도를 측정했습니다. 모래의 나중 온도가 더 많이 올라간 것의 기호를 쓰시오.

( )

4 다음 설명에서 옳은 것에는 ○표, 옳지 않은 것에는 ×표 하시오.

(1) 태양의 남중 고도가 높을수록 기온이 높아집니다.

( )

(2) 겨울에는 태양의 남중 고도가 높아 기온이 낮습니다.

( )

(3) 태양의 남중 고도가 높아지면 일정한 면적의 지표면에 도달하는 태양 에너지양이 많아집니다. ( )

5 계절이 변하는 까닭

1 계절이 변하는 까닭 알아보기

탐구 과정	① ●태양 고도 측정기를 지구본의 우리나라 위치에 붙인다. ② 지구본의 자전축을 수직으로 맞추고, 전등으로부터 30 cm 떨어진 거리에 둔다. ③ 전등의 높이를 태양 고도 측정기의 높이와 비슷하게 조절하고 전등을 켠 다음, 태양의 남중 고도를 측정한다. ④ 지구본을 시계 반대 방향으로 공전시켜 각 위치에서 태양의 남중 고도를 측정한다. ⑤ 지구본의 자전축을 23.5° 기울인다. ⑥ ③~④와 같은 방법으로 각 위치에서 태양의 남중 고도를 측정한다. ▲ 지구본의 자전축이 수직인 채 공전할 때　　▲ 지구본의 자전축이 기울어진 채 공전할 때
탐구 결과	• 지구본의 자전축이 수직인 채 공전할 때 태양의 남중 고도 변화: 변화가 없다. • 지구본의 자전축이 기울어진 채 공전할 때 태양의 남중 고도 변화: 지구본의 위치에 따라 변한다.
알 수 있는 사실	지구의 자전축이 기울어진 채 공전하면 지구의 각 위치에 따라 태양의 남중 고도가 달라져 계절의 변화가 생긴다.

● 실험 설계하기
• 다르게 해야 할 조건: 지구본의 자전축 기울기
• 같게 해야 할 조건: 전등과 지구본 사이의 거리, 태양의 남중 고도 측정 위치 등

● 태양 고도 측정기(원형)

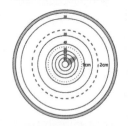

태양의 남중 고도는 그림자 끝이 가리키는 곳의 각도를 읽습니다.

2 계절이 변하는 까닭 ➕1 ➕2

지구의 자전축이 기울어진 채 태양 주위를 공전한다.	➡	지구의 위치에 따라 태양의 남중 고도가 달라진다.	➡	계절의 변화가 생긴다.

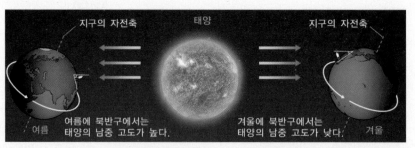

▲ 지구의 위치에 따른 우리나라의 여름과 겨울

+1 지구의 위치에 따른 우리나라 계절의 변화

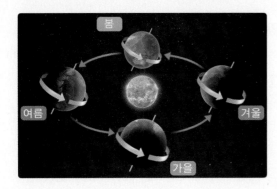

+2 지구의 자전축이 수직이거나 지구가 태양 주위를 공전하지 않는다면 계절의 변화

• 지구의 자전축이 수직이라면 지구의 위치가 달라져도 태양의 남중 고도에 변화가 나타나지 않아 계절의 변화가 생기지 않습니다.

• 지구가 태양 주위를 공전하지 않는다면 태양의 남중 고도에 변화가 나타나지 않아 계절의 변화가 생기지 않습니다. 일 년 내내 같은 날씨만 나타날 것입니다.

핵심 개념 정리

• 지구의 자전축은 공전 궤도면에 대해 기울어져 있습니다.
• 지구의 자전축이 기울어진 채 태양 주위를 공전하면 지구의 위치에 따라 태양의 남중 고도가 달라집니다.
• 지구의 자전축이 공전 궤도면에 대해 기울어진 채 태양 주위를 공전하기 때문에 계절이 변합니다.

나는 기울어진 채로 태양 주위를 공전하지.

1~3 다음은 계절 변화의 원인을 알아보기 위한 실험입니다. 물음에 답하시오.

1 위 실험에서 다르게 해야 할 조건은 어느 것입니까?

( )

① 전등의 높이
② 지구본의 크기
③ 지구본의 자전축 기울기
④ 지구와 전등 사이의 거리
⑤ 태양 고도 측정기의 위치

2 위 실험 ㉠에서 지구본의 위치에 따라 태양의 남중 고도에 변화가 있는지 또는 없는지 쓰시오.

( )

3 위 실험 ㉠과 ㉡ 중 계절의 변화가 있는 것의 기호를 쓰시오.

( )

4 다음에서 우리나라의 계절이 여름이 되는 때 지구 위치의 기호를 쓰시오.

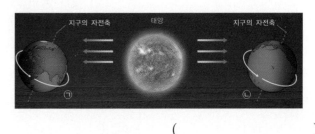

( )

1~4 다음과 같이 장치하고 모래의 온도를 각각 측정하였습니다. 물음에 답하시오.

(가)   (나)

1 위 실험의 조건에 대한 설명으로 옳은 것을 두 가지 고르시오.   (,   )

① 전등을 켜는 시간을 다르게 한다.
② 접시에 담는 모래의 양을 다르게 한다.
③ 전등과 모래 사이의 거리를 같게 한다.
④ 전등과 모래가 이루는 각을 다르게 한다.
⑤ 모래가 담긴 페트리 접시의 크기는 다르게 한다.

2 위 실험에서 전등과 모래가 이루는 각이 의미하는 것은 어느 것입니까?   (   )

① 기온 변화
② 낮의 길이
③ 그림자 길이
④ 태양의 남중 고도
⑤ 지구 자전축의 기울기

3 다음은 위 실험에서 모래의 처음 온도와 전등을 켜고 5분이 지난 뒤에 모래의 온도를 측정한 결과입니다. ㉠과 ㉡에 들어갈 실험 장치를 (가)와 (나) 중 구분하여 쓰시오.

전등과 모래가 이루는 각	처음 온도 (℃)	나중 온도 (℃)	온도 변화 (℃)
(㉠)	23	58	35
(㉡)	24	40	16

㉠: (   ), ㉡: (   )

4 앞 실험으로 알 수 있는 것은 어느 것입니까?
    (   )

① 전구의 종류에 따른 기온 변화
② 태양의 밝기에 따른 기온 변화
③ 태양의 남중 고도에 따른 기온 변화
④ 지구의 자전축 기울기에 따른 기온 변화
⑤ 태양의 남중 고도에 따른 그림자 길이 변화

5 다음에서 일정한 면적의 지표면에 도달하는 태양 에너지양이 많은 것의 기호를 쓰시오.

㉠   ㉡

태양의 남중 고도가 높음.   태양의 남중 고도가 낮음.

(   )

6 계절에 따라 기온이 달라지는 까닭으로 옳은 것은 어느 것입니까?   (   )

① 지구가 자전하기 때문이다.
② 구름의 양이 달라지기 때문이다.
③ 그림자 길이가 달라지기 때문이다.
④ 태양의 남중 고도가 달라지기 때문이다.
⑤ 태양과 지구 사이의 거리가 달라지기 때문이다.

7 태양의 남중 고도가 높을 때 기온이 높은 까닭으로 옳은 것은 어느 것입니까? ( )

① 낮의 길이가 짧기 때문이다.
② 지구가 자전을 멈추기 때문이다.
③ 태양과 지구가 가까이 있기 때문이다.
④ 지구 자전축의 기울어진 방향이 달라지기 때문이다.
⑤ 같은 넓이의 지표면이 받는 태양 에너지양이 많기 때문이다.

8 다음 실험에서 지구본이 ㉠ 위치에 있을 때 태양의 남중 고도가 52°였습니다. 지구본을 ㉡ 위치로 이동시켰을 때 태양의 남중 고도로 적당한 것은 어느 것입니까? ( )

▲ 지구본의 자전축이 수직인 채 공전한다.

① 29° ② 40° ③ 52°
④ 76° ⑤ 90°

9 다음은 계절별 태양의 위치 변화를 나타낸 것입니다. 기온이 가장 낮은 계절에 해당하는 태양의 기호를 쓰시오.

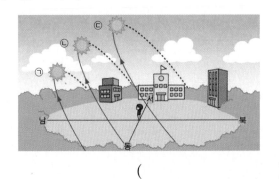

( )

10 다음은 계절에 따른 지구의 위치를 나타낸 것입니다. 지구가 ㉠ 위치에 있을 때 우리나라의 계절과 태양의 남중 고도를 옳게 짝 지은 것은 어느 것입니까? ( )

① 봄, 높다.　② 여름, 낮다.
③ 여름, 높다.　④ 겨울, 낮다.
⑤ 겨울, 높다.

11 다음 실험에서 태양의 남중 고도는 지구본이 ⑺ 위치에 있을 때 52°, ⑷ 위치에 있을 76°였습니다. 실제 지구가 ⑺에서 ⑷로 이동할 때 나타나는 현상으로 옳은 것을 보기 에서 골라 기호를 쓰시오.

▲ 지구본의 자전축이 기울어진 채 공전한다.

보기
㉠ 기온이 높아진다.
㉡ 낮의 길이가 짧아진다.
㉢ 계절이 변하지 않는다.

( )

12 계절의 변화가 생기는 까닭과 관련이 있는 것을 두 가지 고르시오. (,)

① 태양의 크기
② 지구의 공전
③ 태양의 온도 변화
④ 지구 자전축의 기울기
⑤ 태양과 지구 사이의 거리

태양 고도는 낮 12시 30분에 가장 높으며, 태양의 남중 고도는 여름에 가장 높고 겨울에 가장 낮습니다. 계절의 변화는 지구의 자전축이 기울어진 채 공전하기 때문에 생깁니다.

👁 그림을 보고 배운 개념을 떠올리며 (　　) 안에 알맞은 말을 써 보세요.

개념 1 태양 고도

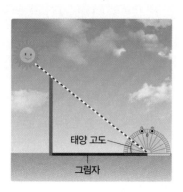

태양 고도는 태양이 (❶　　　　)과/와 이루는 각으로 나타냅니다. 하루 중 태양 고도가 가장 높은 시각과 그림자 길이가 가장 짧은 시각은 (❷　　　　)입니다.

개념 2 태양 고도, 그림자 길이, 기온의 관계

태양 고도가 낮아질 때는 그림자의 길이는 (❸　　　　)지고, 기온은 대체로 (❹　　　　) 집니다. 기온이 가장 높은 때는 태양 고도가 가장 높은 때보다 대체로 (❺　　　　)니다.

👁 그림을 보고 배운 개념을 떠올리며 (　　) 안에 알맞은 말을 써 보세요.

개념 4 계절에 따라 기온이 달라지는 까닭

여름에는 태양의 남중 고도가 높아 일정한 면적의 지표면에 도달하는 태양 에너지의 양이 (⓮　　　　) 기온이 높습니다.

개념 5 계절이 변하는 까닭

계절의 변화는 지구의 자전축이 (⓯　　　　) 태양 주위를 (⓰　　　　)하기 때문에 생깁니다.

개념3 계절에 따른 태양의 남중 고도, 낮과 밤의 길이, 기온의 변화

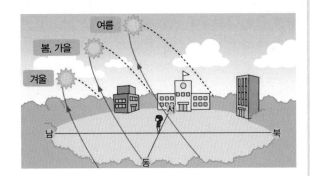

겨울 　　　　　　 여름

- 여름에는 태양의 남중 고도가 (❻　　　)고, 낮의 길이가 (❼　　　)며 밤의 길이는 (❽　　　)니다. 기온은 (❾　　　)니다.
- 겨울에는 태양의 남중 고도가 (❿　　　)고, 낮의 길이가 (⓫　　　)며 밤의 길이는 (⓬　　　)니다. 기온은 (⓭　　　)습니다.

옳은 문장에 ○, 틀린 문장에 ✕하세요. 틀린 부분은 밑줄을 긋고 바른 개념으로 고쳐 써 보세요.

1 그림자 길이는 아침부터 낮 12시 30분 무렵까지 점점 짧아진 뒤에 다시 길어집니다. (　　　)

2 기온이 가장 높은 때는 태양 고도가 가장 높은 때와 같습니다. (　　　)

3 태양의 남중 고도는 여름에 가장 높고, 겨울에 가장 낮습니다. (　　　)

4 밤의 길이는 여름에 가장 깁니다. (　　　)

5 태양의 남중 고도가 높아질수록 기온은 대체로 낮아집니다. (　　　)

6 기온은 여름에 가장 높고, 겨울에 가장 낮습니다. (　　　)

7 태양의 남중 고도가 높아질수록 같은 면적의 지표면에 도달하는 태양 에너지양이 많아집니다. (　　　)

8 전등과 모래가 이루는 각이 클 때 전등이 비추는 모래의 온도가 더 높아집니다. (　　　)

9 지구가 자전축이 기울어진 채 공전하면 지구의 위치에 따라 태양의 남중 고도가 달라집니다. (　　　)

10 지구 자전축이 기울어진 방향이 태양을 향하는 위치에서는 태양의 남중 고도가 낮습니다. (　　　)

점수

※ 한 문항당 5점입니다.

1 다음에서 ㉠은 무엇을 나타내는지 쓰시오.

( )

4 기온을 측정할 때 오른쪽의 기구에 있는 온도계를 이용합니다. 이 기구를 무엇이라고 합니까?

( )

① 기압계   ② 백엽상
③ 풍향계   ④ 풍속계
⑤ 고도계

2 다음은 태양 고도를 측정하는 모습입니다. 이에 대한 설명으로 옳지 <u>않은</u> 것은 어느 것입니까?

( )

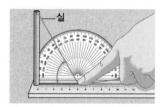

① 태양 고도 측정기를 편평한 곳에 놓는다.
② 그림자 끝과 실이 이루는 각이 태양 고도이다.
③ 태양 고도 측정기를 햇빛이 잘 드는 곳에 놓는다.
④ 실을 잡아 당길 때 막대기가 휘어지지 않도록 한다.
⑤ 막대기의 길이가 달라지면 태양 고도가 달라지므로 주의한다.

[5~6] 다음은 하루 동안 태양 고도와 그림자 길이, 기온을 나타낸 그래프입니다. 물음에 답하시오.

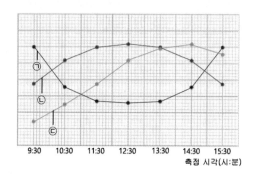

5★ 위 그래프에서 ㉠~㉢은 각각 무엇을 나타내는지 쓰시오.

㉠: ( )
㉡: ( )
㉢: ( )

3 태양 고도가 가장 높을 때의 기호를 쓰시오.

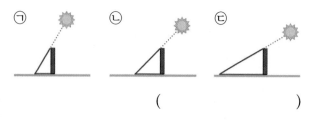

( )

6 위 그래프를 보고 태양 고도와 기온의 관계를 쓰시오.

서술형

_____

_____

7 다음은 하루 동안 측정한 태양 고도를 나타낸 것입니다. 이에 대한 설명으로 옳은 것은 어느 것입니까? ( )

측정 시각(시 : 분)	태양 고도(°)
9 : 30	35
10 : 30	44
11 : 30	50
12 : 30	52
13 : 30	49
14 : 30	42
15 : 30	33

① 하루 동안 태양 고도는 계속 높아진다.
② 하루 동안 태양 고도는 변하지 않는다.
③ 14시 30분 무렵에 태양 고도는 52°이다.
④ 10시 30분 무렵에 태양 고도가 가장 낮다.
⑤ 낮 12시 30분 무렵에 태양 고도가 가장 높다.

8 태양이 남중했을 때 태양의 위치로 옳은 것은 어느 것입니까? ( )

① 정동쪽 하늘
② 정서쪽 하늘
③ 정남쪽 하늘
④ 정북쪽 하늘
⑤ 북동쪽 하늘

9 태양의 남중 고도를 측정할 수 있는 때는 언제입니까? ( )

① 오전 9시 무렵
② 낮 12시 30분 무렵
③ 오후 6시 무렵
④ 기온이 가장 높을 때
⑤ 그림자 길이가 가장 길 때

10~11 다음은 월별 태양의 남중 고도를 나타낸 그래프입니다. 물음에 답하시오.

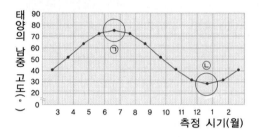

10 위에서 ㉠과 ㉡에 해당하는 계절을 쓰시오.

㉠: ( ), ㉡: ( )

11 오늘이 10월 30일이라면 한 달 뒤 태양의 남중 고도가 어떻게 달라질지와 그렇게 생각한 까닭을 쓰시오.

서술형

_____

_____

12 계절에 따라 낮과 밤의 길이가 달라진다는 것을 느꼈던 경험을 말하고 있는 사람의 이름을 쓰시오.

> **주은**: 여름에는 낮에 햇빛이 교실 안까지 들어왔어.
> **민순**: 여름에는 이른 아침에도 춥지 않았는데, 겨울에는 낮에도 추웠어.
> **진도**: 여름에는 오전 6시면 밖이 훤했는데, 겨울에는 오전 7시가 되어도 어두웠어.

( )

13 낮의 길이에 대한 설명으로 옳지 <u>않은</u> 것은 어느 것입니까? ( )

① 낮의 길이가 가장 긴 달은 6~7월이다.
② 낮의 길이가 가장 짧은 달은 12~1월이다.
③ 봄부터 여름까지는 낮의 길이가 짧아진다.
④ 가을에는 낮의 길이가 여름과 겨울의 중간 정도이다.
⑤ 태양의 남중 고도가 높을수록 낮의 길이는 길어진다.

14 다음 ( ) 안의 알맞은 말에 ○표 해 봅시다.

> 여름에서 겨울로 갈수록 태양의 남중 고도는 (낮아진다, 높아진다). 이때 낮의 길이는 (짧아지며, 길어지며), 밤의 길이는 (짧아지고, 길어지고), 기온은 (낮아진다, 높아진다).

15~17 다음과 같이 장치하고 모래의 온도를 각각 측정하였습니다. 물음에 답하시오.

ㄱ

ㄴ

15 위 실험에서 태양의 남중 고도 변화를 나타낸 것은 어느 것입니까? ( )

① 전등의 종류를 다르게 한다.
② 전등의 색깔을 다르게 한다.
③ 전등의 열 세기를 다르게 한다.
④ 전등과 모래가 이루는 각을 다르게 한다.
⑤ 전등과 페트리 접시 사이의 거리를 다르게 한다.

16 위 실험 결과 겨울에 해당하는 것은 ㄱ과 ㄴ 중 어느 것인지 쓰시오.

( )

17★ 겨울이 여름보다 기온이 낮은 까닭은 어느 것입니까? ( )

① 겨울이 여름보다 낮의 길이가 길기 때문이다.
② 겨울이 여름보다 태양이 빨리 뜨기 때문이다.
③ 겨울이 여름보다 그림자 길이가 짧기 때문이다.
④ 겨울이 여름보다 태양의 남중 고도가 낮기 때문이다.
⑤ 겨울이 여름보다 일정한 면적의 지표면에 도달하는 태양 에너지양이 많기 때문이다.

18 계절에 따라 변하는 것이 아닌 것은 어느 것입니까? ( )

① 기온
② 낮의 길이
③ 그림자의 길이
④ 태양의 남중 고도
⑤ 지구 자전축의 기울기

19★ 다음과 같이 지구본의 자전축이 기울어진 채 공전할 때 지구본의 위치에 따른 변화로 옳은 것은 어느 것입니까? ( )

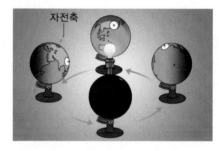
자전축

① 계절이 변한다.
② 낮의 길이가 일정하다.
③ 그림자 길이가 일정하다.
④ 태양의 남중 고도가 일정하다.
⑤ 지구의 자전 방향이 달라진다.

20 만약 지구의 자전축이 수직이거나 지구가 공전하지 않는다면 계절의 변화가 생길지 쓰고, 그렇게 생각한 까닭을 쓰시오.

서술형

_____

_____

※ 한 문항당 5점입니다.

1 다음은 태양 고도를 측정하는 방법을 순서 없이 나열한 것입니다. 순서대로 기호를 쓰시오.

> ㉠ 그림자 끝과 실이 이루는 각을 측정한다.
> ㉡ 각도기의 중심을 막대기의 그림자 끝에 맞춘다.
> ㉢ 태양 고도 측정기를 태양 빛이 잘 드는 편평한 곳에 놓는다.
> ㉣ 막대기의 그림자가 태양 고도 측정기의 눈금과 평행하게 되도록 조정한다.

(   ) → (   ) → (   ) → (   )

2 태양 고도를 옳게 측정한 것의 기호를 쓰시오.

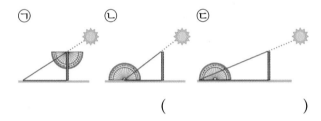

(   )

3 하루 동안 태양 고도 변화를 나타낸 그래프는 어느 것입니까? (   )

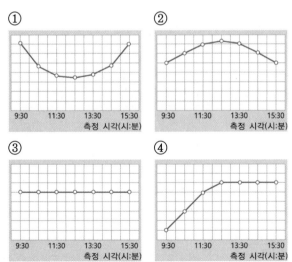

4 태양과 지표면이 이루는 각이 다음과 같을 때 태양이 가장 높이 떠 있는 경우는 어느 것입니까?

(   )

① 20°   ② 30°   ③ 40°
④ 50°   ⑤ 60°

5 다음은 하루 동안 태양 고도와 기온 변화를 나타낸 그래프입니다. 이를 보고 알 수 있는 사실로 옳은 것은 어느 것입니까? (   )

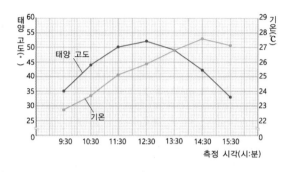

① 태양 고도와 기온은 관계가 없다.
② 태양 고도가 높아질수록 기온은 높아진다.
③ 태양 고도가 가장 낮은 시각에 기온이 가장 높다.
④ 하루 중 태양 고도가 가장 높은 시각은 14시 30분 무렵이다.
⑤ 하루 동안 태양 고도는 계속 변하지만 기온은 거의 일정하다.

6 다음은 하루 동안 그림자의 길이 변화를 나타낸 그래프입니다. 이에 대한 설명으로 옳지 <u>않은</u> 것을 두 가지 고르시오. (,   )

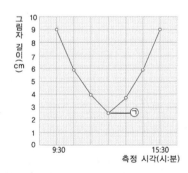

① ㉠일 때 기온이 가장 높다.
② ㉠은 낮 12시 30분 무렵이다.
③ ㉠일 때 태양 고도가 가장 높다.
④ ㉠일 때의 태양 고도를 태양의 남중 고도라고 한다.
⑤ 태양 고도가 높아지면 그림자 길이는 길어진다.

7 하루 중 태양 고도가 가장 높을 때 기온이 가장 높지 않은 까닭으로 옳은 것은 어느 것입니까?
( )

① 그림자의 길이가 길어야 기온이 높아지기 때문이다.

② 기온이 가장 높은 시각에는 태양이 뜨지 않기 때문이다.

③ 지표면은 태양 고도가 낮아질수록 더 많이 데워지기 때문이다.

④ 기온이 가장 높은 시각에 태양이 가장 높이 떠 있기 때문이다.

⑤ 지표면이 데워져 공기의 온도가 높아지는 데에는 시간이 걸리기 때문이다.

8* 태양이 남중했을 때에 대한 설명으로 옳은 것은 어느 것입니까? ( )

① 그림자는 남쪽으로 생긴다.

② 하루 동안 기온이 가장 높다.

③ 하루 동안 태양 고도가 가장 낮다.

④ 태양의 위치가 정남쪽에 있을 때이다.

⑤ 태양이 남중할 때의 고도는 계절에 상관없이 항상 같다.

9* 다음 설명에 해당하는 계절을 쓰시오.

> • 태양의 남중 고도가 가장 낮다.
> • 낮의 길이가 가장 짧고, 밤의 길이가 가장 길다.
> • 기온이 가장 낮다.

( )

10 다음은 계절에 따른 태양의 움직임을 나타낸 것입니다. 태양의 남중 고도가 가장 높은 계절일 때의 기호를 쓰시오.

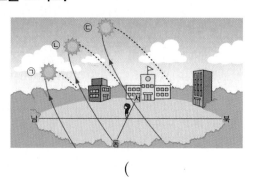

( )

11 태양의 남중 고도가 낮아질 때 나타나는 현상으로 옳은 것을 보기 에서 골라 기호를 쓰시오.

> 보기
> ㉠ 기온이 낮아진다.
> ㉡ 낮의 길이가 길어진다.
> ㉢ 지표면이 많이 데워진다.
> ㉣ 태양이 떠 있는 높이가 높아진다.

( )

12 다음은 월별 낮의 길이를 나타낸 그래프입니다. 계절에 따른 낮의 길이를 쓰시오.

서술형

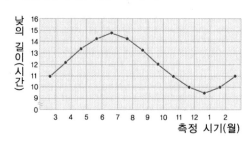

_____

_____

13 일정한 면적의 지표면에 도달하는 태양 에너지양이 많아질수록 기온은 어떻게 변합니까?( )

① 높아진다.

② 낮아진다.

③ 변함이 없다.

④ 높아지다가 낮아진다.

⑤ 낮아지다가 높아진다.

14~15 다음과 같이 장치하고 처음의 모래의 온도와 전등을 켜고 시간이 지난 뒤 모래의 온도를 각각 측정하였습니다. 물음에 답하시오.

(가)  (나)

14 위 실험에서 모래의 온도 변화를 옳게 비교한 것을 보기 에서 골라 기호를 쓰시오.

> 보기
> ㉠ (가)와 (나) 모래의 온도 변화가 같다.
> ㉡ (가)보다 (나) 모래의 온도 변화가 더 크다.
> ㉢ (나)보다 (가) 모래의 온도 변화가 더 크다.

(   )

15 위 실험에서 일정한 면적에 도달하는 에너지의 양이 더 많은 것의 기호를 쓰시오.

(   )

16 서술형 여름과 겨울의 기온을 비교하고, 계절에 따라 기온이 달라지는 까닭을 쓰시오.

_____

_____

17~18 다음은 지구본의 자전축이 수직일 때와 기울어졌을 때 각 위치에서 태양의 남중 고도를 측정하는 실험입니다. 물음에 답하시오.

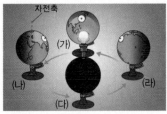  

▲ 자전축이 수직일 때   ▲ 자전축이 기울어졌을 때

17 지구본의 자전축이 수직일 때 지구본의 각 위치에서 태양의 남중 고도를 옳게 설명한 것은 어느 것입니까? (   )

① 모든 위치에서 같다.
② (나) 위치에 있을 때 가장 높다.
③ (라) 위치에 있을 때 가장 낮다.
④ (가)에서 (나)로 갈 때 점점 높아진다.
⑤ (다)에서 (라)로 갈 때 점점 낮아진다.

18 지구의 자전축이 기울어진 채 공전할 때 지구의 위치에 따라 달라지지 <u>않는</u> 것은 어느 것입니까?
(   )

① 기온   ② 낮의 길이
③ 그림자의 길이   ④ 지구의 자전 방향
⑤ 태양의 남중 고도

19 지구의 자전축이 수직인 채 공전한다면 일어날 수 있는 일로 옳은 것은 어느 것입니까? (   )

① 낮과 밤이 생기지 않는다.
② 봄과 가을에 기온이 가장 높아진다.
③ 사계절 동안 낮의 길이가 비슷해진다.
④ 여름과 겨울이 서로 바뀌어 나타난다.
⑤ 하루 동안 태양 고도가 변하지 않는다.

20 계절이 변하는 까닭을 옳게 설명한 것은 어느 것입니까? (   )

① 지구가 자전하기 때문이다.
② 태양의 온도가 달라지기 때문이다.
③ 태양이 지구 주위를 공전하기 때문이다.
④ 지구의 자전축이 수직인 채 태양 주위를 공전하기 때문이다.
⑤ 지구의 자전축이 기울어진 채 태양 주위를 공전하기 때문이다.

1~3

개념1 하루 동안 태양 고도, 그림자 길이, 기온의 관계

- 태양 고도는 태양이 지표면과 이루는 각으로 나타냅니다.
- 태양 고도가 높아지면 그림자 길이는 짧아지고, 기온은 높아집니다.
- 하루 동안 기온이 가장 높게 나타나는 시각은 태양이 남중한 시각보다 약 두시간 정도 뒤입니다.

1 빈칸 쓰기

① 태양 고도는 태양이 떠 있는 높이로, 태양이 지표면과 이루는 (   )(으)로 나타냅니다.

② 태양 고도가 높아지면 그림자 길이는 (   ), 기온은 (   ).

2 문장 쓰기

다음은 어느 날 아침과 한낮의 태양 고도, 그림자 길이, 기온의 변화를 나타낸 것입니다. 시간 순서대로 기호를 쓰고, 그렇게 생각한 까닭을 쓰시오.

㉠  ㉡

시간 순서는 _____, _____ 입니다. 그 까닭은 아침에는 한낮보다 태양 고도가 _____ _____ 때문입니다.

3 서술 완성

태양 고도와 그림자 길이, 기온은 어떤 관계가 있는지 태양 고도가 높아질 때와 낮아질 때로 나누어 쓰시오.

_____

_____

_____

_____

4~6

개념2 계절에 따른 태양의 남중 고도와 낮과 밤의 길이, 기온의 관계

- 태양의 남중 고도가 가장 높은 계절은 여름이며, 태양의 남중 고도가 가장 낮은 계절은 겨울입니다.
- 태양의 남중 고도가 높은 여름에는 낮의 길이가 길고, 밤의 길이가 짧고 기온이 높습니다. 태양의 남중 고도가 낮은 겨울에는 낮의 길이가 짧고 밤의 길이가 길며 기온이 낮습니다.
- 계절에 따라 태양의 남중 고도가 달라지기 때문에 계절에 따라 기온이 달라집니다.

4 빈칸 쓰기

① 태양의 남중 고도는 (   )에 가장 높고, (   )에 가장 낮습니다.

② 밤의 길이는 (   )에 가장 길고, (   )에 가장 짧습니다.

5
문장 쓰기

태양의 남중 고도가 가장 높은 계절과 낮의 길이가 가장 긴 계절을 쓰고, 계절별 태양의 남중 고도와 낮의 길이 사이의 관계를 쓰시오.

태양의 남중 고도가 가장 높은 계절은 _____

이며, 낮의 길이가 가장 긴 계절은 _____

입니다. 태양의 남중 고도가 _____

_____ .

6
서술 완성

다음은 월별 태양의 남중 고도와 월평균 기온을 나타낸 그래프입니다. 태양의 남중 고도가 가장 높은 달과 기온이 가장 높은 달이 일치하지 않는 까닭을 쓰시오.

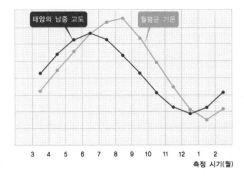

_____

_____

7~9

개념3   **계절의 변화가 생기는 까닭**

• 지구본의 자전축이 수직인 채 공전할 때 태양의 남중 고도 변화: 변화가 없습니다.
  ⇨ 계절의 변화가 생기지 않습니다.
• 지구본의 자전축이 기울어진 채 공전할 때 태양의 남중 고도 변화: 지구본의 각 위치에 따라 변화가 있습니다.
  ⇨ 계절의 변화가 생깁니다.
• 계절이 변하는 까닭: 지구의 자전축이 공전 궤도면에 대해 기울어진 채 태양 주위를 공전하기 때문입니다.

7
빈칸 쓰기

① 지구의 자전축이 수직인 채 태양 주위를 공전하면 태양의 남중 고도 변화가 (   ).

② 지구의 자전축이 (   ) 채 태양 주위를 공전하기 때문에 계절의 변화가 생깁니다.

8
문장 쓰기

지구본의 자전축 기울기에 따른 태양의 남중 고도를 비교하여 쓰시오.

지구본의 자전축 기울기가 수직인 경우에는

_____ 태양의 남중 고도는

_____ . 지구본의 자전축 기울기가

기울어진 경우에는 _____

태양의 남중 고도가 _____ .

9
서술 완성

다음은 지구가 태양 주위를 공전하는 모습입니다. 우리나라가 여름과 겨울일 때의 지구의 위치 기호를 쓰고, 계절의 변화가 생기는 까닭을 지표면에 도달하는 태양 에너지의 양과 관련지어 쓰시오.

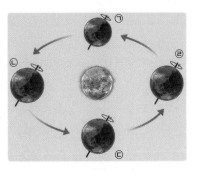

_____

_____

_____

1 다음은 태양 고도를 측정하는 모습입니다. 물음에 답하시오. [12점]

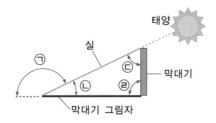

(1) 위에서 태양 고도를 나타내는 것의 기호를 쓰시오. [2점]

(   )

(2) 태양 고도가 무엇인지 쓰시오. [10점]

_____

_____

2 다음은 하루 동안 태양 고도와 기온 변화를 나타낸 그래프입니다. 물음에 답하시오. [12점]

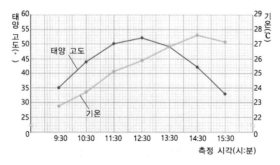

(1) 위 그래프에서 태양 고도가 가장 높은 시각과 기온이 가장 높은 시각을 순서대로 쓰시오. [2점]

(,   )

(2) 태양 고도가 가장 높은 시각과 기온이 가장 높은 시각이 차이가 나는 까닭을 쓰시오. [10점]

_____

_____

3 다음은 하루 동안 태양의 움직임을 나타낸 것입니다. 물음에 답하시오. [12점]

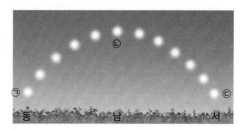

(1) 위에서 태양이 남중했을 때의 기호를 쓰시오. [2점]

(   )

(2) 태양이 남중했을 때의 태양 고도와 그림자 길이는 어떠한지 쓰시오. [10점]

_____

_____

4 다음은 계절별 태양의 움직임을 나타낸 것입니다. 물음에 답하시오. [12점]

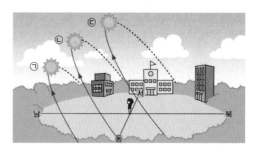

(1) 위에서 ㉠, ㉡, ㉢에 해당하는 계절은 무엇인지 각각 쓰시오. [3점]

㉠: (   )
㉡: (   )
㉢: (   )

(2) ㉠과 ㉢ 태양 위치에 해당하는 계절의 기온과 낮의 길이를 비교하여 쓰시오. [9점]

_____

_____

5 다음은 월별 태양의 남중 고도와 월별 낮의 길이 변화를 나타낸 그래프입니다. 물음에 답하시오. [12점]

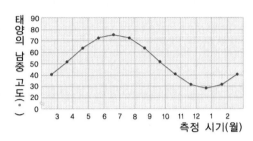

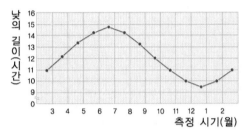

(1) 위에서 태양의 남중 고도가 가장 높은 계절과 낮의 길이가 가장 긴 계절을 순서대로 쓰시오. [2점]

(,   )

(2) 태양의 남중 고도와 낮의 길이는 어떤 관계가 있는지 쓰시오. [10점]

_____

_____

6 다음 그림을 보고 태양의 남중 고도에 따라 일정한 면적의 지표면에 도달하는 태양 에너지양은 어떻게 다른지 쓰시오. [8점]

_____

_____

7 다음과 같이 장치하고 모래의 온도 변화를 측정하였습니다. 물음에 답하시오. [12점]

(가)    (나)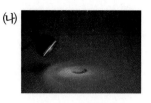

(1) 위 실험 결과 전등과 모래가 이루는 각에 따라 모래의 온도가 어떻게 변하는지 쓰시오. [6점]

_____

_____

(2) 위 실험으로 알 수 있는 태양의 남중 고도에 따른 기온 변화를 쓰시오. [6점]

_____

_____

8 다음은 계절에 따른 지구의 위치를 나타낸 것입니다. 지구의 위치가 ㉠과 ㉡일 때 우리나라에서 기온과 태양의 남중 고도를 비교하여 쓰시오. [8점]

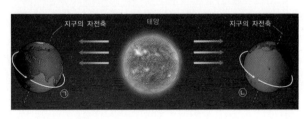

_____

_____

정답과 풀이 90쪽

2 계절의 변화

과제명	하루 동안 태양 고도, 그림자 길이, 기온의 관계 알아보기	배점	20점
성취 목표	하루 동안 태양 고도, 그림자 길이, 기온의 변화를 알고 이들의 관계를 설명할 수 있다.		

1~3 다음은 하루 동안 태양 고도, 그림자 길이, 기온을 측정하여 표와 그래프로 나타낸 것입니다. 물음에 답하시오.

측정 시각(시 : 분)	태양 고도(˚)	그림자 길이(cm)	기온(˚)
9 : 30	35	14.3	22.7
10 : 30	44	10.4	23.7
11 : 30	50	8.4	25.1
12 : 30	52	7.8	25.9
13 : 30	49	8.7	26.8
14 : 30	42	11.1	27.6
15 : 30	33	15.4	27.1

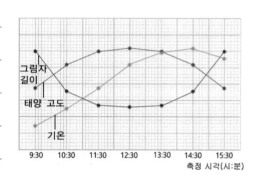

1 위와 같은 형태의 그래프를 무엇이라고 하는지 쓰시오. [2점]

( )

2 위에서 태양 고도가 가장 높은 시각과 그림자 길이가 가장 짧은 시각을 순서대로 쓰시오. [4점]

(,)

3 위에서 시각에 따른 그래프의 모양이 비슷한 것끼리 쓰시오. [4점]

(,)

4 태양 고도와 그림자 길이, 기온은 어떤 관계에 있는지 쓰시오. [10점]

2 계절의 변화

과제명	계절에 따라 기온이 달라지는 까닭 알아보기	배점	20점
성취 목표	태양의 남중 고도와 태양 에너지양 사이의 관계를 알고 계절에 따라 기온이 달라지는 까닭을 설명할 수 있다.		

1~3 다음은 전등과 태양 전지판이 이루는 각을 다르게 하여 태양 전지판의 온도와 소리의 크기를 비교하는 실험입니다. 물음에 답하시오.

ㄱ  ㄴ

1 위 실험에서 전등을 태양이라고 했을 때 전등과 태양 전지판이 이루는 각은 무엇을 나타내는지 쓰시오. [2점]

( )

2 소리 발생기의 소리가 더 큰 경우와 태양 전지판의 온도가 더 낮은 경우를 골라 순서대로 기호를 쓰시오.
[2점]

(,)

3 태양 전지판을 지표면이라고 볼 때 태양의 남중 고도가 높아질수록 지표면이 받는 태양 에너지양은 어떻게 변하는지 쓰시오. [8점]

_____

_____

4 위 실험 결과를 바탕으로 태양의 남중 고도가 높아질수록 기온이 높아지는 까닭을 쓰시오. [8점]

_____

_____

수행 평가

2 계절의 변화

과제명	계절이 변하는 까닭 알아보기	배점	20점
성취 목표	지구본의 자전축이 수직일 때와 기울졌을 때의 태양의 남중 고도 변화를 알고, 계절이 변하는 까닭을 설명할 수 있다.		

1~3 다음은 지구본의 우리나라 위치에 태양 고도 측정기를 붙이고 지구본의 자전축이 수직일 때와 기울어졌을 때 각 위치에서 태양의 남중 고도를 측정하는 실험입니다. 물음에 답하시오.

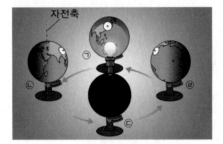

▲ 자전축이 수직일 때

▲ 자전축이 기울어졌을 때

1 위 실험에서 같게 해야 할 조건과 다르게 해야 할 조건을 쓰시오. [8점]

(1) 같게 해야 할 조건: _____

(2) 다르게 해야 할 조건: _____

2 다음은 위 실험에서 태양의 남중 고도를 측정한 결과를 순서 없이 나타낸 것입니다. (   ) 안에 들어갈 알맞은 말을 쓰시오. [2점]

[지구본의 자전축이 (   ) 채 공전할 때]

지구본의 위치	㉠	㉡	㉢	㉣
태양의 남중 고도(˚)	52	76	52	27

[지구본의 자전축이 (   ) 채 공전할 때]

지구본의 위치	㉠	㉡	㉢	㉣
태양의 남중 고도(˚)	52	52	52	52

3 계절 변화의 원인과 그렇게 생각한 까닭을 쓰시오. [10점]

(1) 원인: _____

(2) 그렇게 생각한 까닭: _____

3

연소와 소화

1 물질이 탈 때 나타나는 현상

1 초가 탈 때 나타나는 현상 +1

구분	관찰한 내용
불꽃의 모양, 색깔, 밝기	• 불꽃 모양은 위아래로 길쭉하고, 불꽃 색깔은 노란색, 붉은색이다. • 윗부분은 밝고, 아랫부분은 윗부분보다 어둡다. • 불꽃의 위치에 따라 밝기가 다르다.
시간에 따라 변하는 모습	• 시간이 지날수록 초가 녹아 촛농이 흘러내린다. • 흘러내린 촛농이 굳어 고체가 된다. • 시간이 지날수록 초의 길이가 짧아진다.
손을 가까이 했을 때	• 불꽃의 아랫부분이나 옆 부분보다 윗부분이 더 뜨겁다. • 손이 점점 따뜻해진다.
심지와 심지 근처의 변화	• 심지 주변이 움푹 팬다. • 심지의 윗부분은 검은색이고, 아랫부분은 하얀색이다.
초의 무게 변화	• 초에 불을 붙이기 전: 81.6 g • 촛불을 끈 후: 80.5 g 불을 붙이기 전 초의 무게를 측정하고, 불을 끈 후 초의 무게를 측정하여 비교하였습니다.
그 밖에 관찰한 것	불꽃이 바람에 흔들리고, 불꽃의 끝부분에서 흰 연기가 난다.

2 알코올이 탈 때 나타나는 현상

구분	관찰한 내용
불꽃의 모양, 색깔, 밝기	• 불꽃 모양은 위아래로 길쭉하고, 불꽃 색깔은 푸른색, 붉은색이다. • 불꽃 주변이 밝아진다.
시간에 따라 변하는 모습	시간이 지날수록 알코올의 양이 줄어든다.
손을 가까이 했을 때	• 불꽃의 아랫부분이나 옆 부분보다 윗부분이 더 뜨겁다. • 손이 점점 따뜻해진다.
심지의 변화	심지의 윗부분은 검은색이고, 아랫부분은 하얀색이다.
알코올램프의 무게 변화	• 알코올램프에 불을 붙이기 전: 107.9 g • 알코올램프의 불을 끈 후: 106.6 g
그 밖에 관찰한 것	불꽃이 바람에 흔들린다.

3 물질이 탈 때 공통적으로 나타나는 현상

(1) 물질이 탈 때에는 빛과 열이 발생하며, 물질의 양이 변하기도 합니다.
(2) 물질을 태워 어두운 곳을 밝히거나 주변을 따뜻하게 합니다.

4 물질이 탈 때 발생하는 빛이나 열을 이용하는 예 +2

(1) 불꽃놀이는 물질이 탈 때 발생하는 여러 가지 색깔의 빛을 이용하여 밤하늘을 장식합니다.
(2) 난방 기구는 물질이 탈 때 발생하는 열을 이용하여 실내를 따뜻하게 합니다.
(3) 석유등으로 어두운 곳을 밝히고, 강물에 유등을 띄웁니다.
(4) 가스레인지의 가스를 태워 요리할 때 이용합니다.
(5) 모닥불놀이를 할 때 나무를 태워 주변을 밝게 합니다.
(6) 아궁이에서 나무를 태워 생기는 열로 요리하거나 난방을 할 때 이용합니다.

• 초와 알코올이 타는 모습

▲ 초가 타는 모습   ▲ 알코올이 타는 모습

초나 나무 등이 타는 것을 본 경험: 생일 케이크의 초, 아궁이에서 타는 나무, 야영장에서 불이 붙어 있는 숯 등

• 강물 위에 뜬 유등
강물 위에 뜬 유등은 등 안에 촛불이나 작은 불꽃이 있어서 어두운 곳에서 밝게 빛납니다.

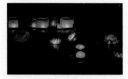

▲ 유등

• 유등
강물 위에 여러 가지 색깔의 등불을 띄우는 것

+1 초와 알코올램프 관찰하기

초	• 가운데 부분에 하얀색의 심지가 있다. • 하얀색이고, 둥근 모양이다. • 딱딱한 고체 상태이다.
알코올 램프	• 알코올램프 안에 알코올이 들어 있고, 심지가 알 코올까지 연결되어 있다. • 알코올은 투명한 액체 상태이다.

+2 불이 없다면 불편한 점

• 숯불에 구운 고기나 군고구마 같이 불에 구워 익힌 음식을 먹을 수 없습니다.
• 추울 때 장작불을 쬘 수 없습니다.
• 쓰레기 소각장에서 쓰레기를 태울 수 없습니다.

🎓 핵심 개념 정리

• 물질이 탈 때 공통적으로 빛과 열이 발생합니다.
• 물질이 타면서 발생하는 빛과 열은 주로 어두운 곳을 밝히고, 요리할 때와 난방을 할 때에도 이용합니다. ⑩ 석유등으로 주변을 밝히는 것, 가스레인지의 가스를 태워 요리하는 것 등

불꽃의 주변이 밝고 따뜻해져요.

빛과 열을 내면서 타요.

1~3 다음은 초와 알코올이 타는 모습입니다. 물음에 답하시오.

3

1 초가 탈 때 나타나는 현상을 관찰한 내용으로 옳지 않은 것은 어느 것입니까?　　　　　　　　　（　　　）

① 심지 주변이 움푹 팬다.
② 불꽃이 바람에 흔들린다.
③ 불꽃은 위아래로 길쭉하다.
④ 심지의 윗부분은 하얀색이다.
⑤ 흘러내린 촛농이 굳어 고체가 된다.

2 다음은 촛불에 손을 가까이 했을 때에 대한 설명입니다. （　　） 안의 알맞은 말에 ○표 하시오.

> 촛불에 손을 가까이 하면 점점 따뜻해지고, 불꽃의 옆부분이나 (윗부분, 아랫부분)보다 (윗부분, 아랫부분)이 더 뜨겁다.

3 초에 불을 붙이기 전 초의 무게가 82 g이었다면, 초에 불을 붙이고 3분 후에 촛불을 끈 다음 측정한 초의 무게는 얼마이겠습니까?　　　　　　（　　　）

① 84 g　　　② 83 g　　　③ 82 g
④ 81 g　　　⑤ 50 g

4 다음은 물질이 탈 때 공통적으로 나타나는 현상에 대한 설명입니다. （　　） 안에 들어갈 알맞은 말을 쓰시오.

> 불꽃 주변이 밝고 따뜻해지며, 물질이 （　　　）와/과 열을 내면서 탄다.

（　　　　　　）

2 물질이 타기 위해 필요한 조건

1 물질이 타기 위해 필요한 기체 알아보기

(1) 초가 탈 때 필요한 기체 알아보기 공기의 양이 많으면 산소의 양이 많으므로 초가 더 오래 탑니다.

구분	공기의 양에 따른 초가 타는 시간 +1	초가 탈 때 필요한 기체 +2
실험 방법	크기가 다른 투명한 아크릴 통으로 촛불을 동시에 덮은 뒤 초가 타는 시간을 비교해 본다.	초가 타기 전과 타고 난 후의 비커 속 산소 비율을 측정한 자료를 이용해 산소 비율을 비교해 본다.
실험 결과	작은 아크릴 통 속의 촛불이 먼저 꺼진다. ⇨ 큰 아크릴 통 속 공기의 양보다 작은 아크릴 통 속 공기의 양이 적기 때문이다.	초가 타기 전 산소 비율 / 초가 타고 난 후 산소 비율 — 약 21 % / 약 17 % 초가 타기 전보다 타고 난 후의 산소 비율이 줄어들었다. ⇨ 초가 타면서 산소를 사용했기 때문이다.

(2) ●물질이 타기 위해 필요한 기체

① 물질이 타려면 산소가 필요합니다.

② 산소를 모은 집기병에 향불을 넣으면 불꽃이 커지고 향이 잘 탑니다.

③ 산소가 부족하면 탈 물질이 남아 있더라도 더 이상 타지 않습니다.

2 불을 직접 붙이지 않고 물질 태워 보기

(1) ●불을 직접 붙이지 않고 물질 태워 보기

실험 방법	성냥의 머리 부분을 철판 가운데에 놓고, 알코올램프로 철판의 가운데 부분을 가열한다.	성냥의 머리 부분과 나무 부분을 철판의 가운데로부터 같은 거리에 올려놓고, 알코올램프로 철판의 가운데 부분을 가열한다.
실험 결과	성냥의 머리 부분에 불이 붙는다.	성냥의 머리 부분에 불이 먼저 붙는다.
알게 된 사실	• 물질의 온도가 높아지면 직접 불을 붙이지 않아도 물질이 탄다. • 물질마다 불이 붙는 데 걸리는 시간이 다르다. 물질마다 타기 시작하는 온도가 다릅니다.	

(2) 어떤 물질이 불에 직접 닿지 않아도 타기 시작하는 온도를 그 물질의 발화점이라고 하며, 발화점은 물질마다 다릅니다.

3 물질이 연소할 때 필요한 조건

(1) 물질이 산소와 빠르게 반응하여 빛과 열을 내는 현상을 연소라고 합니다.

(2) ●연소가 일어나려면 탈 물질과 산소가 있어야 하고, 온도가 발화점 이상이 되어야 합니다.

• **모닥불을 피우는 방법**
  • 모닥불을 피울 때 부채질을 하는 까닭: 공기를 공급해 불씨가 잘 살아나게 하기 위해서입니다.
  • 모닥불에 불을 붙일 때 종이나 기름을 사용하는 까닭: 나무보다 불이 잘 붙고 잘 타기 때문입니다.

• **직접 불을 붙이지 않고 물질을 태우는 여러 가지 방법**
  성냥의 머리 부분을 성냥갑에 마찰하기, 볼록 렌즈로 햇빛 모으기, 부싯돌과 쇳조각 마찰하기 등

• **전기장판 같은 전기 기구로 인해 화재가 발생하는 까닭**
  • 전기 기구의 온도가 발화점에 도달해 화재가 발생합니다.
  • 전기 기구 근처에 있는 먼지 등이 발화점이 낮기 때문에 전기 기구에서 발생하는 열로 불이 붙습니다.

➕1 산소를 발생시켜 양초 태워 보기

• 크기가 같은 아크릴 통으로 양초와 빈 삼각 플라스크, 양초와 산소가 발생하는 삼각 플라스크를 각각 동시에 덮어 양초가 타는 시간을 비교해 봅니다.

• 산소가 발생하는 삼각 플라스크가 들어 있는 아크릴 통의 양초가 더 오래 탑니다.
→ 산소는 물질이 타는 것을 돕는 성질이 있다는 것을 알 수 있습니다.

이산화 망가니즈 +묽은 과산화 수소수

➕2 기체 검지관을 이용해 초가 타기 위해 필요한 기체 알아보기

• 기체 검지관을 이용해 초가 타기 전과 타고 난 후의 산소 비율을 비교해 볼 수 있습니다.

• 초가 타기 전보다 타고 난 후의 산소 비율이 줄어들었습니다.
→ 초가 타면서 산소를 사용했다는 것을 알 수 있습니다.

기체 채취기
검지관

 **핵심 개념 정리**

• 산소가 충분히 공급되면 물질이 계속해서 타지만, 산소가 충분히 공급되지 못하면 물질은 더 이상 타지 못합니다.

• 어떤 물질이 불에 직접 닿지 않아도 타기 시작하는 온도를 그 물질의 발화점이라고 하며, 발화점은 물질마다 다릅니다.

• 물질이 산소와 빠르게 반응하여 빛과 열을 내는 현상을 연소라고 합니다.

• 연소가 일어나려면 탈 물질과 산소가 있어야 하고, 온도가 발화점 이상이 되어야 합니다.

연소가 일어나려면 탈 물질, 산소, 발화점 이상의 온도가 필요해.
따뜻해!

1~2 다음과 같이 작은 양초 두 개에 불을 붙인 뒤 크기가 다른 투명한 아크릴 통으로 촛불을 동시에 덮었습니다. 물음에 답하시오.

ㄱ    ㄴ

1 위 실험에서 아크릴 통의 크기를 다르게 한 까닭으로 옳은 것은 어느 것입니까?   (   )

① 아크릴 통 안의 온도를 다르게 하기 위해서
② 아크릴 통 안의 공기의 양을 다르게 하기 위해서
③ 아크릴 통 안의 공기의 흐름을 다르게 하기 위해서
④ 아크릴 통 안의 기체의 종류를 다르게 하기 위해서
⑤ 아크릴 통 안에서 빠져나오는 공기의 양을 다르게 하기 위해서

2 위 실험에서 나중에 꺼지는 촛불의 기호를 쓰시오.

(   )

3 다음과 같이 성냥의 머리 부분과 나무 부분을 철판의 가운데로부터 같은 거리에 올려놓고, 철판의 가운데를 가열하였습니다. 먼저 불이 붙는 것은 무엇인지 쓰시오.

성냥의 머리 부분   성냥의 나무 부분

(   )

4 물질이 연소하기 위해 필요한 조건이 <u>아닌</u> 것을 두 가지 고르시오.   (,   )

① 산소   ② 탈 물질
③ 이산화 탄소   ④ 발화점 이상의 온도
⑤ 발화점 미만의 온도

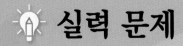
1 다음과 같이 초가 타는 모습을 옳게 관찰한 것은 어느 것입니까? ( )

① 심지 윗부분은 하얀색이다.
② 초의 길이가 변하지 않는다.
③ 초가 녹아 촛농이 흘러내린다.
④ 불꽃의 위치에 관계없이 밝기가 같다.
⑤ 촛농에 의해 초의 무게가 점점 무거워진다.

2 촛불에 손을 가까이 하면 따뜻한 까닭에 맞게 ( ) 안에 들어갈 알맞은 말을 쓰시오.

> 촛불에 손을 가까이 하면 따뜻한 까닭은 초가 탈 때 ( )을/를 내기 때문이다.

( )

3 초가 타기 전과 타고 난 후 무게와 길이에 대한 설명에 맞게 ( ) 안의 알맞은 말에 ○표 하시오.

> 초가 타고 난 후 초의 무게는 (가벼워지고, 무거워지고), 길이는 (짧아진다, 길어진다).

4 초와 알코올이 탈 때 나타나는 공통적인 현상으로 옳지 <u>않은</u> 것은 어느 것입니까? ( )

① 물질의 양이 변한다.
② 불꽃 주변이 어두워진다.
③ 손을 가까이 하면 따뜻하다.
④ 물질이 빛과 열을 내면서 탄다.
⑤ 시간이 지날수록 양이 줄어든다.

5 물질이 타면서 발생하는 빛과 열을 이용하는 예를 <u>틀리게</u> 말한 친구의 이름을 쓰시오.

> **석주**: 가스레인지의 가스를 태워 요리할 때 이용해.
> **경일**: 모닥불놀이를 할 때 나무를 태워 주변을 밝게 하지.
> **희경**: 밤이 되어서 어두워지면 형광등을 켜서 집 안을 밝게 해.

( )

6 모닥불을 피울 때 부채질을 하는 까닭으로 옳은 것은 어느 것입니까? ( )

① 공기를 차단하기 위해서
② 공기를 공급하기 위해서
③ 나무의 온도를 높이기 위해서
④ 이산화 탄소를 차단하기 위해서
⑤ 이산화 탄소를 공급하기 위해서

7~8 다음과 같이 크기가 같은 초 세 개에 불을 붙인 다음, 크기가 다른 아크릴 통으로 동시에 촛불을 덮었습니다. 물음에 답하시오.

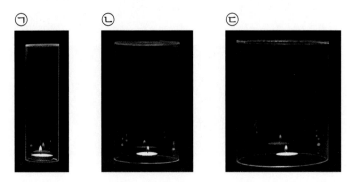

7 위 실험은 무엇을 알아보기 위한 것입니까?
( )

① 초의 굵기에 따른 불꽃의 크기
② 초의 길이에 따른 초가 타는 시간
③ 공기의 양에 따른 초가 타는 시간
④ 기체의 종류에 따른 초가 타는 시간
⑤ 아크릴 통의 크기에 따른 불꽃의 크기

8 위 실험에서 촛불이 먼저 꺼지는 순서대로 기호를 쓰시오.

( ) → ( ) → ( )

9 다음과 같이 장치하고, 초가 타기 전과 타고 난 후 산소 비율을 측정하였습니다. 초가 타기 전과 초가 타고 난 후 중 산소 비율이 더 높은 경우를 쓰시오.

( )

10 다음과 같이 직접 불을 붙이지 않아도 볼록 렌즈로 종이를 태울 수 있는 까닭에 대한 설명입니다. ( ) 안의 알맞은 말에 ○표 하시오.

볼록 렌즈로 햇빛을 모아 물질의 온도를 (낮추면, 높이면) 직접 불을 붙이지 않아도 물질이 타기 때문이다.

11 다음과 같이 장치하고 철판을 가열하면 성냥의 머리 부분이 나무 부분보다 먼저 탑니다. 이 실험을 통해 알 수 있는 사실을 두 가지 고르시오.

(,)

① 나무는 타지 않는다.
② 물질에 따라 발화점이 다르다.
③ 모든 물질은 직접 불을 붙여야 탄다.
④ 물질에 직접 불을 붙이지 않아도 물질이 탄다.
⑤ 성냥 나무 부분의 발화점이 성냥 머리 부분의 발화점보다 낮다.

12 물질이 연소할 때 필요한 조건에 대한 설명입니다. ( ) 안에 들어갈 알맞은 말을 순서대로 쓰시오.

연소가 일어나려면 탈 물질과 ( )이/가 있어야 하고, 온도가 ( ) 이상이 되어야 한다.

(,)

3 물질이 연소 후 생기는 물질

1 푸른색 ˚염화 코발트 종이와 석회수의 성질

푸른색 염화 코발트 종이의 성질	석회수의 성질
물에 닿으면 붉게 변하고, 물을 증발시키면 푸른색으로 변한다.	이산화 탄소를 만나면 뿌옇게 흐려진다.

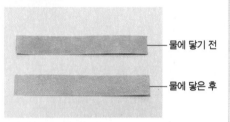

▲ 푸른색 염화 코발트 종이의 색깔 변화

물에 닿기 전
물에 닿은 후

▲ 석회수의 변화

석회수
이산화 탄소

2 ˚초가 연소한 후에 생기는 물질 알아보기 +1

구분	푸른색 염화 코발트 종이의 변화	석회수의 변화
실험 방법	① 투명한 아크릴 통의 안쪽 벽면에 셀로판테이프로 푸른색 염화 코발트 종이를 붙인다. ② 초에 불을 붙이고 아크릴 통으로 촛불을 덮는다.	① 초에 불을 붙인 뒤 집기병으로 덮는다. ② 촛불이 꺼지면 집기병을 들어 올려 유리판으로 집기병 입구를 막는다. ③ 잠시 후 석회수를 집기병에 붓고 살짝 흔들면서 변화를 관찰한다.
실험 결과	• 아크릴 통 속에 있던 촛불이 꺼지고 연기가 난다. • 푸른색 염화 코발트 종이가 붉게 변한다. → 물이 생겼다. 푸른색 염화 코발트 종이 셀로판 테이프	무색투명했던 석회수가 뿌옇게 흐려진다. → 이산화 탄소가 생겼다. 석회수

⇨ 초가 연소한 후 물과 이산화 탄소가 생긴다는 것을 알 수 있습니다.

● 염화 코발트 종이
염화 코발트 용액을 종이에 흡수시켜 말려 놓은 것으로, 물에 닿으면 붉게 변함.

● 초가 연소한 후 뿌옇게 흐려진 아크릴 통

3 물질이 연소한 후 생기는 물질 +2

(1) 물질이 연소하면 연소 전의 물질과는 다른 새로운 물질이 만들어집니다.

(2) 초가 연소한 후에 푸른색 염화 코발트 종이와 석회수의 변화를 관찰하는 것으로 물과 이산화 탄소가 생기는 것을 알 수 있습니다.

초에 불을 붙이면 초의 길이가 짧아지고, 무게가 줄어듭니다.

(3) 초가 연소한 후에 크기가 줄어든 까닭: 초가 물과 이산화 탄소로 변했기 때문입니다.

+1 알코올이 연소한 후에 생기는 물질

• 타고 있는 알코올을 투명한 아크릴 통으로 덮으면 불이 꺼지며, 아크릴 통 안쪽 벽면에 붙인 푸른색 염화 코발트 종이가 붉은색으로 변합니다.

• 알코올을 태운 집기병에 석회수를 붓고 흔들면 뿌옇게 흐려집니다.

⇨ 알코올이 연소한 후에 물과 이산화 탄소가 생깁니다.

+2 자동차 연료가 연소한 후에 생기는 물질

• 자동차는 연료를 연소하여 움직이는데, 이때 수증기와 이산화 탄소를 포함한 기체가 나옵니다.

• 겨울철 자동차 배기구에서 물방울이 떨어지고, 자동차에서 이산화 탄소가 나오는 양을 검사합니다.

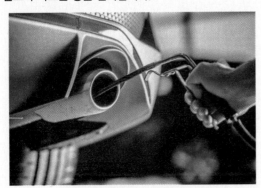

▲ 자동차에서 나오는 이산화 탄소 측정

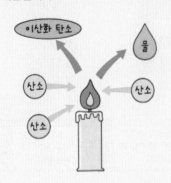

🎓 **핵심 개념 정리**

• 물질이 연소하면 연소 전의 물질과는 다른 새로운 물질이 만들어집니다.

• 초가 연소한 후에 푸른색 염화 코발트 종이와 석회수의 변화를 관찰하는 것으로 물과 이산화 탄소가 생기는 것을 알 수 있습니다.

• 초가 연소한 후에 크기가 줄어든 까닭은 초가 물과 이산화 탄소로 변했기 때문입니다.

1~2 다음과 같이 푸른색 염화 코발트 종이를 붙인 아크릴 통으로 촛불을 덮었습니다. 물음에 답하시오.

푸른색 염화 코발트 종이

셀로판 테이프

1 위 아크릴 통 속의 변화로 옳지 않은 것을 보기 에서 골라 기호를 쓰시오.

> **보기**
> ㉠ 촛불이 계속 탄다.
> ㉡ 아크릴 통 안이 뿌옇게 흐려진다.
> ㉢ 푸른색 염화 코발트 종이가 붉게 변한다.

(   )

2 위 실험으로 알 수 있는 초가 연소한 후 생기는 물질은 무엇인지 쓰시오.

(   )

3~4 다음은 초가 연소한 후에 생기는 물질을 알아보는 실험입니다. 물음에 답하시오.

 ➡

유리판   석회수

▲ 타고 있는 촛불을 덮었던   ▲ 집기병에 석회수를
　 집기병 들어 올리기   붓고 흔들기

3 위 실험 결과로 옳은 것은 어느 것입니까? (   )

① 석회수의 양이 줄어든다.

② 석회수의 양이 늘어난다.

③ 석회수가 뿌옇게 흐려진다.

④ 석회수가 푸른색으로 변한다.

⑤ 석회수가 붉은색으로 변한다.

4 위 실험으로 알 수 있는 초가 연소한 후 생기는 물질은 무엇인지 쓰시오.

(   )

4 불을 끄는 다양한 방법

1 촛불을 끄는 다양한 방법과 촛불이 꺼지는 까닭

촛불을 끄는 방법	촛불이 꺼지는 까닭
촛불을 입으로 불기	탈 물질을 없앴기 때문이다.
촛불을 집기병으로 덮기	산소 공급을 막았기 때문이다.
촛불에 분무기로 물 뿌리기	발화점 미만으로 온도를 낮추었기 때문이다.
촛불을 물수건으로 덮기	산소 공급을 막고, 발화점 미만으로 온도를 낮추었기 때문이다. 물 때문에 온도가 낮아집니다.
초의 심지를 핀셋으로 집기	탈 물질을 없앴기 때문이다. 초의 심지를 핀셋으로 집으면 심지를 통해 탈 물질이 이동하지 못해서 불이 꺼집니다.

2 소화

(1) 연소가 일어나려면 탈 물질과 산소가 필요하고, 온도가 발화점 이상이 되어야 합니다. → 세 가지 조건 중 하나라도 없다면 연소가 일어나지 않습니다.

(2) **소화**: 연소의 조건 중에서 한 가지 이상의 조건을 없애 불을 끄는 것

3 일상생활에서 불을 끄는 다양한 방법 +1

소화의 조건	불을 끄는 방법
탈 물질 없애기	• 초의 심지를 자른다. • 낙엽 등 타기 쉬운 물질을 치운다. • 가스레인지의 연료 조절 밸브를 잠근다.
산소 공급 막기	• 물수건으로 덮는다. • 흙이나 모래를 뿌린다. • 두꺼운 담요나 뚜껑으로 덮는다. • 타고 있는 알코올램프에 뚜껑을 덮는다.
발화점 미만으로 온도 낮추기	• 물을 뿌린다. • 물수건으로 덮는다.

- **소화기의 종류**
  분말 소화기 이외에도 간편하게 사용할 수 있는 분무 소화기, 불이 난 곳에 던져서 사용하는 투척용 소화기도 있습니다.

- **소화기가 필요한 까닭**
  - 119에 신고한 뒤 소방차가 도착하기까지는 약간의 시간이 걸립니다.
  - 작은 불씨가 큰 불로 변하기 전에 불을 끌 수 있습니다.
  - 화재를 ●예방하기 위해 필요합니다.

- **예방**
  질병이나 재해 등이 일어나기 전에 미리 대처하여 막는 일

4 ●●소화기 사용 방법 +2

1 소화기를 불이 난 곳으로 옮깁니다.

2 소화기의 안전핀을 뽑습니다.

3 바람을 등지고 소화기의 고무관이 불 쪽을 향하도록 잡습니다.

4 소화기의 손잡이를 움켜쥐고 불을 끕니다.

+1 장작불을 끄는 다양한 방법

• 장작불에서 나무를 꺼내면 탈 물질이 없어져 불이 꺼집니다.

• 장작불에 모래를 덮으면 산소가 차단되어 불이 꺼집니다.

• 장작불에 물을 뿌리면 온도가 발화점 미만으로 낮아져 불이 꺼집니다.

+2 탈 물질에 따른 불을 끄는 방법

• 기름이나 가스가 탈 때: 물을 적신 이불을 덮습니다. 물을 뿌리면 불이 더 크게 번질 수 있으므로 소화기를 사용합니다.

• 전기로 생긴 화재: 물을 뿌리면 감전의 위험이 있기 때문에 소화기를 사용합니다.

핵심 개념 정리

• 연소가 일어나려면 탈 물질과 산소가 필요하고, 온도가 발화점 이상이 되어야 합니다. → 세 가지 조건 중 하나라도 없다면 연소가 일어나지 않습니다.

• 소화는 연소의 조건 중에서 한 가지 이상의 조건을 없애 불을 끄는 것입니다.

• 촛불을 입으로 부는 것은 탈 물질을 없애서, 촛불을 집기병으로 덮는 것은 산소 공급을 막아서, 촛불에 분무기로 물을 뿌리는 것은 발화점 미만으로 온도를 낮추어서 불을 끄는 방법입니다.

탈 물질을 없애서 불을 꺼야지.

---

1 타고 있는 촛불을 끌 수 있는 방법으로 옳지 <u>않은</u> 것은 어느 것입니까? (   )

① 입으로 분다.

② 산소를 공급한다.

③ 집기병으로 덮는다.

④ 물수건으로 덮는다.

⑤ 분무기로 물을 뿌린다.

2 다음과 같이 타고 있는 초의 심지를 핀셋으로 집었을 때 촛불이 꺼지는 까닭을 | 보기 |에서 골라 기호를 쓰시오.

핀셋

| 보기 |

㉠ 탈 물질을 없앴기 때문이다.

㉡ 산소 공급을 막았기 때문이다.

㉢ 발화점 미만으로 온도를 낮추었기 때문이다.

(   )

3 소화에 대한 설명에 맞게 (   ) 안에 들어갈 알맞은 말을 쓰시오.

연소의 조건 중에서 (   ) 가지 이상의 조건을 없애 불을 끄는 것을 소화라고 한다.

(   )

4 다음은 소화기의 사용 방법에 대한 설명입니다. (   ) 안의 알맞은 말에 ○표 하시오.

소화기를 불이 난 곳으로 옮긴 후 (고무관, 안전핀)을 뽑는다. 바람을 (등지고, 마주 보고) 소화기의 고무관이 불 쪽을 향하게 한 후 손잡이를 움켜잡는다.

5 화재 발생 시 대처 방법

1 화재가 발생했을 때 실천해야 할 올바른 행동

(1) 그림을 보고 화재가 발생했을 때 실천해야 할 올바른 행동 찾기

(2) 화재 발생 시 올바르게 대처하는 방법 +1

대처 방법	까닭
비상벨을 누르고 119에 신고한다.	비상벨을 누르거나 큰 소리로 "불이야!"라고 소리쳐서 주변 사람에게 알려 대피할 수 있게 하고, 119에 신고하여 도움을 요청할 수 있다.
나무로 된 가구 밑에 들어가지 않는다.	나무는 불에 타기 쉬워 위험하고, 가구 밑에 숨으면 갇힌 사람을 찾기 어려워 구조하기 힘들다.
젖은 수건으로 코와 입을 막고 몸을 낮춰 이동한다.	•유독 가스 마시는 것을 피할 수 있다. 연기가 날 때 유독 가스를 마시는 것을 피하기 위해 젖은 수건으로 코와 입을 막습니다.
문손잡이가 뜨거우면 문을 열지 않는다.	문 반대편에 불이 있을 수 있으므로 함부로 문을 열면 안 된다.
아래층에서 불이 나면 옥상이나 높은 곳으로 올라가 구조를 요청한다.	아래층으로 대피하면 위험하므로 외부에 구조를 요청할 수 있는 옥상으로 대피한다.
승강기 대신 계단으로 대피한다.	화재가 발생하면 정전으로 승강기가 멈춰 갇힐 수 있기 때문에 승강기 대신 계단으로 대피해야 한다.

2 •우리 주변에서 화재 피해를 줄이기 위한 노력

(1) 소화기를 준비하고, 정기적으로 점검합니다.

(2) 화재 감지기, •옥내 소화전, •자동 물뿌리개를 설치합니다.

(3) 소화기의 사용 방법을 알아 두고, 소방 기구의 위치를 알아 둡니다.

(4) 불에 잘 타지 않는 커튼이나 블라인드, 벽지를 사용합니다.

(5) 지하철 의자와 손잡이를 불에 타지 않는 소재로 만듭니다.

(6) 불길이 번지는 것을 막기 위한 방화문을 설치합니다.

• 유독
독의 성질이 있음.

• 비상구 표지판과 소화기 표지판

▲ 비상구의 위치를 알려주는 표지판

▲ 소화기의 위치를 알려주는 표지판

• 옥내
집 또는 건물의 안

• 자동 물뿌리개
물을 흩어서 뿌리는 기구

▲ 자동 물뿌리개

+1 과학실에서 화재가 발생했을 때 대처 방법

- 젖은 수건이나 천으로 코와 입을 가리고 낮은 자세로 대피합니다.
- 계단을 따라 이동하고, 문손잡이를 손등으로 대어 보며 뜨겁지 않으면 문을 열고 나갑니다.
- 침착하게 대피로를 따라 이동합니다.
- 신속하게 학교 밖으로 이동합니다.

핵심 개념 정리

- 화재가 발생하면 큰 소리로 "불이야"라고 소리치거나 비상벨을 눌러 불이 난 것을 주변에 알립니다.
- 젖은 수건으로 코와 입을 막고 몸을 낮춰 대피하고, 119에 신고합니다.
- 화재로 발생하는 피해를 줄이려면 미리 소방 시설과 비상구를 확인해 두어야 합니다.
- 여러 사람이 이용하는 공공장소에는 불에 잘 타지 않는 시설물을 사용하려고 노력해야 합니다.

젖은 수건으로 코와 입을 막고 몸을 낮추어서!

1 화재가 발생하는 원인이 <u>아닌</u> 것은 어느 것입니까?

(   )

① 불장난
② 전기의 잘못된 사용
③ 음식물 조리 중 부주의
④ 가스 불을 잠그지 않고 외출하기
⑤ 사용하지 않아 뽑아 놓은 전기 제품의 플러그

2 불이 났을 때 다음과 같이 몸을 낮추어 대피하는 까닭에 맞게 (   ) 안의 알맞은 말에 ○표 하시오.

젖은 수건으로 코와 입을 막고 몸을 낮춰 이동합니다.

유독 가스는 열에 의해 (위, 아래)로 가기 때문에 유독 가스가 적은 (위, 아래)쪽으로 몸을 낮춰 이동해야 한다.

3 화재가 발생한 경우 계단과 승강기 중 어떤 것을 이용해 대피해야 하는지 쓰시오.

(   )

4 우리 주변에서 화재 피해를 줄이기 위한 노력으로 옳지 <u>않은</u> 것을 보기 에서 골라 기호를 쓰시오.

보기
㉠ 소화기 사용 방법을 알아 둔다.
㉡ 화재 감지기, 자동 물뿌리개를 없앤다.
㉢ 커튼이나 벽지는 불에 타지 않는 소재를 사용한다.

(   )

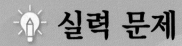
1 푸른색 염화 코발트 종이가 붉게 변하는 경우를
보기 에서 골라 기호를 쓰시오.

보기
㉠ 푸른색 염화 코발트 종이를 가열하였다.
㉡ 푸른색 염화 코발트 종이를 물에 넣어 보았다.
㉢ 푸른색 염화 코발트 종이에 햇빛을 비추었다.

( )

2~3 다음과 같이 푸른색 염화 코발트 종이를 붙인
아크릴 통으로 촛불을 덮었습니다. 물음에 답하시오.

푸른색
염화 코발트
종이

셀로판
테이프

2 위 실험에서 촛불이 꺼진 후 푸른색 염화 코발트
종이의 색깔은 어떻게 변했는지 ㉠과 ㉡에 들어갈
알맞은 말을 쓰시오.

(㉠)색에서 (㉡)색으로 변한다.

㉠: ( ), ㉡: ( )

3 위 실험에서 푸른색 염화 코발트 종이의 색깔이 변
하는 것으로 알 수 있는 것은 어느 것입니까?
( )

① 초가 연소할 때 물이 생긴다.
② 초가 연소할 때 촛농이 생긴다.
③ 초가 연소할 때 산소가 생긴다.
④ 초가 연소할 때 이산화 탄소가 생긴다.
⑤ 초가 연소할 때 주변이 환해지고 따뜻해진다.

4 초를 연소시킨 집기병에 이산화 탄소가 생겼는지
알아보는 방법으로 옳은 것은 어느 것입니까?
( )

① 석회수를 넣어 투명해지는지 관찰한다.
② 석회수를 넣어 뿌옇게 흐려지는지 관찰한다.
③ 푸른색 리트머스 종이를 넣어 붉게 변하는지
관찰한다.
④ 푸른색 염화 코발트 종이를 넣어 붉게 변하는
지 관찰한다.
⑤ 붉은색 염화 코발트 종이를 넣어 푸른색으로
변하는지 관찰한다.

5 초가 연소하면 생기는 물질을 보기 에서 두 가지
골라 기호를 쓰시오.

보기
㉠ 물   ㉡ 산소   ㉢ 수소
㉣ 석회수   ㉤ 이산화 탄소

(,)

6 촛불을 끌 수 있는 방법으로 옳지 <u>않은</u> 것은 어느
것입니까? ( )

① 촛불을 입으로 세게 분다.
② 종이를 촛불에 대어 본다.
③ 촛불을 물수건으로 덮는다.
④ 초의 심지를 가위로 자른다.
⑤ 촛불에 분무기로 물을 뿌린다.

7 다음과 같이 집기병으로 덮었을 때 촛불이 꺼지는 까닭으로 옳은 것은 어느 것입니까? (　　)

집기병

① 산소 공급을 막았기 때문이다.
② 탈 물질이 없어졌기 때문이다.
③ 초의 길이가 길었기 때문이다.
④ 주변의 온도가 낮아졌기 때문이다.
⑤ 심지의 길이가 짧아졌기 때문이다.

8 다음과 같이 타고 있는 초의 심지를 핀셋으로 집었을 때 촛불이 꺼지는 까닭으로 옳은 것은 어느 것입니까? (　　)

핀셋

① 산소 공급을 막았기 때문이다.
② 탈 물질이 공급되지 않았기 때문이다.
③ 이산화 탄소 공급을 막았기 때문이다.
④ 초가 고체에서 액체로 변했기 때문이다.
⑤ 발화점 미만으로 온도가 낮아졌기 때문이다.

9 산불이 난 곳에서 불을 끄기 위해 낙엽 등 타기 쉬운 물질을 치우는 것과 관련 있는 불을 끄는 조건은 어느 것입니까? (　　)

① 산소 공급하기　　② 산소 없애기
③ 탈 물질 공급하기　④ 탈 물질 없애기
⑤ 발화점 미만으로 온도 낮추기

10 소화와 관련이 <u>없는</u> 현상은 어느 것입니까? (　　)

① 초의 심지를 자른다.
② 모닥불에 물을 뿌린다.
③ 불이 난 곳에 흙이나 모래를 뿌린다.
④ 가스레인지의 연료 조절 밸브를 잠근다.
⑤ 타고 있는 숯불에 입으로 바람을 불어 준다.

11 소화기 사용 방법을 옳게 말한 친구의 이름을 모두 쓰시오.

> **석주**: 바람을 등지고 사용해야 해.
> **자윤**: 불을 다 끈 후에 손잡이를 움켜잡아야 해.
> **경일**: 안전핀을 뽑은 다음, 불이 난 곳으로 가져가야 해.
> **보경**: 화재 초기 단계에서 소화기를 사용하는 것이 좋아.

(　　　　　　)

12 화재가 발생했을 때의 대처 방법으로 옳지 <u>않은</u> 것을 두 가지 고르시오. (　, 　)

① 119에 화재 신고를 한다.
② 나무로 된 가구 밑에 들어가지 않는다.
③ 건물 승강기를 이용하여 빨리 대피한다.
④ 불이 있는 곳으로 가서 불이 번진 정도를 확인한다.
⑤ 젖은 수건으로 코와 입을 막고 몸을 낮추어 대피한다.

👁 그림을 보고 배운 개념을 떠올리며 (　　) 안에 알맞은 말을 써 보세요.

개념1 **물질이 탈 때 나타나는 현상**

물질이 탈 때에는 빛과 열이 발생합니다. (❶　　　)이/가 나기 때문에 주변이 밝아지고, (❷　　　)이/가 나기 때문에 따뜻해집니다.

개념2 **물질이 타기 위해 필요한 조건**

물질이 산소와 빠르게 반응하여 빛과 열을 내는 현상을 연소라고 합니다. 연소가 일어나려면 (❸　　　), 산소, (❹　　　) 이상의 온도가 필요합니다.

👁 그림을 보고 배운 개념을 떠올리며 (　　) 안에 알맞은 말을 써 보세요.

개념4 **불을 끄는 다양한 방법**

연소가 일어나려면 탈 물질과 산소가 있어야 하고, 온도가 발화점 이상이 되어야 합니다. 반대로 연소의 조건 중 (❼　　　) 가지 이상의 조건을 없애면 불이 꺼집니다. 불을 끄는 것을 (❽　　　)(이)라고 합니다.

소화기
사용 방법

① 소화기를 불이 난 곳으로 옮깁니다.

② 소화기의 안전 핀을 뽑습니다.

③ 바람을 등지고 소화기의 고무관이 불 쪽을 향하도록 잡습니다.

④ 소화기의 손잡이를 움켜쥐고 불을 끕니다.

기름이나 가스, 전기 기구에 의한 화재는 물을 사용하면 불이 더 크게 번지거나 감전이 될 수 있어 위험합니다. 이때에는 (❾　　　)을/를 사용하거나 마른 모래로 덮어 불을 꺼야 합니다.

연소가 일어나려면 탈 물질, 산소, 발화점 이상의 온도가 필요하며, 이러한 조건 중 한 가지 이상을 제거하면 불을 끌 수 있습니다. 물질이 연소하면 물과 이산화 탄소가 생기며, 화재가 발생하면 주위에 알린 후 바르게 대피해야 합니다.

정답과 풀이 93쪽

개념3 물질이 연소 후 생기는 물질

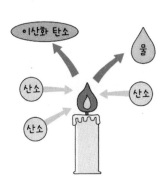

초가 연소한 후에 푸른색 염화 코발트 종이로 확인할 수 있는 (❺   ), 석회수로 확인할 수 있는 (❻   )와/과 같이 새로운 물질이 생성됩니다. 즉, 연소 전의 물질은 연소 후에 다른 물질로 변합니다.

개념5 화재 발생 시 대처 방법

젖은 수건으로 코와 입을 막고 몸을 낮추어서!

화재가 발생했다는 것을 알게 되면 "불이야!"라고 큰 소리로 외치거나 비상벨을 눌러 주변에 알립니다. 그리고 젖은 수건으로 코와 입을 막고 몸을 (❿   ) 안전하게 대피하고, (⓫   )에 신고합니다.

옳은 문장에 ○, 틀린 문장에 ✕하세요. 틀린 부분은 밑줄을 긋고 바른 개념으로 고쳐 써 보세요.

1 초나 알코올이 탈 때 불꽃 주변으로 손을 가까이 가져가면 따뜻함을 느낄 수 있습니다.   (   )

2 물질이 탈 때 빛이 발생하지만 열이 발생하지는 않습니다.   (   )

3 물질이 타기 위해서는 산소가 필요합니다.   (   )

4 물질에 불을 직접 붙이지 않으면 불이 붙지 않습니다.   (   )

5 물질이 연소하면 물과 산소가 발생합니다.   (   )

6 불을 끄기 위해서는 연소의 조건 중 두 가지 이상을 없애야 합니다.   (   )

7 핀셋으로 초의 심지를 집으면 탈 물질이 없어져 불이 꺼집니다.   (   )

8 가스레인지의 가스를 차단하면 산소가 차단되어 불이 꺼집니다.   (   )

9 화재가 발생하면 젖은 수건으로 입과 코를 막고 똑바로 서서 빠르게 대피해야 합니다.   (   )

10 화재가 발생하면 승강기 대신 계단으로 대피해야 합니다.   (   )

점수

※ 한 문항당 5점입니다.

1 초가 탈 때 나타나는 현상으로 옳지 않은 것을 보기 에서 골라 기호를 쓰시오.

보기

㉠ 초가 녹아 촛농이 흘러내린다.
㉡ 불꽃의 윗부분은 어둡고, 아랫부분은 윗부분보다 밝다.
㉢ 불꽃의 아랫부분이나 옆 부분보다 윗부분이 더 뜨겁다.

(   )

2 다음은 초가 타는 모습입니다. 시간이 지날수록 초의 길이나 무게가 어떻게 변화하는지 쓰시오.
서술형

_____

_____

3 다음은 초와 알코올이 탈 때 공통적으로 관찰할 수 있는 현상에 대한 설명입니다. ㉠과 ㉡에 들어갈 알맞은 말을 쓰시오.

• 불꽃 주변이 밝고 (㉠)진다.
• 물질이 빛과 (㉡)을/를 내며 탄다.

㉠: (   ), ㉡: (   )

4 우리 주변에서 물질이 타면서 발생하는 빛과 열을 이용하는 예를 보기 에서 모두 고른 것은 어느 것입니까? (   )

보기

▲ 석유등   ▲ 가스레인지   ▲ 모닥불놀이

① ㉠   ② ㉡   ③ ㉠, ㉡
④ ㉡, ㉢   ⑤ ㉠, ㉡, ㉢

5 촛불을 집기병으로 덮었더니 촛불이 꺼졌습니다. 이것으로 알 수 있는 물질이 연소할 때 필요한 조건은 어느 것입니까? (   )

① 초가 타기 위해서는 산소가 필요하다.
② 초가 타기 위해서는 집기병이 필요하다.
③ 초가 타기 위해서는 탈 물질이 필요하다.
④ 초가 잘 타기 위해서는 바람을 막아야 한다.
⑤ 초가 타기 위해서는 온도를 발화점 이상으로 높여야 한다.

6 다음과 같이 초 두 개에 불을 붙이고 크기가 다른 아크릴 통으로 동시에 덮었더니 작은 아크릴 통 속의 촛불이 먼저 꺼졌습니다. 이러한 결과가 나타난 까닭에 맞게 ( ) 안의 알맞은 말에 ○표 하시오.

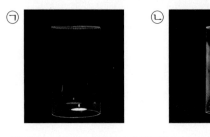

㉠ 아크릴 통 속 공기의 양이 ㉡ 아크릴 통 속 공기의 양보다 (많기, 적기) 때문이다.

7 다음은 초가 타기 전과 타고 난 후 비커 속 산소 비율을 측정한 자료입니다. ㉠과 ㉡ 중 초가 타고 난 후 산소 비율에 해당하는 것의 기호를 쓰시오.

㉠	㉡
약 17 %	약 21 %

( )

8 오른쪽과 같이 성냥의 머리 부분을 올려놓은 철판을 가열하였더니 불이 붙었습니다. 이것으로 알 수 있는 사실을 쓰시오.

서술형

_____

_____

9* 발화점에 대한 설명으로 옳지 <u>않은</u> 것은 어느 것입니까? ( )

① 발화점은 물질마다 다르다.
② 발화점이 낮으면 불이 잘 붙는다.
③ 어떤 물질이 연소하기 시작하는 온도를 말한다.
④ 발화점에 도달하지 않아도 물질이 연소할 수 있다.
⑤ 물질이 연소하려면 발화점 이상의 온도가 되어야 한다.

10 금속 막대에 촛불을 가져다 대어 보았더니 불이 붙지 않았습니다. 그 까닭으로 옳은 것은 어느 것입니까? ( )

① 금속 막대는 단단하기 때문이다.
② 금속 막대는 고체이기 때문이다.
③ 금속 막대에 산소를 공급하지 않았기 때문이다.
④ 금속 막대가 발화점에 도달하지 못했기 때문이다.
⑤ 금속 막대가 발화점 이상의 온도가 되었기 때문이다.

11 물질이 연소하기 위해 필요한 조건을 모두 고르시오. ( )

① 물
② 산소
③ 탈 물질
④ 이산화 탄소
⑤ 발화점 이상의 온도

12 초가 연소한 후에 물이 생기는지 확인하기 위해 필요한 준비물은 어느 것입니까? ( )

① 석회수
② 페놀프탈레인 용액
③ 붉은색 리트머스 종이
④ 푸른색 리트머스 종이
⑤ 푸른색 염화 코발트 종이

13 초를 연소시킨 집기병 속에 석회수를 넣고 흔들었을 때의 결과로 옳은 것의 기호를 쓰시오.

㉠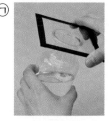
▲ 투명하다.

㉡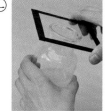
▲ 뿌옇게 흐려진다.

( )

14* 다음은 초가 연소한 후에 크기가 줄어든 까닭에 대한 설명입니다. ( ) 안에 들어갈 알맞은 말을 쓰시오.

초가 연소하면서 물과 ( )(으)로 변했기 때문이다.

( )

15 촛불을 끄는 조건이 나머지와 <u>다른</u> 것은 어느 것입니까? (　　　)

① 촛불을 물수건으로 덮는다.
② 촛불에 흙이나 모래를 뿌린다.
③ 타고 있는 초를 집기병으로 덮는다.
④ 타고 있는 초를 아크릴 통으로 덮는다.
⑤ 타고 있는 초의 심지를 핀셋으로 집는다.

16 다음과 같이 산불이 났을 때 물을 뿌리는 까닭을 옳게 말한 친구의 이름을 쓰시오.

석주: 탈 물질을 없애서 불을 끄기 위해서야.
경일: 발화점 미만으로 온도를 낮추어서 불을 끄기 위해서야.
자윤: 공기를 공급해서 불이 나무를 태우는 시간을 줄이기 위해서야.

(　　　)

17 산소의 공급을 막아서 알코올램프의 불을 끄는 방법은 어느 것입니까? (　　　)

① 뚜껑을 덮는다.
② 알코올을 없앤다.
③ 알코올을 더 넣는다.
④ 분무기로 물을 뿌린다.
⑤ 핀셋으로 심지를 집는다.

18 소화기를 사용할 때 가장 먼저 해야 하는 과정의 기호를 쓰시오.

㉠ 소화기의 안전핀을 뽑는다.
㉡ 소화기의 손잡이를 움켜쥐며 불을 끈다.
㉢ 소화기를 화재가 발생한 곳으로 운반한다.
㉣ 바람을 등지고 소화기의 고무관이 불 쪽을 향하도록 잡는다.

(　　　)

19 화재가 발생하였을 때의 대처 방법으로 옳지 <u>않은</u> 것은 어느 것입니까? (　　　)

① 승강기 대신 계단을 이용한다.
② 주변에 있는 소화기로 불을 끈다.
③ 나무로 된 책상 밑으로 들어가지 않는다.
④ 비상벨을 누르고 119에 화재를 신고한다.
⑤ 젖은 수건으로 입과 코를 막고 최대한 높은 자세로 이동한다.

20 화재 피해를 줄이기 위한 노력에 대해 <u>틀리게</u> 말한 친구의 이름을 쓰시오.

석주: 자동 물뿌리개를 설치해야 해.
경일: 사용하지 않는 전기 기구의 전원을 꺼야 해.
자윤: 불에 타지 않는 벽지를 사용하는 것이 좋아.
보경: 소화기는 만질 수 없게 눈에 잘 보이지 않는 곳에 두어야 해.

(　　　)

점수

※ 한 문항당 5점입니다.

1 초가 탈 때 나타나는 현상으로 옳지 <u>않은</u> 것은 어느 것입니까? ( )

① 초의 길이가 짧아진다.
② 불꽃의 위치에 따라 밝기가 다르다.
③ 심지 근처의 초가 먼저 녹기 시작한다.
④ 촛불의 옆 부분이 윗부분보다 더 뜨겁다.
⑤ 심지의 윗부분은 검은색이고, 아랫부분은 흰색이다.

2 다음의 초와 알코올이 타는 것과 같이 물질이 탈 때 나타나는 현상으로 옳은 것을 두 가지 고르시오. (,)

① 물질의 양이 변한다.
② 불꽃의 색깔이 모두 같다.
③ 불꽃의 온도가 모두 같다.
④ 주변이 밝아지고 따뜻해진다.
⑤ 손을 가까이 하면 손이 차가워진다.

3 우리 주변에서 물질이 타면서 발생하는 빛과 열을 이용하는 예로 옳지 <u>않은</u> 것은 어느 것입니까? ( )

① 석유등으로 주변을 밝힌다.
② 숯불을 이용해 요리를 한다.
③ 머리말리개로 머리를 말린다.
④ 모닥불을 태우며 모닥불놀이를 한다.
⑤ 가스레인지를 이용하여 음식을 익힌다.

4~5 다음과 같이 초 두 개에 불을 붙이고 크기가 다른 아크릴 통으로 동시에 덮었습니다. 물음에 답하시오.

㉠    ㉡

4 위 실험 결과로 옳은 것은 어느 것입니까? ( )

① ㉠과 ㉡의 촛불이 동시에 꺼진다.
② ㉠의 촛불이 ㉡의 촛불보다 먼저 꺼진다.
③ ㉠의 촛불이 ㉡의 촛불보다 나중에 꺼진다.
④ ㉠의 촛불은 꺼지고, ㉡의 촛불은 계속해서 탄다.
⑤ ㉡의 촛불은 꺼지고, ㉠의 촛불은 계속해서 탄다.

5 위 4의 답과 같은 결과가 나타나는 까닭을 쓰시오.

서술형

_____

_____

6 다음은 초가 타기 전과 타고 난 후 비커 속 산소 비율을 측정한 자료입니다. ( ) 안의 알맞은 말에 ○표 하시오.

초가 타기 전	초가 타고 난 후
약 21 %	약 17 %

초가 타기 전보다 타고 난 후 산소 비율이 (늘었다, 줄었다).

7 모닥불을 피울 때 입으로 불거나 부채질을 하는 까닭으로 옳은 것은 어느 것입니까? ( )

① 나무를 잘 마르게 하기 위해서
② 이산화 탄소를 공급해 주기 위해서
③ 연기를 충분히 만들어 주기 위해서
④ 공기를 충분히 공급해 주기 위해서
⑤ 연소 후 생긴 산소를 날려 보내기 위해서

8~9 다음과 같이 철판 위에 성냥의 머리 부분과 나무 부분을 올려놓고, 철판의 가운데 부분을 가열하였습니다. 물음에 답하시오.

성냥의 머리 부분   성냥의 나무 부분

8 위 실험 결과에 대한 설명으로 옳은 것은 어느 것입니까? ( )

① 성냥의 나무 부분에 먼저 불이 붙는다.
② 성냥의 머리 부분에 먼저 불이 붙는다.
③ 성냥의 나무 부분은 불이 붙지 않는다.
④ 성냥의 머리 부분은 불이 붙지 않는다.
⑤ 성냥의 머리 부분과 나무 부분에 동시에 불이 붙는다.

9 위 실험 결과 발화점이 더 낮은 것은 성냥의 머리 부분과 성냥의 나무 부분 중 어디인지 쓰시오.

( )

10* 발화점에 대한 설명으로 옳은 것을 두 가지 고르시오. (,)

① 물질마다 발화점이 다르다.
② 모든 물질의 발화점은 100 ℃로 같다.
③ 물질에 붙은 불이 꺼지기 시작하는 온도이다.
④ 발화점에 도달하지 않더라도 물질은 탈 수 있다.
⑤ 물질이 불에 직접 닿지 않아도 타기 시작하는 온도이다.

11 다음 ㉠과 ㉡에 들어갈 알맞은 말을 각각 쓰시오.

물질이 (㉠)와/과 빠르게 반응하여 빛과 (㉡)을/를 내는 현상을 연소라고 한다.

㉠: ( ), ㉡: ( )

12 다음은 무엇에 대한 설명인지 쓰시오.

• 촛불이 연소한 후에 물이 생겼는지 알아보는 데 이용한다.
• 푸른색 종이로, 물이 묻으면 붉게 변한다.

( )

13 초를 연소시킨 집기병에 석회수를 붓고 흔들었을 때 일어나는 변화와 이것으로 알 수 있는 연소 후 생기는 물질을 옳게 짝 지은 것은 어느 것입니까? ( )

① 붉게 변한다. – 물
② 뿌옇게 변한다. – 산소
③ 붉게 변한다. – 이산화 탄소
④ 뿌옇게 변한다. – 이산화 탄소
⑤ 아무런 변화가 없다. – 이산화 탄소

14* 다음 ( ) 안에 들어갈 말에 대한 설명으로 옳은 것은 어느 것입니까? ( )

연소의 조건은 (㉠), 탈 물질, (㉡) 이상의 온도이다.

① ㉡은 물질마다 다르다.
② ㉡이 높으면 불이 쉽게 붙는다.
③ ㉠은 석회수와 만나면 뿌옇게 흐려진다.
④ ㉡은 물질이 연소한 후 생기는 물질이다.
⑤ ㉠은 푸른색 염화 코발트 종이를 붉게 변하게 한다.

15 초의 심지를 핀셋으로 집으면 촛불이 꺼집니다. 이때 이용한 불을 끄기 위한 조건은 어느 것입니까? (　　　)

① 산소 공급　　　　② 산소 차단
③ 탈 물질 제거　　　④ 탈 물질 공급
⑤ 발화점 미만의 온도

16★ 산소 공급을 막아 촛불을 끄는 방법을 보기 에서 모두 고른 것은 어느 것입니까? (　　　)

보기
㉠ 심지를 자른다.
㉡ 집기병으로 덮는다.
㉢ 물수건으로 덮는다.
㉣ 분무기로 물을 뿌린다.

① ㉠, ㉡　　　　　② ㉡, ㉢
③ ㉢, ㉣　　　　　④ ㉠, ㉡, ㉢
⑤ ㉡, ㉢, ㉣

17 다음은 알코올램프의 뚜껑을 덮어 불을 끄는 모습입니다. 같은 원리를 이용하여 불을 끈 경우는 어느 것입니까? (　　　)

① 초의 심지를 짧게 했다.
② 불이 난 곳에 모래를 덮었다.
③ 난로에 숯이나 장작을 넣었다.
④ 낙엽 등 타기 쉬운 물질을 치웠다.
⑤ 가스레인지의 연료 조절 밸브를 잠갔다.

18★ 소화기의 사용 방법으로 옳지 <u>않은</u> 것은 어느 것입니까? (　　　)

① 눈에 띄기 쉬운 곳에 둔다.
② 화재의 초기 단계에 사용한다.
③ 소화기의 손잡이를 움켜쥐고 불을 끈다.
④ 손잡이의 안전핀을 빼고 사용하여야 한다.
⑤ 바람을 마주 보고 고무관을 불이 난 곳으로 향하게 한다.

19 서술형
화재가 발생하였을 때 젖은 수건으로 코와 입을 막고 몸을 낮추어 안전한 곳으로 이동해야 하는 까닭을 쓰시오.

_____

_____

20 화재가 발생하였을 때의 행동으로 옳지 <u>않은</u> 것의 기호를 쓰시오.

㉠ 　㉡

▲ 승강기 이용하기　　▲ 계단 이용하기

(　　　)

1~3

개념1 물질이 탈 때 필요한 것

- 물질이 타려면 초나 알코올 등과 같은 탈 물질과 산소가 필요합니다.
- 탈 물질이 없으면 산소가 아무리 많아도 타지 않고, 산소가 없으면 탈 물질이 있더라도 타지 않습니다.
- 초에 불을 붙이고 크기가 다른 아크릴 통으로 동시에 덮으면 크기가 큰 아크릴 통 안에 있는 초가 더 오래 탑니다. 그 까닭은 크기가 큰 아크릴 통 안에 산소가 더 많이 들어 있기 때문입니다.

1
빈칸
쓰기
① 물질이 타려면 초나 알코올 등과 같은 ( )이/가 필요합니다.
② ( )이/가 없으면 탈 물질이 있더라도 타지 않습니다.

2
문장
쓰기
다음과 같이 초 세 개에 불을 붙이고, 초 두 개에 크기가 다른 아크릴 통을 동시에 덮었을 때 불이 꺼지는 순서와 그렇게 생각한 까닭을 쓰시오.

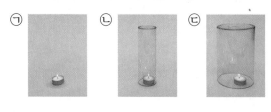

_____ → _____ → _____ 순서로 불이 꺼집니다. 그 까닭은 물질이 타기 위해서는 _____ 필요하기 때문입니다.

3
서술
완성
다음과 같이 장치하고, 초가 타기 전과 초가 탄 후 산소 비율을 측정하면 어떤 결과가 나타날지 그 까닭과 함께 쓰시오.

기체
채취기
검지관

4~6

개념2 물질이 연소한 후 생기는 물질

- 물질이 연소하면 물, 이산화 탄소와 같이 새로운 물질이 생성됩니다.
- 푸른색 염화 코발트 종이가 붉게 변하고 석회수가 뿌옇게 흐려지는 것으로 초가 연소하면 물과 이산화 탄소가 생성되는 것을 알 수 있습니다.
- 연소 후 생성된 물질이 공기 중으로 날아갑니다.

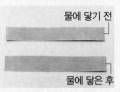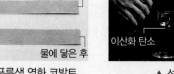

물에 닿기 전
물에 닿은 후
석회수
이산화 탄소

▲ 푸른색 염화 코발트 종이의 색깔 변화　　▲ 석회수의 변화

4
빈칸
쓰기
① 물질이 연소하면 물과 ( )이/가 생성됩니다.
② 물이 생성되는 것은 푸른색 염화 코발트 종이가 ( ) 변하는 것으로 확인할 수 있습니다.
③ 이산화 탄소가 생성되는 것은 ( )이/가 뿌옇게 흐려지는 것으로 확인할 수 있습니다.

5
문장
쓰기

알코올이 연소한 후 생기는 물질을 확인하기 위한 방법을 쓰시오.

알코올램프를 푸른색 염화 코발트 종이가 붙어 있는 집기병으로 덮었을 때 _____
_____을/를 관찰하고, 불이 꺼지면 집기병 입구를 유리판으로 막은 후 집기병에 석회수를 넣고 흔들었을 때
_____ .

6
서술
완성

초가 연소하면 길이와 무게가 어떻게 변하는지 그 까닭과 함께 쓰시오.

_____
_____

7~9

개념3 불을 끄는 다양한 방법

• 양초의 심지를 잘라 탈 물질을 없애면 촛불이 꺼집니다.
• 양초를 집기병으로 덮어 산소를 차단하면 촛불이 꺼집니다.
• 양초에 물을 뿌려 온도가 발화점보다 낮아지면 촛불이 꺼집니다.
• 연소의 조건 중 한 가지 이상의 조건을 없애면 불을 끌 수 있습니다.

7
빈칸
쓰기

① 탈 물질, 산소, (   ) 이상의 온도 중 (   ) 가지 이상이 없으면 불이 꺼집니다.
② 집기병으로 양초를 덮으면 (   )이/가 차단되어 불이 꺼집니다.

8
문장
쓰기

입으로 바람을 불면 촛불이 꺼지는 까닭과 같은 원리로 촛불을 끄는 방법을 한 가지 쓰시오.

입으로 바람을 불면 촛불이 꺼지는 까닭은 _____
_____이/가 없어지기 때문입니다. 같은
원리로 초의 심지를 _____
불이 꺼집니다.

9
서술
완성

입으로 바람을 불면 촛불은 꺼지지만, 향불은 더 잘 타는 까닭을 쓰시오.

_____
_____
_____

1 다음은 초와 알코올이 타는 모습입니다. 물음에 답하시오. [12점]

(1) 초와 알코올이 탈 때 나타나는 공통적인 현상을 두 가지 쓰시오. [4점]

_____

_____

(2) 우리 주변에서 물질이 타면서 발생하는 빛과 열을 이용하는 예를 쓰시오. [8점]

_____

_____

2 다음과 같이 초 두 개에 불을 붙이고, 크기가 다른 아크릴 통으로 동시에 덮었습니다. 물음에 답하시오. [12점]

(1) 더 오래 타는 촛불은 어느 것인지 기호를 쓰시오. [2점]

(　　　　　　　　)

(2) 위 (1)의 답 촛불이 더 오래 타는 까닭을 쓰시오. [10점]

_____

_____

3 다음과 같이 장치하고 초가 타기 전과 타고 난 후 비커 속 산소 비율을 측정하였더니 초가 타고 난 후 산소 비율이 줄어들었습니다. 그 까닭을 쓰시오. [8점]

_____

_____

4 다음과 같이 철판 위에 성냥의 머리 부분과 나무 부분을 올려놓고, 철판의 가운데 부분을 가열하였습니다. 물음에 답하시오. [12점]

(1) 성냥의 머리 부분과 성냥의 나무 부분 중 먼저 불이 붙는 것은 어느 것인지 쓰시오. [2점]

(　　　　　　　　)

(2) 위 (1)의 답에 해당하는 부분에 먼저 불이 붙는 까닭을 쓰시오. [10점]

_____

_____

5 다음과 같이 푸른색 염화 코발트 종이를 붙인 아크릴 통으로 촛불을 덮었습니다. 물음에 답하시오. [12점]

(1) 시간이 지난 후 촛불과 푸른색 염화 코발트 종이의 변화를 쓰시오. [4점]

_____

_____

(2) 위 (1)의 답으로 알 수 있는 사실을 쓰시오. [8점]

_____

_____

6 다음과 같이 촛불을 덮었던 집기병에 석회수를 넣고 흔들어 보았습니다. 석회수의 변화와 그 까닭을 쓰시오. [8점]

석회수—

_____

_____

7 민수와 수지는 다음과 같은 방법을 사용하여 촛불을 껐습니다. 물음에 답하시오. [12점]

> **민수:** 촛불을 집기병으로 덮어서 껐어!
> **수지:** 나는 분무기로 물을 뿌려서 껐어!

(1) 위 민수의 방법으로 촛불이 꺼지는 까닭은 무엇인지 쓰시오. [6점]

_____

_____

(2) 위 수지의 방법으로 촛불이 꺼지는 까닭은 무엇인지 쓰시오. [6점]

_____

_____

8 다음은 화재가 발생하였을 때의 대처 방법입니다. 대처하는 방법이 **잘못된** 것의 기호와 바르게 대처하는 방법을 쓰시오. [8점]

ㄱ  ㄴ

▲ 물수건으로 코와 입을 막고 몸을 낮추어 이동하기   ▲ 나무로 된 가구 밑으로 들어가 몸을 보호하기

_____

_____

3 연소와 소화

과제명	초가 탈 때 필요한 기체 알아보기	배점	20점
성취 목표	물질이 탈 때 필요한 기체를 연소의 조건과 관련지어 설명할 수 있다.		

1~3 다음과 같이 장치하고, 초가 탈 때 필요한 기체를 알아보았습니다. 물음에 답하시오.

㉠

▲ 타고 있는 작은 양초를 크기가 다른 아크릴 통으로 동시에 덮기

㉡
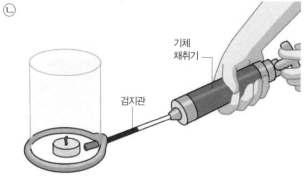
▲ 초가 타기 전과 타고 난 후 비커 속 산소의 비율 비교하기

1 위 ㉠에서 크기가 다른 아크릴 통으로 촛불을 동시에 덮었을 때 초가 타는 시간을 비교해서 쓰시오. [5점]

_____

_____

2 위 ㉡에서 초가 타기 전과 타고 난 후 비커 속의 산소 비율은 어떻게 변화하는지 쓰시오. [5점]

_____

_____

3 위 ㉠과 ㉡으로 알 수 있는 초가 탈 때 필요한 기체가 무엇인지 쓰고, 이 기체가 들어 있는 집기병에 향불을 넣으면 어떻게 되는지 쓰시오. [10점]

_____

_____

😊 수행 평가

3 연소와 소화

과제명	초가 연소한 후 생기는 물질 알아보기	배점	20점
성취 목표	물질이 연소한 후에 물과 이산화 탄소가 생성되는 것을 설명할 수 있다.		

1~3 초가 연소한 후에 생기는 물질을 알아보기 위해 다음과 같이 실험하였습니다. 물음에 답하시오.

실험 1	실험 2
투명한 아크릴 통의 안쪽 벽면에 푸른색 염화 코발트 종이를 붙인 후, 촛불을 덮고 변화를 관찰한다.	촛불을 집기병으로 덮은 후, 촛불이 꺼지면 유리판으로 집기병 입구를 막은 후 뒤집어 석회수를 넣고 흔들어 본다.

푸른색 염화 코발트 종이

셀로판 테이프

유리판

석회수

1 위 실험의 결과를 표로 정리하였습니다. (   ) 안에 들어갈 알맞은 말을 각각 쓰시오. [5점]

실험 1	푸른색 염화 코발트 종이가 ( ).
실험 2	석회수가 ( ).

2 위 실험으로 알 수 있는 초가 연소한 후에 생기는 물질은 무엇인지 쓰시오. [5점]

_____

_____

3 초가 연소한 후에 크기가 줄어드는 까닭을 쓰시오. [10점]

_____

_____

3 연소와 소화

과제명	불을 끄는 다양한 방법 알아보기	배점	20점
성취 목표	불을 끄는 다양한 방법과 불이 꺼지는 원리를 설명할 수 있다.		

1~3 다음은 여러 가지 방법으로 불을 끄는 모습입니다. 물음에 답하시오.

ㄱ

핀셋
▲ 초의 심지를 핀셋으로 집기

ㄴ

▲ 물 뿌리기

ㄷ

▲ 알코올램프 뚜껑 덮기

ㄹ

▲ 연료 조절 밸브 잠그기

1 불이 꺼지는 원리를 세 가지 쓰시오. [5점]

_____

_____

2 위 ㉠~㉣을 불이 꺼지는 원리에 맞게 기호를 쓰시오. [5점]

불이 꺼지는 원리	기호
(1)	
(2)	
(3)	

3 위 **1**과 **2**의 답을 바탕으로 소화의 정의를 쓰시오. [10점]

_____

_____

4

우리 몸의 구조와 기능

1 뼈와 근육의 구조와 기능

1 뼈의 생김새와 특징

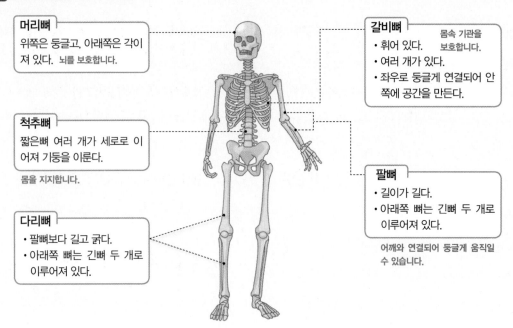

머리뼈
위쪽은 둥글고, 아래쪽은 각이 져 있다. 뇌를 보호합니다.

갈비뼈
• 휘어 있다. 몸속 기관을 보호합니다.
• 여러 개가 있다.
• 좌우로 둥글게 연결되어 안쪽에 공간을 만든다.

척추뼈
짧은뼈 여러 개가 세로로 이어져 기둥을 이룬다.
몸을 지지합니다.

팔뼈
• 길이가 길다.
• 아래쪽 뼈는 긴뼈 두 개로 이루어져 있다.
어깨와 연결되어 둥글게 움직일 수 있습니다.

다리뼈
• 팔뼈보다 길고 굵다.
• 아래쪽 뼈는 긴뼈 두 개로 이루어져 있다.

• **뼈와 근육 모형에 바람을 불어 넣기 전과 불어 넣은 후의 모습 변화**

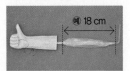
예 18 cm
▲ 바람을 불어 넣기 전

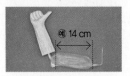
예 14 cm
▲ 바람을 불어 넣은 후

• **팔이 어떻게 구부러지고 펴지는지 알아보기**
• 팔 안쪽 근육이 줄어들면 아래팔뼈가 따라 올라와 팔이 구부러집니다.

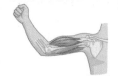
▲ 팔을 구부렸을 때

• 팔 안쪽 근육이 늘어나면 아래팔뼈가 따라 내려가 팔이 펴집니다.

▲ 팔을 폈을 때

2 뼈와 근육 모형 만들기 ➕1

탐구 과정	① 납작한 빨대 두 개의 구멍을 할핀으로 연결한다. ② 비닐봉지를 25 cm 길이로 자른 뒤에 막힌 쪽을 셀로판테이프로 감고, 벌어진 쪽은 주름 빨대를 넣어 셀로판테이프로 감는다. ③ 납작한 빨대 (나)의 끝부분과 주름 빨대를 감은 비닐봉지의 끝부분을 맞춘 뒤에 비닐봉지의 양쪽 끝을 셀로판테이프로 감아 빨대에 고정한다. 납작한 빨대는 뼈 역할을 하고, 비닐봉지는 근육 역할을 합니다.  납작한 빨대 (가) 할핀 → 비닐봉지 주름 빨대 → 셀로판테이프 (가) (나) ④ 주름 빨대를 짧게 자르고 손 그림을 납작한 빨대 (가)에 붙인다. ⑤ 뼈와 근육 모형에 바람을 불어 넣기 전과 불어 넣은 후의 비닐봉지 길이를 측정하고, 손 그림의 움직임을 살펴본다.
탐구 결과	• 주름 빨대로 공기를 불어 넣으면 비닐봉지가 부풀면서 뼈 모형이 구부러져 손 그림이 올라간다. • 공기를 불어 넣으면 공기를 불어 넣기 전보다 비닐봉지의 길이가 줄어든다.
알 수 있는 사실	• 근육의 길이가 늘어나거나 줄어들면서 근육과 연결된 뼈가 움직여 몸이 움직인다.

근육은 뼈에 붙어 뼈를 둘러싸고 있습니다.

3 뼈와 근육이 하는 일 ➕2

(1) 뼈는 우리 몸의 형태를 만들어 주고, 몸을 지지하는 역할을 합니다.

(2) 뼈는 심장이나 폐, 뇌 등 몸속 기관을 보호합니다.

(3) 근육은 길이가 늘어나거나 줄어들면서 뼈를 움직이게 합니다.

(4) 뼈와 근육이 있어서 다양한 자세로 움직일 수 있고, 물건을 들어 올릴 수 있습니다.

+1 다리가 움직이는 원리

넓적다리 앞쪽 근육이 줄어들면서 뼈를 움직여 다리가 펴지고, 넓적다리 앞쪽 근육이 늘어나면서 뼈를 움직여 다리가 굽혀집니다.

+2 얼굴 근육을 움직일 수 없다면 일어날 수 있는 일

• 웃거나 우는 표정, 화를 내거나 놀란 표정 등 다양한 표정을 지을 수 없을 것입니다.

• 턱을 움직여 음식을 씹거나 말을 하기 어렵고, 눈을 깜빡일 수 없을 것입니다.

핵심 개념 정리

• 뼈는 단단하여 몸의 형태를 만들고, 몸을 지탱합니다.

• 뼈는 심장, 폐, 뇌 등 몸속 기관을 보호합니다.

• 근육은 뼈에 연결되어 길이가 줄어들거나 늘어나 뼈를 움직이게 합니다.

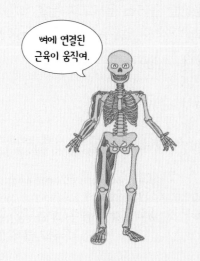

뼈에 연결된 근육이 움직여.

1 우리 몸의 뼈에서 갈비뼈의 기호를 쓰시오.

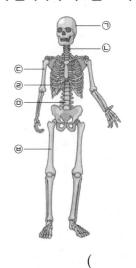

(   )

2 뼈와 근육 모형에 바람을 불어 넣기 전과 바람을 불어 넣은 후의 비닐봉지의 길이 변화를 측정한 결과입니다. (   ) 안의 알맞은 말에 ○표 하시오.

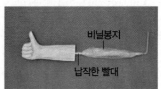

비닐봉지

납작한 빨대

뼈와 근육 모형에 바람을 불어 넣으면 바람을 불어 넣기 전보다 비닐봉지의 길이가 (줄어든다, 늘어난다).

3 근육에 대한 설명으로 옳은 것을 두 가지 고르시오.

(,   )

① 뼈에 연결되어 있다.

② 뼈를 움직이게 한다.

③ 몸의 형태를 만든다.

④ 근육의 길이는 줄어들기만 한다.

⑤ 근육의 길이는 늘어나기만 한다.

2 소화 기관의 구조와 기능

1 소화와 소화 기관

(1) 우리가 생활하는 데 필요한 에너지와 영양소는 음식물에서 얻습니다.

(2) **소화**: 음식물 속의 영양소를 흡수하기 쉬운 크기로 쪼개는 과정

(3) **소화 기관**: 입, 식도, 위, 작은창자, 큰창자, 항문 등

(4) **소화를 도와주는 기관**: 간, 쓸개, 이자

└─ 소화를 돕는 쓸개즙을 분비하고, 쓸개즙은 쓸개에 저장되었다가 작은창자로 분비되어 소화를 돕습니다.

2 소화 기관의 생김새

소화 기관	생김새
입	열고 닫을 수 있으며 안에 이와 혀가 있다.
식도	긴 관 모양이며 입과 위를 연결한다.
위	작은 주머니 모양이고 식도와 작은창자를 연결한다.
작은창자	꼬불꼬불한 관 모양으로 배의 가운데에 있다.
큰창자	굵은 관 모양으로 작은창자를 감싸고 있다.
항문	큰창자와 연결되어 있다.

간은 배 오른쪽 윗부분에 있고 삼각형 모양이며, 쓸개는 간 뒤에 있고 작은 주머니 모양입니다. 이자는 위 뒤에 있으며 길쭉한 나뭇잎 모양입니다.

3 소화 기관이 하는 일

(1) *우리가 먹은 음식물은 입, 식도, 위, 작은창자, 큰창자, 항문을 순서대로 지나갑니다. ➕1

(2) 지나가는 동안 음식물은 점점 잘게 쪼개지고 *분해되어 영양소와 수분이 몸속으로 흡수되고, 나머지는 *항문으로 *배출됩니다. 이 과정에서 간, 쓸개, 이자가 소화를 돕습니다.

- **평소보다 음식을 많이 먹었을 때 일어나는 소화 과정**
  - 위, 작은창자가 음식물을 작게 쪼개는 데 시간이 오래 걸려 음식물의 소화가 늦어집니다. 그래서 배가 더부룩하고 속이 불편해집니다.
  - 항문에서 나오는 음식물 찌꺼기도 많아집니다.

- **분해**
  여러 부분이 합쳐 이루어진 것을 하나씩 나누는 것

- **하루 동안 먹은 음식물의 무게와 항문으로 배출한 대변의 무게 비교**
  우리가 먹은 음식물은 소화 기관을 거치면서 영양소와 수분이 많이 흡수되기 때문에 하루 동안 먹은 음식물의 무게가 배출한 대변의 무게보다 무겁습니다.

- **배출**
  불필요한 물질을 밖으로 내보냄

- **음식물을 잘 씹어야 하는 까닭**
  - 음식물이 잘게 부서져야 몸에서 흡수가 잘되기 때문입니다.
  - 소화가 잘되도록 하기 위해서입니다.

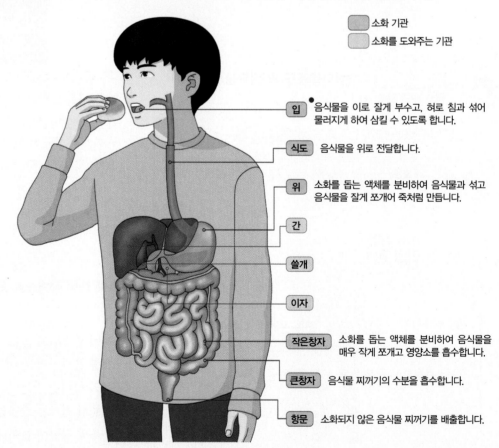

| 소화 기관 |
| 소화를 도와주는 기관 |

입 *음식물을 이로 잘게 부수고, 혀로 침과 섞어 물러지게 하여 삼킬 수 있도록 합니다.

식도 음식물을 위로 전달합니다.

위 소화를 돕는 액체를 분비하여 음식물과 섞고 음식물을 잘게 쪼개어 죽처럼 만듭니다.

간

쓸개

이자

작은창자 소화를 돕는 액체를 분비하여 음식물을 매우 작게 쪼개고 영양소를 흡수합니다.

큰창자 음식물 찌꺼기의 수분을 흡수합니다.

항문 소화되지 않은 음식물 찌꺼기를 배출합니다.

1 음식물이 소화되는 과정

- 입 → 식도 → 위 → 작은창자 → 큰창자 → 항문
- 소화 과정에서 음식물은 점차 잘게 쪼개져서 영양소와 수분은 몸속으로 흡수되고 나머지는 항문으로 배출됩니다.

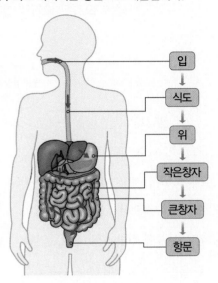

핵심 개념 정리

- 소화는 우리 몸에 필요한 영양소가 들어 있는 음식물을 잘게 쪼개 몸에 흡수할 수 있는 형태로 분해하는 과정입니다.
- 입은 이로 음식물을 잘게 부수고, 혀로 침과 섞어 물러지게 합니다.
- 위는 소화를 돕는 액체를 분비하여 음식물과 섞고 음식물을 분해합니다.
- 작은창자는 소화를 돕는 액체를 분비하여 음식물을 잘게 분해하고 영양소를 흡수합니다.
- 큰창자는 음식물 찌꺼기의 수분을 흡수합니다.

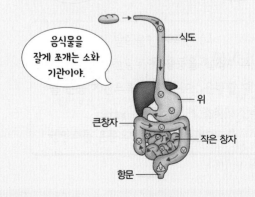

1 소화 기관이 <u>아닌</u> 것은 어느 것입니까?　（　　　）

① 입　　　　　　② 위
③ 식도　　　　　④ 근육
⑤ 작은창자

2 음식물이 소화되는 과정을 나타낸 것입니다. ㉠과 ㉡에 들어갈 소화 기관을 쓰시오.

㉠: (　　　　　　　), ㉡: (　　　　　　　)

3 다음 설명에 해당하는 소화 기관의 기호와 이름을 순서대로 쓰시오.

- 작은 주머니 모양이다.
- 소화를 돕는 액체를 분비하여 음식물과 섞고 음식물을 더 잘게 쪼갠다.

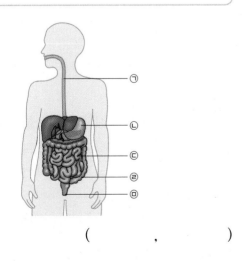

（　　　，　　　）

3 호흡 기관의 구조와 기능

1 호흡과 호흡 기관

(1) 우리는 끊임없이 숨을 쉬어야 살 수 있습니다.

(2) **호흡**: 숨을 들이마시고 내쉬는 활동

(3) **호흡 기관**: 코, 기관, 기관지, 폐 등

2 호흡 기관의 생김새

호흡 기관	생김새
코	몸 밖에 위치한다.
기관	굵은 관처럼 생겼고 코에 연결되어 있다. 목에서 가슴 부분에 걸쳐 있습니다.
•기관지	나뭇가지처럼 생겼으며 기관에서 갈라져 폐와 연결되어 있다.
폐	• 가슴 양쪽에 한 개씩 위치하며, 부풀어 있는 주머니 모양이다. • 기관지와 연결되어 있으며, 갈비뼈로 둘러싸여 있다.

3 호흡 기관이 하는 일

(1) 우리 몸에 필요한 산소를 받아들이고, 몸속에서 생긴 이산화 탄소를 내보내는 일을 합니다.

(2) 우리 몸은 호흡으로 받아들인 산소를 온몸에 공급하여 생명을 유지하고 몸을 움직이는 데 필요한 에너지를 만듭니다.

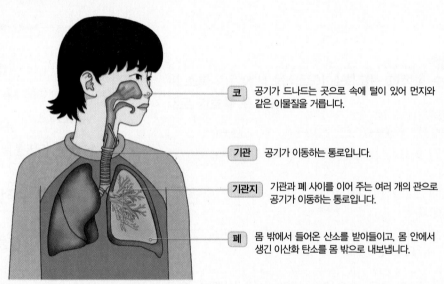

코 공기가 드나드는 곳으로 속에 털이 있어 먼지와 같은 이물질을 거릅니다.

기관 공기가 이동하는 통로입니다.

기관지 기관과 폐 사이를 이어 주는 여러 개의 관으로 공기가 이동하는 통로입니다.

폐 몸 밖에서 들어온 산소를 받아들이고, 몸 안에서 생긴 이산화 탄소를 몸 밖으로 내보냅니다.

● **기관지가 여러 갈래로 갈라져 있는 까닭**
코로 들이마신 공기가 폐에 잘 전달되게 합니다.

● **가슴에 손을 얹고 깊게 호흡하였을 때 가슴의 변화**
• 숨을 크게 들이마시면 가슴이 부풀어 오릅니다.
• 숨을 크게 내쉬면 가슴이 원래의 위치로 돌아갑니다.

4 •숨을 들이마실 때와 내쉴 때 몸속에서 공기의 이동 +1 +2

숨을 들이마실 때	• 코 → 기관 → 기관지 → 폐 • 우리 몸에 필요한 산소를 공급한다.	산소는 몸을 움직이거나 몸속 기관이 일을 하는 데 사용됩니다.
숨을 내쉴 때	• 폐 → 기관지 → 기관 → 코 • 몸속의 공기는 몸 밖으로 나간다.	

➕1 호흡을 할 때 우리 몸의 변화

구분	몸의 변화	공기의 이동
숨을 들이마실 때	가슴둘레가 커지고 폐가 부풀어 오른다.	코 → 기관 → 기관지 → 폐로 공기가 들어간다.
숨을 내쉴 때	가슴둘레가 원래대로 돌아가고 폐가 줄어든다.	폐 → 기관지 → 기관 → 코로 공기가 빠져나간다.

➕2 미세 먼지가 많은 날 마스크를 써야 하는 까닭

공기 중의 미세 먼지가 걸러지지 않고 코, 기관, 기관지, 폐까지 들어와 호흡 기관이 해를 입거나 몸속으로 흡수될 수 있기 때문입니다.

핵심 개념 정리

• 호흡은 숨을 들이마시고 내쉬는 활동입니다.

• 숨을 들이마실 때 코로 들어온 공기는 기관 → 기관지 → 폐를 거쳐 우리 몸에 필요한 산소를 공급합니다.

• 숨을 내쉴 때 몸속의 공기는 폐 → 기관지 → 기관 → 코를 거쳐 몸 밖으로 나갑니다.

• 호흡 기관은 우리 몸에 필요한 산소를 받아들이고, 몸속에서 생긴 이산화 탄소를 내보냅니다.

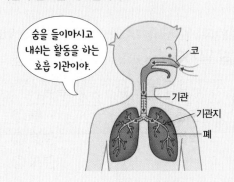

숨을 들이마시고 내쉬는 활동을 하는 호흡 기관이야.

코
기관
기관지
폐

1~2 우리 몸의 호흡 기관을 나타낸 것입니다. 물음에 답하시오.

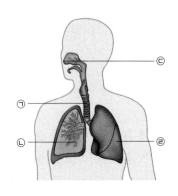

1 위 ㉠~㉣의 이름을 각각 쓰시오.

㉠: (   ), ㉡: (   ),
㉢: (   ), ㉣: (   )

2 다음 설명에 해당하는 호흡 기관의 기호를 쓰시오.

> 몸 밖에서 들어온 산소를 받아들이고, 몸 안에서 생긴 이산화 탄소를 몸 밖으로 내보낸다.

(   )

3 숨을 내쉴 때 몸속에서 공기가 이동하는 과정을 나타낸 것입니다. ㉠과 ㉡에 들어갈 알맞은 말을 각각 쓰시오.

> 폐 → (㉠) → 기관 → (㉡)

㉠: (   ), ㉡: (   )

1 오른쪽은 우리 몸의 뼈를 나타 낸 것입니다. 각 뼈의 이름으로 옳지 <u>않은</u> 것은 어느 것입니까? ( )

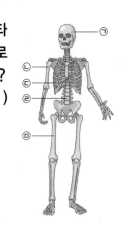

① ㉠ – 머리뼈
② ㉡ – 팔뼈
③ ㉢ – 가슴뼈
④ ㉣ – 척추뼈
⑤ ㉤ – 다리뼈

2 다음 설명과 관계있는 뼈는 어느 것입니까? ( )

• 뇌를 보호해 준다.
• 바가지 모양으로 둥글다.

① 팔뼈   ② 머리뼈
③ 엉덩뼈   ④ 척추뼈
⑤ 갈비뼈

3~4 뼈와 근육 모형을 보고, 물음에 답하시오.

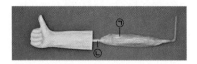

3 위 뼈와 근육 모형에서 ㉠ 비닐봉지와 ㉡ 납작한 빨대는 어떤 역할을 하는지 쓰시오.

㉠: ( ), ㉡: ( )

4 위 뼈와 근육 모형에 바람을 넣었을 때의 변화로 옳은 것을 두 가지 고르시오. (,)

① 납작한 빨대가 구부러진다.
② 비닐봉지가 부풀어 오른다.
③ 비닐봉지의 길이가 늘어난다.
④ 납작한 빨대의 길이가 늘어난다.
⑤ 비닐봉지의 길이가 변하지 않는다.

5 뼈와 근육에 대한 설명으로 옳지 <u>않은</u> 것은 어느 것입니까? ( )

① 근육은 뼈에 연결되어 있다.
② 근육은 몸의 내부를 보호하고 몸을 지지한다.
③ 뼈와 근육이 있어서 물건을 들어 올릴 수 있다.
④ 뼈와 근육이 있어서 다양한 자세로 움직일 수 있다.
⑤ 근육의 길이가 줄어들거나 늘어나면서 뼈를 움 직이게 한다.

6~7 우리 몸의 소화 기관과 소화를 돕는 기관을 나 타낸 것입니다. 물음에 답하시오.

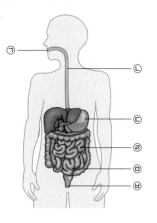

6 다음 설명에 해당하는 소화 기관의 기호를 쓰시오.

• 꼬불꼬불한 관 모양이다.
• 소화를 돕는 액체를 분비하여 음식물을 잘게 분해하고 영양소를 흡수한다.

( )

7 다음 현상이 일어나는 소화 기관의 기호와 이름을 순서대로 쓰시오.

빵 한 조각을 먹으면 빵이 잘게 부서지고, 혀로 침과 섞여 물러지게 된다.

(,)

8 소화에 직접 관여하지 않고 소화를 도와주는 기관끼리 옳게 짝 지은 것은 어느 것입니까? (   )

① 입, 위, 식도
② 간, 이자, 항문
③ 간, 쓸개, 이자
④ 위, 식도, 작은창자
⑤ 간, 큰창자, 작은창자

9 소화되지 않은 음식물 찌꺼기를 배출하는 기관은 어느 것입니까?   (   )

① 위   ② 쓸개
③ 식도   ④ 항문
⑤ 큰창자

10 소화 과정을 나타낸 것입니다. ㉠~㉢에 들어갈 알맞은 말을 쓰시오.

> 입 → (㉠) → 위 → (㉡) → (㉢) → 항문

㉠: (   )
㉡: (   )
㉢: (   )

11~12 우리 몸의 호흡 기관입니다. 물음에 답하시오.

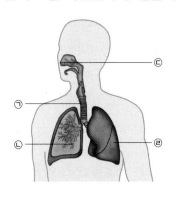

11 우리 몸의 호흡에 관여하는 기관이 <u>아닌</u> 것은 어느 것입니까?   (   )

① 코   ② 폐
③ 콩팥   ④ 기관
⑤ 기관지

12 다음 설명에 해당하는 기관의 기호를 쓰시오.

> • 나뭇가지처럼 생겼다.
> • 공기가 이동하는 통로이다.

(   )

13 숨을 들이마실 때에 공기가 이동하는 기관을 순서대로 옳게 나타낸 것은 어느 것입니까? (   )

① 코 → 기관 → 기관지 → 폐
② 코 → 기관지 → 기관 → 폐
③ 폐 → 기관지 → 기관 → 코
④ 폐 → 기관 → 기관지 → 코
⑤ 기관 → 폐 → 기관지 → 코

4 순환 기관의 구조와 기능

1 순환 기관

(1) 소화로 흡수한 영양소와 호흡으로 얻은 산소는 혈액을 통해 온몸으로 이동합니다.

(2) **순환 기관**: 심장, 혈관

(3) 심장에서 나온 혈액은 혈관을 따라 온몸을 돌고 다시 심장으로 돌아오는 °순환 과정을 반복합니다.

2 순환 기관의 생김새와 하는 일 알아보기 +1

탐구 과정	① 물이 반 정도 담긴 수조에 붉은색 식용 색소를 넣어 녹인다. ② 주입기로 붉은 색소 물을 한쪽 관으로 빨아들이고 다른 쪽 관으로 내보낸다. ③ 주입기의 펌프를 빠르게 누르거나 느리게 누르면서 붉은 색소 물이 이동하는 모습을 관찰한다. ④ 주입기의 펌프와 관, 붉은 색소 물은 우리 몸의 어떤 부분과 같은 역할을 하는지 추리해 본다.

탐구 결과

① °주입기의 펌프를 누를 때 붉은 색소 물이 이동하는 모습

주입기의 펌프	붉은 색소 물의 이동 빠르기	붉은 색소 물의 이동량
빠르게 누를 때	빨라진다.	많아진다.
느리게 누를 때	느려진다.	적어진다.

② 주입기의 펌프와 관, 붉은 색소 물의 우리 몸에서의 역할

주입기의 펌프	주입기의 관	붉은 색소 물
심장	혈관	혈액

알 수 있는 사실	주입기의 펌프 작용으로 붉은 색소 물이 관을 통해 이동하듯이 심장의 펌프 작용으로 심장에서 나온 혈액이 혈관을 통해 온몸으로 이동한다.

순환
한 바퀴만 돌게 되어 있는 길을 되풀이하여 도는 것

심장이 빠르게 뛸 때와 느리게 뛸 때 몸에서 일어나는 현상
- 심장이 빨리 뛰면 혈액이 이동하는 빠르기가 빨라지고 혈액의 이동량이 많아집니다.
- 심장이 느리게 뛰면 혈액이 이동하는 빠르기가 느려지고 혈액의 이동량이 적어집니다.
- 심장이 멈춘다면 혈액이 이동하지 못해 몸에 영양소와 산소를 공급하지 못합니다.

순환 기관의 생김새와 위치

심장
혈관

3 순환 기관의 생김새와 하는 일

순환 기관	°생김새와 위치	하는 일
심장	주먹 모양으로 크기도 자신의 주먹만 하고 몸통 가운데에서 왼쪽으로 약간 치우쳐 있다.	펌프 작용으로 혈액을 순환시킨다.
혈관	가늘고 긴 관 모양이며 온몸에 퍼져 있다.	혈액이 이동하는 통로이다.

- 혈액은 산소와 영양소를 온몸으로 운반하고, 몸에서 생긴 이산화 탄소와 노폐물도 운반합니다. 심장에서 나온 혈액은 혈관을 따라 이동하며 온몸에 여러 가지 물질을 운반합니다.

+1 순환 기관 모형 만들기

❶ 플라스틱 컵 두 개에 물을 각각 $\frac{1}{3}$ 정도 담고 빨간 식용 색소를 녹입니다.

❷ 입구를 자른 고무풍선을 플라스틱 컵 한 개에 씌웁니다.

❸ 고무풍선에 칼집을 두 개 냅니다.

❹ 20 cm 정도로 자른 고무관 두 개를 양쪽 플라스틱 컵에 넣습니다. 이때 고무관은 각각 서로 다른 플라스틱 컵의 물에 한쪽씩만 잠기도록 넣습니다.

❺ 물에 잠기지 않은 고무관을 셀로판테이프로 고정합니다.

❻ 컵에 씌운 고무풍선을 눌렀다 떼며 붉은 색소 물이 이동하는 모습을 관찰합니다.

핵심 개념 정리

• 주입기 실험에서 주입기의 펌프는 심장 역할을, 주입기의 관은 혈관 역할을 합니다.

• 심장은 자신의 주먹만 하고 몸통 가운데에서 왼쪽으로 약간 치우쳐 있습니다.

• 심장은 펌프 작용을 통해 혈액을 온몸으로 보내 몸에 필요한 영양소와 산소를 운반합니다.

• 혈관은 몸 전체에 퍼져 있어 혈액이 이동하는 통로 역할을 합니다.

• 혈액은 우리 몸에 필요한 영양소와 산소를 온몸으로 운반하고 몸에서 생긴 이산화 탄소와 노폐물도 운반합니다.

혈액을 이동시키는 순환 기관

심장   혈관

1 ( ) 안에 공통으로 들어갈 알맞은 말을 쓰시오.

> 심장에서 나온 혈액은 온몸을 거쳐 다시 심장으로 돌아오는 ( ) 과정을 반복한다. 이러한 혈액의 이동에 관여하는 심장과 혈관을 ( ) 기관이라고 한다.

( )

2~3 다음과 같이 주입기를 사용하여 붉은 색소 물을 이동시켜 보았습니다. 물음에 답하시오.

2 주입기의 각 부분과 붉은 색소 물은 우리 몸의 어떤 부분과 같은 역할을 하는지 선으로 연결하시오.

(1) 주입기의 관 •

(2) 주입기의 펌프 •

(3) 붉은 색소 물 •

• ㉠ 혈액 역할

• ㉡ 혈관 역할

• ㉢ 심장 역할

3 위 실험에서 주입기를 빠르게 누를 때의 결과를 나타낸 것입니다. ( ) 안의 알맞은 말에 ○표 하시오.

> 붉은 색소 물이 이동하는 빠르기는 (느려, 빨라)지고, 붉은 색소 물의 이동량은 (적어, 많아)진다.

5 배설 기관의 구조와 기능

1 배설과 배설 기관

(1) *생명 활동을 유지하는 과정에서 우리 몸에 *노폐물이 생기고 이러한 노폐물은 혈액을 통해 이동합니다. 노폐물이 우리 몸속에 남아 있으면 해롭습니다.

(2) **배설**: 혈액에 있는 노폐물을 몸 밖으로 내보내는 과정

(3) **배설 기관**: 콩팥, 오줌관, 방광, 요도 등

2 배설 기관의 생김새

┌ 등허리 부분이라고도 합니다.

배설 기관	생김새
콩팥	강낭콩 모양으로 허리의 등쪽 좌우에 한 개씩 있다.
오줌관	긴 관 모양으로 콩팥에 연결되어 있다.
방광	작은 공 모양으로 오줌관에 연결되어 있다.
요도	가는 관 모양으로 방광에 연결되어 있다.

● 에너지와 노폐물
• 우리가 몸을 움직이거나 몸속 기관이 일을 하는 데에는 에너지가 필요합니다. 에너지를 만들기 위해 소화로 영양소를 얻고 호흡으로 산소를 얻습니다.
• 에너지를 만들어 사용하는 과정에서 노폐물이 생깁니다.

● 노폐물
생물이 생명 활동을 유지하는 과정에서 생기는 불필요한 찌꺼기

● 정수장과 배설 기관
강물과 지하수에는 오염 물질이 섞여 있어 정수장에서 오염 물질을 걸러 내어 깨끗한 물을 만들어 상수도를 따라 우리에게 공급됩니다. 우리 몸에서 콩팥이 혈액 속의 노폐물을 걸러 깨끗해진 혈액으로 만드는 것과 비슷한 역할을 합니다.

● 콩팥이 기능을 제대로 하지 못하면 우리 몸에 생길 수 있는 일
• 노폐물을 걸러 내지 못해 노폐물이 몸에 쌓이게 되고 병에 걸립니다.
• 노폐물을 걸러 내기 위한 특별한 시술을 받아야 합니다.

3 배설 기관이 하는 일 +1

콩팥
혈액 속의 노폐물을 걸러 내어 오줌을 만듭니다.

오줌관
콩팥에서 만든 오줌이 방광으로 이동하는 통로입니다.

방광
오줌이 모이는 곳입니다.

요도
방광에 모인 오줌이 몸 밖으로 나가는 통로입니다.

노폐물이 많은 혈액
온몸을 돌아 노폐물이 많아진 혈액이 콩팥으로 이동합니다.

노폐물이 걸러진 혈액
콩팥을 거친 혈액은 노폐물이 걸러져 다시 순환합니다.

노폐물을 포함한 오줌
콩팥에서 걸러낸 노폐물은 오줌이 되어 방광으로 이동합니다.

4 배설 과정

(1) 콩팥은 혈액 속의 노폐물을 걸러 내어 오줌을 만들고, 오줌은 오줌관을 지나 방광에 모였다가 요도를 거쳐 몸 밖으로 나갑니다.

(2) *콩팥에서 노폐물이 걸러진 깨끗한 혈액은 몸속을 순환합니다.

+1 배설 기관이 하는 일 알아보기

탐구 과정	❶ 거름망을 비커에 걸쳐 놓는다. ❷ 비커에 노란 색소 물과 붉은색 모래를 넣고 잘 섞어 거름망 위에 붓는다.
탐구 결과	노란 색소 물이 거름망을 통과하여 아래 비커에 모이고, 모래는 거름망 위에 남는다.
알 수 있는 사실	• 섞여 있던 노란 색소 물과 붉은색 모래가 거름망을 거치면 분리된다. • 거름망은 혈액에서 노폐물을 걸러 주는 콩팥, 노란 색소 물은 노폐물, 붉은색 모래는 노폐물이 걸러진 혈액을 표현한 것이다.

붉은색 모래
거름망
노란 색소 물

핵심 개념 정리

• 혈액에 있는 노폐물을 몸 밖으로 내보내는 과정을 배설이라고 합니다.
• 콩팥은 강낭콩 모양으로 혈액에 있는 노폐물을 걸러 줍니다.
• 방광은 작은 공 모양으로 걸러진 노폐물을 모아 두었다가 몸 밖으로 내보냅니다.
• 노폐물이 걸러진 깨끗한 혈액은 다시 혈관을 거쳐 순환하고, 걸러진 노폐물은 오줌이 되어 방광에 저장되었다가 요도를 거쳐 몸 밖으로 나갑니다.

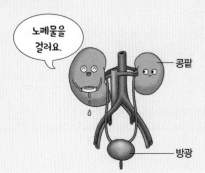

노폐물을 걸러요.
콩팥
방광

1~2 우리 몸의 배설 기관을 나타낸 것입니다. 물음에 답하시오.

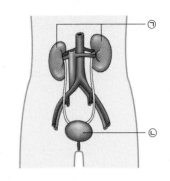

㉠
㉡

1 위 ㉠과 ㉡의 이름을 각각 쓰시오.

㉠: (   ), ㉡: (   )

2 위에서 다음이 설명하는 기관의 기호를 쓰시오.

• 작은 공처럼 생겼다.
• 걸러진 노폐물을 저장했다가 몸 밖으로 내보낸다.

(   )

3 콩팥이 하는 일에 대한 설명으로 옳은 것은 어느 것입니까? (   )

① 몸을 움직이게 한다.
② 몸에 산소를 운반한다.
③ 온몸으로 혈액을 순환시킨다.
④ 몸에 필요한 영양소를 만든다.
⑤ 혈액에 있는 노폐물을 걸러 낸다.

6 감각 기관과 자극의 전달

1 감각 기관

(1) **감각 기관**: 주변으로부터 전달된 자극을 느끼고 받아들이는 기관

> 감각 기관으로 자극을 받아들여 주변에서 일어나는 변화를 알 수 있습니다.

(2) **감각 기관의 종류와 역할**

감각 기관	역할
눈	주변의 사물을 볼 수 있다.
귀	소리를 들을 수 있다.
코	냄새를 맡을 수 있다.
혀	맛을 느낄 수 있다.
피부	따뜻함, 차가움, 접촉 등을 느낄 수 있다.

• 신나는 노래가 들리는 상황에서 자극 전달 과정

- 감각 기관: 신나는 노래가 들립니다.
- 자극을 전달하는 신경계: 소리 자극을 전달합니다.
- 행동을 결정하는 신경계: 전달된 노래 자극을 해석하여 노래에 맞춰 춤을 추겠다고 결정합니다.
- 명령을 전달하는 신경계: 춤을 추라는 명령을 운동 기관에 전달합니다.
- 운동 기관: 춤을 춥니다.

• 사람의 신경계

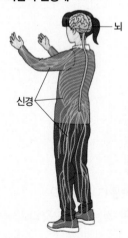

뇌
신경

• 자극
우리 몸에서 반응이 일어나게 하는 요인

• 반응
자극에 대해 어떤 행동을 하는 것

2 *자극이 전달되는 과정 +1

(1) *신경계는 우리 몸 곳곳에 *자극을 전달하고 전달받은 자극을 해석해 *반응(행동)을 결정하는 역할을 합니다.

> 온몸에 퍼져 있습니다.

(2) 감각 기관에서 자극을 받아들이고 신경을 통해 뇌로 전달됩니다.

(3) 뇌에서 전달된 자극을 판단하여 행동을 결정하면 다시 신경을 통해 운동 기관에 명령을 전달하고 전달받은 대로 행동합니다.

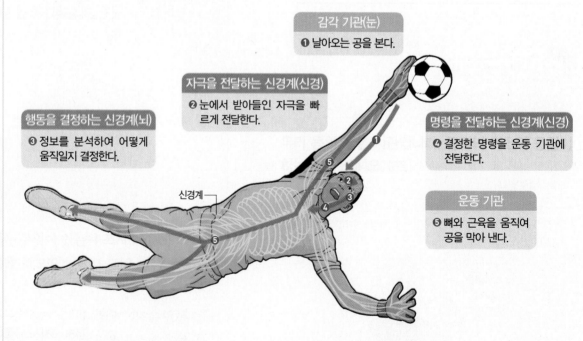

감각 기관(눈)
❶ 날아오는 공을 본다.

자극을 전달하는 신경계(신경)
❷ 눈에서 받아들인 자극을 빠르게 전달한다.

행동을 결정하는 신경계(뇌)
❸ 정보를 분석하여 어떻게 움직일지 결정한다.

명령을 전달하는 신경계(신경)
❹ 결정한 명령을 운동 기관에 전달한다.

운동 기관
❺ 뼈와 근육을 움직여 공을 막아 낸다.

신경계

▲ 날아오는 공을 막아 내는 골키퍼의 몸에서 자극이 전달되는 과정

- 자극: 날아오는 공을 봅니다.
- 반응: 공을 막아 냅니다.

+1 자극이 전달되어 반응하는 과정 역할놀이하기
🔖 **피구 경기를 할 때**

상황 전달 쪽지
감각 기관 역할　자극을 전달하는
신경계 역할

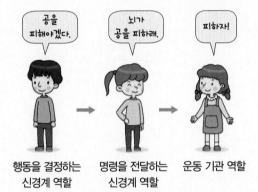

행동을 결정하는　명령을 전달하는　운동 기관 역할
신경계 역할　신경계 역할

🎓 **핵심 개념 정리**

• 주변으로부터 전달된 자극을 느끼고 받아들이는 기관을 감각 기관이라고 합니다.
• 우리 몸의 눈, 귀, 코, 혀, 피부와 같은 기관을 감각 기관이라고 합니다.
• 감각 기관이 받아들인 자극은 신경계를 통해 전달됩니다.
• 신경계는 행동을 결정하여 운동 기관에 명령을 전달하고, 운동 기관은 이를 수행합니다.

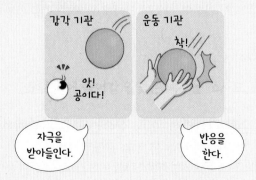

감각 기관　　운동 기관
앗! 공이다!　　착!
자극을 받아들인다.　　반응을 한다.

---

1 우리 몸의 감각 기관이 <u>아닌</u> 것은 어느 것입니까?
　　　　　　　　　　　　　　　　　　(　　　)

① 눈　　　　　　　　② 코
③ 혀　　　　　　　　④ 뇌
⑤ 피부

2~3 피구 경기를 하는 모습입니다. 물음에 답하시오.

2 위 피구 경기에서 자극과 반응은 어느 것인지 선으로 연결하시오.

(1) | 날아오는 공을 보는 것 | •　　　　　　• ㉠ | 반응 |

(2) | 공을 잡는 것 | •　　　　　　• ㉡ | 자극 |

3 날아오는 공에 대한 정보를 해석하여 행동을 결정하고 명령을 전달하는 기관은 어느 것입니까? (　　　)

① 폐　　　　　　　　② 심장
③ 콩팥　　　　　　　④ 신경계
⑤ 운동 기관

7 운동할 때 일어나는 몸의 변화

❶ 운동할 때 몸에 나타나는 변화 알아보기 ➕1

> 손가락으로 손목을 살짝 누르면 맥박이 뛰는 것을 느낄 수 있습니다.

탐구 과정	① 평상시 상태에서 체온을 재고 1분 동안 맥박 수를 측정한다. ② 1분 동안 제자리 달리기를 한 뒤에 체온을 재고 1분 동안 맥박 수를 측정한다. ③ 휴식을 취하여 5분, 체온을 재고 1분 동안 맥박 수를 측정한다.   ▲ 체온 측정하기　　　　　　▲ 맥박 수 측정하기

구분	평상시	운동 직후	5분 후
체온(℃)	36.7	36.9	36.6
1분당 맥박 수	65	104	69

> 운동을 하면 숨이 가빠지고 땀이 나며, 몸이 덥고 얼굴이 빨개지며, 심장이 빠르게 뜁니다.

탐구 결과

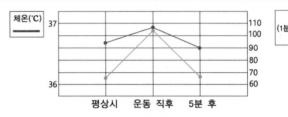

알 수 있는 사실	• 운동 직후 체온이 올라가고 맥박 수가 증가한다. • 운동한 후 휴식을 취하면 체온과 맥박 수가 운동하기 전과 비슷해진다. • 체온에 비해 맥박 수의 변화가 뚜렷하게 보인다.

❷ 몸을 움직이려고 *각 기관이 하는 일 ➕2

> 뼈와 근육

운동 기관	영양소와 산소를 이용하여 몸을 움직인다.
소화 기관	음식물을 소화해 영양소를 흡수한다.
호흡 기관	우리 몸에 필요한 산소를 제공하고, 이산화 탄소를 몸 밖으로 내보낸다.
순환 기관	영양소와 산소를 온몸에 전달하고, 이산화 탄소와 노폐물을 각각 호흡 기관과 배설 기관으로 전달한다.
배설 기관	혈액에 있는 노폐물을 걸러 내어 오줌으로 배설한다.
감각 기관	주변의 자극을 받아들인다.

• 우리 몸의 다양한 질병과 관련 있는 기관
 • 운동 기관에 문제: 근육통, 골절 등
 • 소화 기관에 문제: 위장병, 변비 등
 • 호흡 기관에 문제: 비염, 감기, 천식 등
 • 순환 기관에 문제: 심장병, 고혈압 등
 • 배설 기관에 문제: 방광염 등
 • 감각 기관에 문제: 백내장, 각막염 등

➡ 운동 기관을 움직이는 데 필요한 영양소는 소화 기관에서 얻고, 산소는 호흡 기관에서 얻으며, 우리 몸에 들어온 영양소와 산소는 순환 기관을 거쳐 온몸으로 공급됩니다.

> 건강하게 생활하려면 몸속 여러 기관이 서로 영향을 주고받아 각각의 기능을 잘 수행해야 합니다.

➕1 운동할 때 몸에서 일어나는 변화

- 운동할 때 우리 몸은 산소와 영양소가 많이 필요합니다.
- 빠르게 산소와 영양소를 공급할 수 있도록 순환 기관 중 심장이 빠르게 뛰고, 호흡 기관으로 깊고 빠르게 숨을 쉽니다.
- 심장 박동이 빨라져 혈액 순환이 빨라지면 많은 양의 산소와 영양소가 우리 몸에 공급되어 에너지를 많이 낼 수 있습니다.
- 운동 기관을 이루는 근육에서 열이 발생해서 체온이 높아집니다.

➕2 줄넘기할 때 몸의 여러 가지 기관의 연관성

- 감각 기관: 움직이는 줄을 보고, 줄을 넘길 때 나는 소리를 듣습니다.
- 뼈와 근육: 뼈와 근육이 많이 움직입니다.
- 호흡 기관: 호흡이 빨라져 산소가 혈액으로 빠르게 들어갑니다.
- 순환 기관: 심장이 빠르게 뛰고 혈액이 빠르게 온몸을 순환합니다.

핵심 개념 정리

- 운동을 할 때는 평소보다 더 많은 산소와 영양소가 필요하므로 맥박과 호흡이 빨라집니다.
- 운동 기관을 움직이는 데 필요한 영양소는 소화 기관에서 얻고, 산소는 호흡 기관에서 얻습니다.
- 우리 몸에 들어온 영양소와 산소는 순환 기관을 거쳐 온몸으로 공급됩니다.
- 호흡이 빨라지면 산소를 많이 공급할 수 있습니다.

운동할 때 여러 기관이 제 기능을 해야 해.

1 오른쪽과 같이 운동할 때 우리 몸에서 나타나는 변화로 옳지 <u>않은</u> 것은 어느 것입니까? (　　)

① 땀이 난다.
② 얼굴이 빨개진다.
③ 호흡이 느려진다.
④ 체온이 올라간다.
⑤ 맥박 수가 증가한다.

2 몸을 움직이려고 다음과 같은 일을 하는 기관은 우리 몸속 기관 중 어느 것입니까? (　　)

> 영양소와 산소를 온몸에 전달하고 이산화 탄소와 노폐물을 각각 다른 기관으로 전달한다.

① 운동 기관　② 순환 기관
③ 소화 기관　④ 호흡 기관
⑤ 배설 기관

3 운동할 때 호흡이 빨라지는 까닭은 어느 것입니까? (　　)

① 체온을 높이기 위해서이다.
② 수분을 흡수하기 위해서이다.
③ 노폐물을 저장하기 위해서이다.
④ 영양소를 많이 얻기 위해서이다.
⑤ 산소를 많이 공급하기 위해서이다.

4 우리 몸의 질병과 관련 있는 기관을 옳게 짝 지은 것은 어느 것입니까? (　　)

① 배설 기관: 감기
② 감각 기관: 골절
③ 운동 기관: 위장병
④ 순환 기관: 심장병
⑤ 소화 기관: 각막염

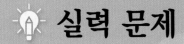
실력 문제

`1~2` 오른쪽과 같이 주입기를 사용하여 붉은 색소 물을 한쪽 관으로 빨아들이고 다른 쪽 관으로 내보냈습니다. 물음에 답하시오.

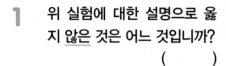

1 위 실험에 대한 설명으로 옳지 <u>않은</u> 것은 어느 것입니까? ( )

① 주입기의 관은 우리 몸의 혈관 역할을 한다.
② 붉은 색소 물은 우리 몸의 혈액 역할을 한다.
③ 주입기의 펌프는 우리 몸의 심장 역할을 한다.
④ 펌프를 빠르게 누르면 붉은 색소 물의 이동량이 적어진다.
⑤ 펌프를 느리게 누르면 붉은 색소 물의 이동 빠르기가 느려진다.

2 위 실험은 우리 몸에서 어떤 기관이 하는 일을 알아보는 것입니까? ( )

① 소화 기관
② 호흡 기관
③ 순환 기관
④ 배설 기관
⑤ 감각 기관

3 오른쪽 순환 기관에 대한 설명으로 옳지 <u>않은</u> 것은 어느 것입니까? ( )

① ㉠은 심장, ㉡은 혈관이다.
② ㉠은 혈액을 온몸으로 순환시킨다.
③ ㉠은 몸통 가운데에서 약간 왼쪽으로 치우쳐 있다.
④ ㉡은 온몸에 퍼져 있다.
⑤ ㉡은 펌프 작용으로 영양소와 산소를 온몸으로 운반한다.

`4~5` 오른쪽 우리 몸속의 기관을 보고, 물음에 답하시오.

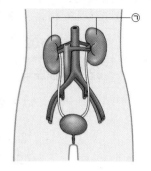

4 이 몸속 기관이 하는 일로 옳은 것은 어느 것입니까? ( )

① 영양소를 분해한다.
② 음식물을 소화시킨다.
③ 혈액을 온몸으로 순환시킨다.
④ 혈액에 있는 노폐물을 몸 밖으로 내보낸다.
⑤ 숨을 들이마셔 우리 몸에 필요한 산소를 공급한다.

5 위 ㉠ 기관에 대한 설명으로 옳은 것을 두 가지 고르시오. (,)

① 강낭콩 모양이다.
② 오줌을 잠시 저장한다.
③ 오줌이 이동하는 관이다.
④ 혈액에 있는 노폐물을 걸러 낸다.
⑤ 오줌을 모아 몸 밖으로 내보낸다.

6 우리가 생활에서 사용하는 상수도의 정화 과정을 나타낸 것입니다. 이 과정 중 우리 몸속의 콩팥과 같은 역할을 하는 것의 기호를 쓰시오.

> ㉠ 상수도 물(깨끗한 물) → ㉡ 가정 → 더러워진 물 → ㉢ 정수장 → 찌꺼기는 버리고 정화된 물은 다시 ㉣ 상수도로 보낸다.

( )

7 우리 몸속에서 노폐물을 걸러 몸 밖으로 내보내는 과정을 순서 없이 나타낸 것입니다. 순서대로 기호를 쓰시오.

> ㉠ 온몸을 돌아 노폐물이 많아진 혈액이 콩팥으로 운반된다.
> ㉡ 방광은 오줌을 모아 두었다가 몸 밖으로 내보낸다.
> ㉢ 콩팥에서 혈액에 있는 노폐물을 걸러 낸다.
> ㉣ 노폐물이 걸러진 혈액은 다시 순환하고, 걸러진 노폐물은 오줌이 된다.

( ) → ( ) → ( ) → ( )

8 감각 기관과 관련된 행동을 옳게 짝 지은 것은 어느 것입니까? ( )

① 귀(청각): 조용히 책을 읽고 있다.
② 눈(시각): 사탕을 먹고 달다고 생각했다.
③ 혀(미각): 빵집에서 고소한 빵 냄새가 났다.
④ 코(후각): 라디오에서 나오는 노래를 듣고 있다.
⑤ 피부 감각: 털옷을 만져 보면서 부드럽다고 생각했다.

9 다음과 같은 시끄러운 소리를 들었을 때의 상황에서 자극과 반응 중 무엇인지 각각 쓰시오.

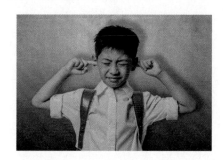

(1) 시끄러운 소리가 난다.: ( )
(2) 귀를 막는다.: ( )

10 자극 전달 과정에서 ( ) 안에 공통으로 들어갈 알맞은 말을 쓰시오.

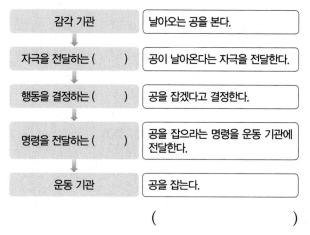

감각 기관	날아오는 공을 본다.
자극을 전달하는 ( )	공이 날아온다는 자극을 전달한다.
행동을 결정하는 ( )	공을 잡겠다고 결정한다.
명령을 전달하는 ( )	공을 잡으라는 명령을 운동 기관에 전달한다.
운동 기관	공을 잡는다.

( )

11 운동할 때 우리 몸에서 나타나는 변화로 옳은 것은 어느 것입니까? ( )

① 체온이 내려간다.
② 호흡이 느려진다.
③ 심장이 느리게 뛴다.
④ 혈액 순환이 느려진다.
⑤ 몸의 영양소를 많이 사용한다.

12 몸을 움직이려고 우리 몸의 각 기관이 하는 일로 옳지 <u>않은</u> 것은 어느 것입니까? ( )

① 운동 기관: 주변의 자극을 받아들인다.
② 호흡 기관: 몸에 필요한 산소를 제공한다.
③ 배설 기관: 노폐물을 걸러 몸 밖으로 내보낸다.
④ 순환 기관: 영양소과 산소를 다른 기관에 전달한다.
⑤ 소화 기관: 음식물을 소화시켜 영양소를 흡수한다.

우리 몸의 구조와 기능

👁 그림을 보고 배운 개념을 떠올리며 (   ) 안에 알맞은
말을 써 보세요.

개념1 뼈와 근육의 구조와 기능

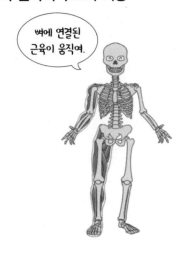

뼈에 연결된
근육이 움직여.

(❶   )은/는 몸의 형태를 만들고 몸을
지지하며 몸속의 기관을 보호합니다. 뼈와 (❷
)은/는 몸을 움직이게 합니다.

개념2 소화 기관의 구조와 기능

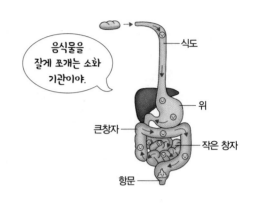

음식물을
잘게 쪼개는 소화
기관이야.

식도

위

큰창자

작은 창자

항문

소화 기관에는 입, (❸   ), 위, 작은창자,
큰창자, 항문 등이 있습니다. 소화 기관은 음식물
속의 (❹   )을/를 소화하고 흡수하는 일을
합니다.

👁 그림을 보고 배운 개념을 떠올리며 (   ) 안에 알맞은
말을 써 보세요.

개념4 순환 기관의 구조와 기능

혈액을 이동시키는
순환 기관

심장

혈관

순환 기관에는 (❽   )와/과 혈관
이 있습니다. 순환 기관은 혈액을 온몸으로
순환시켜 영양소와 (❾   ), 이산화
탄소와 노폐물 등을 운반하는 일을 합니다.

개념5 배설 기관의 구조와 기능

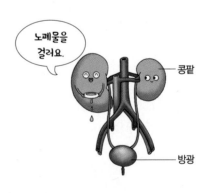

노폐물을
걸러요.

콩팥

방광

배설 기관에는 콩팥, 오줌관, (❿   ), 요
도 등이 있습니다. 배설 기관은 (⓫   ) 속
의 노폐물을 걸러 내어 몸 밖으로 내보내는 일을
합니다.

우리 몸은 뼈와 근육, 소화 기관, 순환 기관, 호흡 기관, 배설 기관, 감각 기관 등 여러 기관으로 구성되어 있으며, 감각 기관에서 받아들인 자극이 전달되어 우리 몸이 반응합니다. 또한 운동할 때 우리 몸의 각 기관이 서로 유기적으로 작용합니다.

정답과 풀이 100쪽

 옳은 문장에 ○, 틀린 문장에 ✕하세요. 틀린 부분은 밑줄을 긋고 바른 개념으로 고쳐 써 보세요.

개념3 호흡 기관의 구조와 기능

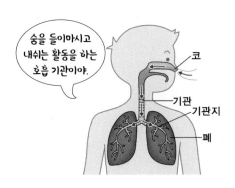

숨을 들이마시고 내쉬는 활동을 하는 호흡 기관이야.

코
기관
기관지
폐

> 호흡 기관에는 코, 기관, 기관지, (❺　　　) 등이 있습니다. 호흡 기관은 우리 몸에 필요한 (❻　　　)을/를 받아들이고, 몸속에서 생긴 (❼　　　)을/를 내보내는 일을 합니다.

개념6 자극의 전달 / 운동할 때 몸의 변화

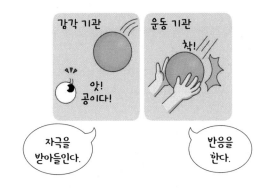

감각 기관　　운동 기관

앗! 공이다!　　착!

자극을 받아들인다.　　반응을 한다.

> 감각 기관이 받아들인 자극은 (⓬　　　)을/를 통해 전달되어 행동을 결정하고, 이를 운동 기관으로 전달합니다. 운동할 때 (⓭　　　)이/가 빠르게 뛰어 혈액이 산소와 영양소를 온몸으로 빠르게 운반합니다.

1 근육은 단단하여 우리 몸의 형태를 만들고 몸을 지지합니다. （　　　）

2 우리가 먹은 음식물은 입, 식도, 위, 작은창자, 큰창자, 항문을 순서대로 지나갑니다. （　　　）

3 영양소를 흡수할 수 있도록 음식물을 잘게 쪼개고 분해하는 과정을 소화라고 합니다. （　　　）

4 숨을 들이마실 때 코로 들어온 공기는 기관지, 기관을 거쳐 폐에 도달합니다. （　　　）

5 심장에서 나온 혈액은 혈관을 통해 온몸을 돌며 영양소와 산소를 공급한 후, 다시 심장으로 돌아오는 과정을 반복합니다. （　　　）

6 혈액 속의 노폐물을 오줌으로 만들어 몸 밖으로 내보내는 것을 배출이라고 합니다. （　　　）

7 노폐물은 혈액에 실려 이동하다가 콩팥에서 걸러집니다. （　　　）

8 우리 몸은 감각 기관으로 보고, 듣고, 냄새를 맡는 등 자극을 받아들입니다. （　　　）

9 운동 기관에서 받아들인 자극은 신경을 통해 뇌로 전달됩니다. （　　　）

10 운동을 하면 산소와 영양소를 빨리 공급하도록 심장이 빨리 뛰어 맥박이 빨라지고 호흡도 빨라집니다. （　　　）

※ 한 문항당 5점입니다.

1 휘어져 있으며 좌우로 둥글게 연결되어 공간을 만드는 뼈는 어느 것입니까? ( )

① 팔뼈 　　　　② 척추뼈
③ 머리뼈 　　　　④ 갈비뼈
⑤ 다리뼈

2 뼈가 하는 일이 <u>아닌</u> 것은 어느 것입니까?

( )

① 몸을 지지한다.
② 근육을 보호한다.
③ 몸의 형태를 만든다.
④ 몸속 기관을 보호한다.
⑤ 근육과 함께 몸을 움직인다.

3* 뼈와 근육 모형에 대한 설명으로 옳은 것은 어느 것입니까? ( )

비닐봉지
납작한 빨대

① 비닐봉지는 뼈 역할을 한다.
② 납작한 빨대는 근육 역할을 한다.
③ 모형에 바람을 불어 넣으면 비닐봉지가 부풀어 오른다.
④ 모형에 바람을 불어 넣으면 납작한 빨대의 길이가 늘어난다.
⑤ 뼈의 길이가 늘어나거나 줄어들면서 근육이 움직인다는 것을 알 수 있다.

4 오른쪽의 걷거나 달리는 것처럼 우리가 몸을 움직일 수 있는 까닭을 쓰시오.
서술형

_____

_____

5~6 우리 몸의 소화 기관을 나타낸 것입니다. 물음에 답하시오.

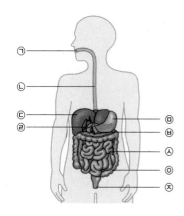

5 위 소화 기관에서 다음이 설명하는 것의 기호와 이름을 순서대로 쓰시오.

- 긴 관 모양이다.
- 입에서 삼킨 음식물을 위로 이동시킨다.

(　　 , 　　)

6* 위 소화 기관에서 음식물이 소화되는 과정을 순서대로 기호를 쓰시오.

(　　) → (　　) → (　　) → (　　) →
(　　) → (　　)

7 소화 기관인 위에 대한 설명으로 옳은 것은 어느 것입니까? ( )

① 굵은 관 모양이다.
② 큰창자에 이어져 있다.
③ 소화에 직접 관여하지 않는다.
④ 음식물 찌꺼기의 수분을 흡수한다.
⑤ 소화를 돕는 액체가 나와 음식물과 섞고 음식물을 잘게 분해한다.

8~9 우리 몸의 기관을 나타낸 것입니다. 물음에 답하시오.

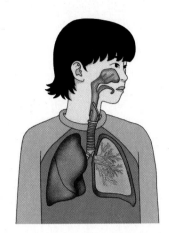

8 위 기관과 관련 있는 우리 몸에서 일어나는 과정은 어느 것입니까? ( )

① 몸을 움직이는 과정
② 음식물이 소화되는 과정
③ 몸의 노폐물을 내보내는 과정
④ 자극을 받아들여 전달하는 과정
⑤ 숨을 들이마시고 내쉴 때 공기가 이동하는 과정

9★ 위 기관 중 폐에 대한 설명으로 옳은 것은 어느 것입니까? ( )

① 굵은 관 모양이다.
② 왼쪽 가슴에 한 개 있다.
③ 공기가 이동하는 통로이다.
④ 혈액을 온몸으로 순환시킨다.
⑤ 산소를 받아들이고 이산화 탄소를 몸 밖으로 내보낸다.

10 우리 몸에 필요한 산소와 영양소를 온몸으로 운반하는 일을 하는 것은 어느 것입니까? ( )

① 폐   ② 콩팥
③ 혈관   ④ 혈액
⑤ 기관지

11 오른쪽의 주입기를 이용한 실험에서 주입기의 펌프를 느리게 누를 때에 대한 설명으로 옳은 것을 두 가지 고르시오. (,)

① 붉은 색소 물의 이동량이 많아진다.
② 붉은 색소 물의 이동량이 적어진다.
③ 붉은 색소 물의 이동 빠르기가 빨라진다.
④ 붉은 색소 물의 이동 빠르기가 느려진다.
⑤ 붉은 색소 물의 이동 빠르기는 변하지 않는다.

12★ 심장에 대한 설명으로 옳지 <u>않은</u> 것은 어느 것입니까? ( )

① 펌프 작용을 한다.
② 혈액을 순환시킨다.
③ 운동을 하면 느리게 뛴다.
④ 자신의 주먹만 한 크기이다.
⑤ 몸통 가운데에서 약간 왼쪽으로 치우쳐 있다.

13 배설에 대한 설명으로 옳은 것은 어느 것입니까? ( )

① 숨을 들이마시고 내쉬는 활동이다.
② 배설을 통하여 우리 몸에 필요한 산소를 얻는다.
③ 혈액에 있는 노폐물을 몸 밖으로 내보내는 과정이다.
④ 우리 몸에 필요한 에너지를 음식물에서 얻는 과정이다.
⑤ 몸 안에서 생긴 이산화 탄소를 몸 밖으로 내보내는 과정이다.

14 혈액에 있는 노폐물을 걸러 내는 일을 하는 기관은 어느 것입니까? ( )

① 방광 ② 기관
③ 콩팥 ④ 항문
⑤ 큰창자

15 서술형 우리 몸의 기관에서 방광의 기호를 쓰고, 방광이 하는 일을 쓰시오.

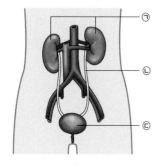

_____

_____

16 다음에서 사용한 감각 기관이 <u>아닌</u> 것은 어느 것입니까? ( )

방에서 음악을 듣고 있는데 주방에서 내가 좋아하는 삼겹살 굽는 냄새가 났다. 얼른 주방으로 가서 잘 익혀진 고기를 골라 먹었는데 정말 맛있었다.

① 귀 ② 코
③ 눈 ④ 혀
⑤ 피부

17 운동을 할 때 다음과 같은 일을 하는 몸속 기관은 어느 것입니까? ( )

• 몸에 필요한 영양소와 산소를 온몸에 전달한다.
• 이산화 탄소와 노폐물을 다른 기관으로 전달한다.

① 소화 기관 ② 순환 기관
③ 호흡 기관 ④ 배설 기관
⑤ 운동 기관

18 신나는 노래가 들려 춤을 출 때 자극이 전달되고 반응하는 과정입니다. ㉠, ㉡, ㉢에 들어갈 알맞은 말을 쓰시오.

감각 기관	신나는 노래가 들린다.
↓	
자극을 전달하는 신경계	소리 자극을 전달한다.
↓	
(㉠)을/를 결정하는 신경계	전달된 소리 자극을 해석하여 노래에 맞춰 춤을 추겠다고 결정한다.
↓	
(㉡)을/를 전달하는 신경계	춤을 추라는 명령을 전달한다.
↓	
(㉢) 기관	신나게 춤을 춘다.

㉠: ( )
㉡: ( )
㉢: ( )

19 서술형 오른쪽과 같이 운동을 할 때 심장이 빠르게 뛰는 까닭을 쓰시오.

_____

_____

20 질병 중 '위장병, 변비'와 관련 있는 우리 몸의 기관은 어느 것입니까? ( )

① 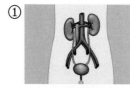 ②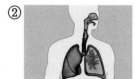

③ 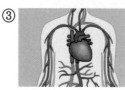 ④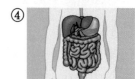

점수

※ 한 문항당 5점입니다.

1 우리 몸의 뼈의 생김새와 기능을 <u>틀리게</u> 설명한 사람의 이름을 쓰시오.

> • **영훈**: 뼈는 심장, 뇌 등을 보호하지.
> • **송이**: 뼈의 모양은 다양하고 기능도 다 달라.
> • **정수**: 팔뼈와 다리뼈는 짧은뼈야.
> • **지윤**: 몸을 지지하는 역할을 해.

(　　　　　)

2 근육에 대한 설명으로 옳은 것은 어느 것입니까?

(　)

① 영양소를 흡수한다.
② 몸을 움직이게 한다.
③ 뼈에 둘러싸여 있다.
④ 음식물의 소화를 돕는다.
⑤ 몸속 내부 기관을 보호한다.

3 소화에 대한 설명으로 옳은 것은 어느 것입니까?

(　)

① 혈액을 온몸에 순환시키는 과정이다.
② 피부를 통해 자극을 느끼는 과정이다.
③ 몸에 필요한 영양소를 만드는 과정이다.
④ 몸속의 노폐물을 몸 밖으로 내보내는 과정이다.
⑤ 음식물을 잘게 쪼개 몸에 영양소가 흡수될 수 있도록 분해하는 과정이다.

4 입으로 음식물이 들어왔을 때 입에서 일어나는 일로 옳은 것을 두 가지 고르시오. (　 , 　)

① 음식물이 배출된다.
② 음식물이 잘게 부서진다.
③ 음식물의 수분을 흡수한다.
④ 음식물이 침과 만나 물러진다.
⑤ 음식물에 들어 있는 영양소가 흡수된다.

5 소화 기관에 대한 설명으로 옳지 <u>않은</u> 것은 어느 것입니까? (　)

① 혀는 음식물이 침과 골고루 섞이게 한다.
② 식도는 삼킨 음식물을 큰창자로 내려 보낸다.
③ 위는 주머니 모양으로 소화를 돕는 액체를 분비한다.
④ 작은창자는 음식물을 잘게 분해하고 영양소를 흡수한다.
⑤ 작은창자와 큰창자를 지나 소화되지 않은 음식물 찌꺼기는 항문으로 배출된다.

6 우리가 먹은 음식물이 지나는 기관이 <u>아닌</u> 것은 어느 것입니까? (　)

① 위 　　　　　 ② 식도
③ 쓸개 　　　　 ④ 큰창자
⑤ 작은창자

7 오른쪽에서 다음 설명에 해당하는 호흡 기관의 기호와 이름을 순서대로 쓰시오.

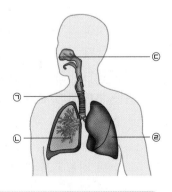

> • 굵은 관처럼 생겼다.
> • 공기가 이동하는 통로이다.

(　　 , 　　)

8 호흡 기관에 해당하지 <u>않는</u> 것은 어느 것입니까?
( )

① 코   ② 폐   ③ 식도
④ 기관   ⑤ 기관지

9 숨을 들이마실 때 공기는 몸속에서 어떻게 이동하
서술형 는지 쓰시오.

_____

_____

10 친구와 함께 우리 몸속 기관에 관한 다섯 고개 놀
이를 했습니다. 어떤 기관에 대한 설명입니까?
( )

- 첫째 고개: 주먹 정도의 크기이다.
- 둘째 고개: 몸통 가운데에서 약간 왼쪽으로 치
우쳐 있다.
- 셋째 고개: 순환 기관 중의 하나이다.
- 넷째 고개: 펌프 작용을 하여 혈액을 온몸으로
보낸다.
- 다섯째 고개: 빠르게 움직이면 혈액이 이동하
는 빠르기가 빨라진다.

① 위   ② 간
③ 폐   ④ 심장
⑤ 기관지

11 오른쪽은 우리 몸의 어떤 기관
을 나타낸 것입니까?
( )

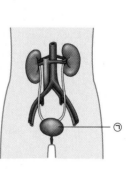

① 호흡 기관
② 배설 기관
③ 순환 기관
④ 소화 기관
⑤ 감각 기관

12 혈관에 대한 설명이 <u>아닌</u> 것을 보기 에서 골라 기
호를 쓰시오.

보기
㉠ 가슴에만 분포되어 있다.
㉡ 혈액이 이동하는 통로이다.
㉢ 가늘고 긴 관이 복잡하게 얽혀 있는 모양이다.

( )

13★ 오른쪽 ㉠에 대한 설명으
로 옳은 것은 어느 것입니
까? ( )

① 순환 기관이다.
② 오줌을 만든다.
③ 긴 관 모양이다.
④ 오줌이 저장되는 곳이다.
⑤ 혈액에 있는 노폐물을 걸러 낸다.

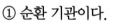

14 혈액에 있는 노폐물을 몸 밖으로 내보내지 못했을
때 우리 몸에 나타나는 현상은 어느 것입니까?
( )

① 노폐물이 쌓여 병에 걸린다.
② 노폐물이 몸속에서 없어진다.
③ 노폐물이 저절로 깨끗해진다.
④ 노폐물이 몸속에서 소화된다.
⑤ 노폐물은 몸에 영향을 주지 않는다.

15 감각 기관과 관련된 행동을 잘못 짝 지은 것은 어느 것입니까? ( )

① 피부: 책상 표면이 거칠었다.
② 귀: 바이올린 연주를 들었다.
③ 눈: 여러 색깔의 꽃을 보았다.
④ 혀: 친구가 준 음료수가 달았다.
⑤ 코: 하늘에 일곱 색깔 무지개가 떴다.

16 신나는 노래를 듣고 춤을 출 때에 대한 설명으로 옳지 않은 것은 어느 것입니까? ( )

① 춤을 추는 것은 반응이다.
② 노래를 들은 것은 자극이다.
③ 자극을 받아들이는 기관은 귀이다.
④ 노래를 듣고 감각 기관이 춤을 추도록 결정한다.
⑤ 전달된 소리 자극을 해석하여 행동을 결정하는 것은 신경계이다.

17 다음과 같이 친구가 던진 공을 피했습니다. 이 상황에서 자극과 반응은 무엇인지 쓰시오.

서술형

• 자극: _____
_____
• 반응: _____
_____

18 운동할 때 호흡이 빨라지는 까닭은 어느 것입니까? ( )

① 목이 마르기 때문이다.
② 소화가 잘 되기 때문이다.
③ 우리 몸이 이산화 탄소를 필요로 하기 때문이다.
④ 우리 몸이 더 많은 산소를 필요로 하기 때문이다.
⑤ 우리 몸에서 이산화 탄소를 내보내지 않기 때문이다.

19 심장 박동이 가장 빠른 경우는 언제입니까? ( )

① 천천히 걸어갈 때
② 누워서 잠을 잘 때
③ 의자에 앉아서 공부를 할 때
④ 소파에 앉아서 휴식을 취할 때
⑤ 운동장에서 50 m 달리기를 할 때

20 몸을 움직이려고 우리 몸에 필요한 산소를 제공하고, 이산화 탄소를 몸 밖으로 내보내는 일을 하는 기관은 어느 것입니까? ( )

① 소화 기관
② 호흡 기관
③ 순환 기관
④ 배설 기관
⑤ 운동 기관

1~3

개념1　우리 몸의 뼈와 근육

- 뼈는 단단하여 몸의 형태를 만들고, 몸을 지지합니다. 또 심장, 폐, 뇌 등 몸속 기관을 보호합니다.
- 근육은 뼈에 연결되어 길이가 줄어들거나 늘어나 뼈를 움직이게 합니다.
- 팔 안쪽 근육의 길이가 줄어들면 아래팔뼈가 따라 올라와 팔이 구부러지고, 팔 안쪽 근육의 길이가 늘어나면 아래팔뼈가 따라 내려가 팔이 펴집니다.

▲ 팔을 구부렸을 때　　　▲ 팔을 폈을 때

1
빈칸
쓰기

① (　　　　)은/는 단단하여 몸의 형태를 만들고, 몸을 지탱합니다. (　　　　)은/는 뼈에 연결되어 길이가 줄어들거나 늘어나 뼈를 움직이게 합니다.

② (　　　　)은/는 뼈에 연결되어 길이가 줄어들거나 늘어나 뼈를 움직이게 합니다.

③ 몸의 어떤 부분을 움직이려면 그 부분의 (　　　　)에 연결된 (　　　　)의 길이를 변하게 해야 합니다.

2
문장
쓰기

다음 단어를 포함하여 팔을 구부리고 펴는 원리를 쓰시오.

뼈　　　　근육

팔 안쪽 근육이 줄어들면 ＿＿＿＿＿＿＿＿

＿＿＿＿＿＿＿＿ . 팔 안쪽 근육이 늘어나면

＿＿＿＿＿＿＿＿＿＿＿＿＿＿＿ .

3
서술
완성

얼굴 근육이 없으면 일어날 수 있는 일을 쓰시오.

＿＿＿＿＿＿＿＿＿＿＿＿＿＿＿＿＿

＿＿＿＿＿＿＿＿＿＿＿＿＿＿＿＿＿

＿＿＿＿＿＿＿＿＿＿＿＿＿＿＿＿＿

＿＿＿＿＿＿＿＿＿＿＿＿＿＿＿＿＿

4~6

개념2　호흡 기관의 구조와 기능

- 숨을 들이마실 때 코로 들어온 공기는 기관, 기관지를 거쳐 폐에 도달합니다.
- 폐에서는 공기 중의 산소를 받아들이고 몸에서 생긴 이산화 탄소를 내보냅니다.
- 숨을 내쉴 때에는 폐 속의 공기가 기관지, 기관, 코를 거쳐 몸 밖으로 나갑니다.

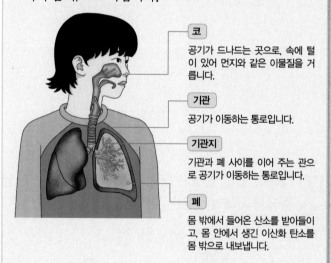

코
공기가 드나드는 곳으로, 속에 털이 있어 먼지와 같은 이물질을 거릅니다.

기관
공기가 이동하는 통로입니다.

기관지
기관과 폐 사이를 이어 주는 관으로 공기가 이동하는 통로입니다.

폐
몸 밖에서 들어온 산소를 받아들이고, 몸 안에서 생긴 이산화 탄소를 몸 밖으로 내보냅니다.

4
빈칸
쓰기

① 숨을 들이마실 때에는 몸 밖의 공기가 코로 들어와서 (　　　　), (　　　　)을/를 거쳐 폐로 들어갑니다. .

② 숨을 내쉴 때에는 몸속의 공기가 폐에서 (　　　　), (　　　　)을/를 거쳐 코로 나갑니다.

5 문장 쓰기

호흡 기관 중 폐가 하는 일을 쓰시오.

폐는 공기 중의 ＿＿＿＿＿＿＿＿＿＿＿,

몸속에서 생긴 ＿＿＿＿＿＿＿＿＿＿＿

＿＿＿＿＿＿＿＿＿＿＿.

6 서술 완성

미세 먼지가 많은 날씨에 마스크를 쓰지 않으면 호흡 기관에 어떤 영향을 미칠지 쓰시오.

＿＿＿＿＿＿＿＿＿＿＿＿＿＿＿＿＿

＿＿＿＿＿＿＿＿＿＿＿＿＿＿＿＿＿

7~9

개념3 **자극이 전달되는 과정**

· 눈, 귀, 코, 혀, 피부 등의 감각 기관으로 주변의 다양한 자극을 받아들입니다.
· 감각 기관에서 받아들인 자극은 신경을 통해 뇌로 전달됩니다.
· 자극이 전달되는 과정: 감각 기관에서 자극을 받아들입니다. → 자극은 신경을 통해 뇌로 전달됩니다. → 뇌에서 자극을 해석하고 판단하여 명령을 내립니다. → 뇌의 명령은 신경을 통해 운동 기관으로 전달됩니다. → 운동 기관에서 반응이 일어납니다.

7 빈칸 쓰기

① 눈, 귀, (＿＿＿＿), 혀, 피부 등의 감각 기관에서 (＿＿＿＿)을/를 받아들입니다.
② 감각 기관에서 받아들인 자극은 신경을 통해 (＿＿＿＿)(으)로 전달됩니다.

8 문장 쓰기

날아오는 배드민턴공을 보고 라켓으로 받아치는 반응이 일어날 때 자극과 반응의 전달 과정을 쓰시오.

공이 날아오는 자극을 눈으로 받아들이고, 이 자극은 ＿＿＿＿＿＿＿＿＿＿＿＿＿＿＿.

뇌에서 자극을 해석하여 공을 받아치라고 결정합니다. 이 명령은 신경을 통해 ＿＿＿＿＿＿,

운동 기관에서 공을 받아치는 ＿＿＿ 이/가 일어납니다.

9 서술 완성

우리 몸의 신경계에 이상이 생겨 제 기능을 하지 못한다면 우리 몸에 어떤 일이 생길지 쓰시오.

＿＿＿＿＿＿＿＿＿＿＿＿＿＿＿＿＿

＿＿＿＿＿＿＿＿＿＿＿＿＿＿＿＿＿

＿＿＿＿＿＿＿＿＿＿＿＿＿＿＿＿＿

1 소화와 관련된 우리 몸의 기관입니다. ㉠의 이름과 하는 일을 쓰시오. [8점]

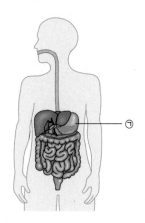

_____

_____

2 우리 몸의 호흡 기관입니다. 물음에 답하시오.
[12점]

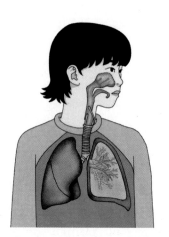

(1) 호흡 기관에는 무엇이 있는지 쓰시오. [4점]

(　　　　　　　　　)

(2) 호흡의 의미를 쓰시오. [8점]

_____

_____

3 순환 기관을 나타낸 것입니다. 물음에 답하시오.
[12점]

(1) 혈액이 이동하는 통로 역할을 하는 것의 기호와 이름을 순서대로 쓰시오. [4점]

(　　　　，　　　　)

(2) 혈액이 하는 일을 쓰시오. [8점]

_____

_____

4 우리 몸의 배설 기관입니다. 콩팥의 기호와 콩팥이 하는 일을 쓰시오. [8점]

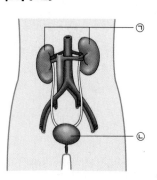

_____

_____

5 우리 몸의 노폐물이 몸 밖으로 나가는 과정을 쓰시오. [8점]

_____

_____

6 피구 경기에서 날아오는 공을 피할 때에 자극이 전달되고 반응하는 과정을 나타낸 것입니다. 물음에 답하시오. [12점]

> ㉠ (   ): 날아오는 공을 본다.
> ㉡ 자극을 전달하는 신경계: 공이 날아온다는 자극을 전달한다.
> ㉢ 행동을 결정하는 신경계: 공을 잡겠다고 결정한다.
> ㉣ _____
> ㉤ 운동 기관: 공을 잡는다.

(1) 위 ㉠과 같이 주변으로부터 전달된 자극을 느끼고 받아들이는 기관을 무엇이라고 하는지 쓰시오. [4점]

(   )

(2) 위 ㉣에 들어갈 알맞은 내용을 쓰시오. [8점]

_____

_____

7 1분 동안 제자리 달리기를 한 직후에 측정한 체온과 맥박 수를 평상시와 비교하여 쓰시오. [8점]

▲ 맥박 수 측정하기

_____

_____

8 운동할 때 우리 몸의 여러 기관이 서로 주고받는 영향에 대한 설명입니다. 밑줄 친 부분에 들어갈 알맞은 내용을 쓰시오. [8점]

> 근육과 뼈를 움직이는 데 필요한 영양소와 산소는 (㉠)을/를 통해 얻는다. 우리 몸에 들어온 영양소와 산소는 (㉡).

㉠: _____

㉡: _____

4 우리 몸의 구조와 기능

과제명	근육이 뼈에 어떻게 작용하는지 알아보기	배점	20점
성취 목표	뼈와 근육의 생김새를 이해하고 몸이 움직이는 원리를 설명할 수 있다.		

1~4 납작한 빨대와 비닐봉지 등을 사용하여 뼈와 근육 모형을 만든 것입니다. 물음에 답하시오.

1 뼈와 근육 모형에서 납작한 빨대와 비닐봉지는 우리 몸에서 어떤 역할을 하는지 쓰시오. [2점]

(1) 납작한 빨대: (   )   (2) 비닐봉지: (   )

2 뼈와 근육 모형에 바람을 불어 넣으면 어떤 변화가 나타나는지 쓰시오. [6점]

_____

_____

3 뼈와 근육 모형을 통해 알 수 있는 팔이 어떻게 구부러지고 펴지는지 쓰시오. [6점]

_____

_____

4 뼈가 하는 일을 쓰시오. [6점]

_____

_____

수행 평가

4 우리 몸의 구조와 기능

과제명	순환 기관의 생김새와 하는 일 알아보기	배점	20점
성취 목표	순환 기관의 생김새와 하는 일을 설명할 수 있다.		

1~4 주입기를 사용하여 붉은 색소 물을 이동시키는 실험과 우리 몸의 순환 기관을 나타낸 것입니다. 물음에 답하시오.

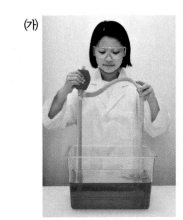
(가)

(나)

1 위 (가)에서 주입기의 펌프와 관은 우리 몸의 어떤 부분과 같은 역할을 하는지 (나)에서 찾아 기호를 쓰시오. [4점]

주입기의 펌프: (   ), 주입기의 관: (   )

2 위 실험 (가)에서 주입기의 펌프를 빠르게 누를 때와 느리게 누를 때의 붉은 색소 물이 이동하는 모습을 정리한 것입니다. (   ) 안에 들어갈 알맞은 말을 쓰시오. [4점]

주입기의 펌프	붉은 색소 물의 이동 빠르기	붉은 색소 물의 이동량
빠르게 누를 때	( )진다.	( )진다.
느리게 누를 때	( )진다.	( )진다.

3 위 문제 **2**의 답과 관련지어 심장이 빨리 뛰면 우리 몸에 어떤 일이 일어나는지 쓰시오. [6점]

_____

_____

4 심장이 멈춘다면 우리 몸에서 어떤 일이 생길지 쓰시오. [6점]

_____

_____

4 우리 몸의 구조와 기능

과제명	운동할 때 우리 몸에서 나타나는 변화	배점	20점
성취 목표	운동할 때 우리 몸에서 나타나는 변화를 관찰하여 우리 몸의 여러 기관이 서로 관련되어 있음을 설명할 수 있다.		

1~3 달리기를 하는 모습입니다. 물음에 답하시오.

1 운동을 하면 체온과 맥박 수, 호흡이 어떻게 변하는지 쓰시오. [6점]

_____

_____

2 운동할 때 호흡이 **1**의 답과 같이 변하는 까닭을 쓰시오. [8점]

_____

_____

3 운동을 할 때 우리 몸의 순환 기관이 하는 일을 쓰시오. [6점]

_____

_____

5

에너지와 생활

1 에너지의 필요성

1 에너지가 필요한 까닭과 에너지를 얻는 방법 +1

구분	에너지가 필요한 까닭	에너지를 얻는 방법
식물	자라서 열매를 맺는 데 필요하다.	햇빛을 받아 광합성을 하여 스스로 양분을 만든다.
동물	살아가는 데 필요하다.	식물이나 다른 동물을 먹고 양분을 얻는다.
자동차	움직이는 데 필요하다.	기름(연료)을 넣거나 전기를 충전한다.
텔레비전	텔레비전을 볼 때 필요하다.	콘센트에 텔레비전의 전선을 연결한다.
가스 보일러	물을 데우거나 집안을 따뜻하게 하는 데 필요하다.	가스를 공급한다.
공장	기계로 물건을 만들 때 필요하다.	기름이나 전기를 이용한다.

식물은 광합성으로 에너지를 얻습니다.

자동차가 작동하는 데 에너지가 필요합니다.

자동차는 석유, 전기 등에서 에너지를 얻습니다.

생물이 생명을 유지하고 자라는 데 에너지가 필요합니다.

사람은 음식을 먹어 에너지를 얻습니다.

주유소

2 일상 생활에서 에너지가 필요한 까닭

(1) 우리가 생활에서 유용하게 사용하는 기계를 작동할 때 에너지가 필요합니다.

(2) 생물이 살아가는 데 있어 에너지는 꼭 필요합니다.

　사람이 음식을 먹을 때, 팔과 손가락을 움직여 음식을 집을 때, 입안에 음식을 넣고 씹을 때에도 에너지를 이용해 신체 활동을 합니다.

3 전기나 기름에서 더는 에너지를 얻을 수 없게 되었을 때의 어려움 +2

(1) 자동차를 움직일 수 없고 밤에 전등을 켤 수 없어 깜깜하게 생활하게 됩니다.

(2) 휴대 전화를 충전할 수도 없어 전화나 문자 메시지를 보낼 수 없습니다.

(3) 공장에서 기계로 물건을 만드는 일을 할 수 없습니다.

　겨울에 난방을 할 수도 없고, 여름에 선풍기나 냉방기를 켤 수도 없습니다.

- 에너지의 필요성 알아보기
  - 음식을 먹지 못하면 배고프고 움직일 힘이 없으며, 계속 먹지 못하면 죽게 됩니다.
  - 텔레비전 리모컨에 전지를 넣지 않으면 리모컨 단추를 눌러도 텔레비전이 작동하지 않고, 작동 여부를 알 수 있는 빨간 불빛이 보이지 않습니다.
- 광합성
  식물이 햇빛, 물, 이산화 탄소를 이용하여 산소와 양분을 만드는 일
- 자동차가 에너지를 얻는 방법
  - 주유한 기름에서 에너지를 얻습니다.
  - 액화 석유 가스(LPG)를 충전해 에너지를 얻습니다.
  - 전기 충전기에서 전기를 충전해 움직이는 전기 자동차도 있습니다.

➕1 **식물과 동물이 에너지를 얻는 방법의 차이**

식물은 햇빛을 받아 광합성을 하여 스스로 양분을 만들어 에너지를 얻고, 동물은 식물이나 다른 동물 등을 먹어 얻은 양분으로 에너지를 얻습니다.

식물은 꽃 피우기, 열매 맺기 등에 에너지를 이용하고, 동물은 자람, 숨쉬기, 운동 등에 에너지를 이용합니다.

➕2 **우리 생활에서 가스를 사용하지 못한다면 생길 수 있는 일**

• 가스레인지를 사용하지 못하면 음식을 끓여 먹을 수 없습니다.

• 추운 겨울에 보일러를 사용하지 못해 집 안을 따뜻하게 하기 어렵고, 물을 데울 수가 없어서 찬물로 씻어야 합니다.

🎓 **핵심 개념 정리**

• 생물이 살아가거나 기계가 움직이려면 에너지가 필요합니다.

• 식물은 빛을 이용하여 스스로 양분을 만들어 에너지를 얻습니다.

• 동물은 다른 생물을 먹고 그 양분으로 에너지를 얻습니다.

• 우리가 일상생활에서 사용하는 기계는 전기나 기름 등에서 에너지를 얻습니다.

식물은 광합성을 해서 양분을 얻어.

1 다음과 같은 휴대 전화와 자동차가 에너지를 얻는 방법을 보기 에서 골라 기호를 쓰시오.

▲ 휴대 전화

▲ 자동차

보기
⊙ 햇빛에서 에너지를 받는다.
ⓒ 주유소에서 기름을 넣는다.
ⓒ 충전기의 플러그를 콘센트에 연결한다.

(1) 휴대 전화: (   ), (2) 자동차: (   )

2 사과나무가 자라는 데 필요한 에너지를 얻는 방법으로 옳지 않은 것을 두 가지 고르시오.   (,   )

① 광합성을 한다.
② 햇빛을 이용한다.
③ 바람을 이용한다.
④ 비료에서 흡수한다.
⑤ 다른 동물을 잡아먹는다.

3 다음은 식물과 동물이 에너지를 얻는 방법이 어떻게 다른지 비교한 것입니다. ⊙과 ⓒ에 들어갈 알맞은 말을 쓰시오.

(⊙)은 햇빛을 받아 광합성을 하여 스스로 양분을 만들어 에너지를 얻고, (ⓒ)은 식물이나 다른 동물을 먹어 얻은 양분으로 에너지를 얻는다.

⊙: (   ), ⓒ: (   )

4 전기나 기름에서 더는 에너지를 얻을 수 없는 경우에 대해 틀리게 말한 친구의 이름을 쓰시오.

석주: 공장에서 기계를 만들 수 없어.
경일: 여름에 선풍기나 에어컨을 켤 수 없어.
희경: 겨울에 난방을 할 수 있어.

(   )

2 여러 가지 형태의 에너지

1 °에너지 형태 +1

(1) 에너지의 형태에는 열에너지, 전기 에너지, 빛에너지, 화학 에너지, 운동 에너지, 위치 에너지 등이 있습니다.

(2) 여러 가지 에너지를 얻기 위해 석탄, 석유, 태양 등의 에너지 자원을 이용합니다.

2 우리 주변에서 다양한 에너지 형태 찾아보기 +2

(1) 집안에서 에너지 형태 찾아보기

① 옷의 주름을 펴 주는 다리미의 열과 같이 물체의 온도를 높여 주거나, 음식이 익게 해 주는 에너지는 열에너지입니다.

② 태양의 빛, 화분의 식물이나 사람 등의 생명 활동에 필요하며, 물질이 가진 잠재적인 에너지는 화학 에너지입니다.

(2) 교실과 °놀이터에서 에너지 형태 찾아보기 +3

▲ 교실

▲ 놀이터

구분	교실	놀이터
열에너지	°온풍기의 따뜻한 바람	사람의 체온
전기 에너지	전등, 온풍기	스마트 기기, 가로등
빛에너지	전등 불빛, 햇빛	햇빛, 스마트 기기 화면
화학 에너지	화분의 식물, 사람	나무, 사람
운동 에너지	움직이는 사람	움직이는 그네, 뛰어가는 사람
위치 에너지	천장에 매달린 작품	미끄럼틀 위에 있는 사람

- **에너지**
  물체가 가지고 있는 일을 할 수 있는 능력

- **놀이터에서 찾을 수 있는 상황과 관련된 에너지의 형태**
  - 밤에 놀이터를 밝게 비춰 주는 가로등은 빛에너지, 전기 에너지, 열에너지 등을 가지고 있습니다.
  - 오르락내리락하는 시소는 운동 에너지와 위치 에너지를 가지고 있습니다.

▲ 시소

- **온풍기**
  따뜻해진 공기를 실내로 돌게 하여 덥히는 기구

+1 생물이 이용하는 에너지 형태

식물이 광합성을 할 때	빛에너지
동물이 뛰어다닐 때	화학 에너지
미끄럼틀을 타고 내려올 때	위치 에너지

+2 기계를 작동할 때 이용하는 에너지 형태

자동차	화학 에너지 또는 전기 에너지
선풍기	전기 에너지
전기밥솥	전기 에너지
청소기	전기 에너지

+3 놀이공원에서 이용하는 에너지 형태

빛에너지	전광판의 글자, 전등
운동 에너지	움직이는 롤러코스터 등의 놀이 기구, 움직이는 사람
전기 에너지	전기로 작동하는 범퍼카 등의 놀이 기구
열에너지	전기 온풍기, 열기구의 불꽃
위치 에너지	높은 곳에 있는 놀이 기구, 놀이 기구를 탄 사람들
화학 에너지	풀과 나무

핵심 개념 정리

- 에너지의 형태에는 열에너지, 전기 에너지, 빛에너지, 화학 에너지, 운동 에너지, 위치 에너지 등이 있습니다.
- 우리가 운동할 때에는 화학 에너지를 이용하고, 전기 기구를 작동할 때에는 전기 에너지를 이용합니다.
- 물을 끓일 때에는 열에너지를 이용하고, 미끄럼틀 위의 아이는 위치 에너지를 이용합니다.

움직이는 그네는 운동 에너지를 가지고 있어.

1 다음 물체와 관련된 에너지 형태를 선으로 연결하시오.

(1) 다리미 ・　　　　　・㉠ 화학 에너지

(2) 전등 ・　　　　　・㉡ 열에너지

(3) 식물 ・　　　　　・㉢ 빛에너지

2~3 다음은 교실과 놀이터의 모습입니다. 물음에 답하시오.

▲ 교실

▲ 놀이터

2 교실에서 볼 수 있는 전기 에너지를 가진 물체를 보기 에서 골라 기호를 쓰시오.

> **보기**
> ㉠ 전등　　　　　㉡ 화분의 식물
> ㉢ 천장에 매달린 작품　㉣ 움직이는 사람

（　　　　　）

3 놀이터에서 볼 수 있는 에너지 형태를 짝 지은 것으로 옳지 않은 것은 어느 것입니까? （　　　）

① 햇빛 – 빛에너지
② 사람의 체온 – 열에너지
③ 움직이는 사람 – 운동 에너지
④ 광합성을 하는 나무 – 전기 에너지
⑤ 미끄럼틀 위의 사람 – 위치 에너지

1 다음은 무엇에 대한 설명입니까? ( )

> • 기계가 작동하는 데 필요하다.
> • 사람을 비롯한 여러 동식물이 살아가는 데 필요하다.

① 물   ② 공기
③ 음식   ④ 전기
⑤ 에너지

2~3 다음 여러 모습을 보고, 물음에 답하시오.

(가)

▲ 휴대 전화

(나)

▲ 자동차

(다)

▲ 사람

(라)

▲ 사과나무

2 위 (가)와 같이 휴대 전화를 사용하다가 에너지가 부족하다는 배터리 표시가 나타나면 필요한 에너지를 어떻게 얻을 수 있는지 보기 에서 두 가지 골라 기호를 쓰시오.

> **보기**
> ㉠ 보조 배터리와 연결한다.
> ㉡ 주유소에서 기름을 넣는다.
> ㉢ 충전기를 콘센트에 꽂는다.
> ㉣ 햇빛이 잘 비치는 곳에 둔다.

(,)

3 앞 (가)~(라) 중 다음과 같은 방법으로 필요한 에너지를 얻는 것의 기호를 쓰시오.

> • 햇볕을 쪼여 얻는다.
> • 광합성을 하여 스스로 양분을 만든다.
> • 비료로 필요한 영양분을 보충하기도 한다.

( )

4 다음과 같은 동물이 에너지를 얻는 방법은 어느 것입니까? ( )

① 주유소에서 연료를 넣는다.
② 햇빛을 받아 양분을 얻는다.
③ 다른 생물을 먹어 양분을 얻는다.
④ 전기를 이용해 에너지를 충전한다.
⑤ 비료에서 필요한 에너지를 얻는다.

5 전기나 기름에서 더는 에너지를 얻을 수 없게 된다면 어떻게 될지에 대한 설명으로 옳지 <u>않은</u> 것은 어느 것입니까? ( )

① 매우 불편해진다.
② 자전거를 탈 수 없다.
③ 전화나 게임을 할 수 없다.
④ 겨울에 난방을 할 수 없다.
⑤ 휴대 전화를 충전할 수 없다.

6~8 다음은 거실에서 볼 수 있는 모습입니다. 물음에 답하시오.

6 옷의 주름을 펴는 다리미와 관련된 에너지의 형태는 어느 것입니까? ( )

① 빛에너지　　　② 열에너지
③ 화학 에너지　　④ 운동 에너지
⑤ 위치 에너지

7 위 거실에서 볼 수 있는 모습 중 전기 에너지를 이용하지 <u>않는</u> 것을 두 가지 고르시오. (,)

① 전등　　　　② 강아지
③ 다리미　　　④ 텔레비전
⑤ 화분의 식물

8 위의 뛰어다니는 강아지와 관련된 에너지 형태에 대한 설명입니다. ( ) 안에 들어갈 알맞은 말을 쓰시오.

> 뛰어다니는 강아지와 같이 움직이는 물체가 가진 에너지는 ( ) 에너지이다.

( )

9 다음의 교실에서 볼 수 있는 에너지의 형태에 대한 설명으로 옳지 <u>않은</u> 것은 어느 것입니까?
( )

① 전등과 관련이 있는 에너지 형태는 빛에너지이다.
② 식물과 관련이 있는 에너지 형태는 화학 에너지이다.
③ 움직이는 학생과 관련이 있는 에너지 형태는 운동 에너지이다.
④ 천장에 매달린 작품과 관련이 있는 에너지 형태는 위치 에너지이다.
⑤ 따뜻한 바람이 나오는 온풍기와 관련이 있는 에너지 형태는 빛에너지이다.

10 한밤중에 켜진 가로등과 관련이 있는 에너지 형태를 보기 에서 모두 골라 기호를 쓰시오.

> **보기**
> ㉠ 빛에너지　　　　㉡ 화학 에너지
> ㉢ 운동 에너지　　　㉣ 위치 에너지
> ㉤ 전기 에너지

( )

3 다른 형태로 바뀌는 에너지

1 우리 주변에서 에너지 형태가 바뀌는 예 +1

(1) 놀이공원에서 에너지 형태가 바뀌는 예

열기구는 연료를 태우며 피운 불로 큰 풍선 안의 공기를 데움으로써 가벼워진 열기구가 높은 곳으로 올라갈 수 있게 만들어진 장치입니다.

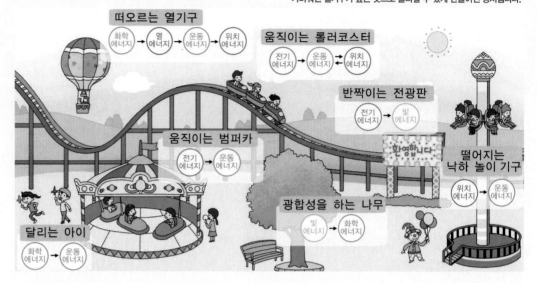

롤러코스터	전기 에너지로 출발하거나 멈춘다. 철길의 높낮이가 달라짐에 따라 운동 에너지와 위치 에너지가 서로 바뀐다.
범퍼카	전기를 이용해 움직이는 과정에서 전기 에너지가 운동 에너지로 형태가 바뀐다.
열기구	연료의 화학 에너지는 불의 열에너지로 형태가 바뀌며, 공기를 데운 이 열에너지는 열기구의 운동 에너지, 위치 에너지로 바뀐다.
꼭대기에 올라가 있던 낙하 놀이 기구	놀이 기구가 떨어질 때 놀이 기구에 타고 있던 사람의 위치 에너지는 운동 에너지로 바뀐다.
빛이 나는 전광판	전기 에너지가 빛에너지로 바뀐다.
나무	광합성으로 태양의 빛에너지가 나무의 화학 에너지로 바뀐다.

(2) 우리 주변에서 에너지 형태가 바뀌는 예

태양 전지의 전기 에너지는 태양의 빛에너지로부터 전환된 것입니다.

사람의 운동 에너지	음식을 먹음으로써 얻게 된 화학 에너지로부터 전환되었다.
식물	광합성으로 태양의 빛에너지에서 화학 에너지를 얻었다.
동물	식물이나 다른 동물을 먹이로 먹어 화학 에너지를 얻는다. 먹이가 가진 화학 에너지는 태양의 빛에너지로부터 온 것이다.
풍력 발전	바람이 풍력 발전기의 날개를 회전시켜 발생한 날개의 회전하는 힘은 전기를 만든다. 바람의 운동 에너지가 전기 에너지로 전환된다.

⇨ 우리가 생활에서 이용하는 에너지는 태양의 빛에너지로부터 에너지의 형태가 전환된 것입니다.

- **우리 주변에서 에너지 전환이 일어나는 다양한 예**
  - 높이 던져 올린 공은 위치 에너지를 가지고 있습니다. 그 공이 다시 떨어지는 과정에서 위치 에너지는 운동 에너지로 전환됩니다.
  - 탄소봉에 불을 붙여 불꽃놀이를 할 때 빛과 열이 나는 현상은 탄소봉의 화학 에너지가 빛에너지와 열에너지로 전환되어 일어난 현상입니다.
  - 폭포는 위치 에너지가 운동 에너지로 전환됩니다.
  - 자동차가 달릴 때 연료의 화학 에너지는 운동 에너지로 전환됩니다.
  - 전등에 불이 켜질 때 전기 에너지가 빛에너지와 열에너지로 전환됩니다.

- **전환**
  다른 방향이나 상태로 바뀌거나 바꿈

2 에너지 전환: 에너지의 형태가 바뀌는 것으로, 에너지 전환을 이용해 우리는 필요한 형태의 에너지를 얻을 수 있습니다.

+1 모닥불에서의 에너지 전환

- 모닥불은 열에너지와 빛에너지를 가지고 있습니다.
- 모닥불이 계속 타오르려면 산소와 장작 등의 탈 물질이 필요합니다.
- 모닥불의 열에너지와 빛에너지는 장작이나 낙엽 등의 화학 에너지로부터 전환되었습니다.
- 나무의 화학 에너지는 태양의 빛에너지로부터 전환되었습니다.

```
태양의 빛에너지
    ↓
나무의 화학 에너지
    ↓
모닥불의 빛에너지와 열에너지
```

핵심 개념 정리

- 한 에너지는 다른 에너지로 형태가 바뀔 수 있습니다. 이처럼 에너지 형태가 바뀌는 것을 에너지 전환이라고 합니다.
- 에너지 전환을 이용해 우리는 필요한 형태의 에너지를 얻을 수 있습니다.
- 우리가 생활하면서 이용하는 에너지는 대부분 태양에서 공급된 에너지로부터 시작하여 여러 단계의 전환 과정을 거쳐 얻습니다.

높은 곳에서 낮은 곳으로 내려갈 때 위치 에너지가 운동 에너지로 전환돼.

쉬이잉~

1~2 다음은 롤러코스터의 모습입니다. 물음에 답하시오.

▲ 위로 올라가는 모습　　　▲ 아래로 내려가는 모습

1 롤러코스터가 출발하여 천천히 올라갈 때 이용하는 에너지는 어느 것입니까? 　　　　　　(　　)

① 빛에너지　　　　　② 열에너지
③ 전기 에너지　　　　④ 화학 에너지
⑤ 위치 에너지

2 위 롤러코스터가 아래로 내려갈 때에 대한 설명입니다. ( ) 안의 알맞은 말에 ○표 하시오.

> 높은 곳에서 낮은 곳으로 내려가는 롤러코스터는 (위치, 운동) 에너지가 (위치, 운동) 에너지로 바뀐다.

3 에너지의 형태가 바뀌는 것을 무엇이라고 하는지 쓰시오.
　　　　　　　　　(　　　　　　)

4 다음은 수력 발전에서의 에너지 전환 과정을 나타낸 것입니다. ㉠에 들어갈 내용으로 옳은 것은 어느 것입니까?
　　　　　　　　　　　　　　(　　)

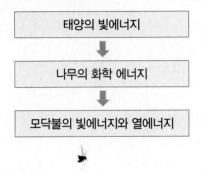

물을 증발시킨 열에너지　　　높은 곳에 고인 물의 위치 에너지

전기 에너지

① 석유　　② 석탄　　③ 전기
④ 태양　　⑤ 수증기

4 효율적인 에너지 활용

1 °에너지를 °효율적으로 이용하는 예 ➕1

(1) 에너지를 효율적으로 이용하는 전기 기구임을 알려주는 표시

① 에너지 소비 효율 등급: 에너지를 효율적으로 이용하는 정도를 1~5등급으로 표시합니다.

② 에너지 절약: 대기 전력 기준을 만족한 전기 기구에 붙이는 표시입니다.

에너지 고효율 기준을 만족한 제품에 주는 고효율 기자재 인증 표시도 있습니다.

(2) 에너지 효율 표시가 붙어 있는 전기 기구

에너지 소비 효율 등급	에너지 절약
냉장고(1등급), 냉방기(2등급), 전기밥솥(1등급), 공기 청정기(5등급) 등	전자레인지, 컴퓨터 등

(3) 건축물에서 에너지를 효율적으로 이용하는 예

① 이중창: 건물 안의 열에너지가 빠져나가지 않도록 합니다.

② 단열재: 바깥 온도의 영향을 차단하여 집안의 열이 빠져나가지 않도록 막습니다.

(4) 식물이나 동물이 환경에 적응하여 에너지를 효율적으로 이용하는 예

예	에너지를 효율적으로 이용하는 방법
°겨울눈	겨울눈의 비늘은 추운 겨울에 어린싹이 열에너지를 빼앗겨 어는 것을 막아 준다.
°겨울잠	동물은 먹이를 구하기 어려운 겨울 동안 자신의 화학 에너지를 더 효율적으로 이용하기 위해 겨울잠을 자기도 한다.

2 전등에서의 에너지 효율 비교

사람들은 에너지를 효율적으로 이용하기 위해 발광 다이오드(LED)등을 사용합니다.

(1) 전등은 전기 에너지를 빛에너지로 전환해 이용하는 기구이지만, 전기 에너지의 일부는 열에너지로 전환됩니다.

(2) 발광 다이오드(LED)등은 다른 전등에 비해 열에너지로 전환되어 손실되는 에너지의 양이 적습니다.

- **에너지를 얻기 위한 자원이 줄어들기 때문에 우리가 해야 할 일**
  - 에너지를 아껴 써야 합니다.
  - 에너지를 효율적으로 이용해야 합니다.
- **효율**
  들인 노력과 얻은 결과의 비율
- **겨울눈과 겨울잠**

▲ 겨울눈　　▲ 겨울잠

빛에너지 약 5 %
전기 에너지
열에너지
▲ 백열등

빛에너지 약 40~50 %
전기 에너지
열에너지
▲ 형광등

빛에너지 약 90 %
전기 에너지
열에너지
▲ 발광 다이오드[LED]등

3 에너지를 효율적으로 이용했을 때의 좋은 점

(1) 난방비를 줄이고, 자원을 아낄 수 있습니다.

(2) 전기 에너지를 만드는 과정에서 일어나는 환경 오염을 줄일 수 있습니다.

같은 효과를 내는 데 필요한 전기 에너지의 양이 줄어들게 되므로 전기 에너지를 아낄 수 있습니다.

+1 에너지 소비 효율 등급의 의미

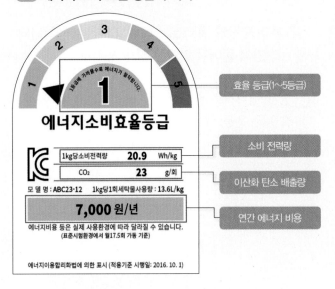

효율 등급(1~5등급)

소비 전력량

이산화 탄소 배출량

연간 에너지 비용

핵심 개념 정리

- 에너지 소비 효율 등급이나 에너지 절약 표시 등으로 에너지를 효율적으로 이용하는 전기 기구를 알 수 있습니다.
- 건축물에서는 이중창이나 단열재 등을 이용해 에너지를 효율적으로 이용합니다.
- 발광 다이오드(LED)등은 다른 전등에 비해 열에너지로 전환되어 손실되는 에너지의 양이 적습니다.
- 에너지를 효율적으로 이용하면 난방비를 줄이고 자원을 아낄 수 있으며, 환경 오염을 줄일 수 있습니다.

1 다음은 에너지를 효율적으로 이용하는 정도를 나타내는 에너지 소비 효율 등급 표시입니다. 에너지 효율이 가장 높은 전기 기구에 붙이는 등급의 기호를 쓰시오.

(   )

2 우리 주위에서 에너지를 효율적으로 이용하는 전기 기구에 대해 옳게 말한 친구의 이름을 쓰시오.

> 석주: 에너지 소비 효율이 높은 전기 기구를 사용해야 해.
> 경일: 에너지 절약 표시가 붙어 있는 전기 기구는 사용하면 안 돼.
> 자윤: 에너지 소비 효율 등급이 5등급인 전기 기구를 사용하도록 노력해야 해.

(   )

3 다음은 무엇에 대한 설명인지 쓰시오.

> 추운 겨울에 어린싹이 열에너지를 빼앗겨 어는 것을 막아 준다.

(   )

4 에너지를 효율적으로 이용했을 때의 좋은 점으로 옳지 않은 것을 보기 에서 골라 기호를 쓰시오.

> 보기
> ㉠ 환경을 오염시킬 수 있다.
> ㉡ 전기 에너지를 낭비하지 않게 된다.
> ㉢ 난방비를 줄이고, 자원을 아낄 수 있다.

(   )

1~3 다음 놀이공원의 모습을 보고, 물음에 답하시오.

1 위 놀이공원에서 위치 에너지와 관련이 있는 모습은 어느 것입니까? ( )

① 풀과 나무
② 움직이는 사람
③ 밝게 비춰 주는 가로등
④ 화려하게 빛나는 전광판
⑤ 높은 곳에 있는 놀이 기구

2 위 놀이공원의 전기를 이용해 움직이는 범퍼카에서 에너지의 형태가 어떻게 바뀌는지 ㉠과 ㉡에 들어갈 알맞은 말을 쓰시오.

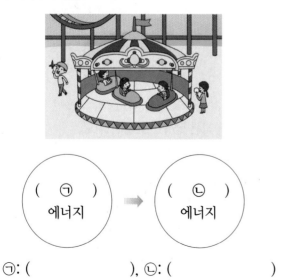

(㉠) 에너지 → (㉡) 에너지

㉠: ( ), ㉡: ( )

3 앞 놀이공원의 롤러코스터에 대한 설명입니다. ( ) 안에 들어갈 알맞은 말을 쓰시오.

> 전기 에너지로 출발한 롤러코스터는 위로 올라갈수록 운동 에너지가 ( ) 에너지로 전환된다.

( )

4 높은 곳의 물은 위치 에너지를 가지고 있습니다. 폭포에서 물의 위치 에너지는 어떤 에너지로 전환되는지 쓰시오.

( )

5 모닥불의 열에너지와 빛에너지는 무엇으로부터 전환되었습니까? ( )

① 나무의 빛에너지
② 나무의 열에너지
③ 나무의 화학 에너지
④ 낙엽의 위치 에너지
⑤ 낙엽의 운동 에너지

6 다음과 같은 모닥불의 에너지에 대한 설명으로 옳지 <u>않은</u> 것은 어느 것입니까? (   )

① 타오르는 모닥불은 열에너지를 가지고 있다.
② 타오르는 모닥불은 빛에너지를 가지고 있다.
③ 모닥불에 사용된 나무는 화학 에너지를 가지고 있다.
④ 나무가 가지고 있는 에너지는 태양의 열에너지로부터 전환되었다.
⑤ 타오르는 모닥불에서는 화학 에너지가 열에너지와 빛에너지로 전환된다.

7 다음은 에너지 전환 과정을 그림으로 나타낸 것입니다. 식물의 광합성과 물의 증발에 공통적으로 영향을 미치는 에너지는 어느 것입니까? (   )

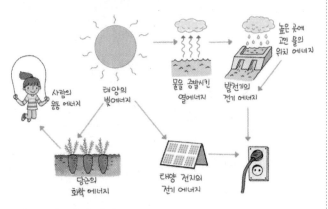

① 물의 열에너지
② 물의 위치 에너지
③ 태양의 빛에너지
④ 식물의 화학 에너지
⑤ 전기 기구의 전기 에너지

8 에너지를 효율적으로 이용하는 전기 기구에 대한 설명으로 옳지 <u>않은</u> 것은 어느 것입니까?
(   )

① 에너지 소비 효율 등급 표시가 되어 있다.
② 대기 전력 기준을 만족한 전기 기구에 에너지 절약 표시가 붙어 있다.
③ 같은 종류의 전기 기구라도 에너지 소비 효율 등급이 다를 수 있다.
④ 고효율 기준을 만족한 제품에는 고효율 기자재 인증 마크를 붙인다.
⑤ 에너지 소비 효율 1등급 제품이 5등급 제품보다 전기를 많이 소비한다.

9 식물과 동물이 에너지를 효율적으로 이용하는 방법에 대해 <u>틀리게</u> 이야기한 친구의 이름을 쓰시오.

> **석주**: 추운 겨울에 식물의 어린싹이 얼지 않도록 하는 것은 겨울눈이야.
> **경일**: 곰이나 다람쥐 등은 생명 유지 및 체온 유지를 위해 겨울에 겨울잠을 자.
> **자윤**: 숲에서 사는 동물은 겨울에 모두 겨울잠을 자기 때문에 겨울 숲은 조용해.

(   )

10 에너지를 효율적으로 이용했을 때의 좋은 점으로 옳지 <u>않은</u> 것은 어느 것입니까? (   )

① 환경을 보호할 수 있다.
② 전기 에너지를 낭비하지 않게 된다.
③ 전기 에너지를 마음껏 사용해도 된다.
④ 같은 효과를 내는 데 필요한 전기 에너지의 양이 줄어든다.
⑤ 의도하지 않은 방향으로 전환되는 에너지의 양을 줄일 수 있다.

5 에너지와 생활

👁 그림을 보고 배운 개념을 떠올리며 ( ) 안에 알맞은 말을 써 보세요.

개념1 에너지의 필요성

생물이 살아가거나 공장의 기계가 움직이기 위해서는 (❶   )이/가 필요합니다. 우리가 일상생활에서 유용하게 사용하는 기계는 전기나 기름 등에서 (❷   )을/를 얻습니다.

식물은 햇빛을 받아 광합성을 하여 스스로 양분을 만들어 (❸   )을/를 얻습니다. 동물은 다른 생물을 먹고 그 양분으로 (❹   )을/를 얻습니다.

👁 그림을 보고 배운 개념을 떠올리며 ( ) 안에 알맞은 말을 써 보세요.

개념3 다른 형태로 바뀌는 에너지

에너지 형태는 다양하며, 다른 형태의 에너지로 바뀔 수 있습니다. 이처럼 에너지의 형태가 바뀌는 것을 (❼   )(이)라고 합니다.

동물은 식물이나 다른 동물을 먹고 그 양분으로 (❽   ) 에너지를 얻습니다. 우리가 생활에서 이용하는 에너지는 (❾   )의 빛에너지로부터 에너지의 형태가 전환된 것입니다.

생물이 살아가거나 기계를 움직이는 데 에너지가 필요하며, 에너지의 형태에는 전기에너지, 빛에너지 등 다양합니다. 일상생활에서 에너지의 형태가 다양하게 전환되며, 에너지를 절약하기 위해 효율적으로 사용해야 합니다.

정답과 풀이 106쪽

개념2 여러 가지 형태의 에너지

움직이는 그네는 운동 에너지를 가지고 있어.

우리는 일상생활에서 여러 가지 형태의 에너지를 이용합니다. 대표적인 에너지의 형태는 열에너지, 전기 에너지, 빛에너지, 화학 에너지, (❺   ) 에너지, 그네가 높이 있을 때의 (❻   ) 에너지 등이 있습니다.

개념4 효율적인 에너지 활용

내가 효율이 가장 높으니 나를 사용해 줘.

빛에너지 약 90 %

전기 에너지

발광 다이오드[LED]등

열에너지

에너지를 효율적으로 사용하려면 에너지 효율이 (❿   ) 전기 기구를 사용하고, 건축물에는 에너지가 불필요하게 빠져나가지 않도록 (⓫   )을/를 설치하거나 단열재를 사용합니다.

옳은 문장에 ○, 틀린 문장에 ✕하세요. 틀린 부분은 밑줄을 긋고 바른 개념으로 고쳐 써 보세요.

1 생물이 살아가거나 기계를 움직이는 데 에너지가 필요합니다.   (   )

2 동물은 스스로 에너지를 만들 수 있으며, 식물이나 다른 동물을 먹어서 에너지를 얻기도 합니다. (   )

3 식물, 동물, 기계는 에너지를 얻는 방법이 서로 다릅니다.   (   )

4 물체의 온도를 높여 주거나 음식을 익게 해 주는 에너지는 빛에너지입니다.   (   )

5 식물이나 사람 등의 생명 활동에 필요하며, 물질이 가진 잠재적인 에너지는 열에너지입니다.   (   )

6 에너지는 다른 형태의 에너지로 바뀔 수 있으며, 에너지의 형태가 바뀌는 것을 에너지 전환이라고 합니다.
(   )

7 우리가 생활에서 이용하는 대부분의 에너지는 태양의 빛에너지로부터 에너지의 형태가 전환된 것입니다.
(   )

8 아이와 강아지가 뛰어 놀 때에는 화학 에너지가 운동 에너지로 바뀝니다.   (   )

9 날씨가 추워져도 에너지를 최대한 잃지 않으려고 식물은 겨울눈을 만들기도 하고 동물은 겨울잠을 자기도 합니다.
(   )

10 에너지를 효율적으로 사용하기 위해서는 발광 다이오드(LED)등보다 형광등을 사용하는 것이 좋습니다.
(   )

※ 한 문항당 5점입니다.

1 생물이 살아가는 데 필요한 에너지를 태양의 빛에 너지로부터 직접 얻는 생물을 보기 에서 모두 고른 것은 어느 것입니까?　　　　　　　　(　)

> **보기**
> ㉠ 뱀　　　　㉡ 개미　　　　㉢ 장미
> ㉣ 거북이　　㉤ 소나무

① ㉠, ㉡　　　　② ㉠, ㉢　　　　③ ㉡, ㉣
④ ㉢, ㉣　　　　⑤ ㉢, ㉤

2 생물이 에너지를 얻는 방법에 맞게 선으로 연결하시오.

(1) 토끼풀 •
(2) 토끼 •
(3) 호랑이 •

• ㉠ 먹이를 먹음으로써 에너지를 얻는다.
• ㉡ 광합성을 하여 스스로 에너지를 만든다.

3* 다음은 에너지에 대한 설명입니다. ㉠과 ㉡에 들어갈 알맞은 말을 쓰시오.

> 높은 곳에 있는 물체가 가지는 에너지를 (㉠) 에너지라고 하고, 텔레비전, 전등 등을 작동시키는 에너지를 (㉡) 에너지라고 한다.

㉠: (　　　　　　), ㉡: (　　　　　　)

4 다음 두 물체와 공통으로 관련된 에너지 형태는 어느 것입니까?　　　　　　　　　(　)

▲ 다리미　　　　　　▲ 텔레비전

① 빛에너지　　　　　② 위치 에너지
③ 화학 에너지　　　　④ 운동 에너지
⑤ 전기 에너지

5 다음에 공통적으로 관련된 에너지의 형태는 어느 것입니까?　　　　　　　　　(　)

> 손전등, 태양, 번개

① 빛에너지　　　　　② 화학 에너지
③ 전기 에너지　　　　④ 위치 에너지
⑤ 운동 에너지

6* 에너지의 형태에 대한 설명으로 옳은 것은 어느 것입니까?　　　　　　　　　(　)

① 운동 에너지는 주위를 밝게 비추는 에너지이다.
② 빛에너지는 움직이는 물체가 가지는 에너지이다.
③ 위치 에너지는 물체의 온도를 높이는 에너지이다.
④ 화학 에너지는 생물의 생명 활동에 필요한 에너지이다.
⑤ 열에너지는 높은 곳에 있는 물체가 가지는 에너지이다.

7 움직이는 자동차와 같은 형태의 에너지를 가지고 있는 것을 두 가지 쓰시오.

(　　　　 , 　　　　)

8 다음 놀이공원에서 볼 수 있는 모습과 관련 있는 에너지 형태를 선으로 연결하시오.

(1)
▲ 범퍼카

(2)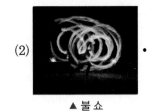
▲ 불 쇼

• ㉠ 열에너지

• ㉡ 운동 에너지

9 다음과 같은 곡식과 양초가 가진 잠재적인 에너지는 어느 것입니까? (   )

▲ 곡식   ▲ 양초

① 빛에너지
② 화학 에너지
③ 전기 에너지
④ 위치 에너지
⑤ 운동 에너지

10 오른쪽과 같은 전기난로는 전기 에너지를 어떤 에너지로 전환하는 전기 기구인지 두 가지를 고르시오. (,   )

▲ 전기난로

① 빛에너지
② 열에너지
③ 화학 에너지
④ 위치 에너지
⑤ 운동 에너지

11 다음은 석주가 아침을 먹고 학교까지 걸어갔을 때 나타나는 에너지 전환 과정입니다. (   ) 안에 들어갈 알맞은 에너지의 형태는 어느 것입니까? (   )

> 화학 에너지 → (   ) 에너지

① 빛
② 열
③ 운동
④ 위치
⑤ 전기

12* 각 상황과 에너지 전환 과정을 옳게 짝 지은 것은 어느 것입니까? (   )

① 떠오르는 열기구: 열에너지 → 화학 에너지
② 돌아가는 선풍기: 전기 에너지 → 운동 에너지
③ 폭포에서 떨어지는 물: 위치 에너지 → 열에너지
④ 위로 올라가는 롤러코스터: 위치 에너지 → 빛 에너지
⑤ 바람으로 돌아가는 풍력 발전소: 위치 에너지 → 전기 에너지

13 태양 전지에서 일어나는 에너지 전환 과정을 쓰시오.

서술형
_____

14 다음은 에너지 전환 과정에 대한 설명입니다. (   ) 안에 들어갈 알맞은 말을 쓰시오.

> 식물과 동물이 에너지를 얻는 과정을 포함한 우리 생활의 여러 현상은 (   )(으)로부터 공급된 에너지의 전환 과정이다.

(   )

15 다음은 에너지 전환 과정을 나타낸 것입니다. ㉠에 들어갈 알맞은 말은 어느 것입니까? ( )

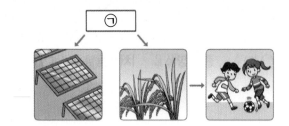

① 석탄
② 석유
③ 연료
④ 전기
⑤ 태양

16 다음과 같은 전기다리미에서 에너지의 형태가 바뀌는 과정에 맞게 ㉠과 ㉡에 들어갈 알맞은 말을 쓰시오.

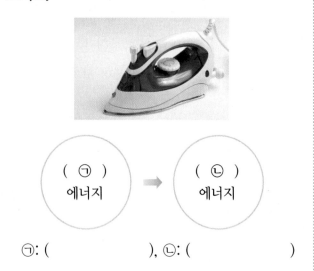

(㉠) 에너지 → (㉡) 에너지

㉠: ( ), ㉡: ( )

17 다음은 여러 전등의 에너지 효율을 비교한 표입니다. 에너지를 가장 효율적으로 이용하는 전등은 무엇인지 쓰시오.

구분	비교 결과
사용한 전기 에너지의 양	㈎ 제품<㈏ 제품<㈐ 제품
빛의 밝기	㈎ 제품=㈏ 제품=㈐ 제품

( )

18 내부의 열이 외부로 빠져나가지 않도록 하여 에너지 효율을 높이는 방법과 관계 <u>없는</u> 것은 어느 것입니까? ( )

① 단열재
② 이중창
③ 뽁뽁이
④ 태양 전지
⑤ 두꺼운 외벽

19 에너지를 효율적으로 이용하는 예가 <u>아닌</u> 것은 어느 것입니까? ( )

①  ▲ 백열등
② ▲ 이중창
③ ▲ 겨울눈
④ ▲ 겨울잠
⑤  ▲ 발광 다이오드[LED]등

20 에너지를 효율적으로 이용하는 건물을 만들기 위한 계획에 대해 옳게 말한 친구의 이름을 쓰시오.

석주: 건물 안과 바깥의 온도가 거의 같게 만들어야 해.
경일: 창문은 열고 닫기 쉽도록 얇고 가볍게 만들어야 해.
자윤: 전기 제품은 에너지 소비 효율 5등급인 제품을 사용하는 것이 좋을 것 같아.
보경: 창문으로 빠져나가는 열을 줄이기 위해서 단열 커튼을 설치하는 것이 좋아.

( )

1~3

개념1 에너지의 필요성

• 생물이 살아가거나 기계가 움직이려면 에너지가 필요합니다.

• 식물은 빛을 이용하여 스스로 양분을 만들어 에너지를 얻습니다.

• 동물은 다른 생물을 먹고 그 양분으로 에너지를 얻습니다.

• 우리가 일상생활에서 사용하는 기계는 전기나 기름 등에서 에너지를 얻습니다.

1
빈칸 쓰기

① 식물은 (   )을/를 이용하여 스스로 양분을 만들어 에너지를 얻습니다.

② 동물은 다른 생물을 먹고 그 양분으로 (   )을/를 얻습니다.

2
문장 쓰기

다음과 같은 동물과 자동차가 에너지를 얻는 방법의 차이를 쓰시오.

동물은 _____ 에너지를 얻고

자동차는 _____

에너지를 얻습니다.

3
서술 완성

다음은 몇 가지 생물을 분류하는 과정을 나타낸 것입니다. ㉠에 들어갈 알맞은 분류 기준을 에너지를 얻는 방법과 관련지어 쓰시오.

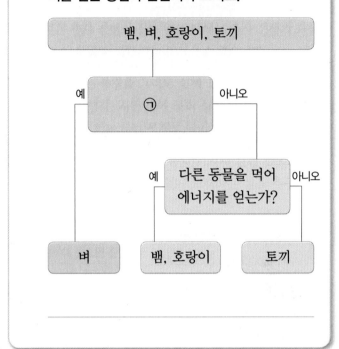

4~6

개념2 여러 가지 에너지 형태

• 열에너지: 물체의 온도를 높여 주거나 음식이 익게 해 주는 에너지입니다.

• 전기 에너지: 전기 기구를 작동하게 하는 에너지입니다.

• 빛에너지: 어두운 곳을 밝게 비춰 주는 에너지입니다.

• 화학 에너지: 식물이나 사람 등의 생명 활동에 필요하며, 물질이 가진 잠재적인 에너지입니다.

• 운동 에너지: 움직이는 물체가 가진 에너지입니다.

• 위치 에너지: 높은 곳에 있는 물체가 가지고 있는 에너지입니다.

4
빈칸 쓰기

① 물체의 온도를 높여 주거나 음식이 익게 해 주는 에너지는 (   )입니다.

② 다리미, 전등 같은 전기 기구를 작동하게 하는 에너지는 (   )입니다.

③ (   )은/는 어두운 곳을 밝게 비춰 주는 에너지입니다.

5
문장 쓰기

다음 사과나무가 가지고 있는 에너지 형태를 두 가지 이상 찾아 쓰시오.

사과나무는 생명 활동에 필요한 _____

_____ ,

높은 곳에 있는 사과는 _____ .

6
서술 완성

다음 놀이터에서 볼 수 있는 운동 에너지와 위치 에너지를 찾아 쓰시오.

_____

_____

7~9

개념3 에너지 전환

• 어떤 형태의 에너지가 다른 형태의 에너지로 바뀌는 것을 에너지 전환이라고 합니다.
• 전기난로를 켜면 전기 에너지가 열에너지와 빛에너지로 바뀝니다.
• 미끄럼틀을 탈 때, 위에 있던 아이의 위치 에너지가 운동 에너지로 바뀝니다.
• 태양 전지는 태양의 빛에너지가 전기 에너지로 바뀝니다.

7
빈칸 쓰기

① 어떤 형태의 에너지가 다른 형태의 에너지로 바뀌는 것을 (   )(이)라고 합니다.
② 전기난로를 켜면 전기 에너지가 열에너지와 (   )에너지로 바뀝니다.

8
문장 쓰기

롤러코스터가 위로 올라갈 때와 아래로 내려갈 때의 에너지 전환 과정을 쓰시오.

▲ 위로 올라가는 모습   ▲ 아래로 내려가는 모습

롤러코스터가 출발할 때 _____

_____로 전환되고, 아래로 내려갈 때

_____ 로 전환됩니다.

9
서술 완성

다음 태양 전지를 이용해 전동기에 연결된 바람개비를 돌릴 때 일어나는 에너지 전환 과정을 쓰시오.

_____

_____

서술형 평가

1 다음은 휴대 전화와 자동차의 모습입니다. 물음에 답하시오. [12점]

▲ 휴대 전화   ▲ 자동차

(1) 위 휴대 전화에서 에너지가 부족할 때 필요한 에너지를 얻는 방법을 쓰시오. [4점]

_____

_____

(2) 자동차가 움직이는 데 필요한 에너지를 얻는 방법을 쓰시오. [8점]

_____

_____

_____

2 다음과 같은 식물과 동물이 에너지를 얻는 방법을 비교하여 쓰시오. [8점]

▲ 식물   ▲ 동물

_____

_____

3 다음은 야구 경기에서 투수가 야구공을 던진 모습입니다. 물음에 답하시오. [12점]

(1) 위 야구공과 같이 움직이는 물체가 가진 에너지를 무엇이라고 하는지 쓰시오. [2점]

(   )

(2) 위 야구공은 (1)의 답 외에 어떤 에너지 형태를 가지고 있는지와 그렇게 생각한 까닭을 함께 쓰시오. [10점]

_____

_____

_____

4 다음 놀이공원의 모습을 보고, 물음에 답하시오.

[12점]

(1) 위 전광판은 전기 에너지를 어떤 에너지로 전환하는지 쓰시오. [2점]

(   )

(2) 위 놀이공원에 있는 롤러코스터에서 에너지가 어떻게 전환되는지 쓰시오. [10점]

_____

_____

_____

5 다음과 같이 떠오르는 열기구를 보고, 물음에 답하시오. [12점]

(1) 위 떠오르는 열기구와 관련된 에너지 형태를 네 가지 쓰시오. [4점]

( )

(2) 위 열기구가 떠오를 때 일어나는 에너지 전환 과정을 쓰시오. [8점]

_____

_____

6 다음 에너지 전환 과정을 보고, 수력 발전으로 얻은 전기 에너지는 무엇으로부터 전환된 것인지 과정을 쓰시오. [8점]

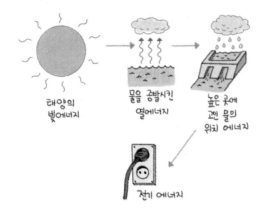

_____

_____

7 다음은 식물의 겨울눈과 동물이 겨울잠을 자는 모습입니다. 물음에 답하시오. [12점]

▲ 겨울눈   ▲ 겨울잠

(1) 겨울눈으로 에너지를 효율적으로 이용하는 까닭을 쓰시오. [6점]

_____

_____

(2) 동물이 겨울잠을 자는 방법으로 에너지를 효율적으로 이용하는 까닭을 쓰시오. [6점]

_____

_____

8 다음과 같이 에너지 소비 효율 등급이 높은 제품을 사용하거나 에너지 절약 표시가 붙어 있는 제품을 사용해 에너지를 효율적으로 이용했을 때의 좋은 점을 두 가지 쓰시오. [8점]

_____

_____

5 에너지와 생활

과제명	에너지를 얻는 방법 알아보기	배점	20점
성취 목표	생물이나 기계에 에너지가 필요한 까닭과 에너지를 얻는 방법을 설명할 수 있다.		

1~3 다음은 휴대 전화와 자동차, 식물과 동물의 모습입니다. 물음에 답하시오.

▲ 휴대 전화

▲ 자동차

▲ 식물

▲ 동물

1 위 휴대 전화와 자동차가 필요한 에너지를 얻는 방법을 쓰시오. [5점]

_____

_____

2 위 식물과 동물이 에너지를 얻는 방법이 어떻게 다른지 비교해서 쓰시오. [10점]

_____

_____

3 전기나 기름으로 더는 에너지를 얻을 수 없게 된다면 어떤 어려움이 있을지 쓰시오. [5점]

_____

_____

5 에너지와 생활

과제명	우리 주변에서 에너지의 형태가 바뀌는 예 찾아보기	배점	20점
성취 목표	우리 주변에서 에너지 형태가 바뀌는 예를 찾아 설명할 수 있다.		

1~3 다음은 놀이공원에서 볼 수 있는 여러 모습입니다. 물음에 답하시오.

1 빛이 나는 전광판과 움직이는 범퍼카에서의 에너지 전환에 대한 설명입니다. ( ) 안에 들어갈 알맞은 말을 각각 쓰시오. [5점]

(1) 빛이 나는 전광판	전기 에너지로 작동하므로 전기 에너지가 ( )(으)로 전환된 것이다.
(2) 움직이는 범퍼카	전기를 이용해 자동차를 움직이는 놀이 기구로, 이 과정에서 전기 에너지는 ( )(으)로 형태가 바뀐다.

2 롤러코스터가 움직이는 동안 철길의 높낮이가 달라짐에 따라 에너지가 어떻게 전환되는지 쓰시오. [5점]

_____

_____

3 자연 현상이나 우리 생활에서 에너지 전환이 일어나는 예를 한 가지 쓰시오. [10점]

_____

_____

1 전구에 불 켜기

- **전기 회로**: 여러 가지 전기 부품들을 연결해서 전기가 흐를 수 있게 만든 것
- **전구에 불이 켜지는 조건**
① 전선을 이용하여 전지와 전구를 끊어지지 않게 연결해야 합니다.
② 전구를 전지의 (+)극과 (−)극에 각각 연결해야 합니다.

2 전구의 연결 방법에 따른 전구의 밝기

- **전구의 직렬연결과 병렬연결**

전구의 직렬연결	전구의 병렬연결
전기 회로에서 전구 두 개 이상을 한 줄로 연결하는 방법	전기 회로에서 전구 두 개 이상을 여러 개의 줄에 나누어 한 개씩 연결하는 방법
▲ 직렬연결	▲ 병렬연결

- **전구의 연결 방법에 따른 전구의 밝기**
① 전구 두 개를 병렬연결한 전기 회로의 전구가 직렬연결한 전기 회로의 전구보다 더 밝습니다.
② 전구 두 개가 병렬로 연결된 전기 회로의 전구와 전구 한 개가 연결된 전기 회로의 전구는 밝기가 비슷합니다.

3 전기를 절약하고 안전하게 사용하는 방법

전기를 안전하게 사용하는 방법	• 물 묻은 손으로 전기 제품을 만지지 않는다. • 플러그를 뽑을 때에는 전선을 잡아당기지 않는다. • 전열 기구를 사용하지 않을 때에는 플러그를 뽑는다. • 콘센트 한 개에 플러그 여러 개를 한꺼번에 꽂아서 사용하지 않는다.
전기를 절약하는 방법	• 사용하지 않는 전등을 끈다. • 에어컨을 켤 때에는 문을 닫는다. • 컴퓨터와 텔레비전 사용 시간을 줄인다. • 에너지 지킴이를 선정해 사용하지 않는 전기 제품을 끈다.

4 전자석의 성질

- **전지의 개수에 따른 전자석의 성질**

스위치를 닫지 않았을 때	시침바늘이 전자석에 붙지 않는다.	
스위치를 닫았을 때	전지 한 개를 연결했을 때	전지 두 개를 직렬로 연결했을 때
	시침바늘 3~4개가 전자석에 붙는다.	시침바늘 6~8개가 전자석에 붙는다.

① 전자석은 전기가 흐를 때에만 자석의 성질을 띱니다.
② 직렬로 연결된 전지의 개수를 다르게 해 전자석의 세기를 조절할 수 있습니다.

- **전지의 연결 방향에 따른 전자석의 성질**: 전기 회로에서 전기가 흐르는 방향이 바뀌면 전자석의 극이 바뀝니다.

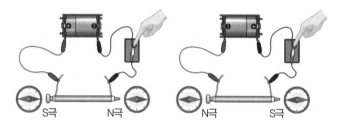

5 일상생활에서 전자석을 사용하는 예

전자석 기중기	전자석이 전기가 흐를 때만 자석의 성질을 띠는 성질을 이용해 무거운 철제품을 옮김.
머리 말리개, 선풍기	전자석으로 날개를 회전시켜 바람을 일으킴.
스피커, 헤드폰	전자석으로 얇은 판을 떨리게 하여 소리를 냄.
전기 자동차	전자석으로 자동차 바퀴를 움직임.
자기 부상 열차	전자석을 이용해 전기가 흐르면 열차와 철로가 서로 밀어 내게 하여 열차가 철로 위에 떠서 이동함.
스마트 기기	전자석으로 스마트 기기를 진동하게 함.

1 전지, 전선, 전구 등 전기 부품을 서로 연결해 전기가 흐르게 한 것을 무엇이라고 합니까?

2 전기 회로에서 전구에 불이 켜지려면 전구가 전지의 어느 부분에 연결되어 있어야 합니까?

3 전구 두 개 이상을 여러 개의 줄에 나누어 한 개씩 연결하는 방법을 무엇이라고 합니까?

4 전구의 직렬연결과 전구의 병렬연결 중 전구 한 개의 불이 꺼지면 나머지 전구의 불이 꺼지는 연결 방법은 어느 것입니까?

5 전구의 직렬연결과 전구의 병렬연결 중 전구의 밝기가 더 밝은 연결 방법은 어느 것입니까?

6 플러그를 뽑을 때 전선과 플러그의 머리 부분 중 어디를 잡고 뽑아야 합니까?

7 전기를 절약하기 위해서 형광등과 발광 다이오드등 중 어느 것을 사용해야 합니까?

8 전기가 흐르는 전선 주위에 자석의 성질이 나타나는 것을 이용해 만든 자석을 무엇이라고 합니까?

9 전자석과 영구 자석 중 자석의 세기를 조절할 수 있는 것은 어느 것입니까?

10 전자석이 철을 잡아당기는 세기를 조절하여 무거운 철을 전자석에 붙여 다른 장소로 옮기는 기구는 무엇입니까?

※ 점수 표시가 없는 문항은 8점입니다.

1 전기 부품에 대한 설명으로 옳은 것을 보기 에서 골라 기호를 쓰세요.

> **보기**
> ㉠ 전지: 전기가 흐르면 불이 켜진다.
> ㉡ 전구: 전기 회로에 전기를 흐르게 한다.
> ㉢ 전구 끼우개: 전지와 전선을 쉽게 연결할 수 있게 한다.
> ㉣ 스위치: 전기 회로에 전기를 흐르게 하거나, 흐르지 않게 할 수 있다.

( )

2 전구에 불이 켜지는 전기 회로는 어느 것입니까?

( )

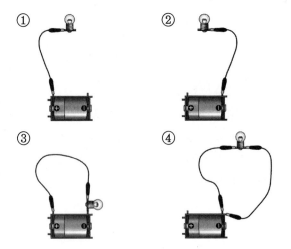

3 다음은 문제 **2**에서 전구에 불이 켜지지 않는 전기 회로를 불이 켜지도록 바꾸기 위한 방법을 설명한 것입니다. ( ) 안에 알맞은 말을 쓰시오.

> 전구에 불이 켜지기 위해서는 전지와 전구가 모두 연결되어 있어야 하고, 전구 끼우개에서 나온 두 전선이 ( )의 (+)극과 (−)에 각각 연결되어 있어야 합니다.

( )

4 전구를 직렬연결한 전기 회로의 기호를 쓰시오.

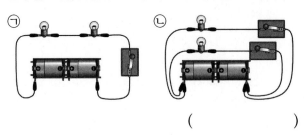

( )

5 문제 **4**의 ㉡ 전기 회로에서 전구 한 개의 불이 꺼지면 나머지 전구의 불은 어떻게 되는지 쓰시오.

서술형
[10점]

_____

_____

6 전기를 안전하게 사용하는 경우로 옳지 <u>않은</u> 것은 어느 것입니까? ( )

① 전선을 길게 늘어뜨리지 않는다.
② 물 묻은 손으로 전기 제품을 만지지 않는다.
③ 플러그를 뽑을 때 플러그 머리 부분을 잡고 뽑는다.
④ 하나의 콘센트에 여러 개의 플러그를 꽂아서 사용한다.
⑤ 전열 기구나 전기 기구를 사용하지 않을 때에는 플러그를 뽑는다.

7
서술형 전기를 절약하는 방법에 대해 **틀리게** 말한 친구의 이름을 쓰고, 바르게 고쳐 쓰시오. [10점]

> **경일** : 사용하지 않는 전등은 꺼야 해.
> **석주** : 에어컨을 켤 때에는 환기를 위해 문을 계속 열어 놓아야 해.
> **희경** : 컴퓨터나 텔레비전을 사용하는 시간을 줄여야 해.
> **자윤** : 에너지 지킴이를 선정해 사용하지 않는 전기 제품을 꺼야 해.

_____

_____

8 다음과 같이 전자석을 만들고 스위치를 닫았더니 시침바늘이 달라붙었습니다. 스위치를 열면 어떻게 됩니까? (   )

① 시침바늘이 부러진다.
② 시침바늘의 색깔이 변한다.
③ 시침바늘이 스위치에 붙는다.
④ 시침바늘이 전자석에서 떨어진다.
⑤ 시침바늘이 전자석에 계속 붙어 있는다.

9 우리 생활에서 전자석이 이용된 물체를 보기 에서 모두 골라 기호를 쓰시오. [6점]

> **보기**
> ㉠ 연필   ㉡ 선풍기
> ㉢ 스피커   ㉣ 나침반

(   )

10 전자석의 성질에 대한 설명으로 옳지 **않은** 것은 어느 것입니까? (   )

① 자석의 세기를 조절할 수 있다.
② 전기가 흐를 때 N극과 S극이 생긴다.
③ 전기가 흐를 때 철로 된 물체가 붙는다.
④ 전기가 흐르는 방향이 바뀌면 전자석의 극이 바뀐다.
⑤ 전지를 여러 개 연결하면 고무도 붙는다.

11 다음과 같이 전자석의 양 끝에 나침반을 놓고 스위치를 누르고 있던 손을 놓으면 어떻게 됩니까? (   )

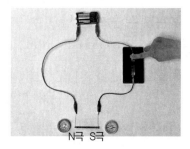

N극 S극

① 전선에 전기가 흐른다.
② 나침반 바늘이 빙글빙글 돈다.
③ 나침반 바늘이 전자석 쪽으로 움직인다.
④ 나침반 바늘이 동쪽과 서쪽을 가리킨다.
⑤ 나침반 바늘이 북쪽과 남쪽을 가리킨다.

12
서술형 전자석 기중기는 전자석의 어떤 성질을 이용한 것인지 쓰시오. [10점]

_____

_____

서술형 평가 1회

1 다음과 같은 전기 회로의 전구에 불이 켜지는 조건을 다음 단어를 모두 사용하여 쓰시오. [8점]

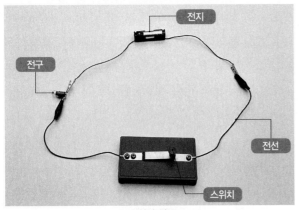

▲ 전기 회로

전지, 전구, 전선

2 다음과 같이 장식용 나무에 설치된 전구 중 일부는 불이 켜지고, 일부는 불이 꺼진 까닭을 쓰시오.

[8점]

불 꺼진 전구

3 다음과 같이 가정에서 전기를 사용하였습니다. 물음에 답하시오. [12점]

> **석주**: 외출할 때 전등을 모두 켰다.
> **민수**: 문을 닫고 냉방 기구를 틀었다.
> **영민**: 세탁기에 빨래를 적정량 넣고 세탁기를 작동했다.
> **자윤**: 냉장고에서 물을 꺼낸 후 냉장고 문을 닫고 물을 마셨다.

(1) 전기를 낭비한 사람의 이름을 쓰시오. [2점]

(   )

(2) 위 (1)의 답에 해당하는 경우를 전기를 절약하는 방법으로 고쳐 쓰시오. [10점]

4 다음과 같은 스피커는 전자석의 어떤 성질을 이용한 것인지 쓰시오. [8점]

※ 점수 표시가 없는 문항은 8점입니다.

1 전구에 불이 켜지는 전기 회로는 어느 것입니까?
( )

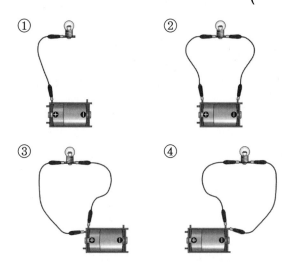

2 다음은 전기 회로에서 전구에 불이 켜지는 조건에 대한 설명입니다. ( ) 안에 들어갈 알맞은 말을 쓰시오.

전지, 전구, 전선을 ( ) 연결해야 전구에 불이 켜진다.

( )

3 다음 전기 회로의 스위치를 닫았을 때에 대한 설명으로 옳은 것은 어느 것입니까? ( )

① 전구에 불이 켜지지 않는다.
② 전지 두 개가 같은 극끼리 연결되어 있다.
③ 전지 한 개를 빼내어도 전구의 불이 꺼지지 않는다.
④ 전지 한 개를 연결했을 때보다 전구의 밝기가 더 어둡다.
⑤ 같은 방법으로 전지 세 개를 연결하면 전구의 밝기가 더 밝아진다.

4 스위치를 닫았을 때 전구의 밝기가 가장 밝은 전기 회로는 어느 것입니까? ( )

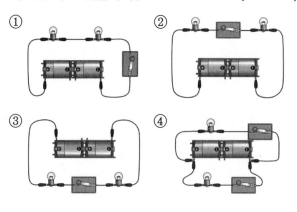

5 다음 전기 회로에서 전구의 연결 방법을 쓰고, 전
서술형 구 한 개일 때의 밝기와 두 개일 때의 전구 밝기를 비교하여 설명하시오. [10점]

6 전기를 안전하게 사용하는 방법으로 옳지 <u>않은</u> 것은 어느 것입니까? ( )

① 플러그는 콘센트에서 잘 빠지도록 꽂는다.
② 물 묻은 손으로 전기 제품을 만지지 않는다.
③ 사용하지 않는 플러그는 뽑아 놓는다.
④ 콘센트에 젓가락 등을 집어넣지 않는다.
⑤ 콘센트 한 개에 플러그 여러 개를 한꺼번에 꽂아서 사용하지 않는다.

7 전기를 안전하게 사용하거나 절약하기 위해 사용하는 제품에 대한 설명으로 옳지 <u>않은</u> 것은 어느 것입니까? ( )

① 전기를 많이 사용하는 일반 전구
② 사람의 움직임을 감지하는 감지 등
③ 감전 사고를 예방하는 콘센트 덮개
④ 누전 사고를 예방하는 과전류 차단 장치
⑤ 원하는 시간이 되면 자동으로 전원이 차단되는 시간 조절 콘센트

8 전자석 만드는 과정에 대한 설명으로 옳은 것을 보기 에서 골라 기호를 쓰시오.

> **보기**
> ㉠ 에나멜선이 전구 역할을 한다.
> ㉡ 에나멜선의 양쪽 끝부분이 전구와 연결되어야 한다.
> ㉢ 전자석을 완성한 후 전기 회로의 스위치를 닫으면 에나멜선 주위에 자석의 성질이 나타난다.

( )

9
서술형 다음은 전지의 개수를 달리하며 시침바늘을 붙여 본 모습입니다. 전지를 더 많이 연결한 전자석의 기호와 그렇게 생각한 까닭을 쓰시오. [10점]

㉠

㉡
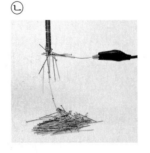

_____

_____

10 전자석의 양 끝에 나침반을 놓고 스위치를 닫았을 때의 변화로 옳은 것은 어느 것입니까? ( )

① 나침반이 뒤집어진다.
② 나침반에 전기가 흐른다.
③ 나침반 바늘이 부러진다.
④ 나침반 바늘이 계속 빙글빙글 돈다.
⑤ 나침반 바늘이 전자석 쪽으로 움직인다.

11 전자석과 영구 자석의 공통점으로 옳은 것은 어느 것입니까? ( )

① N극과 S극이 있다.
② 자석의 극을 바꿀 수 있다.
③ 항상 자석의 성질을 갖는다.
④ 나무로 된 물체가 달라붙는다.
⑤ 전류가 흐를 때에만 자석의 성질을 갖는다.

12 우리 생활에서 전자석이 이용되지 <u>않은</u> 물체를 보기 에서 골라 기호를 쓰시오.

> **보기**
> ㉠ 세탁기   ㉡ 스피커
> ㉢ 선풍기   ㉣ 나침반

( )

1 다음과 같이 전지, 전선, 전구를 연결하였습니다. 전구에 불이 켜지는지, 켜지지 않는지 쓰고 그 까닭을 쓰시오. [8점]

---

2 다음 전기 회로를 보고, 물음에 답하시오. [12점]

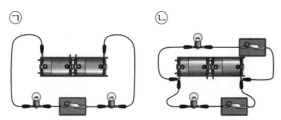

(1) 전구의 밝기가 더 밝은 것의 기호를 쓰시오.
[2점]

( )

(2) 위 (1)의 답과 같이 생각한 까닭을 쓰시오. [10점]

---

3 다음은 전기를 위험하게 사용하고 있는 경우입니다. 안전하게 사용하는 방법을 쓰시오. [8점]

---

4 다음은 전자석의 양 끝에 나침반을 놓고 스위치를 닫은 후 나침반 바늘의 변화된 모습입니다. 물음에 답하시오. [12점]

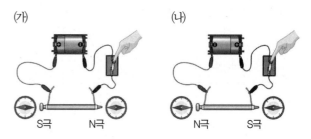

(1) 위 ⑺의 나침반 모양으로 알 수 있는 전자석의 성질을 쓰시오. [6점]

---

(2) 위 ⑷와 같이 전지를 반대로 끼우면 어떤 변화가 나타나는지 쓰시오. [6점]

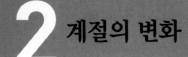
1 하루 동안 태양 고도, 그림자 길이, 기온 측정하기

• 태양 고도: 태양이 지표면과 이루는 각

• 하루 동안 태양 고도, 그림자 길이, 기온의 변화

태양 고도	하루 중 가장 높은 때: 낮 12시 30분
그림자 길이	하루 중 그림자 길이가 가장 짧은 때: 낮 12시 30분
기온	하루 중 기온이 가장 높은 때: 오후 2시 30분

2 하루 동안 태양 고도, 그림자 길이, 기온의 관계

• 태양의 남중 고도: 태양이 남중했을 때의 고도로, 이때 태양 고도는 하루 중 가장 높습니다.

• 하루 동안 태양 고도, 그림자 길이, 기온의 관계

① 태양 고도가 높아지면 그림자 길이는 짧아지고, 기온은 높아집니다.

② 하루 동안 기온이 가장 높게 나타나는 시각은 태양이 남중한 시각보다 약 두 시간 정도 뒤입니다.
⇨ 태양 고도가 높아질수록 지표면은 더 많이 데워지고, 지표면이 데워져 공기의 온도가 높아지는 데에는 시간이 걸리기 때문입니다.

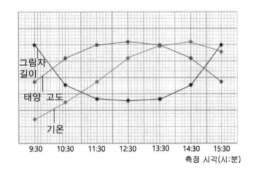

3 계절에 따른 태양의 남중 고도와 낮과 밤의 길이, 기온의 관계

구분	태양의 남중 고도	낮의 길이	밤의 길이	기온
여름	높다.	길다.	짧다.	높다.
겨울	낮다.	짧다.	길다.	낮다.

• 태양의 남중 고도와 낮의 길이 관계: 태양의 남중 고도가 높아질수록 낮의 길이도 길어집니다.

4 태양의 남중 고도에 따른 기온 변화

• 계절별 태양의 남중 고도에 따른 기온 변화

① 여름: 태양의 남중 고도가 높아 단위 면적의 지표면에 도달하는 태양 에너지양이 많습니다. ⇨ 지표면이 많이 데워져 기온이 높습니다.

② 겨울: 태양의 남중 고도가 낮아 단위 면적의 지표면에 도달하는 태양 에너지양이 적습니다. ⇨ 지표면이 적게 데워져 기온이 낮습니다.

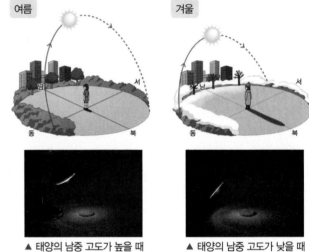

▲ 태양의 남중 고도가 높을 때   ▲ 태양의 남중 고도가 낮을 때

5 계절이 변하는 까닭

• 지구본의 자전축이 수직인 채 공전할 때 태양의 남중 고도 변화: 변화가 없습니다. ⇨ 계절의 변화가 생기지 않습니다.

• 지구본의 자전축이 기울어진 채 공전할 때 태양의 남중 고도 변화: 지구본의 위치에 따라 변화가 있습니다.
⇨ 계절의 변화가 생깁니다.

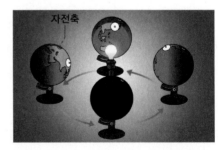

• 계절이 변하는 까닭: 지구의 자전축이 공전 궤도면에 대해 기울어진 채 태양 주위를 공전하기 때문입니다.

1 태양이 지표면과 이루는 각을 무엇이라고 합니까?

2 태양 고도가 높아지면 그림자 길이가 (짧아, 길어)집니다.

3 태양 고도가 높아지면 기온은 (높아, 낮아)집니다.

4 태양이 남중했을 때의 고도를 무엇이라고 합니까?

5 태양의 남중 고도가 가장 높은 계절과 가장 낮은 계절을 순서대로 쓰시오.

6 태양의 남중 고도가 높을수록 낮의 길이는 어떠합니까?

7 낮의 길이가 가장 긴 계절과 가장 짧은 계절을 순서대로 쓰시오.

8 태양의 남중 고도가 높아지면 일정한 면적에 도달하는 태양 에너지양은 어떠합니까?

9 지구본의 자전축을 수직으로 하여 전등 주위를 공전할 때, 지구본의 위치에 따라 태양의 남중 고도는 어떻게 됩니까?

10 계절이 변하는 까닭은 지구의 자전축이 공전 궤도면에 대하여 (   ) 채 태양 주위를 공전하기 때문입니다.

단원 평가 1^회

※ 점수 표시가 없는 문항은 8점입니다.

1 다음에서 태양 고도는 얼마인지 쓰시오.

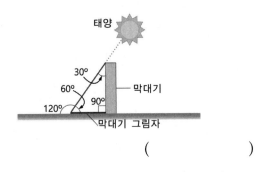

태양

30°
60° ── 막대기
90°
120°
막대기 그림자

(   )

2 태양 고도가 가장 높은 경우는 어느 것입니까?

(   )

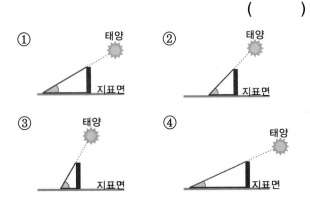

① 태양 / 지표면
② 태양 / 지표면
③ 태양 / 지표면
④ 태양 / 지표면

3 다음은 하루 동안의 태양 고도와 기온 변화 그래프입니다. 이에 대한 설명으로 옳은 것을 두 가지 고르시오.   (,   )

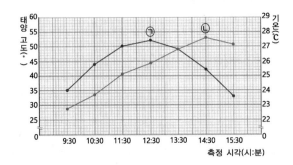

① 기온은 태양 고도보다 늦게 높아진다.
② 태양 고도가 높아지면 기온은 낮아진다.
③ ㉠은 기온이 가장 높은 때로 낮 12시 30분 무렵이다.
④ ㉡은 태양의 높이가 가장 높은 때다.
⑤ 기온은 태양 고도가 가장 높은 때보다 약 두 시간 정도 뒤에 가장 높다.

4 다음은 오전에서 오후까지 1시간 간격으로 그림자 길이와 기온을 측정한 결과입니다. 낮 12시 30분 무렵에 측정한 것의 기호를 쓰고, 그렇게 생각한 까닭을 쓰시오. [10점]

서술형

측정 시각	㉠	㉡	㉢	㉣	㉤	㉥
그림자 길이(cm)	14.3	10.4	8.4	7.8	8.7	11.1
기온(℃)	22.7	23.7	25.1	25.9	26.8	27.6

_____

_____

5 다음은 하루 동안 시간에 따른 태양 고도를 측정하여 나타낸 것입니다. 태양의 남중 고도를 측정할 수 있는 시각을 쓰시오.

측정 시각 (시 : 분)	태양 고도(°)	측정 시각 (시 : 분)	태양 고도(°)
9 : 30	35	12 : 30	52
10 : 30	44	13 : 30	49
11 : 30	50	14 : 30	42

(   )

6 태양의 남중 고도가 가장 높은 계절의 자연환경과 생활 모습으로 옳은 것은 어느 것입니까?

(   )

① ▲ 따뜻해지고 꽃이 핀다.

②  ▲ 계곡이나 바다로 물놀이를 간다.

③ ▲ 벼와 같은 곡식이 익는다.

④  ▲ 눈썰매를 타거나 눈사람을 만든다.

7 다음은 계절에 따른 태양의 움직임을 나타낸 것입니다. 이에 대한 설명으로 옳지 <u>않은</u> 것은 어느 것입니까? ( )

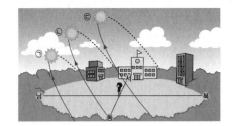

① ㉠은 여름에 해당된다.
② 계절마다 태양의 남중 고도는 달라진다.
③ ㉢에 있을 때 기온이 가장 높은 계절이다.
④ ㉢에 있을 때 태양의 남중 고도가 가장 높다.
⑤ ㉡ 봄, 가을에 태양의 남중 고도는 여름과 겨울의 중간 정도이다.

8 다음은 월별 태양의 남중 고도 그래프와 월별 낮의 길이 그래프를 나타낸 것입니다. 이에 대한 설명으로 옳지 <u>않은</u> 것은 어느 것입니까? ( )

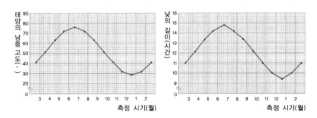

① 낮의 길이는 6~7월에 가장 길다.
② 태양의 남중 고도가 높으면 낮의 길이가 길다.
③ 7월부터 12월까지 태양의 남중 고도는 높아진다.
④ 봄, 가을에 낮의 길이는 여름과 겨울의 중간 정도이다.
⑤ 태양의 남중 고도 그래프와 낮의 길이 그래프의 모양은 비슷하게 나타난다.

9~10 다음과 같이 장치하고 모래의 온도 변화를 측정하였습니다. 물음에 답하시오.

9 앞 실험에서 실험 기구가 나타내는 것은 무엇인지 선으로 연결하시오.

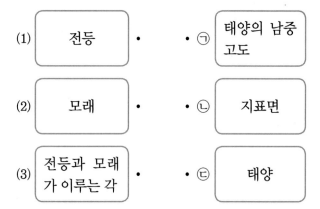

(1) 전등 · · ㉠ 태양의 남중 고도

(2) 모래 · · ㉡ 지표면

(3) 전등과 모래가 이루는 각 · · ㉢ 태양

10 앞 실험 ㉠과 ㉡ 중 자연 현상에서 여름에 해당하는 것의 기호를 쓰시오.

( )

11 계절별 기온에 대한 설명으로 옳은 것을 보기 에서 골라 기호를 쓰시오.

보기
㉠ 여름에는 태양의 남중 고도가 높기 때문에 기온이 높다.
㉡ 여름과 겨울의 기온 차이가 나는 것은 태양의 남중 고도가 일정하기 때문이다.
㉢ 여름에는 일정한 면적의 지표면에 도달하는 태양 에너지양이 적기 때문에 기온이 높다.
㉣ 겨울에는 일정한 면적의 지표면에 도달하는 태양 에너지양이 많기 때문에 기온이 낮다.

( )

12 서술형 다음에서 지구본의 위치에 따라 태양의 남중 고도가 변하는 경우의 기호를 쓰고, 이것으로 알 수 있는 계절이 변하는 까닭을 쓰시오. [10점]

㉠ 지구본의 자전축이 수직인 채 공전할 때
㉡ 지구본의 자전축이 기울어진 채 공전할 때

_____

_____

서술형 평가 1회

1 다음은 하루 동안 태양 고도와 그림자 길이, 기온 변화를 나타낸 그래프입니다. 물음에 답하시오. [12점]

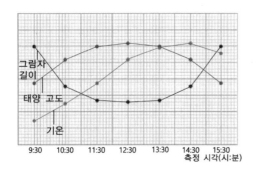

(1) 위에서 태양 고도 그래프와 모양이 비슷한 것과 모양이 다른 것을 각각 쓰시오. [2점]

• 비슷한 그래프: (　　　　　　　) 그래프
• 다른 그래프: (　　　　　　　) 그래프

(2) 위 (1)의 답과 같이 태양 고도 그래프와 모양이 비슷하게 나타나는 까닭을 쓰시오. [10점]

_____

_____

2 다음은 하루 동안 태양의 움직임을 나타낸 것입니다. 물음에 답하시오. [12점]

(1) 태양이 남중했을 때 태양은 어느 방향에 있는지 쓰시오. [2점]

(　　　　　　　)

(2) 태양의 남중 고도를 언제 측정할 수 있는지 그림자의 길이와 관련지어 쓰시오. [10점]

_____

3 다음과 같이 계절에 따라 교실 창문으로 햇빛이 차이나게 들어오는 까닭을 쓰시오. [8점]

_____

_____

4 다음과 같이 장치하고 모래의 온도 변화를 측정하였습니다. 물음에 답하시오. [12점]

(1) 위 실험에서 5분이 지난 뒤 모래의 온도가 더 많이 높아진 것의 기호를 쓰시오. [2점]

(　　　　　　　)

(2) 위 (1)의 답을 통해 여름에 기온이 높은 까닭을 **보기** 의 낱말을 모두 사용하여 쓰시오. [10점]

보기

지표면　　태양의 남중 고도　　태양 에너지양

_____

_____

단원 평가 2회

※ 점수 표시가 없는 문항은 8점입니다.

1 다음은 하루 동안 그림자 길이와 태양 고도를 측정하는 방법입니다. 이에 대한 설명으로 옳지 <u>않은</u> 것은 어느 것입니까? ( )

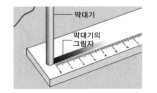 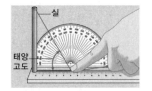

① 편평하고 햇빛이 잘 드는 곳에서 측정한다.
② 태양 고도는 그림자의 끝과 실이 이루는 각도를 측정한다.
③ 막대기의 길이에 상관없이 태양 고도는 일정하다.
④ 막대기가 휘어지지 않게 실을 세게 잡아당기지 않는다.
⑤ 그림자 길이를 측정한 뒤 바로 태양 고도를 측정하지 않는다.

2 태양 고도에 대한 설명으로 옳지 않은 것은 어느 것입니까? ( )

① 태양이 떠 있는 높이를 말한다.
② 태양과 지표면이 이루는 각으로 나타낸다.
③ 태양이 높이 떠 있을수록 태양 고도는 높다.
④ 태양 고도를 나타낼 때 각도(°) 단위를 사용한다.
⑤ 태양 고도가 높아지면 그림자 길이는 길어진다.

3 하루 동안 태양 고도와 기온의 변화에 대한 설명으로 옳은 것은 어느 것입니까? ( )

① 태양 고도가 높아지면 기온은 높아진다.
② 태양 고도가 가장 높은 때 기온도 가장 높다.
③ 기온이 가장 높은 때는 낮 12시 30분 무렵이다.
④ 태양 고도가 가장 높은 때는 14시 30분 무렵이다.
⑤ 태양 고도는 기온보다 늦게 최고 높이에 도달한다.

4 다음은 낮 12시 30분경의 태양 고도입니다. 두 시간 후의 태양 고도(㉠)와 그림자 길이(㉡) 변화로 옳은 것은 어느 것입니까? ( )

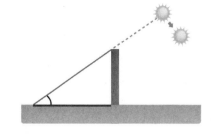

	㉠	㉡
①	높아진다.	짧아진다.
②	높아진다.	길어진다.
③	낮아진다.	짧아진다.
④	낮아진다.	길어진다.
⑤	변화 없다.	변화 없다.

5 태양의 남중 고도에 대한 설명으로 옳은 것은 어느 것입니까? ( )

① 하루 중 태양이 가장 밝은 때이다.
② 하루 중 태양 고도가 가장 낮은 때이다.
③ 하루 중 그림자 길이가 가장 짧은 때이다.
④ 태양이 서쪽에 위치할 때의 태양 고도이다.
⑤ 하루 중 기온이 가장 높은 때의 태양 고도이다.

6 다음은 계절에 따른 태양의 움직임을 나타낸 것입니다. ㉠~㉢ 중 겨울에 해당하는 것과 낮의 길이가 가장 긴 계절에 해당하는 것의 기호를 순서대로 쓰시오.

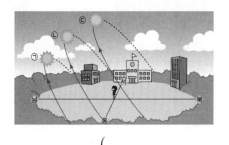

(,)

7 다음은 월별 태양의 남중 고도를 나타낸 그래프입니다. 이를 보고 계절에 따른 태양의 남중 고도에 대해 쓰시오. [12점]

서술형

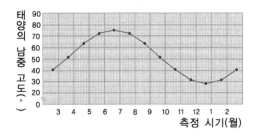

8 낮의 길이에 대한 설명으로 옳지 <u>않은</u> 것은 어느 것입니까? ( )

① 계절마다 달라진다.
② 여름에 길고 겨울에 짧다.
③ 낮의 길이는 계절별 기온에 영향을 준다.
④ 태양의 남중 고도가 낮아질수록 낮의 길이는 길어진다.
⑤ 봄과 가을의 낮의 길이는 여름과 겨울의 중간 정도이다.

9 다음과 같이 장치하고 모래의 온도 변화를 측정하였습니다. 이 실험에 대한 설명으로 옳은 것은 어느 것입니까? ( )

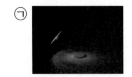 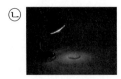

① ㉠은 자연에서 여름에 해당한다.
② 모래의 온도 변화가 더 큰 것은 ㉠이다.
③ 태양의 남중 고도가 더 높은 것은 ㉡이다.
④ 태양의 남중 고도가 높을수록 기온이 낮다.
⑤ 전등과 모래가 이루는 각이 더 큰 것은 ㉠이다.

10 태양의 남중 고도와 기온의 관계에 대한 설명으로 옳은 것을 두 가지 고르시오. (,)

① 태양의 남중 고도와 기온은 관계가 없다.
② 태양의 남중 고도가 낮은 겨울에 기온이 낮다.
③ 태양의 남중 고도가 낮으면 지표면이 많이 데워져 기온이 높다.
④ 태양의 남중 고도가 달라지기 때문에 계절에 따라 기온이 달라진다.
⑤ 태양의 남중 고도가 높으면 일정한 면적의 지표면에 도달하는 태양 에너지양이 적다.

11 다음과 같이 지구본의 자전축을 수직으로 맞추고 공전시켜 태양의 남중 고도를 측정하였더니 각 위치에서 태양의 남중 고도가 같았습니다. 태양의 남중 고도를 달라지게 하는 방법으로 옳은 것을 보기 에서 골라 기호를 쓰시오.

자전축

보기
㉠ 지구본을 자전만 하게 한다.
㉡ 전등의 크기를 더 큰 것으로 바꾼다.
㉢ 지구본의 자전축을 기울여 공전시킨다.
㉣ 태양 고도 측정기를 지구본의 위치가 바뀔 때마다 다른 위치에 붙인다.

( )

12 계절이 변하는 까닭으로 옳은 것은 어느 것입니까? ( )

① 지구가 자전하기 때문이다.
② 지구 자전축이 수직인 채 공전하기 때문이다.
③ 지구 자전축이 기울어진 채 공전하기 때문이다.
④ 지구 자전축이 수직인 채 공전하여 낮의 길이가 달라지기 때문이다.
⑤ 지구 자전축이 기울어졌다가 수직이 되기도 하며 계속 변하기 때문이다.

1 다음은 지표면에 수직으로 막대기를 세우고, 막대기의 그림자를 이용해 태양 고도를 측정하는 모습입니다. 태양 고도의 뜻을 쓰고, ㉠과 ㉡의 태양 고도를 비교하여 쓰시오. [8점]

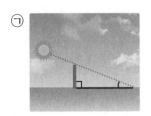
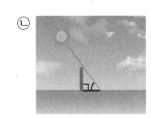

2 다음은 계절별 태양의 움직임을 나타낸 것입니다. ㉢에 해당하는 계절과 이때의 태양의 남중 고도, 낮의 길이, 기온의 관계를 쓰시오. [8점]

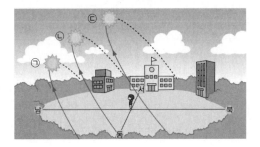

3 다음은 계절에 따라 기온이 변하는 까닭에 대한 친구들의 대화입니다. **틀리게** 말한 친구는 누구인지 쓰고, **틀리게** 말한 부분을 옳게 고쳐 쓰시오. [8점]

> 다솜: 계절에 따라 기온이 변하는 것은 태양의 남중 고도와 관계있어.
> 형진: 태양의 남중 고도가 낮을수록 같은 면적의 지표면에 도달하는 태양 에너지양이 많아져.
> 우주: 같은 면적의 지표면에 도달하는 태양 에너지양이 많을수록 기온이 높아져.

4 다음은 지구의 자전축이 기울어진 채 태양 주위를 공전하는 모습을 모형실험으로 나타낸 것입니다. 물음에 답하시오. [12점]

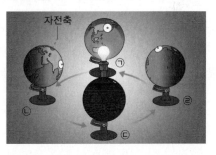

(1) 지구가 ㉡의 위치에 있을 때 우리나라에서의 계절을 쓰시오. [2점]

(   )

(2) 만약 지구의 자전축이 기울어지지 않은 채로 태양 주위를 공전한다면 태양의 남중 고도와 낮의 길이 및 계절의 변화가 어떻게 될지 쓰시오. [10점]

1 물질이 탈 때 나타나는 현상

• 초가 탈 때 나타나는 현상

① 불꽃 모양은 위아래로 길쭉합니다.

② 불꽃 색깔은 노란색, 붉은색입니다.

③ 불꽃의 위치에 따라 밝기가 다릅니다.

④ 시간이 지날수록 초의 길이가 짧아집니다.

⑤ 불꽃의 아랫부분이나 옆 부분보다 윗부분이 더 뜨겁습니다.

⑥ 심지의 윗부분은 검은색이고, 아랫부분은 하얀색입니다.

⑦ 초에 불을 붙이기 전 무게는 81.6 g이고, 촛불을 끈 후 무게는 80.5 g입니다.

• 알코올이 탈 때 나타나는 현상

① 불꽃 모양은 위아래로 길쭉합니다.

② 불꽃 색깔은 푸른색, 붉은색입니다.

③ 불꽃 주변이 밝아집니다.

④ 시간이 지날수록 알코올의 양이 줄어듭니다.

⑤ 불꽃의 아랫부분이나 옆 부분보다 윗부분이 더 뜨겁습니다.

⑥ 심지의 윗부분은 검은색이고, 아랫부분은 하얀색입니다.

⑦ 알코올램프에 불을 붙이기 전 무게는 107.9 g이고, 알코올램프의 불을 끈 후 무게는 106.6 g입니다.

• 물질이 탈 때 공통적으로 나타나는 현상: 물질이 탈 때에는 빛과 열이 발생하며, 물질의 양이 변하기도 합니다.

2 물질이 연소할 때 필요한 조건

• 연소: 물질이 산소와 빠르게 반응하여 빛과 열을 내는 현상

• 물질이 연소할 때 필요한 조건

① 탈 물질: 초나 알코올 등과 같은 탈 물질이 필요합니다.

② 산소: 물질이 타면서 산소를 사용합니다.

③ 발화점 이상의 온도: 어떤 물질이 불에 직접 닿지 않아도 타기 시작하는 온도를 그 물질의 발화점이라고 하며, 발화점은 물질마다 다릅니다.

⇨ 연소가 일어나려면 탈 물질과 산소가 있어야 하고, 온도가 발화점 이상이 되어야 합니다.

3 물질이 연소한 후에 생기는 물질

• 초가 연소한 후 생기는 물질 알아보기

① 푸른색 염화 코발트 종이의 변화: 푸른색 염화 코발트 종이를 붙인 아크릴 통으로 촛불을 덮으면 푸른색 염화 코발트 종이가 붉게 변합니다. → 물이 생기는 것을 알 수 있습니다.

② 석회수의 변화: 초를 연소시킨 집기병에 석회수를 넣고 흔들면 무색투명했던 석회수가 뿌옇게 흐려집니다. → 이산화 탄소가 생기는 것을 알 수 있습니다.

• 물질이 연소한 후에 생기는 물질

① 물질이 연소하면 연소 전의 물질과는 다른 새로운 물질이 만들어집니다.

② 초가 연소한 후에 푸른색 염화 코발트 종이와 석회수의 변화를 관찰하는 것으로 물과 이산화 탄소가 생기는 것을 알 수 있습니다.

③ 초가 연소한 후에 크기가 줄어든 까닭: 초가 물과 이산화 탄소로 변했기 때문입니다.

4 불을 끄는 다양한 방법

• 소화: 연소의 조건 중에서 한 가지 이상의 조건을 없애 불을 끄는 것

• 불을 끄는 다양한 방법

소화의 조건	불을 끄는 방법
탈 물질 없애기	• 초의 심지를 자른다. • 낙엽 등 타기 쉬운 물질을 치운다. • 가스레인지의 연료 조절 밸브를 잠근다.
산소 공급 막기	• 물수건으로 덮는다. • 흙이나 모래를 뿌린다. • 두꺼운 담요나 뚜껑으로 덮는다.
발화점 미만으로 온도 낮추기	• 물을 뿌린다. • 물수건으로 덮는다.

5 화재 발생 시 대처 방법

① 비상벨을 누르고, 119에 화재를 신고합니다.

② 나무로 된 가구 밑에 들어가지 않습니다.

③ 젖은 수건으로 코와 입을 막고 몸을 낮춰 이동합니다.

④ 문손잡이가 뜨거우면 문을 열지 않습니다.

⑤ 승강기 대신 계단으로 대피합니다.

1 물질이 탈 때에는 빛과 무엇이 발생합니까?

2 초나 알코올의 불꽃에 손을 가까이 했을 때 아랫부분, 옆 부분, 윗부분 중 가장 뜨거운 부분은 어디입니까?

3 같은 크기의 촛불을 크기가 다른 아크릴 통으로 덮었을 때 큰 아크릴 통과 작은 아크릴 통 중 초가 더 오래 타는 것은 어느 통으로 덮은 것입니까?

4 어떤 물질이 불에 직접 닿지 않아도 타기 시작하는 온도를 그 물질의 무엇이라고 합니까?

5 물질이 산소와 빠르게 반응하여 빛과 열을 내는 현상을 무엇이라고 합니까?

6 연소가 일어나려면 탈 물질과 발화점 이상의 온도 외에 또 무엇이 있어야 합니까?

7 푸른색 염화 코발트 종이로 초가 연소한 후에 무엇이 생긴 것을 알 수 있습니까?

8 초가 연소한 후에 이산화 탄소가 생기는 것은 무엇으로 확인할 수 있습니까?

9 촛불을 입으로 부는 것은 무엇을 없애 불을 끄는 것입니까?

10 화재가 발생했을 때 (계단, 승강기)을/를 이용해서 대피해야 합니다.

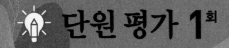

※ 점수 표시가 없는 문항은 8점입니다.

1 초가 타는 현상을 관찰한 것으로 옳지 <u>않은</u> 것은 어느 것입니까? ( )

① 불꽃의 모양은 위아래로 길쭉하다.
② 불꽃의 색깔은 노란색, 붉은색이다.
③ 불꽃의 끝부분에서 흰 연기가 난다.
④ 심지의 윗부분은 검은색이고, 아랫부분은 하얀색이다.
⑤ 촛불의 윗부분보다 옆 부분에 손을 가까이 하였을 때 더 뜨겁다.

2 물질이 탈 때 공통적으로 나타나는 현상으로 옳지 <u>않은</u> 것은 어느 것입니까? ( )

① 열이 발생한다.
② 빛이 발생한다.
③ 불꽃의 주변이 밝아진다.
④ 불꽃은 모두 푸른색이다.
⑤ 손을 가까이 하면 따뜻하다.

3 촛불을 집기병으로 덮으면 촛불이 꺼지는 까닭으로 옳은 것은 어느 것입니까? ( )

① 산소가 공급되기 때문이다.
② 탈 물질이 없어졌기 때문이다.
③ 이산화 탄소가 없어졌기 때문이다.
④ 주위의 온도가 갑자기 낮아졌기 때문이다.
⑤ 공기가 통하지 않아 산소가 공급되지 않았기 때문이다.

4 다음과 같이 초 두 개에 불을 붙이고 크기가 다른 아크릴 통으로 동시에 덮었을 때, 먼저 꺼지는 촛불의 기호와 그렇게 생각한 까닭을 쓰시오. [10점]

[서술형]

ㄱ  ㄴ

_____

_____

5 다음과 같이 성냥의 머리 부분과 나무 부분을 철판에 올려놓고, 철판의 가운데 부분을 가열하였습니다. 이 실험에 대한 설명으로 옳은 것은 어느 것입니까? ( )

① 성냥의 나무 부분에 먼저 불이 붙는다.
② 성냥의 머리 부분에 나중에 불이 붙는다.
③ 성냥의 머리 부분과 나무 부분에 동시에 불이 붙는다.
④ 성냥의 머리 부분과 나무 부분에 모두 불이 붙지 않는다.
⑤ 물질이 타기 시작하는 온도에 먼저 도달한 것은 성냥의 머리 부분이다.

6 물질마다 불이 붙는 데 걸리는 시간이 다른 까닭으로 옳은 것은 어느 것입니까? ( )

① 물질마다 모양이 다르기 때문이다.
② 물질마다 색깔이 다르기 때문이다.
③ 물질마다 무게가 다르기 때문이다.
④ 물질마다 촉감이 다르기 때문이다.
⑤ 물질마다 타기 시작하는 온도가 다르기 때문이다.

7 초가 연소한 후에 생기는 물질을 두 가지 고르시오.
(,)

① 물   ② 산소   ③ 수소
④ 소금   ⑤ 이산화 탄소

8 물질이 연소한 후에 이산화 탄소가 만들어지는지 알아보는 방법은 어느 것입니까? ( )

① 푸른색 리트머스 종이가 붉은색으로 변하는지 알아본다.
② 푸른색 염화 코발트 종이가 붉은색으로 변하는지 알아본다.
③ 붉은색 염화 코발트 종이가 푸른색으로 변하는지 알아본다.
④ 석회수와 반응하였을 때 석회수가 투명해지는지 알아본다.
⑤ 석회수와 반응하였을 때 석회수가 뿌옇게 흐려지는지 알아본다.

9 탈 물질을 없애 주어 촛불을 끈 경우가 아닌 것은 어느 것입니까? ( )

① 집기병으로 덮었다.
② 입으로 바람을 세게 불었다.
③ 손으로 세게 바람을 일으켰다.
④ 초의 심지를 핀셋으로 집었다.
⑤ 초의 심지를 가위로 잘라냈다.

10 산소의 공급을 막아 불을 끄는 방법으로 보기 어려운 것은 어느 것입니까? ( )

① 불이 난 곳을 물수건으로 덮는다.
② 불이 난 곳에 흙이나 모래를 뿌린다.
③ 가스레인지의 연료 조절 밸브를 잠근다.
④ 타고 있는 물질을 두꺼운 담요로 덮는다.
⑤ 불이 붙어 있는 알코올램프의 뚜껑을 덮는다.

11 다음은 소화기의 사용 방법입니다. 순서에 맞게 기호를 쓰시오.

> ㉠ 소화기의 안전핀을 뽑는다.
> ㉡ 소화기를 불이 난 곳으로 운반한다.
> ㉢ 소화기의 손잡이를 움켜쥐며 불을 끈다.
> ㉣ 바람을 등지고 소화기의 고무관이 불 쪽을 향하도록 잡는다.

( )

12
서술형
화재로 인해 유독한 연기가 발생한 경우 대처하는 방법을 쓰시오. [10점]

_____

_____

1 다음과 같이 양초에 불을 붙이기 전과 불을 붙이고 시간이 조금 지난 후에 같은 지점의 삼발이 온도를 측정하였습니다. 이것으로 알 수 있는 양초가 연소할 때 나타나는 현상을 쓰시오. [8점]

구분	불을 붙이기 전	불을 붙인 후
온도(℃)	25	37

2 연소의 조건을 알아보기 위해 다음과 같이 장치하고, 양초가 타는 시간을 측정하였습니다. 물음에 답하시오. [12점]

ㄱ  ㄴ
이산화 망가니즈 + 묽은 과산화 수소수

(1) 더 오래 타는 양초와 그렇게 생각한 까닭을 쓰시오. [6점]

(2) 위 실험으로 알 수 있는 연소의 조건을 쓰시오. [6점]

3 다음과 같이 성냥의 머리 부분과 나무 부분을 철판의 가운데로부터 같은 거리에 올려놓고 가열하였습니다. 물음에 답하시오. [12점]

성냥의 머리 부분   성냥의 나무 부분

(1) 성냥의 머리 부분과 성냥의 나무 부분 중 먼저 불이 붙는 것을 쓰시오. [2점]

(　　　　)

(2) 위 (1)의 답으로 알 수 있는 연소의 조건을 쓰시오. [10점]

4 다음과 같이 소화전의 물을 이용해 화재를 진압할 수 있는 까닭을 쓰시오. [8점]

※ 점수 표시가 없는 문항은 8점입니다.

1 알코올램프에 불을 붙이고 알코올이 타는 현상을 관찰한 것으로 옳지 <u>않은</u> 것은 어느 것입니까?
( )

① 불꽃이 바람에 흔들린다.
② 심지의 윗부분은 검은색이다.
③ 불꽃의 위치에 따라 밝기가 다르다.
④ 시간이 지나도 알코올의 양이 변하지 않는다.
⑤ 불꽃의 아랫부분보다 윗부분에 손을 가까이 하였을 때 더 뜨겁다.

2 다음과 같이 초와 알코올이 탈 때 공통적으로 관찰할 수 있는 현상이 <u>아닌</u> 것은 어느 것입니까?
( )

① 열이 발생한다.
② 빛이 발생한다.
③ 손을 가까이 하면 뜨겁다.
④ 불꽃의 색깔은 하얀색이다.
⑤ 불꽃이 위아래로 길쭉한 모양이다.

3~4 크기가 같은 두 개의 초에 불을 붙이고, 크기가 다른 아크릴 통으로 동시에 덮어 보았습니다. 물음에 답하시오.

3 앞 실험에서 촛불이 먼저 꺼지는 것과 그 까닭에 대한 설명을 옳게 짝 지은 것은 어느 것입니까?
( )

① ㉠, 공기의 양이 많기 때문이다.
② ㉠, 공기의 양이 적기 때문이다.
③ ㉡, 탈 물질이 적기 때문이다.
④ ㉡, 공기의 양이 많기 때문이다.
⑤ ㉡, 공기의 양이 적기 때문이다.

4 위 **3**의 답으로 알 수 있는 사실을 쓰시오. [10점]

 서술형

_____

_____

5 다음과 같이 장치하고 철판을 가열하면 성냥의 머리 부분에 먼저 불이 붙습니다. 성냥의 머리 부분과 성냥의 나무 부분 중 발화점이 더 높은 것을 쓰시오.

( )

6 전기장판 같은 전기 기구로 인해 화재가 발생하는 까닭과 관련 있는 연소의 조건이 <u>아닌</u> 것을 보기에서 골라 기호를 쓰시오.

보기
㉠ 산소   ㉡ 탈 물질
㉢ 이산화 탄소   ㉣ 발화점 이상의 온도

( )

7 초가 연소하면 초의 크기가 줄어들고 새로운 물질이 생깁니다. 새로 생기는 물질끼리 옳게 짝 지은 것은 어느 것입니까? ( )

① 물, 산소
② 수증기, 물
③ 산소, 수증기
④ 물, 이산화 탄소
⑤ 산소, 이산화 탄소

8 다음은 초가 연소할 때 생기는 물질을 확인하는 실험입니다. 이 실험의 결과로 알 수 있는 초가 연소할 때 생긴 물질을 쓰시오.

> ⊙ 초에 불을 붙인 뒤 집기병으로 덮는다.
> ⓛ 촛불이 꺼지면 집기병을 조심스레 들어 올려 유리판으로 집기병의 입구를 막는다.
> ⓒ 집기병을 뒤집어서 바로 놓고 식을 때까지 기다린다.
> ⓔ 석회수를 집기병에 붓고 집기병을 살짝 흔들면서 변화를 관찰한다.

( )

9 오른쪽과 같이 가스레인지의 연료 조절 밸브를 잠갔을 때 불이 꺼지는 까닭을 쓰시오. [10점]

서술형

_____

_____

10 타고 있는 초에 아크릴 통을 덮어 촛불을 끄는 것과 같은 방법으로 불을 끄는 것을 두 가지 고르시오. (,)

① 물을 뿌린다.
② 초의 심지를 자른다.
③ 두꺼운 담요로 덮는다.
④ 흙이나 모래를 뿌린다.
⑤ 낙엽 등 타기 쉬운 물질을 치운다.

11 다음은 소화기의 사용 방법입니다. ⓛ 단계에 들어갈 내용으로 옳은 것은 어느 것입니까? ( )

> ⊙ 소화기를 불이 난 곳으로 옮긴다.
> ⓛ ( )
> ⓒ 바람을 등지고 소화기의 고무관이 불 쪽을 향하도록 잡는다.
> ⓔ 소화기의 손잡이를 움켜쥐며 불을 끈다.

① 소화기의 안전핀을 뽑는다.
② 소화기를 뒤집어 흔들어 준다.
③ 소화기 고무관의 뚜껑을 연다.
④ 소화기에 물을 가득 채워 넣는다.
⑤ 소화기의 고무관을 사용하기 쉽게 자른다.

12 화재가 발생하였을 때의 행동으로 옳은 것을 두 가지 고르시오. (,)

① 나무로 된 책상 밑에 숨는다.
② 주위 사람에게 알리지 않는다.
③ 비상구를 통하여 몸을 피한다.
④ 승강기 대신에 계단을 이용한다.
⑤ 젖은 수건으로 코와 입을 막고 서서 대피한다.

1 다음은 초와 알코올이 타는 모습입니다. 시간이 지날수록 초와 알코올의 무게는 어떻게 변하는지 쓰시오. [8점]

---

2 초가 탈 때 필요한 기체를 알아보기 위해 크기가 다른 아크릴 통으로 촛불을 동시에 덮었습니다. 물음에 답하시오. [12점]

(1) 아크릴 통의 크기를 다르게 하는 까닭을 쓰시오. [10점]

---

(2) 먼저 꺼지는 촛불의 기호를 쓰시오. [2점]

(   )

3 다음과 같은 초가 연소하면 물과 이산화 탄소가 생깁니다. 물음에 답하시오. [12점]

(1) 초가 연소할 때 물이 생기는지 알아보는 방법을 쓰시오. [6점]

---

(2) 초가 연소할 때 이산화 탄소가 생기는지 알아보는 방법을 쓰시오. [6점]

---

4 화재가 발생했을 때의 대처 방법으로 옳지 <u>않은</u> 것을 보기 에서 찾아 기호를 쓰고, 바르게 고쳐 쓰시오. [8점]

> **보기**
> ㉠ 큰 소리로 주위 사람에게 알린다.
> ㉡ 승강기를 이용해서 빠르게 대피한다.
> ㉢ 젖은 수건으로 코와 입을 막고 몸을 낮춘 상태로 이동한다.

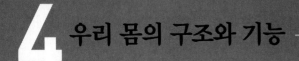
1 뼈와 근육의 구조와 기능

- **뼈**: 몸의 형태를 만들어 주고 몸을 지지하며 몸속 기관을 보호한다.
- **근육**: 뼈에 연결되어 길이가 늘어나거나 줄어들면서 뼈를 움직이게 한다.

2 소화 기관의 구조와 기능

- **소화**: 음식물 속의 영양소를 흡수하기 쉬운 크기로 분해하는 과정
- **소화 기관의 종류와 하는 일**

입	음식물을 이로 잘게 부수고, 혀로 침과 섞은 뒤 물러지게 한다.
식도	입에서 삼킨 음식물을 위로 이동시킨다.
위	소화를 돕는 액체를 분비하여 음식물과 섞고 음식물을 더 잘게 분해한다.
작은창자	소화를 돕는 액체를 분비하여 음식물을 잘게 분해하고 영양소를 흡수한다.
큰창자	음식물 찌꺼기의 수분을 흡수한다.
항문	소화되지 않은 음식물 찌꺼기를 배출한다.

3 호흡 기관의 구조와 기능

- **호흡**: 숨을 들이마시고 내쉬는 활동
- **호흡 기관의 종류와 하는 일**

코	공기가 드나드는 곳이다.
기관	공기가 이동하는 통로이다
기관지	기관과 폐 사이를 이어 주는 관으로 공기가 이동하는 통로이다.
폐	몸 밖에서 들어온 산소를 받아들이고, 몸 안에서 생긴 이산화 탄소를 몸 밖으로 내보낸다.

- **숨을 들이마실 때와 내쉴 때 몸속에서 공기의 이동**

숨을 들이마실 때	• 코 → 기관 → 기관지 → 폐 • 우리 몸에 필요한 산소를 공급한다.
숨을 내쉴 때	• 폐 → 기관지 → 기관 → 코 • 몸속의 이산화 탄소가 몸 밖으로 나간다.

4 순환 기관의 구조와 기능

- **순환 기관의 종류와 특징**

심장	• 주먹만 한 크기로 몸통 가운데에서 왼쪽으로 약간 치우쳐 있다. • 펌프 작용으로 혈액을 순환시킨다.
혈관	• 가늘고 긴 관처럼 생겼고 온몸에 퍼져 있다. • 혈액이 이동하는 통로이다.

- **혈액**: 혈관을 통해 이동하며 우리 몸에 필요한 산소와 영양소를 온몸으로 운반합니다.

5 배설 기관의 구조와 기능

- **배설 기관의 종류와 특징**

콩팥	• 강낭콩 모양으로 허리의 등쪽 좌우에 한 쌍이 있다. • 혈액에 있는 노폐물을 걸러 낸다.
방광	• 작은 공처럼 생겼다. • 걸러진 노폐물을 모아 두었다가 몸 밖으로 내보낸다.

- **배설 과정**: 콩팥이 혈액에 있는 노폐물을 걸러냄 → 걸러진 노폐물을 방광에 저장함 → 방광은 걸러 낸 노폐물을 저장하다가 요도를 통해 몸 밖으로 내보냄

6 감각 기관과 자극의 전달

- **감각 기관**: 눈, 귀, 코, 혀, 피부로 외부 자극을 받아들입니다.
- **자극이 전달되고 반응하는 과정**: 감각 기관 → 자극을 전달하는 신경계 → 행동을 결정하는 신경계 → 명령을 전달하는 신경계 → 운동 기관

7 운동할 때 일어나는 몸의 변화

- **운동할 때 몸에 나타나는 변화**: 운동하면 체온이 올라가고 맥박 수가 증가합니다.
- **몸을 움직이려고 각 기관이 하는 일**
① 운동 기관을 움직이는 데 필요한 영양소와 산소는 소화 기관과 호흡 기관에서 얻습니다.
② 우리 몸에 들어온 영양소와 산소는 순환 기관을 거쳐 온몸으로 공급됩니다.

1 뼈에 연결되어 있어 몸을 움직이게 하는 것은 무엇입니까?

2 우리 몸에 필요한 영양소가 들어 있는 음식물을 잘게 쪼개 몸에 흡수될 수 있는 형태로 쪼개는 과정을 무엇이라고 합니까?

3 우리 몸에 들어온 음식물은 입 → 식도 → (   ) → (   ) → 큰창자 → 항문의 순서로 이동합니다.

4 숨을 들이마시고 내쉬는 활동을 무엇이라고 합니까?

5 숨을 (들이마실 때, 내쉴 때) 코로 들어온 공기는 기관, 기관지, 폐를 거쳐 우리 몸에 필요한 산소를 공급합니다.

6 펌프 작용으로 혈액을 온몸으로 순환시키는 기관은 무엇입니까?

7 혈액에 있는 노폐물을 몸 밖으로 내보내는 과정을 무엇이라고 합니까?

8 혈액에 있는 노폐물을 걸러 내는 기관은 무엇입니까?

9 주변으로부터 전달된 자극을 느끼고 받아들이는 기관을 무엇이라고 합니까?

10 골키퍼가 날아오는 공을 보는 것은 자극과 반응 중 어느 것입니까?

단원 평가 1^회

※ 점수 표시가 없는 문항은 8점입니다.

1 우리 몸의 뼈에 대한 설명으로 옳지 <u>않은</u> 것은 어느 것입니까? ( )

① 뼈의 모양은 다양하다.
② 뼈의 종류는 다양하다.
③ 뼈는 스스로 움직일 수 있다.
④ 뼈에는 근육이 연결되어 있다.
⑤ 뼈는 우리 몸의 형태를 만들고 지지한다.

2 뼈와 근육 모형에서 ㉠ 부분에 대한 설명으로 옳은 것을 두 가지 고르시오. (,)

① 우리 몸의 뼈 역할을 한다.
② 우리 몸의 근육 역할을 한다.
③ 바람을 불어 넣으면 부풀어 오른다.
④ 바람을 불어 넣으면 길이가 늘어난다.
⑤ 바람을 불어 넣으면 납작한 빨대를 더 길어지게 한다.

3 우리 몸의 소화 기관을 나타낸 것입니다. 이에 대한 설명으로 옳지 <u>않은</u> 것은 어느 것입니까? ( )

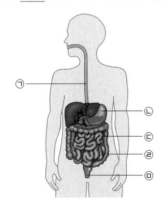

① ㉠은 식도이다.
② ㉡에서 소화를 돕는 액체가 나온다.
③ ㉢은 소화를 돕는 액체가 나오고 영양소를 흡수한다.
④ ㉣은 음식물이 지나가지 않지만 소화를 돕는다.
⑤ ㉤을 통해 소화되고 남은 찌꺼기를 배출한다.

4~5 우리 몸의 호흡 기관입니다. 물음에 답하시오.

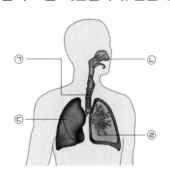

4 호흡 기관이 <u>아닌</u> 것은 어느 것입니까? ( )

① 코   ② 폐
③ 기관   ④ 혈관
⑤ 기관지

5 숨을 내쉴 때에 공기가 이동하는 기관의 기호를 순서대로 쓰시오.

( ) → ( ) → ( ) → ( )

6~7 주입기를 사용하여 붉은 색소 물을 이동시키는 실험입니다. 물음에 답하시오.

6 위 실험과 관련 있는 우리 몸속 기관은 어느 것입니까? ( )

① 소화 기관   ② 호흡 기관
③ 감각 기관   ④ 순환 기관
⑤ 배설 기관

7 앞 실험을 통하여 알 수 있는 심장이 하는 일을 심장에서 일어나는 작용과 함께 쓰시오. [10점]

서술형

_____

_____

8 배설에 대한 설명으로 옳은 것은 어느 것입니까?
( )

① 산소를 받아들이는 것
② 영양소를 몸에 저장하는 것
③ 몸에 필요한 에너지를 만드는 것
④ 이산화 탄소를 몸 밖으로 내보내는 것
⑤ 혈액에 있는 노폐물을 몸 밖으로 내보내는 것

9 방광에 대한 설명으로 옳은 것은 어느 것입니까?
( )

① 강낭콩 모양이다.
② 공기가 드나드는 곳이다.
③ 허리의 등쪽 좌우에 한 개씩 있다.
④ 음식물 찌꺼기의 수분을 흡수한다.
⑤ 콩팥에서 만든 오줌이 모이는 곳이다.

10 행동과 관련된 감각 기관을 옳게 짝 지은 것은 어느 것입니까? ( )

① 혀: 노래를 듣는다.
② 코: 파란 하늘을 본다.
③ 피부: 사과의 맛을 본다.
④ 눈: 김치 찌개의 냄새를 맡는다.
⑤ 귀: 친구가 부르는 소리를 듣는다.

11 피구 경기에서 친구가 던진 공을 잡을 때의 반응을 보기 에서 골라 기호를 쓰시오.

> **보기**
> ㉠ 공을 잡는 것
> ㉡ 친구가 공을 던지는 것
> ㉢ 날아오는 공을 보는 것
> ㉣ 던진 공이 날아오는 것

( )

12 다음과 같이 운동을 하면 호흡이 빨라지는 까닭을 쓰시오. [10점]

서술형

_____

_____

1 뼈와 근육 모형에 바람을 불어 넣기 전과 불어 넣은 후의 모습입니다. 물음에 답하시오. [12점]

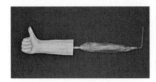 

▲ 바람을 불어 넣기 전　　▲ 바람을 불어 넣은 후

(1) 뼈와 근육 모형에 바람을 불어 넣었을 때 비닐 봉지와 뼈 모형의 변화를 쓰시오. [4점]

_____

_____

(2) 위 (1)의 답을 이용해 우리 몸이 움직이는 원리를 쓰시오. [8점]

_____

_____

2 우리 몸의 호흡 기관의 모습입니다. 숨을 들이마시고 내쉴 때 공기가 이동하는 과정을 호흡 기관을 모두 포함해 쓰시오. [8점]

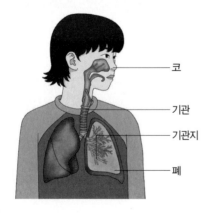

코

기관

기관지

폐

_____

_____

3 다음과 같이 거름망을 비커에 걸쳐 놓고, 노란 색소 물과 붉은색 모래를 섞어 거름망 위에 부었습니다. 물음에 답하시오. [12점]

붉은색 모래

거름망

노란 색소 물

(1) 위 실험 결과를 쓰시오. [4점]

_____

_____

(2) 노란 색소 물이 노폐물, 붉은색 모래는 혈액이라고 할 때 우리 몸에서 거름망 역할을 하는 기관의 이름과 하는 일을 쓰시오. [8점]

_____

_____

_____

4 평상시, 운동 직후, 운동하고 5분 휴식 후 측정한 체온과 1분 동안 맥박 수를 그래프로 나타낸 것입니다. 운동하고 5분 휴식 후 체온과 맥박 수의 변화를 평상시, 운동 직후와 비교하여 쓰시오. [8점]

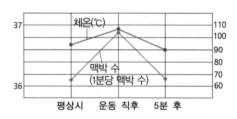

_____

_____

※ 점수 표시가 없는 문항은 8점입니다.

1 근육이 하는 일은 어느 것입니까? ( )

① 주변의 자극을 받아들인다.
② 산소와 혈액을 온몸으로 순환시킨다.
③ 음식물을 쪼개고 영양분을 흡수한다.
④ 뼈를 보호하고 몸을 움직일 수 있게 한다.
⑤ 몸 밖에서 들어온 산소를 받아들이고, 몸 안에서 생긴 이산화 탄소를 몸 밖으로 내보낸다.

2~3 소화 기관의 모습입니다. 물음에 답하시오.

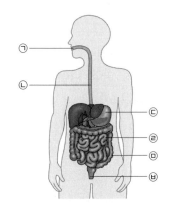

2 빵을 먹을 때 ㉠에서 일어나는 일이 아닌 것을 두 가지 고르시오. (,)

① 빵이 씹혀 잘게 부서진다.
② 빵이 침과 만나 물러진다.
③ 혀에 의해 빵이 이리저리 섞인다.
④ 음식물의 영양분이 우리 몸에 흡수된다.
⑤ 물이 흡수되고 남은 찌꺼기를 몸 밖으로 내보낸다.

3 소화 기관 중 위를 지난 빵이 그 다음으로 거치는 소화 기관의 기호와 이름을 순서대로 쓰시오.

(,)

4 호흡 기관에 대한 설명으로 옳지 않은 것은 어느 것입니까? ( )

① 코, 기관, 기관지, 폐 등이 있다.
② 숨을 들이마시고 내쉬는 활동에 관여하는 기관이다.
③ 숨을 내쉴 때에는 폐, 기관지, 기관, 코의 순서로 몸속의 공기가 몸 밖으로 나간다.
④ 숨을 들이마실 때에 코, 기관지, 기관, 폐를 거쳐 몸에 필요한 이산화 탄소를 제공한다.
⑤ 몸 밖에서 들어온 산소를 받아들이고, 몸 안에서 생긴 이산화 탄소를 몸 밖으로 내보내는 역할을 한다.

5 다음과 같이 주입기를 사용하여 붉은 색소 물을 이동시키는 실험을 하였습니다. 물음에 답하시오.

서술형

[10점]

(1) 위 실험에서 주입기의 관은 우리 몸에서 어떤 기관의 역할을 하는지 쓰시오. [2점]

( )

(2) 위 (1) 답의 기관의 위치와 하는 일을 쓰시오.

[8점]

_____

_____

6 혈액이 하는 일로 옳은 것은 어느 것입니까?
( )

① 펌프 작용을 한다.
② 공기가 이동하는 통로이다.
③ 음식 찌꺼기의 수분을 흡수한다.
④ 몸속의 노폐물을 잠시 저장해 둔다.
⑤ 우리 몸에 필요한 산소와 영양소를 온몸으로 운반한다.

7 오른쪽의 기관이 우리 몸에서 관여하는 과정은 어느 것입니까? ( )

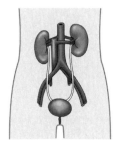

① 순환　　② 배설
③ 호흡　　④ 소화
⑤ 반응

8 콩팥에 대한 설명으로 옳은 것은 어느 것입니까?
( )

① 체온을 조절해 준다.
② 오줌을 몸 밖으로 내보낸다.
③ 등허리 오른쪽에 한 개가 있다.
④ 혈액에 있는 노폐물을 걸러 낸다.
⑤ 주머니 모양으로 배 가운데에 있다.

9 오른쪽과 같이 눈가리개를 쓰고 검은색 상자 속의 물건이 무엇인지 알아맞히는 놀이를 했습니다. 이 놀이를 할 때 다음의 행동에서 사용한 감각 기관을 모두 쓰시오.

• 상자 속의 물건의 맛을 본다.
• 상자 속의 물건을 만져 본다.
• 물건에서 나는 냄새를 맡아 본다.
• 상자를 흔들어 물건에서 나는 소리를 들어 본다.

( )

10 다음 상황에서 자극과 반응은 무엇인지 쓰시오.

서술형 [10점]

영희는 배가 고파 라면을 먹으려 물을 냄비에 넣고 끓였다. 물이 끓어서 냄비 뚜껑을 여는데 뚜껑 손잡이가 너무 뜨거워서 손에서 뚜껑을 놓았다.

_____

_____

11 운동할 때 우리 몸에 나타나는 변화로 옳지 <u>않은</u> 것은 어느 것입니까? ( )

① 덥고 땀이 난다.
② 호흡이 느려진다.
③ 맥박 수가 증가한다.
④ 심장 박동이 빨라진다.
⑤ 산소가 많이 필요하다.

12 몸을 움직이기 위해 필요한 영양소와 산소는 우리 몸의 어떤 기관을 통해 얻을 수 있는지 두 가지 고르시오. (,)

① 소화 기관
② 배설 기관
③ 감각 기관
④ 호흡 기관
⑤ 운동 기관

1 우리가 먹은 음식물이 소화되어 배출되기까지의 과정을 소화 기관과 관련지어 쓰시오. [8점]

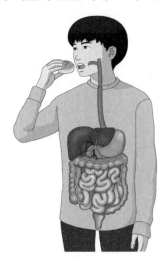

2 호흡 기관입니다. 물음에 답하시오. [12점]

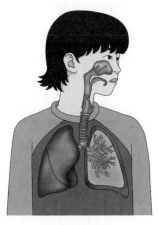

(1) 숨을 들이마실 때 몸속에서 공기의 이동 경로를 순서대로 쓰시오. [4점]

(2) 우리 몸에 들어온 공기 속 산소는 어떻게 사용되는지 쓰시오. [8점]

3 우리 몸속에서 노폐물을 걸러 몸 밖으로 내보내는 과정을 나타낸 것입니다. (개)에 들어갈 내용을 쓰시오. [8점]

온몸을 돌아온 혈액에 노폐물이 많아진다.

↓

(개)

↓

걸러진 노폐물은 오줌이 되어 방광에 잠시 저장되었다가 요도를 통해 몸 밖으로 나간다.

4 피구 경기에서 날아오는 공을 피할 때에 자극이 전달되고 반응하는 과정을 쓰시오. [8점]

5 운동할 때 우리 몸은 에너지를 내고자 혈액 순환이 더 빨라지는데, 이때 몸에서 일어나는 변화를 쓰시오. [8점]

1 에너지의 필요성

• 에너지가 필요한 까닭과 에너지를 얻는 방법 알아보기

구분	에너지가 필요한 까닭	에너지를 얻는 방법
휴대 전화	전화를 거는 데 필요하다.	콘센트에 연결해 충전한다.
자동차	작동하는 데 필요하다.	자동차에 기름을 넣거나 전기를 충전한다.
사과 나무	자라고 열매를 맺는 데 필요하다.	햇빛으로 광합성을 하여 스스로 양분을 만든다.
사람	살아가는 데 필요하다.	여러 음식을 먹어 소화한다.

• 식물과 동물이 에너지를 얻는 방법 비교하기

식물	햇빛을 받아 광합성을 하여 스스로 양분을 만들어 냄으로써 에너지를 얻는다.
동물	다른 생물을 먹어 얻은 양분으로 에너지를 얻는다.

• 전기나 기름에서 더는 에너지를 얻을 수 없을 때의 어려움
① 자동차를 탈 수 없어 걸어다녀야 하고 밤에 전등을 켤 수 없어 깜깜하게 생활하게 됩니다.
② 휴대 전화를 충전할 수도 없어 전화나 문자 메시지를 보낼 수 없습니다.
③ 공장에서 기계로 물건을 만드는 일을 할 수 없습니다.

2 여러 가지 형태의 에너지

열에너지	옷의 주름을 펴 주는 다리미의 열과 같이 물체의 온도를 높이거나 음식을 익게 해 주는 에너지
전기 에너지	전등, 텔레비전 등 우리 생활에서 이용하는 전기 기구들을 작동시켜 주는 에너지
빛에너지	어두운 곳을 밝게 비춰 주는 에너지
화학 에너지	화분의 식물이나 사람 등의 생명 활동에 필요하며, 물질이 가진 잠재적인 에너지
운동 에너지	뛰어다니는 강아지와 같이 움직이는 물체가 가진 에너지
위치 에너지	벽에 달린 시계와 같이 높은 곳에 있는 물체가 중력에 의해 가지는 에너지

3 다른 형태로 바뀌는 에너지

• 에너지 전환: 에너지의 형태가 바뀌는 것으로, 에너지 전환을 이용해 우리가 필요한 형태의 에너지를 얻을 수 있습니다.

롤러코스터	전기 에너지로 출발하거나 멈춘다. 철길의 높낮이가 달라짐에 따라 운동 에너지와 위치 에너지가 서로 바뀐다.
범퍼카	전기를 이용해 움직이는 과정에서 전기 에너지가 운동 에너지로 형태가 바뀐다.
열기구	연료의 화학 에너지는 불의 열에너지로 형태가 바뀌며, 공기를 데운 이 열에너지는 열기구의 운동 에너지, 위치 에너지로 바뀐다.
꼭대기에 올라가 있던 낙하 놀이 기구	놀이 기구가 떨어질 때 놀이 기구에 타고 있던 사람의 위치 에너지는 운동 에너지로 바뀐다.
빛이 나는 전광판	전기 에너지가 빛에너지로 전환되어 바뀐다.
나무	광합성으로 태양의 빛에너지가 나무의 화학 에너지로 바뀐다.
사람의 운동 에너지	음식을 먹음으로써 얻게 된 화학 에너지로부터 전환되었다.
식물	광합성으로 태양의 빛에너지에서 화학 에너지를 얻었다.
동물	식물이나 다른 동물을 먹이로 먹어 화학 에너지를 얻는다. 먹이가 가진 화학 에너지는 태양의 빛에너지로부터 온 것이다.

4 효율적인 에너지 활용

• 에너지를 효율적으로 이용하는 전기 기구

에너지 소비 효율 등급	에너지 절약 표시
에너지를 효율적으로 이용하는 정도를 1~5등급으로 표시한다.	대기 전력 기준을 만족한 전기 기구에 붙이는 표시이다.

• **건축물에서 에너지를 효율적으로 이용하는 방법**: 이중창을 설치하거나, 단열재를 넣어 바깥 온도의 영향을 차단하여 집안의 열이 빠져나가지 않도록 막습니다.

1 기계를 움직이거나 생물이 살아가는 데 필요한 것은 무엇입니까?

2 사과나무는 자라고 열매를 맺는 데 필요한 에너지를 무엇을 하여 스스로 양분을 만들어 얻습니까?

3 옷의 주름을 펴는 다리미와 같이 물체의 온도를 높여 주거나, 음식을 익게 해 주는 에너지 형태는 무엇입니까?

4 뛰어다니는 강아지와 같이 움직이는 물체가 가진 에너지 형태는 무엇입니까?

5 에너지의 형태가 바뀌는 것을 무엇이라고 합니까?

6 롤러코스터가 높은 곳에서 낮은 곳으로 갈 때에는 위치 에너지가 무슨 에너지로 전환됩니까?

7 태양 전지는 태양의 빛에너지를 무슨 에너지로 전환하는 장치입니까?

8 우리 생활의 에너지 전환 과정은 공통적으로 어디에서 공급된 에너지에서 시작되었습니까?

9 백열등과 발광 다이오드(LED)등 중에서 에너지 효율이 더 높은 전등은 어느 것입니까?

10 곰이나 다람쥐 등이 겨울 동안 자신의 화학 에너지를 더 효율적으로 이용하기 위해 하는 것은 무엇입니까?

※ 점수 표시가 없는 문항은 8점입니다.

1 자동차가 움직이는 데 필요한 에너지를 얻는 방법으로 옳은 것을 보기 에서 골라 기호를 쓰시오.

> **보기**
> ㉠ 비료로 필요한 영양분을 보충한다.
> ㉡ 주유소에 가서 기름(연료)을 넣는다.
> ㉢ 보조 배터리와 연결해 전기를 만든다.
> ㉣ 햇빛을 받아 광합성을 하여 스스로 양분을 만들어 에너지를 얻는다.

( )

2 동물이 에너지를 얻는 방법으로 옳은 것은 어느 것입니까? ( )

① 기름을 넣는다.
② 햇빛을 받아 광합성을 한다.
③ 충전기의 플러그를 꽂아 얻는다.
④ 다른 생물을 먹어 양분을 얻는다.
⑤ 계속 움직이는 방법으로 에너지를 얻는다.

3 어떤 경우에 다음과 같은 일이 발생할 수 있는지 쓰시오. [10점]

> • 공장에서 기계로 물건을 만드는 일을 할 수 없다.
> • 휴대 전화를 충전할 수도 없어 전화나 게임을 할 수 없다.
> • 겨울에 난방을 할 수도 없고, 여름에 선풍기나 에어컨을 켤 수 없다.

_____

4 벽에 걸려 있는 액자와 시계 같이 높은 곳에 있는 물체가 가지고 있는 에너지의 형태는 무엇인지 쓰시오.

( )

5 전등, 텔레비전 등 우리가 생활에서 이용하는 여러 기구들을 작동시켜 주는 에너지는 어느 것입니까?
( )

① 빛에너지   ② 열에너지
③ 전기 에너지   ④ 운동 에너지
⑤ 위치 에너지

6 다음 교실에서 찾을 수 있는 에너지 형태를 옳게 짝 지은 것은 어느 것입니까? ( )

① 열에너지 – 식물
② 전기 에너지 – 학생
③ 빛에너지 – 불이 켜진 전등
④ 화학 에너지 – 게시판의 작품
⑤ 위치 에너지 – 바닥에 놓인 책상

7 위에서 출발하여 아래로 내려갔다가 다시 위로 올라가는 롤러코스터에서 일어나는 에너지 전환을 옳게 나타낸 것은 어느 것입니까? (   )

① 열에너지 → 화학 에너지 → 빛에너지
② 열에너지 → 위치 에너지 → 화학 에너지
③ 위치 에너지 → 운동 에너지 → 위치 에너지
④ 운동 에너지 → 위치 에너지 → 운동 에너지
⑤ 운동 에너지 → 전기 에너지 → 위치 에너지

8 다음 장치의 프로펠러가 움직이는 데 영향을 준 것을 두 가지 고르시오. (,   )

① 태양의 빛에너지
② 전동기의 열에너지
③ 프로펠러의 화학 에너지
④ 프로펠러의 위치 에너지
⑤ 태양 전지의 전기 에너지

9 열에너지가 위치 에너지로 전환되는 예로 옳은 것은 어느 것입니까? (   )

① 뛰어다니는 사람
② 움직이는 범퍼카
③ 떠오르는 열기구
④ 광합성을 하는 나무
⑤ 벽에 붙어 있는 전광판

10 에너지를 효율적으로 이용하는 전등에 대한 설명으로 옳은 것은 어느 것입니까? (   )

① 백열등은 열에너지로 전환되는 양이 적다.
② 전기 에너지가 빛에너지와 운동 에너지로 전환된다.
③ 발광 다이오드(LED)등은 빛에너지로 전환되는 비율이 낮다.
④ 발광 다이오드(LED)등을 사용하면 에너지 낭비를 줄일 수 있다.
⑤ 열에너지로 전환된 비율이 높은 것이 에너지 효율이 높은 것이다.

11 서술형 건축물에서 에너지를 효율적으로 이용하기 위해 다음과 같은 이중창을 설치하는 까닭을 쓰시오.

[10점]

_____

_____

12 다음은 목련의 겨울눈과 곰의 겨울잠의 공통점에 대한 설명입니다. (   ) 안의 알맞은 말에 ○표 하시오.

> 목련의 겨울눈과 곰의 겨울잠은 식물이나 동물이 에너지를 효율적으로 (이용하는, 이용하지 못하는) 예이다.

※ 점수 표시가 없는 문항은 8점입니다.

1 열심히 운동을 한 뒤의 우리 몸의 변화로 옳지 <u>않은</u> 것은 어느 것입니까? ( )

① 힘이 빠진다.
② 배가 고프다.
③ 걷기에 힘이 든다.
④ 에너지가 충분하다.
⑤ 숨이 차고 땀이 난다.

2 다른 생물을 먹어 얻은 양분으로 에너지를 얻는 생물끼리 옳게 짝 지은 것은 어느 것입니까?

( )

① 뱀, 고양이
② 벼, 소나무
③ 장미, 호랑이
④ 토끼풀, 여우
⑤ 강아지, 감나무

3 전기나 기름으로 더는 에너지를 얻을 수 없을 때 생기는 문제점으로 옳은 것은 어느 것입니까?

( )

① 자동차를 움직일 수 있다.
② 휴대 전화를 충전할 수 있다.
③ 난방 기구를 작동시킬 수 있다.
④ 식물이 튼튼하게 자랄 수 없다.
⑤ 공장에서 기계로 물건을 만들 수 없다.

4 다음에 공통으로 관련된 에너지의 형태는 어느 것입니까? ( )

> 태양, 불이 켜진 전등, 켜져 있는 전광판

① 빛에너지
② 위치 에너지
③ 운동 에너지
④ 화학 에너지
⑤ 전기 에너지

5 다음과 같이 오르락내리락하는 시소가 가지고 있는 에너지 형태를 두 가지 쓰시오. [10점]

서술형

_____

_____

6 전기난로에서 일어나는 에너지 전환 과정을 옳게 나타낸 것은 어느 것입니까? ( )

① 열에너지 → 전기 에너지
② 전기 에너지 → 열에너지, 빛에너지
③ 운동 에너지 → 전기 에너지, 열에너지
④ 위치 에너지 → 빛에너지, 운동 에너지
⑤ 화학 에너지 → 열에너지, 빛에너지, 운동 에너지

7 전기 에너지가 운동 에너지로 전환된 예로 옳은 것은 어느 것입니까? ( )

① 열기구
② 화분의 식물
③ 걸어다니는 사람
④ 움직이는 회전 목마
⑤ 밝게 비춰 주는 가로등

8
서술형
다음과 같은 열기구에서 일어나는 에너지 전환 과정을 쓰시오. [10점]

_____

_____

9 불꽃놀이에서 일어나는 에너지 전환에 대한 설명입니다. ( ) 안의 알맞은 말에 ○표 하시오.

불꽃놀이를 할 때 화약의 (빛, 화학) 에너지가
(빛, 화학)에너지와 열에너지로 전환된다.

10 다음 장치의 프로펠러가 움직일 때와 관련 없는 에너지의 형태를 두 가지 고르시오. (,)

① 빛에너지   ② 전기 에너지
③ 운동 에너지   ④ 위치 에너지
⑤ 화학 에너지

11 건축물에서 에너지를 효율적으로 이용하는 모습으로 옳지 않은 것은 어느 것입니까? ( )

① 뽁뽁이를 붙인 창
② 두껍게 만든 외벽
③ 태양열을 이용한 난방
④ 얇은 재료를 사용한 지붕
⑤ 단열 유리를 사용한 창문

12 학교에서 에너지를 효율적으로 이용하는 예로 옳지 않은 것을 보기 에서 골라 기호를 쓰시오.

보기
㉠ 단열이 잘 되는 이중창
㉡ 발광 다이오드(LED)등
㉢ 에너지 소비 효율 5등급인 에어컨

( )

서술형 평가

1 다음에서 같은 형태의 에너지를 갖는 것끼리 분류하고, 각각 공통적으로 가지고 있는 에너지를 쓰시오. [8점]

▲ 다람쥐

▲ 폭포

㉢
▲ 범퍼카

㉣
▲ 사과나무

2 다음은 민수가 던진 농구공의 모습입니다. 물음에 답하시오. [12점]

(1) 농구공이 가지고 있는 에너지의 형태를 두 가지 쓰시오. [4점]

(,   )

(2) 위와 같이 공중에 떠 있는 농구공에서 일어나는 에너지 전환 과정을 쓰시오. [8점]

3 다음은 에너지 전환 과정을 나타낸 것입니다. 자연이나 일상생활에 존재하는 에너지는 대부분 어디에서 온 에너지가 전환된 것인지 예를 들어 쓰시오. [8점]

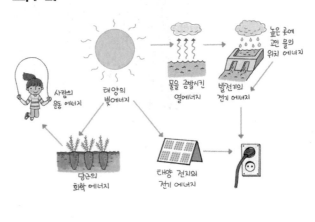

4 아침에 도서관에 갔더니 사람은 없는데 복도에 전등이 모두 켜져 있었습니다. 이 상황에서 에너지를 더 효율적으로 활용하기 위해 개선해야 할 점을 쓰시오. [8점]

계산이 아닌   개념을 깨우치는

수학을 품은 연산

디딤돌
연산
수학

1~6학년(학기용)

수학 공부의 새로운 패러다임

디딤돌 통합본

정답해설북

디딤돌
통합본

정답해설북

1 작품 속 인물과 나

🙂 개념 확인하기 6쪽

1 (2) ○ (3) ○ **2** 행동, 가치 **3** 생명 존중 **4** (2) ○

준비 🙂 7~8쪽

1 (1) ○ (3) ○ **2** 윤희순, 「안사람 의병가」 **3** 전에 없던 용기마저 불끈 솟아나게 했다. **4** ③ **5** (2) ○ **6** ① **7** ㉠ **8** (1) 예 정의 (2) 예 올바른 행동을 하려고 많은 문제와 어려움을 이겨 냈기 때문이다.

1 윤희순은 항일 의병 운동의 자금을 지원하려고 숯을 구워서 팔면서 「안사람 의병가」를 만들어 아낙네들에게 알리려고 했습니다.

2 담비는 윤희순이 시키는 대로 아낙네들이 모이는 곳이라면 어디든 달려가서 「안사람 의병가」를 가르쳤습니다.

3 윤희순이 만든 「안사람 의병가」는 사람들의 마음을 하나로 모았을 뿐만 아니라 전에 없던 용기까지 솟아나게 했습니다.

4 여자는 집안일만 해야 한다고 생각하던 때인데, 여자도 의병 운동에 나서야 한다고 말하는 것을 보면 윤희순의 삶은 '도전'과 관련 있습니다.

5 "우리 여자들도 사내들을 도와 왜놈들을 몰아내는 데 한몫을 해야 하지 않겠습니까?"라는 부분에서 일제의 침략을 받은 시대라는 것을 알 수 있습니다.

❶ 오답 피하기
(1) 여자들이 나선다고 뭐가 달라지겠냐는 말에서 남녀 차별이 있던 시대라는 것을 알 수 있습니다.
(3) 일제의 침략을 받던 시대이므로 의병 운동을 쉽게 할 수 없었습니다.

6 안사람 의병대는 집집마다 찾아다니며 모금을 해서 의병을 도왔습니다.

7 ㉡~㉣에서 윤희순은 여자임에도 일본의 침략을 물리치려고 의병 운동에 적극적으로 나서는 도전과 열정이 있는 삶을 보여 주었습니다.

8 인물이 겪은 문제와 그것을 해결하는 태도로 윤희순의 삶을 파악해 보고, 관련 있는 가치를 골라 그렇게 생각한 까닭과 함께 씁니다.

채점 기준 윤희순이 추구하는 '도전', '정의', '열정'의 가치 중에서 하나를 골라 그렇게 생각한 까닭을 알맞게 썼으면 정답으로 인정합니다.

기본 🙂 9~29쪽

핵심내용 ❶ 도전 ❷ 겸손 ❸ 감사함 ❹ 생명 ❺ 비교

1 그림을 배우려고 **2** (2) ○ **3** ⑤ **4** ㉮ **5** ② **6** 월성위궁(추사 선생의 집) **7** ②, ④, ⑤ **8** 열정, 끈기 **9** 정신 **10** ② **11** (3) ○ **12** 현진 **13** ①, ②, ③ **14** (3) ○ **15** ⑤ **16** ㉮ **17** ⑤ **18** 서재에서 추사 선생의 글씨와 그림들을 다시 살폈다. **19** ④ **20** 예 허련은 성실을 바탕으로 하여 최선을 다하는 삶을 추구한다. **21** ㉯ **22** (1) 마른 (2) 윤기 **23** 초묵법 **24** ③, ⑤ **25** (1) 일요일 (2) (경민이네) 집 **26** ①, ② **27** (2) ○ **28** (1) ㉯ (2) ㉮ **29** (2) ○ **30** ① **31** ①, ②, ⑤ **32** 생명 존중, 희생과 봉사 **33** ③ **34** (3) ○ **35** ② **36** 예 마음이 한결 풀렸다. **37** 수빈, 지현 **38** 위험 속에서 살아나 주셔서 **39** ②, ③ **40** ③ **41** 가족, 자부심 **42** (2) ○ **43** 숨바꼭질 **44** ④ **45** ②, ③ **46** ㉠, ㉡ **47** 예 숨바꼭질을 하는데 동생이 촛불을 들고 안방 옷장 안으로 숨어서 불이 붙었기 때문이다. **48** ② **49** 소방관 **50** ④ **51** ①, ⑤ **52** 예 아버지의 도전 정신을 본받아 나도 어렵다고 포기한 목표에 도전하는 삶을 살겠다. **53** ①, ⑤ **54** 예 갑자기 피아노 소리가 나지 않는 것 **55** 예 피아노 연습 **56** ㉯ **57** 피아노 건반들 **58** ② **59** (훌륭한) 피아니스트 **60** 채영 **61** ④ **62** (1) ○ **63** 어기 **64** ③ **65** 예 하늘을 나는 것이다. **66** ⑤ **67** 예 당장 이루지 못해도 희망을 가지고 즐겁게 도전하는 삶을 추구한다. **68** 바람, 피아노 소리 **69** (1) 2학년 때 짝꿍 (2) (작년에 돌아가신) 할머니 **70** (1) ① (2) ② **71** (1) ○ **72** ㉮ **73** 꿈을 이루고 싶은 마음 **74** 태경 **75** ⑤ **76** ①, ③ **77** ① **78** 열정 **79** 꿈 **80** ① **81** ③ **82** 꿈꾸는 집 **83** ㉣ **84** 예 나도 이모처럼 내가 정말 좋아하는 것을 용기 있게 찾고 지켜 나가야겠다고 생각했다.

1 해남에서 학문을 배우던 허련은 추사 선생에게 그림을 배우려고 한양으로 찾아갔습니다.

2 추사 선생은 허련의 그림을 보고 견문이 부족하다고 혹평했습니다.

3 허련은 견문이 부족하다는 추사 선생의 혹평에 당황스럽고 부끄러웠습니다.

4 허련은 추사 선생에게 제자로 받아 달라고 했지만 추사 선생은 허련에게 자네는 자네의 스승을 찾으라고 말하고 제자로 받아 주지 않았습니다.

5 허련은 추사 선생의 제자를 찾겠다는 말이 제자가 될 만한지 두고 보겠다는 뜻일 것이라고 생각하고, 꼭 추사 선생의 제자가 될 것이라고 다짐했습니다.

6 이 글은 추사 선생의 집인 월성위궁에서 허련과 추사 선생 사이에 있었던 일이 나타나 있습니다.

7 허련이 처한 상황에서 허련은 어떤 말이나 행동을 했는지 글의 내용을 잘 살펴봅니다.

⚠️ **오답 피하기**
① 자기만의 서체를 만들어 나간 것은 추사 선생의 행동입니다.
③ 허련은 추사 선생의 독서하고 연습하는 습관을 관찰하며 배울 것이 많다고 느꼈습니다.

8 추사 선생이 자신을 제자로 받아 주지 않는데도 계속 월성위궁에 머물며 노력하는 허련의 모습에서 '열정'과 '끈기'를 느낄 수 있습니다.

9 허련은 공들여 그린 자신의 그림에 정신이 없다는 추사 선생의 말을 듣고 절망감으로 괴로워했습니다.

10 ㉠은 그림을 잘 그리려는 기법만 있고 그리는 사람의 정신이 없다는 뜻으로, 그림에 대한 생각이 부족함을 표현한 말입니다.

11 허련은 자신의 그림에 정신이 없다는 말을 듣고 내면을 깊고 그윽한 무엇으로 채우려고 ㉡과 같이 행동했습니다.

12 추사 선생이 허련의 그림을 혹평해도 좌절하지 않고 계속 노력하는 허련의 행동에서 도전하고 노력하는 삶을 추구한다는 것을 알 수 있습니다.

13 허련은 그림 보는 안목이 높아지면서 마음먹은 대로 안 되는 괴로움조차도 기뻤고, 호된 악평을 들어도 행복했습니다.

14 ㉠은 허련이 성실하게 최선을 다하여 스스로 발전하기를 바라는 뜻에서 한 말입니다.

15 허련은 그림에 대한 열정을 키우기 위해 그림을 그리고 또 그리며 노력하는 삶을 보여 주고 있습니다.

16 붓은 천 개쯤은 뭉뚝하게 만들어 봐야 그림이 뭔가를 알게 될 거라는 추사 선생의 말을 듣고 허련은 끊임없이 연습했습니다.

17 추사 선생은 비석을 탐색해 탁본해 오면 옛 책들을 뒤지며 그 서체를 연구한다고 했습니다.

18 허련은 추사 선생이 집에 없을 때에는 추사 선생의 작품들을 다시 살피며 그림 보는 안목을 높였습니다.

19 추사 선생은 풍경을 그려도 실제 모습에 이상과 의지, 세상에 대한 생각, 자연 속에 묻혀 살고자 하는 선비의 소망 등을 이야기하는 듯한 붓질로 담아냈습니다.

20 ㉡의 행동은 '성실', '열정' 등의 가치와 관련 있으므로, 허련은 최선을 다하고 끊임없이 노력하는 삶을 추구한다는 것을 파악할 수 있습니다.

채점 기준 허련의 행동과 관련 있는 가치를 찾아 추구하는 삶을 파악하여 썼으면 정답으로 인정합니다.

21 추사 선생은 허련의 붓질법을 칭찬해 주었고, 새로운 붓질법을 배우려고 수없이 선 긋는 연습을 했습니다.

⚠️ **오답 피하기**
추사 선생은 허련의 붓질에서 고칠 점을 알려 준 것이 아니라 오히려 그 붓질법을 배울 수 있어서 기뻐했습니다.

22 허련이 만든 붓질법은 진한 먹에 물기 없이 마른 붓을 쓰는데, 건조하면서 윤기가 있어 보이는 특징을 가지고 있습니다.

23 추사 선생은 허련이 만든 '마르고 건조한데 윤기가 있어 보이는 붓질'을 '초묵법'이라고 했습니다.

24 ㉠과 ㉡의 말과 행동으로 보아 추사 선생은 '겸손'을 지니고 자신의 그림을 계속 발전시켜 가는 '열정'이 있는 삶을 추구한다는 것을 알 수 있습니다.

25 일요일인데 아버지는 집에서 잠만 주무시고 계십니다.

26 불을 끄시고 소방 호스에 부상을 입은 내용으로 보아, 아버지의 직업은 소방관임을 알 수 있습니다.

27 경민이는 모처럼 아버지와 함께 맞은 일요일인데, 아침 밥상을 물리고 잠깐만 쉬겠다던 아버지가 한나절이 다 지나도록 주무셨기 때문에 속상한 마음에 한숨을 내쉬었습니다.

28 ㉠에는 모처럼 아버지와 함께 놀고 싶은 경민이의 마음이 드러나 있고, ㉡에는 고단하신 아버지를 위해 자리를 피해 주자는 어머니의 마음이 드러나 있습니다.

29 경민이는 어머니에게 괜찮다고 했지만 마음속으로는 낮잠만 주무시는 아버지에게 섭섭한 마음이 들었습니다.

30 아버지는 어제 두 차례나 화재 현장에 출동했습니다.

31 불이 난 재래시장의 낡은 건물에 소방 호스로 물을 뿜었고, 그 속으로 들어가 연기에 질식한 사람을 업고 나왔습니다.

32 소방관들은 사람의 목숨을 중요시하며 목숨을 구하기 위해 자신을 희생하고 봉사하는 삶을 추구합니다.

33 그 구조 대원이 자신에 대한 안전을 추구하였다면 남의 목숨을 구하기 위해 자기 자신을 희생하지 않았을 것입니다.

34 아버지는 어제 화재 현장에서 동료인 구조 대원 한 사람이 목숨을 잃는 일을 겪었습니다.

35 아버지가 목숨을 잃은 동료를 생각하며 눈물을 쏟으신 것은 동료에 대한 사랑이 있었기 때문입니다.

36 어머니의 이야기를 들은 경민이는 아버지에 대한 서운한 마음이 풀렸습니다.

37 아버지가 위험 속에서 살아난 것을 경민이는 아버지가 다시 태어나신 거라고 생각해서 생신 축하 케이크를 사 온 것입니다.

⚠ 오답 피하기
경민이가 사 온 케이크는 아버지의 진짜 생신을 축하하려는 것이 아니라, 위험 속에서 살아나 다시 태어나신 아버지를 축하하기 위해서입니다.

38 경민이는 위험 속에서 살아나 주신 아버지에게 고맙고, 또 사랑한다고 말했습니다.

39 ㉠의 말에는 아버지의 가족에 대한 사랑과 가족이 이해해 주는 것에 감사하는 마음이 담겨 있습니다.

40 ㉡은 화재 진압 시 목숨을 잃을 수도 있는데 무사한 것은 다시 태어난 거나 마찬가지라는 뜻에서 한 말일 것입니다.

41 케이크를 받고 감동한 아버지는 사랑하고 이해하는 가족이 있기에, 소방관 일이 남들이 다 위험하다지만 그만큼 큰 자부심을 얻는다고 했습니다.

42 아버지는 경민이에게 자신이 소방관이 되고자 결심한 어린 시절의 사건을 들려주었습니다.

⚠ 오답 피하기
(1) 아버지가 어제 화재 현장에서 목숨을 잃을 뻔한 이야기는 어머니가 경민이에게 들려준 이야기입니다.

43 부모님이 먼 친척 집에 가셔서 동생과 둘이서만 하룻밤을 지내야 했던 날에 집 안에서 숨바꼭질을 했습니다.

44 숨바꼭질을 하며 마당의 장독 뒤에 숨어 있던 아버지는 집 안방이 온통 불바다가 되어 버린 것을 보고 소스라쳐 뛰어나왔습니다.

45 집이 산골 마을에 있는 데다가 산모퉁이 외딴집이어서 이웃의 도움을 빨리 받을 수 없었고, 지금부터 삼십여 년 전에는 집에 신고할 수 있는 전화도 없었습니다.

46 ㉠과 ㉡은 집에 화재가 난 상황에서 끝까지 동생을 찾으려고 했던 아버지의 말과 행동을 나타낸 부분으로, 아버지의 '끈기'와 관련 있습니다.

47 숨바꼭질을 하던 동생의 위험한 행동을 생각해 봅니다.

채점 기준 화재의 원인이 된 동생의 위험한 행동이 드러나게 까닭을 썼으면 정답으로 인정합니다.

48 이 글은 아버지가 동생과 집 안에서 숨바꼭질을 하다가 불이 나서 동생을 잃게 된 사건을 중심 내용으로 다루고 있습니다.

49 아버지는 동생을 잃고 난 뒤 불길과 싸워 이기겠다는 결심을 하고 소방관이 되기로 하였습니다.

50 아버지는 부모님의 반대를 이겨 내기 위해 끈기 있게 노력하고 도전하는 삶을 추구했습니다.

51 아버지가 소방관이 된 까닭을 들은 경민이는 아버지가 멋지고 정말 자랑스럽게 느껴졌습니다.

52 아버지가 추구하는 삶과 관련 있는 자신의 경험을 떠올려 자신의 삶에 대한 다짐을 씁니다.

채점 기준 생명 존중, 도전, 끈기, 봉사 등의 가치를 추구하는 아버지의 삶과 자신의 삶을 관련지어 다짐하는 내용이 드러나게 썼으면 정답으로 인정합니다.

53 이모의 '꿈꾸는 집'이라는 괴상한 캠프에 초대된 진진은 그곳이 동물도 사물도 말을 하는 엉뚱한 곳이라 어리둥절해 하였습니다.

54 피아니스트가 꿈인 상수리는 갑자기 피아노 소리가 나지 않아 고민하였습니다.

55 상수리는 힘들어도 피아노를 열심히 연습해야 훌륭한 피아니스트가 될 수 있다고 생각합니다.

56 이모는 힘들어도 꼭 참고 피아노 연습만 열심히 하는 상수리 때문에 피아노가 소리를 내지 않고 우울해졌다고 생각했습니다.

57 이모는 우울해진 피아노의 기분을 나아지게 하려고 피아노 건반들을 따 오라고 했습니다.

58 이모는 상수리에게 피아노를 깨끗하게 목욕시켜 준 다음 널어 주면 건반들도 기분이 나아질 것이라고 했습니다.

59 상수리는 피아니스트라는 꿈을 이루려고 열심히 노력했습니다.

60 상수리처럼 꿈을 이루기 위해 성실하게 노력하는 삶을 추구하는 친구는 채영이입니다.

❶ 오답 피하기
강주는 정해진 꿈을 이루기 위해 열심히 노력하는 상수리와는 다른 삶을 추구합니다.

61 상수리와 진진이 건반들을 씻을 때 초리와 어기가 왔습니다.

62 상수리와 진진은 건반들을 깨끗이 씻은 뒤, 빨랫줄에 나란히 매달아 말렸습니다.

63 어기는 초리에게 날 수 있는 방법을 물어보며 노력하지만 날지 못하는 상황에 처해 있습니다.

64 초리는 어기의 질문에 불친절하고 무뚝뚝하게 대답하였습니다.

65 어기는 하늘을 나는 것이 꿈이라서 날마다 날아오르는 연습을 열심히 하고 있습니다.

66 진진은 어기가 아무리 나는 연습을 해도 날지 못해서 속상하고 힘들 것이라고 생각되어 위로해 주었습니다.

67 어기가 ㉡과 ㉢의 말을 한 까닭을 생각해 보고, 가치와 관련 있는 낱말을 활용해 어기가 추구하는 삶을 파악해 봅니다.

채점 기준 '희망'과 '도전'의 낱말을 활용해 어기가 추구하는 삶을 알맞게 파악하여 썼으면 정답으로 인정합니다.

68 빨랫줄에 매달린 건반들이 피아노 소리를 내게 된 까닭을 생각해 보며 사건을 간추려 봅니다.

69 바람이 연주한 곡들을 듣고 상수리는 어떤 인물들을 떠올렸는지 살펴봅니다.

70 ㈎은 바람이 건반들을 빠르게 흔들어 움직인 모양을, ㈏는 바람이 조금씩 부드럽게 흔들어 움직인 모양을 흉내 낸 말입니다.

71 작년에 돌아가신 할머니가 좋아하시던 노래를 듣고 자신이 잘못한 일이 떠올랐기 때문에 눈물을 흘렸습니다.

72 상수리는 자신의 피아노가 피아노 학원에서 치던 어려운 곡보다 예전에 즐겁게 연주한 「젓가락 행진곡」과 「고향의 봄」을 더 치고 싶었을 것이라고 생각했습니다.

73 상수리는 어느 순간부터 꿈을 꾸는 것보다 꿈을 이루고 싶은 마음이 더 커서 꿈꾸는 게 너무 힘든 일이 되었다고 했습니다.

74 상수리는 자신이 열심히 노력해 왔지만 꿈을 이루는 데 급급한 나머지 행복하게 꿈꾸는 것을 잊어버렸다는 것을 깨닫게 되어 ㉡처럼 말했습니다.

75 상수리는 행복하게 꿈꾸는 삶을 추구하게 되었습니다.

❶ 오답 피하기
㉠은 상수리가 힘들어도 훌륭한 피아니스트가 되려고 노력하는 삶과 관련이 있습니다. 이것은 오히려 피아노를 힘들게 했던 삶인 것을 깨닫고, 상수리는 행복한 피아니스트가 되도록 꿈꾸는 삶을 추구하게 되었습니다.

76 상수리는 즐겁고 행복한 마음으로 피아노를 연주하게 되었습니다.

77 풍의 꿈은 뭐가 되어야 하는 것이 아니고, 신나게 춤추는 것이라고 했습니다.

78 풍은 자신이 하고 싶은 일을 즐겁게 열정적으로 하는 삶을 추구하고 있습니다.

79 상수리는 진진에게 빨리 꿈을 만나길 바란다는 편지를 남기고 떠났습니다.

80 이모는 책 읽는 게 즐거운데, 책 읽을 시간이 부족해질까 봐 걱정하였습니다.

81 이모는 자신이 좋아하는 것에 대해 명확하게 말하는 것으로 보아, 자신감과 용기가 있는 인물임을 알 수 있습니다.

82 이모는 재미있는 책들만 올 수 있는 집, 꿈꾸는 아이들만 올 수 있는 집, 이와 같이 꿈꾸는 집이 자신의 꿈이라고 했습니다.

83 이모가 자신의 꿈에 대해 말한 내용으로 보아, 이모는 자신이 좋아하고 가치 있다고 생각하는 것을 하며 즐겁게 사는 삶을 추구합니다.

84 이모가 추구하는 삶과 자신의 삶을 비교해 보거나 본받을 점 등을 떠올려 자신의 생각이나 느낌을 씁니다.

채점 기준 이모가 추구하는 삶과 관련 있는 내용을 들어 자신의 생각이나 느낌을 썼으면 정답으로 인정합니다.

실천 😊   **30쪽**

1 공   **2** ②, ④   **3** ⑤   **4** 우진

1 시에서 말하는 이는 떨어져도 튀는 공, 쓰러지는 법이 없는 둥근 공처럼 살아 봐야겠다고 했습니다.

2 시에서 말하는 이는 공처럼 힘들어도 포기하거나 좌절하지 않고 다시 일어서서 도전하며 살고 싶어 합니다.

3 이 시에서 힘들어도 포기하지 않고 도전하고 노력하는 삶을 표현하기 위해 말하는 이가 공에 대해 말한 것을 찾아봅니다.

❶ 오답 피하기
⑤ 말하는 이는 공의 색깔에 빗대어 자신이 꿈꾸는 삶을 표현하지 않았습니다.

4 이 시에서 말하는 이는 공처럼 쓰러지는 법이 없이 계속해서 도전하고 노력하는 삶을 추구하므로, 비슷한 삶을 꿈꾸고 있는 친구는 우진이입니다.

➕ 단원 어휘 다지기

1 (1) ㉣ (2) ㉡ (3) ㉢ (4) ㉠ **2** ④ **3** (1) ○ **4** (1) ② (2) ③ (3) ① **5** (1) 끌렸다, 기울었다 (2) 기절하신, 까무러치신 **6** (1) 곯아떨어졌다 (2) 의젓한

1 ㉠는 '아련해지다', ㉡는 '소스라치다', ㉢는 '심드렁하다', ㉣는 '미어지다'의 뜻입니다.

2 오랫동안 계속하여 비가 내리지 않는 가뭄이 들면 논바닥이 흥건한 상태가 아니라 메마른 상태가 되므로 ④는 어색한 문장입니다. '자부심'은 스스로 자신의 가치나 능력을 믿고 당당히 여기는 마음을 뜻하고, '단출하다'는 식구나 구성원이 많지 않아서 홀가분하다는 뜻입니다. '권유'는 어떤 일 따위를 하도록 권함을 뜻하고, '섭리'는 자연계를 지배하고 있는 원리와 법칙을 뜻합니다.

3 살림살이가 어려운 사람들이 의병을 돕겠다고 나섰다는 말이므로 '발 벗고 나서다'의 뜻은 (1)이 알맞습니다.

4 (1)에는 사물을 보고 분별하는 견문과 학식을 뜻하는 '안목'이, (2)에는 강압적인 힘으로 억눌러 진정시키는 것을 뜻하는 '진압'이, (3)에는 옆에 있으면서 여러 가지 심부름을 하는 일을 뜻하는 '시중'이 들어갈 말로 알맞습니다.

5 '쏠리다'는 '마음이나 눈길이 어떤 대상에 끌려서 한쪽으로 기울어지다.'라는 뜻이고, '혼절하다'는 '정신이 아찔하여 까무러치다.'라는 뜻입니다.

6 '몹시 곤하거나 술에 취하여 정신을 잃고 자다.'라는 뜻의 낱말은 '곯아떨어지다'가 바른 표기이고, '말이나 행동 따위가 점잖고 무게가 있다.'라는 뜻의 낱말은 '의젓하다'가 바른 표기입니다.

💡 단원 평가

1 의병 운동 **2** ①, ③, ⑤ **3** ⑤ **4** (3) ○ **5** 시중 **6** ③ **7** ① **8** 성실 **9** 예 허련은 성실하게 자신을 속이지 않고 최선을 다하는 삶을 추구한다. **10** ③ **11** (2) ○ **12** ② **13** ①, ⑤ **14** (3) ○ **15** 예 훌륭한 피아니스트가 되려고 **16** ⑤ **17** 행복 **18** 예 나도 피아노를 치면서 너무 힘들어한다. 상수리처럼 계속해서 노력하는 것도 좋지만 행복하게 꿈꾸는 것이 더 중요한 것 같다. **19** 공 **20** ②, ③, ⑤

1 윤희순은 왜놈들로부터 나라를 지키기 위해 여자들도 사내들처럼 다함께 의병 운동에 나서야 한다고 말하고 있습니다.

2 을사늑약이 강제로 체결된 뒤 일제의 침략을 받던 시대였고, 남녀 차별이 있어 여자는 집안일을 해야 한다고 생각하던 시대였습니다.

3 침략 세력을 물리치려고 여자임에도 의병 운동에 적극적으로 나서려는 윤희순의 삶과 관련 있는 태도를 생각해 봅니다.

4 허련은 추사 선생에게 그림을 배우고 싶다고 했지만, 추사 선생은 허련을 제자로 받아 주지 않았습니다.

5 허련은 추사 선생의 제자가 되려고 월성위궁을 떠나지 않고 추사 선생의 시중을 들었습니다.

6 허련이 월성위궁을 떠나지 않고 추사 선생의 제자가 되기 위해 노력하는 것은 그림을 배우려는 '열정'이 있기 때문입니다.

7 인물이 처한 상황에서 한 말이나 행동을 알아보고 그 말이나 행동에서 관련 있는 가치를 찾아 인물이 추구하는 삶을 파악해야 합니다.

8 추사 선생은 허련이 천 개의 몽당붓을 만들 정도로 그림 연습을 성실하게 최선을 다해서 하기를 바라고 계십니다.

9 붓이 닳도록 끊임없이 쓰고 그리는 허련의 행동으로 보아, 성실하게 최선을 다하는 삶을 추구한다는 것을 알 수 있습니다.

채점 기준	
허련의 행동에서 끊임없이 노력하는 모습을 찾아 추구하는 삶을 구체적으로 쓴 경우	5점
'성실한 삶, 노력하는 삶' 등과 같이 추구하는 삶을 간단하게 쓴 경우	2점

10 글 **가**는 화재 현장에서 소방관들이 구조 활동을 하고 있는 상황입니다.

11 아버지는 화재 현장에서 동료 구조 대원이 목숨을 잃는 것을 보았습니다.

12 화재 현장에 뛰어 들어간 그 구조 대원은 자신보다 남의 목숨을 먼저 생각한 용감한 소방관이었습니다.

13 아버지가 동료를 잃고 뜨거운 눈물을 쏟으며 안타까워하는 행동을 보면 '생명 존중'과 동료에 대한 '사랑'이 느껴집니다.

14 어렸을 때부터 피아노를 쳐 온 상수리는 얼마 전부터 피아노에서 소리가 나지 않아 고민하고 있습니다.

15 상수리는 힘들어도 열심히 피아노 연습을 해야 훌륭한 피아니스트가 될 수 있다고 말했습니다.

16 이모는 상수리가 힘들어도 꾹 참고 피아노 연습만 열심히 한 것이 피아노가 소리를 내지 않는 까닭이라고 생각하고 있습니다.

17 피아노는 상수리가 훌륭한 피아니스트보다 행복한 피아니스트가 되기를 꿈꾸었을 것이라고 했습니다.

18 상수리는 성실하게 노력하면서 행복하게 꿈꾸는 삶을 추구합니다. 자신의 삶과 비교하며 서로의 삶을 관련지어 씁니다.

채점 기준	
상수리가 추구하는 삶과 자신의 삶에서 비슷한 점이나 다른 점을 찾아 보고, 두 삶을 비교하여 쓴 경우	5점
상수리가 추구하는 삶만 파악하여 쓰거나 자신의 삶만 드러나게 쓴 경우	2점

19 시에서 말하는 이는 쓰러지지 않고 계속해서 도전하고 노력하는 삶의 모습을 '공'에 빗대어 표현했습니다.

20 시에서 말하는 이는 공처럼 쓰러지는 법이 없이 힘들어도 포기하지 않고 계속해서 도전하고 노력하는 삶을 추구합니다.

1 **1**단계 **예** 열정, 끈기 **2**단계 **예** 붓 수십 자루가 몽당붓이 되도록 끊임없이 연습했고, 연구와 실험을 해 가며 자신만의 붓질법을 만들었기 때문이다. **3**단계 **예** 끈기와 열정을 가지고 끊임없이 꿈을 향해 노력하는 삶을 추구한다. **2** (1) **예** 생명 존중, 봉사 (2) **예** 생명을 존중하고 다른 사람을 위해 자신을 희생해 봉사하는 삶을 추구한다. **3** **예** 나는 동물을 보호하는 단체에서 봉사 활동을 하고 있다. 아버지처럼 생명을 구하는 일이 중요하다고 생각하기 때문이다.

1 **1**단계 그림을 제대로 그리고 싶어 하는 허련의 행동에 어울리는 가치를 떠올려 봅니다.

채점 기준	
허련이 추구하는 삶과 관련 있는 가치를 두 가지 찾아 쓴 경우	4점
허련이 추구하는 삶과 관련 있는 가치를 한 가지만 찾아 쓴 경우	2점

2단계 자신만의 붓질법을 만들어 나가는 허련의 모습에서 관련 있는 삶의 가치에 대해 까닭을 씁니다.

채점 기준	
허련이 추구하는 삶의 가치에 대해 알맞은 까닭을 쓴 경우	6점
허련이 추구하는 삶의 가치에 대해 까닭을 썼으나 내용이 부족하거나 어색한 경우	3점

3단계 허련의 행동에서 관련 있는 가치를 찾으면 그 가치로 허련이 추구하는 삶을 파악할 수 있습니다.

채점 기준	
허련이 추구하는 가치를 바탕으로 하여 추구하는 삶을 알맞게 파악하여 쓴 경우	6점
허련이 추구하는 가치가 포함되었지만 낱말 위주로 간단히 쓴 경우	3점

2 글 **가**와 **나**의 가치 도표를 살펴보며 아버지가 더 중요하게 여기는 가치를 찾아 아버지가 추구하는 삶을 파악하여 씁니다.

채점 기준	
더 중요하게 여기는 가치를 찾아 인물이 추구하는 삶을 파악하여 구체적으로 쓴 경우	8점
더 중요하게 여기는 가치는 찾았지만 추구하는 삶의 내용이 어색한 경우	4점

3 아버지가 추구하는 가치와 관련 있는 자신의 경험을 떠올려 아버지의 삶과 관련지어 씁니다.

채점 기준	
아버지가 추구하는 삶과 자신이 떠올린 경험을 자연스럽게 관련지어 쓴 경우	10점
아버지가 추구하는 삶과 자신이 떠올린 경험을 자연스럽게 관련지어 쓰지 못한 경우	5점

😎 수행 평가
36쪽

1 ⑩ 어기에게

안녕? 나는 이준기라고 해.

난 네가 하늘을 날지 못해도 즐겁게 도전하는 것이 멋져 보였어. 내가 너와 같은 상황이었다면 하늘을 나는 연습을 포기했을지도 몰라. 아무리 열심히 연습해도 꿈을 이루지 못한다면 너무 속상하고 힘들기 때문이지. 하지만 너는 날 수 있다는 희망을 가지고 날마다 날아오르는 연습을 즐겁게 한 것 같아. 난 그런 너를 본받고 싶어.

앞으로는 나도 너처럼 이루기 힘든 일이라도 희망을 가지고 즐겁게 도전하도록 노력할 거야. 고마워.

20○○년 ○○월 ○○일
준기가

1 어기가 추구하는 삶에 대한 자신의 생각이나 느낌이 잘 드러나게 어기에게 편지를 씁니다.

채점 기준	
세 가지 조건 에 알맞은 내용으로 편지를 쓴 경우	30점
세 가지 조건 중에서 어느 한 가지라도 빠진 내용이 있는 경우	20점

2 관용 표현을 활용해요

😊 개념 확인하기
37쪽

1 관용 표현　**2** (1) 쉽게 (2) 관심　**3** (1) ○　**4** ㉮, ㉯

🙂 준비
38~39쪽

1 ③　**2** ①　**3** ⑤　**4** 관용 표현　**5** ③　**6** ⑤
7 ⑩ 아는 사람이 많아서 활동 범위가 넓다.　**8** 영철이의 말　**9** (3) ○　**10** (1) 영철이의 말 (2) ⑩ 일반적인 설명이 아니라 함축적인 의미가 담겨 있기 때문이다. / 영철이의 말이 한 번 더 생각하게 하는 표현이기 때문이다.　**11** ④
12 ③　**13** 희연

1 ㉠은 정신이 갑자기 든다는 뜻입니다.

2 ㉡은 말조심을 해야 한다는 뜻이 담겨 있는 속담입니다.

3 말을 삼가야 한다는 뜻을 가진 표현은 ⑤입니다.

4 둘 이상의 낱말이 합쳐져 그 낱말의 원래 뜻과는 다른 새로운 뜻으로 굳어져 쓰이는 표현을 관용 표현이라고 합니다.

5 '숲이 푸르다'는 관용 표현이 아니라, 사실을 있는 그대로 나타낸 것입니다.

　❗ 오답 피하기
　① 남의 말을 쉽게 받아들인다는 뜻의 관용 표현입니다.
　② 음식을 심하게 가리거나 적게 먹는다는 뜻의 관용 표현입니다.
　④ 매우 놀라다는 뜻의 관용 표현입니다.
　⑤ 남의 이야기나 의견에 관심을 가지고 주의를 모은다는 뜻의 관용 표현입니다.

6 '세 살 적 버릇이 여든까지 간다'는 어릴 때부터 나쁜 버릇이 들지 않도록 잘 가르쳐야 함을 비유적으로 이르는 말입니다.

　❗ 오답 피하기
　① 하기가 매우 쉬운 일을 비유적으로 이르는 말입니다.
　② 아무 관계 없이 한 일이 공교롭게도 때가 같아 어떤 관계가 있는 것처럼 의심을 받게 됨을 비유적으로 이르는 말입니다.
　③ 아주 무식함을 비유적으로 이르는 말입니다.
　④ 원인이 없으면 결과가 있을 수 없음을 비유적으로 이르는 말입니다.

7 '발이 넓다'는 관용 표현의 뜻을 알맞게 씁니다.

　채점 기준　아는 사람이 많다는 내용을 썼으면 정답으로 인정합니다.

8 영철이와 같이, 관용 표현을 사용하면 간단한 말로 자신의 생각을 표현할 수 있습니다.

9 (1)은 '손을 내밀다'의 뜻이고, (2)는 '팔을 걷어붙이다'의 뜻입니다.

10 관용 표현은 재미있는 표현이어서 듣는 사람의 관심을 불러일으킬 수 있습니다.

> **채점 기준** 듣는 사람의 관심을 끌 수 있는 표현을 찾아 그렇게 생각한 까닭을 정확하게 썼으면 정답으로 인정합니다.

11 '말꼬리를 물다'는 남의 말이 끝나자마자 이어 말할 때에 활용할 수 있는 관용 표현입니다.

> **❗ 오답 피하기**
> ①에는 '눈이 동그래지다'를, ②에는 '천하를 얻은 듯'을, ③에는 '귀가 얇다'를, ⑤에는 '발이 넓다'를 활용할 수 있습니다.

12 '눈이 동그래지다'는 '몹시 놀라거나 의아하여 눈을 크게 뜨다.'라는 뜻을 가진 관용 표현입니다.

> **❗ 오답 피하기**
> ①은 잠을 잔다는 뜻이고, ②는 남이 보는 것을 피한다는 뜻입니다. ④는 조금도 놀라지 않고 태연하다는 뜻이고, ⑤는 매우 귀엽다는 뜻입니다.

13 관용 표현을 활용하면 더 재미있는 표현이 되고, 하고 싶은 말을 더 효과적으로 표현할 수 있습니다.

기본 😊   40~45쪽

핵심내용 ❶ 눈   **❷** 낭비

1 ⑤   **2** 수현   **3** 예 어떤 일을 해 보고자 하는 재미나 의욕이 없어졌다.   **4** ②   **5** ①   **6** ①   **7** 초등학교 6학년 때   **8** ③   **9** 6학년 때 안전 교육을 해 주신 경찰   **10** ④   **11** ⑤   **12** ㉮, ㉯   **13** ㉣   **14** (1) 예 무대의 공연이나 어떤 행사를 시작하다.   (2) 예 유명한 가수가 나오는 축하 공연이 드디어 막을 열었다.   **15** ⑤   **16** ②   **17** 물 쓰듯 쓰다   **18** ④   **19** 예 우리가 평소 물을 아주 헤프게 쓴다는 점을 강조하기 위해서이다.   **20** 독립운동 단체   **21** ①   **22** 예 사람들의 의견을 하나로 모으기 위해서이다. / 독립운동 단체의 지도자를 뽑기 위해서이다.   **23** (1) ㉮ (2) ㉯   **24** ①   **25** 가는 말이 고와야 오는 말이 곱다   **26** (1) ㉮ (2) ㉯   **27** ②   **28** ④   **29** (1) 예 중요한 일은 함께 의논해서 결정해야 한다. (2) 예 머리를 맞대다

---

1 휴대 전화 판매점 앞에서 동생이 오빠에게 휴대 전화를 구경해 보자고 하는 상황입니다.

2 든든히 박힌 소의 뿔을 뽑으려면 불로 달구어 놓은 김에 해치워야 한다는 뜻으로, 어떤 일이든지 하려고 생각했으면 한창 열이 올랐을 때 망설이지 말고 곧 행동으로 옮겨야 함을 비유적으로 이르는 말입니다.

3 관용 표현을 활용한 상황과 관용 표현이 활용된 앞뒤의 내용으로 보아, '김이 식다'는 재미나 의욕이 없어진다는 뜻입니다.

> **채점 기준** '재미나 의욕이 없어졌다.'와 비슷한 의미로 썼으면 정답으로 인정합니다.

4 지현이와 안나가 문구점에서 준비물을 사는 상황입니다.

5 '간 떨어지다'는 매우 놀랐을 때 활용할 수 있는 관용 표현입니다.

6 한꺼번에 많은 양을 준비한다는 뜻으로 활용할 수 있는 관용 표현은 '손이 크다'입니다.

> **❗ 오답 피하기**
> ②는 손으로 살짝 때려도 몹시 아플 때, ③은 무엇을 달라고 요구할 때, ④는 일 처리가 빠를 때, ⑤는 아슬아슬하여 마음이 조마조마할 때 활용할 수 있는 관용 표현입니다.

7 졸업생 선배는 초등학교 6학년 때부터 경찰이 되고 싶다는 꿈을 꾸었다고 말했습니다.

8 졸업생 선배는 반 친구들에게 꿈을 펼치는 세 가지 방법에 대해 들려주고 있습니다.

9 졸업생 선배는 6학년 때 안전 교육을 해 주신 경찰을 직접 만나 여러 가지 이야기를 들으면서 경찰이 되고 싶다는 꿈을 키우기 시작했습니다.

10 '천하를 얻은 듯'은 매우 기쁘고 만족스럽다는 뜻입니다.

11 자신의 꿈을 이루기 위해서는 구체적인 목표를 세우고 단계적으로 꾸준히 노력해야 한다고 했습니다.

12 관용 표현과 그 뜻을 확인하고 싶을 때에는 속담 사전이나 관용어 사전 따위를 참고합니다.

13 ㉣은 새로운 뜻으로 바뀐 표현으로 보기 어려우므로 관용 표현이 아닙니다.

14 '막을 열다'의 뜻과 그 뜻에 어울리는 문장을 만들어 씁니다.

> **채점 기준** 관용 표현의 뜻과 그에 어울리는 문장을 만들어 썼으면 정답으로 인정합니다.

15 물이 부족한 곳이 많다는 것을 알려 주는 광고가 아닙니다.

16 '물 쓰듯'이라는 말은 물건을 헤프게 쓰거나, 돈 따위를 흥청망청 낭비한다는 뜻입니다.

17 물을 아주 헤프게 쓴다는 뜻의 "물 쓰듯 쓰다"라는 말이 바뀌어야 한다고 했습니다.

18 물을 쓰는 것이 아주 헤프게 쓴다는 뜻으로 쓰이지 않도록 물을 아껴 쓰자는 것을 말하는 광고입니다.

19 '물 쓰듯'이라는 관용 표현을 사용함으로써 사람들의 관심을 불러일으키고 전하려고 하는 생각을 강조할 수 있습니다.

채점 기준 '광고를 보는 사람에게 자신의 주장을 강조하여 전달하기 위해서'라는 내용을 썼으면 정답으로 인정합니다.

20 도산 안창호 선생은 임시 정부를 위한 독립운동 단체를 조직하려면 준비할 것이 많다고 말했습니다.

21 도산 안창호 선생은 각각의 의견을 버리고 모두의 한 목표를 이루려고 뜻을 모으자고 말했습니다.

22 독립운동을 하려고 모인 사람들이 자신의 의견만을 주장해 하나의 의견으로 합하지 못하자 이 연설을 한 것입니다.

채점 기준 '사람들 의견을 하나로 모으기 위해서', 또는 '독립운동 단체의 지도자를 뽑기 위해서'라는 내용 중 한 가지를 썼으면 정답으로 인정합니다.

23 글 앞뒤에 있는 내용을 살펴보고 관용 표현에 포함된 낱말의 뜻을 생각하여 관용 표현의 뜻을 추론해 봅니다.

24 그림 속 친구들은 반 친구들이 고운 말을 사용하면 좋겠다는 의견을 말하고 있습니다.

25 고운이와 혜선이는 관용 표현인 '가는 말이 고와야 오는 말이 곱다'를 활용했습니다.

26 말을 시작할 때 관용 표현을 활용하면 듣는 사람의 관심을 끌 수 있고, 말을 끝낼 때 관용 표현을 활용하면 생각을 효과적으로 전달할 수 있습니다.

27 '공든 탑이 무너지랴'는 공들여 쌓은 탑은 무너질 리 없다는 뜻으로, 힘을 다하고 정성을 다하여 한 일은 그 결과가 반드시 헛되지 아니함을 비유적으로 이르는 말입니다.

28 '발 벗고 나서다'는 적극적으로 나선다는 뜻입니다.

❶ 오답 피하기
②는 못된 짓을 오래 두고 계속한다는 뜻이고, ③은 자기가 하고도 하지 아니한 체하거나 알고 있으면서도 모르는 체한다는 뜻입니다.

29 우리 반을 행복하게 하기 위해 우리가 할 수 있는 일과 활용할 관용 표현을 씁니다.

채점 기준 말할 내용에 어울리는 관용 표현을 활용하여 생각이 잘 드러나게 썼으면 정답으로 인정합니다.

실천 😊   46쪽

1 ③   **2** ④   **3** 상혁   **4** (2) ○   **5** ㉮   **6** (1) ㉮
(2) ㉯   **7** ④

1 '손발을 맞추다'는 함께 일을 하는 데에 마음이나 의견, 행동 방식 따위를 서로 맞게 한다는 뜻입니다.

❶ 오답 피하기
①은 교제나 거래 따위를 중단한다는 뜻이고, ②는 잠을 잔다는 뜻입니다. ④는 어떤 사람, 일, 상황 따위를 외면한다는 뜻이고, ⑤는 기를 죽인다는 뜻입니다.

2 교실에서 애완동물을 기르는 것은 지킬 수 있는 약속이 아닙니다.

3 모둠에서 한 명이 대표로 말할 수도 있고, 몇 명이 내용을 나누어서 말할 수도 있습니다.

4 '돌다리도 두들겨 보고 건너라'라는 표현은 확실한 일이라도 다시 한 번 확인하고 조심하라는 뜻이므로, 친구의 장점을 칭찬하자는 말과는 어울리지 않습니다.

5 알맞은 표정과 몸짓을 하며 발표하면 말하려는 내용을 좀 더 정확하게 전달할 수 있습니다.

6 '벼 이삭은 익을수록 고개를 숙인다'는 교양이 있고 수양을 쌓은 사람일수록 겸손하고 남 앞에서 자기를 내세우려 하지 않는다는 것을 비유적으로 이르는 말입니다.

7 알맞은 관용 표현을 활용하여 자신의 생각을 분명하고 효과적으로 발표했는지 평가해야 합니다.

➕ 단원 어휘 다지기   47쪽

1 (1) ② (2) ① (3) ④ (4) ③   **2** (1) 늘이려고 (2) 늘리기
로   **3** 질:로   **4** (2) ○   **5** ①, ⑤   **6** (2) ○

1 (1)은 '좌절', (2)는 '확신', (3)는 '분야', (4)는 '배포'의 뜻입니다.

2 (1)은 바지의 길이를 길어지게 한다는 말이므로 '늘이려고'가 알맞고, (2)는 시간을 길게 한다는 말이므로 '늘리기로'가 알맞습니다.

3 '진로'에서 '진'은 '질'로 길게 발음해야 합니다.

4 '기르다'는 여러 가지 뜻을 가진 낱말입니다. 보기 와 (2)에서는 '육체나 정신을 단련하여 더 강하게 만들다.', (1)에서는 '아이를 보살펴 키우다.', (3)에서는 '동식물을 보살펴 자라게 하다.'라는 뜻으로 쓰였습니다.

5 ① 마음이나 기운이 꺾이는 것을 뜻하는 '좌절'을 위해서 노력한다는 것은 어울리지 않습니다. ⑤ '허약하다'는 '힘이나 기운이 없고 약하다.'라는 뜻이므로 감기가 잘 걸리지 않는 상황과 어울리지 않습니다.

6 '쇠뿔', '쇠고집', '쇠고기'가 되도록 '쇠–'를 더해 주는 것이 알맞습니다. '쇠고집'은 몹시 센 고집. 또는 그런 고집이 있는 사람을 뜻합니다.

단원 평가

1 나연 **2** ㉮ **3** 예 낮말은 새가 듣고 밤말은 쥐가 듣는다 **4** ② **5** ③ **6** ② **7** 김 **8** ③ **9** ② **10** (2) ○ **11** ㉬ **12** 예 눈 깜짝할 사이 **13** ①, ③ **14** ④ **15** ⑤ **16** ㉯ **17** 예 자신의 의견만 고집하고 더 많은 의견의 장점을 알지 못한다. **18** ⑤ **19** 고운 **20** ④

1 ㉠은 말은 비록 발이 없지만 천 리 밖까지도 순식간에 퍼진다는 뜻으로, 말을 삼가야 함을 비유적으로 이르는 말입니다.

2 ㉯와 같은 상황에서는 '말꼬리를 물다'라는 관용 표현을 활용할 수 있습니다.

3 말을 삼가야 한다는 뜻을 가진 관용 표현을 생각하여 씁니다.

채점 기준	
말을 삼가야 한다는 뜻을 가진 관용어나 속담을 알맞게 쓴 경우	5점

4 ①은 남의 말을 쉽게 받아들인다는 뜻, ③은 두드러지게 드러난다는 뜻, ④는 이제까지 하지 아니하던 일까지 활동 범위를 넓힌다는 뜻, ⑤는 여러 사람이 같은 의견을 낸다는 뜻입니다.

5 관용 표현을 활용하면 간단하고 재미있는 말로 자신의 생각이나 하고 싶은 말을 더 재미있고 효과적으로 표현할 수 있습니다.

6 '쇠뿔도 단김에 빼라'는 어떤 일이든지 하려고 생각했으면 한창 열이 올랐을 때 망설이지 말고 곧 행동으로 옮겨야 한다는 뜻입니다.

7 재미나 의욕이 없어져 버렸다는 뜻의 관용 표현은 '김이 식다'입니다.

8 대화를 주고받는 상황과 앞뒤 문장으로 보아, 매우 놀랐다는 뜻의 ③이 들어가야 어울립니다.

9 '손이 크다'는 양을 많이 준비한다는 뜻의 관용어입니다.

10 이 글에서는 꿈을 펼치고 키워 나가려면 어떤 마음가짐이 필요한지에 대한 내용을 말하였습니다.

11 자신의 꿈을 찾기 위해서는 당장은 실패하더라도 쉽게 포기하지 말고 꾸준히 노력해야 한다고 했습니다.

12 '눈 깜짝할 사이'는 매우 짧은 순간을 뜻하는 관용 표현입니다.

13 관용 표현과 그 뜻을 확인하고 싶을 때에는 속담 사전이나 관용어 사전 따위를 참고할 수 있습니다.

14 우리가 평소 물을 아주 헤프게 쓴다는 점을 강조하기 위해 '물 쓰듯'이라는 관용 표현을 활용한 광고입니다.

15 글쓴이는 누구나 자기가 한 가지 생각을 하면 다른 이의 생각을 무엇이든지 반대한다고 했습니다.

16 글 앞뒤 내용을 살펴보고, 표현 자체에 쓰인 낱말의 뜻을 생각해 봅니다.

17 ㉠은 다른 사람의 의견에도 좋은 점이 있다는 것을 모른다는 뜻입니다.

채점 기준	
관용 표현의 뜻을 추론하여 알맞게 쓴 경우	5점
관용 표현의 뜻을 추론하여 썼으나 구체적이지 못한 경우	3점

18 고운 말을 사용하자고 했으므로 '가는 말이 고와야 오는 말이 곱다'라는 관용 표현이 들어가야 합니다.

19 고운이처럼 말을 시작할 때 관용 표현을 활용하면 듣는 사람의 관심을 끌 수 있습니다.

20 '공든 탑이 무너지랴'는 공들여 쌓은 탑은 무너질 리 없다는 뜻으로, 힘을 다하고 정성을 다하여 한 일은 그 결과가 반드시 헛되지 아니함을 비유적으로 이르는 말입니다.

1 1단계 예 함께　2단계 예 나와 누나가 할 일을 나누어 맡아 부모님 심부름을 척척 해냈을 때 손발이 잘 맞는다는 관용 표현을 들은 경험이 있다.　3단계 예 전하고 싶은 말을 쉽게 표현할 수 있다. / 재미있는 표현이어서 듣는 사람의 관심을 불러일으킬 수 있다.

2 예 물건을 헤프게 쓰거나, 돈 따위를 흥청망청 낭비하다.

3 예 우리가 평소 물을 아주 헤프게 쓴다는 점을 강조하고 있다.

4 예 물을 쓰는 것이 아주 헤프게 쓴다는 뜻으로 쓰이지 않도록 물을 아껴 쓰자는 것이다.

1 1단계 대화의 앞뒤 내용을 잘 살펴보고 '손발이 맞다'라는 관용 표현의 뜻을 짐작하여 봅니다.

채점 기준	
'함께', '같이'와 같은 의미로 답을 쓴 경우	3점

2 단계 '손발이 맞다'라는 관용 표현은 함께 일을 하는 데에 마음이나 행동 등이 서로 맞을 때 활용할 수 있습니다.

채점 기준	
'손발이 맞다'라는 관용 표현을 활용하기에 알맞은 상황을 쓴 경우	6점
'손발이 맞다'라는 관용 표현을 활용하기에 약간 어색한 상황을 쓴 경우	3점

3 단계 이 밖에도 관용 표현을 활용하면 하려는 말을 상대가 쉽게 알아들을 수 있습니다.

채점 기준	
관용 표현을 활용하면 얻을 수 있는 효과를 알맞게 쓴 경우	6점
관용 표현을 활용하면 좋은 점을 썼으나 문장이 어색한 경우	3점

2 '물 쓰듯'은 아주 헤프게 쓴다는 뜻입니다.

채점 기준	
'물 쓰듯'이라는 관용 표현의 뜻을 알맞게 쓴 경우	4점

3 이 광고에서는 관용 표현을 활용하여 우리가 물을 낭비한다는 점을 귀 기울여 듣게 한 것입니다.

채점 기준	
이 광고에서 관용 표현을 활용한 의도를 파악하여 정확하게 쓴 경우	5점

4 이 광고에서 하고 싶은 말은 물을 아껴 쓰자는 것입니다.

채점 기준	
이 광고에서 하고 싶은 말을 알맞게 쓴 경우	6점
이 광고에서 하고 싶은 말을 썼으나 표현이 어색한 경우	3점

1 예 독립운동을 하려고 모인 사람들이 자신의 의견만을 주장해 하나의 의견으로 합하지 못하고 있다는 것이다. / 독립운동을 하려고 모인 사람들 사이에 서로 의견이 다르다는 것이다.　**2** (1) 예 "누구나 자기가 한 가지 생각을 하면 다른 이의 생각을 무엇이든지 반대한다"라는 내용도 있다. (2) 예 다른 사람의 의견에도 좋은 점이 있다는 것을 모른다 / 서로의 의견을 합해야 좋다는 것을 모른다

1 도산 안창호 선생이 문제로 제기한 것을 살펴봅니다.

채점 기준	
도산 안창호 선생이 말한 문제 상황을 정확하게 쓴 경우	10점
도산 안창호 선생이 말한 문제 상황을 파악하여 썼으나 문장이 자연스럽지 못한 경우	5점

2 ㉠은 자신의 의견만을 고집하고 더 많은 의견의 장점을 알지 못한다는 뜻으로 활용한 표현입니다.

채점 기준	
(1)과 (2)에 모두 알맞은 내용을 쓴 경우	20점
(1)만 알맞은 내용을 찾아 쓴 경우	10점

3 타당한 근거로 글을 써요

1 주장　　**2** ④　　**3** 근거　　**4** 본론

---

1 ⑤　　**2** 예 궁금증　　**3** ④　　**4** 내일(다음 날) 아침　　**5** ③　　**6** ①, ③, ④　　**7** ⑤　　**8** ㉡

1 아이는 수염을 가슴팍까지 길게 기른 할아버지에게 주무실 때 그 수염을 이불 안에 넣는지, 아니면 꺼내 놓는지를 물었습니다.

2 할아버지는 수염을 기른 채 몇십 년 동안이나 살아왔지만, 아이가 질문할 때까지 한 번도 수염을 어떻게 하고 잤는지 궁금증을 지녀 본 적이 없어서 아이가 한 질문에 바로 대답하지 못했습니다.

3 할아버지는 밤새도록 수염을 이불 속에 넣었다 이불 밖으로 꺼냈다 하느라고 한숨도 잘 수가 없었습니다.

4 할아버지는 아이에게 다음 날 아침에 질문에 대한 답을 가르쳐 주겠다고 약속했습니다.

5 글쓴이는 습관적으로 그냥 살지 말자는 자신의 주장을 뒷받침하려고 긴 수염 할아버지 이야기 같은 일화를 자료로 활용하였습니다. 이와 같이 이야기를 자료로 활용하면 읽는 사람의 흥미를 불러일으킬 수 있고, 감동을 바탕으로 하여 주장하는 내용을 설득할 수 있습니다.

6 글쓴이는 우리에게 누가 질문을 할 때 아무 생각 없이 '그냥'이라고 대답하는 것, 자신의 생각을 가지지 않고 남들이나 어른들이 시키는 대로 그냥 했던 일이 우리의 '수염'이라고 했습니다.

7 이야기 속 긴 수염 할아버지는 모든 순간을 습관적으로 기계적으로 살아가는 사람입니다.

8 글쓴이의 주장은 '습관적으로 삶을 살지 말고 자기 안에 물음표를 가지고 살아가자.' 또는 ''그냥'이라고 생각하지 말고 '왜' 또는 '어떻게'를 생각하자.'입니다.

핵심내용 ❶ 그림　　❷ 사용

1 (2) ○　　**2** ⑤　　**3** 공정 무역　　**4** ②　　**5** 공정 무역
6 ①　　**7** 생산자에게 돌아갈 정당한 이익을 지켜 줍니다.
8 준우　　**9** 본론　　**10** ⑤　　**11** (『인간의 얼굴을 한 시장 경제, 공정 무역』이라는) 책　　**12** ①　　**13** 윤리적인 소비
14 ④　　**15** ①　　**16** ④　　**17** 건강 증진, 면역력 향상, 쾌적함　　**18** ⑤　　**19** ③　　**20** (1) ○　　**21** ①　　**22** ④
23 ④　　**24** ③　　**25** 예 나무가 책상이 되는 과정이므로 숲이 소중한 자원이 된다는 근거를 잘 뒷받침한다.　　**26** ④
27 누리 소통망　　**28** ㉡　　**29** ③　　**30** ④　　**31** ①　　**32** ㉢, ㉣　　**33** 예 잘못된 정보가 쉽게 퍼질 수 있다.
34 ②　　**35** ①, ③, ④　　**36** 본론　　**37** ②

1 이 만화를 보면 가난한 나라의 사람들이 가난한 까닭, 열심히 일하는 가난한 사람들을 도울 수 있는 방법을 알 수 있습니다.

2 다국적 기업이 가난한 나라의 물건을 제값을 주지 않고 아주 싸게 사들이기 때문입니다.

3 마지막 장면을 통해 공정 무역을 하면 열심히 일하는 사람들을 도울 수 있다는 것을 알 수 있습니다.

4 공정 무역을 통해 가난한 나라를 돕자는 생각이 담긴 만화입니다.

5 주어진 내용은 공정 무역에 대한 설명입니다.

6 공정 무역에서 중간 유통 단계를 줄이려는 까닭은 생산자의 이익을 보장하기 위해서입니다.

7 글 ❷에서 공정 무역 제품을 사용하자는 주장을 뒷받침하는 근거로 생산자에게 돌아갈 정당한 이익을 지켜 준다는 것을 들었습니다.

8 생산자에게 돌아갈 정당한 이익을 지켜 준다는 근거는 공정 무역 제품을 사용하자는 주장과 관련 있고, 주장을 잘 뒷받침하므로 타당합니다.
❶ 오답 피하기
글 ❷에서 일반 무역 유통 단계와 공정 무역 유통 단계를 비교한 그림 자료를 제시하였으므로, 준우의 말은 맞지 않습니다.

9 글 ❸과 ❹는 주장을 뒷받침하는 근거를 제시한 부분으로, 논설문의 짜임 중에서 본론에 해당합니다.

10 일부 다국적 기업들은 물건의 생산 비용을 낮추려고 임금이 상대적으로 낮은 어린이를 고용합니다.

11 글 **4**에서 글쓴이는 근거를 뒷받침하기 위하여 책 자료를 활용하였습니다.

12 ○은 가난한 나라의 농민들이나 노동자들이 작물 재배용 농약에 노출되어 여러 가지 질병을 앓고 있는 문제를 가리킵니다.

13 소비자들은 제품에 붙은 공정 무역 인증 표시를 보고 윤리적인 소비를 할 수 있습니다.

14 글 **5**에 제시된 근거의 타당성을 알맞게 판단한 것은 ④입니다.

15 글 **6**에서 공정 무역 제품을 사용하면 공정 무역 제품을 만드는 나라의 사람들이 자립할 수 있도록 도와줄 수 있고, 환경을 보호할 수 있다고 하였습니다.

16 공정 무역 제품을 사용하자고 주장하는 글입니다.

17 자료 **가**는 숲을 이루는 여러 가지 요소가 사람의 건강을 증진하고 면역력을 향상하며 사람에게 쾌적함을 준다는 것을 알려 줍니다.

18 자료 **나**는 일상에서 탈출해 숲에서 휴식을 취할 수 있다는 내용의 포스터 자료입니다.

19 자료 **다**는 숲이 이상 기후를 막는 데 도움이 된다는 내용의 동영상 자료입니다.

20 자료 **가**~**다**는 숲 보호와 관련된 주장을 뒷받침하기에 알맞습니다.

21 ○에는 '숲을 보호하자.' 또는 '숲을 살리자.'와 같은 주장이 들어가기에 알맞습니다.

22 ④는 주어진 주장과 근거를 뒷받침하기에 알맞은 자료가 아닙니다.

23 숲이 미세 먼지를 잡아 준다는 내용을 알려 주는 동영상입니다.

24 상수리나무가 이산화 탄소를 흡수해 지구 온난화 예방에 도움이 된다는 내용의 기사문으로, 근거 ③과 관련이 있습니다.

25 주어진 자료가 근거와 관련 있는 내용인지, 근거를 뒷받침하는지, 믿을 만한 자료인지 살펴보고 씁니다.

> **채점 기준** 목재 생산 과정을 나타내는 그림 자료가 근거와 관련 있는지 또는 근거를 뒷받침하는지 또는 믿을 만한 자료인지 판단하여 썼으면 정답으로 인정합니다.

26 소희네 가족은 한곳에 모여 의논하기 어려웠기 때문에 단체 대화방을 이용하여 의견을 나누었습니다.

27 소희 오빠는 누리 소통망에 △△식당을 이용한 손님이 쓴 글을 읽고 식당 사장님이 불친절하고 음식 맛도 이상하다는 정보를 알았습니다.

28 실제로 가게를 이용한 이웃집 아주머니의 의견과 누리 소통망에 글을 쓴 손님의 의견이 다르기 때문입니다.

29 ③은 직접 만나서 대화할 때의 장점에 해당합니다.

30 손님은 많은 사람이 보게 하려고 누리 소통망에 글을 썼습니다.

31 ㉠은 △△식당을 이용한 손님이 누리 소통망에 쓴 글입니다.

32 성민이 어머니께서는 짜장면 맛이 이상하다며 소란을 피운 손님에게 짜장면을 새로 가져다드린 뒤 음식값을 받지도 않고 연신 사과하셨습니다.

33 실제로 사건을 본 사람의 이야기가 없고 증거가 없으므로, 성민이와 손님이 쓴 글 중 어느 하나만 옳다고 믿기 어렵습니다. 따라서 성민이나 손님이 쓴 글을 읽고 사람들이 잘못된 정보를 얻을 수 있습니다.

> **채점 기준** 잘못된 정보가 쉽게 퍼질 수 있다는 내용과 비슷하게 썼으면 정답으로 인정합니다.

34 손님이 누리 소통망에 쓴 글 때문에 △△식당 불매 운동이 일어나 가게에 손님이 끊겼고, 성민이의 개인 정보도 유출되었습니다.

35 누리 소통망 이용을 반대하는 주장이므로 ①, ③, ④와 같은 누리 소통망의 단점을 근거로 들어야 합니다.

> **❗오답 피하기**
> ②, ⑤는 누리 소통망을 이용하자는 주장을 뒷받침하는 근거로 알맞습니다.

36 주어진 내용과 같은 근거를 뒷받침하는 자료는 본론 부분에 들어가야 합니다.

37 논설문을 쓸 때 의미가 분명하지 않고 모호한 표현은 안 쓰는 것이 좋습니다.

> **실천** ☺   65쪽
> **1** 더 좋은 우리 동네   **2** ④   **3** ①   **4** ⑤

1 우리 동네의 문제점을 해결하는 내용으로 논설문을 써서 보내 달라고 하였습니다.

2 이 공모 포스터에 제출 기간은 나와 있지 않습니다.

3 ㉠은 더 좋은 동네를 만들기 위해 우리가 실천할 일로 알맞지 않습니다.

4 ㉤는 논설문의 심사 기준으로 알맞지 않습니다.

➕ 단원 어휘 다지기   66쪽

1 (1) 불매 (2) 임금 (3) 자립 (4) 원조   **2** (1) ㉡ (2) ㉮

(3) ㉯   **3** 불   **4** (1) 채취했다 (2) 난처했다 (3) 동참했다

5 ①   **6** (2) ○ (3) ○

---

1 상품 등을 사지 않는 것은 '불매'를, 일을 한 대가로 받는 돈은 '임금'을 뜻합니다. 남에게 의지하지 않고 자기 힘으로 살아가는 것은 '자립'을, 어려움을 겪는 사람이나 단체에 물건이나 돈 따위로 돕는 것은 '원조'를 뜻합니다.

2 (1)에서는 '달다⁷'이 쓰였고, (2)에서는 '달다³'이 쓰였습니다. (3)에서는 '달다⁴'가 쓰였습니다.

3 '공정하다', '안전하다', '친절하다' 앞에 '불-'이 붙으면 '공정하지 않다.', '안전하지 않다.', '친절하지 않다.'라는 뜻이 됩니다.

4 '채취하다'는 '자연에서 나는 것을 베거나 캐거나 하여 얻다.'라는 뜻이고, '난처하다'는 '어떻게 행동해야 할지 결정하기 어려운 불편한 상황에 있다.'라는 뜻이며, '동참하다'는 '어떤 일이나 모임에 같이 참가하다.'라는 뜻입니다.

5 '자자하다'는 '여러 사람의 입에 오르내려 널리 퍼져 있다.'라는 뜻입니다.

6 (1) '한∨송이'로 앞말과 단위를 나타내는 '송이'를 띄어 써야 합니다.

💡 단원 평가   67~69쪽

1 ①   **2** 내   **3** ④   **4** 가   **5** 공정 무역 도시   **6** ⑤

7 (1) 예 우리나라에도 공정 무역 도시가 생기는 변화에 동참해 우리도 공정 무역 제품을 사용하자. (2) 예 아이들을 위험에서 보호할 수 있다.   **8** ①, ②, ③   **9** 예 지구 환경을 보호하기 위해서   **10** 예 다 함께 행복한 세상, 공정 무역 제품 사용이 만든다.   **11** ①   **12** ①   **13** (1) ○   **14** ④

15 ⑤   **16** ②   **17** 예 누리 소통망을 이용하지 않았으면 좋겠다. 왜냐하면 개인 정보가 유출되기 쉽기 때문이다.   **18** ②   **19** 서론   **20** ①

---

1 이야기 속 할아버지는 아무 생각 없이 모든 순간을 습관적으로 기계적으로 살아왔습니다.

2 글 가는 글쓴이가 자신의 주장을 뒷받침하려고 활용한 자료에 해당합니다.

3 '그냥'이라고 생각하지 말고 '왜' 또는 '어떻게'를 생각하자는 것이 글쓴이의 주장입니다.

4 글 내는 본론에 해당합니다.

5 ㉠은 '공정 무역 도시'에 대해 설명한 내용입니다.

6 공정 무역 제품을 사용하면 아이들을 위험에서 보호할 수 있다는 근거를 뒷받침하기 위해 「초콜릿 감옥」 동영상 자료를 활용하였습니다.

7 글 가의 마지막 문장, 글 내의 첫 문장이 중심 문장입니다.

채점 기준	
글 가와 내의 내용을 모두 알맞게 정리하여 쓴 경우	5점
글 가와 내의 내용 중 한 가지만 알맞게 정리하여 쓴 경우	2점

8 공정 무역 제품을 사용하면 생산자에게 돌아갈 정당한 이익을 지켜 주며, 자연을 보호하고 생산자의 건강을 지켜 줍니다.

9 농약과 화학 비료를 사용하지 않는 친환경 농사법은 지구 환경을 보호하고 생산자의 건강을 지킬 수 있습니다.

10 공정 무역 제품을 사용하자는 주장을 담은 짧은 글을 만들어 씁니다.

채점 기준	
공정 무역 제품을 사용하자는 생각이 담긴 짧은 글을 알맞게 만들어 쓴 경우	5점
표어를 만들어 썼으나 공정 무역 제품을 사용하자는 생각이 잘 드러나지 않는 경우	2점

11 ①은 가에 나온 근거가 아닙니다.

12 자료 내는 나무의 미세 먼지 흡수에 대한 동영상으로, 근거 ①과 관련 있습니다.

13 자료 내의 출처가 KBS 뉴스라고 나와 있습니다.

14 오빠는 누리 소통망에서 가게를 이용한 손님이 쓴 글을 읽었다고 하였습니다.

15 음식점을 직접 이용한 손님이 쓴 정보를 쉽게 얻을 수 있어서 편하다고 하였습니다.

16 ㉠을 통해 글쓴이의 개인 정보가 유출되었음을 알 수 있습니다.

17 누리 소통망 이용에 대해 찬성하는지, 반대하는지 생각해 보고, 그 까닭을 정리하여 씁니다.

18 이웃집 아주머니께 들은 소문은 객관적인 증거가 될 수 없습니다.

19 논설문에서 문제 상황이나 주장의 동기, 자신의 주장은 서론에 씁니다.

20 ①은 더 좋은 우리 동네를 만들기 위해 우리가 실천할 수 있는 일이 아닙니다.

📝 서술형 평가   70쪽

1 1단계 공정 무역 제품 **2**단계 (1) 예 생산자에게 돌아갈 정당한 이익을 지켜 준다. (2) 예 공정 무역 인증 표시는 국제기구가 생산지에서 공정 무역의 주요 원칙이 잘 지켜졌는지 점검한 물건들에 붙일 수 있다. **3**단계 예 글 ᄅ에서 제시한 근거는 공정 무역 제품을 사용해야 하는 까닭이 아니라 공정 무역 인증 표시에 대한 설명만 하고 있어서 주장을 직접적으로 뒷받침하지 못하기 때문이다.

2 예 한곳에 모이지 않아도 대화를 할 수 있다. / 예 다른 사람이 쓴 정보를 쉽게 접할 수 있다.

3 예 소희 오빠는 식당 정보를 어떻게 알았나요?

1 1단계 글 ᄃ에 글쓴이의 주장이 나타나 있습니다.

2단계 글 ᄀ와 ᄅ에 근거가 드러나 있습니다.

채점 기준	
근거 두 가지를 모두 알맞게 정리하여 쓴 경우	6점
근거 한 가지를 알맞게 정리하여 쓴 경우	3점

3단계 글 ᄅ에서 글쓴이가 제시한 근거가 주장과 관련 있는지, 주장을 잘 뒷받침하는지 판단하여 씁니다.

채점 기준	
공정 무역 인증 표시에 대한 설명만 하고 있기 때문이라는 내용을 넣어 구체적으로 답한 경우	8점
'주장을 잘 뒷받침하지 못하기 때문이다.'처럼 구체적으로 쓰지 못한 경우	3점

2 많은 사람에게 쉽게 전달할 수 있다는 점, 다른 의견을 쉽게 제시할 수 있다는 점도 누리 소통망의 장점입니다.

채점 기준	
누리 소통망의 장점을 두 가지 모두 알맞게 쓴 경우	8점
누리 소통망의 장점을 한 가지만 알맞게 쓴 경우	3점

3 누리 소통망을 이용하면 편리한 점을 답할 수 있는 질문을 씁니다.

채점 기준	
누리 소통망의 장점을 답할 수 있는 질문을 쓴 경우	5점

😄 수행 평가   71쪽

1 (1) 예 누리 소통망을 올바르게 사용하자. (2) 예 개인 정보가 유출되기 쉽다. (3) 예 누리 소통망으로 개인 정보가 유출된 사례를 쓴 인터넷 기사 (4) 예 잘못된 정보가 쉽게 퍼진다. (5) 예 누리 소통망으로 잘못된 정보가 퍼졌다는 내용의 동영상 (6) 예 누리 소통망을 통해 개인 정보가 유출되기 쉽고 잘못된 정보가 쉽게 퍼질 수 있으므로 누리 소통망을 올바르게 사용해야 한다.

1 (1)에는 누리 소통망 이용에 대한 자신의 주장을, (2)~(5)에는 주장을 뒷받침하는 근거와 근거로 활용할 자료를, (6)에는 본론을 요약하고 주장을 강조하는 내용을 씁니다.

채점 기준	
(1)~(6) 모두 알맞게 정리하여 쓴 경우	30점
(1)~(5)를 알맞게 정리하여 쓴 경우	25점
(1)~(6) 중 세 가지만 알맞게 정리하여 쓴 경우	15점
(1)만 알맞게 답한 경우	5점

4 효과적으로 발표해요

개념 확인하기 72쪽

1 ㉮ 2 주제, 편집 3 ㉯, ㉰ 4 (2) ×

준비 73~74쪽

1 매체 자료 2 독도의 날 기념 율동 3 (1) 사진 (2) 영상 4 ❷ 5 ① 6 다훈, 경민 7 예 주요 농작물 주산지 이동 변화 8 ① 9 ⑤ 10 예 듣는 사람들이 주요 농산물이 주로 생산되는 지역이 바뀌고 있다는 것을 쉽게 이해할 수 있기 때문이다. 11 (1) 폴란드의 민속춤 (2) 베트남의 전통 의상 12 ㉱

1 매체 자료를 활용하는 까닭과 매체 자료의 종류를 설명한 내용입니다.

2 세미는 친구에게 학습 발표회에서 독도의 날 기념 율동을 하자고 말하였습니다.

3 대화 ❶은 사진을 보여 주며 독도의 날 기념 율동을 설명하고 있고, 대화 ❷는 영상을 보여 주며 설명하고 있습니다.

4 대화 ❶에서 사진으로 율동 동작을 볼 때보다 대화 ❷에서 영상으로 율동 동작을 보면 더욱 생생하게 잘 알 수 있습니다.

5 제주도에서 봤던 주상 절리의 기이한 모습을 친구에게 사진으로 보여 주었다고 했습니다.

6 다훈이는 '음악', 경민이는 '사진'이라는 매체 자료를 활용한 경험을 말했습니다.

7 지구 온난화로 생긴 변화 가운데 무엇의 변화를 알려 주는지 그림을 잘 살펴봅니다.

8 우리나라 기후가 점점 아열대화되면서 농산물 주산지가 남쪽에서 북쪽으로 바뀌고 있습니다.

9 한결이는 주요 농산물 주산지 이동 변화를 알려 주는 그림지도를 활용하여 발표하였습니다.

10 그림지도를 보면 주요 농산물 주산지 이동 변화를 쉽게 이해할 수 있습니다.

채점 기준 듣는 사람이 그림지도 내용을 쉽게 이해할 수 있기 때문이라는 내용으로 까닭을 썼으면 정답으로 인정합니다.

11 진아는 영상을 활용해 폴란드의 민속춤을, 별이는 사진을 활용해 베트남의 전통 의상을 소개하려고 합니다.

12 진아처럼 영상을 활용하면 민속춤의 움직임이나 특징을 더 자세하게 파악할 수 있고, 영상을 보면서 민속춤을 따라 출 수 있습니다.

기본 75~78쪽

핵심내용 ❶ 주제 ❷ 손가락

1 ④, ⑤ 2 (1) ○ 3 교통사고 4 정국 5 ② 6 ④ 7 ②, ④, ⑤ 8 (1) 능력자 (2) 손가락 9 (1) 예 누리 소통망 서비스 (2) 예 댓글을 직접 제시해 좋은 댓글과 나쁜 댓글의 영향을 비교할 수 있기 때문이다. 10 ㉮, ㉱, ㉲, ㉯ 11 건강 12 ④ 13 ③ 14 (2) ○ 15 ①, ③, ⑤ 16 ⑤ 17 (1) ③ (2) ② (3) ① 18 ㉮, ㉯ 19 ④ 20 출처 21 예 영상에 나오는 사람의 동의를 얻는다.

1 매체 자료 ㉮는 사람과 휴대 전화가 서로를 꽉 붙잡고 있는 모습을 잘 표현한 공익 광고 사진입니다. 글과 그림으로 표현된 부분이 나오지만 수치나 음악은 나오지 않습니다.

2 매체 자료 ㉮의 내용을 통해 주제를 파악해 봅니다. (2)는 매체 자료 ㉯에서 전하려는 주제입니다.

3 매체 자료 ㉯는 연도별로 휴대 전화 관련 교통사고 발생량을 나타낸 도표입니다.

4 매체 자료는 ㉮는 공익 광고의 글이 질문 형식이라 보는 사람이 더 생각하게 하는 효과가 있어서 주제를 잘 전하고 있습니다.

5 주제에 잘 맞고, 한눈에 실태를 파악할 수 있도록 정리하기에 알맞은 매체 자료는 '도표'입니다.

6 이 영상은 읽는 사람을 배려하면서 온라인 댓글을 긍정적으로 쓰자는 주제를 전하고 있습니다.

7 나쁜 댓글과 좋은 댓글이 끼치는 영향을 구분하여 봅니다. 좋은 댓글은 긍정적인 영향을 줍니다.

오답 피하기
①, ③은 나쁜 댓글이 끼치는 영향에 해당합니다.

8 온라인 댓글을 다는 사람을 누군가에게 나쁜 영향 또는 좋은 영향을 줄 수 있는 '능력자'라고 비유하였고, 댓글을 다는 손가락을 악마 또는 천사의 모습으로 비유하였습니다.

9 주제에 맞는 매체 자료를 더 찾아 보고 그 매체를 활용했을 때의 효과를 생각해 봅니다.

> **채점 기준** 주제에 맞는 매체 자료와 그 매체 자료를 활용했을 때의 효과를 알맞게 썼으면 정답으로 인정합니다.

10 발표 상황을 파악하고 주제를 정해야 영상 자료의 내용 및 장면을 정할 수 있고, 촬영 계획을 세워 촬영, 편집을 할 수 있습니다.

11 학교 방송국에서 어떤 주제의 매체 자료를 공모한다고 하였는지 살펴봅니다.

12 듣는 사람은 전교생이므로 이를 고려해서 작품은 1~6학년까지 모두 이해하기 쉬운 내용이어야 합니다.

13 그림은 '맨발 걷기'를 발표 주제로 정하는 장면입니다.

14 친구들이 건강한 생활을 위해 실천하면 좋은 일에 대한 다양한 의견을 나눈 뒤, 그중에서 가장 의견이 많았던 '맨발 걷기'를 주제로 정했습니다.

15 '맨발 걷기'라는 주제를 효과적으로 전할 수 있는 내용이나 장면을 정해야 합니다. 주제와 관련 있으면 다른 매체 자료를 활용한 내용도 알맞습니다.

16 영상 자료를 만드는 데 필요한 역할은 연출, 편집, 촬영, 대본, 면담, 기록 등이 있으며, 촬영 계획을 세울 때 역할을 정해야 합니다.

17 이 표는 촬영 계획에 필요한 장면 번호, 촬영 내용, 촬영 일시와 장소, 준비물을 차례대로 정리한 것입니다.

18 장면을 계획에 따라 촬영한 뒤에 보완할 점이 있으면 다시 촬영하거나 여러 번 촬영해 골라 사용할 수도 있습니다.

19 친구들은 촬영한 영상을 편집하려고 제목, 자막, 배경 음악을 넣자고 하였고, 발표 효과를 높이기 위해 다른 매체 자료(신문 기사)를 넣으려고 합니다.

20 신문 기사 같은 다른 매체 자료를 인용한 경우에는 출처를 밝혀야 합니다.

21 이 밖에도 영상에 매체 자료를 넣을 때에는 자료의 출처를 밝혀야 합니다.

> **채점 기준** 영상에 나오는 사람의 동의를 얻는다거나 자료를 인용할 때 출처를 밝혀야 한다는 내용과 비슷하게 썼으면 정답으로 인정합니다.

---

1 주변 인물 탐구   **2** 6학년 친구들   **3** 유빈   **4** ①, ②, ⑤   **5** ④   **6** ㉰

1 5분 영상 발표회의 주제는 '주변 인물 탐구'입니다.

2 ○○초등학교 6학년을 대상으로 인물 탐구 영상 발표회를 개최한다고 하였으므로 발표를 듣는 사람도 6학년 친구들일 것입니다.

3 영상 발표회의 발표 목적은 주변 인물을 탐구해 발표하는 것입니다. 주변 인물과 관련된 주제를 정한 친구는 유빈이입니다.

> **⚠ 오답 피하기**
> 상혁이는 주변 인물이 아닌 돌아가신 위인을 정해 주제를 정하려고 한 것으로 보아, 5분 영상 발표회에서 발표할 주제로는 알맞지 않습니다.

4 "꿈을 가지고 재능을 꾸준히 키워 가자."라는 주제에 맞도록 친구 ○○과/와 면담하거나 그 친구가 꿈을 키우기 위해 노력하는 모습 등을 촬영하는 것이 좋습니다.

5 자막은 필요한 장면에 알맞은 내용으로 간단히 넣어야 합니다.

6 제작한 영상을 보여 주기 전에 영상 자료의 내용에 대해 소개하고 있습니다.

➕ 단원 어휘 다지기   80쪽

1 (1) 면담 (2) 발생 (3) 율동 (4) 예정   **2** (1) 반 (2) 비 (3) 반 (4) 비   **3** (1) ○ (2) ○ (3) ×   **4** (1) 물리다 (2) 보였다 (3) 안겼다   **5** ④, ⑤   **6** ④

1 (1)은 '면담', (2)는 '발생', (3)은 '율동', (4)는 '예정'의 뜻입니다.

2 (1) '직접'은 중간에 끼어들지 않고 바로 연결되는 관계를, '간접'은 둘이 바로 연결되지 않고 중간에 다른 것을 통해서 이어지는 관계를 말합니다. (2) '댓글'과 '답글'은 인터넷에 오른 글에 대하여 짤막하게 답하여 올리는 글을 말합니다. (3) '내륙'은 바다에서 멀리 떨어져 있는 육지를, '해안'은 바다와 육지가 맞닿은 부분을 뜻합니다. (4) '포기하다'와 '기권하다'는 '하려던 일을 도중에 그만두어 버리다.'라는 뜻입니다.

3 '경쾌하다'는 '움직임이나 모습, 기분 따위가 가볍고 상쾌하다.'라는 뜻으로, 시험에 떨어졌다는 소식을 들었을 때의 기분을 표현하는 말로 알맞지 않습니다.

4 낱말의 중간에 '-리-', '-이-', '-기-'를 붙여 '물다'는 '물리다', '보다'는 '보이다', '안다'는 '안기다'로 바꾸면 다른 대상에게 동작을 당하게 되는 피동 표현이 됩니다.

5 '민속춤'은 '민속'과 '춤', '교통사고'는 '교통'과 '사고'가 합해진 낱말입니다.

6 '몸', '발', '손', '주먹'에 '맨-'을 붙이면 아무것도 입지 않은 몸, 아무것도 신지 않은 발, 아무것도 끼거나 감지 않은 손, 아무것도 가지지 않은 빈주먹을 뜻합니다.

단원 평가
81~83쪽

1 ⑤　　**2** 영상　　**3** 지후　　**4** (1) 영상 (2) 사진　　**5** ③

6 예 휴대 전화의 노예가 되지 말고 알맞게 사용하자.　　**7**

❶　　**8** ①　　**9** ④　　**10** (2) ○ (3) ○　　**11** ⑤　　**12** ③

13 예 친구들과 토의해서 다양한 의견을 나눈다.　　**14** (1)

주제 (2) 분량 (3) 차례　　**15** ⑤　　**16** ①, ②, ③　　**17** ②

18 편집하기　　**19** 예 출처를 넣는다.　　**20** ①, ②, ③

---

1 세미는 대화 **❶**에서 사진을 보여 주며 설명하고 있고, 대화 **❷**에서 영상을 보여 주며 설명하고 있습니다.

2 영수는 사진보다 영상을 보고 율동 동작이 간단하고 재미있다는 것을 잘 알 수 있었습니다.

3 영상, 사진, 표, 지도 등의 매체 자료를 활용하는 까닭은 어떤 사실이나 정보, 의견을 다른 사람에게 잘 전하기 위해서입니다.

4 진아는 폴란드의 민속춤 영상, 별이는 베트남의 옷 사진을 활용하려고 합니다.

5 매체 자료 없이 설명하면 상상만 해야 하는데 사진 자료를 활용하면 어떤 전통 의상인지 쉽게 이해할 수 있습니다.

6 하루 종일 휴대 전화를 잡고 있는 등 휴대 전화에 중독된 사람이 많다는 주제를 전하는 공익 광고 사진입니다.

채점 기준

휴대 전화의 노예가 되지 말고 알맞게 사용하자는 내용으로 쓴 경우	5점
'휴대 전화 중독' 등과 같이 간단히 쓴 경우	2점

7 영상 **❶**은 나쁜 댓글이 끼치는 영향, 영상 **❷**와 **❸**은 좋은 댓글이 끼치는 영향을 보여 주고 있습니다.

8 이 영상에서는 댓글을 다는 모습을 손가락을 까딱하는 모습으로 표현하고 있습니다.

9 온라인 댓글을 긍정적으로 쓰고, 온라인 언어폭력을 하지 말자는 주제를 전하려는 영상 자료입니다.

10 이 영상 자료에는 다른 매체 자료(도표)를 활용하여 넣지 않았습니다.

11 영상 자료를 제작할 때는 먼저 발표 상황을 알아야 그에 알맞은 주제와 내용 및 장면을 정할 수 있습니다.

12 학교 방송 진행자가 뽑힌 작품은 전교생에게 발표할 예정이라고 하였습니다.

13 발표를 듣는 사람들이 흥미를 가질 만한 주제를 정하고, 친구들과 토의해서 다양한 의견을 나누어 주제를 정해야 합니다.

채점 기준

친구들과 토의해서 다양한 의견을 나눈다는 내용과 비슷하게 쓴 경우	5점
'좋은 주제를 정한다', '친구와 정한다' 등과 같이 간단히 쓴 경우	2점

14 발표 내용 및 장면을 정할 때는 주제를 잘 전할 수 있는 내용과 장면으로 정해야 하고, 주제와 내용이 효과적으로 전달되도록 분량과 발표 시간, 장면 내용과 차례를 잘 정해야 합니다.

15 촬영 계획을 세울 때는 영상을 만드는 데 필요한 역할, 촬영 일시와 장소, 준비물 등을 정해야 합니다. ⑤는 편집할 때 정합니다.

16 면담 장면을 촬영하기 위해서는 휴대 전화(캠코더), 수첩, 질문지를 미리 준비해야 합니다. ④와 ⑤는 편집할 때 필요한 것들입니다.

17 영상을 촬영하면서 화면을 이동할 때에는 너무 빠르지 않게 합니다.

18 이 그림은 촬영한 영상에 제목, 배경 음악, 자막 등을 넣어 편집하는 과정을 나타내고 있습니다.

19 편집 과정에서는 인용한 자료의 출처를 자막으로 넣어야 합니다.

20 영상 자료를 만들어서 인터넷에 올릴 때에는 영상에 나오는 사람들의 동의를 꼭 얻어야 하고, 영상 자료가 보는 사람들에게 좋은 영향을 주는지 생각해야 합니다.

1 1단계 예 그림지도　2단계 예 제주도에서 고흥, 통영, 진주로 이동하고 있다.　3단계 예 듣는 사람들이 주요 농산물이 주로 생산되는 지역이 바뀌고 있다는 것을 쉽게 이해할 수 있다.

2 (1) 예 '건강 주간'을 맞아 건강을 주제로 한 작품을 발표하는 것이다.　(2) 예 전교생

3 예 맨발 걷기의 효과를 알려 주는 신문 기사 내용 / 예 맨발 걷기를 꾸준히 한 사람과 면담한 내용

1 1단계 발표할 때 주요 농산물 주산지 이동 변화를 나타낸 그림지도를 활용했습니다.

채점 기준	
'그림지도'라고 매체 자료의 종류를 정확하게 쓴 경우	3점

2단계 제주도에서만 재배되던 감귤이 고흥, 통영, 진주 등의 내륙으로 이동하고 있습니다.

채점 기준	
제주도에서 고흥, 통영, 진주 지역으로 이동하고 있다고 정확하게 쓴 경우	5점
제주도에서 주산지가 다른 지역으로 바뀌고 있다고 모호하게 쓴 경우	2점

3단계 그림지도를 활용해 발표할 때 얻을 수 있는 효과를 정리하여 씁니다.

채점 기준	
듣는 사람들이 어떤 내용을 쉽게 이해할 수 있는지 그림지도의 내용이 구체적으로 드러나게 좋은 점을 쓴 경우	6점
'이해하기 쉽다.'와 같이 간단히 쓴 경우	3점

2 방송국에서 안내한 내용을 살펴보고 어떤 목적으로, 누구를 대상으로 발표해야 하는지 발표 상황을 파악해 봅니다.

채점 기준	
전교생을 상대로 건강을 주제로 한 작품을 발표한다는 상황을 파악하여 발표 목적과 듣는 사람을 알맞게 쓴 경우	6점
발표 목적을 썼지만 내용이 어색하거나 듣는 사람만 답을 쓴 경우	3점

3 주제를 효과적으로 전하고, 주제와 관련한 중요한 내용을 촬영해야 합니다.

채점 기준	
'맨발 걷기'라는 주제와 관련된 촬영할 내용을 두 가지 모두 알맞게 쓴 경우	8점
'맨발 걷기'라는 주제와 관련된 촬영할 내용을 한 가지만 알맞게 쓴 경우	4점

1 (1) 예 요리사　(2) 예 맛있는 요리로 사람을 행복하게 한다.　(3) 예「사람을 행복하게 하는 요리사」(4) 예 방송에서 유명 요리사가 요리하는 장면 / 주변에 있는 요리사와 직접 면담하는 장면 / 다양한 요리 분야를 조사한 내용　**2** 예 우리 모둠은 요리사를 소개하는 영상을 제작했습니다. 영상 자료의 주제는 "맛있는 요리로 사람을 행복하게 한다."이고, 영상 제목은「사람을 행복하게 하는 요리사」입니다. 방송에서 유명 요리사가 요리하는 장면, 모둠 친구들이 요리사를 직접 면담한 내용, 다양한 요리 분야를 조사한 내용을 영상에 넣었습니다. 요리사가 꿈인 친구들에게 도움이 될 것입니다.

1 발표 상황에 맞는 인물과 영상 자료의 주제를 정하고, 주제에 알맞은 영상 제목과 촬영할 장면을 정리해 봅니다.

채점 기준	
인물과 영상 자료의 주제에 알맞게 내용을 모두 정리하여 쓴 경우	15점
인물이나 영상 자료의 주제를 정했지만 나머지 내용의 정리가 다소 미흡한 경우	8점

2 정리한 영상 자료의 내용을 바탕으로 하여 조건 에 알맞게 소개하는 내용을 직접 발표하듯이 씁니다.

채점 기준	
조건 에 알맞은 내용을 넣어 소개하는 내용을 자세하게 쓴 경우	10점
조건 의 내용이 일부 빠지거나 소개하는 내용이 자연스럽지 못한 경우	5점

5 글에 담긴 생각과 비교해요

개념 확인하기 86쪽

1 관점 **2** 목적 **3** (2) × **4** 예 신문 기사, 책

준비 😊 .... 87~89쪽

핵심내용 ❶ 문화

1 ② **2** ③ **3** ④ **4** (1) ○ **5** ②, ⑤ **6** ②
7 (1) ○ **8** 예 가족에게, 이웃에게, 동포에게 주는 것을 즐거움으로 삼는 사람이다. **9** ③ **10** 인을 좋아하는 민족
11 ② **12** 예 백범 김구 선생의 생각을 잘 드러낼 수 있는 제목이라고 생각했기 때문이다.

1 글의 처음에 백범 김구 선생은 우리나라가 세계에서 가장 아름다운 나라가 되기를 원한다고 했습니다.

2 백범 김구 선생은 우리나라가 세계에서 가장 아름다운 나라가 되기 위해서는 문화의 힘이 꼭 필요하다고 생각했습니다.
❗ 오답 피하기
지금 인류에게 부족한 것은 무력, 경제력도 아니고, 현재의 자연 과학만 가지고도 편안히 살아가기에 넉넉하다고 했습니다.

3 인류가 현재에 불행한 근본 이유는 인의가 부족하고, 자비가 부족하고, 사랑이 부족하기 때문이라고 했습니다.

4 백범 김구 선생은 높은 문화를 달성하여 우리 민족이 세계 무대의 주연이 되자고 했습니다.

5 문화를 높이기 위해 사상의 자유를 확보하는 정치 양식의 건립과 국민 교육의 완비가 필요하다고 했습니다.

6 백범 김구 선생은 동포 간에 증오의 투쟁을 버리고 화합해야 한다고 했습니다.

7 백범 김구 선생은 최고의 문화로 인류의 모범이 되는 것을 사명으로 삼는 우리 민족의 개개인은 이기적 개인주의자가 되어서는 안 된다고 했습니다.

8 남의 것을 빼앗거나 남의 덕을 보려는 사람이 아니라 가족에게, 이웃에게, 동포에게 주는 것을 즐거움으로 삼는 사람이 '선비요 점잖은 사람'이라고 했습니다.

9 촌락과 도시는 깨끗하고 풍성하고 화평할 것이라고 했는데, 촌락이 도시로 변할 것이라는 내용은 없습니다.

10 옛날 공자께서는 우리 민족이 사는 데 오고 싶다고 하셨으며 우리 민족을 '인을 좋아하는 민족'이라 하였다고 했습니다.

11 백범 김구 선생은 우리는 이기적 개인주의자가 되면 안 되고, 인자하고 어진 덕을 갖추기를 바랐습니다.

12 제목은 글쓴이의 생각을 잘 드러낼 수 있어야 합니다.
채점 기준 '읽는 사람의 관심을 끌 수 있는 제목이어서', '글 내용을 잘 설명할 수 있는 제목이어서'의 내용으로 답을 썼으면 정답으로 인정합니다.

기본 😊 .... 90~98쪽

1 (1) ○ **2** ①, ②, ⑤ **3** 법적 지위 **4** ② **5** ④
6 ㉠ **7** 로봇 산업 발전 **8** ④ **9** ④ **10** ⑤ **11**
⑤ **12** 예 『열하일기』에 나온 여행지 중 박지원이 꼽은 가장 아름다운 곳은 어디였는지 궁금하다. **13** 나리, 창대,
장복 **14** ⑤ **15** (1) ○ **16** ⑤ **17** ③ **18** ④
19 예 만주족 오랑캐들을 소탕해야 한다. **20** 수민 **21**
㉡ **22** ⑤ **23** (1) ○ **24** ④ **25** ④ **26** (1)
② (2) ① **27** 예 나름의 쓸모가 있고 가치 있다. **28**
③ **29** ① **30** (1) ○ **31** ① **32** 관점 **33**
④ **34** ㉮ **35** 예 법으로 정하지 않아도 된다. 도덕까지 법으로 규제하는 것은 강압에 가깝다고 생각하기 때문이다. **36** ⑤

1 제목에 로봇세 도입이 필요하다는 글쓴이의 의도와 관점이 드러나 있습니다.

2 ①, ②, ⑤를 통해 글쓴이가 로봇세 부과에 대해 긍정적인 생각을 갖고 있음을 알 수 있습니다.
❗ 오답 피하기
③과 ④는 로봇세에 대한 부정적인 생각과 관련 있는 표현입니다.

3 유럽 의회에서는 로봇에게 '특수한 권리와 의무를 가진 전자 인간'으로 법적 지위를 부여하는 입법을 추진하도록 결의했다고 했습니다.

4 글쓴이는 인간과 로봇이 공존하는 방법을 찾을 수 있도록 지금이라도 로봇세를 도입해야 한다고 했습니다.

5 글의 제목에 ㉯와 같은 이유가 드러나 있습니다.

6 ㉠은 로봇이 우리 생활에 미치는 긍정적인 영향이 드러난 표현입니다.

7 문단 **4**에서 글쓴이는 지금은 로봇 산업 발전에 투자해야 할 때라고 했습니다.

8 어려운 낱말을 찾는다고 해서 글쓴이의 생각을 알 수 있는 것은 아닙니다.

9 글의 처음에 『열하일기』는 조선 후기의 실학자 연암 박지원이 중국에 다녀와서 쓴 여행기라고 했습니다.

10 박지원은 호기심이 많고 모험 정신이 가득한 사람이라고 했습니다.

11 박지원은 자신이 느낀 바를 진솔하게 기록했기에 책 이름에 '일기'라는 말을 붙였습니다.

12 이 글을 읽고 『열하일기』에 대해 더 알고 싶은 점이나 궁금한 점을 떠올려 봅니다.

> **채점 기준** 『열하일기』에 대한 궁금한 점을 적절하게 썼으면 정답으로 인정합니다.

13 이 글에는 나리와 그를 모시는 창대, 장복이가 나옵니다.

14 장복이는 일행보다 서둘러 새벽같이 길을 떠나려는 나리 때문에 잠이 덜 깼습니다.

15 새벽같이 길을 떠나는 창대는 이번 사행길이 자기 자신을 찾는 여행처럼 느껴졌습니다.

16 우리나라 선비들이 연경에서 돌아온 사람을 만나면 '이번 여행에서 제일가는 경치가 뭐였는지'를 묻는다고 했습니다.

17 일류 선비는 황제, 관원, 백성이 머리를 깎은 것을 보고 중국엔 도무지 볼 것이 없다고 이야기할 것이라고 나리가 말했습니다.

18 황제, 관원, 백성이 머리를 깎은 것을 보고 오랑캐라고 칭하며 중국에서 볼 게 없다는 말은 중국을 천하게 여기고 무시하며 깔보는 마음이 느껴지는 말입니다.

19 이류 선비는 10만 대군으로 만주족 오랑캐들을 먼저 소탕한 뒤라야 비로소 경치를 이야기할 수 있을 것 같다고 했습니다.

20 중국을 제대로 알아보지 않고 인정하지 않는 사람들을 일류 선비, 이류 선비로 표현하였습니다.

21 나리는 창대의 질문에 자신을 시골의 삼류 선비라고 말하였습니다.

22 나리는 중국의 제일가는 경치가 기와 조각과 똥 덩어리라고 했습니다.

23 나리는 백성을 위해 일하는 자는 백성과 나라에 도움이 될 일이라면 그 법이 비록 오랑캐에서 나온 것이라 해도 마땅히 이를 배우고 본받아야 할 것이라고 했습니다.

24 깨진 기와 조각은 천하에 쓸모없는 물건이지만 경우에 따라 가치 있게 이용할 수 있다고 생각한 것입니다.

25 중국에서 뜰 앞에 벽돌을 깔 형편이 안 되는 가난한 집들은 유리 기와 조각과 둥근 조약돌을 주워다가 모양을 만들어 깔아 뜰을 예쁘게 꾸몄는데 이것은 비 올 때 흙이 진창이 되는 것을 막아 주는 역할을 한다고 했습니다.

26 거름으로 쓰기 전에는 세상에 둘도 없이 더러운 것이지만 거름으로 쓸 때는 한 덩어리라도 흘릴까 조심하며 소중히 대한다고 했습니다.

27 그전까진 더럽고 하찮게 여겨졌던 기와 조각과 똥 덩어리가 나리의 이야기를 듣고 쓸모 있고 가치 있게 여겨졌습니다.

28 나리의 말을 듣고 있던 장복이는 남들이 하찮게만 보는 천민인 자신도 쓸모가 있는지 물어보았습니다.

29 창대는 자신이 깨진 기와 조각, 똥오줌보다도 못한 존재일까 봐 나리의 대답을 기다리며 조마조마했습니다.

30 나리는 자신의 가치는 스스로가 매기는 거라고 하며 다른 사람에게 맡길 것이 아니라고 했습니다.

31 창대는 거름으로 쓰이는 쓰임을 갖고 있는 똥 누각이 부러웠습니다.

32 글쓴이는 나리의 말을 통해 자신이 전하고 싶은 의도와 목적을 나타냈습니다.

33 실수로 바다에 빠진 남자가 익사하게 된 것은 다급한 구조 요청에도 젊은이가 무관심했기 때문이라고 생각했습니다.

34 '착한 사마리아인의 법'은 위험한 사람을 돕지 않으면 처벌하는 법을 말합니다.

35 '착한 사마리아인의 법'을 법으로 정해야 하는지, 법으로 정하지 않아도 되는지를 정하고, 그렇게 생각한 까닭을 씁니다.

> **채점 기준** '착한 사마리아인의 법'에 대한 자신의 생각과 생각을 뒷받침하는 까닭을 적절하게 썼으면 정답으로 인정합니다.

36 자신이 내세우는 근거에 알맞은 자료를 보여 주며 설명하면 설득력이 높아집니다. 그러나 친구의 생각은 객관적인 사실이 아니어서 설득력이 떨어집니다.

➕ 단원 어휘 다지기

1 (1) ○ (2) ○ (3) × (4) × (5) × **2** ③ **3** (1) 일찍이 (2) 곁눈질 **4** (3) ○ **5** ② **6** (1) 매겨져 (2) 메기고

1 '부과'는 세금이나 부담금 따위를 매기어 부담하게 하는 것을, '기각'은 법원이 법적으로 내어진 문제나 안건 등을 이유가 없다고 판단하여 받아들이지 않기로 결정하는 일을, '아양'은 귀염을 받으려고 알랑거리는 말이나 그런 짓을 뜻합니다. 어른에게 어리광을 부리거나 귀여워해 주는 것을 믿고 버릇없이 구는 일은 '응석'의 뜻입니다.

2 '걸림돌'은 일을 해 나가는 데에 걸리거나 막히는 장애물을 비유적으로 이르는 말이므로 ③과 같은 상황에는 적절하지 않습니다.

3 '예전에. 또는 전에 한 번.'이라는 뜻의 낱말은 '일찍이'가 바른 표기이고, '고개를 움직이지 않고 눈알만 살짝 움직여서 옆을 봄.'이라는 뜻의 낱말은 '곁눈질'이 바른 표기입니다.

4 '혀를 내두르다'는 '몹시 놀라거나 어이없어서 말을 못 하다.'라는 뜻의 관용어입니다.

5 '불현듯'은 불을 켜서 불이 일어나는 것과 같다는 뜻으로, 갑자기 어떠한 생각이 걷잡을 수 없이 일어나는 모양을 뜻합니다.

6 (1)은 기준에 따라 소고기 값을 정했다는 뜻이므로 '매겨져'가 알맞고, (2)는 두 편 중에서 한편이 먼저 노래를 불렀다는 뜻이므로 '메기고'가 알맞습니다.

💡 단원 평가

1 ④ **2** ⑤ **3** ③ **4** ① **5** 문화 **6** 예 글쓴이가 글을 쓴 의도와 목적을 알 수 있다. / 글 내용을 좀 더 깊이 있게 이해할 수 있다. **7** ④ **8** 로봇은 기계이기 때문에 **9** ㉢ **10** 예 제목을 살펴본다. / 글에서 사용한 표현을 살펴본다. **11** (연암) 박지원 **12** ② **13** ㉢ **14** 나리 **15** ①, ② **16** (3) × **17** ㉡ **18** 사회사, 만내편 토론자 **19** ④ **20** ③

1 관점에 대해 설명한 내용입니다.

2 모양이 비슷한 우리말의 'ㅌ'와 알파벳 'E'를 보여 주면서 아이에서부터 어른까지 국어보다 영어에 익숙해져 있다는 것을 문제로 다루었습니다.

3 이 광고를 만든 사람은 우리의 민족 정신과 같은 우리말을 사랑하자고 말하고 있습니다.

4 글쓴이는 오직 한없이 가지고 싶은 것은 높은 문화의 힘이라고 했습니다.

5 글쓴이는 인의, 자비, 사랑이 발달되면 현재의 물질력으로 인류가 다 편안히 살 수 있을 것이라고 하면서 인류에게 이 정신을 배양하는 것은 오직 문화라고 했습니다.

6 글쓴이의 생각을 파악하며 글을 읽으면 글 내용을 좀 더 깊이 있게 이해할 수 있고, 글쓴이의 의도와 목적을 알 수 있습니다.

채점 기준	
제시된 예시 답의 내용으로 답을 쓴 경우	5점

7 세계 경제 포럼은 로봇이나 인공 지능이 이끄는 4차 산업 혁명으로 수많은 사람이 일자리를 잃을 것이라고 전망했습니다.

8 현행법으로는 로봇에게 세금을 부과할 수는 없다고 했습니다. 법적인 의미에서 자연인과 법인에게만 세금을 부과할 수 있는데 로봇은 기계이기 때문입니다.

9 ㉠과 ㉡을 통해 글쓴이가 로봇세를 걷자고 생각하고 있음을 알 수 있습니다.

10 글쓴이의 생각이 드러나는 제목, 낱말이나 표현을 살펴보거나 글쓴이가 글을 쓴 의도와 목적을 생각합니다.

채점 기준	
글쓴이의 생각을 파악하는 방법을 알맞게 쓴 경우	5점

11 『열하일기』는 조선 후기의 실학자 연암 박지원이 썼습니다.

12 당시 중국은 아무나 갈 수 있는 곳이 아니었고 그만한 자격과 능력이 요구되었습니다.

❗ 오답 피하기
① 중국은 아무나 갈 수 있는 곳이 아니었습니다.
③ 중국을 가려고 굳이 나서는 사람이 없었습니다.
④, ⑤ 중국을 가기 위한 자격과 능력이 요구되었습니다.

13 글쓴이는 『열하일기』가 시대를 앞서가는 연암의 생각과 기억, 철학과 세계관을 한데 모은 지식의 저장소라고 했습니다.

14 나리는 자신을 낮추어 시골의 삼류 선비라고 했습니다.

15 나리는 기와 조각과 똥 덩어리를 중국의 제일가는 경치로 꼽았습니다.

16 '중국에는 볼만한 것이 없다'는 말은 저들의 것을 다 익히고, 저들보다 낫게 되었을 때 할 수 있다고 했습니다.

17 ⓒ은 쓸모없는 기와조각이 쓸모 있게 사용되는 때를 설명한 것입니다.

18 토론을 할 때에는 사회자, 찬성편 토론자, 반대편 토론자, 참관자로 역할을 나눕니다.

19 ㉠는 반대편 입장을 뒷받침하는 근거로 알맞습니다.

20 근거는 주장을 뒷받침해야 하며, 정확하고 믿을 만한 사실을 바탕으로 설득력 있게 제시해야 합니다.

✏️ 서술형 평가   103쪽

1 1단계 로봇세   2단계 예 로봇세를 빠른 시일 내에 도입해야 한다.   3단계 예 로봇세 도입에 부정적인 사람들에게 다른 관점으로도 생각할 수 있게 하려고 이 글을 썼다.

2 예 ㉠에 나타난 글쓴이의 생각과 같은 생각이다. 내 인생의 주인은 나이고, 다른 사람에 의해 결정되는 것이 아니기 때문이다.

3 예 자신의 쓰임새가 무엇인지 알지 못하여 답답한 마음일 것이다.

1 1단계 이 글에는 로봇세 도입의 필요성에 대한 글쓴이의 관점이 나타나 있습니다.

   2단계 글쓴이는 로봇세를 도입하여 인간과 로봇이 함께 살아가는 방법을 찾아야 한다고 했습니다.

채점 기준	
로봇세를 도입해야 한다는 내용이 드러나게 쓴 경우	6점
글쓴이가 말한 내용을 썼으나 전하려는 생각을 잘 요약하지 못한 경우	3점

   3단계 글쓴이는 로봇세를 도입해야 한다고 생각하면서 로봇세가 어떤 도움을 줄 수 있는지 말하고 있습니다.

채점 기준	
예시 답의 내용으로 글쓴이가 글을 쓴 의도나 목적을 파악하여 쓴 경우	5점

---

2 ㉠과 다르게 아무리 노력해도 원하는 대로 가치 있는 삶을 못 사는 경우도 있다고 생각할 수 있습니다.

채점 기준	
조건 에 맞게 설득력 있게 답을 쓴 경우	6점
조건 에 맞게 썼으나 내용이 부족한 경우	3점

3 나리의 말에 창대는 자신이 말고삐를 잡고 흙먼지를 마시는 것밖에는 할 수 있는 일이 없는 것 같았습니다.

채점 기준	
창대의 입장이 되어 어떤 마음일지 타당하게 쓴 경우	4점
마음을 나타내는 말만 간단히 쓴 경우	2점

👓 수행 평가   104쪽

1 (1) 예 로봇 산업 발전을 더디게 하기 때문이다. (2) 예 '부담', '걸림돌', '막대한 특허 사용료를 외국에 지급해야' 등이 있다. (3) 예 로봇세 도입이 필요하다고 생각하는 사람들에게 다른 관점으로도 생각해 보게 하기 위해서이다.

2 예 로봇세 도입은 로봇 산업 발전을 더디게 할 수 있으며 지금은 로봇 개발에 필요한 원천 기술에 더 집중할 때이므로 로봇세 도입을 늦추어야 한다.

1 제목을 정한 까닭, 글쓴이의 생각을 나타내려고 쓴 표현, 글쓴이가 글을 쓴 의도와 목적을 파악하여 씁니다.

채점 기준	
(1)~(3)의 내용을 모두 알맞게 쓴 경우	15점
(1)~(3) 중 두 가지만 알맞게 쓴 경우	10점
(1)~(3) 중 한 가지만 알맞게 쓴 경우	5점

2 〈문제 1번〉에서 답한 내용을 바탕으로 글쓴이의 생각을 파악하여 씁니다.

채점 기준	
예시 답의 내용으로 글쓴이의 생각을 정리하여 쓴 경우	10점
글쓴이의 생각은 파악하였으나 내용이 부족한 경우	5점

6 정보와 표현 판단하기

😊 개념 확인하기 105쪽

1 (3) × **2** 과장하거나 **3** 기자의 보도 **4** ㉮, ㉰

준비 😊 106~107쪽

핵심내용 ❶ 시각

1 ② **2** (3) ○ **3** ❸, ❹ **4** 세진 **5** ③ **6** 환경, 실천할 수 있는 방법 **7** ㉯ **8** (1) ② (2) ①

1 프랑스 파리에서 전 세계가 참가한 기후 협약 체결에 대한 뉴스입니다.

2 선진국들은 온실가스 감축을 위해 2020년까지 기금을 개발 도상국에 지원해야 한다는 내용이 담겨 있습니다.

❗ 오답 피하기
(1) 개발 도상국을 포함한 195개국 당사국 모두가 온실가스 감축 의무를 져야 합니다.
(2) 지구의 기온 상승 폭을 섭씨 2도 아래로 억제해야 합니다.

3 이 뉴스에서는 지구 온난화의 원인과 관련하여 공장과 자동차에서 배출되는 온실가스를 자료 화면으로 보여 주고 있습니다.

❗ 오답 피하기
❶은 아나운서가 관련 뉴스를 진행하는 화면입니다.
❷는 파리 기후 협약 체결 모습을 담은 자료 화면입니다.

4 지구 온난화를 막기 위해서 전 세계가 파리 기후 협약을 체결했다는 내용이 나옵니다.

5 ㉮의 사람들은 뉴스를 보고 기후 협약이 무엇인지에 대한 새로운 정보를 얻었습니다.

6 다음 세대를 위해서 환경을 보전하는 일이 꼭 필요하다는 여자의 말을 듣고 남자도 우리가 실천할 수 있는 방법을 찾아봐야겠다고 말했습니다.

7 ㉯의 여자는 뉴스를 보고 기후 협약에 참여하지 않는 나라는 비판을 받아야 한다고 말했습니다.

❗ 오답 피하기
㉮의 여자아이는 뉴스를 보고 기후 협약이 무엇인지 새로운 정보를 알게 되었습니다.
㉰의 여자는 뉴스를 보고 다음 세대를 위해 환경을 보전하는 일이 꼭 필요하다는 생각을 갖게 되었습니다.

8 뉴스를 통해 ㉯의 사람들은 어떤 일을 긍정적이거나 비판적인 시각으로 보게 되었고, ㉰의 사람들은 여론을 형성하게 되었습니다.

기본 😊 108~113쪽

핵심내용 ❶ 정보 ❷ 편집

1 중형차 백만 대 **2** ⑤ **3** 강준 **4** ⑩ 주제를 더 잘 파악할 수 있다. / 내용이 더 인상 깊게 느껴진다. **5** ③ **6** ㉰ **7** ①, ② **8** (2) ○ **9** 깃털 책가방 **10** ② **11** 과장 광고 **12** 은혁 **13** ⑩ 교과서를 모두 넣을 때 무거우면 찢어질 수도 있기 때문이다. **14** ③ **15** ㉡ **16** 진행자 **17** (2) ○ **18** ① **19** ㉯ **20** ①, ②, ⑤ **21** 승현 **22** ① **23** ③ **24** ⑩ 뉴스 원고를 쓴다. **25** (2) ○

1 음식물 쓰레기의 경제적 손실은 연간 약 20조 원으로, 중형차 백만 대를 버리는 것과 같다고 했습니다.

2 장면 ❹에서 '연간 약 20조 원'이라는 글자를 강조하기 위하여 바탕색을 빨간색으로 표현하고 글자의 크기도 다른 것에 비해 크게 하였습니다.

3 오래 기억되도록 인상 깊은 장면을 표현하였을 뿐 사실을 과장되게 표현하지는 않았습니다.

4 소리를 듣지 않고 광고를 보았을 때와 소리를 들으며 광고를 보았을 때를 떠올려 비교하여 봅니다.

채점 기준 '주제를 잘 파악할 수 있다.' 또는 '인상 깊게 느껴진다.'라는 내용과 비슷하게 썼으면 정답으로 인정합니다.

5 광고의 여러 장면에 '신바람'이라는 말이 반복되어 사용되었습니다.

6 광고에서 적절한 표현을 사용하고 있는지, 비판적으로 읽어야 할 부분은 없는지 등을 파악할 수 있는 질문을 찾습니다.

7 독보적인 디자인과 튼튼한 내구성을 인정받았다는 내용이 나옵니다.

8 ㉠이 사실인지는 근거가 될 만한 조사 자료를 보아야 알 수 있는데 이런 내용은 감추고 있어 소비자 만족도가 정확히 1위인지 알 수 없습니다.

9 깃털 책가방 회사에서 '깃털 책가방'을 광고하고 있습니다.

10 '깃털 책가방'을 사라는 의도를 담고 있는 광고입니다.

11 기업이나 단체가 공공의 이익을 목적으로 하는 광고를 '공익 광고'라고 하고, 있지도 않은 상품 기능을 있는 것처럼 설명하는 광고를 '허위 광고'라고 합니다.

12 '깃털 책가방'보다 더 가벼운 책가방이 있을 수 있기 때문에 '이보다 가벼울 수는 없다.'라는 표현은 과장된 문구입니다.

13 교과서를 모두 넣을 때 무거우면 찢어질 수도 있기 때문에 ㉡은 과장된 광고 문구입니다.

> 채점 기준 ㉡이 과장된 내용인 까닭을 알맞게 썼으면 정답으로 인정합니다.

14 디지털 기술의 진화로 재미와 감동이 함께하는 '스마트 기부'가 확산된다는 내용을 전하는 뉴스입니다.

15 '기자의 보도' 부분에서는 기자가 면담 자료나 통계 자료로 설명하면서 취재한 내용을 보도합니다.

16 진행자는 뉴스에서 보도할 핵심 내용을 요약해 안내해 줍니다.

17 뉴스의 관점과 보도 내용과의 관련성에 대해 판단하였습니다.

18 감염병을 예방할 수 있는 올바른 손 씻기 방법을 알려 주는 뉴스입니다.

19 뉴스의 핵심 내용은 '진행자의 도입' 부분에 나타나 있습니다.

> ❶ 오답 피하기
> ㉮는 '기자의 마무리' 부분에, ㉯는 '기자의 보도' 부분에 나오는 내용입니다.

20 30초 동안 손 씻는 것에 대하여 긍정적인 관점을 뒷받침하려고 관련 실험, 전문가 면담, 주제와 관련된 연구 결과를 자료로 활용하였습니다.

21 기자의 마무리 부분에 제시한 연구 결과의 출처가 명확하게 제시되어 있지 않으므로 가희의 판단은 옳지 않습니다.

22 뉴스를 만들려면 가장 먼저 어떤 내용을 보도할지 회의해야 합니다.

23 취재를 위해서는 취재할 사건이나 정보, 사전 조사 방법, 취재 기간, 취재할 사람 등에 대해 취재 계획을 세워야 합니다.

24 알리려는 내용을 취재한 다음에는 취재한 내용을 바탕으로 하여 뉴스 원고를 씁니다.

> 채점 기준 '뉴스 원고를 쓴다.'라는 내용으로 썼으면 정답으로 인정합니다.

25 그림 ❺는 뉴스 진행자가 사람들에게 전하고 싶은 내용을 뉴스로 보도하는 과정입니다.

---

1 예 등하굣길을 안전하게 다닐 수 있는 방법 **2** ④ **3** 기자의 마무리 **4** 정석 **5** (1) ② (2) ③ (3) ① **6** ③ **7** (2) ○

1 아이들이 원하는 것이 무엇인지 파악하여 뉴스 주제를 정합니다.

> 채점 기준 '등하굣길을 안전하게 다닐 수 있는 방법'이라는 내용이 들어가게 썼으면 정답으로 인정합니다.

2 뉴스 주제를 정하려면 여러 사람이 관심 있을 내용인지 따져 보아야 합니다.

3 '진행자의 도입'에서는 뉴스에서 보도할 내용을 간단하게 소개하고, '기자의 보도'에서는 면담한 내용이나 관련 자료를 필요한 부분에 적절하게 활용합니다.

4 뉴스 원고를 쓸 때에는 사람들이 쉽고 분명하게 그 내용을 알 수 있도록 정확한 표현을 사용해야 합니다.

5 촬영 기자는 뉴스를 촬영하는 일을, 기자는 뉴스 내용을 취재해 보도하는 일을, 진행자는 뉴스 내용을 전달하는 역할을 합니다.

6 뉴스를 발표할 때는 누구나 알아들을 수 있도록 말하는 빠르기가 적절해야 합니다.

7 뉴스는 관점이 명확하게 드러나야 하므로 (1)은 고쳐야 할 점으로 알맞지 않습니다.

---

1 (1) ㉰ (2) ㉮ (3) ㉳ (4) ㉯ **2** (1) 번식 (2) 유도 (3) 가공 **3** ②, ⑤ **4** (1) ○ (2) ○ **5** (1) ㉮ (2) ㉯ (3) ㉯ (4) ㉮ **6** (1) 편이에요 (2) 어떻게

1 (1)은 '체결', (2)는 '비판', (3)은 '내구성', (4)는 '감염'의 뜻입니다.

2 (1) '붙고 늘어서 많이 퍼짐'을 뜻하는 '번식'이 알맞습니다. (2) '사람이나 물건을 목적한 장소나 방향으로 이끎'을 뜻하는 '유도'가 알맞습니다. (3) '원료를 인공적으로 처리하여 새로운 제품을 만들거나 제품의 질을 높임'을 뜻하는 '가공'이 알맞습니다.

3 '수출'은 '국내의 상품이나 기술을 외국으로 팔아 내보냄.'이라는 뜻으로, '수입'과 뜻이 서로 반대되는 낱말입니다. '감축'은 '덜어서 줄임'을, '개인'은 '국가나 사회, 단체 등을 구성하는 낱낱의 사람'을, '참여'는 '어떤 일에 끼어들어 관계함'을, '불편'은 '어떤 것을 사용하거나 이용하는 것이 거북하거나 괴로움'을 뜻합니다. ②와 ⑤는 뜻이 서로 반대되는 낱말이고 ①, ③, ④는 뜻이 서로 비슷한 낱말입니다.

4 (3)의 빈칸에는 '그것이 없음'의 뜻을 더하는 말인 '무-'가 들어갈 말로 알맞습니다. (1)의 '초대형'은 크기가 아주 큰 것을 뜻하고, (2)의 '초고속'은 극도로 빠른 속도를 뜻합니다.

5 가방이나 지게는 어깨에 걸치거나 올려놓는 것이므로 '메다'를, 신발 끈이나 옷고름은 풀어지지 않게 마디를 만드는 것이므로 '매다'를 써야 합니다.

6 (1) '편'처럼 받침으로 끝나는 낱말 뒤에는 '-이에요'를 써야 합니다. (2) '어떻다'의 '어떻-'에 '-게'가 붙은 '어떻게'를 써야 합니다. '어떡해'는 '어떻게 해'가 줄어든 말입니다.

단원 평가
116~118쪽

1 ⑤ **2** (2) ○ **3** ④ **4** 예 여러 사람의 생각에 영향을 주어 여론을 형성하게 한다. **5** ①, ④, ⑤ **6** 예 음식을 버리는 것 **7** ① **8** ④ **9** 신바람 자전거 **10** 주희 **11** ④ **12** ③ **13** (2) ○ **14** ③, ⑤ **15** 떠, 나, 까 **16** ②, ④ **17** 예 뉴스에서 보도할 내용을 유도하거나 전체를 요약해 안내한다. **18** ② **19** 라, 나, 가, 다, 마 **20** ①, ②, ⑤

1 지구 온난화를 막기 위해 프랑스 파리에서 보편적 기후 변화 협정이 체결됐다고 했습니다.

2 (1)은 이 뉴스에서 보도하고 있는 내용이 아닙니다.

3 ㉮에는 기후 협약에 참여하지 않는 나라에 대한 비판적인 시각이 나타나 있습니다.

4 다음 세대를 위해 환경을 보전하는 일이 필요하다는 생각에 서로 동의하고 있으므로 여론을 형성하는 것과 관련이 있습니다.

채점 기준

여론을 형성한다는 내용으로 답을 쓴 경우	5점
여러 사람의 생각에 영향을 준다는 내용으로 답을 쓴 경우	3점

5 주제가 잘 드러나도록 글이나 그림, 사진을 효과적으로 사용하고, 잘 기억되도록 인상 깊게 표현합니다.

6 자동차가 바다에 떨어지는 장면을 보여 주면서 자동차를 버리는 것과 음식을 버리는 것이 같다고 표현했습니다.

7 이 광고에는 흉내 내는 말이 나오지 않습니다.

8 한 해에 버려지는 음식물 쓰레기를 중형차 백만 대에 비교하여 음식물 쓰레기의 심각성을 전하고 있습니다.

9 '신바람 자전거'를 광고하고 있습니다.

10 ㉠과 ㉡은 '신바람 자전거'를 사라는 광고의 의도에는 어울리는 문구이지만 '단 한 가지'나 기분, 건강, 기술력에 각각 '최고'라는 표현은 과장한 내용이므로 비판적으로 보아야 합니다.

11 ㉣은 광고에서 상품을 많이 팔려고 하는 의도이지 과장하거나 사실인지 알 수 없는 내용을 말한 문구는 아닙니다.

12 '초경량', '튼튼한', '최고의 품질', '한국', '깃털 책가방'이라는 글자를 크게 표현하였습니다. 이 중에서 '초경량'과 '깃털 책가방'이라는 글자를 크게 써서 책가방의 무게가 아주 가볍다는 것을 강조하였습니다.

13 과장하거나 감추는 내용은 없는지 광고에 나타난 표현의 적절성을 판단하며 광고를 보면 큰 피해를 막을 수 있습니다.

14 면담이나 통계 자료를 보여 주어 뉴스 내용을 이해하는 데 도움을 주려는 것입니다.

15 뉴스는 '진행자의 도입'(떠), '기자의 보도'(나), '기자의 마무리'(까)의 짜임으로 이루어집니다.

16 글 나는 면담 자료를 제시하여 뉴스 내용을 자세히 보도하는 '기자의 보도' 부분입니다.

❗ 오답 피하기
② 뉴스 전체 내용을 요약하는 부분은 '기자의 마무리'(까)입니다.
④ 뉴스에서 보도할 내용을 유도하는 부분은 '진행자의 도입'(떠)입니다.

17 글 떠의 '진행자의 도입' 부분에는 어떤 내용을 쓰는 것이 알맞을지 생각하여 봅니다.

채점 기준

'뉴스에서 보도할 내용을 안내한다.' 또는 '전체를 요약해 안내한다.' 중에서 한 가지를 쓴 경우	5점
'뉴스 내용을 알려 준다.'와 같이 간단히 쓴 경우	3점

18 지혜는 가치 있고 중요한 뉴스인지 살펴 뉴스의 타당성을 판단했습니다.

19 보도할 내용에 대해 회의를 한 뒤 알리려는 내용을 취재하고 나서 뉴스 원고를 씁니다. 취재한 내용을 뉴스 영상으로 제작하고 편집하여 사람들에게 뉴스로 보도합니다.

20 뉴스를 보는 사람을 고려하여 누구나 이해할 수 있도록 어려운 말은 쉽게 풀어서 말하듯이 쓰고, 내용이 분명하게 전달될 수 있도록 짧고 간결한 표현을 사용합니다.

📜 서술형 평가   119쪽

1 1단계 지구 온난화   2단계 **예** 어떤 일을 긍정적이거나 비판적인 시각으로 보게 한다.   3단계 **예** 지구 온난화를 막기 위해 내가 할 수 있는 일이 무엇인지 생각하게 되었다.

2 (1) **예** 기자의 마무리   (2) **예** 전체 내용을 요약하거나 핵심 내용을 강조한다.

3 **예** 감염병을 예방할 수 있는 올바른 손 씻기 방법을 알려 주어서 가치 있고 중요한 뉴스라고 생각한다.

---

1 1단계 **가**의 대화를 통해 기후 협약은 지구 온난화를 막기 위해 여러 나라가 체결한 협약이라는 것을 알 수 있습니다.

2단계 **나**의 대화를 통해 뉴스는 어떤 일을 긍정적이거나 비판적인 시각으로 보게 한다는 것을 알 수 있습니다.

채점 기준	
나의 사람들의 반응과 관련지어 뉴스가 우리 생활에 미치는 영향을 알맞게 쓴 경우	6점
나의 사람들의 반응과 상관없이 뉴스가 우리 생활에 미치는 영향을 쓴 경우	3점

3단계 '파리 기후 협약 체결, 기온 상승 폭 2도 제한'이라는 뉴스를 보고 자신은 어떤 생각이나 느낌이 들었는지 씁니다.

채점 기준	
뉴스의 내용과 관련지어 자신의 생각이나 느낌을 알맞게 쓴 경우	6점
가~**다**의 사람들의 반응과 같은 생각을 쓴 경우	3점

2 글 **가**는 '진행자의 도입', 글 **나**는 '기자의 보도', 글 **다**는 '기자의 마무리'에 해당합니다. 뉴스의 짜임 중 끝부분에 해당하는 '기자의 마무리' 부분에는 어떤 내용을 쓰는 것이 알맞을지 생각하여 봅니다.

채점 기준	
뉴스의 짜임을 바르게 쓰고, 써야 할 내용을 알맞게 정리하여 쓴 경우	6점
뉴스의 짜임만 바르게 쓴 경우	3점

3 이 뉴스 원고는 어떤 점에 가치와 중요성을 두고 쓴 것인지 생각하여 봅니다.

채점 기준	
조건에 맞게 뉴스 원고의 타당성을 판단하여 쓴 경우	10점
뉴스 원고의 타당성을 알맞게 판단하였으나 **조건**에서 조금 벗어나게 쓴 경우	5점

😊 수행 평가   120쪽

1 (1) **예** 누구나 신바람이 나는 것은 아니므로 과장되었다. (2) **예** '단 한 가지'가 신바람 자전거만이 될 수 있는 것이 아니므로 과장되었다.   (3) 소비자 만족도 1위   (4) **예** 기분, 건강, 기술력에 각각 '최고'라는 표현이 과장되었다.

1 광고 문구에서 과장하거나 감추는 내용을 담은 부분을 찾아 광고에 나타난 표현이 적절한지 비판적으로 판단하여 봅니다.

채점 기준	
(1)~(4) 모두 알맞게 쓴 경우	20점
(1)~(4) 중 두세 가지만 알맞게 쓴 경우	14점
(1)~(4) 중 한 가지만 알맞게 쓴 경우	5점

7 글 고쳐 쓰기

😊 개념 확인하기
121쪽

1 고쳐쓰기　**2** (1) 이해 (2) 반응 (3) 말　**3** ④　**4** (1) ○

준비 😊
122~123쪽

1 ②　**2** ③, ④　**3** ⓔ 불량 식품에는 유통 기한이 적혀 있지 않다는 것　**4** 불량 식품을 먹는 친구들　**5** ①　**6** ⓔ 주제를 생각해서 제목을 바꾸어야 한다. / 어색한 문장을 고쳐야 한다. / 필요 없는 내용을 삭제해야 한다.　**7** ③
8 세정　**9** ③　**10** ㉮, ㉯, ㉰

---

1 도현이가 글에서 말하려고 하는 내용은 '불량 식품을 먹지 말자.'입니다.

2 글의 주제와 관련해 도현이는 불량 식품을 먹고 아픈 친구, 불량 식품을 먹고 쓰레기를 아무 데나 버리는 친구를 보았습니다.

3 도현이는 인터넷을 검색하여 불량 식품에는 유통 기한이 적혀 있지 않다는 것을 알아냈습니다.

4 도현이는 불량 식품을 먹는 친구들이 이 글을 읽으면 좋겠다고 말했습니다.

5 이 글에서는 불량 식품을 먹지 말자고 설득하고 있습니다.

6 도현이가 쓴 글은 읽는 사람이 잘 이해하기 어려운 부분이 있고 주제와 관련 없는 내용도 있습니다.

> **채점 기준** 도현이가 쓴 글에서 문제점을 찾아 알맞게 썼으면 정답으로 인정합니다.

7 고쳐쓰기를 하면 글쓴이가 하고 싶은 말이 글에 더 잘 드러나게 됩니다.
> **❶ 오답 피하기**
> 주장하는 글을 쓸 때에는 한 가지 주장만 내세워야 합니다.

8 주장하는 글을 고쳐 쓸 때에는 자신의 주장과 근거를 읽는 사람에게 명확하게 전달하도록 하는 것이 중요하므로 세정이가 말한 것은 알맞지 않습니다.

9 글 ㉮와 글 ㉯에서 같은 문장이 반복되고 있지 않습니다.

10 주장하는 글은 읽는 사람이 좋아할 만한 내용이 아니라, 글쓴이가 하고 싶은 말을 담고 있습니다.

기본 😊
124~129쪽

핵심내용 ❶ 문단　❷ 중심

1 용선　**2** ④　**3** 고운 말을 사용해야 하는 것은 어린이만이 아니다.　**4** ③　**5** ②　**6** ④　**7** 투쟁, ⓔ 싸움
8 ⓔ 고운 말을 사용하는 것은 우리말을 지키는 것과 같다.
9 ①　**10** ②　**11** ③　**12** (1) ㅇ (2) ∨ (3) ㅇ (4) ‿　**13** 예방 백신, 동물(들)　**14** ④　**15** ④　**16** (1) ⓔ 반대 (2) ⓔ 인간을 위해 동물 실험을 하지 말아야 한다.
17 ㉯　**18** 민서　**19** ①, ③　**20** ⓔ 화장품을 개발할 때 동물 실험을 하는 것을 금지하는 법이 나왔다는 뉴스를 보았다.　**21** ⑤　**22** 성준　**23** ㉮, ㉰, ㉱　**24** (2) ○
25 ③　**26** (1) ○　**27** 서윤, 승재

---

1 이 글을 쓴 목적은 고운 말을 사용해야 한다고 주장하기 위해서입니다.

2 글의 제목은 글쓴이의 생각을 나타내거나 글 내용과 관련해 궁금증을 불러일으키는 것으로 정하는 것이 알맞습니다.

3 '고운 말을 사용하면 서로 존중하는 마음을 전할 수 있다.'는 중심 문장의 내용과 관련 없는 문장을 찾아봅니다.

4 주장하는 글을 쓸 때에는 지나치게 단정적인 표현을 사용하지 않는 것이 좋으므로 ㉢은 삭제하는 것이 알맞습니다.

5 주장하는 글의 짜임(서론 – 본론 – 결론)을 생각하여 글의 흐름에 맞게 차례를 정해 봅니다.

6 은어나 비속어를 사용하면 듣는 사람이 잘 이해할 수 없게 되므로 '원활한'이 들어가야 합니다.

7 뜻에 맞지 않게 사용한 낱말이 있는지 살펴보고, 알맞은 낱말로 고쳐 씁니다.

8 문단 ❺의 뒷받침 문장들을 읽어 보고 그 내용을 대표하는 문장으로 고쳐 씁니다.

> **채점 기준** 뒷받침 문장들을 대표하는 문장을 알맞게 썼으면 정답으로 인정합니다.

9 글쓴이는 아침밥을 먹어야 한다고 주장했습니다.

10 '부족해'라고 고쳐 써야 알맞습니다.

11 글자를 뺄 때에는 교정 부호 ⌐을 사용합니다.

12 ㉠은 '불편해진다', ㉡은 '오래 지속되면', ㉢은 '수분을', ㉣은 '푸석푸석해지고'라고 고쳐 써야 합니다.

13 이 영상 장면에서는 인간을 위한 예방 백신을 개발하는 데 동물 실험을 하는 것에 대하여 말하고 있습니다.

14 동물 실험에 대한 영상이므로 동물 실험과 관련 있는 내용을 질문으로 하는 것이 알맞습니다.

15 동물 실험을 통해 소아마비, 결핵, 풍진, 홍역 등의 치명적 질병들에 대한 예방 백신을 개발하였습니다.

16 동물 실험을 해야 하는지, 동물 실험을 하지 말아야 하는지에 대한 자신의 생각을 씁니다.

> 채점 기준 동물 실험에 대해 찬성하거나 반대하는 생각을 분명하게 썼으면 정답으로 인정합니다.

17 글 ㉮에서는 동물 실험을 해서는 안 된다고 주장하였고, 글 ㉯에서는 동물 실험을 해야 한다고 주장하였습니다.

18 민서는 동물 실험에 반대하는 근거를 말했고, 소윤이는 동물 실험에 찬성하는 근거를 말했습니다.

19 ②, ④, ⑤는 동물 실험에 반대하는 견해의 근거입니다.

20 동물 실험과 관련해 더 아는 사실을 추가하여 뒷받침 자료로 쓸 수 있습니다.

> 채점 기준 동물 실험과 관련하여 알고 있는 내용이나 사실을 구체적으로 썼으면 정답으로 인정합니다.

21 이 밖에도 글 수준에서는 중복되는 내용이 없는지 점검해 볼 수 있습니다.
> ❗ 오답 피하기
> ⑤는 문장과 낱말 수준에서 점검할 내용입니다.

22 유영이는 문단 수준에서 점검할 내용을 말했습니다. 한 문단에는 하나의 중심 생각이 들어 있어야 알맞습니다.

23 문단 수준에서는 중심 문장의 내용과 관련 없는 뒷받침 문장이 있는지 살펴보아야 합니다. ㉯는 문장 수준에서 점검할 내용입니다.

24 주장하는 글에서 주장에 대한 타당한 근거를 들었는지에 대해서는 문단 수준에서 점검해야 합니다.

25 문장 호응 관계나 표현과 같은 내용은 문장 수준에서 점검할 내용에 속합니다.

26 (1)은 낱말 수준에서 고쳐야 할 점을 말한 것이고, (2)는 문단 수준에서 고쳐야 할 점을 말한 것입니다.

27 해정이는 친구가 쓴 글을 읽고 고쳐 써야 할 점에 대해 말했습니다.

> 실천 😊 130쪽
>
> **1** 자연 **2** ④, ⑤ **3** 예 장바구니를 사용한다. / 동물들의 삶의 터전을 보전한다. / 친환경 제품을 사용한다. **4** ②

1 이 환경 만화에서는 인간과 자연이 조화를 이루며 발전하려면 우리가 어떤 노력을 해야 할지에 대하여 말하였습니다.

2 ㉮에서는 콘크리트로 덮여 있는 하천을 복원하자, ㉯에서는 실내에서 난방을 지나치게 하지 않고 적정 온도를 유지하자는 실천 방안을 나타내고 있습니다.

3 인간과 자연이 조화를 이루며 발전하려면 우리가 노력해야 할 점은 무엇인지 더 생각하여 씁니다.

> 채점 기준 인간과 자연이 조화를 이루며 살기 위해 우리가 실천할 수 있는 일을 구체적으로 썼으면 정답으로 인정합니다.

4 책과 인터넷, 신문 기사 따위에서 관련 있는 통계 자료나 사례를 찾아보거나, 전문가 의견 등을 참고할 수 있습니다.

> ➕ **단원 어휘 다지기** 131쪽
>
> **1** (1) 냄새 (2) 낮고 속된 (3) 위험할 (4) 일어남 **2** (1) ○
> (2) ○ **3** (1) 기다려도 (2) 어릴지라도 **4** (1) 나쁘게
> (2) 순조롭게 **5** (1) ○ (2) ○ (3) × (4) × **6** ③

1 '악취'는 나쁜 냄새를, '비속어'는 격이 낮고 속된 말을, '치명적'은 생명이 위험할 수 있는 것을, '발작'은 어떤 병의 증세나 격한 감정, 부정적인 움직임 따위가 갑자기 세차게 일어나는 것을 뜻하는 낱말입니다.

2 보기 에 쓰인 '거르다'는 '차례대로 나아가다가 중간에 어느 순서나 자리를 빼고 넘기다.'라는 뜻입니다. (3)에 쓰인 '거르다'는 '찌꺼기나 건더기가 있는 액체를 체나 거름종이 따위에 밭쳐서 액체만 받아 내다.'라는 뜻입니다.

3 '아무리'는 정도가 매우 심함을 나타내는 말로, '-아도/어도'와 함께 씁니다. '비록'은 '아무리 그러하더라도'를 뜻하고 '-ㄹ지라도', '-지마는'과 함께 씁니다.

4 (1) '해롭다'는 '해가 되는 점이 있다.'라는 뜻이므로 '나쁘다'와 바꾸어 쓸 수 있습니다. (2) '원활하다'는 '모난 데가 없고 원만하다.'라는 뜻으로, '일 따위가 아무 탈이나 말썽 없이 예정대로 잘되어 가는 상태에 있다.'라는 뜻의 '순조롭다'와 바꾸어 쓸 수 있습니다.

5 (3) '대충'은 대강을 추리는 정도를 뜻하는 낱말이므로 '계획성 있게 처리하여 믿을 만하다.'라는 표현은 알맞지 않습니다. (4) '부작용'은 약을 사용했을 때 나타나는 원래 효과 이외의 좋지 않은 작용을 뜻하므로 설명서를 읽어야 부작용을 낮출 수 있다는 표현이 알맞습니다.

6 '꿩 먹고 알 먹는다'는 한 가지 일을 하여 두 가지 이상의 이익을 보게 됨을 비유적으로 이르는 말로, 주어진 상황에 어울리는 속담입니다.

💡 단원 평가
132~134쪽

1 ③ **2** ②, ⑤ **3** ④ **4** 예 건강을 해치는 불량 식품
5 예 불량 식품은 아무리 맛있어도 먹지 말아야 합니다. **6** ⑤ **7** 가, 다, 나 **8** 제목 **9** ② **10** 예 고운 말을 사용합시다 **11** ④ **12** 가, 라, 다 **13** ㉠, ㉡ **14** (1) ㉣ (2) ㉢ **15** ⑤ **16** ② **17** ④, ⑤ **18** 풀이 참조 **19** 나 **20** 가, 다

1 글쓴이가 이 글을 통해 말하려는 것은 '불량 식품을 먹지 말자.'입니다.

2 불량 식품에는 무엇이 들어갔는지 알 수 없고 유통 기한이 정확히 적혀 있지 않다고 했습니다.

3 이 글은 불량 식품을 먹지 말자고 설득하기 위하여 쓴 글이므로 ④는 문제점으로 볼 수 없습니다.

4 ㉠ '쓰레기가 되는 불량 식품'은 주제를 잘 드러내는 제목이 아닙니다.

5 '아무리'는 '~아도/어도'와 같이 써야 합니다.

채점 기준	
문장 호응에 맞게 정확하게 고쳐 쓴 경우	5점
문장 호응에 대해 알고 있으나 고쳐 쓴 문장이 자연스럽지 못한 경우	2점

6 고쳐쓰기를 하면 하고 싶은 말이 글에 잘 드러나게 됩니다.

---

7 고쳐쓰기를 할 때에는 글 전체에서 세부 사항의 차례대로 살펴보아야 합니다.

8 쓴 글을 전체적으로 읽으면서 글 내용에 어울리는 제목을 붙여야 합니다.

9 이 글은 고운 말을 사용하자고 읽는 사람을 설득하기 위해 쓴 것입니다.

10 글쓴이의 생각이 나타나도록 글 내용에 알맞은 제목을 붙여 봅니다.

11 글을 시작할 때 문제와 관련 있는 실태를 쓰면 읽는 사람의 관심을 끌 수 있고, 주장에 대한 근거나 사례 따위를 추가하면 읽는 사람을 잘 설득할 수 있습니다.

12 서론(가), 본론(나-라-마), 결론(다)으로 차례를 정해야 글의 흐름이 자연스럽습니다.

13 ㉠에서 '요즘'은 현재를 나타내는 말이므로 '사용했다'를 '사용한다'로 바꾸어야 하고, ㉡에서 '만약'은 '~면'과 호응하는 말이므로 '있기 때문에'를 '있다면'으로 바꾸어야 합니다.

14 ㉣ '노력하면 좋을 수도 있다.'는 불확실한 표현이고, ㉢ '무조건', '것만이'는 지나치게 단정적인 표현입니다.

15 ①과 ③은 글 수준에서 고쳐 쓰는 방법이고, ②와 ④는 문단 수준에서 고쳐 쓰는 방법입니다.

16 건강하려면 아침밥을 거르지 말고 꼭 먹어야 한다고 주장하는 글입니다.

17 ㉣ '수분을 물을'은 '수분을'로 고쳐야 하므로 ✓을 사용해야 하고, ㉤ '푸석 푸석해지고'는 '푸석푸석해지고'로 고쳐야 하므로 ⌒을 사용해야 합니다.

18

> 일지라도
> 비록 한 끼라서 아침밥을 거르거나 대충 때우면 하루 온종일 열량과 영양소가 부족해 건강을 잃게 된다.

채점 기준	
교정 부호를 사용하여 두 군데 모두 바르게 고쳐 쓴 경우	5점
교정 부호를 사용하여 한 군데만 바르게 고쳐 쓴 경우	2점

19 글 나에서는 동물 실험도 하지 않고 개발한 약을 사람들에게 사용하면 부작용이 발생할 수 있다는 근거를 들어 동물 실험을 없애면 안 된다고 주장하고 있습니다.

20 가와 다는 동물 실험에 반대하는 견해의 근거로 알맞은 내용이고, 나와 라는 동물 실험에 찬성하는 견해의 근거로 알맞은 내용입니다.

1 1단계 예 건강을 해치는 2단계 예 유통 기한을 알 수 없어 신선하지 않은 식품을 먹게 될 수도 있습니다. 3단계 예 더 좋은 글을 쓰기 위해서이다. / 읽는 사람이 이해하기 쉬운 글을 쓰기 위해서이다.

2 예 만약 학생 열 명이 있다면 적어도 아홉 명은 비속어를 사용한 적이 있는 것이다.

3 예 ⓒ은 중심 문장의 내용과 관련 없는 문장이기 때문이다.

4 예 고운 말을 사용하는 것은 우리말을 아름답게 가꾸고 지키는 일이다.

1 1단계 제목은 글쓴이의 생각을 나타내거나 글 내용과 관련해 궁금증을 불러일으키는 것으로 정합니다.

채점 기준

글의 주제가 잘 드러나게 제목을 쓴 경우	4점
글의 주제에서 약간 벗어난 제목을 쓴 경우	2점

2단계 '불량 식품을 먹으면 해로운 물질이 몸에 들어가 병에 걸리기 쉽습니다.'라는 문장을 쉽게 이해할 수 있도록 근거가 되는 문장을 추가합니다.

채점 기준

앞 문장에 대한 자세한 설명을 추가하여 구체적으로 쓴 경우	6점
앞 문장에 대한 설명을 썼으나 문장이 자연스럽지 못한 경우	3점

3단계 이 밖에도 하고 싶은 말을 명확하게 전달하기 위해서 고쳐쓰기를 해야 합니다.

채점 기준

고쳐쓰기를 해야 하는 까닭을 알맞게 쓴 경우	4점

2 '만약'은 '~면'과 호응하는 말입니다.

채점 기준

'있기 때문에'를 '있다면'으로 고쳐 문장을 바르게 쓴 경우	4점

3 문단 **나**의 중심 문장은 '고운 말을 사용하면 서로 존중하는 마음을 전할 수 있다.'입니다.

채점 기준

ⓒ이 필요 없는 문장이라는 점을 쓴 경우	4점

4 주장하는 글을 쓸 때에는 지나치게 단정적인 표현을 사용하지 않는 것이 좋습니다.

채점 기준

ⓒ에서 두 군데 모두 찾아 바르게 고쳐 쓴 경우	6점
ⓒ에서 한 군데만 찾아 바르게 고쳐 쓴 경우	3점

1 (1) 예 인간을 위한 동물 실험을 해서는 안 된다. (2) 예 동물 실험을 다른 방법으로 대체해야 한다는 목소리도 높다. **2** (1) 예 인간을 위한 동물 실험을 해서는 안 된다. (2) 예 화장품을 개발할 때 동물 실험을 하는 것을 금지하는 법이 나왔다는 뉴스를 보았다. / 사람과 가장 비슷한 원숭이도 동물 실험에 사용된다는 것을 신문 기사에서 읽었다.

1 글쓴이는 인간을 위한 동물 실험에 반대하는 견해를 가지고 있습니다.

채점 기준

글쓴이의 주장을 명확하게 쓰고, 주장에 대한 근거를 정리하여 알맞게 쓴 경우	10점
글쓴이의 주장은 명확하게 썼으나, 주장에 대한 근거를 알맞게 쓰지 못한 경우	5점

2 동물 실험과 관련해 자신의 생각을 쓰고, 동물 실험과 관련해 알고 있는 사실을 뒷받침 자료로 추가합니다.

채점 기준

동물 실험과 관련해 자신의 생각을 분명하게 쓰고, 알맞은 뒷받침 자료를 추가하여 쓴 경우	20점
자신의 생각은 분명하게 썼으나, 알맞은 뒷받침 자료를 추가하여 쓰지 못한 경우	10점

8 작품으로 경험하기

😊 개념 확인하기　　　　　　　　　　137쪽

1 ㉮　　**2** (1) 까닭　(2) 줄거리　　**3** (2) ○　　**4** 주제

준비 😊　　　　　　　　　　138쪽

1 (2) ○　　**2** ①, ②　　**3** 가연　　**4** ③

1 ㉠은 여행이란 자신이 경험하지 못한 것을 경험하게 하는 것이라는 뜻으로, 자신의 시야를 넓히고 생각을 변화시키는 것이라는 뜻이기도 합니다.

2 이 영상에서는 다른 문화를 존중하고 배려하는 서로 공정한 여행을 해야 한다고 했습니다.

3 자신이 갔던 여행과 영상에서의 여행을 비교하여 말한 친구는 가연이입니다.

4 어디에서 무엇을 할지 여행 일정을 계획한 것입니다.

기본 😊　　　　　　　　　　139~144쪽

1 ⑤　　**2** ③, ④　　**3** ㉰　　**4** (1) ○　　**5** (1) **1** (2) **2**
6 ⑤　　**7** ㉡, ㉢　　**8** 예 영화 감상문의 전체 내용을 잘 드러낼 수 있는 제목을 정한다.　　**9** ④　　**10** (소그드의) 은화
11 ②　　**12** (1) 발해 (2) 교역로　　**13** 말, 비단　　**14** 예 빚을 갚고 상단을 지키기 위해서이다.　　**15** 수빈　　**16** 장안
17 ③　　**18** 홍라, 친샤, 월보, 비녕자　　**19** ⑤　　**20** ⑤
21 ㉮, ㉰　　**22** 예 어머니를 대신해서 상단을 살리려고 교역을 떠나기 때문이다.　　**23** (2) ○

1 인물의 몸짓이나 표정, 인물들의 관계, 대화글을 살펴보면 영화의 내용을 파악하는 데 도움이 됩니다.

2 한국에서 고아원에 있었던 주인공이 외국으로 입양된 내용의 영화입니다.

3 모든 것이 낯설고 어색하고 두려웠을 것입니다.

4 영화의 줄거리를 말하였습니다.

5 문단 **1**에는 「피부색깔=꿀색」이라는 영화를 보게 된 까닭을, 문단 **2**에는 영화 줄거리를 썼습니다.

---

❶ 오답 피하기
문단 **3**에는 영화 속 내용과 비슷한 자신의 경험을 떠올려 쓴 내용이, 문단 **4**에는 예전에 보았던 영화를 떠올려 쓴 내용이, 문단 **5**에는 영화를 본 뒤의 전체적인 감상과 주제를 쓴 내용이 들어 있습니다.

6 글쓴이는 해외 입양 문제를 우리나라의 아픈 역사라 표현하고 있고, 영화를 보는 내내 입양된 사람들이 우리 역사에서 겪은 아픔을 생각했다고 했습니다.

7 영화의 내용이나 인물에 대한 글쓴이의 느낌이나 생각이 드러난 부분을 찾아봅니다.

❶ 오답 피하기
㉠은 영화 줄거리를 쓴 부분입니다.
㉣은 예전에 자신이 보았던 영화 제목을 쓴 부분입니다.

8 영화 감상문의 제목은 글에서 말하고자 하는 내용을 잘 드러내야 합니다.

> **채점 기준** 전체 내용을 잘 드러낼 수 있는 제목을 정한다는 내용으로 썼으면 정답으로 인정합니다.

9 풍랑을 만나 어머니와 헤어지게 된 홍라에게 남은 건 엄청난 빚뿐이었습니다.

10 홍라는 어머니께서 남겨 두신 소그드의 은화를 바꾸어 이문을 남길 수 있는 교역을 하려고 합니다.

11 홍라는 어머니 손길이 담긴 지도를 보며 지도와 관련된 어머니의 모습이 떠올랐습니다.

12 ㉠은 지도에 새겨진 발해에서 사방으로 뻗어 나가는 교역로를 가리키는 말입니다.

13 홍라는 은화를 팔아 솔빈의 말을 사서 장안에서 비싼 값에 판 뒤 장안의 비단을 싸게 사려고 했습니다.

14 홍라는 어머니가 돌아오기 전에 빚을 갚고 상단을 지키기 위해 교역을 하러 떠나려는 결심을 했습니다.

> **채점 기준** '상단을 지키기 위해서'라는 내용이 들어가게 썼으면 정답으로 인정합니다.

15 작품 속 홍라와 관련된 내용과 비슷한 경험을 말한 친구는 수빈이입니다.

❶ 오답 피하기
준희는 자신의 경험을 말하지 않았고, 지민이는 어머니 없이도 좌절하지 않고 상단을 지키려고 노력하는 홍라의 모습과는 관련 없는 자신의 경험을 말했습니다.

16 홍라는 상단을 꾸려 장안으로 교역을 하러 떠나려고 합니다.

17 홍라는 월보와 비녕자가 함께 교역을 하러 떠난다고 대답했을 때 속으로는 좋았지만 대상주로서의 위엄을 갖추고자 엄한 표정을 지었습니다.

18 교역을 하러 떠날 상단은 대상주의 자격으로 상단을 이끄는 홍라, 무사 친샤, 천문생 월보, 일꾼 비녕자로 꾸려졌습니다.

19 빚쟁이들 몰래 교역을 하러 떠나려고 홍라는 집안 일꾼들도 모르게 교역을 준비했습니다.

⚠ 오답 피하기
①, ③ 홍라는 금씨 상단을 위해 교역을 하러 떠나려는 것이지 상단을 떠나거나 팔려는 것이 아닙니다.
② 어머니를 찾으려는 것이 아니라 어머니가 돌아오기 전에 상단을 지키려고 교역을 하러 가는 것입니다.
④ 다른 장사꾼에 대한 이야기는 나오지 않았습니다.

20 상단의 모습이 초라했지만 부끄러워하지 않고 이겨 낼 수 있다는 자신감이 있었습니다.

21 홍라가 본 장안은 인구 백 만이 넘는 대도시로 밤이면 색색의 등불이 아름답게 반짝였고, 여러 나라의 상인들이 진귀한 물건을 내놓고 팔았습니다.

22 홍라가 대상주인 어머니를 대신해서 상단을 위해 노력하는 모습에서 대상주다운 모습을 보였기 때문입니다.

채점 기준 홍라가 대상주였던 어머니처럼 상단을 이끌었기 때문이라는 내용을 썼으면 정답으로 인정합니다.

23 이 이야기와 비슷한 내용의 책을 읽은 경험을 떠올려 말하였습니다.

🙂 실천   145쪽

1 (1) ③ (2) ④ (3) ② (4) ①   **2** 편집 프로그램   **3** ④
4 ①, ②

1 영화를 만드는 차례를 생각하며 각각 무엇에 해당하는지 선으로 이어 봅니다.

2 사진이나 그림, 영상을 넣고 음악과 자막을 넣을 때에는 편집 프로그램을 활용해야 합니다.

3 그림 **1**은 친구들과 축구를 했던 경험을 떠올린 것입니다.

4 축구 경기에서 이겼다는 주제에 어울리는 장면은 ①과 ② 입니다.

➕ 단원 어휘 다지기   146쪽

1 (1) 문 (2) 총 (3) 수 (4) 교   **2** ①   **3** (1) 자자했다 (2) 넉넉하게   **4** (1) 쟁이 (2) 꾼   **5** 핑계, 핑계   **6** (1) 고동쳤다 (2) 보완해 (3) 걸맞게 (4) 초라했다

1 (1)은 '이문', (2)는 '눈총', (3)은 '수선', (4)는 '교역'의 뜻입니다.

2 '빚을'에서 '빚'의 받침 'ㅈ'이 '을'의 첫소리로 옮겨 가 [비즐] 로 소리 납니다.

3 '파다하다'는 '소문 따위가 널리 퍼져 있다.'라는 뜻이고, '후하다'는 '마음 씀씀이나 태도가 넉넉하다.'라는 뜻입니다.

4 '빚쟁이'는 남에게 돈을 빌려준 사람을 낮잡아 이르는 말이고, '일꾼'은 돈이나 물건을 받고 남의 일을 해 주는 사람을 이르는 말입니다.

5 '하고 싶지 않은 일을 피하거나 사실을 감추려고 다른 일을 내세움.'이라는 뜻을 지닌 낱말은 '핑계'라고 써야 합니다.

6 '고동치다'는 '희망이나 이상이 가득 차 마음이 생기고 활발하게 움직이다.', '보완하다'는 '모자라거나 부족한 것을 보충하여 완전하게 하다.', '걸맞다'는 '두 편을 견주어 볼 때 서로 어울릴 만큼 비슷하다.', '초라하다'는 '보잘것없고 변변하지 못하다.'라는 뜻입니다.

💡 단원 평가   147~149쪽

1 (2) ○ (3) ○   **2** 서로 공정한 여행   **3** ④, ④, ㉮   **4** ④   **5** ③   **6** ③   **7** ①   **8** 영화 감상문   **9** 융
10 ①, ③, ④   **11** 예 영화 속 내용과 비슷한 자신의 경험을 떠올려 썼다.   **12** 솔빈, 장안   **13** ①   **14** ②   **15** ②, ④   **16** 빚쟁이들   **17** 예 자신감을 가지고 잘할 수 있을 것이라는 격려의 말을 해 주고 싶다.   **18** 규리   **19** ①
20 (3) ○

1 장면 **1**과 **4**에서 여행은 자신이 체험하지 못한 것을 체험하는 것이고, 여행 후에도 오래도록 자신의 삶에 힘이 되어 주는 것이라고 했습니다.

2 장면 **3**에서 다른 문화를 존중하고 배려하는 서로 공정한 여행을 해야 한다고 말하였습니다.

3 여행 가고 싶은 곳을 먼저 정해야 그곳에 대한 자료를 찾고 계획을 세워 여행 계획서를 쓸 수 있습니다.

4 여자아이는 여행 기간과 장소, 남자아이는 같이 가고 싶은 사람과 준비할 일을 계획하려고 합니다.

5 입장료와 문화재 관람료에 대한 내용으로, 여행 비용을 정리하여 쓴 것입니다.

6 주인공인 남자아이는 한국에서 벨기에로 입양되어 왔습니다.

7 만화와 촬영한 영상을 함께 사용했다는 내용으로 보아 영상의 특징을 살펴본 것임을 알 수 있습니다.

8 영화 「피부 색깔＝꿀색」을 보고 영화의 내용과 느낌을 쓴 영화 감상문입니다.

9 「피부 색깔＝꿀색」은 벨기에에 입양된 우리 동포 융이라는 사람에 대한 이야기입니다.

10 글 **가**에는 영화 제목과 영화를 보게 된 까닭, 글 **나**에는 영화 줄거리가 들어 있습니다.

11 글 **다**는 영화를 보며 떠오른 자신의 경험을 쓴 다음, 영화 속 인물에 대한 자신의 느낌을 썼습니다.

채점 기준	
영화 감상문을 쓰는 방법 중 영화 속 내용과 비슷한 자신의 경험을 떠올려 썼다고 쓴 경우	5점
'경험을 썼다.'처럼 글을 쓴 방법을 간단히 쓴 경우	2점

12 솔빈에 가서 은화를 팔고 솔빈의 말을 사서 장안에 가서 말을 팔아 비단을 싸게 사 오려고 했습니다.

13 홍라는 빚을 갚고 상단을 지키기 위해 솔빈과 장안으로 교역을 하러 가기로 결심했습니다.

14 지난 풍랑으로 상단의 믿음직한 일꾼들을 거의 잃었습니다.

15 홍라는 먼저 교역을 떠날 상단을 꾸렸고, 다음 이틀 동안은 교역을 떠날 때 필요한 것들을 챙겼습니다.

❶ **오답 피하기**
① 빚을 갚지 못해 빚쟁이들의 눈총이 무서웠다고 했습니다.
③ 금씨 상단을 지키기 위해 교역을 떠나려는 것입니다.
⑤ 어머니를 보살펴 드릴 사람을 구했다는 내용은 나오지 않았습니다.

16 빚쟁이들이 홍라가 빚을 안 갚으려고 떠난다고 생각하여 교역을 하러 떠나는 것을 막을 것 같았기 때문에 빚쟁이들 몰래 상단을 꾸린 것입니다.

17 상단을 구할 것이라는 자신감을 가지고 교역을 하러 떠나는 홍라에게 해 주고 싶은 말을 생각해 봅니다.

채점 기준	
홍라를 격려하거나 칭찬하는 내용의 말을 구체적으로 쓴 경우	5점
'격려해 주고 싶다.'와 같이 간단히 쓴 경우	2점

18 이야기 속 내용과 관련 있는 자신의 경험을 떠올린 친구를 찾아봅니다. 주현이는 인물에 대한 자신의 생각을 말했습니다.

19 만든 영화를 보면서 부족한 부분을 찾아 보완하는 일을 거쳐야 영화를 완성하게 됩니다.

❶ **오답 피하기**
경험한 내용을 영화로 만드는 순서는 ② → ⑤ → ③ → ④ → ①입니다.

20 자신이 직접 겪은 일을 영화로 만들 수 있는 주제여야 합니다.

📝 **서술형 평가** 150쪽

1 1단계 제목 2단계 (1) 예 영화 줄거리를 썼다. (2) 예 영화 속 내용과 비슷한 자신의 경험을 떠올려 썼다. 3단계 예 텔레비전에서 어린 나이에 해외로 입양되었다가 어른이 되어 한국으로 돌아와 친부모님을 찾으려는 것을 본 적이 있다. 부모님에 대한 그리움이 얼마나 컸을까를 생각하니 마음이 무거웠다.

2 예 상단을 지키기 위해 교역을 하러 떠나는 것

3 예 매우 불안하지만 뭔가 희망이 보이는 듯한 느낌일 것이다.

4 예 나도 자전거를 잘 타지 못했는데 홍라처럼 좌절하지 않고 열심히 연습하여 자전거를 잘 타게 되었다.

1 1단계 글 **가**에 글쓴이가 영화를 보게 된 까닭이 나타나 있습니다.

2단계 글 **나**에는 영화 줄거리, 글 **다**에는 영화를 보며 떠오른 자신의 경험을 썼습니다.

채점 기준	
영화 감상문에 들어 있는 내용을 모두 파악하여 (1)과 (2)의 답을 모두 알맞게 쓴 경우	6점
(1)과 (2) 중에서 한 가지만 알맞게 쓴 경우	3점

3단계 영화 감상문을 쓰는 여러 가지 방법을 활용해 영화에 대한 자신의 생각이나 느낌을 씁니다.

채점 기준	
융이 입양되었던 어린 시절과 관련지어 자신의 생각이나 느낌을 구체적으로 쓴 경우	8점
융이 입양되었던 어린 시절과 관련지었지만 생각이나 느낌을 너무 간단히 쓴 경우	4점

2 홍라는 금씨 상단을 지키기 위해 상단을 꾸려 교역을 하러 떠나려고 합니다.

채점 기준	
상단을 지키기 위해 교역을 하러 떠나는 것이라는 내용이 들어가게 쓴 경우	4점

3 자신이 주인공이라고 생각해 보고 어떤 마음이었을지 정리하여 씁니다.

채점 기준	
불안한 마음과 벅찬 마음이 모두 드러나게 쓴 경우	6점
'불안할 것이다.'와 같이 간단히 쓴 경우	3점

4 떠오르는 자신의 경험과 관련지어 씁니다. 이야기와 비슷한 영화나 책과 관련지어 자신의 경험을 쓸 수도 있습니다.

채점 기준	
이야기의 내용과 비슷하거나 관련 있는 자신의 경험을 내용과 잘 관련지어 쓴 경우	8점
이야기의 내용만 쓰거나 자신의 경험만 간단히 쓴 경우	4점

😊 수행 평가 151쪽

1 (1) ⓓ 나는 융이라는 사람에게 "비록 벨기에라는 먼 나라에서 살게 되었지만 우리 모두는 한국인이다."라는 말을 하고 싶다. 우리나라 사람 모두가 해외 입양된 사람들의 아픔을 이해하고 따뜻하게 대해 주었으면 좋겠다. (2) ⓓ 융이 피부색 때문에 힘들어하는 것처럼 나도 또래 친구보다 키가 작다고 친구들에게 놀림을 받아서 속상했던 적이 있다.

1 **조건** 에 알맞게 쓰되 쓴 내용에 대한 자신의 생각이나 느낌도 잘 드러나게 씁니다.

채점 기준	
각각의 **조건** 에 알맞게 내용을 쓰고, 자신의 생각이나 느낌을 잘 드러내어 쓴 경우	20점
(1)과 (2) 중 한 가지만 썼거나 (1)과 (2)의 답을 너무 간단히 쓴 경우	10점

1 작품 속 인물과 나

📝 쪽지 시험   153쪽

1 왜놈(들)   **2** (1) ○   **3** (1) 상황 (2) 가치   **4** 허련
5 도전, 용기   **6** (1) × (2) ○ (3) ○   **7** 지민

1 '왜놈'이라는 말에서 일제의 침략을 받은 시대라는 것을 알 수 있습니다.

2 여자들도 사내들을 도와 왜놈들을 물리치는 데 한 몫을 하자고 말하는 태도에서 윤희순은 열정을 가지고 도전하는 삶을 추구한다는 것을 알 있습니다.

3 인물이 처한 상황에서 한 말이나 행동에는 그 인물이 추구하는 가치가 담겨 있습니다.

4 허련이 추구하는 삶을 파악한 것입니다.

5 열기 속으로 뛰어 들어간 구조 대원의 삶은 '도전'과 '용기'와 관련이 있습니다.

6 인물이 추구하는 삶을 분명하게 파악해야 인물의 삶과 자신의 삶을 관련지어 말할 수 있습니다.

7 퐁은 자신이 하고 싶은 일을 행복하게 열정적으로 하는 삶을 추구합니다. 퐁이 추구하는 삶과 관련지어 말한 친구는 지민이입니다.

💡 단원 평가   154~156쪽

1 예 흩어졌던 마음을 다시 하나로 모았다.   **2** (2) ×   **3** 안사람 의병대   **4** ①, ②   **5** 예 공들여 그린 그림이지만 기법만 있을 뿐 이야기가 없었기 때문이다.   **6** ④   **7** 초묵법   **8** 추사 선생   **9** ④   **10** ③   **11** (1) ○ (2) ○   **12** ①   **13** ㉤   **14** 예 아버지는 부모님의 반대를 이겨 내기 위해 끈기 있게 노력하고 도전하는 삶을 추구한다.   **15** ②   **16** 예 꿈꾸는 집   **17** (2) ○   **18** ③, ⑤   **19** 예 공처럼 포기하지 않고 도전해야겠다는 다짐을 했다.   **20** ④

1 「안사람 의병가」는 마을 아낙네들이 마음을 모으고 용기를 내어서 결국 의병 운동에 참여하게 했습니다.

2 윤희순은 마을 아낙네들을 끌어모아 의병 운동에 참여할 수 있게 했습니다.

3 윤희순은 의병을 돕기 위해서 마을 아낙네들을 끌어모아 안사람 의병대를 만들었습니다.

4 윤희순은 '열정'과 '정의'를 가지고 여자임에도 의병 운동에 적극적으로 나섰고, 나라를 위한 올바른 행동을 하려고 했습니다.

5 허련은 추사 선생에게서 그림에 정신이 없다는 말을 듣고 맥이 빠졌습니다.

채점 기준	
자신의 그림에 정신이 없다는 것을 알게 되었기 때문이라는 의미로 까닭을 쓴 경우	5점

6 허련이 내면을 깊고 그윽한 무엇으로 채우려고 노력한 행동이 아닌 것은 ④입니다.

7 글 라에서 추사 선생은 허련의 그림을 보더니 허련의 붓질이 '초묵법'이라고 하였습니다.

8 추사 선생은 진심으로 노력하는 허련에게 도움을 주고 싶어 하고, 이미 뛰어난 그림 실력이 있음에도 제자인 허련에게서 배우는 겸손함이 있습니다.

9 인물이 추구하는 삶은 인물이 처한 상황에서 인물이 한 말이나 행동, 인물이 말하고 행동한 까닭을 생각해 보면 파악할 수 있습니다.

10 모처럼 아버지와 함께하는 일요일인데도 잠만 주무시는 아버지께 경민이는 섭섭함을 느꼈을 것입니다.

11 잠든 아버지 때문에 섭섭해하는 경민이의 기분을 풀어 주려는 말(㉠)과 고단하신 아버지가 쉬시게 살그머니 집을 나서는 행동(㉡)에는 어머니의 가족 사랑과 배려가 담겨 있습니다.

12 어린 시절의 아버지는 동생을 삼켜 버린 불길과 싸워 이기고자 소방관이 되겠다는 꿈을 가졌습니다.

13 ㉮와 ㉯는 불에 대한 아버지의 생각입니다.

14 아버지는 동생을 잃은 슬픔과 부모님의 반대에도 끈기를 가지고 도전해 소방관이 된 것으로 보아, 끈기 있게 노력하고 도전하는 삶을 추구한다는 것을 알 수 있습니다.

채점 기준	
'도전'과 '끈기'라는 낱말을 활용하여 아버지가 추구하는 삶을 알맞게 쓴 경우	5점
'도전'과 '끈기'라는 낱말을 활용했지만 아버지가 추구하는 삶을 너무 간단히 쓴 경우	3점

15 이모는 이 세상 재미있는 책들을 모두 불러 모아서 함께 노는 것이 자신의 꿈이라고 했습니다.

16 이모는 재미있는 책들만 올 수 있는 집, 꿈꾸는 아이들만 올 수 있는 집인 꿈꾸는 집이 이모의 꿈이라고 했습니다.

17 이모는 자신이 좋아하는 것을 꾸준히 하는, 즐거움이 있는 삶을 추구합니다.

18 말하는 이는 떨어져도 튀는 공, 쓰러지는 법이 없는 공처럼 살아 봐야겠다고 했습니다.

19 시에서 말하는 이가 추구하는 포기하지 않고 도전하는 삶에 대한 자신의 생각이나 느낌을 씁니다.

채점 기준	
포기하지 않고 도전하는 삶에 대한 생각이나 느낌을 쓴 경우	5점
말하는 이가 추구하는 삶을 그대로 옮겨 쓰거나 간단하게 생각이나 느낌을 쓴 경우	3점

20 꿈꾸는 삶의 모습과 빗대어 표현할 대상이 어울리는지 살펴봅니다. 다른 사람에게 도움이 되는 삶을 살고 싶은 마음을 걷다가 힘든 사람들을 쉬어 가게 해 주는 나무에 빗대어 표현하는 것이 가장 어울립니다.

2 상수리는 행복하게 꿈꾸는 것이 더 중요하다는 것을 말하고 싶었을 것입니다.

채점 기준	
열심히 노력했지만 행복하게 꿈꾸지 못했다는 내용으로 말한 까닭을 자세히 쓴 경우	6점
'행복하게 꿈을 꾸려고'처럼 말한 까닭을 간단히 쓴 경우	3점

3 상수리가 추구하는 삶과 자신의 삶을 비교해 보면서 자신의 생각이나 느낌을 씁니다.

채점 기준	
상수리가 추구하는 삶을 활용하거나 자신의 삶과 비교하여 생각이나 느낌을 쓴 경우	8점
상수리가 추구하는 삶을 다루지 않고 자신의 생각이나 느낌을 간단히 쓴 경우	4점

4 이 시는 힘들어도 쓰러지는 법이 없이 계속해서 도전하고 노력하는 삶을 추구하는 내용의 시입니다.

채점 기준	
시에서 말하는 이가 추구하는 삶의 모습을 알맞게 쓴 경우	6점
시에서 말하는 이가 추구하는 삶의 모습을 간단히 쓴 경우	3점

5 바뀌는 시에서 말하는 이가 새처럼 자유로운 삶을 추구한다는 것을 생각하며 시의 내용을 알맞게 바꾸어 씁니다.

채점 기준	
'새'라는 대상의 특성과 시의 내용, 시의 형식에 맞도록 바꾸어 쓴 경우	10점
시의 형식에 맞게 썼지만 내용이 자연스럽지 못한 경우	5점

📋 **서술형 평가**　　　　　157쪽

1 ⑩ 성실하게 노력하는 삶을 추구한다.　　**2** ⑩ 자신이 열심히 노력해 왔지만 꿈을 이루는 데 급급한 나머지 행복하게 꿈을 꾸는 것을 잊어 버렸다는 것을 깨닫게 되어 그렇게 말했다.　　**3** ⑩ 행복하게 꿈을 꾸는 것도 중요하지만 상수리처럼 성실하게 노력하는 것도 좋을 것 같다.　　**4** ⑩ 힘들어도 포기하거나 좌절하지 않고 다시 일어서서 도전하는 삶을 추구한다.　　**5** ⑩ 마음껏 꿈을 펼치며 나는 / 새처럼, 희망 나라의 / 마법사처럼

1 인물이 처한 상황에서 상수리가 한 행동과 관련 있는 가치를 찾아 추구하는 삶을 파악해 봅니다.

채점 기준	
인물의 행동과 관련 있는 내용으로 추구하는 삶을 쓴 경우	4점

2 관용 표현을 활용해요

1 속담   **2** (1) ○ (3) ○   **3** (1) ㉮ (2) ㉯ (3) ㉰   **4**
㉮ 속담 사전, 관용어 사전   **5** (1) ① (2) ③ (3) ②   **6**
(1) ○   **7** (3) ✕

1 관용 표현에는 관용어와 속담 따위가 있습니다.

2 관용 표현을 활용하면 전하고 싶은 말을 쉽게 표현할 수 있습니다.

3 '금이 가다'는 서로의 사이가 벌어지거나 틀어졌을 때, '애 간장이 타다'는 몹시 초조하고 안타까워서 속을 많이 태울 때, '쇠뿔도 단김에 빼라'는 어떤 일이든지 하려고 생각했 으면 한창 열이 올랐을 때 망설이지 말고 곧 행동으로 옮 기라고 할 때 사용할 수 있는 관용 표현입니다.

4 관용 표현과 그 뜻을 확인하고 싶을 때에는 속담 사전이나 관용어 사전 등을 참고합니다.

5 (1)은 힘을 다하고 정성을 다하여 한 일은 그 결과가 반드 시 헛되지 않는다는 뜻, (2)는 어떤 일에 적극적으로 나선 다는 뜻, (3)은 어떤 일을 의논하거나 결정하기 위하여 서 로 마주 대한다는 뜻의 관용 표현을 활용하는 것이 어울립 니다.

6 이 밖에도 '발 벗고 나서다', '힘과 마음을 합치면 하늘을 이긴다'와 같은 관용 표현을 활용할 수 있습니다.

7 관용 표현을 말한 뒤에 관련된 생각을 말하기도 하고, 생 각을 말한 뒤에 관련된 관용 표현을 말하기도 합니다.

1 (1) ○   **2** ③   **3** ⑤   **4** ②   **5** ①, ③   **6** (2) ○
7 ㉮ 관용 표현이 활용된 앞뒤의 내용을 살펴본다. / 관용 표 현에 포함된 낱말의 뜻을 생각해 본다.   **8** ㉮ 꿈을 펼치 는 방법   **9** ④   **10** ㉮   **11** 간   **12** 물 쓰듯   **13**
③   **14** ㉮ 물을 쓰는 것이 아주 헤프게 쓴다는 뜻으로 쓰
이지 않도록 물을 아껴 쓰자는 것이다.   **15** ①   **16** 대표
사   **17** (1) 앞뒤 (2) 낱말 (3) 의도   **18** 해정   **19** ⑤
20 ①

1 '세 살 적 버릇이 여든까지 간다'는 어릴 때부터 나쁜 버릇 이 들지 않도록 잘 가르쳐야 함을 비유적으로 이르는 말입 니다. (2)는 '낮말을 새가 듣고 밤말은 쥐가 듣는다'라는 속 담의 뜻입니다.

2 아는 사람이 아주 많다는 뜻으로 활용할 수 있는 관용 표 현은 '발이 넓다'입니다. ①은 남의 말을 쉽게 받아들인다 는 뜻이고, ⑤는 매우 안타까워하거나 다급해한다는 뜻입 니다.

3 함께 일을 하는 데에 마음이나 의견, 행동 방식 등이 서로 맞는다는 뜻을 지닌 '손발이 맞다'가 들어갈 관용 표현으로 알맞습니다. ①은 잘난 체하고 뽐내는 기세가 있다는 뜻이 고, ③은 못된 짓을 오래 두고 계속한다는 뜻입니다.

4 안나는 친구가 갑자기 나타나 자기 이름을 불러서 깜짝 놀 랐습니다.

5 놀란 상황에서 활용할 수 있는 관용 표현을 찾아봅니다. ②는 왕래나 관계를 끊었을 때, ④는 고통이나 분노 따위 를 참으려고 이를 악물어 굳은 의지를 나타낼 때, ⑤는 기 를 죽였을 때 활용할 수 있는 관용 표현입니다.

6 '손이 크다'는 '양을 많이 준비한다.'라는 뜻이고, '손을 잡 다'는 '다정하게 서로 힘을 합쳐 협력하다.'라는 뜻입니다.

7 앞뒤 내용이나 관용 표현에 포함된 낱말의 뜻을 바탕으로 하여 관용 표현의 뜻을 파악할 수 있습니다.

채점 기준	
이야기를 듣고 관용 표현의 뜻을 파악하는 방법을 정확하 게 쓴 경우	5점
관용 표현의 뜻을 파악하는 방법을 썼으나 문장이 자연스 럽지 못한 경우	3점

8 졸업한 선배는 반 친구들에게 꿈을 펼치는 몇 가지 방법을 말씀해 주셨습니다.

9 ㉠은 기대에 찬 마음으로 날짜를 꼽으며 기다렸다는 뜻입 니다. ①은 '눈 깜짝할 사이', ②는 '눈에 띄다', ③은 '막을 열다', ⑤는 '머리를 맞대다'의 뜻입니다.

10 '천하를 얻은 듯'은 '매우 기쁘다.', '매우 만족스럽다.'라는 뜻입니다.

11 '간이 크다'는 '용기 있고 담대하다'라는 뜻입니다.

12 이 광고에서는 '물 쓰듯'이라는 관용 표현을 활용했습니다.

13 '물 쓰듯'이라는 관용 표현은 물건을 헤프게 쓰거나 돈 따 위를 흥청망청 낭비한다는 뜻입니다.

14 이 광고에서 말하는 내용은 우리가 물을 낭비한다는 것입니다.

채점 기준	
광고에서 말하는 내용을 정확하게 쓴 경우	5점
광고에서 말하는 내용을 썼으나 구체적이지 못한 경우	3점

15 이 글은 도산 안창호 선생이 독립운동을 하려고 모인 사람들에게 연설한 내용입니다.

16 연설자는 독립운동을 하려고 모인 사람들에게 뜻을 하나로 모으고 전 민중을 이끌고 나갈 만한 대표자를 뽑자고 제안하였습니다.

17 연설에 활용된 관용 표현의 뜻을 추론하는 방법과 과정을 생각하여 봅니다.

18 혜선이처럼 말을 끝낼 때 관용 표현을 활용하면 생각을 효과적으로 정리할 수 있습니다.

19 ①은 아무리 작은 것이라도 모이고 모이면 나중에 큰 덩어리가 됨을 비유적으로 이르는 말이고, ②는 하기가 매우 쉬운 것을 비유적으로 이르는 말입니다. ③은 일이 이미 잘못된 뒤에는 손을 써도 소용이 없음을 비꼬는 말이고, ④는 기역 자 모양으로 생긴 낫을 보면서도 기역 자를 모른다는 뜻으로, 아주 무식함을 비유적으로 이르는 말입니다.

20 중요한 일은 함께 의논해서 결정해야 한다는 생각을 말할 때에는 '어떤 일을 의논하거나 결정하기 위하여 서로 마주 대하다.'라는 뜻을 지닌 '머리를 맞대다'를 활용하는 것이 어울립니다.

1 여동생은 당장 휴대 전화를 구경해 보자고 하고, 오빠는 부모님과 의논해 본 뒤에 구경하자고 하는 상황입니다.

채점 기준	
그림에 나타난 상황을 정확하게 쓴 경우	4점
그림에 나타난 상황을 썼으나 내용이 다소 정확하지 않은 경우	2점

2 관용 표현의 뜻을 알아보려면 속담 사전이나 관용어 사전 등을 참고할 수 있습니다.

채점 기준	
사전을 찾아본다거나 대화의 앞뒤 내용을 침작해 본다는 내용 중에 한 가지를 쓴 경우	4점

3 대화에 활용된 관용 표현의 뜻을 정확하게 씁니다.

채점 기준	
㉠과 ㉡의 뜻을 모두 알맞게 쓴 경우	8점
㉠과 ㉡의 뜻을 한 가지만 알맞게 쓴 경우	4점

4 규영이, 고운이, 혜선이가 관용 표현을 활용하였는지, 그렇지 않은지 잘 살펴봅니다.

채점 기준	
관용 표현을 활용했는지 정확하게 구분하여 쓴 경우	6점

5 말을 할 때 어느 부분에서 관용 표현을 활용하느냐에 따라 얻을 수 있는 효과를 구분하여 씁니다.

채점 기준	
(1)과 (2)에 모두 알맞은 내용을 쓴 경우	8점
(1)과 (2) 중에서 한 가지만 알맞은 내용을 쓴 경우	4점

📋 **서술형 평가**   162쪽

1 예 동생이 오빠에게 휴대 전화 판매점 앞에서 휴대 전화를 구경해 보자고 하는 상황   **2** 예 사전에서 뜻을 찾아본다. / 대화의 앞뒤 내용을 잘 들어 보고 어떤 뜻인지 짐작해 본다. **3** (1) 예 어떤 일이든지 하려고 생각했으면 한창 열이 올랐을 때 망설이지 말고 곧 행동으로 옮겨야 한다. (2) 예 재미나 의욕이 없어졌다.   **4** 예 규영이는 관용 표현을 활용하지 않았고, 고운이와 혜선이는 관용 표현인 '가는 말이 고와야 오는 말이 곱다'를 활용하여 말했다.   **5** (1) 예 듣는 사람의 관심을 끌 수 있다. (2) 예 생각을 효과적으로 전달할 수 있다.

3 타당한 근거로 글을 써요

쪽지 시험 163쪽

1 수염 **2** ㉮ **3** (4) × **4** ㉯ **5** ㉯ **6** (2) ○
7 누리 소통망 **8** ㉮

1 아이는 할아버지에게 주무실 때 수염을 어떻게 하고 자는지 물었습니다.

2 '습관적으로 삶을 살지 말고 자기 안에 물음표를 가지고 살아가자.' 또는 "'그냥'이라고 생각하지 말고 '왜' 또는 '어떻게'를 생각하자.'를 주장하는 글입니다.

3 (4)는 주장을 직접적으로 뒷받침하는 근거가 아닙니다.

4 ㉯는 글쓴이가 근거를 뒷받침하기 위해 사용한 자료가 아닙니다.

5 최신 자료를 사용했는지 살펴봐야 합니다.

6 주어진 그림은 숲에서 벌목한 나무는 우리 생활에 필요한 여러 가지 물건을 만드는 데 쓰인다는 것을 알려 주는 자료로, (2)를 뒷받침하기에 알맞습니다.

8 누리 소통망의 단점과 관계있는 근거와 자료로 주어진 주장을 뒷받침해야 합니다.

단원 평가
164~166쪽

1 주혁 **2** ④ **3** (2) ○ **4** ① **5** ② **6** ① **7** ㉠ 자연을 보호하고 생산자의 건강을 지키는 방법이 된다는 근거는 공정 무역 제품을 사용하자는 주장을 잘 뒷받침하고 있으므로 타당하다. **8** ③ **9** ㉠ 「초콜릿 감옥」 동영상은 공정 무역을 하지 않는 곳의 아이들이 위험하다는 것을 보여 주므로 근거를 잘 뒷받침한다. **10** 노동력 착취 **11** ④ **12** ② **13** ⑤ **14** ③ **15** ② **16** ②, ④, ⑤ **17** (1) ㉠ 누리 소통망 이용이 좋다고 생각한다. (2) ㉠ 친구 사귀기가 쉽고 빠르게 정보를 얻을 수 있기 때문이다. **18** 누리 소통망 **19** ④, ⑤ **20** ②, ③, ④

1 글쓴이는 주장을 뒷받침하기 위해서 글 ㉮에서 긴 수염 할아버지 이야기 같은 일화를 자료로 활용하였습니다.

2 '그냥 수염'을 달지 않기 위해서는 습관적으로 하는 것이 아니라 '왜' 하는지 생각해 봐야 합니다.

3 '그냥'이라고 생각하지 말고 '왜' 또는 '어떻게'를 생각하자는 것을 주장하는 글입니다.

4 글 ㉮는 서론, 글 ㉯는 본론에 해당합니다.

5 공정 무역 제품을 사용하자는 글쓴이의 주장이 잘 드러난 문장은 ㉡입니다.

6 자연을 보호하고 생산자의 건강을 지키는 방법이 된다는 근거를 뒷받침하기 위해 『인간의 얼굴을 한 시장 경제, 공정 무역』이라는 책 자료를 활용하였습니다.

7 자연을 보호하고 생산자의 건강을 지키는 방법이 된다는 근거의 타당성을 판단하여 씁니다.

채점 기준	
글 ㉯에서 글쓴이가 제시한 근거가 주장과 관련 있는지, 주장을 뒷받침하는지, 근거를 뒷받침하는 자료가 적절한지 알맞게 판단하여 쓴 경우	5점

8 글 ㉮의 첫 문장에 근거가 나타나 있습니다.

9 동영상 자료가 아이들을 위험에서 보호할 수 있다는 근거를 잘 뒷받침하는지 판단하여 씁니다.

채점 기준	
동영상 자료가 근거를 잘 뒷받침하는지 알맞게 판단하여 쓴 경우	5점
'적절하다.'라고 간단하게 쓴 경우	3점

10 ㉡의 바로 앞부분에 그 까닭이 나와 있습니다.

11 자료 수집 카드에는 자료 번호, 자료 내용, 자료 종류, 자료 출처, 자료가 알려 주는 것이 정리되어 있습니다.

13 나무뿌리가 주변 토양을 지탱해서 홍수와 산사태를 막아 준다는 내용입니다.

14 오빠는 누리 소통망에 손님이 쓴 글을 통해 식당에 대한 정보를 얻었습니다.

15 식당이 깨끗하고 사장님도 친절하다고 말한 사람은 엄마입니다.

16 '나'의 가족이 단체 대화방을 이용한 것, 오빠가 누리 소통망을 통해 정보를 얻은 것 등에서 ②, ④, ⑤와 같은 누리 소통망의 장점을 파악할 수 있습니다.

17 누리 소통망을 이용하면 좋다는 주장과 그 주장을 뒷받침하기에 알맞은 근거를 정리하여 씁니다.

채점 기준	
주장과 근거를 모두 알맞게 쓴 경우	5점
주장과 근거 중에서 한 가지만 알맞게 쓴 경우	3점

19 성민이가 쓴 글과 손님이 쓴 글 중에서 어느 하나만 옳다고 믿기 어려운 것, 누군가 성민이의 이름과 학교까지 인터넷에 올렸다는 것을 통해 ④, ⑤와 같은 사실을 알 수 있습니다.

20 논설문의 서론 부분에는 문제 상황이나 주장의 동기, 자신의 주장을 씁니다.

📋 서술형 평가   167쪽

1 (1) ⑩ 자연을 보호하고 생산자의 건강을 지키는 방법이 된다. (2) ⑩ 우리가 공정 무역에 관심을 기울이고 공정 무역 제품을 사용하자.   **2** ⑩ ㉠은 공정 무역에 대한 책으로 근거의 내용과 관련 있고 출처가 믿을 수 있는 자료이다.   **3** ⑩ 많은 사람이 보게 하려고 글을 썼다. / ⑩ 글을 복사해서 널리 알리려고 썼다.   **4** (1) ⑩ 성민이네 가게는 손님이 쓴 글 때문에 어떤 피해를 입었나요? (2) ⑩ 가게에 손님이 끊겼고 성민이의 개인 정보가 유출되었습니다.

1 글 **가** 와 **나** 의 내용을 정리하여 씁니다.

채점 기준	
글 **가** 와 **나** 의 내용을 모두 알맞게 정리하여 쓴 경우	10점
글 **가** 와 **나** 의 내용을 한 가지만 알맞게 정리하여 쓴 경우	5점

2 자료 ㉠은 공정 무역에 대한 책으로, 글쓴이가 제시한 근거와 관련 있고 믿을 수 있는 자료입니다.

채점 기준	
책 자료의 적절성을 알맞게 판단하여 쓴 경우	5점

3 성민이가 자신의 글을 널리 퍼뜨려 달라고 한 것으로 보아, 많은 사람이 자신의 글을 보고 글을 복사해서 널리 알리게 하려고 누리 소통망에 글을 썼음을 알 수 있습니다.

채점 기준	
성민이가 누리 소통망에 글을 쓴 까닭 두 가지를 모두 알맞게 쓴 경우	8점
성민이가 누리 소통망에 글을 쓴 까닭 중 한 가지만 알맞게 쓴 경우	4점

4 누리 소통망의 불편한 점을 알 수 있는 질문을 만들어 보고 그에 대한 답을 정리하여 씁니다.

채점 기준	
질문을 알맞게 만들고 답도 알맞게 쓴 경우	10점
질문은 알맞게 만들었으나 답은 쓰지 못한 경우	5점

---

4 효과적으로 발표해요

📝 쪽지 시험   168쪽

1 ⑩ 사진, 도표   **2** 사진   **3** (1) ② (2) ①   **4** (2) ○
5 (1) 편집하기 (2) 발표하기   **6** ⑩ 목적   **7** 촬영 계획 세우기   **8** (1) 프로그램 (2) 자막

1 매체 자료에는 영상, 사진, 표, 지도, 도표, 그림, 소리, 음악 따위가 있습니다.

2 주상 절리와 같은 자연의 모습은 말로 설명하는 것보다 사진을 보여 주는 것이 더 효과적입니다.

3 그림지도는 상황이 자세히 표시되어 있어 한눈에 파악하는 데 도움이 되고, 영상은 움직임을 따라 하거나 움직임의 특징을 자세하게 파악할 수 있습니다.

4 연도별로 휴대 전화 관련 교통사고 발생량이 크게 늘어난 것을 도표 수치로 나타낸 것이므로 (2)가 전하려는 주제로 알맞습니다.

6 발표 목적과 듣는 사람을 알아야 그에 알맞은 주제와 내용을 정할 수 있습니다.

7 촬영 계획을 세울 때는 역할, 촬영 일시와 장소, 준비물 등을 정해야 합니다.

8 영상을 편집할 때는 알맞은 영상 편집 프로그램으로 필요한 장면에 제목, 자막, 배경 음악 등을 넣습니다.

💡 단원 평가   169~171쪽

1 매체 자료   **2** 학습 발표회, 율동   **3** ②, ④   **4** 사진, 영상   **5** ④   **6** (3) ×   **7** ①, ③, ④   **8** ④   **9** **가**   **10** ⑩ 휴대 전화가 사람을 꽉 붙잡고 있는 모습을 사진으로 잘 표현했기 때문이다.   **11** ④   **12** ④   **13** 서윤   **14** ⑤   **15** 발표 상황 파악하기   **16** ③   **17** ②   **18** 촬영하기   **19** (1) ○ (2) × (3) ○ (4) ×   **20** ⑩ 전하고자 하는 주제를 파악하며 듣는다.

1 주어진 글은 매체 자료를 활용하는 까닭과 매체 자료의 종류를 설명하고 있습니다.

2 세미는 학습 발표회에서 할 독도의 날 기념 율동을 친구에게 설명하고 있습니다.

4 친구는 세미가 보여 준 사진보다 영상을 보고 율동 동작을 더 잘 이해할 수 있었습니다.

5 한결이가 가리키는 매체 자료는 주요 농작물 주산지 이동 변화를 알려 주는 '지도(그림지도)'입니다.

6 지도를 보면 농작물 주산지가 남쪽에서 북쪽으로 이동하고 있다는 것을 쉽게 알 수 있습니다.

7 주제에 맞는 매체 자료인지 평가할 때에는 매체 자료의 종류, 표현 효과, 전하는 내용을 살펴보아야 합니다.

8 가 는 휴대 전화 중독과 관련 있는 공익 광고 사진이고, 나 는 휴대 전화 관련 교통사고 발생을 나타낸 도표이므로 '휴대 전화 사용 습관'에 대해 발표하기에 알맞습니다.

9 휴대 전화에 중독된 모습을 나타내고 있는 가 에 알맞은 주제입니다.

10 공익 광고의 글과 사진이 주제를 잘 전하기 위해 어떤 효과를 사용했는지 생각해 봅니다.

채점 기준	
매체 자료의 종류나 효과와 관련지어 주제를 잘 전한다고 생각한 까닭을 쓴 경우	5점
매체 자료의 종류와 관련지었지만 표현 효과와 까닭을 자연스럽게 연결하지 못하거나 쓰지 못한 경우	3점

11 당신은 댓글로 누군가를 아프게도 하고 기쁘게도 하기 때문에 능력자라고 비유한 것입니다.

12 이 영상 자료에서는 온라인 언어폭력을 하지 말자는 주제를 전하려고 합니다. 주제와 관련 없는 답을 찾아봅니다.

13 상대에게 영향을 주는 댓글을 다는 손가락을 악마 또는 천사의 모습으로 비유하여 주제를 효과적으로 표현했습니다.

15 영상 자료를 제작하는 과정에서 가장 먼저 할 일은 발표 목적과 듣는 사람을 알아내 발표 상황을 파악하는 것입니다.

16 발표 상황을 파악한 다음에 발표 주제를 정할 때 고려할 점입니다.

17 촬영을 계획할 때에는 장면 번호, 촬영 내용, 촬영 일시와 장소, 준비물, 유의점 등이 필요합니다.

18 영상을 촬영할 때 유의점과 방법에 대해 이야기를 나눈 것입니다.

19 발표 효과를 높이는 다른 매체 자료를 활용하는 것이 좋고, 이때 인용한 자료의 출처는 꼭 밝히는 것이 알맞습니다.

20 전하고자 하는 주제를 파악하고, 촬영이나 편집에서 효과적인 부분을 찾으며 들어야 합니다. 그리고 집중하고 존중하는 태도를 가져야 합니다.

채점 기준	
주제를 파악하거나 효과적인 부분을 찾으며 듣는다는 내용뿐만 아니라 바르게 듣는 태도를 쓴 경우	5점
'바른 자세로 듣는다.' 등과 같이 간단히 쓴 경우	2점

📝 서술형 평가

172쪽

1 (1) 폴란드의 민속춤 (2) 영상 (3) 예 민속춤의 움직임이나 특징을 자세하게 파악할 수 있다. **2** (1) 예 사진 (2) 예 외국의 교통 표지판 사진을 제시하면 세계적으로 문제가 되고 있다는 것을 알릴 수 있기 때문이다. **3** 예 5분 영상 발표회에서 주변 인물 탐구로 한 작품을 발표하는 것이다. **4** (1) 예 수의사 (2) 예 동물을 사랑으로 보살피고 치료한다. **5** (1) 예 강아지를 치료하는 장면 (2) 예 수의사와 면담하는 장면

1 (3)은 민속춤 영상을 고른 까닭과 관련지어 생각해 봅니다.

채점 기준	
민속춤 영상을 활용했을 때의 효과를 알고 세 가지 답을 모두 쓴 경우	6점
(1)과 (2)의 답만 알맞게 쓴 경우	3점

2 주제에 맞는 매체 자료를 찾고, 그 매체 자료를 활용했을 때의 효과를 생각해 봅니다.

채점 기준	
주제에 맞는 매체 자료와 그 매체 자료의 효과를 알고 매체 자료와 그 까닭을 알맞게 쓴 경우	10점
매체 자료를 정해 썼지만, 그 매체 자료를 선택한 까닭이 어색하거나 간단히 쓴 경우	5점

3 5분 영상 발표회의 주제는 '주변 인물 탐구'입니다.

채점 기준	
주변 인물에 대해 발표한다는 내용이 드러나게 쓴 경우	4점

4 주변 인물 가운데 고마운 사람, 더 알고 싶은 사람 등을 떠올려 정한 다음, 인물에 알맞은 주제를 정합니다.

채점 기준	
정한 인물과 인물에 어울리는 주제를 모두 쓴 경우	8점
인물은 정해 썼지만 주제가 다소 자연스럽지 못한 경우	4점

5 주변 인물이라면 직접 면담하거나 주제와 관련 있는 생활 모습을 촬영 장면으로 정할 수 있습니다.

채점 기준	
인물과 주제에 맞게 장면을 알맞게 나누어 쓴 경우	8점
한 장면만 정해 썼거나 장면 내용을 너무 간단히 쓴 경우	4점

5 글에 담긴 생각과 비교해요

1 (1) ✕　(2) ○　(3) ○　**2** 세계에서 가장 아름다운 나라
3 독자, 의도　**4** ㉯　**5** 중국　**6** (1) ○　**7** 거름으로
쓸 때

1 관점에 따라 같은 사물이나 현상이 다르게 보일 수 있습니다.

2 백범 김구 선생은 우리나라가 세계에서 가장 아름다운 나라가 되기를 원한다고 했습니다.

4 제목은 글쓴이의 생각을 잘 드러낼 수 있어야 합니다. ㉮는 로봇에게 세금을 걷는 것이 아직은 필요하지 않다는 글쓴이의 생각이 드러나는 제목입니다.

5 『열하일기』는 조선 후기의 실학자 연암 박지원이 중국에 다녀와서 쓴 여행기입니다.

6 일류 선비는 황제, 관원, 백성이 머리를 깎은 것을 보고 중국을 오랑캐의 나라라고 말하며 무시하였습니다.

---

1 알파벳 'E'　**2** ①　**3** 우리 민족의 정신　**4** ㉢　**5** 최고의 문화로 인류의 모범이 되는 것　**6** ①　**7** 예 글 내용만 이해하고 읽으면 제목을 정한 까닭을 알기 어렵다.　**8** ⑤　**9** (2) ○　**10** ㉢, ㉣, ㉤　**11** 예 로봇 개발자에게 로봇세는 개발 비용에 세금까지 더하여 부담이 되기 때문이다.　**12** ②　**13** ⑤　**14** 예 중국 제일가는 경치가 무엇이었는지 묻는 것　**15** ②, ③　**16** ②　**17** ②　**18** (2) ○　**19** 예 도덕적 의무를 지키지 않았다고 처벌하는 것은 문제라고 생각하기 때문이다.　**20** ㉡

1 많은 사람들이 국어보다 영어에 익숙해져 있다고 하였습니다.

2 사람마다 생각이나 경험, 지식이 달라서 사물이나 대상에 대한 관점이 다른 것입니다.

4 우리말을 사랑하자는 생각을 전하는 광고입니다.

5 글쓴이는 우리 민족의 사명은 최고의 문화로 인류의 모범이 되는 것이라고 했습니다.

6 글쓴이는 우리 민족의 개개인은 이기적 개인주의자가 되지 말고 가족, 이웃, 동포에게 주는 것을 즐거움으로 삼는

사람이 되어야 한다고 했습니다.

7 글쓴이는 글을 읽는 사람에게 자신의 생각을 전하려고 노력하는데, 글 내용만 이해하면 그것을 파악하기 힘듭니다.

채점 기준	
글쓴이의 생각을 파악하며 읽으면 글에서 인상 깊은 부분과 글의 주제를 찾을 수 있고, 글 내용을 깊이 있게 이해할 수 있으며, 글을 쓴 의도와 목적을 알 수 있다는 내용 중에서 한 가지를 쓴 경우	5점

8 글에 담긴 글쓴이의 생각을 파악하려면 제목, 낱말이나 문장 같은 표현, 글쓴이가 예상하는 독자, 글쓴이가 글을 쓴 의도와 목적 따위를 살펴봐야 합니다.

9 이 글에서 글쓴이는 부정적인 표현을 사용하여 로봇세 도입이 아직은 필요하지 않다는 생각을 드러냈습니다.

10 '부담', '걸림돌', '막대한 특허 사용료를 외국에 지급' 등이 글쓴이의 생각이 담긴 표현입니다.

11 아직 제대로 개발되지 않은 로봇에 세금을 부과한다면 로봇 개발자는 개발 비용에 세금까지 더하여 마음의 부담이 생긴다고 했습니다.

채점 기준	
예시 답이나 '로봇 개발자가 로봇을 개발하는 과정에서 혁신적인 생각을 발전시키거나 과감한 투자를 하는 데 걸림돌이 되기 때문이다.'의 내용으로 답을 쓴 경우	5점

13 중국에 가려고 나서는 사람이 없었던 까닭은 몇 달간 누런 모래바람을 뒤집어써야 하는 험난한 여행길이었기 때문입니다.

14 우리나라 선비들이 연경(중국)에서 돌아온 사람을 만나면 중국에서 제일가는 경치가 뭐였는지 물어본다고 했습니다.

15 일류 선비는 얼굴에 웃음기를 거두고 진지하고 근엄하게 말한다고 했습니다.

16 일류 선비는 중국엔 도무지 볼 것이라곤 없다고 했습니다.

17 일류 선비는 머리를 깎은 것은 오랑캐이고, 중국을 오랑캐의 나라라고 하며 무시하고 조롱하였습니다.

18 토론 주제는 문제에 대해 긍정이나 부정의 입장을 취할 수 있어야 합니다.

19 '착한 사마리아인의 법'을 법으로 제정하는 것에 반대한다고 생각하고 그렇게 생각하는 까닭을 씁니다.

채점 기준	
반대 입장의 까닭을 적절하게 쓴 경우	5점
반대하는 입장의 까닭이 설득력이 부족한 경우	2점

20 토론하는 과정에서 나와 생각이 달라도 존중해야 합니다.

✎ 쪽지 시험

1 ㉮, ㉰   **2** 의도   **3** 음식물 쓰레기   **4** 유정   **5** 과장 광고, 허위 광고   **6** (1) 기자 (2) 진행자   **7** 기자의 보도   **8** (1) 출처 (2) 가치 (3) 관점   **9** 뉴스 원고를 쓴다.

1 뉴스는 사람들에게 어떤 일을 긍정적이거나 비판적인 시각으로 보게 합니다.

2 광고에서 전하려는 것을 광고의 의도라고 합니다.

3 음식물 쓰레기를 버리는 것과 자동차를 버리는 것이 같다고 표현했습니다.

4 광고의 표현 특성을 알려면 인상 깊은 사진이나 그림, 글, 소리를 찾아보거나 광고 내용을 두드러지게 하려고 사용한 글씨체, 글씨 크기와 색, 화면 구도와 색감, 반복되는 말 따위를 살펴봅니다.

5 과장 광고와 허위 광고의 뜻을 설명한 것입니다.

6 기자는 취재한 내용을 뉴스로 보도하는 역할을 하고, 진행자는 뉴스의 핵심 내용을 요약해 안내하는 역할을 합니다.

7 '기자의 보도' 부분에서 시청자의 이해를 도우려고 면담이나 통계 자료를 보여 줍니다.

8 가치 있고 중요한 뉴스인지, 자료의 출처가 명확한지, 뉴스의 관점과 보도 내용이 서로 관련 있는지, 활용한 자료들이 뉴스의 관점을 뒷받침하는지를 살펴 뉴스의 타당성을 판단합니다.

9 알리려는 내용을 취재한 뒤에는 뉴스 원고를 씁니다.

📝 서술형 평가

1 ⓔ 우리 자신을 행복하게 하고 나아가서 남에게도 행복을 준다.   **2** (1) ⓔ 인의가 부족하고, 자비가 부족하고, 사랑이 부족하기 때문이다. (2) ⓔ 문화의 힘으로 인의, 자비, 사랑의 정신을 기른다.   **3** ⓔ 백성을 위해 일하는 자는 백성과 나라에 도움이 될 일이라면 그 법이 비록 오랑캐의 것이라 해도 마땅히 이를 배우고 본받아야 한다.   **4** (1) ⓔ 깨진 기와 조각도 알뜰하게 사용했기에 천하의 고운 빛깔을 다 낼 수 있었던 것이다. (2) ⓔ 깨진 기와 조각은 쓸모없는 물건이지만 경우에 따라 가치 있게 사용할 수 있다.

1 글쓴이는 문화의 힘은 우리 자신을 행복하게 하고 나아가서 남에게 행복을 준다고 했습니다.

채점 기준	
예시 답의 내용으로 답을 쓴 경우	5점
문화의 힘이 어떤 역할을 하는지 자세히 쓰지 않은 경우	2점

2 인류가 현재에 불행한 근본 이유는 인의, 자비, 사랑이 부족한 때문이라고 했고, 인류에게 이 정신을 배양하는 것은 오직 문화라고 했습니다.

채점 기준	
(1)에 인의, 자비, 사랑이 모두 들어가고 (2)에 문화의 힘으로 인의, 자비, 사랑을 기른다는 내용이 들어가게 쓴 경우	8점
(1)과 (2) 중 한 가지만 알맞게 쓴 경우	4점

3 나리는 백성을 위해 일하는 자는 백성과 나라에 도움이 될 일은 무엇이든 배우고 본받아야 한다고 생각했습니다.

채점 기준	
백성과 나라에 도움이 될 일이면 무엇이든 배워야 한다는 내용으로 쓴 경우	5점

4 '깨진 기와 조각도 알뜰하게 사용했기에 천하의 고운 빛깔을 다 낼 수 있었던 것이다.'라는 문장에 쓸모없는 물건도 어떻게 사용하느냐에 따라 가치 있게 이용할 수 있다는 글쓴이의 생각이 담겨 있습니다.

채점 기준	
(1)에 '깨진 기와 조각도 ~ 있었던 것이다.'를 쓰고, (2)에 글쓴이의 생각을 정리하여 모두 알맞게 쓴 경우	8점
(1)과 (2) 중 한 가지만 알맞게 쓴 경우	4점

💡 단원 평가

1 지구 온난화, 기후 변화 협정   **2** (1) ○   **3** ⓔ 사람들에게 새로운 정보를 알려 준다.   **4** ①, ④   **5** 중형차 백(100)만 대   **6** ③   **7** ③   **8** 신바람   **9** 호준   **10** ④   **11** ②   **12** ①   **13** ⓔ 어떤 나라로 수출하는지와 관련 있는 자세한 정보를 감추고 있다.   **14** ①   **15** 진행자의 도입   **16** ㉰   **17** ④   **18** ③   **19** ⑤   **20** (1) ○ (2) ○ (3) × (4) ○

국어

1 전하려는 핵심 내용이 처음 부분에 나타나 있습니다.

2 개발 도상국을 포함한 195개국이 온실가스 감축 의무가 있다는 것이 '파리 협정'의 내용이므로, 윤성이가 한 생각은 알맞지 않습니다.

3 규희는 뉴스를 보고 기후 협약이 무엇인지 새로운 정보를 알게 되었습니다.

채점 기준	
사람들에게 새로운 정보를 알려 준다는 내용으로 답을 쓴 경우	5점
'소식을 전해 준다.'와 같이 간단하게 쓴 경우	2점

4 광고에서는 주제를 더 잘 파악하고 내용을 더 인상적으로 느껴지도록 하기 위해 소리를 사용하기도 하고, 광고 내용을 두드러지게 하기 위해 글씨체와 글씨 크기, 색을 다르게 표현합니다.

5 음식물 쓰레기의 심각성을 전하기 위해 음식물 쓰레기를 버리는 것을 중형차 백만 대를 버리는 것에 비유하여 표현했습니다.

6 중요한 글자의 배경을 표시하고 더 크게 하여 강조한 것은 광고를 눈에 쉽게 띄게 하기 위해서입니다.

7 '신바람 자전거'를 사라는 의도가 담긴 광고입니다.

8 오래 기억되게 하려고 '신바람'이라는 표현을 반복하여 사용하고 있습니다.

9 누구나 일상에 신바람이 일어난다는 표현은 과장되었습니다.

10 '소비자 만족도 1위'라는 문구에는 소비자 만족도가 언제, 어떤 조사에서 1위였는지에 대한 자세한 정보를 감추고 있습니다.

11 '최고', '무조건', '절대로', '100퍼센트'는 과장된 표현이므로 비판적으로 살펴보아야 합니다.

12 멘 듯 안 멘 듯 깃털처럼 가벼운 책가방이라고 소개하였습니다.

13 어떤 나라로 수출하는지 정확한 자료를 보아야 해외로 수출하는 우수한 제품이라는 것을 알 수 있는데 ㉠에는 이런 내용은 감추고 있습니다.

채점 기준	
어떤 나라로 수출하는지에 대한 자세한 정보를 감추고 있다는 내용으로 답을 쓴 경우	5점
과장된 까닭이나 감추는 내용을 알고 썼으나 표현이 어색한 경우	2점

14 디지털 기술의 진화로 재미와 감동이 함께하는 '스마트 기부'가 확산된다는 내용의 뉴스입니다.

15 뉴스는 '진행자의 도입', '기자의 보도', '기자의 마무리'로 이루어집니다. 뉴스에서 보도할 내용을 유도하거나 전체를 요약해 안내하는 '진행자의 도입'에 해당합니다.

16 글 **다**는 뉴스의 짜임 중에서 '기자의 마무리' 부분에 해당합니다.

17 은수는 전문가의 면담 자료가 뉴스의 관점을 뒷받침하고 있는지 살펴 뉴스의 타당성을 판단했습니다.

18 ③ → ② → ① → ④ → ⑤의 순서로 뉴스가 만들어집니다.

19 취재 계획에는 뉴스를 진행할 사람이 아니라 취재할 사람이 들어가야 합니다.

20 뉴스는 여러 사람에게 정보를 전달하는 상황이므로 높임말을 사용해야 합니다.

📋 **서술형 평가** 182쪽

1 (1) ⑩ 음식을 버리는 것을 자동차를 버리는 것과 같다고 인상적으로 표현했다. (2) ⑩ 음식을 낭비하지 말자. **2** ⑩ 광고에서 과장하거나 감추고 있는 내용은 없는지 찾아보아야 한다. **3** ⑩ 사람들의 이해를 돕고 뉴스 내용을 일목연하게 보여 준다. / 뉴스 내용을 체계적으로 보여 준다. **4** (1) ⑩ 일회용품의 사용을 줄이자. (2) ⑩ 전문가(환경 보호 단체) (3) ⑩ 일회용품을 많이 사용하면 환경에 어떤 영향을 주나요?

1 광고에서 주제가 잘 드러나도록 하기 위해 글, 그림, 사진, 말, 글씨체, 글씨 크기, 색 등을 어떻게 사용하고 표현하였는지 살펴봅니다.

채점 기준	
이 광고에서 글, 사진, 말, 글씨체, 글씨 크기, 색 등을 표현한 특성 중에서 한 가지를 (1)에 알맞게 쓰고, '음식을 낭비하지 말자.'라는 내용을 (2)에 쓴 경우	8점
이 광고에 드러난 표현의 특성과 광고에서 전하고자 하는 생각 중 한 가지만 알맞게 쓴 경우	4점

2 광고 내용을 그대로 믿으면 피해를 입을 수 있으므로 광고에서 과장하거나 감추는 내용을 담은 부분을 찾아보아야 합니다.

채점 기준	
'광고에서 과장하거나 감추는 내용이 없는지 찾아보아야 한다.'와 같이 비슷한 내용을 쓴 경우	6점
'광고를 꼼꼼히 읽어 본다.'와 같이 간단히 쓴 경우	3점

3 ㉠은 시청자의 이해를 도우려고 '기자의 보도' 부분에서 보여 주는 면담 자료입니다.

채점 기준	
사람들의 이해를 돕고 뉴스 내용을 체계적으로 보여 준다는 내용과 비슷하게 쓴 경우	6점
뉴스의 내용보다는 흥미와 재미를 강조하여 답을 쓴 경우	3점

4 일회용품 사용 실태를 뉴스 주제로 했을 때 뉴스 관점을 무엇으로 정할지, 면담 대상을 누구로 정하여 어떤 질문을 할지 정리하여 씁니다.

채점 기준	
일회용품 사용 실태를 보도하는 뉴스 관점과 면담할 대상, 면담 질문을 모두 알맞게 쓴 경우	6점
뉴스 관점과 면담할 대상, 면담 질문 중 한두 가지만 알맞게 쓴 경우	3점

7 글 고쳐 쓰기

📝 쪽지 시험
183쪽

1 문단 **2** (3) ✕ **3** ㉣, ㉤ **4** 예 싸움 **5** (1) ②
(2) ① (3) ③ (4) ⑤ (5) ④ (6) ⑥ **6** (1) 1 (2) 4 (3) 3
(4) 2 **7** (1) ◯ (2) ◯ (3) ◯

2 고쳐쓰기를 하면 틀린 부분이 없어 더 좋은 글이 될 수 있을 뿐만 아니라, 자신이 하고 싶은 말을 잘 전달할 수 있습니다. 읽는 사람이 누구나 알고 있는 내용을 글로 쓰기 위해서 고쳐쓰기를 하는 것은 아닙니다.

3 ㉮는 글 수준에서, ㉣는 문단 수준에서 고쳐 쓰는 방법입니다.

5 교정 부호의 쓰임에 맞게 선으로 이어 봅니다.

6 문제에 대한 자신의 주장을 정하고 자료를 참고로 하여 근거와 뒷받침 자료를 찾아 정리한 뒤에, 짜임에 맞게 글을 쓰고 잘못 쓴 내용이나 어색한 부분을 고쳐 씁니다.

7 책과 인터넷에서 관련 있는 통계 자료나 사례를 찾아보거나 전문가의 의견 등을 조사합니다.

💡 단원 평가
184~186쪽

1 ④ **2** ④ **3** 불량 식품을 먹고 나서 쓰레기를 버리는 사람이 많습니다. 그렇게 버린 쓰레기들이 우리 학교 주변을 더럽혀 보기에도 좋지 않고, 악취도 납니다. **4** 예 앞 문장을 더 자세히 설명하기 위해서이다. **5** 윤정 **6** (1) ㉣ (2) ㉮ **7** ② **8** 고운 말을 사용해야 하는 것은 어린이만이 아니다. **9** 원활한 **10** ③ **11** 예 지나치게 긴 문장은 읽는 사람이 이해하기 어렵기 때문이다. **12** ② **13** ⑤ **14** 풀이 참조 **15** ① **16** ㉣, ㉤ **17** 예 사람과 가장 비슷한 원숭이도 동물 실험에 사용된다는 것이다. **18** ①, ③ **19** 유진 **20** (1) 낱말 수준 (2) 문단 수준

1 이 글은 불량 식품을 먹지 말자는 주장을 글로 쓴 것입니다.

2 글쓴이가 말하려고 하는 내용과 주제에 알맞은 제목은 ④입니다.

3 이 글에서 필요 없어 삭제해야 하는 내용을 찾아봅니다.

4 적절한 근거의 내용을 추가하면 설득력을 높일 수 있습니다.

| '앞 문장을 더 자세히 설명하기 위해서'라는 내용을 구체적으로 쓴 경우 | 5점 |
| '필요한 내용이기 때문이다.'와 같이 간단히 쓴 경우 | 2점 |

5 윤정이는 고쳐쓰기를 하면 좋은 점에 대해 말하였습니다.

6 글을 고쳐 쓸 때 중심 생각과 관련이 없는 부분을 삭제하면 자신의 생각을 더 잘 전달할 수 있고, 알맞은 곳에 더 필요한 내용을 써넣으면 내용이 풍부한 글이 됩니다.

7 이 글에서는 고운 말을 사용해야 한다고 주장하였습니다.

8 가 에서 '고운 말을 사용하면 서로 존중하는 마음을 전할 수 있다.'는 중심 문장의 내용과 관련 없는 내용을 찾아봅니다.

9 은어나 비속어를 사용하면 듣는 사람이 잘 이해할 수 없게 되므로 빈칸에는 '원활한'이 들어가야 알맞습니다.

10 '투쟁'은 어떤 대상을 극복하려고 싸우거나 집단 간에 싸우는 일을 일컫는 낱말이므로, '투쟁'을 '싸움'으로 고치는 것이 알맞습니다.

11 지나치게 긴 문장은 읽는 사람이 이해하기 쉽게 두 문장으로 나누어 쓰는 것이 좋습니다.

채점 기준

| 지나치게 긴 문장을 두 문장으로 나누어 써야 하는 까닭을 알맞게 쓴 경우 | 5점 |
| 지나치게 긴 문장을 두 문장으로 나누어 써야 하는 까닭을 썼으나 표현이 어색한 경우 | 3점 |

12 '~ 노력하면 좋을 수도 있다.'는 불확실한 표현이므로 '~ 노력하자.'로 고쳐야 합니다.

13 여러 글자를 고칠 때 사용하는 교정 부호 ⌒ 을 사용하여 '마신게'를 '맛있게'로 고쳐야 합니다.

14
> 날마다 아침밥을 거르면 밤새 분비된 위산이 중화되지 않아 위가 불편해진다.

15 글쓴이의 주장은 동물 실험을 해야 한다는 것입니다.

16 ㉮는 동물 실험에 찬성하는 근거에 속합니다.

17 동물 실험에 대해 더 아는 사실을 씁니다.

채점 기준

| 동물 실험에 대해 더 아는 사실을 쓴 경우 | 5점 |
| 동물 실험에 대해 더 아는 사실을 썼으나 뒷받침 자료로 어색한 경우 | 3점 |

18 ①과 ③은 낱말과 문장 수준에서 점검할 내용입니다.

19 읽는 사람을 고려해서 고쳐 써야 합니다.

20 낱말 수준에서는 알맞은 낱말을 사용하여 고쳐 쓰고, 문단 수준에서는 필요 없는 문장을 삭제하여 고쳐 씁니다.

📝 서술형 평가

1 예 인간을 위한 동물 실험 영상 장면의 일부분이다. **2** 예 동물 실험으로 개발한 백신에는 무엇이 있는가? / 실험 과정에서 동물들은 어떠한 증세를 보이는가? **3** (1) 예 콘크리트로 덮여 있는 하천을 복원하자. (2) 예 실내에서 난방을 지나치게 하지 않고 적정 온도를 유지하자. **4** 예 지구는 인간만의 것이 아니기 때문이다. / 깨끗한 자연 속에서 인간이 행복하게 살 수 있기 때문이다.

1 가 ~ 다 는 인간을 위한 예방 백신을 개발하는 과정에서 동물 실험을 하는 영상 장면의 일부분입니다.

채점 기준

| 동물 실험 영상이라는 것을 정확하게 쓴 경우 | 4점 |
| 동물 실험 영상이라는 것을 알고 있으나 정확하게 표현하지 못한 경우 | 2점 |

2 동물 실험 영상 가 ~ 다 의 내용을 확인하는 질문을 만들어 씁니다.

채점 기준

| 가 ~ 다 의 내용을 확인하는 질문을 알맞게 쓴 경우 | 6점 |
| 가 ~ 다 의 내용에서 약간 벗어난 질문을 쓴 경우 | 3점 |

3 환경 만화 가 와 나 를 잘 살펴보고 인간과 자연이 조화를 이루며 발전하기 위한 실천 방안을 찾아 씁니다.

채점 기준

| (1)과 (2)에 모두 알맞은 내용을 쓴 경우 | 6점 |
| (1)과 (2) 중에서 한 가지만 알맞은 내용을 쓴 경우 | 3점 |

4 이 밖에 인간뿐 아니라 동물에게도 이 지구에서 행복하게 살 권리가 있다는 내용을 쓸 수 있습니다.

채점 기준

| 인간과 자연이 조화를 이루며 발전해야 하는 까닭을 타당성 있게 쓴 경우 | 8점 |
| 인간과 자연이 조화를 이루며 발전해야 하는 까닭을 썼으나 구체적이지 못한 경우 | 4점 |

8 작품으로 경험하기

1 (1) ○ (2) ○ **2** ㉰ **3** 관계 **4** 제목부터가 뭔가 전하고 싶은 이야기가 많은 영화라고 생각했다. **5** (1) 책 (2) 느낌 (3) 경험 (4) 제목 **6** 태연 **7** ㉣, ㉢, ㉺, ㉯

1 여행 계획서에는 여행 기간과 장소, 일정, 비용 외에도 같이 가고 싶은 사람과 준비할 일을 쓸 수 있습니다.

2 영화를 감상할 때에는 영화 줄거리와 인물의 성격, 인물들의 관계 따위를 이해하고, 영상의 특징과 화면 구도도 함께 살펴봅니다.

3 재민이는 입양 온 융과 새로운 가족들과의 관계를 이해하며 영화를 감상했습니다.

4 글쓴이는 제목부터 뭔가 전하고 싶은 이야기가 많은 영화라고 생각해서 영화를 보게 되었다는 까닭을 썼습니다.

5 영화 감상문을 쓸 때에는 영화와 관련된 자신의 경험과 자신이 본 영화나 책을 활용해 쓸 수 있고, 전체적인 느낌이나 영화 내용을 잘 드러내는 주제와 제목 등을 정해서 써야 합니다.

6 작품 속 내용과 비슷한 자신의 경험을 떠올리는 과정에서 작품을 더 잘 이해하게 됩니다.

7 영화는 '주제 정하기 → 자료를 수집하고 정리하기 → 문구 정하기 → 사진이나 영상 넣기 → 음악과 자막 넣기 → 보완하기'의 차례대로 만듭니다.

1 ①, ③, ⑤ **2** ㉰ **3** ③ **4** (1) 일정 (2) 비용 **5** ㉖ 한국에서 고아로 지내다가 벨기에에 입양되었기 때문이다. **6** 현아 **7** ⑤ **8** ㉖ 벨기에의 가족과 자신의 피부색이 다르다는 사실과 한국에 친부모님이 있을지도 모른다는 생각 때문이다. **9** ⑤ **10** ㉣ **11** (1) ○ (2) × (3) × **12** ③ **13** 어머니 **14** ①, ③, ④ **15** (3) ○ **16** 장안, 월보(비녕자), 비녕자(월보) **17** ㉯ **18** ① **19** ㉖ 교역이 잘 될지 걱정이 되면서도 상단을 지킬 수 있다는 희망을 가졌을 것 같다. **20** 서희

---

1 다른 문화를 존중하고 배려하며 여행한 모습을 찾아봅니다.

2 좋은 여행은 여행한 뒤에 자신의 일상생활로 돌아왔어도 오래도록 힘이 되어 주는 여행이어야 합니다.

3 여행 가고 싶은 곳과 관련 있는 책이나 사진, 동영상 자료 등에서 정보를 얻을 수 있습니다.

4 여행 계획서에 여행 일정과 비용을 쓰는 방법을 설명한 것입니다.

5 승욱이가 영화 「피부 색깔=꿀색」의 주인공에 대해 말한 내용을 살펴봅니다.

채점 기준	
주인공을 소개한 내용을 바탕으로 하여 그 까닭을 구체적으로 쓴 경우	5점
'입양되어서'와 같이 까닭을 간단히 쓴 경우	3점

6 현아는 영화를 감상하면서 영상을 살펴보고 흑백 만화로 표현된 특징을 알아내었습니다.

7 글 ㉮에는 ④, 글 ㉯에는 ①, 글 ㉰에는 ②, 글 ㉱에는 ③의 내용에 대해 썼습니다.

8 글 ㉯에 쓴 영화의 줄거리를 살펴보고 알맞게 정리해 봅니다.

채점 기준	
융이 적응하지 못하고 힘들어한 까닭 두 가지를 모두 찾아 알맞게 정리하여 쓴 경우	5점
융이 적응하지 못하고 힘들어한 까닭을 한 가지만 찾아 쓴 경우	3점

9 글쓴이는 영화를 보면서 우리나라의 아픈 역사인 해외 입양 문제를 생각했습니다.

10 글 ㉱에는 영화를 본 뒤의 전체적인 감상과 함께 감상문의 주제가 들어 있습니다.

11 영화 감상문은 시나 만화, 일기 같은 다양한 형식으로 쓸 수 있고, 줄거리뿐만 아니라 자신의 생각이나 느낌도 잘 드러나게 써야 합니다.

12 홍라는 솔빈과 장안으로 교역을 떠난다면 자신의 은화가 비단 이천 필 값이 될 수 있다고 생각했습니다.

13 대상주 금기옥의 딸이 홍라입니다.

14 홍라는 상단의 빚을 갚고 상단을 지키기 위해 교역을 떠나기로 결심했습니다.

15 홍라는 믿음직한 일꾼이 부족한데다 빚쟁이들 때문에 교역을 떠날 일꾼을 쉽게 구할 수가 없었습니다.

16 홍라가 교역을 가려는 곳과 함께 교역을 떠날 인물을 찾아 간추려 봅니다.

17 홍라는 비녕자가 함께 간다고 해서 속으로는 반가웠지만 대상주로서의 위엄을 갖추어 상단을 이끌고 싶어서 대상주답게 굴어야 했습니다.

18 교역을 떠나기 전에 말린 고기와 곡식 가루, 음식을 조리할 도구, 돈피, 말 다섯 마리를 준비했다는 것이 글 **나**에 나타나 있습니다.

19 대상주가 되어 장안으로 길을 떠나는 홍라의 마음을 짐작해 보고, 홍라가 되어 그 마음을 표현해 봅니다.

채점 기준	
대상주가 되어 교역을 하러 떠나는 홍라의 마음을 구체적으로 알맞게 쓴 경우	5점
'설레다', '걱정되다' 등과 같이 마음을 간단히 표현하여 쓴 경우	2점

20 작품과 관련 있는 자신의 경험을 떠올리며 독서 감상문을 쓰면 작품을 더 잘 이해할 수 있습니다.

📑 서술형 평가

192쪽

1 (1) ⑩ 겨울 방학 중에 2박 3일 동안 / 지리산 (2) ⑩ 오전 9시쯤 먼저 성삼재 휴게소까지는 차로 이동해서 노고단까지 가는 길에 도전한다. 왕복 두 시간 정도 걸리므로 크게 힘들이지 않고 겨울에 등반하기 좋기 때문이다. **2** ⑩ 우리의 아픈 역사를 따뜻하게 안아 주자 **3** ⑩ 실크로드에 대한 책을 읽었던 경험이 떠올랐다. 상인들이 낙타에 짐을 싣고 와 중국에서 장사하는 모습이 글의 내용과 비슷했기 때문이다. **4** (1) ⑩ 신나는 체육 대회 (2) ⑩ 체육 대회는 전교생들의 신나는 축제이다. (3) ⑩ 운동장에서 6학년이 열띤 응원 속에서 이어달리기를 하는 장면 (4) ⑩ 저학년 동생들이 단체 무용을 귀엽게 하는 장면

1 언제, 어디로 여행 갈지 그리고 날마다 몇 시쯤, 어디에서 무엇을 할 것인지 정리하여 씁니다.

채점 기준	
여행 기간과 장소를 정하여 여행 일정을 알맞게 쓴 경우	8점
여행 기간과 장소는 정했지만 여행 일정을 장소 명칭만 나열한 경우	4점

2 '서로를 따뜻하게 감싸 안는 대한민국이 되자'라는 이 감상문의 주제나 전체 내용을 잘 드러낼 수 있는 제목을 씁니다.

채점 기준	
글 **나**에 나타난 영화를 본 뒤의 전체적인 감상이나 주제를 바탕으로 하여 제목을 알맞게 쓴 경우	6점
영화 제목을 그대로 쓰거나 감상문의 내용을 잘 드러내지 못하는 제목을 쓴 경우	3점

3 글의 내용과 비슷한 자신의 경험을 떠올려 쓸 때 자신이 보았던 영화나 책을 떠올려 그 내용과 비교해서 쓸 수도 있습니다.

채점 기준	
장안의 모습이나 홍라의 마음 등과 관련 있는 자신의 경험을 떠올려 자세히 쓴 경우	8점
글의 내용과 관련 있는 자신의 경험을 썼지만 내용이 다소 어색하거나 간단히 쓴 경우	4점

4 자신의 경험을 떠올려 만들 영화의 제목과 주제를 정하고, 주제에 알맞은 영화의 주요 장면을 간단히 정리해 봅니다.

채점 기준	
경험한 일로 주제를 정하고, 제목과 장면을 주제에 알맞게 쓴 경우	8점
경험한 일로 제목과 주제는 정했지만 영화 장면을 모두 쓰지 못한 경우	4점

사회 교과개념북

1 세계의 여러 나라들

1 지구, 대륙 그리고 국가들

1 ㉡, ㉢, ㉣   **2** 세계 지도   **3** (1) 위선 (2) 경선
4 위성 영상   **5** (1) 장 (2) 단

1 ㉠ 나침반은 방향을 나타내는 기구로 자침이 남북을 가리키는 특성을 이용해서 만든 것입니다.

2 세계 지도를 활용하면 세계 여러 나라의 위치와 영역을 한눈에 살펴볼 수 있습니다.

3 위선과 경선에는 숫자가 쓰여 있는데 이를 위도와 경도라고 합니다.

4 디지털 영상 지도는 컴퓨터나 스마트폰 등 다양한 기기에서 이용할 수 있도록 디지털 정보로 표현한 지도입니다.

5 지구본은 둥근 지구를 작게 줄여서 지구와 비슷하게 만든 모형으로, 세계 여러 나라의 위치, 넓이, 모양 등을 실제에 가깝게 살펴볼 수 있습니다. 하지만 지구본은 들고 다니기 불편하고 세계 지도처럼 세계를 한눈에 볼 수 없습니다.

1 (1) ㉡ (2) ㉠   **2** 아시아   **3** 북극해
4 ㉡, ㉢   **5** 북아메리카

1 대륙에는 아시아, 아프리카 등이 있고, 대양에는 태평양, 대서양 등이 있습니다.

2 아시아는 대륙 중에서 가장 크며, 세계 인구의 절반 이상이 살고 있습니다.

3 북극해는 대양 중에서는 규모가 작은 편이지만 다른 바다보다는 규모가 크기 때문에 일반적으로 대양으로 분류됩니다.

4 다른 대륙에 비해 면적은 좁지만, 영국, 에스파냐, 크로아티아, 프랑스, 벨기에 등 많은 나라가 있습니다.

5 북아메리카에는 캐나다 이외에 미국, 멕시코 등이 있습니다.

1 모양   **2** (1) ㉠ (2) ㉡   **3** 지구본
4 아이슬란드   **5** ㉠, ㉡, ㉣

1 세계 여러 나라는 영토의 면적과 모양이 서로 다릅니다.

2 세계에서 영토의 면적이 가장 넓은 나라는 러시아이고, 세계에서 영토의 면적이 가장 좁은 나라는 바티칸 시국입니다.

3 세계 지도는 적도 부근의 나라는 실제 면적에 가깝지만, 고위도로 갈수록 실제 면적과 다른 경우도 있기 때문에 주의해야 합니다.

4 제시된 지도는 해안선이 복잡한 아이슬란드를 나타낸 것입니다.

5 ㉢ 지구본, 세계 지도, 디지털 영상 지도를 활용하여 세계 여러 나라와 관련된 지리 정보를 조사할 수 있습니다.

핵심문장으로 시작하기   **1** 디지털 영상 지도   **2** 북아메리카
3 긴

4 ②   **5** ④   **6** ㉠ 경선 ㉡ 적도   **7** ㉠   **8** ⑤
9 아시아 **10** ③   **11** ③   **12** ①
13 남극해, 예 남극 대륙을 둘러싸고 있다. 등
14 ②   **15** 러시아   **16** ㉠, ㉢ **17** ③   **18** ⑤
19 ④
20 예 캐나다는 북아메리카 대륙의 북쪽에 있으며 대서양, 태평양, 북극해에 둘러싸여 있다. / 서쪽과 남쪽은 미국과 국경을 맞대고 있는데 미국과의 국경선은 자를 대고 그린 것처럼 직선이다. 등

4 세계 지도는 인터넷 사용이 불가능한 곳에서 사용하기 편리합니다.

5 디지털 영상 지도를 이용하면 세계 여러 나라나 장소와 관련된 정보를 편리하게 찾을 수 있습니다. ④ 지구본의 특징에 해당합니다.

6 세계 지도와 지구본에는 경선, 위선, 본초 자오선, 적도가 그려져 있습니다.

7 세계 지도나 지구본에서 나타내고 싶은 나라의 동, 서, 남, 북 끝 지점부터 찾아야 합니다.

8 우리나라의 경우 적도를 기준으로 북쪽에 위치하므로 '북위', 본초 자오선을 기준으로 동쪽에 위치하므로 '동경'으로 나타냅니다.

9 아시아는 우리나라가 속해 있는 대륙입니다.

10 ③ 대륙 중 가장 작은 대륙은 오세아니아입니다.

11 ①은 남아메리카, ②는 아시아, ④는 북아메리카, ⑤는 유럽에 속한 나라입니다.

12 가장 큰 대양은 태평양이고, 가장 작은 대양은 북극해입니다.

13 남극 대륙 주변의 바다는 그동안 남극해로 불렸으나, 2001년부터 남대양으로 불리기도 합니다.

채점 기준	
남극해라는 이름과 특징을 모두 바르게 쓴 경우	5점
남극해라는 이름과 특징 중 한 가지만 바르게 쓴 경우	3점

14 프랑스는 유럽 대륙에 있습니다.

15 세계에서 영토의 면적이 가장 넓은 나라는 러시아이며, 그다음은 캐나다입니다.

16 ⓒ 장화 모양과 닮은 나라는 이탈리아입니다. ⓔ 남아메리카 대륙의 브라질의 면적은 851만㎢로 세계에서 5번째로 넓습니다.

17 이집트는 사하라 사막과 피라미드가 있는 나라로 국경선이 반듯합니다. 국경선이 반듯한 까닭은 과거 유럽의 여러 나라가 아프리카를 식민지로 삼으면서 원래 국경을 무시하고 위도나 경도에 따라 직선을 그어 국경으로 삼았기 때문입니다.

18 세계 지도는 둥근 지구를 평면에 나타낸 것이기 때문에 나라나 실제 모습과 다른 점이 있습니다.

19 아르헨티나의 영토는 남북으로 길게 뻗은 모양입니다.

20 캐나다는 북위 41°~83°, 서경 52~141°에 있습니다. 러시아에 이어 세계에서 두 번째로 큰 나라로, 남쪽에 있는 미국과 함께 북아메리카 대부분을 차지하고 있습니다.

채점 기준	
위치 특징(대륙, 주변 대양)과 국경선의 특징(반듯하다, 직선이다 등)을 모두 구체적으로 쓴 경우	5점
위치 특징과 국경선의 특징 중 한 가지만 바르게 쓴 경우	3점

서술형 평가
15쪽

1 (1) 태평양 (2) 예 북반구에 속해 있다. / 북극해와 접해 있다. 등
2 (1) 디지털 영상 지도 (2) 예 세계 지도나 지구본에서 찾기 어려운 다양한 정보를 얻을 수 있다. 등
3 (1) 아프리카 (2) 예 탄자니아의 영토는 둥근 모양이다. 등

1 (1) 태평양은 가장 큰 바다로 우리나라와 인접해 있습니다.
(2) 제시된 지도를 보면 각 대륙과 대양의 위치와 범위를 알 수 있습니다.

채점 기준	
북아메리카의 특징을 두 가지 모두 바르게 쓴 경우	8점
북아메리카의 특징을 한 가지만 바르게 쓴 경우	4점

2 (1) 디지털 영상 지도는 스마트폰, 컴퓨터 등에서 이용할 수 있도록 디지털 정보로 표현한 지도입니다.
(2) 디지털 영상 지도의 다양한 기능을 활용해 지역의 정보를 쉽게 알 수 있습니다. 하지만 스마트폰이나 컴퓨터가 필요하며, 인터넷을 연결해야 다양한 기능을 사용할 수 있습니다.

채점 기준	
세계 지도, 지구본과 비교하여 디지털 영상 지도의 장점을 바르게 쓴 경우	8점
디지털 영상 지도의 장점을 '편리하다.', '다양한 기능이 있다.' 등 간단하게 쓴 경우	4점

3 (1) 탄자니아는 아프리카 대륙에 있습니다.
(2) 탄자니아와 같이 영토가 둥근 모양인 나라에는 체코, 레소토 등이 있습니다.

채점 기준	
영토 모양의 특징을 둥근 형태와 관련지어 바르게 쓴 경우	8점
둥글다는 표현 이외에 영토 모양의 특징을 쓴 경우	4점

2 세계의 다양한 삶의 모습

1 기후　　　**2** (1) 적도 (2) 극　　　**3** 열대

4 ⓛ, ⓒ　　　**5** 사막

1 세계의 기후는 열대 기후, 건조 기후, 온대 기후, 냉대 기후, 한대 기후 등으로 나눌 수 있습니다.

2 세계는 적도 지방에서 극지방으로 갈수록 기온이 점차 낮아지는데, 이는 기후 형성에 큰 영향을 미칩니다.

3 열대 기후는 햇볕을 가장 많이 받는 적도 부근 지역에서 주로 나타나는 기후입니다. 일 년 내내 더운 날씨가 이어지고, 가장 추운 달의 평균 기온도 18℃ 이상입니다.

4 열대 기후 지역에서는 요즈음 바나나, 기름야자, 커피를 대규모로 재배합니다.

5 건조 기후 지역 중 강수량이 매우 적은 곳에는 사막이 나타나고, 약간의 비나 눈이 내리는 곳에는 초원이 나타납니다.

1 (1) ○ (2) × (3) ○　　**2** 냉대 기후　　**3** 한대

4 (1) ⓛ (2) ㄱ　　**5** 침엽수

1 (2) 건조 기후 지역 중에서 초원 지역 사람들의 생활 모습입니다.

2 냉대 기후는 러시아의 시베리아, 캐나다와 같이 북반구의 중위도와 고위도 지역에 널리 분포합니다.

3 한대 기후는 가장 따뜻한 달의 평균 기온이 10℃ 미만으로 매우 춥습니다.

4 냉대 기후 지역에서는 여름에 농사를 짓고, 한대 기후 지역에서는 순록을 기르는 유목 생활을 하기도 합니다.

5 침엽수는 재질이 부드러워 종이의 원료로 이용됩니다. 냉대 기후 지역에서는 침엽수를 이용하여 종이를 만드는 공업이 발달하였습니다.

1 고산　　　**2** (1) ○　　　**3** 동물의 털

4 (1) × (2) ○　　**5** (1) 자연 (2) 인문

1 남아메리카 대륙의 서쪽에는 높은 산지가 있어 고산 기후

가 널리 나타납니다.

2 (1)은 인도 여성의 전통 복장인 사리이고, (2)는 북극 지방 이누이트의 전통 복장인 아노락입니다.

3 러시아에서는 동물의 털가죽으로 만든 우샨카라는 모자를 써서 추위에 대비합니다.

4 (1) 고상 가옥은 파푸아 뉴기니 등 열대 기후가 나타나는 지역에서 볼 수 있는 집 형태입니다.

5 나라마다 자연환경과 인문환경이 다르므로 세계 여러 나라에서 다양한 생활 모습이 나타나는 것입니다.

1 (1) ○　　**2** ⓛ, ⓒ, ⓔ　　**3** 유목

4 (1) ⓛ (2) ㄱ　　**5** 존중

1 가장 먼저 모둠별로 세계 여러 나라나 지역의 생활 모습 중에서 관심 있는 것을 주제로 정합니다.

2 조사 계획서에는 조사 주제, 조사 내용, 조사 방법, 역할 분담 등이 들어갑니다.

3 몽골 사람들은 가축이 먹는 짧은 풀이 자라는 초원에서 유목 생활을 합니다.

4 종교에 따라 먹지 않는 음식이 있습니다. 힌두교에서는 소고기를 먹지 않고, 이슬람교에서는 돼지고기를 먹지 않습니다.

5 세계 여러 나라 사람들의 생활 모습을 이해하고 존중하는 태도가 필요합니다.

핵심문장으로 시작하기　**1** 강수량　**2** 온대, 열대　**3** 주제

4 ③　　**5** 한대 기후　　**6** ④　　**7** ⑤

8 예 초원 지역의 사람들은 전통적으로 물과 풀을 찾아 가축과 함께 이동하는 유목 생활을 하며 살아간다. 등

9 (1) ⓛ (2) ㄱ (3) ⓒ　　**10** ⑤　　**11** ③

12 예 한대 기후 지역의 자연환경을 연구하기 위해서이다. / 극지방의 자연환경 연구에 힘을 쏟기 위해서이다. 등

13 고산 기후　**14** ②　**15** ①　**16** ⑤　**17** ㄱ, ⓔ

18 ⑤　**19** ⑤　**20** ④

4 태양열을 많이 받는 적도 부근은 열대 기후가 나타나고, 태양열을 적게 받는 극지방 부근은 한대 기후가 나타납니다.

사
회

5 제시된 지도의 범례에서 파란색은 한대 기후입니다. 남극 대륙에서는 한대 기후가 나타납니다.

6 열대 기후는 적도를 중심으로 한 저위도 지역에 널리 나타납니다.

7 ⑤ 한대 기후 지역에서 볼 수 있는 모습입니다.

8 사막 지역의 사람들은 강 주변에서 농사를 지으며 살아가고, 초원 지역의 사람들은 전통적으로 유목 생활을 했습니다.

채점 기준	
초원 지역 사람들의 생활 모습을 '유목 생활'이라는 용어를 포함하여 바르게 쓴 경우	5점
'목축을 한다.', '옮겨 다닌다.' 등 초원 지역 사람들의 생활 모습을 간단하게 쓴 경우	3점

9 온대 기후 지역에서는 일찍부터 다양한 농업이 발달했습니다.

10 냉대 기후 지역은 침엽수림이 널리 분포해 목재를 생산하고 펄프 공업이 발달합니다.

11 ③ 사계절이 비교적 뚜렷한 기후는 온대 기후입니다.

12 최근에 한대 기후 지역의 자연환경을 연구하려고 우리나라뿐만 아니라 여러 나라에서 연구소나 기지를 세우고 있습니다.

채점 기준	
예시 답안과 같이 '자연환경 연구'라는 내용을 넣어 쓴 경우	5점
단순히 '연구를 하기 위해서'라고 간단하게 쓴 경우	3점

13 고산 기후는 무더운 평지보다 인간이 생활하기에 유리합니다.

14 멕시코 사람들은 강한 햇볕을 막고 시원하게 지낼 수 있는 솜브레로라는 모자를 씁니다.

15 ②는 아프리카 지역에서 주로 재배하는 카사바, 옥수수 등을 가루로 만들어 만든 음식입니다. ③은 얇게 구운 옥수수 빵에 채소와 고기를 넣어 먹는 멕시코의 음식입니다. ④는 베트남의 음식, ⑤는 인도네시아의 음식입니다. ④, ⑤는 벼농사를 주로 하는 지역에서 쌀을 이용한 음식이 발달하였습니다.

16 고상 가옥은 땅에서 올라오는 열기와 습기를 피하고 바람이 잘 통하게 하려고 나무 기둥을 세워 바닥이 땅으로부터 떨어지게 집을 짓습니다.

17 세계 각 지역의 지형, 기후 등 자연환경과 풍습, 종교 등 인문환경은 그곳에 사는 사람들의 생활 모습에 영향을 미칩니다.

18 조사 계획을 세울 때 예상한 내용을 확인할 수 있도록 조사할 내용을 정합니다.

19 세계 여러 나라의 음식은 자연환경 외에도 풍습, 종교 등 인문환경의 영향을 받습니다.

20 서로 다른 생활 모습을 이해하고 존중하는 마음가짐이 필요합니다.

📋 서술형 평가
27쪽

1 (1) 온대 기후 (2) 예 다양한 농업이 발달하였다. / 유럽에서는 밀, 아시아에서는 벼농사, 지중해 주변에서는 올리브나 포도를 많이 재배한다. / 인구가 많고 여러 산업이 발달하였다. 등
2 (1) 한대 기후 (2) 예 세계 여러 나라 사람들의 생활 모습은 자연환경과 인문환경의 영향을 받았다. 등
3 (1) (나) (2) 예 서로 다른 모습을 이해하고 존중해야 한다. 등

1 (1) 온대 기후는 사계절이 비교적 뚜렷한 기후로 중위도 지역에 주로 나타납니다.
(2) 온대 기후 지역은 일찍부터 다양한 농업이 발달하였고, 인간 생활에 유리한 기후로 인해 인구가 많고 산업이 발달하였습니다.

채점 기준	
우리나라, 서부 유럽, 지중해 주변의 온대 기후 지역 생활 모습을 바르게 쓴 경우	8점
온대 기후 지역의 생활 모습을 썼으나 구체적이지 않은 경우	4점

2 (1) 한대 기후는 고위도 지역에서 주로 나타납니다.
(2) 옷의 재료와 모양, 사람들이 먹는 음식, 사는 집 등은 자연환경과 인문환경에 따라 다릅니다.

채점 기준	
'의식주 생활 모습은 자연환경과 생활 방식에 따라 다르다.'처럼 자연환경과 인문환경이라는 근거를 모두 제시하여 쓴 경우	8점
제시된 지문에 있는 문장을 활용하여 간단하게 쓴 경우	4점

3 (1) 히잡은 이슬람교를 믿는 여성들이 착용하는 베일입니다.
(2) 한 나라의 생활 모습은 고유한 가치를 지니고 있습니다. 따라서 서로 다른 생활 모습을 이해하고 존중하려는 태도가 필요합니다.

채점 기준	
이해, 존중 등 바람직한 자세와 관련된 낱말을 모두 사용하여 답을 쓴 경우	8점
바람직하지 않은 단어를 사용하여 답을 쓴 경우	4점

3 우리나라와 가까운 나라들

1 ㉡, ㉣, ㉤   **2** 중국   **3** 화산
4 (1) × (2) ○   **5** 한자

1 일본은 우리나라의 동쪽에, 중국은 우리나라의 서쪽에, 러시아는 우리나라의 북쪽에 있습니다.

2 중국은 동부 지역 바닷가에 주요 항구와 대도시가 있습니다.

3 일본은 화산 활동의 영향으로 온천이 발달하였습니다.

4 (1) 러시아는 위도가 높아 냉대 기후가 널리 나타납니다.

5 우리나라, 중국, 일본은 한자의 영향을 받은 공통적인 문화가 있습니다.

1 (1) ㉠ (2) ㉢ (3) ㉡   **2** 유럽
3 경제   **4** 중국   **5** 미세 먼지

1 세 나라의 젓가락은 각 나라 문화의 영향을 받아 모양이 나라마다 조금씩 다릅니다.

2 러시아는 영토 대부분은 아시아에 속하지만 언어나 음식 문화 등 생활 모습은 유럽과 비슷합니다.

3 우리나라와 이웃 나라는 다양한 분야에서 교류하고 있습니다.

4 우리나라에 오는 유학생 중 중국인이 가장 많습니다.

5 미세 먼지 문제는 원인이 되는 오염 물질이 바람을 타고 이동해 이웃 나라에 서로 영향을 주기 때문에 함께 노력해야 할 문제입니다.

1 (1) × (2) ○   **2** 사막   **3** (1) ○
4 (1) ㉠ (2) ㉢ (3) ㉡   **5** 다르기

1 (1) 미국은 영토 면적이 넓어서 한 나라 안에서도 다양한 지형과 기후가 나타납니다.

2 우리나라는 에너지 자원을 대부분 다른 나라에서 수입하는데 서남아시아의 사우디아라비아에서는 주로 석유를 수입하고 있습니다.

3 베트남은 세계적으로 쌀을 많이 수출하는 나라입니다. 옥

수수는 미국에서 많이 수출합니다.

4 미국, 베트남, 사우디아라비아는 우리나라와 활발하게 교류하는 나라입니다.

5 나라마다 환경이나 기술 수준 등이 다르기 때문에 지리적인 거리와 상관없이 세계 여러 나라와 교류하고 있습니다.

1 경제 교류   **2** ㉢   **3** 칠레
4 (2) ○   **5** 교류

1 우리나라는 전자 제품을 수출하고, 식량 자원과 에너지 자원은 수입하는 등의 경제 교류를 하고 있습니다.

2 ㉠은 사우디아라비아, ㉡은 베트남, ㉢은 미국입니다.

3 우리나라는 칠레산 구리와 과일을 수입하고, 자동차와 전자 제품을 수출하고 있습니다.

4 우리나라는 이웃 나라뿐만 아니라 멀리 떨어져 있는 여러 나라와도 다양한 분야에서 교류·협력하면서 상호 의존 관계를 유지하고 있습니다.

5 우리나라와 세계 여러 나라는 서로에게 필요한 것을 주고받으며 함께 발전하고 있습니다.

핵심문장으로 시작하기   **1** 중국   **2** 일본   **3** 미국
4 ㉠ 러시아 ㉡ 일본   **5** ①   **6** 예 서쪽에서 동쪽으로 갈수록 지형이 낮아진다. 등   **7** ②
8 우랄산맥   **9** ②, ④   **10** 설날   **11** ㉠ 중국 ㉡ 중국
12 ㉠   **13** ②   **14** ④   **15** ③   **16** ①   **17** ①
18 ⑤   **19** 예 한국의 대중음악, 드라마, 공연 등이 동남아시아 지역에서 선풍적인 인기를 끌고 있다. 등   **20** ③

4 우리나라와 국경을 마주하고 있는 나라는 러시아, 중국, 일본입니다.

5 중국은 우리나라의 서쪽에 있으며 면적도 우리나라보다 훨씬 큽니다.

6 중국의 서쪽에는 고원과 산지가, 동쪽 해안가에는 평야가 발달하였습니다.

7 ② 일본은 섬나라이기 때문에 습하고 비와 눈이 많이 내립니다.

8 러시아는 아시아와 유럽 대륙에 걸쳐 있을 정도로 세계에서 영토가 가장 넓은 나라입니다.

9 ① 러시아 기후의 특징입니다. ③ 러시아의 인구 분포 특징에 해당합니다. ⑤ 러시아의 인문환경 특징입니다.

10 우리나라의 설날처럼 이웃 나라도 새해를 맞이하는 날을 부르는 특별한 이름이 있습니다.

11 우리나라의 수입과 수출에서 가장 큰 비중을 차지하는 나라는 중국입니다.

12 ㉡은 정치적으로 교류하는 모습이고, ㉢은 문화적으로 교류하는 모습입니다.

13 우리나라와 이웃 나라가 여러 문제를 해결하려고 노력할 때에는 각 나라 간 상호 이해와 협력의 태도가 중요합니다.

14 미국은 국토가 크고 넓은 만큼 각종 지하자원과 에너지 자원이 풍부합니다.

15 사우디아라비아는 세계에서도 손꼽히는 원유 생산 국가입니다.

16 베트남은 중국, 라오스, 캄보디아와 국경선이 맞닿아 있는 나라입니다.

17 베트남은 넓은 평야를 중심으로 벼가 많이 재배되어 세계적으로 쌀을 많이 수출하는 나라입니다.

18 우리나라와 다른 나라 간의 교류가 활발하게 이루어지는 까닭은 나라마다 자연환경과 인문환경이 달라 서로 필요한 도움을 주고받을 수 있기 때문입니다.

19 동남아시아 지역은 한류 문화의 주요 수출 시장입니다.

20 우리나라는 러시아와 과학 기술을 협력하여 나로호를 개발하였습니다.

서술형 평가

1 (1) 중국 (2) ⑩ 지리적으로 가까워 옛날부터 서로 오가면서 자연스럽게 문화를 주고받았기 때문이다. 등

2 (1) 베트남 (2) ⑩ 베트남은 우리나라가 무역을 많이 하는 나라이다. / 베트남 사람들은 기업 등에서 일하려고 우리나라에 많이 들어와 살고 있다. / 우리나라 사람과 결혼해 정착한 경우도 많다. 등

3 (1) ㉠ (2) 미국, ⑩ 우리나라가 밀을 주로 수입하는 나라이다. 등

1 (1) 중국의 젓가락은 길뿐만 아니라 뜨겁고 기름진 음식이 미끄러지지 않도록 젓가락 끝이 뭉툭합니다.

(2) 우리나라와 중국, 일본은 젓가락을 사용한다는 공통점이 있습니다. 하지만 젓가락의 모양은 나라마다 조금씩 다릅니다.

2 (1) 베트남은 세계적인 쌀 수출국입니다.

(2) 베트남은 우리나라와 활발하게 교류하는 대표적인 동남아시아의 국가입니다.

3 (1) ㉠은 사우디아라비아, ㉡은 동남아시아, ㉢은 미국, ㉣은 칠레입니다.

(2) 우리나라는 미국과 다양한 물자와 서비스를 주고받고 있습니다. 미국은 중부의 넓은 평야에서 옥수수와 밀이 대량으로 생산됩니다.

❶ 디지털 영상 지도　❷ 아시아　❸ 태평양　❹ 기후
❺ 적도　❻ 존중　❼ 일본　❽ 교류　❾ 다르기
○✕ 1○　2○　3✕　4○　5✕　6○　7○
8✕　9✕　10○

3 세계에서 가장 넓은 바다는 <u>인도양</u>입니다.
　└→ 태평양

5 건조 기후는 주로 중위도 지역의 내륙에 나타나며 강수량
이 매우 <u>많습니다</u>.
　　└→ 적습니다.

8 중국은 <u>동쪽</u>이 높고 험하기 때문에 중국의 주요 대도시는
<u>서쪽</u>에 있습니다. └→서쪽
　└→ 동쪽

9 우리나라는 멀리 떨어진 미국, 베트남, 사우디아라비아와
<u>교류하지 않습니다</u>.
　　└→ 밀접하게 관계를 맺으며 교류합니다.

💡 단원 평가 *42~45쪽*

1 ㉠ 본초 자오선 ㉡ 위선　2 세계 지도　3 ⑤
4 **예** 태평양은 아시아, 오세아니아, 북아메리카, 남아메리카 대
륙 사이에 있다. 등　5 오세아니아　6 ⑤　7 ③
8 ②　9 ①　10 ⑤　11 **예** 냉대 기후 지역에는 잎이
뾰족하고 나무 재질이 부드러운 침엽수림이 널리 분포한다. 등
12 ⑤　13 ①　14 민경, 진현　15 ㉡, ㉣　16 ⑤
17 **예** 중국은 우리나라의 최대 수출국이면서 동시에 최대 수입
국이다. 등　18 ㉣　19 ①　20 ②

1 ㉠ 경선은 세로로 그은 선으로 경도를 나타냅니다. 본초
자오선을 기준으로 동쪽은 동경, 서쪽은 서경이라고 합니
다. ㉡ 위선은 가로로 그은 선으로, 위도를 나타냅니다.
적도를 기준으로 북위와 남위를 구분합니다.

2 세계 지도는 둥근 지구의 모습을 평면으로 나타낸 것으로,
그리는 방법에 따라 땅의 크기나 바다의 크기 등이 다르게
표현될 수 있습니다.

3 디지털 영상 지도는 위성 영상이나 항공 사진을 지도 형
태로 바꾼 것으로 다양한 정보를 담고 있습니다. ①~④는
모두 지구본에 대한 내용입니다.

4 태평양은 가장 큰 바다로 우리나라와 인접해 있습니다.

채점 기준	
태평양을 둘러싸고 있는 대륙 네 개를 모두 제시하여 위치를 쓴 경우	5점
태평양을 둘러싸고 있는 대륙 중 일부만 제시하여 위치를 쓴 경우	3점

5 오세아니아는 대륙 중에서 가장 작으며 남반구에 있습니다.

6 바티칸 시국은 이탈리아 로마 시내에 있습니다.

7 대서양 북쪽에 있는 아이슬란드는 해안선이 복잡합니다.

8 기후는 해당 지역의 기온과 강수량 등을 기준으로 구분합
니다.

9 열대 기후 지역 중에는 연중 비가 많이 내려 밀림을 이루
는 곳도 있고, 건기와 우기가 번갈아 나타나 초원이 넓게
나타나는 곳도 있습니다.

10 ⑤ 전통적인 화전 농업 방식으로 얌, 카사바 등을 재배하
는 곳은 열대 기후 지역에서 볼 수 있는 모습입니다.

11 냉대 기후 지역은 침엽수림이 널리 분포해 목재를 생산하
고 펄프 공업이 발달합니다.

채점 기준	
'침엽수림'이 널리 분포하기 때문이라고 바르게 쓴 경우	5점
나무가 많이 자라기 때문이라고 간단하게 쓴 경우	3점

12 각 지역의 지형, 기후 등 자연환경과 풍습, 종교 등 인문환
경은 그곳에 사는 사람들의 생활 모습에 영향을 미칩니다.

13 모둠별로 세계 여러 나라나 지역의 생활 모습 중에서 관심
있는 것을 주제로 정합니다.

14 힌두교를 믿는 사람들은 소를 매우 신성하게 생각하기 때
문에 소고기를 먹지 않습니다. 돼지고기를 먹지 않는 사람
들은 이슬람교를 믿는 사람들입니다.

15 우리나라와 이웃한 나라 중에서 ㉡은 러시아의 자연환경,
㉣은 일본의 자연환경에 해당합니다.

16 러시아는 영토 대부분이 아시아에 속하지만, 언어나 음식
문화 등 생활 모습은 유럽과 비슷합니다.

17 중국은 우리나라에 수입·수출하는 비중이 모두 1위입니다.

채점 기준	
제시된 자료의 순위를 이용하여 우리나라와 중국의 수출과 수입 특징을 모두 바르게 쓴 경우	5점
수출과 수입 특징 중 한 가지만 쓴 경우	3점

18 사우디아라비아는 석유 자원이 수출은 바탕으로 우리나라
를 비롯한 세계 각국에서 여러 기술을 도입해 국가 발전을
이루고 있습니다.

사
회

19 미국은 다양한 산업이 골고루 발달하여 우리나라와 다양한 물자와 서비스를 주고받고 있습니다.

20 ㉠은 서남아시아, ㉡은 동남아시아, ㉢은 캐나다, ㉣은 미국, ㉤은 칠레입니다.

😎 **수행 평가**   **1-1 지구, 대륙 그리고 국가들**   46쪽

1 ❶ 바다 ❷ 남극해

2 ❶ 예 우리나라가 속해 있는 대륙이다. / 대륙 중에서 가장 크며 세계 인구의 절반 이상이 모여 살고 있다. 등 ❷ 예 대한민국, 일본, 중국 등 ❸ 아프리카 ❹ 예 대륙 중 가장 작다. / 남반구에 있다. 등 ❺ 예 미국, 캐나다 등 ❻ 남아메리카

1 지구에는 아시아, 아프리카, 유럽, 오세아니아, 북아메리카, 남아메리카, 남극 대륙 등 일곱 개의 대륙과 태평양, 대서양, 인도양, 북극해, 남극해 등 다섯 개의 대양이 있습니다.

2 세계 지도를 보고 각 대륙의 위치와 범위를 알 수 있습니다.

❶
채점 기준	
우리나라가 속해 있는 대륙이며, 아시아 대륙의 크기 등 주요한 특징을 바르게 쓴 경우	4점
'유럽과 맞닿아 있다.', '북극해와 접해 있다.' 등 지도를 보고 알 수 있는 내용만 간단히 쓴 경우	2점

❹
채점 기준	
오세아니아 대륙의 위치, 크기 등 주요한 특징을 바르게 쓴 경우	4점
'바다로 둘러싸여 있다.' 등 지도를 보고 알 수 있는 내용만 간단히 쓴 경우	2점

😎 **수행 평가**   **1-2 세계의 다양한 삶의 모습**   47쪽

1 ㉠ 한대 ㉡ 온대 ㉢ 건조 ㉣ 냉대 ㉤ 열대 ㉥ 고산

2 (1) ㉣ (2) ㉠ (3) ㉡ (4) ㉢

3 예 세계의 기후는 대체로 적도에서 극지방으로 갈수록 위도에 따라 열대 기후 → 건조 기후 → 온대 기후 → 냉대 기후 → 한대 기후 순으로 분포한다. 등

1 세계의 기후는 한대 기후, 냉대 기후, 온대 기후, 열대 기후, 건조 기후, 고산 기후 등으로 나눌 수 있습니다.

2 기후 지역에 따라 기후의 특성과 사람들의 생활 모습이 다르게 나타납니다.

3 저위도 지방에는 열대 기후가 주로 나타나고, 고위도 지방에서 한대 기후가 주로 나타납니다.

채점 기준	
세계 기후 지역의 분포 특징을 적도와 극지방 등 '위도'와 관련하여 쓰고 분포 순서를 바르게 나열한 경우	10점
세계 기후 지역의 기후를 분류하고 무엇인지만 쓴 경우	5점

😎 **수행 평가**   **1-3 우리나라와 가까운 나라들**   48쪽

1 (가) 러시아 (나) 중국 (다) 일본

2 (가) ㉠, ㉣ (나) ㉡ (다) ㉢

3 예 지리적으로 가까이 있어 오래전부터 활발하게 교류하였기 때문이다. 등

1 러시아는 우리나라의 북쪽에 있고, 중국은 우리나라의 서쪽에 있습니다. 일본은 우리나라의 동쪽에 있습니다.

2 러시아는 세계에서 영토가 가장 넓고, 냉대 기후가 주로 나타납니다. 중국은 세계적으로 인구가 많고, 다양한 지형과 기후가 나타납니다. 일본은 네 개의 큰 섬과 3,000개가 넘는 작은 섬으로 이루어졌습니다.

3 중국과 일본의 생활 모습은 우리나라와 비슷한 부분이 많습니다. 그 까닭은 지리적으로 가까워 옛날부터 서로 오가면서 자연스럽게 문화를 주고받았기 때문입니다.

채점 기준	
거리가 가까워 오래전부터 활발하게 '교류'했기 때문이라고 바르게 쓴 경우	12점
거리가 가깝기 때문이라고만 간단하게 쓴 경우	6점

2 통일 한국의 미래와 지구촌의 평화

1 한반도의 미래와 통일

1 동쪽   **2** (1) ◯ (2) ✕   **3** (1) ㉡ (2) ㉠
4 (1) ✕ (2) ◯   **5** 가스 하이드레이트

1 독도는 우리나라 영토의 동쪽 끝에 있습니다.

2 (2) 독도는 우리나라, 일본, 러시아 세 나라에 둘러싸여 있는 동해의 중심에 위치해 있습니다.

3 독도는 화산 활동으로 생긴 화산섬으로, 독특한 지형과 경관을 지니고 있습니다.

4 (1) 독도 주변 바다는 차가운 바닷물과 따뜻한 바닷물이 만나 먹이가 풍부해 여러 해양 생물이 살기 좋은 환경을 갖추고 있습니다.

5 가스 하이드레이트는 '불타는 얼음'이라고 불리는 고체 형태의 천연가스입니다.

1 「팔도총도」   **2** (1) ㉠ (2) ㉡   **3** 안용복
4 (1) ◯ (2) ✕

1 「태정관 지령」은 일본 정부가 울릉도와 독도가 일본 영토가 아니라고 지시를 내린 것을 확인할 수 있는 자료로, 일본에서 만든 것입니다.

2 독도에 대한 옛 기록과 지도를 통해 독도가 우리나라 영토라는 사실을 확인할 수 있습니다.

3 안용복은 일본에서 울릉도와 독도가 우리나라 영토임을 강하게 주장했고, 독도가 조선 땅임을 확인하는 문서를 일본으로부터 받아냈습니다.

4 (2) 법률을 제정·시행하는 것은 정부가 하는 일입니다.

1 (1) ◯ (2) ✕ (3) ◯   **2** 국방비
3 (1) ㉡ (2) ㉠ (3) ㉢   **4** (2) ◯

1 (2) 분단이 길어지면서 남북한의 문화와 언어는 달라지고 있습니다.

2 남북한이 각각 막대한 국방비를 부담하여 경제적 손실이 큽니다.

3 우리나라는 평화로운 남북통일을 위해 정치적, 경제적, 사회·문화적으로 다양한 노력을 기울이고 있습니다.

4 (1) 지금도 비행기를 타면 다른 나라로 갈 수 있습니다. 통일이 되면 도로와 철도를 이용하여 아시아와 유럽으로 갈 수 있습니다.

핵심문장으로 시작하기 **1** 독도 **2** 안용복 **3** 이산가족

4 ②   **5** 예 독도는 우리나라, 일본, 러시아 세 나라에 둘러싸여 있는 동해의 중심에 위치하고 있기 때문이다.   **6** ②
7 코끼리 바위   **8** ㉠   **9** ⑤   **10** ㉡, ㉢   **11** ④
12 ⑤   **13** ③   **14** ④   **15** ③   **16** 예 육로 교통이 아시아를 넘어 유럽까지 연결되어 여러 나라와 쉽고 편리하게 교류할 수 있다. / 대륙과 해양을 잇는 한반도의 지리적 장점을 살릴 수 있다.   **17** 개성 공단   **18** ④   **19** ①
20 비무장 지대(DMZ)

4 독도는 두 개의 큰 섬인 동도, 서도와 그 주위에 크고 작은 바위섬 89개로 이루어져 있습니다.

5 독도는 선박의 항로뿐만 아니라 항공 교통과 방어 기지로서 중요한 위치에 있습니다.

채점 기준	
'동해의 중심'을 포함하여 구체적으로 알맞게 쓴 경우	5점
'위치적으로 중요하기 때문에'라고만 쓴 경우	2점

6 독도는 안개가 자주 끼고 흐린 날이 많습니다.

7 독도에는 촛대 바위, 독립문 바위 등 독특한 지형이 많습니다.

8 북극곰은 북극에서 볼 수 있는 동물입니다.

9 가스 하이드레이트는 경제적 가치가 높은 미래의 에너지원입니다.

10 ㉠ 실제와 달리 독도를 울릉도의 서쪽에 그렸습니다. ㉢ 우리나라의 자료입니다.

11 『세종실록』「지리지」는 울릉도와 독도가 강원도에 속한 섬이라고 기록되어 있습니다.

12 ㈎는 일본의 국가 문서, ㈏는 광복 이후의 국제 문서입니다. ㈎, ㈏를 통해 일본 정부와 여러 나라는 울릉도와 독도를 일본 영토로 여기지 않았음을 알 수 있습니다.

13 안용복은 독도를 지키기 위해 노력한 조선 시대의 인물입니다.

14 독도를 지키기 위해 독도 주변으로 다른 나라의 배가 마음대로 오고 가지 못하게 감시하고 있습니다.

15 분단이 길어지면서 남북한의 문화와 언어의 차이가 커지고 있습니다.

16 남한과 북한이 통일하면 한반도의 지리적 이점을 누릴 수 있습니다.

채점 기준	
한반도의 위치와 관련한 남북통일의 좋은 점을 자세히 쓴 경우	5점
'다른 나라에 편리하게 갈 수 있다.' 등 뜻은 통하지만 구체적이지 않은 경우	2점

17 개성 공단은 남한의 자본과 기술력에 북한의 노동력이 결합한 경제 협력 사례로, 2016년까지 운영되었습니다.

18 남북 선수단이 공동 입장한 것은 사회·문화적 노력입니다.

19 남북이 통일되면 국방비가 줄어 국민의 복지 혜택이 늘어날 것입니다.

20 비무장 지대(DMZ)는 여러 야생 동식물의 서식처로, 통일 후에 생태 공원으로 활용할 수 있을 것입니다.

📝 서술형 평가   59쪽

1 (1) ㉠ 87.4 ㉡ 157.5 (2) 📝 독도에서 울릉도까지의 거리가 일본 오키섬까지의 거리보다 약 70㎞ 더 가깝다.

2 📝 옛날 사람들이 실제와 다르게 울릉도의 서쪽에 독도가 있다고 생각했다는 것 / 옛날 사람들이 독도를 우리나라 땅으로 보았다는 것 등

3 📝 남북한이 통일하면 국방비가 줄어들어 남은 비용을 국민의 삶의 질을 높이는 데 사용할 수 있다.

---

1 (1) 지도에서 독도의 위치를 보면, 독도에서 울릉도까지의 거리는 87.4㎞, 독도에서 일본 오키섬까지의 거리는 157.5㎞입니다.

(2) 독도는 일본의 오키섬보다 우리나라의 울릉도와 더 가깝습니다.

채점 기준	
독도에서 울릉도까지의 거리와 독도에서 오키섬까지의 거리를 구체적으로 비교하여 바르게 쓴 경우	8점
'독도는 오키섬보다 울릉도와 더 가깝다.'라고 간단히 쓴 경우	4점

2 『신증동국여지승람』「팔도총도」는 현존 우리나라 옛 지도 중 독도가 그려진 가장 오래된 지도입니다.

채점 기준	
지도를 통해 알 수 있는 사실을 구체적으로 알맞게 쓴 경우	12점

3 남북한이 통일하면 우리나라가 가진 지리적 장점을 살릴 수 있고, 이산가족의 아픔을 치유하는 등 많은 이점을 누릴 수 있습니다.

채점 기준	
보기 의 단어를 모두 사용하여 그림과 관련된 남북통일의 장점을 알맞게 쓴 경우	12점
보기 의 단어를 일부만 사용하여 그림과 관련된 남북통일의 장점을 쓴 경우	6점

---

2 지구촌의 평화와 발전

😊 개념 확인 문제   61쪽

1 (1) ○ (2) × (3) ○   **2** (1) ㉡ (2) ㉠
3 이스라엘과 팔레스타인의 분쟁   **4** (1) ○

---

1 (2) 지구촌 갈등은 다양한 원인이 복합적으로 얽혀서 발생합니다.

2 지구촌 갈등은 영역, 민족, 자원, 종교, 정치 등 다양한 원인으로 발생합니다.

3 시리아 내전은 독재 정치와 종교 문제로 발생한 갈등입니다.

4 인종, 언어, 종교 등 서로 다름을 존중하지 않고 자기 이익만 생각하기 때문에 지구촌 갈등이 사라지지 않고 있습니다.

😊 개념 확인 문제　　　　　　　63쪽

1 (1) ○ (2) ○ (3) ×　　**2** (1) ㉠ (2) ㉡

3 이태석 신부　　　　　**4** 개인

1 (3) 지구촌 갈등은 어느 한 국가의 노력만으로 해결하기 어렵기 때문에 모든 사람이 꾸준히 관심을 갖고 노력해야 합니다.

2 지구촌 갈등을 해결하기 위해 우리가 할 수 있는 일로, 지구촌 갈등으로 어려움을 겪는 친구들에게 생활용품 보내기, 지구촌 갈등 해결을 위해 노력하는 단체에 관심 갖기 등이 있습니다.

3 이태석 신부는 오랫동안 내전이 이어진 남수단에서 의료 봉사와 교육 활동에 헌신하였습니다.

4 지구촌 평화와 발전을 위해 노력한 개인으로 이태석 신부, 말랄라 유사프자이, 넬슨 만델라, 조디 윌리엄스 등이 있습니다.

😊 개념 확인 문제　　　　　　　65쪽

1 (1) × (2) ○ (3) ○　　**2** 한국 국제 협력단(KOICA)

3 (1) ㉠ (2) ㉡　　　　**4** 비정부 기구

1 (1) 우리나라는 분쟁 지역에 국제 연합 평화 유지군을 파견하여 평화 유지 활동을 합니다.

2 한국 국제 협력단은 지구촌 갈등을 겪는 나라나 경제적으로 어려운 나라 등을 돕기 위해 다양한 활동을 하는 정부 기관입니다.

3 국제 연합(UN)은 전쟁 방지와 국제 평화 유지를 위해 1945년에 설립된 대표적인 국제기구로, 국제 노동 기구, 국제 원자력 기구, 국제 연합 세계 식량 계획 등 다양한 기구를 두고 있습니다.

4 국경 없는 의사회, 그린피스, 세이브 더 칠드런은 모두 비정부 기구입니다.

💡 실력 문제　　　　　　　66～68쪽

🚀 핵심문장으로 시작하기 **1** 영역　**2** 개인　**3** 국제기구

4 ㉢　　**5** ①　　**6** ㉠　　**7** ㉞ 지구촌 갈등이 세계 곳곳에서 발생하고 있다는 것을 알 수 있다. / 지구촌 갈등은 한 국가 안에서 발생하기도 하고 국가와 국가 간에 발생하기도 한다는 것을 알 수 있다. 등　**8** ①, ⑤　　**9** ③　　**10** ⑤

11 ③　　**12** ⑤　　**13** 지호　**14** ④　　**15** 국제 연합(UN)

16 ①　　**17** ㉞ 각 나라의 정부가 모인 국제기구와 달리 비정부 기구는 특정 분야에 관심이 있는 개인이나 민간단체 중심으로 만들어진다.　**18** ④　　**19** ①　　**20** ②

4 지구촌 갈등은 갈등을 겪는 지역뿐만 아니라 다른 나라와도 연결되어 있어 지구촌 전체의 평화와 발전을 위협합니다.

5 땅, 바다를 서로 차지하려고 하는 것은 영역 갈등의 모습입니다.

6 북아일랜드 갈등은 서로 다른 종교로 인해 발생한 갈등입니다.

7 세계 여러 지역에서는 영역, 민족, 종교, 정치, 문화 등 다양한 이유로 갈등이 일어나고 있습니다.

채점 기준	
지도를 통해 알 수 있는 내용을 구체적으로 한 가지 알맞게 쓴 경우	5점

8 이스라엘과 팔레스타인은 팔레스타인 지역을 서로 자기 땅이라고 주장하고, 서로 다른 종교(유대교와 이슬람교)로 인해 갈등이 계속되고 있습니다.

9 강대국들이 과거의 잘못을 책임지지 않고 오히려 어려운 나라를 이용해서 이익만 얻으려 하기 때문에 지구촌 갈등이 사라지지 않고 지속되고 있습니다.

10 ㉠ 지구촌 갈등은 갈등을 겪는 지역뿐만 아니라 다른 나라와도 연결되어 있기 때문에 짧은 시간 내에 해결하기 어렵습니다.

11 지구촌 갈등 지역은 전쟁 등 위험한 상황이 발생하는 곳이기 때문에 갈등 지역으로 직접 가는 것은 어린이 수준에서 하기 어려운 행동입니다.

12 말랄라 유사프자이는 파키스탄 여성과 세계 모든 어린이의 교육권을 위해 활동하여 최연소 노벨 평화상을 수상했습니다.

13 이태석 신부는 국적과 종교를 뛰어넘는 희생과 봉사로 '남수단의 슈바이처'로 불립니다.

14 우리나라는 핵 확산 금지 조약, 생물 무기 금지 협약 등 평화 조약에 가입하여 전쟁을 막기 위해 노력합니다.

15 국제 연합은 미국 뉴욕에 본부를 두고 있으며, 국제 연합의 상징은 평화를 상징하는 파란색을 사용합니다.

16 우리나라는 6·25 전쟁 때 유니세프의 도움을 받았고, 1994년에는 유니세프 한국 위원회를 만들어 다른 나라에 도움을 주고 있습니다.

17 비정부 기구는 지구촌의 여러 문제를 해결하기 위해 뜻이 비슷한 개인들이 모여 활동하는 단체입니다.

채점 기준	
비정부 기구와 국제기구의 차이점을 한 가지 알맞게 쓴 경우	5점

18 국경 없는 의사회는 전쟁, 질병 등으로 고통받는 사람들에게 차별 없이 의료 서비스를 제공하는 비정부 기구로, 1999년에 노벨 평화상을 받았습니다.

19 그린피스는 지구촌 환경과 평화를 지키고자 자연 보호 운동, 핵 실험 반대 운동 등을 합니다.

20 ② 국제기구는 각 나라의 정부가 모여 만들어진 것으로, 어린이 수준에서 만들 수 없습니다.

---

(2) 지구촌 갈등이 사라지지 않고 지속되는 까닭은 다양합니다.

채점 기준	
지구촌 갈등이 지속되는 원인을 구체적으로 한 가지 쓴 경우	8점
'계속 싸우기 때문에' 등 원인을 구체적으로 쓰지 않은 경우	4점

2 (1) 지구촌 갈등 해결을 위해 노력하는 단체에 관심을 갖고 정보 찾기 등 다양한 노력을 할 수 있습니다.
(2) 지구촌 갈등 해결을 위해 모든 사람이 꾸준히 관심을 갖고 노력해야 합니다.

채점 기준	
지구촌 갈등 해결을 위해 우리가 노력해야 하는 까닭을 구체적으로 알맞게 쓴 경우	8점
'지구촌 갈등을 해결해야 하기 때문에'라고 쓴 경우	4점

3 (1) 해비타트는 가난, 전쟁 등으로 고통받는 사람들에게 집을 지어주거나 고쳐주는 등 주거 환경을 개선하는 활동을 합니다.
(2) 비정부 기구는 지구촌의 여러 문제를 해결하기 위해 뜻이 비슷한 개인들이 모여 활동하는 단체로, 환경, 인권, 빈곤 퇴치 등 다양한 분야에서 여러 가지 활동을 합니다.

채점 기준	
비정부 기구를 쓰고, 그 의미를 바르게 쓴 경우	8점
비정부 기구만 쓴 경우	4점

📜 서술형 평가 69쪽

1 (1) 종교 (2) 예 서로 다름을 존중하지 않고 자기 이익만 생각하기 때문이다. / 역사적으로 오랫동안 쌓인 미움과 갈등이 커서 화해하려는 의지가 없기 때문이다. 등
2 (1) 예 지구촌 갈등 문제를 알리고 해결하려는 다양한 활동에 참여하기 등 (2) 예 갈등이 지속되면 그곳에 사는 사람들의 삶이 위험에 빠지기 때문에 / 한 나라 안에서 일어난 문제가 지구촌 전체의 문제가 될 수 있기 때문에 등
3 (1) 세이브 더 칠드런 (2) 예 비정부 기구. 권력이나 이윤을 추구하지 않고 공공의 이익을 추구하는 시민 사회단체이다.

1 (1) 유대교를 믿는 이스라엘과 이슬람교를 믿는 팔레스타인은 서로 다른 종교로 인해 갈등이 지속되고 있습니다.

---

3 지속가능한 지구촌

😊 개념 확인 문제 71쪽

1 (1) ㉡ (2) ㉠ **2** 사막화
3 (1) × (2) ○ **4** 국가

1 사람들이 필요 이상으로 자원과 에너지를 사용하면서 환경문제가 나타나고 있습니다.

2 지구 곳곳에서 진행되는 사막화로 세계 각국은 '사막화 방지 협약'을 채택했습니다.

3 (1) 환경문제는 한 개인이나 국가의 힘만으로는 해결할 수 없으므로 지구촌 모두가 다양한 노력을 해야 합니다.

4 국가는 법, 제도, 정책 등을 만들어 환경문제를 해결하기 위해 노력합니다.

---

1 지속가능한 미래　　　　**2** 지속가능 발전 목표

3 (1) ○ (2) ○ (3) ✕　　**4** (1) ○

---

1 지구촌 환경문제, 빈곤 등과 같은 문제들은 미래 사람들이 발전할 수 있는 권리까지 빼앗기 때문에 지속가능한 미래를 추구해야 합니다.

2 지속가능 발전 목표는 빈곤 퇴치, 기아 종식 등 17개로 이루어져 있습니다.

3 (3) 지속가능한 미래를 만들기 위해서는 세계시민의 자세를 갖고 모두 함께 문제를 해결하기 위해 노력해야 합니다.

4 (2) 환경문제를 해결하기 위한 노력입니다.

---

1 (1) ㉠ (2) ㉡　　　　**2** (1) ○ (2) ✕ (3) ○

3 세계시민　　　　　　**4** (1) ○

---

1 지구촌 사람들은 환경을 생각하면서도 사람들의 필요를 만족하도록 하는 제품을 생산하거나 소비하여 건강과 환경을 지키고자 노력합니다.

2 (2) 상대방의 문화를 존중하는 태도를 갖추기 위해 노력해야 합니다.

3 세계시민은 지구촌 문제가 우리 모두의 문제임을 알고, 이를 해결하고자 협력하는 자세를 지닙니다.

4 (2) 문화적 편견과 차별을 해소하는 것이 아니라 오히려 심화시키는 태도입니다.

🚩 핵심문장으로 시작하기　**1** 환경문제　　**2** 지속가능한 미래

3 세계시민

4 ㉡　　**5** 예 환경문제는 어느 한 지역뿐만 아니라 지구촌 전체와 미래 세대에까지 영향을 미치는 문제이기 때문이다. / 환경문제는 지구촌 전체의 문제이기 때문이다. 등　　**6** ③

7 ④　　**8** ②　　**9** 파리 협정　　**10** 지구촌 사람들이 현재와 미래 세대의 환경을 보호하고 사회적·경제적으로 책임감 있게 행동하여 지구촌의 지속가능성을 높여 가는 것을 뜻한다.　**11** ㉠, ㉢　**12** ②　**13** ②　**14** ⑤

15 ②　**16** ⑤　**17** ⑤　**18** ㉢　**19** ③　**20** 지수

4 사막화 방지를 위해 나무를 심는 것은 환경문제를 해결하기 위한 노력입니다.

5 환경문제는 한 개인이나 국가의 힘만으로는 해결할 수 없으므로 지구촌 사람들이 함께 노력해야 합니다.

채점 기준	
'환경문제는 지구촌 전체의 문제이기 때문에'라고 쓴 경우	5점
'환경문제가 심각하기 때문에'라고 쓴 경우	3점

6 엄청난 양의 쓰레기로 인해 지구의 생태계가 파괴되고 토양과 수질이 오염되는 등 문제가 심각합니다.

7 환경문제를 해결하기 위해 일회용품 사용을 줄여나가야 합니다.

8 환경을 보호하는 법과 제도를 만드는 것은 국가의 노력입니다.

9 파리 협정에는 온실가스를 많이 배출하는 선진국이 개발 도상국의 재생 에너지 생산 시설을 설치하는 데 필요한 비용을 지원하도록 하는 내용도 포함하고 있습니다.

10 지구촌 사람들은 지속가능한 미래를 위해 현재뿐만 아니라 미래 세대의 환경과 발전을 고려하여 책임감 있게 행동해야 합니다.

채점 기준	
'미래 세대' 단어를 포함하여 지속가능한 미래의 뜻을 알맞게 쓴 경우	5점

11 ㉡ 현재와 미래 세대를 위해 전 세계가 함께 실천해야 하는 목표입니다. ㉢ 선진국과 개발 도상국 모두 인류의 번영을 위해 힘써야 합니다.

12 지구촌 구성원들은 지속가능한 미래를 만들기 위해 빈곤과 기아 문제를 해결하려고 노력합니다.

13 ②는 문화적 편견과 차별을 해소하기 위한 노력입니다.

14 환경을 생각하는 생산과 소비 활동으로 우리의 건강과 환경을 지킬 수 있습니다.

15 ②는 빈곤과 기아를 퇴치하기 위한 노력입니다.

16 자료는 문화적 편견과 차별을 겪은 사례를 보여줍니다.

17 문화적 편견과 차별을 해소하기 위해선 상대방의 문화를 이해하고 존중하는 태도를 갖추어야 합니다.

18 제시된 자세는 세계시민의 자세입니다.

19 지속가능한 미래를 위해 입지 않는 옷은 기부하거나 재활용할 수 있습니다.

20 단순히 온라인으로 물건을 구입한 것은 빈곤과 기아 문제 해결에 도움이 되지 않습니다.

채점 기준	
빈곤과 기아 퇴치를 위한 지구촌 사람들의 노력을 구체적으로 한 가지 쓴 경우	8점
'빈곤과 기아 퇴치를 위해 노력한다.'라고만 쓴 경우	4점

3 (1) 세계시민은 지구촌 문제가 우리 모두의 문제임을 알며 이를 해결하고자 협력하는 자세를 지닌 사람입니다.

(2) 지속가능한 미래를 위해 우리 모두 세계시민의 자세를 지녀야 합니다.

채점 기준	
'지속가능한 미래'를 포함하여 알맞게 쓴 경우	8점
'지속가능한 미래'를 사용하지 않았지만 뜻이 통하게 쓴 경우	4점

📝 서술형 평가　79쪽

1 (1) 지구 온난화 (2) 예 지구촌 곳곳에서 이상 기후 현상이 나타나고 있다. / 빙하가 녹아 해수면이 상승하여 일부 지역이 물에 잠겼다. 등

2 (1) 빈곤과 기아 문제 (2) 예 가난과 굶주림을 겪는 사람에게 돈과 물건, 식량 등을 지원한다. / 빈곤 지역에 자연재해에도 잘 자라는 농작물을 보급한다. 등

3 (1) 세계시민 (2) 예 지구촌의 모든 사람이 책임감을 갖고 힘을 모아야 지속가능한 미래를 만들 수 있기 때문이다. 등

1 (1) 산업 발달에 따라 석탄, 석유와 같은 화석 연료 사용량이 급격하게 늘어나면서 지구 온난화가 발생했습니다.

(2) 지구 온난화로 인해 태평양의 어느 섬나라는 해수면 상승으로 국토가 바닷물에 잠길 위기에 처할 정도로 문제가 심각합니다.

채점 기준	
지구 온난화로 인한 피해 모습을 바르게 쓴 경우	8점

2 (1) 자료는 빈곤과 기아로 고통받는 지역의 모습을 보여 줍니다.

(2) 빈곤으로 교육받기 어려운 사람을 위해 이들의 교육 환경을 개선하는 등 다양한 노력을 하고 있습니다.

단원정리 **2** 통일 한국의 미래와 지구촌의 평화　80~81쪽

❶ 독도　**❷** 안용복　**❸** 정치적　**❹** 경제적　**❺** 복합적　**❻** 국제기구　**❼** 비정부 기구　**❽** 환경문제　**❾** 지속가능한 미래　**❿** 세계시민

○X 　1 ×　2 ○　3 ×　4 ○　5 ○　6 ×　7 ×
8 ○　9 ○　10 ○

1 독도는 우리나라 영토의 서쪽 끝에 있는 섬입니다.
　　　　　　　　　　　　　└ 동쪽

3 조선 시대에 이사부는 일본에 건너가 울릉도와 독도가 조선의 영토임을 확인하는 문서를 일본으로부터 받아 냈습니다.
　　　└ 안용복은

6 말랄라 유사프자이는 1991년 지뢰 금지 국제 운동(ICBL) 단체를 만들어 123개 나라로부터 더 이상 지뢰를 사용하지 않겠다는 약속을 받아 냈습니다.
　　　┌ 조디 윌리엄스

7 국제기구는 권력이나 이윤을 추구하지 않고 공공의 이익을 추구하는 시민 사회단체입니다.
　└ 비정부 기구

단원 평가

82~85쪽

1 ④   **2** ㉢   **3** ㉢   **4** ㉡   **5** 예 「독도의 지속가능한 이용에 관한 법률」 등을 제정하고 시행한다. 등   **6** ①
7 ④   **8** ②   **9** ②   **10** ③   **11** ①, ④   **12** ②
13 예 한국 국제 협력단(KOICA)을 운영하여 빈곤, 전쟁 등을 겪는 나라에서 다양한 지원 활동을 한다. / 전쟁을 막기 위한 평화 조약에 가입한다. 등   **14** ②   **15** ①   **16** 초미세 먼지
17 ①   **18** 지속가능한 미래   **19** ②, ④   **20** (1) 세계시민
(2) 지속가능한 미래를 만들기 위해 지구촌의 문제에 관심을 갖고 해결하고자 적극적으로 협력하는 사람이다.

1 독도는 오키섬보다 울릉도와의 거리가 더 가깝습니다.

2 독도는 다양한 동식물이 서식하는 생태계의 보고입니다.

3 ㉢ 「태정관지령」은 일본의 국가 문서입니다.

4 『신증동국여지승람』「팔도총도」에는 독도가 실제와 달리 울릉도의 서쪽에 그려져 있습니다.

5 정부와 민간단체는 독도가 우리나라 영토임을 전 세계에 알리는 다양한 활동을 합니다.

채점 기준	
독도를 지키기 위한 정부의 노력을 구체적으로 한 가지 알맞게 경우	5점
'독도를 지키기 위해 여러 활동을 한다.'라고 간단히 쓴 경우	3점

6 남북 분단으로 국방비가 계속 증가하고 있습니다.

7 ①은 경제적 노력, ②, ③, ⑤는 정치적 노력입니다.

8 통일되면 철도와 도로를 이용하여 아시아와 유럽에 있는 나라로 갈 수 있게 됩니다.

9 지구촌 갈등은 갈등을 겪는 지역뿐만 아니라 다른 나라와도 연결되어 있어 짧은 시간 내에 해결하기 어렵습니다.

10 ㉠ 나라들이 지켜야 하는 강력한 법이 없고, ㉣ 역사적으로 오랫동안 쌓인 미움과 갈등이 커서 화해하려는 의지가 없기 때문에 지구촌 갈등이 사라지지 않고 있습니다.

11 ②, ③은 갈등을 해결하는 방법이 아니라 갈등의 원인입니다.

12 ①, ④ 말랄라 유사프자이, ③ 이태석 신부, ⑤ 조디 윌리엄스가 한 일입니다.

13 우리나라는 지구촌의 평화와 발전을 위해 공적 개발 원조를 하는 등 다양한 노력을 합니다.

채점 기준	
지구촌 평화와 발전을 위한 우리나라의 노력을 구체적으로 한 가지 알맞게 쓴 경우	5점

14 그린피스는 비정부 기구입니다.

15 각 나라의 정부가 모인 국제기구와 달리 비정부 기구는 특정 분야에 관심이 있는 개인이나 민간단체 중심으로 만들어집니다.

16 초미세 먼지는 호흡기 질환을 일으키고, 야외 활동을 어렵게 합니다.

17 법과 제도를 만드는 것은 국가의 노력입니다.

18 지구촌 사람들은 지속가능한 미래를 위해 현재뿐만 아니라 미래 세대의 환경과 발전을 고려하여 책임감 있게 행동해야 합니다.

19 그림의 인물은 문화적 편견과 차별을 겪었습니다.

20 지구촌의 모든 사람이 책임감을 갖고 힘을 모아야 지속가능한 미래를 만들 수 있기 때문에 세계시민의 자세가 필요합니다.

채점 기준	
(1)과 (2) 모두 알맞게 쓴 경우	5점
(1)과 (2) 둘 중 하나만 알맞게 쓴 경우	3점

수행 평가   2-1 한반도의 미래와 통일   86쪽

1 ❶ 87.4   ❷ 157.5   ❸ 가깝다
2 예 일본이 독도를 일본 영토로 여기지 않았음을 알 수 있다.
3 예 독도가 우리나라 영토임을 전 세계에 알리는 다양한 활동에 참여한다. / 독도를 잘못 소개한 정보를 찾아 수정을 요구한다. 등

1 독도에서 울릉도까지의 거리가 일본의 오키섬까지의 거리보다 약 70km 더 가깝습니다.

2 일본은 국가 문서인 「태정관지령」을 통해 울릉도와 독도가 일본과 관계가 없다는 것을 명백히 밝혔습니다.

채점 기준	
'일본이 독도를 일본 영토로 여기지 않았다.'라고 쓴 경우	12점
'독도는 우리 땅이다.'라고만 쓴 경우	6점

3 반크와 같은 민간단체에 가입하여 독도가 우리나라 영토임을 알리는 활동을 할 수 있습니다.

채점 기준	
어린이 수준에서 독도를 지키기 위한 활동을 구체적으로 한 가지 쓴 경우	12점
'독도를 열심히 지킨다.'라고만 쓴 경우	5점

1 지속가능한 미래란 지구촌 사람들이 현재와 미래 세대의 환경을 보호하고 사회적·경제적으로 책임감 있게 행동해 지구촌의 지속가능성을 높여가는 것을 말합니다.

2 지속가능한 미래를 위해 세계시민의 자세로 참여해야 합니다.

채점 기준	
❶과 ❷ 모두 구체적으로 알맞게 쓴 경우	20점

😎 수행 평가 **2-2 지구촌의 평화와 발전**   87쪽

1 팔레스타인 분쟁
2 ㉠ 지구촌 갈등이 한 국가 안에서 발생하기도 하고, 국가와 국가 간에 발생하기도 한다는 것을 알 수 있다.
3 ㉠ 서로를 이해하고 대화를 통해 갈등을 해결하려는 의지와 노력을 갖는다. / 지구촌 사람들은 한 가족이라는 생각을 갖는다. 등

1 팔레스타인 분쟁은 이스라엘과 팔레스타인 간의 영토 분쟁이자 종교 분쟁입니다.

2 지구촌 갈등은 다양한 곳에서 다양한 원인이 복합적으로 작용하여 발생합니다.

채점 기준	
지도를 통해 알 수 있는 내용을 구체적으로 알맞게 쓴 경우	12점

3 지구촌의 평화는 끊임없는 노력을 통해 유지될 수 있다는 마음을 가져야 합니다.

채점 기준	
지구촌 갈등을 해결하기 위해 필요한 태도를 한 가지 알맞게 쓴 경우	12점
'열심히 노력한다.'라고만 쓴 경우	5점

😎 수행 평가 **2-3 지속가능한 지구촌**   88쪽

1 지속가능한 미래
2 ❶ ㉠ 기아 종식 ❷ ㉠ 벼룩시장을 열고 그 수익을 빈곤과 기아 지역 어린이를 위해 기부한다. 등

사회 평가대비북

1 세계의 여러 나라들

1 지구, 대륙 그리고 국가들

📝 쪽지 시험

91쪽

1 ㉠ 어렵고, ㉡ 불편합니다   **2** 세계 지도   **3** 적도
4 디지털 영상 지도   **5** ㉠ 대륙, ㉡ 대양   **6** 아시아
7 북아메리카   **8** 태평양   **9** ㉠ 러시아, ㉡ 바티칸 시국
10 단조로운

1 지구본은 실제 지구의 모습을 작게 줄인 모형으로 입체적입니다. 지구본을 활용하면 세계 지도보다 조금 더 정확하게 여러 나라의 면적을 비교할 수 있습니다.

4 디지털 영상 지도는 세계 지도나 지구본에서 찾기 어려운 다양한 정보를 얻을 수 있습니다.

7 북아메리카는 북반구에 속해 있으며, 북극해와 접해 있습니다.

8 태평양은 가장 큰 바다로 우리나라와 인접해 있습니다.

9 세계에는 영토 면적이 매우 넓은 나라도 있고 매우 좁은 나라도 있습니다.

10 국경선이 단조로운 나라로는 이집트, 사우디아라비아, 미국 등이 있습니다.

💡 단원 평가 1회

92~93쪽

1 세계 지도   **2** ③   **3** 예 지도를 확대하고 축소할 수 있다. / 찾고자 하는 장소를 입력하면 지도에서 위치를 찾을 수 있다. / 지도를 위성 사진으로 바꿔 볼 수 있다. 등   **4** ⑤   **5** ②
6 ②   **7** ⑤   **8** 바티칸 시국   **9** ③   **10** ④

1 세계 지도를 활용하면 세계 여러 나라의 위치와 영역을 한눈에 살펴볼 수 있습니다.

2 제시된 자료의 ㉠은 적도입니다. 적도를 기준으로 북쪽의 위도를 북위, 남쪽의 위도를 남위라고 합니다.

3 디지털 영상 지도의 다양한 기능을 이용해 세계 지도나 지구본보다 다양한 정보를 얻을 수 있습니다.

채점 기준

지도의 확대와 축소, 내 위치 검색 등 디지털 영상 지도의 기능을 두 가지 모두 바르게 쓴 경우	10점
디지털 영상 지도의 기능을 한 가지만 바르게 쓴 경우	5점

4 지구본은 세계 여러 나라의 위치와 면적 등과 같은 정보를 세계 지도보다 더 정확하게 담고 있습니다.

5 제시된 지도의 ㉠은 아시아입니다. 아시아는 대부분 북반구에 속해 있습니다.

6 지도에 나타난 지역은 남아메리카 대륙입니다. ①은 북아메리카, ②는 남아메리카, ③은 아시아, ④는 아프리카, ⑤는 유럽 대륙에 속한 나라입니다.

7 대서양은 아프리카와 유럽, 아메리카 등에 둘러싸여 있습니다.

8 바티칸 시국은 세계에서 영토의 면적이 가장 좁은 나라입니다.

9 아르헨티나의 영토는 남북으로 길게 뻗은 모양입니다.

10 캐나다는 세계에서 두 번째로 면적이 넓은 나라입니다.

💡 단원 평가 2회

94~95쪽

1 ③   **2** ⑤   **3** ㉠, ㉡   **4** ③   **5** ②   **6** 캐나다
7 예 북극 주변에 있는 바다로 대부분 얼음에 덮여 있다. / 아시아, 유럽, 북아메리카에 둘러싸여 있다. 등   **8** ④   **9** ①
10 ③

1 지구본은 지구의 실제 모습과 비슷하지만 가지고 다니기에 불편합니다.

2 위도와 경도로 나라의 위치를 나타내는 방법은 ② → ③ → ④ → ⑤ 순입니다.

3 ㉠과 ㉡은 대륙에 대한 설명이고, ㉢과 ㉣은 대양에 대한 설명입니다.

4 대륙 중에서 아시아가 가장 크고, 아프리카가 두 번째로 큽니다.

5 ② 중국, 일본은 아시아 대륙에 위치합니다. 남아메리카에는 브라질, 칠레, 우루과이 등이 위치합니다.

6 캐나다는 북아메리카에 있습니다.

7 대양 5개 중에서 북극해가 가장 작습니다.

북극해의 특징을 두 가지 모두 바르게 쓴 경우	10점
북극해의 특징을 한 가지만 바르게 쓴 경우	5점

8 세계에서 영토의 면적이 가장 넓은 나라는 러시아이며, 그 다음은 캐나다입니다.

9 아프리카 대륙에 있는 탄자니아는 영토가 둥근 모양입니다.

10 세계 지도는 세계 여러 나라의 위치와 영역을 한눈에 볼 수 있지만, 지구본은 전세계의 모습을 한눈에 보기 어렵습니다.

위치한 대륙과 주변에 있는 대양 모두 바르게 쓴 경우	8점
위치한 대륙과 주변에 있는 대양 중 한 가지만 바르게 쓴 경우	4점

4 이탈리아는 유럽 남부에 있으며, 영토의 모양이 장화와 닮았습니다.

구체적인 사물을 예로 들어 영토 모양의 독특한 특징을 쓴 경우	8점
단순히 독특하다고만 쓴 경우	4점

📝 서술형 평가 96쪽

1 (1) 세계 지도 (2) 예 나라와 바다의 모양, 거리가 실제와 다르게 표현되기도 한다. 등

2 (1) 아시아 (2) 예 태평양은 아시아, 오세아니아, 북아메리카, 남아메리카 대륙 사이에 있다. 등

3 ㉠ 오세아니아 ㉡ 예 북쪽에 태평양이 있다. 등

4 (1) 이탈리아 (2) 예 이탈리아는 영토의 모양이 장화와 닮아 독특하다. 등

1 (1) 세계 지도는 둥근 지구를 평평한 종이에 펼쳐 그렸기 때문에 실제 모습과 다른 점이 있습니다.
(2) 세계 지도는 세계 여러 나라의 위치를 한눈에 볼 수 있다는 장점이 있습니다.

'나라와 바다의 모양, 거리가 실제와 다르게 표현되어 있다.'라고 구체적으로 쓴 경우	8점
'실제 모습과 다른 점이 있다.'라고 간단하게 쓴 경우	4점

2 (1) 아시아는 세계 인구의 절반 이상이 모여 살고 있습니다.
(2) 태평양은 가장 큰 바다로 우리나라와 인접해 있습니다.

태평양을 둘러싸고 있는 대륙 4개를 모두 제시하여 위치를 쓴 경우	8점
태평양을 둘러싸고 있는 대륙 중 일부만 제시하여 위치를 바르게 쓴 경우	4점

3 뉴질랜드는 오세아니아 대륙에 있으며, 북쪽에 태평양이 있습니다.

2 세계의 다양한 삶의 모습

3   사막 지역에서는 흙집을 지어 생활하고, 건조 초원 지역에
    서는 이동식 가옥을 지어 생활합니다.

4   온대 기후 지역은 인구가 많고 여러 산업이 발달하였습
    니다.

5   한대 기후 지역에서는 백야와 빙하 등을 이용한 관광 산업
    이 발달하기도 합니다.

6   열대 기후 지역의 전통 가옥 중에서 땅에서 떨어뜨려 지은
    집을 고상 가옥이라고 하고, 물 위에 지은 집을 수상 가옥
    이라고 합니다.

9   조사할 주제를 정한 후에는 조사할 내용과 방법 등을 정하
    는 조사 계획을 세웁니다.

1   적도 지방에서 극지방으로 갈수록 기온이 점차 낮아지며
    이는 기후 형성에 큰 영향을 미칩니다. 태양의 열을 많이
    받는 적도 부근은 열대 기후가 나타나고, 태양열을 적게 받
    는 극지방 부근은 한대 기후가 나타납니다.

2   열대 기후는 적도를 중심으로 한 저위도 지역에 널리 나타
    납니다.

채점 기준	
열대 기후의 기후적 특징(기온과 강수량)을 모두 바르게 쓴 경우	10점
열대 기후의 기후적 특징 중 기온 또는 강수량만 쓴 경우	5점

3   초원 지역의 사람들은 전통적으로 유목 생활을 하며 살아
    갑니다.

4   온대 기후 지역에서는 일찍부터 다양한 농업이 발달했습니다.

5   고산 기후 지역은 무더운 평지보다 인간이 생활하기에 유
    리하기 때문입니다.

6   한대 기후 지역은 석유와 천연가스 등이 풍부해 자원 개발
    이 활발합니다.

7   고상 가옥은 열대 기후가 나타나는 지역에서 볼 수 있습니다.

8   각 지역의 지형, 기후 등 자연환경과 풍습, 종교 등 인문환
    경은 그곳에 사는 사람들의 생활 모습에 영향을 미칩니다.

9   동물의 가죽과 털로 만든 옷은 추위와 바람을 효과적으로
    막을 수 있습니다.

10 서로 다른 생활 모습을 이해하고 존중하려는 마음가짐이
    필요합니다.

1   세계의 기후는 적도 지방에서 극지방으로 가면서 열대 기
    후, 건조 기후, 온대 기후, 냉대 기후, 한대 기후가 나타납
    니다. 해발 고도가 높은 고산 지대에는 고산 기후가 나타납
    니다.

2   온대 기후 지역 중 유럽에서 주로 밀을 재배하고, 냉대 기
    후 지역에서도 밀농사가 이루어집니다.

3   건조 기후 지역 중에는 강수량이 매우 적어 사막이 널리 나
    타나는 곳도 있고, 약간의 비나 눈이 내려 초원이 넓게 나
    타나는 곳도 있습니다.

4   건조 기후가 나타나는 지역 중 초원에서 유목 생활이 이루
    어져 왔습니다.

5   냉대 기후 지역은 여름에는 밀, 감자, 옥수수 등을 재배할
    수 있지만, 겨울에는 농사를 짓기 어렵습니다. 또, 목재와
    펄프의 세계적인 생산지입니다.

6   한대 기후 지역의 자연환경을 연구하려고 우리나라를 비롯
    한 여러 나라가 이곳에 연구소나 기지를 세우고 있습니다.

7   인도 사람들이 많이 믿는 종교인 힌두교의 영향으로 사리
    를 천 한 장으로 만든 것입니다.

8   우샨카는 동물의 털로 만들었으며 귀까지 덮을 수 있는 모

자입니다.

'귀덮개가 넓다, 모자의 털이 매우 촘촘하다.' 등 우샨카의 특징을 구체적으로 쓴 경우	10점
'추울 때 쓴다.'와 같이 기후와 연결 지어 간략하게 쓴 경우	5점

9 그 밖에 몽골 사람들의 유목 생활, 게르의 재료와 특징 등도 조사할 수 있습니다. ⓒ 토르티야는 옥수수가루 반죽으로 만든 멕시코의 전통 음식입니다. ⓔ 이누이트는 북부 알래스카와 캐나다 그린란드의 주민들을 가리킵니다.

10 에스파냐에는 뜨거운 한낮에 낮잠을 자거나 휴식을 취하는 '시에스타'라는 풍습이 있습니다.

서술형 평가

102쪽

1 (1) ㉮ 열대 우림 ㉯ 열대 초원 (2) ⑩ ㉮ 지역은 연중 비가 많이 내리고, ㉯ 지역은 건기와 우기가 번갈아 나타난다. 등

2 (1) 한대 기후 (2) ⑩ 여름에 얼음이 녹아 이끼나 풀이 자라는 땅에서 순록을 기르는 유목 생활을 하기도 한다. 등

3 (1) 튀르키예 (2) ⑩ 한 나라의 생활 모습은 기후, 지형 등 자연환경과 종교, 풍습 등 인문환경의 영향을 받기 때문이다. 등

4 ⑩ 서로 다른 생활 모습을 이해하고 존중해야 한다. 등

---

1 (1) 열대 우림은 일 년 내내 비가 많이 내리는 곳에 발달합니다. 열대 초원은 건기와 우기가 나타나는 곳에 발달합니다.
(2) 열대 기후는 적도를 중심으로 한 저위도 지역에 널리 나타나며 일 년 내내 기온이 높고 강수량이 많습니다.

㉮ 지역과 ㉯ 지역의 기후 특성을 모두 바르게 쓴 경우	8점
㉮ 지역과 ㉯ 지역의 기후 특성 중 한 가지만 바르게 쓴 경우	4점

2 (1) 한대 기후 지역은 평균 기온이 낮아 땅속이 계속 얼어 있습니다.
(2) 그 밖에도 한대 기후 지역은 석유와 천연가스 등이 풍부해 자원 개발이 활발합니다.

한대 기후 지역의 생활 모습을 바르게 쓴 경우	8점
한대 기후의 특징만을 쓴 경우	4점

3 (1) 케밥은 얇게 썬 고기 조각을 구워 먹는 튀르키예의 대표적인 요리입니다.
(2) 세계 여러 나라에는 다양한 자연환경과 인문환경이 존

재하며, 이에 따라 다른 생활 모습이 나타납니다.

자연환경(기후, 지형)과 인문환경(종교)이라는 단어를 포함하여 바르게 쓴 경우	8점
기후, 지형, 종교 등의 단어를 나열하고 그 영향을 받는다고만 쓴 경우	4점

4 각국의 생활 모습이 다른 이유는 자연환경과 인문환경의 영향 때문입니다.

이해, 존중 등 바람직한 자세와 관련된 낱말을 모두 사용하여 답을 쓴 경우	8점
이해, 존중 중 한 가지만 사용하여 답을 쓴 경우	4점

3 우리나라와 가까운 나라들

1 중국	2 일본	3 러시아	4 젓가락	5 경제 교류
6 교류	7 미국	8 석유	9 쌀	10 상호 의존

1 중국은 세계적으로 인구가 많고 여러 가지 산업이 발달하였습니다.

2 일본은 섬나라이고 국토 대부분이 산지이며 화산이 많습니다.

3 러시아는 위도가 높아 주로 냉대 기후가 나타납니다.

4 우리나라와 중국, 일본은 지리적으로 가까이 있어 오래전부터 활발하게 교류해서 비슷한 문화가 나타납니다.

7 북아메리카에 있는 미국은 자원이 풍부하고 기술 수준이 높아 여러 산업이 발달하였습니다.

10 각 국가나 세계의 경제에서 분업이 고도화될수록 상호 의존성이 높아지고 있습니다.

1 ⑤   **2** ④   **3** ①   **4** ②   **5** 일본   **6** (나)   **7** ⑩ 거리가 가까운 만큼 영향을 긴밀하게 주고받는 관계이기 때문이다. 등   **8** ④   **9** ⑤   **10** ③

1 중국은 서쪽에 고원과 산지가, 동쪽 해안가에 평야가 발달하였습니다.

2 일본은 원료 수입과 제품 수출에 유리한 태평양 연안을 따라 공업 지역이 발달하였습니다.

3 ① 러시아는 위도가 높아 냉대 기후가 널리 나타납니다.

4 우리나라와 중국, 일본은 한자의 영향을 받은 공통적인 문화가 있습니다.

5 우리나라와 중국, 일본은 식사할 때 모두 젓가락을 사용하지만, 젓가락의 모양은 나라마다 조금씩 다릅니다.

6 (가)는 경제 교류이고, (나)는 문화 교류에 해당합니다.

7 우리나라와 이웃 나라는 지리적으로 가까워 다양한 분야에서 활발하게 교류하고 있습니다.

'거리'뿐만 아니라 '교류'하고 있음을 바르게 쓴 경우	10점
'거리가 가깝기 때문'이라고만 간단하게 쓴 경우	5점

8 미국은 풍부한 자원과 인적 자원을 바탕으로 농업, 상업, 공업 등 수많은 산업이 골고루 발달하였습니다.

9 사우디아라비아는 우리나라가 원유를 수입하는 대표적인 나라입니다.

10 베트남을 포함한 동남아시아 지역에서는 한류 문화가 선풍적인 인기를 끌고 있습니다.

1 ⑤   **2** ㉠, ㉡   **3** ⑤   **4** ⑩ 러시아 사람들이 유럽에 가까운 서남부 평원 지역에 많이 모여 살기 때문이다. 등   **5** ③   **6** ①   **7** ②   **8** 쌀   **9** ③   **10** ②

1 제시된 지도에서 (가)는 러시아, (나)는 중국, (다)는 일본입니다.

2 우랄산맥은 러시아에 있습니다.

3 ⑤ 세계에서 영토가 가장 넓은 나라는 러시아입니다.

4 러시아의 동부는 주로 고원과 산악 지대이며, 서부는 평원이 넓게 펼쳐져 있습니다. 러시아 사람들은 유럽에 가까운 서부 평원 지역에 집중해 있습니다.

유럽과 가깝고 넓은 평원이 나타나는 서남부 지역이라고 구체적으로 쓴 경우	10점
서남부 지역이라고만 간단하게 쓴 경우	5점

5 ③ 러시아는 포크, 나이프, 숟가락을 이용해 식사합니다.

6 우리나라와 이웃 나라는 물건, 기술, 자원 등을 수입하고 수출하면서 경제적으로 교류합니다.

7 우리나라와 이웃 나라는 상호 이해와 협력의 태도를 가지고 여러 문제 해결을 위해 함께 노력해야 합니다.

8 베트남의 기후는 대체로 덥고 습한 편이기 때문에 벼농사에 적합합니다.

9 제시된 지도는 50개 주로 이루어진 미국입니다.

10 우리나라는 정치, 경제 문화 등의 분야에서 여러 나라와 다양하게 교류하고 있습니다. ② 우리나라는 사우디아라비아 같은 다른 나라에서 원유를 수입합니다.

1 (1) 제시된 지도는 러시아입니다.

(2) 러시아는 영토가 넓으며 다양한 지형을 볼 수 있습니다.

채점 기준	
동부와 서부로 구분하여 지형적 특징을 바르게 쓴 경우	8점
동부와 서부 중 한 곳의 지형적 특징만 쓴 경우	4점

2 우리나라와 중국, 일본은 한자 문화권에 속하는데, 그 까닭은 지리적으로 가까이 있어 오래전부터 활발하게 교류하였기 때문입니다.

채점 기준	
'한자 문화권'이라는 단어를 포함하여 쓴 경우	8점
'한자'라고 간단하게 쓴 경우	4점

3 (1) 미국은 우리나라와 깊은 관계를 맺고 있는 나라입니다.

(2) 미국은 우리나라와 다양한 물자와 서비스를 주고받고 있습니다.

채점 기준	
'우리나라와 무역을 많이 하는 나라이다.'라고 바르게 쓴 경우	8점
우리나라와 미국의 관계에 대해서 간단하게 쓴 경우	4점

4 (1) 우리나라는 서남아시아에서 주로 원유를 수입하고, 우리나라는 원유를 수입하여 석유 제품을 만든 후 다시 수출합니다.

(2) 나라마다 자원, 생산품, 서비스, 기술 등이 서로 다르기 때문에 필요한 것을 교류합니다.

채점 기준	
우리나라와 다른 나라가 경제적으로 교류하는 사례(석유 수입)와 그 배경(자원, 기술 등이 다름)을 모두 바르게 쓴 경우	8점
경제 교류 사례 또는 배경 중 한 가지만 바르게 쓴 경우	4점

2 통일 한국의 미래와 지구촌의 평화

1 한반도의 미래와 통일

📝 쪽지 시험   110쪽

4 독도에 대한 우리나라의 옛 기록과 지도로 『세종실록』「지리지」, 『신증동국여지승람』「팔도총도」 등이 있습니다.

8 정치적 노력으로 남북 기본 합의서 채택, 남북 정상 회담 개최 등이 있습니다.

10 남북통일이 되면 비무장 지대를 생태 공원으로 만들거나, 평화 박물관을 세워서 활용할 수 있을 것입니다.

💡 단원 평가 1회   111~112쪽

1 독도는 동도와 서도, 그리고 주위에 크고 작은 바위섬 89개로 이루어져 있습니다.

2 독도는 경상북도 울릉군 울릉읍에 속합니다.

3 독도는 다양한 동식물이 서식하는 생태계의 보고로, 천연기념물 제336호로 지정되어 있습니다.

4 독도 주변 바다에는 부채뿔산호, 도화새우, 살오징어 등 다양한 해양 생물이 서식합니다.

채점 기준	
'차가운 바닷물과 따뜻한 바닷물이 만나 먹이가 풍부하기 때문에'를 넣어 쓴 경우	10점
'환경이 좋아서'라고 간단히 쓴 경우	4점

5 「팔도총도」에는 독도가 울릉도의 서쪽에 그려져 있습니다.

6 정부는 독도에 주민 숙소, 등대, 경비 시설 등을 설치하고 독도 관련 법을 제정하고 시행했습니다.

7 북한에서는 얼룩말을 '줄말'이라고 합니다. 그림은 북한말

을 이해하지 못하는 남한 어린이의 모습을 보여 줍니다.

8 남북 분단으로 남북한은 막대한 국방비를 지출하고 있습니다. 통일이 되면 남은 비용을 복지 비용으로 쓸 수 있습니다.

9 ①, ⑤ 경제적 노력, ②, ④ 사회·문화적 노력입니다.

10 남북이 통일되면 중국, 러시아를 지나 여러 나라까지도 육로로 갈 수 있습니다.

단원 평가 2회   113~114쪽

1 독도 **2** ① **3** ㉠ **4** ③ **5** 안용복 **6** ㉠, ㉡ **7** ④
8 ①, ⑤ **9** ⑤ **10** ⑩ 생태 공원으로 활용한다. / 평화 박물관을 세워 활용한다. / 남북 경제 협력 특별 구역으로 발전시킨다. 등

1 독도는 우리나라 영토의 동쪽 끝에 있는 섬입니다.

2 백록담은 제주도의 한라산에 있는 지형입니다.

3 독도 주변 바다는 차가운 바닷물과 따뜻한 바닷물이 만나 먹이가 풍부합니다.

4 연합국 최고 사령관 각서 제677호는 제2차 세계 대전 이후 만들어진 국제 문서로, 독도가 우리나라 영토임을 국제적으로 인정하였습니다.

5 안용복은 조선으로 돌아오는 중 일본인에게 문서를 빼앗기고 말았습니다. 하지만 이후 울릉도 인근에서 고기잡이를 하던 일본 어민을 또다시 발견하고 일본으로 건너가 다시 한번 울릉도와 독도가 우리나라 영토임을 확인받았습니다.

6 남북 분단으로 ㉢ 남북한의 자원과 기술을 효율적으로 활용하지 못하고 있고, ㉣ 남북한이 막대한 국방비를 부담하고 있습니다.

7 1972년에 발표된 7·4 남북 공동 성명은 분단 이후 통일과 관련된 최초의 합의입니다.

8 ② 정치적 노력, ③, ④ 사회·문화적 노력입니다.

9 비무장 지대는 현재 자연 그대로의 생태 환경을 가지고 있습니다.

10 남북통일이 되면 비무장 지대를 다양하게 활용할 수 있을 것입니다.

채점 기준	
통일 후 비무장 지대를 활용하는 방법을 한 가지 쓴 경우	10점
'다양하게 활용한다.'라고만 쓴 경우	3점

서술형 평가   115쪽

1 (1) 서도 (2) ⑩ 코끼리 바위. 코끼리가 물을 마시는 모습과 닮았기 때문이다. 등

2 (1) ㈎ (2) ⑩ 우리 조상들은 독도를 우리나라 땅이라고 생각했다. / 독도는 옛날부터 우리 땅이었다. 등

3 ⑩ 이산가족들이 고향에 가지 못하고 슬픔에 빠져있다. / 남북한이 막대한 국방비를 부담하여 경제적 손실이 크다. 등

4 ⑩ 남북 분단이 길어지면서 남북한의 언어가 달라지고 있으므로 통일하여 민족의 동질성을 회복해야 한다.

1 (1) 독도는 동도와 서도, 주위의 크고 작은 섬 89개로 이루어져 있습니다.
(2) 독도에는 촛대 바위, 독립문 바위, 천장굴 등 다양한 지형이 많이 있습니다.

채점 기준	
지형의 이름과 이름이 붙은 까닭을 모두 쓴 경우	8점
지형의 이름만 쓴 경우	4점

2 (1) 「지리지」에서는 독도와 울릉도가 가까워 날씨가 맑으면 서로 바라볼 수 있다고 기록되어 있습니다.
(2) 우리나라의 옛 기록과 지도를 통해 독도가 우리 영토라는 사실을 알 수 있습니다.

채점 기준	
'독도는 우리 땅'이라는 내용이 드러나게 쓴 경우	8점

3 남북 분단으로 달라지는 남북한의 언어와 문화, 전쟁에 대한 불안 등 여러 가지 어려움을 겪고 있습니다.

채점 기준	
남북 분단으로 겪는 어려움을 구체적으로 한 가지 알맞게 쓴 경우	8점
'이산가족, 막대한 국방비' 등 단어만 쓴 경우	4점

4 분단이 길어지면서 남북한의 문화와 언어가 달라지고 있습니다. 남북한이 통일하면 남북 간의 문화적 차이를 극복하여 민족의 동질성을 회복할 수 있을 것입니다.

채점 기준	
자료와 관련된 남북통일의 필요성을 알맞게 쓴 경우	8점

2 지구촌의 평화와 발전

1 복합적   **2** 영역   **3** 팔레스타인   **4** 북아일랜드 갈등
5 법   **6** 이태석 신부   **7** 한국 국제 협력단(KOICA)   **8** 국제 연합(UN)   **9** 비정부 기구   **10** 국경 없는 의사회

2 지구촌 갈등은 영역 갈등, 민족 · 문화 갈등, 자원 갈등, 종교 갈등 등 다양한 모습으로 나타납니다.

6 이태석 신부는 국적과 종교를 뛰어넘은 희생과 봉사 정신을 보여 주었습니다.

9 비정부 기구는 시민들의 자발적인 참여와 모금으로 운영됩니다.

1 ㉣   **2** ③   **3** ⑩ 나라들이 지켜야 하는 강력한 법이 없기 / 역사적으로 오랫동안 쌓인 미움과 갈등이 커서 화해하려는 의지가 없기 등   **4** ⑤   **5** ㉠   **6** 이태석 신부   **7** ②
8 ㉠ 국제기구, ㉡ 비정부 기구   **9** ㉣   **10** ③

1 지구촌 갈등은 갈등을 겪는 지역뿐만 아니라 다른 나라와도 연결되어 있어 짧은 시간 내에 해결하기 힘듭니다.

2 제시된 글은 자원 갈등에 대한 설명입니다. ① 영역 갈등, ② 민족 · 문화 갈등, ④ 종교 갈등의 모습입니다.

3 강대국들이 과거의 잘못을 책임지지 않고 오히려 어려운 나라를 이용해서 이익만 얻으려 하기 때문에 지구촌 갈등이 지속됩니다.

채점 기준	
지구촌 갈등이 사라지지 않고 지속되는 까닭을 알맞게 쓴 경우	10점

4 이스라엘과 팔레스타인의 분쟁은 종교 갈등이자 영토 분쟁입니다.

5 ㉠은 어린이 수준에서 할 수 없는 일입니다.

6 이태석 신부는 남수단에 병원을 지어 아픈 사람들을 치료하고, 학교와 기숙사를 세워 어린이들이 공부할 수 있도록 지원했습니다.

7 우리나라는 분쟁 지역에 국제 평화 유지군을 파견하여 갈등 해결을 돕습니다.

8 국제기구의 예로 국제 연합이 있으며, 비정부 기구의 예로 그린피스, 국경 없는 의사회 등이 있습니다.

9 ㉠ 국제 노동 기구, ㉡ 국제 연합 아동 기금, ㉢ 국제 연합 난민 기구가 하는 일입니다.

10 국제 연합 아동 기금(UNICEF)은 국제기구에 해당합니다.

1 ②   **2** ①, ④   **3** 지민   **4** ⑩ 갈등이 지속되면 그곳에 사는 사람들의 삶이 위험해지고 불안정해지기 때문이다. / 한 나라 안에서 일어난 문제가 주변 지역으로 번져 지구촌 전체의 문제가 될 수 있기 때문이다. 등   **5** ㉣   **6** 조디 윌리엄스   **7** ④
8 ㉢   **9** ③   **10** ②

1 지구촌 갈등은 갈등 지역뿐만 아니라 다른 나라와도 연결되어 있기 때문에 짧은 시간 내에 해결하기 어렵습니다.

2 카슈미르 분쟁은 인도와 파키스탄의 종교 갈등이자 영토 갈등입니다.

3 국가들이 지켜야 할 강력한 법이 없고, 강대국들이 과거의 잘못을 책임지지 않고 오히려 어려운 나라를 이용하여 이익을 얻으려 하기 때문에 지구촌 갈등이 사라지지 않고 있습니다.

4 전 지구적 차원에서 모든 사람이 지구촌 갈등에 꾸준히 관심을 갖고 노력해야 합니다.

채점 기준	
지구촌 갈등을 해결하기 위해 노력해야 하는 까닭을 바르게 쓴 경우	10점

5 ㉠, ㉡ 전쟁 등이 벌어지는 갈등 지역으로 직접 가는 것은 어린이가 하기에 위험한 행동입니다. ㉢ 국제 연합 평화 유지군을 파견하는 것은 나라에서 하는 일입니다.

6 조디 윌리엄스는 지구촌 평화와 발전을 위해 노력한 공로를 인정받아 노벨 평화상을 수상했습니다.

7 ㉢ 우리나라는 개발 도상국의 발전을 위해 공적 개발 원조를 합니다.

8 각 나라의 정부가 모인 것은 국제기구이며, 개인이나 민간 단체를 중심으로 만들어지는 것은 비정부 기구입니다.

9 국제 연합 난민 기구는 전 세계의 난민 문제를 해결하기 위해 만들어졌습니다.

10 해비타트는 주거 환경 개선 활동을 하는 비정부 기구입니다.

📑 서술형 평가 121쪽

1 (1) 종교, 영역 (2) 예 갈등 지역의 사람들이 전쟁, 범죄 등의 위협을 받는다. 등

2 (1) 말랄라 유사프자이 (2) 예 지구촌 갈등 문제를 알리고 해결하려는 활동에 적극적으로 참여한다. 등

3 (1) 국제 연합(UN) (2) 예 국제 연합 아동 기금(UNICEF). 굶주림과 병에 시달리는 어린이를 돕기 위한 다양한 활동을 한다. 등

4 (1) 국경 없는 의사회 (2) 예 그린피스. 지구 환경을 보호하기 위해 기후 변화 방지 캠페인 활동에 참여할 것이다. 등

---

1 (1) ㈎는 서로 다른 종교로 인한 갈등, ㈏는 땅과 바다를 서로 차지하려고 발생하는 영역 갈등입니다.
(2) 갈등 지역의 사람들은 전쟁뿐만 아니라 질병, 가난, 난민 등의 문제로도 고통을 받습니다.

2 (1) 말랄라 유사프자이는 탈레반에 의해 크게 다쳤지만 굽히지 않고 여성과 아동을 위해 활동하였고, 이를 인정받아 노벨 평화상을 수상했습니다.
(2) 지구촌 갈등 해결을 위한 홍보 동영상을 만들거나, 누리 소통망(SNS)에 지구촌 갈등 문제 해결에 대한 글을 올릴 수도 있습니다.

3 (1) 국제 연합에는 현재 190개가 넘는 국가가 가입했으며, 미국 뉴욕에 본부를 두고 있습니다
(2) 국제 연합에는 국제 연합 난민 기구, 국제 연합 세계 식량 계획 등 다양한 기구가 있습니다.

4 (1) 국경 없는 의사회는 전쟁, 질병 등으로 고통받는 사람들에게 차별 없이 의료 지원 활동을 하는 비정부 기구입니다.
(2) 그린피스, 세이브 더 칠드런, 해비타트, 국제 앰네스티 등 다양한 비정부 기구에 가입하여 활동할 수 있습니다.

---

3 지속가능한 지구촌

✏️ 쪽지 시험 122쪽

1 지구 온난화 **2** 열대 우림 **3** 환경문제 **4** 국가
5 지속가능한 미래 **6** 지속가능 발전 목표 **7** 빈곤과 기아 퇴치 **8** 친환경적 생산 **9** 문화적 편견과 차별 문제
10 세계시민

4 개인은 생활 속에서 일회용품 사용을 줄이거나 에너지를 아껴 쓸 수 있습니다.

6 지속가능 발전 목표는 지구촌 문제를 해결하고 지속가능한 미래를 만들기 위해 2030년까지 전 세계가 함께 실천할 목표입니다.

10 지구촌의 모든 사람이 책임감을 갖고 힘을 모아야 지속가능한 미래를 만들 수 있습니다.

💡 단원 평가 1회 123~124쪽

1 ④ **2** ③ **3** 예 일회용품 사용을 줄인다. / 에너지를 아껴 쓴다. / 쓰레기를 분리배출한다. 등 **4** ② **5** ② **6** ③
7 ④ **8** ⑤ **9** ㉣ **10** 세계시민

1 ④는 빈곤과 기아 문제와 관련 있는 사진입니다.

2 지구 온난화는 기후 변화로 이어져 지구촌 곳곳에서 이상 기후 현상을 일으키고 있습니다.

3 대중교통이나 친환경 교통수단을 이용하여 온실가스 배출량을 줄이는 것도 환경 문제를 해결하기 위한 방법입니다.

채점 기준	
개인이 생활 속에서 할 수 있는 일을 알맞게 쓴 경우	10점

4 파리 협정은 온실가스를 많이 배출하는 선진국이 개발 도상국의 재생 에너지 생산 시설을 설치하는 데 필요한 비용을 지원하도록 하는 내용도 포함하고 있습니다.

5 지구촌에는 굶주림에 시달리며 고통받는 사람들이 많이 있습니다. 지속가능한 미래를 만들기 위해 빈곤과 기아 퇴치에 힘써야 합니다.

6 ③은 환경을 생각하는 생산 방식입니다.

7 지구촌 사람들은 환경을 생각하면서도 사람들의 필요를 만족하도록 하는 제품을 생산하거나 소비하여 건강과 환경을 지키고자 노력합니다.

8 제시된 사진들은 문화적 편견과 차별을 해소하기 위해 노력하는 모습입니다.

9 문화는 사람들이 지역의 환경에 적응하며 살아간 결과입니다. 따라서 편견을 갖거나 차별하는 태도를 버리고 상대방의 문화를 존중하는 태도를 갖추기 위해 노력해야 합니다.

10 세계시민은 지구촌 문제가 우리 모두의 문제임을 알며 이를 해결하고자 협력하는 자세를 지닙니다.

단원 평가 2회
125~126쪽

1 열대 우림 　**2** ② 　**3** ④ 　**4** 예 지구촌 문제는 오늘날 사람들의 안정적인 생활을 어렵게 할 뿐만 아니라, 미래 사람들이 발전할 수 있는 권리까지 빼앗기 때문이다. 　**5** ㉣ 　**6** ③
7 (1) ㉠, ㉢ (2) ㉡, ㉣ 　**8** ④ 　**9** ㉣ 　**10** ③

1 사람들이 가축을 기르거나 식량을 생산하기 위해 열대 우림을 무분별하게 개발하면서 열대 우림이 파괴되고 있습니다.

2 지구촌 환경문제는 사람들이 미래 세대를 생각하지 않고 필요 이상으로 자원과 에너지를 사용하기 때문에 나타납니다.

---

3 ④ 에너지 고효율 가전제품을 만들어 판매하는 것은 기업의 노력입니다.

4 지구촌 사람들은 지속가능한 미래를 위해 현재뿐만 아니라, 미래 세대의 환경과 발전을 고려하여 책임감 있게 행동해야 합니다.

채점 기준	
지속가능한 미래를 위해 노력해야 하는 까닭을 알맞게 쓴 경우	10점

5 ㉣은 문화적 편견과 차별 문제의 원인입니다.

6 ③ 문화적 편견과 차별 문제를 해결하기 위한 노력입니다.

7 ㉠~㉣은 환경을 생각하는 생산과 소비 방식입니다.

8 친환경적 생산과 소비 방식은 우리의 건강과 환경을 지킬 수 있습니다.

9 그림은 문화적 편견과 차별 문제를 보여 줍니다. ㉠, ㉢ 빈곤과 기아 문제를 해결하기 위한 노력입니다.

10 ③ 환경을 생각하여 일회용품 사용을 줄여야 합니다.

📝 서술형 평가
127쪽

1 (1) 환경문제 (2) 예 사람들이 필요 이상으로 자원과 에너지를 사용하기 때문이다. / 사람들이 환경을 생각하지 않고 행동하거나 무분별하게 개발하기 때문이다. 등

2 (1) ㉠ (가), ㉡ (나) (2) 예 환경 관련 법과 제도를 만든다. 등

3 (1) 빈곤과 기아 문제 (2) 예 빈곤과 기아 퇴치를 위한 벼룩시장을 열고 수익금은 빈곤 지역 어린이를 위해 기부한다. 등

4 (1) 문화적 편견과 차별 (2) 예 문화적 편견과 차별의 문제를 해결하기 위한 제도를 마련한다. / 서로 다른 문화를 이해할 수 있도록 교육을 실시한다. 등

---

1 (1) 지구 온난화, 사막화, 열대 우림 파괴 등 지구촌에는 여러 가지 환경문제가 발생하고 있습니다.

(2) 환경문제는 원인과 영향이 지역 간에 복잡하게 얽혀 있기 때문에 어느 한 지역이 아닌 지구촌 전체의 문제입니다.

채점 기준	
지구촌에 환경문제가 발생하는 까닭을 알맞게 쓴 경우	8점

2 (1) ⑦는 개인의 노력, ④는 기업의 노력입니다.

(2) 국가는 환경을 생각하는 기업이나 가정이 많아지도록 지원 정책을 펼칩니다.

채점 기준	
환경문제를 해결하기 위한 국가의 노력을 알맞게 쓴 경우	8점

3 (1) 검색된 자료는 빈곤과 기아에 따른 모습입니다.

(2) 세계시민은 지구촌 문제를 우리 모두의 문제로 알고 이를 해결하기 위해 협력합니다.

채점 기준	
빈곤과 기아 퇴치를 위한 어린이 수준의 노력을 한 가지 알맞게 쓴 경우	8점
빈곤과 기아 퇴치가 아닌 다른 지구촌 문제를 해결하기 위한 노력을 쓴 경우	4점

4 (1) 문화적 편견과 차별은 지속가능한 미래를 위해 해결해야 할 과제 중 하나입니다.

(2) 다양한 문화를 체험할 수 있는 다양한 행사를 개최하여 문화적 편견과 차별을 해소할 수 있습니다.

채점 기준	
문화적 편견과 차별을 해소하기 위한 노력을 구체적으로 한 가지 알맞게 쓴 경우	8점

1 전기의 이용

1 전구에 불 켜기

😊 개념 확인 문제
7쪽

1 ⑤　　**2** ㉠, ㉢, (-)　　**3** ④, ⑤

1 전지, 전선, 전구가 끊기지 않게 연결되어 있고, 전구가 전지의 (+)극과 (-)극에 각각 연결되어 있어야 전구에 불이 켜집니다. ㉠은 전구의 한쪽에만 전선이 연결되어 있어서 불이 켜지지 않습니다. ㉢은 전구에서 나온 전선이 모두 전지의 (-)극에만 연결되어 있어서 불이 켜지지 않습니다.

2 ㉠은 전구가 전지의 (+)극에만 연결되어 있고, ㉢은 전구에 연결된 전선이 모두 전지의 (-)극에만 연결되어 있기 때문에 전구에 불이 켜지지 않습니다.

3 전기 회로에서 전기 부품끼리 끊김 없이 연결하고, 전구를 전지의 (+)극과 (-)극에 각각 연결해야 전구에 불이 켜집니다.

2 전구의 연결 방법에 따른 전구의 밝기

😊 개념 확인 문제
9쪽

1 ⑤　　**2** (1) ㉢, ㉣ (2) ㉠, ㉢
3 (1) ㉠, ㉢ (2) ㉢, ㉣　　**4** 병렬, 직렬

1 전기 회로에서 전구 두 개 이상을 여러 개의 줄에 나누어 한 개씩 연결한 것을 전구의 병렬연결이라고 합니다.

2 전구의 병렬연결이 전구의 직렬연결보다 전구가 더 밝습니다.

3 전기 회로에서 전구 두 개 이상을 한 줄로 연결하는 방법을 전구의 직렬연결, 전구 두 개 이상을 여러 개의 줄에 나누어 한 개씩 연결하는 방법을 전구의 병렬연결이라고 합니다.

4 전구 두 개를 여러 개의 줄로 나누어 한 개씩 연결한 병렬연결이 직렬연결보다 밝습니다.

3 전기를 절약하고 안전하게 사용하는 방법

😊 개념 확인 문제
11쪽

1 ㉢　　**2** ①, ②　　**3** ⑤

1 플러그를 뽑을 때 전선이 아닌 머리 부분을 잡고 뽑아야 합니다.

2 ③ 전선에 걸려 넘어지는 모습, ④ 전선이 어지럽게 꼬인 모습, ⑤ 전선을 잡아당겨 플러그 뽑는 모습은 전기를 위험하게 사용하는 경우입니다.

3 과전류 차단 장치는 집 밖에서 가정으로 들어오는 전기가 너무 세거나 집 안에 누전이 생길 때 가정의 전기 시설을 보호하는 역할을 합니다.

💡 실력 문제
12~13쪽

1 (1) 스위치 (2) 전구 끼우개　　**2** ③, ④　　**3** ③, ⑤
4 ㉢　　**5** ㉢　　**6** 병렬　　**7** ㉠ 직렬연결 ㉢ 병렬연결
8 ㉢　　**9** ②　　**10** 전구의 병렬연결　　**11** ①　　**12** ③

1 (1)은 전기 회로에 전기를 흐르게 하거나 흐르지 않게 하는 스위치이고, (2)는 전기 회로를 만들 때 전구를 끼워 사용하여 전선을 쉽게 연결하는 전구 끼우개입니다.

2 전구가 전지의 (+)극과 (-)극에 각각 연결되어 있어야 불이 켜집니다. ③은 전구의 한쪽에만 전선이 연결되어 있어서 불이 켜지지 않습니다. ④는 전구에서 나온 전선이 모두 전지의 (-)극에만 연결되어 있어서 불이 켜지지 않습니다.

3 전기 회로의 전구에 불이 켜지기 위해서는 전지, 전선, 전구를 끊기지 않게 연결해 전기 회로를 만들고, 전기 부품의 전기가 잘 흐르는 부분끼리 연결해야 하며, 전구는 전지의 (+)극과 (-)극에 각각 연결해야 합니다.

4 전구 두 개가 각각 다른 줄에 연결되어 있는 ㉢ 전기 회로가 전구 두 개가 같은 줄에 연결되어 있는 ㉠ 전기 회로보다 전구의 밝기가 더 밝습니다.

5 전구의 수가 같은 경우, 전지를 많이 연결할수록 전구의 밝기는 더 밝아집니다.

6 전구 두 개를 병렬연결한 전기 회로의 전구는 전구 한 개를 연결한 전기 회로의 전구와 밝기가 비슷합니다.

7 전기 회로에서 전구 두 개 이상을 한 줄로 연결하는 방법을 전구의 직렬연결, 전구 두 개 이상을 여러 개의 줄에 나누어 한 개씩 연결하는 방법을 전구의 병렬연결이라고 합니다.

8 전구의 병렬연결이 전구의 직렬연결보다 전구의 밝기가 더 밝습니다. 전구 두 개를 병렬연결한 전기 회로는 전구를 한 개 연결했을 때와 두 개 연결했을 때의 밝기가 비슷합니다.

9 전구의 직렬연결이 전구의 병렬연결보다 전구의 밝기가 더 어둡습니다. ②만 전구를 직렬연결한 것입니다.

10 전구의 병렬연결에서는 전구 한 개의 불이 꺼져도 나머지 전구의 불이 꺼지지 않습니다.

11 전기를 낭비하면 전기 요금이 많이 나오게 됩니다. 전기를 위험하게 사용하면 감전되거나 화재가 발생할 수 있습니다.

12 플러그를 뽑을 때에는 플러그의 머리 부분을 잡고 뽑아야 합니다. ① 물 묻은 손으로 전기 기구를 만지면 감전이 될 위험이 있습니다. ② 전선이 어지럽게 꼬여 있으면 걸려 넘어질 위험이 있습니다. ④ 전열 기구를 사용하지 않을 때에는 플러그를 뽑아 놓아야 전기가 흐르지 않습니다. ⑤ 전기를 안전하게 사용하기 위해서는 콘센트 한 개에 플러그 여러 개를 한꺼번에 꽂아서 사용하지 않아야 합니다.

4 전자석의 성질

1 ⑤   **2** ①, ④   **3** S극   **4** ①

1 전자석은 둥근머리 볼트와 같은 철심에 에나멜선을 여러 번 감아 만들 수 있습니다.

2 전자석은 전기가 흐를 때 자석의 성질을 나타내므로, 자석에 붙는 철로 된 물체가 전자석에 붙습니다.

3 전자석과 나침반 바늘은 자석이기 때문에 서로 다른 극끼리 끌어당깁니다. 그림에서 전자석 오른쪽 끝에 놓인 나침반 바늘이 S극이므로 철심 끝은 N극임을 알 수 있습니다. 따라서 전자석의 오른쪽 끝부분이 N극이므로, 머리 부분인 ㉠은 S극입니다.

4 전자석에 흐르는 전기의 방향을 바꾸면 전자석의 극이 바뀝니다. 전자석의 세기는 전지의 수와 관계 있습니다.

5 일상생활에서 전자석을 사용하는 예

1 (1) × (2) ○   **2** ⑤   **3** ㉠

1 전자석은 전기가 흐를 때만 자석의 성질을 띠고, 세기나 극을 바꿀 수 있습니다. 전자석의 성질을 이용하여 물체를 진동하게 하거나 회전하게 할 수 있습니다.

2 자기 부상 열차는 전자석을 이용해 전기가 흐르면 열차와 철로가 서로 밀어 내게 하여 열차가 철로 위에 떠서 이동합니다.

3 스피커는 전자석으로 얇은 판을 떨리게 하여 소리를 내고, 전기 자동차는 전자석으로 자동차 바퀴를 움직입니다. 형광등은 전기의 힘으로 빛을 내는 장치입니다.

1 ⑤   **2** ㉡, ㉢, ㉢, ㉠   **3** 붙고, 붙지 않는다   **4** ㉡
5 ㉡   **6** ㉡   **7** ②   **8** ㉢   **9** ③   **10** ④   **11** ㉡
12 ④

1 전자석도 자석이기 때문에 전기가 흐르는 전자석 주위에 나침반을 놓으면 나침반 바늘이 전자석을 향해 회전합니다.

2 전자석은 종이테이프를 감은 둥근머리 볼트에 에나멜선을 감고 전기 회로를 연결해 만듭니다. 이때 에나멜선의 양쪽 끝부분을 사포로 문질러 전기가 흐를 수 있게 합니다.

3 전자석은 전기가 흐를 때에만 자석의 성질을 갖기 때문에 스위치를 닫을 때에만 시침바늘이 전자석에 붙습니다.

4 전자석에 연결된 전지의 수가 많을수록 시침바늘이 많이 붙습니다.

5 전자석은 자석의 성질을 가지고 있기 때문에 철로 된 물체가 붙습니다. 못과 쇠 젓가락은 철로 된 물체이고, 연필은 철로 된 물체가 아닙니다.

6 전자석도 자석이기 때문에 전자석 주위에 나침반 바늘을 놓으면 나침반 바늘이 전자석을 향합니다.

7 전자석도 같은 극끼리 서로 밀어 내고, 다른 극끼리 서로 끌어당깁니다.

8 전자석은 전기가 흐를 때에만 자석의 성질을 띠며, 나침반은 자석의 성질을 이용한 것이지만 전자석을 나침반으로 이용하지는 않습니다.

9 스위치는 전자석이 사용되지 않습니다.

10 전자석 기중기를 사용하면 무거운 철제품을 전자석에 붙여 다른 장소로 쉽게 옮길 수 있습니다.

11 스피커는 전자석을 이용해 얇은 판을 떨게 하여 소리가 나게 하는 기구입니다.

12 선풍기와 머리 말리개는 공통적으로 바람을 이용한 기구입니다. 선풍기와 머리 말리개에 들어 있는 전자석은 날개를 회전시켜 바람을 일으킵니다.

단원
정리 **1** **전기의 이용** 20~21쪽

❶ 전지 ❷ (-)극 ❸ 병렬 ❹ 직렬 ❺ 끄거나
❻ 플러그 ❼ 젖은 ❽ 세기 ❾ 극 ❿ 자석 ⓫ 극

○✕ 1 ○ 2 ✕ 3 ✕ 4 ○ 5 ○ 6 ○ 7 ○
8 ✕ 9 ○ 10 ○

2 전기 회로에서 전지, 전구, 전선을 끊기지 않게 연결하고 전구를 전지의 (-)극에만 연결하면 전구에 불이 켜집니다.
└ (+)극과 (-)극에 각각

3 전기 회로에서 전구 두 개 이상을 한 줄로 연결하는 방법을 전구의 병렬연결이라고 합니다.
└ 직렬연결

8 전자석은 자석의 세기를 조절할 수 없습니다.
└ 있습니다.

💡 **단원 평가 1**회 22~24쪽

1 ⓛ, ⓗ **2** ⑤ **3** ㉠ **4** 예 전구에 연결된 전선이 모두 전지의 (-)극에만 연결되어 있기 때문이다. **5** (1) 직렬연결
(2) 병렬연결 **6** ㉠, ㉣ **7** ㉡ **8** ㉠, ㉢ **9** 예 전구가 병렬로 연결되어 있다. **10** ㉡ **11** 냉장고 **12** ①
13 ① **14** 자석 **15** ㉡ **16** ④ **17** ① **18** ③, ⑤ **19** ③
20 전기가 흐를 때에만 자석의 성질을 띠는 것을 이용해

1 여러 가지 전기 부품은 전기가 잘 흐르는 부분과 잘 흐르지 않는 부분으로 이루어져 있습니다.

2 전지, 전선, 전구가 끊기지 않게 연결하고, 전기 부품의 전기가 흐르는 부분끼리 연결해야 합니다. 또한 전구를 전지의 (+)극과 (-)극에 각각 연결해야 합니다.

3 ㉠은 전구에서 나온 전선이 모두 전지의 (-)극에만 연결되어 있습니다. 전지, 전선, 전구가 끊기지 않게 연결되어 있고, 전구를 전지의 (+)극과 (-)극에 각각 연결하면 전구에 불이 켜집니다.

4 전기 회로에서 전구에 불이 켜지기 위해서는 전구가 전지의 (+)극과 전지의 (-)극에 각각 연결되어 있어야 합니다.

채점 기준	
예시 답안과 같이 옳게 쓴 경우	5점
예시 답안과 의미는 비슷하지만 정확하게 쓰지 못한 경우	2점

5 전기 회로에서 전구 두 개 이상을 한 줄로 연결하는 방법을 전구의 직렬연결이라고 합니다. 전기 회로에서 전구 두 개 이상을 여러 개의 줄에 나누어 한 개씩 연결하는 방법을 전구의 병렬연결이라고 합니다. 전구의 병렬연결이 전구의 직렬연결보다 전구의 밝기가 더 밝습니다.

6 전구가 병렬로 연결되어 있는 전기 회로입니다. 전구 여러 개가 병렬로 연결된 전기 회로의 전구와 전구 한 개가 연결된 전기 회로의 전구는 밝기가 비슷합니다.

7 ㉠과 ㉢은 전구가 병렬로 연결되어 있고, ㉡은 전구가 직렬로 연결되어 있습니다. 전구의 직렬연결이 전구의 병렬연결보다 전구가 더 어둡습니다.

8 전구의 직렬연결에서는 전구 한 개의 불이 꺼지면 나머지 전구의 불이 꺼집니다. 하지만 전구의 병렬연결에서는 전구 한 개의 불이 꺼져도 나머지 전구의 불이 꺼지지 않습니다.

9 불이 켜진 전구와 불이 꺼진 전구는 병렬로 연결되어 있습니다.

채점 기준	
예시 답안과 같이 옳게 쓴 경우	5점
예시 답안과 의미는 비슷하지만 정확하게 쓰지 못한 경우	2점

10 다리미와 같은 전열기는 전기 소모량이 비교적 많은 전기 제품입니다. 따라서 전열기를 사용할 때 한 콘센트에 여러 전기 제품을 동시에 연결해서 사용하면 특히 위험합니다.

11 냉장고 문을 열어 놓고 물을 마시는 것은 에너지를 낭비하는 행동입니다. 냉장고 문은 필요한 것을 꺼낸 후 빠르게 닫아야 합니다.

12 전기를 절약하기 위해서는 냉장고에 음식을 적당히 넣고 세탁물은 모아서 세탁하며, 건물의 낮은 층을 갈 때에는 계단을 이용합니다.

13 플러그를 뽑을 때에는 플러그의 머리 부분을 잡고 뽑아야 합니다.

14 전자석은 전기가 흐를 때에만 자석의 성질을 띠고, 자석의 세기나 극을 바꿀 수 있습니다.

15 전지를 직렬로 많이 연결할수록 전자석의 세기가 세어집니다.

16 전자석의 양 끝에 나침반을 놓고 스위치를 닫으면 나침반 바늘이 전자석을 향하고, 스위치를 누르고 있던 손을 놓으면 나침반 바늘이 다시 남북을 가리킵니다.

17 전자석과 영구 자석은 모두 철로 된 물체를 끌어당기고, N극과 S극이 있습니다. 극을 바꿀 수 있고, 자석의 세기를 조절하고 전기가 흐를 때에만 자석의 성질을 갖는 것은 전자석입니다.

18 선풍기는 전자석으로 날개를 회전시켜 바람을 일으키고, 전기 자동차는 전자석으로 자동차 바퀴를 움직입니다.

19 전동기를 이용해 바람을 일으키는 선풍기에 대한 설명입니다.

20 전자석 기중기는 전자석이 전기가 흐를 때 자석의 성질을 띠는 것을 이용해 무거운 철제품을 앞부분에 붙인 후 다른 곳으로 이동해 전기가 흐르지 않게 하여 철제품을 내려놓는 기구입니다.

💡 단원 평가 2회   25~27쪽

1 ④   **2** ⑺ ㉠ ⑷ ㉡   **3** ④, ⑤   **4** ㉢   **5** ㉠   **6** ⑩ 전기 회로에서 ㉡은 전구 두 개가 두 개의 줄에 나누어 한 개씩 연결되어 있다.   **7** 병렬, 병렬   **8** ①, ⑤   **9** 화재   **10** ①
11 끄고, 닫는다, 줄인다   **12** ④   **13** ⑩ 전자석에 전기가 흘러 자석의 성질을 띠기 때문에 시침바늘이 전자석에 붙는다.
14 ㉡   **15** 세진다   **16** ㉡   **17** ㉠, ㉡   **18** ①, ⑤   **19** ②, ⑤
20 ㉠, ㉢

1 전지, 전선, 전구 등 전기 부품을 서로 연결해 전기가 흐를 수 있게 만든 것을 전기 회로라고 하며, 전기 회로에서는 전기가 흐릅니다.

---

2 전기 회로에서 전구에 불이 켜지기 위해서는 전구가 전지의 (+)극과 전지의 (−)극에 각각 연결되어 있어야 합니다.

3 전구에 불을 켜기 위해서는 전지, 전선, 전구가 끊기지 않게 연결되어 있고, 전구가 전지의 (+)극과 전지의 (−)극에 각각 연결되어 있어야 합니다.

4 전구의 연결 방법을 직렬연결과 병렬연결 등으로 바꾸면 전구의 밝기가 달라집니다. 직렬로 연결했을 때보다 병렬로 연결했을 때 더 밝습니다.

5 ㉠은 전구의 직렬연결이고, ㉡은 전구의 병렬연결입니다. 전구의 병렬연결이 전구의 직렬연결보다 전구의 밝기가 더 밝습니다.

6 전구의 병렬연결이 전구의 직렬연결보다 전구의 밝기가 더 밝습니다.

채점 기준

예시 답안과 같이 옳게 쓴 경우	5점
예시 답안과 의미는 비슷하지만 정확하게 쓰지 못한 경우	2점

7 전구의 직렬연결에서는 전구 한 개의 불이 꺼지면 나머지 전구의 불이 꺼집니다.

8 전구의 병렬연결에서는 한 전구의 불이 꺼져도 다른 쪽 길에 전기가 흐르기 때문에 스위치를 닫으면 나머지 전구에는 불이 켜집니다. 또한 전구가 병렬로 연결되어 있기 때문에 전구 한 개를 빼내도 전구의 밝기가 변하지 않습니다.

9 콘센트 한 개에 여러 개의 플러그를 꽂으면 전기 과열로 인해 화재가 발생할 수 있습니다.

10 콘센트 덮개는 콘센트에 물이 들어가지 않게 하는 역할을 하기 때문에 물을 자주 사용하는 욕실에서 사용하기에 알맞습니다.

11 전기를 절약하기 위해서는 전기를 적게 사용해야 합니다. 사용하지 않는 전등, 전기 제품을 끄고, 에어컨을 켤 때 문을 닫으며, 컴퓨터나 텔레비전의 사용 시간을 줄이면 전기를 적게 사용하게 됩니다.

12 ①과 ③은 전기를 위험하게 사용하는 경우, ②는 전기를 절약하는 경우, ⑤는 전기를 안전하게 사용하는 경우입니다.

13 전자석은 전기가 흐를 때에만 자석의 성질을 띠기 때문에 스위치를 닫으면 전자석이 자석의 성질을 띠게 됩니다.

채점 기준

예시 답안과 같이 옳게 쓴 경우	5점
예시 답안과 의미는 비슷하지만 정확하게 쓰지 못한 경우	2점

14 전자석의 세기가 셀수록 시침바늘이 전자석에 많이 붙습니다.

15 전자석에 연결한 전지의 수가 많을수록 전자석의 세기는 세집니다.

16 전자석은 전기가 흐를 때에만 자석의 성질을 띠므로, 스위치를 닫은 경우 나침반 바늘이 전자석을 향하게 됩니다.

17 전자석의 양쪽 끝부분에 시침바늘이 많이 붙은 모습입니다. 이 실험으로 전기가 흐르는 전자석은 철로 된 물체를 끌어당기고, 특히 양쪽 끝부분이 철로 된 물체를 세게 끌어당긴다는 것을 알 수 있습니다.

18 전자석은 전기가 흐를 때에만 자석의 성질을 가지며, 극을 바꿀 수 있습니다. 전자석과 영구 자석은 모두 두 개의 극이 있고 철로 된 물체가 달라붙는 공통점이 있습니다.

19 헤드폰은 전자석으로 얇은 판을 떨리게 하여 소리를 내고, 자기 부상 열차는 전자석을 이용해 전기가 흐르면 열차와 철로가 서로 밀어 내게 하여 열차가 철로 위에 떠서 이동합니다.

20 선풍기와 머리 말리개는 공통적으로 바람을 이용한 기구입니다. 선풍기와 머리 말리개에 들어 있는 전자석은 날개를 회전시켜 바람을 일으킵니다.

📜 **서술형 익히기**   28~29쪽

개념1 **1** ① 전지 ② (+)극, (−)극 ③ 전기가 흐르는 부분
2 (+)극과 (−)극에 각각   **3** 해설 참조
개념2 **4** ① 직렬연결 ② 병렬연결 ③ 밝습니다
5 직렬연결한 전구보다 더 밝기, ㉠ 전기 회로   **6** 해설 참조, ㉔ 전기 회로에서 병렬연결한 전구가 직렬연결한 전구보다 더 밝기 때문입니다.
개념3 **7** ① 흐를 ② 극 ③ 개수   **8** 전지의 개수를 더 많게 하면 전자석의 세기가 세어져서   **9** ㉔ 영구 자석은 극을 바꿀 수 없지만 전자석은 극을 바꿀 수 있고, 영구 자석은 세기를 바꿀 수 없지만 전자석은 세기를 바꿀 수 있습니다.

---

1 전구에 불을 켜기 위해서는 전지, 전구, 전선이 끊기지 않게 연결되어 있어야 하며, 전구가 전지의 (+)극과 전지의 (−)극에 각각 연결되어 있어야 합니다.

2 전구에 불이 켜지기 위해서는 전구가 전지의 (+)극과 (−)극에 각각 연결되어 있어야 합니다.

3 ㉔

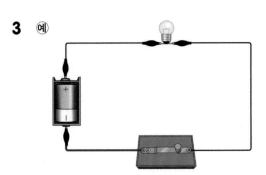

전기 회로에 연결한 전지, 전구, 스위치, 전선이 끊기지 않게 연결되어 있고, 전기 회로에 전기가 흐르면 전구에 불이 켜집니다.

4 전구를 직렬연결했을 때보다 병렬연결했을 때 전구의 밝기가 더 밝습니다.

5 병렬연결한 전구는 직렬연결한 전구보다 더 밝고, 에너지 소비도 더 많습니다.

6 ㉔

전구 2개와 전지 2개, 스위치 1개를 이용해 전구가 병렬연결된 전기 회로를 그리면 됩니다. 전구를 병렬연결하면 직렬연결한 전구보다 더 밝습니다.

7 전자석은 전기가 흐를 때에만 자석의 성질을 가지며, 전기가 흐르는 방향을 바꾸면 극이 바뀝니다. 또한 전지의 개수가 많을수록 세기가 세어집니다.

8 전자석에 연결한 전지의 수가 많을수록 전자석의 세기는 세집니다.

9 영구 자석은 항상 자석의 성질이 나타나지만, 전자석은 전기가 흐를 때에만 자석의 성질이 나타납니다.

1 (1) ㉠ (2) **예** 전구가 전지의 (+)극에만 연결되어 있기 때문이다.   **2** (1) ㉡ (2) **예** ㉠ 전기 회로의 전구는 불이 꺼지고, ㉡ 전기 회로의 전구는 불이 꺼지지 않는다.   **3** 병렬로 연결되어 있다. **예** 형광등 한 개가 꺼져도 나머지 형광등은 불이 꺼지지 않아야 하기 때문이다.   **4** (1) 경일 (2) **예** 물 묻은 손으로 전기 제품을 만지지 않는다.   **5** ㉢, **예** 에어컨을 켤 때에는 문을 닫아 놓는다.   **6** **예** 스마트 기기: 전자석으로 스마트 기기를 진동시켜 소리를 낸다. 머리 말리개: 전자석으로 날개를 회전시켜 바람을 만들어 낸다. 등   **7** **예** 전지를 직렬로 더 많이 연결한다.   **8** **예** 전자석은 철로 된 물체를 끌어당기는 성질이 있다. 전자석의 양쪽 끝부분에 철로 된 물체가 많이 붙는다.   **9** (1) **예** 나침반 바늘이 전자석을 가리킨다. (2) **예** 전자석은 영구 자석과는 달리 전기가 흐를 때에만 자석의 성질이 나타난다.

1 전구에 불이 켜지기 위해서는 전기 회로에서 전구가 전지의 (+)극과 전지의 (−)극에 각각 연결되어야 합니다.

채점 기준	
(1), (2)를 모두 옳게 쓴 경우	12점
(1)만 옳게 쓴 경우	2점
(2)만 옳게 쓴 경우	10점

2 전구의 직렬연결에서는 전구 한 개의 불이 꺼지면 나머지 전구의 불이 꺼지지만, 전구의 병렬연결에서는 전구 한 개의 불이 꺼져도 나머지 전구의 불은 꺼지지 않습니다.

채점 기준	
(1), (2)를 모두 옳게 쓴 경우	12점
(1)만 옳게 쓴 경우	2점
(2)만 옳게 쓴 경우	10점

3 집이나 사무실의 전등은 병렬로 연결되어 있기 때문에 한 개가 꺼져도 나머지 전등은 꺼지지 않습니다.

채점 기준	
전구의 연결 방법과 그렇게 생각한 까닭을 모두 옳게 쓴 경우	8점
전구의 연결 방법만 옳게 쓴 경우	3점

4 물 묻은 손으로 전기 제품을 만지면 감전되기 쉽습니다.

채점 기준	
(1), (2)를 모두 옳게 쓴 경우	12점
(1)만 옳게 쓴 경우	2점
(2)만 옳게 쓴 경우	10점

5 에어컨을 켤 때 문을 열어 놓으면 실내 온도가 낮아지지 않아 에어컨이 계속 가동되어 전기가 낭비됩니다.

채점 기준	
기호와 방법을 모두 옳게 쓴 경우	8점
기호만 옳게 쓴 경우	3점

6 선풍기와 머리 말리개는 전자석으로 날개를 회전시켜 바람을 일으키고, 스마트 기기는 전자석으로 소리의 떨림을 만들어 소리를 전달합니다.

채점 기준	
전자석을 이용한 제품을 쓰고, 그 원리를 옳게 설명한 경우	8점
전자석을 이용한 제품만 옳게 쓴 경우	3점

7 직렬로 연결된 전지의 개수가 많을수록 전자석의 세기가 세어지기 때문에 시침바늘이 더 많이 붙습니다.

채점 기준	
예시 답안과 같이 옳게 쓴 경우	8점
예시 답안과 의미는 비슷하지만 정확하게 쓰지 못한 경우	3점

8 전자석의 양쪽 끝부분에 시침바늘이 많이 붙은 모습입니다. 이 실험으로 전기가 흐르는 전자석은 철로 된 물체를 끌어당기고, 특히 양쪽 끝부분이 철로 된 물체를 세게 끌어당긴다는 것을 알 수 있습니다.

채점 기준	
두 가지를 모두 옳게 쓴 경우	8점
한 가지만 옳게 쓴 경우	4점

9 (1) 전기 회로의 스위치를 누르면 나침반 바늘이 전자석의 양쪽 끝을 가리키게 됩니다.
(2) 전자석은 영구 자석과는 달리 전기가 흐를 때에만 자석의 성질이 나타납니다.

채점 기준	
(1), (2)를 모두 옳게 쓴 경우	12점
(1)만 옳게 쓴 경우	6점
(2)만 옳게 쓴 경우	6점

과학

1 (1) ㉡, ㉣ (2) ㉠, ㉢ 2 (1) 예 전구 두 개가 각각 다른 줄에 나누어 한 개씩 연결되어 있다. (2) 예 전구 두 개가 한 줄로 연결되어 있다. 3 예 ㉠과 ㉢ 전기 회로의 전구 끼우개에 연결된 전구 한 개를 빼내면 나머지 전구의 불이 꺼지지만, ㉡과 ㉣ 전기 회로는 전구 끼우개에 연결된 전구 한 개를 빼내어도 나머지 전구의 불이 켜진다.

1 전구의 연결 방법에 따라 전구의 밝기가 다르며, 전구 두 개를 한 줄로 연결한 ㉠과 ㉢의 전구의 밝기가 비슷하고, 전구 두 개를 각각 다른 줄에 나누어 한 개씩 연결한 ㉡과 ㉣의 전구의 밝기가 비슷합니다.

2 전구 두 개를 한 줄로 연결한 전구의 직렬연결의 경우가 전구 두 개를 각각 다른 줄에 나누어 한 개씩 연결한 전구의 병렬연결의 경우보다 전구의 밝기가 어둡습니다.

3 전구의 직렬연결에서는 전구 한 개의 불이 꺼지면 나머지 전구의 불이 꺼집니다. 하지만 전구의 병렬연결에서는 전구 한 개의 불이 꺼져도 나머지 전구의 불이 꺼지지 않습니다.

1 해설 참조 2 예 플러그를 뽑을 때 전선을 잡아당기지 않는다. 사용하지 않는 전기 제품의 플러그를 빼 놓는다. 콘센트 한 개에 플러그 여러 개를 한꺼번에 꽂아서 사용하지 않는다. 등 3 예 전기를 위험하게 사용하면 감전되거나 화재가 발생할 수 있기 때문이다. 전기를 절약하지 않으면 자원이 낭비되고 환경 문제가 발생할 수 있기 때문이다.

1 예

전선이 어지럽게 꼬여 있고 전선이 길게 되어 있어 걸려 넘어집니다. 콘센트 한 개에 여러 개가 꽂혀 있으며, 사용하지 않는 전기 제품을 켜 놓고 플러그를 콘센트에 꽂아 놓았습니다. 또한 플러그의 머리 부분을 잡지 않고 플러그를 뽑고 있습니다.

2 전선에 걸려 넘어지지 않도록 전선을 길게 늘어뜨리지 않아야 합니다. 전기를 안전하게 사용하기 위해서는 콘센트 한 개에 플러그 여러 개를 꽂아서 사용하지 않아야 하며, 플러그를 뽑을 때에는 머리 부분을 잡고 뽑습니다.

3 전기를 안전하게 사용하지 않으면 감전 사고나 전기 화재 등이 발생할 수 있습니다. 그러므로 전기 제품을 안전하게 사용하는 방법을 알고 전기 안전 수칙에 따라 전기를 사용해야 합니다. 전기를 절약하지 않으면 자원이 낭비되고 환경 문제가 발생할 수 있습니다. 그러므로 우리 생활에서 불필요한 전기 사용을 줄이고 효율이 높은 전기 제품을 사용해야 합니다.

1 예 전지 한 개를 연결했을 때보다 전지 두 개를 직렬로 연결했을 때 시침바늘이 더 많이 붙는다. 2 예 전지의 극을 반대로 연결하면 전기가 흐르는 방향이 바뀌면서 전자석의 극이 바뀐다. 따라서 나침반 바늘도 반대로 움직인다. 3 예 전자석은 영구 자석과 달리 전자석의 세기를 조절할 수 있다. 전자석은 영구 자석과 달리 전기가 흐르는 방향이 바뀌면 전자석의 극이 바뀐다.

1 직렬로 연결된 전지의 개수를 달리하면 전자석의 세기를 조절할 수 있으며, 직렬로 전지를 많이 연결할수록 전자석의 세기가 세어져서 시침바늘이 더 많이 붙습니다.

2 전기 회로에서 전기가 흐르는 방향이 바뀌면 전자석의 극도 반대로 바뀝니다.

3 전자석은 영구 자석과 달리 전기가 흐를 때에만 전자석의 성질이 나타나며, 자석의 세기를 조절할 수 있고 전기가 흐르는 방향이 바뀌면 전자석의 극이 바뀝니다.

2 계절의 변화

1 하루 동안 태양 고도, 그림자 길이, 기온 측정하기

1 ㉠   **2** (1) × (2) ○ (3) ○   **3** ㉠

1 태양 고도는 태양이 지표면과 이루는 각입니다. 태양 고도는 실을 연결한 막대기를 지표면에 수직으로 세우고 막대기의 그림자 끝과 실이 이루는 각을 측정해서 구합니다.

2 태양 고도 측정기는 햇빛이 잘 비치는 곳에 설치하여 막대기의 그림자가 선명하게 나타나게 합니다.

3 태양 고도는 태양이 지표면과 이루는 각으로, 태양이 지표면과 이루는 각이 작을수록 태양 고도가 낮은 것입니다.

2 하루 동안 태양 고도, 그림자 길이, 기온의 관계

1 ㉢   **2** 그림자 길이   **3** 12시 30분, 14시 30분
4 ①

1 하루 중 태양이 정남쪽에 위치하면 태양이 남중했다고 합니다. 태양의 남중 고도는 태양이 남중했을 때의 고도로, 이때 태양 고도는 하루 중 가장 높습니다.

2 태양 고도 그래프와 모양이 다른 그래프는 그림자 길이 그래프이고, 태양 고도 그래프와 모양이 비슷한 그래프는 기온 그래프입니다.

3 꺾은선그래프의 세로축 값이 가장 높은 점의 측정 시각을 찾아봅니다.

4 그림자 길이는 태양 고도가 가장 높은 시각인 낮 12시 30분 무렵에 가장 짧습니다. 따라서 태양 고도가 높아지면 그림자 길이는 짧아집니다.

3 계절에 따른 태양의 남중 고도와 낮과 밤의 길이, 기온의 관계

1 ㉠   **2** ㉢   **3** 여름   **4** 짧아

1 ㉠ 겨울에 태양의 남중 고도가 가장 낮습니다. ㉡은 봄과 가을, ㉢은 여름의 태양의 움직임입니다.

2 겨울에 태양의 남중 고도가 가장 낮고, 봄, 가을에 태양의 남중 고도는 여름과 겨울의 중간 정도입니다.

3 낮의 길이는 여름에 가장 길고, 겨울에 가장 짧습니다.

4 태양의 남중 고도가 높아지면 밤의 길이가 짧아지고, 태양의 남중 고도가 낮아지면 밤의 길이가 길어집니다.

1 ㉠ 그림자 길이, ㉡ 태양 고도   **2** ①   **3** ⑤   **4** ㉡,
㉢, ㉠   **5** ③   **6** ②   **7** ③   **8** 높아지고, 있다   **9**
㉢   **10** ⑤   **11** ㉠ 여름, ㉡ 겨울   **12** ②

1 막대기의 그림자 길이를 측정하고, 그림자 끝과 실이 이루는 각인 태양 고도를 측정합니다.

2 태양 고도는 태양이 지표면과 이루는 각의 크기로 나타냅니다.

3 하루 동안 태양 고도는 오전에 점점 높아지다가 낮 12시 30분 무렵에 가장 높고 그 이후부터는 다시 점점 낮아집니다. 태양의 높이는 태양 고도를 이용하여 나타내므로 태양이 높이 떠 있을수록 태양 고도가 높습니다.

4 태양 고도는 태양의 높이를 나타냅니다. 따라서 태양 고도는 ㉡이 가장 높고, ㉢, ㉠ 순서로 낮습니다.

5 하루 동안 그림자 길이는 오전에 점점 짧아지다가 낮 12시 30분 무렵에 가장 짧습니다. 오후에는 점점 길어집니다.

6 하루 중 태양이 정남쪽에 위치하면 태양이 남중했다고 합니다. 태양이 남중했을 때 태양 고도는 하루 중 가장 높고, 그림자 길이는 하루 중 가장 짧습니다. 계절에 따라 태양의 남중 고도는 달라집니다.

7 태양 고도가 높아지면 그림자 길이가 짧아집니다.

8 태양 고도가 높아지면 기온은 높아집니다. 하지만 지표면이 데워져 공기의 온도가 높아지는 데에는 시간이 걸리므로 태양 고도가 높아지는 것보다 기온은 늦게 올라갑니다.

9 ㉠ 겨울에 태양의 남중 고도가 가장 낮습니다. ㉡ 봄과 가을에 태양의 남중 고도는 여름과 겨울의 중간입니다. ㉢ 여름에 태양의 남중 고도가 가장 높습니다.

10 겨울에 태양의 남중 고도가 가장 낮고, 밤의 길이가 가장 길고, 기온이 가장 낮습니다.

11 여름에 낮의 길이가 가장 길고, 겨울에 낮의 길이가 가장 짧습니다.

12 태양의 남중 고도가 높아질수록 낮의 길이도 길어집니다. 태양의 남중 고도는 여름에 가장 높고, 겨울에 가장 낮으며, 봄과 가을은 중간 정도입니다.

4 태양의 남중 고도에 따른 기온 변화

😊 **개념 확인 문제**   45쪽

1 태양   **2** ④   **3** ㉡

4 (1) ◯ (2) ✕ (3) ◯

1 전등은 태양을 나타내고 전등과 모래가 이루는 각은 태양의 남중 고도를 나타냅니다.

2 전등과 모래가 이루는 각을 다르게 하여 모래의 온도를 측정하는 실험입니다.

3 전등과 모래가 이루는 각이 클 때 좁은 면적을 비추기 때문에 일정한 면적에 도달하는 에너지의 양이 많습니다. 따라서 ㉡ 전등과 모래가 이루는 각이 클 때 모래의 온도가 더 많이 올라갔습니다.

4 태양의 남중 고도가 높아지면 일정한 면적의 지표면에 도달하는 태양 에너지양이 많아집니다. 지표면에 도달하는 태양 에너지양이 많아지면 지표면이 더 많이 데워져 기온이 높아집니다. 겨울에는 태양의 남중 고도가 낮아 기온이 낮습니다.

5 계절이 변하는 까닭

😊 **개념 확인 문제**   47쪽

1 ③   **2** 없다.   **3** ㉡   **4** ㉠

1 지구 자전축의 기울기가 계절의 변화에 영향을 주는지 알아보는 실험으로, 지구본의 자전축 기울기를 다르게 합니다.

2 지구본의 자전축이 수직인 채 공전하면 지구본의 위치에 따라 태양의 남중 고도는 변화가 없습니다.

3 지구본의 자전축이 기울어진 채 공전할 때 지구본의 위치에 따라 태양의 남중 고도가 달라집니다. 따라서 ㉡에서 계절의 변화가 있습니다.

4 지구가 ㉠ 위치에 있을 때 태양의 남중 고도가 높기 때문에 일정한 면적에 도달하는 태양 에너지양이 많아 기온이 높아지므로 여름입니다.

💡 **실력 문제**   48~49쪽

1 ③, ④   **2** ④   **3** ㉠ (개), ㉡ (내)   **4** ③   **5** ㉠   **6** ④   **7** ⑤   **8** ③   **9** ㉠   **10** ③   **11** ㉠   **12** ②, ④

1 전등과 모래가 이루는 각에 따른 모래의 온도 변화를 알아보는 실험이므로 전등과 모래가 이루는 각을 다르게 하고, 나머지 조건은 모두 같게 합니다.

2 전등을 태양, 모래를 지표면으로 하면 전등과 모래가 이루는 각은 태양의 남중 고도입니다.

3 전등과 모래가 이루는 각이 클 때 모래의 온도가 더 많이 올라갑니다.

4 태양의 남중 고도에 따라 기온이 다르다는 것을 알 수 있습니다.

5 태양의 남중 고도가 높아지면 일정한 면적의 지표면에 도달하는 태양 에너지양이 많습니다.

6 태양의 남중 고도가 높아지면 일정한 면적의 지표면에 도달하는 태양 에너지양이 많습니다. 지표면에 도달하는 태양 에너지양이 많아지면 지표면이 더 많이 데워져 기온이 높아집니다.

7 태양의 남중 고도가 높을수록 같은 넓이의 지표면이 받는 태양 에너지양이 많아져 기온이 높아집니다.

8 지구본의 자전축이 수직인 채 공전할 때 태양의 남중 고도는 변화가 없습니다.

9 겨울에 태양의 남중 고도가 가장 낮으므로, 기온이 가장 낮습니다.

10 ㉠ 위치에 있을 때 태양의 남중 고도가 높고, 여름입니다.

11 지구본이 (개)에서 (내)로 이동할 때 태양의 남중 고도가 높아졌습니다. 따라서 기온이 높아지고, 낮의 길이가 길어지고, 계절이 변합니다.

12 지구의 자전축이 공전 궤도면에 대해 기울어진 채 태양 주위를 공전하기 때문에 계절이 변합니다.

단원 정리 2 계절의 변화
50쪽

❶ 지표면 ❷ 낮 12시 30분 ❸ 길어 ❹ 낮아 ❺ 늦습
❻ 높 ❼ 길 ❽ 짧습 ❾ 늦습 ❿ 낮 ⓫ 짧으
⓬ 길 ⓭ 낮 ⓮ 많아 ⓯ 기울어진 채 ⓰ 공전

OX 1○ 2✕ 3○ 4✕ 5✕ 6○ 7○
8○ 9○ 10✕

2 기온이 가장 높은 때는 태양 고도가 가장 높은 <u>때와 같습</u>
니다.
└➤ 때보다 늦습니다.
4 밤의 길이는 여름에 가장 깁니다.
└➤ 겨울
5 태양의 남중 고도가 높아질수록 기온은 대체로 <u>낮아집니다</u>.
└➤ 높아집니다.
10 지구 자전축이 기울어진 방향이 태양을 향하는 위치에서
는 태양의 남중 고도가 <u>낮습니다</u>.
└➤ 높습니다.

💡 단원 평가 1회
52~54쪽

1 태양 고도 **2** ⑤ **3** ㉠ **4** ② **5** ㉠ 그림자 길이, ㉡
태양 고도, ㉢ 기온 **6** 예 태양 고도가 높아지면 기온이 높아
지며, 태양 고도가 가장 높은 때와 기온이 가장 높은 때는 시간
차이가 있다. **7** ⑤ **8** ③ **9** ② **10** ㉠ 여름, ㉡ 겨울
11 예 태양의 남중 고도는 낮아진다. 7월부터 12월까지 태양의
남중 고도가 낮아지기 때문이다. **12** 진도 **13** ③ **14** 낮
아진다, 짧아지며, 길어지고, 낮아진다 **15** ④ **16** ㉡ **17**
④ **18** ⑤ **19** ① **20** 예 태양의 남중 고도가 달라지지
않아 계절의 변화가 생기지 않는다.

1 태양 고도는 태양이 떠 있는 높이를 태양이 지표면과 이루
는 각으로 나타낸 것입니다.

2 태양 빛은 지구에 평행으로 오기 때문에 막대기의 길이가
길어지면 그림자의 길이도 길어져 태양 고도에는 변화가
없습니다.

3 태양과 지표면이 이루는 각이 클수록 태양이 높이 떠 있다
는 것입니다.

4 하루 동안 기온은 일정한 시간 간격으로 백엽상에서 측정
하는 것이 좋습니다. 주변에 백엽상이 없다면 나무 그늘의
1.5 m 높이에 온도계를 매달아 기온을 측정합니다.

5 하루 동안 태양 고도는 낮 12시 30분 무렵에 가장 높고,
그림자 길이는 낮 12시 30분 무렵에 가장 짧습니다. 기온
은 14시 30분 무렵에 가장 높습니다.

6 태양 고도 그래프와 기온 그래프는 모양이 비슷하며, 기온
은 태양 고도보다 더 늦게 최고 기온에 도달합니다.

채점 기준	
예시 답안과 같이 옳게 쓴 경우	5점
예시 답안과 의미는 비슷하지만 정확하게 쓰지 못한 경우	2점

7 하루 동안 태양 고도는 오전에 점점 높아져 낮 12시 30분
무렵에 가장 높고, 이후로 점점 낮아집니다.

8 태양이 남중했다고 하는 것은 하루 중 태양이 남쪽 하늘의
중앙에 왔다는 것을 의미합니다.

9 태양의 남중 고도는 하루 중 태양 고도가 가장 높은 때로,
물체의 그림자 길이가 가장 짧아질 때 측정할 수 있습니다.

10 여름에 태양의 남중 고도가 가장 높고, 겨울에 태양의 남
중 고도가 가장 낮습니다.

11 태양의 남중 고도는 6~7월에 가장 높고, 12~1월에 가장
낮습니다.

채점 기준	
태양의 남중 고도 변화와 그 까닭을 모두 옳게 쓴 경우	5점
태양의 남중 고도 변화만 옳게 쓴 경우	2점

12 여름에는 낮의 길이가 길고, 겨울에는 낮의 길이가 짧습
니다.

13 낮의 길이는 겨울(12~1월)에 가장 짧으므로, 그후부터 여
름(6~7월)까지는 낮의 길이가 길어집니다.

14 태양의 남중 고도는 겨울에 가장 낮고 여름에 가장 높습니
다. 따라서 여름에서 겨울로 갈수록 태양의 남중 고도는
낮아지고, 낮의 길이는 짧아지며 밤의 길이는 길어지고,
기온은 낮아집니다.

15 전등과 모래가 이루는 각은 태양의 남중 고도를 나타냅
니다.

16 전등과 모래가 이루는 각이 작을 때는 겨울, 전등과 모래
가 이루는 각이 클 때는 여름입니다.

17 겨울에는 태양의 남중 고도가 낮아 일정한 면적의 지표면
에 도달하는 태양 에너지양이 적으므로 기온이 낮습니다.

18 지구 자전축의 기울기는 계절에 따라 변하지 않습니다.

19 지구본의 자전축이 기울어진 채 태양(전등) 주위를 공전하기 때문에 지구본의 위치에 따라 태양의 남중 고도가 달라지고 낮의 길이와 기온이 달라져 계절의 변화가 생깁니다.

20 지구의 자전축이 수직인 채 공전하면 태양의 남중 고도가 변하지 않아 기온의 변화가 없고 계절의 변화가 없습니다.

채점 기준

계절의 변화 내용과 그 까닭을 모두 옳게 쓴 경우	5점
계절의 변화 내용만 옳게 쓴 경우	2점

🔆 단원 평가 2회 55~57쪽

1 ©, ©, ©, ⑦ **2** © **3** ② **4** ⑤ **5** ② **6** ①, ⑤
7 ⑤ **8** ④ **9** 겨울 **10** © **11** ⑦ **12** ⓔ 낮의 길이는 여름에 가장 길고, 겨울에 가장 짧다. **13** ① **14** © **15** (가) **16** ⓔ 여름에는 기온이 높고, 겨울에는 기온이 낮다. 계절에 따라 태양의 남중 고도가 달라지기 때문이다. **17** ① **18** ④ **19** ③ **20** ⑤

1 태양 고도 측정기를 평평한 곳에 놓고, 막대기의 그림자를 조정한 뒤 각도기 중심을 그림자 끝에 맞추어 그림자 끝과 실이 이루는 각을 측정합니다.

2 태양 고도는 그림자 끝과 실이 이루는 각을 측정합니다.

3 하루 동안 태양 고도는 낮 12시 30분 무렵에 가장 높습니다.

4 태양의 높이를 나타낸 것이 태양 고도이므로, 태양 고도가 높을수록 태양이 높이 떠 있다는 것입니다.

5 하루 중 태양 고도가 가장 높은 때와 기온이 가장 높은 때는 차이가 나고, 태양 고도가 높아질수록 기온은 높아집니다.

6 하루 동안 그림자 길이는 오전에 점점 짧아져 낮 12시 30분 무렵에 가장 짧습니다. 태양 고도가 높아지면 그림자 길이는 짧아지고, 기온은 높아집니다.

7 지표면은 태양 고도가 높을 때 많이 데워집니다. 하지만 지표면이 데워지고, 데워진 지표면에 의해 공기의 온도가 높아지는 데에는 시간이 걸립니다.

8 태양이 남중했을 때 그림자의 방향은 정북쪽을 향하고, 이때 하루 중 태양 고도가 가장 높습니다.

9 겨울에는 태양의 남중 고도가 가장 낮고, 낮의 길이가 가장 짧으며, 기온이 가장 낮습니다.

10 ⑦은 겨울, ©은 봄과 가을, ©은 여름입니다. 여름에 태양의 남중 고도가 가장 높습니다.

11 태양의 남중 고도가 낮으면 낮의 길이가 짧아지고 기온이 낮아집니다.

12 낮의 길이가 가장 긴 계절은 여름이고, 가장 짧은 계절은 겨울입니다.

채점 기준

예시 답안과 같이 옳게 쓴 경우	5점
예시 답안과 의미는 비슷하지만 정확하게 쓰지 못한 경우	2점

13 태양의 남중 고도가 높아지면 일정한 면적의 지표면에 도달하는 태양 에너지양이 많아지기 때문에 기온이 높아집니다.

14 전등과 모래가 이루는 각이 클 때 모래의 온도가 더 많이 올라갑니다.

15 전등과 모래가 이루는 각이 클 때 좁은 면적을 비추기 때문에 일정한 면적에 도달하는 에너지양이 많습니다.

16 태양의 남중 고도가 높아지면 일정한 면적의 지표면에 도달하는 태양 에너지양이 많아지기 때문에 기온이 높습니다.

채점 기준

여름과 겨울의 기온을 옳게 비교하고, 그 까닭을 옳게 쓴 경우	5점
여름과 겨울의 기온을 비교하는 것만 옳게 쓴 경우	2점

17 지구본의 자전축이 수직일 때 지구본의 위치가 달라져도 태양의 남중 고도는 변하지 않습니다.

18 지구의 자전 방향은 달라지지 않습니다.

19 낮과 밤은 지구의 자전으로 나타나는 현상입니다. 지구의 자전축이 수직인 채 공전하면 태양의 남중 고도가 변하지 않으므로 낮의 길이 변화, 기온 변화, 계절의 변화가 나타나지 않습니다.

20 지구의 자전축이 공전 궤도면에 대해 기울어진 채 공전하기 때문에 지구의 위치에 따라 태양의 남중 고도가 달라지고 기온과 낮의 길이가 달라져 계절의 변화가 생깁니다.

개념1 **1** ① 각 ② 짧아지고, 높아집니다　**2** ⓒ, ㉠, 낮고, 그림자 길이가 길고, 기온이 낮기　**3** ⑳ 태양 고도가 높아질 때 그림자 길이는 짧아지고, 기온은 대체로 높아집니다. 태양 고도가 낮아질 때 그림자 길이는 길어지고, 기온은 대체로 낮아집니다.

개념2 **4** ① 여름, 겨울 ② 겨울, 여름　**5** 여름, 여름, 높을수록 낮의 길이는 길어집니다　**6** ⑳ 지표면이 데워져 공기의 온도가 높아지는 데 시간이 걸리기 때문입니다.

개념3 **7** ① 없습니다 ② 기울어진　**8** 지구본의 위치가 달라져도, 같습니다, 지구본의 위치에 따라, 달라집니다　**9** ⑳ 지구 위치는 여름일 때 ⓒ, 겨울일 때 ⓔ입니다. 지구의 자전축이 기울어진 채 태양 주위를 공전하기 때문에 지구의 위치에 따라 태양의 남중 고도가 달라집니다. 따라서 일정한 면적의 지표면에 도달하는 태양 에너지의 양이 달라지면서 계절의 변화가 생깁니다.

1 하루 동안 태양 고도 변화 모습과 그림자 길이 변화 모습은 반대로 나타납니다.

2 아침부터 한낮까지 태양 고도는 점점 높아집니다. 태양 고도가 높아지면 그림자 길이는 짧아지고 기온은 높아집니다.

3 태양 고도 변화와 기온의 변화 모습은 비슷하고, 그림자 길이 변화 모습은 반대로 나타납니다.

4 여름에 태양의 남중 고도가 가장 높고, 밤의 길이가 가장 짧습니다. 겨울에 태양의 남중 고도가 가장 낮고, 밤의 길이가 가장 깁니다.

5 태양의 남중 고도는 여름에 가장 높고, 이때 낮의 길이는 가장 깁니다.

6 태양의 남중 고도는 6월, 월평균 기온은 8월에 가장 높습니다.

7 지구의 자전축이 기울어진 채 공전하기 때문에 지구의 위치가 따라 태양의 남중 고도가 달라집니다.

8 지구본의 자전축을 수직으로 하여 공전하면 태양의 남중 고도는 변하지 않습니다.

9 지구의 자전축이 기울어진 채 태양 주위를 공전하기 때문에 지구의 위치에 따라 지표면에 도달하는 태양 에너지의 양이 달라지면서 계절의 변화가 생깁니다.

1 (1) ⓒ (2) ⑳ 태양의 높이를 나타내는 것으로 태양이 지표면과 이루는 각의 크기이다.　**2** (1) 12:30(낮 12시 30분), 14:30(오후 2시 30분) (2) ⑳ 지표면이 데워져 공기의 온도가 높아지는 데에는 시간이 걸리기 때문이다.　**3** (1) ⓒ (2) ⑳ 하루 중 태양 고도가 가장 높고 그림자 길이가 가장 짧다.　**4** (1) ㉠ 겨울, ⓒ 봄, 가을 ⓒ 여름 (2) ⑳ ㉠ 계절(겨울)은 기온이 낮고, ⓒ 계절(여름)은 기온이 높다. ㉠ 계절은 낮의 길이가 짧고, ⓒ 계절은 낮의 길이가 길다.　**5** (1) 여름, 여름 (2) ⑳ 태양의 남중 고도가 높아지면 낮의 길이가 길어진다. 또는 태양의 남중 고도가 낮아지면 낮의 길이가 짧아진다.　**6** ⑳ 태양의 남중 고도가 높아지면(또는 낮아지면) 일정한 면적의 지표면에 도달하는 태양 에너지양이 많아진다(또는 적어진다).　**7** (1) ⑳ 전등과 모래가 이루는 각이 클 때 모래의 온도가 더 많이 올라간다. 또는 전등과 모래가 이루는 각이 작을 때 모래의 온도가 더 적게 올라간다. (2) 태양의 남중 고도가 높아지면 기온은 높아진다. 또는 태양의 남중 고도가 낮아지면 기온은 낮아진다.　**8** ⑳ ㉠일 때가 ⓒ일 때보다 기온이 높고, 태양의 남중 고도가 높다. 또는 ⓒ일 때가 ㉠일 때보다 기온이 낮고, 태양의 남중 고도가 낮다.

1 (1) 태양 고도는 지표면에 수직으로 세운 막대기에 연결된 실을 막대기의 그림자 끝에 맞춘 다음, 그림자와 실이 이루는 각을 측정해서 구합니다.
(2) 태양 고도는 태양이 지표면과 이루는 각으로 각도(°)를 사용하여 나타냅니다.

채점 기준

(1), (2)를 모두 옳게 쓴 경우	12점
(1)만 옳게 쓴 경우	2점
(2)만 옳게 쓴 경우	10점

2 (1) 태양 고도는 오전에 점점 높아져 낮 12시 30분 무렵에 가장 높습니다. 기온은 오전에 점점 높아져 14시 30분 무렵에 가장 높습니다.
(2) 기온은 공기의 온도를 말하는 것으로, 지표면이 데워지면 주변 공기가 데워지면서 기온이 높아집니다.

채점 기준

(1), (2)를 모두 옳게 쓴 경우	12점
(1)만 옳게 쓴 경우	각 1점
(2)만 옳게 쓴 경우	10점

3 (1) 하루 중 태양이 정남쪽에 위치하면 태양이 남중했다고 합니다.

과학

(2) 태양이 남중했을 때의 고도를 태양의 남중 고도라고 하며, 이때 태양 고도는 하루 중 가장 높고, 그림자 길이는 하루 중 가장 짧습니다.

채점 기준	
(1), (2)를 모두 옳게 쓴 경우	12점
(1)만 옳게 쓴 경우	2점
(2)만 옳게 쓴 경우	10점

4 (1) 계절별로 태양이 움직이는 것이 아니라 지구의 운동에 의해 태양이 움직이는 것처럼 보입니다.
(2) 여름에 기온이 높고 낮의 길이가 깁니다. 겨울에 기온이 낮고 낮의 길이가 짧습니다.

채점 기준	
(1), (2)를 모두 옳게 쓴 경우	12점
(1)만 옳게 쓴 경우	3점
(2)만 옳게 쓴 경우	9점

5 (1) 태양의 남중 고도는 여름에 가장 높고, 낮의 길이는 여름에 가장 깁니다.
(2) 태양의 남중 고도가 높아질수록 낮이 길이도 길어집니다.

채점 기준	
(1), (2)를 모두 옳게 쓴 경우	12점
(1)만 옳게 쓴 경우	2점
(2)만 옳게 쓴 경우	10점

6 태양의 남중 고도가 높으면 좁은 면적을 비추기 때문에 일정한 면적에 도달하는 태양 에너지양이 많습니다.

채점 기준	
예시 답안과 같이 옳게 쓴 경우	8점
예시 답안과 의미는 비슷하지만 정확하게 쓰지 못한 경우	3점

7 (1) 전등과 모래가 이루는 각이 클 때 좁은 면적을 비추기 때문에 일정한 면적에 도달하는 에너지양이 많습니다.
(2) 지표면에 도달하는 태양 에너지양이 많아지면 지표면이 더 많이 데워져 기온이 높아집니다.

채점 기준	
(1), (2)를 모두 옳게 쓴 경우	12점
(1), (2) 중 한 가지만 옳게 쓴 경우	6점

8 북반구에서는 ㉠ 여름에 태양의 남중 고도가 높고, ㉡ 겨울에 태양의 남중 고도가 낮습니다.

채점 기준	
예시 답안과 같이 옳게 쓴 경우	8점
예시 답안과 의미는 비슷하지만 정확하게 쓰지 못한 경우	3점

디딤돌 통합본 과학 6-2

😎 **수행 평가**   62쪽

1 꺾은선그래프   **2** 12 : 30(낮 12시 30분), 12 : 30(낮 12시 30분)   **3** 태양 고도 그래프, 기온 그래프   **4** 예 태양 고도가 높아지면 그림자 길이는 짧아지고, 기온은 높아진다. 또는 태양 고도가 낮아지면 그림자 길이는 길어지고 기온은 낮아진다.

1 꺾은선그래프는 가로선과 세로선을 따라 두 선이 만나는 곳에 점을 찍고 각 점을 선으로 이어 그립니다. 꺾은선그래프는 시간의 흐름에 따라 측정값이 어떻게 변하는지 알아보는 데 편리합니다.

2 태양 고도가 높아질수록 그림자 길이는 짧아지며, 태양 고도가 가장 높은 낮 12시 30분 무렵에 그림자 길이가 가장 짧습니다.

3 태양 고도가 높아질수록 기온이 높아지므로, 태양 고도와 기온 그래프는 모양이 비슷합니다. 태양 고도와 그림자 길이 그래프는 서로 다른 모양입니다.

4 하루 동안 태양 고도는 오전에 점점 높아져 낮 12시 30분 무렵에 가장 높고, 그림자 길이는 오전에 점점 짧아져 낮 12시 30분 무렵에 가장 짧습니다. 기온은 오전에 점점 높아져 14시 30분 무렵에 가장 높습니다.

😎 **수행 평가**   63쪽

1 태양의 남중 고도   **2** ㉠, ㉡   **3** 예 태양의 남중 고도가 높아질수록 지표면이 받는 태양 에너지양은 많아진다.
4 예 태양의 남중 고도가 높아질수록 일정한 면적에 도달하는 태양 에너지양이 많아져서 기온이 높아진다.

1 전등과 태양 전지판이 이루는 각은 태양의 남중 고도를 나타냅니다. 전등과 태양 전지판이 이루는 각이 큰 것은 여름에 태양의 남중 고도가 높은 것을 의미합니다. 전등과 태양 전지판이 이루는 각이 작은 것은 겨울에 태양의 남중 고도가 낮은 것을 의미합니다.

2 전등과 태양 전지판이 이루는 각이 클 때 태양 전지판 온도가 전등과 태양 전지판이 이루는 각이 작을 때보다 더 높습니다. 또한 전등과 태양 전지판이 이루는 각이 클 때에는 소리 발생기에서 크고 분명한 소리가 납니다.

3 태양의 남중 고도가 높아질수록 태양 전지판은 더 많은 태양 에너지를 받습니다.

4 태양의 남중 고도가 달라지면 지표면에 도달하는 태양 에너지의 양이 달라집니다.

3 연소와 소화

1 물질이 탈 때 나타나는 현상

☺ **개념 확인 문제**   67쪽

1 ④   **2** 아랫부분, 윗부분   **3** ④   **4** 빛

1 심지의 윗부분은 검은색이고, 아랫부분은 하얀색입니다.

2 뜨거운 공기는 위로 이동하기 때문에 불꽃의 아랫부분이나 옆 부분보다 윗부분이 더 뜨겁습니다.

3 초에 불을 붙이면 시간이 지날수록 초의 길이가 짧아지고 무게가 줄어듭니다.

4 물질이 탈 때 주변이 밝고 따뜻해지며, 물질이 빛과 열을 내면서 탑니다. 또한 물질의 무게나 길이가 줄어듭니다.

2 물질이 타기 위해 필요한 조건

☺ **개념 확인 문제**   69쪽

1 ②   **2** ㉠   **3** 성냥의 머리 부분   **4** ③, ⑤

1 아크릴 통의 크기를 다르게 해서 초가 타는 데 필요한 공기의 양을 다르게 한 실험입니다.

2 큰 아크릴 통 속에 공기가 많이 들어 있기 때문에 큰 아크릴 통 속에 있는 촛불이 나중에 꺼집니다.

3 성냥의 머리 부분이 나무 부분보다 발화점이 낮기 때문에 먼저 불이 붙습니다.

4 물질이 산소와 빠르게 반응하여 빛과 열을 내는 현상을 연소라고 합니다. 연소가 일어나려면 탈 물질과 산소가 있어야 하고, 온도가 발화점 이상이 되어야 합니다.

👓 **수행 평가**   64쪽

1 (1) 전등과 지구본 사이의 거리, 태양의 남중 고도 측정 위치, 지구본의 크기 등 (2) 지구본의 자전축 기울기 **2** 기울어진, 수직인 **3** (1) ㉘ 지구의 자전축이 공전 궤도면에 대해 기울어진 채 태양 주위를 공전하기 때문이다. (2) ㉘ 계절이 변하기 위해서는 태양의 남중 고도가 달라져야 한다. 왜냐하면 태양의 남중 고도가 달라져야 기온과 낮의 길이가 달라지기 때문이다.

1 자전축의 기울기를 다르게 하여 태양의 남중 고도를 측정하는 실험이므로 다르게 해야 할 조건은 지구본의 자전축 기울기입니다.

2 지구본의 자전축이 수직인 경우에는 지구본의 위치가 달라져도 태양의 남중 고도가 변하지 않습니다.

3 태양의 남중 고도는 지구의 지전축이 공전 궤도면에 대해 수직인 채 공전할 때는 달라지지 않고, 공전 궤도면에 대해 기울어진 채 공전할 때만 달라졌습니다.

💡 **실력 문제**   70~71쪽

1 ③   **2** 열   **3** 가벼워지고, 짧아진다   **4** ②   **5** 희경
6 ②   **7** ③   **8** ㉠, ㉡, ㉢   **9** 초가 타기 전   **10** 높이면
11 ②, ④   **12** 산소, 발화점

1 심지 윗부분은 검은색이며, 초의 길이는 점점 짧아집니다. 또한 불꽃의 위치에 따라 밝기가 다르고, 초의 무게는 가벼워집니다.

2 초가 탈 때 열을 내기 때문에 불꽃 주변이 따뜻합니다.

3 초에 불을 붙이면 시간이 지날수록 초의 무게가 줄어들고, 길이가 짧아집니다.

4 초와 알코올이 탈 때 빛과 열을 내기 때문에 불꽃 주변이 밝고 따뜻해집니다. 또한 무게나 길이가 줄어드는 것과 같이 양이 변합니다.

5 형광등은 전기를 이용해서 주변을 밝게 만드는 전기 기구로, 물질이 타는 것과 관련이 없습니다.

6 모닥불을 피울 때 부채질을 하면 새로운 공기가 계속 공급되어 불씨가 잘 살아납니다.

7 아크릴 통의 크기를 다르게 하여 초가 타는 데 필요한 공기의 양을 다르게 한 실험입니다.

8 초가 타기 위해서는 공기가 필요하기 때문에 공기의 양이 많은 큰 아크릴 통 속에 들어 있는 촛불이 더 오래 탑니다.

9 초가 타면서 산소를 사용하기 때문에 초가 타고 난 후에 산소 비율이 낮아집니다.

10 볼록 렌즈로 햇빛을 모으거나 부싯돌과 쇳조각을 마찰하는 것처럼 물질의 온도를 높이면 직접 불을 붙이지 않아도 물질이 탑니다.

11 물질이 타려면 온도가 발화점 이상이 되어야 하며, 발화점은 물질마다 다릅니다. 성냥 머리 부분의 발화점이 나무 부분보다 낮기 때문에 먼저 불이 붙습니다.

12 물질이 산소와 빠르게 반응하여 빛과 열을 내는 현상을 연소라고 하며, 연소가 일어나려면 탈 물질과 산소가 있어야 하고, 온도가 발화점 이상이 되어야 합니다.

3 물질이 연소 후 생기는 물질

☺ **개념 확인 문제**   73쪽

1 ㉠   **2** 물   **3** ③   **4** 이산화 탄소

1 아크릴 통으로 촛불을 덮으면 잠시 후 촛불이 꺼지고 아크릴 통 안이 뿌옇게 흐려집니다. 이때 푸른색 염화 코발트 종이가 붉게 변합니다.

2 푸른색 염화 코발트 종이가 붉은색으로 변하는 것으로 초가 연소한 후 물이 생긴다는 것을 알 수 있습니다.

3 석회수는 무색투명하지만, 타고 있는 촛불을 덮었던 집기병에 석회수를 부으면 석회수가 뿌옇게 흐려집니다.

4 석회수는 이산화 탄소에 의해 뿌옇게 흐려지는 성질이 있습니다.

4 불을 끄는 다양한 방법

☺ **개념 확인 문제**   75쪽

1 ②   **2** ㉠   **3** 한   **4** 안전핀, 등지고

1 산소를 공급하면 촛불이 더 잘 탑니다.

2 초의 심지를 핀셋으로 집으면 액체 상태의 초가 심지를 타고 올라가지 못해 촛불이 꺼지게 됩니다.

3 연소가 일어나려면 탈 물질과 산소가 필요하고, 온도가 발화점 이상이 되어야 합니다. 세 가지 조건 중 하나라도 없다면 연소가 일어나지 않습니다.

4 소화기로 불을 끌 때에는 바람을 등지고 고무관을 불 쪽으로 향하게 한 후 손잡이를 움켜잡아야 합니다.

5 화재 발생 시 대처 방법

☺ **개념 확인 문제**   77쪽

1 ⑤   **2** 위, 아래   **3** 계단   **4** ㉡

1 사용하지 않아 뽑아 놓은 전기 제품의 플러그는 화재를 예방하는 행동입니다.

2 유독 가스는 열에 의해 위로 가기 때문에 젖은 수건으로 코와 입을 막고 몸을 낮춰 안전한 곳으로 이동해야 합니다.

3 화재가 발생한 경우 전기가 차단되어서 승강기가 멈출 수 있으므로, 승강기 대신 계단을 이용해서 대피해야 합니다.

4 화재 피해를 줄이기 위해서는 화재 감지기, 옥내 소화전, 자동 물뿌리개를 설치해야 합니다.

1 ⓒ   **2** ㉠ 푸른 ㉡ 붉은   **3** ①   **4** ②   **5** ㉠, ㉢

6 ②   **7** ①   **8** ②   **9** ④   **10** ⑤   **11** 석주, 보경

12 ③, ④

1 푸른색 염화 코발트 종이는 물에 닿으면 붉게 변하고, 물을 증발시키면 다시 푸른색으로 됩니다.

2 초가 연소하면 물이 생기기 때문에 촛불이 꺼진 후 푸른색 염화 코발트 종이가 붉게 변합니다.

3 푸른색 염화 코발트 종이는 물에 닿으면 붉게 변하므로, 푸른색 염화 코발트 종이의 색깔이 변하는 것으로 초가 연소할 때 물이 생긴다는 것을 알 수 있습니다.

4 석회수가 이산화 탄소를 만나면 뿌옇게 흐려지는 성질을 이용해 초를 연소시킨 집기병에 이산화 탄소가 생겼는지 알아볼 수 있습니다.

5 초가 연소한 후에 푸른색 염화 코발트 종이와 석회수의 변화를 관찰하면 물과 이산화 탄소가 생기는 것을 알 수 있습니다.

6 종이를 촛불에 대면 종이가 타고 촛불은 꺼지지 않습니다.

7 집기병으로 촛불을 덮으면 산소가 더 이상 공급되지 않기 때문에 잠시 후 촛불이 꺼집니다.

8 타고 있는 초의 심지를 핀셋으로 집으면 탈 물질이 심지를 타고 올라가지 못해(탈 물질이 없어서) 촛불이 꺼집니다.

9 낙엽 등 타기 쉬운 물질은 탈 물질로, 탈 물질을 없애 불을 끄는 방법입니다.

10 숯불에 바람을 불어 주면 산소가 공급되어 물질이 더 잘 타게 됩니다.

11 소화기를 불이 난 곳으로 가져간 다음 안전핀을 뽑아야 하며, 소화기의 손잡이를 움켜쥐고 불을 끕니다.

12 화재가 발생하였을 때 승강기 대신 계단을 이용하고, 불이 난 곳으로 가까이 가지 않아야 합니다.

❶ 빛   ❷ 열   ❸ 탈 물질   ❹ 발화점

❺ 물   ❻ 이산화 탄소   ❼ 한   ❽ 소화

❾ 소화기   ❿ 낮춰   ⓫ 119

○✕   **1** ○   **2** ✕   **3** ○   **4** ✕   **5** ✕   **6** ✕   **7** ○

8 ✕   **9** ✕   **10** ○

2 물질이 탈 때 빛이 발생하지만 열이 발생하지는 않습니다.
 └ 열도 발생합니다

4 물질에 불을 직접 붙이지 않으면 불이 붙지 않습니다.
 └ 않아도 물질이 탑니다

5 물질이 연소하면 물과 산소가 발생합니다.
 └ 이산화 탄소

6 불을 끄기 위해서는 연소의 조건 중 두 가지 이상을 없애야 합니다.
 └ 한

8 가스레인지의 가스를 차단하면 산소가 차단되어 불이 꺼집니다.
 └ 탈 물질이 없어

9 화재가 발생하면 젖은 수건으로 입과 코를 막고 똑바로 서서 빠르게 대피해야 합니다.
 └ 몸을 낮춰

1 ⓒ   **2** 예 시간이 지날수록 초의 길이가 짧아지고 무게가 가벼워진다.   **3** ㉠ 따뜻해 ㉡ 열   **4** ⑤   **5** ①   **6** 많기

7 ㉠   **8** 예 물질의 온도를 높이면 직접 불을 붙이지 않아도 물질이 탄다.   **9** ④   **10** ④   **11** ②, ③, ⑤   **12** ⑤

13 ⓒ   **14** 이산화 탄소   **15** ⑤   **16** 경일   **17** ①

18 ⓒ   **19** ⑤   **20** 보경

1 촛불의 불꽃은 윗부분은 밝고 아랫부분은 윗부분보다 어둡습니다.

2 심지의 열에 의해 고체인 초가 녹아 액체가 되고, 액체인 초가 심지를 타고 올라가 기체가 되어 타기 때문에 시간이 지날수록 초의 길이가 짧아지고 무게가 가벼워집니다.

채점 기준

예시 답안과 같이 옳게 쓴 경우	5점
예시 답안과 의미는 비슷하지만 정확하게 쓰지 못한 경우	2점

과학

3 초와 알코올이 탈 때 공통적으로 빛과 열을 내기 때문에 불꽃 주변이 밝고 따뜻해집니다. 또한 물질의 무게나 길이가 줄어듭니다.

4 석유등으로 어두운 곳을 밝히고, 가스레인지의 가스를 태워 요리할 때 이용합니다. 모닥불놀이를 할 때 모닥불을 태워 주변을 밝고 따뜻하게 합니다.

5 촛불을 집기병으로 덮으면 산소가 더 이상 공급되지 않아 촛불이 꺼집니다. 이것으로 물질이 연소할 때 산소가 필요하다는 것을 알 수 있습니다.

6 공기의 양이 많을수록 촛불이 오래 탑니다.

7 초가 타면서 산소를 사용하기 때문에 초가 타기 전보다 타고 난 후 산소의 비율이 낮습니다.

8 물질의 온도가 발화점 이상이 되면 직접 불을 붙이지 않아도 물질이 탑니다.

채점 기준	
예시 답안과 같이 옳게 쓴 경우	5점
예시 답안과 의미는 비슷하지만 정확하게 쓰지 못한 경우	2점

9 어떤 물질이 불에 직접 닿지 않아도 타기 시작하는 온도를 발화점이라고 합니다. 물질이 타려면 온도가 발화점 이상이 되어야 합니다.

10 금속 막대는 발화점이 매우 높기 때문에 촛불을 가져다 대어도 불이 붙지 않습니다.

11 물질이 산소와 빠르게 반응하여 빛과 열을 내는 현상을 연소라고 합니다. 연소가 일어나려면 탈 물질과 산소가 있어야 하고, 온도가 발화점 이상이 되어야 합니다.

12 푸른색 염화 코발트 종이는 물에 닿으면 붉게 변하기 때문에 초가 연소한 후에 물이 생기는지 확인할 수 있습니다.

13 석회수는 이산화 탄소와 만나면 뿌옇게 흐려지는 성질이 있으며, 초가 연소한 후에는 이산화 탄소가 생깁니다.

14 초가 연소하면서 다른 물질로 변했기 때문에 크기가 줄어듭니다. 초는 연소하면서 물과 이산화 탄소로 변합니다.

15 타고 있는 초의 심지를 핀셋으로 집는 것은 탈 물질을 없애는 것이고, 나머지는 산소 공급을 막는 것입니다.

16 산불이 났을 때 물을 뿌리면 발화점 미만으로 온도가 낮아져 불이 꺼집니다.

17 알코올을 없애는 것과 핀셋으로 심지를 집는 것은 탈 물질을 없애는 것이고, 분무기로 물을 뿌리는 것은 발화점 미만으로 온도를 낮추는 것입니다.

18 소화기 사용 방법의 순서는 ㉢ → ㉠ → ㉣ → ㉡입니다.

19 유독 가스는 열에 의해 위로 이동하므로 젖은 수건으로 입과 코를 막고 낮은 자세로 이동해야 합니다.

20 화재 피해를 줄이기 위해서는 소화기를 눈에 잘 띄는 곳에 두어야 합니다.

💡 **단원 평가 2회**   85~87쪽

1 ④   **2** ①, ④   **3** ③   **4** ③   **5** 예) 큰 아크릴 통 속에 공기가 더 많이 들어 있기 때문이다.   **6** 줄었다   **7** ④   **8** ②   **9** 성냥의 머리 부분   **10** ①, ⑤   **11** ㉠ 산소 ㉡ 열   **12** 푸른색 염화 코발트 종이   **13** ④   **14** ①   **15** ③   **16** ②   **17** ②   **18** ⑤   **19** 예) 유독 가스는 열에 의해 위로 가기 때문에 유독 가스가 적은 아래쪽으로 몸을 낮춰 이동해야 한다.   **20** ㉠

1 불꽃의 열에 의해 뜨거운 공기가 위로 이동하기 때문에 불꽃의 아랫부분이나 옆 부분보다 윗부분이 더 뜨겁습니다.

2 물질이 탈 때 빛과 열을 내기 때문에 주변이 밝고 따뜻해지며, 물질의 양이 변합니다.

3 머리말리개는 전기를 이용해 바람을 일으키고 열을 발생시키는 전기 기구입니다.

4 크기가 다른 아크릴 통으로 촛불을 동시에 덮으면 크기가 큰 아크릴 통 속 초가 더 오래 탑니다.

5 물질이 타기 위해서는 공기 중의 산소가 필요하며, 큰 아크릴 통 속에 공기가 더 많이 들어 있기 때문에 초가 더 오래 타는 것입니다.

채점 기준	
예시 답안과 같이 옳게 쓴 경우	5점
예시 답안과 의미는 비슷하지만 정확하게 쓰지 못한 경우	2점

6 초가 탈 때 산소가 필요하기 때문에 초가 타기 전보다 타고 난 후 산소 비율이 줄어든 것입니다.

7 모닥불을 피울 때 입으로 불거나 부채질을 해서 새로운 공기를 계속 공급해 주면 불이 더 잘 붙습니다.

8 성냥의 머리 부분이 성냥의 나무 부분보다 발화점이 낮기 때문에 불이 더 빨리 붙습니다.

9 어떤 물질이 불에 직접 닿지 않아도 타기 시작하는 온도를 그 물질의 발화점이라고 합니다. 물질의 발화점이 낮을수록 불이 더 낮은 온도에서 붙습니다.

10 어떤 물질이 불에 직접 닿지 않아도 타기 시작하는 온도를 그 물질의 발화점이라고 합니다. 발화점은 물질마다 다릅니다.

11 물질이 산소와 빠르게 반응하여 빛과 열을 내는 현상을 연소라고 합니다.

12 푸른색 염화 코발트 종이는 물에 닿으면 붉은색으로 변하기 때문에 물을 확인할 때 주로 사용합니다.

13 석회수는 이산화 탄소와 만나면 뿌옇게 변하는 성질이 있습니다. 초를 연소시킨 집기병에 석회수를 붓고 흔들면 뿌옇게 흐려지는 것으로 초가 연소한 후 이산화 탄소가 생겼다는 것을 알 수 있습니다.

14 ㉠은 산소이고, ㉡은 발화점입니다. 발화점이 높을수록 불이 쉽게 붙지 않습니다.

15 초의 심지를 핀셋으로 집으면 탈 물질이 심지로 이동하지 못해 불이 꺼집니다.

16 심지를 자르는 것은 탈 물질을 없애는 것, 분무기로 물을 뿌리는 것은 발화점 미만으로 온도를 낮추는 것입니다.

17 알코올램프의 뚜껑을 덮어서 불을 끄는 것은 산소 공급을 막는 방법을 이용한 것입니다.

18 소화기를 사용할 때에는 바람을 등지고 소화기의 고무관이 불 쪽으로 향하도록 잡아야 합니다.

19 화재가 발생하였을 때 유독 가스가 위로 가기 때문에 젖은 수건으로 코와 입을 막고 몸을 낮추어 이동해야 합니다.

채점 기준	
예시 답안과 같이 옳게 쓴 경우	5점
예시 답안과 의미는 비슷하지만 정확하게 쓰지 못한 경우	2점

20 화재 발생으로 정전이 되면 승강기가 멈출 수 있기 때문에 계단을 이용해 대피해야 합니다.

서술형 익히기

개념1 **1** ① 탈 물질 ② 산소   **2** ㉡, ㉢, ㉠, 산소가

3 예 초가 타기 전보다 초가 탄 후 산소 비율이 낮아집니다. 그 까닭은 초가 타면서 산소를 사용했기 때문입니다.

개념2 **4** ① 이산화 탄소 ② 붉게 ③ 석회수   **5** 푸른색 염화 코발트 종이가 붉게 변하는 것, 석회수가 뿌옇게 흐려지는 것을 관찰합니다

6 예 초가 연소하면 물과 이산화 탄소로 변하기 때문에 초의 길이와 무게가 줄어듭니다.

개념3 **7** ① 발화점, 한 ② 산소   **8** 탈 물질, 예 핀셋으로 집으면 탈 물질이 없어져

9 예 입으로 바람을 불면 촛불은 탈 물질이 없어져 불이 꺼지지만, 향불은 산소가 공급되어 더 잘 탑니다.

1 물질이 산소와 빠르게 반응해 빛과 열을 내는 현상을 연소라고 합니다. 연소가 일어나려면 탈 물질이 있어야 하고, 산소가 충분해야 합니다. 또 탈 물질의 온도가 발화점 이상이 되어야 합니다. 산소가 없으면 탈 물질이 있고 온도가 발화점 이상이 되더라도 물질이 타지 않습니다.

2 ㉠ 초는 산소를 계속 공급받을 수 있고, ㉢ 초는 ㉡ 초보다 아크릴 통 안에 산소가 더 많이 있기 때문에 ㉢ 초가 ㉡ 초보다 더 오래 탑니다.

3 초가 탈 때 산소를 소비하기 때문에 초가 타기 전보다 초가 탄 후 산소 비율이 낮아집니다.

4 물질이 연소하면 연소하기 전과는 다른 새로운 물질이 만들어집니다. 초가 연소한 후에 푸른색 염화 코발트 종이와 석회수가 변하는 것으로 물과 이산화 탄소가 생기는 것을 알 수 있습니다.

5 알코올이 연소한 후 물과 이산화 탄소가 생성되며, 물은 푸른색 염화 코발트 종이로, 이산화 탄소는 석회수로 확인할 수 있습니다.

6 초가 연소하면 길이와 무게가 줄어드는데 그 까닭은 초가 연소해 물과 이산화 탄소를 생성하기 때문입니다. 이때 생성된 수증기 형태의 물과 이산화 탄소는 공기 중으로 날아갑니다.

7 연소의 조건 중 한 가지 이상의 조건을 없애면 불을 끌 수 있습니다.

8 촛불은 기체 상태의 초가 타는 것으로, 입으로 바람을 불면 기체 상태의 초가 날아가 불이 꺼집니다.

9 촛불은 기체 상태의 초가 타는 것이기 때문에 입으로 바람을 불면 기체 상태의 초가 날아가 불이 꺼지게 됩니다. 향불은 향 자체가 타는 것이기 때문에 입으로 바람을 불면 새로운 산소가 공급되어 더 잘 타게 됩니다.

서술형 평가

90~91쪽

1 (1) 예 물질이 빛과 열을 내면서 탄다. 물질의 양이 변한다. 등 (2) 예 가스레인지의 가스를 태워 요리한다. 모닥불을 피워 주변을 밝게 한다. 등　**2** (1) ㉠ (2) 예 촛불이 타기 위해서는 산소가 필요하며, 큰 아크릴 통 속 산소의 양이 더 많기 때문이다. **3** 예 초가 타면서 산소를 사용했기 때문이다.　**4** (1) 성냥의 머리 부분 (2) 예 성냥의 머리 부분이 성냥의 나무 부분보다 발화점이 낮기 때문이다.　**5** (1) 예 촛불이 꺼지고, 푸른색 염화 코발트 종이가 붉게 변한다. (2) 예 물질이 연소하면 물이 생긴다.　**6** 예 촛불이 타면서 이산화 탄소가 생겼기 때문에 석회수가 뿌옇게 흐려진다.　**7** (1) 예 산소 공급을 막았기 때문이다. (2) 예 발화점 미만으로 온도가 낮아졌기 때문이다.　**8** ㉡, 예 나무로 된 가구 밑으로 들어가지 않는다.

1 석유등으로 어두운 곳을 밝히고, 아궁이에서 나무를 태워 생기는 열로 요리를 하거나 난방을 할 때 이용하기도 합니다.

채점 기준	
(1), (2)를 모두 옳게 쓴 경우	12점
(1)만 옳게 쓴 경우	4점
(2)만 옳게 쓴 경우	8점

2 물질이 타기 위해서는 산소가 필요합니다. 큰 아크릴 통 속 산소의 양이 작은 아크릴 통 속 산소의 양보다 많기 때문에 큰 아크릴 통으로 덮은 촛불이 더 오래 탑니다.

채점 기준	
(1), (2)를 모두 옳게 쓴 경우	12점
(1)만 옳게 쓴 경우	2점
(2)만 옳게 쓴 경우	10점

3 물질이 타기 위해서는 산소가 필요하고, 물질이 탈 때 산소를 사용하기 때문에 초가 타기 전에 비해 타고 난 후 비커 속 산소 비율이 줄어듭니다.

채점 기준	
예시 답안과 같이 옳게 쓴 경우	8점
예시 답안과 의미는 비슷하지만 정확하게 쓰지 못한 경우	3점

4 어떤 물질이 불에 직접 닿지 않아도 타기 시작하는 온도를 그 물질의 발화점이라고 하며, 성냥의 머리 부분이 성냥의 나무 부분보다 발화점이 낮기 때문에 불이 먼저 붙습니다.

채점 기준	
(1), (2)를 모두 옳게 쓴 경우	12점
(1)만 옳게 쓴 경우	2점
(2)만 옳게 쓴 경우	10점

5 물질이 연소하면 연소 전의 물질과는 다른 새로운 물질이 만들어집니다. 초가 연소한 후 푸른색 염화 코발트 종이가 붉게 변하는 것으로 물질이 연소하면 물이 생긴다는 것을 알 수 있습니다.

채점 기준	
(1), (2)를 모두 옳게 쓴 경우	12점
(1)만 옳게 쓴 경우	4점
(2)만 옳게 쓴 경우	8점

6 물질이 타면 이산화 탄소가 생기며, 석회수는 이산화 탄소를 만나면 뿌옇게 흐려지는 성질이 있습니다.

채점 기준	
예시 답안과 같이 옳게 쓴 경우	8점
예시 답안과 의미는 비슷하지만 정확하게 쓰지 못한 경우	3점

7 연소의 조건 중에서 한 가지 이상의 조건을 없애면 불이 꺼집니다. 촛불을 집기병으로 덮으면 산소가 공급되지 않아서, 촛불에 물을 뿌리면 발화점 미만으로 온도가 낮아져서 불이 꺼집니다.

채점 기준	
(1), (2)를 모두 옳게 쓴 경우	12점
(1)만 옳게 쓴 경우	6점
(2)만 옳게 쓴 경우	6점

8 나무는 불에 쉽게 타기 때문에 나무로 된 물체 근처로 대피하지 않아야 합니다.

채점 기준	
기호와 대처 방법을 모두 옳게 쓴 경우	8점
기호만 옳게 쓴 경우	3점

1 ㉠ 크기가 큰 아크릴 통 속 초가 더 오래 탄다. **2** ㉠ 초가 타기 전보다 타고 난 후의 산소 비율이 줄어든다. **3** 산소, ㉠ 산소가 들어 있는 집기병에 향불을 넣으면 불꽃이 커지고 향이 잘 탄다.

1 크기가 큰 아크릴 통 속에 산소가 더 많이 들어 있기 때문에 초가 더 오래 탑니다.

2 초가 탈 때 산소가 필요하기 때문에 타기 전보다 타고 난 후의 산소 비율이 줄어듭니다.

3 산소는 물질이 탈 때 필요한 기체로, 산소가 들어 있는 집기병에 향불을 넣으면 불꽃이 커지고 향이 잘 탑니다. 그러나 산소가 부족하면 탈 물질이 남아 있더라도 더 이상 타지 않습니다.

1 실험 1: 붉게 변했다, 실험 2: 뿌옇게 흐려졌다 **2** ㉠ 초가 연소한 후 물과 이산화 탄소가 생긴다. **3** ㉠ 초가 물과 이산화 탄소로 변했기 때문이다.

1 푸른색 염화 코발트 종이는 물에 닿으면 붉게 변하고, 석회수는 이산화 탄소와 만나면 뿌옇게 흐려집니다.

2 물질이 연소하면 연소 전의 물질과는 다른 새로운 물질이 만들어집니다. 초가 연소한 후에 푸른색 염화 코발트 종이와 석회수의 변화를 관찰하면 물과 이산화 탄소가 생기는 것을 알 수 있습니다.

3 초가 연소하면서 물과 이산화 탄소로 변하기 때문에 초가 연소한 후에 크기와 무게가 줄어드는 것입니다.

1 ㉠ 탈 물질 없애기, 산소 차단하기, 발화점 미만으로 온도 낮추기 등의 방법으로 불을 끌 수 있다. **2** (1) 탈 물질 없애기, ㉠, ㉣ (2) 산소 차단하기, ㉢ (3) 발화점 미만으로 온도 낮추기, ㉡ **3** ㉠ 탈 물질, 산소, 발화점 이상의 온도 중 한 가지 이상의 조건을 없애 불을 끄는 것을 소화라고 한다.

1 탈 물질과 산소가 있어야 하고, 온도가 발화점 이상이 되어야 하는 연소의 조건 중 한 가지 이상의 조건을 없애면 불을 끌 수 있습니다.

2 초의 심지를 핀셋으로 집거나 연료 조절 밸브를 잠가서 탈 물질을 없애면 불이 꺼집니다. 알코올램프의 뚜껑을 덮어 산소를 차단해도 불이 꺼집니다. 또 타고 있는 물질에 물을 뿌려 온도가 발화점보다 낮아지면 불이 꺼집니다.

3 불을 끄려면 연소의 조건인 탈 물질, 산소, 발화점 이상의 온도 중 한 가지 이상의 조건을 없애야 하며, 이처럼 불을 끄는 것을 소화라고 합니다.

과학

4 우리 몸의 구조와 기능

1 뼈와 근육의 구조와 기능

1 ㉣   **2** 줄어든다   **3** ①, ②

1 갈비뼈는 좌우로 둥글게 연결되어 공간을 만들고 휘어져 있는 모양입니다.

2 바람을 불어 넣으면 비닐봉지가 부풀어 오르면서 비닐봉지의 길이가 줄어들어 납작한 빨대가 구부러집니다.

3 근육은 뼈와 연결되어 몸을 움직일 수 있게 합니다.

2 소화 기관의 구조와 기능

1 ④   **2** ㉠ 위 ㉡ 작은창자   **3** ㉡, 위

1 소화 기관에는 입, 식도, 위, 작은창자, 큰창자, 항문 등이 있습니다. 근육은 운동 기관입니다.

2 우리 몸속에 들어온 음식물은 입, 식도, 위, 작은창자, 큰창자, 항문의 순서로 이동하면서 소화되고 음식물 찌꺼기를 배출합니다.

3 ㉡ 위는 작은 주머니 모양이고, 식도와 작은창자를 연결합니다. ㉠은 식도, ㉢은 작은창자, ㉣은 큰창자, ㉤은 항문입니다.

3 호흡 기관의 구조와 기능

1 ㉠ 기관 ㉡ 기관지 ㉢ 코 ㉣ 폐   **2** ㉣
3 ㉠ 기관지 ㉡ 코

1 호흡에 관여하는 코, 기관, 기관지, 폐를 호흡 기관이라고 합니다.

2 폐는 기관지와 연결되어 있으며 가슴 부분에 위치합니다.

3 숨을 내쉴 때 몸속의 공기는 숨을 들이마실 때와 반대로 폐 → 기관지 → 기관 → 코를 거쳐 몸 밖으로 나갑니다.

1 ③   **2** ②   **3** ㉠ 근육 ㉡ 뼈   **4** ①, ②   **5** ②   **6** ㉣   **7** ㉠, 입   **8** ③   **9** ④   **10** ㉠ 식도 ㉡ 작은창자 ㉢ 큰창자   **11** ③   **12** ㉡   **13** ①

1 ㉢은 갈비뼈이며, 휘어져 있는 모양입니다.

2 머리뼈는 위쪽은 둥글고 아래쪽은 각이 져 있는 바가지 모양으로 단단하게 연결되어 있으며, 뇌를 보호합니다.

3 뼈와 근육 모형에서 납작한 빨대는 뼈 역할을, 비닐봉지는 근육 역할을 합니다.

4 바람을 불어 넣으면 비닐봉지가 부풀어 오르면서 비닐봉지의 길이가 줄어들어 납작한 빨대가 구부러집니다. 이 실험을 통해 팔뼈에 연결되어 있는 근육의 길이가 줄어들면 뼈가 따라 올라와 팔이 구부러지는 것을 알 수 있습니다.

5 뼈가 몸의 형태를 만들고 몸을 지지하며 내부를 보호합니다. 근육은 뼈에 연결되어 있어 몸을 움직일 수 있게 합니다.

6 작은창자는 꼬불꼬불한 관 모양으로 배의 가운데에 있습니다. 소화를 돕는 액체를 분비하여 음식물을 잘게 분해하고 영양소를 흡수합니다.

7 입은 음식물을 이로 잘게 부수고, 혀로 섞은 뒤 침으로 물러지게 하여 삼킬 수 있도록 합니다.

8 간, 쓸개, 이자는 소화에 직접 관여하지 않고 소화를 도와주는 기관입니다. 간은 쓸개즙을 만들어 지방의 분해를 돕고, 쓸개는 간에서 분비하는 쓸개즙의 저장 장소입니다. 이자는 여러 가지 소화 효소를 분비합니다.

9 항문은 큰창자와 연결되어 있으며, 소화되지 않은 음식물 찌꺼기를 배출합니다.

10 우리 몸속에 들어간 음식물은 입, 식도, 위, 작은창자, 큰창자의 순서로 이동합니다. 이 과정에서 음식물은 점차 잘게 쪼개져서 영양소와 수분은 흡수되고, 나머지는 항문으로 배출됩니다.

11 숨을 들이마시고 내쉬는 활동을 호흡이라 하고, 호흡에 관여하는 코, 기관, 기관지, 폐 등을 호흡 기관이라고 합니다.

12 ㉡ 기관지는 기관과 폐를 연결하며 공기가 이동하는 통로입니다. ㉠은 기관, ㉢은 코, ㉣은 폐입니다.

13 숨을 들이마실 때 코로 들어온 공기는 기관 → 기관지 → 폐를 거쳐 우리 몸에 필요한 산소를 공급합니다.

4 순환 기관의 구조와 기능

1 순환　**2** (1)-ⓒ (2)-ⓒ (3)-㉠　**3** 빨라, 많아

1 심장에서 나온 혈액은 혈관을 따라 온몸을 거친 다음에 다시 심장으로 돌아오는 순환 과정을 반복합니다.

2 주입기의 펌프 부분은 심장, 주입기의 관 부분은 혈관, 붉은 색소 물은 혈액 역할을 합니다.

3 주입기의 펌프를 빠르게 누르면 붉은 색소 물이 이동하는 빠르기는 빨라지고, 붉은 색소 물의 이동량은 많아집니다.

5 배설 기관의 구조와 기능

1 ㉠ 콩팥 ⓒ 방광　**2** ⓒ　**3** ⑤

1 배설에 관여하는 콩팥, 방광을 배설 기관이라고 합니다.

2 방광은 콩팥에서 걸러 낸 노폐물을 모아 두었다가 몸 밖으로 내보냅니다.

3 콩팥은 혈액에 있는 노폐물을 걸러 냅니다.

6 감각 기관과 자극의 전달

1 ④　**2** (1)-ⓒ (2)-㉠　**3** ④

1 주변으로부터 전달된 자극을 느끼고 받아들이는 기관을 감각 기관이라고 합니다. 우리 몸에는 눈, 귀, 코, 혀, 피부와 같은 감각 기관이 있습니다.

2 날아오는 공을 보는 것은 자극에 해당하고, 공을 손으로 잡거나 공을 피하는 것은 반응에 해당합니다.

3 자극을 전달하는 신경계는 자극을 전달하고, 행동을 결정하는 신경계는 정보를 해석하여 행동을 결정하며, 명령을 전달하는 신경계는 이 명령을 운동 기관에 전달합니다.

7 운동할 때 일어나는 몸의 변화

1 ③　　**2** ②　　**3** ⑤　　**4** ④

1 운동을 하면 호흡이 빨라집니다.

2 순환 기관에서는 영양소와 산소를 온몸에 전달하고 이산화 탄소와 노폐물을 각각 호흡 기관과 배설 기관으로 전달합니다.

3 운동할 때 우리 몸은 에너지를 내고자 많은 산소가 필요합니다. 호흡이 빨라지면 산소를 많이 공급할 수 있습니다.

4 감기는 호흡 기관, 골절은 운동 기관, 위장병은 소화 기관, 각막염은 감각 기관에 문제가 생기면 일어나는 질병입니다. 각막은 눈알의 바깥쪽을 이루는 투명한 막으로, 이 막을 통하여 빛이 눈으로 들어갑니다.

💡 **실력 문제**　　　　　　　　　　112~113쪽

1 ④　**2** ③　**3** ⑤　**4** ④　**5** ①, ④　**6** ⓒ　**7** ㉠, ⓒ, ㉣, ⓒ　**8** ⑤　**9** (1) 자극 (2) 반응　**10** 신경계　**11** ⑤　**12** ①

1 주입기의 펌프를 빠르게 누르면 붉은 색소 물의 이동량이 많아지고 이동하는 빠르기는 빨라집니다.

2 심장에서 나온 혈액은 혈관을 따라 온몸을 거친 다음에 다시 심장으로 돌아오는 순환 과정을 반복하는데 이에 관여하는 심장과 혈관을 순환 기관이라고 합니다.

3 심장은 펌프 작용을 통해 혈액을 온몸으로 순환시켜 몸에 필요한 영양소와 산소를 운반합니다. 혈관은 혈액이 이동하는 통로 역할을 합니다.

4 혈액에 있는 노폐물을 몸 밖으로 내보내는 과정을 배설이라 하고, 배설에 관여하는 콩팥, 오줌관, 방광, 요도 등을 배설 기관이라고 합니다.

5 ㉠은 콩팥으로, 강낭콩 모양이며 등허리 좌우로 한 쌍이 있습니다. 콩팥은 혈액에 있는 노폐물을 걸러 내고 오줌을 만듭니다.

6 가정에서 사용 후 더러워진 물은 정수장에서 여러 가지 과정을 거쳐 정화됩니다. 우리 몸에서는 콩팥에서 혈액에 있는 노폐물을 걸러 내는 역할을 합니다.

7 혈액에 쌓인 노폐물을 콩팥에서 걸러 내고 노폐물이 걸러진 혈액은 다시 혈관을 통해 순환합니다. 걸러진 노폐물은 오줌이 되어 방광에 잠시 저장되었다가 일정량이 모이면 몸 밖으로 나갑니다.

8 귀(청각)로 소리를 듣고, 눈(시각)으로 주변의 사물을 볼 수 있습니다. 혀(미각)로 맛을 느낄 수 있으며, 코(후각)로 냄새를 맡을 수 있습니다. 피부로 온도와 촉감을 느낄 수 있습니다.

9 우리 몸은 다양한 자극에 반응합니다.

10 자극을 전달하는 신경계가 자극을 전달하고, 행동을 결정하는 신경계가 공을 잡을지 피할지 결정합니다. 명령을 전달하는 신경계가 공을 잡으라는 명령을 전달합니다.

11 운동을 하면 체온이 올라갑니다. 또한 산소와 영양소가 많이 필요하므로 호흡이 빨라지고 심장 박동이 빨라져 혈액 순환이 빨라집니다.

12 감각 기관에서 주변의 자극을 받아들이며, 운동 기관은 영양소와 산소를 이용하여 몸을 움직입니다.

단원 정리 **4** 우리 몸의 구조와 기능   114~115쪽

❶ 뼈   ❷ 근육   ❸ 식도   ❹ 영양소   ❺ 폐   ❻ 산소
❼ 이산화 탄소   ❽ 심장   ❾ 산소   ❿ 방광   ⓫ 혈액
⓬ 신경계   ⓭ 심장

O X   1 ×   2 ○   3 ○   4 ×   5 ○   6 ×   7 ○
8 ○   9 ×   10 ○

1 근육은 단단하여 우리 몸의 형태를 만들고 몸을 지지합니다.
   └ 뼈

4 숨을 들이마실 때 코로 들어온 공기는 기관지, 기관을 거쳐 폐에 도달합니다.
                └ 기관, 기관지

6 혈액 속의 노폐물을 오줌으로 만들어 몸 밖으로 내보내는 것을 배출이라고 합니다.
         └ 배설

9 운동 기관에서 받아들인 자극은 신경을 통해 뇌로 전달됩니다.
   └ 감각 기관

💡 단원 평가 1회   116~118쪽

1 ④   **2** ②   **3** ③   **4** 예 근육의 길이가 줄어들거나 늘어나면서 근육과 연결된 뼈가 움직이기 때문이다.   **5** ⓒ, 식도   **6** ㉠, ㉡, ㉢, ㉣, ㉤, ㉥   **7** ⑤   **8** ⑤   **9** ⑤   **10** ④   **11** ②, ④   **12** ③   **13** ③   **14** ③   **15** ⓒ, 예 걸러진 노폐물을 모아 두었다가 몸 밖으로 내보낸다.   **16** ⑤   **17** ②   **18** ㉠ 행동 ㉡ 명령 ㉢ 운동   **19** 예 심장 박동이 빨라져 혈액 순환이 빨라지면 많은 양의 산소와 영양소가 우리 몸에 공급되어 많은 에너지를 낼 수 있기 때문이다.   **20** ④

1 갈비뼈는 휘어진 모양입니다. 팔뼈와 다리뼈는 길이가 길고, 척추뼈는 짧은뼈가 이어져 기둥을 이룹니다. 머리뼈는 동그랗습니다.

2 뼈 주변을 근육이 둘러싸고 있습니다. 뼈는 우리 몸의 형태를 만들고 몸을 지지하며, 몸 내부를 보호합니다.

3 뼈와 근육 모형에서 비닐봉지는 근육 역할을, 납작한 빨대는 뼈 역할을 합니다. 비닐봉지에 바람을 불어 넣으면 비닐봉지가 부풀어 오르면서 비닐봉지의 길이가 줄어들어 납작한 빨대가 구부러집니다.

4 뼈와 근육이 있어 다양한 자세로 움직일 수 있습니다.

채점 기준	
예시 답안과 같이 옳게 쓴 경우	5점
예시 답안과 의미는 비슷하지만 정확하게 쓰지 못한 경우	2점

5 식도는 긴 관 모양으로 입과 위를 연결합니다.

6 우리 몸속에 들어온 음식물은 ㉠ 입 → ㉡ 식도 → ㉢ 위 → ㉣ 작은창자 → ㉤ 큰창자 → ㉥ 항문의 순서로 이동하며 소화되고 남은 찌꺼기를 몸 밖으로 배출합니다. ㉢ 간, ㉣ 쓸개, ㉥ 이자는 소화를 도와주는 기관입니다.

7 위는 작은 주머니 모양이고, 식도와 작은창자를 연결합니다. 위는 소화를 돕는 액체를 분비하여 음식물과 섞고 음식물을 더 잘게 분해합니다.

8 숨을 들이마시고 내쉬는 호흡에 관여하는 호흡 기관입니다.

9 폐는 가슴 양쪽에 한 개씩 위치하며 갈비뼈로 둘러싸여 있습니다. 몸 밖에서 들어온 산소를 받아들이고, 몸 안에서 생긴 이산화 탄소를 몸 밖으로 내보냅니다.

10 혈액은 혈관을 따라 이동하며 우리 몸에 필요한 영양소와 산소를 온몸으로 운반합니다.

11 주입기의 펌프를 느리게 누르면 붉은 색소 물이 이동하는 빠르기는 느려지고 이동량은 적어집니다.

12 심장은 자신의 주먹 정도의 크기이며 몸통 가운데에서 약간 왼쪽으로 치우쳐 있습니다. 펌프 작용을 통해 혈액을 온몸으로 순환시킵니다. 운동을 하면 산소와 영양소가 많이 필요해 심장이 빠르게 뜁니다.

13 배설은 생명 활동을 유지하는 과정에서 우리 몸에 생긴 노폐물을 몸 밖으로 내보내는 것입니다.

14 콩팥은 혈액에 있는 노폐물을 걸러 냅니다.

15 방광은 콩팥에서 걸러 낸 노폐물을 모아 두었다가 몸 밖으로 내보냅니다.

채점 기준	
예시 답안과 같이 옳게 쓴 경우	5점
예시 답안과 의미는 비슷하지만 정확하게 쓰지 못한 경우	2점

16 귀: 음악을 듣습니다. 코: 삼겹살 굽는 냄새가 났습니다. 눈: 익혀진 고기를 봤습니다. 혀: 고기가 맛있었습니다.

17 순환 기관은 영양소와 산소를 온몸에 전달하고, 이산화 탄소와 노폐물을 호흡 기관과 배설 기관으로 전달합니다.

18 감각 기관이 받아들인 자극은 신경계를 통해 전달되고, 신경계는 행동을 결정하여 운동 기관에 명령을 전달하며 운동 기관은 이를 수행합니다.

19 운동을 할 때는 평소보다 더 많은 양의 영양소와 산소가 필요하므로 맥박과 호흡이 빨라집니다.

채점 기준	
예시 답안과 같이 옳게 쓴 경우	5점
예시 답안과 의미는 비슷하지만 정확하게 쓰지 못한 경우	2점

20 소화 기관에 문제가 생기면 위장병이나 변비가 생깁니다. ①은 배설 기관, ②는 호흡 기관, ③은 순환 기관입니다.

단원 평가 2회

119~121쪽

1 정수 **2** ② **3** ⑤ **4** ②, ④ **5** ② **6** ③ **7** ⑦, 기관 **8** ③ **9** 예 코로 들어온 공기는 기관 → 기관지 → 폐를 거쳐 이동한다. **10** ④ **11** ③ **12** ⑦ **13** ④ **14** ① **15** ⑤ **16** ④ **17** 자극: 예 공이 날아오는 것을 본다. 반응: 예 공을 피한다. **18** ④ **19** ⑤ **20** ②

---

1 팔뼈와 다리뼈는 긴뼈입니다. 손가락뼈와 발가락뼈는 짧은뼈입니다.

2 근육은 뼈 주변을 둘러싸고 있으며, 몸을 움직이게 합니다.

3 소화는 음식물을 잘게 쪼개는 과정으로 음식물이 잘게 부서져야 몸에서 흡수가 잘됩니다.

4 입은 음식물을 이로 잘게 부수고, 혀로 침과 섞은 뒤 물러지게 하여 삼킬 수 있도록 합니다.

5 식도는 음식물이 위로 이동하는 통로입니다.

6 쓸개, 간, 이자는 소화에 직접 관여하지 않고 소화를 도와주는 기관입니다.

7 ⑦ 기관은 공기가 이동하는 통로입니다. ⓛ은 기관지, ⓒ은 코, ⓔ은 폐입니다.

8 식도는 소화 기관에 해당합니다.

9 코로 들어온 공기는 기관 → 기관지 → 폐를 거쳐 우리 몸에 필요한 산소를 공급합니다.

채점 기준	
예시 답안과 같이 옳게 쓴 경우	5점
예시 답안과 의미는 비슷하지만 정확하게 쓰지 못한 경우	2점

10 심장의 펌프 작용으로 심장에서 나온 혈액이 혈관을 통해 온몸으로 이동합니다.

11 혈액의 이동에 관여하는 심장과 혈관을 순환 기관이라고 합니다.

12 혈관은 몸 전체에 퍼져 있습니다.

13 방광은 작은 공처럼 생겼으며 오줌을 모아 두었다가 몸 밖으로 내보냅니다.

14 노폐물이 우리 몸속에 남아 있으면 몸에 해롭습니다.

15 코는 냄새를 맡는 감각 기관이며, 하늘에 뜬 무지개는 눈을 통해 봅니다.

16 감각 기관은 자극을 받아들이고, 운동 기관은 신경계의 명령에 따라 춤을 추는 행동을 합니다.

17 우리 몸은 다양한 자극에 반응합니다. 자극은 우리 몸에서 반응이 일어나게 하는 요인입니다. 반응은 자극에 대해 어떤 행동을 하는 것입니다.

채점 기준	
예시 답안과 같이 모두 옳게 쓴 경우	5점
자극, 반응 중 하나만 옳게 쓴 경우	2점
예시 답안과 의미는 비슷하지만 정확하게 쓰지 못한 경우	1점

18 운동할 때 우리 몸은 에너지를 내고자 많은 산소가 필요합니다. 호흡이 빨라지면 산소를 많이 공급할 수 있습니다.

19 운동할 때 심장이 빠르게 뜁니다.

20 호흡 기관은 우리 몸에 필요한 산소를 제공하고 이산화 탄소를 몸 밖으로 내보냅니다.

📝 서술형 익히기
122~123쪽

개념1 **1** ① 뼈, 근육 ② 근육 ③ 뼈, 근육 **2** 아래팔뼈가 따라 올라와 팔이 구부러집니다. 아래팔뼈가 따라 내려가 팔이 펴집니다

3 예 웃거나 우는 표정, 화를 내거나 놀란 표정 등 다양한 표정을 지을 수 없을 것입니다.

개념2 **4** ① 기관, 기관지 ② 기관지, 기관 **5** 산소를 받아들이고, 이산화 탄소를 몸 밖으로 내보냅니다

6 예 공기 중의 미세 먼지가 걸러지지 않고 코, 기관, 기관지, 폐까지 들어와 호흡 기관들이 해를 입거나 몸속으로 흡수될 수 있습니다.

개념3 **7** ① 코, 자극 ② 뇌 **8** 신경을 통해 뇌로 전달됩니다, 운동 기관으로 전달되고, 반응

9 예 감각 기관에서 받아들인 자극을 전달하지 못하거나, 전달해도 감각을 느끼지 못하고 자극에 대한 해석, 결정을 못하기 때문에 반응이 일어나지 않습니다.

1 뼈는 우리 몸을 지지하고, 내부 기관을 보호합니다. 근육은 뼈에 연결되어 있으며, 길이가 줄어들거나 늘어나면서 뼈를 움직입니다.

2 근육은 뼈에 연결되어 있어 줄어들었다가 늘어나면서 뼈를 움직이게 합니다. 뼈를 움직이게 하는 근육은 쌍으로 움직이며, 한쪽 근육이 줄어들면 반대쪽 근육은 늘어납니다.

3 얼굴 근육이 없으면 턱을 움직여 음식을 씹거나 말을 하기 어렵고, 눈을 깜빡일 수 없을 것입니다

4 숨을 들이마실 때 코로 들어온 산소는 기관 → 기관지 → 폐로 들어가고 혈액을 통해 온몸으로 전달됩니다. 숨을 내쉴 때 혈액 속의 이산화 탄소는 폐 → 기관지 → 기관 → 코를 거쳐 몸 밖으로 나갑니다.

5 폐는 몸에 필요한 산소를 받아들이고, 몸속에서 생긴 불필요한 이산화 탄소를 내보냅니다. 폐에서 공기 속의 산소는 혈액으로 들어가고, 혈액 속의 이산화 탄소는 폐로 나옵니다.

6 공기가 코와 기관, 기관지를 지나면서 먼지와 같은 이물질들이 걸러집니다.

7 감각 기관으로 보고, 듣고, 냄새를 맡는 등 자극을 받아들입니다. 감각 기관이 받아들인 자극은 신경계를 통해 전달됩니다. 신경계는 자극을 해석하고 행동을 결정해 운동 기관으로 전달하고, 운동 기관은 전달받은 대로 행동합니다.

8 감각 기관이 받아들인 자극은 자극 전달 신경을 통해 뇌로 전달됩니다. 뇌는 자극에 어떻게 반응할지 판단하고 명령을 내립니다. 명령 전달 신경은 운동 기관으로 명령을 보내고, 운동 기관은 뇌가 명령한 대로 반응합니다.

9 신경계는 감각 기관에서 받아들인 자극을 해석해서 운동 기관에 명령을 내리는 역할을 합니다. 따라서 신경계에 이상이 생기면 자극을 받아들이지 못하고, 명령을 내리지도 못하게 됩니다.

📝 서술형 평가
124~125쪽

1 위, 예 소화를 돕는 액체를 분비하여 음식물과 섞고 음식물을 더 잘게 분해한다. **2** (1) 코, 기관, 기관지, 폐 (2) 예 숨을 들이마시고 내쉬는 활동이다. **3** (1) ㉃, 혈관 (2) 예 우리 몸에 필요한 영양소와 산소를 온몸으로 운반한다. **4** ㉠, 예 혈액에 있는 노폐물을 걸러 낸다. **5** 예 콩팥에서 혈액에 있는 노폐물을 걸러 내고, 걸러진 노폐물은 오줌이 되어 방광에 저장되었다가 요도를 통해 몸 밖으로 나간다. **6** (1) 감각 기관 (2) 예 명령을 전달하는 신경계: 공을 잡으라는 명령을 운동 기관에 전달한다. **7** 예 제자리 달리기를 한 직후는 평상시보다 체온이 올라가고 맥박 수가 증가한다. **8** ㉠ 소화 기관, 호흡 기관 ㉃ 예 순환 기관을 거쳐 온몸으로 전달된다

1 위는 작은 주머니 모양으로 식도와 작은창자를 연결합니다.

채점 기준

예시 답안과 같이 옳게 쓴 경우	8점
예시 답안과 의미는 비슷하지만 정확하게 쓰지 못한 경우	3점

2 (1) 호흡에 관여하는 코, 기관, 기관지, 폐 등을 호흡 기관이라고 합니다.

(2) 숨을 들이마시고 내쉬는 활동을 호흡이라고 합니다.

채점 기준	
(1), (2)를 모두 옳게 쓴 경우	12점
(1)만 옳게 쓴 경우	4점
(2)만 옳게 쓴 경우	8점

3 (1) ㉠은 심장, ㉡은 혈관입니다. 혈관은 온몸에 퍼져 있으며 혈액이 이동하는 통로 역할을 합니다.

(2) 심장에서 나온 혈액은 혈관을 따라 온몸을 거친 다음에 다시 심장으로 돌아오는 순환 과정을 반복합니다.

채점 기준	
(1), (2)를 모두 옳게 쓴 경우	12점
(1)만 옳게 쓴 경우	4점
(2)만 옳게 쓴 경우	8점

4 콩팥은 혈액에 있는 노폐물을 걸러 내고 노폐물이 걸러진 혈액은 다시 혈관을 통해 순환합니다. ㉡은 방광입니다.

채점 기준	
예시 답안과 같이 옳게 쓴 경우	8점
예시 답안과 의미는 비슷하지만 정확하게 쓰지 못한 경우	3점

5 노폐물이 걸러진 혈액은 다시 혈관을 통해 순환하고, 걸러진 노폐물은 오줌이 되어 방광에 저장되었다가 요도를 통해 몸 밖으로 나갑니다.

채점 기준	
예시 답안과 같이 옳게 쓴 경우	8점
예시 답안과 의미는 비슷하지만 정확하게 쓰지 못한 경우	3점

6 (1) 우리 몸에는 눈, 귀, 코, 혀, 피부와 같은 감각 기관이 있습니다.

(2) 감각 기관이 받아들인 자극은 온몸에 퍼져 있는 신경계를 통해 전달됩니다. 행동을 결정하는 신경계가 공을 잡을지를 결정하고 명령을 전달하는 신경계가 공을 잡으라는 명령을 전달합니다.

채점 기준	
(1), (2)를 모두 옳게 쓴 경우	12점
(1)만 옳게 쓴 경우	4점
(2)만 옳게 쓴 경우	8점

7 운동을 하면 체온이 올라가고 맥박 수가 증가합니다. 운동을 한 후 휴식을 취하면 체온과 맥박 수가 운동을 하기 전과 비슷해집니다.

채점 기준	
예시 답안과 같이 옳게 쓴 경우	8점
예시 답안과 의미는 비슷하지만 정확하게 쓰지 못한 경우	3점

8 운동 기관이 움직이기 위해서는 영양소와 산소가 필요하며, 소화 기관은 음식물을 소화시켜 영양소를 흡수하고 호흡 기관은 산소를 받아들입니다. 순환 기관을 통해 영양소와 산소가 온몸으로 전달됩니다.

채점 기준	
예시 답안과 같이 옳게 쓴 경우	8점
예시 답안과 의미는 비슷하지만 정확하게 쓰지 못한 경우	3점

😎 수행 평가

126쪽

1 (1) 뼈 (2) 근육　**2** 예 비닐봉지가 부풀어 오르면서 비닐봉지의 길이가 줄어들어 납작한 빨대가 구부러진다.　**3** 예 팔 안쪽 근육이 줄어들면 아래팔뼈가 따라 올라와 팔이 구부러진다. 팔 안쪽 근육이 늘어나면 아래팔뼈가 따라 내려가 팔이 펴진다.　**4** 예 우리 몸의 형태를 만들어 준다. 몸을 지지하는 역할을 한다. 심장이나 폐, 뇌 등을 보호한다.

1 뼈와 근육 모형에서 납작한 빨대는 뼈 역할을, 비닐봉지는 근육 역할을 합니다.

2 뼈와 근육 모형에 바람을 불어 넣으면 비닐봉지의 길이가 줄어듭니다.

3 근육의 길이가 늘어나거나 줄어들면서 근육과 연결된 뼈가 움직여 우리가 몸을 움직일 수 있습니다

4 뼈는 우리 몸의 형태를 만들어 주고, 몸을 지지하는 역할을 하며 몸속 기관을 보호합니다.

🤓 수행 평가

1 ㉠, ㉡　　**2** 빨라, 많아, 느려, 적어　　**3** 예 혈액이 이동하는 빠르기가 빨라지고 혈액의 이동량이 많아진다.　　**4** 예 혈액이 이동하지 못해 영양소와 산소를 몸에 공급하지 못한다.

1 주입기의 펌프 작용으로 붉은 색소 물이 관을 통해 이동하듯이 심장의 펌프 작용으로 심장에서 나온 혈액이 혈관을 통해 온몸으로 이동합니다.

2 주입기의 펌프를 빠르게 누르면 붉은 색소 물이 이동하는 빠르기는 빨라지고, 이동량이 많아집니다. 주입기의 펌프를 느리게 누르면 붉은 색소 물이 이동하는 빠르기는 느려지고, 이동량은 적어집니다.

3 심장이 빨리 뛰면 혈액이 이동하는 빠르기가 빨라지고 혈액의 이동량이 많아집니다. 심장이 느리게 뛰면 혈액이 이동하는 빠르기가 느려지고 혈액의 이동량이 적어집니다.

4 심장은 혈액을 온몸으로 내보내는 일을 하므로, 심장이 멈춘다면 혈액이 이동하지 못해 몸에 산소와 영양소가 공급되지 못하게 됩니다.

🤓 수행 평가

1 예 체온이 올라가고 맥박 수가 증가하며, 호흡이 빨라진다.　　**2** 예 운동을 하면 우리 몸에서 산소를 더 많이 필요로 하기 때문에 산소를 많이 공급하기 위해서 호흡이 빨라진다.　　**3** 예 운동을 하면 산소와 영양소를 많이 이용해야 하므로 순환 기관이 우리 몸에 들어온 영양소와 산소를 온몸으로 공급합니다.

1 운동을 하면 운동하기 전보다 체온이 올라가고 맥박 수가 증가하며, 호흡도 빨라집니다. 운동한 후 휴식을 취하면 체온과 맥박 수가 운동하기 전과 비슷해집니다.

2 운동할 때 우리 몸은 에너지를 내고자 많은 산소가 필요합니다. 호흡이 빨라지면 산소를 많이 공급할 수 있습니다.

3 순환 기관은 영양소와 산소를 온몸에 전달하고, 이산화 탄소와 노폐물을 각각 호흡 기관과 배설 기관으로 전달하는 역할을 합니다.

5 에너지와 생활

1 에너지의 필요성

😊 개념 확인 문제

1 (1) ㉢ (2) ㉡　　**2** ③, ⑤　　**3** ㉠ 식물 ㉡ 동물　　**4** 희경

1 휴대 전화에서 에너지가 부족하다는 배터리 표시가 나타나면 휴대 전화를 콘센트에 연결해 충전하고, 자동차의 연료가 부족하면 주유소에서 기름(연료)을 넣습니다.

2 사과나무는 햇빛을 이용해 광합성을 하여 스스로 양분을 만들어서 에너지를 얻으며, 비료로 필요한 영양분을 보충하기도 합니다.

3 식물은 햇빛을 이용해 광합성을 하여 스스로 양분을 만들어 에너지를 얻고, 동물은 식물이나 다른 동물을 먹어 에너지를 얻습니다.

4 전기나 기름이 없으면 겨울에 난방을 할 수도 없고, 여름에 선풍기나 냉방기를 켤 수도 없습니다.

2 여러 가지 형태의 에너지

😊 개념 확인 문제

1 (1) ㉡ (2) ㉢ (3) ㉠　　**2** ㉠　　**3** ④

1 다리미는 열에너지를 이용해 옷의 주름을 펴고, 전등은 빛에너지를 이용해 어두운 곳을 밝게 비춰 줍니다. 식물이나 동물의 생명 활동에 필요하며, 물질이 가진 잠재적인 에너지는 화학 에너지입니다.

2 전등은 전기 에너지를 이용해 불이 켜집니다.

3 광합성을 하는 나무, 사람 등은 화학 에너지의 형태와 관련이 있습니다.

1 기계를 움직이거나 생물이 살아가는 데에는 에너지가 필요합니다. 우리는 생활에서 필요한 에너지를 여러 방법으로 얻습니다.

2 휴대 전화에서 에너지가 부족할 때 필요한 에너지는 충전을 해서 얻습니다. 휴대 전화를 충전하는 방법에는 충전기를 콘센트에 꽂거나 보조 배터리와 연결하는 것이 있습니다.

3 광합성을 하여 스스로 양분을 만들어 에너지를 얻는 것은 사과나무와 같은 식물입니다.

4 동물은 식물이나 다른 동물을 먹어 그 양분으로 에너지를 얻습니다.

5 자전거는 전기나 기름을 이용하지 않으므로, 전기나 기름에서 더 이상 에너지를 얻을 수 없게 되어도 탈 수 있습니다.

6 옷의 주름을 펴는 다리미의 열과 같이 물체의 온도를 높여 주거나, 음식이 익게 해 주는 에너지의 형태는 열에너지입니다.

7 동물이나 식물의 생명 활동에 필요하며, 물질이 가진 잠재적인 에너지는 화학 에너지입니다.

8 뛰어다니는 강아지, 움직이는 자동차와 같이 움직이는 물체가 가진 에너지는 운동 에너지입니다.

9 온풍기는 전기 에너지 및 열에너지와 관련이 있습니다.

10 가로등은 전기 에너지를 이용하며 어두운 곳을 밝게 비춰 주는 빛에너지와 관련이 있습니다.

3 다른 형태로 바뀌는 에너지

1 롤러코스터는 전기 에너지를 이용해서 출발하거나 멈추고 위로 천천히 올라갑니다.

2 전기 에너지를 운동 에너지로 전환해 출발한 롤러코스터는 철길의 높낮이가 달라짐에 따라 운동 에너지와 위치 에너지가 서로 바뀝니다. 높은 곳에서 낮은 곳으로 갈 때에는 위치 에너지가 운동 에너지로 바뀝니다.

3 에너지의 형태가 바뀌는 것을 에너지 전환이라고 합니다. 에너지 전환을 이용해 우리는 필요한 형태의 에너지를 얻을 수 있습니다.

4 수력 발전에 사용되는 물은 태양으로부터 온 에너지로 인해 증발한 물이 위치 에너지로 전환된 것입니다.

4 효율적인 에너지 활용

1 에너지 소비 효율 등급 표시에서 숫자가 낮을수록 에너지 효율이 높습니다.

2 에너지 소비 효율이 높은 전기 기구는 에너지 소비 효율 등급이 1등급으로 표시되어 있습니다. 에너지 효율이 좋은 전기 기구나 에너지 절약 표시가 붙어 있는 전기 기구를 사용하는 것이 좋습니다.

3 겨울눈의 비늘은 추운 겨울에 식물이 가지고 있는 열에너지가 빠져나가는 것을 줄여 주어 식물의 어린싹이 얼지 않게 합니다.

4 전기 에너지를 공급하는 발전 과정에서 생태계에 영향을 미치거나 환경 오염이 발생하기도 하므로 에너지를 효율적으로 이용하면 환경을 보호할 수 있습니다.

1 높은 곳에 있는 놀이 기구와 그 놀이 기구에 탄 사람들은 위치 에너지를 가지고 있습니다. 풀과 나무는 화학 에너지, 움직이는 사람은 운동 에너지, 밝게 비춰 주는 가로등과 전광판은 전기 에너지를 사용합니다.

2 범퍼카는 전기를 이용해 자동차를 움직이는 놀이 기구로, 이 과정에서 전기 에너지는 운동 에너지로 형태가 바뀝니다.

3 롤러코스터가 높은 곳에서 낮은 곳으로 내려갈 때에는 위치 에너지가 운동 에너지로 전환되며, 낮은 곳에서 높은 곳으로 올라갈 때에는 운동 에너지가 위치 에너지로 전환됩니다.

4 높은 곳의 물은 위치 에너지를 가지고 있습니다. 폭포에서 물이 떨어질 때 물의 위치 에너지는 운동 에너지로 전환됩니다.

5 모닥불의 열에너지와 빛에너지는 장작(나무)이나 낙엽 등의 화학 에너지로부터 전환되었습니다.

6 모닥불에 사용된 나무는 화학 에너지를 가지고 있으며, 나무의 화학 에너지는 태양의 빛에너지로부터 전환되었습니다.

7 식물은 태양의 빛에너지를 이용해 광합성을 하고, 물은 태양으로부터 오는 빛에너지를 이용해 증발합니다.

8 에너지 소비 효율 1등급 제품이 5등급 제품보다 전기를 적게 소비합니다. 1등급이 에너지 효율이 높은 전기 기구입니다.

9 겨울눈은 추운 겨울에 열에너지가 빠져나가는 것을 줄여 주어 식물의 어린싹이 얼지 않도록 하는 방법이고, 곰이나 다람쥐 등이 겨울잠을 자는 것은 생명 유지 및 체온 유지를 위해 이용해야 할 화학 에너지를 불필요하게 소모하지 않으려는 방법입니다.

10 에너지를 효율적으로 이용해도 마음껏 사용해서 낭비하지 않아야 합니다.

단원
정리 **5** 에너지와 생활   142~143쪽

❶ 에너지 ❷ 에너지 ❸ 에너지 ❹ 에너지 ❺ 운동 ❻ 위치
❼ 에너지 전환 ❽ 화학 ❾ 태양 ❿ 높은 ⓫ 이중창
○✕ 1 ○ 2 ✕ 3 ○ 4 ✕ 5 ✕ 6 ○ 7 ○
8 ○ 9 ○ 10 ✕

2 동물은 스스로 에너지를 만들 수 있으며, 식물이나 다른 동물을 먹어서 에너지를 얻기도 합니다.
　　　　　　　　　　　　　　　　　└ 없으며

4 물체의 온도를 높여 주거나 음식을 익게 해 주는 에너지는 빛에너지입니다.
　　└ 열에너지

5 식물이나 사람 등의 생명 활동에 필요하며, 물질이 가진 잠재적인 에너지는 열에너지입니다.
　　　　　　　　　　　　　　　　└ 화학 에너지

10 에너지를 효율적으로 사용하기 위해서는 발광 다이오드(LED)등보다 형광등을 사용하는 것이 좋습니다.
　　└ 형광등보다 발광 다이오드(LED)등을

💡 **단원 평가**   144~146쪽

1 ⑤　**2** (1) ㉡ (2) ㉠ (3) ㉠　**3** ㉠ 위치, ㉡ 전기　**4** ⑤
5 ①　**6** ④　**7** 예 움직이는 축구공, 달리는 자전거, 뛰어다니는 사람 등　**8** (1) ㉡ (2) ㉠　**9** ②　**10** ①, ②　**11** ③
12 ②　**13** 예 태양 전지는 태양의 빛에너지를 전기 에너지로 전환한다.　**14** 태양　**15** ⑤　**16** ㉠ 전기, ㉡ 열　**17** ㈎ 제품
18 ④　**19** ①　**20** 보경

1 생물이 살아가는 데 필요한 에너지를 태양의 빛에너지로부터 직접 얻는 생물은 장미, 소나무와 같은 식물입니다.

2 토끼풀과 같은 식물은 태양의 빛에너지를 이용해 광합성을 하여 스스로 에너지를 만들고, 토끼, 호랑이와 같은 동물은 식물이나 다른 동물을 먹음으로써 에너지를 얻습니다.

3 높은 곳에 있는 물체가 가지는 에너지를 위치 에너지라고 하며, 텔레비전, 전등과 같은 전기 기구를 작동시키는 에너지를 전기 에너지라고 합니다.

4 다리미는 열에너지와 전기 에너지를 사용하며, 텔레비전, 전등 등 우리가 생활에서 이용하는 여러 전기 기구들을 작동시켜 주는 에너지는 전기 에너지입니다.

5 손전등, 태양, 번개는 공통적으로 주변을 밝게 하는 에너지인 빛에너지의 형태와 관련 있습니다. 손전등을 켜고, 태양이 떠 있고, 번개가 칠 때 주위가 밝아집니다.

6 주위를 밝게 비추는 에너지는 빛에너지, 움직이는 물체가 가지는 에너지는 운동 에너지, 물체의 온도를 높이는 에너지는 열에너지, 높은 곳에 있는 물체가 가지는 에너지는 위치 에너지입니다.

7 움직이는 자동차는 운동 에너지를 가지고 있습니다. 운동 에너지는 움직이는 물체가 가지는 에너지입니다.

8 범퍼카처럼 움직이는 물체는 운동 에너지를 가지고 있고, 불 쇼는 물체의 온도를 높이는 열에너지, 주변을 밝게 하는 빛에너지와 관련이 있습니다.

9 사람은 곡식의 화학 에너지를 이용하고, 양초는 가지고 있는 화학 에너지를 이용해 주위를 밝힐 수 있습니다.

10 전기난로는 전기 에너지를 이용해 빛과 열을 내며 주위를 따뜻하게 합니다. 따라서 전기난로는 전기 에너지를 빛에너지와 열에너지로 전환합니다.

11 석주는 음식을 먹어서 얻은 화학 에너지를 학교까지 걸어가는 운동 에너지로 전환해 이용하였습니다.

12 떠오르는 열기구는 화학 에너지를 열에너지로, 폭포에서 떨어지는 물은 위치 에너지를 운동 에너지로, 위로 올라가는 롤러코스터는 운동 에너지(전기 에너지)를 위치 에너지로, 바람으로 돌아가는 풍력 발전소는 운동 에너지를 전기 에너지로 전환하는 것입니다.

13 태양 전지는 태양의 빛에너지를 전기 에너지로 전환해 여러 가지 전기 기구를 작동시킵니다.

채점 기준	
예시 답안과 같이 옳게 쓴 경우	5점
예시 답안과 의미는 비슷하지만 정확하게 쓰지 못한 경우	2점

14 에너지가 다른 형태로 바뀌는 것을 에너지 전환이라고 하며, 대부분의 에너지는 태양으로부터 공급된 에너지를 전환한 것입니다.

15 태양의 빛에너지를 이용해 식물은 광합성을 하고, 태양 전지는 전기를 만듭니다.

16 전기다리미는 전기 에너지를 열에너지로 바꿔 주름진 옷을 다립니다.

17 빛의 밝기가 같을 때 사용한 전기 에너지의 양이 적을수록 에너지를 효율적으로 이용하는 전등입니다.

18 태양 전지는 태양의 빛에너지를 전기 에너지로 바꾸는 장치입니다.

19 백열등은 발광 다이오드(LED)등에 비해 에너지 효율이 좋지 않습니다.

20 건물은 바깥 온도의 영향을 적게 받을 수 있도록 해야 하고, 창문은 이중창을 설치하는 것이 좋습니다. 전기 제품은 에너지 효율이 높은 에너지 소비 효율 1등급인 제품을 사용하는 것이 좋습니다.

개념1 **1** ① 빛 ② 에너지 **2** 다른 생물을 먹어, 기름이나 전기를 이용해 **3** 예 스스로 양분을 만들어 에너지를 얻는가?

개념2 **4** ① 열에너지 ② 전기 에너지 ③ 빛에너지 **5** 물질이 가진 잠재적인 에너지인 화학 에너지를 가지고 있고, 위치 에너지를 가지고 있습니다. **6** 예 미끄럼틀 위에 있는 어린이는 위치 에너지를 가지고 있고, 달리는 어린이는 운동 에너지를 가지고 있습니다.

개념3 **7** ① 에너지 전환 ② 빛 **8** 전기 에너지가, 운동 에너지, 위치 에너지가 운동 에너지 **9** 예 태양의 빛에너지가 태양 전지에 의해 전기 에너지로 전환된 후 바람개비의 운동 에너지로 전환됩니다.

1 식물은 스스로 양분을 만들어 에너지를 얻고, 동물은 스스로 양분을 만들지 못하기 때문에 식물 또는 동물과 같은 생물을 먹어 에너지를 얻습니다.

2 동물은 식물이나 다른 동물 등을 먹어 얻은 양분으로 에너지를 얻습니다. 자동차는 주유한 기름(연료)이나 가스 충전소에서 충전한 액화 석유 가스(LPG)에서 에너지를 얻습니다. 전기 자동차는 전기 충전기에서 전기를 충전하여 에너지를 얻습니다.

3 벼는 스스로 양분을 만들어 에너지를 얻고, 뱀, 호랑이, 토끼는 다른 식물이나 동물을 먹어 에너지를 얻습니다.

4 에너지의 형태에는 열에너지, 전기 에너지, 빛에너지, 화학 에너지, 운동 에너지, 위치 에너지 등이 있습니다. 열과 관련된 에너지는 열에너지, 전기와 관련된 에너지는 전기 에너지, 빛과 관련된 에너지는 빛에너지입니다.

5 생물이 가진 생명 활동에 필요한 잠재적인 에너지를 화학 에너지라고 하며, 높은 곳에 있는 물체는 위치 에너지를 가지고 있습니다.

6 높은 곳에 있는 물체는 위치 에너지를 가지고 있고, 움직이는 물체는 운동 에너지를 가지고 있습니다.

7 한 형태의 에너지가 다른 형태의 에너지로 바뀌는 것을 에너지 전환이라고 하며, 전기난로를 켜면 주위가 따뜻해지며 빛이 납니다. 따라서 전기난로의 전기 에너지가 열에너지와 빛에너지로 전환된다는 것을 알 수 있습니다.

8 롤러코스터가 위로 올라갈 때 전기 에너지를 이용합니다. 이때에는 전기 에너지가 운동 에너지로 전환됩니다. 롤러코스터는 움직이는 에너지인 운동 에너지에 의해 높은 곳으로 올라가고, 높은 곳으로 올라갈수록 롤러코스터의 위치 에너지가 커집니다. 롤러코스터가 가장 높이 있을 때 위치 에너지를 가지고 있습니다. 롤러코스터가 다시 내려올 때에는 위치 에너지가 운동 에너지로 전환됩니다.

9 태양 전지는 태양의 빛에너지를 전기 에너지로 전환시키는 장치입니다. 이렇게 전환된 전기 에너지가 전동기에 연결된 바람개비를 돌립니다. 바람개비가 돌아가는 에너지는 운동 에너지에 해당합니다.

📜 서술형 평가
149~150쪽

1 (1) ⑩ 충전기를 콘센트에 꽂아 전기를 얻는다. 보조 배터리와 연결해 전기를 충전한다. 등 (2) ⑩ 주유소에서 넣은 기름(연료)이나 전기로부터 에너지를 얻는다. **2** ⑩ 식물은 햇빛을 받아 광합성을 하여 스스로 양분을 만들어 냄으로써 에너지를 얻고, 동물은 다른 생물을 먹어 얻은 양분으로 에너지를 얻는다. **3** (1) 운동 에너지 (2) 위치 에너지, ⑩ 공이 떠 있을 때에는 위치 에너지를 가지고 있기 때문이다. **4** (1) 빛에너지 (2) ⑩ 높은 곳으로 갈 때에는 운동 에너지가 위치 에너지로 전환되고, 낮은 곳으로 갈 때에는 위치 에너지가 운동 에너지로 전환된다. **5** (1) 화학 에너지, 열에너지, 위치 에너지, 운동 에너지 (2) ⑩ 연료의 화학 에너지는 불의 열에너지로 형태가 바뀌며, 공기를 데운 이 열에너지는 열기구의 운동 에너지, 위치 에너지로 바뀐다. **6** ⑩ 태양으로부터 온 빛에너지에 의해 증발한 물이 위치 에너지를 갖게 되고, 물의 위치 에너지로 전기 에너지를 얻는다. **7** (1) ⑩ 추운 겨울에 열에너지가 빠져나가는 것을 줄여 식물의 어린싹이 얼지 않도록 하기 위해서이다. (2) ⑩ 생명 유지 및 체온 유지를 위해 이용해야 할 화학 에너지를 불필요하게 소모하지 않기 위해서이다. **8** ⑩ 전기를 낭비하지 않게 된다. 전기 에너지를 공급하는 발전 과정에서 생기는 환경 오염을 줄일 수 있다. 등

---

1 휴대 전화는 전기를 이용해 충전을 해서 에너지를 얻고, 자동차는 기름(연료)을 넣거나 전기를 충전함으로 에너지를 얻습니다.

채점 기준	
(1), (2)를 모두 옳게 쓴 경우	12점
(1)만 옳게 쓴 경우	4점
(2)만 옳게 쓴 경우	8점

2 식물은 광합성을 하여 스스로 양분을 만들어 에너지를 얻고, 동물은 식물이나 다른 동물을 먹어 얻은 양분으로 에너지를 얻습니다.

채점 기준	
예시 답안과 같이 옳게 쓴 경우	8점
예시 답안과 의미는 비슷하지만 정확하게 쓰지 못한 경우	3점

3 투수가 던진 야구공은 움직이기 때문에 운동 에너지를 가지고 있고, 또한 공이 떠 있을 때에는 위치 에너지도 가지고 있습니다.

채점 기준	
(1), (2)를 모두 옳게 쓴 경우	12점
(1)만 옳게 쓴 경우	2점
(2)만 옳게 쓴 경우	10점

4 전광판은 전기 에너지를 빛에너지로 전환하여 글씨나 그림을 나타내고, 롤러코스터는 철길의 높낮이가 달라짐에 따라 운동 에너지와 위치 에너지가 서로 전환됩니다.

채점 기준	
(1), (2)를 모두 옳게 쓴 경우	12점
(1)만 옳게 쓴 경우	2점
(2)만 옳게 쓴 경우	10점

5 열기구는 연료를 태우며 피운 불로 큰 풍선 안의 공기를 데움으로써 가벼워진 공기에 의해 열기구가 높은 곳으로 올라갈 수 있게 만든 장치입니다. 이와 관련된 에너지 형태는 연료의 화학 에너지, 불의 열에너지, 열기구의 운동 에너지와 위치 에너지입니다.

채점 기준	
(1), (2)를 모두 옳게 쓴 경우	12점
(1)만 옳게 쓴 경우	4점
(2)만 옳게 쓴 경우	8점

6 높은 곳에 있는 물은 낮은 곳에 있는 물보다 큰 위치 에너지를 가지고 있습니다. 댐에 고인 물의 위치 에너지는 발전소에서 전기 에너지로 전환됩니다.

채점 기준	
예시 답안과 같이 옳게 쓴 경우	8점
예시 답안과 의미는 비슷하지만 정확하게 쓰지 못한 경우	3점

7 겨울눈은 추운 겨울에 어린싹이 열에너지를 빼앗겨 어는 것을 막아 주고, 동물은 먹이를 구하기 어려운 겨울 동안 자신의 화학 에너지를 더 효율적으로 이용하고자 겨울잠을 자기도 합니다.

채점 기준	
(1), (2)를 모두 옳게 쓴 경우	12점
(1)만 옳게 쓴 경우	6점
(2)만 옳게 쓴 경우	6점

8 에너지를 효율적으로 이용하면, 의도하지 않은 방향으로 전환되는 에너지의 양을 줄일 수 있어서 에너지를 낭비하지 않게 되고, 같은 효과를 내는 데 필요한 전기 에너지의 양이 줄어들게 되므로 전기 에너지를 아낄 수 있습니다. 또한 전기 에너지를 공급하는 과정에서 발생하는 환경 오염을 줄일 수 있습니다.

채점 기준	
예시 답안과 같이 옳게 쓴 경우	8점
예시 답안과 의미는 비슷하지만 정확하게 쓰지 못한 경우	3점

😎 수행 평가
151쪽

1 ⓔ 휴대 전화는 충전기를 콘센트에 꽂는 방법으로, 자동차는 주유소에서 기름(연료)을 넣거나 전기를 충전하는 방법으로 에너지를 얻는다. **2** ⓔ 식물은 햇빛을 받아 광합성을 하여 스스로 양분을 만들어 냄으로써 에너지를 얻고, 동물은 다른 생물을 먹어 얻은 양분으로 에너지를 얻는다. **3** ⓔ 자동차를 움직일 수 없고, 밤에 전등을 켤 수 없어 깜깜하게 생활하게 된다.

1 휴대 전화에서 에너지가 부족할 때 전기를 이용해 충전을 해서 에너지를 얻고, 자동차가 움직이는 데 필요한 에너지는 주유소에서 기름(연료)을 넣거나 전기를 충전하는 방법으로 얻습니다.

2 식물은 광합성을 하여 스스로 양분을 만들어서 에너지를 얻지만, 동물은 스스로 양분을 만들지 못하기 때문에 다른 생물을 먹어 에너지를 얻습니다.

3 전기나 기름으로 더 이상 에너지를 얻을 수 없게 된다면 휴대 전화를 충전할 수도 없어 전화나 게임을 할 수 없고, 겨울에 난방을 할 수 없으며, 여름에 선풍기나 에어컨을 켤 수도 없습니다. 또한 공장에서 기계로 물건을 만드는 일도 할 수 없습니다.

😎 수행 평가
152쪽

1 (1) 빛에너지 (2) 운동 에너지 **2** ⓔ 높은 곳에서 낮은 곳으로 갈 때에는 위치 에너지가 운동 에너지로 전환되며, 낮은 곳에서 높은 곳으로 올라갈 때에는 운동 에너지가 위치 에너지로 전환된다. **3** ⓔ 폭포에서 물이 떨어질 때 위치 에너지가 운동 에너지로 전환된다. 불꽃놀이를 할 때 화학 에너지는 빛에너지와 열에너지로 전환된다. 등

1 빛이 나는 전광판은 전기 에너지가 빛에너지로 전환된 것이고, 움직이는 범퍼카는 전기 에너지가 운동 에너지로 전환된 것입니다.

2 롤러코스터는 전기 에너지를 이용해 출발하거나 멈춥니다. 전기 에너지를 운동 에너지로 전환해 출발한 롤러코스터는 철길의 높낮이가 달라짐에 따라 운동 에너지와 위치 에너지가 서로 전환됩니다.

3 높이 던져 올린 공은 위치 에너지와 운동 에너지가 서로 전환되고, 자동차가 달릴 때 연료의 화학 에너지는 운동 에너지로 전환됩니다.

1 전구의 이용

1 전구의 불켜기

📝 쪽지 시험
155쪽

1 전기 회로   **2** (+)극과 (−)극   **3** 전구의 병렬연결   **4** 전구의 직렬연결   **5** 전구의 병렬연결   **6** 플러그의 머리 부분   **7** 발광 다이오드등   **8** 전자석   **9** 전자석   **10** 전자석 기중기

💡 단원 평가 1회
156~157쪽

1 ㉣   **2** ③   **3** 전지   **4** ㉠   **5** 예 ㉡은 전구의 병렬연결로 전구 한 개의 불이 꺼져도 나머지 전구의 불은 꺼지지 않는다.   **6** ④   **7** 석주, 예 에어컨을 켤 때에는 문을 닫는다.   **8** ④   **9** ㉡, ㉢   **10** ⑤   **11** ⑤   **12** 예 전기가 흐를 때에만 자석의 성질을 띠는 성질을 이용해 무거운 철제품을 전자석에 붙여 다른 장소로 옮깁니다.

1 전지는 전기 에너지를 공급하고, 전구는 전기가 흐르면 불이 켜집니다. 전구 끼우개는 전구와 전선을 쉽게 연결할 수 있게 합니다.

2 전기 회로에서 전구가 전지의 (+)극과 전지의 (−)극에 각각 연결되어 있어야 전구에 불이 켜집니다.

3 전구에서 나온 전선이 모두 전지의 (−)극에만 연결되어 있는 ④번의 경우 전구에 불이 켜지지 않습니다. 전선 한 개를 전지의 (+)극으로 이동해야 합니다.

4 전기 회로에서 전구 두 개 이상을 한 줄로 연결하는 방법을 전구의 직렬연결이라고 합니다.

5 전구의 병렬연결에서는 전구 한 개의 불이 꺼져도 나머지 전구의 불은 꺼지지 않고, 전구의 직렬연결에서는 전구 한 개의 불이 꺼지면 나머지 전구의 불이 꺼집니다.

채점 기준	
예시 답안과 같이 옳게 쓴 경우	10점
예시 답안과 의미는 비슷하지만 정확하게 쓰지 못한 경우	4점

6 콘센트 한 개에 플러그 여러 개를 한꺼번에 꽂아서 사용하면 화재가 날 수도 있습니다.

7 문을 열어 놓고 에어컨을 켜면 온도가 쉽게 낮아지지 않아 전기를 낭비하게 됩니다.

채점 기준	
틀리게 말한 사람의 이름과 틀리게 말한 부분을 옳게 고쳐 쓴 경우	10점
틀리게 말한 사람의 이름만 옳게 쓴 경우	4점

8 전자석은 전기가 흐를 때에만 자석의 성질을 띠기 때문에 스위치를 열면 자석의 성질이 없어져 시침바늘이 전자석에서 떨어집니다.

9 우리 생활에서 전자석을 이용한 예에는 선풍기, 스피커, 전자석 기중기, 자기 부상 열차 등이 있습니다.

10 전지를 직렬로 여러 개 연결하면 전자석의 세기는 세어지지만 고무로 된 물체는 붙지 않습니다.

11 전자석의 양 끝에 나침반을 놓고 스위치를 닫으면 나침반 바늘이 전자석을 향하고, 스위치를 누르고 있던 손을 놓으면 나침반 바늘이 다시 북쪽과 남쪽을 가리킵니다.

12 전자석 기중기는 무거운 철제품을 전자석에 붙여 다른 장소로 쉽게 옮길 수 있습니다.

채점 기준	
예시 답안과 같이 옳게 쓴 경우	10점
예시 답안과 의미는 비슷하지만 정확하게 쓰지 못한 경우	4점

📄 서술형 평가 1회
158쪽

1 예 전선을 이용하여 전지와 전구를 끊어지지 않게 연결하고, 전구를 전지의 (+)극과 (−)극에 각각 연결해야 한다.   **2** 예 장식용 나무에 불이 켜진 전구와 불이 꺼진 전구는 병렬로 연결되어 있기 때문이다.   **3** (1) 석주 (2) 예 외출할 때 전등을 모두 껐다.   **4** 예 전자석으로 얇은 판을 떨리게 하여 소리를 낸다.

1 전기 회로에서 전선을 이용하여 전지와 전구를 끊기지 않게 연결하고, 전구를 전지의 (+)극과 (−)극에 각각 연결하면 전기가 흘러서 전구에 불이 켜집니다.

채점 기준	
세 단어를 모두 사용하여 예시 답안과 같이 쓴 경우	8점
예시 답안과 의미는 비슷하지만 정확하게 쓰지 못한 경우	3점

2 불이 켜진 전구와 불이 꺼진 전구는 병렬로 연결되어 있기 때문에 한 개의 불이 꺼져도 다른 전구는 불이 켜져 있습니다.

채점 기준	
예시 답안 같이 옳게 쓴 경우	8점
예시 답안과 의미는 비슷하지만 정확하게 쓰지 못한 경우	3점

3 전기를 절약하기 위해서는 외출할 때 전등을 모두 꺼야 합니다.

채점 기준	
(1), (2)를 모두 옳게 쓴 경우	12점
(1)만 옳게 쓴 경우	2점
(2)만 옳게 쓴 경우	10점

4 전자석은 전기가 흐를 때에만 자석의 성질을 띠고, 세기나 극을 바꿀 수 있습니다. 이러한 성질을 이용하여 물체를 진동하게 합니다.

채점 기준	
예시 답안과 같이 옳게 쓴 경우	8점
예시 답안과 의미는 비슷하지만 정확하게 쓰지 못한 경우	3점

단원 평가 2회

159~160쪽

1 ② **2** 끊기지 않게 **3** ⑤ **4** ④ **5** 전구의 직렬연결, ㉔ 전구 한 개일 때보다 전구 두 개일 때의 밝기가 더 어둡다. **6** ① **7** ① **8** ㉢ **9** ㉡, ㉔ 직렬로 연결된 전지의 개수가 많을수록 전자석의 세기가 세어져 시침바늘이 더 많이 붙기 때문이다. **10** ⑤ **11** ① **12** ㉣

1 전기 회로에서 전구가 전지의 (+)극과 전지의 (−)극에 각각 연결되어 있어야 전구에 불이 켜집니다.

2 전기 회로의 전구에 불이 켜지기 위해서는 전지, 전선, 전구를 끊기지 않게 연결해 전기 회로를 만들어야 합니다.

3 전기 회로에서 전지 두 개를 다른 극끼리 연결한 것으로 전지 한 개를 연결할 때보다 전구의 밝기가 더 밝습니다. 같은 방법으로 전지 세 개를 연결하면 전지 두 개를 연결했을 때보다 전구의 밝기가 더 밝아집니다.

4 전구의 병렬연결이 전구의 직렬연결보다 전구가 더 밝습니다.

5 전구의 연결 방법에서 전구가 한 줄로 연결되어 있는 직렬연결보다 두 줄로 나뉘어 연결되어 있는 병렬연결의 경우 밝기가 더 밝습니다. 병렬연결은 전구 한 개일 때의 밝기와 두 개일 때의 밝기가 같지만 전구의 직렬연결의 경우는 전구 한 개일 때보다 전구 두 개일 때 전구의 밝기가 더 어둡습니다.

채점 기준	
전구의 연결 방법과 전구 밝기를 옳게 비교하여 쓴 경우	10점
전구의 연결 방법만 옳게 쓴 경우	4점

6 플러그를 콘센트에서 잘 빠지도록 꽂으면 감전이나 누전이 되기 쉽기 때문에 잘 빠지지 않도록 꽂아야 합니다.

7 전기를 절약하기 위해서는 일반 전구보다 발광 다이오드로 만든 전등을 사용해야 합니다.

8 전자석에서 전구 역할을 하는 부분이 없으며, 전자석을 완성한 후 전기 회로의 스위치를 닫아 전기를 흐르게 해야 에나멜선 주위에 자석의 성질이 나타납니다.

9 직렬로 연결된 전지의 수가 많을수록 전자석의 세기가 세어지고, 전자석의 세기가 셀수록 시침바늘이 더 많이 붙습니다.

채점 기준	
기호와 까닭을 예시 답안과 같이 옳게 쓴 경우	10점
기호만 옳게 쓴 경우	4점

10 전자석의 양 끝에 나침반을 놓고 스위치를 닫으면 나침반 바늘도 자석이기 때문에 나침반 바늘이 전자석 쪽으로 움직입니다.

11 전자석과 영구 자석은 모두 철로 된 물체가 달라붙고, 두 개의 극이 있습니다.

12 세탁기는 전자석의 성질을 이용한 전동기가 사용되며, 스피커는 전자석을 이용해 소리를 내고, 선풍기는 전자석의 성질을 이용한 전동기에 날개를 부착해 전동기를 회전시켜 바람을 일으킵니다.

서술형 평가 2회

161쪽

1 전구에 불이 켜지지 않는다. ㉔ 전구가 전지의 (−)극에만 연결되어 있기 때문이다. **2** (1) ㉡ (2) ㉔ 전구 두 개를 병렬연결한 전기 회로의 전구가 전구 두 개를 직렬연결한 전기 회로의 전구보다 더 밝기 때문이다. **3** ㉔ 플러그를 뽑을 때에는 플러그의 머리 부분을 잡고 뽑아야 한다. **4** (1) ㉔ 전자석은 전기가 흐르면 자석의 성질이 나타난다. (2) ㉔ 나침반 바늘이 반대로 움직인다.

1 전구에 불이 켜지려면 전구가 전지의 (+)극과 (−)극에 모두 연결되어 있어야 합니다.

채점 기준	
예시 답안과 같이 옳게 쓴 경우	8점
예시 답안과 의미는 비슷하지만 정확하게 쓰지 못한 경우	3점

2 전구를 직렬연결한 경우보다 전구를 병렬연결한 경우에 전구의 밝기가 더 밝으며, 전구를 병렬로 연결한 전기 회로에서 전구 한 개를 빼내어도 남은 전구의 불이 꺼지지 않습니다.

채점 기준	
(1), (2)를 모두 옳게 쓴 경우	12점
(1)만 옳게 쓴 경우	2점
(2)만 옳게 쓴 경우	10점

3 플러그를 뽑을 때에는 전선을 잡아당기지 않아야 합니다.

채점 기준	
예시 답안과 같이 옳게 쓴 경우	8점
예시 답안과 의미는 비슷하지만 정확하게 쓰지 못한 경우	3점

4 전자석은 전기가 흐를 때에만 자석의 성질을 가지며, 전기 회로에서 전기의 방향이 바뀌면 전자석의 극이 바뀌기 때문에 나침반 바늘이 반대로 움직입니다.

채점 기준	
(1), (2)를 모두 옳게 쓴 경우	12점
(1)만 옳게 쓴 경우	6점
(2)만 옳게 쓴 경우	6점

2 계절의 변화

쪽지 시험

1 태양 고도   **2** 짧아   **3** 높아   **4** 태양의 남중 고도   **5** 여름, 겨울   **6** 길어진다.   **7** 여름, 겨울   **8** 많아진다.   **9** 변하지 않는다.   **10** 기울어진

단원 평가 1회

1 60°   **2** ③   **3** ①, ⑤   **4** ②, 예 하루 동안 그림자 길이는 낮 12시 30분 무렵에 가장 짧기 때문이다.   **5** 12 : 30(낮 12시 30분)   **6** ②   **7** ①   **8** ③   **9** (1) ⓒ (2) ⓒ (3) ㉠   **10** ⓒ   **11** ㉠   **12** ⓒ, 예 지구의 자전축이 공전 궤도면에 대해 기울어진 채 공전하기 때문이다.

1 태양 고도는 실을 연결한 막대기를 지표면에 수직으로 세우고, 그림자 끝과 실이 이루는 각을 측정해서 구합니다.

2 지표면과 태양이 이루는 각이 클수록 태양 고도가 높습니다.

3 ㉠은 태양 고도 변화 그래프이고, ⓒ은 기온 변화 그래프입니다. 하루 동안 태양 고도는 낮 12시 30분 무렵에 가장 높고, 기온은 14시 30분 무렵에 가장 높습니다.

4 하루 동안 그림자 길이는 오전에 점점 짧아지다가 낮 12시 30분 무렵에 가장 짧습니다.

채점 기준	
기호와 까닭을 예시 답안과 같이 옳게 쓴 경우	10점
기호만 옳게 쓴 경우	4점

5 하루 중 태양 고도가 가장 높은 때의 고도가 태양의 남중 고도입니다.

6 태양의 남중 고도가 가장 높은 계절은 여름입니다.

7 ㉠은 겨울, ⓒ은 봄과 가을, ⓒ은 여름의 태양의 움직임입니다. 여름에 기온이 가장 높고, 태양의 남중 고도가 가장 높습니다.

8 7월부터 12월까지는 태양의 남중 고도가 낮아집니다.

9 전등은 태양, 모래는 지표면, 전등과 모래가 이루는 각은 태양의 남중 고도를 나타냅니다.

10 전등과 모래가 이루는 각이 클 때는 여름이며, 이때 일정한 면적에 도달하는 에너지양이 많습니다.

112 디딤돌 통합본 과학 6-2

11 계절에 따라 기온이 달라지는 까닭은 계절에 따라 태양의 남중 고도가 달라지기 때문입니다.

12 지구의 자전축이 수직이거나 지구가 태양 주위를 공전하지 않는다면 태양의 남중 고도가 변하지 않습니다.

채점 기준	
기호와 까닭을 예시 답안과 같이 옳게 쓴 경우	10점
기호만 옳게 쓴 경우	4점

📝 서술형 평가 1회
166쪽

1 (1) 기온, 그림자 길이 (2) 예 태양 고도가 높아질수록 일정한 면적에 도달하는 태양 에너지양이 많으므로 지표면이 더 많이 데워져 공기의 온도가 높아지기 때문이다. **2** (1) 정남쪽 (2) 예 하루 중 그림자 길이가 가장 짧을 때 측정할 수 있다. **3** 예 태양의 남중 고도가 여름에는 높고, 겨울에는 낮기 때문이다. **4** (1) ㉡ (2) 예 태양의 남중 고도가 높아지면 일정한 면적의 지표면에 도달하는 태양 에너지양이 많아지기 때문에 기온이 높다.

1 (1) 태양 고도가 높아지면 기온은 높아지고, 그림자 길이는 짧아집니다.
(2) 태양 고도가 높아질수록 지표면은 더 많이 데워집니다.

채점 기준	
(1), (2)를 모두 옳게 쓴 경우	12점
(1)만 옳게 쓴 경우	2점
(2)만 옳게 쓴 경우	10점

2 (1) 하루 중 태양이 정남쪽에 왔을 때를 태양이 남중했다고 합니다.
(2) 태양이 남중했을 때 그림자는 정북쪽을 향하고 그림자 길이는 하루 중 가장 짧습니다.

채점 기준	
(1), (2)를 모두 옳게 쓴 경우	12점
(1)만 옳게 쓴 경우	2점
(2)만 옳게 쓴 경우	10점

3 겨울에는 태양의 남중 고도가 낮아 여름보다 햇빛이 더 깊숙이 들어옵니다.

채점 기준	
예시 답안과 옳게 쓴 경우	8점
예시 답안과 의미는 비슷하지만 정확하게 쓰지 못한 경우	3점

4 (1) 전등과 모래가 이루는 각이 클수록 일정한 면적에 도달하는 에너지양이 많으므로 모래의 온도가 더 높아집니다.

---

(2) 태양의 남중 고도가 높을수록 기온이 높아집니다.

채점 기준	
(1), (2)를 모두 옳게 쓴 경우	12점
(1)만 옳게 쓴 경우	2점
(2)만 옳게 쓴 경우	10점

💡 단원 평가 2회
167~168쪽

1 ⑤ **2** ⑤ **3** ① **4** ④ **5** ③ **6** ㉠, ㉢ **7** 예 태양의 남중 고도는 여름에 가장 높고, 겨울에 가장 낮다. **8** ④ **9** ③ **10** ②, ④ **11** ㉢ **12** ③

1 그림자 길이를 측정하고 바로 태양 고도를 측정해야 같은 시각의 그림자 길이와 태양 고도를 알 수 있습니다.

2 태양 고도가 높아지면 그림자 길이는 짧아집니다.

3 하루 중 기온은 14시 30분 무렵에 가장 높으며, 태양 고도는 낮 12시 30분 무렵에 가장 높습니다. 기온이 가장 높은 때는 태양이 남중하고 약 두 시간 정도 뒤입니다.

4 낮 12시 30분 무렵에 태양 고도가 가장 높고 그 이후로는 점점 낮아집니다. 그림자 길이는 낮 12시 30분 무렵에 가장 짧고 그 이후로는 점점 길어집니다.

5 태양의 남중 고도는 태양이 남중했을 때의 고도로, 하루 중 태양 고도가 가장 높은 때입니다. 또한 그림자 길이가 가장 짧은 때입니다.

6 ㉠은 겨울, ㉡은 봄과 가을, ㉢은 여름의 태양의 움직임입니다. 여름에 낮의 길이가 가장 깁니다.

7 태양의 남중 고도는 계절에 따라 다릅니다.

채점 기준	
예시 답안과 옳게 쓴 경우	12점
예시 답안과 의미는 비슷하지만 정확하게 쓰지 못한 경우	5점

8 태양의 남중 고도가 높아지면 낮의 길이는 길어집니다. 여름에 낮의 길이는 길고, 겨울에 낮의 길이는 짧습니다.

9 모래와 전등이 이루는 각이 더 큰 ㉡은 여름에 해당하고, 태양의 남중 고도가 더 높습니다. 또한 모래의 온도 변화가 더 큽니다.

10 태양의 남중 고도가 높아지면 일정한 면적의 지표면에 도달하는 태양 에너지양이 많아집니다. 지표면에 도달하는 태양 에너지양이 많아지면 지표면이 더 많이 데워져 기온이 높습니다.

11 지구본의 자전축이 기울어진 채 공전하면 지구본의 위치에 따라 태양의 남중 고도가 달라집니다.

12 지구 자전축이 기울어진 채 태양 주위를 공전하기 때문에 지구의 위치에 따라 태양의 남중 고도가 달라져 낮의 길이, 기온이 달라지므로 계절 변화가 생깁니다.

📋 서술형 평가 2회
169쪽

1 ㉠ 태양 고도는 태양이 지표면과 이루는 각으로, ㉠보다 ㉡에서 태양 고도가 더 높다. **2** 여름, ㉠ 여름은 태양의 남중 고도가 높으며, 낮의 길이가 길고 기온이 높다. **3** 형진, ㉠ 태양의 남중 고도가 높을수록 같은 면적의 지표면에 도달하는 태양 에너지양이 많아져. **4** (1) 여름 (2) ㉠ 태양의 남중 고도와 낮의 길이가 변하지 않게 되므로 계절 변화도 나타나지 않을 것이다.

1 태양이 지표면과 이루는 각이 크면 태양 고도가 높습니다.

채점 기준	
태양 고도의 뜻과 태양 고도 비교를 모두 옳게 쓴 경우	8점
태양 고도의 뜻과 태양 고도 비교 중 한 가지만 옳게 쓴 경우	4점

2 ㉠은 겨울, ㉡은 봄과 가을, ㉢은 여름일 때입니다. 여름일 때 태양의 남중 고도가 가장 높고, 낮의 길이가 길어 기온이 높습니다.

채점 기준	
계절과 태양의 남중 고도, 낮의 길이, 기온의 관계를 모두 옳게 쓴 경우	8점
계절만 옳게 쓴 경우	2점

3 태양의 남중 고도가 높을수록 같은 면적의 지표면에 도달하는 태양 에너지양이 많아져 기온이 높아집니다.

채점 기준	
이름과 틀리게 말한 부분을 옳게 고쳐 쓴 경우	8점
이름만 옳게 쓴 경우	2점

4 (1) ㉠은 봄, ㉡은 여름, ㉢은 가을, ㉣은 겨울일 때입니다.
(2) 지구 자전축이 기울어진 채 태양 주위를 공전하게 때문에 태양의 남중 고도가 달라져 계절의 변화가 생깁니다.

채점 기준	
(1), (2)를 모두 옳게 쓴 경우	12점
(1)만 옳게 쓴 경우	2점
(2)만 옳게 쓴 경우	10점

---

3 연소와 소화

📝 쪽지 시험
171쪽

1 열 **2** 윗부분 **3** 큰 아크릴 통 **4** 발화점 **5** 연소
6 산소 **7** 물 **8** 석회수 **9** 탈 물질 **10** 계단

💡 단원 평가 1회
172~173쪽

1 ⑤ **2** ④ **3** ⑤ **4** ㉡, ㉠ 작은 아크릴 통 속에 들어 있는 공기의 양이 적기 때문이다. **5** ⑤ **6** ⑤ **7** ①, ⑤
8 ⑤ **9** ① **10** ③ **11** ㉡, ㉠, ㉣, ㉢ **12** ㉠ 젖은 수건으로 입과 코를 막고 몸을 낮추어 대피한다.

1 촛불의 열이 위로 올라가기 때문에 불꽃의 아랫부분이나 옆 부분보다 윗부분이 더 뜨겁습니다.

2 물질이 탈 때 불꽃의 색깔은 붉은색, 노란색, 푸른색으로 다양하게 나타납니다.

3 촛불을 집기병으로 덮으면 공기가 통하지 않으므로 산소가 공급되지 않아 촛불이 꺼집니다. 물질이 타기 위해서는 산소가 필요합니다.

4 물질이 타기 위해서는 공기가 필요합니다. 따라서 큰 아크릴 통 속에 공기가 많이 들어 있기 때문에 큰 아크릴 통 속 초가 더 오래 탑니다.

채점 기준	
기호와 까닭을 모두 옳게 쓴 경우	10점
기호만 옳게 쓴 경우	2점

5 성냥의 머리 부분이 나무 부분보다 발화점이 낮기 때문에 먼저 불이 붙습니다.

6 물질마다 발화점이 다르기 때문에 불이 붙는 데 걸리는 시간이 다릅니다.

7 초가 연소한 후에 물과 이산화 탄소가 생깁니다.

8 석회수는 이산화 탄소와 반응하여 뿌옇게 흐려지는 성질이 있기 때문에 이산화 탄소를 검출할 때 많이 이용됩니다.

9 촛불을 집기병으로 덮으면 산소가 더 이상 공급되지 않아 불이 꺼집니다.

10 가스레인지의 연료 조절 밸브를 잠그는 것은 탈 물질을 없애 불을 끄는 방법입니다.

11 소화기를 불이 난 곳으로 옮긴 후 안전핀을 뽑고, 고무관이 불 쪽을 향하도록 잡고 손잡이를 움켜쥐면 됩니다.

12 유독한 연기는 화재로 인한 열에 의해 위로 올라가기 때문에 젖은 수건으로 입과 코를 막고 몸을 낮추어 대피해야 합니다.

채점 기준	
예시 답안과 같이 옳게 쓴 경우	10점
예시 답안과 의미는 비슷하지만 정확하게 쓰지 못한 경우	4점

📝 서술형 평가 1회
174쪽

1 예 양초가 연소하면 열이 발생한다. **2** (1) ⓒ 양초, 예 ⓒ 삼각 플라스크에서 산소가 발생하기 때문에 ⓒ 양초가 더 오래 탄다. (2) 예 물질이 연소하기 위해서는 산소가 필요하다. **3** (1) 성냥의 머리 부분 (2) 예 물질이 연소할 때 온도가 발화점 이상이 되어야 한다. **4** 예 화재가 발생한 곳에 물을 뿌리면 온도가 발화점 미만으로 낮아지기 때문이다.

1 물질이 연소하면 빛과 열이 발생하기 때문에 양초가 연소하는 동안 열이 발생해 삼발이의 온도가 높아진 것입니다.

채점 기준	
예시 답안과 같이 옳게 쓴 경우	8점
예시 답안과 의미는 비슷하지만 정확하게 쓰지 못한 경우	3점

2 물질이 연소하기 위해서는 산소가 필요하기 때문에 산소가 발생하는 삼각 플라스크가 들어 있는 아크릴 통 속 양초가 더 오래 탑니다.

채점 기준	
(1), (2)를 모두 옳게 쓴 경우	12점
(1)만 옳게 쓴 경우	6점
(2)만 옳게 쓴 경우	6점

3 물질의 종류에 따라 발화점이 다르며, 발화점 이상이 되어야 물질이 연소합니다. 성냥의 머리 부분이 성냥의 나무 부분보다 발화점이 낮기 때문에 먼저 불이 붙습니다.

채점 기준	
(1), (2)를 모두 옳게 쓴 경우	12점
(1)만 옳게 쓴 경우	2점
(2)만 옳게 쓴 경우	10점

4 화재가 발생한 곳에 물을 뿌리면 온도가 발화점 미만으로 낮아지기 때문에 불이 꺼집니다. 또한 이때 발생한 수증기로 인해 산소가 차단되어 불이 꺼지기도 합니다.

채점 기준	
예시 답안과 같이 옳게 쓴 경우	8점
예시 답안과 의미는 비슷하지만 정확하게 쓰지 못한 경우	3점

💡 단원 평가 2회
175~176쪽

1 ④ **2** ④ **3** ⑤ **4** 예 물질이 타기 위해서는 공기(산소)가 필요하다. **5** 성냥의 나무 부분 **6** ⓒ **7** ④ **8** 이산화 탄소 **9** 예 탈 물질이 없기 때문이다. **10** ③, ④ **11** ① **12** ③, ④

1 알코올이 타는 동안에는 시간이 지날수록 알코올의 양이 줄어듭니다.

2 초의 불꽃 색깔은 노란색과 붉은색이고, 알코올의 불꽃 색깔은 푸른색과 붉은색입니다.

3 아크릴 통의 크기가 작을수록 공기가 적게 들어 있기 때문에 촛불이 빨리 꺼집니다.

4 아크릴 통 속 공기의 양에 따라 촛불이 타는 시간이 달라지는 것을 통해 물질이 타기 위해서는 공기(산소)가 필요하다는 것을 알 수 있습니다.

채점 기준	
예시 답안과 같이 옳게 쓴 경우	10점
예시 답안과 의미는 비슷하지만 정확하게 쓰지 못한 경우	4점

5 성냥의 머리 부분이 성냥의 나무 부분보다 발화점이 낮기 때문에 먼저 불이 붙습니다.

6 화재가 발생하기 위해서는 산소, 탈 물질, 발화점 이상의 온도의 조건이 모두 있어야 합니다.

7 초가 연소한 후에는 물과 이산화 탄소가 생깁니다.

8 석회수는 이산화 탄소와 반응하여 뿌옇게 흐려지는 성질이 있습니다. 따라서 석회수를 이용해서 물질이 연소한 후 이산화 탄소가 생겼는지 확인할 수 있습니다.

9 가스레인지의 연료 조절 밸브를 잠그면 탈 물질이 더 이상 공급되지 않아 불이 꺼집니다.

채점 기준	
예시 답안과 같이 옳게 쓴 경우	10점
예시 답안과 의미는 비슷하지만 정확하게 쓰지 못한 경우	4점

10 물을 뿌리는 것은 발화점 미만으로 온도를 낮추는 방법이고, 초의 심지를 자르는 것과 낙엽 등 타기 쉬운 물질을 치우는 것은 탈 물질을 없애는 방법입니다.

11 소화기를 불이 난 곳으로 옮긴 후에는 소화기의 안전핀을 뽑아야 합니다.

12 화재가 발생하면 나무로 된 책상 밑에 숨지 않아야 하며, 119에 신고하고 큰 소리로 주위에 알려야 합니다. 또한 유

독 가스는 위로 이동하기 때문에 젖은 수건으로 코와 입을 막고 자세를 낮추어 대피해야 합니다.

📜 서술형 평가 2회

177쪽

1 ⓔ 초와 알코올의 무게가 줄어든다.　2 (1) ⓔ 공기의 양을 다르게 하기 위해서이다. (2) ⓛ　3 (1) ⓔ 푸른색 염화 코발트 종이를 붙인 아크릴 통으로 촛불을 덮어 푸른색 염화 코발트 종이의 색깔이 변하는지 관찰한다.　(2) ⓔ 촛불을 덮었던 집기병 안에 석회수를 넣고 흔들어 석회수가 뿌옇게 흐려지는지 관찰한다.
4 ⓛ, ⓔ 승강기 대신 계단을 이용해 빠르게 대피한다.

1 초와 알코올은 모두 빛과 열을 내면서 타고, 시간이 지날수록 무게가 줄어듭니다.

채점 기준	
예시 답안과 같이 옳게 쓴 경우	8점
예시 답안과 의미는 비슷하지만 정확하게 쓰지 못한 경우	3점

2 큰 아크릴 통 속에는 공기의 양이 많고, 작은 아크릴 통 속에는 공기의 양이 적습니다. 따라서 작은 아크릴 통 속에 있는 촛불이 먼저 꺼집니다.

채점 기준	
(1), (2)를 모두 옳게 쓴 경우	12점
(1)만 옳게 쓴 경우	10점
(2)만 옳게 쓴 경우	2점

3 푸른색 염화 코발트 종이는 물에 닿으면 붉게 변하고, 석회수는 이산화 탄소와 반응해 뿌옇게 흐려집니다. 이러한 성질을 이용해 초가 연소할 때 물과 이산화 탄소가 생기는지 알 수 있습니다.

채점 기준	
(1), (2)를 모두 옳게 쓴 경우	12점
(1)만 옳게 쓴 경우	6점
(2)만 옳게 쓴 경우	6점

4 화재가 발생하면 전기가 끊어져 승강기가 멈출 수 있으므로, 승강기 대신 계단을 이용하여 빠르게 대피해야 합니다.

채점 기준	
기호를 옳게 쓰고, 대처 방법을 바르게 고쳐 쓴 경우	8점
기호만 옳게 쓴 경우	3점

4 우리 몸의 구조와 기능

✏️ 쪽지 시험

179쪽

1 근육　2 소화　3 위, 작은창자　4 호흡　5 들이마실 때　6 심장(순환 기관)　7 배설　8 콩팥(배설 기관)　9 감각 기관　10 자극

💡 단원 평가 1회

180~181쪽

1 ③　2 ②, ③　3 ④　4 ④　5 ⓒ, ⓔ, ⓐ, ⓛ　6 ④
7 ⓔ 심장은 펌프 작용으로 혈액을 온몸으로 내보낸다.　8 ⑤
9 ⑤　10 ⑤　11 ⓐ　12 ⓔ 운동할 때 몸은 에너지를 내기 위해 많은 산소가 필요한 데 호흡이 빨라지면 산소를 많이 공급할 수 있기 때문이다.

1 뼈는 스스로 움직이지 못하고 뼈에 연결된 근육의 길이가 늘어나거나 줄어들면서 움직입니다.

2 ⓐ 비닐봉지는 근육 역할, 납작한 빨대는 뼈 역할을 합니다. 바람을 불어 넣으면 납작한 빨대의 길이는 변하지 않고 비닐봉지가 부풀어 오르면서 납작한 빨대가 구부러집니다.

3 ⓐ은 식도, ⓛ은 위, ⓒ은 작은창자, ⓔ은 큰창자, ⓜ은 항문입니다. ⓔ은 음식물이 지나는 통로이며, 음식물 찌꺼기에서 수분을 흡수합니다.

4 호흡 기관에는 코, 기관, 기관지, 폐 등이 있습니다. 혈관은 순환 기관입니다.

5 숨을 내쉴 때 몸속의 공기는 폐 → 기관지 → 기관 → 코를 거쳐 몸 밖으로 나갑니다.

6 주입기의 펌프는 심장, 주입기의 관은 혈관 역할을 합니다.

7 심장은 혈액을 온몸으로 순환시켜 몸에 필요한 산소와 영양소를 운반할 수 있도록 합니다.

채점 기준	
예시 답안과 같이 옳게 쓴 경우	10점
예시 답안과 의미는 비슷하지만 정확하게 쓰지 못한 경우	5점

8 배설은 우리 몸이 살아가는 과정에서 생긴 노폐물을 몸 밖으로 내보내는 것입니다.

9 방광은 콩팥에서 걸러 낸 노폐물을 모아 두었다가 몸 밖으로 내보내며, 골반 부분에 있습니다. 작고 둥근 주머니 모양입니다.

10 노래를 듣는 것은 귀, 파란 하늘을 보는 것은 눈, 사과의 맛을 보는 것은 혀, 냄새를 맡는 것은 코입니다.

11 반응은 자극에 대응하여 어떤 행동을 하는 것입니다.

12 운동할 때 우리 몸은 에너지를 얻기 위해 산소가 필요하므로 호흡이 빨라집니다.

채점 기준	
예시 답안과 같이 옳게 쓴 경우	10점
예시 답안과 의미는 비슷하지만 정확하게 쓰지 못한 경우	5점

서술형 평가 1회 182쪽

1 (1) 예 비닐봉지가 부풀면서 뼈 모형이 구부러져 손 그림이 올라간다. (2) 예 근육이 줄어들거나 늘어나면서 뼈를 움직여 우리 몸이 움직인다. **2** 예 숨을 들이마실 때 코로 들어온 공기는 기관과 기관지를 거쳐 폐로 들어가고, 숨을 내쉴 때 폐 속의 공기는 기관지, 기관, 코를 거쳐 몸 밖으로 나간다. **3** (1) 예 노란 색소 물은 거름망을 통과하지만 붉은색 모래는 거름망을 통과하지 못한다. (2) 콩팥, 예 혈액 속의 노폐물을 거른다. **4** 예 운동하고 5분 휴식 후 체온과 맥박 수는 평상시와 비슷하고, 운동 직후보다 체온은 낮고 맥박 수도 낮아졌다.

1 (1) 뼈와 근육 모형에 바람을 불어 넣으면 비닐봉지가 부풀면서 뼈 모형이 구부러집니다.
(2) 근육은 뼈에 연결되어 길이가 줄어들거나 늘어나 뼈를 움직이게 합니다.

채점 기준	
(1), (2)를 모두 옳게 쓴 경우	12점
(1)만 옳게 쓴 경우	4점
(2)만 옳게 쓴 경우	8점

2 숨을 들이마실 때 코로 들어온 공기는 기관, 기관지를 거쳐 폐에 도달합니다. 코로 숨을 내쉴 때에는 폐 속의 공기가 기관지, 기관, 코를 거쳐 몸 밖으로 나갑니다.

채점 기준	
예시 답안과 옳게 쓴 경우	8점
예시 답안과 의미는 비슷하지만 정확하게 쓰지 못한 경우	3점

---

3 (1) 붉은색 모래는 거름망 구멍보다 크기가 커서 거름망을 통과하지 못합니다.
(2) 콩팥은 허리의 등쪽 좌우에 한 개씩 있으며, 혈액 속의 노폐물을 걸러 내어 오줌을 만듭니다.

채점 기준	
(1), (2)를 모두 옳게 쓴 경우	12점
(1)만 옳게 쓴 경우	4점
(2)만 옳게 쓴 경우	8점

4 운동을 하면 체온이 올라가고 맥박이 빨라집니다. 운동이 끝나고 시간이 지나면 체온이 내려가고 맥박이 느려져 운동 전 평상시의 상태로 돌아갑니다.

채점 기준	
예시 답안과 옳게 쓴 경우	8점
예시 답안과 의미는 비슷하지만 정확하게 쓰지 못한 경우	3점

단원 평가 2회 183~184쪽

1 ④ **2** ④, ⑤ **3** ⓔ, 작은창자 **4** ④ **5** (1) 혈관 (2) 예 혈관은 온몸에 퍼져 있고 혈액이 이동하는 통로 역할을 한다. **6** ⑤ **7** ② **8** ④ **9** 혀, 피부, 코, 귀 **10** 예 자극은 뜨거운 뚜껑 손잡이를 잡은 것이고, 반응은 손에서 뚜껑을 놓은 것이다. **11** ② **12** ①, ④

1 근육은 뼈 주변을 둘러싸고 있으며, 우리 몸을 움직일 수 있게 합니다.

2 입은 음식물을 이로 잘게 부수고, 혀로 침과 섞은 뒤 음식물을 물러지게 하여 삼킬 수 있도록 합니다.

3 입 → 식도 → 위 → 작은창자 → 큰창자 → 항문을 거쳐 음식물이 소화되고 음식물 찌꺼기를 배출합니다.

4 숨을 들이마실 때에 코, 기관, 기관지, 폐를 거쳐 우리 몸에 필요한 산소를 공급합니다.

5 (1) 주입기의 펌프는 심장, 주입기의 관은 혈관 역할을 합니다.
(2) 혈관은 가늘고 긴 관처럼 생겼으며, 몸 전체에 퍼져 있어 혈액이 이동하는 통로 역할을 합니다.

채점 기준	
(1), (2)를 모두 옳게 쓴 경우	10점
(1)만 옳게 쓴 경우	2점
(2)만 옳게 쓴 경우	8점

6 혈액은 혈관을 따라 이동하며 우리 몸에 필요한 영양소와 산소를 온몸으로 운반합니다.

7 콩팥과 방광은 배설 기관입니다.

8 콩팥은 강낭콩 모양으로 등허리 좌우로 한 쌍이 있으며, 혈액에 있는 노폐물을 걸러 줍니다.

9 혀로 맛을 보고 피부로 온도와 촉감을 느끼며 코로 냄새를 맡고 귀로 소리를 듣습니다.

10 자극은 우리 몸에서 반응이 일어나게 하는 요인이고, 반응은 자극에 대하여 어떤 행동을 하는 것입니다.

채점 기준	
예시 답안과 옳게 쓴 경우	10점
예시 답안과 의미는 비슷하지만 정확하게 쓰지 못한 경우	5점

11 운동을 하면 땀이 나고 호흡이 빨라지며 심장 박동이 빨라지고 맥박 수가 증가합니다.

12 몸을 움직이는 데 필요한 영양소는 소화 기관을 통해 얻고, 산소는 호흡 기관을 통해 얻습니다. 순환 기관을 통해 영양소와 산소가 온몸으로 공급됩니다.

📜 **서술형 평가 2회**   185쪽

1 ㉔ 몸속에 들어온 음식물은 입, 식도, 위, 작은창자, 큰창자의 순서로 이동한다. 이 과정에서 음식물은 잘게 쪼개져서 영양소와 수분은 몸속으로 흡수되고 남은 찌꺼기는 항문으로 배출된다. **2** (1) 코 → 기관 → 기관지 → 폐 (2) ㉔ 몸을 움직이거나 몸속 기관이 일을 하는 데 사용된다.   **3** ㉔ 혈액이 콩팥으로 운반되어 콩팥에서 혈액에 있는 노폐물을 걸러 낸다.   **4** ㉔ 감각 기관(눈)이 공이 날아온다는 자극을 받아들이고, 이 자극은 신경계를 통해 전달된다. 신경계는 공을 피하라는 행동을 결정하여 운동 기관에 명령을 전달하고 운동 기관은 전달된 명령대로 공을 피한다.   **5** ㉔ 심장 박동이 빨라진다.

1 소화 기관에서 음식물을 잘게 쪼개 영양소와 수분을 흡수합니다.

채점 기준	
예시 답안과 옳게 쓴 경우	8점
예시 답안과 의미는 비슷하지만 정확하게 쓰지 못한 경우	3점

---

2 (1) 숨을 들이마실 때 코로 들어온 공기는 기관 → 기관지 → 폐를 거쳐 우리 몸에 산소를 공급합니다.

(2) 몸속에서 들어온 산소는 혈액을 따라 온몸에 전달되어 몸을 움직이거나 몸속 기관이 일을 하는 데 이용됩니다.

채점 기준	
(1), (2)를 모두 옳게 쓴 경우	12점
(1)만 옳게 쓴 경우	4점
(2)만 옳게 쓴 경우	8점

3 온몸을 돌아 노폐물이 많아진 혈액이 콩팥으로 운반되면 콩팥은 혈액에 있는 노폐물을 걸러 냅니다. 걸러진 노폐물은 오줌이 되어 방광에 잠시 저장되었다가 일정량이 모아지면 몸 밖으로 내보내집니다.

채점 기준	
예시 답안과 옳게 쓴 경우	8점
예시 답안과 의미는 비슷하지만 정확하게 쓰지 못한 경우	3점

4 감각 기관이 받아들인 자극은 온몸에 퍼져 있는 신경을 통해 전달되고, 뇌에 전달된 자극을 해석하여 행동을 결정하고 운동 기관에 명령을 내립니다.

채점 기준	
예시 답안과 옳게 쓴 경우	8점
예시 답안과 의미는 비슷하지만 정확하게 쓰지 못한 경우	3점

5 심장 박동이 빨라져 혈액 순환이 빨라지면 많은 양의 산소와 영양소가 우리 몸에 공급됩니다.

채점 기준	
예시 답안과 옳게 쓴 경우	8점
예시 답안과 의미는 비슷하지만 정확하게 쓰지 못한 경우	3점

5 에너지와 생활

📝 쪽지 시험
187쪽

1 에너지 　　**2** 광합성 　　**3** 열에너지 　　**4** 운동 에너지

5 에너지 전환 　**6** 운동 에너지 　**7** 전기 에너지 　**8** 태양

9 발광 다이오드(LED)등 　**10** 겨울잠

💡 단원 평가 1회
188~189쪽

1 ㉡ 　**2** ④ 　**3** ㉘ 전기나 기름에서 더는 에너지를 얻을 수 없는 경우에 발생할 수 있다. 　**4** 위치 에너지 　**5** ③ 　**6** ③

7 ③ 　**8** ①, ⑤ 　**9** ③ 　**10** ④ 　**11** ㉘ 건물 안의 열에너지가 빠져나가지 않도록 하기 위해서이다. 　**12** 이용하는

1 자동차가 움직이는 데 필요한 에너지는 주유소에서 기름 (연료)을 넣어서 얻습니다. 전기 충전기에서 전기를 충전해 움직이는 전기 자동차도 있습니다.

2 동물은 식물이나 다른 동물을 먹어 얻은 양분으로 에너지를 얻습니다.

3 전기나 기름에서 더는 에너지를 얻을 수 없게 된다면 매우 불편해집니다.

채점 기준

예시 답안과 같이 옳게 쓴 경우	10점
예시 답안과 의미는 비슷하지만 정확하게 쓰지 못한 경우	4점

4 높은 곳에 있는 물체가 가지는 에너지를 위치 에너지라고 합니다.

5 전등, 텔레비전 등 우리가 생활에서 이용하는 여러 전기 기구들을 작동시켜 주는 에너지는 전기 에너지입니다.

6 식물은 화학 에너지, 게시판의 작품은 위치 에너지와 관련이 있습니다. 바닥에 놓인 책상은 위치 에너지와 관련이 없습니다.

7 롤러코스터가 아래로 내려갈 때에는 위치 에너지가 운동 에너지로 전환되고, 아래에서 위로 다시 올라갈 때에는 운동 에너지가 위치 에너지로 전환됩니다.

8 태양의 빛에너지를 이용해 태양 전지가 전기 에너지를 만들고, 전기 에너지가 전동기를 돌려 프로펠러를 움직입니다.

9 열기구는 연료를 태울 때 생긴 열에너지로 공기를 가열하여 높이 올라가는 장치입니다.

10 전등에서 열에너지로 전환되는 비율이 낮을수록 에너지 효율이 높은 것입니다. 발광 다이오드(LED)등은 빛에너지로 전환되는 비율이 높으므로, 발광 다이오드(LED)등을 사용하면 에너지 낭비를 줄일 수 있습니다.

11 건물에 이중창을 설치하면 건물 안의 열에너지가 밖으로 잘 빠져나가지 않고, 바깥의 열에너지가 건물 안으로 잘 들어오지 않습니다.

채점 기준

예시 답안과 같이 옳게 쓴 경우	10점
예시 답안과 의미는 비슷하지만 정확하게 쓰지 못한 경우	4점

12 목련은 겨울눈으로 어린싹이 열에너지를 빼앗겨 어는 것을 막고, 곰은 겨울잠을 자는 방법으로 자신의 화학 에너지를 더 효율적으로 이용합니다.

💡 단원 평가 2회
190~191쪽

1 ④ 　**2** ① 　**3** ⑤ 　**4** ① 　**5** ㉘ 운동 에너지와 위치 에너지를 가지고 있다. 　**6** ② 　**7** ④ 　**8** ㉘ 연료의 화학 에너지는 불의 열에너지로 형태가 바뀌며, 공기를 데운 이 열에너지는 열기구의 운동 에너지, 위치 에너지로 바뀐다. 　**9** 화학, 빛

10 ④, ⑤ 　**11** ④ 　**12** ㉢

1 열심히 운동을 한 뒤에는 에너지가 부족해지기 때문에 음식을 먹어서 부족한 에너지를 얻습니다.

2 다른 생물을 먹어 얻은 양분으로 에너지를 얻는 생물은 동물입니다. 뱀, 고양이, 호랑이, 여우, 강아지는 동물입니다.

3 전기나 기름에서 더는 에너지를 얻을 수 없으면 자동차, 휴대 전화, 난방 기구, 냉방 기구 등을 작동시킬 수 없고, 공장에서 기계로 물건을 만들 수 없습니다.

4 전등의 불빛처럼 어두운 곳을 밝게 비춰 주는 에너지를 빛에너지라고 합니다.

5 오르락내리락하는 시소는 운동 에너지와 위치 에너지를 가지고 있어서 서로 전환합니다.

채점 기준	
예시 답안과 같이 옳게 쓴 경우	10점
예시 답안과 의미는 비슷하지만 정확하게 쓰지 못한 경우	4점

6 전기난로는 전기 에너지를 이용해 주위를 따뜻하게 하는 기구로 이때 빛도 같이 발생합니다. 따라서 전기난로에서는 전기 에너지가 열에너지와 빛에너지로 전환됩니다.

7 열기구는 열에너지가 위치 에너지와 운동 에너지로, 화분의 식물은 빛에너지가 화학 에너지로, 밝게 비춰 주는 가로등은 전기 에너지가 빛에너지로 전환된 것입니다.

8 열기구는 연료를 태우며 피운 불로 큰 풍선 안의 공기를 데움으로써 가벼워진 열기구가 높은 곳으로 올라갈 수 있게 만들어진 장치입니다.

채점 기준	
예시 답안과 같이 옳게 쓴 경우	10점
예시 답안과 의미는 비슷하지만 정확하게 쓰지 못한 경우	4점

9 불꽃놀이를 할 때 빛과 열이 나는 현상은 화약의 화학 에너지가 빛에너지와 열에너지로 전환되어 일어난 현상입니다.

10 태양 전지를 이용해 태양의 빛에너지를 전기 에너지로 전환하고, 전동기를 이용해 전기 에너지를 프로펠러의 운동 에너지로 전환합니다.

11 지붕에 얇은 재료를 사용하면 열이 쉽게 빠져나가기 때문에 바깥 온도에 영향을 많이 받습니다.

12 에너지 소비 효율 등급을 표시한 숫자가 작을수록 에너지 소비 효율이 높습니다.

📝 서술형 평가

1 ⑩ ㉠, ㉣은 화학 에너지를 가지고 있고, ㉡, ㉢은 운동 에너지를 가지고 있다.　　**2** (1) 운동 에너지, 위치 에너지　(2) ⑩ 위치 에너지가 운동 에너지로 전환되고, 운동 에너지가 위치 에너지로 전환된다.　　**3** ⑩ 자연이나 일상생활에 존재하는 에너지는 대부분 태양의 빛에너지가 전환된 것이다. 태양의 빛에너지를 이용해 전기 에너지를 만들고, 이 전기 에너지로 전기 기구를 작동시킨다.　　**4** ⑩ 사람의 움직임을 감지해 불이 켜지는 장치를 설치한다. 정해진 시간이 되면 불이 꺼지게 한다. 등

1 동물(다람쥐)과 식물(사과나무)은 화학 에너지를 가지고 있고, 폭포는 위치 에너지와 운동 에너지, 범퍼카는 전기 에너지와 운동 에너지를 가지고 있습니다.

채점 기준	
예시 답안과 같이 옳게 쓴 경우	8점
예시 답안과 의미는 비슷하지만 정확하게 쓰지 못한 경우	3점

2 농구공이 위로 올라갈 때에는 운동 에너지가 위치 에너지로 전환되고, 아래로 떨어질 때는 위치 에너지가 운동 에너지로 전환됩니다.

채점 기준	
(1), (2)를 모두 옳게 쓴 경우	12점
(1)만 옳게 쓴 경우	4점
(2)만 옳게 쓴 경우	8점

3 광합성, 수력 발전, 태양 전지 등에서 얻어지는 에너지는 대부분 태양의 빛에너지가 전환된 것입니다.

채점 기준	
예시 답안과 같이 옳게 쓴 경우	8점
예시 답안과 의미는 비슷하지만 정확하게 쓰지 못한 경우	3점

4 사람이 없을 때 불이 켜져 있는 것을 막기 위한 방법으로 움직임을 감지했을 때에만 불이 켜지거나, 한밤중 또는 정해진 시간에는 불이 자동으로 꺼지는 장치를 설치하는 등의 방법으로 에너지를 효율적으로 활용할 수 있습니다.

채점 기준	
예시 답안과 같이 옳게 쓴 경우	8점
예시 답안과 의미는 비슷하지만 정확하게 쓰지 못한 경우	3점